DIREITOS HUMANOS
E O DIREITO
CONSTITUCIONAL INTERNACIONAL

Flávia Piovesan é Professora Doutora da Faculdade de Direito da PUC-SP nas disciplinas de Direito Constitucional e de Direitos Humanos. É professora de Direitos Humanos da Pós-Graduação da PUC-SP e da PUCPR. Foi Professora do Programa de Doutorado em Direitos Humanos e Desenvolvimento da Universidade Pablo de Olavide (Sevilha, Espanha) e é Professora do Programa de Doutorado (modalidade intensiva) da Universidade de Buenos Aires. Professora da Academy on Human Rights na American University Washington College of Law (Washington, DC) e Professora da Vienna School of International Studies (Diplomatische Akademie Wien). Mestre e Doutora em Direito Constitucional pela PUC-SP. Desenvolveu seu doutoramento na Harvard Law School, na qualidade de *visiting fellow* do Human Rights Program, em 1995, tendo a este programa retornado em 2000 e 2002. Foi *visiting fellow* do Centre for Brazilian Studies, na University of Oxford, em 2005. Foi *visiting fellow* do Max-Planck-Institute for Comparative Public Law and International Law, em Heidelberg, em 2007, 2008, 2015, 2016, 2017, 2018, 2019, 2021, 2022 e 2023, e Humboldt Foundation Georg Forster Research Fellow no Max-Planck-Institute for Comparative Public Law and International Law de 2009 a 2014. Em 2018 foi *Lemann Visiting Scholar* no David Rockefeller Center for Latin American Studies da Harvard University. Em 2022 recebeu o Georg Forster Research Award da Humboldt Foundation.

É Procuradora do Estado de São Paulo desde 1991, tendo sido a primeira colocada no concurso de ingresso. Foi coordenadora do Grupo de Trabalho de Direitos Humanos da Procuradoria-Geral do Estado de 1996 a 2001. Foi Secretária Especial de Direitos Humanos na esfera federal de 2016 a 2017. Foi Presidente da Comissão Nacional para a Erradicação do Trabalho Escravo de 2016 a 2017. Membro da Comissão Interamericana de Direitos Humanos (eleita para o período de 2018 a 2021) e Vice-Presidente da Comissão Interamericana de Direitos Humanos (2020-2021). Desde 2021 é Coordenadora Científica da Unidade de Monitoramento e Fiscalização das Decisões da Corte Interamericana no Conselho Nacional de Justiça (UMF/CNJ).

Foi membro do Comitê Latino-Americano e do Caribe para a Defesa dos Direitos da Mulher (CLADEM), do Conselho de Defesa dos Direitos da Pessoa Humana (CDDPH), da Comissão Justiça e Paz, da Associação dos Constitucionalistas Democráticos, da SUR — Human Rights University Network; e do *governing board* da International Association of Law Schools (IALS). Foi membro da UN High Level Task Force on the Implementation of the Right to Development e do OAS Working Group para o monitoramento do Protocolo de San Salvador em matéria de direitos econômicos, sociais e culturais.

Foi observadora das Nações Unidas na 42ª sessão da Comissão do *Status* da Mulher. Recebeu menção honrosa do Prêmio Franz de Castro Holzwarth, conferido pela Comissão de Direitos Humanos da OAB/SP em 1997. Foi assessora científica da FAPESP (Fundação de Amparo à Pesquisa do Estado de São Paulo) e consultora *ad hoc* do CNPq. Prestou consultoria em direitos humanos para a Fundação Ford, Fundação Heinrich Boll, European Human Rights Foundation, United Nations High Commissioner for Human Rights e Comissão Interamericana de Direitos Humanos.

É autora dos livros *Direitos humanos e Justiça Internacional* (10. ed.); *Temas de direitos humanos* (12. ed.); e *Proteção judicial contra omissões legislativas*: ação direta de inconstitucionalidade por omissão e mandado de injunção (2. ed.). Coautora do livro *Curso de Direitos Humanos – Sistema Interamericano*; *A figura/personagem mulher em processos de família*. Coorganizadora dos livros: *The Impact of the Inter--American System: transformations on the ground*; *Transformative constitutionalism in Latin America*; *International Law and Social Rights*; *Social Rights Jurisprudence in the Case Law of Regional Human Rights Monitoring Institutions*; *Constitucionalismo Transformador, Inclusão e Direitos Sociais*; *Comentários à Convenção Americana sobre Direitos Humanos*; *Liberdade de Expressão e Constitucionalismo Multinível*; *Impacto das decisões da Corte Interamericana de Direitos Humanos na jurisprudência do STF*; *Ius Constitutionale Commune na América Latina* (volume I — *Marco Conceptual*; volume II — *Pluralismo e inclusão*; volume III — *Diálogos jurisdicionais e controle de convencionalidade*); *Direitos humanos atual*; *Direito, cidadania e justiça*; *O sistema interamericano de proteção dos direitos humanos*: direito brasileiro; *Nos limites da vida*; *Mulheres, Direito e Protagonismo cultural*; *Ordem jurídica e igualdade étnico-racial*; *Direito ao desenvolvimento*; *Empresas e Direitos Humanos*; *Direito humano à alimentação adequada*; *Direitos humanos: fundamento, proteção e implementação*; *Direitos humanos, igualdade e diferença*; *Direitos humanos: proteção nacional, regional e global*; *Direitos humanos e direito do trabalho*; *Direitos humanos, democracia e integração jurídica na América do Sul*; *Direitos humanos, democracia e integração jurídica: avançando no diálogo constitucional e regional*; *Direitos humanos, democracia e integração jurídica: emergência de um novo direito público*. Coordenadora dos livros *Direitos humanos, globalização econômica e integração regional: desafios do direito constitucional internacional*; *Direitos humanos v. 1*; e *Código de Direito Internacional dos Direitos Humanos anotado*. Possui diversos artigos publicados em jornais, revistas e livros jurídicos.

Tem participado de conferências, seminários e cursos sobre temas de direitos humanos no Brasil e no exterior, particularmente na Alemanha, Áustria, Argentina, Bolívia, Barbados, Uruguai, Colômbia, Peru, Venezuela, Costa Rica, República Dominicana, México, Estados Unidos, Canadá, Índia, Turquia, Zimbábue, África do Sul, Portugal, Espanha, França, Itália, Bélgica, Holanda, Suíça e Inglaterra.

FLÁVIA PIOVESAN

DIREITOS HUMANOS
E O DIREITO
CONSTITUCIONAL INTERNACIONAL

Prefácio de Henry Steiner
Apresentação de Antônio Augusto Cançado Trindade

23ª edição | 2025
revista e atualizada

- A Autora deste livro e a editora empenharam seus melhores esforços para assegurar que as informações e os procedimentos apresentados no texto estejam em acordo com os padrões aceitos à época da publicação, *e todos os dados foram atualizados pela autora até a data da entrega dos originais à editora*. Entretanto, tendo em conta a evolução das ciências, as atualizações legislativas, as mudanças regulamentares governamentais e o constante fluxo de novas informações sobre os temas que constam do livro, recomendamos enfaticamente que os leitores consultem sempre outras fontes fidedignas, de modo a se certificarem de que as informações contidas no texto estão corretas e de que não houve alterações nas recomendações ou na legislação regulamentadora.

- Data do fechamento do livro: 09/09/2024

- A Autora e a editora se empenharam para citar adequadamente e dar o devido crédito a todos os detentores de direitos autorais de qualquer material utilizado neste livro, dispondo-se a possíveis acertos posteriores caso, inadvertida e involuntariamente, a identificação de algum deles tenha sido omitida.

- Direitos exclusivos para a língua portuguesa
  Copyright ©2025 by
  Saraiva Jur, um selo da SRV Editora Ltda.
  Uma editora integrante do GEN | Grupo Editorial Nacional
  Travessa do Ouvidor, 11
  Rio de Janeiro – RJ – 20040-040

- **Atendimento ao cliente: https://www.editoradodireito.com.br/contato**

- Reservados todos os direitos. É proibida a duplicação ou reprodução deste volume, no todo ou em parte, em quaisquer formas ou por quaisquer meios (eletrônico, mecânico, gravação, fotocópia, distribuição pela Internet ou outros), sem permissão, por escrito, da **SRV Editora Ltda.**

- Capa: Lais Soriano
  Diagramação: Guilherme Salvador

- **DADOS INTERNACIONAIS DE CATALOGAÇÃO NA PUBLICAÇÃO (CIP)
  ODILIO HILARIO MOREIRA JUNIOR – CRB-8/9949**

  P662d   Piovesan, Flávia
  Direitos humanos e o direito constitucional internacional / Flávia Piovesan. – 23. ed. – São Paulo : Saraiva Jur, 2025.

  752 p.
  ISBN: 978-85-5362-645-8 (impresso)

  1. Direito. 2. Direitos humanos. 3. Direito constitucional. 4. Direito internacional. 5. Tratados internacionais. 6. Direitos e garantias fundamentais. I. Título.

	CDD 340
2024-2625	CDU 34

  Índices para catálogo sistemático:
  1. Direito   340
  2. Direito   34

"It is true that we cannot be visionaries until we become realists. It is also true that to become realists we must make ourselves into visionaries."

(Roberto Mangabeira Unger, *What should legal analysis become?*,
Cambridge, Harvard Law School, 1995, p. 356-357)

AGRADECIMENTO

A convite da Faculdade de Direito da Pontifícia Universidade Católica de São Paulo, no ano de 1994, aceitei o fascinante desafio de ministrar um curso de Direitos Humanos para o 4º ano da Faculdade de Direito. Foi uma experiência inédita, particularmente porque a disciplina de Direitos Humanos acabara de ser introduzida no currículo do Direito naquele mesmo ano. Esta aventura, pelo seu encantamento, acabou por desviar os rumos do meu doutorado para aquela direção — eis aqui o resultado.

Ainda que a responsabilidade pela tese e pelas ideias aqui defendidas seja absolutamente pessoal, é certo dizer que este livro, em sua essência, revela a contribuição de instituições e de muitas pessoas para a sua realização. A todos, meu sincero agradecimento.

A Procuradoria Geral do Estado de São Paulo, o CNPq, o *Human Rights Program* da *Harvard Law School* e a Faculdade de Direito da PUC-SP ofereceram decisivo apoio, que tornou possível a concretização deste trabalho.

A professora Silvia Pimentel, minha orientadora, prestou uma contribuição efetiva à consecução deste estudo, através de observações acuradas e críticas estimulantes. Sua forte crença na importância do valor dos direitos humanos foi fonte de um incentivo absoluto no desenvolvimento e revisão deste trabalho. Adiciono também a felicidade pela nossa preciosa amizade de mais de dez anos, que tanto veio e vem influenciar a minha formação humanista.

Os professores Elizabeth Nazar Carrazza e Celso Antônio Pacheco Fiorillo, então diretora e vice-diretor da Faculdade de Direito da PUC-SP, também exerceram um papel fundamental na realização desta tese, por insistirem na necessidade de implantar o ensino de Direitos Humanos no âmbito da Faculdade de Direito da PUC-SP, sendo justo lembrar que desde 1990 os professores Silvia Pimentel e Celso Campilongo já organizavam o primeiro curso de extensão universitária sobre o tema.

O professor Antônio Augusto Cançado Trindade, Juiz da Corte Interamericana de Direitos Humanos e diretor executivo do Instituto Interamericano de Direitos Humanos, foi excepcional no cuidado e na atenção de suas importantes observações, na voz e na experiência de quem pode ser considerado o "pai" da introdução do Direito Internacional dos Direitos Humanos no Brasil.

Aos professores Lúcia Valle Figueiredo, Maria Garcia, Dalmo de Abreu Dallari, Fernanda Dias Menezes de Almeida, agradeço pelo privilégio que a mim representa terem examinado esta tese, aprimorando-a a partir de críticas construtivas e relevantes considerações, na condição de notáveis referenciais, inclusive históricos, na luta pela implementação dos direitos humanos e pela consolidação de um constitucionalismo democrático em nosso país.

O professor Henry Steiner, diretor do Programa de Direitos Humanos da *Harvard Law School*, contribuiu definitivamente à realização deste trabalho — nosso especial convívio ao longo do ano de 1995 deixa as marcas e a lembrança de seu entusiasmo acadêmico, de seu vigor intelectual e de seus ricos questionamentos. Makau wa Mutua, diretor associado do Programa, apresentou valiosas sugestões à versão inicial deste estudo, a partir de críticas instigantes, próprias de seu pensamento tão vivo e provocativo. A Gerry Azzata, Susan Roman e Wendy Brown sou grata por todo o apoio e incentivo ao longo do desenvolvimento desta tese.

A experiência na *Harvard Law School*, durante o ano de 1995, ainda permitiu o contacto com o professor Roberto Mangabeira Unger e com as suas ideias fascinantes, criativas e idealizadoras de tantas alternativas transformadoras, o que enriqueceu a análise de muitas questões que permeiam este trabalho.

Ronaldo Porto Macedo, Dora Lúcia de Lima Bertúlio, Ivo Gomes, Ricardo Tadeu Cabral de Soares e Gabriela Whitaker-Cillo foram amigos sempre presentes e souberam encorajar-me diante dos sentimentos antagônicos e variados que este trabalho pôde proporcionar — das dificuldades e angústias aos momentos de euforia. Ao Ronaldo e à Dora sou especialmente grata pelo nosso grupo de estudos e pelas longas tardes de reflexão e discussão de nossos projetos, que auxiliaram imensamente o amadurecimento desta tese.

Mais uma vez e a distância, Luciana Piovesan e Priscila Kei Sato prestaram, com máxima competência, auxílio no levantamento de bibliografia nacional sobre a matéria.

À amiga e professora Leda Pereira e Mota agradeço sinceramente o importante estímulo e as tantas sugestões. Ao professor Luiz Alberto David

Araujo sou grata pelos comentários que acompanharam as diversas versões deste estudo, acrescentando-lhe maior rigor científico. A Francisca Pimenta Evrard agradeço o primoroso auxílio na cuidadosa revisão deste livro. A Vera Nusdeo Lopes e Maurício Ribeiro Lopes sou grata pela especial amizade de sempre.

Uma palavra ainda aos meus pais, João Batista Piovesan e Elizabeth Valejo Piovesan, pelo carinho da enorme saudade que, durante meu "exílio acadêmico", estimulou a tarefa de desenvolver esta tese e terminá-la. A Hannelore e Alfredo Fuchs, sou grata pelo afeto de tantos gestos e pelo encantamento de nosso convívio. Finalmente, ao querido Marcos Fuchs, pelo nosso amor, que doa beleza e sentido à arte de existir e de acreditar que tudo isto vale a pena.

Cambridge, 1995.

A Autora

APRESENTAÇÃO

I

Ao final de cinco décadas de extraordinária evolução, o direito internacional dos direitos humanos afirma-se hoje, com inegável vigor, como um ramo autônomo do direito, dotado de especificidade própria. Trata-se essencialmente de um *direito de proteção*, marcado por uma lógica própria, e voltado à salvaguarda dos direitos dos seres humanos e não dos Estados. Formam-no, no plano substantivo, um conjunto de normas que requerem uma interpretação de modo a lograr seu objeto e propósito e, no plano operacional, uma série de mecanismos (de petições ou denúncias, relatórios e investigações) de supervisão ou controle que lhe são próprios. A conformação deste novo e vasto *corpus juris* vem atender a uma das grandes preocupações de nossos tempos: assegurar a proteção do ser humano, nos planos nacional e internacional, em toda e qualquer circunstância. O presente livro da Dra. Flávia Piovesan, que tenho a grata satisfação de apresentar, é revelador de que a semente do Direito Internacional dos Direitos Humanos passa enfim a germinar, e dar bons frutos, também em terras brasileiras.

Podemos, na verdade, ir mais além do plano puramente internacional, ao articular a formação do novo *Direito dos Direitos Humanos*, a abranger as normas de proteção de origem tanto internacional quanto nacional. Este novo direito impõe-se, a meu modo de ver, de modo irreversível, pela conjunção de dois significativos fatores: por um lado, a atribuição expressa de funções, pelos próprios tratados de direitos humanos, aos órgãos públicos do Estado; e, por outro, a referência expressa, por parte de um número crescente de Constituições contemporâneas, aos direitos consagrados nos tratados de direitos humanos, incorporando-os ao elenco dos direitos garantidos no plano do direito interno. Desse modo, o direito internacional e o direito público interno revelam uma alentadora identidade de propósito de proteção do ser humano, e contribuem à cristalização do novo Direito dos Direitos Humanos.

II

A publicação de obras de qualidade como a presente reforça minha confiança de que a nova geração que emerge de juristas brasileiros saberá cultivar o Direito dos Direitos Humanos e extrair todas as consequências deste novo e fascinante ramo do direito. Saberá, a partir da constatação de nossa realidade social, sobrepor-se às incompreensões e insensibilidade alimentadas por um ensino do direito dissociado das prementes necessidades de proteção do ser humano. O ensino ministrado em nossas Faculdades de Direito, centros — com raras e honrosas exceções — do conservadorismo jurídico e de instrução (nem sequer educação) para o *establishment* legal em meio a um positivismo jurídico degenerado, tem sido em grande parte responsável pela perpetuação, de uma geração a outra, de certos dogmas do passado, que o Direito dos Direitos Humanos vem agora questionar e desafiar.

Permito-me destacar três ou quatro exemplos, e brevemente recapitular alguns pontos capitais que venho sustentando, ao longo de muitos anos, tanto em meus escritos quanto na solução de casos internacionais de direitos humanos em que tenho tido ocasião de atuar. O primeiro exemplo diz respeito à distinção rígida entre Direito Público e Direito Privado, contra a qual se insurgem as necessidades de proteção do ser humano, com maior força ante a atual diversificação das fontes de violações de seus direitos. A rigidez da distinção entre o público e o privado não resiste aos imperativos de proteção dos direitos humanos, por exemplo, nas relações interindividuais (e. g., violência doméstica) e nos atentados perpetrados por agentes não identificados, meios de comunicação, grupos econômicos e outros entes não estatais.

O segundo exemplo diz respeito à justiciabilidade das distintas categorias de direitos; a contrário do que comumente se supõe, muitos dos direitos econômicos e sociais, ou componentes destes, são, a exemplo dos direitos civis e políticos, perfeitamente justiciáveis. As necessidades de proteção do ser humano novamente se insurgem contra construções teóricas nefastas que, invocando a pretensa natureza jurídica de determinadas categorias de direitos, buscam negar-lhes meios eficazes de implementação, e separar o econômico do social e do político, como se o ser humano, titular de todos os direitos humanos, pudesse "dividir-se" nas diferentes áreas de sua atuação.

O terceiro exemplo é atinente às relações entre o direito internacional e o direito interno, enfocadas *ad nauseam* à luz da polêmica clássica, estéril e ociosa, entre dualistas e monistas, também erigida sobre falsas premissas.

Igualmente contra esta se insurge o Direito dos Direitos Humanos, ao sustentar que o ser humano é sujeito tanto do direito interno quanto do direito internacional, dotado em ambos de personalidade e capacidade jurídicas próprias. No presente domínio de proteção, o direito internacional e o direito interno, longe de operarem de modo estanque ou compartimentalizado, se mostram em constante interação, de modo a assegurar a proteção eficaz do ser humano. Como decorre de disposições expressas dos próprios tratados de direitos humanos, e da abertura do direito constitucional contemporâneo aos direitos internacionalmente consagrados, não mais cabe insistir na primazia das normas do direito internacional ou do direito interno, porquanto o primado é sempre da norma — de origem internacional ou interna — que melhor proteja os direitos humanos. O Direito dos Direitos Humanos efetivamente consagra o critério da primazia da norma mais favorável às vítimas.

O quarto exemplo diz respeito à fantasia das chamadas "gerações de direitos", a qual corresponde a uma visão atomizada ou fragmentada destes últimos no tempo. A noção simplista das chamadas "gerações de direitos", histórica e juridicamente infundada, tem prestado um desserviço ao pensamento mais lúcido a inspirar a evolução do direito internacional dos direitos humanos. Distintamente do que a infeliz invocação da imagem analógica da "sucessão geracional" pareceria supor, os direitos humanos não se "sucedem" ou "substituem" uns aos outros, mas antes se expandem, se acumulam e fortalecem, interagindo os direitos individuais e sociais (tendo estes últimos inclusive precedido os primeiros no plano internacional, a exemplo das primeiras convenções internacionais do trabalho). O que testemunhamos é o fenômeno não de uma sucessão, mas antes da expansão, cumulação e fortalecimento dos direitos humanos consagrados, a revelar a natureza complementar de todos os direitos humanos. Contra as tentações dos poderosos de fragmentar os direitos humanos em categorias, postergando sob pretextos diversos a realização de alguns destes (e. g., os direitos econômicos e sociais) para um amanhã indefinido, se insurge o Direito dos Direitos Humanos, afirmando a unidade fundamental de concepção, a indivisibilidade e a justiciabilidade de todos os direitos humanos.

III

O Direito dos Direitos Humanos não rege as relações entre iguais; opera precisamente em defesa dos ostensivamente mais fracos. Nas relações entre desiguais, posiciona-se em favor dos mais necessitados de proteção.

Não busca obter um equilíbrio abstrato entre as partes, mas remediar os efeitos do desequilíbrio e das disparidades. Não se nutre das barganhas da reciprocidade, mas se inspira nas considerações de *ordre public* em defesa de interesses superiores, da realização da justiça. É o direito de proteção dos mais fracos e vulneráveis, cujos avanços em sua evolução histórica se têm devido em grande parte à mobilização da sociedade civil contra todos os tipos de dominação, exclusão e repressão. Neste domínio de proteção, as normas jurídicas são interpretadas e aplicadas tendo sempre presentes as necessidades prementes de proteção das supostas vítimas.

Mesmo se nos ativermos ao plano tão somente da normativa internacional, a mesma lógica se desprende deste direito de proteção. Na interpretação dos tratados de direitos humanos, a chamada autonomia da vontade das partes cede espaço à fiel realização de seu objeto e propósito. O caráter objetivo das obrigações convencionais sobrepõe-se à identificação das intenções subjetivas das partes. Impõe-se uma interpretação necessariamente restritiva das limitações e derrogações permissíveis em relação ao exercício dos direitos protegidos, não havendo lugar para limitações implícitas. Os termos e conceitos consagrados nos tratados de direitos humanos se revestem de um sentido autônomo, independentemente do que lhes é atribuído nos sistemas jurídicos nacionais. Na interpretação dos tratados de direitos humanos tem prevalecido a natureza objetiva das obrigações que consagram, voltadas à proteção dos direitos humanos, o que equivale a uma interpretação em busca da realização do propósito último desses tratados, qual seja, a proteção dos direitos do ser humano.

A interpretação de certos dispositivos de um determinado tratado de direitos humanos tem às vezes servido de orientação à interpretação de dispositivos correspondentes de outro tratado de direitos humanos; esta interação dos instrumentos de direitos humanos no próprio processo de interpretação contribui a dar precisão ao alcance das obrigações convencionais e a assegurar uma interpretação uniforme do Direito Internacional dos Direitos Humanos. Ante a coexistência e multiplicidade dos instrumentos de proteção, o Direito dos Direitos Humanos aplica, como já indicado, o critério da primazia da norma mais favorável às supostas vítimas. O *rationale* do Direito dos Direitos Humanos não se limita às disposições substantivas, e se estende igualmente, como não poderia deixar de ser, ao plano processual ou operacional.

Poderia referir-me a dois ou três exemplos. Assim, no tocante à admissibilidade das reclamações ou denúncias internacionais de alegadas violações de direitos humanos, por exemplo, o requisito do prévio esgotamento dos recursos de direito interno reveste-se de caráter próprio ao presente domínio de proteção: enquanto no direito internacional geral tal requisito revela uma natureza preventiva no contencioso interestatal (proteção diplomática) discricionário, no Direito dos Direitos Humanos testemunha a interação entre o direito internacional e o direito interno e a complementaridade de direitos e deveres do reclamante e do reclamado: o elemento da reparação devida às vítimas, ao enfatizar a função e o aprimoramento dos tribunais nacionais e dos recursos de direito interno, afigura-se certamente mais importante do que o processo formal e mecânico do esgotamento desses recursos.

Na mesma linha de pensamento, o atual sistema de reservas a tratados (formulação e objeção, como resquícios da reciprocidade), consagrado nas duas Convenções de Viena sobre Direito dos Tratados (de 1969 e 1986), eivado de contratualismo, mostra-se manifestamente inadequado aos tratados de direitos humanos. Estes se erigem em premissas distintas dos tratados clássicos (a regulamentarem interesses recíprocos entre as partes), inspirados que são na noção de garantia coletiva dos direitos do ser humano e dotados que são de mecanismos de supervisão próprios, a requerer uma interpretação e aplicação guiadas pelos valores comuns superiores que abrigam.

Ainda no mesmo entendimento, o próprio mecanismo de solução amistosa, que encontra guarida em alguns tratados de direitos humanos, opera de modo distinto no presente domínio de proteção. Enquanto no direito internacional geral o capítulo atinente à solução pacífica das controvérsias internacionais tem se mostrado particularmente vulnerável a manifestações do voluntarismo estatal (e. g., a ambivalência entre o dever geral de solução pacífica e a liberdade de escolha dos meios pelas partes litigantes), no atual contexto da solução amistosa de casos de direitos humanos não podem os Estados razoavelmente esperar contar com o mesmo grau de discricionariedade, porquanto a solução amistosa deve aqui guiar-se, ou basear-se, na fiel observância dos direitos humanos.

Todos estes elementos apontam no sentido da emergência de um novo ramo do Direito, dotado de autonomia, o Direito dos Direitos Humanos. Este requer, no entanto, maior elaboração e articulação por parte das novas gerações de juristas que, no futuro, assumirão a responsabilidade de desenvolvê-lo, a partir da realidade social e da identificação das necessidades de proteção. Em suma, na interpretação e aplicação dos tratados e instrumentos de direitos humanos, voltados à proteção dos manifestamente mais fracos (as vítimas de violações), prima o elemento do "interesse público" (ou *ordre public*) comum e superior, com todas as consequências jurídicas que daí advêm.

IV

O cumprimento das obrigações internacionais de proteção requer o concurso dos órgãos internos do Estado, os quais são chamados a aplicar as normas internacionais; estas últimas se aplicam sobretudo no âmbito do ordenamento jurídico interno dos Estados, não mais portanto se justificando que no presente domínio de proteção o direito internacional e o direito interno continuem sendo abordados de forma estanque ou compartimentalizada, como o foram outrora. Um dos méritos do presente livro da Dra. Flávia Piovesan reside precisamente em sua abordagem da temática dos direitos humanos a partir tanto do direito internacional como do direito constitucional, interligados e não mais contrapostos, como no passado. A autora, uma das mais capazes e promissoras expoentes da nova geração de juristas que desponta em nosso país, o faz com segurança e firmeza. Desenvolve com lucidez um plano de análise da incorporação dos instrumentos internacionais de proteção dos direitos humanos no direito interno brasileiro.

As três partes em que se divide o plano de trabalho (Constituição Brasileira de 1988 e Tratados de Direitos Humanos, Sistema Internacional de Proteção dos Direitos Humanos, e este Sistema e a Redefinição da Cidadania no Brasil) encontram-se bem equilibradas e revelam uma sequência lógica. Os desenvolvimentos históricos cobertos pelo estudo encontram-se amparados em densa bibliografia (considerando-se ser este um tema ainda pouco explorado entre nós), a combinar fontes nacionais e outras. Nossa Constituição Federal, a exemplo das de tantos outros países, é situada no contexto da abertura à internacionalização dos direitos humanos. Os juízos críticos emitidos pela autora na primeira parte (por exemplo, contra a tese insustentável da paridade entre os tratados de direitos humanos e a legislação federal) refletem com acerto a doutrina mais lúcida sobre a matéria.

Como bem assinala a autora, o Direito Internacional dos Direitos Humanos pode "reforçar a imperatividade" dos direitos constitucionalmente garantidos ou, ainda, ampliar o elenco destes últimos. A segunda parte contém uma seleção de alguns dos principais tratados de direitos humanos, e ilustrações da prática dos órgãos de supervisão internacionais. A terceira parte relaciona, por exemplo, casos relativos ao Brasil perante a Comissão Interamericana de Direitos Humanos, e propugna por um conceito de cidadania ampliado. Detém-se a autora nas interações entre a democracia e os direitos humanos, mostrando que se fortalecem mutuamente e que, em última análise, não pode um existir sem o outro. Com toda a pertinência, o estudo da autora também abarca a advocacia do Direito Internacional dos Direitos Humanos.

V

O livro da Dra. Piovesan tem, pois, o mérito adicional de vincular a doutrina à prática. Os dois, com efeito, se retroalimentam, não havendo como abordar convincentemente a temática dos direitos humanos sem um sólido arcabouço jurídico-conceitual e uma cuidadosa atenção à realidade institucional e social de cada país. Há, além disso, que destacar a importância da educação (formal e não formal) e capacitação em direitos humanos em todos os níveis, como o melhor meio, a médio e longo prazos, de prevenir futuras violações de direitos humanos. O alentador estabelecimento, nos últimos anos, em algumas das Universidades brasileiras, da cadeira de Direitos Humanos, como disciplina — preferencialmente obrigatória, ou facultativa — a ser ensinada nos cursos jurídicos em base permanente, representa um salto qualitativo que tende a assegurar a mais ampla difusão da matéria entre as novas gerações de universitários brasileiros.

Em 1990, ao proferir conferências em São Paulo sobre o Direito Internacional dos Direitos Humanos, atendendo a convite da Pontifícia Universidade Católica (PUC), conheci Flávia Piovesan; ela se preparava para prestar concurso para a Procuradoria do Estado de São Paulo, e, já naquela época, manifestava sua acentuada vocação acadêmica, e sua sensibilidade e considerável motivação em relação à temática dos direitos humanos. Desde então, em nada me tem surpreendido, e muito me tem alegrado, confirmando aquela primeira impressão, ter podido acompanhar, ainda que a distância, mas com toda a atenção, as primeiras realizações de sua promissora trajetória, que vaticino das mais produtivas, por sua juventude e considerável capacidade de trabalho aliadas a seu engajamento pessoal nesta causa: a docência no campo dos Direitos Humanos (a partir da criação em 1994 daquela disciplina como obrigatória na PUC de São Paulo), seu primeiro livro (*Proteção judicial contra omissões legislativas: ação direta de inconstitucionalidade por omissão e mandado de injunção*, São Paulo,

1995), e, agora, o presente livro, derivado de sua tese de doutorado de 1996. *Direitos humanos e o direito constitucional internacional* de Flávia Piovesan vem preencher uma lacuna em nossa bibliografia especializada nascente sobre a matéria; nesta tem já o lugar que lhe cabe assegurado, e abre caminho para outros estudos sobre aspectos distintos da vasta temática dos direitos humanos a serem desenvolvidos em nosso país nos próximos anos. Estou confiante em que, com obras sucessivas como a presente, o Direito dos Direitos Humanos terá enfim chegado ao nosso meio para ficar.

San José da Costa Rica, 24 de maio de 1996.

Antônio Augusto Cançado Trindade
Juiz da Corte Interamericana de Direitos
Humanos, Professor Titular da Universidade
de Brasília e Diretor Executivo do
Instituto Interamericano de Direitos Humanos

PREFÁCIO

O dinâmico movimento de direitos humanos, que se desenvolveu a partir da Segunda Guerra Mundial, revelou uma impressionante capacidade de estabelecer parâmetros comuns através de tratados e declarações internacionais. Contudo, sua capacidade de implementar regras e princípios contra os Estados violadores ainda se mostra aquém do desejável. Dada esta fragilidade do sistema internacional de proteção dos direitos humanos, a esperança de que haja uma resposta eficaz frequentemente se volta à ordem jurídica e política interna dos Estados signatários daqueles tratados. Esses Estados devem pôr suas próprias casas em ordem sem a necessidade de que as vítimas de violações de direitos humanos recorram ao sistema de monitoramento internacional. Afinal de contas, tais violações surgem dentro dos Estados, não em alto-mar ou no espaço sideral. Idealmente, cabe aos Estados — nos quais as violações de direitos humanos se manifestam — o dever de punir e remediar essas violações. Em termos jurídicos formais, a doutrina do esgotamento dos recursos internos consagra exatamente esta regra.

A impressionante tese de doutoramento de Flávia Piovesan examina esta questão no plano do Brasil contemporâneo. A autora investiga em que medida, e através de quais técnicas jurídicas e políticas, o Brasil tem alcançado, ou busca alcançar, a observância interna dos direitos humanos, que se comprometeu a proteger através da ratificação de tratados internacionais básicos.

Esta pesquisa é conduzida dentro de um contexto histórico mais amplo. O trabalho de Flávia Piovesan adota como ponto de partida o processo de democratização no Brasil, que se iniciou com a Constituição de 1988. Na realidade, a autora analisa a relação entre três fenômenos: a democratização política no Brasil, a participação do Brasil no movimento internacional de direitos humanos, mediante a ratificação de tratados, e a efetiva proteção dos direitos humanos pelo Estado brasileiro. Ela examina os meios jurídicos formais capazes de tornar os tratados aplicáveis perante as Cortes nacionais, no âmbito da ordem jurídica brasileira. Ela também investiga o modo pelo qual as vítimas de violações, perpetradas pelo Estado brasileiro, podem recorrer aos órgãos intergovernamentais de proteção de direitos humanos — particularmente à Comissão Interamericana de Direitos Humanos — no sentido de submeter denúncias contra o Brasil. O círculo se fecha com a especulação da autora sobre a forma pela qual a efetiva internacionalização e proteção dos direitos humanos no cenário brasileiro podem acelerar o processo de democratização que, em seu turno, permitiu a ratificação de tratados internacionais de proteção destes direitos.

Trata-se de um trabalho sério, inteligente e esclarecedor, que deve interessar a todos aqueles que se preocupam com os direitos humanos e com a democracia, bem como com a relação entre os compromissos internacionais assumidos pelo Brasil e a ordem interna brasileira. É uma impressionante realização de uma das mais jovens e promissoras docentes de Direitos Humanos do Brasil. Eu felicito a autora e aguardo com entusiasmo suas futuras contribuições acadêmicas.

Janeiro de 1996.

Henry Steiner
Professor de Direito e
Diretor do Programa de Direitos Humanos
da *Harvard Law School*

NOTA À 23ª EDIÇÃO

Uma vez mais, no ritual de meu sabático acadêmico no Max Planck Institute for Comparative Public Law and International Law, na sempre encantadora Heidelberg, mergulho no exercício de lapidar esta obra para a sua 23ª edição.

Movida pela forte crença na ciência, pelo potencial inovador das ideias e de seu poder de transformar realidades, percorro os avanços e desafios dos processos de internacionalização dos direitos humanos e de humanização do Direito Internacional, aos quais se somam os processos de internacionalização do Direito Constitucional e de constitucionalização do Direito Internacional. Desde sua 1ª edição, em 1996, esta obra defende a emergência de um novo paradigma jurídico, pautado no sistema multinível a envolver as arenas global, regional e local, permeáveis a diálogos, incidências e influências mútuas e recíprocas, sob a inspiração do princípio da prevalência da dignidade humana, traduzido no princípio *pro persona*. É sob esta lógica, racionalidade e principiologia que se move toda hermenêutica do Direito dos Direitos Humanos, bem como do Estado Democrático de Direito, hoje Constitucional e também Convencional, tendo por pilares centrais os parâmetros constitucionais e internacionais de direitos humanos.

No âmbito do sistema global de proteção dos direitos humanos, verificou-se, uma vez mais, o aumento de ratificação dos principais tratados de direitos humanos. Foi ainda devidamente atualizada a jurisprudência dos *UN human rights treaty bodies*.

No sistema interamericano, foi atualizada a jurisprudência da Corte Interamericana. Nesse sentido, destaca-se o caso Oliveira Fuentes contra o Peru, em que a Corte reconheceu a responsabilidade do Estado em face da violação aos direitos à liberdade pessoal, à proteção à honra e à dignidade, bem como ao direito à igualdade perante a lei, decorrente de ato discriminatório sofrido pela vítima em virtude de sua orientação sexual (sentença proferida em 4 de fevereiro de 2023). Cabe, ainda, menção ao emblemático caso Habitantes de La Oroya contra o Peru, em que, ineditamente, a Corte Interamericana considerou o Estado responsável por violar o direito ao meio ambiente saudável, com fundamento nos arts. 26 e 1 e 2 da Convenção Americana, tanto em sua dimensão de exigibilidade imediata como de proibição de regressividade, em sua dimensão individual e coletiva. Declarou, ainda, a responsabilidade do Estado por afrontar o direito à saúde, também com fundamento nos arts. 26 e 1 e 2 da Convenção Americana, o direito à vida digna e à integridade pessoal, direitos das crianças, bem como o direito ao acesso à informação e à participação política e a um recurso judicial efetivo. Esse caso aponta um quadro de graves violações de direitos humanos sofridas por um grupo de habitantes de La Oroya, decorrentes de contaminação ocorrida no complexo metalúrgico da cidade, restando configurada a omissão do Estado no que se refere ao dever de atuar com a devida diligência na regulação, na fiscalização e no controle das atividades do complexo metalúrgico com respeito aos direitos ao meio ambiente saudável, à vida e à integridade pessoal (sentença proferida em 27 de novembro de 2023). Outra decisão emblemática refere-se ao caso Corporação Coletivo de Advogados José Alvear Restrepo (Cajar) contra a Colômbia, em que a Corte Interamericana considerou o Estado responsável por violações a direitos humanos cometidas em face de membros e familiares da organização não governamental Cajar, decorrentes de atividades arbitrárias de inteligência em dependências estatais em prejuízo das vítimas, que ainda sofreram estigmatização, violência, ameaça e intimidação, em virtude de sua qualidade de defensores de direitos humanos. A Corte reconheceu violados os direitos à vida, à integridade pessoal, à vida privada, à liberdade de expressão, à autodeterminação informativa (como um direito autônomo a envolver o direito a controlar os dados de caráter pessoal em poder de órgãos públicos) e ao direito a defender direitos (também como um direito autônomo a envolver a possibilidade de exercer livremente, sem limitações e quaisquer riscos, as distintas atividades voltadas à vigilância, à promoção, à proteção e à defesa de direitos universalmente reconhecidos). Enfatizou ser essencial o papel das pessoas defensoras de direitos humanos em uma sociedade democrática (sentença proferida em 18 de outubro de 2023).

Como revelam as decisões da Corte Interamericana e as recomendações da Comissão Interamericana, a vocação maior do sistema interamericano é proteger direitos, mas também transformar realidades, tendo como inspiração maior a prevalência da dignidade humana.

Sob esse enfoque, no Capítulo IX desta obra, no tópico atinente aos casos contra o Brasil perante a Corte Interamericana de Direitos Humanos, foi realizada uma detida revisão concernente a cada um dos casos contenciosos em face do Estado brasileiro, em sua dimensão fática e jurídica, com especial destaque às reparações ordenadas pela Corte Interamericana e ao grau de cumprimento dos pontos resolutivos de cada sentença pelo Estado brasileiro. Na atualização deste capítulo, dois novos casos contra o Brasil foram adicionados. Com efeito, em sentença proferida em 27 de novembro de 2023, no caso Honorato e outros contra o Brasil, a Corte reconheceu a responsabilidade do Estado por afronta ao direito à vida e ao direito às garantias judiciais e à proteção judicial, em virtude da execução extrajudicial de 12 pessoas, na chamada "Operação Castelinho", liderada pela polícia militar e pelo Grupo de Repressão e Análise dos Delitos de Intolerância (Gradi, que atuava como um serviço de inteligência da polícia militar), contra o Primeiro Comando da Capital (PCC). Na operação mais de 100 tiros foram disparados, resultando na morte das 12 vítimas do caso, restando caracterizado o uso excessivo da força por parte da polícia militar, bem como a impunidade dos perpetradores. Dentre as medidas de reparação, destacam-se o dever do Estado de adotar as medidas necessárias para garantir o envio de registros de operações policiais que resultem em mortes ou lesões graves de civis (incluindo gravações das câmaras corporais) aos órgãos de controle interno e externo da polícia, bem como o dever do Estado de adotar as medidas necessárias para suprimir a competência da polícia militar para investigar delitos supostamente cometidos por civis. O outro caso se refere ao caso Tavares Pereira contra o Brasil, em que a Corte Interamericana reconheceu a responsabilidade do Estado em face da impunidade que permanece o homicídio do trabalhador rural Antônio Tavares Pereira e as lesões sofridas por 185 outros trabalhadores rurais integrantes do MST, por parte da polícia militar, durante a repressão de uma marcha pela reforma agrária, em um contexto de violência relacionada a demandas por terra no Brasil, em sentença proferida em 16 de novembro de 2023. Uma vez mais, no âmbito das medidas de reparação, a Corte demandou do Brasil adotar todas as medidas para adequar a competência da justiça militar aos estândares interamericanos, entre outras medidas.

Foi também atualizada a jurisprudência do Supremo Tribunal Federal relativamente à hierarquia e ao impacto dos tratados internacionais de proteção dos direitos humanos no Direito Brasileiro, a revelar um diálogo cada vez mais intenso entre o Supremo Tribunal Federal e os parâmetros e jurisprudência interamericanos, com destaque para "a expansão do bloco de constitucionalidade, decorrente da incorporação dos tratados de direitos humanos".

Por fim, expresso minha mais profunda gratidão ao Max Planck Institute for Comparative Public Law and International Law pela tão especial acolhida acadêmica, caracterizada pelo vigor intelectual dos instigantes e qualificados debates, pelo elevado rigor metodológico e pelo intenso estímulo de um diálogo jurídico plural, visionário e transnacional, que tem como mantra maior o valor emancipatório da ciência. Ao professor Armin von Bogdandy, receba o meu maior reconhecimento e a minha maior gratidão pelo inestimável apoio, por seu brilhantismo intelectual, por seu pensamento vibrante, pela abertura a fascinantes ideias e pelos tantos projetos compartilhados. À professora Anne Peters, expresso a minha especial gratidão pelo tão estimulante diálogo acadêmico e pelo intercâmbio de ideias, especialmente sobre um *"global constitutionalism"*. A ambos deixo as palavras de Isaac Newton: *"if I have seen further it is by standing on the shoulders of Giants"*. Aos tão queridos amigos Mariela Morales (minha "amiga de alma"), Henry Jimenez, Holger Hestermeyer, Matthias Hartwig e Christina Binder, recebam o meu maior carinho por nossa preciosa amizade de décadas e por tanto compartilhar de vida, de projetos acadêmicos e de buscas emancipatórias.

Com devoção à ciência e ao potencial inovador das ideias, esta obra ambiciona fortalecer a cultura dos direitos humanos, semeando teorias, conceitos e valores, na incessante busca de proteger a dignidade humana. Com a firme crença no potencial transformador dos direitos humanos, compartilho da visão de T.S. Eliot, para quem: *"there is no such a thing as a lost cause, because there is no such a thing as a gained cause. Our temporary defeat may be the preface to the victory of our sucessors – even if the victory is temporary. We fight not to triumph, but to keep something alive"*.

Heidelberg, julho de 2024.

A autora

NOTA À 4ª EDIÇÃO

A revisão, atualização e ampliação desta obra, visando à publicação de sua 4ª edição, refletem dois fenômenos: a) o aprimoramento do sistema internacional de proteção dos direitos humanos, a partir de recentes e significativas transformações e b) o crescente alinhamento do Estado brasileiro à sistemática internacional de proteção.

O Tribunal Internacional Criminal Permanente (previsto pelo Estatuto de Roma, de 17 de julho de 1998), o Protocolo Facultativo à Convenção sobre a Eliminação de todas as formas de Discriminação contra a Mulher (adotado em 12 de março de 1999, na 43ª Sessão da Comissão do *Status* da Mulher da ONU), a entrada em vigor do Protocolo Adicional à Convenção Americana em matéria de Direitos Econômicos, Sociais e Culturais (em novembro de 1999), por si sós, são capazes de revelar o alcance dos avanços do sistema internacional de proteção dos direitos humanos nos últimos dois anos. A relevância destes avanços justifica a ampliação desta obra nesta 4ª edição. Adicione-se, ainda, a necessidade de aprofundar determinados temas do livro, o que permitiu o exame cuidadoso, por exemplo, da Convenção sobre a Eliminação de todas as formas de Discriminação Racial, da Convenção sobre a Eliminação de todas as formas de Discriminação contra a Mulher, da Convenção contra a Tortura, da Convenção sobre os Direitos da Criança e da Convenção para a Prevenção e Repressão do Crime de Genocídio, agora enfocadas ao longo do Capítulo VI da obra.

Não bastando as significativas transformações do sistema internacional de proteção dos direitos humanos, o crescente alinhamento do Estado brasileiro à sistemática internacional de proteção também vem a justificar as inovações desta 4ª edição. Em dezembro de 1998, finalmente, o Estado brasileiro reconheceu a competência jurisdicional da Corte Interamericana de Direitos Humanos (nos termos do Decreto Legislativo n. 89, de 3 de dezembro de 1998) e, em 7 de fevereiro de 2000, o Brasil assinou o Estatuto do Tribunal Internacional Criminal Permanente. O Estado brasileiro começa, assim, a romper com a antiga postura de aceitar a sistemática de direitos internacionais e, ao mesmo tempo, negar as garantias internacionais de proteção. Além disso, destaca-se o intenso envolvimento do Brasil nos órgãos internacionais voltados à tutela dos direitos humanos, como a Corte Interamericana, hoje presidida pelo professor Antônio Augusto Cançado Trindade, e a Comissão Interamericana de Direitos Humanos, hoje presidida por Hélio Bicudo, sendo necessário observar que ambos, na qualidade de reconhecidos especialistas em matéria de direitos humanos, atuam a título pessoal e não como representantes do Estado brasileiro.

A 4ª edição desta obra objetivou também atualizar o estudo de casos relativos ao Estado brasileiro no âmbito da Comissão Interamericana de Direitos Humanos. Se em 1996 foram estudados 27 casos contra o Estado brasileiro (admitidos pela Comissão Interamericana), passados quatro anos, 50 casos contra o Brasil são estudados, no Capítulo IX desta 4ª edição. Este dado simboliza o fortalecimento da advocacia internacional dos direitos humanos. Note-se que, no plano internacional, vige o princípio da subsidiariedade, pelo qual cabe ao Estado a responsabilidade primária no tocante aos direitos humanos, tendo a comunidade internacional uma responsabilidade secundária e subsidiária. Isto é, o aparato internacional só pode ser invocado quando as instituições nacionais mostrarem-se falhas ou omissas na proteção dos direitos humanos. O objetivo é possibilitar, mediante o monitoramento internacional, que avanços e progressos relativos aos direitos humanos ocorram no plano interno.

Ao lado da advocacia internacional de direitos humanos, objetivou-se ainda examinar a advocacia dos tratados internacionais perante as Cortes nacionais, com destaque à recente jurisprudência do Supremo Tribunal Federal sobre a matéria, bem como menção a decisões judiciais que aplicaram a normatividade internacional de direitos humanos.

A 4ª edição desta obra intenta, assim, celebrar as significativas transformações que marcaram o sistema internacional de proteção de direitos humanos e o regime jurídico e político adotado pelo Estado brasileiro em face destas inovações.

Neste incessante processo de reconstrução dos direitos humanos, vislumbra-se a dinâmica interação das esferas local, regional e global, acenando ao valor da dignidade humana, como princípio fundante de uma ordem renovada. Vive-se, mais do que nunca, a crescente internacionalização dos direitos humanos, a partir dos delineamentos de uma cidadania universal, da qual emanam direitos e garantias internacionalmente assegurados.

No dizer de Saramago, "as pessoas nascem todos os dias; só delas é que depende continuarem a viver o dia de ontem ou começarem de raiz e berço o dia novo — o hoje". Por isso, é mais do que tempo de inventar uma nova ordem, que consagre os direitos humanos como a plataforma emancipatória contemporânea, inspirada no valor da absoluta prevalência da dignidade humana.

São Paulo, março de 2000.

A Autora

SUMÁRIO

Agradecimento VII
Apresentação, Antônio Augusto Cançado Trindade XI
Prefácio, Henry Steiner XIX
Nota à 23ª Edição XXI
Nota à 4ª Edição XXV

Primeira Parte
A CONSTITUIÇÃO BRASILEIRA DE 1988 E OS TRATADOS INTERNACIONAIS DE PROTEÇÃO DOS DIREITOS HUMANOS

Capítulo I — INTRODUÇÃO 3

Capítulo II — UM ESCLARECIMENTO NECESSÁRIO — DELIMITANDO E SITUANDO O OBJETO DE ESTUDO 13

a) Delimitando o objeto de estudo: a Constituição brasileira e o Direito Internacional dos Direitos Humanos 13

b) Situando o objeto de estudo: os delineamentos do Direito Constitucional Internacional 15

c) Justificativas para a opção metodológica 18

Capítulo III — A CONSTITUIÇÃO BRASILEIRA DE 1988 E O PROCESSO DE DEMOCRATIZAÇÃO NO BRASIL — A INSTITUCIONALIZAÇÃO DOS DIREITOS E GARANTIAS FUNDAMENTAIS 21

a) O processo de democratização no Brasil e a Constituição brasileira de 1988 21

b) A Constituição brasileira de 1988 e a institucionalização dos direitos e garantias fundamentais 25

c) Os princípios constitucionais a reger o Brasil nas relações internacionais 37

XXIX

Capítulo IV — A CONSTITUIÇÃO BRASILEIRA DE 1988 E OS TRATADOS INTERNACIONAIS DE PROTEÇÃO DOS DIREITOS HUMANOS 43

a) Breves considerações sobre os tratados internacionais................ 43
b) O processo de formação dos tratados internacionais.................... 46
c) A hierarquia dos tratados internacionais de direitos humanos 51
d) A incorporação dos tratados internacionais de direitos humanos ... 90
e) O impacto jurídico dos tratados internacionais de direitos humanos no Direito interno brasileiro.. 101
f) A emergência de um novo paradigma jurídico............................ 118

Segunda Parte
O SISTEMA INTERNACIONAL DE PROTEÇÃO DOS DIREITOS HUMANOS

Capítulo V — PRECEDENTES HISTÓRICOS DO PROCESSO DE INTERNACIONALIZAÇÃO E UNIVERSALIZAÇÃO DOS DIREITOS HUMANOS 125

a) Primeiros precedentes do processo de internacionalização dos direitos humanos — o Direito Humanitário, a Liga das Nações e a Organização Internacional do Trabalho 125
b) A internacionalização dos direitos humanos — o pós-guerra 133
c) A Carta das Nações Unidas de 1945... 142
d) A Declaração Universal dos Direitos Humanos de 1948............... 153
e) Universalismo e relativismo cultural 166

Capítulo VI — A ESTRUTURA NORMATIVA DO SISTEMA GLOBAL DE PROTEÇÃO INTERNACIONAL DOS DIREITOS HUMANOS 175

a) Introdução... 175
b) Pacto Internacional dos Direitos Civis e Políticos......................... 178
c) Protocolo Facultativo ao Pacto Internacional dos Direitos Civis e Políticos 186
d) Pacto Internacional dos Direitos Econômicos, Sociais e Culturais... 192

e) Protocolo Facultativo ao Pacto Internacional dos Direitos Econômicos, Sociais e Culturais 203
f) Demais convenções internacionais de direitos humanos — breves considerações sobre o Sistema Especial de Proteção 206
g) Convenção Internacional sobre a Eliminação de todas as formas de Discriminação Racial 211
h) Convenção sobre a Eliminação de todas as formas de Discriminação contra a Mulher 217
i) Convenção contra a Tortura e outros Tratamentos ou Penas Cruéis, Desumanos ou Degradantes 226
j) Convenção sobre os Direitos da Criança 231
k) Convenção Internacional sobre a Proteção dos Direitos de todos os Trabalhadores Migrantes e dos Membros de suas Famílias 236
l) Convenção sobre os Direitos das Pessoas com Deficiência 240
m) Declaração das Nações Unidas sobre os Direitos dos Povos Indígenas 244
n) O Tribunal Penal Internacional, a Convenção para a Prevenção e Repressão do Crime de Genocídio e a Convenção Internacional para a Proteção de todas as Pessoas contra o Desaparecimento Forçado 247
o) Mecanismos globais não convencionais de proteção dos direitos humanos 261

Capítulo VII — A ESTRUTURA NORMATIVA DO SISTEMA REGIONAL DE PROTEÇÃO DOS DIREITOS HUMANOS — O SISTEMA INTERAMERICANO 275
a) Introdução 275
b) Breves considerações sobre a Convenção Americana de Direitos Humanos 281
c) A Comissão Interamericana de Direitos Humanos 286
d) A Corte Interamericana de Direitos Humanos 293
e) Impacto do Sistema Interamericano e a Emergência de um Constitucionalismo Regional Transformador: um *Ius Constitutionale Commune* na América Latina 324

XXXI

Terceira Parte
O SISTEMA INTERNACIONAL DE PROTEÇÃO DOS DIREITOS HUMANOS E A REDEFINIÇÃO DA CIDADANIA NO BRASIL

Capítulo VIII — O ESTADO BRASILEIRO E O SISTEMA INTERNACIONAL DE PROTEÇÃO DOS DIREITOS HUMANOS...... 333

a) A agenda internacional do Brasil a partir da democratização e a afirmação dos direitos humanos como tema global..................... 333

b) O Brasil e os tratados internacionais de direitos humanos........... 338

c) Pela plena vigência dos tratados internacionais de direitos humanos: a revisão de reservas e declarações restritivas, a reavaliação da posição do Brasil quanto a cláusulas e procedimentos facultativos e outras medidas 344

Capítulo IX — A ADVOCACIA DO DIREITO INTERNACIONAL DOS DIREITOS HUMANOS: CASOS CONTRA O ESTADO BRASILEIRO PERANTE O SISTEMA INTERAMERICANO DE DIREITOS HUMANOS.. 357

a) Introdução 357

b) Federalização das violações de direitos humanos........................ 359

c) Casos contra o Estado brasileiro perante a Comissão Interamericana de Direitos Humanos 366

d) Análise dos casos — limites e possibilidades da advocacia do Direito Internacional dos Direitos Humanos no Brasil................. 401

e) Casos contra o Estado brasileiro perante a Corte Interamericana de Direitos Humanos 411

Capítulo X — ENCERRAMENTO: O DIREITO INTERNACIONAL DOS DIREITOS HUMANOS E A REDEFINIÇÃO DA CIDADANIA NO BRASIL.. 447

Capítulo XI — SÍNTESE... 459

APÊNDICE

Instrumentos Internacionais de Proteção dos Direitos Humanos 479

Carta das Nações Unidas — Preceitos... 484

Declaração Universal dos Direitos Humanos 486

Pacto Internacional dos Direitos Civis e Políticos 491

Protocolo Facultativo ao Pacto Internacional dos Direitos Civis e Políticos 508

Segundo Protocolo Facultativo ao Pacto Internacional dos Direitos Civis e Políticos para a Abolição da Pena de Morte 512

Pacto Internacional dos Direitos Econômicos, Sociais e Culturais 515

Protocolo Facultativo ao Pacto Internacional dos Direitos Econômicos, Sociais e Culturais 525

Convenção para a Prevenção e Repressão do Crime de Genocídio.... 534

Convenção Contra a Tortura e Outros Tratamentos ou Penas Cruéis, Desumanos ou Degradantes 537

Protocolo Facultativo à Convenção Contra a Tortura e Outros Tratamentos ou Penas Cruéis, Desumanos ou Degradantes 549

Convenção sobre a Eliminação de Todas as Formas de Discriminação Contra a Mulher 562

Protocolo Facultativo à Convenção sobre a Eliminação de Todas as Formas de Discriminação Contra a Mulher 574

Convenção Internacional sobre a Eliminação de Todas as Formas de Discriminação Racial 580

Convenção sobre os Direitos da Criança 592

Convenção sobre os Direitos das Pessoas com Deficiência 610

Protocolo Facultativo à Convenção sobre os Direitos das Pessoas com Deficiência 637

Convenção Americana de Direitos Humanos (Pacto de San José da Costa Rica) 641

Protocolo Adicional à Convenção Americana sobre Direitos Humanos em Matéria de Direitos Econômicos, Sociais e Culturais (Protocolo de San Salvador) 663

Convenção Interamericana para Prevenir e Punir a Tortura 672

Convenção Interamericana para Prevenir, Punir e Erradicar a Violência Contra a Mulher (Convenção de Belém do Pará) 678

Bibliografia 687

XXXIII

Primeira Parte

A CONSTITUIÇÃO BRASILEIRA DE 1988 E OS TRATADOS INTERNACIONAIS DE PROTEÇÃO DOS DIREITOS HUMANOS

CAPÍTULO I

INTRODUÇÃO

A proposta deste estudo é analisar o modo pelo qual o Direito brasileiro incorpora os instrumentos internacionais de proteção dos direitos humanos, bem como em que sentido esses instrumentos podem contribuir para o reforço do sistema de implementação de direitos no Brasil. Vale dizer, pretende este livro avaliar a dinâmica da relação entre o Direito brasileiro, especialmente a Constituição Federal de 1988, e o aparato internacional de proteção dos direitos humanos, investigando em que medida esse aparato pode significar uma contribuição para a efetivação dos direitos humanos[1] no País, de modo a redefinir e reconstruir o próprio conceito de cidadania no âmbito nacional.

O primeiro passo deste trabalho será, assim, investigar a dinâmica da relação entre a Constituição Federal de 1988 e os tratados internacionais de proteção dos direitos humanos. Atente-se que a Carta de 1988 situa-se como marco jurídico da transição democrática e da institucionalização dos direitos humanos no Brasil. Impõe-se, assim, avaliar se o processo de democratização do País, juridicizado pela Constituição de 1988, implicou a

---

1. Sobre a definição de direitos humanos, afirma Louis Henkin: "Direitos humanos constituem um termo de uso comum, mas não categoricamente definido. Esses direitos são concebidos de forma a incluir aquelas 'reivindicações morais e políticas que, no consenso contemporâneo, todo ser humano tem ou deve ter perante sua sociedade ou governo', reivindicações estas reconhecidas como 'de direito' e não apenas por amor, graça ou caridade" (Louis Henkin, *The rights of man today*, p. 1-3). Para Antonio Enrique Pérez Luño: "Os direitos humanos surgem como um conjunto de faculdades e instituições que, em cada momento histórico, concretizam as exigências de dignidade, liberdade e igualdade humanas, as quais devem ser reconhecidas positivamente pelos ordenamentos jurídicos, nos planos nacional e internacional" (Antonio Enrique Pérez Luño, *Derechos humanos, Estado de derecho y Constitución*, p. 48). Na definição de Villiers: "Os direitos fundamentais são centrais aos direitos e liberdades individuais e formam a base de um Estado democrático. Os direitos fundamentais são considerados como essenciais ao processo democrático" (Villiers, *The socio-economic consequences of directive principles of state policy: limitations on fundamental rights*).

reinserção do Brasil na arena internacional de proteção dos direitos humanos. Isto é, importa examinar se a Carta de 1988 — ao estabelecer novos princípios a reger as relações do Brasil no contexto internacional e ao conferir tratamento especial e privilegiado aos direitos internacionais — contribuiu para uma nova inserção do Brasil na sistemática internacional de proteção, e quais as consequências e o impacto dessa reinserção na ordem jurídica brasileira.

Nesse sentido, buscar-se-á analisar o modo pelo qual a Constituição brasileira incorpora os tratados internacionais de proteção dos direitos humanos, atribuindo-lhes um *status* hierárquico diferenciado. Essa análise será complementada pelo estudo do impacto jurídico desses tratados internacionais de direitos humanos no Direito brasileiro, ou seja, avaliar-se-á o modo pelo qual tais instrumentos são capazes de fortalecer o constitucionalismo de direitos no País. Como atenta Virginia Leary, ao enfocar os tratados internacionais de proteção de direitos humanos: "Embora estes tratados sejam elaborados com o fim de importar em obrigações aos Estados que os ratificam, os seus verdadeiros beneficiários são os indivíduos que estão sob a jurisdição do Estado. A incorporação efetiva das normas destes tratados no plano nacional é de crucial importância para que os seus propósitos sejam alcançados. A comunidade internacional tenta, atualmente, através do uso de tratados — o maior instrumento em seu aparato legal — obrigar os Estados a melhorar a condição dos indivíduos e a garantir a eles direitos fundamentais"[2].

A investigação a respeito da incorporação dos tratados de direitos humanos pelo Direito brasileiro conduzirá ao exame do sistema internacional de proteção de direitos humanos, suas peculiaridades, limites e possibilidades. A análise adotará como ponto de partida a reflexão sobre os antecedentes históricos do movimento de internacionalização dos direitos humanos. Este estudo permitirá compreender o discurso contemporâneo de direitos, a partir do processo de universalização dos direitos humanos, deflagrado no pós-guerra[3]. Perceber-se-á que, em face das atrocidades come-

---

2. Virginia Leary, *International labor conventions and national law: the effectiveness of the automatic incorporation of treaties in national legal systems*.

3. O processo de universalização e internacionalização dos direitos humanos situa-se como um movimento extremamente recente na história do direito, apresentando delineamentos mais concretos apenas após a Segunda Guerra Mundial. Como explica Louis Henkin: "Após a Segunda Guerra Mundial, os acordos internacionais de direitos humanos têm criado obrigações e responsabilidades para os Estados, com respeito às pessoas sujeitas à sua juris-

tidas durante a Segunda Guerra Mundial, a comunidade internacional passou a reconhecer que a proteção dos direitos humanos constitui questão de legítimo interesse e preocupação internacional. Ao constituir tema de legítimo interesse internacional, os direitos humanos transcendem e extrapolam o domínio reservado do Estado ou a competência nacional exclusiva. São criados parâmetros globais de ação estatal, que compõem um código comum de ação, ao qual os Estados devem se conformar, no que diz respeito à promoção e proteção dos direitos humanos. Consolida-se o movimento do "Direito Internacional dos Direitos Humanos", que, nas palavras de Thomas Buergenthal, tem humanizado o Direito internacional contemporâneo e internacionalizado os direitos humanos. No dizer de Thomas Buergenthal: "Este código tem humanizado o Direito internacional contemporâneo e internacionalizado os direitos humanos, ao reconhecer que os seres humanos têm direitos protegidos pelo Direito internacional e que a denegação desses direitos engaja a responsabilidade internacional dos Estados, independentemente da nacionalidade das vítimas de tais violações"[4].

---

dição, e um direito costumeiro internacional tem-se desenvolvido. O emergente Direito Internacional dos Direitos Humanos institui obrigações aos Estados para com todas as pessoas humanas, e não apenas para com estrangeiros. Esse Direito reflete a aceitação geral de que todo indivíduo deve ter direitos, os quais todos os Estados devem respeitar e proteger. Logo, a observância dos direitos humanos é não apenas um assunto de interesse particular do Estado (e relacionado à jurisdição doméstica), mas é matéria de interesse internacional e objeto próprio de regulação do Direito Internacional" (Louis Henkin et al., *International law: cases and materials*, 3. ed., Minnesota, West Publishing, 1993, p. 375-376).

4. Cf. Thomas Buergenthal, prólogo do livro de Antônio Augusto Cançado Trindade, *A proteção internacional dos direitos humanos: fundamentos jurídicos e instrumentos básicos*, p. XXXI. Para Antonio Cassesse: "Nós agora temos parâmetros de ação, disponíveis para os Estados e para os indivíduos: as normas internacionais de direitos humanos impõem regras de comportamento, requerendo aos Estados que atuem em determinado sentido e, ao mesmo tempo, legitimam as queixas dos indivíduos, se esses direitos e liberdades não são respeitados" (Antonio Cassesse, *Human rights in a changing world*, p. 2). E prossegue o mesmo autor: "Um terceiro peculiar aspecto da comunidade internacional neste período é o desprezo aos indivíduos. É como se eles não existissem, sendo absorvidos e obscurecidos pelo 'príncipe': os Estados soberanos, os únicos atores reais no palco mundial. Os indivíduos não são ninguém, mas apenas objetos dominados pelos vários Estados soberanos. (...) A grande ruptura veio inicialmente em 1917, e posteriormente em 1945: com o fim da Primeira Guerra Mundial e após o fim da Segunda Guerra. Isto não é talvez mera coincidência: as pessoas necessitavam sofrer um choque profundo e radical, a fim de repensar as estruturas e padrões sociais e decidir renovar as bases da coexistência humana, no esforço de adaptar este novo desenvolvimento em realidade" (*Human rights in a changing world*, p. 13-15). Na visão de Louis Henkin: "Direitos humanos internacionais constituem um termo usado com

Ainda a respeito do movimento de internacionalização dos direitos humanos, adiciona Richard B. Bilder: "O movimento do Direito Internacional dos Direitos Humanos é baseado na concepção de que toda nação tem a obrigação de respeitar os direitos humanos de seus cidadãos e de que todas as nações e a comunidade internacional têm o direito e a responsabilidade de protestar, se um Estado não cumprir suas obrigações. O Direito Internacional dos Direitos Humanos consiste em um sistema de normas, procedimentos e instituições internacionais desenvolvidos para implementar esta concepção e promover o respeito dos direitos humanos em todos os países, no âmbito mundial. (...) Embora a ideia de que os seres humanos tenham direitos e liberdades fundamentais, que lhes são inerentes, há muito tempo tenha surgido no pensamento humano, a concepção de que os direitos humanos constituem objeto próprio de uma regulação internacional, por sua vez, é bastante recente. (...) Muitos dos direitos que hoje constam do 'Direito Internacional dos Direitos Humanos' emergiram apenas em 1945, quando, com as implicações do holocausto e de outras violações de direitos humanos cometidas pelo Nazismo, as nações do mundo decidiram que a promoção de direitos humanos e liberdades fundamentais deveria ser um dos principais propósitos da Organização das Nações Unidas"[5].

É nesse cenário que será examinado o sistema normativo de proteção internacional dos direitos humanos, através do estudo de importantes instrumentos internacionais, de âmbitos global e regional, como também de âmbitos geral e específico. Essa análise buscará compreender a forma pela

---

vários graus de precisão (ou imprecisão) e com diversas conotações, em diferentes contextos. Na linguagem geral, este termo corresponde ao 'movimento dos direitos humanos internacionais', nascido durante a Segunda Guerra Mundial, sob a convicção de que a forma pela qual os seres humanos são tratados em qualquer lugar interessa a qualquer pessoa, em qualquer lugar (*how human beings are treated anywhere concerns everyone, everywhere*)" (Louis Henkin, *The age of rights*, p. 16). Para Richard Pierre Claude e Burns H. Weston: "O termo 'direitos humanos internacionais' é um código de linguagem para um número — sempre crescente e em expansão — de diferentes iniciativas: a) um ataque à concepção de soberania estatal, da forma pela qual é tradicionalmente concebida; b) a elaboração de uma agenda para uma política global; c) um padrão para disciplinar o comportamento nacional e, portanto, julgar a legitimidade política; e d) um dinâmico e estimulante movimento, composto por indivíduos e grupos, que transcende as fronteiras políticas (um fator de crescente importância nas relações internacionais)" (*Human rights in the world community: issues and action*, p. 2).

5. Richard B. Bilder, An overview of international human rights law, in Hurst Hannum, *Guide to international human rights practice*, p. 3-5.

qual o sistema normativo de proteção internacional dos direitos humanos atribui ao indivíduo *status* de sujeito de direito internacional, conferindo-lhe diretamente direitos e obrigações no plano internacional. Nesse sentido, de objeto das relações internacionais, o indivíduo se converte em sujeito, com capacidade de possuir e exercer direitos e obrigações de cunho internacional. Como explica Paul Sieghart: "As atrocidades perpetradas contra os cidadãos pelos regimes de Hitler e Stálin não significaram apenas uma violência moral que chocou a consciência da humanidade; elas foram uma real ameaça à paz e à estabilidade internacional. E assim, implicaram uma verdadeira revolução no direito internacional: em uma única geração, um novo código internacional foi desenvolvido, enumerando e definindo direitos humanos e liberdades fundamentais para todos os seres humanos, em qualquer parte do mundo, e, a partir de então, esses direitos não mais puderam ser concebidos como generosidade dos Estados soberanos, mas passaram a ser 'inerentes' ou 'inalienáveis', e portanto não poderiam ser reduzidos ou negados por qualquer motivo. Nas palavras do advogado internacionalista Hersch Lauterpacht, em 1950: 'Os indivíduos passaram a adquirir um *status* e uma estatura que os transformaram de objetos de compaixão internacional em sujeitos de direito internacional'"[6].

---

6. Paul Sieghart, International human rights law: some current problems, in Robert Blackburn e John Taylor (ed.), *Human rights for the 1990s: legal, political and ethical issues*, p. 26. Na lição de Antônio Augusto Cançado Trindade: "Foi tão somente nos tempos modernos que se veio a aceitar na teoria e na prática que não havia impossibilidade lógica ou jurídica de normas do direito internacional se dirigirem diretamente aos indivíduos como pessoas protegidas a nível internacional" (*A proteção internacional dos direitos humanos: fundamentos jurídicos e instrumentos básicos*, p. 6). Para Antonio Cassese: "As novas doutrinas que nós temos discutido têm fortemente influenciado um outro campo do direito internacional: aquele que é objeto da comunidade internacional. Como já afirmei, tradicionalmente os únicos 'centros de poder' a deter direitos e obrigações legais eram os Estados soberanos. (...) Atualmente, os indivíduos (ou ao menos as pessoas submetidas à dominação colonial, estrangeira ou racista) têm começado a emergir como importante contraparte" (*Human rights in a changing world*, p. 163). E prossegue o mesmo autor: "Em 1947, o delegado francês da Comissão de Direitos Humanos das Nações Unidas, René Cassin (que contribuiu consideravelmente para a redação da Declaração Universal de 1948), afirmou que as falhas da Declaração não poderiam obscurecer suas inovações, que permitiram ao 'indivíduo se converter em sujeito de direito internacional, tanto em respeito à sua vida, como à sua liberdade'. Posteriormente, em 1986, o Presidente Raoul Alfonsín da Argentina declarou em Strasbourg que: 'mudanças significativas estão ocorrendo na concepção do direito internacional (mediante o fortalecimento dos direitos humanos), no sentido de atribuir ao indivíduo *status* de sujeito internacional e, consideravelmente, enfraquecer a ideia de 'interferência em assuntos internos', quando violações de direitos humanos são cometidas'" (*Human rights in a changing world*, p. 163).

O reconhecimento de que os seres humanos têm direitos sob o plano internacional implica a noção de que a negação desses mesmos direitos impõe, como resposta, a responsabilização internacional do Estado violador. Isto é, emerge a necessidade de delinear limites à noção tradicional de soberania estatal, introduzindo formas de responsabilização do Estado[7] na arena internacional, quando as instituições nacionais se mostram omissas ou falhas na tarefa de proteger os direitos humanos internacionalmente assegurados[8]. Verificar-se-á como, na ordem contemporânea, se reforça, cada vez mais, esse complexo sistema de "concorrência institucional", pelo qual a ausência ou insuficiência de respostas às violações de direitos humanos, no âmbito nacional, justifica o controle, a vigilância e o monitoramento desses direitos pela comunidade internacional. Importa esclarecer que a sistemática internacional de proteção dos direitos humanos, ao constituir uma garantia adicional de proteção, invoca dupla dimensão, enquanto: a) parâmetro protetivo mínimo a ser observado pelos Estados, propiciando avanços e evitando retrocessos no sistema nacional de direitos humanos; e b) instância de proteção dos direitos humanos, quando as instituições nacionais se mostram falhas ou omissas no dever de proteção desses direitos[9].

---

7. Ao definir Estado, afirma Henkin: "Em conformidade com o direito internacional, um Estado é uma entidade que tem um território definido e uma população permanente, sob controle de governo próprio, e que mantém ou tem a capacidade de manter relações com outras entidades. (...) As capacidades, direitos e obrigações dos Estados incluem as seguintes: a) soberania sob seu território e autoridade geral sob seus nacionais; b) *status* como pessoa de direito, com capacidade para possuir, adquirir e transferir propriedade, celebrar contratos ou acordos internacionais, participar como membro de organizações internacionais e desenvolver e ser objeto de remédios legais; c) capacidade de, com outros Estados, criar direito internacional, como direito costumeiro ou acordos internacionais. (...) Uma entidade não é um Estado ao menos que tenha competência, em seu próprio sistema constitucional, de conduzir relações internacionais com outros Estados, com capacidade política, técnica e financeira para tanto" (Louis Henkin et al., *International law*, p. 242-243).

8. Como explica Thomas Buergenthal: "O Direito Internacional dos Direitos Humanos (Proteção Internacional dos Direitos Humanos) é definido como o Direito que trata tanto da proteção de indivíduos e grupos contra a violação, por parte dos Governos, de seus direitos internacionalmente garantidos, como da promoção desses mesmos direitos" (Thomas Buergenthal, *International human rights,* p. 1).

9. Na percepção de Eibe H. Riedel: "O grande objetivo dos tratados internacionais de direitos humanos se atém à interação entre as garantias nacionais e internacionais de direitos humanos, adicionando assim uma melhor proteção aos indivíduos. Concebidos como *standards* de direitos humanos com a função acima descrita, os tratados internacionais constituem importantes medidas adicionais, que complementam as formulações nacionais relativas aos

Nesse contexto, os tratados internacionais voltados à proteção dos direitos humanos, ao mesmo tempo que afirmam a personalidade internacional do indivíduo e endossam a concepção universal dos direitos humanos, acarretam aos Estados que os ratificam obrigações no plano internacional. Com efeito, se, no exercício de sua soberania, os Estados aceitam as obrigações jurídicas decorrentes dos tratados de direitos humanos, passam então a se submeter à autoridade das instituições internacionais, no que se refere à tutela e fiscalização desses direitos em seu território[10]. Sob esse prisma, a violação de direitos humanos constantes dos tratados, por significar desrespeito a obrigações internacionais, é matéria de legítimo e autêntico interesse internacional, o que vem a flexibilizar a noção tradicional de soberania nacional[11]. Nesse sentido, destaque-se a afirmação do Secretário-Geral das

---

direitos básicos" (Assertion and protection of human rights in international treaties and their impact in the basic law, in Christian Starck (ed.), *Rights, institutions and impact of international law according to the German Basic Law*, p. 220-221). Para Louis Henkin: "com respeito ao principais tratados de direitos humanos, os procedimentos previstos objetivam suplementar, mais do que substituir, os remédios constantes no direito nacional geral" (*International law: cases and materials*, p. 578). E ainda acentua Henkin: "a proteção nacional de direitos humanos é frequentemente deficiente; os direitos humanos internacionais são concebidos de forma a demandar dos Estados que remediem estas deficiências. (...) As normas, as políticas e as instituições dos direitos humanos internacionais, portanto, não substituem as leis e instituições nacionais; mas preveem uma proteção internacional adicional para esses direitos assegurados no plano interno" (*The age of rights*, p. 17).

10. Como afirma Louis Henkin: "Normalmente um ato do Estado que não está em conformidade com uma obrigação internacional é um ato internacionalmente incorreto, que implica responsabilidade por parte do Estado" (*International law*, p. 561). E enfatiza Henkin: "Como o Direito Internacional em geral, o Direito Internacional dos Direitos Humanos cria direitos e obrigações legais perante o sistema jurídico internacional" (*The age of rights*, p. 3). Para S. Cohen: "O Direito Internacional dos Direitos Humanos impõe obrigações aos governos no exercício de sua soberania doméstica. À luz da Declaração Universal, dos Pactos das Nações Unidas, das Convenções Europeia e Americana e dos Acordos de Helsinki, os Estados têm-se comprometido a respeitar certas liberdades básicas das pessoas sob as suas jurisdições" (Conditioning U.S. security assistance on human rights practice, *American Journal of International Law*, v. 76, p. 246).

11. Entretanto, ainda é grande a resistência de alguns países no que se refere ao processo de monitoramento internacional dos direitos humanos. Sobre a antinomia entre "*standards* internacionais de conduta" e "soberania/autonomia" e a constante tensão entre "valores da autonomia nacional" e "responsabilidade internacional", simbólica é a passagem constante do *White Paper on Human Rights in China — Information Office of the State Council of the People's Republic of China (1991)*: "A China se opõe a interferências nos assuntos internos de outros países, sob pretexto da proteção aos direitos humanos, e tem

Nações Unidas, no final de 1992: "Ainda que o respeito à soberania e integridade do Estado seja uma questão central, é inegável que a antiga doutrina da soberania exclusiva e absoluta não mais se aplica e que esta soberania jamais foi absoluta, como era então concebida teoricamente. Uma das maiores exigências intelectuais de nosso tempo é a de repensar a questão da soberania (...). Enfatizar os direitos dos indivíduos e os direitos dos povos é uma dimensão da soberania universal, que reside em toda a humanidade e que permite aos povos um envolvimento legítimo em questões que afetam o mundo como um todo. É um movimento que, cada vez mais, encontra expressão na gradual expansão do Direito Internacional"[12]. Com esse

---

feito contínuos esforços para eliminar o fortalecimento da cooperação internacional no campo dos direitos humanos. (...) Após um longo período de atividades das Nações Unidas na esfera dos direitos humanos, a China tem se oposto firmemente a todo e qualquer país que usa da questão de direitos humanos para propagar seus próprios valores, ideologias, *standards* políticos e modos de desenvolvimento e se opõe ainda a qualquer país que interfira nos assuntos internos, especialmente de países em desenvolvimento, de modo a violar a soberania e a dignidade de muitos destes países. A China tem afirmado sempre que a questão dos direitos humanos é essencialmente uma questão de jurisdição doméstica de um país. O respeito à soberania nacional e à não interferência no assunto interno de cada país são universalmente reconhecidos como princípios de Direito Internacional, aplicáveis a todos os campos desse Direito, e também obviamente aplicáveis ao campo dos direitos humanos". Em sentido contrário, adota-se a posição de Oscar Schachter: "Muitos advogados internacionalistas sustentam que, se um direito é internacionalmente reconhecido e dele deriva a correspondente obrigação internacional, não há que se falar em reserva ao domínio da jurisdição doméstica. Com efeito, a jurisdição doméstica nega a possibilidade de obrigação internacional, e não possui um sentido positivo em si mesma. Como pode uma questão ser, ao mesmo tempo, de exclusividade doméstica e objeto de exigências internacionais?" (*International law in theory and practice*, p. 332).

12. Boutros-Ghali, Empowering the United Nations, Foreign Affairs, v. 89, p. 98-99, 1992/1993, apud Henkin et al., *International law: cases and materials*, p. 18. Ver ainda Grahl-Madsen & Toman, citando Lillich: "O Professor Lillich tem sugerido que o conceito de soberania no Direito Internacional é uma ideia que o tempo tem revisto e revisto. Ao se referir aos limites da 'tirânica' concepção de soberania, Lillich aponta a três grandes premissas: 1) humanidade — é a razão de ser de qualquer sistema jurídico; 2) o sistema internacional, por mais de 300 anos, desde a Paz de Westphalia, não tem satisfeito o que deveria ser sua função primária, a saber, a proteção e o desenvolvimento da dignidade da pessoa humana; 3) qualquer proposta de nova ordem mundial deverá ser estruturada no sentido de maximizar os benefícios não aos Estados, mas aos indivíduos que vivem nos Estados — da liberdade de expressão e eleição, de um lado, à liberdade ante a fome e ao direito à educação, de outro lado" (Sovereignty and humanity: can they converge?, in *The spirit of Uppasala*, p. 406-407). Também sobre a matéria, alerta Philip Allott: "Em uma sociedade internacional que concebe a si própria como uma sociedade, os Estados não possuem poderes naturais, inerentes ou ilimitados. Como em qualquer outra sociedade, os Estados possuem poderes e

raciocínio, perceber-se-á como a violação de uma obrigação internacional pelo Estado, seja em razão de ação ou omissão, implica responsabilização internacional. Nas lições de Henry Steiner: "Muitos dos princípios nos quais o Direito Internacional dos Direitos Humanos está baseado relacionam-se à necessidade de assegurar que não apenas as violações cessem, mas que a justiça seja feita em relação a ambos, vítimas e perpetradores. Estes princípios incluem o direito a um remédio, à responsabilização, à punição dos autores e ao pagamento de uma indenização apropriada, bem como a medidas que facilitem a reabilitação da vítima"[13].

---

obrigações conferidas pelas Constituições nacionais e pelo Direito Internacional. O seu *status* particular é como órgão constitucional de uma sociedade internacional, com uma responsabilidade especial para a organização de sua esfera pública, incluindo a esfera pública de sua própria sociedade" (*Eunomia: new order for a new world*, p. 416-419).

13. Henry Steiner, *Criminal responsibility for human rights violations*, material do curso International Law and Human Rights, Harvard Law School, spring, 1994. Sobre a matéria, afirma o *Report of the Special Rapporteur on Extra Judicial, Summary or Arbitrary Executions*: "Os Governos são obrigados, à luz do Direito Internacional, a promover exaustivas e imparciais investigações quando há alegações de violações dos direitos à vida, à identidade, realizando justiça e punindo seus perpetradores, garantindo compensações às vítimas ou a seus familiares, e adotando efetivas medidas para prevenir futuras ocorrências de violações. Os dois primeiros componentes dessas quatro obrigações constituem, em si mesmos, os mais efetivos meios de prevenção de violações de direitos humanos. Contrariamente, se os perpetradores estão confiantes de que não serão punidos, tais violações continuarão a existir. O reconhecimento da obrigação de compensar as vítimas de violações de direitos humanos e a concreta compensação pressupõem o reconhecimento, por parte do Governo, de sua obrigação de assegurar a efetiva proteção contra as violações de direitos com base no respeito aos direitos e liberdades fundamentais de toda e qualquer pessoa" (UN Doc. E/CN 4/1994/7, 157). Ainda sobre o tema, acrescenta Diane Orentlicher: "Nos casos em que o Direito Internacional exige dos Estados que realizem justiça relativamente aos responsáveis por crimes atrozes, medidas internacionais apropriadas devem continuar a insistir no princípio da responsabilização ('accountability'). (...) Nos casos em que pressões internacionais podem contribuir significativamente para assegurar investigações, as quais o Governo fracassou em promover, grandes esforços devem ser feitos no sentido de que tais pressões se façam efetivas. Quando organismos internacionais se mostram incapazes de persuadir o Governo a processar autores de crimes atrozes, esses organismos devem continuar a insistir para que o Governo responsável garanta a compensação às vítimas e esta compensação deve incluir os danos sofridos em virtude do fracasso do Governo em realizar justiça" (*Legal consequences of gross human rights abuses: issues of impunity and victim compensation*). No entendimento da Corte Internacional de Justiça: "É um princípio de Direito Internacional que a violação de acordos implica a obrigação de reparar de forma adequada. A reparação, portanto, é um complemento indispensável na hipótese de fracasso no cumprimento de Convenções, não havendo a necessidade de estar prevista no texto da Convenção" (International Court of Justice, apud Louis Henkin et al., *International law*, cit., p. 544).

Passa-se, assim, à parte final desta investigação, que será dedicada ao exame da posição do Estado do Brasil perante os tratados internacionais de direitos humanos. Este estudo será complementado pela análise do exercício da advocacia do Direito Internacional dos Direitos Humanos no âmbito brasileiro, que será concentrado no estudo das ações internacionais perpetradas contra o Estado brasileiro perante o sistema interamericano, sob o enfoque do modo pelo qual a advocacia do Direito Internacional dos Direitos Humanos é exercida no País, quais os atores sociais envolvidos e quais os direitos humanos violados[14].

Em suma, objetiva-se com este trabalho avaliar a dinâmica da interação entre o Direito brasileiro e o Direito Internacional dos Direitos Humanos, bem como os limites e as possibilidades de intervenção desse instrumental internacional no processo de redefinição e reconstrução do próprio conceito de cidadania no Brasil.

---

14. Sobre as violações de direitos humanos, Steiner distingue as violações "episódicas" das "sistemáticas": "Por episódicas de direitos humanos, eu me refiro a sociedades que geralmente observam as normas de direitos humanos, mas que podem praticar desvios incidentais ou ocasionais e, se contínuos, desvios que afetam discretamente determinadas áreas ou grupos, não atingindo a vida social como um todo. As violações sistemáticas de direitos humanos têm um caráter radicalmente diferente. Elas refletem a ordem política e jurídica do Estado. É nestas circunstâncias que um poderoso regime internacional se torna essencial. Considerando a suspensão de remédios no âmbito interno, a retórica, a publicidade, a censura e as sanções do regime internacional de direitos humanos devem servir como remédios suplementares" (Henry Steiner, A gloomy view of enforcement, in Braibant e Marcou (eds.), *Les droits de l'homme: universalité et renouveau*).

CAPÍTULO II

UM ESCLARECIMENTO NECESSÁRIO —
DELIMITANDO E SITUANDO O OBJETO DE ESTUDO

a) **Delimitando o objeto de estudo: a Constituição brasileira e o Direito Internacional dos Direitos Humanos**

O objeto deste trabalho, como atenta sua introdução, é analisar o modo pelo qual a Constituição brasileira de 1988 se relaciona com o aparato internacional de proteção dos direitos humanos, a forma pela qual incorpora os tratados internacionais de direitos humanos e o *status* jurídico que ela lhes atribui. É também objeto deste estudo averiguar o modo pelo qual o sistema internacional de proteção dos direitos humanos pode contribuir para a implementação de direitos no âmbito brasileiro, reforçando, nesse sentido, o próprio constitucionalismo de direitos inaugurado pela Carta brasileira de 1988. Adota-se aqui a concepção contemporânea de direitos humanos, pela qual eles são concebidos como unidade indivisível, interdependente e inter-relacionada, na qual os valores da igualdade e liberdade se conjugam e se completam[1].

---

1. Sobre essa concepção, ver o Capítulo V, dedicado aos precedentes históricos do processo de internacionalização e universalização dos direitos humanos, em particular o tópico relativo à Declaração Universal de 1948. A respeito, leciona Clémerson Merlin Clève: "Inicialmente, a natureza dos direitos do homem se identificava com determinadas liberdades do indivíduo face e contra o Estado. Esta concepção é contemporânea de uma desconfiança em relação ao poder, compartilhada com o marxismo, mas que ao contrário deste, prega a limitação do Estado, entendendo-o como mal necessário. Ora, em países como os latino-americanos, onde a sociedade, ela mesma, é em muitos casos autoritária (e injusta), o poder do Estado, enquanto tal, pode-se revestir de um aspecto positivo. Esta colocação é contemporânea da intervenção do Estado no domínio do que antes se convencionou chamar de privado, a qual, alterando o quadro das suas funções tradicionais estabelecidas pela ideologia liberal, oferece as coordenadas para uma reelaboração dos direitos do homem. É o resultado, já, da afirmação de uma nova geração de direitos (greve, sindicalização, reunião, educação, etc.) e, mais do que nunca, de seu gozo reiterado. O nascimento de um conjunto de direitos de crédito frente ao Estado (saúde, alimentação, habitação, etc.) altera profunda-

Considerando ser a Constituição brasileira de 1988 o marco jurídico do processo de transição democrática, bem como da institucionalização de direitos humanos no País, este estudo busca responder a três questões centrais:

1) Qual o impacto do processo de democratização, deflagrado no Brasil a partir de 1985, sobre a posição do País perante a ordem internacional? O processo de democratização implicou a reinserção do Estado brasileiro no plano da arena internacional de proteção dos direitos humanos, estimulando a ratificação de instrumentos internacionais para esse fim?

2) Como a Constituição brasileira de 1988 — marco jurídico do regime democrático — se relaciona com o Direito Internacional dos Direitos Humanos? De que modo incorpora os instrumentos internacionais de proteção dos direitos humanos, como os tratados adotados pelas Nações Unidas e pela Organização dos Estados Americanos?

3) Qual o impacto jurídico e político do sistema internacional de proteção dos direitos humanos no âmbito da sistemática constitucional brasileira de proteção de direitos? Como esse instrumental internacional pode fortalecer o regime de proteção de direitos nacionalmente previsto e o próprio mecanismo de *accountability*, quando tais direitos são violados?

A partir dessas questões centrais, este trabalho pretende enfocar a relação entre dois termos — a Constituição brasileira de 1988 e o Direito Internacional dos Direitos Humanos —, investigando a dinâmica pela qual interagem. Vale dizer, o livro objetiva avaliar o modo pelo qual a Consti-

---

mente a natureza dos direitos humanos. Estes agora serão, a um tempo, liberdades e créditos do indivíduo (ou grupo) frente ao Estado. Se as liberdades se manifestavam através de uma prestação prevalentemente negativa do poder público (abstenção do Estado), os créditos exigem uma prestação prevalentemente positiva, ou seja, a disposição de medidas públicas dirigidas à solução das demandas tipificadas como direitos. A concepção dos direitos fundamentais como liberdades e créditos, além de manter implícita uma teoria de Estado (mais precisamente uma teoria do exercício do poder do Estado), identificada com o que hoje chamamos democracia, opera a fusão de duas noções até há pouco dissociadas: liberdade e capacidade. (...) Os direitos de crédito são o solo sobre o qual floresce a capacidade, complemento indispensável das liberdades no e contra o Estado. E estas, como numa cadeia contínua, são o terreno a partir do qual novas liberdades, ou seja, outras gerações de direitos serão possíveis. (...) Tudo se passa como se os direitos do homem fossem um espaço único. Mais do que isso, um espaço histórico, um processo, um caminho de invenção permanente, onde o que mais importa é o homem, cidadão e sujeito de seu tempo e lugar, em face do que um certo tipo de organização de poder (e não outro) não pode faltar" (Clémerson Merlin Clève, Sobre os direitos do homem, in *Temas de direito constitucional (e de teoria do direito)*, p. 125-127).

tuição se abre à arena internacional de proteção dos direitos humanos e a forma como o aparato internacional pode reforçar o constitucionalismo de direitos no País.

b) Situando o objeto de estudo: os delineamentos do Direito Constitucional Internacional

Como situar, então, este trabalho? Estaria ele no campo do Direito Constitucional ou no campo do Direito Internacional público? Enfatize-se que o objeto do estudo envolve a relação entre dois termos — a Constituição brasileira e o Direito Internacional dos Direitos Humanos.

O Direito Internacional dos Direitos Humanos, como este trabalho poderá demonstrar, apresenta um caráter específico e especial, que o distingue do Direito Internacional público em geral. Enquanto este busca tradicionalmente disciplinar relações de reciprocidade e equilíbrio entre Estados, por meio de negociações e concessões recíprocas que visam ao interesse dos próprios Estados pactuantes, o Direito Internacional dos Direitos Humanos objetiva garantir o exercício dos direitos da pessoa humana[2]. Esse fator, por si só, afasta o estudo do plano do Direito Internacional público, em particular do modo pelo qual tem sido tradicionalmente concebido.

É, portanto, necessário esclarecer que este trabalho não se atém ao estudo da relação entre a Constituição e os tratados internacionais em geral, mas sim ao estudo da relação entre a Constituição e os tratados internacionais de proteção dos direitos humanos, que integram o Direito Internacional dos Direitos Humanos.

---

2. Ao tratar do Direito Internacional dos Direitos Humanos, afirma Clémerson Merlin Clève: "O que poderia ser apenas um movimento político teve como consequência, talvez a mais importante, a transformação do direito (além, é claro, de sua reavaliação) que passou a se caracterizar, a partir de então, no plano internacional como instrumento privilegiado de garantia das liberdades. Essa transformação traduziu-se por uma mudança em dois planos. No plano técnico-jurídico, ao nível internacional, foram efetivados diversos documentos, criando para o direito internacional um novo espaço de ação, qual seja o relativo aos direitos fundamentais. A nova área de saber alterou substancialmente o direito das gentes, antes voltado, de modo geral, para a disciplina das relações entre Estados e organizações internacionais, não alcançando, pois, uma matéria praticamente monopolizada pelas disciplinas de direito público interno. Ainda no plano técnico-jurídico, mas agora ao nível do direito interno, verificou-se a implementação de procedimentos novos voltados à garantia das liberdades, alterando-se profundamente o direito constitucional, por ser este o que, nos Estados que adotam Constituição rígida, mais eficazmente pode proteger certos direitos tidos como fundamentais" (*Temas de direito constitucional*, p. 129).

Por sua vez, o Direito Internacional dos Direitos Humanos, ao concentrar seu objeto nos direitos da pessoa humana, revela um conteúdo materialmente constitucional, já que os direitos humanos, ao longo da experiência constitucional, sempre foram considerados matéria constitucional[3]. Contudo, no âmbito do Direito Internacional dos Direitos Humanos, a fonte de tais direitos é de natureza internacional.

O enfoque da investigação é, assim, interdisciplinar, já que se localiza justamente na interação entre o Direito Constitucional e o Direito Internacional dos Direitos Humanos[4]. A interdisciplinaridade aponta para uma resultante: o chamado Direito Constitucional Internacional. Por Direito Constitucional Internacional subentende-se aquele ramo do Direito no qual se verifica a fusão e a interação entre o Direito Constitucional e o Direito Internacional[5], interação que assume um caráter especial quando esses dois

---

3. Note-se que a constitucionalização dos direitos humanos, no século XIX, inaugura uma segunda fase no desenvolvimento do sistema de proteção desses direitos. Nessa fase, os direitos constantes das Declarações de Direitos passam a ser inseridos nas Constituições dos Estados. A partir do século XIX, os Estados passam a acolher as Declarações em suas Constituições, e, desse modo, as Declarações de Direitos se incorporam à história do constitucionalismo. Sobre o tema, afirma José Joaquim Gomes Canotilho: "Ao apontar para a dimensão material, o critério em análise coloca-nos perante um dos temas mais polêmicos do direito constitucional: qual é o conteúdo ou matéria da Constituição? O conteúdo da Constituição varia de época para época e de país para país e, por isso, é tendencialmente correto afirmar que não há reserva de Constituição no sentido de que certas matérias têm necessariamente de ser incorporadas na Constituição pelo Poder Constituinte. Registre-se, porém, que, historicamente (na experiência constitucional), foram consideradas matérias constitucionais, 'par excellence', a organização do poder político (informada pelo princípio da divisão de poderes) e o catálogo dos direitos, liberdades e garantias" (*Direito constitucional*, p. 68).

4. Se no século XIX, com o constitucionalismo, as Declarações de Direitos passam a ser inseridas nas Constituições dos Estados, a partir do pós-guerra um segundo impacto se observa. Como será visto neste trabalho, o pós-guerra impulsiona a emergência do movimento de internacionalização dos direitos humanos, que acaba por criar uma sistemática internacional de proteção dos direitos humanos, mediante um sistema de monitoramento e fiscalização internacional desses direitos jamais visto, que acentua ser o tema dos direitos humanos de legítimo interesse da comunidade internacional. Daí a necessidade de enfrentar a relação entre o Direito Internacional dos Direitos Humanos e o direito interno. Surgem as questões: Qual a natureza desse direito? Como é incorporado pelo direito interno? Qual o seu impacto na ordem jurídica nacional? De que modo pode contribuir para o reforço do sistema de implementação de direitos constitucionalmente assegurados?

5. Afirma Celso Duvivier de Albuquerque Mello: "Parece-nos que entre os primeiros autores a falar em Direito Constitucional Internacional está M. A. Caloyanni que ao estudar

campos do Direito buscam resguardar um mesmo valor — o valor da primazia da pessoa humana —, concorrendo na mesma direção e sentido. Ao tratar da dinâmica da relação entre a Constituição brasileira e o sistema internacional de proteção dos direitos humanos, objetiva-se não apenas estudar os dispositivos do Direito Constitucional que buscam disciplinar o Direito Internacional dos Direitos Humanos, mas também desvendar o modo pelo qual este último reforça os direitos constitucionalmente assegurados, fortalecendo os mecanismos nacionais de proteção dos direitos da pessoa humana. Isto é, o trabalho se atém à dialética da relação entre Constituição e Direito Internacional dos Direitos Humanos, na qual cada um dos termos da relação interfere no outro, com ele interagindo.

Por esses motivos, não seria adequado classificar este trabalho como um estudo puramente de Direito Constitucional ou de Direito Internacional, já que seu objeto alcança uma complexidade disciplinar que resulta neste campo inovador que é o Direito Constitucional Internacional.

Se, de um lado, escassa é a bibliografia nacional sobre o sistema internacional de proteção de direitos humanos[6], por outro lado, relativamente à interação entre o Direito brasileiro (em especial a Constituição de 1988) e o Direito Internacional dos Direitos Humanos, pode-se afirmar que a

---

a Corte Permanente de Justiça Internacional e ao mencionar o Pacto de Paris (1928) de renúncia à guerra, afirma que ao 'proibir o recurso à guerra, ele domina o direito de declaração de guerra inscrito nas diversas Constituições' e pode ser considerado 'um embrião de um direito constitucional internacional'. (...) Em 1933, B. Mirkine-Guetzévitch publica uma obra intitulada 'Droit Constitutionnel International' em que estuda as relações entre o Direito Internacional e o Direito Constitucional, por exemplo, nos tratados internacionais, no tocante aos direitos do homem, ou ainda a declaração de guerra e a renúncia a esta. Em 1933, ainda em um curso Mirkine-Guetzévitch já vê a questão do Direito Constitucional Internacional de um modo mais claro ao afirmar que o 'direito constitucional da paz é uma parte do problema mais vasto do Direito Constitucional Internacional'" (*Direito constitucional internacional*, p. 1-2). Acrescenta Celso Duvivier de Albuquerque Mello: "Não acreditamos em um Direito Constitucional Internacional com um objeto e metodologia próprios. Ele seria a fusão de dois ramos do Direito que nem sempre se coadunam" (*Direito constitucional internacional*, p. 347).

6. Deve-se aqui destacar o notável trabalho produzido por Antônio Augusto Cançado Trindade, especialmente *A proteção internacional dos direitos humanos: fundamentos jurídicos e instrumentos básicos*, dentre tantos outros. Destaquem-se também os importantes estudos de José Augusto Lindgren Alves (*Os direitos humanos como tema global*) e de Enrique Ricardo Lewandowski (*Proteção dos direitos humanos na ordem interna e internacional*).

bibliografia nacional é praticamente inexistente[7]. O que se observa, na experiência brasileira, é que os estudiosos do Direito Constitucional não se arriscam no campo do Direito Internacional, e, por sua vez, os que se dedicam a esse Direito também não se aventuram no plano constitucional. Ao invés do diálogo e da interação, prevalecem o divórcio e o silêncio. Isso se faz problemático especialmente quando os dois campos do Direito revelam o mesmo objeto e a mesma preocupação, no caso, a busca de resguardar os direitos humanos.

O que este trabalho busca demonstrar é que se faz premente o equacionamento dessa distância, mediante a integração e o reforço das duas sistemáticas — nacional e internacional — em prol do modelo que mais eficazmente possa proteger os direitos da pessoa humana[8]. Vale dizer, este trabalho se concentra no modo como as duas ordens (nacional e internacional) se conjugam para reafirmar o valor da dignidade humana.

c) Justificativas para a opção metodológica

Considerando o objeto desta investigação, faz-se necessário esclarecer o modo pelo qual se organiza este trabalho.

Se a proposta deste livro é analisar a relação entre dois termos — a Constituição brasileira de 1988 e o Direito Internacional dos Direitos Hu-

---

7. No dizer de Celso Duvivier de Albuquerque Mello manifesta-se uma "grande ausência" no que tange ao estudo das relações entre o direito internacional e o direito interno. A respeito, Celso Duvivier de Albuquerque Mello, *Direito constitucional internacional*, p. 343-345.

8. Sobre o tema pondera Antônio Augusto Cançado Trindade: "Nas raízes do próprio pensamento constitucionalista mais esclarecido se encontra apoio para a proteção internacional dos direitos humanos. Há pouco menos de duas décadas, Mauro Cappelletti ressaltava que a proteção dos direitos humanos, no plano do direito interno, requer instrumentos processuais adequados, e é tamanha sua importância que transcende o sistema ordinário de proteção judicial; assim, em caso de ameaça aos direitos constitucionalmente reconhecidos, há que prover meios processuais extraordinários de proteção. E é quando nem mesmo estes são disponíveis que as garantias consagradas nos tratados e instrumentos internacionais de proteção dos direitos humanos operam em favor dos que necessitam de proteção. E segundo estes tratados de direitos humanos não é suficiente que os Estados Partes contem com um sistema de tutela jurídica de caráter genérico; encontram-se eles na obrigação de prover instrumentos processuais adequados e eficazes para a salvaguarda dos direitos constitucionalmente consagrados. Há, entre os constitucionalistas, os que revelam sensibilidade para as afinidades e interação entre o direito internacional e o direito interno no tocante à proteção dos direitos humanos" (*A proteção internacional dos direitos humanos*, p. 624).

manos —, opta-se preliminarmente por avaliar, à luz do processo de democratização brasileira, os avanços introduzidos pela Carta de 1988 no que se refere à institucionalização dos direitos e garantias fundamentais. Tal panorama permitirá o exame do modo pelo qual a Constituição de 1988 interage com os instrumentos internacionais de proteção dos direitos humanos, e permitirá a análise do impacto jurídico desses instrumentos internacionais no direito brasileiro.

Este estudo, por sua vez, suscitará uma abordagem aprofundada a respeito do sistema internacional de proteção dos direitos humanos — sua estrutura, seus instrumentos e seus mecanismos. Nesse sentido, a segunda parte do trabalho é dedicada ao exame da estrutura normativa do sistema global e regional de proteção dos direitos humanos, a partir do estudo dos precedentes históricos do processo de internacionalização e universalização de tais direitos.

Essa opção metodológica se justifica na medida em que a compreensão da sistemática internacional de proteção dos direitos humanos se impõe como requisito necessário para que se prossiga no estudo da relação entre a Constituição brasileira e o Direito Internacional dos Direitos Humanos. A opção ainda se justifica dada a escassa bibliografia nacional sobre a estrutura normativa do sistema internacional de proteção dos direitos humanos, o que realça a necessidade de enfocar tal sistemática.

O exame do aparato internacional de proteção dos direitos humanos introduzirá elementos fundamentais para que se desenvolva a análise acerca da posição do Estado brasileiro perante os tratados internacionais de direitos humanos. Ao estudo se conjugará a análise do impacto político do Direito Internacional dos Direitos Humanos no Brasil, mediante o enfoque da advocacia efetiva dos instrumentos internacionais pelos atores nacionais.

Por fim, nas conclusões será desenvolvida uma avaliação crítica sobre o Direito Internacional dos Direitos Humanos e a redefinição da cidadania no Brasil, em particular sobre a forma pela qual o aparato internacional pode servir como importante estratégia de reforço dos direitos constitucionalmente assegurados no âmbito brasileiro.

CAPÍTULO III

A CONSTITUIÇÃO BRASILEIRA DE 1988 E O PROCESSO DE DEMOCRATIZAÇÃO NO BRASIL — A INSTITUCIONALIZAÇÃO DOS DIREITOS E GARANTIAS FUNDAMENTAIS

A proposta deste capítulo é avaliar o modo pelo qual a atual Constituição brasileira disciplina a temática dos direitos e garantias fundamentais. A Carta de 1988 demarca, no âmbito jurídico, o processo de democratização do Estado brasileiro, ao consolidar a ruptura com o regime autoritário militar, instalado em 1964. Esse fator, como este estudo poderá demonstrar, enseja considerável impacto, especialmente na esfera dos direitos fundamentais.

Compreender a forma pela qual o Texto Constitucional consagra os direitos da cidadania impõe-se como requisito fundamental para o enfoque dos princípios constitucionais a reger o Brasil nas relações internacionais, bem como para o enfoque da relação entre a Constituição de 1988 e os tratados internacionais de direitos humanos.

Para tanto, como ponto de partida, elege-se a análise do processo de democratização no Brasil como importante contexto no qual emerge a Carta de 1988.

a) O processo de democratização no Brasil e a Constituição brasileira de 1988

"A Constituição é mais que um documento legal. É um documento com intenso significado simbólico e ideológico — refletindo tanto o que nós somos enquanto sociedade, como o que nós queremos ser" (Jackman, Constitutional rhetoric and social justice: reflections on the justiciability debate, in Joel Bakan e David Schneiderman (eds.), *Social justice and the Constitution: perspectives on a social union for Canada*).

Após o longo período de vinte e um anos de regime militar ditatorial[1] que perdurou de 1964 a 1985 no País, deflagrou-se o processo de democratização no Brasil[2]. Ainda que esse processo tenha se iniciado, originariamente, pela liberalização política do próprio regime autoritário — em face de dificuldades em solucionar problemas internos[3] —, as forças de oposição da

---

1. A respeito da organização institucional do regime repressivo militar na experiência brasileira, escreve Luciano Martins: "O regime militar revogou direitos constitucionais, civis e políticos; suprimiu ou censurou canais de representação de interesses; e estabeleceu uma ditadura do poder Executivo sobre outros poderes da República (Legislativo e Judiciário) e da Federação (Estados). Isto foi alcançado fundamentalmente através do Ato Institucional n. 5 (1968) e seus sucessores. Pela primeira vez, desde a proclamação da República (1889), as Forças Armadas, agindo como instituição, tomaram controle direto das principais funções governamentais; houve uma parcial abolição das práticas corporativas, mediante a introdução de atores não burocráticos que obtiveram o controle no processo de decisão; houve ainda a criação de um extensivo aparato de inteligência para efetuar o controle ideológico (...). A tomada do Governo pelos militares, como instituição, acrescido do fato de um general Presidente receber seu mandato das Forças Armadas, perante a qual era responsável, consolidaram a noção de uma fusão entre os militares e o poder" (The liberalization of authoritarian rule in Brazil, in Guillermo O'Donnell, Philippe C. Schmitter e Laurence Whitehead, *Transitions from authoritarian rule: Latin America*, p. 77).

2. Adota-se a classificação de Guillermo O'Donnell, quando afirma: "É útil conceber o processo de democratização como processo que implica em duas transições. A primeira é a transição do regime autoritário anterior para a instalação de um Governo democrático. A segunda transição é deste Governo para a consolidação democrática ou, em outras palavras, para a efetiva vigência do regime democrático" (Transitions, continuities, and paradoxes, in Scott Mainwaring, Guillermo O'Donnell e J. Samuel Valenzuela (orgs.), *Issues in democratic consolidation: the new South American democracies in comparative perspective*, p. 18). Nesse sentido, sustenta-se que, embora a primeira etapa do processo de democratização já tenha sido alcançada — a transição do regime autoritário para a instalação de um regime democrático —, a segunda fase, ou seja, a efetiva consolidação do regime democrático, ainda está se concretizando.

3. Cf. Frances Hagopian: "Os líderes do antigo regime consentiram na abertura política antes dela ser demandada pela sociedade civil; como Alfred Stepan tem convictamente afirmado, nenhuma atividade de oposição foi responsável pela iniciativa de liberalização do regime militar. Importantes atores sociais, como operários, trabalhadores e a Igreja Católica, fizeram protestos contra a política do regime, acelerando o processo de queda dos militares; entretanto, os passos e o escopo da transição para um Governo civil foram ditados pela elite, incluindo a eleição indireta de um Presidente civil" (The compromised consolidation: the political class in the Brazilian transition, in Scott Mainwaring, Guillermo O'Donnell e J. Samuel Valenzuela (orgs.), *Issues in democratic consolidation: the new South American democracies in comparative perspective*, p. 245). No mesmo sentido, pondera Luciano Martins: "A tese básica deste Capítulo é que o processo de 'liberalização' se originou inicialmente em virtude das dificuldades do regime militar em solucionar problemas de economia interna, não se originando, portanto, de qualquer mudança significativa na correlação de forças entre os protagonistas do regime e seus oponentes — embora a oposição tenha em

sociedade civil se beneficiaram do processo de abertura, fortalecendo-se mediante formas de organização, mobilização e articulação, que permitiram importantes conquistas sociais e políticas. A transição democrática, lenta e gradual, permitiu a formação de um controle civil sobre as forças militares[4].

---

muito se beneficiado, posteriormente, do espaço político aberto pelo processo de liberalização. Estas dificuldades internas do regime explicam por que o processo de liberalização apresentou um padrão de movimentos contraditórios, de frentes simultâneas, e por que toda concessão do regime ou conquista da oposição foi imediatamente qualificada, no seu significado político, como imposição de alternativas ao controle militar. E isto explica por que o regime militar deteve tanto a iniciativa, como o controle do processo de liberalização por tanto tempo" (The liberalization of authoritarian rule in Brazil, p. 82-83).

4. Sobre o processo de transição, afirma Adam Przeworski: "A questão central concernente às transições, é se elas são capazes de assegurar uma democracia autossustentável, isto é, um sistema no qual as forças politicamente relevantes 1) sujeitam seus valores e interesses às instituições democráticas e 2) consentem com os resultados do processo político. Uma democracia autossustentável é estabelecida quando a maior parte dos conflitos é processada por instituições democráticas, quando ninguém pode controlar os resultados do processo político 'ex post', quando os resultados não são predeterminados, já que envolvem limites previsíveis e invocam o respeito de forças políticas relevantes. Em termos menos abstratos, uma transição para um regime democrático é completa quando: 1) há uma possibilidade real de alternância partidária; 2) mudanças políticas reversíveis podem resultar de uma alternância partidária; e 3) um efetivo controle civil é estabelecido relativamente aos militares. (...) Se a democracia está por se consolidar, quatro problemas precisam ser resolvidos ao longo do processo: 1) uma estrutura institucional de contestação, para usar a terminologia de Dahl, precisa ser criada; 2) um regime representativo competitivo necessita ser estabelecido; 3) conflitos econômicos precisam ser solucionados pelas instituições democráticas; 4) os militares devem ficar sob controle civil" (Adam Przeworski, The games of transition, in Scott Mainwaring, Guillermo O'Donnell e J. Samuel Valenzuela (orgs.), *Issues in democratic consolidation: the new South American democracies in comparative perspective*, p. 105-106). Conclui o mesmo autor: "Uma estrutura institucional que permita transformações sociais e econômicas, um regime que é competitivo e representativo, os militares sob controle dos civis: estas são condições essenciais para que uma democracia seja auto-sustentável. Nada garante, entretanto, que estas condições sejam estabelecidas com o processo de transição" (The games of transition, p. 134). Para Scott Mainwaring: "A democracia precisa satisfazer critérios procedimentais básicos: 1) eleições competitivas devem ser o caminho para o Governo em formação. Eleições precisam oferecer a possibilidade de alternância no poder ainda que, como no caso do Japão, nenhuma alternância verdadeira ocorra; 2) deve ser assegurada uma ampla cidadania. Nas décadas recentes isto implica praticamente em cidadania universal. Quase todos os países preveem algumas exclusões — presos, militares, e, por vezes, os analfabetos. Os analfabetos, entretanto, podem ser tão numerosos que sua exclusão pode esvaziar a noção de amplo sufrágio. É impossível estabelecer com exatidão quais exclusões fazem com que o regime não se faça mais democrático, em parte porque a tolerância em relação a exclusões tem diminuído ao longo do tempo. Democracias

Exigiu ainda a elaboração de um novo código, que refizesse o pacto político-
-social[5]. Tal processo culminou, juridicamente, na promulgação de uma nova
ordem constitucional — nascia assim a Constituição de outubro de 1988.

A Carta de 1988 institucionaliza a instauração de um regime político
democrático no Brasil. Introduz também indiscutível avanço na consolidação legislativa das garantias e direitos fundamentais e na proteção de setores vulneráveis da sociedade brasileira. A partir dela, os direitos humanos ganham relevo extraordinário, situando-se a Carta de 1988 como o documento mais abrangente e pormenorizado sobre os direitos humanos jamais adotado no Brasil. Como atenta José Afonso da Silva: "É a Constituição cidadã, na expressão de Ulysses Guimarães, Presidente da Assembleia Nacional Constituinte que a produziu, porque teve ampla participação popular em sua elaboração e especialmente porque se volta decididamente para a plena realização da cidadania"[6].

A consolidação das liberdades fundamentais e das instituições democráticas no País, por sua vez, muda substancialmente a política brasileira de direitos humanos, possibilitando um progresso significativo no reconhecimento de obrigações internacionais nesse âmbito — tema que será abordado, com detalhamento, no Capítulo VIII deste estudo.

No caso brasileiro, as relevantes transformações internas tiveram acentuada repercussão no plano internacional. Vale dizer, o equacionamento dos direitos humanos no âmbito da ordem jurídica interna serviu como

---

precisam proteger os direitos das minorias e assegurar respeito às liberdades civis fundamentais. Esta dimensão é importante porque, ainda que um regime garanta eleições competitivas, com ampla participação, se se abstiver de garantir liberdades civis, não pode ser considerado uma plena democracia" (Transitions to democracy and democratic consolidation: theoretical and comparative issues, in Scott Mainwaring, Guillermo O'Donnell e J. Samuel Valenzuela (orgs.), *Issues in democratic consolidation: the new South American democracies in comparative perspective*, p. 298).

5. Sobre o processo de democratização, observa José Afonso da Silva: "A luta pela normalização democrática e pela conquista do Estado de Direito Democrático começara assim que instalou o golpe de 1964 e especialmente após o AI 5, que foi o instrumento mais autoritário da história política do Brasil. Tomara, porém, as ruas, a partir da eleição de Governadores em 1982. Intensificara-se, quando, no início de 1984, as multidões acorreram entusiásticas e ordeiras aos comícios em prol da eleição direta do Presidente da República, interpretando o sentimento da Nação, em busca do reequilíbrio da vida nacional, que só poderia consubstanciar-se numa nova ordem constitucional que refizesse o pacto político-
-social" (*Curso de direito constitucional positivo*, 6. ed., 1990, p. 78-79).

6. José Afonso da Silva, *Curso de direito constitucional positivo*, 6. ed., 1990, p. 80.

medida de reforço para que a questão dos direitos humanos se impusesse como tema fundamental na agenda internacional do País. Por sua vez, as repercussões decorrentes dessa nova agenda internacional provocaram mudanças no plano interno e no próprio ordenamento jurídico do Estado brasileiro. Como observa Antônio Augusto Cançado Trindade, essas transformações têm gerado um novo constitucionalismo, bem como uma abertura à internacionalização da proteção dos direitos humanos[7].

Para que se compreenda o processo de internacionalização da proteção dos direitos humanos no Brasil, faz-se necessário se aproximar da Constituição de 1988, avaliando brevemente seu perfil e particularmente o universo dos direitos e garantias fundamentais que enuncia. A partir desses elementos, será possível analisar o modo pelo qual a Constituição Federal de 1988 consagra princípios a reger o Brasil nas relações internacionais.

b) A Constituição brasileira de 1988 e a institucionalização dos direitos e garantias fundamentais

Preliminarmente, cabe considerar que a Carta de 1988, como marco jurídico da transição ao regime democrático, alargou significativamente o campo dos direitos e garantias fundamentais[8], colocando-se entre as Constituições mais avançadas do mundo no que diz respeito à matéria.

---

7. A. A. Cançado Trindade exemplifica esse fenômeno, citando o caso dos países do Leste Europeu: "Ilustram-no, e.g. as profundas mudanças constitucionais que vêm ocorrendo nos países do leste europeu a partir de 1988-1989, visando à construção de novos Estados de Direito, durante cujo processo aqueles países foram levados gradualmente a tornar-se Partes nos dois Pactos de Direitos Humanos das Nações Unidas" (A interação entre o direito internacional e o direito interno na proteção dos direitos humanos, *Arquivos do Ministério da Justiça*, n. 182, p. 28-29). No mesmo sentido, Thomas Buergenthal observa que o fim do período ditatorial no âmbito latino-americano implicou significativo impacto na atitude desses países em face do sistema internacional de proteção dos direitos humanos: "A queda de vários regimes ditatoriais latino-americanos, que é um fenômeno relativamente recente, também apresentou um significativo impacto político" (*International human rights*, p. 126). Sobre o impacto do processo de democratização na arena internacional de proteção dos direitos humanos, exemplar é o caso da Argentina, que ratificou os mais importantes instrumentos internacionais de proteção dos direitos humanos durante o processo de democratização, iniciado em 1984. Com efeito, a Argentina ratificou a Convenção Americana em 1984, a Convenção sobre a Eliminação de todas as formas de Discriminação contra as Mulheres em 1985 e, em 1986, o Pacto Internacional dos Direitos Civis e Políticos, o Pacto Internacional dos Direitos Sociais, Econômicos e Culturais, o Protocolo Facultativo ao Pacto dos Direitos Civis e Políticos e a Convenção contra a Tortura.

8. Na avaliação de Frances Hagopian: "A Constituição democrática ratificada em 1988 é muito avançada em direitos civis e sociais: o Art. 5º garante igualdade de direitos para

Desde o seu preâmbulo, a Carta de 1988 projeta a construção de um Estado Democrático de Direito, "destinado a assegurar o exercício dos direitos sociais e individuais, a liberdade, a segurança, o bem-estar, o desenvolvimento, a igualdade e a justiça, como valores supremos de uma sociedade fraterna, pluralista e sem preconceitos (...)". Se, no entender de José Joaquim Gomes Canotilho, a juridicidade, a constitucionalidade e os direitos fundamentais são as três dimensões fundamentais do princípio do Estado de Direito[9], perceber-se-á que o Texto consagra amplamente essas dimensões, ao afirmar, em seus primeiros artigos (arts. 1º e 3º), princípios[10] que consagram os fundamentos e os objetivos do Estado Democrático de Direito brasileiro.

Dentre os fundamentos que alicerçam o Estado Democrático de Direito brasileiro, destacam-se a cidadania e a dignidade da pessoa humana (art. 1º, II e III). Vê-se aqui o encontro do princípio do Estado Democrático de Direito e dos direitos fundamentais, fazendo-se claro que os direitos fundamentais são um elemento básico para a realização do princípio democrático, tendo em vista que exercem uma função democratizadora. Como afirma Jorge Miranda: "A Constituição confere uma unidade de sentido, de valor

---

mulheres, proíbe a tortura e a censura e assegura a liberdade de pesquisa, assembleia e o 'writ' do *habeas corpus*. Ao todo, ele contém 77 incisos. (...) A Constituição, também, de forma consciente, protege os direitos políticos democráticos ante qualquer interferência autoritária" (The compromised consolidation, p. 272). Sobre o perfil da Constituição de 1988, ver Flávia Piovesan, *Proteção judicial contra omissões legislativas: ação direta de inconstitucionalidade por omissão e mandado de injunção*, 2. ed., p. 40-53.

9. Cf. José Joaquim Gomes Canotilho: "Independentemente das densificações e concretizações que o princípio do Estado de direito encontra implícita ou explicitamente no texto constitucional, é possível sintetizar os pressupostos materiais subjacentes a este princípio da seguinte forma: 1) juridicidade; 2) constitucionalidade; 3) direitos fundamentais" (*Direito constitucional*, 3. ed., p. 357). Para Hayek: "Estado de Direito. Despido de todas as tecnicidades, pode ser ele definido como o Governo que em todas as suas ações é orientado por regras preestabelecidas e preanunciadas — regras que fazem possível antecipar, com uma margem de certeza, como as autoridades usarão seus poderes coercitivos em dadas circunstâncias e planejar as condutas individuais com base neste conhecimento" (*The road to serfdom*, p. 3).

10. Observa José Afonso da Silva: "Princípio aí exprime a noção de 'mandamento nuclear de um sistema'. (...) Os princípios são ordenações que se irradiam e imantam os sistemas de normas, 'são — como observam Gomes Canotilho e Vital Moreira — 'núcleos de condensações' nos quais confluem valores e bens constitucionais.' Mas, como disseram os mesmos autores, 'os princípios que começam por ser a base de normas jurídicas, podem estar positivamente incorporados, transformando-se em normas-princípio e constituindo preceitos básicos da organização constitucional'" (*Curso de direito constitucional positivo*, p. 82).

e de concordância prática ao sistema dos direitos fundamentais. E ela repousa na dignidade da pessoa humana, ou seja, na concepção que faz a pessoa fundamento e fim da sociedade e do Estado"[11].

Por sua vez, construir uma sociedade livre, justa e solidária, garantir o desenvolvimento nacional, erradicar a pobreza e a marginalização, reduzir as desigualdades sociais e regionais e promover o bem de todos, sem preconceitos de origem, raça, sexo, cor, idade e quaisquer outras formas de discriminação, constituem os objetivos fundamentais do Estado brasileiro, consagrados no art. 3º da Carta de 1988. No entender de José Afonso da Silva: "É a primeira vez que uma Constituição assinala, especificamente, objetivos do Estado brasileiro, não todos, que seria desproposital, mas os fundamentais, e entre eles, uns que valem como base das prestações positivas que venham a concretizar a democracia econômica, social e cultural, a fim de efetivar na prática a dignidade da pessoa humana"[12].

Infere-se desses dispositivos quão acentuada é a preocupação da Constituição em assegurar os valores da dignidade e do bem-estar da pessoa humana, como imperativo de justiça social. Na lição de Antonio Enrique Pérez Luño: "Os valores constitucionais possuem uma tripla dimensão: a) fundamentadora — núcleo básico e informador de todo o sistema jurídico-político; b) orientadora — metas ou fins predeterminados, que fazem ilegítima qualquer disposição normativa que persiga fins distintos, ou que obstaculize a consecução daqueles fins enunciados pelo sistema axiológico constitucional; e c) crítica — para servir de critério ou parâmetro de valoração para a interpretação de atos ou condutas. (...) Os valores constitucionais compõem, portanto, o contexto axiológico fundamentador ou básico para a interpretação de todo o ordenamento jurídico; o postulado-guia para orientar a hermenêutica teleológica e evolutiva da Constituição; e o critério para medir a legitimidade das diversas manifestações do sistema de legalidade"[13]. Nesse sentido, o valor da dignidade da pessoa humana impõe-se como núcleo básico e informador de todo o ordenamento jurídico, como critério e parâmetro de valoração a orientar a interpretação e compreensão do sistema constitucional[14].

---

11. Jorge Miranda, *Manual de direito constitucional*, v. 4, p. 166.
12. José Afonso da Silva, *Curso de direito constitucional*, p. 93.
13. Cf. Antonio Enrique Pérez Luño, *Derechos humanos, Estado de derecho y Constitución*, p. 288-289.
14. A respeito, observa Antonio Enrique Pérez Luño: "A jurisprudência do Tribunal Constitucional da República Federal da Alemanha tem considerado, em inúmeras decisões, o sistema de direitos fundamentais consagrados pela *Grundgesetz* como a expressão de uma

Considerando que toda Constituição há de ser compreendida como unidade e como sistema que privilegia determinados valores sociais, pode-se afirmar que a Carta de 1988 elege o valor da dignidade humana como valor essencial, que lhe dá unidade de sentido. Isto é, o valor da dignidade humana informa a ordem constitucional de 1988, imprimindo-lhe uma feição particular.

Sob o prisma histórico, a primazia jurídica do valor da dignidade humana é resposta à profunda crise sofrida pelo positivismo jurídico, associada à derrota do fascismo na Itália e do nazismo na Alemanha. Esses movimentos políticos e militares ascenderam ao poder dentro do quadro da legalidade e promoveram a barbárie em nome da lei, como leciona Luís Roberto Barroso[15]. Basta lembrar que os principais acusados em Nuremberg invocaram o cumprimento da lei e a obediência a ordens emanadas de autoridade competente como justificativa para os crimes cometidos. A respeito, destaca-se o julgamento de Eichmann em Jerusalém, em relação ao qual Hannah Arendt desenvolve a ideia da "banalidade do mal", ao ver em Eichmann um ser esvaziado de pensamento e incapaz de atribuir juízos éticos às suas ações[16]. Nesse contexto, ao final da Segunda Guerra Mundial, emergem a grande crítica e o repúdio à concepção positivista de um ordenamento jurídico indiferente a valores éticos, confinado à ótica meramente formal[17].

'ordem de valores', que deve guiar a interpretação de todas as demais normas constitucionais do ordenamento jurídico em seu conjunto, tendo em vista que estes valores manifestam os 'conceitos universais de justiça'. Também na Espanha, o Tribunal Constitucional tem sustentado expressamente que 'os direitos fundamentais refletem um sistema de valores e princípios de alcance universal que hão de informar todo o ordenamento jurídico'" (*Derechos humanos, Estado de derecho y Constitución*, p. 292).

15. Luís Roberto Barroso, Fundamentos teóricos e filosóficos do novo direito constitucional brasileiro (pós-modernidade, teoria crítica e pós-positivismo), *Revista Forense*, v. 358, p. 104.

16. Hannah Arendt, *Eichmann em Jerusalém — um relato sobre a banalidade do mal*. Interessante notar que o advogado de Eichmann afirmou, em entrevista concedida na época, que: "Eichmann se considera culpado perante Deus, não perante a lei" (Hannah Arendt, *Eichmann em Jerusalém*, p. 32). Com argumentação oposta, ao romper com o enfoque positivista e ao consagrar o enfoque jusnaturalista, no clássico *Antígona*, de Sófocles, alega Antígona em face de sua condenação: "A tua lei não é a lei dos deuses; apenas o capricho ocasional de um homem. Não acredito que tua proclamação tenha tal força que possa substituir as leis não escritas dos costumes e os estatutos infalíveis dos deuses. Porque essas não são leis de hoje, nem de ontem, mas de todos os tempos; ninguém sabe quando apareceram" (Sófocles, *Antígona*, p. 22).

17. De acordo com Norberto Bobbio, para o juspositivista o direito é definido como uma simples técnica; como tal, pode servir à realização de qualquer propósito ou valor;

É justamente sob o prisma da reconstrução dos direitos humanos que é possível compreender, no Pós-Guerra, de um lado, a emergência do chamado Direito Internacional dos Direitos Humanos, e, de outro, a nova feição do Direito Constitucional ocidental, em resposta ao impacto das atrocidades então cometidas. No âmbito do Direito Constitucional ocidental, são adotados Textos Constitucionais abertos a princípios, dotados de elevada carga axiológica, com destaque para o valor da dignidade humana. Esta será a marca das Constituições europeias do Pós-Guerra. Observe-se que, na experiência brasileira e mesmo latino-americana, a abertura das Constituições a princípios e a incorporação do valor da dignidade humana demarcarão a feição das Constituições promulgadas ao longo do processo de democratização política. Basta atentar à Constituição brasileira de 1988, em particular à previsão inédita de princípios fundamentais, entre eles o princípio da dignidade da pessoa humana.

Intenta-se a reaproximação da ética e do direito, e, neste esforço, surge a força normativa dos princípios, especialmente do princípio da dignidade humana. Há um reencontro com o pensamento kantiano, com as ideias de moralidade, dignidade, direito cosmopolita e paz perpétua. Para Kant, as pessoas devem existir como um fim em si mesmo e jamais como um meio, a ser arbitrariamente usado para este ou aquele propósito. Os objetos têm, por sua vez, um valor condicional, enquanto irracionais, por isso são chamados "coisas", substituíveis que são por outras equivalentes. Os seres racionais, ao revés, são chamados "pessoas", porque constituem um fim em si mesmo, têm um valor intrínseco absoluto, são insubstituíveis e únicos, não devendo ser tomados meramente como meios[18]. As pessoas são dotadas de dignidade, na medida em que têm um valor intrínseco. Desse modo, ressalta Kant, deve-se tratar a humanidade, na pessoa de cada ser, sempre como um fim em si mesmo, nunca como um meio. Adiciona Kant que a autonomia[19] é a base da dignidade humana e de qualquer criatura racional. Lembra

---

porém é, em si, independente de todo propósito e de todo valor (*O positivismo jurídico contemporâneo: lições de filosofia de direito*, p. 136-137).

18. A teoria moral kantiana exerceu enorme influência nos fundamentos de diversas teorias sobre direitos. A respeito, consultar Jeremy Waldron (ed.), *Theories of rights*.

19. Significativas teorias sobre direitos humanos tendem a enfatizar a importância e o valor da autonomia pessoal. Para J. Raz: "Uma pessoa autônoma é aquela que é autora de sua própria vida. Sua vida é o que ela faz dela. (...) Uma pessoa é autônoma somente se tem uma variedade de escolhas aceitáveis disponíveis para serem feitas e sua vida se torna o resultado das escolhas derivadas destas opções. Uma pessoa que nunca teve uma escolha

que a ideia de liberdade é intimamente conectada com a concepção de autonomia, por meio de um princípio universal da moralidade, que, idealmente, é o fundamento de todas as ações de seres racionais[20]. Para Kant, o imperativo categórico universal dispõe: "Aja apenas de forma a que a sua máxima possa converter-se ao mesmo tempo em uma lei universal"[21].

Se, no plano internacional, o impacto desta vertente "kantiana" se concretizou com a emergência do "Direito Internacional dos Direitos Humanos" (todo ele fundamentado no valor da dignidade humana, como valor intrínseco à condição humana), no plano dos constitucionalismos locais, a vertente "kantiana" se concretizou com a abertura das Constituições à força normativa dos princípios, com ênfase ao princípio da dignidade humana. Pontue-se, ainda, a interação entre o Direito Internacional dos Direitos Humanos e os direitos locais, na medida em que aquele passa a ser parâmetro e referência ética a inspirar o constitucionalismo ocidental.

A abertura das Constituições a valores e a princípios — fenômeno que se densifica especialmente no Pós-Guerra — é assim captada por Canotilho: "O direito do Estado de Direito do século XIX e da primeira metade do século XX é o direito das regras dos códigos; o direito do Estado Constitucional Democrático e de Direito leva a sério os princípios, é um direito de princípios"[22].

Sustenta-se que é no princípio da dignidade humana que a ordem jurídica encontra o próprio sentido, sendo seu ponto de partida e seu ponto de

---

efetiva, ou, tampouco, teve consciência dela, ou, ainda, nunca exerceu o direito de escolha de forma verdadeira, mas simplesmente se moveu perante a vida, não é uma pessoa autônoma" (J. Raz, Right-based moralities, in Jeremy Waldron (ed.), *Theories of rights*, Oxford-New York, Oxford University Press, 1984, p. 191). J. Raz, em crítica ao enfoque moral individualista da autonomia pessoal, acentua que: "A existência de diversas escolhas consiste, em parte, na existência de certas condições sociais. (...) O ideal da autonomia pessoal é incompatível com o individualismo moral" (J. Raz, Right-based moralities, p. 192-193).

20. A respeito, ver Immanuel Kant e Allen W. Wood (eds.), Fundamental principles of the metaphysics of morals, in *Basic writings of Kant*, p. 185-186, 192-193.

21. Immanuel Kant, Fundamental principles of the metaphysics of morals, p. 178.

22. A "principialização" da jurisprudência através da Constituição, *Revista de Processo*, n. 98, p. 84. No caso brasileiro, se os princípios gerais do direito, de acordo com a Lei de Introdução ao Código Civil, constituíam fonte secundária e subsidiária do direito, aplicável apenas na omissão da lei, hoje os princípios fundamentais da Constituição Federal constituem a fonte primária por excelência para a tarefa interpretativa.

chegada, para a hermenêutica constitucional contemporânea[23]. Consagra-se, assim, a dignidade humana como verdadeiro superprincípio, a orientar tanto o Direito Internacional como o Direito interno[24].

Para Paulo Bonavides, "nenhum princípio é mais valioso para compendiar a unidade material da Constituição que o princípio da dignidade da pessoa humana"[25].

Assim, seja no âmbito internacional, seja no âmbito interno (à luz do Direito Constitucional ocidental), a dignidade da pessoa humana é princípio que unifica e centraliza todo o sistema normativo, assumindo especial prioridade. A dignidade humana simboliza, desse modo, verdadeiro superprincípio constitucional, a norma maior a orientar o constitucionalismo contemporâneo, nas esferas local e global, dotando-lhe de especial racionalidade, unidade e sentido[26].

---

23. Sobre a hermenêutica constitucional contemporânea e especialmente sobre a construção de uma hermenêutica jurídica emancipatória, ver Lênio Luiz Streck, *Hermenêutica jurídica e(m) crise: uma exploração hermenêutica da construção do direito*.

24. A respeito, consultar Cármen Lúcia Antunes Rocha, *O princípio da dignidade da pessoa humana e a exclusão social*, texto mimeografado, em palestra proferida na XVII Conferência Nacional da Ordem dos Advogados do Brasil, Rio de Janeiro, 29 de agosto a 2 de setembro de 1999. Para a autora, "Dignidade é o pressuposto da ideia de justiça humana, porque ela é que dita a condição superior do homem como ser de razão e sentimento. Por isso é que a dignidade humana independe de merecimento pessoal ou social. Não se há de ser mister ter de fazer por merecê-la, pois ela é inerente à vida e, nessa contingência, é um direito pré-estatal" (p. 4). Ver ainda José Afonso da Silva, *Poder constituinte e poder popular*, no capítulo intitulado "A dignidade da pessoa humana como valor supremo da democracia".

25. Paulo Bonavides, *Teoria constitucional da democracia participativa*, p. 233. Ao tratar da força normativa do princípio fundamental da dignidade humana, leciona o mesmo autor: "Sua densidade jurídica no sistema constitucional há de ser, portanto, máxima, e se houver reconhecidamente um princípio supremo no trono da hierarquia das normas, esse princípio não deve ser outro senão aquele em que todos os ângulos éticos da personalidade se acham consubstanciados" (p. 233).

26. No dizer de Ana Paula de Barcellos, "as normas-princípios sobre a dignidade da pessoa humana são, por todas as razões, as de maior grau de fundamentalidade na ordem jurídica como um todo. A elas devem corresponder as modalidades de eficácia jurídica mais consistentes" (Ana Paula de Barcellos, *A eficácia jurídica dos princípios constitucionais — o princípio da dignidade da pessoa humana*, p. 202-203). Ver também Ingo Wolfgang Sarlet, *Dignidade da pessoa humana e direitos fundamentais na Constituição Federal de 1988* e *A eficácia dos direitos fundamentais*, 2. ed.

Compartilhando da concepção de Ronald Dworkin[27], acredita-se que o ordenamento jurídico é um sistema no qual, ao lado das normas legais, existem princípios que incorporam as exigências de justiça e dos valores éticos. Esses princípios constituem o suporte axiológico que confere coerência interna e estrutura harmônica a todo o sistema jurídico[28]. O sistema jurídico define-se, pois, como uma ordem axiológica ou teleológica de princípios jurídicos que apresentam verdadeira função ordenadora, na medida em que salvaguardam valores fundamentais. A interpretação das normas constitucionais advém, desse modo, de critério valorativo extraído do próprio sistema constitucional. Como atenta Habermas, os princípios morais, de origem jus-racional, são, hoje, parte integrante do direito positivo. Por

---

27. Cf. Ronald Dworkin, *Taking rights seriously*. No mesmo sentido, ver Robert Alexy, para quem os princípios são mandados de otimização dos valores neles consagrados (*Teoría de los derechos fundamentales*). Para ambos os autores, as regras seguem o sistema do *tudo ou nada* (*all or nothing fashion*). Sua incidência a cada caso concreto se liga puramente a uma questão de vigência. Para os princípios, por outro lado, a dimensão não é a categoria de vigência, mas a categoria de valor, de peso, de juízo de ponderação. A respeito, Flávia Piovesan e Renato Stanziona Vieira, A força normativa dos princípios constitucionais fundamentais: a dignidade da pessoa humana, in *Temas de direitos humanos*, p. 382-383. Para Celso Lafer, os princípios passam a ter função de expansão não apenas lógica, mas axiológica do direito, observando que, na hermenêutica jurídica contemporânea, destacam-se os métodos da ponderação, da razoabilidade, da adequação e da necessidade (Celso Lafer, *A Constituição de 1988 e as relações internacionais: reflexões sobre o art. 4º*, texto mimeografado, maio 2004).

28. Escreve John Rawls: "O sistema jurídico é uma ordem coercitiva de regras públicas endereçadas a pessoas racionais, com o propósito de regular certas condutas e assegurar os fundamentos de uma cooperação social. (...) A ordem jurídica é um sistema de regras públicas endereçadas a pessoas racionais, no qual os preceitos de justiça são associados ao Estado de Direito" (John Rawls, *A theory of justice*, p. 235-236). Para Paulo Bonavides, "a ideia de sistema inculca imediatamente outras, tais como as de unidade, totalidade e complexidade. A Constituição é basicamente unidade, unidade que repousa sobre princípios: os princípios constitucionais. Esses não só exprimem determinados valores essenciais — valores políticos ou ideológicos — senão que informam e perpassam toda a ordem constitucional, imprimindo assim ao sistema sua feição particular, identificável, inconfundível, sem a qual a Constituição seria um corpo sem vida, de reconhecimento duvidoso, se não impossível" (Paulo Bonavides, *Curso de direito constitucional*, 4. ed., p. 110). Note-se que a noção de sistema tem fecunda aplicação no âmbito da hermenêutica constitucional. A título de exemplo, destaque-se a Constituição da Tchecoslováquia de 1948, que estabelecia como regra interpretativa de natureza constitucional: "A interpretação das diversas partes da Constituição deve inspirar-se no seu conjunto e nos princípios gerais sobre os quais se alicerça".

essa razão, a interpretação constitucional assume uma forma cada vez mais jusfilosófica[29].

À luz dessa concepção, infere-se que o valor da dignidade da pessoa humana e o valor dos direitos e garantias fundamentais vêm a constituir os princípios constitucionais que incorporam as exigências de justiça e dos valores éticos, conferindo suporte axiológico a todo o sistema jurídico brasileiro.

Com efeito, a busca do Texto em resguardar o valor da dignidade humana é redimensionada, na medida em que, enfaticamente, privilegia a temática dos direitos fundamentais[30]. Constata-se, assim, uma nova topografia constitucional: o Texto de 1988, em seus primeiros capítulos, apresenta avançada Carta de direitos e garantias[31], elevando-os, inclusive, a cláusula pétrea[32], o que, mais uma vez, revela a vontade constitucional de priorizar os direitos e as garantias fundamentais.

Note-se que as Constituições anteriores primeiramente tratavam do Estado, para, somente então, disciplinarem os direitos. Ademais, eram petrificados temas afetos ao Estado e não a direitos, destacando-se, por exemplo, a Constituição de 1967, ao consagrar como cláusulas pétreas a Federa-

---

29. Jurgen Habermas, *Direito e moral*, p. 39.

30. Sobre a matéria, conclui Antonio Enrique Pérez Luño, ao tratar da Constituição espanhola: "Desse modo, a dignidade da pessoa, seus direitos invioláveis e o livre desenvolvimento de sua personalidade, proclamados no referido art. 10 (1), em necessária conexão com o art. 9º (2), que exige fazer reais e efetivas a liberdade e a igualdade, constituem uma inequívoca decisão de nossos constituintes em favor das liberdades. Tal decisão, lógica em um Estado de Direito que se define como social e democrático, impõe uma interpretação dos direitos fundamentais, que os contemple não só como esferas subjetivas da liberdade, senão como elementos constitutivos de um sistema unitário de liberdades, patrimônio comum dos cidadãos individual e coletivamente, cuja extensão e eficácia máximas aparecem como meta irrenunciável a ser alcançada" (*Derechos humanos, Estado de derecho y Constitución*, p. 316).

31. Diversamente da Carta de 1988, que consagra princípios e direitos fundamentais nos primeiros títulos, para depois tratar da organização do Estado, a Constituição de 1967 cuidava primeiro da organização nacional (título I) e, num segundo momento, estabelecia os direitos (Título II — arts. 145 a 154).

32. O art. 60, § 4º, apresenta as cláusulas pétreas do Texto Constitucional, ou seja, o núcleo intocável da Constituição de 1988. Integram esse núcleo: I) a forma federativa de Estado; II) o voto direto, secreto, universal e periódico; III) a separação dos Poderes; e IV) os direitos e garantias individuais. Vale ressaltar que a Constituição anterior resguardava como cláusula pétrea a Federação e a República (art. 47, § 1º, da Constituição de 1967), não fazendo menção aos direitos e garantias individuais.

ção e a República. A nova topografia constitucional inaugurada pela Carta de 1988 reflete a mudança paradigmática da lente *ex parte principe* para a lente *ex parte populi*. Isto é, de um Direito inspirado pela ótica do Estado, radicado nos deveres dos súditos, transita-se a um Direito inspirado pela ótica da cidadania, radicado nos direitos dos cidadãos. A Constituição de 1988 assume como ponto de partida a gramática dos direitos, que condiciona o constitucionalismo por ela invocado. Assim, é sob a perspectiva dos direitos que se afirma o Estado e não sob a perspectiva do Estado que se afirmam os direitos. Há, assim, um Direito brasileiro pré e pós-88 no campo dos direitos humanos. O Texto Constitucional propicia a reinvenção do marco jurídico dos direitos humanos, fomentando extraordinários avanços nos âmbitos da normatividade interna e internacional.

O Texto de 1988 ainda inova ao alargar a dimensão dos direitos e garantias, incluindo no catálogo de direitos fundamentais não apenas os direitos civis e políticos, mas também os sociais (ver Capítulo II do Título II da Carta de 1988). Trata-se da primeira Constituição brasileira a inserir na declaração de direitos os direitos sociais, tendo em vista que nas Constituições anteriores as normas relativas a tais direitos encontravam-se dispersas no âmbito da ordem econômica e social, não constando do título dedicado aos direitos e garantias. Desse modo, não há direitos fundamentais sem que os direitos sociais sejam respeitados. Nessa ótica, a Carta de 1988 acolhe o princípio da indivisibilidade e interdependência dos direitos humanos, pelo qual o valor da liberdade se conjuga com o valor da igualdade, não havendo como divorciar os direitos de liberdade dos direitos de igualdade[33].

---

33. Afirma José Afonso da Silva: "Dignidade da pessoa humana é um valor supremo que atrai o conteúdo de todos os direitos fundamentais. Concebida como referência constitucional unificadora de todos os direitos fundamentais, observam Gomes Canotilho e Vital Moreira, o conceito de dignidade da pessoa humana obriga a uma densificação valorativa que tenha em conta o seu amplo sentido normativo-constitucional e não uma qualquer ideia apriorística do homem, não podendo reduzir-se o sentido da dignidade humana à defesa dos direitos pessoais tradicionais, esquecendo-a nos casos de direitos sociais, ou invocá-la para construir 'teoria do núcleo da personalidade' individual, ignorando-a quando se trate de direitos econômicos, sociais e culturais" (*Curso de direito constitucional*, p. 93). Na avaliação de Luís Roberto Barroso: "Modernamente, já não cabe negar o caráter jurídico e, pois, a exigibilidade e acionabilidade dos direitos fundamentais, na sua tríplice tipologia. É puramente ideológica, e não científica, a resistência que ainda hoje se opõe à efetivação, por via coercitiva, dos chamados direitos sociais. Também os direitos políticos e individuais enfrentaram, como se assinalou, a reação conservadora, até sua final consolidação. A afirmação dos direitos fundamentais como um todo, na sua exequibilidade plena, vem sendo positivada nas Cartas Políticas mais recentes, como se vê do art. 2º da Constituição portuguesa e do

Acrescente-se que a Constituição de 1988 prevê, além dos direitos individuais, os direitos coletivos e difusos — aqueles pertinentes a determinada classe ou categoria social e estes pertinentes a todos e a cada um[34]. Nesse sentido, a Carta de 1988, ao mesmo tempo que consolida a extensão de titularidade de direitos, acenando para a existência de novos sujeitos de direitos, também consolida o aumento da quantidade de bens merecedores de tutela, por meio da ampliação de direitos sociais, econômicos e culturais.

A Constituição vem a concretizar, desse modo, a concepção de que "os direitos fundamentais representam uma das decisões básicas do constituinte, através da qual os principais valores éticos e políticos de uma comunidade alcançam expressão jurídica. Os direitos fundamentais assinalam um horizonte de metas sociopolíticas a alcançar, quando estabelecem a posição jurídica dos cidadãos em suas relações com o Estado, ou entre si", no dizer de Antonio Enrique Pérez Luño[35]. Os direitos e garantias fundamentais são, assim, dotados de especial força expansiva, projetando-se por todo o universo constitucional e servindo como critério interpretativo de todas as normas do ordenamento jurídico[36].

Atente-se ainda que, no intuito de reforçar a imperatividade das normas que traduzem direitos e garantias fundamentais, a Constituição de 1988 institui o princípio da aplicabilidade imediata dessas normas,

---

Preâmbulo da Constituição brasileira, que proclama ser o país um Estado democrático, 'destinado a assegurar o exercício dos direitos sociais e individuais'" (*O direito constitucional e a efetividade de suas normas: limites e possibilidades da Constituição brasileira*, 2. ed., p. 100).

34. Cf. Lúcia Valle Figueiredo, *Direitos difusos e coletivos*, p. 11-18. Consultar também nosso artigo A atual dimensão dos direitos difusos na Constituição de 1988, *Revista da Procuradoria-Geral do Estado*, n. 38, p. 75-88.

35. Antonio Enrique Pérez Luño, *Derechos humanos, Estado de derecho y Constitución*, p. 310.

36. Sobre a matéria, afirma Antonio Enrique Pérez Luño: "nosso Tribunal Constitucional tem reconhecido, de forma expressa, que os direitos fundamentais constituem o parâmetro em conformidade com o qual devem ser interpretadas todas as normas jurídicas que compõem o nosso ordenamento". E acrescenta: "A função que corresponde aos direitos fundamentais de garantir a unidade do ordenamento, em que, por sua vez, se integram, e de orientar o desenvolvimento dos fins e valores que informam tais direitos, faz com que o sistema de direitos e liberdades fundamentais se converta em parâmetro jurídico disciplinador das diversas manifestações da vida do Estado e da sociedade. (...)" (*Derechos humanos, Estado de derecho y Constitución*, p. 310).

nos termos do art. 5º, § 1º[37]. Esse princípio realça a força normativa de todos os preceitos constitucionais referentes a direitos, liberdades e garantias fundamentais, prevendo um regime jurídico específico endereçado a tais direitos. Vale dizer, cabe aos Poderes Públicos conferir eficácia máxima e imediata a todo e qualquer preceito definidor[38] de direito e garantia fundamental. Tal princípio intenta assegurar a força dirigente e vinculante dos direitos e garantias de cunho fundamental, ou seja, objetiva tornar tais direitos prerrogativas diretamente aplicáveis pelos Poderes Legislativo, Executivo e Judiciário[39]. No entender de Canotilho, o sentido fundamental da aplicabilidade direta está em reafirmar que "os direitos, liberdades e garantias são regras e princípios jurídicos, imediatamente eficazes e actuais, por via direta da Constituição e não através da *auctoritas interpositio* do legislador. Não são simples *norma normarum* mas *norma normata*, isto é, não são meras normas para a produção

---

37. O princípio da aplicabilidade imediata das normas definidoras dos direitos e garantias fundamentais foi introduzido no Texto de 1988, certamente sob a inspiração do direito comparado, em especial do direito alemão, português e espanhol. A Lei Fundamental da Alemanha de 1949, ao tratar dos direitos fundamentais, estabelece, no art. 1º: "Os direitos fundamentais a seguir discriminados constituem direito diretamente aplicável para os Poderes Legislativo, Executivo e Judiciário". A mesma preocupação é apresentada pela Constituição Portuguesa de 1976, que, ao disciplinar os direitos e deveres fundamentais, prescreve, no art. 18: "Os preceitos constitucionais respeitantes aos direitos, liberdades e garantias são diretamente aplicáveis e vinculam as entidades públicas e privadas". Também a Constituição espanhola de 1978, compartilhando do mesmo entendimento, determina, no art. 9º: "Corresponde aos poderes públicos promover as condições para que a liberdade e a igualdade do indivíduo e dos grupos que integram sejam reais e efetivas; remover os obstáculos que impeçam ou dificultem sua plenitude e facilitar a participação de todos os cidadãos na vida política, econômica, social e cultural".

38. Para Luís Roberto Barroso, "As normas definidoras de direitos investem o jurisdicionado no poder de exigir do Estado — ou de outro eventual destinatário da regra — prestações positivas ou negativas, que proporcionem o desfrute dos bens jurídicos nelas consagrados" (*O direito constitucional e a efetividade de suas normas,* p. 228). Na explicação de Cretella Jr.: "A 'norma definidora' contrapõe-se à 'norma regulamentadora' de que fala o art. 5º, LXXI" (*Comentários à Constituição brasileira de 1988: arts. 5º (LXVIII a LXXXVII) a 17,* 2. ed., 1991, v. 2, p. 860).

39. A respeito, ver nosso estudo Constituição e transformação social: a eficácia das normas constitucionais programáticas e a concretização dos direitos e garantias fundamentais, publicado na *Revista da Procuradoria-Geral do Estado de São Paulo,* n. 37, p. 63-74, dez. 1992, e nossos artigos Constituição de 1988 e sua eficácia e Da igualdade legal à igualdade real, publicados na *Folha de S.Paulo,* 1º dez. 1991 e 26 jan. 1992, respectivamente. Sobre a matéria, ver ainda nosso livro *Proteção judicial contra omissões legislativas.*

de outras normas, mas sim normas diretamente reguladoras de relações jurídico-materiais"[40].

É neste contexto que há de ser feita a leitura dos dispositivos constitucionais pertinentes à proteção internacional dos direitos humanos — e nesse tema o Texto Constitucional também registra inéditos avanços.

c) Os princípios constitucionais a reger o Brasil nas relações internacionais

A Carta de 1988 é a primeira Constituição brasileira a elencar o princípio da prevalência dos direitos humanos, como princípio fundamental[41] a reger o Estado nas relações internacionais.

---

40. Cf. José Joaquim Gomes Canotilho, *Direito constitucional*, p. 578. E acrescenta Canotilho: "Aplicação direta não significa apenas que os direitos, liberdades e garantias se aplicam independentemente da intervenção legislativa. Significa também que eles valem directamente contra a lei, quando esta estabelece restrições em desconformidade com a Constituição" (p. 186). Para Jorge Miranda: "O sentido essencial da norma não pode, pois, deixar de ser este: a) salientar o caráter preceptivo, e não programático, das normas sobre direitos, liberdades e garantias; b) afirmar que estes direitos se fundam na Constituição e não na lei; c) sublinhar (na expressão bem conhecida da doutrina alemã) que não são os direitos fundamentais que se movem no âmbito da lei, mas a lei que deve mover-se no âmbito dos direitos fundamentais" (*Manual de direito constitucional*, v. 4, p. 282-283).

41. A ação imediata dos princípios, como escreve Jorge Miranda, consiste, em primeiro lugar, em funcionarem como critérios de interpretação e de integração, pois conferem coerência geral ao sistema. Os princípios exercem ainda uma função prospectiva, dinamizadora e transformadora, em virtude da força expansiva que possuem. Sobre o tema, Jorge Miranda, *Manual de direito constitucional*, v. 2, p. 226-227. Para Luís Roberto Barroso: "Princípios fundamentais são aqueles que contêm as decisões políticas estruturais do Estado, no sentido que a elas empresta Carl Schmitt. (...) Os princípios constitucionais sintetizam os principais valores da ordem jurídica instituída, irradiam-se por diferentes normas e asseguram a unidade sistemática da Constituição. Eles se dirigem aos três Poderes e condicionam a interpretação e aplicação de todas as regras jurídicas" (*O direito constitucional*, p. 288 e 306). Na visão de Celso Antônio Bandeira de Mello: "Princípio (...) é, por definição, mandamento nuclear de um sistema, verdadeiro alicerce dele, disposição fundamental que se irradia sobre diferentes normas, compondo-lhes o espírito e servindo de critério para sua exata compreensão e inteligência, exatamente porque define a lógica e a racionalidade do sistema normativo, conferindo-lhe a tônica que lhe dá sentido harmônico" (Eficácia das normas constitucionais sobre justiça social, *Revista de Direito Público*, n. 57-58, p. 247). Complementa Celso Antônio Bandeira de Mello: "Violar um princípio é muito mais grave que transgredir uma norma. A desatenção ao princípio implica ofensa não apenas a um específico mandamento obrigatório, mas a todo o sistema de comandos. É a mais grave forma

Na realidade, trata-se da primeira Constituição brasileira a consagrar um universo de princípios para guiar o Brasil no cenário internacional, fixando valores a orientar a agenda internacional do Brasil — iniciativa sem paralelo nas experiências constitucionais anteriores[42]. Com efeito, nos termos do art. 4º do Texto, fica determinado que o Brasil se rege, nas suas relações internacionais, pelos seguintes princípios: independência nacional (inciso I), prevalência dos direitos humanos (inciso II), autodeterminação dos povos (inciso III), não intervenção (inciso IV), igualdade entre os Estados (inciso V), defesa da paz (inciso VI), solução pacífica dos conflitos (inciso VII), repúdio ao terrorismo e ao racismo (inciso VIII), cooperação entre os povos para o progresso da humanidade (inciso IX) e concessão de asilo político (inciso X)[43]. O art. 4º da Constituição simboliza a reinserção do Brasil na arena internacional.

Até então, as Constituições anteriores à de 1988, ao estabelecer tratamento jurídico às relações internacionais, limitavam-se a assegurar os valores da independência e soberania do País — tema básico da Constituição imperial de 1824[44] — ou se restringiam a proibir a guerra de conquista e a

---

de ilegalidade ou inconstitucionalidade, conforme o escalão do princípio violado, porque representa insurgência contra todo o sistema, subversão de seus valores fundamentais, contumélia irremissível a seu arcabouço lógico e corrosão de sua estrutura mestra" (*Elementos de direito administrativo*, p. 230).

42. Como alude Paulo Roberto de Almeida: "Cabe, antes de mais nada, mencionar a contribuição original, no campo das relações internacionais do Brasil, feita pela Constituinte Congressual de 1987-1988, no sentido de codificar algumas orientações gerais em matéria de política internacional" (A estrutura constitucional das relações internacionais e o sistema político brasileiro, *Contexto Internacional*, n. 12, p. 57).

43. O art. 4º da Constituição de 1988 inspirou-se no art. 7º, 1, da Constituição portuguesa de 1982, que estabelece: "Portugal rege-se nas relações internacionais pelos princípios da independência nacional, do respeito aos direitos do homem, do direito dos povos à autodeterminação e à independência, da igualdade entre os Estados, da solução pacífica dos conflitos internacionais, da não ingerência nos assuntos internos dos outros Estados e da cooperação com todos os outros povos para a emancipação e o progresso da humanidade". Para Celso A. Mello: "O texto da Constituição de 1988 é mais amplo e, de um certo modo, repete alguns princípios da Carta da ONU (ex.: solução pacífica dos litígios), inclui alguns que não pertencem a ela (ex.: concessão de asilo político) e deixa de colocar alguns princípios fundamentais como o do não uso da força nas relações internacionais, da proibição de ação incompatível com a Carta das Nações Unidas e ainda o de cumprir de boa-fé as obrigações internacionais" (O direito constitucional internacional na Constituição de 1988, *Contexto Internacional*, p. 11).

44. O art. 1º da Carta de 1824 previa: "O Império do Brasil é a associação política de todos os cidadãos brasileiros. Eles formam uma nação livre, e independente, que não

estimular a arbitragem internacional — Constituições republicanas de 1891 e de 1934[45] —, ou se atinham a prever a possibilidade de aquisição de território, de acordo com o Direito Internacional Público — Constituição de 1937 —, ou, por fim, reduziam-se a propor a adoção de meios pacíficos para a solução de conflitos — Constituições de 1946 e de 1967[46]. Como explica Celso Lafer: "Na experiência brasileira, o Império cuidou da independência e da preservação da unidade nacional e a República, tendo consolidado as fronteiras nacionais, afirmou a vocação pacífica do país, reconhecendo progressivamente a importância da cooperação internacional para a preservação da paz"[47].

Em face desse cenário, percebe-se que a Carta de 1988 introduz inovações extremamente significativas no plano das relações internacionais. Se, por um lado, esta Constituição reproduz tanto a antiga preocupação vivida no Império no que se refere à independência nacional e à não intervenção[48] como reproduz ainda os ideais republicanos voltados à defesa da paz[49], a Carta de 1988 inova ao realçar uma orientação internacionalista jamais vista na história constitucional brasileira. A orientação internacionalista se traduz nos princípios da prevalência dos direitos humanos, da

---

admite com qualquer outra laço algum de união, ou federação, que se oponha à sua independência".

45. A título de exemplo, cabe anotar que a Constituição de 1934 dispunha, em seu art. 4º: "O Brasil só declarará guerra se não couber ou malograr-se o recurso de arbitramento; e não se empenhará jamais em guerra de conquista, direta ou indiretamente, por si ou em aliança com outra nação".

46. A respeito, previa a Constituição de 1946, no art. 4º: "O Brasil só recorrerá à guerra se não couber ou se malograr o recurso ao arbitramento ou aos meios pacíficos de solução do conflito, regulados por órgão internacional de segurança, de que participe; e em caso nenhum se empenhará em guerra de conquista, direta ou indiretamente, por si ou em aliança com outro Estado". Já a Constituição de 1967, no art. 7º, estabelecia: "Os conflitos internacionais deverão ser resolvidos por negociações diretas, arbitragem e outros meios pacíficos, com a cooperação dos organismos internacionais de que o Brasil participe".

47. Cf. Celso Lafer, prefácio ao livro de Pedro Dallari, *Constituição e relações exteriores*, p. XVII-XVIII. Para uma análise detalhada dos princípios de relações exteriores nas Constituições brasileiras, ver *Constituição e relações exteriores*, p. 23-55.

48. Neste sentido, os incisos I e IV do art. 4º da Carta de 1988 demarcam, respectivamente, os princípios da independência nacional e da não intervenção.

49. No mesmo sentido os incisos VI e VII do art. 4º da Carta de 1988 consagram, respectivamente, os princípios da defesa da paz e da solução pacífica dos conflitos.

autodeterminação dos povos, do repúdio ao terrorismo e ao racismo e da cooperação entre os povos para o progresso da humanidade, nos termos do art. 4º, incisos II, III, VIII e IX[50].

Ao romper com a sistemática das Cartas anteriores, a Constituição de 1988, ineditamente, consagra o primado do respeito aos direitos humanos, como paradigma propugnado para a ordem internacional. Esse princípio invoca a abertura da ordem jurídica interna ao sistema internacional de proteção dos direitos humanos[51]. A prevalência dos direitos humanos, como princípio a reger o Brasil no âmbito internacional, não implica apenas o engajamento do País no processo de elaboração de normas vinculadas ao Direito Internacional dos Direitos Humanos, mas sim a busca da plena integração de tais regras na ordem jurídica interna brasileira. Implica, ademais, o compromisso de adotar uma posição política contrária aos Estados em que os direitos humanos sejam gravemente desrespeitados[52].

---

50. Segundo Manoel Gonçalves Ferreira Filho: "É visivelmente ambíguo este dispositivo constitucional (art. 4º da Constituição de 1988) que reflete inspirações nitidamente divergentes. Por um lado existe uma orientação nacionalista que se apega às ideias de independência nacional (item I), de não intervenção (item IV), de igualdade entre os Estados (item V). Por outro lado, há uma linha internacionalista que se traduz na ideia de que o Brasil nas suas relações internacionais deverá bater-se pela prevalência dos direitos humanos (item II), da autodeterminação dos povos (item III) e do repúdio ao terrorismo e ao racismo (item VIII). Ademais, o texto também consagra a adesão a ideais sem dúvida de aplauso universal, como a defesa da paz (item VI) ou da solução pacífica dos conflitos (item VII) e o da concessão de asilo político (item X)" (*Comentários à Constituição brasileira de 1988*: arts. 1º a 43, v. 1, p. 21). Sustenta-se que a ambiguidade do art. 4º é fruto do histórico das experiências constitucionais anteriores ao tratar do tema. Contudo, vem a ser dirimida pelos próprios princípios e valores consagrados pela nova ordem constitucional, o que endossa a tônica internacionalista do Texto.

51. Para Antônio Augusto Cançado Trindade: "o consenso generalizado formado hoje em torno da necessidade de internacionalização da proteção dos direitos humanos corresponde a uma manifestação cultural de nossos tempos, juridicamente viabilizada pela coincidência de objetivos entre o direito internacional e o direito interno quanto à proteção da pessoa humana" (A interação entre o direito internacional e o direito interno, p. 32).

52. Na visão de J. Cretella Jr.: "Os direitos humanos deverão estar em primeiro plano. Deverão prevalecer (...) Desse modo, tendo o país saído de um regime forte, os constituintes, no Estado de Direito implantado, ressaltaram que o Brasil fundamentará suas relações internacionais nos princípios da independência nacional, com a prevalência dos direitos humanos. Assim, o Brasil tomará posição contra os Estados em que os direitos humanos sejam desrespeitados" (*Comentários à Constituição brasileira de 1988*: arts. 1º a 5º (I a LXVII), v. 1, p. 172).

A partir do momento em que o Brasil se propõe a fundamentar suas relações com base na prevalência dos direitos humanos, está ao mesmo tempo reconhecendo a existência de limites e condicionamentos à noção de soberania estatal. Isto é, a soberania do Estado brasileiro fica submetida a regras jurídicas, tendo como parâmetro obrigatório a prevalência dos direitos humanos[53]. Rompe-se com a concepção tradicional de soberania estatal absoluta, reforçando o processo de sua flexibilização e relativização, em prol da proteção dos direitos humanos. Esse processo é condizente com as exigências do Estado Democrático de Direito constitucionalmente pretendido[54].

Vale dizer, surge a necessidade de interpretar os antigos conceitos de soberania estatal e não intervenção, à luz de princípios inovadores da ordem constitucional. Dentre eles, destaque-se o princípio da prevalência dos direitos humanos. Estes são os novos valores incorporados pelo Texto de 1988, e que compõem a tônica do constitucionalismo contemporâneo.

Se para o Estado brasileiro a prevalência dos direitos humanos é princípio a reger o Brasil no cenário internacional, está-se consequentemente admitindo a concepção de que os direitos humanos constituem tema de

---

53. Cf. Pedro Dallari, *Constituição e relações exteriores*, p. 161, e Enrique Ricardo Lewandowski, *Proteção dos direitos humanos na ordem interna e internacional*, p. 141. Para Gustavo Zagrebelsky, a corrosão da noção clássica de soberania estatal pode ser compreendida a partir de quatro vertentes distintas, que não se excluem: a) o pluralismo político-social interno, que se opõe à ideia de soberania e de subordinação; b) a formação de centros de poder alternativos e concorrentes com o Estado, que operam no campo político, econômico, cultural e religioso, em dimensões independentes do território estatal; c) a progressiva institucionalização de contextos que integram os Poderes em dimensões supraestatais, subtraindo-os dos Estados particulares; e d) a atribuição de direitos aos indivíduos, tuteláveis perante jurisdições internacionais em face dos Estados violadores (Gustavo Zagrebelsky, *El derecho dúctil*, p. 10).

54. Afirma Arthur de Castilho Neto: "A prevalência dos direitos humanos, além de ser uma petição de princípios, derivada, inclusive, de compromissos que o Brasil firmou na esfera internacional, representa aguda reação a um período de instabilidade e de excessos que acabou com a transição democrática e que gerou a instalação da Assembleia Nacional Constituinte" (A revisão constitucional e as relações internacionais, *Revista da Procuradoria-Geral da República*, p. 65). Para Paulo Roberto de Almeida: "Cabe referir-se, igualmente, às consequências positivas para a imagem internacional do país advindas da nova postura constitucional no que se refere à promoção ativa e à defesa efetiva dos direitos humanos, assim como da confirmação da vocação universalista, pacifista e democrática do Estado brasileiro" (*A estrutura constitucional*, p. 67).

legítima preocupação e interesse da comunidade internacional. Os direitos humanos, nessa concepção, surgem para a Carta de 1988 como tema global.

Cabe ainda considerar que o princípio da prevalência dos direitos humanos contribuiu substantivamente para o sucesso da ratificação, pelo Estado brasileiro, de instrumentos internacionais de proteção dos direitos humanos. Como ponderou o então Ministro Celso Lafer: "O princípio da prevalência dos direitos humanos foi um argumento constitucional politicamente importante para obter no Congresso a tramitação da Convenção Americana dos Direitos Humanos — o Pacto de San José. Foi em função dessa tramitação que logrei depositar na sede da OEA, nos últimos dias de minha gestão (25-09-92), o instrumento correspondente de adesão do Brasil a este significativo Pacto"[55].

Para o estudo das relações entre a Constituição de 1988 e o Direito Internacional dos Direitos Humanos, também de extrema relevância é o alcance da previsão do art. 5º, § 2º, da Carta de 1988, ao determinar que os direitos e garantias expressos na Constituição não excluem outros decorrentes dos tratados internacionais em que o Brasil seja parte. Esse dispositivo, que será examinado a seguir, tece a interação entre a ordem jurídica interna e a ordem jurídica internacional dos direitos humanos.

---

55. Celso Lafer, prefácio ao livro de Pedro Dallari, *Constituição e relações exteriores*, p. XIX.

CAPÍTULO IV

A CONSTITUIÇÃO BRASILEIRA DE 1988 E OS TRATADOS INTERNACIONAIS DE PROTEÇÃO DOS DIREITOS HUMANOS

a) Breves considerações sobre os tratados internacionais

Antes mesmo de enfocar a disciplina constitucional conferida aos tratados internacionais de direitos humanos, faz-se necessário abordar, ainda que brevemente, o significado jurídico dos tratados internacionais — seu conceito, seu processo de formação e seus efeitos. Tais considerações auxiliarão não apenas a análise a respeito da Constituição de 1988 e dos tratados internacionais de direitos humanos, mas em especial o estudo do impacto jurídico desses tratados no Direito interno brasileiro.

Começa-se por afirmar que os tratados internacionais, enquanto acordos internacionais juridicamente obrigatórios e vinculantes (*pacta sunt servanda*), constituem hoje a principal fonte de obrigação do Direito Internacional[1]. Foi com o crescente positivismo internacional que os tratados se tornaram a fonte maior de obrigação no plano internacional, papel até então reservado ao costume internacional. Tal como no âmbito interno, em virtude do movimento do Pós-Positivismo[2], os princípios gerais de direito passam a ganhar cada vez maior relevância como fonte do Direito Internacional na ordem contemporânea.

---

1. Sobre o Direito Internacional, comenta Louis Henkin: "O Direito Internacional é um sistema legal conceitualmente próprio e distinto, independente dos sistemas nacionais com os quais ele interage. É um sistema legal que constitui o Direito de uma ordem política internacional. Possui seus procedimentos próprios relativos à elaboração e aplicação normativa. Há uma filosofia e uma sociologia de Direito Internacional e o começo de uma criminologia" (Louis Henkin et al., *International law*, p. XVII-XXXI). Note-se que o art. 38 do Estatuto da Corte Internacional de Justiça estabelece como fontes do Direito Internacional: a) os tratados internacionais; b) o costume internacional; c) os princípios gerais de direito; e d) as decisões judiciais e a doutrina.

2. A respeito, ver reflexões desenvolvidas no tópico "A Constituição brasileira de 1988 e a institucionalização dos direitos e garantias fundamentais", no Capítulo III deste livro.

Na definição de Louis Henkin: "O termo 'tratado' é geralmente usado para se referir aos acordos obrigatórios celebrados entre sujeitos de Direito Internacional, que são regulados pelo Direito Internacional. Além do termo 'tratado', diversas outras denominações são usadas para se referir aos acordos internacionais. As mais comuns são Convenção, Pacto, Protocolo, Carta, Convênio, como também Tratado ou Acordo Internacional. Alguns termos são usados para denotar solenidade (por exemplo, Pacto ou Carta) ou a natureza suplementar do acordo (Protocolo)"[3].

Não necessariamente os tratados internacionais consagram novas regras de Direito Internacional. Por vezes, acabam por codificar regras preexistentes, consolidadas pelo costume internacional, ou, ainda, optam por modificá-las[4].

A necessidade de disciplinar e regular o processo de formação dos tratados internacionais resultou na elaboração da Convenção de Viena, concluída em 1969, que teve por finalidade servir como a Lei dos Tratados[5]. Contudo, limitou-se aos tratados celebrados entre os Estados, não envolvendo aqueles dos quais participam organizações internacionais[6]. Como atenta Rebecca M. M. Wallace: "Para os fins da Convenção, o termo 'tratado' significa um acordo internacional concluído entre Estados, na forma escrita e regulado pelo Direito Internacional"[7]. Nesse sentido, cabe observar

---

3. Henkin, *International law*, p. 416. No mesmo sentido, afirma Rebecca M. M. Wallace: "O termo tratado é um termo genérico, usado para incluir as convenções, os acordos, os protocolos e a troca de instrumentos. O Direito Internacional não distingue os acordos identificados como tratados, dos outros acordos. O termo escolhido para se referir a um acordo não é em si mesmo importante e não apresenta maior consequência jurídica" (*International law: a student introduction*, p. 197).

4. Sobre a relação entre tratados e costumes internacionais, atenta Henkin: "As duas fontes do Direito Internacional ou do processo de criação do Direito Internacional são absolutamente relacionadas. Por exemplo, importante é a questão de saber em que medida um tratado pode ser interpretado à luz de um costume preexistente, ou se o tratado objetiva ser um ato 'declaratório' de um direito costumeiro preexistente, ou ainda um ato que busque alterar o mesmo" (*International law*, p. 101).

5. A Convenção de Viena foi concluída em 23 de maio de 1969. Até 2024, contava com 116 Estados-partes. O Brasil assinou a Convenção em 23 de maio de 1969, ratificando-a apenas em 25 de setembro de 2009.

6. Cada vez mais a ordem internacional contempla tratados entre Estados e organizações internacionais e organizações internacionais entre si. Esse fato rompeu com a noção tradicional de que o tratado era exclusivamente um acordo entre Estados, substituindo-a pela noção de que é um acordo entre dois ou mais sujeitos de Direito Internacional.

7. Rebecca M. M. Wallace, *International law*, p. 197. No dizer de Arnaldo Süssekind: "A Convenção de Viena sobre o Direito dos Tratados conceitua o tratado como o 'acordo

que esta análise ficará restrita tão somente aos tratados celebrados pelos Estados, já que são estes os tratados que importam para o estudo do sistema internacional de proteção dos direitos humanos.

Se assim é, a primeira regra a ser fixada é a de que os tratados internacionais só se aplicam aos Estados-partes, ou seja, aos Estados que expressamente consentiram em sua adoção[8]. Os tratados não podem criar obrigações para os Estados que neles não consentiram, ao menos que preceitos constantes do tratado tenham sido incorporados pelo costume internacional. Como dispõe a Convenção de Viena: "Todo tratado em vigor é obrigatório em relação às partes e deve ser cumprido por elas de boa-fé". Acrescenta o art. 27 da Convenção: "Uma parte não pode invocar disposições de seu direito interno como justificativa para o não cumprimento do tratado". Consagra-se, assim, o princípio da boa-fé, pelo qual cabe ao Estado conferir plena observância ao tratado de que é parte, na medida em que, no livre exercício de sua soberania, o Estado contraiu obrigações jurídicas no plano internacional[9].

---

internacional celebrado por escrito entre Estados e regido pelo direito internacional, constante de um instrumento único ou de dois ou mais instrumentos conexos e qualquer que seja sua denominação particular' (art. 2º, n. I, alínea 'a')" (Arnaldo Süssekind, *Direito internacional do trabalho*, p. 38). Sobre os tratados multilaterais, leciona o mesmo autor: "Entende-se por tratado multilateral o tratado que, com base nas suas estipulações ou nas de um instrumento conexo, haja sido aberto à participação de qualquer Estado, sem restrição, ou de um considerável número de partes e que tem por objeto declarado estabelecer normas gerais de Direito Internacional ou tratar, de modo geral, de questões de interesse comum" (*Anuário da Comissão de Direito Internacional*, New York, 1962, v. 2, p. 36, apud Arnaldo Süssekind, *Direito internacional do trabalho*, p. 38). Na visão de João Grandino Rodas: "Dos inúmeros conceitos doutrinários existentes sobre tratado internacional é particularmente elucidativo o fornecido por Reuter: 'uma manifestação de vontades concordantes imputável a dois ou mais sujeitos de Direito Internacional e destinada a produzir efeitos jurídicos, segundo as regras do Direito Internacional'" (Tratados internacionais: sua executoriedade no direito interno brasileiro, *Revista do Curso de Direito da Universidade Federal de Uberlândia*, n. 21, p. 313).

8. O art. 6º da Convenção de Viena estabelece: "Todo Estado possui capacidade para concluir tratados".

9. Observe-se que o art. 3º, § 1º, da Convenção de Viena reforça o princípio da boa-fé, ao determinar: "Um tratado deve ser interpretado de boa-fé e de acordo com o significado de seus termos em seu contexto, à luz de seu objeto e propósitos". Sobre a matéria, afirma Antônio Augusto Cançado Trindade: "Como em outros campos do Direito Internacional, no domínio da proteção internacional dos direitos humanos os Estados contraem obrigações internacionais no livre e pleno exercício de sua soberania, e uma vez que o tenham feito não podem invocar dificuldades de ordem interna ou constitucional de modo a tentar justificar o não cumprimento destas obrigações. Pode-se recordar o dispositivo da Convenção de Viena sobre o Direito dos Tratados de 1969 nesse sentido (art. 27)" (*A proteção internacional dos direitos humanos*, p. 47).

Enfatize-se que os tratados são, por excelência, expressão de consenso. Apenas pela via do consenso podem os tratados criar obrigações legais, uma vez que Estados soberanos, ao aceitá-los, comprometem-se a respeitá-los. A exigência de consenso é prevista pelo art. 52 da Convenção de Viena, quando dispõe que o tratado será nulo se a sua aprovação for obtida mediante ameaça ou pelo uso da força, em violação aos princípios de Direito Internacional consagrados pela Carta da ONU.

Em geral, os tratados permitem sejam formuladas reservas, o que pode contribuir para a adesão de maior número de Estados[10]. Nos termos da Convenção de Viena, as reservas constituem "uma declaração unilateral feita pelo Estado, quando da assinatura, ratificação, acesso, adesão ou aprovação de um tratado, com o propósito de excluir ou modificar o efeito jurídico de certas previsões do tratado, quando de sua aplicação naquele Estado". Entretanto, são inadmissíveis as reservas que se mostrem incompatíveis com o objeto e propósito do tratado, nos termos do art. 19 da Convenção[11].

b) O processo de formação dos tratados internacionais

A sistemática concernente ao exercício do poder de celebrar tratados é deixada a critério de cada Estado. Por isso, as exigências constitucionais relativas ao processo de formação dos tratados variam significativamente[12].

---

10. Como afirma Henkin: "É evidente que, em casos particulares, as reservas permitem a um Estado participar de um tratado que, se assim não o fosse, não participaria. Entretanto, as reservas dão ensejo a disputas, quando são usadas por certos Estados no sentido de enfraquecer, substancialmente, o efeito das Convenções, de forma incompatível com o objeto e o propósito do tratado" (*International law*, p. 457).

11. A Convenção de Viena permite reservas, salvo nas hipóteses previstas pelo art. 19 da Convenção, que prescreve: "Um Estado poderá formular uma reserva no momento de assinar, ratificar, aceitar ou aprovar um tratado ou de aderir ao mesmo, a menos: a) que a reserva esteja proibida pelo tratado; b) que o tratado disponha que possam ser feitas apenas determinadas reservas e dentre as quais não figure a reserva de que se trate; ou c) que, nos casos previstos nas alíneas 'a' e 'b', a reserva seja incompatível com o objeto e o fim do tratado". Como observa Rebecca M. M. Wallace, "a incompatibilidade com o objeto ou propósito do tratado pode se referir tanto a previsões substantivas do tratado, como à sua natureza e espírito" (*International law*, p. 201). Sobre a formulação de reservas incompatíveis com o objeto e propósito do tratado, merece destaque o parecer proferido pela Corte Interamericana de Direitos Humanos, "Advisory Opinion on Restriction to the Death Penalty", Guatemala (Inter-American Court on Human Rights, Adv. Op. n. OC-3, 1983, Ser. A, n. 3, 23 I.L.M. 320, 1984).

12. A respeito, ver Rebecca Wallace, *International law*, p. 198.

Em geral, o processo de formação dos tratados tem início com os atos de negociação, conclusão e assinatura do tratado, que são da competência do órgão do Poder Executivo. A assinatura do tratado, por si só, traduz um aceite precário e provisório, não irradiando efeitos jurídicos vinculantes. Trata-se da mera aquiescência do Estado em relação à forma e ao conteúdo final do tratado. A assinatura do tratado, via de regra, indica tão somente que o tratado é autêntico e definitivo.

Após a assinatura do tratado pelo Poder Executivo, o segundo passo é a sua apreciação e aprovação pelo Poder Legislativo.

Em sequência, aprovado o tratado pelo Legislativo, há o seu ato de ratificação pelo Poder Executivo. A ratificação significa a subsequente confirmação formal por um Estado de que está obrigado ao tratado. Significa, pois, o aceite definitivo, pelo qual o Estado se obriga pelo tratado no plano internacional. A ratificação é ato jurídico que irradia necessariamente efeitos no plano internacional.

A respeito, a Convenção de Viena estabelece, em linhas gerais: "O consentimento do Estado em obrigar-se por um tratado pode ser expresso mediante a assinatura, troca de instrumentos constituintes do tratado, ratificação, aceitação, aprovação ou adesão, ou através de qualquer outro meio acordado" (arts. 11 a 17 da Convenção). Por sua vez, o art. 12 da Convenção fixa as hipóteses em que a ratificação é necessária, em adição à assinatura, no sentido de estabelecer a aceitação do Estado no que toca à obrigatoriedade do tratado[13]. Vale dizer, não obstante a assinatura pelo órgão do Poder Executivo, a efetividade do tratado fica, via de regra, condicionada à sua aprovação pelo órgão legislativo e posterior ratificação pela autoridade do órgão executivo — matéria disciplinada pelo Direito interno. Na visão de Rebecca Wallace: "A simples assinatura pode ser suficiente para obrigar os Estados. Mas, frequentemente, a assinatura *ad referendum* é exigida, por exemplo, quando a assinatura fica sujeita à ratificação posterior. Embora

---

13. Estabelece a Convenção de Viena, no art. 12: "1. O consentimento de um Estado em obrigar-se por um tratado se manifestará mediante a ratificação: a) quando o tratado disponha que tal consentimento deve manifestar-se mediante ratificação; b) quando conste que de outro modo os Estados negociadores hajam convencionado que se exija a ratificação; c) quando o representante do Estado haja assinado o tratado sob reserva de ratificação; ou d) quando a intenção do Estado de assinar o tratado, sob reserva de ratificação, decorra dos plenos poderes de seu representante ou haja sido manifestada durante a negociação. 2. O consentimento de um Estado em obrigar-se por um tratado se manifestará mediante a aceitação ou aprovação em condições semelhantes às que regem a ratificação".

não apresente efeito jurídico, o *ad referendum* expressa uma aprovação política, bem como a obrigação moral de ratificação. No Direito Internacional, a ratificação se refere à subsequente confirmação formal (após a assinatura) por um Estado, de que está obrigado a cumprir o tratado. Entre a assinatura e a ratificação, o Estado está sob a obrigação de obstar atos que violem os objetivos ou os propósitos do tratado"[14].

A ratificação é, pois, ato necessário para que o tratado passe a ter obrigatoriedade no âmbito internacional e interno[15]. Como etapa final, o instrumento de ratificação há de ser depositado em um órgão que assuma a custódia do instrumento — por exemplo, na hipótese de um tratado das Nações Unidas, o instrumento de ratificação deve ser depositado na própria ONU; se o instrumento for do âmbito regional interamericano, deve ser depositado na OEA.

No caso brasileiro, a Constituição de 1988, em seu art. 84, VIII, determina que é da competência privativa do Presidente da República celebrar tratados, convenções e atos internacionais, sujeitos a referendo do Congresso Nacional. Por sua vez, o art. 49, I, da mesma Carta prevê ser da competência exclusiva do Congresso Nacional resolver definitivamente sobre tratados, acordos ou atos internacionais. Consagra-se, assim, a colaboração entre Executivo e Legislativo na conclusão de tratados internacionais, que não se aperfeiçoa enquanto a vontade do Poder Executivo, manifestada pelo Presidente da República, não se somar à vontade do Congresso Nacional. Logo, os tratados internacionais demandam, para seu aperfeiçoamento, um ato complexo no qual se integram a vontade do Presidente da República, que os celebra, e a do Congresso Nacional, que os aprova, mediante decreto legislativo. Considerando o histórico das Constituições anteriores,

---

14. Rebecca M. M. Wallace, *International law*, p. 199. Para João Grandino Rodas: "Os tratados em forma solene, também conhecidos como em devida forma, passam pelas seguintes fases: negociação, assinatura ou adoção, aprovação legislativa por parte dos Estados interessados em se tornar parte no tratado e, finalmente, ratificação ou adesão" (*Tratados internacionais*, p. 315).

15. Cf. Arnaldo Süssekind: "Os efeitos jurídicos da ratificação, compreendendo esta expressão a adesão a que alude a Convenção de Viena, têm sido objeto de valiosos estudos, variando a opinião dos juristas, desde os pronunciamentos de Hans Kelsen e George Scelle, para quem o tratado ratificado derroga, automaticamente, as normas da legislação nacional que lhes sejam contrárias, inclusive as de hierarquia constitucional, até o restrito entendimento de que a ratificação não transforma o conteúdo do tratado em *jus receptum*, gerando apenas, para o respectivo Estado, a obrigação de adotar, mediante leis próprias, as disposições do instrumento internacional" (*Direito internacional do trabalho*, p. 59).

constata-se que, no Direito brasileiro, a conjugação de vontades entre Executivo e Legislativo sempre se fez necessária para a conclusão de tratados internacionais[16]. Não gera efeitos a simples assinatura de um tratado se não for referendado pelo Congresso Nacional, já que o Poder Executivo só pode promover a ratificação depois de aprovado o tratado pelo Congresso Nacional. Há, portanto, dois atos completamente distintos: a aprovação do tratado pelo Congresso Nacional, por meio de um decreto legislativo, e a ratificação pelo Presidente da República, seguida da troca ou depósito do instrumento de ratificação. Assim, celebrado por representante do Poder Executivo, aprovado pelo Congresso Nacional e, por fim, ratificado pelo Presidente da República, passa o tratado a produzir efeitos jurídicos.

A respeito dessa sistemática constitucional acerca do poder de celebrar tratados, observa Louis Henkin: "Com efeito, o poder de celebrar

---

16. Sobre a interpretação dos arts. 49, I, e 84, VIII, ver Paulo Roberto de Almeida, As relações internacionais na ordem constitucional, *Revista de Informação Legislativa*, n. 110, p. 47-70; Celso A. Mello, O direito constitucional internacional na Constituição de 1988, *Contexto Internacional*, p. 9-21; João Grandino Rodas, Tratados internacionais: sua executoriedade no direito interno brasileiro, *Revista do Curso de Direito da Universidade Federal de Uberlândia*, v. 21, n. 1/2, p. 311-323; Arthur de Castilho Neto, A revisão constitucional e as relações internacionais, *Revista da Procuradoria-Geral da República*, p. 51-78; Manoel Gonçalves Ferreira Filho, *Comentários à Constituição brasileira de 1988;* arts. 44 a 103, v. 2; e Arnaldo Süssekind, *Direito internacional do trabalho*, p. 49 e seguintes. Quanto ao histórico constitucional pertinente à matéria, note-se que a Constituição de 1891, no art. 34, estabelecia a competência privativa do Congresso Nacional para "resolver definitivamente sobre os tratados e convenções com as nações estrangeiras", atribuindo ao Presidente da República a competência para "celebrar ajustes, convenções e tratados, sempre *ad referendum* do Congresso". A Constituição de 1934, por sua vez, reiterava o mesmo entendimento, ao fixar no art. 40 a competência exclusiva do Poder Legislativo para "resolver definitivamente sobre os tratados e convenções com as nações estrangeiras, celebrados pelo Presidente da República, inclusive os relativos à paz", reafirmando no art. 56 a competência do Presidente da República para "celebrar convenções e tratados internacionais, *ad referendum* do Poder Legislativo". A Constituição de 1946 corroborava a mesma concepção, quando no art. 66 previa ser da competência exclusiva do Congresso Nacional "resolver definitivamente sobre os tratados e convenções celebradas com os Estados estrangeiros pelo Presidente da República". Por fim, a Constituição de 1967, com as emendas de 1969, estabelecia, no art. 44, I, a competência exclusiva do Congresso Nacional para "resolver definitivamente sobre os tratados, convenções e atos internacionais celebrados pelo Presidente da República", acrescentando, no art. 81, a competência privativa do Presidente da República para "celebrar tratados, convenções e atos internacionais, *ad referendum* do Congresso Nacional". Esse histórico das Constituições anteriores revela que, no Direito brasileiro, a conjugação de vontades entre Executivo e Legislativo sempre se fez necessária para a conclusão de tratados internacionais.

tratados — como é concebido e como de fato se opera — é uma autêntica expressão do constitucionalismo; claramente ele estabelece a sistemática de 'checks and balances'. Ao atribuir o poder de celebrar tratados ao Presidente, mas apenas mediante o referendo do Legislativo, busca-se limitar e descentralizar o poder de celebrar tratados, prevenindo o abuso desse poder. Para os constituintes, o motivo principal da instituição de uma particular forma de 'checks and balances' talvez fosse o de proteger o interesse de alguns Estados, mas o resultado foi o de evitar a concentração do poder de celebrar tratados no Executivo, como era então a experiência europeia"[17].

Contudo, cabe observar que a Constituição brasileira de 1988, ao estabelecer apenas esses dois dispositivos supracitados (os arts. 49, I, e 84, VIII), traz uma sistemática lacunosa, falha e imperfeita: não prevê, por exemplo, prazo para que o Presidente da República encaminhe ao Congresso Nacional o tratado por ele assinado. Não há ainda previsão de prazo para que o Congresso Nacional aprecie o tratado assinado, tampouco previsão de prazo para que o Presidente da República ratifique o tratado, se aprovado pelo Congresso. Essa sistemática constitucional, ao manter ampla discricionariedade aos Poderes Executivo e Legislativo no processo de formação dos tratados, acaba por contribuir para a afronta ao princípio da boa-fé vigente no Direito Internacional. A respeito, cabe mencionar o emblemático caso da Convenção de Viena sobre o Direito dos Tratados, assinada pelo Estado brasileiro em 1969 e encaminhada à apreciação do Congresso Nacional apenas em 1992, tendo sido aprovada pelo Decreto Legislativo n. 496, em 17 de julho de 2009 — dezessete anos após. Em 25 de setembro de 2009, o Estado brasileiro finalmente efetuou o depósito do instrumento de ratificação[18].

De todo modo, considerando o processo de formação dos tratados e reiterando a concepção de que apresentam força jurídica obrigatória e vinculante, resta frisar que a violação de um tratado implica a violação de obrigações assumidas no âmbito internacional[19]. O descumprimento de

---

17. Cf. Louis Henkin, *Constitutionalism, democracy and foreign affairs*, p. 59.
18. Note-se que o Brasil formulou reservas com relação aos arts. 25 e 66 da Convenção de Viena. Em 14 de dezembro de 2009, foi expedido o Decreto de promulgação n. 7.030. Até 2024, a Convenção de Viena contava com 116 Estados-partes.
19. Como atenta Arnaldo Sussekind: "Se o respeito à soberania do Estado constitui um dos princípios basilares do Direito Internacional Público, não menos fundamental é o acata-

tais deveres implica, portanto, responsabilização internacional do Estado violador[20].

c) A hierarquia dos tratados internacionais de direitos humanos

"A relação entre Direito Internacional e Direito Interno no passado era fundamentalmente um interessante problema teórico, que instigava os estudiosos do direito em debates puramente doutrinários; essa relação, hoje, transformou-se em um importante problema prático, primeiramente em face da crescente adoção de tratados, cujo escopo é não mais a relação entre Estados, mas a relação entre Estados e seus próprios cidadãos. (...) A eficácia desses tratados depende essencialmente da incorporação de suas previsões no ordenamento jurídico interno" (Virginia Leary, *International Labour Conventions and National Law: the effectiveness of the automatic incorporation of treaties in national legal systems*, Boston, Martinus Nijhoff Publishers, 1982, p. 1).

A Carta de 1988 consagra de forma inédita, ao fim da extensa Declaração de Direitos por ela prevista, que os direitos e garantias expressos na Constituição "não excluem outros decorrentes do regime e dos princípios

---

mento do aforismo *pacta sunt servanda*, em virtude do qual o Estado vinculado a um tratado deve cumprir as obrigações dele resultantes, sob pena de responsabilidade na esfera internacional. Daí preceituar a Convenção de Viena sobre o Direito dos Tratados: Art. 26 — Todo tratado em vigor obriga às partes e deve ser cumprido por elas de boa-fé e Art. 27 — Uma parte não poderá invocar as disposições do seu direito interno como justificação do descumprimento de um tratado" (*Direito internacional do trabalho*, p. 59).

20. Sobre os efeitos da violação do tratado, afirma o *International Law Commission Report*: "A grande maioria dos juristas reconhece que a violação de um tratado por uma das partes implica o direito da outra parte de ab-rogar o tratado ou suspender as obrigações dele decorrentes. A violação a um tratado é concebida como o 'término' do tratado ou como a suspensão de seus enunciados, no todo ou em parte" (*Yearbook of the International Law Commission* — 169, 1966, p. 253-255, apud Louis Henkin et al., *International law...*, op. cit., p. 507). Contudo, "na Conferência de Viena, o parágrafo 5º foi adicionado ao projeto da Comissão. Seu objetivo foi o de assegurar que as regras referentes ao 'término' do tratado, como consequência de sua violação, não pudessem causar o 'término' ou a 'suspensão' de muitas Convenções que protegem a pessoa humana. (...) A visão genérica é a de que tais tratados servem essencialmente para beneficiar os indivíduos e envolvem obrigações que não dependem do recíproco desempenho dos Estados-partes" (Louis Henkin et al., *International law*, p. 509).

por ela adotados, ou dos tratados internacionais em que a República Federativa do Brasil seja parte" (art. 5º, § 2º).

Note-se que a Constituição de 1967, no art. 153, § 36, previa: "A especificação dos direitos e garantias expressos nesta Constituição não exclui outros direitos e garantias decorrentes do regime e dos princípios que ela adota". A Carta de 1988 inova, assim, ao incluir entre os direitos constitucionalmente protegidos os direitos enunciados nos tratados internacionais de que o Brasil seja signatário.

Ora, ao prescrever que "os direitos e garantias expressos na Constituição não excluem outros direitos decorrentes dos tratados internacionais", *a contrario sensu*, a Carta de 1988 está a incluir, no catálogo de direitos constitucionalmente protegidos, os direitos enunciados nos tratados internacionais em que o Brasil seja parte. Esse processo de inclusão implica a incorporação pelo Texto Constitucional de tais direitos.

Ao efetuar a incorporação, a Carta atribui aos direitos internacionais uma natureza especial e diferenciada, qual seja, a natureza de norma constitucional. Os direitos enunciados nos tratados de direitos humanos de que o Brasil é parte integram, portanto, o elenco dos direitos constitucionalmente consagrados[21]. Essa conclusão advém ainda de interpretação sistemática e teleológica do Texto, especialmente em face da força expansiva dos valores da dignidade humana e dos direitos fundamentais, como parâmetros axiológicos a orientar a compreensão do fenômeno constitucional[22].

No dizer de Antônio Augusto Cançado Trindade: "Assim, a novidade do art. 5º (2) da Constituição de 1988 consiste no acréscimo, por proposta que avancei, ao elenco dos direitos constitucionalmente consagrados, dos

---

21. Ao interpretar o art. 5º, § 2º, da Carta de 1988, sugere Pedro Dallari: "Essa norma constitucional, concebida precipuamente para disciplinar situações no âmbito interno do País, pode e deve ser vista, se associada ao inciso II do art. 4º, como instrumento que procura dar coerência à sustentação do princípio constitucional de relações exteriores em pauta e que, por isso mesmo, possibilita ao Brasil intervir no âmbito da comunidade internacional não apenas para defender a assunção de tal princípio, mas também para, em um estágio já mais avançado, dar-lhe materialidade efetiva" (*Constituição e relações exteriores*, p. 162).

22. Para Canotilho: "A legitimidade material da Constituição não se basta com um 'dar forma' ou 'constituir' de órgãos; exige uma fundamentação substantiva para os actos dos poderes públicos e daí que ela tenha de ser um parâmetro material, directivo e inspirador desses actos. A fundamentação material é hoje essencialmente fornecida pelo catálogo de direitos fundamentais (direitos, liberdades e garantias e direitos econômicos, sociais e culturais)" (*Direito constitucional*, p. 74).

direitos e garantias expressos em tratados internacionais sobre proteção internacional dos direitos humanos em que o Brasil é parte. Observe-se que os direitos se fazem acompanhar necessariamente das garantias. É alentador que as conquistas do Direito Internacional em favor da proteção do ser humano venham a projetar-se no Direito Constitucional, enriquecendo-o, e demonstrando que a busca de proteção cada vez mais eficaz da pessoa humana encontra guarida nas raízes do pensamento tanto internacionalista quanto constitucionalista"[23].

O constitucionalista José Joaquim Gomes Canotilho se orienta na mesma direção quando pondera: "As Constituições, embora continuem a ser pontos de legitimação, legitimidade e consenso autocentrados numa comunidade estadualmente organizada, devem abrir-se progressivamente a uma rede cooperativa de metanormas ('estratégias internacionais', 'pressões concertadas') e de normas oriundas de outros 'centros' transnacionais e infranacionais (regionais e locais) ou de ordens institucionais intermediárias ('associações internacionais', 'programas internacionais'). A globalização internacional dos problemas ('direitos humanos', 'proteção de recursos', 'ambiente') aí está a demonstrar que, se a 'Constituição jurídica do centro estadual', territorialmente delimitado, continua a ser uma carta de identidade política e cultural e uma mediação normativa necessária de estruturas básicas de justiça de um Estado-Nação, cada vez mais ela se deve articular com outros direitos, mais ou menos vinculantes e preceptivos (*hard law*), ou mais ou menos flexíveis (*soft law*), progressivamente forjados por novas 'unidades políticas' ('cidade mundo', 'europa comunitária', 'casa europeia', 'unidade africana')"[24]. Acentua o mesmo autor: "Se ontem a conquista territorial, a colonização e o interesse nacional surgiam como categorias referenciais, hoje os fins dos Estados podem e devem ser os da construção de 'Estados de Direito Democráticos, Sociais e Ambientais; no plano interno e Estados abertos e internacionalmente amigos e cooperantes no plano externo. Estes parâmetros fortalecem as imbricações do direito constitucional com o direito internacional. (...) Por isso, o Poder Constituinte dos

---

23. Antônio Augusto Cançado Trindade, *A proteção internacional dos direitos*, p. 631. Para a proposta original, subsequentemente aceita, de inserção dessa cláusula (art. 5º, § 2º) na Constituição brasileira de 1988, ver Antônio Augusto Cançado Trindade, Direitos e garantias individuais no plano internacional, *Assembleia Nacional Constituinte: Atas das Comissões*, v. 1, n. 66 (supl.), p. 109-116.

24. José Joaquim Gomes Canotilho, *Direito constitucional*, p. 18.

Estados e, consequentemente, das respectivas Constituições nacionais, está hoje cada vez mais vinculado a princípios e regras de direito internacional. É como se o Direito Internacional fosse transformado em parâmetro de validade das próprias Constituições nacionais (cujas normas passam a ser consideradas nulas se violadoras das normas do *jus cogens* internacional). O Poder Constituinte soberano criador de Constituições está hoje longe de ser um sistema autônomo que gravita em torno da soberania do Estado. A abertura ao Direito Internacional exige a observância de princípios materiais de política e direito internacional tendencialmente informador do Direito interno"[25]. Nesse raciocínio, a abertura à normação internacional passa a ser elemento caracterizador da ordem constitucional contemporânea.

Em favor da hierarquia constitucional dos direitos enunciados em tratados internacionais, outro argumento se acrescenta: a natureza materialmente constitucional dos direitos fundamentais[26]. O reconhecimento se faz explícito na Carta de 1988, ao invocar a previsão do art. 5º, § 2º. Vale dizer, se não se tratasse de matéria constitucional, ficaria sem sentido tal previsão. A Constituição assume expressamente o conteúdo constitucional dos direitos constantes dos tratados internacionais dos quais o Brasil é parte. Ainda que esses direitos não sejam enunciados sob a forma de normas constitucionais,

---

25. José Joaquim Gomes Canotilho, *Direito constitucional e teoria da Constituição*, p. 1217.

26. Sobre o tema, afirma José Joaquim Gomes Canotilho: "Ao apontar para a dimensão material, o critério em análise coloca-nos perante um dos temas mais polêmicos do direito constitucional: qual é o conteúdo ou matéria da Constituição? O conteúdo da Constituição varia de época para época e de país para país e, por isso, é tendencialmente correto afirmar que não há reserva de Constituição no sentido de que certas matérias têm necessariamente de ser incorporadas na constituição pelo Poder Constituinte. Registre-se, porém, que, historicamente (na experiência constitucional), foram consideradas matérias constitucionais, 'par excellence', a organização do poder político (informada pelo princípio da divisão de poderes) e o catálogo dos direitos, liberdades e garantias. Posteriormente, verificou-se o 'enriquecimento' da matéria constitucional através da inserção de novos conteúdos, até então considerados de valor jurídico-constitucional irrelevante, de valor administrativo ou de natureza subconstitucional (direitos econômicos, sociais e culturais, direitos de participação dos trabalhadores e constituição econômica)" (*Direito constitucional*, p. 68). Prossegue o mesmo autor: "Um topos caracterizador da modernidade e do constitucionalismo foi sempre o da consideração dos 'direitos do homem' como *ratio essendi* do Estado Constitucional. Quer fossem considerados como 'direitos naturais', 'direitos inalienáveis' ou 'direitos racionais' do indivíduo, os direitos do homem, constitucionalmente reconhecidos, possuíam uma dimensão projectiva de comensuração universal" (p. 18).

mas sob a forma de tratados internacionais, a Carta lhes confere o valor jurídico de norma constitucional, já que preenchem e complementam o catálogo de direitos fundamentais previsto pelo Texto Constitucional. Nesse sentido, afirma Canotilho: "O programa normativo-constitucional não pode se reduzir, de forma positivística, ao 'texto' da Constituição. Há que densificar, em profundidade, as normas e princípios da constituição, alargando o 'bloco da constitucionalidade' a princípios não escritos, mais ainda reconduzíveis ao programa normativo-constitucional, como formas de densificação ou revelação específicas de princípios ou regras constitucionais positivamente plasmadas"[27]. Os direitos internacionais integrariam, assim, o chamado "bloco de constitucionalidade", densificando a regra constitucional positivada no § 2º do art. 5º, caracterizada como cláusula constitucional aberta[28].

---

27. José Joaquim Gomes Canotilho, *Direito constitucional*, p. 982. Acrescenta Canotilho: "O problema dos direitos fundamentais como parâmetro ou norma de referência a ter em conta no juízo da legitimidade constitucional não oferece grandes dificuldades numa Constituição, como a portuguesa, consagradora de um amplo catálogo de direitos, abrangendo direitos, liberdades e garantias e direitos econômicos, sociais e culturais. Todos eles são, sem qualquer dúvida, normas de referência obrigatórias em qualquer controle da constitucionalidade de actos normativos. Os únicos problemas que se podem suscitar dizem respeito aos direitos fundamentais não formalmente constitucionais, isto é, os direitos constantes de lei ordinárias ou de convenções internacionais (cfr. art. 16). Todavia, ou estes direitos são ainda densificações possíveis e legítimas do âmbito normativo-constitucional de outras normas e, consequentemente, direitos positivo-constitucionalmente plasmados, e nesta hipótese, formam parte do bloco de constitucionalidade, ou são direitos autônomos não reentrantes nos esquemas normativo-constitucionais, e, nessa medida, entrarão no bloco da legalidade, mas não no da constitucionalidade" (p. 982).

28. Ao enfocar a cláusula aberta do art. 16 da Constituição portuguesa, anota Jorge Miranda: "O n. 1 do art. 16 da Constituição aponta para um sentido material de direitos fundamentais: estes não são apenas os que as normas formalmente constitucionais enunciem; são ou podem ser também direitos provenientes de outras fontes, na perspectiva mais ampla da Constituição material. Não se depara, pois, no texto constitucional um elenco taxativo de direitos fundamentais. Pelo contrário, a enumeração é uma enumeração aberta, sempre pronta a ser preenchida ou completada através de outros direitos ou, quanto a cada direito, através de novas faculdades para além daquelas que se encontram definidas ou especificadas em cada momento. Daí poder-se apelidar o art. 16, n. 1, de cláusula aberta ou de não tipicidade de direitos fundamentais" (*Manual de direito constitucional*, v. 4, p. 153). Para Canotilho: "A Constituição admite (cfr. art. 16), porém, outros direitos fundamentais constantes das leis e das regras aplicáveis de direito internacional. Em virtude de as normas que os reconhecem e protegem não terem a forma constitucional, estes direitos são chamados direitos materialmente fundamentais. Por outro lado, trata-se de uma 'norma de fattispecie

Lembre-se que, ao estabelecer diretrizes e linhas básicas, a Constituição não detém a pretensão da completude. A incompletude da Carta aponta para sua abertura, o que permite a flexibilidade necessária ao contínuo desenvolvimento político. Sob essa ótica, a Constituição pode ser definida, para adotar a expressão de Konrad Hesse, como ordem jurídica fundamental e aberta da comunidade[29].

Quanto ao caráter aberto da cláusula constitucional constante do art. 5º, § 2º, é ele evidenciado por José Afonso da Silva, quando leciona "a circunstância de a Constituição mesma admitir outros direitos e garantias individuais não enumerados, quando, no parágrafo 2º do art. 5º, declara que os direitos e garantias previstos neste artigo não excluem outros decorrentes dos princípios e do regime adotado pela Constituição e dos tratados inter-

---

aberta', de forma a abranger, para além das positivações concretas, todas as possibilidades de direitos que se propõem no horizonte da ação humana. Daí que os autores se refiram também aqui ao princípio da não identificação ou da cláusula aberta. Problema é o de saber como distinguir, dentre os direitos sem assento constitucional, aqueles com dignidade suficiente para serem considerados fundamentais. A orientação tendencial de princípio é a de considerar como direitos extraconstitucionais materialmente fundamentais os direitos equiparáveis pelo seu objeto e importância aos diversos tipos de direitos fundamentais. Neste sentido, o âmbito normativo do art. 16/1 alarga-se ou abre-se a todos os direitos fundamentais e não, como já se pretendeu, a uma certa categoria deles" (*Direito constitucional*, p. 528). Acrescentam Canotilho e Vital Moreira: "A existência de direitos sem registro constitucional formal está expressamente mencionada no art. 16, 1 da CRP, quando estabelece que 'os direitos fundamentais consagrados na Constituição não excluem quaisquer outros constantes das leis e das regras aplicáveis de direito internacional'. Apesar da notável amplitude do elenco constitucional dos direitos fundamentais, é natural que não se encontrem aí todos os direitos ou dimensões de direitos contemplados pelas muitas convenções internacionais de direitos, bem como pela lei interna. (...) De resto, a referida cláusula constitucional traduz não apenas o acolhimento dos direitos já dotados de reconhecimento infraconstitucional, mas também uma expressa abertura aos que vierem a encontrar sedimentação no futuro, no direito internacional ou na lei interna. Trata-se de uma cláusula de abertura a novos direitos, reveladora do caráter não fechado e não taxativo do elenco constitucional dos direitos fundamentais" (*Fundamentos da Constituição*, p. 115-116).

29. Para Konrad Hesse, cabe a essa ordem constitucional aberta: a) determinar os princípios diretores segundo os quais se deve formar a "unidade política" e prosseguir a atividade estadual; b) regular o processo de solução de conflitos dentro de uma comunidade; c) ordenar a organização e o processo de formação da unidade política e da atuação estadual; d) criar os fundamentos e normatizar os princípios da ordem jurídica global (Konrad Hesse, *Grundzuge des Versfassungsrechts der Bundesrepublik Deutschland*, 12. ed., Heidelberg-Karlsruhe, 1980, p. 13, apud José Joaquim Gomes Canotilho, *Constituição dirigente e vinculação do legislador: contributo para a compreensão das normas constitucionais programáticas*, p. 116).

nacionais em que a República Federativa do Brasil seja parte"[30]. Para o constitucionalista, os direitos individuais podem ser classificados em três grupos: o dos direitos individuais expressos, explicitamente enunciados nos incisos do art. 5º; o dos direitos individuais implícitos, subentendidos nas regras de garantias, como o direito à identidade pessoal, certos desdobramentos do direito à vida; e, por fim, o grupo dos direitos individuais decorrentes do regime e de tratados internacionais subscritos pelo Brasil, que "não são nem explícita nem implicitamente enumerados, mas provêm ou podem vir a prover do regime adotado, como o direito de resistência, entre outros de difícil caracterização *a priori*"[31].

Acredita-se, todavia, que essa classificação peca ao equiparar os direitos decorrentes dos tratados internacionais aos decorrentes do regime e dos princípios adotados pela Constituição. Se estes últimos "não são nem explícita nem implicitamente enumerados, mas provêm ou podem vir a prover do regime adotado", sendo direitos de "difícil caracterização *a priori*", o mesmo não pode ser afirmado quanto aos direitos constantes dos tratados internacionais dos quais o Brasil seja parte. Esses direitos internacionais são expressos, enumerados e claramente elencados, não podendo ser considerados de "difícil caracterização *a priori*". Note-se que, diversamente da cláusula aberta da Constituição portuguesa, que faz referência ao "direito internacional geral", a Constituição brasileira refere-se especificamente aos tratados internacionais de que faça parte o Brasil[32].

---

30. José Afonso da Silva, *Curso de direito constitucional positivo*, 6. ed., p. 174.

31. José Afonso da Silva, *Curso de direito constitucional positivo*, 6. ed., p. 174. Na mesma direção, afirma Manoel Gonçalves Ferreira Filho: "O dispositivo em exame significa simplesmente que a Constituição brasileira ao enumerar os direitos fundamentais não pretende ser exaustiva. Por isso, além desses direitos explicitamente reconhecidos, admite existirem outros, 'decorrentes do regime e dos princípios por ela adotados', incluindo também aqueles que derivam de tratados internacionais. Quais sejam estes direitos implícitos é difícil apontar" (*Comentários à Constituição brasileira de 1988*, v. 1, p. 88). Ainda no mesmo sentido, Cretella Jr.: "Além dos direitos e garantias expressos nos textos constitucionais — regras jurídicas constitucionais expressas — existem outros direitos e outras garantias que decorrem (a) do regime adotado pela Constituição e (b) dos princípios que a fundamentam e que nela se enunciam, informando-a. Direitos expressos e garantias expressas são as normas constitucionais, que integram artigos, parágrafos, incisos, alíneas. (...) O regime instituído pela Carta Política de 1988 é o Estado democrático, destinado a assegurar o exercício dos direitos individuais e sociais, a liberdade, a segurança, além de outros explicitados no Preâmbulo" (*Comentários à Constituição brasileira de 1988*, v. 2, p. 869).

32. Na lição de Celso Ribeiro Bastos e Ives Gandra Martins: "A Constituição portuguesa preferiu referir-se à Declaração Universal dos Direitos do Homem, depois de já ter

Propõe-se, nesse sentido, uma nova classificação dos direitos previstos pela Constituição. Por ela, os direitos seriam organizados em três grupos distintos: a) o dos direitos expressos na Constituição (por exemplo, os direitos elencados pelo Texto nos incisos I a LXXVII do art. 5º); b) o dos direitos expressos em tratados internacionais de que o Brasil seja parte; e, finalmente, c) o dos direitos implícitos (direitos que estão subentendidos nas regras de garantias, bem como os decorrentes do regime e dos princípios adotados pela Constituição).

Logo, se os direitos implícitos apontam para um universo de direitos impreciso, vago, elástico e subjetivo, os expressos na Constituição e nos tratados internacionais de que o Brasil seja parte compõem um universo claro e preciso. Quanto a estes últimos, basta examinar os tratados internacionais de proteção dos direitos humanos ratificados pelo Brasil para que se possa delimitar, delinear e definir o universo dos direitos internacionais constitucionalmente protegidos.

A Constituição de 1988 recepciona os direitos enunciados em tratados internacionais de que o Brasil é parte, conferindo-lhes natureza de norma constitucional. Isto é, os direitos constantes nos tratados internacionais integram e complementam o catálogo de direitos constitucionalmente previsto, o que justifica estender a esses direitos o regime constitucional conferido aos demais direitos e garantias fundamentais.

Tal interpretação é consonante com o princípio da máxima efetividade das normas constitucionais, pelo qual, no dizer de Jorge Miranda, "a uma norma fundamental tem de ser atribuído o sentido que mais eficácia lhe dê; a cada norma constitucional é preciso conferir, ligada a todas as outras normas, o máximo de capacidade de regulamentação. Interpretar a Constituição é ainda realizar a Constituição"[33]. Na lição de Konrad Hesse: "a interpretação tem significado decisivo para a consolidação e preservação da força normativa da Constituição. A interpretação constitucional está submetida ao princípio da ótima concretização da norma. (...) A interpretação adequada é aquela que consegue concretizar, de forma excelente, o sentido

---

feito menção 'às regras aplicáveis de Direito internacional', o que levou Gomes Canotilho e Vital Moreira a afirmarem que a Lei Maior portuguesa aponta para um conceito material e para uma perspectiva aberta dos direitos fundamentais. (...) No texto brasileiro a referência não é feita ao direito internacional geral, mas sim aos tratados internacionais de que faça parte o Brasil" (*Comentários à Constituição do Brasil* (promulgada em 5 de outubro de 1988), v. 2, p. 395-396).

33. Cf. Jorge Miranda, *Manual de direito constitucional*, v. 2, p. 260.

da proposição normativa dentro das condições reais dominantes numa determinada situação. (...) A dinâmica existente na interpretação construtiva constitui condição fundamental da força normativa da Constituição e, por conseguinte, de sua estabilidade. Caso ela venha a faltar, tornar-se-á inevitável, cedo ou tarde, a ruptura da situação jurídica vigente"[34].

Todas as normas constitucionais são verdadeiras normas jurídicas e desempenham uma função útil no ordenamento. A nenhuma norma constitucional se pode dar interpretação que lhe retire ou diminua a razão de ser. Considerando os princípios da força normativa da Constituição e da ótima concretização da norma, à norma constitucional deve ser atribuído o sentido que maior eficácia lhe dê, especialmente quando se trata de norma instituidora de direitos e garantias fundamentais. Como observa Canotilho, o princípio da máxima efetividade das normas constitucionais "é hoje sobretudo invocado no âmbito dos direitos fundamentais — no caso de dúvidas deve preferir-se a interpretação que reconheça maior eficácia aos direitos fundamentais"[35]. Está-se assim a conferir máxima efetividade aos princípios constitucionais, em especial ao princípio do art. 5º, § 2º, ao entender que os direitos constantes dos tratados internacionais passam a integrar o catálogo dos direitos constitucionalmente previstos.

Há que enfatizar ainda que, enquanto os demais tratados internacionais têm força hierárquica infraconstitucional, os direitos enunciados em tratados internacionais de proteção dos direitos humanos apresentam valor de norma constitucional. Como observa Canotilho: "A paridade hierárquico-normativa, ou seja, o valor legislativo ordinário das convenções internacionais deve rejeitar-se pelo menos nos casos de convenções de conteúdo materialmente constitucional (exs.: Convenção Europeia de Direitos do Homem, Pacto Internacional sobre Direitos Civis e Políticos e Pacto Internacional sobre Direitos Econômicos, Sociais e Culturais)"[36].

---

34. Konrad Hesse, *A força normativa da Constituição*, p. 22-23. Para o sucesso do princípio da ótima concretização da norma, oportuna a advertência de Pontes de Miranda: "A primeira condição para se interpretar proveitosamente uma lei é a simpatia. Com antipatia não se interpreta, ataca-se" (Pontes de Miranda, Prólogo ao *Comentários à Constituição de 1946*). Caso contrário, ter-se-á o fenômeno denominado por Marcelo Neves de "desconstitucionalização fática" ou "concretização desconstitucionalizante" (Marcelo Neves, Constitucionalizaçao simbólica e desconstitucionalização fática, *Revista Trimestral de Direito Público*, n. 12, p. 158).

35. José Joaquim Gomes Canotilho, *Direito constitucional*, p. 227.

36. José Joaquim Gomes Canotilho, *Direito constitucional*, p. 901. No mesmo sentido, observa Antônio de Araújo: "Quanto ao direito internacional convencional (certamente

Observe-se que a hierarquia infraconstitucional dos demais tratados internacionais é extraída do art. 102, III, *b*, da Constituição Federal de 1988, que confere ao Supremo Tribunal Federal a competência para julgar, mediante recurso extraordinário, "as causas decididas em única ou última instância, quando a decisão recorrida declarar a inconstitucionalidade de tratado ou lei federal"[37].

Sustenta-se, assim, que os tratados tradicionais têm hierarquia infraconstitucional, mas supralegal. Esse posicionamento se coaduna com o princípio da boa-fé, vigente no direito internacional (o *pacta sunt servanda*), e que tem como reflexo o art. 27 da Convenção de Viena, segundo o qual não cabe ao Estado invocar disposições de seu Direito interno como justificativa para o não cumprimento de tratado.

À luz do mencionado dispositivo constitucional, uma tendência da doutrina brasileira, contudo, passou a acolher a concepção de que os tratados internacionais e as leis federais apresentavam a mesma hierarquia jurídica, sendo portanto aplicável o princípio "lei posterior revoga lei anterior que seja com ela incompatível". Essa concepção não apenas compromete o princípio da boa-fé, mas constitui afronta à Convenção de Viena sobre o Direito dos Tratados.

Desde 1977 o Supremo Tribunal Federal, com base nesse raciocínio, acolhe o sistema que equipara juridicamente o tratado internacional à lei federal. Com efeito, no julgamento do Recurso Extraordinário n. 80.004, em 1977, o Supremo Tribunal Federal firmou o entendimento de que os

---

a faceta mais melindrosa desta controvérsia), a solução deve atender ao conteúdo das normas em apreço. Por outras palavras, determinadas normas (e, em particular as que se relacionam com matérias de *ius cogens*) poderão ter um posicionamento paritário (ou mesmo superior) ao da Constituição, enquanto outras poderão situar-se na mesma escala das normas legais. Esta parece ser a solução mais adequada em face da crescente proliferação de instrumentos internacionais (de direito convencional) sobre Direitos do Homem e do fenômeno da integração comunitária" (Relações entre o direito internacional e o direito interno: limitação dos efeitos do juízo de constitucionalidade, in *Estudos sobre a jurisprudência do Tribunal Constitucional*, p. 13).

37. Na história constitucional brasileira, a Constituição de 1967, emendada em 1969, é a primeira a estabelecer o termo "inconstitucionalidade dos tratados", ao atribuir ao Supremo Tribunal Federal a competência de "julgar, mediante recurso extraordinário, as causas decididas em única ou última instância por outros tribunais, quando a decisão recorrida declarar a inconstitucionalidade de tratado ou lei federal", nos termos do art. 119, III, *b*.

tratados internacionais estão em paridade com a lei federal, apresentando a mesma hierarquia que esta. Por consequência, concluiu ser aplicável o princípio segundo o qual a norma posterior revoga a norma anterior com ela incompatível. Nesse sentido, pronuncia-se o Ministro Francisco Rezek: "De setembro de 1975 a junho de 1977 estendeu-se, no plenário do Supremo Tribunal Federal, o julgamento do RE 80.004, em que ficou assentada, por maioria, a tese de que, ante a realidade do conflito entre tratado e lei posterior, esta, porque expressão última da vontade do legislador republicano deve ter sua prevalência garantida pela Justiça — sem embargo das consequências do descumprimento do tratado, no plano internacional. Admitiram as vozes majoritárias que, faltante na Constituição do Brasil garantia de privilégio hierárquico do tratado internacional sobre as leis do Congresso, era inevitável que a Justiça devesse garantir a autoridade da mais recente das normas, porque paritária sua estatura no ordenamento jurídico"[38].

A respeito afirma Jacob Dolinger: "Hans Kelsen, que deu ao monismo jurídico sua expressão científica definitiva, advogava a primazia do direito internacional sobre o direito interno por motivos de ordem prática: a primazia do direito interno acarretaria o despedaçamento do direito e, consequentemente, sua negação. De acordo com a teoria kelseniana, a ordem jurídica interna deriva da ordem jurídica internacional como sua delegada. Esta foi a posição abraçada pelos internacionalistas brasileiros, tanto os publicistas como os privatistas, e que era geralmente aceita pelos Tribunais brasileiros, inclusive pelo Supremo Tribunal Federal, até que, em 1977, ao julgar o Recurso Extraordinário n. 80.004, a Suprema Corte modificou seu ponto de vista, admitindo a derrogação de um tratado por lei posterior, posição que vem sendo criticada pela doutrina pátria. Esta nova posição da Excelsa Corte brasileira enraizou-se de tal maneira que o Ministro José

---

38. Francisco Rezek, *Direito internacional público: curso elementar*, p. 106. Na lição crítica de André Gonçalves Pereira e Fausto de Quadros, ao enfocarem o direito brasileiro: "Quanto aos tratados em geral, a doutrina e a jurisprudência têm entendido, não sem hesitações, que o tratado e a lei estão no mesmo nível hierárquico, ou seja, que entre aquela e este se verifica uma 'paridade' — paridade essa que, todavia, funciona a favor da lei. De facto, a lei não pode ser afastada por tratado com ela incompatível; mas se ao tratado se suceder uma lei que bula com ele, essa lei não revoga, em sentido técnico, o tratado, mas 'afasta sua aplicação', o que quer dizer que o tratado só se aplicará se e quando aquela lei for revogada" (*Manual de direito internacional público*, p. 103).

Francisco Rezek pronunciou-se recentemente de forma assaz contundente, dizendo da 'prevalência à última palavra do Congresso Nacional, expressa no texto doméstico, não obstante isto importasse o reconhecimento da afronta, pelo país, de um compromisso internacional. Tal seria um fato resultante da culpa dos poderes políticos, a que o Judiciário não teria como dar remédio'[39].

Observe-se que, anteriormente a 1977, há diversos acórdãos consagrando o primado do Direito Internacional, como é o caso da União Federal *vs.* Cia. Rádio Internacional do Brasil (1951), em que o Supremo Tribunal Federal decidiu unanimemente que um tratado revogava as leis anteriores (Apelação Cível n. 9.587). Merece também menção um acórdão do STF, em 1914, no Pedido de Extradição n. 7 de 1913, em que se declarava estar em vigor e aplicável um tratado, apesar de haver uma lei posterior contrária a ele. O acórdão na Apelação Cível n. 7.872 de 1943, com base no voto de Philadelpho de Azevedo, também afirma que a lei não revoga o tratado. Ainda neste sentido está a Lei n. 5.172/66 que estabelece: 'Os tratados e as convenções internacionais revogam ou modificam a legislação tributária interna e serão observados pela que lhe sobrevenha'"[40].

Contudo, realça Celso D. Albuquerque Mello: "A tendência mais recente no Brasil é a de um verdadeiro retrocesso nesta matéria. No Recurso Extraordinário n. 80.004, decidido em 1977, o Supremo Tribunal Federal estabeleceu que uma lei revoga o tratado anterior. Esta decisão viola também a Convenção de Viena sobre Direito dos Tratados (1969) que não admite o término de tratado por mudança de direito superveniente"[41].

Acredita-se que o entendimento firmado a partir do julgamento do Recurso Extraordinário n. 80.004 enseja, de fato, um aspecto crítico, que é a sua indiferença diante das consequências do descumprimento do tratado no plano internacional, na medida em que autoriza o Estado-parte a violar dispositivos da ordem internacional — os quais se comprometeu a cumprir de boa-fé. Essa posição afronta, ademais, o disposto pelo art. 27 da Convenção de Viena sobre o Direito dos Tratados, que determina não poder o Estado-parte invocar posteriormente disposições de direito interno como justificativa para o não cumprimento de tratado. Tal dispositivo reitera a

---

39. Jacob Dolinger, *A nova Constituição e o direito internacional*, p. 13.
40. Celso D. Albuquerque Mello, *Curso de direito internacional público*, p. 69.
41. Celso D. Albuquerque Mello, *Curso de direito internacional público*, p. 70.

importância, na esfera internacional, do princípio da boa-fé, pelo qual cabe ao Estado conferir cumprimento às disposições de tratado, com o qual livremente consentiu. Ora, se o Estado, no livre e pleno exercício de sua soberania, ratifica um tratado, não pode posteriormente obstar seu cumprimento. Além disso, o término de um tratado está submetido à disciplina da denúncia, ato unilateral do Estado pelo qual manifesta seu desejo de deixar de ser parte de um tratado. Vale dizer, em face do regime de Direito Internacional, apenas o ato da denúncia implica a retirada do Estado de determinado tratado internacional. Assim, na hipótese da inexistência do ato da denúncia, persiste a responsabilidade do Estado na ordem internacional.

Embora a tese da paridade entre tratado e lei federal tenha sido firmada pelo Supremo Tribunal Federal em 1977, sendo anterior, portanto, à Constituição de 1988, e refira-se ainda a tema comercial (conflito entre a Convenção de Genebra — Lei Uniforme sobre Letras de Câmbio e Notas Promissórias — e o Decreto-lei n. 427, de 1969), constata-se ter sido ela reiterada pelo Supremo Tribunal Federal em novembro de 1995, quando do julgamento, em grau de *habeas corpus*, de caso relativo à prisão civil por dívida do depositário infiel.

Com efeito, no julgamento do HC 72.131-RJ (22.11.1995), ao enfrentar a questão concernente ao impacto do Pacto de São José da Costa Rica (particularmente do art. 7, VII, que proíbe a prisão civil por dívida, salvo no caso de alimentos) no Direito brasileiro, o Supremo Tribunal Federal, em votação não unânime (vencidos os Ministros Marco Aurélio, Carlos Velloso e Sepúlveda Pertence), afirmou que "inexiste, na perspectiva do modelo constitucional vigente no Brasil, qualquer precedência ou primazia hierárquico-normativa dos tratados ou convenções internacionais sobre o direito positivo interno, sobretudo em face das cláusulas inscritas no texto da Constituição da República, eis que a ordem normativa externa não se superpõe, em hipótese alguma, ao que prescreve a Lei Fundamental da República. (...) a ordem constitucional vigente no Brasil não pode sofrer interpretação que conduza ao reconhecimento de que o Estado brasileiro, mediante convenção internacional, ter-se-ia interditado a possibilidade de exercer, no plano interno, a competência institucional que lhe foi outorgada expressamente pela própria Constituição da República. A circunstância do Brasil haver aderido ao Pacto de São José da Costa Rica — cuja posição, no plano da hierarquia das fontes jurídicas, situa-se no mesmo nível de eficácia e autoridade das leis ordinárias internas — não impede que o Congresso Nacional, em tema de prisão civil por dívida, aprove legislação comum instituidora desse meio excepcional de coerção processual (...). Os tratados internacionais não podem transgredir a normatividade emergente da Constituição, pois, além de não disporem de autoridade para restringir a eficácia jurídica das cláusulas constitucionais, não possuem força para conter ou para delimitar a esfera de abrangência normativa dos preceitos inscritos no texto da Lei Fundamental. (...) Diversa seria a situação, se a Constituição do Brasil — à semelhança do que hoje estabelece a Constituição argentina, no texto emendado pela Reforma Constitucional de 1994 (art. 75, n. 22) — houvesse outorgado hierarquia constitucional aos tratados celebrados em matéria de direitos humanos. (...) Parece-me irrecusável, no exame da questão concernente à primazia das normas de direito internacional público sobre a legislação interna ou doméstica do Estado brasileiro, que não cabe atribuir, por efeito do que prescreve o art. 5º, parágrafo 2º, da Carta Política, um inexistente grau hierárquico das convenções internacionais sobre o direito positivo interno vigente no Brasil, especialmente sobre as prescrições fundadas em texto constitucional, sob pena de essa interpretação inviabilizar, com manifesta ofensa à supremacia da Constituição — que expressamente autoriza a instituição da prisão civil por dívida em duas hipóteses extraordinárias (CF, art. 5º, LXVII) — o próprio exercício, pelo Congresso Nacional, de sua típica atividade político-jurídica consistente no desempenho da função de legislar. (...) A indiscutível supremacia da ordem constitucional brasileira sobre os tratados internacionais, além de traduzir um imperativo que decorre de nossa própria Constituição (art. 102, III, b), reflete o sistema que, com algumas poucas exceções, tem prevalecido no plano do direito comparado"[42].

Este trabalho, no entanto, defende posição diversa. Acredita-se, ao revés, que conferir hierarquia constitucional aos tratados de direitos humanos, com a observância do princípio da prevalência da norma mais favorável, é interpretação que se situa em absoluta consonância com a ordem constitucional de 1988, bem como com sua racionalidade e principiologia. Trata-se de interpretação que está em harmonia com os valores prestigiados pelo sistema jurídico de 1988, em especial com o valor da dignidade humana — que é valor fundante do sistema constitucional.

Insiste-se que a teoria da paridade entre o tratado internacional e a legislação federal não se aplica aos tratados internacionais de direitos humanos, tendo em vista que a Constituição de 1988 assegura a estes garantia de privilégio hierárquico, reconhecendo-lhes natureza de norma constitu-

---

42. Estes trechos foram extraídos do voto do Ministro Celso de Mello no julgamento do HC 72.131-RJ, em 22.11.1995. Note-se que esse entendimento foi posteriormente reiterado nos julgamentos do RE 206.482-SP; HC 76.561-SP, Plenário, 27.5.1998; ADI 1480-3-DF, 4.9.1997; e RE 243.613, 27.4.1999.

cional. Esse tratamento jurídico diferenciado, conferido pelo art. 5º, § 2º, da Carta de 1988, justifica-se na medida em que os tratados internacionais de direitos humanos apresentam um caráter especial, distinguindo-se dos tratados internacionais comuns. Enquanto estes buscam o equilíbrio e a reciprocidade de relações entre os Estados-partes, aqueles transcendem os meros compromissos recíprocos entre os Estados pactuantes. Os tratados de direitos humanos objetivam a salvaguarda dos direitos do ser humano, e não das prerrogativas dos Estados[43]. Como esclarece a Corte Interamericana de Direitos Humanos, em sua Opinião Consultiva n. 2, de setembro de 1982: "Ao aprovar estes tratados sobre direitos humanos, os Estados se submetem a uma ordem legal dentro da qual eles, em prol do bem comum, assumem várias obrigações, não em relação a outros Estados, mas em relação aos indivíduos que estão sob a sua jurisdição". O caráter especial vem a justificar o *status* constitucional atribuído aos tratados internacionais de proteção dos direitos humanos[44].

Ao caráter especial dos tratados de proteção dos direitos humanos poder-se-ia acrescentar ainda o argumento, sustentado por parte da doutri-

---

43. No mesmo sentido, argumenta Juan Antonio Travieso: "Os tratados modernos sobre direitos humanos em geral e, em particular, a Convenção Americana não são tratados multilaterais do tipo tradicional, concluídos em função de um intercâmbio recíproco de direitos, para o benefício mútuo dos Estados contratantes. Os seus objetivos e fins são a proteção dos direitos fundamentais dos seres humanos, independentemente de sua nacionalidade, tanto em face do seu próprio Estado, como em face de outros Estados contratantes. Ao aprovar estes tratados sobre direitos humanos, os Estados se submetem a uma ordem legal dentro da qual eles, em prol do bem comum, assumem várias obrigações, não em relação a outros Estados, mas em relação aos indivíduos que estão sob a sua jurisdição. Logo, a Convenção não vincula apenas os Estados-partes, mas outorga garantias às pessoas. Por este motivo, justificadamente, não pode ser interpretada como qualquer outro tratado" (*Derechos humanos y derecho internacional*, p. 90). Compartilhando do mesmo entendimento, leciona Jorge Reinaldo Vanossi: "A declaração da Constituição argentina é consonante com as Declarações adotadas pelos organismos internacionais, e é fortalecida pela ratificação, pelo Estado da Argentina, de Convenções e Pactos internacionais de direitos humanos, destinados a fazê-los efetivos, de forma a assegurar proteção concreta às pessoas, através de instituições internacionais" (*La Constitución Nacional y los derechos humanos*, p. 35).

44. Em sentido contrário, ao defender a paridade entre tratado internacional e lei federal, Francisco Rezek, *Direito internacional público*, p. 106 e seguintes. Para Luiz Flávio Gomes, "quando a norma internacional constitui mera repetição ou explicitação de um texto constitucional, possui *status* da mesma natureza; de outro lado, se a norma internacional reflete direito outro não previsto na Constituição, possui força de lei ordinária" (A questão da obrigatoriedade dos tratados e convenções no Brasil: particular enfoque da Convenção Americana sobre Direitos Humanos, *Revista dos Tribunais*, v. 83, n. 710, p. 30).

na publicista, de que os tratados de direitos humanos apresentam superioridade hierárquica em relação aos demais atos internacionais de caráter mais técnico, formando um universo de princípios que apresentam especial força obrigatória, denominado *jus cogens*[45]. No dizer de Theodor Meron: "A Corte Internacional de Justiça acolheu a ideia de hierarquia no âmbito do Direito Internacional no famoso caso 'Barcelona Traction', sugerindo que os direitos básicos da pessoa humana criam obrigações 'erga omnes'. (...) A noção de normas peremptórias no Direito Internacional (*jus cogens*) está prevista nos arts. 53 e 64 da Convenção de Viena sobre o Direito dos Tratados. O art. 53 estabelece o seguinte: 'Um tratado é nulo se, no momento de sua conclusão, conflita com normas peremptórias de Direito Internacional. Para os fins desta Convenção, uma norma peremptória de Direito Internacional é uma norma aceita e reconhecida pela comunidade internacional dos Estados como um todo, como uma norma à qual nenhuma derrogação é permitida e que apenas pode ser modificada por uma norma posterior de Direito Internacional geral que apresente a mesma natureza'"[46].

---

45. Na definição de Juan Antonio Travieso: "Uma norma de *jus cogens* é uma norma imperativa de Direito Internacional geral, aceita e reconhecida pela comunidade internacional dos Estados, em seu conjunto, como norma que não admite acordo em contrário e que só pode ser modificada por uma norma posterior de Direito Internacional geral, que tenha o mesmo *status* (Convenção 116 de 1969, Art. 53)" (*Derechos humanos y derecho internacional*, p. 33). Para Antonio Cassese: "Um segundo tema que eu gostaria de examinar brevemente se refere a um conjunto de princípios — que, em grande extensão, coincidem com as obrigações '*erga omnes*'. Eu me refiro ao '*jus cogens*', aquele universo de princípios que apresentam uma especial força legal, tendo em vista que não podem ser derrogados ou contraditados pelas previsões dos tratados ou do direito costumeiro. O direito dos povos à autodeterminação e tantos outros direitos humanos têm contribuído para esta nova visão do Direito Internacional" (*Human rights in a changing world*, p. 168). Na concepção de André Gonçalves Pereira e Fausto de Quadros: "É dentro desse espírito que deve ser encarada a proposta apresentada pelo Instituto de Direito Internacional, na sua sessão de Santiago de Compostela, em 1989, no sentido de se conceder eficácia *erga omnes* à 'obrigação internacional' dos Estados de respeitar os Direitos do Homem, com base na doutrina defendida pelo TIJ no Acórdão proferido em 1970 no caso Barcelona Traction" (*Manual de direito internacional público*, p. 662).

46. Theodor Meron, *Human rights law-making in the United Nations: a critique of instruments and process*, p. 173 e p. 189-190. Na percepção crítica de Hilary Charlesworth e Christine Chinkin: "*Jus cogens* é definido como um conjunto de princípios que resguarda os mais importantes e valiosos interesses da sociedade internacional, como expressão de uma convicção, aceita em todas as partes da comunidade mundial, que alcança a profunda consciência de todas as nações, satisfazendo o superior interesse da comunidade internacional como um todo, como os fundamentos de uma sociedade internacional, sem os quais a

A respeito, ainda lecionam André Gonçalves Pereira e Fausto de Quadros: "Para a doutrina dominante, todas essas normas (Carta das Nações Unidas, Declaração Universal dos Direitos do Homem, Pactos Internacionais aprovados pelas Nações Unidas) e todos esses princípios fazem hoje parte do *jus cogens* internacional, que constitui Direito imperativo para os Estados"[47]. Adicionam os mesmos autores: "Um dos traços mais marcantes da evolução do Direito Internacional contemporâneo foi, sem dúvida, a consagração definitiva do *jus cogens* no topo da hierarquia das fontes do Direito internacional, como uma 'supralegalidade internacional'"[48]. Tendo em vista que os direitos humanos mais essenciais são considerados parte do *jus cogens*, é razoável admitir a hierarquia especial e privilegiada dos tratados internacionais de direitos humanos em relação aos demais tratados tradicionais.

Esses argumentos sustentam a conclusão de que o direito brasileiro faz opção por um sistema misto disciplinador dos tratados, sistema que se caracteriza por combinar regimes jurídicos diferenciados: um regime aplicável aos tratados de direitos humanos e outro aplicável aos tratados tradicionais. Enquanto os tratados internacionais de proteção dos direitos humanos — por força do art. 5º, § 2º — apresentam hierarquia constitucional, os demais tratados internacionais apresentam hierarquia infraconstitucional.

---

inteira estrutura se romperia. Os direitos humanos mais essenciais são considerados parte do '*jus cogens*'". Por exemplo, o 'American Law Institute's Revised Restatement of Foreign Relations Law' elenca como violações ao *jus cogens*: a prática ou a impunidade ao genocídio, a escravidão, os assassinatos ou desaparecimentos, a tortura, a detenção arbitrária prolongada ou a sistemática discriminação racial. (...) Em uma reflexão aprofundada, Simma e Alston advertem: 'é preciso perguntar se uma teoria de direitos humanos que inclui a discriminação racial e não a discriminação relativa ao gênero, que condena a prisão arbitrária, mas não a morte causada pela fome e miséria e que não inclui o direito de acesso ao primário '*health care*' não apresenta sérias deficiências na concepção teórica de direitos humanos'" (The gender of jus cogens, *Human Rights Quarterly*, p. 66-68).

47. André Gonçalves Pereira e Fausto de Quadros, *Manual de direito internacional público*, p. 109.

48. André Gonçalves Pereira e Fausto de Quadros, *Manual de direito internacional público*, p. 277. E prosseguem os mesmos autores: "A admissão de um Direito Internacional imperativo representa a aceitação do princípio de que a Comunidade Internacional assenta em 'valores fundamentais' ou 'regras básicas', que compõem a 'ordem pública da Comunidade Internacional' ou 'ordem pública internacional', e que, dessa forma, obrigam todos os sujeitos do Direito Internacional. (...) No estado actual do Direito Internacional, o *jus cogens* engloba predominantemente regras convencionais sobre direitos e liberdades fundamentais" (p. 278 e 282).

Em suma, a hierarquia constitucional dos tratados de proteção dos direitos humanos decorre da previsão constitucional do art. 5º, § 2º, à luz de uma interpretação sistemática e teleológica da Carta, particularmente da prioridade que atribui aos direitos fundamentais e ao princípio da dignidade da pessoa humana. Essa opção do constituinte de 1988 se justifica em face do caráter especial dos tratados de direitos humanos e, no entender de parte da doutrina, da superioridade desses tratados no plano internacional.

Acrescente-se que, além da concepção que confere aos tratados de direitos humanos natureza constitucional (concepção defendida por este trabalho) e da concepção, que, ao revés, confere aos tratados *status* paritário ao da lei federal (posição majoritária do STF), destacam-se outras duas correntes doutrinárias. Uma delas sustenta que os tratados de direitos humanos têm hierarquia supraconstitucional, enquanto a outra corrente defende a hierarquia infraconstitucional, mas supralegal, dos tratados de direitos humanos.

No dizer de Agustín Gordillo, para quem os tratados de direitos humanos têm hierarquia supraconstitucional, "a supremacia da ordem supranacional sobre a ordem nacional preexistente não pode ser senão uma supremacia jurídica, normativa, detentora de força coativa e de imperatividade. Estamos, em suma, ante um normativismo supranacional. Concluímos, pois, que as características da Constituição, como ordem jurídica suprema do direito interno, são aplicáveis em um todo às normas da Convenção, enquanto ordem jurídica suprema supranacional. Não duvidamos de que muitos intérpretes resistirão a considerá-la direito supranacional e supraconstitucional, sem prejuízo dos que se negarão a considerá-la sequer direito interno, ou, mesmo, direito"[49]. Nessa mesma direção, afirmam André Gonçalves Pereira e Fausto de Quadros: "No Brasil, a Constituição de 1988 não regula a vigência do Direito Internacional na ordem interna, salvo quanto aos tratados internacionais sobre os Direitos do Homem, quanto aos quais o art. 5º, § 2º, contém uma disposição muito próxima do art. 16, n. 1, da Constituição da República Portuguesa de 1976 que, como demonstraremos adiante, deve ser interpretada como conferindo grau supraconstitucional àqueles tratados. (...) ao estabelecer que 'os direitos fundamentais consagrados na Constituição não excluem quaisquer outros constantes das

---

49. Agustín Gordillo, *Derechos humanos, doctrina, casos y materiales: parte general*, p. 53 e 55.

regras aplicáveis do Direito Internacional', o seu art. 16, n. 1, ainda que implicitamente, está a conceder grau supraconstitucional a todo o Direito Internacional dos Direitos do Homem, tanto de fonte consuetudinária, como convencional. De facto, à expressão 'não excluem' não pode ser concedido um alcance meramente quantitativo: ela tem de ser interpretada como querendo significar também que, em caso de conflito entre as normas constitucionais e o Direito Internacional em matéria de direitos fundamentais, será este que prevalecerá"[50].

Ao realçar a supremacia do Direito Internacional em relação ao ordenamento jurídico nacional, argumenta ainda Hildebrando Accioly: "É lícito sustentar-se, de acordo, aliás, com a opinião da maioria dos internacionalistas contemporâneos, que o Direito Internacional é superior ao Estado, tem supremacia sobre o direito interno, por isto que deriva de um princípio superior à vontade dos Estados. Não se dirá que o poder do Estado seja uma delegação do direito internacional; mas parece incontestável que este constitui um limite jurídico ao dito poder. (...) Realmente, se é verdade que uma lei interna revoga outra ou outras anteriores, contrárias à primeira, o mesmo não se poderá dizer quando a lei anterior representa direito convencional transformado em direito interno, porque o Estado tem o dever de respeitar suas obrigações contratuais e não as pode revogar unilateralmente. Daí poder dizer-se que, na legislação interna, os tratados ou convenções a ela incorporados formam um direito especial que a lei interna, comum, não pode revogar. Daí também a razão por que a Corte Permanente de Justiça Internacional, em parecer consultivo proferido a 31 de julho de 1930, declarou: 'É princípio geralmente reconhecido, do Direito Internacional, que, nas relações

---

50. André Gonçalves Pereira e Fausto de Quadros, *Manual de direito internacional público*, p. 103 e 117. Adicionam os autores: "Quanto aos demais tratados de Direito Internacional Convencional particular, aí sim, pensamos que eles cedem perante a Constituição mas tem valor supralegal, isto é, prevalecem sobre a lei interna, anterior e posterior. Ou seja, adoptamos a posição que se encontra expressamente consagrada nas Constituições francesa, holandesa e grega" (p. 121). No mesmo sentido ainda, afirma Hernan Montealegre: "É um princípio aceito por nossos Direitos internos, hoje em dia, que o Direito Internacional dos Direitos Humanos tem primazia sobre o ordenamento jurídico interno" (Posición que ocupa el derecho internacional de los derechos humanos en relación con la jerarquía normativa del sistema jurídico nacional, posible conflicto entre normas incompatibles, in *Derecho internacional de los derechos humanos*, p. 20). Ver ainda Celso de Albuquerque Mello, O parágrafo 2º do art. 5º da Constituição Federal, in Ricardo Lobo Torres, *Teoria dos direitos fundamentais*, p. 25.

entre potências contratantes de um tratado, as disposições de uma lei interna não podem prevalecer sobre as do tratado'"[51].

No mesmo sentido, leciona Marotta Rangel: "A superioridade do tratado em relação às normas do Direito Interno é consagrada pela jurisprudência internacional e tem por fundamento a noção de unidade e solidariedade do gênero humano e deflui normalmente de princípios jurídicos fundamentais, tal como o *pacta sunt servanda* e o *voluntas civitatis maximae est servanda*"[52].

Destaca-se, ainda, a corrente doutrinária que defende a hierarquia infraconstitucional, mas supralegal, dos tratados de direitos humanos. A respeito, merece menção o entendimento do Ministro Sepúlveda Pertence por ocasião do julgamento do RHC 79.785-RJ, no Supremo Tribunal Federal, em maio de 2000, que envolvia o alcance interpretativo do princípio do duplo grau de jurisdição, previsto pela Convenção Americana de Direitos Humanos. Ressaltou, em seu voto, o referido Ministro: "Desde logo, participo do entendimento unânime do Tribunal que recusa a prevalência sobre a Constituição de qualquer convenção internacional (cf. decisão preliminar sobre o cabimento da ADIn 1.480, cit., Inf. STF 48)". E prosseguiu: "Na ordem interna, direitos e garantias fundamentais o são, com grande frequência, precisamente porque — alçados ao texto constitucional — se erigem em limitações positivas ou negativas ao conteúdo das leis futuras, assim como à recepção das anteriores à Constituição (Hans Kelsen, *Teoria geral do direito e do Estado*, trad. M. Fontes, UnB, 1990, p. 255). Se assim é, à primeira vista, parificar às leis ordinárias os tratados a que alude o art. 5º § 2º, da Constituição, seria esvaziar de muito do seu sentido útil a inovação, que, malgrado os termos equívocos do seu enunciado, traduziu uma abertura significativa ao movimento de internacionalização de direitos humanos. Ainda sem certezas suficientemente amadurecidas, tendo assim — aproximando-me, creio, da linha desenvolvida no Brasil por Cançado Trindade (Memorial em prol de uma nova mentalidade quanto à proteção de direitos humanos nos planos internacional e nacional em *Arquivos de Direitos Humanos*, 2000, 1/3, 43) e pela ilustrada Flávia Piovesan (A Constituição brasileira de 1988 e os tratados internacionais de proteção dos

---

51. Hildebrando Accioly, *Manual de direito internacional público*, p. 5-6.

52. Vicente Marotta Rangel, Os conflitos entre o direito interno e os tratados internacionais, *Boletim da Sociedade Brasileira de Direito Internacional*, Rio de Janeiro, 1967, p. 54-55, apud Arnaldo Süssekind, *Direito internacional do trabalho*, p. 59.

direitos humanos, em E. Boucault e N. Araújo (org.), *Os direitos humanos e o direito internacional*) — a aceitar a outorga de força supralegal às convenções de direitos humanos, de modo a dar aplicação direta às suas normas — até, se necessário, contra a lei ordinária — sempre que, sem ferir a Constituição, a complementem, especificando ou ampliando os direitos e garantias dela constantes".

Esse entendimento consagra a hierarquia infraconstitucional, mas supralegal, dos tratados internacionais de direitos humanos, distinguindo-os dos tratados tradicionais. Divorcia-se, dessa forma, da tese majoritária do STF a respeito da paridade entre tratados internacionais e leis federais[53].

Em síntese, há quatro correntes acerca da hierarquia dos tratados de proteção dos direitos humanos, que sustentam: a) a hierarquia supraconstitucional de tais tratados; b) a hierarquia constitucional; c) a hierarquia infraconstitucional, mas supralegal; e d) a paridade hierárquica entre tratado e lei federal.

No sentido de responder à polêmica doutrinária e jurisprudencial concernente à hierarquia dos tratados internacionais de proteção dos direitos humanos, a Emenda Constitucional n. 45, de 8 de dezembro de 2004, introduziu o § 3º no art. 5º, dispondo: "Os tratados e convenções internacionais sobre direitos humanos que forem aprovados, em cada Casa do Congresso Nacional, em dois turnos, por três quintos dos votos dos respectivos membros, serão equivalentes às emendas à Constituição".

Em face de todos argumentos já expostos, sustenta-se que hierarquia constitucional já se extrai de interpretação conferida ao próprio art. 5º, § 2º, da Constituição de 1988. Vale dizer, seria mais adequado que a redação do aludido § 3º do art. 5º endossasse a hierarquia formalmente constitucional de todos os tratados internacionais de proteção dos direitos humanos ratificados, afirmando — tal como o fez o texto argentino — que os tratados internacionais de proteção de direitos humanos ratificados pelo Estado brasileiro têm hierarquia constitucional[54].

No entanto, estabelece o § 3º do art. 5º que os tratados internacionais de direitos humanos aprovados, em cada Casa do Congresso Nacional, em

---

53. Destaca-se, ainda, a posição do Ministro Carlos Velloso, em favor da hierarquia constitucional dos tratados de proteção dos direitos humanos (*vide* julgamento do *Habeas Corpus* n. 82.424-RS, conhecido como o "caso Ellwanger").

54. Defendi essa posição em parecer sobre o tema, aprovado em sessão do Conselho Nacional de Defesa dos Direitos da Pessoa Humana, em março de 2004.

dois turnos, por três quintos dos votos dos respectivos membros, serão equivalentes às emendas à Constituição.

Desde logo, há que afastar o entendimento segundo o qual, em face do § 3º do art. 5º, todos os tratados de direitos humanos já ratificados seriam recepcionados como lei federal, pois não teriam obtido o *quorum* qualificado de três quintos, demandado pelo aludido parágrafo.

Observe-se que os tratados de proteção dos direitos humanos ratificados anteriormente à Emenda Constitucional n. 45/2004 contaram com ampla maioria na Câmara dos Deputados e no Senado Federal, excedendo, inclusive, o *quorum* dos três quintos dos membros em cada Casa. Todavia, não foram aprovados por dois turnos de votação, mas em um único turno de votação em cada Casa, uma vez que o procedimento de dois turnos não era tampouco previsto.

Reitere-se que, por força do art. 5º, § 2º, todos os tratados de direitos humanos, independentemente do *quorum* de sua aprovação, são materialmente constitucionais, compondo o bloco de constitucionalidade. O *quorum* qualificado está tão somente a reforçar tal natureza, ao adicionar um lastro formalmente constitucional aos tratados ratificados, propiciando a "constitucionalização formal" dos tratados de direitos humanos no âmbito jurídico interno. Como já defendido por este trabalho, na hermenêutica emancipatória dos direitos há que imperar uma lógica material e não formal, orientada por valores, a celebrar o valor fundante da prevalência da dignidade humana. À hierarquia de valores deve corresponder uma hierarquia de normas[55], e não o oposto. Vale dizer, a preponderância material de um bem jurídico, como é o caso de um direito fundamental, deve condicionar a forma no plano jurídico-normativo, e não ser condicionado por ela.

Não seria razoável sustentar que os tratados de direitos humanos já ratificados fossem recepcionados como lei federal, enquanto os demais adquirissem hierarquia constitucional exclusivamente em virtude de seu *quorum* de aprovação. A título de exemplo, destaque-se que o Brasil é parte do Pacto Internacional dos Direitos Econômicos, Sociais e Culturais desde 1992. Por hipótese, se vier a ratificar — como se espera — o Protocolo Facultativo ao Pacto Internacional dos Direitos Econômicos, Sociais e Culturais, adotado pela ONU, em 10 de dezembro de 2008, não haveria qualquer razoabilidade a se conferir a este último — um tratado comple-

---

55. Celso de Albuquerque Mello, O parágrafo 2º do art. 5º da Constituição Federal, in *Teoria dos direitos fundamentais*, p. 25.

mentar e subsidiário ao principal — hierarquia constitucional e ao instrumento principal, hierarquia meramente legal. Tal situação importaria em agudo anacronismo do sistema jurídico, afrontando, ainda, a teoria geral da recepção acolhida no direito brasileiro[56].

Ademais, como realça Celso Lafer, "o novo parágrafo 3º do art. 5º pode ser considerado como uma lei interpretativa destinada a encerrar as controvérsias jurisprudenciais e doutrinárias suscitadas pelo parágrafo 2º do art. 5º. De acordo com a opinião doutrinária tradicional, uma lei interpretativa nada mais faz do que declarar o que preexiste, ao clarificar a lei existente"[57].

Uma vez mais, corrobora-se o entendimento de que os tratados internacionais de direitos humanos ratificados anteriormente ao mencionado parágrafo, ou seja, anteriormente à Emenda Constitucional n. 45/2004, têm hierarquia constitucional, situando-se como normas material e formalmente constitucionais. Esse entendimento decorre de quatro argumentos: a) a interpretação sistemática da Constituição, de forma a dialogar os §§ 2º e 3º do art. 5º, já que o último não revogou o primeiro, mas deve, ao revés, ser interpretado à luz do sistema constitucional; b) a lógica e racionalidade material que devem orientar a hermenêutica dos direitos humanos; c) a necessidade de evitar interpretações que apontem a agudos anacronismos da ordem jurídica; e d) a teoria geral da recepção do Direito brasileiro. Sustenta-se que essa interpretação é absolutamente compatível com o princípio da interpretação conforme a Constituição. Isto é, se a interpretação do § 3º do art. 5º aponta a uma abertura envolvendo várias possibilidades interpretativas, acredita-se que a interpretação mais consonante e harmoniosa com a racionalidade e teleologia constitucional é a que confere ao § 3º do art. 5º, fruto da atividade do Poder Constituinte Reformador, o efeito de permitir a "constitucionalização formal" dos tratados de proteção de direitos humanos ratificados pelo Brasil.

A respeito do impacto do art. 5º, § 3º, destaca-se decisão do Superior Tribunal de Justiça, quando do julgamento do RHC 18.799, tendo como relator o Ministro José Delgado, em maio de 2006: "(...) o § 3º do art. 5º da

---

56. A título de exemplo, cite-se o Código Tributário Nacional (Lei n. 5.172, de 25.10.1966), que, embora seja lei ordinária, foi recepcionado como lei complementar, nos termos do art. 146 da Constituição Federal.

57. Celso Lafer, *A internacionalização dos direitos humanos: Constituição, racismo e relações internacionais*, p. 16.

CF/88, acrescido pela EC n. 45, é taxativo ao enunciar que 'os tratados e convenções internacionais sobre direitos humanos que forem aprovados, em cada Casa do Congresso Nacional, em dois turnos, por três quintos dos votos dos respectivos membros, serão equivalentes às emendas constitucionais'. Ora, apesar de à época o referido Pacto ter sido aprovado com quórum de lei ordinária, é de se ressaltar que ele nunca foi revogado ou retirado do mundo jurídico, não obstante a sua rejeição decantada por decisões judiciais. De acordo com o citado § 3º, a Convenção continua em vigor, desta feita com força de emenda constitucional. A regra emanada pelo dispositivo em apreço é clara no sentido de que os tratados internacionais concernentes a direitos humanos nos quais o Brasil seja parte devem ser assimilados pela ordem jurídica do país como normas de hierarquia constitucional. Não se pode escantear que o § 1º supradetermina, peremptoriamente, que 'as normas definidoras dos direitos e garantias fundamentais têm aplicação imediata'. Na espécie, devem ser aplicados, imediatamente, os tratados internacionais em que o Brasil seja parte. O Pacto de São José da Costa Rica foi resgatado pela nova disposição (§ 3º do art. 5º), a qual possui eficácia retroativa. A tramitação de lei ordinária conferida à aprovação da mencionada Convenção (...) não constituirá óbice formal de relevância superior ao conteúdo material do novo direito aclamado, não impedindo a sua retroatividade, por se tratar de acordo internacional pertinente a direitos humanos"[58].

Este julgado revela a hermenêutica adequada a ser aplicada aos direitos humanos, inspirada por uma lógica e racionalidade material, ao afirmar o primado da substância sob a forma[59].

O impacto da inovação introduzida pelo art. 5º, § 3º, e a necessidade de evolução e atualização jurisprudencial foram também realçados no Su-

---

58. RHC 18.799, Recurso ordinário em *Habeas Corpus*, data do julgamento: 9.5.2006, *DJ*, 8.6.2006.

59. Em sentido contrário, destaca-se o RHC 19.087, Recurso Ordinário em *Habeas Corpus*, data do julgamento: 18.5.2006, *DJ*, 29.5.2006, julgado proferido pelo Superior Tribunal de Justiça, tendo como relator o Ministro Albino Zavascki. A argumentação do referido julgado, ao revés, inspirou-se por uma lógica e racionalidade formal, afirmando o primado da forma sob a substância. A respeito, destaca-se o seguinte trecho: "Quanto aos tratados de direitos humanos preexistentes à EC 45/2004, a transformação de sua força normativa — de lei ordinária para constitucional — também supõe a observância do requisito formal de ratificação pelas Casas do Congresso, por quórum qualificado de três quintos. Tal requisito não foi atendido, até a presente data, em relação ao Pacto de São José da Costa Rica (Convenção Americana de Direitos Humanos)".

premo Tribunal Federal, quando do julgamento do RE 466.343[60], em 3 de dezembro de 2008, em emblemático voto proferido pelo Ministro Gilmar Ferreira Mendes, ao destacar: "(...) a reforma acabou por ressaltar o caráter especial dos tratados de direitos humanos em relação aos demais tratados de reciprocidade entre Estados pactuantes, conferindo-lhes lugar privilegiado no ordenamento jurídico. (...) a mudança constitucional ao menos acena para a insuficiência da tese da legalidade ordinária dos tratados já ratificados pelo Brasil, a qual tem sido preconizada pela jurisprudência do Supremo Tribunal Federal desde o remoto julgamento do RE n. 80.004/SE, de relatoria do Ministro Xavier de Albuquerque (julgado em 1.6.1977; DJ 29.12.1977) e encontra respaldo em largo repertório de casos julgados após o advento da Constituição de 1988. (...) Tudo indica, portanto, que a jurisprudência do Supremo Tribunal Federal, sem sombra de dúvidas, tem de ser revisitada criticamente. (...) Assim, a premente necessidade de se dar efetividade à proteção dos direitos humanos nos planos interno e internacional torna imperiosa uma mudança de posição quanto ao papel dos tratados internacionais sobre direitos na ordem jurídica nacional. É necessário assumir uma postura jurisdicional mais adequada às realidades emergentes em âmbitos supranacionais, voltadas primordialmente à proteção do ser humano. (...) Deixo acentuado, também, que a evolução jurisprudencial sempre foi uma marca de qualquer jurisdição constitucional. (...) Tenho certeza de que o espírito desta Corte, hoje, mais do que nunca, está preparado para essa atualização jurisprudencial". Por fim, concluiu o Ministro pela supralegalidade dos tratados de direitos humanos.

Ao avançar no enfrentamento do tema, merece ênfase o primoroso voto do Ministro Celso de Mello a respeito do impacto do art. 5º, § 3º, e da

---

60. Ver Recurso Extraordinário n. 466.343-1, São Paulo, rel. Ministro Cezar Peluso, recorrente Banco Bradesco S/A e recorrido Luciano Cardoso Santos. Note-se que o julgamento envolvia a temática da prisão civil por dívida e a aplicação da Convenção Americana de Direitos Humanos. Por unanimidade, decidiu o Supremo Tribunal Federal pela inconstitucionalidade da prisão para o devedor em alienação fiduciária, conferindo aos tratados de direitos humanos um regime jurídico especial e privilegiado na ordem jurídica, como será enfocado neste trabalho. No julgamento do HC 92.566-SP, rel. Ministro Marco Aurélio, o Supremo Tribunal Federal declarou expressamente revogada a Súmula 619 do STF, que autorizava a decretação da prisão civil do depositário infiel (HC 92.566-SP, publicado em 5 de junho de 2009. Ementário n. 2363-3). Em 1995, diversamente, no julgamento do HC 72.131-RJ, o Supremo Tribunal Federal, ao enfrentar a mesma temática, sustentou a paridade hierárquica entre tratado e lei federal, admitindo a possibilidade da prisão civil por dívida, pelo voto de oito dos onze Ministros, como já exposto por este estudo.

necessidade de atualização jurisprudencial do Supremo Tribunal Federal, quando do julgamento do HC 87.585-8, em 12 de março de 2008, envolvendo a problemática da prisão civil do depositário infiel. À luz do princípio da máxima efetividade constitucional, advertiu o Ministro Celso de Mello no sentido de que "o Poder Judiciário constitui o instrumento concretizador das liberdades constitucionais e dos direitos fundamentais assegurados pelos tratados e convenções internacionais subscritos pelo Brasil. Essa alta missão, que foi confiada aos juízes e Tribunais, qualifica-se como uma das mais expressivas funções políticas do Poder Judiciário. (...) É dever dos órgãos do Poder Público — e notadamente dos juízes e Tribunais — respeitar e promover a efetivação dos direitos humanos garantidos pelas Constituições dos Estados nacionais e assegurados pelas declarações internacionais, em ordem a permitir a prática de um constitucionalismo democrático aberto ao processo de crescente internacionalização dos direitos básicos da pessoa humana".

É sob esta perspectiva, inspirada na lente *ex parte populi* e no valor ético fundamental da pessoa humana, que o Ministro Celso de Mello reavaliou seu próprio entendimento sobre a hierarquia dos tratados de direitos humanos, para sustentar a existência de um regime jurídico misto, baseado na distinção entre os tratados tradicionais e os tratados de direitos humanos, conferindo aos últimos hierarquia constitucional. Neste sentido, argumentou: "Após longa reflexão sobre o tema, (...) julguei necessário reavaliar certas formulações e premissas teóricas que me conduziram a conferir aos tratados internacionais em geral (qualquer que fosse a matéria neles veiculadas), posição juridicamente equivalente à das leis ordinárias. As razões invocadas neste julgamento, no entanto, convencem-me da necessidade de se distinguir, para efeito de definição de sua posição hierárquica em face do ordenamento positivo interno, entre as convenções internacionais sobre direitos humanos (revestidas de 'supralegalidade', como sustenta o eminente Ministro Gilmar Mendes, ou impregnadas de natureza constitucional, como me inclino a reconhecer) e tratados internacionais sobre as demais matérias (compreendidos estes numa estrita perspectiva de paridade normativa com as leis ordinárias). (...) Tenho para mim que uma abordagem hermenêutica fundada em premissas axiológicas que dão significativo realce e expressão ao valor ético-jurídico — constitucionalmente consagrado (CF, art. 4º, II) — da 'prevalência dos direitos humanos' permitirá, a esta Suprema Corte, rever a sua posição jurisprudencial quanto ao relevantíssimo papel, à influência e à eficácia (derrogatória e inibitória) das convenções internacionais sobre direitos humanos no plano doméstico e infraconstitucional do ordenamento positivo do Estado brasileiro. (...) Em decorrência dessa reforma constitucional, e ressalvadas as hipóteses a ela anteriores (considerado, quanto a estas, o disposto no § 2º do art. 5º da Constituição), tornou-se possível, agora, atribuir, formal e materialmente, às convenções internacionais sobre direitos humanos, hierarquia jurídico-constitucional, desde que observado, quanto ao processo de incorporação de tais convenções, o 'iter' procedimental concernente ao rito de apreciação e de aprovação das propostas de Emenda à Constituição, consoante prescreve o § 3º do art. 5º da Constituição (...). É preciso ressalvar, no entanto, como precedentemente já enfatizado, as convenções internacionais de direitos humanos celebradas antes do advento da EC n. 45/2004, pois, quanto a elas, incide o § 2º do art. 5º da Constituição, que lhes confere natureza materialmente constitucional, promovendo sua integração e fazendo com que se subsumam à noção mesma de bloco de constitucionalidade".

Em 3 de dezembro de 2008, o Supremo Tribunal Federal, por unanimidade, negou provimento ao Recurso Extraordinário n. 466.343, estendendo a proibição da prisão civil por dívida à hipótese de alienação fiduciária em garantia, com fundamento na Convenção Americana de Direitos Humanos (art. 7º, § 7º). Tal dispositivo proíbe a prisão civil por dívida, salvo no caso de inadimplemento de obrigação alimentícia. Diversamente, a Constituição Federal de 1988, no art. 5º, LXVII, embora estabeleça a proibição da prisão civil por dívida, excepciona as hipóteses do depositário infiel e do devedor de alimentos. O entendimento unânime do Supremo Tribunal Federal foi no sentido de conferir prevalência ao valor da liberdade, em detrimento do valor da propriedade, em se tratando de prisão civil do depositário infiel, com ênfase na importância do respeito aos direitos humanos. O Supremo firmou, assim, orientação no sentido de que a prisão civil por dívida no Brasil está restrita à hipótese de inadimplemento voluntário e inescusável de prestação alimentícia. Convergiu, ainda, o Supremo Tribunal Federal em conferir aos tratados de direitos humanos um regime especial e diferenciado, distinto do regime jurídico aplicável aos tratados tradicionais. Todavia, divergiu no que se refere especificamente à hierarquia a ser atribuída aos tratados de direitos humanos, remanescendo dividido entre a tese da supralegalidade e a tese da constitucionalidade dos tratados de direitos humanos, sendo a primeira tese a majoritária, vencidos os Ministros Celso de Mello, Cesar Peluso, Ellen Gracie e Eros Grau, que conferiam aos tratados de direitos humanos *status* constitucional.

A decisão proferida no Recurso Extraordinário n. 466.343 rompe com a jurisprudência anterior do Supremo Tribunal Federal que, desde

1977, por mais de três décadas, parificava os tratados internacionais às leis ordinárias, mitigando e desconsiderando a força normativa dos tratados internacionais. Vale realçar que a jurisprudência do Supremo Tribunal Federal pertinente à hierarquia dos tratados de direitos humanos tem se revelado marcadamente oscilante, cabendo apontar quatro relevantes precedentes jurisprudenciais: a) o entendimento jurisprudencial até 1977, que consagrava o primado do Direito Internacional; b) a decisão do Recurso Extraordinário n. 80.004, em 1977, que equiparou juridicamente tratado e lei federal; c) a decisão do *Habeas Corpus* n. 72.131, em 1995, que manteve, à luz da Constituição de 1988, a teoria da paridade hierárquica entre tratado e lei federal; e, finalmente, d) a decisão do Recurso Extraordinário n. 466.343, em 2008, que conferiu aos tratados de direitos humanos uma hierarquia especial e privilegiada, com realce às teses da supralegalidade e da constitucionalidade desses tratados, sendo a primeira a majoritária.

O julgado proferido em dezembro de 2008 constitui uma decisão paradigmática, tendo a força catalisadora de impactar a jurisprudência nacional, a fim de assegurar aos tratados de direitos humanos um regime privilegiado no sistema jurídico brasileiro, propiciando a incorporação de parâmetros protetivos internacionais no âmbito doméstico e o advento do controle da convencionalidade das leis. Como enfatiza a Corte Interamericana de Direitos Humanos: "Quando um Estado ratifica um tratado internacional como a Convenção Americana, seus juízes, como parte do aparato do Estado, também estão submetidos a ela, o que lhes obriga a zelar que o efeitos dos dispositivos da Convenção não se vejam mitigados pela aplicação de leis contrárias a seu objeto, e que desde o início carecem de efeitos jurídicos (...) o Poder Judiciário deve exercer uma espécie de 'controle da convencionalidade das leis' entre as normas jurídicas internas que aplicam nos casos concretos e a Convenção Americana sobre Direitos Humanos. Nesta tarefa, o Poder Judiciário deve ter em conta não somente o tratado, mas também a interpretação que do mesmo tem feito a Corte Interamericana, intérprete última da Convenção Americana"[61].

---

61. Corte Interamericana de Direitos Humanos, caso Almonacid Arellano e outros *vs.* Chile, sentença de 26 de setembro de 2006. Escassa ainda é a jurisprudência do Supremo Tribunal Federal que incorpora a jurisprudência da Corte Interamericana, destacando-se até março de 2010 apenas e tão somente dois casos: a) um relativo ao direito do estrangeiro detido de ser informado sobre a assistência consular como parte do devido processo legal criminal, com base na Opinião Consultiva da Corte Interamericana n. 16 de 1999 (ver decisão

A jurisprudência do Supremo Tribunal Federal tem se orientado pelo emblemático julgado proferido no Recurso Extraordinário n. 466.343, destacando-se um amplo repertório jurisprudencial que o adota como referência interpretativa, de forma a consolidar a tese do caráter especial dos tratados internacionais de direitos humanos e de sua supralegalidade.

Neste sentido, cabe menção à decisão prolatada no HC n. 123.246, em 15 de janeiro de 2009, a respeito da temática da prisão civil de depositário infiel: "Em Sessão Plenária de 3 de dezembro de 2008 (RE n. 466.343/SP, Rel. Min. Cezar Peluso; RE n. 349.703/RS, Rel. Min. Ilmar Galvão, Rel. p/ o acórdão Min. Gilmar Mendes; HC n. 87.585/TO, Rel. Min. Marco Aurélio; HC n. 92.566/SP, Rel. Min. Marco Aurélio) o Supremo Tribunal Federal firmou o entendimento segundo o qual, diante do inequívoco caráter especial dos tratados internacionais que cuidam da proteção dos direitos humanos, a sua internalização no ordenamento jurídico, por meio do procedimento de ratificação previsto na Constituição, tem o condão de paralisar a eficácia jurídica de toda e qualquer disciplina normativa infraconstitucional com ela conflitante. Nesse sentido, concluiu o Tribunal que, diante da supremacia da Constituição sobre os atos normativos internacionais, a previsão constitucional da prisão civil do depositário infiel (art. 5º, inciso LXVII) não foi revogada pelo ato de adesão do Brasil ao Pacto Internacional dos Direitos Civis e Políticos (art. 11) e à Convenção Americana sobre Direitos Humanos — Pacto de San José da Costa Rica (art. 7º, 7), mas deixou de ter aplicabilidade diante do efeito paralisante desses tratados em relação à legislação infra-

---

proferida pelo Supremo Tribunal Federal em 2006, na Extradição n. 954/2006); e b) outro caso relativo ao fim da exigência de diploma para a profissão de jornalista, com fundamento no direito à informação e na liberdade de expressão, à luz da Opinião Consultiva da Corte Interamericana n. 5 de 1985 (ver decisão proferida pelo Supremo Tribunal Federal em 2009, no RE 511.961). Levantamento realizado acerca das decisões do Supremo Tribunal Federal baseadas em precedentes judiciais de órgãos internacionais e estrangeiros, constata que 80 casos aludem à jurisprudência da Suprema Corte dos EUA, ao passo que 58 casos aludem à jurisprudência do Tribunal Constitucional Federal da Alemanha — enquanto, reitere-se, apenas 2 casos amparam-se na jurisprudência da Corte Interamericana. Nesse sentido, Virgílio Afonso da Silva, Integração e diálogo constitucional na América do Sul, In: Armin Von Bogdandy, Flávia Piovesan e Mariela Morales Antoniazzi (coord.), *Direitos humanos, democracia e integração jurídica na América do Sul*. Rio de Janeiro: Lumen Juris, 2010, p. 529. Apenas são localizados julgados que remetem à incidência de dispositivos da Convenção Americana — nesta edição, foram localizados 79 acórdãos versando sobre: prisão do depositário infiel; duplo grau de jurisdição; uso de algemas; individualização da pena; presunção de inocência; direito de recorrer em liberdade; razoável duração do processo, dentre outros temas especialmente afetos ao garantismo penal.

constitucional que disciplina a matéria. Tendo em vista o caráter supralegal desses diplomas normativos internacionais, a legislação infraconstitucional posterior que com eles seja conflitante também tem sua eficácia paralisada. Enfim, desde a adesão do Brasil, sem qualquer reserva, ao Pacto Internacional dos Direitos Civis e Políticos (art. 11) e à Convenção Americana sobre Direitos Humanos — Pacto de San José da Costa Rica (art. 7º, 7), ambos no ano de 1992, não há mais base legal para prisão civil do depositário infiel, pois o caráter especial desses diplomas internacionais sobre direitos humanos lhes reserva lugar específico no ordenamento jurídico, estando abaixo da Constituição, porém acima da legislação interna. O *status* normativo supralegal dos tratados internacionais de direitos humanos subscritos pelo Brasil, dessa forma, torna inaplicável a legislação infraconstitucional com ele conflitante, seja ela anterior ou posterior ao ato de adesão. Assim, o Supremo Tribunal Federal restringiu a possibilidade de prisão civil à hipótese de descumprimento inescusável de prestação alimentícia, o que motivou o cancelamento da Súmula n. 619 desta Corte"[62].

Em outro julgado sobre a mesma matéria, endossou o Supremo Tribunal Federal o *status* normativo supralegal dos tratados internacionais de direitos humanos: "Desde a adesão do Brasil, sem qualquer reserva, ao Pacto Internacional dos Direitos Civis e Políticos (art. 11) e à Convenção Americana sobre Direitos Humanos — Pacto de San José da Costa Rica (art. 7º, 7), ambos no ano de 1992, não há mais base legal para prisão civil do depositário infiel, pois o caráter especial desses diplomas internacionais sobre direitos humanos lhes reserva lugar específico no ordenamento jurídico, estando abaixo da Constituição, porém acima da legislação interna. O *status* normativo supralegal dos tratados internacionais de direitos humanos subscritos pelo Brasil torna inaplicável a legislação infraconstitucional com ele conflitante, seja ela anterior ou posterior ao ato de adesão. Assim ocorreu com o art. 1.287 do Código Civil de 1916 e

---

62. HC 123.246, 15 de janeiro de 2009, Min. Gilmar Mendes (art. 13, VIII, RI-STF). Na mesma direção, RE 497.634, Rel. Min. Eros Grau, j. 17.3.2010, *DJe*, 8.4.2010; HC 100.888-MC, Rel. Min. Carlos Britto, j. 29.9.2009, *DJe*, 7.10.2009; HC 98.893-MC, Rel. Min. Celso de Mello, j. 9.6.2009, *DJe*, 12.6.2009; RE 562.051, Rel. Min. Cezar Peluso, j. 3.6.2009, *DJe*, 15.6.2009; HC 96.778, Rel. Min. Ellen Gracie, j. 11.5.2009, *DJe*,15.5.2009; HC 99.211, Rel. Min. Cármen Lúcia, j. 27.5.2009, *DJe*, 9.6.2009; HC 96.020, Rel. Min. Cármen Lúcia, j. 27.4.2009, *DJe*, 5.5.2009; HC 93.231, Rel. Min. Eros Grau, j. 11.3.2009, *DJe*, 17.3.2009; e HC 97.467, Rel. Min. Cármen Lúcia, j. 3.3.2009, *DJe*, 12.3.2009.

com o Decreto-Lei n. 911/69, assim como em relação ao art. 652 do Novo Código Civil (Lei n. 10.406/2002). (...) A prisão civil do devedor-fiduciante no âmbito do contrato de alienação fiduciária em garantia viola o princípio da proporcionalidade, visto que: a) o ordenamento jurídico prevê outros meios processuais-executórios postos à disposição do credor-fiduciário para a garantia do crédito, de forma que a prisão civil, como medida extrema de coerção do devedor inadimplente, não passa no exame da proporcionalidade como proibição de excesso, em sua tríplice configuração: adequação, necessidade e proporcionalidade em sentido estrito; e b) o Decreto-Lei n. 911/69, ao instituir uma ficção jurídica, equiparando o devedor-fiduciante ao depositário, para todos os efeitos previstos nas leis civis e penais, criou uma figura atípica de depósito, transbordando os limites do conteúdo semântico da expressão 'depositário infiel' insculpida no art. 5º, inciso LXVII, da Constituição e, dessa forma, desfigurando o instituto do depósito em sua conformação constitucional, o que perfaz a violação ao princípio da reserva legal proporcional. (...) 'Prisão Civil. Depósito. Depositário infiel. Alienação fiduciária. Decretação da medida coercitiva. Inadmissibilidade absoluta. Insubsistência da previsão constitucional e das normas subalternas. Interpretação do art. 5º, inc. LXVII e §§ 1º, 2º e 3º, da CF, à luz do art. 7º, 7, da Convenção Americana de Direitos Humanos (Pacto de San José da Costa Rica). Recurso improvido. Julgamento conjunto do RE n. 349.703 e dos HCs n. 87.585 e n. 92.566. É ilícita a prisão civil de depositário infiel, qualquer que seja a modalidade do depósito.' (RE 466.343, Rel. Min. Cezar Peluso, Tribunal Pleno, *DJe* 4.6.2009). 7. Dessa orientação jurisprudencial não divergiu o acórdão recorrido. 8. Pelo exposto, nego seguimento a este agravo (art. 557, *caput*, do Código de Processo Civil e art. 21, § 1º, do Regimento Interno do Supremo Tribunal Federal)"[63].

No ARE 766618, julgado em 25 de maio de 2017, tendo como relator o Ministro Barroso, o Pleno do STF reiterou que, *salvo quando versem sobre direitos humanos*, os tratados e convenções internacionais ingressam no direito brasileiro com *status* equivalente ao de lei ordinária.

A respeito, vale mencionar o HC n.185051, tendo como relator o Ministro Celso de Mello, julgado em 10 de outubro de 2020, em que se destacou:

---

63. AI 705.483, Rel. Min. Cármen Lúcia, j. 30.9.2010, *DJe*, 15.10.2010.

"Questão da posição hierárquica dos tratados internacionais de direitos humanos (natureza constitucional ou caráter supralegal?) — doutrina — precedentes do Supremo Tribunal Federal que conferem a esses diplomas internacionais a condição de supralegalidade — posição pessoal do Relator (Ministro Celso de Mello) que atribui qualificação constitucional, inclusive com apoio na noção conceitual de bloco de constitucionalidade, a tratados internacionais de direitos humanos subscritos pelo Brasil ou a que o Estado Brasileiro haja aderido — *pacta sunt servanda* (Convenção de Viena sobre o Direito dos Tratados, artigo 26)".

Este trabalho insiste na tese de que o novo dispositivo do art. 5º, § 3º, vem a reconhecer de modo explícito a natureza materialmente constitucional dos tratados de direitos humanos, reforçando, desse modo, a existência de um regime jurídico misto, que distingue os tratados de direitos humanos dos tratados tradicionais de cunho comercial. Isto é, ainda que fossem aprovados pelo elevado *quorum* de três quintos dos votos dos membros de cada Casa do Congresso Nacional, os tratados comerciais não passariam a ter *status* formal de norma constitucional tão somente pelo procedimento de sua aprovação.

Se os tratados de direitos humanos ratificados anteriormente à Emenda n. 45/2004, por força dos §§ 2º e 3º do art. 5º da Constituição, são normas material e formalmente constitucionais, com relação aos novos tratados de direitos humanos a serem ratificados, por força do § 2º do mesmo art. 5º, independentemente de seu *quorum* de aprovação, serão normas materialmente constitucionais. Contudo, para converterem-se em normas também formalmente constitucionais deverão percorrer o procedimento demandado pelo § 3º. No mesmo sentido, afirma Celso Lafer: "Com a vigência da Emenda Constitucional n. 45, de 08 de dezembro de 2004, os tratados internacionais a que o Brasil venha a aderir, para serem recepcionados formalmente como normas constitucionais, devem obedecer ao *iter* previsto no novo parágrafo 3º do art. 5º"[64].

Isto porque, a partir de um reconhecimento explícito da natureza materialmente constitucional dos tratados de direitos humanos, o § 3º do art. 5º permite atribuir o *status* de norma formalmente constitucional aos tratados de direitos humanos que obedecerem ao procedimento nele contemplado. Logo, para que os tratados de direitos humanos a serem ratificados obtenham assen-

---

64. Celso Lafer, *A internacionalização dos direitos humanos: Constituição, racismo e relações internacionais*, p. 17.

to formal na Constituição, requer-se a observância de *quorum* qualificado de três quintos dos votos dos membros de cada Casa do Congresso Nacional, em dois turnos — que é justamente o *quorum* exigido para a aprovação de emendas à Constituição, nos termos do art. 60, § 2º, da Carta de 1988. Nessa hipótese, os tratados de direitos humanos formalmente constitucionais são equiparados às emendas à Constituição, isto é, passam a integrar formalmente o Texto Constitucional. Note-se que a Convenção sobre os Direitos das Pessoas com Deficiência e seu Protocolo Facultativo foram os primeiros tratados internacionais de direitos humanos aprovados nos termos do § 3º do art. 5º, por meio do Decreto Legislativo n. 186, de 10 de julho de 2008.

Vale dizer, com o advento do § 3º do art. 5º surgem duas categorias de tratados internacionais de proteção de direitos humanos: a) os materialmente constitucionais; e b) os material e formalmente constitucionais. Frise-se: todos os tratados internacionais de direitos humanos são materialmente constitucionais, por força do § 2º do art. 5º[65]. Para além de serem materialmente constitucionais, poderão, a partir do § 3º do mesmo dispositivo, acrescer a qualidade de formalmente constitucionais, equiparando-se às emendas à Constituição, no âmbito formal.

Ainda que todos os tratados de direitos humanos sejam recepcionados em grau constitucional, por veicularem matéria e conteúdo essencialmente constitucional, importa realçar a diversidade de regimes jurídicos que se aplica aos tratados apenas materialmente constitucionais e aos tratados que, além de materialmente constitucionais, também são formalmente constitucionais. E a diversidade de regimes jurídicos atém-se à denúncia, que é o ato unilateral pelo qual um Estado se retira de um tratado. Enquanto os tratados materialmente constitucionais podem ser suscetíveis de denúncia, os tratados material e formalmente constitucionais, por sua vez, não podem ser denunciados.

Ao se admitir a natureza constitucional de todos os tratados de direitos humanos, há que ressaltar que os direitos constantes nos tratados internacio-

---

65. Como leciona Ingo Wolfgang Sarlet: "Inobstante não necessariamente ligada à fundamentalidade formal, é por intermédio do direito constitucional positivo (art. 5º, parágrafo 2º da CF) que a noção de fundamentalidade material permite a abertura da Constituição a outros direitos fundamentais não constantes de seu texto, e, portanto, apenas materialmente fundamentais, assim como há direitos fundamentais situados fora do catálogo, mas integrantes da Constituição formal" (*A eficácia dos direitos fundamentais*, p. 81).

nais, como os demais direitos e garantias individuais consagrados pela Constituição, constituem cláusula pétrea e não podem ser abolidos por meio de emenda à Constituição, nos termos do art. 60, § 4º. Atente-se que as cláusulas pétreas resguardam o núcleo material da Constituição, que compõe os valores fundamentais da ordem constitucional. Nesse sentido, os valores da separação dos Poderes e da federação — valores que asseguram a descentralização orgânica e espacial do poder político —, o valor do voto direto, universal e periódico e dos direitos e garantias individuais — valores que asseguram o princípio democrático —, compõem a tônica do constitucionalismo inaugurado com a transição democrática. Os direitos enunciados em tratados internacionais em que o Brasil seja parte ficam resguardados pela cláusula pétrea "direitos e garantias individuais", prevista no art. 60, § 4º, IV, da Carta.

Entretanto, embora os direitos internacionais sejam alcançados pelo art. 60, § 4º, e não possam ser eliminados via emenda constitucional, os tratados internacionais de direitos humanos materialmente constitucionais são suscetíveis de denúncia por parte do Estado signatário. Com efeito, os tratados internacionais de direitos humanos estabelecem regras específicas concernentes à possibilidade de denúncia por parte do Estado signatário[66]. Os direitos internacionais poderão ser subtraídos pelo mesmo Estado que os incorporou, em face das peculiaridades do regime de direito internacional público. Vale dizer, cabe ao Estado-parte tanto o ato de ratificação do tratado como o de denúncia, ou seja, o ato de retirada do mesmo tratado. Os direitos internacionais apresentam, assim, natureza constitucional diferenciada.

Cabe considerar, todavia, que seria mais coerente aplicar ao ato da denúncia o mesmo procedimento aplicável ao ato de ratificação. Isto é, se para a ratificação é necessário um ato complexo, fruto da conjugação de vontades do Executivo e Legislativo, para o ato de denúncia também este

---

66. A título de exemplo, *vide* o art. 12 do Protocolo Facultativo relativo ao Pacto Internacional dos Direitos Civis e Políticos; o art. 78 da Convenção Americana sobre Direitos Humanos; o art. 31 da Convenção contra a Tortura; o art. 52 da Convenção sobre os Direitos das Crianças; e o art. 21 da Convenção sobre a Eliminação de todas as formas de Discriminação Racial. Essas disposições são enfáticas em afirmar que a denúncia não eximirá o Estado-parte das obrigações que lhe impõem os respectivos tratados internacionais, relativamente a qualquer ação ou omissão ocorrida antes da data em que a denúncia vier a produzir efeitos.

deveria ser o procedimento. Propõe-se aqui a necessidade do requisito de prévia autorização pelo Legislativo de ato de denúncia de determinado tratado internacional pelo Executivo, o que democratizaria o processo, como assinala o Direito comparado[67]. Entretanto, no Direito brasileiro, a denúncia continua a constituir ato privativo do Executivo, que não requer qualquer participação do Legislativo[68]. Defende-se a posição de Celso D. de Albuquerque Mello: "A revisão a nosso ver deve ser no sentido de se restringir a autonomia do Executivo para condução da política externa. Ela deve ser feita no sentido de se exigir a aprovação do Legislativo para a denúncia de tratados relativos aos direitos do homem, às convenções internacionais do

---

67. Ressalta A. A. Cançado Trindade: "Um dos exemplos mais comumente lembrados em nossos dias de Constituições recentes que, reconhecendo a importância dos tratados de direitos humanos, os singularizaram e a eles estendem cuidado especial, é o da Constituição espanhola de 1978, que submete a eventual denúncia de tratados sobre direitos e deveres fundamentais ao requisito da prévia autorização ou aprovação do Legislativo (arts. 96 (2) e 94 (1) (c)). Fortalecem-se, desse modo, os tratados de direitos humanos" (A interação entre o direito internacional e o direito interno, p. 29). Observe-se que há outras Constituições que sujeitam à prévia aprovação legislativa a denúncia de tratados em geral, como, por exemplo, a Constituição da Suécia (com as emendas de 1976-1977, art. 4º), a Constituição holandesa de 1983 (art. 91 (1)) e, anteriormente, a Constituição da Dinamarca de 1953 (art. 19 (1)). Destaque-se ainda a Constituição da Argentina que, a partir da reforma constitucional de 1994, passou a exigir que os tratados internacionais de proteção dos direitos humanos só possam ser denunciados pelo Executivo mediante a prévia aprovação de dois terços dos membros de cada Câmara.

68. Essa concepção vem externada por Hildebrando Accioly: "O ato da denúncia, como o da ratificação, é de caráter essencialmente executivo e cabe ao órgão incumbido da representação do Estado nas relações internacionais. Assim, se o ato internacional de que se trate pertence à categoria daqueles que exigem ratificação, precedida da aprovação do Poder Legislativo, sua denúncia unilateral já terá sido autorizada por este, ao aprovar o respectivo texto, no qual, como acabamos de dizer, a denúncia terá sido admitida" (A denúncia e a promulgação de tratados no Brasil, *Jornal do Commercio*, Rio de Janeiro, de 2.9.1956, apud Arnaldo Süssekind, *Direito internacional do trabalho*, p. 53). Em sentido contrário, compartilha-se da posição de Arnaldo Süssekind quando argumenta: "O governo do país é, sem dúvida, quem pratica os atos administrativos que formalizam a ratificação e a denúncia dos tratados. E assim é no Brasil. Mas se o Governo não pode ratificar um tratado ou a ele aderir sem que o mesmo haja sido previamente aprovado pelo Congresso Nacional, segue-se *a fortiori*, que não poderá denunciá-lo, fazendo cessar sua vigência no ou para o país, independentemente de autorização do Legislativo. Consoante o magistério de Pontes de Miranda, 'aprovar tratado, convenção ou acordo, permitindo que o Poder Executivo o denuncie, sem consulta, nem aprovação, é subversivo aos princípios constitucionais'" (Arnaldo Süssekind, *Direito internacional do trabalho*, p. 53).

trabalho, os que criam organizações internacionais e às convenções de direito humanitário. (...) O controle pelo Legislativo é o meio de se democratizar a política externa e de ela vir a atender os anseios da nação"[69]. Destaca-se um significativo avanço na jurisprudência do Supremo Tribunal Federal, decorrente do julgamento da ADI n. 1625, em 26 de maio de 2023, em que o Supremo passou a adotar o entendimento de que não pode o Presidente da República denunciar unilateralmente um tratado internacional, cabendo o ato da denúncia obrigatoriamente passar pelo crivo do Congresso Nacional. Essa é a posição defendida por esta obra desde a sua primeira edição, em 1996.

Diversamente dos tratados materialmente constitucionais, os tratados material e formalmente constitucionais não podem ser objeto de denúncia. Isto porque os direitos neles enunciados receberam assento no Texto Constitucional, não apenas pela matéria que veiculam, mas pelo grau de legitimidade popular contemplado pelo especial e dificultoso processo de sua aprovação, concernente à maioria de três quintos dos votos dos membros, em cada Casa do Congresso Nacional, em dois turnos de votação. Ora, se tais direitos internacionais passaram a compor o quadro constitucional, não só no campo material, mas também no formal, não há como admitir que um ato isolado e solitário do Poder Executivo subtraia tais direitos do patrimônio popular — ainda que a possibilidade de denúncia esteja prevista nos próprios tratados de direitos humanos ratificados, como já apontado. É como se o Estado houvesse renunciado a essa prerrogativa de denúncia, em virtude da "constitucionalização formal" do tratado no âmbito jurídico interno.

Em suma: os tratados de direitos humanos materialmente constitucionais são suscetíveis de denúncia, em virtude das peculiaridades do regime de Direito Internacional público, sendo de rigor a democratização do processo de denúncia, com a necessária participação do Legislativo. Já os tratados de direitos humanos material e formalmente constitucionais são insuscetíveis de denúncia.

Por fim, falta a este estudo examinar, ainda que brevemente, o modo pelo qual o direito comparado trata da interação entre o Direito Internacional dos Direitos Humanos e a ordem jurídica nacional. Como será demons-

---

69. Celso D. de Albuquerque Mello, Constituição e relações internacionais, in *A nova Constituição e o direito internacional*, p. 28 e 33.

trado, a sistemática constitucional introduzida pela Carta brasileira de 1988 se situa num contexto em que inúmeras Constituições latino-americanas buscam dispensar aos preceitos constantes dos tratados internacionais de direitos humanos uma natureza jurídica privilegiada.

Destaque-se, inicialmente, a Constituição da Argentina, após a reforma constitucional de 1994, ao dispor, no art. 75, inciso 22, que, enquanto os tratados em geral têm hierarquia infraconstitucional, mas supralegal, os tratados de proteção dos direitos humanos têm hierarquia constitucional, complementando os direitos e garantias constitucionalmente reconhecidos[70]. Adiciona que os tratados de direitos humanos só poderão ser denunciados pelo Poder Executivo mediante prévia autorização de dois terços da totalidade dos membros de cada Câmara do Legislativo.

A Constituição da Venezuela de 1999 prescreve, em seu art. 23, que os tratados, pactos e convenções internacionais relativos a direitos humanos, subscritos e ratificados pela Venezuela, têm hierarquia constitucional e prevalecem na ordem interna, na medida em que contenham normas sobre seu gozo e exercício mais favoráveis às estabelecidas pela Constituição e têm aplicação imediata e direta pelos tribunais e demais órgãos do Poder Público.

A então Constituição do Peru de 1979, no mesmo sentido, determinava, no art. 105, que os preceitos contidos nos tratados de direitos humanos têm hierarquia constitucional e não podem ser modificados senão pelo procedimento que rege a reforma da própria Constituição[71]. Já a atual Constituição

---

70. Estabelece o art. 75, inciso 22, da Constituição argentina: "Corresponde ao Congresso: aprovar ou rejeitar tratados concluídos com as demais Nações e com as Organizações internacionais (...). Os tratados têm hierarquia superior às leis. A Declaração Americana de Direitos e Deveres do Homem; a Declaração Universal de Direitos Humanos; a Convenção Americana de Direitos Humanos; o Pacto Internacional de Direitos Econômicos, Sociais e Culturais; o Pacto Internacional de Direitos Civis e Políticos e seu Protocolo Facultativo; a Convenção sobre a Prevenção e Repressão ao Crime de Genocídio; a Convenção Internacional sobre a Eliminação de todas as Formas de Discriminação Racial; a Convenção sobre a Eliminação de todas as Formas de Discriminação contra a Mulher; a Convenção contra a Tortura e outros Tratamentos Cruéis, Desumanos ou Degradantes; a Convenção sobre os Direitos da Criança; nas condições de sua vigência têm hierarquia de norma constitucional (...)".

71. No dizer de Héctor Fix-Zamudio: "No campo da tutela dos direitos humanos, podemos destacar dois aspectos essenciais: em primeiro lugar, o estabelecimento paulatino de preceitos nas Cartas constitucionais, que outorgam aos pactos internacionais sobre direitos humanos um valor superior ao das leis ordinárias, cujo aspecto mais avançado se verifica na Constituição peruana de 1979, que confere a esses Pactos, quando ratificados e aprovados

do Peru de 1993 consagra que os direitos constitucionalmente reconhecidos devem ser interpretados em conformidade com a Declaração Universal de Direitos Humanos e com os tratados de direitos humanos ratificados pelo Peru. Decisão proferida em 2005 pelo Tribunal Constitucional do Peru endossou a hierarquia constitucional dos tratados internacionais de proteção dos direitos humanos, adicionando que os direitos humanos enunciados nos tratados conformam a ordem jurídica e vinculam os poderes públicos[72].

Por sua vez, a Constituição da Nicarágua de 1986 integra à enumeração constitucional de direitos, para fins de proteção, os direitos consagrados na Declaração Universal dos Direitos Humanos, na Declaração Americana dos Direitos e Deveres do Homem, nos dois Pactos de Direitos Humanos das Nações Unidas e na Convenção Americana sobre Direitos Humanos. Essa Constituição confere, assim, hierarquia constitucional aos direitos constantes dos instrumentos internacionais de proteção dos direitos humanos.

Outro exemplo é a Constituição da Guatemala de 1986, reformada em 1993, ao prever que os direitos e garantias nela previstos não excluem outros que não figurem expressamente do catálogo constitucional. Esse texto adiciona que os tratados de direitos humanos ratificados pela Guatemala têm preeminência sobre o direito interno, nos termos do art. 46. Na mesma direção segue a Constituição da Colômbia de 1991, reformada em 1997, cujo art. 93 confere hierarquia especial aos tratados de direitos humanos, determinando que estes prevalecem na ordem interna e que os direitos humanos constitucionalmente consagrados serão interpretados em conformidade com os tratados de direitos humanos ratificados pelo país. No mesmo sentido, a

---

pelo Governo peruano, a categoria de disposições de natureza constitucional. Em segundo lugar, o reconhecimento de organismos internacionais e regionais de proteção dos direitos humanos, que na mesma Constituição peruana se traduzem em expressas disposições de caráter fundamental" (*Protección jurídica de los derechos humanos*, p. 173). Para Francisco Eguiguren Praeli: "O art. 105, o mais avançado da Carta de 1979, estabelece que os preceitos sobre direitos humanos constantes dos tratados internacionais ratificados pelo Peru têm hierarquia constitucional, só podendo ser modificados pelo procedimento que se observa para a reforma da própria Constituição. Vale dizer, se se pretende modificar um preceito contido em uma norma de direitos humanos, incorporada pelo Direito interno, que lhe atrbuiu hierarquia constitucional, há de ser respeitado o procedimento de reforma constitucional" (Normas internacionales sobre derechos humanos, Constitución y Derecho interno, in *Derecho internacional de los derechos humanos*, p. 47).

72. Sobre o tema, consultar Mijail Mendoza Escalante, Los tratados internacionales de derechos humanos y su aplicación, *Actualidad Jurídica*, n. 157, p. 161-164, Lima, dez. 2006.

Constituição da Bolívia de 2009 enuncia que os tratados internacionais de direitos humanos prevalecem na ordem interna, adicionando que os direitos consagrados na Constituição devem ser interpretados em conformidade com os tratados internacionais de direitos humanos ratificados pelo Estado.

Enquanto as Constituições do Peru, da Argentina, da Venezuela e da Nicarágua atribuem hierarquia constitucional aos tratados de direitos humanos, as Cartas da Guatemala, da Colômbia e da Bolívia lhes atribuem hierarquia especial, com preeminência sobre a legislação ordinária e o restante do direito interno[73].

Também a Constituição do Chile de 1980, em decorrência da reforma constitucional de 1989, passou a consagrar o dever dos órgãos do Estado de respeitar e promover os direitos garantidos pelos tratados internacionais ratificados por aquele país.

Por sua vez, a Constituição do Equador de 2008 estabelece que serão observados os princípios *"pro ser humano"*, de não restrição de direitos, de aplicabilidade direta e de cláusula aberta, no que se refere aos tratados internacionais de direitos humanos ratificados pelo Estado. A Constituição do México, com a reforma de junho de 2011, passou também a contemplar a hierarquia constitucional dos tratados de direitos humanos e a regra interpretativa fundada no princípio *pro persona*. Observe-se que as Constituições do Equador de 2008 e do México, com a reforma de 2011, apresentam maior grau de refinamento no tocante às cláusulas de abertura, atribuindo aos tratados de direitos humanos hierarquia constitucional, incorporação automática, consagrando, ainda, a regra interpretativa do princípio *pro persona*, radicada na primazia da norma mais benéfica, mais protetiva e mais favorável, tendo como vetor maior a prevalência da dignidade humana.

Logo, é neste contexto — marcado pela tendência de Constituições latino-americanas recentes a conceder tratamento especial ou diferenciado aos direitos e garantias internacionalmente consagrados — que se insere a inovação do art. 5º, § 2º, da Carta brasileira. Ao estatuir que os direitos e garantias nela expressos não excluem outros, decorrentes dos tratados internacionais em que o Brasil seja parte, a Constituição de 1988 passa a incorporar os direitos enunciados nos tratados de direitos humanos ao universo dos direitos constitucionalmente consagrados.

---

73. A. A. Cançado Trindade, *A interação entre o direito internacional e o direito interno*, p. 30-31.

d) A incorporação dos tratados internacionais de direitos humanos

Não bastasse esse extraordinário avanço, outro se acrescenta.

No capítulo anterior, apontou-se para o inédito princípio da aplicabilidade imediata dos direitos e garantias fundamentais, assegurado pelo art. 5º, § 1º, da Constituição de 1988. Ora, se as normas definidoras dos direitos e garantias fundamentais demandam aplicação imediata e se, por sua vez, os tratados internacionais de direitos humanos têm por objeto justamente a definição de direitos e garantias, conclui-se que tais normas merecem aplicação imediata.

Portanto, como pontua Antônio Augusto Cançado Trindade, "se para os tratados internacionais em geral, se tem exigido a intermediação pelo Poder Legislativo de ato com força de lei de modo a outorgar às suas disposições vigência ou obrigatoriedade no plano do ordenamento jurídico interno, distintamente no caso dos tratados de proteção internacional dos direitos humanos em que o Brasil é parte, os direitos fundamentais neles garantidos, consoante os arts. 5º (2) e 5º (1) da Constituição brasileira de 1988, passam a integrar o elenco dos direitos constitucionalmente consagrados e direta e imediatamente exigíveis no plano do ordenamento jurídico interno"[74].

Em outras palavras, não será mais possível a sustentação da tese segundo a qual, com a ratificação, os tratados obrigam diretamente aos Estados, mas não geram direitos subjetivos para os particulares, enquanto não advém a referida intermediação legislativa. Vale dizer, torna-se possível a invocação imediata de tratados e convenções de direitos humanos, dos quais o Brasil seja signatário, sem a necessidade de edição de ato com força de lei, voltado à outorga de vigência interna aos acordos internacionais.

---

74. Antônio Augusto Cançado Trindade, A interação entre o direito internacional e o direito interno, p. 30-31. No mesmo sentido, Celso Ribeiro Bastos e Ives Gandra Martins: "A novidade do dispositivo (art. 5º, parágrafo 2º) repousa na referência feita aos 'tratados internacionais' em que a República Federativa do Brasil seja parte. (...) De qualquer sorte, esta referência é de grande importância porque o texto constitucional está a permitir a inovação, pelos interessados, a partir dos tratados internacionais, o que não se admitia, então, no Brasil. A doutrina dominante exigia a intermediação de um ato de força legislativa para tornar obrigatório à ordem interna um tratado internacional. A menção do parágrafo em questão ao direito internacional como fonte possível de direitos e garantias deverá trazer mudanças sensíveis em alguns aspectos do nosso direito. Não será mais possível a sustentação da tese dualista, é dizer, a de que os tratados obrigam diretamente aos Estados, mas não geram direitos subjetivos para os particulares, que ficariam na dependência da referida intermediação legislativa" (*Comentários à Constituição do Brasil*, v. 2, p. 396).

A incorporação automática do Direito Internacional dos Direitos Humanos pelo direito brasileiro — sem que se faça necessário um ato jurídico complementar para sua exigibilidade e implementação — traduz relevantes consequências no plano jurídico. De um lado, permite ao particular a invocação direta dos direitos e liberdades internacionalmente assegurados, e, por outro, proíbe condutas e atos violadores a esses mesmos direitos, sob pena de invalidação. Consequentemente, a partir da entrada em vigor do tratado internacional, toda norma preexistente que seja com ele incompatível perde automaticamente a vigência[75]. Ademais, passa a ser recorrível qualquer decisão judicial que violar as prescrições do tratado — eis aqui uma das sanções aplicáveis na hipótese de inobservância dos tratados. Nesse sentido, a Carta de 1988 atribui ao Superior Tribunal de Justiça a competência para julgar, mediante recurso especial, as causas decididas pelos Tribunais Regionais Federais ou pelos Tribunais dos Estados, "quando a decisão recorrida contrariar tratado ou lei federal, ou negar-lhes vigência", nos termos do art. 105, III, *a*. Isto é, cabe ao Poder Judiciário declarar inválida e antijurídica conduta violadora de tratado internacional. Eventualmente, a depender do caso, cabe a esse Poder a imposição de sanções pecuniárias em favor da vítima que sofreu violação em seu direito internacionalmente assegurado. Nas lições precisas de Agustín Gordillo: "Todavia, não apenas o Tribunal nacional, mas também e especialmente o Tribunal internacional competente, estão expressamente facultados a declarar a antijuridicidade da conduta e, consequentemente, invalidá-la, aplicando ainda sanções pecuniárias em favor da pessoa física que sofreu violação a direito fundamental, por atos, ações ou omissões de seu país, no plano interno"[76].

---

75. Leciona Agustín Gordillo: "Em matéria de direitos humanos em geral temos uma ordem jurídica supranacional e supraconstitucional a cumprir, operativa, direta e imediatamente aplicável também ao ordenamento interno, por juízes e demais órgãos nacionais do Estado. (...) Como consequência da aplicação direta da Convenção (Americana), toda norma contrária preexistente — seja legal ou regulamentadora — perde automaticamente a vigência, a partir da entrada em vigor da Convenção, na medida em que a respectiva cláusula pode ser interpretada como operativa" (*Derechos humanos, doctrina, casos y materiales: parte general*, p. 45 e 48).

76. No dizer de Agustín Gordillo: "Ainda que, por hipótese, não exista uma sanção pontual e específica estabelecida na Convenção para o caso do descumprimento de suas normas, o Tribunal nacional e internacional têm sempre como obrigação mínima invalidar toda atuação ou comportamento estatal ou privado que haja afrontado tais preceitos jurídicos. Se se tratar de um comportamento material, corresponderá ao Tribunal ordenar a cessação

Importa esclarecer que, ao lado da sistemática da "incorporação automática" do Direito Internacional, existe a sistemática da "incorporação legislativa" do Direito Internacional. Isto é, se, em face da incorporação automática, os tratados internacionais incorporam-se de imediato ao Direito nacional em virtude do ato da ratificação, no caso da incorporação legislativa os enunciados dos tratados ratificados não são incorporados de plano pelo Direito nacional; ao contrário, dependem necessariamente de legislação que os implemente[77]. Essa legislação, reitere-se, é ato inteiramente distinto do ato da ratificação do tratado.

Em suma, em face da sistemática da incorporação automática, o Estado reconhece a plena vigência do Direito Internacional na ordem interna, mediante uma cláusula geral de recepção automática plena. Com o ato da ratificação, a regra internacional passa a vigorar de imediato tanto na ordem jurídica internacional como na interna, sem necessidade de uma norma de direito nacional que a integre ao sistema jurídico. Essa sistemática da incorporação automática reflete a concepção monista, pela qual o Direito Internacional e o direito interno compõem uma mesma unidade, uma única ordem jurídica, inexistindo qualquer limite entre a ordem jurídica internacional e a ordem interna.

Por sua vez, na sistemática da incorporação legislativa, o Estado recusa a vigência imediata do Direito Internacional na ordem interna. Por isso,

---

do mesmo. (...) Essa invalidação ou privação de efeitos, que poderá ser constitutiva ou declaratória, segundo a gravidade da infração, constitui por certo uma sanção, que integra o conceito de norma jurídica da respectiva disposição, ainda que em estrita aproximação kelseniana. (...)" (*Derechos humanos*, p. 51-52). E adiciona o mesmo autor: "estamos vislumbrando um Direito objetivo e compulsivo, um Direito que obriga plenamente, refletindo ainda uma ordem pública comum" (p. 51). Conclui-se assim que os tratados internacionais detêm imperatividade, na medida em que contêm um mandamento, uma prescrição, com força jurídica, e não apenas moral.

77. Nas palavras de Virginia Leary: "O *status* dos tratados no Direito Interno é determinado por duas diferentes técnicas constitucionais, mencionadas neste estudo como 'incorporação legislativa' e 'incorporação automática'. Em alguns Estados as previsões de tratados ratificados não se transformam em leis internas, ao menos que sejam adotadas como legislação pelos métodos ordinários. O ato legislativo que edita a lei como norma interna é um ato inteiramente distinto do ato de ratificação do tratado. Os órgãos do Legislativo podem se recusar a adotar uma legislação que implemente o tratado. Nestes casos, as previsões do tratado não se tornam direito interno. Este método, conhecido como 'incorporação legislativa' é acolhido, dentre outros, pelo Reino Unido, pelos países do *Commonwealth* e pelos países escandinavos. Em outros Estados, que possuem um sistema diferente, os tratados

para que o conteúdo de uma norma internacional vigore na ordem interna, faz-se necessária sua reprodução ou transformação por uma fonte interna. Nesse sistema, o Direito Internacional e o Direito interno são duas ordens jurídicas distintas, pelo que aquele só vigorará na ordem interna se e na medida em que cada norma internacional for transformada em Direito Interno. A sistemática de incorporação não automática reflete a concepção dualista, pela qual há duas ordens jurídicas diversas, independentes e autônomas: a ordem jurídica nacional e a ordem internacional, que não apresentam contato nem qualquer interferência[78].

---

ratificados se transformam em lei interna em virtude da ratificação. Este método é chamado 'incorporação automática' e é o método adotado, dentre outros, pela França, Suíça, Países Baixos, Estados Unidos e alguns países latino-americanos, africanos e asiáticos. É importante observar que, em muitos Estados, a promulgação ou publicação dos tratados podem também ser atos necessários para que eles entrem em vigor no Direito Interno" (Virginia Leary, *International labor conventions*, p. 36). E conclui a autora: "A incorporação automática é amplamente considerada como o mais efetivo e avançado método de assegurar implementação às Convenções internacionais no âmbito interno, se comparada com o sistema da incorporação legislativa" (p. 2). Essa discussão ainda é complementada pelo que a doutrina denomina tratados *self-executing* e *not self-executing*. Na lição de A. A. Cançado Trindade: "Ao enfocar os efeitos dos tratados internacionais no direito interno dos Estados partes, a atitude da doutrina clássica tem consistido em classificar estes últimos, de modo geral, em dois grupos, a saber: os que possibilitam dar efeito direto a disposições dos referidos tratados, tidas como *self-executing* ou de aplicabilidade direta, e os países cujo direito constitucional determina que, mesmo ratificados, tais tratados não se tornam *ipso facto* direito interno, para o que se requer legislação especial. É esta uma determinação que tem cabido ao direito constitucional" (Antônio Augusto Cançado Trindade, A interação entre o direito internacional e o direito interno, p. 47). Nesse sentido ainda, observa Louis Henkin: "Um tratado que é *self-executing* deve ser aplicado pelo Executivo e pelas Cortes Judiciais de forma automática, imediatamente após sua entrada em vigor. Um tratado que é *not self-executing* ordinariamente requer atos de implementação, em geral adotados pelo Congresso" (*Constitutionalism, democracy and foreign affairs*, p. 63).

78. Nesse sentido, esclarece Pinto Ferreira: "O problema da incorporação dos tratados à ordem interna do País é polêmico. Delineiam-se duas correntes: a) monista, para a qual não existem limites entre a ordem jurídica internacional e a ordem jurídica interna, e assim, uma vez celebrado o tratado, este obriga no plano interno; b) dualista, para a qual existe uma dualidade de ordens jurídicas, uma interna e outra externa, sendo então necessário e indispensável um ato de recepção introduzindo as regras constantes do tratado celebrado no plano do direito interno positivo" (*Comentários à Constituição brasileira*, arts. 54 a 91, v. 3, p. 558). No mesmo sentido, indaga Luiz Flávio Gomes: "A partir de que momento as regras internacionais tornam-se internamente obrigatórias? Uma vez mais instaurou-se a polêmica entre monistas e dualistas. Para os primeiros, basta a 'ratificação' do tratado e automaticamente dá-se sua vigência interna; para os segundos que se apoiam na teoria da incorporação, a norma internacional só pode ser validamente aplicada no âmbito interno se

for 'transformada' em norma jurídica interna" (A questão da obrigatoriedade dos tratados e convenções no Brasil, *Revista dos Tribunais*, p. 22). Para Arnaldo Süssekind: "A questão se resume na prevalência da concepção monista ou da dualista em relação às ordens jurídicas. Para a teoria monista não há independência, mas interdependência entre a ordem jurídica internacional e a nacional, razão por que a ratificação do tratado por um Estado importa na incorporação automática de suas normas à respectiva legislação interna. Para a teoria dualista, as duas ordens jurídicas — internacional e nacional — são independentes e não se comisturam. A ratificação do tratado importa no compromisso de legislar na conformidade do diploma ratificado, sob pena de responsabilidade do Estado na esfera internacional; mas a complementação ou modificação do sistema jurídico interno exige um ato formal por parte do legislador nacional. (...) O *pacta sunt servanda* tem por fundamento jurídico o ato soberano do Estado em obrigar-se por um tratado, num mundo que impõe a interdependência dos países, seja no plano internacional e, principalmente no regional, seja em decorrência do estágio de desenvolvimento em que se encontram. Daí a larga aceitação da teoria monista, que foi consagrada pelo direito interno de muitos países, tais como Alemanha, Áustria, Bélgica, Espanha, Estados Unidos, Finlândia, França, Grécia, Holanda, Itália, Luxemburgo, Portugal, Suécia, Suíça, países africanos de idioma francês e diversos Estados latino-americanos, sendo que, em vários deles, vigora preceito constitucional a respeito. Por outro lado, tanto o Tribunal Internacional de Justiça, como o Tribunal de Justiça das comunidades europeias adotaram essa tese" (*Direito internacional do trabalho*, p. 60-63). Sobre as correntes monista e dualista, afirma Celso D. de Albuquerque Mello: "Encontramos, em oposição ao dualismo, a concepção denominada monismo, ou seja, a teoria que não aceita a existência de duas ordens jurídicas autônomas, independentes e não derivadas. O monismo sustenta, de um modo geral, a existência de uma única ordem jurídica. Esta concepção tem duas posições: uma, que defende a primazia do direito interno, e outra, a primazia do direito internacional. (...) O monismo, com primazia do Direito Internacional foi desenvolvido principalmente pela escola de Viena (Kelsen, Verdross, Kunz etc.). Kelsen, ao formular a teoria pura do direito, enunciou a célebre pirâmide de normas. Uma norma tinha a sua origem e tirava a sua obrigatoriedade da norma que lhe era imediatamente superior. No vértice da pirâmide estava a norma jurídica fundamental, a norma base (*Grundnorm*), que era uma hipótese, e cada jurista podia escolher qual seria ela. Diante disso, a concepção kelseniana foi denominada na sua primeira fase de teoria da livre escolha; posteriormente, por influência de Verdross, Kelsen sai do seu 'indiferentismo' e passa a considerar a *Grundnorm* como sendo uma norma de Direito Internacional: a norma costumeira *pacta sunt servanda*. Em 1927, Duguit e Politis defendem o primado do Direito Internacional e com eles toda a escola realista francesa, que apresenta em seu favor argumentos sociológicos" (*Curso de direito internacional*, p. 64-65) Para Virginia Leary: "Uma forte preferência pela teoria monista com a supremacia do Direito Internacional ditaria a prioridade dos enunciados dos tratados sob as Constituições e leis locais, independentemente se posterior ou anterior a estas e independentemente de a questão ter sido suscitada no sistema internacional ou nacional. A posição dualista acolheria a proposição de que as normas internacionais merecem prevalecer no Direito Internacional e as normas internas no Direito Interno" (*International labor conventions*, p. 40). Por fim, na lição de Hans Kelsen: "A antítese entre as duas concepções legais pode ser comparada com a antítese entre o Geocentrismo de Ptolomeu e a visão heliocêntrica do universo formulada por Copérnico. Se, de acordo com uma das concepções, o próprio Estado é o centro do direito mundial, na visão de Ptolomeu, da mesma forma, a

Ao diferenciar as concepções monista e dualista, afirma Rebecca M. M. Wallace: "Os monistas concebem o Direito como uma unidade e, consequentemente, as normas internacionais e internas, como parte integrante do mesmo ordenamento. Na hipótese de conflito entre a norma internacional e a norma nacional, a maior parte dos monistas entende que o Direito Internacional deve, inquestionavelmente, prevalecer. Os dualistas concebem o Direito Interno e o Direito Internacional como ordens independentes entre si. Os dois sistemas, sob esta ótica, regulam diferentes matérias. O Direito Internacional disciplinaria as relações entre Estados soberanos, enquanto o Direito Interno disciplinaria os assuntos internos dos Estados, como, por exemplo, as relações entre o poder Executivo e os indivíduos e as relações entre os próprios cidadãos. Neste sentido, os dualistas argumentam que os dois sistemas são mutuamente excludentes e não apresentam qualquer contacto entre si e nem mesmo qualquer interferência um no outro. Se o Direito Internacional é, por sua vez, aplicado a um Estado, é porque este, expressamente, incorporou os enunciados internacionais no Direito Interno"[79]. Ainda sobre a matéria, esclarecem André Gonçalves Pereira e Fausto de Quadros: "Perante a existência de duas ordens jurídicas, a estadual e a internacional, ou se entende que as duas são independentes uma da outra e que cada uma delas precisa de ter normas específicas sobre a sua relação recíproca, ou se pensa, ao contrário, que o Direito constitui uma unidade, de que ambas são meras manifestações, ficando a validade das normas interna e internacional a resultar da mesma fonte a elas comum. No primeiro caso estamos perante o dualismo ou pluralismo; no segundo caso temos o monismo. Por sua vez, a construção monista difere conforme, em

---

Terra é o centro ao redor do qual o Sol gira. Se, de acordo com a outra concepção, o Direito Internacional é o centro do direito mundial, do mesmo modo, na visão de Copérnico, o Sol é o centro ao redor do qual a Terra gira. Todavia, o contraste entre as duas concepções astronômicas do universo é apenas um contraste entre dois diferentes sistemas de referências. (...) A mesma verdade se aplica às duas correntes doutrinárias no que concerne à relação entre o Direito Nacional e o Direito Internacional. O contraste entre elas repousa na diferença entre o Direito Interno e o Direito Internacional. Seu contraste repousa na diferença entre dois sistemas de referência. Um deles é baseado na ordem jurídica de um Estado em particular e o outro é baseado na ordem jurídica internacional. Ambos os sistemas são igualmente corretos e igualmente justificáveis. É impossível decidir entre eles com base na ciência do Direito. (...) Aquele que preza a ideia de soberania do Estado, optará pela primazia da ordem jurídica nacional. Aquele que valoriza a ideia de uma organização jurídica do mundo, optará pela primazia do Direito Internacional" (*Pure theory of law*, p. 345-346).

79. Rebecca M. M. Wallace, *International law*, p. 35.

caso de conflito entre as ordens interna e internacional, der prevalência à norma interna ou à norma internacional: na primeira hipótese, temos o monismo com o primado do Direito interno; na segunda, o monismo com o primado do Direito internacional. (...) Para os dualistas a norma interna vale independentemente da regra internacional, podendo, quando muito, levar à responsabilidade do Estado; mas a norma internacional só vale quando for recebida, isto é, transformada em lei interna. A simples ratificação não opera essa transformação"[80].

Diante dessas duas sistemáticas diversas, conclui-se que o Direito brasileiro faz opção por um sistema misto, no qual, aos tratados internacionais de proteção dos direitos humanos — por força do art. 5º, § 1º —, aplica-se a sistemática de incorporação automática, enquanto aos demais tratados internacionais se aplica a sistemática de incorporação legislativa, na medida em que se tem exigido a intermediação de um ato normativo para tornar o tratado obrigatório na ordem interna. Com efeito, salvo na hipótese de tratados de direitos humanos, no Texto Constitucional não há dispositivo constitucional que enfrente a questão da relação entre o Direito Internacional e o interno. Isto é, não há menção expressa a qualquer das correntes, seja à monista, seja à dualista. Por isso, a doutrina predominante tem entendido que, em face do silêncio constitucional, o Brasil adota a corrente dualista, pela qual há duas ordens jurídicas diversas (a ordem interna e a ordem internacional). Para que o tratado ratificado produza efeitos no ordenamento jurídico interno, faz-se necessária a edição de um ato normativo nacional[81] — no caso brasileiro, esse ato tem sido um decreto de execução, expedido pelo Presidente da República, com a finali-

---

80. André Gonçalves Pereira e Fausto de Quadros, *Manual de direito internacional público*, p. 82-84.

81. Na lição de Celso Ribeiro Bastos e Ives Gandra Martins: "Os arts. 3º e 4º é que dão corpo a esta delicada matéria do relacionamento do Brasil com a ordem internacional, mas, de maneira inacreditável, nenhum dos dispositivos estatui de forma a tornar clara qual a posição hierárquica do direito internacional perante o direito interno. Isto significa dizer que o direito internacional não vincula internamente, ou, em outras palavras, não pode ser fonte de direitos e obrigações no direito interno senão na medida em que haja um ato com força legal que o coloque em vigor" (*Comentários à Constituição do Brasil*, v. 1, p. 450-451). Logo, com relação aos tratados internacionais comuns, o Brasil acolhe a corrente dualista, que requer a sistemática da incorporação legislativa.

dade de conferir execução e cumprimento ao tratado ratificado no âmbito interno. Embora seja essa a doutrina predominante, este trabalho sustenta que tal interpretação não se aplica aos tratados de direitos humanos, que, por força do art. 5º, § 1º, têm aplicação imediata. Isto é, diante do princípio da aplicabilidade imediata das normas definidoras de direitos e garantias fundamentais, os tratados de direitos humanos, assim que ratificados, devem irradiar efeitos na ordem jurídica internacional e interna, dispensando a edição de decreto de execução. Já no caso dos tratados tradicionais, há a exigência do aludido decreto, tendo em vista o silêncio constitucional acerca da matéria. Logo, defende-se que a Constituição adota um sistema jurídico misto, já que, para os tratados de direitos humanos, acolhe a sistemática da incorporação automática, enquanto para os tratados tradicionais acolhe a sistemática da incorporação não automática.

O § 3º do art. 5º tão somente veio a fortalecer o entendimento em prol da incorporação automática dos tratados de direitos humanos. Isto é, não parece razoável, a título ilustrativo, que, após todo o processo solene e especial de aprovação do tratado de direitos humanos (com a observância do *quorum* exigido pelo art. 60, § 2º), fique a sua incorporação no âmbito interno condicionada a um decreto do Presidente da República. Note-se, todavia, que a expedição de tal decreto tem sido exigida pela jurisprudência do STF, como um "momento culminante" no processo de incorporação dos tratados, sendo uma "manifestação essencial e insuprimível", por assegurar a promulgação do tratado internamente, garantir o princípio da publicidade e conferir executoriedade ao texto do tratado ratificado, que passa, somente então, a vincular e a obrigar no plano do direito positivo interno[82].

---

82. Para o STF: "O decreto presidencial que sucede à aprovação congressual do ato internacional e à troca dos respectivos instrumentos de ratificação, revela-se — enquanto momento culminante do processo de incorporação desse ato internacional ao sistema jurídico doméstico — manifestação essencial e insuprimível, especialmente se considerados os três efeitos básicos que lhe são pertinentes: a) a promulgação do tratado internacional; b) a publicação oficial de seu texto; e c) a executoriedade do ato internacional, que passa, então, e somente então, a vincular e a obrigar no plano do direito positivo interno" (ADI 1.480-DF, Rel. Min. Celso de Mello, *Informativo STF*, n. 109, *DJU*, 13.5.1998). A respeito, consultar Valerio de Oliveira Mazzuoli, *Tratados internacionais: com comentários à Convenção de Viena de 1969*, p. 418. Ver também Areg. 8279-4, de 17.6.1998, acerca de julgamento do STF de Agravo Regimental em Carta Rogatória da República Argentina, envolvendo a apli-

Ao tratar do sistema misto, afirmam André Gonçalves Pereira e Fausto de Quadros: "No sistema misto o Estado não reconhece a vigência automática de todo o Direito Internacional, mas reconhece-o só sobre certas matérias. As normas internacionais respeitantes a essas matérias vigoram, portanto, na ordem interna independentemente de transformação; ao contrário, todas as outras vigoram apenas mediante transformação. Este sistema é conhecido por sistema da cláusula geral da recepção semiplena. Este sistema resulta da adoção cumulativa de concepções monistas e dualistas quanto às relações entre o Direito Internacional e o Direito Interno"[83].

Em síntese, relativamente aos tratados internacionais de proteção dos direitos humanos, a Constituição brasileira de 1988, em seu art. 5º, § 1º, acolhe a sistemática da incorporação automática dos tratados, o que reflete a adoção da concepção monista. Ademais, como apreciado no tópico anterior, a Carta de 1988 confere aos tratados de direitos humanos o *status* de norma constitucional, por força do art. 5º, §§ 2º e 3º. O regime jurídico diferenciado conferido aos tratados de direitos humanos não é, todavia, aplicável aos demais tratados, isto é, aos tradicionais. No que tange a estes, adota-se a sistemática da incorporação legislativa, exigindo que, após a ratificação, um ato com força de lei (no caso brasileiro esse ato é um decreto expedido pelo Executivo) confira execução e cumprimento aos tratados no plano interno. Desse modo, no que se refere aos tratados em geral, acolhe-se a sistemática da incorporação não automática, o que reflete a adoção da concepção dualista. Ainda no que tange a esses tratados tradicionais e nos termos do art. 102, III, *b*, da Carta Maior, o Texto lhes atribui natureza de norma infraconstitucional.

Eis o sistema misto propugnado pela Constituição brasileira de 1988, que combina regimes jurídicos diversos — um aplicável aos tratados internacionais de proteção dos direitos humanos e o outro aos tratados em geral. Enquanto os tratados internacionais de proteção dos direitos humanos apresentam *status* constitucional e aplicação imediata (por força do art. 5º, §§ 1º e 2º, da Carta de 1988), os tratados tradicionais apresentam *status* infraconstitucional e aplicação não imediata (por força do art. 102, III, *b*,

---

cação do Protocolo de Medidas Cautelares adotado pelo Conselho do Mercosul. No caso, entendeu o STF pela não aplicação do aludido Protocolo, já que, embora ratificado, ainda não tinha sido expedido o decreto de promulgação, o que inviabilizaria a incorporação do tratado internacional no âmbito interno.

83. André Gonçalves Pereira e Fausto de Quadros, *Manual de direito internacional público*, p. 95.

da Carta de 1988 e da inexistência de dispositivo constitucional que lhes assegure aplicação imediata).

Acrescente-se que a sistemática de incorporação automática, adotada pela Constituição brasileira no que tange aos tratados de direitos humanos, tem sido uma tendência de algumas Cartas contemporâneas. É o caso da Constituição portuguesa de 1976, que determina que as normas e os princípios de Direito Internacional geral ou comum fazem parte integrante do Direito português. Trata-se do fenômeno da "recepção automática" das normas do Direito Internacional pelo Direito português, mediante o qual tais normas são diretamente aplicáveis pelos tribunais e outras autoridades encarregadas de aplicar o direito. Pela recepção automática, as normas de Direito Internacional entram em vigor no Direito interno português ao mesmo tempo que adquirem vigência na ordem internacional, não exigindo qualquer transformação em lei ou outro ato de direito interno para serem incorporadas no ordenamento interno[84].

---

84. O art. 8º da Constituição da República Portuguesa dispõe: "1. As normas e os princípios de direito internacional geral ou comum fazem parte integrante do direito português. 2. As normas constantes de convenções internacionais regularmente ratificadas ou aprovadas vigoram na ordem interna após a sua publicação oficial e enquanto vincularem internacionalmente o Estado português. 3. As normas emanadas dos órgãos competentes das organizações internacionais de que Portugal seja parte vigoram diretamente na ordem interna, desde que tal se encontre expressamente estabelecido nos respectivos tratados constitutivos". Para José Joaquim Gomes Canotilho: "A Constituição estabeleceu o princípio de que as normas e os princípios de Direito Internacional geral ou comum fazem parte integrante do Direito português (cfr. art. 8º/1). Trata-se de uma fórmula oriunda do projecto da Constituição de Weimar e geralmente interpretada como pretendendo significar que o direito internacional faz parte do direito interno (cfr. a velha fórmula de Blackstone, frequentemente citada — *international law is part of the law of the land*). Independentemente dos problemas que a fórmula adotada pode levantar no domínio das relações entre o direito internacional e o direito interno, designadamente a questão do monismo ou dualismo e o problema do primado do direito interno ou do direito internacional, parece poder afirmar-se ter a Constituição consagrado a doutrina da recepção automática das normas do direito internacional geral ou comum" (*Direito constitucional*, p. 899-900). Na visão de André Gonçalves Pereira e Fausto de Quadros: "Assim, o n. 1 do art. 8º da Constituição portuguesa recebe 'as normas e os princípios de Direito Internacional geral ou comum' através de uma cláusula geral de recepção plena. É esse o entendimento unânime da doutrina" (*Manual de direito internacional público*, p. 108). Na interpretação de Celso Ribeiro Bastos e Ives Gandra Martins, o Direito Internacional "se beneficia de uma 'cláusula geral de recepção plena', sendo incorporado como parte integrante do direito português, sem necessidade de observância das regras ou formas constitucionais específicas de vinculação estadual ao direito internacional" (*Comentários à Constituição do Brasil*, v. 1, p. 452). Sobre a matéria, ver também Jorge Miranda, *Manual de direito constitucional*, v. 4, p. 200. Acrescente-se que a Constitui-

Também a Lei Fundamental da República Federal da Alemanha admite a cláusula geral de recepção plena para o Direito Internacional, ao prescrever que as normas gerais do Direito Internacional público são parte integrante do direito federal, prevalecem sobre as leis e constituem fonte direta de direitos e obrigações para os habitantes do território federal[85]. Na mesma direção está o Direito francês ao acolher a sistemática da recepção automática do Direito Internacional, acrescentando que "os tratados ou acordos regularmente ratificados ou aprovados possuem, desde a sua publicação, autoridade superior à das leis" (art. 55 da Constituição francesa). No Direito suíço, por sua vez, ainda que a Constituição não contenha norma expressa sobre as relações entre o Direito Internacional e o Direito interno, a jurisprudência e a doutrina admitem a recepção plena do Direito Internacional.

A Constituição espanhola, no art. 96, n. 1, ao prever que "os tratados internacionais, logo que publicados oficialmente na Espanha, farão parte da ordem interna espanhola", também consagra a recepção plena e automática do Direito Internacional. No mesmo sentido está a Constituição da

---

ção portuguesa prevê ainda que os direitos fundamentais nela consagrados "não excluem outros constantes das leis e das regras aplicáveis de direito internacional", adicionando que "os preceitos constitucionais e legais relativos aos direitos fundamentais devem ser interpretados e integrados em harmonia com a Declaração Universal dos Direitos do Homem" (art. 16 (1) e (2)).

85. A Lei Fundamental da República Federal da Alemanha estabelece no seu art. 25: "As normas gerais do Direito Internacional Público constituem parte integrante do direito federal, sobrepõem-se às leis e constituem fonte direta de direitos e obrigações para os habitantes do território federal". O art. 24 (1), por sua vez, acrescenta: "A federação pode transferir direitos de soberania para organizações supranacionais". Para Meinhard Hilf: "O Art. 25 incorpora as regras gerais do Direito Internacional Público como parte integrante do Direito federal. Estas regras têm prevalência sob toda e qualquer lei e podem diretamente criar direitos e obrigações para os habitantes do território federal. (...) As regras gerais de Direito Internacional devem, em conformidade com o art. 25 da Lei Fundamental, prevalecer sob as leis. 'Leis', neste contexto, significa leis ordinárias federais ou *the law of the Lander*. Contudo, as regras gerais não podem prevalecer sob as normas constitucionais. Esta é a opinião da doutrina predominante. Entretanto, há autores que interpretam o termo 'lei' como toda lei de Direito Interno, inclusive de natureza constitucional. De acordo com esta visão, apenas esta interpretação é capaz de resguardar a decisão da Lei Fundamental de respeitar, em qualquer circunstância, as obrigações internacionais da República Federal da Alemanha. Há ainda aqueles que sustentam que as regras gerais são incorporadas pelo Direito Alemão com a mesma natureza jurídica da Lei Fundamental" (General problems of relations between constitutional law and international law, in *Rights, institutions and impact of international law according to the German Basic Law*, p. 178 e 188).

Áustria, que, no art. 9º, determina que "as regras geralmente reconhecidas do Direito Internacional são consideradas parte integrante da lei federal".

Reiterando a cláusula da recepção plena do Direito Internacional, destaque-se ainda o art. 63 da Constituição holandesa de 1956, segundo o qual, sendo necessário para o desenvolvimento do Direito Internacional, é permitida a conclusão de um tratado contrário a ela, que deverá, entretanto, ser aprovado por maioria de dois terços dos Estados-Gerais. A Carta holandesa adiciona, no art. 60, seção 3, que os tribunais não podem examinar a constitucionalidade dos tratados.

Neste cenário e à luz do direito comparado, o que a Constituição brasileira de 1988 assegura é a incorporação automática dos tratados internacionais de direitos humanos ratificados pelo Brasil, que detêm aplicação imediata no âmbito nacional. Desde que ratificados, os tratados internacionais irradiam efeitos de plano e asseguram direitos direta e imediatamente exigíveis no ordenamento interno.

Cabe, assim, ao Poder Judiciário e aos demais Poderes Públicos assegurar a implementação no âmbito nacional das normas internacionais de proteção dos direitos humanos ratificadas pelo Estado brasileiro. As normas internacionais que consagram direitos e garantias fundamentais tornam-se passíveis de vindicação e pronta aplicação ou execução perante o Poder Judiciário, na medida em que são diretamente aplicáveis. Os indivíduos tornam-se, portanto, beneficiários diretos de instrumentos internacionais voltados à proteção dos direitos humanos.

e) O impacto jurídico dos tratados internacionais de direitos humanos no Direito interno brasileiro

Resta, por fim, avaliar qual o impacto jurídico do Direito Internacional dos Direitos Humanos no Direito brasileiro. Esta análise remete a toda e qualquer possível consequência jurídica decorrente da incorporação de normas internacionais de direitos humanos pelo ordenamento brasileiro[86].

Em relação ao impacto jurídico dos tratados internacionais de direitos humanos no direito brasileiro, e considerando a hierarquia constitucional

---

86. Note-se que o Capítulo IX, dedicado à advocacia do Direito Internacional dos Direitos Humanos e às ações internacionais perpetradas contra o Estado brasileiro, será concentrado, fundamentalmente, no impacto político do Direito Internacional dos Direitos Humanos no âmbito brasileiro.

desses tratados, três hipóteses poderão ocorrer. O direito enunciado no tratado internacional poderá: a) coincidir com o direito assegurado pela Constituição (neste caso a Constituição reproduz preceitos do Direito Internacional dos Direitos Humanos); b) integrar, complementar e ampliar o universo de direitos constitucionalmente previstos; ou c) contrariar preceito do Direito interno.

Com efeito, no ângulo estritamente jurídico, um primeiro impacto observado se atém ao fato de o Direito interno brasileiro, e em particular a Constituição de 1988, conter inúmeros dispositivos que reproduzem fielmente enunciados constantes dos tratados internacionais de direitos humanos. A título de exemplo, merece referência o disposto no art. 5º, III, da Constituição, que, ao prever que "ninguém será submetido a tortura nem a tratamento cruel, desumano ou degradante", é reprodução literal do art. V da Declaração Universal de 1948, do art. 7º do Pacto Internacional dos Direitos Civis e Políticos e ainda do art. 5º (2) da Convenção Americana. Também o princípio de que "todos são iguais perante a lei", consagrado no art. 5º, *caput*, da Carta brasileira, reflete cláusula internacional no mesmo sentido, de acordo com o art. VII da Declaração Universal, o art. 26 do Pacto Internacional dos Direitos Civis e Políticos e o art. 24 da Convenção Americana. Por sua vez, o princípio da inocência presumida, ineditamente previsto pela Constituição de 1988 em seu art. 5º, LVII, também é resultado de inspiração no Direito Internacional dos Direitos Humanos, nos termos do art. XI da Declaração Universal, do art. 14 (3) do Pacto Internacional dos Direitos Civis e Políticos e do art. 8º (2) da Convenção Americana. Cabe ainda menção ao inciso LXXVIII do art. 5º da Constituição de 1988, introduzido pela Emenda Constitucional n. 45, de 8 de dezembro de 2004, que, ao assegurar a todos, no âmbito judicial e administrativo, o direito à razoável duração do processo, é reflexo do art. 7º (5) da Convenção Americana de Direitos Humanos. Esses são apenas alguns exemplos que buscam comprovar quanto o Direito interno brasileiro tem como inspiração, paradigma e referência o Direito Internacional dos Direitos Humanos.

A reprodução de disposições de tratados internacionais de direitos humanos na ordem jurídica brasileira não apenas reflete o fato de o legislador nacional buscar orientação e inspiração nesse instrumental, mas ainda revela a preocupação do legislador em equacionar o Direito interno, de modo a ajustá-lo, com harmonia e consonância, às obrigações internacionalmente assumidas pelo Estado brasileiro. Nesse caso, os tratados internacionais de direitos humanos estarão a reforçar o valor jurídico de direitos constitucionalmente assegurados, de forma que eventual violação do direito importará em responsabilização não apenas nacional, mas também internacional.

Um segundo impacto jurídico decorrente da incorporação do Direito Internacional dos Direitos Humanos pelo Direito interno resulta no alargamento do universo de direitos nacionalmente garantidos. Com efeito, os tratados internacionais de direitos humanos reforçam a Carta de direitos prevista constitucionalmente, inovando-a, integrando-a e completando-a com a inclusão de novos direitos.

A partir dos instrumentos internacionais ratificados pelo Estado brasileiro, é possível elencar inúmeros direitos que, embora não previstos no âmbito nacional, encontram-se enunciados nesses tratados e, assim, passam a se incorporar ao Direito brasileiro. A título de ilustração, cabe mencionar os seguintes direitos: a) direito de toda pessoa a um nível de vida adequado para si próprio e sua família, inclusive à alimentação, vestimenta e moradia, nos termos do art. 11 do Pacto Internacional dos Direitos Econômicos, Sociais e Culturais; b) proibição de qualquer propaganda em favor da guerra e de qualquer apologia ao ódio nacional, racial ou religioso, que constitua incitamento à discriminação, à hostilidade ou à violência, em conformidade com o art. 20 do Pacto Internacional dos Direitos Civis e Políticos e o art. 13 (5) da Convenção Americana; c) direito das minorias étnicas, religiosas ou linguísticas a ter sua própria vida cultural, professar e praticar sua própria religião e usar sua própria língua, nos termos do art. 27 do Pacto Internacional dos Direitos Civis e Políticos e do art. 30 da Convenção sobre os Direitos da Criança; d) direito de não ser submetido a experiências médicas ou científicas sem consentimento do próprio indivíduo, de acordo com o art. 7º, 2ª parte, do Pacto dos Direitos Civis e Políticos; e) proibição do restabelecimento da pena de morte nos Estados que a hajam abolido, de acordo com o art. 4º (3) da Convenção Americana; f) direito da criança que não tenha completado quinze anos a não ser recrutada pelas Forças Armadas para participar diretamente de conflitos armados, nos termos do art. 38 da Convenção sobre os Direitos da Criança; g) possibilidade de adoção pelos Estados de medidas, no âmbito social, econômico e cultural, que assegurem a adequada proteção de certos grupos raciais, no sentido de que a eles seja garantido o pleno exercício dos direitos humanos e liberdades fundamentais, em conformidade com o art. 1º (4) da Convenção sobre a Eliminação de todas as formas de Discriminação Racial; h) possibilidade de adoção pelos Estados de medidas temporárias e especiais que objetivem acelerar a igualdade de fato entre homens e mulheres, nos termos do art. 4º da Convenção sobre a Eliminação de todas as formas de Discriminação contra as Mulheres;

i) vedação da utilização de meios destinados a obstar a comunicação e a circulação de ideias e opiniões, nos termos do art. 13 da Convenção Americana[87]; j) direito ao duplo grau de jurisdição como garantia judicial mínima, nos termos dos arts. 8º, *h,* e 25 (1) da Convenção Americana[88]; k) direito do acusado a ser ouvido, nos termos do art. 8º (1) da Convenção Americana[89]; l) direito de toda pessoa detida ou retida a ser julgada em prazo razoável ou ser posta em liberdade, sem prejuízo de que prossiga o processo, nos termos do art. 7º (5) da Convenção Americana[90]; m) direito subjetivo à comunicação prévia e pormenorizada da acusação formulada contra si, assim como direito à autodefesa e à constituição de defensor[91];

---

87. Sobre o tema ver ADPF 130, julgada procedente pelo Supremo Tribunal Federal, para o efeito de declarar como não recepcionado pela Constituição de 1988 todo o conjunto de dispositivos da lei de imprensa (Lei n. 5.250, de 9 de fevereiro de 1967). A decisão amparou-se na principiologia e nos valores consagrados pela Constituição Federal de 1988, com destaque ao seu art. 220, bem como no art. 14 da Convenção Americana de Direitos Humanos. (ADPF 130, Relator: Min. Carlos Britto, Tribunal Pleno, julgado em 30.4.2009, DJe 5.11.2009, vol. 02381-01, p. 00001, RTJ, vol. 00213, p. 00020). Ver também julgamento do TRF-3ª R., RHC 96.03.060213-2-SP, 2ª T., Relatora para o Acórdão Juíza Sylvia Steiner, *DJU,* 19.3.1997.

88. Com fundamento nesses preceitos, há julgados que afirmam o direito de apelar em liberdade, determinando seja afastada a incidência do art. 594 do Código de Processo Penal, que estabelece a exigência do recolhimento do réu à prisão para apelar. Nesse sentido, ver Apelação n. 1.011.673/4, julgada em 29.5.1996, 5ª Câmara, Relator designado Walter Swensson, *RJTACrim,* 31/120.

89. A respeito, ver RHC 7463/DF, Recurso Ordinário em *Habeas Corpus* (98/0022262-6), de 23.6.1998, tendo como relator o Ministro Luiz Vicente Cernicchiaro. No mesmo sentido, ver também HC 186490, Relator Ministro Celso de Mello, julgado em 10.10.2020.

90. Para o Supremo Tribunal Federal "o direito ao julgamento, sem dilações indevidas, qualifica-se como prerrogativa fundamental que decorre da garantia constitucional do 'due process of law'. O réu — especialmente aquele que se acha sujeito a medidas cautelares de privação da sua liberdade — tem o direito público subjetivo de ser julgado, pelo Poder Público, dentro de prazo razoável, sem demora excessiva nem dilações indevidas. Convenção Americana sobre Direitos Humanos (Art. 7º, n. 5 e 6)" (HC 99.289 MC, Relator(a): Min. Celos de Mello, j. 2.6.2009, *DJe,* 4.6.2009). Sobre a matéria, ver também STJ, RHC 5.239-BA, Rel. Min. Edson Vidigal, 5ª Turma, v.u., j. 7.5.1996, *DJU,* 29.9.1997. Note-se que esse direito acabou por ser formalmente constitucionalizado em virtude da inclusão do inciso LXXVIII no art. 5º, fruto da Emenda Constitucional n. 45/2004.

91. A respeito, consultar RE 600851, Rel. Min. Edson Fachin, Tribunal Pleno, j. 7.12.2020. No mesmo sentido, ao afirmar o processo penal como garantia dos acusados e instrumento de salvaguarda da liberdade jurídica daquele contra quem se instauram atos de *persecutio criminis,* ver HC 178527, Rel. Min. Celso de Mello, j. 10.10.2020.

n) proibição da extradição ou expulsão de pessoa a outro Estado quando houver fundadas razões de que poderá ser submetida a tortura ou a outro tratamento cruel, desumano ou degradante, nos termos do art. 3º da Convenção contra a Tortura e do art. 22, VIII, da Convenção Americana[92].

Esse elenco de direitos enunciados em tratados internacionais de que o Brasil é parte inova e amplia o universo de direitos nacionalmente assegurados, na medida em que não se encontram previstos no Direito interno. Observe-se que o elenco não é exaustivo: tem por finalidade apenas apontar, exemplificativamente, direitos consagrados nos instrumentos internacionais ratificados pelo Brasil e que se incorporaram à ordem jurídica interna brasileira. Desse modo, percebe-se como o Direito Internacional dos Direitos Humanos inova, estende e amplia o universo dos direitos constitucionalmente assegurados. Como reconhece o Ministro Ricardo Lewandowski, os tratados internacionais de direitos humanos constituem o 'bloco de constitucionalidade', ampliando o núcleo mínimo de direitos e o próprio parâmetro de controle de constitucionalidade[93].

Nesse sentido, merece realce o julgamento proferido pelo Supremo Tribunal Federal na ADPF n. 347, em 9 de setembro de 2015, em que a Suprema Corte, ao enfrentar a situação degradante das penitenciárias no Brasil, as condições desumanas de custódia e a violação massiva de direitos humanos, acolheu ineditamente o instituto do "estado de coisas inconstitucional" e determinou, em sede cautelar, a realização de audiências de custódia, viabilizando o comparecimento do preso perante a autoridade judiciária no prazo máximo de 24 horas, contado do momento da prisão, tendo por fundamento o art. 9.3 do Pacto Internacional de Direitos Civis e Políticos e o art. 7.5 da Convenção Americana de Direitos Humanos. Na visão da Corte, a Convenção Americana, ao dispor que "toda pessoa presa, detida ou retida deve ser conduzida, sem demora, à presença de um juiz", legitima a denominada "audiência de custódia" no marco do "direito convencional", no qual o juiz apreciará a legalidade da prisão à vista do preso que lhe é apresentado, tendo a Convenção Americana "eficácia geral e efeito *erga omnes*". Em 4 de outubro de 2023, tendo como relator para o acórdão o

---

92. A respeito, ver Extradição n. 633, setembro/1998, Rel. Min. Celso de Mello, em que foi negada a extradição à República Popular da China de pessoa acusada de crime de estelionato, lá punível com a pena de morte. No mesmo sentido, consultar Extradição 1424, outubro/2020, Rel. Min. Gilmar Mendes, em que se indeferem os pedidos de extradição diante do risco de aplicação da pena de morte em face dos acusados pela China.

93. RE 597.285, Rel. Min. Ricardo Lewandowski, j. 14.5.2010, *DJe,* 18.5.2010.

Ministro Luís Roberto Barroso, o Supremo Tribunal Federal julgou o mérito da ADPF n. 347, reiterando a existência de um estado de coisas inconstitucional no âmbito do sistema prisional, em face de violações massivas aos direitos das pessoas privadas de liberdade, de forma a demandar do Poder Público medidas voltadas à melhoria da situação carcerária e ao enfrentamento da superpopulação, compreendendo, ademais, a formulação de um plano nacional para a superação de tal situação, em conformidade com os parâmetros protetivos constitucionais e internacionais.

Na mesma direção, merecem destaque o *Habeas Corpus* n. 186490, o *Habeas Corpus* n. 185051 e o *Habeas Corpus n.* 187225, ambos julgados em 10 de outubro de 2020, tendo como relator o Ministro Celso de Mello, em que se afirmou constituir a audiência de custódia um direito público subjetivo de caráter fundamental, assegurado por convenções internacionais de direitos humanos a que o Estado Brasileiro aderiu (Convenção Americana de Direitos Humanos, art. 7.5 e Pacto Internacional de Direitos Civis e Políticos, art. 9.3). Enfatizou-se, ainda, o dever do Estado Brasileiro de cumprir fielmente os compromissos assumidos na ordem internacional, com base na cláusula geral de observância e execução dos tratados internacionais, o *pacta sunt servanda* (Convenção de Viena sobre Direito dos Tratados, art. 26). Ressaltou o Ministro Celso de Mello a hierarquia constitucional dos tratados de direitos humanos, na defesa do bloco de constitucionalidade, expandido com os instrumentos internacionais de direitos humanos.

Adicione-se, ainda, o julgamento proferido pelo Supremo Tribunal Federal na ADPF 635, em 18 de agosto de 2020, tendo como relator o Ministro Fachin, em que a Corte reconheceu a omissão do Poder estrutural do Poder Público na adoção de medidas para a redução da letalidade policial, resultando em graves violações a direitos humanos, sobretudo em face de crianças e adolescentes, merecedores de absoluta prioridade. Ao dialogar com a Corte Interamericana, destacou que esta, no caso Favela Nova Brasília, havia caracterizado a omissão relevante do Estado do Rio de Janeiro relativamente à elaboração de um plano para a redução da letalidade dos agentes de segurança. Concluiu o Supremo Tribunal Federal que a omissão estrutural é a causa de uma violação generalizada, cuja solução demanda uma resposta complexa do Estado. Ao enfrentar a violência e a letalidade da atuação policial nas favelas durante a pandemia, o Supremo determinou que não fossem realizadas operações policiais nas favelas do Rio de Janeiro durante a pandemia de Covid-19, salvo em hipóteses absolutamente excepcionais, dando cumprimento "à sentença interamericana no caso Favela Nova Brasília, a fim de resguardar o direito à vida, à integridade física e à segurança dos moradores, considerando ainda a discriminação racial de caráter estrutural que atinge essas comunidades".

O Direito Internacional dos Direitos Humanos ainda permite, em determinadas hipóteses, o preenchimento de lacunas apresentadas pelo Direito brasileiro. A título de exemplo, merece destaque decisão proferida pelo Supremo Tribunal Federal acerca da existência jurídica do crime de tortura contra criança e adolescente, no *Habeas Corpus* n. 70.389-5 (São Paulo; Tribunal Pleno — 23.6.1994; Relator: Ministro Sydney Sanches; Relator para o Acórdão: Ministro Celso de Mello). Nesse caso, o Supremo Tribunal Federal enfocou a norma constante no art. 233 do Estatuto da Criança e do Adolescente, que estabelece como crime a prática de tortura contra criança e adolescente. A polêmica se instaurou dado o fato de essa norma consagrar um "tipo penal aberto", passível de complementação no que se refere à definição dos diversos meios de execução do delito de tortura. Nesse sentido, entendeu o Supremo Tribunal Federal que os instrumentos internacionais de direitos humanos — em particular a Convenção de Nova York sobre os Direitos da Criança (1990), a Convenção contra a Tortura adotada pela Assembleia Geral da ONU (1984), a Convenção Interamericana contra a Tortura concluída em Cartagena (1985) e a Convenção Americana sobre Direitos Humanos (Pacto de São José da Costa Rica), formada no âmbito da OEA (1969) — permitem a integração da norma penal em aberto, a partir do reforço do universo conceitual relativo ao termo "tortura"[94]. Note-se que essa decisão, proferida em 1994, foi anterior à edição da Lei n. 9.455 de 7 de abril de 1997, que define e pune os crimes de tortura.

A respeito, vale transcrever trechos do louvável voto do Ministro Celso de Mello: "Entendo que se acha configurado na espécie, em todos os seus

---

94. Destaque-se a ementa do referido caso: "Tortura contra criança e adolescente — existência jurídica desse crime no Direito Penal Positivo brasileiro — Necessidade de sua repressão — Convenções Internacionais subscritas pelo Brasil — previsão típica constante do Estatuto da Criança e do Adolescente (Lei n. 8.069/90, art. 233) — confirmação da constitucionalidade dessa norma de tipificação penal — delito imputado a policiais militares — infração penal que não se qualifica como crime militar — competência da Justiça comum do Estado-membro — pedido deferido em parte" (*Habeas Corpus* n. 70.389-5 — São Paulo; Tribunal Pleno — 23.06.94; Relator: Ministro Sydney Sanches; Relator para o Acórdão: Ministro Celso de Mello; Pacientes: Herbert Fernando de Carvalho e outro; Impetrante: Tânia Lis Tizzoni Nogueira; Coator: Superior Tribunal de Justiça). Destaque-se também a decisão: "Vistos, relatados e discutidos estes autos, acordam os Ministros do Supremo Tribunal Federal, em Sessão Plenária, na conformidade da ata de julgamentos e das notas taquigráficas, por maioria de votos, em deferir, em parte o pedido de *habeas corpus*, para cassar a decisão proferida pelo Superior Tribunal de Justiça; em prosseguir-se no julgamento quanto ao art. 233 do Estatuto da Criança e do Adolescente (Lei n. 8.069/90), na Justiça Comum estadual; e, em declarar a constitucionalidade do referido dispositivo (art. 233 da Lei n. 8.069/90). Vencidos os Ministros Relator, Marco Aurélio, Ilmar Galvão, Moreira Alves e o Presidente (Ministro Octavio Gallotti)".

elementos essenciais, o delito de tortura contra criança e adolescente, tipificado no art. 233 da Lei n. 8.069/90. (...) O art. 233 da Lei n. 8.069/90 contém, em seu preceito primário, norma que descreve, inequivocamente, o crime de tortura. O núcleo do tipo e os demais elementos que lhe compõem a estrutura formal evidenciam que o legislador penal dispensou ao tema da tortura, ainda que em condições especialmente delimitadas pela idade da vítima, tratamento normativo próprio, em ordem a permitir o reconhecimento, em nosso sistema jurídico, dessa espécie delituosa. A circunstância de o Estatuto da Criança e do Adolescente não haver discriminado, objetivamente, os diversos meios de execução dessa modalidade criminosa não significa que deixou de tipificar adequadamente o delito de tortura, cuja existência jurídica — inclusive em função do princípio constitucional da tipicidade penal (CF, art. 5º, XXXIX) — decorre da previsão normativa de 'submeter criança ou adolescente (...) a tortura'. Impõe-se ressaltar, neste ponto, que o tipo penal em causa é passível de complementação, à semelhança do que ocorre com os tipos penais abertos, bastando, para esse efeito, que o aplicador da norma proceda à integração do preceito primário incriminador mediante a utilização dos meios postos à sua disposição. Cumpre destacar, pois, dentro dessa perspectiva, a existência de diversos atos internacionais que, subscritos pelo Estado brasileiro, já se acham formalmente incorporados ao nosso sistema jurídico. O Brasil, consciente da necessidade de prevenir e reprimir os atos caracterizadores da tortura subscreveu, no plano externo, importantes documentos internacionais, de que destaco, por sua inquestionável importância, a Convenção contra a Tortura e Outros Tratamentos ou Penas Cruéis, Desumanas ou Degradantes, adotada pela Assembleia Geral das Nações Unidas em 1984; a Convenção Interamericana para Prevenir e Punir a Tortura, concluída em Cartagena em 1985, e a Convenção Americana sobre Direitos Humanos (Pacto de São José da Costa Rica), adotada no âmbito da OEA em 1969. Esses atos internacionais já se acham incorporados ao plano do direito positivo interno (Decreto n. 40/91, Decreto n. 98.386/89 e Decreto n. 678/92) e constituem, sob esse aspecto, instrumentos normativos que, podendo e devendo ser considerados pelas autoridades nacionais, fornecem subsídios relevantes para a adequada compreensão da noção típica do crime de tortura, ainda que em aplicação limitada, no que se refere ao objeto de sua incriminação, apenas às crianças e aos adolescentes". E conclui o eminente Ministro Celso de Mello: "Tenho para mim, desse modo, que o policial militar que, a pretexto de exercer atividade de repressão criminal em nome do Estado, inflige, mediante desempenho funcional abusivo, danos físicos a menor momentaneamente sujeito ao seu poder de coerção, valendo-se desse meio executivo para intimidá-lo e coagi-lo à confissão de determinado delito, pratica, inequivocamente, o crime de tortura, tal como tipificado pelo art.

233 do Estatuto da Criança e do Adolescente, expondo-se, em função desse comportamento arbitrário, a todas as consequências jurídicas que decorrem da Lei n. 8.072/90 (art. 2º), editada com fundamento no art. 5º, XLIII, da Constituição"[95]. Ao confirmar seu voto, enfatiza o Ministro: "O crime de tortura, desde que praticado contra criança e adolescente, constitui entidade delituosa autônoma cuja previsão típica encontra fundamento jurídico no art. 233 da Lei n. 8.069/90. Trata-se de preceito normativo que encerra tipo penal aberto suscetível de integração pelo magistrado (...). O Brasil, ao tipificar o crime de tortura contra crianças e adolescentes, revelou-se fiel aos compromissos que assumiu na ordem internacional, especialmente aqueles decorrentes da Convenção de Nova York sobre os Direitos da Criança (1990), da Convenção contra a Tortura adotada pela Assembleia Geral das Nações Unidas em 1984, da Convenção Interamericana para Prevenir e Punir a Tortura, concluída em Cartagena em 1985, e da Convenção Americana sobre Direitos Humanos (Pacto de São José da Costa Rica), adotada no âmbito da OEA em 1969. É preciso enfatizar — e enfatizar com veemência, Sr. Presidente — que este Supremo Tribunal Federal tem um compromisso histórico com a preservação dos valores fundamentais que protegem a dignidade da pessoa humana. O Estado não pode prescindir na sua atuação institucional da necessária observância de um dado axiológico cuja essencialidade se revela inafastável e que se exterioriza na preponderância do valor ético fun-

---

95. Frise-se que esse entendimento não foi unânime, sendo vencidos os Ministros Relator (Ministro Sydney Sanches), Marco Aurélio, Ilmar Galvão, Moreira Alves e Octavio Gallotti. O Relator, eminente Ministro Sydney Sanches, ao proferir seu voto, deixou consignado: "Como se vê, pelos mesmos fatos, os pacientes estão sendo processados, perante a Justiça comum estadual, por crime previsto no art. 233 do Estatuto da Criança e do Adolescente (Lei n. 8.069, de 13.07.90), e perante a Justiça Militar Estadual, por crime previsto no art. 209 do Código Penal Militar. Na hipótese do art. 209 do Código Penal Militar, vítima pode ser qualquer pessoa. Na do art. 233 da Lei n. 8.069, de 13.07.90, vítima é apenas a criança ou adolescente. No caso, a vítima, ao que consta dos autos, é adolescente. Em princípio, pois, prepondera a norma especial do art. 233 da Lei n. 8.069/90. Sucede que esta não define a tortura. (...) Na verdade, há vários projetos de lei, em tramitação no Congresso Nacional, que procuram definir o crime de tortura. Mas nenhum deles foi transformado em lei, até agora. É certo, por outro lado, que o Decreto n. 40, de 15.02.91, promulgou a Convenção contra a Tortura e Outros Tratamentos ou Penas Cruéis, Desumanos ou Degradantes. (...) Sucede que a Convenção obriga o Brasil a legislar sobre tortura, com observância do que nela se estabeleceu, o que está procurando fazer, com os projetos de lei, ainda em tramitação no Congresso. (...) Sendo assim, à falta de definição legal do crime de tortura, os pacientes não podem ser processados pela conduta prevista no art. 233 da Lei n. 8.069, de 13.07.90 (Estatuto da Criança e do Adolescente)".

damental do homem. Tal como pude salientar na anterior sessão de julgamento, Sr. Presidente, esta é uma verdade que não se pode desconhecer: a emergência das sociedades totalitárias está inteiramente vinculada à desconsideração da pessoa humana, enquanto valor fundante, que é, da própria ordem política-jurídica do Estado. Com estas considerações, Sr. Presidente, confirmo inteiramente o meu voto, para reconhecer a existência jurídica do crime de tortura contra crianças ou adolescentes no sistema penal brasileiro, declarando, em consequência, a plena validade jurídico-constitucional da norma inscrita no art. 233 do Estatuto da Criança e do Adolescente".

Como essa decisão claramente demonstra, os instrumentos internacionais de direitos humanos podem integrar e complementar dispositivos normativos do Direito brasileiro, permitindo o reforço de direitos nacionalmente previstos — na hipótese, o direito de não ser submetido a tortura.

Em síntese, o Direito Internacional dos Direitos Humanos pode reforçar a imperatividade de direitos constitucionalmente garantidos — quando os instrumentos internacionais complementam dispositivos nacionais, ou quando estes reproduzem preceitos enunciados da ordem internacional — ou ainda estender o elenco dos direitos constitucionalmente garantidos — quando os instrumentos internacionais adicionam direitos não previstos pela ordem jurídica interna. Contudo, ainda se faz possível uma terceira hipótese no campo jurídico: eventual conflito entre o Direito Internacional dos Direitos Humanos e o Direito interno. Esta terceira hipótese é a que encerra maior problemática, suscitando a seguinte indagação: como solucionar eventual conflito entre a Constituição e determinado tratado internacional de proteção dos direitos humanos?

Poder-se-ia imaginar, como primeira alternativa, a adoção do critério "lei posterior revoga lei anterior com ela incompatível", considerando a natureza constitucional dos tratados internacionais de direitos humanos. Contudo, exame mais cauteloso da matéria aponta para um critério de solução diferenciado, absolutamente peculiar ao conflito em tela, que se situa no plano dos direitos fundamentais. E o critério a ser adotado se orienta pela escolha da norma mais favorável à vítima. Vale dizer, prevalece a norma mais benéfica ao indivíduo, titular do direito. O critério ou princípio da aplicação do dispositivo mais favorável à vítima não é apenas consagrado pelos próprios tratados internacionais de proteção dos direitos humanos[96], mas também en-

---

96. Sobre o critério da escolha da disposição mais favorável à vítima, ver art. 5º (2) do Pacto Internacional dos Direitos Civis e Políticos; art. 5º (2) do Pacto Internacional dos Direitos Sociais, Econômicos e Culturais; art. 23 da Convenção sobre a Eliminação de todas

contra apoio na prática ou jurisprudência dos órgãos de supervisão internacionais[97]. Na lição lapidar de Antônio Augusto Cançado Trindade, "desvencilhamo-nos das amarras da velha e ociosa polêmica entre monistas e dualistas; neste campo de proteção, não se trata de primazia do Direito Internacional ou do Direito interno, aqui em constante interação: a primazia é, no presente domínio, da norma que melhor proteja, em cada caso, os direitos consagrados da pessoa humana, seja ela uma norma de Direito Internacional ou de Direito interno"[98]. Isto é, no plano de proteção dos direitos humanos interagem o Direito Internacional e o Direito interno movidos pelas mesmas necessidades de proteção, prevalecendo as normas que melhor protejam o ser humano, tendo em vista que a primazia é da pessoa humana. Os direitos internacionais constantes dos tratados de direitos humanos apenas vêm a aprimorar e fortalecer, nunca a restringir ou debilitar, o grau de proteção dos direitos consagrados no plano normativo constitucional.

Logo, na hipótese de eventual conflito entre o Direito Internacional dos Direitos Humanos e o Direito interno, adota-se o critério da prevalência da norma mais favorável à vítima. Em outras palavras, a primazia é da norma que melhor proteja, em cada caso, os direitos da pessoa humana. A respeito, elucidativo é o art. 29 da Convenção Americana de Direitos Humanos, que, ao estabelecer regras interpretativas, determina que "nenhuma

---

as formas de Discriminação contra as Mulheres; art. 41 da Convenção sobre os Direitos da Criança; art. 29, *b*, da Convenção Americana de Direitos Humanos; arts. 13 e 14 da Convenção Interamericana para Prevenir, Punir e Erradicar a Violência contra a Mulher; art. 5º da Convenção de 1951 relativa ao Estatuto dos Refugiados; e art. 60 da Convenção Europeia de Direitos Humanos.

97. Nesse sentido, ver a decisão da Comissão Europeia de Direitos Humanos sobre a admissibilidade da Petição n. 235/56 (1958-1959) e o Parecer da Corte Interamericana de Direitos Humanos no caso da Condição Obrigatória de Membro em uma Associação de Jornalistas (1985). Sobre o tema, ver Antônio Augusto Cançado Trindade, *A proteção internacional dos direitos*, p. 28-29.

98. Antônio Augusto Cançado Trindade, *A proteção dos direitos humanos nos planos nacional e internacional: perspectivas brasileiras*, p. 317-318. No mesmo sentido, afirma Arnaldo Sussekind: "No campo do Direito do Trabalho e no da Segurança Social, todavia, a solução dos conflitos entre normas internacionais é facilitada pela aplicação do princípio da norma mais favorável aos trabalhadores.(...) mas também é certo que os tratados multilaterais, sejam universais (p. ex.: Pacto da ONU sobre direitos econômicos, sociais e culturais e Convenções da OIT), sejam regionais (p. ex.: Carta Social Europeia), adotam a mesma concepção quanto aos institutos jurídicos de proteção do trabalhador, sobretudo no âmbito dos direitos humanos, o que facilita a aplicação do princípio da norma mais favorável" (*Direito internacional do trabalho*, p. 57).

disposição da Convenção pode ser interpretada no sentido de limitar o gozo e exercício de qualquer direito ou liberdade que possam ser reconhecidos em virtude de leis de qualquer dos Estados-partes ou em virtude de Convenções em que seja parte um dos referidos Estados". Consagra-se, assim, o princípio da norma mais favorável, seja ela do Direito Internacional, seja do Direito interno. Ressalte-se que o Direito Internacional dos Direitos Humanos apenas vem aprimorar e fortalecer o grau de proteção dos direitos consagrados no plano normativo interno. A escolha da norma mais benéfica ao indivíduo é tarefa que caberá fundamentalmente aos Tribunais nacionais e a outros órgãos aplicadores do Direito, no sentido de assegurar a melhor proteção possível ao ser humano[99].

Ao endossar a hierarquia constitucional dos tratados de direitos humanos, o Ministro Celso de Mello, no julgamento do HC 96.772, em 9 de junho de 2009, aplica a hermenêutica vocacionada aos direitos humanos inspirada na prevalência da norma mais favorável à vítima como critério a reger a interpretação do Poder Judiciário. No dizer do Ministro Celso de Mello: "Os magistrados e Tribunais, no exercício de sua atividade interpretativa, especialmente no âmbito dos tratados internacionais de direitos humanos, devem observar um princípio hermenêutico básico (tal como aquele proclamado no art. 29 da Convenção Americana de Direitos Humanos), consistente em atribuir primazia à norma que se revele mais favorável à pessoa humana, em ordem a dispensar-lhe a mais ampla proteção jurídica. O Poder Judiciário, nesse processo hermenêutico que prestigia o critério da norma mais favorável (que tanto pode ser aquela prevista no tratado internacional como a que se acha positivada no próprio direito interno do Estado), deverá extrair a máxima eficácia das declarações internacionais e das proclamações constitucionais de direitos, como forma de viabilizar o acesso dos indivíduos e dos grupos sociais, notadamente os mais vulneráveis, a sistemas institucionalizados de proteção aos direitos fundamentais da pessoa humana (...)".

Em outra decisão proferida em 3 de junho de 2014, no julgamento do HC 93.280, ao enfatizar a hierarquia constitucional dos tratados de

---

99. Para A. A. Cançado Trindade: "Cabe aos tribunais internos, e outros órgãos dos Estados, assegurar a implementação a nível nacional das normas internacionais de proteção, o que realça a importância de seu papel em um sistema integrado como o da proteção dos direitos humanos, no qual as obrigações convencionais abrigam um interesse comum superior de todos os Estados Partes, o da proteção do ser humano" (A interação entre o direito internacional e o direito interno, p. 36).

direitos humanos, em especial da Convenção Internacional da ONU sobre os Direitos das Pessoas com Deficiência, sustentando que esta atribui maior densidade normativa à cláusula fundada no inciso VIII do artigo 37 da Constituição Federal — concernente à legitimidade de mecanismos compensatórios destinados a corrigir as profundas desvantagens sociais que afetam as pessoas vulneráveis, propiciando-lhes maior grau de inclusão e efetiva participação em condições equânimes e mais justas —, corroborou o Supremo Tribunal Federal a hermenêutica afeta aos direitos humanos. Em primoroso voto, o relator Ministro Celso de Mello realçou o princípio da norma mais favorável como critério a reger a interpretação do Judiciário, seja ela prevista em tratado internacional, seja positivada no âmbito interno, de modo a extrair a máxima eficácia dos instrumentos internacionais e constitucionais de direitos humanos.

Ressalte-se que os tratados de direitos humanos fixam parâmetros protetivos mínimos, constituindo um piso mínimo de proteção e não um teto protetivo máximo. Daí a hermenêutica dos tratados de direitos humanos endossar o princípio pro ser humano. Às regras interpretativas consagradas no art. 29 da Convenção Americana somem-se os tratados de direitos humanos do sistema global — que, por sua vez, também enunciam o princípio *pro persona* fundado na prevalência da norma mais benéfica, como ilustram o art. 23 da Convenção sobre a Eliminação da Discriminação contra a Mulher, o art. 41 da Convenção sobre os Direitos da Criança, o art. 16, parágrafo 2º, da Convenção contra a Tortura e o art. 4º, parágrafo 4º, da Convenção sobre os Direitos das Pessoas com Deficiência.

Cláusulas de abertura constitucional e o princípio pro ser humano inspirador dos tratados de direitos humanos compõem os dois vértices — nacional e internacional — a fomentar o diálogo em matéria de direitos humanos.

Um exemplo de conflito entre Direito internacionalmente garantido e dispositivo constitucional atém-se ao caso da liberdade sindical. Nos termos do art. 22 do Pacto Internacional dos Direitos Civis e Políticos, fica estabelecido o direito de toda pessoa de fundar, com outras, sindicatos e de filiar-se ao sindicato de sua escolha, sujeitando-se unicamente às restrições previstas em lei e que sejam necessárias, em uma sociedade democrática, ao interesse da segurança nacional ou da ordem pública, ou para proteger os direitos e as liberdades alheias. Idêntico preceito encontra-se previsto no art. 8º do Pacto Internacional dos Direitos Econômicos, Sociais e Culturais, bem como no art. 16 da Convenção Americana de Direitos Humanos.

Por sua vez, a Constituição brasileira de 1988 consagra o princípio da unicidade sindical, nos termos de seu art. 8º, II. Esse dispositivo prevê que "é vedada a criação de mais de uma organização sindical, em qualquer grau, representativa de categoria profissional ou econômica, na mesma base territorial".

Ora, ainda que internacionalmente a ampla liberdade de fundação de sindicatos esteja sujeita a restrições "previstas em lei e que sejam necessárias, em uma sociedade democrática, ao interesse da segurança nacional ou da ordem pública, ou para proteger os direitos e as liberdades alheias", sustenta-se que no caso brasileiro não se verifica qualquer dessas hipóteses. Isto é, a unicidade sindical não parece constituir necessidade de uma sociedade democrática, e nem mesmo parece responder ao interesse da segurança nacional ou da ordem pública, ou ainda à proteção de direitos e de liberdades alheias. Trata-se, portanto, de restrição injustificada à ampla liberdade de associação, que pressupõe a liberdade de fundar sindicatos.

Acolhendo o princípio da prevalência da norma mais favorável ao indivíduo e considerando que os direitos previstos em tratados internacionais de que o Brasil é parte são incorporados pela Constituição, que lhes atribui natureza de norma constitucional e aplicação imediata, conclui-se que a ampla liberdade de criar sindicatos merece prevalecer sobre a restrição da unicidade sindical.

Acrescente-se ainda que o Brasil, ao ratificar os Pactos Internacionais e a Convenção Americana em 1992, não formulou qualquer reserva em relação à matéria. Logo, aceitou o princípio da ampla liberdade de criação de sindicatos.

Outro caso a merecer enfoque refere-se à previsão do art. 11 do Pacto Internacional dos Direitos Civis e Políticos: "Ninguém poderá ser preso apenas por não poder cumprir com uma obrigação contratual". Enunciado semelhante é previsto pelo art. 7º (7) da Convenção Americana, que estabelece que ninguém deve ser detido por dívida, acrescentando que tal princípio não limita os mandados judiciais expedidos em virtude de inadimplemento de obrigação alimentar.

Novamente, há que lembrar que o Brasil ratificou ambos os instrumentos internacionais em 1992, sem efetuar qualquer reserva sobre a matéria.

Ora, a Carta Constitucional de 1988, no art. 5º, LXVII, determina que "não haverá prisão civil por dívida, salvo a do responsável pelo inadimplemento voluntário e inescusável de obrigação alimentícia e a do depositário infiel". Logo, a Constituição brasileira consagra o princípio da proibição da prisão civil por dívida, admitindo, todavia, duas exceções: a hipótese do inadimplemento de obrigação alimentícia e a do depositário infiel.

Observe-se que, enquanto o Pacto dos Direitos Civis e Políticos não prevê exceção ao princípio da proibição da prisão civil por dívida, a Convenção Americana excepciona o caso de inadimplemento de obrigação alimentar. Ora, se o Brasil ratificou esses instrumentos sem qualquer reserva no que tange à matéria, é de questionar a possibilidade jurídica da prisão civil do depositário infiel.

Mais uma vez, atendo-se ao critério da prevalência da norma mais favorável à vítima no plano da proteção dos direitos humanos, conclui-se que merece ser afastado o cabimento da possibilidade de prisão do depositário infiel[100], conferindo-se prevalência à norma do tratado. Observe-se que, se a situação fosse inversa — se a norma constitucional fosse mais benéfica que a normatividade internacional —, aplicar-se-ia a norma constitucional, muito embora os aludidos tratados tivessem hierarquia constitucional e houvessem sido ratificados após o advento da Constituição. Vale dizer, as próprias regras interpretativas dos tratados internacionais de proteção aos direitos humanos apontam nessa direção quando afirmam que os tratados internacionais só se aplicam se ampliarem e estenderem o alcance da proteção nacional dos direitos humanos.

Nesse sentido, merece destaque o louvável voto do Juiz Antonio Carlos Malheiros, do então Primeiro Tribunal de Alçada do Estado de São Paulo, na Apelação n. 613.053-8, no qual, ao afastar o cabimento da prisão civil por dívida, fundamenta-se no Código de Defesa do Consumidor (art. 42), na Constituição Federal (art. 5º, LXVII) e nos tratados internacionais de proteção dos direitos humanos, especialmente na Convenção Americana e no Pacto dos Direitos Civis e Políticos. Citando voto do Ministro Xavier de Albuquerque (RE 80.004), a doutrina de Haroldo Valladão e as lições de

---

100. Nesse sentido, ver Apelação n. 601.880-4, São Paulo, 1ª Câmara, 16.9.1996, Relator Juiz Elliot Akel, v.u., e *Habeas Corpus* n. 3.545-3 (95.028458-8), Distrito Federal, 10.10.1995, Rel. Min. Adhemar Maciel. Note-se não ser esse o entendimento do Supremo Tribunal Federal, ainda que vencidos à época os Ministros Carlos Velloso, Marco Aurélio e Sepúlveda Pertence. A respeito, ver HC 72.131-RJ, 22.11.1995; RE 206.482-SP; HC 76.561-SP, Plenário, 27.5.1998, e RE 243613, 27.4.1999. Acrescente-se que para o então Ministro Carlos Velloso "a prisão do devedor-fiduciante é uma violência à Constituição e ao Pacto de São José da Costa Rica, que está incorporado ao direito interno" (RE 243.613, Rel. Min. Carlos Velloso, 19.2.1999). Verifica-se uma tendência de mudança na jurisprudência do Supremo Tribunal Federal, no julgamento do Recurso Extraordinário n. 466.343-1, em que, ineditamente, oito dos onze Ministros já haviam se manifestado pela inconstitucionalidade da prisão para o devedor em alienação fiduciária, em novembro de 2006.

Hans Kelsen, o Juiz Antonio Carlos Malheiros argumenta: "Diante de tais ensinamentos, pode-se concluir, com razoável tranquilidade, que os princípios emanados dos tratados internacionais, a que o Brasil tenha ratificado, equivalem-se às próprias normas constitucionais. Isto exposto, lembra-se que a Convención Americana sobre Derechos Humanos, melhor conhecida como Pacto de San José, ratificada pelo Brasil em 25 de setembro de 1992 em seu art. 7º, parágrafo 7º, reza: 'Nadie será detenido por deudas. Este principio no limita los mandatos de autoridad judicial competente dictados por incumplimientos de deberes alimentarios'. Assim, também e, *data venia* notadamente, com base nisto, impossível a prisão por dívida em casos como o em tela. (...) Como se isto não bastasse, temos também em nossa legislação (e como já visto, de equiparação às normas constitucionais) o 'Pacto Internacional de Derechos Civiles y Políticos', que, ratificado pelo Brasil, em seu art. 11, estabelece: 'Nadie será encarcelado por el solo hecho de no poder cumplir una obligación contractual'". Ao final, conclui o Juiz Antonio Carlos Malheiros: "Assim, difícil contrariar-se a tese da impossibilidade de prisão civil por dívida (ou, até mesmo pelo não cumprimento de obrigação contratual), exceção feita aos inadimplementos de débitos alimentários, podendo-se até, diante de todo o exposto, discutir-se sobre ter continuado eficaz a previsão constitucional (art. 5º, LXVII), que fala de outros casos de prisão civil de depositário infiel, após o advento dos referidos dispositivos (também constitucionais), trazidos pelos citados tratados internacionais"[101].

Sobre a matéria e compartilhando do mesmo entendimento, também há que destacar o voto vencedor do Juiz Ademir de Carvalho, do então Primeiro Tribunal de Alçada Civil do Estado de São Paulo, na Apelação n. 515.807-2, em que o eminente Juiz afirma: "A regra legal que estabelece a prisão para a hipótese de descumprimento dessa obrigação contratual está revogada, em função de ter o Brasil aderido ao Pacto Internacional sobre Direitos Civis e Políticos adotado pela XXI Sessão da Assembleia Geral das Nações Unidas, em 16 de dezembro de 1966, e que passou a vigorar como lei em nosso país a partir do Decreto Presidencial n. 592, de 6 de julho de 1992, editado com amparo no art. 84, inciso VIII, da atual Constituição Federal, e que, por dispositivo nela própria contido, erige-se como garantia constitucional (CF, art. 5º, par. 2º). E o art. 11, do mencionado Pacto diz textualmente: 'Nadie será encarcelado por el solo hecho de no poder cumplir una obligación contractual'. Anote-se que o Congresso Nacional, em 12 de dezembro de 1991, apro-

---

101. Ver ainda, no mesmo sentido, declaração de voto vencedor proferido pelo Juiz Antonio Carlos Malheiros na Apelação n. 521.054-8.

vou inteiramente o texto do Pacto Internacional, por meio do Decreto Legislativo n. 226, tendo o Brasil depositado a Carta de Adesão àquele em 24 de janeiro de 1992, determinando, depois, o art. 1º do Decreto Presidencial n. 592/92 sua execução, e cumprimento de todos os seus dispositivos, inclusive o que acima está transcrito. Diante desses textos legais, de alcance constitucional inclusive, fica definitivamente afastada a possibilidade de prisão em decorrência da não entrega do bem, em ação de depósito, remanescendo a obrigação civil de sua entrega física, ou do seu equivalente em dinheiro, com possibilidade de execução pelo valor devido (quantia certa)".

Acrescente-se, ainda, decisão proferida pela 5ª Turma do Superior Tribunal de Justiça no Recurso Especial n. 1640084/SP, que considerou o crime de desacato, tipificado no artigo 331 do Código Penal, incompatível com a Convenção Americana. Argumentou que "no plano material, as regras provindas da Convenção Americana de Direitos Humanos, em relação às normas internas, são ampliativas do exercício do direito fundamental à liberdade, razão pela qual paralisam a eficácia normativa da regra interna em sentido contrário, haja vista que não se trata aqui de revogação, mas de invalidade". Sustentou assim a "inconformidade do artigo 331 do Código Penal, que prevê a figura típica do desacato, com o artigo 13 do Pacto de São José da Costa Rica, que estipula mecanismo de proteção à liberdade de pensamento e expressão. A Comissão Interamericana de Direitos Humanos — CIDH já se manifestou no sentido de que as leis de desacato se prestam ao abuso, como meio para silenciar ideias e opiniões consideradas incômodas pelo *establishment*, bem assim proporcionam maior nível de proteção aos agentes do Estado do que aos particulares, em contravenção aos princípios democráticos e igualitários".

Em síntese, estas considerações têm o fito de revelar quão intenso é o impacto jurídico do Direito Internacional dos Direitos Humanos no ordenamento interno. Considerando a natureza constitucional dos direitos enunciados nos tratados internacionais de proteção dos direitos humanos, três hipóteses poderão ocorrer. O direito enunciado no tratado internacional poderá: a) reproduzir direito assegurado pela Constituição; b) inovar o universo de direitos constitucionalmente previstos; e c) contrariar preceito constitucional. Na primeira hipótese, os tratados internacionais de direitos humanos estarão a reforçar o valor jurídico de direitos constitucionalmente assegurados. Na segunda, esses tratados estarão a ampliar e estender o elenco dos direitos constitucionais, complementando e integrando a declaração constitucional de direitos. Por fim, quanto à terceira hipótese, prevalecerá a norma mais favorável à proteção da vítima. Vale dizer, os tratados internacionais de direitos humanos inovam significativamente o universo dos direitos nacionalmente consagrados — ora reforçando sua imperatividade jurídica, ora adicionando novos direitos, ora suspendendo preceitos que sejam menos favoráveis à proteção dos direitos humanos. Em todas as três hipóteses, os direitos internacionais constantes dos tratados de direitos humanos apenas vêm aprimorar e fortalecer, nunca restringir ou debilitar, o grau de proteção dos direitos consagrados no plano normativo interno.

f) A emergência de um novo paradigma jurídico

Ao enfocar a relação entre a ordem jurídica constitucional e o Direito Internacional dos Direitos Humanos, este capítulo permitiu compreender o modo pelo qual a Constituição de 1988 disciplina a temática da hierarquia, da incorporação e do impacto dos tratados internacionais de direitos humanos no âmbito interno. Além da interpretação jurídico-constitucional, este estudo foi enriquecido com a abordagem jurisprudencial e do direito comparado, sobretudo latino-americano.

Reitere-se que, no contexto latino-americano, o diálogo entre as Constituições e o Direito Internacional dos Direitos Humanos tem como pressuposto cláusulas de abertura constitucional, que, com maior ou menor grau de refinamento, conferem aos tratados de direitos humanos hierarquia privilegiada na ordem jurídica, por vezes atribuindo-lhes incorporação automática sob a égide do princípio *pro persona*, radicado na prevalência da dignidade humana. As Constituições latino-americanas estabelecem cláusulas constitucionais abertas, que permitem a integração entre a ordem constitucional e a ordem internacional, especialmente no campo dos direitos humanos, ampliando e expandindo o bloco de constitucionalidade. Ao processo de constitucionalização do Direito Internacional conjuga-se o processo de internacionalização do Direito Constitucional.

Se, de um lado, há a tendência de as Constituições latino-americanas contemplarem cláusulas de abertura constitucional, por outro, há a permeabilidade do Direito Internacional dos Direitos Humanos ao diálogo, considerando sua vocação em fixar parâmetros protetivos mínimos sob o lema da primazia da norma mais favorável e mais benéfica à vítima.

É a partir dos diálogos local-regional-global em um sistema jurídico multinível que se vislumbra a emergência de um novo paradigma jurídico.

Com efeito, por mais de um século, a cultura jurídica latino-americana tem adotado um paradigma jurídico fundado em três características essenciais: a) a pirâmide com a Constituição no ápice da ordem jurídica, tendo como maior referencial teórico Hans Kelsen, na afirmação de um sistema jurídico endógeno e autorreferencial (observa-se que, em geral, Hans Kelsen tem sido equivocadamente interpretado, já que sua doutrina defende o monismo com a primazia do Direito Internacional — o que tem sido tradicionalmente desconsiderado na América Latina)[102]; b) o hermetismo de um direito purificado, com ênfase no ângulo interno da ordem jurídica e na dimensão estritamente normativa (mediante um dogmatismo jurídico a afastar elementos "impuros" do Direito); e c) o *State approach* (*State centered perspective*), sob um prisma que abarca como conceitos estruturais e fundantes a soberania do Estado no âmbito externo e a segurança nacional no âmbito interno, tendo como fonte inspiradora a *lente ex parte principe*, radicada no Estado e nos deveres dos súditos, na expressão de Norberto Bobbio[103].

Testemunha-se a crise desse paradigma tradicional e a emergência de um novo paradigma a guiar a cultura jurídica latino-americana, que, por sua vez, adota como três características essenciais: a) o trapézio com a Constituição e os tratados internacionais de direitos humanos no ápice da ordem jurídica (com repúdio a um sistema jurídico endógeno e autorreferencial, destacando-se que as Constituições latino-americanas estabelecem cláusulas constitucionais abertas, que permitem a integração entre a ordem constitucional e a ordem internacional, especialmente no campo dos direitos humanos, ampliando e expandindo o bloco de constitucionalidade); b) a crescente abertura do direito — agora "impuro" —, marcado pelo diálogo do ângulo interno com o ângulo externo (há a permeabilidade do direito mediante o diálogo entre jurisdições; empréstimos constitucionais e a interdisciplinariedade, a fomentar o diálogo do direito com outros saberes e diversos atores sociais, resignificando, assim, a experiência jurídica; é

---

102. Para Hans Kelsen, "partindo-se da ideia da superioridade do Direito Internacional em relação às diferentes ordens jurídicas estatais (...), o tratado internacional aparece como uma ordem jurídica superior aos Estados contratantes (...). Desse modo, o tratado em face da lei e mesmo da Constituição tem uma preeminência, podendo derrogar uma lei ordinária ou constitucional, enquanto que o inverso é impossível. Segundo as regras de Direito Internacional, um tratado não pode perder sua força obrigatória senão em virtude de outro tratado ou de certos fatos determinados por lei, mas não por um ato unilateral de uma das partes contratantes, especialmente por uma lei. Se uma lei, mesmo uma lei constitucional, violar um tratado, ela é inválida, a saber, contrária ao Direito Internacional. Ela afronta diretamente o tratado e indiretamente o princípio do *pacta sunt servanda*" (La garantie juridictionelle de la Constitution: la justice constitutionelle, *Revue du Droit Public*, abr/mai/jun. 1928, p. 211-212).

103. Norberto Bobbio, *A era dos direitos*, trad. Carlos Nelson Coutinho, Rio de Janeiro, Campus, 1988.

a partir do diálogo a envolver saberes diversos e atores diversos que se verifica a democratização da interpretação constitucional a resignificar o direito); e c) o *human rights approach* (*human centered approach*), sob um prisma que abarca como conceitos estruturais e fundantes a soberania popular e a segurança cidadã no âmbito interno, tendo como fonte inspiradora a *lente ex parte populi*, radicada na cidadania e nos direitos dos cidadãos, na expressão de Norberto Bobbio[104].

Para Luigi Ferrajoli, "a dignidade humana é referência estrutural para o constitucionalismo mundial, a emprestar-lhe fundamento de validade, seja qual for o ordenamento, não apenas dentro, mas também fora e contra todos os Estados"[105].

No mesmo sentido, ressalta José Joaquim Gomes Canotilho: "Os direitos humanos articulados com o relevante papel das organizações internacionais fornecem um enquadramento razoável para o constitucionalismo global. (...) O constitucionalismo global compreende não apenas o clássico paradigma das relações horizontais entre Estados, mas no novo paradigma centrado nas relações Estado/povo, na emergência de um Direito Internacional dos Direitos Humanos e na tendencial elevação da dignidade humana a pressuposto ineliminável de todos os constitucionalismos. (...) É como se o Direito Internacional fosse transformado em parâmetro de validade das próprias Constituições nacionais (cujas normas passam a ser consideradas nulas se violadoras das normas do *jus cogens* internacional)"[106].

No plano internacional, vislumbra-se a humanização do Direito Internacional e a internacionalização dos direitos humanos[107]. Para Ruti Teitel,

---

104. Norberto Bobbio, *Era dos direitos*, cit.

105. Luigi Ferrajoli, *Diritti fondamentali*: un dibattito teorico, a cura di Ermanno Vitale, Roma, Bari, Laterza, 2002, p. 338. Para Luigi Ferrajoli, os direitos humanos simbolizam a lei do mais fraco contra a lei do mais forte, na expressão de um contrapoder em face dos absolutismos, advenham do Estado, do setor privado ou mesmo da esfera doméstica.

106. José Joaquim Gomes Canotilho, *Direito constitucional*. 6. ed. rev. Coimbra: Almedina, 1993, p. 1217.

107. Para Thomas Buergenthal, "este código, como já observei em outros escritos, tem humanizado o direito internacional contemporâneo e internacionalizado os direitos humanos, ao reconhecer que os seres humanos têm direitos protegidos pelo direito internacional e que a denegação desses direitos engaja a responsabilidade internacional dos Estados independentemente da nacionalidade das vítimas de tais violações" (Prólogo. In: Antonio

"o Direito da Humanidade reconstrói o discurso nas relações internacionais"[108]. Deste modo, a interpretação jurídica vê-se pautada pela força expansiva do princípio da dignidade humana e dos direitos humanos, conferindo prevalência ao *human rights approach* (*human centered approach*).

Essa transição paradigmática — marcada pela crise do paradigma tradicional e pela emergência de um novo paradigma jurídico — demanda avançar para a segunda parte deste estudo, que tem por objetivo apresentar, com maior profundidade e detalhamento, o sistema internacional de proteção dos direitos humanos, também chamado "Direito Internacional dos Direitos Humanos", que, por sua vez, constitui a fonte dos tratados internacionais de proteção dos direitos humanos. Este trabalho oferecerá os subsídios necessários ao desenvolvimento deste livro, em especial dos capítulos dedicados ao exame da posição do Estado brasileiro ante os tratados internacionais de direitos humanos e à análise da advocacia desses instrumentos internacionais no âmbito brasileiro.

Augusto Cançado Trindade. *A proteção internacional dos direitos humanos*: fundamentos jurídicos e instrumentos básicos, São Paulo: Saraiva, 1991, p. XXXI).

108. Ruti Teitel, *Humanity's Law*, Oxford, Oxford University Press, 2011, p. 225. Acrescenta a autora: "Nós observamos uma maior interdependência e uma maior interconexão entre diversos atores transcendendo as fronteiras nacionais (…). O que vemos é a emergência de direitos transnacionais, demandando um reconhecimento igualitário das pessoas independentemente das fronteiras. Esta solidariedade que transcende as fronteiras estatais (…) aponta à emergência de uma sociedade humana global" (*Humanity's Law*, cit.).

Segunda Parte

O SISTEMA INTERNACIONAL DE PROTEÇÃO DOS DIREITOS HUMANOS

CAPÍTULO V

PRECEDENTES HISTÓRICOS DO PROCESSO DE INTERNACIONALIZAÇÃO E UNIVERSALIZAÇÃO DOS DIREITOS HUMANOS

Se na primeira parte deste trabalho o objetivo foi permitir a compreensão do modo pelo qual a Constituição brasileira de 1988 se relaciona com os tratados internacionais dos direitos humanos, nesta segunda parte se propõe um estudo aprofundado do sistema internacional de proteção dos direitos humanos, tanto no âmbito global como no regional.

O objetivo deste capítulo é, pois, desvendar os precedentes históricos que permitiram fosse deflagrado o processo de internacionalização e universalização dos direitos humanos, que, por sua vez, implicou a criação da sistemática normativa internacional de proteção desses direitos. Acredita-se que o estudo dos precedentes históricos constitui referência fundamental para que se compreendam os primeiros delineamentos do "Direito Internacional dos Direitos Humanos", como fonte dos tratados de proteção desses mesmos direitos.

a) Primeiros precedentes do processo de internacionalização dos direitos humanos — o Direito Humanitário, a Liga das Nações e a Organização Internacional do Trabalho

Sempre se mostrou intensa a polêmica sobre o fundamento e a natureza dos direitos humanos — se são direitos naturais e inatos, direitos positivos, direitos históricos ou, ainda, direitos que derivam de determinado sistema moral. Esse questionamento ainda permanece intenso no pensamento contemporâneo.

Defende este estudo a historicidade dos direitos humanos, na medida em que estes não são um dado, mas um construído, uma invenção humana, em constante processo de construção e reconstrução[1]. Enquanto reivindica-

---

1. Hannah Arendt, *As origens do totalitarismo*. A respeito, ver também Celso Lafer, *A reconstrução dos direitos humanos: um diálogo com o pensamento de Hannah Arendt*,

ções morais, os direitos humanos são fruto de um espaço simbólico de luta e ação social, na busca por dignidade humana, o que compõe um construído axiológico emancipatório. Como leciona Norberto Bobbio, os direitos humanos nascem como direitos naturais universais, desenvolvem-se como direitos positivos particulares (quando cada Constituição incorpora Declarações de Direitos) para finalmente encontrar a plena realização como direitos positivos universais[2] — tema central deste capítulo, dedicado aos precedentes históricos do processo de universalização dos direitos humanos.

Não obstante a importância do debate a respeito do fundamento dos direitos humanos, como pondera Norberto Bobbio, o maior problema dos direitos humanos hoje "não é mais o de fundamentá-los, e sim o de protegê-los"[3]. Note-se que o Direito Internacional dos Direitos Humanos ergue-se

---

p. 134. No mesmo sentido, afirma Ignacy Sachs: "Não se insistirá nunca o bastante sobre o fato de que a ascensão dos direitos é fruto de lutas, que os direitos são conquistados, às vezes, com barricadas, em um processo histórico cheio de vicissitudes, por meio do qual as necessidades e as aspirações se articulam em reivindicações e em estandartes de luta antes de serem reconhecidos como direitos" (Ignacy Sachs, Desenvolvimento, direitos humanos e cidadania, in *Direitos humanos no século XXI*, p. 156).

2. Norberto Bobbio, *A era dos direitos*, p. 30.

3. Norberto Bobbio, *A era dos direitos*, p. 25. Sobre a natureza e fundamento dos direitos humanos, ver Carlos Santiago Nino, *Ética y derechos humanos*; Antonio Enrique Pérez Luño, *Derechos humanos*, p. 132-184; Fábio Konder Comparato, Fundamento dos direitos humanos, in *Cultura dos direitos humanos*, p. 53-74. Para Fábio Konder Comparato: "Se o direito é uma criação humana, o seu valor deriva, justamente, daquele que o criou. O que significa que esse fundamento não é outro, senão o próprio homem, considerado em sua dignidade substancial de pessoa, diante da qual as especificações individuais e grupais são sempre secundárias" (p. 60). A respeito das modernas teorias sobre os fundamentos e a natureza dos direitos humanos, afirma Jerome J. Shestack: "As modernas teorias sobre direitos apresentam muitas características em comum. Primeiramente, elas são ecléticas, beneficiam-se umas das outras, o que torna impreciso caracterizar tais teorias como puramente utilitárias, de direito natural, intuitivas, comportamentais, etc. Em segundo lugar, as teorias modernas reconhecem e tentam solucionar, usando diversas concepções, a tensão entre liberdade e igualdade. Algumas teorias constroem argumentos no sentido de provar que esses objetivos são conciliáveis e alcançáveis em uma mesma ordem social. Outras teorias sustentam que a tensão é inconciliável e buscam resolver os dilemas elencando hierarquicamente esses objetivos. Outras ainda elaboram sofisticados argumentos para aceitar a relação entre liberdade e igualdade, caracterizada como em dinâmica interação. Em terceiro lugar, muitos teóricos acentuam a necessidade de criar um verdadeiro sistema de direitos". Jerome J. Shestack ainda destaca as teorias mais significativas nas sociedades contemporâneas: "a) teorias baseadas em direitos naturais, direitos fundamentais; b) teorias baseadas no valor da utilidade; c) teorias baseadas na justiça; d) teorias baseadas na revisão do Estado da nature-

no sentido de resguardar o valor da dignidade humana, concebida como fundamento dos direitos humanos.

Se na ordem contemporânea o tema da proteção dos direitos humanos surge como questão central, indaga-se: quais os precedentes históricos da moderna sistemática de proteção internacional desses direitos?

O Direito Humanitário, a Liga das Nações e a Organização Internacional do Trabalho situam-se como os primeiros marcos do processo de internacionalização dos direitos humanos. Como se verá, para que os direitos humanos se internacionalizassem, foi necessário redefinir o âmbito e o alcance do tradicional conceito de soberania estatal, a fim de permitir o advento dos direitos humanos como questão de legítimo interesse internacional. Foi ainda necessário redefinir o *status* do indivíduo no cenário internacional, para que se tornasse verdadeiro sujeito de Direito Internacional. Este capítulo pretende revelar que essas noções contemporâneas encontram seu precedente histórico no desenvolvimento do Direito Humanitário, da Liga das Nações e da Organização Internacional do Trabalho.

Na definição de Thomas Buergenthal, o Direito Humanitário constitui o componente de direitos humanos da lei da guerra (*the human rights component of the law of war*)[4]. É o Direito que se aplica na hipótese de guerra,

---

za e do Estado mínimo; e) teorias baseadas na dignidade; e f) teorias baseadas na igualdade de respeito e consideração" (Jerome J. Shestack, The jurisprudence of human rights, in Theodor Meron, *Human rights in international law: legal and policy issues*, p. 85-98).

4. Thomas Buergenthal, *International human rights*, p. 14. Ao definir o Direito Humanitário, acrescenta o autor: "é o ramo do Direito dos Direitos Humanos que se aplica aos conflitos armados internacionais e, em determinadas circunstâncias, aos conflitos armados nacionais" (p. 190). Para Celso Lafer: "Este direito (direito humanitário) trata de um tema clássico de Direito Internacional Público — a paz e a guerra. Baseia-se numa ampliação do *jus in bello*, voltada para o tratamento na guerra de combatentes e de sua diferenciação em relação a não combatentes, e faz parte da regulamentação jurídica do emprego da violência no plano internacional, suscitado pelos horrores da batalha de Solferino, que levou à criação da Cruz Vermelha" (Prefácio ao livro *Os direitos humanos como tema global*, p. XXIV-XXV). Para Jorge Miranda: "A proteção humanitária, associada sobretudo à ação da Cruz Vermelha, é instituto destinado a proteger, em caso de guerra, militares postos fora de combate (feridos, doentes, náufragos, prisioneiros) e populações civis. Remontando à Convenção de 1864, tem como fontes principais as quatro Convenções de Genebra de 1949 e os seus princípios devem aplicar-se hoje quer às guerras internacionais, quer às guerras civis e a outros conflitos armados. A proteção humanitária refere-se a situações de extrema necessidade, integráveis no chamado Direito internacional da guerra, e em que avulta o confronto com um poder exterior. (...) Sob este aspecto, aproxima-se da proteção internacional dos direitos do homem (...)" (*Manual de direito constitucional*, v. 4, p. 192-193). Ponderam, contudo, Henry J. Steiner e

no intuito de fixar limites à atuação do Estado e assegurar a observância de direitos fundamentais. A proteção humanitária se destina, em caso de guerra, a militares postos fora de combate (feridos, doentes, náufragos, prisioneiros) e a populações civis. Ao se referir a situações de extrema gravidade, o Direito Humanitário ou o Direito Internacional da Guerra impõe a regulamentação jurídica do emprego da violência no âmbito internacional.

Nesse sentido, o Direito Humanitário foi a primeira expressão de que, no plano internacional, há limites à liberdade e à autonomia dos Estados, ainda que na hipótese de conflito armado.

A Liga das Nações, por sua vez, veio a reforçar essa mesma concepção, apontando para a necessidade de relativizar a soberania dos Estados. Criada após a Primeira Guerra Mundial, a Liga das Nações tinha como finalidade promover a cooperação, paz e segurança internacional, condenando agressões externas contra a integridade territorial e a independência política dos seus membros[5]. A Convenção da Liga das Nações, de 1920, continha previsões genéricas relativas aos direitos humanos, destacando-se as voltadas ao *mandate system of the League*, ao sistema das minorias e aos parâ-

---

Philip Alston: "Deixando de lado a questão da legalidade da guerra (...), uma guerra combatida em consonância com os padrões e regras legais de guerra permite assassinatos intencionais em massa, dentre outras formas de destruição, que, estando ausente a guerra, violariam as normas mais fundamentais de direitos humanos" (Henry J. Steiner e Philip Alston, *International human rights in context — law, politics and morals*, p. 67-68).

5. Nesse sentido, o preâmbulo da Convenção da Liga das Nações consagrava: "As partes contratantes, no sentido de promover a cooperação internacional e alcançar a paz e a segurança internacionais, com a aceitação da obrigação de não recorrer à guerra, com o propósito de estabelecer relações amistosas entre as nações, pela manutenção da justiça e com extremo respeito para com todas as obrigações decorrentes dos tratados, no que tange à relação entre povos organizados uns com os outros, concordam em firmar este Convênio da Liga das Nações". Na lição de Bowett: "A criação da Liga das Nações, dedicada à manutenção da paz, tinha sido há muito tempo advogada por trabalhos jurídicos e filosóficos. A primeira fonte da Liga das Nações foi, entretanto, a proposta introduzida na Conferência de Paz em Paris, em 1919 (...). O objetivo da Liga era "promover a cooperação internacional e alcançar a paz e a segurança internacionais" (Bowett, *The law of international institutions*, p. 17-18). Contudo, cabe observar que: "O impacto das divergências ideológicas e estruturais entre Estados, quanto à universalidade da Lei das Nações Unidas estava por se transformar em questão de máxima importância na reorganização e no desenvolvimento do Direito Internacional, após o fim da Segunda Guerra Mundial" (Louis Henkin et al., *International law*, p. XXVIII). Sobre a Liga das Nações, ver ainda Francis Paul Walters, *A history of the League of Nations;* 1960; George Scott, *The rise and fall of the League of Nations*; James Avery Joyce, *Broken star: the story of the League of Nations (1919-1939)*.

metros internacionais do direito ao trabalho — pelo qual os Estados se comprometiam a assegurar condições justas e dignas de trabalho para homens, mulheres e crianças. Esses dispositivos representavam um limite à concepção de soberania estatal absoluta, na medida em que a Convenção da Liga estabelecia sanções econômicas e militares a serem impostas pela comunidade internacional contra os Estados que violassem suas obrigações. Redefinia-se, desse modo, a noção de soberania absoluta do Estado, que passava a incorporar em seu conceito compromissos e obrigações de alcance internacional no que diz respeito aos direitos humanos.

Ao lado do Direito Humanitário e da Liga das Nações, a Organização Internacional do Trabalho (*International Labour Office*, agora denominada *International Labour Organization*) também contribuiu para o processo de internacionalização dos direitos humanos. Criada após a Primeira Guerra Mundial, a Organização Internacional do Trabalho tinha por finalidade promover padrões internacionais de condições de trabalho e bem-estar. Sessenta anos após a sua criação, a Organização já contava com mais de uma centena de Convenções internacionais promulgadas, às quais Estados-partes passavam a aderir, comprometendo-se a assegurar um padrão justo e digno nas condições de trabalho[6].

---

6. Sobre a Organização Internacional do Trabalho, comenta Antonio Cassese: "Imediatamente após a Primeira Guerra Mundial, a Organização Internacional do Trabalho (OIT) foi criada e um de seus objetivos foi o de regular a condição dos trabalhadores no âmbito mundial. Os Estados foram encorajados a não apenas elaborar e aceitar as Convenções internacionais (relativas à igualdade de remuneração no emprego para mulheres e menores, à jornada de trabalho noturno, à liberdade de associação, dentre outras), mas também a cumprir estas novas obrigações internacionais" (*Human rights in a changing world*, p. 172). Na visão de Louis Henkin: "A Organização Internacional do Trabalho foi um dos antecedentes que mais contribuiu à formação do Direito Internacional dos Direitos Humanos. A Organização Internacional do Trabalho foi criada após a Primeira Guerra Mundial para promover parâmetros básicos de trabalho e de bem-estar social. Nos setenta anos que se passaram, a Organização Internacional do Trabalho promulgou mais de uma centena de Convenções internacionais, que receberam ampla adesão e razoável observância" (*The age of rights*, p. 15). Adiciona Henkin: "Após a Primeira Guerra Mundial, a preocupação com o indivíduo foi refletida em vários dos programas da Liga das Nações. Pautando-se em precedentes estabelecidos no século XIX, os Estados dominantes pressionaram outros Estados a aderirem a 'tratados de minorias' garantidos pela Liga, nos quais os Estados Partes assumiram obrigações de respeitarem os direitos de minorias étnicas, nacionais ou religiosas que habitassem em seu território... Os anos que se seguiram à Primeira Guerra Mundial também viram um considerável desenvolvimento na preocupação internacional com o bem-estar individual, um desenvolvimento que é usualmente desconsiderado e comumente subestimado: o *International Labour*

Apresentado o breve perfil da Organização Internacional do Trabalho, da Liga das Nações e do Direito Humanitário, pode-se concluir que tais institutos, cada qual ao seu modo, contribuíram para o processo de internacionalização dos direitos humanos. Seja ao assegurar parâmetros globais mínimos para as condições de trabalho no plano mundial, seja ao fixar como objetivos internacionais a manutenção da paz e segurança internacional, seja ainda ao proteger direitos fundamentais em situações de conflito armado, tais institutos se assemelham na medida em que projetam o tema dos direitos humanos na ordem internacional.

Vale dizer, o advento da Organização Internacional do Trabalho, da Liga das Nações e do Direito Humanitário registra o fim de uma época em que o Direito Internacional era, salvo raras exceções[7], confinado a regular

---

Office (hoje a Organização Internacional do Trabalho — OIT) foi estabelecido e lançou uma variedade de programas, incluindo uma série de convenções que estabeleceram padrões mínimos de condições de trabalho, dentre outras medidas" (Louis Henkin in Henry J. Steiner e Philip Alston, *International human rights in context — law, politics and morals*, p. 128). Para Kirgis: "A Organização Internacional do Trabalho se tornou um efetivo instrumento para a fixação de condições de trabalho no plano internacional, demonstrando que organizações relacionadas com áreas especializadas de interesse podiam exercer uma considerável influência" (*International organizations in their legal setting*, p. 6).

7. Uma das exceções era a responsabilidade do Estado no que tange ao tratamento conferido a estrangeiros em seu território. Na visão de Henkin: "O Direito Internacional desenvolveu desde seus primórdios uma exceção, quando reconheceu que a forma pela qual um Estado trata um estrangeiro é matéria de legítimo interesse do Governo da nacionalidade do estrangeiro. A exceção pode ser vista como essencialmente política e não humanitária. Desde há muito tempo, um Governo que ofende um cidadão de Roma ofende Roma e se um americano é insultado em qualquer lugar hoje, os Estados Unidos são ofendidos. (...) Ainda que esta exceção seja vista como uma expressão política do sistema de Estado-nação — mais do que uma expressão de caráter humanitário — é significativo que os Governos se sintam ofendidos em face de violações de 'direitos humanos' de seus nacionais. No sentido de determinar se um estrangeiro foi maltratado, foi necessário fixar parâmetros de tratamento e, assim, o Direito Internacional tradicional, ao menos como é visto no mundo ocidental, desenvolveu a ideia de um parâmetro internacional de justiça. A noção internacional de justiça, por longo tempo, antecipou a universalização dos direitos humanos. Deste modo, o tratamento de estrangeiros constituiu uma exceção ao princípio de que a forma pela qual um Governo atua no plano interno é um problema de exclusivo interesse local" (Louis Henkin, The internationalization of human rights, *Proceedings of the General Education Seminar*, v. 6, n. 1, p. 7-9). No mesmo sentido, Buergenthal: "O Direito Internacional tradicional reconheceu, desde logo, em seu desenvolvimento, que os Estados tinham a obrigação de tratar os estrangeiros em conformidade com determinados parâmetros mínimos de civilização ou justiça. Na ocorrência de danos, entretanto, estes seriam usualmente compensados às vítimas

relações entre Estados, no âmbito estritamente governamental. Por meio desses institutos, não mais se visava proteger arranjos e concessões recíprocas entre os Estados; visava-se, sim, o alcance de obrigações internacionais a serem garantidas ou implementadas coletivamente, que, por sua natureza, transcendiam os interesses exclusivos dos Estados contratantes. Essas obrigações internacionais voltavam-se à salvaguarda dos direitos do ser humano e não das prerrogativas dos Estados[8]. Tais institutos rompem, assim, com o conceito tradicional que situava o Direito Internacional apenas como a lei da comunidade internacional dos Estados e que sustentava ser o Estado o único sujeito de Direito Internacional[9]. Rompem ainda com a noção de so-

---

por parte dos países de sua nacionalidade, embora o Direito Internacional não exigisse expressamente tal compensação. A ficção legal de que o dano sofrido pelo estrangeiro no plano internacional significava um dano ao próprio Estado de nacionalidade da vítima preservava a noção de que apenas os Estados eram sujeitos de Direito Internacional" (*International human rights*, p. 11).

8. Interessante é a analogia entre a feição desses institutos internacionais estudados e a especificidade dos tratados internacionais de direitos humanos. A respeito, comenta Antônio Augusto Cançado Trindade: "Já observamos que, em matéria de tratados sobre proteção dos direitos humanos, a reciprocidade é suplantada pela noção de garantia coletiva e pelas considerações de *ordre public*. Tais tratados incorporam obrigações de caráter objetivo, que transcendem os meros compromissos recíprocos entre as partes. Voltam-se, em suma, à salvaguarda dos direitos do ser humano e não dos direitos dos Estados, na qual exerce função-chave o elemento do 'interesse público' comum ou geral (ou *ordre public*) superior. Toda a evolução jurisprudencial quanto à interpretação própria dos tratados de proteção internacional dos direitos humanos encontra-se orientada nesse sentido. Aqui reside um dos traços marcantes que refletem a especificidade dos tratados de proteção internacional dos direitos humanos" (*A proteção internacional dos direitos humanos*, p. 10-11).

9. Ao comentar o enfoque tradicional do Direito Internacional, explica Thomas Buergenthal: "O Direito Internacional tradicional é definido como o Direito que regula exclusivamente relações entre Estados-nações. Logo, sob este enfoque, apenas Estados eram sujeitos de Direito Internacional e apenas Estados podiam possuir direitos legais à luz deste Direito. Era inconcebível que os indivíduos detivessem direitos internacionais. Eles eram vistos como objetos, e não como sujeitos do Direito Internacional. Consequentemente, os direitos humanos eram concebidos como matéria concernente apenas à jurisdição doméstica de cada Estado. Este princípio negava aos outros Estados o direito de interceder ou intervir em hipóteses em que nacionais de um Estado tinham seus direitos por ele violados. Entretanto, havia exceções a essa regra" (*International human rights*, p. 2-3). Para Alfred Verdross: "O Direito Internacional era concebido, neste período, como puro *jus inter gentes*, apresentando suas normas a dupla função de delimitar o âmbito do poder dos Estados e de regular as suas relações, com base na reciprocidade. Somente a partir do século XIX, veio a somar-se a estas duas funções uma nova finalidade, a saber: a de perseguir fins comuns à

berania nacional absoluta, na medida em que admitem intervenções no plano nacional, em prol da proteção dos direitos humanos.

Prenuncia-se o fim da era em que a forma pela qual o Estado tratava seus nacionais era concebida como um problema de jurisdição doméstica, restrito ao domínio reservado do Estado, decorrência de sua soberania, autonomia e liberdade[10]. Aos poucos, emerge a ideia de que o indivíduo é não apenas objeto, mas também sujeito de Direito Internacional. A partir dessa perspectiva, começa a se consolidar a capacidade processual internacional dos indivíduos, bem como a concepção de que os direitos humanos

---

humanidade, mediante a cooperação entre os Estados" (*Derecho internacional público*, p. 484). Percebe-se, assim, que ao longo de muito tempo o Estado foi considerado o único sujeito de direito internacional. Todavia, ainda hoje há publicistas que sustentam que os indivíduos não têm personalidade jurídica de direito internacional. Nesse sentido, José Francisco Rezek: "Não têm personalidade jurídica de direito internacional os indivíduos, e tampouco, as empresas, privadas ou públicas" (*Direito internacional público*, p. 157-158). Em sentido contrário, Celso Duvivier de Albuquerque Mello: "não se pode negar a personalidade internacional do indivíduo. Admiti-la é se enquadrar em uma das mais modernas tendências do Direito Internacional Público, a democratização" (*Curso de direito internacional público*, p. 235). Ver também Hans Kelsen: "Em conformidade com sua definição tradicional, o Direito Internacional é composto por um complexo de normas que regula o mútuo comportamento dos Estados que são, por sua vez, os sujeitos específicos do Direito Internacional. (...) Será demonstrado que o Direito Internacional regula o comportamento das pessoas humanas, inclusive quando ele disciplina o comportamento dos Estados" (Hans Kelsen, *Pure theory of law*, p. 320). No mesmo sentido, Hildebrando Accioly: "O homem possui certos direitos primordiais, inerentes à personalidade humana e que o direito internacional público já reconhece e põe sob sua garantia. Passo decisivo, neste sentido, foi dado pela Carta das Nações Unidas, ao insistir na existência de direitos e liberdades fundamentais do ser humano" (*Manual de direito internacional público*, p. 174). E ainda André Gonçalves Pereira e Fausto de Quadros: "No Direito Internacional convencional há casos, cada vez em maior número, em que da norma internacional resultam directamente direitos e obrigações para o indivíduo. Isso passa-se com normas que se prendem com a proteção internacional dos Direitos do Homem (é o chamado Direito Internacional dos Direitos do Homem), com a estrutura de algumas organizações internacionais ou com a crescente jurisdicionalização do comércio internacional" (*Manual de direito internacional público*, p. 392). E acrescentam os mesmos autores: "o Direito Internacional ficará muito próximo de um verdadeiro Direito das Gentes e ter-se-á afastado irreversivelmente de um simples Direito entre Estados. Onde já vai o tempo em que os manuais se podiam esquecer do indivíduo como sujeito do Direito Internacional!" (p. 408).

10. Nas palavras de Henkin: "Historicamente, a forma pela qual um Estado trata o indivíduo em seu território era assunto de seu interesse exclusivo, decorrente de sua soberania relativamente ao seu território e da liberdade de agir, ao menos quando especificamente proibido pelo Direito Internacional" (Louis Henkin, The internationalization of human rights, p. 7-9).

não mais se limitam à exclusiva jurisdição doméstica, mas constituem matéria de legítimo interesse internacional[11].

Nesse cenário, os primeiros delineamentos do Direito Internacional dos Direitos Humanos começavam a se revelar.

b) A internacionalização dos direitos humanos — o pós-guerra

Contudo, a verdadeira consolidação do Direito Internacional dos Direitos Humanos surge em meados do século XX, em decorrência da Segunda Guerra Mundial. Nas palavras de Thomas Buergenthal: "O moderno Direito Internacional dos Direitos Humanos é um fenômeno do pós-guerra. Seu desenvolvimento pode ser atribuído às monstruosas violações de direitos humanos da era Hitler e à crença de que parte destas violações poderiam ser prevenidas se um efetivo sistema de proteção internacional de direitos humanos existisse"[12].

---

11. Cf. Antônio Augusto Cançado Trindade: "Na fase 'legislativa', de elaboração dos instrumentos de proteção dos direitos humanos, os mecanismos de implementação simplesmente não teriam, com toda a probabilidade, sido estabelecidos, se não se tivesse superado, gradativamente e com êxito, a objeção com base no chamado domínio reservado dos Estados. Este fator fez-se acompanhar dos graduais reconhecimento e cristalização da capacidade processual internacional dos indivíduos, paralelamente à gradual atribuição ou asserção da capacidade de agir dos órgãos de supervisão internacionais" (*A proteção internacional dos direitos humanos*, p. 5). Sobre o significado dessas transformações no plano internacional, comenta Louis Henkin: "O Direito Internacional hoje protege os direitos humanos e inclusive consente no fato de indivíduos possuírem um *status* independente perante os organismos internacionais. O Direito Internacional também impõe obrigações aos indivíduos, com o poder de submetê-los ao julgamento e à punição internacional" (Louis Henkin et al., *International law*, p. XVII). E ainda: "O Direito Internacional ou o Direito das Nações deve ser definido como o Direito aplicável aos Estados, em suas relações mútuas, e aos indivíduos, em suas relações com os Estados. O Direito Internacional pode também ser aplicável a determinadas relações entre os próprios indivíduos, que envolvam questões de interesse internacional" (p. 374). Na visão de Richard Pierre Claude e Burns H. Weston: "O Direito Internacional clássico repousa em diversas doutrinas, princípios e regras que buscam minimizar os conflitos interestatais e garantir uma ordem mundial que assegure um sistema definidor de territórios aos Estados. Muitas destas doutrinas, princípios e regras — bem como as instituições e os procedimentos a elas aplicáveis — têm sofrido alterações em seu significado e uso, e têm sido questionados em face da emergência do campo do Direito Internacional dos Direitos Humanos" (*Human rights in the world community: issues and action*, p. 3).

12. Thomas Buergenthal, *International human rights*, p. 17. Para Henkin: "Por mais de meio século, o sistema internacional tem demonstrado comprometimento com valores que transcendem os valores puramente 'estatais', notadamente os direitos humanos, e tem desenvolvido um impressionante sistema normativo de proteção desses direitos" (*International law*, p. 2).

A internacionalização dos direitos humanos constitui, assim, um movimento extremamente recente na história, que surgiu a partir do pós-guerra, como resposta às atrocidades e aos horrores cometidos durante o nazismo. Apresentando o Estado como o grande violador de direitos humanos, a Era Hitler foi marcada pela lógica da destruição e da descartabilidade da pessoa humana, o que resultou no extermínio de onze milhões de pessoas. O legado do nazismo foi condicionar a titularidade de direitos, ou seja, a condição de sujeito de direitos, à pertinência a determinada raça — a raça pura ariana. No dizer de Ignacy Sachs, o século XX foi marcado por duas guerras mundiais e pelo horror absoluto do genocídio concebido como projeto político e industrial[13].

No momento em que os seres humanos se tornam supérfluos e descartáveis, no momento em que vige a lógica da destruição, em que cruelmente se abole o valor da pessoa humana, torna-se necessária a reconstrução dos direitos humanos, como paradigma ético capaz de restaurar a lógica do razoável. A barbárie do totalitarismo significou a ruptura do paradigma dos direitos humanos, por meio da negação do valor da pessoa humana como valor fonte do direito. Diante dessa ruptura, emerge a necessidade de reconstruir os direitos humanos, como referencial e paradigma ético que aproxime o direito da moral. Nesse cenário, o maior direito passa a ser, adotando a terminologia de Hannah Arendt, o direito a ter direitos, ou seja, o direito a ser sujeito de direitos[14].

Nesse contexto, desenha-se o esforço de reconstrução dos direitos humanos, como paradigma e referencial ético a orientar a ordem internacional contemporânea. Se a Segunda Guerra significou a ruptura com os direitos humanos, o pós-guerra deveria significar sua reconstrução.

---

13. Ignacy Sachs, O desenvolvimento enquanto apropriação dos direitos humanos, *Estudos Avançados,* 12 (33), p. 149.

14. A respeito, Celso Lafer, *A reconstrução dos direitos humanos: um diálogo com o pensamento de Hannah Arendt*. Ainda sobre o processo de internacionalização dos direitos humanos, observa Celso Lafer: "Configurou-se como a primeira resposta jurídica da comunidade internacional ao fato de que o direito *ex parte populi* de todo ser humano à hospitabilidade universal só começaria a viabilizar-se se o 'direito a ter direitos', para falar com Hannah Arendt, tivesse uma tutela internacional, homologadora do ponto de vista da humanidade. Foi assim que começou efetivamente a ser delimitada a 'razão de estado' e corroída a competência reservada da soberania dos governantes, em matéria de direitos humanos, encetando-se a sua vinculação aos temas da democracia e da paz" (Prefácio ao livro *Os direitos humanos como tema global*, p. XXVI).

Nasce ainda a certeza de que a proteção dos direitos humanos não deve se reduzir ao âmbito reservado de um Estado, porque revela tema de legítimo interesse internacional. Sob esse prisma, a violação dos direitos humanos não pode ser concebida como questão doméstica do Estado, e sim como problema de relevância internacional, como legítima preocupação da comunidade internacional.

A necessidade de uma ação internacional mais eficaz para a proteção dos direitos humanos impulsionou o processo de internacionalização desses direitos, culminando na criação da sistemática normativa de proteção internacional, que faz possível a responsabilização do Estado no domínio internacional quando as instituições nacionais se mostram falhas ou omissas na tarefa de proteger os direitos humanos.

O processo de internacionalização dos direitos humanos — que, por sua vez, pressupõe a delimitação da soberania estatal — passa, assim, a ser uma importante resposta na busca da reconstrução de um novo paradigma, diante do repúdio internacional às atrocidades cometidas no holocausto.

Explicam Richard Pierre Claude e Burns H. Weston: "Entretanto, foi apenas após a Segunda Guerra Mundial — com a ascensão e a decadência do Nazismo na Alemanha — que a doutrina da soberania estatal foi dramaticamente alterada. A doutrina em defesa de uma soberania ilimitada passou a ser crescentemente atacada, durante o século XX, em especial em face das consequências da revelação dos horrores e das atrocidades cometidas pelos nazistas contra os judeus durante a Segunda Guerra, o que fez com que muitos doutrinadores concluíssem que a soberania estatal não é um princípio absoluto, mas deve estar sujeita a certas limitações em prol dos direitos humanos. Os direitos humanos tornam-se uma legítima preocupação internacional com o fim da Segunda Guerra Mundial, com a criação das Nações Unidas, com a adoção da Declaração Universal dos Direitos Humanos pela Assembleia Geral da ONU, em 1948 e, como consequência, passam a ocupar um espaço central na agenda das instituições internacionais. No período do pós-guerra, os indivíduos tornam-se foco de atenção internacional. A estrutura do contemporâneo Direito Internacional dos Direitos Humanos começa a se consolidar. Não mais poder-se-ia afirmar, no fim do século XX, que o Estado pode tratar de seus cidadãos da forma que quiser, não sofrendo qualquer responsabilização na arena internacional. Não mais poder-se-ia afirmar no plano internacional *that king can do no wrong*"[15].

---

15. Richard Pierre Claude e Burns H. Weston (eds.), *Human rights in the world community: issues and action*, p. 4-5. Contudo, como atentam os mesmos autores: "O pro-

Nesse contexto, o Tribunal de Nuremberg, em 1945-1946, significou um poderoso impulso ao movimento de internacionalização dos direitos humanos. Ao final da Segunda Guerra e após intensos debates sobre o modo pelo qual se poderia responsabilizar os alemães pela guerra e pelos bárbaros

---

blema se coloca no contexto da seguinte indagação: seria um ato de inapropriada interferência um Estado criticar a prática de direitos humanos do outro? (...) O art. 2º (7) da Carta das Nações Unidas estabelece que as Nações Unidas não podem intervir em problemas que essencialmente sejam da jurisdição doméstica do Estado. Muitos Estados usam este argumento. Os Governos do Irã, Paraguai, Romênia, Uganda e outros, invocam a doutrina da soberania estatal e o princípio da não intervenção, particularmente quando estão na posição defensiva relativamente às suas obrigações internacionais concernentes aos direitos humanos. (...) O forte e agressivo nacionalismo é um obstáculo à ideia de que a comunidade internacional deve respeitar os parâmetros da legalidade" (p. 3). Na visão de A. H. Robertson: "O Art. 2º (7) da Carta proíbe que as Nações Unidas intervenham em problemas que sejam essencialmente da jurisdição doméstica de qualquer Estado. (...) O problema do significado e dos efeitos desta previsão da Carta da ONU é tão antigo quanto as Nações Unidas em si. Até 1945, o Direito Internacional considerava que a maneira pela qual um Estado tratava seus próprios nacionais — com exceção de circunstâncias anormais em que a intervenção humanitária se fizesse necessária — era matéria de sua própria jurisdição e competência, não se podendo advogar o direito de intervenção de um Estado em outro. Para ilustrar esta visão, René Cassin costumava citar o discurso de Goebbels no Conselho da Liga das Nações, no qual afirmava que a forma pela qual o Governo alemão tratava certas categorias de cidadãos alemães era da competência apenas do Governo alemão. Embora moralmente censurável, a alegação de Goebbels poderia ser legalmente justificável naquele tempo" (A. H. Robertson, The Helsinki agreement and human rights, in Richard Pierre Claude e Burns H. Weston (eds.), *Human rights in the world community*, p. 224). Note-se que ainda hoje grande é a resistência de muitos Estados em aceitar o sistema de monitoramento internacional dos direitos humanos, sob a fundamentação de que a proteção desses direitos é matéria de exclusiva competência nacional. Exemplificativo é o caso da China, ilustrado pela alegação de seu Ministro das Relações Exteriores, publicada no jornal *N. Y. Times*: "O Ministro das Relações Exteriores posteriormente fez uma declaração sustentando que o tratamento de cidadãos de seu país é assunto de sua exclusiva competência: 'Nenhum outro país, organização ou indivíduo tem o direito de fazer comentários ou interferências irresponsáveis nesta matéria', afirmou o Ministro das Relações Exteriores, em Beijing" (*N. Y. Times*, 3 set. 1994, p. A11). Essa visão é reforçada pela própria sociedade chinesa, como publicou o mesmo jornal: "Ainda que alguns chineses admitam falhas na proteção de seus direitos civis, eles insistem que interferências nos assuntos internos de uma nação soberana é uma violação ao Direito Internacional. Além disso, eles dizem ser competentes para tratar desses problemas por si mesmos" (Shapiro, In Scolding China, Washington Loses Face, *N. Y. Times*, 20 mar. 1994, p. E16). Na visão crítica de Henkin: "Os Estados, por vezes, invocam sua "soberania" para obstar o julgamento internacional, quando são acusados de violar o Direito Internacional e as obrigações dele decorrentes, notadamente com respeito aos direitos humanos" (International law: politics, values and functions, apud *International law: cases and materials*, p. 16).

abusos do período, os aliados chegaram a um consenso, com o Acordo de Londres de 1945, pelo qual ficava convocado um Tribunal Militar Internacional para julgar os criminosos de guerra[16].

Com a competência de julgar os crimes cometidos ao longo do nazismo, seja pelos líderes do partido, seja pelos oficiais militares, o Tribunal de Nuremberg teve sua composição e seus procedimentos básicos fixados pelo Acordo de Londres. Nos termos do art. 6º desse Acordo, são crimes sob a jurisdição do Tribunal que demandam responsabilidade individual: a) crimes contra a paz (planejar, preparar, incitar ou contribuir para a guerra de agres-

---

16. Como explica Henkin: "Em 8 de agosto de 1945, os Governos do Reino Unido, dos Estados Unidos, Provisório da República Francesa e da União das Repúblicas Socialistas Soviéticas, celebraram um acordo estabelecendo este Tribunal para o julgamento dos crimes de guerra, cujas ofensas não tivessem uma particular localização geográfica. De acordo com o art. 5º, os seguintes Estados das Nações Unidas expressamente aderiram ao acordo: Grécia, Dinamarca, Iugoslávia, Países Baixos, Checoslováquia, Polônia, Bélgica, Etiópia, Austrália, Honduras, Noruega, Panamá, Luxemburgo, Haiti, Nova Zelândia, Índia, Venezuela, Uruguai e Paraguai. O Tribunal foi investido do poder de processar e punir as pessoas responsáveis pela prática de crime contra a paz, crimes de guerra e crimes contra a humanidade, como definido pela Carta" (*International law*, p. 381). Observam Henry J. Steiner e Philip Alston que, "ao definir os crimes que seriam abarcados pela jurisdição do Tribunal, a Carta [anexada ao Acordo de Londres de 1945] foi além dos tradicionais 'crimes de guerra' (parágrafo (b) do artigo 6) em dois aspectos. Primeiro, a Carta incluiu os 'crimes contra a paz'— os denominados *jus ad bellum*, que contrastavam com a categoria de direitos de guerra ou *jus in bello*". Segundo, a expressão 'crimes contra a humanidade' 'poderia ter sido lida [não o foi] de modo a incluir a totalidade do programa do governo nazista de extermínio dos judeus e de outros grupos civis, dentro e fora da Alemanha, 'antes ou durante a guerra', e a incluir, consequentemente, não apenas o Holocausto, mas também a elaboração dos planos e a perseguição inicial dos judeus e de outros grupos em um momento anterior ao Holocausto" (Henry J. Steiner e Philip Alston, *International human rights in context — law, politics and morals*, p. 114, 115 e 123). A respeito do Tribunal de Nuremberg e das sanções aplicáveis no plano internacional, explica Hans Kelsen: "Se indivíduos são diretamente obrigados pelo Direito Internacional, tais obrigações não invocam sanções específicas do Direito Internacional (represália ou guerra) ao comportamento dos indivíduos. A obrigação diretamente imposta aos indivíduos é constituída por sanções próprias do Direito Interno, nominalmente a punição e a execução civil. O Direito Internacional pode deixar a determinação e a execução dessas sanções a critério da ordem jurídica nacional, como no caso do delito internacional de pirataria. As sanções podem ser determinadas por um tratado internacional e sua aplicação a casos concretos pode ser efetuada por uma Corte Internacional criada pelo tratado internacional; isto ocorreu, por exemplo, no caso do julgamento de crimes de guerra, de acordo com o Acordo de Londres, de 8 de agosto de 1945" (*Pure theory of law*, p. 327). Sobre o Tribunal de Nuremberg, consultar ainda Telford Taylor, *Nuremberg trials: war crimes and international law; The charter and judgment of the Nuremberg Tribunal*, UNDoc A/ACN 4/5, 1949; Maurice Pascal Hankey, *Politics: trials and errors*; Robert Houghwout Jackson, *The Nuremberg case*.

são ou para a guerra, em violação aos tratados e acordos internacionais, ou participar de plano comum ou conspiração para a realização das referidas ações); b) crimes de guerra (violações ao direito e ao direito costumeiro da guerra; tais violações devem incluir — mas não serem limitadas a — assassinato, tratamento cruel, deportação de populações civis que estejam ou não em territórios ocupados, para trabalho escravo ou para qualquer outro propósito, assassinato ou tratamento cruel de prisioneiros de guerra ou de pessoas em alto-mar, assassinato de reféns, saques à propriedade pública ou privada, destruição de vilas ou cidades, devastação injustificada por ordem militar); c) crimes contra a humanidade (assassinato, extermínio, escravidão, deportação ou outro ato desumano cometido contra a população civil, antes ou durante a guerra, ou perseguições baseadas em critérios raciais, políticos e religiosos, para a execução de crime ou em conexão com crime de jurisdição do Tribunal, independentemente se em violação ou não ao direito doméstico de determinado país em que foi perpetrado).

O Tribunal de Nuremberg aplicou fundamentalmente o costume internacional para a condenação criminal de indivíduos envolvidos na prática de crime contra a paz, crime de guerra e crime contra a humanidade, previstos pelo Acordo de Londres[17]. Note-se que, nos termos do art. 38 do Estatuto da Corte Internacional de Justiça, o costume internacional — enquanto evidência de uma prática geral e comum aceita como lei — é fonte do Direito Internacional, ao lado dos tratados internacionais, das decisões judiciais, da doutrina e dos princípios gerais de direito reconhecidos pelas nações "civilizadas"[18]. Com efeito, estabelece o art. 38 do Estatuto da Cor-

---

17. Sobre a matéria, merecem destaque os seguintes dispositivos constantes do Acordo de Londres:

Art. 7º "A posição oficial de réu, seja como chefe de Estado ou como oficial responsável pelo aparato governamental, não será considerada como fator a excluir a responsabilidade ou reduzir a punição".

Art. 8º "O fato do réu agir em obediência a ordem de seu Governo ou de seu superior não afasta sua responsabilidade, mas pode ser considerado para atenuar sua punição, se o Tribunal entender que a justiça assim requer".

18. A respeito das fontes do Direito Internacional dos Direitos Humanos, afirmam Bruno Simma e Philip Alston: "A questão das fontes do direito internacional dos direitos humanos é da maior importância. Na medida em que esse Direito expande seu escopo e seu alcance, e na medida em que suas ramificações potenciais se tornam cada vez maiores, a necessidade de assegurar que as normas relevantes sejam solidamente baseadas no Direito Internacional assume importância crescente" (The sources of human rights law: custom, jus cogens, and general principles, *The Australian Year Book of International Law*, v. 12, p. 82).

te Internacional de Justiça, que é o órgão judicial das Nações Unidas: "Esta Corte, cuja função é decidir, de acordo com o Direito Internacional, as disputas que lhe são submetidas, deve aplicar: a) as convenções internacionais, gerais ou particulares, que estabeleçam regras expressamente reconhecidas pelos Estados-partes; b) o costume internacional, como evidência de uma prática geral aceita como norma; c) os princípios gerais de direito reconhecidos pelas nações civilizadas; d) em conformidade com o art. 59 (que prevê que as decisões da Corte não apresentam força vinculante, exceto entre as partes do caso), decisões judiciais e a doutrina dos mais qualificados publicistas de diversas nações, como meios subsidiários para a determinação das regras de direito".

Quanto ao costume internacional, sua existência depende: a) da concordância de um número significativo de Estados em relação a determinada prática e do exercício uniforme dessa prática; b) da continuidade de tal prática por considerável período de tempo — já que o elemento temporal é indicativo da generalidade e consistência de determinada prática; c) da concepção de que tal prática é requerida pela ordem internacional e aceita como lei, ou seja, de que haja o senso de obrigação legal, a *opinio juris*[19]. Nesse sentido, não resta dúvida de que as práticas da tortura, das detenções arbitrárias, dos desaparecimentos forçados e das execuções sumárias cometidas ao longo do nazismo constituíram violação ao costume internacional. Atente-se que o costume internacional tem eficácia *erga omnes*, aplicando-se a todos os Estados, diversamente dos tratados internacionais, que só se aplicam aos Estados que os tenham ratificado.

Ao aplicar o costume internacional, argumentou o Tribunal de Nuremberg: "O Direito da guerra deve ser encontrado não apenas nos Tratados, mas nos costumes e nas práticas dos Estados, que gradualmente obtêm reconhecimento universal e ainda nos princípios gerais de justiça aplicados por juristas e pelas Cortes Militares. Este Direito não é estático, mas está em contínua adaptação, respondendo às necessidades de um mundo em mudança. Além disso, em muitos casos os Tratados nada mais fazem do que expressar e definir com maior precisão os princípios de direito já existentes. (...) a agressão da guerra é não apenas ilegal, mas criminal. A proi-

---

19. Na visão de Bruno Simma e Philip Alston: "O Direito costumeiro internacional é geralmente concebido como decorrente da existência de uma prática geral (ou extensiva), uniforme e consistente, em maior ou menor grau acompanhada por um senso de obrigação legal, a *opinio juris*" (*The sources of human rights law*, p. 88).

bição da agressividade da guerra é demanda da consciência do mundo e encontra sua expressão em uma série de Pactos e Tratados a que o Tribunal já fez referência"[20].

A condenação criminal dos indivíduos que colaboraram para a ocorrência do nazismo fundamentou-se, assim, na violação de costumes internacionais, ainda que muita polêmica tenha surgido, com base na alegação da afronta ao princípio da legalidade do direito penal, sob o argumento de que os atos punidos pelo Tribunal de Nuremberg não eram considerados crimes no momento em que foram cometidos[21].

O significado do Tribunal de Nuremberg para o processo de internacionalização dos direitos humanos é duplo: não apenas consolida a ideia da necessária limitação da soberania nacional como reconhece que os indivíduos têm direitos protegidos pelo Direito Internacional[22]. Testemunha-se,

---

20. Prossegue o Tribunal a argumentar: "Um dos mais notórios meios de aterrorizar as pessoas em territórios ocupados foi o uso dos campos de concentração, que se transformaram em espaços de assassinatos organizados e sistemáticos, em que milhões de pessoas foram destruídas. Na administração dos territórios ocupados, os campos de concentração foram usados para destruir todos os grupos de oposição. Foram planejados para a destruição dos judeus. Estima-se que a perseguição policial resultou no assassinato de 6 milhões de judeus, dos quais 4 milhões foram mortos pelas instituições de extermínio" (Judgment of Nuremberg Tribunal, 1946, *American Journal of International Law*, v. 41, p. 172, 1947). Sobre a aplicação do costume internacional, também ilustrativa é a decisão proferida pela Suprema Corte americana no clássico caso "Paquete Habana": "quando não há qualquer tratado e nem mesmo qualquer ato de controle do executivo ou legislativo ou decisão judicial, deve-se recorrer aos costumes e aos usos das nações civilizadas, como também à doutrina de juristas que, em anos de trabalho, pesquisa e experiência tornaram-se peculiarmente conhecedores das matérias que investigam" (Supreme Court of United States, 1900, 175 U. S. 677, 20 S. Ct 290, 44 L. Ed. 320, apud Henkin Louis, *International law*, p. 60).

21. Hans Kelsen, embora crítico em relação a vários aspectos do Acordo de Londres e ao próprio julgamento, ao tratar da polêmica acerca da eventual violação, pelo julgamento do Tribunal de Nuremberg, do princípio da legalidade no direito penal, escreve: "A objeção mais frequentemente colocada — embora não seja a mais forte — é que as normas aplicadas no julgamento de Nuremberg constituem uma lei *post facto*. Há pouca dúvida de que o Acordo de Londres estabeleceu a punição individual para atos que, ao tempo em que foram praticados, não eram punidos, seja pelo direito internacional, seja pelo direito interno... Contudo, este princípio da irretroatividade da lei não é válido no plano do direito internacional, mas é válido apenas no plano do direito interno, com importantes exceções" (*Will the judgment in the Nuremberg Trial constitute a precedent in international law?*, 1947).

22. Sobre o significado do Tribunal de Nuremberg, observa Steiner: "Em Nuremberg, o Tribunal considerou que a Alemanha havia violado o direito costumeiro internacional que

desse modo, mudança significativa nas relações interestatais, o que vem a sinalizar transformações na compreensão dos direitos humanos, que, a partir daí, não mais poderiam ficar confinados à exclusiva jurisdição doméstica[23]. São lançados, assim, os mais decisivos passos para a internacionalização dos direitos humanos.

---

proíbe 'crimes contra a humanidade' e, pela primeira vez, julgou um Estado responsável no âmbito internacional, legalmente e politicamente, pelo que ocorreu dentro de seu território, com seus próprios nacionais. Nuremberg foi estabelecido no Direito Internacional quando a Assembleia Geral da ONU, unanimemente, aprovou a Carta de Nuremberg (incluindo o princípio de crimes contra a humanidade)" (Henry Steiner, *International law and human rights*, material do Curso ministrado na Harvard Law School, Spring, 1994). Observam ainda Steiner e Alston que o Tribunal de Nuremberg abarcou uma responsabilização individual, que significou "considerável mudança em relação à lei costumeira então existente e às convenções que se centravam nos deveres dos Estados e, por vezes, nas sanções contra os Estados" (Henry J. Steiner e Philip Alston, *International human rights in context — law, politics and morals*, p. 114). No mesmo sentido, Rebecca M. M. Wallace ressalta que o Tribunal de Nuremberg reforça a concepção de que os indivíduos têm direitos e deveres no plano internacional, podendo ser responsabilizados internacionalmente como, por exemplo, na hipótese de crimes de guerra ou genocídio. No dizer da autora: "Os indivíduos têm uma personalidade internacional limitada, embora o direito internacional contemporâneo tenha ampliado o reconhecimento de que o indivíduo pode possuir direitos e obrigações internacionais. A grande tomada de consciência acerca dos direitos humanos, nos últimos cinquenta anos, tem promovido garantias para os direitos humanos dos indivíduos, mediante normas internacionais e regionais. Simultaneamente, cada vez mais se reconhece que os indivíduos podem ser considerados responsáveis por determinadas condutas. Não mais se acredita que os Estados são os exclusivos perpetradores de condutas que violam o direito internacional. A ficção legal de que os indivíduos não participam da arena internacional e, consequentemente, não podem ser considerados responsáveis pelos seus atos, tem sido repensada. (...) Crimes de guerra e genocídio são hoje reconhecidos como atos pelos quais os indivíduos são suscetíveis à responsabilização como indivíduos. No julgamento internacional de Nuremberg ficou estabelecido: 'Crimes contra o direito internacional são cometidos por indivíduos, não por entidades abstratas, e os preceitos de direito internacional fazem-se efetivos apenas com a condenação dos indivíduos que cometeram esses crimes'" (Rebecca M. M. Wallace, *International law*, p. 72).

23. No dizer de Jorge Miranda: "Mas, quando o Estado, não raramente, rompe as barreiras jurídicas de limitação e se converte em fim de si mesmo e quando a soberania entra em crise, perante a multiplicação das interdependências e das formas de institucionalização da comunidade internacional, torna-se possível reforçar e, se necessário, substituir, em parte, o sistema de proteção interna por vários sistemas de proteção internacional dos direitos do homem. Com antecedentes que remontam ao século XIX, tal é a nova perspectiva aberta pela Carta das Nações Unidas e pela Declaração Universal dos Direitos do Homem e manifestada, ao fim de quatro décadas, em numerosíssimos documentos e instâncias a nível geral, sectorial e regional" (*Manual de direito constitucional*, v. 4, p. 30).

c) A Carta das Nações Unidas de 1945

Após a Segunda Guerra Mundial, relevantes fatores contribuíram para que se fortalecesse o processo de internacionalização dos direitos humanos. Dentre eles, o mais importante foi a maciça expansão de organizações internacionais com propósitos de cooperação internacional. Como afirma Henkin: "O Direito Internacional pode ser classificado como o Direito anterior à Segunda Guerra Mundial e o Direito posterior a ela. Em 1945, a vitória dos Aliados introduziu uma nova ordem com importantes transformações no Direito Internacional, simbolizadas pela Carta das Nações Unidas e pelas suas Organizações"[24].

A criação das Nações Unidas, com suas agências especializadas, demarca o surgimento de uma nova ordem internacional, que instaura um novo modelo de conduta nas relações internacionais, com preocupações que incluem a manutenção da paz e segurança internacional, o desenvolvimento de relações amistosas entre os Estados, a adoção da cooperação internacional no plano econômico, social e cultural, a adoção de um padrão internacional de saúde, a proteção ao meio ambiente, a criação de uma nova ordem econômica internacional e a proteção internacional dos direitos humanos[25].

Para a consecução desses objetivos, as Nações Unidas foram organizadas em diversos órgãos[26]. Os principais órgãos das Nações Unidas são a Assembleia Geral, o Conselho de Segurança, a Corte Internacional de Justiça, o Conselho Econômico e Social, o Conselho de Tutela e o Secretariado, nos termos do art. 7º da Carta da ONU. Adiciona o art. 7º (2) que órgãos subsidiários podem ser criados, quando necessário.

Compete à Assembleia Geral discutir e fazer recomendações relativamente a qualquer matéria objeto da Carta. Todos os membros das Nações

---

24. Louis Henkin, *International law*, p. 3. Observe-se que a Carta das Nações Unidas foi assinada em São Francisco, em 26 de junho de 1945. Até 2024, a Carta da ONU contava com 193 Estados-membros. Disponível em: http://treaties.un.org/Pages/ViewDetails.aspx?src=TREATY&mtdsg_no=I-1&chapter=1&lang=en. O Brasil a ratificou em 21 de setembro de 1945.

25. Ver Louis Henkin, *International law*, p. 886.

26. Steiner e Alston classificam os órgãos das Nações Unidas em dois grupos. O primeiro abrangeria principalmente os órgãos criados pela Carta das Nações Unidas. O segundo abarcaria os criados por outros tratados internacionais, como o Comitê de Direitos Humanos. Serão enfocados neste tópico apenas os do primeiro grupo (Henry J. Steiner e Philip Alston, *International human rights in context — law, politics and morals*, p. 597).

Unidas são membros da Assembleia Geral, com direito a um voto (arts. 9º e 18). As decisões em questões importantes são tomadas pelo voto da maioria de dois terços dos membros presentes e votantes. Questões importantes incluem aquelas enumeradas no art. 18 (2) e outras, a depender do voto da maioria dos membros presentes e votantes (art. 18 (3)).

Quanto ao Conselho de Segurança, é o órgão da ONU com a "principal responsabilidade na manutenção da paz e segurança internacionais" (art. 24). É composto por cinco membros permanentes e dez não permanentes. Os membros permanentes são China, França, Reino Unido, Estados Unidos e, desde 1992, Rússia, que sucedeu a URSS[27]. Os não permanentes são eleitos pela Assembleia Geral para mandato de dois anos, considerando a contribuição dos membros para os propósitos das Nações Unidas e a distribuição geográfica equitativa (art. 23 (1)). Cada membro do Conselho de Segurança tem direito a um voto. As deliberações do Conselho em questões processuais são tomadas pelo voto afirmativo de nove membros. Em relação às questões materiais, as deliberações também são tomadas pelo voto afirmativo de nove membros, incluindo, todavia, os votos afirmativos de todos os cinco membros permanentes (art. 27 (3)). Dessa previsão é que decorre o poder de veto dos membros permanentes.

A Corte Internacional de Justiça, nos termos do art. 92 da Carta, é o principal órgão judicial das Nações Unidas, composto por quinze juízes. Seu funcionamento é disciplinado pelo Estatuto da Corte, que foi anexado à Carta. Dispõe a Corte de competência contenciosa[28] e con-

---

27. O processo de sucessão não seguiu regras preestabelecidas. Em dezembro de 1991, a União Soviética deixava de existir, sendo criadas quinze novas Repúblicas. Em 21 de dezembro de 1991, onze delas decidiram apoiar a permanência da Rússia como membro das Nações Unidas, inclusive no tocante à cadeira de membro permanente do Conselho de Segurança. Em 24 de dezembro de 1991, Boris Yeltsin, o Presidente da Federação Russa, escreveu uma carta ao Secretário Geral das Nações Unidas, informando-lhe que "a participação da [URSS] nas Nações Unidas [...] teria seguimento com a Federação Russa". Em 27 de dezembro de 1991, a bandeira substituía aquela da República Soviética na sede da ONU (Frederic L. Kirgis, Jr., *International Organizations,* p. 189).

28. A título de ilustração, cabe citar dois casos contenciosos submetidos à Corte Internacional de Justiça. O primeiro foi ajuizado pela República Federal da Iugoslávia em 29 de abril de 1999, em face da Bélgica, do Canadá, da França, da Alemanha, da Itália, da Holanda, de Portugal, da Espanha, do Reino Unido e dos Estados Unidos, acusando-os de bombardear o território Iugoslavo, em violação de suas obrigações internacionais (*Yugoslavia v. Belgium,* International Court of Justice, Press Release 2001/05, www.icj-cij.org/icjwww/ idecisions.htm, 18.6.2001). O segundo foi ajuizado pela República da Croácia em 2 de julho

sultiva[29]. Contudo, somente os Estados são partes em questões perante ela (art. 34 do Estatuto)[30].

Por sua vez, o Secretariado é chefiado pelo Secretário-Geral[31], que é o principal funcionário administrativo da ONU, indicado para mandato de cinco anos pela Assembleia Geral, a partir de recomendação do Conselho de Segurança (art. 97).

A competência do Conselho de Tutela atém-se a fomentar o processo de descolonização e de autodeterminação dos povos, a fim de que territórios tutelados pudessem alcançar, por meio de desenvolvimento progressivo, governo próprio. Exerceu um papel vital, que, atualmente, encontra-se esvaziado.

Por fim, quanto ao Conselho Econômico e Social, composto por cinquenta e quatro membros, tem competência para promover a cooperação em questões econômicas, sociais e culturais, incluindo os direitos humanos (art. 62). Cabe ao Conselho Econômico e Social fazer recomendações destinadas a promover o respeito e a observância dos direitos humanos, bem como elaborar projetos de convenções a serem submetidos à Assembleia Geral. Nos termos do art. 68, poderá o Conselho Econômico e Social criar comissões que forem necessárias ao desempenho de suas funções. Nesse

---

de 1999, em face da República Federal da Iugoslávia, por violação da Convenção para a Prevenção e Repressão do Crime de Genocídio, cometidas entre 1991 e 1995 (*Bosnia and Hezergovina v. Yuguslavia*, International Court of Justice, Press Release 2001/12, www.icj--cij.org/icjwww/idecisions.htm, 18.6.2001).

29. A título ilustrativo, a Corte proferiu, em 29 de abril de 1999, uma Opinião Consultiva referente à imunidade processual de Relatores Especiais da Comissão de Direitos Humanos (International Court of Justice, Press Communique 1999/16, www.icj-cij.org/icjwww/idecisions.htm, 18.6.2001).

30. Segundo Steiner e Alston, o "número de casos arguidos perante a Corte Internacional de Justiça cresceu substancialmente na última década, tendo incluído casos relacionados aos direitos humanos, especialmente no tocante à autodeterminação e ao genocídio". Contudo, prosseguem Steiner e Alston, "a jurisprudência que a Corte Internacional de Justiça tem gerado apenas um impacto limitado no arcabouço normativo do regime internacional de direitos humanos" (Henry J. Steiner e Philip Alston, *International human rights in context — law, politics and morals*, p. 598-599).

31. Para Steiner e Alston, "Kofi Annan, de Gana, Secretário-Geral desde 1º de janeiro de 1997, assumiu uma posição mais ativa em relação a direitos humanos que qualquer de seus antecessores e implementou um processo de centralização da problemática dos direitos humanos por toda a organização" (Henry J. Steiner e Philip Alston, *International human rights in context — law, politics and morals*, p. 599).

sentido, foi criada a Comissão de Direitos Humanos da ONU. Estabelecida em 1946, após mais de 50 anos de trabalho, em 24 de março de 2006, a Comissão teve sua última sessão, sendo abolida em 16 de junho de 2006 e substituída pelo Conselho de Direitos Humanos, como será visto ao longo deste tópico. A justificativa é que a Comissão de Direitos Humanos tem sofrido uma crescente crise de credibilidade e profissionalismo. Estados têm se valido de sua condição de membros da Comissão não para fortalecer os direitos humanos, mas para uma atitude defensiva, de autoproteção ante críticas ou mesmo para criticarem outros Estados. Consequentemente, agravou-se a crise de credibilidade da Comissão, o que acabava por abalar a reputação da própria ONU como um todo. Se a ONU há de levar os direitos humanos a sério, com o mesmo grau de importância que os temas de segurança e desenvolvimento, parecia essencial a substituição da Comissão por um Conselho de Direitos Humanos, cujos membros fossem eleitos diretamente pela Assembleia Geral da ONU. A criação do Conselho estaria a refletir a primazia dos direitos humanos na Carta da ONU. Objetiva o novo Conselho conferir maior credibilidade à temática dos direitos humanos no âmbito da ONU, com base no princípio do escrutínio universal e da não seletividade política. Seus membros ficam condicionados a um critério explícito de respeito aos direitos humanos, tendo em vista que a eleição de seus 47 membros pela Assembleia Geral deve levar em consideração a contribuição dos candidatos para a promoção e proteção dos direitos humanos. Além disso, poderá a Assembleia Geral, por voto de dois terços de seus membros, suspender os direitos do Estado-membro que cometer graves e sistemáticas violações de direitos humanos[32].

Já a antiga Comissão de Direitos Humanos era integrada por cinquenta e três membros governamentais eleitos, para mandato de três anos, pelo Conselho Econômico e Social. A Comissão se reportava a esse Conselho, e qualquer resolução ou decisão com consequências financeiras requeria sua aprovação final. Era extremamente rara a recusa ao endosso das decisões da Comissão por parte do Conselho Econômico e Social. Ao tratar da Comissão de Direitos Humanos, afirmava Thomas Buergenthal: "Esta Comissão deve submeter ao Conselho Econômico e Social propostas, recomendações e relatórios relativos aos instrumentos internacionais de direitos

---

32. Morton H. Halperin e Diane F. Orentlicher, The New Human Rights Council, in Center for Human Rights and Humanitarian Law/American University Washington College of Law, *Human Rights Brief*, v. 13, issue 3 (spring 2006), p. 1-4.

humanos, à proteção das minorias, à prevenção da discriminação e demais questões relacionadas aos direitos humanos. A Declaração Universal, os Pactos, as Convenções e muitos outros instrumentos de direitos humanos adotados pela ONU foram redigidos pela Comissão"[33]. Importa ainda adicionar que o posto de Alto Comissariado para os Direitos Humanos, recomendado pela Conferência Mundial de Viena, foi criado pelas Nações Unidas, consensualmente, pela Resolução n. 48/141 da Assembleia Geral, em 20 de dezembro de 1993[34].

No marco dos debates a respeito da reforma da ONU, além de fortalecer a pauta de direitos humanos como propósito central da Carta da ONU, faz-se fundamental fortalecer a Assembleia Geral, na qualidade de verdadeiro Senado mundial e democratizar o Conselho de Segurança, tornando-o um órgão mais representativo da comunidade internacional e da geopolítica contemporânea[35].

Na avaliação do Secretário-Geral da ONU, o fortalecimento da organização requer seja revitalizada a Assembleia Geral, racionalizando seu trabalho, acelerando os seus processos deliberativos, focando sua agenda em temas prioritários, estabelecendo mecanismos que permitam maior diálogo com a sociedade civil e conferindo maior efetividade às suas deliberações. Adiciona: "Quanto aos três Conselhos criados pela Carta da ONU, observa-se que, cada vez mais, o Conselho de Segurança ampliou seu poder, contudo, sofrendo acentuadas críticas a respeito de sua composição anacrônica, não

---

33. Thomas Buergenthal, *International human rights*, p. 63.
34. No dizer de J. A. Lindgren Alves: "A recomendação concernente à criação de um Alto Comissário para os Direitos Humanos no âmbito das Nações Unidas foi, muito possivelmente, a de mais difícil aprovação (na Conferência de Viena). Seu objetivo era o de estabelecer no Secretariado uma figura com a atribuição essencial de coordenar as atividades do sistema das Nações Unidas na defesa dos direitos humanos, com suficiente margem de iniciativa para estabelecer contactos diplomáticos para a prevenção e a correção de situações de violações maciças. (...) Por resolução consensual, adotada em dezembro, o cargo de Alto Comissário para os Direitos Humanos foi criado nas Nações Unidas, com um mandato construtivo e imparcial, sem representar, de per si, ameaça às soberanias dos Estados, ou constrangimentos para governos legítimos, que procurem assegurar os direitos humanos de seus cidadãos" (*Os direitos humanos como tema global*, p. 31-33).
35. Sobre o debate acerca da reforma da ONU, ver *Investing in the UN: for a stronger Organization worldwide*, Report of the Secretary-General, 7-3-2006. Consultar ainda os seguintes documentos: *Comprehensive Review of Governance and Oversight; UN Redesign Panel on the UN Internal Justice System; High-Level Panel on System Wide Coherence* (www.un.org/reform/).

democrática e não representativa da ordem contemporânea. Já o Conselho Econômico e Social tem sido frequentemente relegado às margens da governança social e econômica. Por sua vez, o Conselho de Tutela, tendo de forma exitosa cumprido sua missão, vê-se agora reduzido à uma existência meramente formal. (...) Acredito que temos a necessidade de restaurar o balanço entre os três Conselhos, abrangendo respectivamente: a) paz e segurança internacional; b) questões sociais e econômicas; e c) direitos humanos, cuja promoção tem sido um dos propósitos da ONU desde sua criação, mas que agora claramente requer uma estrutura operacional mais efetiva"[36].

Na análise do Secretário-Geral da ONU: "Não há desenvolvimento sem segurança; segurança sem desenvolvimento e nem tampouco segurança ou desenvolvimento sem o respeito pelos direitos humanos". "(...) Como o único órgão do mundo de alcance universal, com mandato para enfrentar temas relacionados à segurança, ao desenvolvimento e aos direitos humanos, a ONU está à frente de um especial desafio"[37].

É sob esta perspectiva que surge a proposta de criação de um Conselho de Direitos Humanos, como será apreciado a seguir.

Desse modo, ao lado da preocupação de evitar a guerra e manter a paz e a segurança internacional, a agenda internacional passa a conjugar novas e emergentes preocupações, relacionadas à promoção e proteção dos direitos humanos. A coexistência pacífica entre os Estados, combinada com a busca de inéditas formas de cooperação econômica e social e de promoção universal dos direitos humanos, caracterizam a nova configuração da agenda da comunidade internacional.

A Carta das Nações Unidas de 1945 consolida, assim, o movimento de internacionalização dos direitos humanos, a partir do consenso de Estados que elevam a promoção desses direitos a propósito e finalidade das Nações Unidas. Definitivamente, a relação de um Estado com seus nacionais passa a ser uma problemática internacional, objeto de instituições internacionais e do Direito Internacional. Basta, para tanto, examinar os arts. 1º (3), 13, 55, 56 e 62 (2 e 3), da Carta das Nações Unidas.

---

36. In larger freedom: towards development, security and human rights for all, Report of the Secretary-General, United Nations, 21 de março de 2005, p. 41-42. (www.un.org/largerfreedom/contents.htm).

37. In larger freedom: towards development, security and human rights for all, Report of the Secretary-General, United Nations, 21 de março de 2005, p. 6 (www.un.org/largerfreedom/contents.htm).

Nos termos do art. 1º (3), fica estabelecido que um dos propósitos das Nações Unidas é alcançar a cooperação internacional para a solução de problemas econômicos, sociais, culturais ou de caráter humanitário e encorajar o respeito aos direitos humanos e liberdades fundamentais para todos, sem distinção de raça, sexo, língua ou religião.

Nesse sentido, cabe à Assembleia Geral iniciar estudos e fazer recomendações com o propósito de promover a cooperação internacional para a solução de problemas econômicos, sociais, culturais e encorajar a realização de direitos humanos e liberdades fundamentais para todos, sem distinção de raça, sexo, língua ou religião, em conformidade com o art. 13 da Carta. Também ao Conselho Econômico e Social, como já visto, cabe fazer recomendações com o propósito de promover o respeito e a observância dos direitos humanos e das liberdades fundamentais, bem como preparar projetos de Convenções internacionais para esse fim, nos termos do art. 62 da Carta da ONU.

O art. 55 reforça o objetivo de promoção dos direitos humanos ao determinar: "Com vistas à criação de condições de estabilidade e bem-estar, necessárias para a pacífica e amistosa relação entre as Nações, e baseada nos princípios da igualdade de direitos e da autodeterminação dos povos, as Nações Unidas promoverão: ... c) o respeito universal e a observância dos direitos humanos e liberdades fundamentais para todos, sem distinção de raça, sexo, língua ou religião". O art. 56 reafirma o dever de todos os membros das Nações Unidas de exercer ações conjugadas ou separadas, em cooperação com a própria Organização, para o alcance dos propósitos lançados no art. 55.

Embora a Carta das Nações Unidas seja enfática em determinar a importância de defender, promover e respeitar os direitos humanos e as liberdades fundamentais — como demonstram os dispositivos destacados —, ela não define o conteúdo dessas expressões, deixando-as em aberto. Daí o desafio de desvendar o alcance e significado da expressão "direitos humanos e liberdades fundamentais", não definida pela Carta. Três anos após o advento da Carta das Nações Unidas, a Declaração Universal dos Direitos Humanos, de 1948, veio a definir com precisão o elenco dos "direitos humanos e liberdades fundamentais" a que faziam menção os arts. 1º (3), 13, 55, 56 e 62 da Carta[38]. É como se a Declaração, ao fixar um código

---

38. Na explicação de José Augusto Lindgren Alves: "Com a assinatura da Carta das Nações Unidas, em São Francisco, em 26 de junho de 1945, a comunidade internacional nela organizada se comprometeu, desde então, a implementar o propósito de 'promover e

comum e universal dos direitos humanos, viesse a concretizar a obrigação legal relativa à promoção desses direitos — obrigação esta constante da Carta das Nações Unidas.

Contudo, ainda que a Carta da ONU tenha adotado linguagem vaga e imprecisa no que se refere aos "direitos humanos e liberdades fundamentais", os dispositivos, já aludidos, pertinentes à promoção desses direitos implicaram importantes consequências. Na visão de Thomas Buergenthal: "A Carta das Nações Unidas 'internacionalizou' os direitos humanos. Ao aderir à Carta, que é um tratado multilateral, os Estados-partes reconhecem que os 'direitos humanos', a que ela faz menção, são objeto de legítima preocupação internacional e, nesta medida, não mais de sua exclusiva jurisdição doméstica. No sentido de definir o significado de 'direitos humanos e liberdades fundamentais' e esclarecer e codificar as obrigações impostas pelos arts. 55 e 56 da Carta, um vasto universo de normas jurídicas foi elaborado. Este esforço é simbolizado na adoção da *International Bill of Human Rights* e em inúmeros outros instrumentos de direitos humanos que existem hoje. A Organização tem, ao longo dos anos, conseguido tornar claro o escopo da obrigação dos Estados-membros em promover os direitos humanos, expandindo estes e criando instituições, com base na Carta da ONU, designadas a assegurar o cumprimento desses direitos pelos Estados. A ONU tem buscado assegurar o cumprimento dessas obrigações mediante resoluções que exigem dos Estados que cessem com as violações a esses direitos, especialmente, quando configurar 'um consistente padrão de graves violações' (*consistent pattern of gross violations*), fortalecendo a Comissão de Direitos Humanos da ONU e seus órgãos subsidiários para que estabeleçam procedimentos para apreciar as denúncias de violações"[39].

Considerando que três são os propósitos centrais da ONU — manter a paz e a segurança internacional; fomentar a cooperação internacional nos campos social e econômico; e promover os direitos humanos no âmbito

---

encorajar o respeito aos direitos humanos e liberdades fundamentais de todos, sem distinção de raça, sexo, língua ou religião'. Para esse fim, a Comissão de Direitos Humanos (CDH), principal órgão das Nações Unidas sobre a matéria, recebeu a incumbência de elaborar uma Carta Internacional de Direitos. O primeiro passo neste sentido foi a preparação de uma Declaração" (O sistema internacional de proteção dos direitos humanos e o Brasil, *Arquivos do Ministério da Justiça*, Brasília, v. 46, n. 182, p. 88)

39. Thomas Buergenthal, *International human rights*, p. 21-24. Esses procedimentos serão estudados no próximo capítulo, especificamente no tópico "k", relativo aos mecanismos globais não convencionais de proteção dos direitos humanos.

universal —, fez-se necessário que sua estrutura fosse capaz de refletir, de forma mais clara, equilibrada e coerente, a importância destes três propósitos. No sentido, portanto, de conferir a devida prioridade ao tema dos direitos humanos (em desejável paridade com os temas da segurança internacional e da cooperação internacional nas esferas social e econômica, que, por sua vez, contam com Conselhos específicos) é que se justifica a criação do Conselho de Direitos Humanos. A ONU passa, então, a contar com três Conselhos — Conselho de Segurança; Econômico e Social; e de Direitos Humanos — que espelham a tríade temática que inspira a própria organização.

Em sessão realizada em 3 de abril de 2006, a Assembleia Geral adotou a resolução (Resolução 60/251) criando o Conselho de Direitos Humanos e endossando a visão de que a paz e a segurança bem como o desenvolvimento e os direitos humanos são os pilares do sistema da ONU, reconhecendo, ainda, que o desenvolvimento, a paz, a segurança e os direitos humanos são inter-relacionados e interdependentes[40].

Em 24 de março de 2006, após mais de 50 anos de trabalho, houve a última sessão da Comissão de Direitos Humanos da ONU. As eleições para o novo Conselho ocorreram em 9 de maio de 2006, e sua primeira sessão foi realizada em 19 de junho de 2006.

Quanto à composição, o Conselho de Direitos Humanos é integrado por 47 Estados-membros eleitos diretamente, por voto secreto da maioria da Assembleia Geral, observada a distribuição geográfica equitativa dentre os grupos regionais, sendo 13 membros dos Estados africanos; 13 membros dos Estados asiáticos; 6 membros dos Estados do Leste europeu; 8 membros dos Estados da América Latina e Caribe; e 7 membros dos Estados da Europa ocidental e demais Estados. O mandato dos membros do Conselho é de 3 anos[41]. A composição do Conselho de Direitos Humanos aponta um novo critério para a formação de maiorias, tendo em vista que os países com reduzido e médio grau de desenvolvimento contarão com a expressiva maioria de 40 membros do universo total de 47 membros.

---

40. A respeito da criação do Conselho de Direitos Humanos, ver United Nations A/RES/60/251, General Assembly, resolução adotada em 3 de abril de 2006.

41. Sobre a composição do Conselho de Direitos Humanos, compreendendo a eleição de representantes de 13 Estados africanos, 13 Estados asiáticos, 6 Estados do Leste europeu, 8 Estados da América Latina e Caribe e 7 Estados da Europa ocidental e demais Estados, consultar: www.ohchr.org/english/bodies/hrcouncil.

O Conselho de Direitos Humanos, como órgão subsidiário da Assembleia Geral, deve guiar-se pelos princípios da universalidade, da imparcialidade, da objetividade e da não seletividade na consideração de questões afetas a direitos humanos, afastando a politização e *double standards*, buscando fomentar a cooperação e o diálogo internacional. Cabe ao Conselho responder a violações de direitos humanos, incluindo violações graves e sistemáticas, bem como elaborar recomendações. Em 25 de fevereiro de 2011, o Conselho de Direitos Humanos recomendou, por unanimidade, a suspensão da Líbia, em face de graves e sistemáticas violações de direitos humanos[42]. Compete ao Conselho promover também a efetiva coordenação das atividades de direitos humanos na ONU e a incorporação da perspectiva dos direitos humanos em todas as atividades da ONU (*mainstreaming of human rights within the UN system*). Tem ainda por desafio estabelecer um diálogo transparente e construtivo com as organizações não governamentais para a promoção e proteção dos direitos humanos.

É da competência do Conselho de Direitos Humanos: a) promover a educação e o ensino em direitos humanos, bem como assistência técnica e programas de capacitação; b) servir como um fórum de diálogo sobre temas de direitos humanos; c) submeter recomendações à Assembleia Geral para o desenvolvimento do Direito Internacional dos Direitos Humanos; d) promover a plena implementação das obrigações de direitos humanos assumidas pelos Estados e realizar o *follow-up* dos objetivos e compromissos referentes à promoção e proteção dos direitos humanos decorrentes das conferências da ONU; e) elaborar uma revisão periódica universal (*universal periodic review*), baseada em informações objetivas e confiáveis, visando avaliar o cumprimento pelos Estados das obrigações em direitos humanos, de forma a complementar e não duplicar o trabalho realizado pelos *treaty bodies*; f) contribuir, por meio do diálogo e da cooperação, para a prevenção de violações a direitos humanos e responder rapidamente a situações de emergência; g) assumir as responsabilidades e as funções da Comissão de Direitos Humanos no que se refere ao trabalho do Alto Comissariado da ONU para Direitos Humanos; h) trabalhar em estreita cooperação no campo dos direitos humanos com Estados, organizações regionais, ins-

---

42. Sobre o caso da Líbia, consultar: Resolution adopted by the Council at its fifteenth special session S-15/1. Situation of human rights in the Libyan Arab Jamahiriya, Human Rights Council, Fifteenth special session, 25 February 2011 — Report of the Human Rights Council on its fifteenth special session (A/HRC/S-15/1). Disponível em: http://www2.ohchr.org/english/bodies/hrcouncil/docs/15session/HRC-S-15-1_AUV.pdf (acesso em 31-5-2011).

tituições nacionais de direitos humanos e sociedade civil; i) propor recomendações acerca da promoção e proteção dos direitos humanos; e j) submeter um relatório anual à Assembleia Geral[43].

Cabe ainda ao Conselho de Direitos Humanos assumir, revisar e, quando necessário, aprimorar e racionalizar os mandatos, os mecanismos, as funções e responsabilidades da antiga Comissão de Direitos Humanos, a fim de manter um sistema de procedimentos especiais, relatorias especializadas e procedimentos de denúncias[44].

---

43. Sobre a revisão periódica universal (*universal periodic review* — UPR), acessar www.ohchr.org/EN/HRBodies/UPR/Pages/UPRmain.aspx. Na Resolução 5/1, adotada em junho de 2007, durante a 5ª Sessão do Conselho de Direitos Humanos, foi detalhado o procedimento de revisão periódica universal, incluindo as bases da revisão, os princípios, os objetivos a serem atingidos, a periodicidade, a ordem de revisão dos países, o processo e as modalidades, assim como o seguimento da revisão. A primeira sessão do grupo de trabalho para examinar os relatórios do procedimento de revisão periódica universal foi realizada de 7 a 18 de abril de 2008. Foram analisados os relatórios de 16 Estados: Bahrain; Equador; Tunísia; Marrocos; Indonésia; Finlândia; Reino Unido; Índia; Brasil; Filipinas; Argélia; Polônia; Países Baixos; África do Sul; República Tcheca; e Argentina. Para a íntegra do relatório nacional brasileiro submetido ao exame de Revisão Periódica Universal das Nações Unidas, ao Conselho de Direitos Humanos, em Genebra, em 14 de abril de 2008, consultar: www.presidencia.gov.br/estrutura_presidencia/sedh/.arquivos/rpu.pdf (acesso em 10-4-2008). Sobre a revisão periódica universal, consultar http://www.ohchr.org/EN/HRBodies/UPR/Pages/UPRmain.aspx. Os documentos analisados na revisão periódica universal podem ser acessados em: http://www.ohchr.org/EN/HRBodies/UPR/Pages/Documentation.aspx. Sobre o tema, ver ainda Establishment of funds for the universal periodic review mechanism of the Human Rights Council Resolution 6/17 — 28 September 2007 —, disponível em: http://ap.ohchr.org/documents/E/HRC/resolutions/A_HRC_RES_6_17.pdf (acesso em 10-5-2009), e Modalities and practices for the universal periodic review process PRST/8/1 — 9 April 2008 —, disponível em: http://ap.ohchr.org/documents/E/HRC/p_s/A_HRC_PRST_8_1.pdf (acesso em 10-5-2009).

44. Sobre as atividades da Comissão de Direitos Humanos, compreendendo a criação de 28 relatorias temáticas; 13 relatorias especiais por países; programas de cooperação técnica; procedimentos especiais; grupos de trabalho; dentre outras, ver Commission on Human Rights, Report on the 62nd session, 13 a 27 de março de 2006. Em sua 1ª sessão, realizada no período de 19 a 30 de junho de 2006, o Conselho de Direitos Humanos decidiu estender excepcionalmente por um ano, sujeito à revisão, os mandatos e os procedimentos especiais criados pela Comissão de Direitos Humanos. Além disso, decidiu estabelecer um grupo de trabalho intergovernamental sem prazo determinado para formular recomendações concretas sobre a revisão e, onde necessário, a melhoria e racionalização de todos os mandatos, mecanismos, funções e responsabilidades, a fim de manter um sistema de procedimentos especiais, conselho de peritos e procedimentos de queixa, em conformidade com a

d) A Declaração Universal dos Direitos Humanos de 1948

A Declaração Universal dos Direitos Humanos foi adotada em 10 de dezembro de 1948, pela aprovação de 48 Estados, com 8 abstenções[45]. A inexistência de qualquer questionamento ou reserva feita pelos Estados aos princípios da Declaração, bem como de qualquer voto contrário às suas disposições, confere à Declaração Universal o significado de um código e plataforma comum de ação. A Declaração consolida a afirmação de uma ética universal[46] ao consagrar um consenso sobre valores de cunho universal a serem seguidos pelos Estados.

Ao tratar do alcance universal da Declaração de 1948, observa René Cassin: "Seja-me permitido, antes de concluir, resumir as características da Declaração, elaborada a partir de nossos debates no período de 1947 a 1948. Esta Declaração se caracteriza, primeiramente, por sua amplitude. Com-

---

Resolução n. 60/251 da Assembleia Geral, com consultas permanentes, intersetoriais e transparentes. Até 2018, havia 44 procedimentos especiais temáticos (entre relatores especiais, *experts* independentes e grupos de trabalho, incluindo a criação de uma Relatoria Especial sobre Direitos Culturais em 2009; de uma Relatoria Especial sobre Promoção da Verdade, Justiça, Reparação e Garantias de Não Repetição em 2011; e de uma Relatoria Especial sobre o direito à privacidade em 2015) e 12 procedimentos especiais por país. Disponível em: http://www2.ohchr.org/english/bodies/chr/special/themes.htm; http://www2.ohchr.org/english/bodies/chr/special/countries.htm. Durante a 5ª sessão do Conselho de Direitos Humanos, em junho de 2007, foi adotada a Resolução 5/1, que define a estrutura institucional do Conselho de Direitos Humanos, com regras sobre o Mecanismo de Revisão Periódica, procedimentos especiais, comitê consultivo, mecanismos de denúncia, método de trabalho e regras de procedimento. Há também uma relação com os mandatos dos relatores especiais, grupos de trabalho e *experts* independentes. Foi elaborado um Código de conduta dos mandatários de procedimentos especiais, adotado na Resolução 5/2. Consultar: www2.ohchr.org/english/bodies/chr/special/index.htm.

45. A Declaração Universal foi aprovada pela Resolução n. 217 A (III) da Assembleia Geral, em 10 de dezembro de 1948, por 48 votos a zero e oito abstenções. Os oito Estados que se abstiveram foram: Bielo-rússia, Checoslováquia, Polônia, Arábia Saudita, Ucrânia, URSS, África do Sul e Iugoslávia. Observe-se que em Helsinki, em 1975, no Ato Final da Conferência sobre Segurança e Cooperação na Europa, os Estados comunistas da Europa aderiram expressamente à Declaração Universal.

46. Cf. Eduardo Muylaert Antunes: "A Declaração Universal dos Direitos Humanos se impõe com 'o valor da afirmação de uma ética universal' e conservará sempre seu lugar de símbolo e de ideal" (Natureza jurídica da Declaração Universal de Direitos Humanos, *Revista dos Tribunais*, n. 446, p. 35).

preende um conjunto de direitos e faculdades sem as quais um ser humano não pode desenvolver sua personalidade física, moral e intelectual. Sua segunda característica é a universalidade: é aplicável a todas as pessoas de todos os países, raças, religiões e sexos, seja qual for o regime político dos territórios nos quais incide. Ao finalizar os trabalhos, a Assembleia Geral, graças à minha proposição, proclamou a Declaração Universal, tendo em vista que, até então, ao longo dos trabalhos, era denominada Declaração internacional. Ao fazê-lo, conscientemente, a comunidade internacional reconheceu que o indivíduo é membro direto da sociedade humana, na condição de sujeito direto do Direito das Gentes. Naturalmente, é cidadão de seu país, mas também é cidadão do mundo, pelo fato mesmo da proteção internacional que lhe é assegurada. Tais são as características centrais da Declaração. (...) A Declaração, adotada (com apenas 8 abstenções, em face de 48 votos favoráveis), teve imediatamente uma grande repercussão moral nas Nações. Os povos começaram a ter consciência de que o conjunto da comunidade humana se interessava pelo seu destino"[47].

Como explica Celso Lafer, a Declaração logrou um surpreendente consenso interestatal sobre a relevância dos direitos humanos, considerando a diversidade dos regimes políticos, dos sistemas filosóficos e religiosos e das tradições culturais dos Estados-membros da ONU que a proclamaram na Resolução n. 217-A (iii) da Assembleia Geral. Na ocasião, na sessão de aprovação realizada em 10 de dezembro de 1948, o delegado brasileiro Austregésilo de Athayde, na condição de orador escolhido por seus pares, ressaltou que a Declaração era o produto de uma cooperação intelectual e moral das nações. Não resultou da imposição de "pontos de vista particulares de um povo ou de um grupo de povos, nem doutrinas políticas ou sistemas de filosofia". Sublinhou que "a sua força vem precisamente da diversidade de pensamento, de cultura e de concepção de vida de cada representante. Unidos, formamos a grande comunidade do mundo e é exatamente dessa união que decorre a nossa autoridade moral e política". Prossegue Celso Lafer a esclarecer que a Declaração, ao lograr este consenso moral e político, em muito deve a um reduzido número de personagens decisivos na sua formulação e subsequente aprovação. São eles: Eleanor Roosevelt dos EUA, René Cassin da França; Charles Malik do Líbano, Peng-chan Chung da China e John P. Humphrey do secretariado da ONU, cabendo também lembrar Hernán Santa Cruz do Chile.

---

47. René Cassin, El problema de la realización de los derechos humanos en la sociedad universal, in *Viente años de evolución de los derechos humanos*, p. 397.

A Declaração Universal de 1948 objetiva delinear uma ordem pública mundial fundada no respeito à dignidade humana, ao consagrar valores básicos universais. Desde seu preâmbulo, afirma que "todas as pessoas nascem livres e iguais em dignidade e direitos". Para a Declaração Universal a condição de pessoa é o requisito único e exclusivo para a titularidade de direitos. A universalidade dos direitos humanos traduz a absoluta ruptura com o legado nazista, que condicionava a titularidade de direitos à pertinência à determinada raça (a raça pura ariana). A dignidade humana como fundamento dos direitos humanos e valor intrínseco à condição humana é concepção que, posteriormente, viria a ser incorporada por todos os tratados e declarações de direitos humanos, que passaram a integrar o chamado Direito Internacional dos Direitos Humanos. Reconhece a Declaração Universal a necessidade de proteger as pessoas do temor e da necessidade, aludindo às graves violações que levaram ao desprezo e ao desrespeito de direitos resultando em atos bárbaros que ultrajaram a consciência da humanidade. Reitera o compromisso dos Estados na promoção do respeito universal de direitos e liberdades fundamentais, considerando a relevância de uma compreensão comum de direitos e liberdades.

Além da universalidade dos direitos humanos, a Declaração de 1948 ainda introduz a indivisibilidade desses direitos, ao ineditamente conjugar o catálogo dos direitos civis e políticos com o dos direitos econômicos, sociais e culturais. De fato, concebida como a interpretação autorizada dos arts. 1º (3) e 55 da Carta da ONU, no sentido de aclarar, definir e decifrar a expressão "direitos humanos e liberdades fundamentais", a Declaração de 1948 estabelece duas categorias de direitos: os direitos civis e políticos e os direitos econômicos, sociais e culturais. Combina, assim, o discurso liberal e o discurso social da cidadania, conjugando o valor da liberdade com o valor da igualdade.

À luz de uma perspectiva histórica, observa-se que até então intensa era a dicotomia entre o direito à liberdade e o direito à igualdade. No final do século XVIII, as Declarações de Direitos, seja a Declaração Francesa de 1789, seja a Declaração Americana de 1776, consagravam a ótica contratualista liberal, pela qual os direitos humanos se reduziam aos direitos à liberdade, segurança e propriedade, complementados pela resistência à opressão. O discurso liberal da cidadania nascia no seio do movimento pelo constitucionalismo e da emergência do modelo de Estado Liberal[48], sob a influência das

---

48. Na ótica liberal, a ideia de Constituição é de uma garantia. O Estado Liberal constitucional é o que entrega à Constituição a salvaguarda da liberdade e dos direitos dos

ideias de Locke, Montesquieu e Rousseau. Diante do Absolutismo, fazia-se necessário evitar os excessos, o abuso e o arbítrio do poder. Nesse momento histórico, os direitos humanos surgem como reação e resposta aos excessos do regime absolutista, na tentativa de impor controle e limites à abusiva atuação do Estado. A solução era limitar e controlar o poder do Estado, que deveria se pautar na legalidade e respeitar os direitos fundamentais[49]. A não atuação estatal significava liberdade[50]. Daí o primado do valor da liberdade, com a supremacia dos direitos civis e políticos e a ausência de previsão de qualquer direito social, econômico e cultural que dependesse da intervenção do Estado.

---

cidadãos. Como verdadeiro marco simbólico do Liberalismo, merece destaque o art. 16 da Declaração dos Direitos do Homem e do Cidadão da França, de 1789, que estabelecia: "Qualquer sociedade em que não esteja assegurada a garantia dos direitos, nem estabelecida a separação dos poderes, não tem Constituição". Sobre a matéria, comenta Paulo Bonavides: "Na doutrina do Liberalismo, o Estado sempre foi o fantasma que atemorizou o indivíduo. O poder, de que não pode prescindir o ordenamento estatal, aparece, de início, na moderna teoria constitucional como o maior inimigo da liberdade" (*Do Estado Liberal ao Estado Social*, p. 27). Daí o implemento de técnica de contenção do poder do Estado, que inspirou a ideia dos direitos fundamentais e da divisão dos Poderes. Para Norberto Bobbio: "a doutrina do Estado liberal é *in primis* a doutrina dos limites jurídicos do poder estatal. Sem individualismo não há liberalismo. O liberalismo é uma doutrina do Estado limitado tanto com respeito aos seus poderes quanto às suas funções. A noção corrente que serve para representar o primeiro é o Estado de Direito; a noção corrente para representar o segundo é Estado mínimo" (Norberto Bobbio, *Liberalismo e democracia*, p. 16-17).

49. No final do século XVIII e início do século XIX, o discurso dos direitos humanos foi uma resposta contestatória ao Absolutismo. Sobre o assunto, observa Nelson Saldanha: "O Estado Liberal, teoricamente nascido do consentimento dos indivíduos, tinha por finalidade fazer valerem os direitos destes. Daí a necessidade de estabelecer os limites do poder, mais as relações entre este poder e aqueles direitos. Ou seja, o Estado existiria para garantir tais direitos. No entendimento liberal ortodoxo, portanto, o Estado deveria ter por núcleo um sistema de garantias, e a primeira garantia seria a própria separação dos poderes. Daí a fundamental e primacial relevância do 'princípio' da separação dos poderes, um tema já legível em Aristóteles, retomado por Locke e reformulado com maior eficácia por Montesquieu. Para fixar, verbal e institucionalmente, a divisão do poder, ou, por outra, a separação dos poderes, o Estado Liberal precisou de um instrumento jurídico, a Constituição, que o converteu em Estado constitucional" (*O Estado Moderno e a separação dos Poderes*, p. 38).

50. Ilustrativamente, Hobbes definia a liberdade como "não impedimento" (*absence of opposition*), enquanto Montesquieu a conceituava como "o direito de fazer tudo o que as leis permitem" (*le droit de faire tout ce que les droit permettent*). A liberdade consistia, nas palavras de Bobbio, na ação dentro da esfera do permitido, isto é, do que não é nem comandado nem proibido (Celso Lafer, *Ensaios sobre a liberdade*, p. 18-19).

Caminhando na história, verifica-se que, especialmente após a Primeira Guerra Mundial, ao lado do discurso liberal da cidadania, fortalece-se o discurso social da cidadania, e, sob as influências da concepção marxista-leninista, é elaborada a Declaração dos Direitos do Povo Trabalhador e Explorado da então República Soviética Russa, em 1918[51]. Do primado da liberdade se transita ao primado do valor da igualdade. O Estado passa a ser visto como agente de processos transformadores, e o direito à abstenção do Estado, nesse sentido, converte-se em direito à atuação estatal, com a emergência dos direitos à prestação social. A Declaração dos Direitos do Povo Trabalhador e Explorado da República Soviética Russa de 1918, bem como as Constituições sociais do início do século XX (ex.: Constituição de Weimar de 1919, Constituição mexicana de 1917 etc.), primou por conter um discurso social da cidadania, em que a igualdade era o direito basilar e um extenso elenco de direitos econômicos, sociais e culturais era previsto.

Essa breve digressão histórica tem o sentido de demonstrar quão dicotômica se apresentava a linguagem dos direitos: de um lado, direitos civis e políticos; do outro, direitos sociais, econômicos e culturais.

Considerando esse contexto, a Declaração de 1948 introduz extraordinária inovação ao conter uma linguagem de direitos até então inédita. Combinando o discurso liberal da cidadania com o discurso social, a Declaração passa a elencar tanto direitos civis e políticos (arts. 3º a 21) como direitos sociais, econômicos e culturais (arts. 22 a 28)[52]. Duas são as ino-

---

51. A Declaração dos Direitos do Povo Trabalhador e Explorado, prevista na 1ª Parte da Constituição da República Socialista Soviética de 1918, estabeleceu, em seu art. 3º, a abolição da propriedade privada da terra, a assunção da propriedade dos meios de produção pelo Estado e a soberania do povo trabalhador.

52. Nas palavras de Louis B. Sohn e Thomas Buergenthal: "A Declaração Universal de Direitos Humanos se distingue das tradicionais Cartas de direitos humanos que constam de diversas normas fundamentais e constitucionais dos séculos XVIII e XIX e começo do século XX, na medida em que ela consagra não apenas direitos civis e políticos, mas também direitos econômicos, sociais e culturais, como o direito ao trabalho e à educação" (*International protection of human rights*, p. 516). Quanto à classificação dos direitos constantes da Declaração, adverte Antonio Cassesse: "Mas vamos examinar o conteúdo da Declaração de forma mais aprofundada. Para este propósito, é melhor nos deixarmos orientar, ao menos em determinado sentido, por um dos pais da Declaração, o francês René Cassin, que descreveu seu escopo do modo a seguir. Primeiramente, trata a Declaração dos direitos pessoais (os direitos à igualdade, à vida, à liberdade e à segurança etc... — arts. 3º a 11). Posteriormente, são previstos direitos que dizem respeito ao indivíduo em sua relação com

vações introduzidas pela Declaração: a) parificar, em igualdade de importância, os direitos civis e políticos e os direitos econômicos, sociais e

---

grupos sociais nos quais ele participa (o direito à privacidade da vida familiar e o direito ao casamento; o direito à liberdade de movimento no âmbito nacional ou fora dele; o direito à nacionalidade; o direito ao asilo, na hipótese de perseguição; direitos de propriedade e de praticar a religião — arts. 12 a 17). O terceiro grupo de direitos se refere às liberdades civis e aos direitos políticos exercidos no sentido de contribuir para a formação de órgãos governamentais e participar do processo de decisão (liberdade de consciência, pensamento e expressão; liberdade de associação e assembleia; direito de votar e ser eleito; direito ao acesso ao governo e à administração pública — arts. 18 a 21). A quarta categoria de direitos se refere aos direitos exercidos nos campos econômicos e sociais (ex.: aqueles direitos que se operam nas esferas do trabalho e das relações de produção, o direito à educação, o direito ao trabalho e à assistência social e à livre escolha de emprego, a justas condições de trabalho, ao igual pagamento para igual trabalho, o direito de fundar sindicatos e deles participar; o direito ao descanso e ao lazer; o direito à saúde, à educação e o direito de participar livremente na vida cultural da comunidade — arts. 22 a 27)" (Antonio Cassesse, *Human rights in a changing world*, p. 38-39). Sobre o tema, observa José Augusto Lindgren Alves que "mais acurada é a classificação feita por Jack Donnelly, quando sustenta que a Declaração de 1948 enuncia as seguintes categorias de direitos: 1) direitos pessoais, incluindo os direitos à vida, à nacionalidade, ao reconhecimento perante a lei, à proteção contra tratamentos ou punições cruéis, degradantes ou desumanas e à proteção contra a discriminação racial, étnica, sexual ou religiosa (arts. 2º a 7º e 15); 2) direitos judiciais, incluindo o acesso a remédios por violação dos direitos básicos, a presunção de inocência, a garantia de processo público justo e imparcial, a irretroatividade das leis penais, a proteção contra a prisão, detenção ou exílio arbitrários, e contra a interferência na família, no lar e na reputação (arts. 8ª a 12); 3) liberdades civis, especialmente as liberdades de pensamento, consciência e religião, de opinião e expressão, de movimento e resistência, de reunião e de associação pacífica (arts. 13 e de 18 a 20); 4) direitos de subsistência, particularmente os direitos à alimentação e a um padrão de vida adequado à saúde e ao bem-estar próprio e da família (art. 25); 5) direitos econômicos, incluindo principalmente os direitos ao trabalho, ao repouso e ao lazer, e à segurança social (arts. 22 a 24); 6) direitos sociais e culturais, especialmente os direitos à instrução e à participação na vida cultural da comunidade (arts. 26 a 28); 7) direitos políticos, principalmente os direitos a tomar parte no governo e a eleições legítimas com sufrágio universal e igual (art. 21), acrescido dos aspectos políticos de muitas liberdades civis" (Jack Donnelly, *International human rights: a regime analysis, International Organization*, Massachusetts Institute of Technology, Summer 1986, p. 599-642, apud José Augusto Lindgren Alves, *O sistema internacional de proteção dos direitos*, p. 89). Na lição de Celso D. de Albuquerque Mello, a Declaração Universal "tem sido dividida pelos autores em quatro partes: a) normas gerais (arts. 1º e 2º, 28, 29 e 30); b) direitos e liberdades fundamentais (arts. 3º a 20); c) direitos políticos (art. 21); d) direitos econômicos e sociais (arts. 22 a 27)" (*Curso de direito internacional público*, p. 531).

culturais; e b) afirmar a inter-relação, indivisibilidade e interdependência de tais direitos.

Ao conjugar o valor da liberdade com o da igualdade, a Declaração introduz a concepção contemporânea de direitos humanos, pela qual esses direitos passam a ser concebidos como uma unidade interdependente e indivisível. Assim, partindo do critério metodológico que classifica os direitos humanos em gerações[53], compartilha-se do entendimento de que uma geração de direitos não substitui a outra, mas com ela interage. Isto é, afasta-se a equivocada visão da sucessão "geracional" de direitos, na medida em que se acolhe a ideia da expansão, cumulação e fortalecimento dos direitos humanos, todos essencialmente complementares e em constante dinâmica de interação. Logo, apresentando os direitos humanos uma unidade indivisível, revela-se esvaziado o direito à liberdade quando não assegurado o direito à igualdade; por sua vez, esvaziado, revela-se o direito à igualdade quando não assegurada a liberdade. Ao tratar da indivisibi-

---

[53]. A partir desse critério, os direitos de primeira geração correspondem aos direitos civis e políticos, que traduzem o valor da liberdade; os direitos de segunda geração correspondem aos direitos sociais, econômicos e culturais, que traduzem, por sua vez, o valor da igualdade; já os direitos de terceira geração correspondem ao direito ao desenvolvimento, direito à paz, à livre determinação, traduzindo o valor da solidariedade. Sobre a matéria, Hector Gross Espiell, *Estudios sobre derechos humanos*, p. 328-332. Do mesmo autor, *Los derechos económicos, sociales y culturales en el sistema interamericano*. Também essa é a lição de Paulo Bonavides, que sustenta que os direitos de primeira geração são os direitos de liberdade, os primeiros a constar do instrumento normativo constitucional, a saber, os direitos civis e políticos, que em grande parte correspondem, por um prisma histórico, à fase inaugural do constitucionalismo do Ocidente. Já os direitos de segunda geração, característicos do século XX, são os direitos sociais, culturais e econômicos introduzidos no constitucionalismo do Estado Social. Por sua vez, os direitos de terceira geração não se destinam especificamente à proteção dos interesses de um indivíduo, de um grupo ou de determinado Estado, mas apresentam como destinatário o gênero humano. São direitos da fraternidade, como o direito ao desenvolvimento, à paz, ao meio ambiente, o direito de propriedade sobre o patrimônio comum da humanidade e o direito de comunicação (Paulo Bonavides, *Curso de direito constitucional*, 4. ed., p. 474-482). Ainda sobre a ideia de gerações de direitos humanos, explica Burns H. Weston: "A esse respeito, particularmente útil é a noção de 'três gerações de direitos humanos' elaborada pelo jurista francês Karel Vasak. Sob a inspiração dos três temas da Revolução Francesa, estas três gerações de direitos são as seguintes: a primeira geração se refere aos direitos civis e políticos (*liberté*); a segunda geração aos direitos econômicos, sociais e culturais (*égalité*); e a terceira geração se refere aos novos direitos de solidariedade (*fraternité*)" (Burns H. Weston, Human rights, in *Human rights in the world community*, p. 16-17). Sobre a matéria, consultar ainda A. E. Pérez Luño, *Los derechos fundamentales*, T. H. Marshall, *Cidadania, classe social e "status"*.

lidade dos direitos humanos, afirma Louis Henkin: "Os direitos considerados fundamentais incluem não apenas limitações que inibem a interferência dos governos nos direitos civis e políticos, mas envolvem obrigações governamentais de cunho positivo em prol da promoção do bem-estar econômico e social, pressupondo um Governo que seja ativo, interventor, planejador e comprometido com os programas econômico-sociais da sociedade que, por sua vez, os transforma em direitos econômicos e sociais para os indivíduos"[54].

Vale dizer, sem a efetividade dos direitos econômicos, sociais e culturais, os direitos civis e políticos se reduzem a meras categorias formais, enquanto, sem a realização dos direitos civis e políticos, ou seja, sem a efetividade da liberdade entendida em seu mais amplo sentido, os direitos econômicos, sociais e culturais carecem de verdadeira significação. Não há mais como cogitar da liberdade divorciada da justiça social, como também infrutífero pensar na justiça social divorciada da liberdade. Em suma, todos os direitos humanos constituem um complexo integral, único e indivisível, no qual os diferentes direitos estão necessariamente inter-relacionados e são interdependentes entre si.

Como estabeleceu a Resolução n. 32/130 da Assembleia Geral das Nações Unidas: "Todos os direitos humanos, qualquer que seja o tipo a que pertencem, se inter-relacionam necessariamente entre si, e são indivisíveis e interdependentes"[55]. Essa concepção foi reiterada na Declaração de Di-

---

54. Louis Henkin, *The age of rights*, p. 6-7. Também sobre a indivisibilidade dos direitos humanos, interessante é a visão de Richard Pierre Claude e Burns H. Weston, quando afirmam que esses direitos expressam demandas sobre os seguintes valores: "1) respeito (insistindo, por exemplo, na não discriminação); 2) poder (clamando por uma ampla participação política); 3) recursos materiais; 4) *enlightenment* (envolvendo o conhecimento e a informação); 5) bem-estar (garantias de sobrevivência do indivíduo e de grupos sociais); 6) habilidades (otimizando talentos e auxiliando nas deficiências); 7) *affection* (ex.: liberdade de dar contribuições e recebê-las de grupos de sua própria escolha); e 8) integridade moral (requerendo uma ordem pública na qual os indivíduos possam agir com responsabilidade, orientados pelo interesse comum). Direitos humanos, concebidos em termos destes 8 valores, envolvem a preocupação em criar uma ordem pública mundial fundada no respeito à dignidade humana" (*Human rights in the world community*, p. 5). No entanto, pondera Norberto Bobbio: "As sociedades são mais livres na medida em que são menos justas e mais justas na medida em que são menos livres" (*A era dos direitos*, p. 43).

55. Sobre a Resolução n. 32/130, afirma Antônio Augusto Cançado Trindade: "Aquela Resolução (n. 32/130), ao endossar a asserção da Proclamação de Teerã de 1968, reafirmou a indivisibilidade a partir de uma perspectiva globalista, e deu prioridade à busca de soluções

reitos Humanos de Viena de 1993, que afirma, em seu § 5º, que os direitos humanos são universais, indivisíveis, interdependentes e inter-relacionados.

Seja por fixar a ideia de que os direitos humanos são universais, decorrentes da dignidade humana e não derivados das peculiaridades sociais e culturais de determinada sociedade, seja por incluir em seu elenco não só direitos civis e políticos, mas também sociais, econômicos e culturais, a Declaração de 1948 demarca a concepção contemporânea dos direitos humanos[56].

A Declaração Universal de Direitos Humanos de 1948 vem a introduzir a chamada concepção contemporânea de direitos humanos, alicerçada na universalidade e na indivisibilidade desses direitos, tendo como fundamento ético o valor da dignidade humana. Universalidade porque clama pela extensão universal dos direitos humanos, sob a crença de que a condição de pessoa é o requisito único para a titularidade de direitos, considerando o ser humano um ser essencialmente moral, dotado de unicidade existencial e dignidade, esta como valor intrínseco à condição humana. Indivisibilidade porque a garantia dos direitos civis e políticos é condição para a observância dos direitos sociais, econômicos e culturais e vice-versa. Quando um deles é violado, os demais também o são. Os direitos humanos compõem, assim, uma unidade indivisível, interdependente e inter-relacionada, capaz de conjugar o catálogo de direitos civis e políticos com o catálogo de direitos sociais, econômicos e culturais.

Mas qual o valor jurídico da Declaração Universal de 1948?

A Declaração Universal não é um tratado. Foi adotada pela Assembleia Geral das Nações Unidas sob a forma de resolução, que, por sua vez, não apresenta força de lei[57]. O propósito da Declaração, como proclama seu

---

para as violações maciças e flagrantes dos direitos humanos. Para a formação deste novo *ethos*, fixando parâmetros de conduta em torno de valores básicos universais, também contribuiu o reconhecimento da interação entre os direitos humanos e a paz consignado na Ata Final de Helsinque de 1975" (A proteção internacional dos direitos humanos no limiar do novo século e as perspectivas brasileiras, in *Temas de política externa brasileira II*, v. 1, 1994, p. 169).

56. O movimento do relativismo cultural, contrário à concepção universalista dos direitos humanos, será tema do próximo tópico. Já a discussão sobre a inclusão dos direitos sociais, econômicos e culturais na concepção de direitos humanos será tratada no tópico referente ao Pacto Internacional dos Direitos Econômicos, Sociais e Culturais.

57. Como acentuou Roosevelt, à época representante da Comissão de Direitos Humanos e representante dos Estados Unidos: "Ao aprovar esta Declaração hoje, é de primeira

preâmbulo, é promover o reconhecimento universal dos direitos humanos e das liberdades fundamentais a que faz menção a Carta da ONU, particularmente nos arts. 1º (3) e 55.

Por isso, como já aludido, a Declaração Universal tem sido concebida como a interpretação autorizada da expressão "direitos humanos", constante da Carta das Nações Unidas, apresentando, por esse motivo, força jurídica vinculante. Os Estados-membros das Nações Unidas têm, assim, a obrigação de promover o respeito e a observância universal dos direitos proclamados pela Declaração. Nesse sentido, estabelece o art. 28 da Declaração que todos têm direito a uma ordem social e internacional em que os direitos e liberdades sejam plenamente realizados. Ao tecer a inter-relação entre a Declaração Universal e a Carta da ONU, acentua Paul Sieghart: "Ainda um outro argumento, e um argumento que entendo pessoalmente persuasivo, é aquele que considera a Carta da ONU e a Declaração como documentos inter-relacionados. O art. 55 da Carta prevê que as Nações Unidas devem promover o respeito e a observância universal dos direitos humanos e das liberdades fundamentais para todos, sem distinção de raça, sexo, língua ou religião; e o art. 56 adiciona que todos os Membros se comprometem a intentar ações conjuntas ou separadas para o alcance dos propósitos enunciados no art. 55. A Carta nunca definiu os 'direitos humanos e as liberdades fundamentais' que os Estados membros da ONU se comprometem a respeitar e a observar, mas a Declaração traz a definição, com uma clara referência ao compromisso dos Estados em seu próprio preâmbulo"[58].

---

importância ter a clareza das características básicas deste documento. Ele não é um tratado; ele não é um acordo internacional. Ele não é e não pretende ser um instrumento legal ou que contenha obrigação legal. É uma declaração de princípios básicos de direitos humanos e liberdades, que será selada com aprovação dos povos de todas as Nações" (Whiteman, *Digest of international law*, 623, 1965).

58. Paul Sieghart, International human rights law: some current problems, in Robert Blackburn e John Taylor (eds.), *Human rights for the 1990s: legal, political and ethical issues*, p. 30. No mesmo sentido, afirma Thomas Buergenthal: "A Declaração veio simbolizar o que a comunidade internacional entendia por 'direitos humanos', fortalecendo a convicção de que todos os Governos têm a obrigação de assegurar o exercício dos direitos proclamados pela Declaração" (*International human rights*, p. 30-31). Observe-se que a Declaração de Teerã de 1968 reitera essa concepção, ao proclamar que a Declaração Universal dos Direitos Humanos estabelece um entendimento comum dos povos do mundo concernente à inalienabilidade e inviolabilidade dos direitos de todos os membros da família humana, que constituem uma obrigação para os membros da comunidade internacional. A Assembleia

Há, contudo, aqueles que defendem que a Declaração teria força jurídica vinculante por integrar o direito costumeiro internacional e/ou os princípios gerais de direito, apresentando, assim, força jurídica vinculante. Para essa corrente, três são as argumentações centrais: a) a incorporação das previsões da Declaração atinentes aos direitos humanos pelas Constituições nacionais; b) as frequentes referências feitas por resoluções das Nações Unidas à obrigação legal de todos os Estados de observar a Declaração Universal; e c) decisões proferidas pelas Cortes nacionais que se referem à Declaração Universal como fonte de direito. Nessa ótica, por exemplo, a proibição da escravidão, do genocídio, da tortura, de qualquer tratamento cruel, desumano ou degradante e de outros dispositivos da Declaração consensualmente aceitos[59] assumem o valor de direito costumeiro internacional ou princípio geral do Direito Internacional, aplicando-se a todos os Estados e não apenas aos signatários da Declaração. No dizer de John P. Humphrey: "Independente da intenção dos redatores da Declaração em 1948, hoje a Declaração é parte do direito costumeiro das nações e é, portanto, vinculante a todos os Estados. A Declaração Universal e os princípios nela enunciados têm sido oficialmente invocados em muitas ocasiões, tanto no âmbito das Nações Unidas, como fora dele"[60]. No mesmo sentido,

---

Geral da ONU, em dezembro de 1968, endossou a proclamação de Teerã como uma importante reafirmação dos princípios consagrados pela Declaração Universal dos Direitos Humanos.

59. Esse elenco de direitos é meramente exemplificativo, uma vez que a dinâmica das relações internacionais é que apontará quais direitos passarão a ter o *status* de direito costumeiro internacional.

60. John P. Humphrey, The implementation of international human rights law, *N. Y. L. S. L. Rev.* n. 24, 1978, p. 31-32. Na opinião de Paul Sieghart: "Alguns têm a visão de que a Declaração não pode constituir uma norma de Direito Internacional juridicamente vinculante, já que afirma, em seu próprio preâmbulo, que é não mais que um código comum a ser observado por todos os povos e nações, que devem através do ensino e educação promover o respeito aos direitos e liberdades que ela declara, bem como assegurar, mediante medidas progressivas, seu reconhecimento e observância efetiva e universal. Em sentido contrário, estudiosos como o Professor John P. Humphrey — que tem a distinção, como primeiro Diretor da Divisão de Direitos Humanos da ONU, de ter preparado o primeiro projeto da Declaração Universal — sustentam que, após 39 anos que se passaram desde a sua adoção, a Declaração se tornou de fato parte do direito costumeiro internacional. Em suporte a esta tese, eles apontam o fato de que, durante esse período, inúmeros governos dos Estados soberanos — como também a Assembleia Geral da ONU — têm invocado a Declaração para justificar algumas posições adotadas no âmbito internacional; além disso, ao longo desse período, não houve qualquer Governo que fizesse um pronunciamento oficial atacando a Declaração ou qualquer de seus enunciados; ademais, muitos dos novos Estados soberanos

leciona Richard B. Lillich: "pode-se hoje persuasivamente afirmar que partes substanciais da Declaração Universal — uma resolução da Assembleia Geral da ONU adotada em 1948 sem qualquer dissenso e originalmente concebida de modo a não conter obrigações internacionais — tem se tornado parte do direito costumeiro internacional, vinculante a todos os Estados. Esta visão, a princípio defendida por juristas mas, posteriormente, reiterada por conferências internacionais, pela prática dos Estados e inclusive por decisões judiciais, parece hoje ter alcançado uma aceitação generalizada"[61].

Para esse estudo, a Declaração Universal de 1948, ainda que não assuma a forma de tratado internacional, apresenta força jurídica obrigatória e vinculante, na medida em que constitui a interpretação autorizada da expressão "direitos humanos" constante dos arts. 1º (3) e 55 da Carta das Nações Unidas. Ressalte-se que, à luz da Carta, os Estados assumem o compromisso de assegurar o respeito universal e efetivo aos direitos humanos.

---

que participam agora do cenário internacional têm incorporado todo ou parte de seu conteúdo em suas Constituições nacionais" (Paul Sieghart, *International human rights law*, p. 29).

61. Richard B. Lillich, Civil rights, in Theodor Meron (ed.), *Human rights in international law: legal and policy issues*, p. 116-117. Na análise de Eibe H. Riedel: "Os Estados ocidentais consideram a Declaração Universal como um documento declaratório de direitos humanos geralmente reconhecidos e preexistentes, vinculante a todos os Estados, como regras de direito costumeiro" (Eibe H. Riedel, Assertion and protection of human rights in international treaties and their impact in the basic law, in *Rights, institutions and impact of international law according to the German Basic Law*, Baden-Baden, 1987, p. 202). Ainda sobre a matéria, anota Henkin: "Richard Bilder, um *scholar* internacional, tem sugerido que os parâmetros fixados pela Declaração Universal de Direitos Humanos, embora inicialmente declaratórios e não vinculantes, têm a partir de agora, com a ampla aceitação das Nações relativamente aos seus efeitos normativos, se transformado em direito costumeiro vinculante. Independentemente do valor deste argumento, é certo que a Declaração, na prática, tem sido frequentemente invocada como se apresentasse efeito juridicamente vinculante, tanto pelas nações, como pelos indivíduos e grupos" (The status of international human rights law: an overview, 1978, apud *International law: cases and materials*, p. 1 e 8). No mesmo sentido, afirma José Augusto Lindgren Alves: "Para a maioria dos estudiosos do assunto, a força da Declaração Universal dos Direitos Humanos, como a de qualquer outro documento congênere, advém de sua conversão gradativa em norma consuetudinária. Independentemente da doutrina esposada, o que se verifica na prática é a invocação generalizada da Declaração Universal como regra dotada de *jus cogens*, invocação que não tem sido contestada sequer pelos Estados mais acusados de violações de seus dispositivos" (O sistema internacional de proteção dos direitos humanos e o Brasil, p. 91).

Ademais, a natureza jurídica vinculante da Declaração Universal é reforçada pelo fato de — na qualidade de um dos mais influentes instrumentos jurídicos e políticos do século XX — ter-se transformado, ao longo dos mais de cinquenta anos de sua adoção, em direito costumeiro internacional e princípio geral do Direito Internacional[62].

Com efeito, a Declaração se impõe como um código de atuação e de conduta para os Estados integrantes da comunidade internacional. Seu principal significado é consagrar o reconhecimento universal dos direitos humanos pelos Estados, consolidando um parâmetro internacional para a proteção desses direitos. A Declaração ainda exerce impacto nas ordens jurídicas nacionais, na medida em que os direitos nela previstos têm sido incorporados por Constituições nacionais e, por vezes, servem como fonte para decisões judiciais nacionais[63]. Internacionalmente, a Declaração tem estimulado a elaboração de instrumentos voltados à proteção dos direitos humanos e tem sido referência para a adoção de resoluções no âmbito das Nações Unidas. Acrescente-se, por fim, a reflexão de Antonio Cassesse: "Qual é o real valor da Declaração? Eu pretendi até agora demonstrar que a Declaração tem, quase que imperceptivelmente, produzido muitos efeitos práticos — a maior parte deles visível apenas a longo prazo. O mais importante é o efeito que eu devo definir em termos essencialmente negativos: a Declaração

---

62. Sobre a matéria, leciona Jorge Miranda: "O que resta saber é se o conteúdo da Declaração não pode ser desprendido dessa forma e situado noutra perspectiva. Parte da doutrina contesta tal possibilidade, por não atribuir às cláusulas da Declaração senão o valor de recomendação. Outra, pelo contrário, vê nela um texto interpretativo da Carta, pelo que participaria da sua natureza e força jurídica. E ainda há aqueles que perscrutam nas proposições da Declaração a tradução de princípios gerais de Direito Internacional" (*Manual de direito constitucional*, v. 4, p. 203).

63. Apenas a título de exemplo, ver decisão proferida pelo Tribunal de Alçada do Rio Grande do Sul, nos Embargos Infringentes n. 1002871119. O objeto do processo era a ocupação, por 117 famílias, de uma área situada na zona urbana de Canoas, de 423.650 metros. Os advogados dos proprietários invocaram o direito de propriedade com base no Código Civil e na Constituição, enquanto os advogados dos ocupadores argumentaram invocando o direito à vida e o direito à dignidade, proclamados pela Declaração Universal dos Direitos Humanos, da qual o Brasil é um dos signatários. Levado a julgamento de segunda instância por efeito de recurso de ambas as partes descontentes com o resultado da decisão de primeira instância, a decisão dos embargos foi favorável aos ocupadores, tendo sido a partir daí invocada como jurisprudência para decisões de casos semelhantes no Rio Grande do Sul. Sobre essa decisão judicial e sobre as implicações políticas inerentes às concepções de "legalidade" e às de "legitimidade" prevalecentes nas sentenças judiciais, ver José Eduardo Faria, *Justiça e conflito: os juízes em face dos novos movimentos sociais*, p. 114.

é um dos parâmetros fundamentais pelos quais a comunidade internacional 'deslegitima' os Estados. Um Estado que sistematicamente viola a Declaração não é merecedor de aprovação por parte da comunidade mundial"[64].

e) Universalismo e relativismo cultural

A concepção universal dos direitos humanos demarcada pela Declaração sofreu e sofre, entretanto, fortes resistências dos adeptos do movimento do relativismo cultural. O debate entre os universalistas e os relativistas culturais retoma o velho dilema sobre o alcance das normas de direitos humanos: podem elas ter um sentido universal ou são culturalmente relativas? Essa disputa alcança novo vigor em face do movimento internacional dos direitos humanos, na medida em que tal movimento flexibiliza as noções de soberania nacional e jurisdição doméstica, ao consagrar um parâmetro internacional mínimo, relativo à proteção dos direitos humanos, aos quais os Estados devem se conformar.

Para os relativistas, a noção de direito está estritamente relacionada ao sistema político, econômico, cultural, social e moral vigente em determinada sociedade. Sob esse prisma, cada cultura possui seu próprio discurso acerca dos direitos fundamentais, que está relacionado às específicas circunstâncias culturais e históricas de cada sociedade. Nesse sentido, acreditam os relativistas, o pluralismo cultural impede a formação de uma moral universal, tornando-se necessário que se respeitem as diferenças culturais apresentadas por cada sociedade, bem como seu peculiar sistema moral. A título de exemplo, bastaria citar as diferenças de padrões morais e culturais entre o islamismo e o hinduísmo e o mundo ocidental, no que tange ao movimento de direitos humanos. Como ilustração, caberia mencionar a

---

64. Cf. Antonio Cassesse, *Human rights in a changing world*, p. 46-47. Na afirmação de Louis B. Sohn e Thomas Buergenthal: "A Declaração Universal de Direitos Humanos tem, desde sua adoção, exercido poderosa influência na ordem mundial, tanto internacional como nacional. Suas previsões têm sido citadas como justificativa para várias ações adotadas pelas Nações Unidas e têm inspirado um grande número de Convenções internacionais no âmbito das Nações Unidas ou fora dele. Estas previsões também exercem uma significativa influência nas Constituições nacionais e nas legislações locais e, em diversos casos, nas decisões das Cortes. Em algumas instâncias, o texto da Declaração tem sido usado em instrumentos internacionais ou na legislação nacional e há inúmeras instâncias que usam a Declaração como um código de conduta e um instrumento capaz de medir o grau de respeito e de observância relativamente aos parâmetros internacionais de direitos humanos" (Louis B. Sohn e Thomas Buergenthal, *International protection of human rights*, p. 516).

adoção da prática da clitorectomia e da mutilação feminina por muitas sociedades da cultura não ocidental[65].

Na ótica relativista há o primado do coletivismo. Isto é, o ponto de partida é a coletividade, e o indivíduo é percebido como parte integrante da sociedade. Como se verá, diversamente, na ótica universalista, há o primado do individualismo. O ponto de partida é o indivíduo, sua liberdade e autonomia, para que, então, se avance na percepção dos grupos e das coletividades[66].

---

65. A respeito, ver relatório produzido pela Anistia Internacional, *La mutilación genital femenina y los derechos humanos: infibulación, excisión y otras prácticas cruentas de iniciación*, 1998. Compartilha-se do entendimento de José Augusto Lindgren Alves, quando afirma: "Se, na consideração dos direitos humanos, os ocidentais privilegiam o enfoque individualista, e os 'orientais' e socialistas o enfoque coletivista, se os ocidentais dão mais atenção às liberdades fundamentais e os socialistas aos direitos econômicos e sociais, os objetivos teleológicos de todos são essencialmente os mesmos. O único grupo de nações que ainda têm dificuldades para a aceitação jurídica de alguns dos direitos estabelecidos na Declaração Universal e sua adaptação às respectivas legislações e práticas nacionais é o dos países islâmicos, para quem os preceitos da lei corânica extravasam o foro íntimo, religioso, dos indivíduos, com incidência no ordenamento secular da comunidade" (Os direitos humanos como tema global, *Boletim da Sociedade Brasileira de Direito Internacional*, Brasília, DF, v. 45, n. 77/78, jan./mar. 1992, p. 47). Na percepção de Jack Donnelly: "Nós não podemos passivamente assistir a atos de tortura, desaparecimento, detenção e prisão arbitrária, racismo, antissemitismo, repressão a sindicatos e Igrejas, miséria, analfabetismo e doenças, em nome da diversidade ou respeito a tradições culturais. Nenhuma dessas práticas merece nosso respeito, ainda que seja considerada uma tradição" (*Universal rights in theory and practice*, p. 235).

66. Sobre as concepções de direitos humanos da cultura islâmica, das sociedades africanas e das culturas da Índia e China, e ainda da então União Soviética, afirma Jack Donnelly: "Uma das diferenças chaves entre a moderna concepção ocidental de dignidade humana e a concepção não ocidental se atém em muito ao elemento do individualismo constante da concepção ocidental. Os direitos relativos aos indivíduos tendem, obviamente, a ser mais individualísticos em sua realização e efeitos que os direitos concernentes a grupos. (...) Quando estes direitos situam-se em um nível básico, esse individualismo reflete a inexistência quase completa de reivindicações sociais. (...) A concepção não ocidental também aponta a essa diferença. Por exemplo, Asmaron Legesse escreve que uma diferença crítica entre a África e as tradições ocidentais se refere à importância que esta última atribui aos indivíduos em si. Nas democracias liberais do mundo ocidental, o titular primeiro de direitos é a pessoa humana. O indivíduo assume uma posição quase sagrada. Há uma perpétua e obsessiva preocupação com a dignidade do indivíduo, seu valor, autonomia e propriedade individual. (...) Escrevendo a partir de uma perspectiva islâmica, no mesmo sentido, Ahmad Yamani observa que o Ocidente é extremamente zeloso na defesa de liberdades, direitos e dignidade individual, enfatizando a importância de atos exercidos por indivíduos no exercício desses direitos, de forma a pôr em risco a comunidade" (Jack Donnelly, Human rights

Nas lições de R. J. Vincent: "O que a doutrina do relativismo cultural pretende? Primeiramente, ela sustenta que as regras sobre a moral variam de lugar para lugar. Em segundo lugar, ela afirma que a forma de compreensão dessa diversidade é colocar-se no contexto cultural em que ela se apresenta. E, em terceiro lugar, ela observa que as reivindicações morais derivam de um contexto cultural, que em si mesmo é a fonte de sua validade. Não há moral universal, já que a história do mundo é a história de uma pluralidade de culturas e, neste sentido, buscar uma universalidade, ou até mesmo o princípio de universalidade clamado por Kant, como critério para toda moralidade, é uma versão imperialista de tentar fazer com que valores de uma determinada cultura sejam gerais. (...) Há uma pluralidade de culturas no mundo e essas culturas produzem seus próprios valores"[67]. Na visão de Jack Donnelly, há diversas correntes relativistas: "No extremo, há o que nós denominamos de relativismo cultural radical, que concebe a cultura como a única fonte de validade de um direito ou regra moral. (...) Um forte relativismo cultural acredita que a cultura é a principal fonte de validade de um direito ou regra moral. (...) Um relativismo cultural fraco, por sua vez, sustenta que a cultura pode ser uma importante fonte de validade de um direito ou regra moral"[68].

Note-se que os instrumentos internacionais de direitos humanos são claramente universalistas, uma vez que buscam assegurar a proteção uni-

---

and human dignity: an analytic critique of non-western conceptions of human rights, in Snyder e Sathirathai, 1982, p. 349). Ainda sobre a matéria, consultar, do mesmo autor, *Universal human rights in theory and practice*, 1. ed., p. 49-57. A respeito do relativismo cultural e especialmente da ideia de direito nas sociedades islâmica, africana e chinesa, ver R. J. Vincent, *Human rights and international relations*, p. 37-43. Sobre a concepção individualista de direitos humanos presente no movimento do Direito Internacional dos Direitos Humanos, observa Louis Henkin: "Mas a ideia essencial de direitos humanos se relaciona com os direitos de indivíduos, não de um grupo ou coletividade. Os grupos podem ter direitos no sistema doméstico legal mas, ao menos em sua origem, o movimento de direitos humanos não se voltou a esses direitos. Posteriormente, os principais instrumentos internacionais de direitos humanos declararam o direito dos povos à autodeterminação e à soberania relativamente aos seus recursos naturais, entretanto, essas previsões constituem uma excepcional adição à concepção geral destes instrumentos, de que os direitos humanos são reivindicações de uma pessoa perante sua sociedade. Há um movimento que reconhece outras 'gerações de direitos' — os direitos à paz, ao desenvolvimento, ao meio ambiente mas nenhum desses direitos foi incorporado por um instrumento internacional de direitos humanos, que fosse legal e vinculante" (*The age of rights*, p. 5).

67. R. J. Vincent, *Human rights and international relations*, p. 37-38.
68. Jack Donnelly, *Universal human rights in theory and practice*, p. 109-110.

versal dos direitos e liberdades fundamentais. Daí a adoção de expressões como "todas as pessoas" (ex.: "todas as pessoas têm direito à vida e à liberdade" — art. 2º da Declaração), "ninguém" (ex.: "ninguém poderá ser submetido a tortura" — art. 5º da Declaração), dentre outras. Em face disso, ainda que a prerrogativa de exercer a própria cultura seja um direito fundamental (inclusive previsto na Declaração Universal), nenhuma concessão é feita às "peculiaridades culturais" quando houver risco de violação a direitos humanos fundamentais. Isto é, para os universalistas o fundamento dos direitos humanos é a dignidade humana, como valor intrínseco à própria condição humana. Nesse sentido, qualquer afronta ao chamado "mínimo ético irredutível" que comprometa a dignidade humana, ainda que em nome da cultura, importará em violação a direitos humanos. Para dialogar com Jack Donnelly, poder-se-ia sustentar a existência de diversos graus de universalismos, a depender do alcance do "mínimo ético irredutível". No entanto, a defesa, por si só, desse mínimo ético, independentemente de seu alcance, apontará para a corrente universalista — seja a um universalismo radical, forte ou fraco.

Na análise dos relativistas, a pretensão de universalidade desses instrumentos simboliza a arrogância do imperialismo cultural do mundo ocidental, que tenta universalizar suas próprias crenças. A noção universal de direitos humanos é identificada como uma noção construída pelo modelo ocidental. O universalismo induz, nessa visão, à destruição da diversidade cultural.

A essa crítica reagem os universalistas, alegando que a posição relativista revela o esforço de justificar graves casos de violações dos direitos humanos que, com base no sofisticado argumento do relativismo cultural, ficariam imunes ao controle da comunidade internacional. Argumentam que a existência de normas universais pertinentes ao valor da dignidade humana constitui exigência do mundo contemporâneo. Acrescentam ainda que, se diversos Estados optaram por ratificar instrumentos internacionais de proteção dos direitos humanos, é porque consentiram em respeitar tais direitos, não podendo isentar-se do controle da comunidade internacional na hipótese de violação desses direitos e, portanto, de descumprimento de obrigações internacionais.

A Declaração de Viena, adotada em 25 de junho de 1993, buscou responder a esse debate quando estabeleceu, em seu § 5º: "Todos os direitos humanos são universais, indivisíveis, interdependentes e inter-relacionados. A comunidade internacional deve tratar os direitos humanos globalmente, de maneira justa e equânime, com os mesmos parâmetros e com a mesma ênfase. As particularidades nacionais e regionais e bases históricas, culturais e religiosas devem ser consideradas, mas é obrigação dos Estados, independentemente de seu sistema político, econômico e cultural, promover e proteger todos os direitos humanos e liberdades fundamentais"[69]. Na avaliação de Antônio Augusto Cançado Trindade: "Compreendeu-se finalmente que a universalidade é enriquecida pela diversidade cultural, a qual jamais pode ser invocada para justificar a denegação ou violação dos direitos humanos"[70]. No mesmo sentido, observa José Augusto Lindgren Alves, ao tratar da Declaração de Viena: "Conseguiu, sim um trunfo conceitual, com repercussões normativas extraordinárias, que independe da Assembleia Geral da ONU: a reafirmação da universalidade dos direitos humanos acima de quaisquer particularismos. Se recordarmos que a Declaração Universal, de 1948, foi adotada por voto, com abstenções, num foro então composto por apenas 56 países, e levarmos em conta que a Declaração de Viena é consensual, envolvendo 171 Estados, a maioria dos quais era colônia no final dos anos 40, entenderemos que foi em Viena, em 1993, que se logrou conferir caráter efetivamente universal àquele primeiro grande documento internacional definidor dos direitos humanos"[71].

---

69. Vienna Declaration, UNdoc A/CONF, 157/22, 6 July 1993, Sec. I, § 5º. A respeito, vale transcrever uma passagem do discurso do Secretário de Estado dos Estados Unidos, Warren Christopher, na sessão de abertura da Conferência de Viena, em junho de 1993: "Que cada um de nós venha de diferentes culturas não absolve nenhum de nós da obrigação de cumprir a Declaração Universal. Tortura, estupro, antissemitismo, detenção arbitrária, limpeza étnica e desaparecimentos políticos — nenhum destes atos é tolerado por qualquer crença, credo ou cultura que respeita a humanidade. Nem mesmo podem ser eles justificados como demandas de um desenvolvimento econômico ou expediente político. Nós respeitamos as características religiosas, sociais e culturais que fazem cada país único. Mas nós não podemos deixar com que o relativismo cultural se transforme em refúgio para a repressão. Os princípios universais da Declaração da ONU colocam os indivíduos em primeiro lugar. Nós rejeitamos qualquer tentativa de qualquer Estado de relegar seus cidadãos a um *status* menor de dignidade humana. Não há contradição entre os princípios universais da Declaração da ONU e as culturas que enriquecem a comunidade internacional. O abismo real repousa entre as cínicas escusas de regimes opressivos e a sincera aspiração de seu povo".

70. Antônio Augusto Cançado Trindade, A proteção internacional dos direitos humanos no limiar do novo século e as perspectivas brasileiras, p. 173.

71. José Augusto Lindgren Alves, Abstencionismo e intervencionismo no sistema de proteção das Nações Unidas aos direitos humanos, *Política Externa*, v. 3, n. 1, p. 105. E adiciona José Augusto Lindgren Alves: "Em vista de tais posturas, foi um tento extraordinário da Conferência de Viena conseguir superar o relativismo cultural ou religioso ao afirmar, no art. 1º da Declaração: 'A natureza universal de tais direitos não admite dúvidas'.

Adotando a lição de Jack Donnelly, pode-se concluir que a Declaração de Direitos Humanos de Viena de 1993 acolheu a corrente do forte universalismo ou fraco relativismo cultural. No entendimento do autor: "Eu acredito que nós podemos, justificadamente, insistir em alguma forma de um fraco relativismo cultural — que é, por sua vez, um razoavelmente forte universalismo. É preciso permitir, em grau limitado, variações culturais no modo e na interpretação de direitos humanos, mas é necessário insistir na sua universalidade moral e fundamental. Os direitos humanos são, para usar uma apropriada frase paradoxal, relativamente universais"[72].

Nesse debate, destaca-se a visão de Boaventura de Sousa Santos, em defesa de uma concepção multicultural de direitos humanos, inspirada no diálogo entre as culturas, a compor um multiculturalismo emancipatório. Para Boaventura: "Os direitos humanos têm que ser reconceptualizados como multiculturais. O multiculturalismo, tal como eu o entendo, é precondição de uma relação equilibrada e mutuamente potenciadora entre a com-

---

Quanto às peculiaridades de cada cultura, são elas tratadas convenientemente no art. 5º, onde se declara que as particularidades históricas, culturais e religiosas devem ser levadas em consideração, mas os Estados têm o dever de promover e proteger todos os direitos humanos, independentemente dos respectivos sistemas" (O significado político da Conferência de Viena sobre os direitos humanos, *Revista dos Tribunais*, n. 713, p. 286). Na avaliação da organização internacional *Human Rights Watch*: "Com efeito, até os Governos reunidos na Assembleia de Viena consagraram forte afirmação à universalidade dos direitos humanos. Ainda que observando o significado das peculiaridades nacionais e regionais e dos diversos fundamentos históricos, culturais e religiosos, eles reiteraram a obrigação dos Estados, independentemente de seu sistema político, econômico e cultural, de promover e proteger todos os direitos humanos e liberdades fundamentais. Uma afirmação similar acerca dessa universalidade pode ser encontrada no amplo universo de ratificações dos mais importantes instrumentos de direitos humanos por Governos de todas as regiões, culturas e tradições religiosas. (...) Os direitos à igualdade e à liberdade de expressão e associação — inclusive o direito de livremente praticar a própria cultura ou religião — permitem a todos os cidadãos do mundo escolher seu estilo pessoal de vida. Mas suprimir a liberdade e a igualdade em nome de uma cultura corrói a própria concepção de direitos" (*Human Rights Watch World Report 1994: Events of 1993*, New York, Human Rights Watch, 1994, p. XVII).

72. Jack Donnelly, *Universal human rights*, 1. ed., p. 124. Acrescenta Jack Donnelly: "Meu principal objetivo é explicitar e defender os direitos humanos como direitos universais. Eu não sustento, contudo, que esses direitos sejam estáticos, imodificáveis ou absolutos; qualquer elenco ou concepção de direitos humanos — e a ideia de direitos humanos por si mesma — apresenta uma especificidade cultural e contingente. (...) Este livro demonstra que a contingência histórica e a particularidade de direitos humanos é completamente compatível com a concepção de direitos humanos como direitos morais universais, que não nos permite aceitar fortes reivindicações do relativismo cultural" (p. 1).

petência global e a legitimidade local, que constituem os dois atributos de uma política contra-hegemônica de direitos humanos no nosso tempo"[73]. Prossegue o autor defendendo a necessidade de superar o debate sobre universalismo e relativismo cultural, a partir da transformação cosmopolita dos direitos humanos. Na medida em que todas as culturas possuem concepções distintas de dignidade humana, mas são incompletas, haver-se-ia que aumentar a consciência dessas incompletudes culturais mútuas, como pressuposto para um diálogo intercultural. A construção de uma concepção multicultural dos direitos humanos decorreria desse diálogo intercultural[74].

No mesmo sentido, Joaquín Herrera Flores sustenta um universalismo de confluência, ou seja, um universalismo de ponto de chegada, e não de ponto de partida. No dizer de Herrera Flores: "nossa visão complexa dos direitos baseia-se em uma racionalidade de resistência. Uma racionalidade que não nega que é possível chegar a uma síntese universal das diferentes opções relativas a direitos. (...) O que negamos é considerar o universal como um ponto de partida ou um campo de desencontros. Ao universal há que se chegar — universalismo de chegada ou de confluência — depois (não antes de) um processo conflitivo, discursivo de diálogo (...). Falamos de entrecruzamento e não de uma mera superposição de propostas"[75]. Em direção similar, Bhikhu Parekh defende um universalismo pluralista, não etnocêntrico, baseado no diálogo intercultural. Afirma o autor: "O objetivo de um diálogo intercultural é alcançar um catálogo de valores que tenha a concordância de todos os participantes. A preocupação não deve ser descobrir valores, eis que os mesmos não têm fundamento objetivo, mas sim buscar um consenso em torno deles. (...) Valores dependem de decisão coletiva. Como não podem ser racionalmente demonstrados, devem ser objeto de um consenso racionalmente defensável. (...) É possível e necessário desenvolver um catálogo de valores universais não etnocêntricos, por meio de um diálogo intercultural aberto, no qual os participantes decidam

---

73. A respeito, Boaventura de Sousa Santos, Uma concepção multicultural de direitos humanos, *Revista Lua Nova*, v. 39, p. 112.

74. Boaventura de Sousa Santos, Uma concepção multicultural, p. 114. Adiciona o autor: "Neste contexto é útil distinguir entre globalização de-cima-para-baixo e globalização de-baixo-para-cima, ou entre globalização hegemônica e globalização contra-hegemônica. O que eu denomino de localismo globalizado e globalismo localizado são globalizações de-cima-para-baixo; cosmopolitanismo e patrimônio comum da humanidade são globalizações de-baixo-para-cima" (op. cit., p. 111).

75. Joaquín Herrera Flores, *Direitos humanos, interculturalidade e racionalidade de resistência*, mimeo, p. 7.

quais os valores a serem respeitados. (...) Esta posição poderia ser classificada como um universalismo pluralista"[76].

A respeito do diálogo entre as culturas, merecem menção as reflexões de Amartya Sen sobre direitos humanos e valores asiáticos, particularmente pela crítica feita a interpretações autoritárias desses valores e pela defesa de que as culturas asiáticas (com destaque ao Budismo) enfatizam a importância da liberdade e da tolerância[77]. Menção também há que ser feita às reflexões de Abdullah Ahmed An-na'im, ao tratar dos direitos humanos no mundo islâmico, a partir de uma nova interpretação do islamismo e da Sharia[78].

Acredita-se, de igual modo, que a abertura do diálogo entre as culturas, com respeito à diversidade e com base no reconhecimento do outro, como ser pleno de dignidade e direitos, é condição para a celebração de uma cultura dos direitos humanos, inspirada pela observância do "mínimo ético irredutível", alcançado por um universalismo de confluência.

---

76. Bhikhu Parekh, Non-ethnocentric universalism, in Tim Dunne e Nicholas J. Wheeler, *Human rights in global politics*, Cambridge, Cambridge University Press, 1999, p. 139-140.

77. Amartya Sen, Human rights and Asian values, *The New Republic* 33-40 (July 14, 1997), apud Louis Henkin et al., *Human rights*, p. 113-116. A respeito da perspectiva multicultural dos direitos humanos e das diversas tradições religiosas, ver *Direitos humanos na sociedade cosmopolita*, César Augusto Baldi (org.), em especial os artigos de Chandra Muzaffar, *Islã e direitos humanos*; Damien Keown, *Budismo e direitos humanos*; Tu Weiming, *Os direitos humanos como um discurso moral confuciano*; e Ashis Nandy, *A política do secularismo e o resgate da tolerância religiosa*. Ver também Joseph Chan, Confucionism and human rights, e Stephen Chan, Buddhism and human rights, in Rhona K. M. Smith e Christien van den Anker (eds.), *The essentials of human rights,* London, Hodder Arnold, 2005, p. 55-57 e p. 25-27, respectivamente.

78. Abdullah Ahmed An-na'im, Human rights in the Muslim World, 3 *Harvard Human Rights Journal*, 13 (1990), apud Henry J. Steiner e Philip Alston, *International human rights in context*, p. 389-398. Como observa Daniela Ikawa: "An-na'im ilustra a possibilidade do diálogo entre culturas a partir de uma das condições colocadas por Boaventura: a adoção da versão cultural que inclua o maior grau de diversidade, no caso, que inclua também as mulheres em relação de igualdade com os homens. An-na'im prevê uma possibilidade de intercâmbio cultural pautado na reinterpretação de certas bases culturais, como ocorre na reinterpretação do Corão. Essa reinterpretação possibilitaria um diálogo entre a cultura islâmica e a cultura dos direitos humanos, ao menos no que toca ao direitos das mulheres" (Daniela Ikawa, Universalismo, relativismo e direitos humanos, in Maria de Fátima Ribeiro e Valério de Oliveira Mazzuoli (orgs.), *Direito Internacional dos Direitos Humanos: estudos em homenagem à Professora Flávia Piovesan*, p. 124).

Esse universalismo de confluência, fomentado pelo ativo protagonismo da sociedade civil internacional[79], a partir de suas demandas e reivindicações morais, é que assegurará a legitimidade do processo de construção de parâmetros internacionais mínimos voltados à proteção dos direitos humanos.

---

79. Se em 1948 apenas 41 organizações não governamentais tinham *status* consultivo junto ao Conselho Econômico e Social, em 2004 esse número alcança aproximadamente 2.350 organizações não governamentais com *status* consultivo. Sobre o tema, consultar Gay J. McDougall, Decade for NGO Struggle, in *Human Rights Brief — 10th Anniversary*, American University Washington College of Law, Center for Human Rights and Humanitarian Law, v. 11, issue 3 (spring 2004), p. 13.

CAPÍTULO VI

A ESTRUTURA NORMATIVA DO SISTEMA GLOBAL DE PROTEÇÃO INTERNACIONAL DOS DIREITOS HUMANOS

a) Introdução

No capítulo anterior a análise se ateve ao processo de internacionalização dos direitos humanos. Examinou-se o modo como os direitos humanos se converteram em tema de legítimo interesse internacional, transcendendo o âmbito estritamente doméstico, o que implicou o reexame do valor da soberania absoluta do Estado. A universalização dos direitos humanos fez com que os Estados consentissem em submeter ao controle da comunidade internacional o que até então era de seu domínio reservado.

O processo de universalização dos direitos humanos traz em si a necessidade de implementação desses direitos, mediante a criação de uma sistemática internacional de monitoramento e controle — a chamada *international accountability*. O objetivo deste capítulo é, pois, enfocar a estrutura normativa do sistema de proteção internacional dos direitos humanos.

Para iniciar este estudo, insta relembrar que a Carta da ONU de 1945, em seu art. 55, estabelece que os Estados-partes devem promover a proteção dos direitos humanos e liberdades fundamentais. Em 1948, a Declaração Universal vem a definir e fixar o elenco dos direitos e liberdades fundamentais a serem garantidos.

Todavia, sob um enfoque estritamente legalista (não compartilhado por este trabalho), a Declaração Universal, em si mesma, não apresenta força jurídica obrigatória e vinculante. Nessa visão, assumindo a forma de declaração (e não de tratado), vem a atestar o reconhecimento universal de direitos humanos fundamentais, consagrando um código comum a ser seguido por todos os Estados.

À luz desse raciocínio e considerando a ausência de força jurídica vinculante da Declaração, após a sua adoção, em 1948, instaurou-se larga discussão sobre qual seria a maneira mais eficaz de assegurar o reconhecimento e a observância universal dos direitos nela previstos. Prevaleceu, então, o entendimento de que a Declaração deveria ser "juridicizada" sob a forma de tratado internacional, que fosse juridicamente obrigatório e vinculante no âmbito do Direito Internacional.

Esse processo de "juridicização" da Declaração começou em 1949 e foi concluído apenas em 1966, com a elaboração de dois tratados internacionais distintos — o Pacto Internacional dos Direitos Civis e Políticos e o Pacto Internacional dos Direitos Econômicos, Sociais e Culturais — que passaram a incorporar os direitos constantes da Declaração Universal. Ao transformar os dispositivos da Declaração em previsões juridicamente vinculantes e obrigatórias, os dois pactos internacionais constituem referência necessária para o exame do regime normativo de proteção internacional dos direitos humanos.

Com efeito, a conjugação desses instrumentos internacionais simbolizou a mais significativa expressão do movimento internacional dos direitos humanos, apresentando central importância para o sistema de proteção em sua globalidade.

A partir da elaboração desses pactos se forma a Carta Internacional dos Direitos Humanos, *International Bill of Rights*, integrada pela Declaração Universal de 1948 e pelos dois pactos internacionais de 1966. No dizer de Jack Donnelly: "Na ordem contemporânea, os direitos elencados na Carta Internacional de Direitos representam o amplo consenso alcançado acerca dos requisitos minimamente necessários para uma vida com dignidade. Os direitos enumerados nessa Carta Internacional podem ser concebidos como direitos que refletem uma visão moral da natureza humana, ao compreender os seres humanos como indivíduos autônomos e iguais, que merecem igual consideração e respeito"[1].

A Carta Internacional dos Direitos Humanos inaugura, assim, o sistema global de proteção desses direitos, ao lado do qual já se delineava o sistema regional de proteção, nos âmbitos europeu, interamericano e, posteriormente, africano — o que será tema do próximo capítulo.

O sistema global, por sua vez, viria a ser ampliado com o advento de diversos tratados multilaterais de direitos humanos[2], pertinentes a determi-

---

1. Cf. Jack Donnelly, *Universal human rights in theory and practice*, p. 27.
2. Como sugere Richard Pierre Claude e Burns H. Weston: "A Carta Internacional de Direitos é apenas o começo e não o fim do processo de elaboração normativa relativa aos direitos humanos internacionais no âmbito das Nações Unidas e dos demais órgãos" (*Human rights in the world community: issues and action*, p. 8).

nadas e específicas violações de direitos, como o genocídio, a tortura, a discriminação racial, a discriminação contra as mulheres, a violação dos direitos das crianças, entre outras formas específicas de violação. Daí a adoção da Convenção para a Prevenção e Repressão do Crime de Genocídio, da Convenção contra a Tortura e outros Tratamentos ou Penas Cruéis, Desumanos ou Degradantes, da Convenção Internacional sobre a Eliminação de todas as formas de Discriminação Racial, da Convenção sobre a Eliminação de todas as formas de Discriminação contra a Mulher, da Convenção sobre os Direitos da Criança, entre outras.

Diversamente dos tratados internacionais tradicionais, os tratados internacionais de direitos humanos não objetivam estabelecer o equilíbrio de interesses entre os Estados, mas sim garantir o exercício de direitos e liberdades fundamentais aos indivíduos.

Atente-se que o Direito Internacional dos Direitos Humanos, com seus inúmeros instrumentos, não pretende substituir o sistema nacional. Ao revés, situa-se como direito subsidiário e suplementar ao direito nacional, no sentido de permitir sejam superadas suas omissões e deficiências. No sistema internacional de proteção dos direitos humanos, o Estado tem a responsabilidade primária pela proteção desses direitos, ao passo que a comunidade internacional tem a responsabilidade subsidiária. Os procedimentos internacionais têm, assim, natureza subsidiária, constituindo garantia adicional de proteção dos direitos humanos, quando falham as instituições nacionais. Os tratados de proteção dos direitos humanos consagram, ademais, parâmetros protetivos mínimos, cabendo ao Estado, em sua ordem doméstica, estar além de tais parâmetros, mas jamais aquém deles.

A partir desses elementos, passa-se à análise dos tratados internacionais que constituem referência obrigatória ao sistema de proteção internacional dos direitos humanos, seja no âmbito geral, seja no âmbito especial[3].

---

3. Os instrumentos de proteção geral abarcam o Pacto Internacional dos Direitos Civis e Políticos, o Protocolo Facultativo ao Pacto Internacional dos Direitos Civis e Políticos, o Segundo Protocolo Facultativo contra a Pena de Morte e o Pacto Internacional dos Direitos Econômicos, Sociais e Culturais. Os instrumentos de proteção especial abrangem a Convenção para a Prevenção e Repressão ao Crime de Genocídio, a Convenção Internacional contra a Tortura, a Convenção sobre a Eliminação de todas as formas de Discriminação Racial, a Convenção sobre a Eliminação da Discriminação contra a Mulher e a Convenção sobre os Direitos da Criança, dentre outras. Tratar-se-á inicialmente dos instrumentos de proteção geral.

b) Pacto Internacional dos Direitos Civis e Políticos

Embora aprovados em 1966 pela Assembleia Geral das Nações Unidas, o Pacto Internacional dos Direitos Civis e Políticos e o Pacto Internacional dos Direitos Econômicos, Sociais e Culturais entraram em vigor apenas dez anos depois, em 1976, tendo em vista que somente nessa data alcançaram o número de ratificações necessário para tanto. Em 2024, cento e setenta e quatro Estados já haviam aderido ao Pacto Internacional dos Direitos Civis e Políticos e cento e setenta e dois Estados haviam aderido ao Pacto Internacional dos Direitos Econômicos, Sociais e Culturais[4].

Para que se possa bem compreender o perfil do Pacto Internacional dos Direitos Civis e Políticos, é necessário abordar, ainda que brevemente, o intenso debate que marcou o processo de elaboração desses pactos no âmbito das Nações Unidas.

A questão central, ao longo do processo de elaboração dos pactos, ateve-se à discussão acerca da conveniência da elaboração de dois pactos diversos, cada qual enunciando uma categoria de direitos, ou um pacto único, que pudesse prever tanto direitos civis e políticos como direitos sociais, econômicos e culturais[5].

Com efeito, no início de suas atividades (de 1949 a 1951), a Comissão de Direitos Humanos da ONU trabalhou em um único projeto de pacto, que conjugava as duas categorias de direitos. Contudo, em 1951 a Assembleia Geral, sob a influência dos países ocidentais, determinou fossem elaborados dois pactos em separado, que deveriam ser aprovados e abertos para assinatura simultaneamente, no sentido de enfatizar a unidade dos direitos neles previstos.

Não obstante a elaboração de dois pactos diversos, a indivisibilidade e a unidade dos direitos humanos eram reafirmadas pela ONU, sob a fundamentação de que, sem direitos sociais, econômicos e culturais, os direitos civis e políticos só poderiam existir no plano nominal, e, por sua vez, sem

---

4. Alto Comissariado de Direitos Humanos das Nações Unidas, *Status of Ratifications of the Principal International Human Rights Treaties*, www.ohchr.org/english/countries/ratification/4.htm.

5. Sobre essa discussão, ver Imre Szabo, Historical foundations of human rights and subsequent developments, in Karel Vasak (ed.), *The international dimensions of human rights*, v. 1, p. 29-30. Ver, ainda, Louis Henkin, *International law: politics, values and functions*, p. 234-239.

direitos civis e políticos, os direitos sociais, econômicos e culturais também apenas existiriam no plano formal.

Um dos maiores argumentos levantados pelos países ocidentais em defesa da elaboração de dois pactos distintos centrou-se nos diversos processos de implementação das duas categorias de direitos. Alegou-se que, enquanto os direitos civis e políticos eram autoaplicáveis e passíveis de cobrança imediata, os direitos sociais, econômicos e culturais eram "programáticos" e demandavam realização progressiva. A exigência de diferentes procedimentos de implementação viria a justificar a formulação de dois pactos diversos, já que, para os direitos civis e políticos, o melhor mecanismo seria a criação de um comitê que apreciasse petições contendo denúncia de violação de direitos — instrumento que se mostraria inadequado para a tutela dos direitos econômicos, sociais e culturais.

Em face dessas argumentações, os países socialistas responderam que não era em todos os países que os direitos civis e políticos se faziam auto-aplicáveis e os direitos sociais, econômicos e culturais não autoaplicáveis. A depender do regime, os direitos civis e políticos poderiam ser programáticos, e os direitos sociais, econômicos e culturais autoaplicáveis. Nesse raciocínio, a feitura de dois instrumentos distintos poderia ainda significar uma diminuição da importância dos direitos sociais, econômicos e culturais.

Contudo, ao final, a posição ocidental prevaleceu, ficando decidido que dois pactos internacionais diversos seriam adotados — cada qual pertinente a uma categoria específica de direitos.

Nesse cenário nasceu o Pacto Internacional dos Direitos Civis e Políticos, que acabou por reconhecer um catálogo de direitos civis e políticos mais extenso que o da própria Declaração Universal.

O Pacto dos Direitos Civis e Políticos proclama, em seus primeiros artigos, o dever dos Estados-partes de assegurar os direitos nele elencados a todos os indivíduos que estejam sob sua jurisdição, adotando medidas necessárias para esse fim. A obrigação do Estado inclui também o dever de proteger os indivíduos contra a violação de seus direitos perpetrada por entes privados. Isto é, cabe ao Estado-parte estabelecer um sistema legal capaz de responder com eficácia às violações de direitos civis e políticos. As obrigações dos Estados-partes são tanto de natureza negativa (ex.: não torturar) como positiva (ex.: prover um sistema legal capaz de responder às violações de direitos). Ao impor aos Estados-partes a obrigação imediata de respeitar e assegurar os direitos nele previstos — diversamente do Pacto Internacional dos Direitos Econômicos, Sociais e Culturais, que, como se verá, requer a "progressiva" implementação dos direitos nele reconhecidos —, o Pacto dos Direitos Civis e Políticos apresenta autoaplicabilidade.

Quanto ao catálogo de direitos civis e políticos propriamente dito, o pacto não só incorpora inúmeros dispositivos da Declaração, com maior detalhamento (basta comparar os arts. 10 e 11 da Declaração com os arts. 14 e 15 do Pacto), como ainda estende o elenco desses direitos. Os principais direitos e liberdades cobertos pelo Pacto dos Direitos Civis e Políticos são: o direito à vida; o direito de não ser submetido a tortura ou a tratamentos cruéis, desumanos ou degradantes; o direito a não ser escravizado, nem submetido a servidão; os direitos à liberdade e à segurança pessoal e a não ser sujeito a prisão ou detenção arbitrárias; o direito a um julgamento justo; a igualdade perante a lei; a proteção contra a interferência arbitrária na vida privada; a liberdade de movimento; o direito a uma nacionalidade; o direito de casar e de formar família; as liberdades de pensamento, consciência e religião; as liberdades de opinião e de expressão; o direito à reunião pacífica; a liberdade de associação; o direito de aderir a sindicatos e o direito de votar e de tomar parte no Governo[6].

Constata-se que o Pacto abriga novos direitos e garantias não incluídos na Declaração Universal, tais como o direito de não ser preso em razão de descumprimento de obrigação contratual (art. 11); o direito da criança ao nome e à nacionalidade (art. 24); a proteção dos direitos de minorias à identidade cultural, religiosa e linguística (art. 27); a proibição da propaganda de guerra ou de incitamento a intolerância étnica ou racial (art. 20); o direito à autodeterminação (art. 1º), dentre outros. Essa gama de direitos, insiste-se, não se vê incluída na Declaração Universal.

A esses direitos e garantias se soma ainda a vedação contra a pena de morte, instituída pelo Segundo Protocolo ao Pacto Internacional de Direitos Civis e Políticos, adotado em 15 de dezembro de 1989. Estabelece o art. 1º do Protocolo que "ninguém dentro da jurisdição de um Estado-parte [...] poderá ser executado" e, ainda, que "cada Estado-parte deverá adotar todas

---

6. Cf. José Augusto Lindgren Alves, *O sistema internacional de proteção dos direitos humanos e o Brasil*, p. 94. Atente-se, no entanto, ao fato de que o direito de propriedade e o direito de asilo, constantes da Declaração Universal (arts. 17 e 14, respectivamente), não figuram entre os direitos elencados pelo Pacto, o que pode ser resultado da intensa "batalha ideológica" concernente a esses direitos, especialmente no que tange ao direito de propriedade.

as medidas necessárias a abolir a pena de morte em sua jurisdição". O Segundo Protocolo, que também ampliou o catálogo de direitos enunciados originariamente pela Declaração Universal, entrou em vigor em 11 de julho de 1991. Em 2024, contava com 91 Estados-partes. O Brasil o ratificou apenas em 25 de setembro de 2009[7].

No que concerne aos direitos sociais, econômicos e culturais dispostos na Declaração (arts. 22 a 27), não constam do Pacto dos Direitos Civis e Políticos, já que incorporados pelo Pacto dos Direitos Econômicos, Sociais e Culturais.

Apenas, excepcionalmente, o Pacto dos Direitos Civis e Políticos admite a derrogação temporária dos direitos que enuncia. À luz de seu art. 4º, a derrogação temporária dos direitos fica condicionada aos estritos limites impostos pela decretação de estado de emergência, ficando proibida qualquer medida discriminatória fundada em raça, cor, sexo, língua, religião ou origem social[8]. Ao mesmo tempo, o Pacto estabelece direitos inderrogáveis, como o direito à vida, a proibição da tortura e de qualquer forma de tratamento cruel, desumano ou degradante, a proibição da escravidão e da servidão, o direito de não ser preso por inadimplemento contratual, o direito de ser reconhecido como pessoa, o direito à liberdade de pensamento, consciência e religião, dentre outros. Isto é, nada pode justificar a suspensão de tais direitos, seja ameaça ou estado de guerra, perigo público, instabilidade política interna ou qualquer outra emergência pública.

O Pacto dos Direitos Civis e Políticos permite ainda limitações em relação a determinados direitos, quando necessárias à segurança nacional ou à ordem pública (ex.: arts. 21 e 22)[9].

---

7. Alto Comissariado de Direitos Humanos das Nações Unidas, www.ohchr.org/english/countries/ratification/12.htm. O Estado brasileiro, ao ratificar o Segundo Protocolo ao Pacto Internacional dos Direitos Civis e Políticos, formulou reserva ao art. 2º.

8. Cabe observar que a garantia da igualdade perante a lei e a proteção contra a discriminação, prevista no art. 26 do Pacto, é um direito substantivo por si só, que não requer a violação a outra disposição do Pacto para ser reclamado. Como ilustra Sian Lewis-Anthony nos casos Brocks *vs.* Países Baixos e Zwan De Vries *vs.* Países Baixos: "O Comitê entendeu que a legislação sobre seguridade social que continha discriminação contra mulheres, com base em gênero, violava o art. 26, embora a Convenção não garantisse um direito à seguridade social" (Communications n. 172/1984 e 182/1984, reprinted in 2 Selected decisions, p. 196-209).

9. Crescente é a crítica ante a vagueza e a imprecisão dos dispositivos constantes do Pacto, o que por vezes vem a conferir um catálogo apenas formal e nominal de direitos. Nesse sentido, destaca-se a posição de Henry Steiner: "Considerando a ameaça posta pelos

No sentido de assegurar a observância dos direitos civis e políticos, o Pacto desenvolve uma sistemática peculiar de monitoramento e implementação internacional desses direitos — uma *special enforcement machinery*. O Pacto oferece, assim, suporte institucional aos preceitos que consagra, impondo obrigações aos Estados-partes.

De fato, ao ratificar o Pacto, os Estados-partes passam a ter a obrigação de encaminhar relatórios sobre as medidas legislativas, administrativas e judiciárias adotadas, a fim de ver implementados os direitos enunciados pelo pacto, nos termos de seu art. 40. Por essa sistemática, por meio de relatórios periódicos, o Estado-parte esclarece o modo pelo qual está conferindo cumprimento às obrigações internacionais assumidas. A respeito do significado da sistemática dos relatórios, comenta Henry Steiner: "Os relatórios elaborados pelos Estados sobre os direitos humanos internacionais tornaram-se hoje um lugar comum no plano dos tratados internacionais de direitos humanos. Mas considere quão revolucionária uma ideia como esta pode ter parecido, para grande parte dos Estados do mundo, quase que inconcebível, na medida em que deveriam periodicamente submeter um relatório a órgãos internacionais, sobre seus problemas internos de direitos humanos, envolvendo governo e cidadãos, e posteriormente participar de discussões a respeito do relatório com membros daquele órgão perante o mundo como um todo"[10].

---

direitos, por que Estados autoritários tornaram-se partes e permanecem partes do Pacto In--ternacional dos Direitos Civis e Políticos? As vantagens são óbvias: ganham legitimidade pelo suporte aos valores humanistas, identificando-se com a ideologia e o discurso das relações internacionais contemporâneas. Ao mesmo tempo, vários fatores esvaziam o significado da participação no regime de direitos humanos. Termos com textura muito aberta permitem a Estados, com diferentes ideologias políticas, formular e justificar suas próprias interpretações. Não há dúvida de que o valor das normas de direitos humanos torna-se esvaziado em virtude da insuficiência de instituições que os implementem. (...) Estes instrumentos não propõem uma agenda específica de reformas. Eles não acusam regimes em particular ou sistemas socioeconômicos ou políticos. O custo da aceitação desses instrumentos por regimes repressivos parece não apenas suportável, mas baixo. Aceitações nominais implicam em uma era de direitos nominais" (Steiner, The youth of rights, *Harvard Law Review*, v. 104, p. 927).

10. Henry Steiner, *Note on periodic reports of States*, material do Curso International Law and Human Rights, Harvard Law School, Spring 1994. Contudo, pondera o Departamento de Estado Americano: "É frequentemente difícil avaliar a credibilidade dos relatórios quanto a abusos de direitos humanos. Com exceção de alguns grupos terroristas, a maior parte dos grupos de oposição e, certamente, a maior parte dos governos, negam a prática de abusos de direitos humanos e, geralmente, buscam encobrir a evidência destas práticas.

Esses relatórios são apreciados pelo Comitê de Direitos Humanos, instituído pelo Pacto Internacional dos Direitos Civis e Políticos, e devem ser encaminhados em um ano a contar da ratificação do Pacto e sempre que solicitado pelo Comitê. Ao Comitê cabe examinar e estudar os relatórios, tecendo comentários e observações gerais a respeito; posteriormente, cabe a esse órgão encaminhar o relatório, com os comentários aduzidos, ao Conselho Econômico e Social das Nações Unidas.

Importa esclarecer que o Comitê de Direitos Humanos é o principal órgão de monitoramento previsto pelo Pacto[11]. É integrado por dezoito membros nacionais dos Estados-partes e por eles eleitos, que, enquanto pessoas de reconhecida competência na matéria de direitos humanos, devem servir ao Comitê de forma independente e autônoma e não como representantes do Estado (art. 28 do Pacto).

Além da sistemática dos relatórios (*reports*), o Pacto também estabelece a sistemática das comunicações interestatais (*interstate communications*). Por esse mecanismo, um Estado-parte pode alegar haver outro Estado-parte incorrido em violação dos direitos humanos enunciados no Pacto, nos termos do art. 41. Contudo, o acesso a esse mecanismo é op-

---

Consequentemente, ao julgar a política governamental, é importante olhar para além das declarações políticas ou de intenção, a fim de examinar o que efetivamente o governo tem feito para prevenir os abusos de direitos humanos, incluindo a forma pela qual ele investiga tais abusos, julga e pune aqueles que o cometeram" (US Department of State, *Country reports on human rights practices for 1991, 1992*, p. 1646). Nessa linha, vale frisar o entendimento exposto pelo Comitê no tocante aos problemas encontrados nos relatórios que lhe são apresentados: "Abrangência restrita, abstração e formalidade, que levam os Estados a focalizarem as previsões constitucionais e legais, ao invés de oferecerem uma descrição realista das práticas existentes; e, ainda, longos atrasos na apresentação dos relatórios" (cf. Henry J. Steiner e Philip Alston, *International human rights in context*, p. 710). Considerando que por meio do sistema de relatórios o Estado pode "mascarar" a real situação dos direitos humanos, seria conveniente que o processo de elaboração dos relatórios contasse com a participação de expressivos segmentos da sociedade civil, o que viria a contribuir para maior eficácia do monitoramento internacional dos direitos humanos

11. Comitês análogos foram estabelecidos por outras convenções internacionais de direitos humanos, destacando-se o Comitê contra a Tortura (instituído pela Convenção contra a Tortura), o Comitê sobre a Eliminação da Discriminação Racial (instituído pela Convenção Internacional sobre a Eliminação de todas as formas de Discriminação Racial), o Comitê sobre a Eliminação da Discriminação contra as Mulheres (instituído pela Convenção sobre a Eliminação da Discriminação contra a Mulher) e o Comitê sobre os Direitos da Criança (instituído pela Convenção sobre os Direitos da Criança). A competência de tais Comitês será estudada ao longo deste capítulo.

cional e está condicionado à elaboração pelo Estado-parte de uma declaração em separado, reconhecendo a competência do Comitê para receber as comunicações interestatais[12]. Vale dizer, em se tratando de cláusula fa-

---

12. Observe-se que, além do mecanismo das comunicações interestatais, que integra o sistema de proteção internacional dos direitos humanos — também denominado sistema "vertical" de proteção, tendo em vista que a responsabilidade de efetuar o monitoramento desses direitos é atribuída a órgãos internacionais —, há o sistema "horizontal" de proteção desses mesmos direitos. Por meio do sistema "horizontal" de fiscalização, os próprios Estados podem aplicar sanções ou pressões (ex.: boicote, embargo) contra determinado Estado violador. Na visão de Henry Steiner: "Aqui nós estamos considerando formas horizontais de implementação de direitos humanos. Agindo individualmente ou como parte de um grupo, os Estados podem oferecer pressões contra um Estado violador, destituídas de força militar (ou seja, que não contam com a autorização do Conselho de Segurança da ONU). Estas formas de pressão incluem boicotes e embargos. Elas também incluem condicionamentos à assistência bilateral ou multilateral, à assistência ao desenvolvimento, ou a vantagens comerciais — como a cláusula mais favorável a determinadas nações — relativamente ao dever dos Estados de cumprir normas básicas de direitos humanos. Através desta aplicação 'horizontal' (Estado-Estado) de sanções e pressões, as condições impostas ao Estado tornam-se parte de um sistema multilateral de implementação dos direitos humanos internacionais" (Henry Steiner, *Protection of human rights by States acting against a violator State*, material do curso International Law and Human Rights, Harvard Law School, spring 1994). Exemplo da sistemática horizontal de fiscalização dos direitos humanos, é o *Foreign Assistance Act,* adotado pelos Estados Unidos. Explica Louis Henkin: "O *US Foreign Assistance Act* nega assistência ao governo de qualquer país que seja responsável pela existência de um consistente padrão de sérias violações de direitos humanos internacionalmente reconhecidas, incluindo a tortura, a detenção prolongada, ou outra flagrante afronta aos direitos à vida, à liberdade e à segurança das pessoas" (*International law: cases and materials*, p. 580). Vale destacar que a Seção 502 do *Foreign Assistance Act* de 1961 estabelece: "O principal objetivo da política internacional dos Estados Unidos deve ser promover a crescente observância dos direitos humanos internacionalmente reconhecidos" (*Foreign Assistance Act of 1961*, codified in 22 U.S.C.A. sec. 2304, Human Rights and Security Assistance). Ainda sobre o sistema "horizontal" de proteção dos direitos humanos e, especificamente, sobre a política internacional adotada pelos EUA, afirma Jack Donnelly: "Além das pressões confidenciais ou públicas, o principal meio adotado pela política internacional dos Estados Unidos para a observância dos direitos humanos tem sido condicionar a prestação de assistência às práticas de direitos humanos" (*Universal human rights in theory and practice*, p. 243). Para Theodor Meron: "Um estudo do sucesso da política de direitos humanos adotada pelos Estados Unidos observa que (...) tem havido avanços em 15 países analisados e que é razoavelmente evidente que a política dos Estados Unidos tem sensibilizado os governos estrangeiros para as questões de direitos humanos, sendo assim um importante fator para a melhoria dessas condições nesses países" (Theodor Meron, Teaching human rights: an overview, in Theodor Meron (ed.), *Human rights in international law: legal and policy issues*, p. 21). Na avaliação do *Human Rights Watch*: "Estas sanções asseguram que os regimes repressivos paguem um preço pelo abuso cometido, mediante a restrição de seu acesso à assistência internacional. As condições de assistência também revelam a concepção de que, se o propó-

cultativa, as comunicações interestatais só podem ser admitidas se ambos os Estados envolvidos ("denunciador" e "denunciado") reconhecerem e aceitarem a competência do Comitê para recebê-las e examiná-las. Até 2024, dos 174 Estados-partes do Pacto Internacional dos Direitos Civis e Políticos, apenas 40 haviam feito a declaração no sentido de aceitar a competência do Comitê de Direitos Humanos para receber e apreciar comunicações interestatais, em conformidade com o art. 41 do Pacto. Até aquela data, nenhuma comunicação interestatal havia sido recebida pelo Comitê.

O procedimento das comunicações interestatais pressupõe o fracasso das negociações bilaterais e o esgotamento dos recursos internos. A função do Comitê é auxiliar na superação da disputa, mediante proposta de solução amistosa[13].

---

sito da assistência internacional é promover direitos econômicos, o respeito aos direitos civis e políticos deve ser uma questão central. (...) A manutenção desta relação entre assistência e direitos humanos reflete diversas preocupações: o princípio de que todos os direitos são indivisíveis e de que os direitos econômicos não podem ser assegurados em um clima de desrespeito aos direitos civis e políticos; a obrigação das Nações de evitar cumplicidade em casos de violações de direitos humanos, investindo em um aparato repressivo; e a importância de deter o abuso, comprometendo-se a interromper a oferta de suporte material relativamente aos Governos responsáveis por sérias violações de direitos humanos" (*Human Rights Watch World Report 1995: Events of 1994*, Human Rights Watch, New York, 1995, p. XVII--XVIII). Ainda sobre o sistema "horizontal" de proteção dos direitos humanos, acrescente-se que não apenas Estados, mas entidades privadas, podem participar dessa forma de controle. O caso Reebok ilustra essa afirmação. Na análise de Diane Orentlicher e Timothy Gelatt: "Têm as corporações privadas responsabilidades concernentes aos direitos humanos? (...) A Reebok International Ltd. adotou uma política de direitos humanos que busca responder a preocupações específicas com relação à situação de direitos humanos na China e, subsequentemente, adotou um razoável conjunto de princípios de direitos humanos para regular as condições de trabalho em todas as suas operações internacionais. A primeira política, instituída em novembro de 1990, estabelece: 1) A Reebok não operará sob condições de lei marcial nem permitirá qualquer presença militar em suas dependências; 2) A Reebok encoraja a liberdade de associação e de assembleia entre os seus empregados; 3) A Reebok buscará assegurar que as oportunidades de ascensão sejam baseadas na iniciativa, na liderança e na contribuição para o trabalho, e não em crenças políticas. Além disso, ninguém será demitido em virtude de concepções políticas ou de participação não violenta em reivindicações; 4) A Reebok prevenirá que programas de doutrinamento político compulsório ocorram em suas dependências; 5) A Reebok reafirma que repudia o uso da força contra os direitos humanos. (...) Um componente-chave para a efetiva estratégia internacional de proteção dos direitos dos trabalhadores é a adesão das empresas multinacionais a *standards* mínimos" (Public law, private actors: the impact of human rights on business investors in China, *Northwestern Journal of International Law & Business*, v. 14, p. 66).

13. Como explica Theodor Meron: "À luz do art. 40 do Pacto dos Direitos Civis e Políticos, que é juridicamente vinculante aos Estados-partes, o Comitê tem a competência

c) Protocolo Facultativo ao Pacto Internacional dos Direitos Civis e Políticos

No tópico anterior se afirmou que o Pacto Internacional dos Direitos Civis e Políticos apresenta um peculiar mecanismo de implementação e monitoramento, que envolve a sistemática dos relatórios encaminhados pelos Estados-partes e a sistemática, opcional, das comunicações interestatais.

O Protocolo Facultativo, adotado em 16 de dezembro de 1966, vem adicionar a essa sistemática um importante mecanismo, que traz significativos avanços ao âmbito internacional, especialmente no plano da *international accountability*. Trata-se do mecanismo das petições individuais, a serem apreciadas pelo Comitê de Direitos Humanos, instituído pelo Pacto Internacional dos Direitos Civis e Políticos. Como alude Thomas Buergenthal: "Cada Pacto estabelece um sistema distinto de implementação internacional, destinado a assegurar que os Estados-partes cumpram as suas obrigações. Essas medidas de implementação são ampliadas no caso do Pacto dos Direitos Civis e Políticos, mediante o Protocolo Facultativo. Ele permite a indivíduos apresentar petições denunciando violações de direitos enunciados no Pacto"[14].

O sistema de petições, "mediante o qual veio a cristalizar-se a capacidade processual internacional dos indivíduos (direito de petição individual), constitui um mecanismo de proteção de marcante significação, além de conquista de transcendência histórica", como afirma Antônio Augusto Cançado Trindade[15].

---

de estudar os relatórios submetidos pelos Estados, fazendo comentários genéricos, de acordo com os procedimentos desenvolvidos pelo próprio Comitê, em conformidade com o art. 39 (2). À luz do art. 41 do Pacto dos Direitos Civis e Políticos, o Comitê busca alcançar a conciliação na hipótese de reclamações interestatais, que pressupõe o reconhecimento da competência do Comitê pelos Estados litigantes" (Theodor Meron, *Human rights law-making in the United Nations*, p. 84).

14. Thomas Buergenthal, *International human rights*, p. 34.

15. Cf. Antônio Augusto Cançado Trindade, *A proteção internacional dos direitos humanos: fundamentos jurídicos e instrumentos básicos*, p. 8. Na lição de Karel Vasak: "Desde que o indivíduo é concebido, ele tem, em minha opinião, adquirido de uma vez e para sempre o direito de deflagrar o aparato de implementação de direitos humanos internacionais. O direito individual à ação internacional é sempre exercido através do direito de petição, o qual, ainda que não seja um direito humano, é hoje um mecanismo empregado para a implementação internacional dos direitos humanos" (Karel Vasak, Toward a specific

Assim, a importância do Protocolo está em habilitar o Comitê de Direitos Humanos a receber e examinar petições encaminhadas por indivíduos, que aleguem ser vítimas de violação de direitos enunciados pelo Pacto dos Direitos Civis e Políticos[16]. Até 2024, cento e dezesseis Estados haviam ratificado o Protocolo Facultativo ao Pacto dos Direitos Civis e Políticos[17].

A petição ou comunicação individual só pode ser admitida se o Estado violador tiver ratificado tanto o Pacto Internacional dos Direitos Civis e Políticos como o Protocolo Facultativo, já que só assim o Estado terá reconhecido a competência do Comitê para tanto. Na explicação de Thomas Buergenthal: "Esse tratado, adotado como um instrumento em separado, suplementa os mecanismos de implementação do Pacto dos Direitos Civis e Políticos. Ele é destinado a habilitar entes privados, que clamam ser vítimas de violações de direito enunciado na Convenção, a submeter uma petição individual perante o Comitê de Direitos Humanos. As petições só podem ser propostas contra Estados-partes no Pacto que tenham ratificado o Protocolo"[18].

Desse modo, sob a forma de um Protocolo separado e opcional, os Estados-partes podem consentir em submeter à apreciação do Comitê de Direitos Humanos comunicações encaminhadas por indivíduos, que estejam sob sua jurisdição e que tenham sofrido violação de direitos assegurados pelo Pacto dos Direitos Civis e Políticos. Como esclarece Antônio Augus-

---

international human rights law, in Karel Vasak (ed.), *The international dimensions of human rights*, revisado, v. 1, p. 676-677).

16. Para Theodor Meron: "O Comitê tem uma atribuição 'investigativa', de acordo com o Protocolo Facultativo ao Pacto Internacional dos Direitos Civis e Políticos. A competência do Comitê, em conformidade com o art. 1º do Protocolo Facultativo, é limitada a receber e considerar comunicações de indivíduos sujeitos à jurisdição de Estados-partes (que reconheçam a competência do Comitê), no sentido de que são vítimas de violações, por parte do Estado, de qualquer dos direitos enunciados no Pacto dos Direitos Civis e Políticos" (Theodor Meron, *Human rights law-making in the United Nations*, p. 84-85).

17. Alto Comissariado de Direitos Humanos das Nações Unidas, *Status of Ratifications of the Principal International Human Rights Treaties*, www.ohchr.org/english/countries/ratification/5.htm.

18. Thomas Buergenthal, *International Human Rights*, p. 41. Como afirma Siân Lewis-Anthony: "A autoridade do Comitê para receber e considerar comunicações deriva do art. 1º do Protocolo Facultativo. Embora não tenha um poder jurisdicional formal, o Comitê tem estabelecido uma doutrina informal de precedentes e tende a se orientar pelas decisões anteriores" (Siân Lewis-Anthony, Treaty-based procedures for making human rights complaints within the UN system, in *Guide to international human rights practice*, 2. ed., 1994, p. 42).

to Cançado Trindade, para o exercício da sistemática das petições, "o vínculo exigido, ao invés da nacionalidade, é antes o da relação entre o reclamante e o dano ou violação dos direitos humanos que denuncia"[19]. Atente-se que o Comitê já determinou que um indivíduo só pode ser considerado "vítima", para os fins do art. 1º do Protocolo, se pessoalmente sofreu a violação de direito consagrado pelo Pacto[20].

Cabe observar que, embora na linguagem do Protocolo Facultativo a comunicação seja de caráter individual, o Comitê de Direitos Humanos recentemente concluiu que as comunicações podem ser encaminhadas por organizações ou terceiras pessoas, que representem o indivíduo que sofreu a violação[21].

Insista-se: todas as comunicações encaminhadas ao Comitê[22] devem alegar violação a um ou mais direitos constantes do Pacto Internacional dos Direitos Civis e Políticos, como, por exemplo, ao direito de não ser submetido a tortura ou a tratamento desumano ou degradante, ao direito à vida, ao direito à liberdade, ao direito ao devido processo legal, ao direito à liberdade de pensamento e expressão, ao direito de associação e ao direito à igualdade[23].

---

19. Cf. Antônio Augusto Cançado Trindade, *A proteção internacional dos direitos humanos: fundamentos jurídicos e instrumentos básicos*, p. 7.

20. Nesse sentido, como observa Siân Lewis-Anthony: "O direito à autodeterminação, que é previsto no art. 1º do Pacto, não pode ser objeto de petição, de acordo com o Protocolo Facultativo. O Comitê tem entendido que, na medida em que o direito à autodeterminação é um direito conferido ao povo propriamente dito, um indivíduo não pode invocar o Protocolo Facultativo, de modo a peticionar alegando ser vítima de violação desse direito" (Treaty-based, p. 44). Sobre a matéria, consultar Lubicon Lake Band v. Canada, Communication n. 52/1979, republicado na *Selected decisions of the Human Rights Committee under the Optional Protocol*, UN Doc CCPR/C/OP/1, 1985.

21. *Report of the Human Rights Committee*, 32 GAOR Supp. 44. Esse entendimento está hoje refletido no art. 90 (1) (b) do Estatuto do Comitê de Direitos Humanos.

22. As comunicações devem ser encaminhadas ao seguinte endereço: Human Rights Committee c/o OHCHR-UNOG, 1211 Geneva 10, Switzerland Fax. No. (41-22) 917 9022 (Alto Comissariado de Direitos Humanos das Nações Unidas. *Model Questionnaires for Communications*. www.unhchr.ch/html/menu2/8/question.htm, [17/07/01].)

23. Sobre os requisitos da comunicação individual, esclarece Siân Lewis-Anthony: "O Comitê de Direitos Humanos produziu um modelo de comunicação para assistir os peticionários, mas não é compulsório adotá-lo. A informação essencial a constar da petição consiste no seguinte: nome, endereço e nacionalidade da vítima e do autor, se diferente; justificativas para atuar em favor da vítima; identificação do Estado contra o qual a reclamação é feita; os artigos da Convenção que foram violados; as medidas adotadas no sentido de esgotar os recursos internos; uma declaração de que a mesma matéria não está pendente em outra instância internacional; uma detalhada descrição dos fatos substanciais das alegações, incluindo importantes informações. As comunicações precisam ser datadas e assinadas

Acrescente-se que a petição deve respeitar determinados requisitos de admissibilidade previstos pelo art. 5º do Protocolo, como o esgotamento prévio dos recursos internos — salvo quando a aplicação desses recursos se mostrar injustificadamente prolongada, ou se inexistir no Direito interno o devido processo legal, ou ainda se não se assegurar à vítima o acesso aos recursos de jurisdição interna. Na lição de Henkin: "A razão deste requisito é dar ao Estado, acusado como responsável, uma oportunidade para remediar o erro cometido pelas suas próprias instituições domésticas, antes da petição ser lançada ao plano internacional"[24].

Outro requisito de admissibilidade é a comprovação de que a mesma questão não está sendo examinada por outra instância internacional, ou seja, a matéria não pode estar pendente em outros processos de solução internacional[25].

Satisfeitos tais requisitos de admissibilidade e recebida a comunicação pelo Comitê, o Estado dispõe do prazo de seis meses para submeter ao Comitê explicações e esclarecimentos sobre o caso, bem como as medidas que eventualmente tenham sido por ele adotadas. Os esclarecimentos prestados pelo Estado são, então, encaminhados para o autor ou autora, que poderá enviar ao Comitê informações e observações adicionais. O Comitê,

---

(...) As comunicações devem ser endereçadas ao Comitê de Direitos Humanos, aos cuidados do Centro de Direitos Humanos da ONU em Genebra. (...) Não há limitação temporal para submeter petições à luz do Protocolo Facultativo, ainda que, em geral, seja do interesse do peticionário submeter a comunicação o quanto antes" (Treaty-based, p. 45-46).

24. Louis Henkin, *International law: cases and materials*, p. 693. Sobre a matéria, consultar também Chittharanjan Felix Amerasinghe, *Local remedies in international law*, e A. A. Cançado Trindade, *The application of the rule of exhauston of local remedies in international law: its rationale in the international protection of individual rights*.

25. Pondera Siân Lewis-Anthony: "O art. 5º (2) do Protocolo prevê que o Comitê não pode considerar uma comunicação se a mesma matéria estiver, concomitantemente, sendo examinada por outra instância internacional. Ao menos que o Estado tenha feito uma reserva em contrário, nada impede que o peticionário use um outro procedimento primeiro e depois, quando do término do processo, submeta o caso perante o Comitê de Direitos Humanos" (Treaty-based, p. 44-45). Ilustra essa possibilidade o caso Pratt e Morgan v. Jamaica (Communications ns. 201/1986 e 225/1987), que foi inicialmente submetido à Comissão Interamericana de Direitos Humanos e depois ao Comitê de Direitos Humanos (*Human Rights Committee: Annual Report*, Un Doc A/44/40, 1989, p. 222). Entretanto, como complementa Siân Lewis-Anthony: "Diversos países fizeram reservas a fim de impedir o exame pelo Comitê de comunicações pendentes ou já apreciadas por outros órgãos internacionais, obstando uma 'apelação' ao Comitê. (...) Dentre eles incluem-se Dinamarca, França, Islândia, Itália, Luxemburgo, Noruega, Espanha e Suécia" (Treaty-based, p. 58).

assim, considerando todas as informações colhidas, proferirá uma decisão, pelo voto da maioria dos membros presentes, embora esforços sejam empenhados no sentido de alcançar votação unânime. Essa decisão será publicada no relatório anual do Comitê à Assembleia Geral.

Ao decidir, o Comitê não se atém apenas a declarar, por exemplo, que resta caracterizada a alegada violação a direito previsto no Pacto. Por vezes, o Comitê determina a obrigação do Estado em reparar a violação cometida e em adotar medidas necessárias a prover a estrita observância do Pacto[26].

Contudo, tal decisão não detém força obrigatória ou vinculante, tampouco qualquer sanção é prevista na hipótese de o Estado não lhe conferir cumprimento. Embora não exista sanção no sentido estritamente jurídico, a condenação do Estado no âmbito internacional enseja consequências no plano político, mediante o chamado *power of embarrassment*, que pode causar constrangimento político e moral ao Estado violador[27].

Como resultado de forte pressão das vítimas, o Comitê de Direitos Humanos finalmente adotou uma série de medidas em 1990 no sentido de monitorar e fiscalizar o modo pelo qual os Estados conferem cumprimento às decisões do Comitê. A partir dessas novas medidas, o Comitê agora solicita ao Estado informações sobre as ações adotadas em relação ao caso, em prazo não superior a cento e oitenta dias. Assim, o relatório anual do Comitê (o *Committee's Annual Report*) indicará os Estados que falharam em responder à solicitação, ou que falharam em prover um remédio eficaz à vítima, como também apontará os Estados que satisfizeram a decisão do Comitê. Além disso, tais informações serão ainda solicitadas aos Estados

---

26. "Por exemplo, o Comitê invoca aos Estados a adoção de medidas imediatas para assegurar a estrita observância do Pacto; o livramento de vítimas em caso de detenção, de forma a garantir que violações similares não ocorram no futuro; a comutação da pena de morte, em circunstâncias nas quais houve violação ao Pacto; a garantia à vítima de remédios efetivos, incluindo a compensação para as violações sofridas" (Siân Lewis-Anthony, Treaty-based, p. 48).

27. Como observa José Augusto Lindgren Alves: "Não existindo sanção no direito internacional — salvo aquelas previstas no Capítulo VII da Carta das Nações Unidas, para os casos de ameaça à paz — é lógico perguntar também por que os Estados se esforçam para responder às cobranças. A explicação mais simples e clara é dada por Helga Ole Bergensen em seu estudo *The Power of Embarass*: a ONU não tem poder físico para determinar as ações internas dos Estados, mas tem a capacidade de 'embaraçar' os Governos, através de condenações morais constrangedoras" (*O sistema internacional de proteção dos direitos humanos e o Brasil*, p. 87).

quando da elaboração do relatório concernente ao Pacto dos Direitos Civis e Políticos. Por fim, o Comitê criou a figura do *Special Rapporteur for the Follow-up of Views,* que, podendo comunicar-se diretamente com os governos e com as vítimas, poderá recomendar ações necessárias em respeito às vítimas que clamam que nenhum remédio apropriado foi adotado para compensar as violações sofridas. Nas palavras de Siân Lewis-Anthony, "o *Committee's Follow up Plan* representa um esforço criativo na busca de monitorar a implementação do Pacto"[28]. Desde que o Protocolo entrou em vigor, em 26 de março de 1976, o Comitê de Direitos Humanos tem apreciado um considerável número de comunicações individuais. Até 2024 haviam sido recebidas 4.408 comunicações individuais a respeito de 94 Estados. Desse universo, 1.969 haviam sido examinadas pelo Comitê (dentre elas, o Comitê entendeu haver violação em 1.434), 831 declaradas inadmissíveis, 625 arquivadas e 983 estavam pendentes[29]. Ainda, segundo o Relatório Anual apresentado pelo Comitê em 1999, tanto o número crescente de Estados-partes ao Protocolo Opcional quanto a redução de funcionários disponíveis ao Comitê vinham resultando em maiores atrasos na análise dos casos apresentados. Em 1993, por exemplo, "o tempo médio tomado do início à conclusão de um caso era de aproximadamente três anos"[30].

Todavia, ainda grande é a resistência de muitos Estados em consentir que indivíduos tenham o poder de encaminhar petições individuais, assu-

---

28. Siân Lewis-Anthony, Treaty-based, p. 48.

29. Alto Comissariado de Direitos Humanos das Nações Unidas, *Statistical survey of individual complaints dealt with by the Human Rights Committee under the Optional Protocol to the International Covenant on Civil and Political Rights.* Consultar: http://www2.ohchr.org/english/bodies/hrc/surveyccpr.xls. Note-se que, em 27 de junho de 2023, o Comitê de Direitos Humanos, ao avaliar o relatório do Estado Brasileiro, reconheceu avanços no enfrentamento das violações de direitos humanos no sistema prisional e apresentou recomendações acerca do combate à violência policial e ao *hate speech*. Ver "In Dialogue with Brazil; Experts of the Human Rights Committee Commend Progress on Addressing Human Rights Violations in Prisons, Raise Issues Concerning Police Violence and Hate Speech", disponível em: https://www.ohchr.org/en/news/2023/06/dialogue-brazil-experts-human-rights-committee-commend-progress-addressing human.

30. Vale destacar ainda que, "em meados de 1998, aproximadamente 50% dos 293 casos nos quais o Comitê havia emitido sua opinião eram da Jamaica e do Uruguai. Das opiniões restantes, em torno de 45% estavam relacionadas a Estados ocidentais, 30% a Estados da América Latina, 20% a Estados da África e 5% da Ásia e do Leste Europeu" (Henry J. Steiner e Philip Alston, *International human rights in context*, p. 740-742).

mindo independência na arena internacional para acusá-los da inobservância de determinado direito[31]. Para muitos Estados que violam direitos humanos, essa sistemática pode gerar situações politicamente delicadas e constrangedoras no âmbito internacional.

d) Pacto Internacional dos Direitos Econômicos, Sociais e Culturais

Tal como o Pacto Internacional dos Direitos Civis e Políticos, o maior objetivo do Pacto Internacional dos Direitos Econômicos, Sociais e Culturais foi incorporar os dispositivos da Declaração Universal sob a forma de preceitos juridicamente obrigatórios e vinculantes. Novamente, assumindo a roupagem de tratado internacional, o intuito desse Pacto foi permitir a adoção de uma linguagem de direitos que implicasse obrigações no plano internacional, mediante a sistemática da *international accountability*. Isto é, como outros tratados internacionais, esse Pacto criou obrigações legais aos Estados-partes, ensejando responsabilização internacional em caso de violação dos direitos que enuncia.

Em 2024, o Pacto Internacional dos Direitos Econômicos, Sociais e Culturais contava com a adesão de 172 Estados-partes. Assim como o Pacto Internacional dos Direitos Civis e Políticos, este expande o elenco dos direitos sociais, econômicos e culturais elencados pela Declaração Universal[32].

Enuncia o Pacto Internacional dos Direitos Econômicos, Sociais e Culturais um extenso catálogo de direitos, que inclui o direito ao trabalho

---

31. Até 2024, vale lembrar, 116 dos 174 Estados-partes do Pacto Internacional dos Direitos Civis e Políticos haviam ratificado o Protocolo Facultativo. Alto Comissariado de Direitos Humanos das Nações Unidas, *Status of Ratifications of the Principal International Human Rights Treaties*, www.unhchr.ch/pdf/report.pdf. Por certo, a elaboração de um Protocolo que fosse facultativo buscou assegurar a adesão de um número maior de Estados ao Pacto dos Direitos Civis e Políticos, já que a inclusão do mecanismo de petição individual no próprio Pacto poderia desencorajar a adesão de alguns Estados. Note-se que, em 11 de julho de 1991, entrou em vigor o Segundo Protocolo Facultativo ao Pacto Internacional dos Direitos Civis e Políticos, visando à abolição da pena de morte. O Segundo Protocolo Facultativo, em 2024, contava com 91 Estados-partes. Alto Comissariado de Direitos Humanos das Nações Unidas, *Status of Ratifications of the Principal International Human Rights Treaties*, www.unhchr.ch/pdf/report.pdf.

32. Como pontua Thomas Buergenthal: "Esse Pacto contém um catálogo de direitos econômicos, sociais e culturais mais extenso e elaborado, se comparado ao catálogo da Declaração Universal" (*International human rights*, p. 42).

e à justa remuneração, o direito a formar e a associar-se a sindicatos, o direito a um nível de vida adequado, o direito à moradia, o direito à educação, o direito à previdência social, o direito à saúde e o direito à participação na vida cultural da comunidade.

Enquanto o Pacto dos Direitos Civis e Políticos estabelece direitos endereçados aos indivíduos, o Pacto dos Direitos Econômicos, Sociais e Culturais estabelece deveres endereçados aos Estados. Enquanto o primeiro Pacto determina que "todos têm o direito a..." ou "ninguém poderá...", o segundo Pacto usa a fórmula "os Estados-partes reconhecem o direito de cada um a...".

Se os direitos civis e políticos devem ser assegurados de plano pelo Estado, sem escusa ou demora — têm a chamada autoaplicabilidade —, os direitos sociais, econômicos e culturais, por sua vez, nos termos em que estão concebidos pelo Pacto, apresentam realização progressiva.

Como observa Thomas Buergenthal: "Ao ratificar este Pacto, os Estados não se comprometem a atribuir efeitos imediatos aos direitos enumerados no Pacto. Ao revés, os Estados se obrigam a adotar medidas, até o máximo dos recursos disponíveis, a fim de alcançarem progressivamente a plena realização desses direitos"[33].

Enquanto os direitos civis e políticos são autoaplicáveis, na concepção do Pacto, os direitos sociais, econômicos e culturais têm aplicação progressiva[34]. Vale dizer, são direitos que estão condicionados à atuação do

---

33. Thomas Buergenthal, *International human rights*, p. 44.
34. Para David Kelley: "Direitos ao bem-estar [aqui tratados como direitos sociais] diferem dos direitos clássicos à vida, à liberdade e à propriedade na natureza da demanda que abarcam. [...] A diferença primordial é de conteúdo. [...] Os direitos clássicos são direitos à liberdade de ação, enquanto os direitos ao bem-estar são direitos para obter bens. Essa distinção tem frequentemente sido descrita como a diferença entre 'liberdade de' e 'liberdade para'. Os direitos clássicos garantem a liberdade da interferência de outros [...], enquanto os direitos ao bem-estar garantem a liberdade para ter coisas variadas que são vistas como necessárias. Isso significa, em essência, que os direitos clássicos de liberdade (*liberty rights*) estão preocupados com processos, enquanto os direitos ao bem-estar estão preocupados com resultados". Acrescenta o autor: "Para que se implementem direitos de liberdade individuais (*liberty rights*), o governo precisa protegê-los contra ações de outros indivíduos. [...] As leis envolvidas são relativamente simples; elas essencialmente proíbem tipos específicos de ação. O aparato governamental requerido é relativamente pequeno, trata-se do 'Estado guarda-noturno' do liberalismo clássico". Já a "implementação de direitos ao bem-estar requer uma forma muito mais ativa de governo. O Estado de bem-estar social envolve tipicamente programas de transferência em larga escala". David Kelley, *A life of one's own:*

Estado, que deve adotar todas as medidas, tanto por esforço próprio como pela assistência e cooperação internacionais[35], principalmente nos planos econômicos e técnicos, até o máximo de seus recursos disponíveis, com vistas a alcançar progressivamente a completa realização desses direitos (art. 2º, § 1º, do Pacto).

Cabe realçar que, tanto os direitos sociais, econômicos e culturais, como os direitos civis e políticos, demandam do Estado prestações positivas e negativas, sendo equivocada e simplista a visão de que os direitos sociais, econômicos e culturais só demandariam prestações positivas, enquanto os direitos civis e políticos demandariam prestações negativas, ou a mera

---

individual rights and the welfare state (1998), citado em Henry J. Steiner e Philip Alston, *International human rights in context*, p. 257-258. Na visão de Vierdag: "A maior diferença entre os direitos civis e políticos repousa na questão da inação ou ação por parte do Estado. A diferença essencial se refere à abstenção ou intervenção estatal. Direitos civis podem ser igualmente assegurados em todos os países, ricos ou pobres, enquanto que a implementação dos direitos sociais necessariamente varia, dependendo dos recursos de cada país, bem como do grau de prioridade atribuído a esses direitos. Enquanto direitos civis e políticos são absolutos, os direitos sociais são relativos, dependentes de possíveis métodos de implementação. Direitos civis podem ser aplicados imediatamente e não progressivamente, como normalmente se exige no caso dos direitos sociais" (The legal nature of the rights granted by the International Covenant on Economic, Social and Cultural Rights, *Neths. YB International Law*, v. 9, p. 69). Entretanto, o Pacto Internacional dos Direitos Econômicos, Sociais e Culturais prevê importantes dispositivos que apresentam aplicação imediata: "Enquanto o Pacto estabelece a progressiva realização destes direitos, a depender da limitação de recursos disponíveis, ele também impõe diversas obrigações de aplicação imediata. Uma delas se atém à obrigação de que os direitos devem ser exercidos de forma não discriminatória" (*Committee on Economic, Social and Cultural Rights, General Comment*, 1990).

35. "O Pacto Internacional dos Direitos Econômicos, Sociais e Culturais consagra três previsões que podem ser interpretadas no sentido de sustentar uma obrigação por parte dos Estados-partes ricos de prover assistência aos Estados-partes pobres, não dotados de recursos para satisfazer as obrigações decorrentes do Pacto. O artigo 2 (1) contempla a frase 'individualmente ou através de assistência internacional e cooperação, especialmente econômica e técnica'. A segunda é a previsão do artigo 11 (1), de acordo com a qual os Estados-partes concordam em adotar medidas apropriadas para assegurar a plena realização do direito à adequada condição de vida, reconhecendo para este efeito a importância da cooperação internacional baseada no livre consenso. Similarmente, no artigo 11 (2) os Estados-partes concordam em adotar 'individualmente ou por meio de cooperação internacional medidas relevantes para assegurar o direito de estar livre da fome'" (Philip Alston e Gerard Quinn, The Nature and Scope of Staties Parties' obligations under the ICESCR, 9 Human Rights Quartley 156, 1987, p. 186, apud Henry Steiner e Philip Alston, International human rights in context: law, politics and morals, second edition, Oxford, Oxford University Press, 2000, p. 1327).

abstenção estatal. A título de exemplo, cabe indagar qual o custo do aparato de segurança, mediante o qual se asseguram direitos civis clássicos, como os direitos à liberdade e à propriedade, ou ainda qual o custo do aparato eleitoral, que viabiliza os direitos políticos, ou do aparato de justiça, que garante o direito ao acesso ao Judiciário. Isto é, os direitos civis e políticos não se restringem a demandar a mera omissão estatal, já que a sua implementação requer políticas públicas direcionadas, que contemplam também um custo.

Reitera-se que o Pacto dos Direitos Econômicos, Sociais e Culturais estabelece a obrigação dos Estados de reconhecer e progressivamente implementar os direitos nele enunciados. Como afirma o Comitê sobre os Direitos Econômicos, Sociais e Culturais: "Se a plena realização de relevantes direitos pode ser alcançada progressivamente, medidas nesta direção devem ser adotadas em um razoavelmente curto período de tempo, após o Pacto entrar em vigor em relação a determinado Estado. Estas medidas devem ser deliberadas e concretamente alcançáveis, da forma mais clara possível, no sentido de conferir cumprimento às obrigações reconhecidas no Pacto"[36]. Da aplicação progressiva dos direitos econômicos, sociais e culturais resulta a cláusula de proibição do retrocesso social, como também de proibição da inação ou omissão estatal, na medida em que é vedado aos Estados o retrocesso ou a inércia continuada no campo da implementação de direitos sociais. Vale dizer, a progressividade dos direitos econômicos, sociais e culturais proíbe o retrocesso ou a redução de políticas públicas voltadas à garantia de tais direitos, cabendo ao Estado o ônus da prova. Isto é, em face do princípio da inversão do ônus da prova, deve o Estado comprovar que todas as medidas necessárias — utilizando o máximo de recursos disponíveis — têm sido adotadas no sentido de progressivamente implementar os direitos econômicos, sociais e culturais enunciados no Pacto. Outro relevante princípio atém-se ao componente democrático a guiar a formulação e a aplicação de políticas públicas sociais, com destaque à participação, à transparência e à *accountability*. Como explica Amartya Sen: "liberdades políticas e direitos democráticos são componentes estruturais do desenvolvimento. (...) Democracia requer participação política, diálogo e interação pública, conferindo o direito à voz aos grupos mais vulneráveis"[37].

---

36. *Committee on Economic, Social and Cultural Rights,* General Comment n. 3, UN doc. E/1991/23.

37. Amartya Sen, *The Idea of Justice,* Cambridge, Harvard University Press, 2009, p. 347.

No entender de José Joaquim Gomes Canotilho: "a ideia de procedimento/processo continua a ser valorada como dimensão indissociável dos direitos fundamentais", acrescendo que "a participação no e através do procedimento já não é um instrumento funcional e complementar da democracia, mas sim uma dimensão intrínseca dos direitos fundamentais"[38].

O Comitê de Direitos Econômicos, Sociais e Culturais tem ainda enfatizado o dever de os Estados-partes assegurar, ao menos, o núcleo essencial mínimo, o *minimum core obligation*, relativamente a cada direito econômico, social e cultural enunciado no Pacto[39]. O dever de observância do mínimo essencial concernente aos direitos econômicos, sociais e culturais tem como fonte o princípio maior da dignidade humana, que é o princípio fundante e nuclear do Direito dos Direitos Humanos, demandando absoluta urgência e prioridade. A respeito da implementação dos direitos sociais, o Comitê adota os seguintes critérios: acessibilidade, disponibilidade, adequação, qualidade e aceitabilidade cultural. O Comitê ainda tem desenvolvido o conteúdo jurídico dos direitos sociais[40].

Em sua Recomendação-Geral n. 12, o Comitê dos Direitos Econômicos, Sociais e Culturais realça as obrigações do Estado no campo dos direitos econômicos, sociais e culturais: respeitar, proteger e implementar. Quanto à obrigação de respeitar, obsta ao Estado que viole tais direitos. No que tange à obrigação de proteger, cabe ao Estado evitar e impedir que terceiros (atores não estatais) violem esses direitos. Finalmente, a obrigação de implementar demanda do Estado a adoção de medidas voltadas à realização desses direitos.

---

38. José Joaquim Gomes Canotilho, *Estudos sobre Direitos Fundamentais*, Portugal, Coimbra Editora, 2008.

39. Segundo Steiner e Alston, o "Comitê dos Direitos Econômicos, Sociais e Culturais tem procurado combinar uma abordagem concernente ao 'conteúdo essencial mínimo' [de seus dispositivos], que produziria um *standard* universal mínimo, com a ênfase sobre a necessidade de cada Estado estabelecer metas em relação às quais sua atuação poderia ser medida tanto internamente quanto externamente por órgãos de monitoramento" (Henry J. Steiner e Philip Alston, *International human rights in context*, p. 305).

40. Sobre o direito à moradia, consultar Recomendação Geral n. 4 do Comitê de Direitos Econômicos, Sociais e Culturais; sobre o direito à alimentação adequada, ver a Recomendação Geral n. 12; sobre o direito à saúde, ver Recomendação Geral n. 14; e sobre o direito à educação, consultar Recomendação Geral n. 13. Ver, ainda, a Recomendação Geral n. 25, sobre ciência e direitos econômicos, sociais e culturais (2020).

O Pacto Internacional dos Direitos Econômicos, Sociais e Culturais apresenta uma peculiar sistemática de monitoramento dos direitos enunciados, restringindo-se, todavia, apenas à sistemática dos relatórios a serem encaminhados pelos Estados-partes. Como no caso dos relatórios exigidos pelo Pacto Internacional dos Direitos Civis e Políticos, esses relatórios devem consignar as medidas adotadas pelo Estado-parte no sentido de conferir observância aos direitos reconhecidos pelo Pacto. Devem ainda expressar os fatores e as dificuldades no processo de implementação das obrigações decorrentes do Pacto Internacional dos Direitos Econômicos, Sociais e Culturais. Os Estados-partes devem submeter os respectivos relatórios ao Secretário-Geral das Nações Unidas, que, por sua vez, encaminhará cópia ao Conselho Econômico e Social para apreciação. Note-se que o Conselho Econômico e Social estabeleceu um Comitê sobre Direitos Econômicos, Sociais e Culturais, com a competência de examinar os relatórios submetidos pelos Estados[41].

Diversamente do Pacto dos Direitos Civis e Políticos, que institui o Comitê de Direitos Humanos como órgão principal de monitoramento, o Pacto dos Direitos Econômicos, Sociais e Culturais não cria um Comitê próprio, que, como realçado, foi estabelecido posteriormente pelo Conselho Econômico e Social. Ainda diversamente do Pacto dos Direitos Civis, o Pacto dos Direitos Sociais não estabelece o mecanismo de comunicações interestatais. Somente em 10 de dezembro de 2008 foi finalmente adotado o Protocolo Facultativo ao Pacto dos Direitos Econômicos, Sociais e Culturais, que introduz a sistemática das petições individuais, das medidas de urgência (*interim measures*), das comunicações interestatais e das investigações *in loco* em caso de graves e sistemáticas violações a direitos econômicos, sociais e culturais por um Estado-parte, como será enfocado no próximo tópico.

Em suma, até dezembro de 2008, o mecanismo de proteção dos direitos sociais, econômicos e culturais continuava a se limitar apenas à sistemática dos relatórios[42], embora a Declaração de Viena desde 1993 tenha

---

41. A função deste Comitê é análoga à função do Comitê de Direitos Humanos, instituído pelo Pacto Internacional dos Direitos Civis e Políticos.

42. Entende Audrey Chapman que um "monitoramento efetivo do Pacto Internacional de Direitos Econômicos, Sociais e Culturais não está sendo realizado e que retificar essa situação requer uma mudança no paradigma de avaliação concernente ao cumprimento das disposições do Pacto. [...] Uma 'realização progressiva', o paradigma corrente usado para avaliar a atuação dos Estados-partes, torna os direitos econômicos, sociais e culturais

recomendado a incorporação do direito de petição a esse Pacto, mediante a adoção de protocolo adicional. Para fortalecer a efetividade dos direitos econômicos, sociais e culturais, a Conferência de Viena de 1993 recomendou ainda o exame de outros critérios, como a aplicação de um sistema de indicadores, para medir o progresso alcançado na realização dos direitos previstos no Pacto Internacional de Direitos Econômicos, Sociais e Culturais. Recomendou também seja empreendido um esforço harmonizado, visando a garantir o reconhecimento dos direitos econômicos, sociais e culturais nos planos nacional, regional e internacional.

Sob a ótica normativa internacional, está definitivamente superada a concepção de que os direitos sociais, econômicos e culturais não são direitos legais. Os direitos sociais, econômicos e culturais são autênticos e verdadeiros direitos fundamentais. Integram não apenas a Declaração Universal e o Pacto Internacional dos Direitos Econômicos, Sociais e Culturais, como ainda inúmeros outros tratados internacionais (ex.: a Convenção sobre a Eliminação da Discriminação Racial, a Convenção sobre os Direitos da Criança e a Convenção sobre a Eliminação da Discriminação contra a Mulher). A obrigação de implementar esses direitos deve ser compreendida à luz do princípio da indivisibilidade dos direitos humanos, reafirmado veementemente pela ONU na Declaração de Viena de 1993 e por outras organizações internacionais de direitos humanos.

Na percepção de David M. Trubek, os direitos sociais, enquanto *social welfare rights,* invocam o que é o mais básico e universal acerca desta dimensão do Direito Internacional. Por trás dos direitos específicos consagrados nos documentos internacionais e acolhidos pela comunidade internacional, repousa uma visão social do bem-estar individual. Isto é, a ideia de proteção a estes direitos envolve a crença de que o bem-estar individual resulta, em parte, de condições econômicas, sociais e culturais, nas quais todos nós vivemos, bem como envolve a visão de que o Governo tem

---

direitos muito difíceis de monitorar. Um paradigma que tomasse a 'perspectiva das violações' constitui uma alternativa mais viável". Para facilitar o monitoramento no tocante ao Pacto, Chapman sugere uma classificação das violações em três categorias: "1. violações resultantes de ações, políticas e legislações governamentais; 2. violações relacionadas com padrões de discriminação; e 3. violações relacionadas com o fracasso estatal em responder às suas obrigações mínimas tocantes aos direitos enumerados" (Audrey Chapman, A new approach to monitoring the International Covenant on Economic, Social and Cultural Rights, *International Commission of Jurists, The Review,* n. 55, December 1995, citado em Henry J. Steiner e Philip Alston, *International human rights in context*, p. 313-314).

a obrigação de garantir adequadamente tais condições para todos os indivíduos. A ideia de que o *welfare* é uma construção social e de que as condições de *welfare* são em parte uma responsabilidade governamental repousa nos direitos enumerados pelos diversos instrumentos internacionais. Ela também expressa o que é universal neste campo. Trata-se de uma ideia acolhida, ao menos no âmbito geral, por todas as nações, ainda que exista uma grande discórdia acerca do escopo apropriado da ação e responsabilidade governamental e da forma pela qual o *social welfare* pode ser alcançado em sistemas econômicos e políticos específicos. É porque os proponentes do liberal *welfare state* e do Estado socialista, bem como das variações e permutações entre estas estruturas, concordam na importância da ação estatal para a promoção do bem-estar individual, que esses direitos têm sido acolhidos pelo Direito Internacional"[43].

Quanto ao debate sobre a acionabilidade dos direitos sociais, econômicos e culturais, compartilha-se da visão de que "a insistência de que as Cortes são incompetentes para tratar de políticas sociais parece ignorar a sua histórica e contínua intervenção nesta área. As Cortes criam políticas sociais não apenas quando interpretam a Constituição, mas também quando interpretam legislações de Direito econômico, trabalhista e ambientalista, dentre outras, assim como em suas resoluções em disputas privadas"[44].

---

43. Cf. David M. Trubek, Economic, social and cultural rights in the third world: human rights law and human needs programs, in Theodor Meron (ed.), *Human rights in international law: legal and policy issues*, p. 205-206.

44. Jackman, Constitutional rhetoric and social justice: reflections on the justiciability debate, in Joel Bakan e David Schneiderman (eds.), *Social justice and the Constitution: perspectives on a social union for Canada*, p. 17. A respeito da acionabilidade dos direitos econômicos, sociais e culturais, sustenta o Comitê que, "em relação aos direitos civis e políticos, é normalmente tido por dado que remédios judiciais são essenciais no caso de violações. Infelizmente, a presunção contrária é frequentemente tomada em relação aos direitos econômicos, sociais e culturais. Essa discrepância não é pautada na natureza dos direitos e nem tampouco na relevância dos dispositivos dos Pactos. O Comitê já deixou claro que considera muitas das previsões do Pacto [sobre Direitos Econômicos, Sociais e Culturais] como aptas a ensejar implementação imediata". Contudo, continua o Comitê, "é importante, nesse aspecto, distinguir entre acionabilidade (que se refere àquelas questões que são apropriadamente resolvidas pelos tribunais) e normas que são autoexecutáveis (capazes de serem aplicadas pelos tribunais sem maior elaboração). Embora o perfil geral de cada ordenamento jurídico tenha que ser considerado, não há nenhum direito do Pacto [sobre Direitos Econômicos, Sociais e Culturais] que não poderia, na grande maioria dos ordenamentos, ser considerado como possuidor de, ao menos, algumas dimensões passíveis de acionabilidade" (Comitê sobre Direitos Econômicos, Sociais e Culturais, General Com-

Sobre o custo dos direitos e a justiciabilidade dos direitos sociais, corrobora-se a percepção crítica de David Bilchitz: "(...) se uma sociedade reconhece os direitos fundamentais e tem bons motivos para assegurar aos juízes poder de controle jurisdicional, parece justificável permitir aos juízes determinar que recursos sejam alocados de acordo com as demandas de direitos fundamentais. (...) Aos juízes é conferido o poder de controlar tais decisões em conformidade com o elenco de princípios consagrados na Constituição. Juízes são requisitados a avaliar a alocação de recursos com base em um parâmetro que têm conhecimento: a aplicação de *standards* de direitos humanos"[45].

Acredita-se que a ideia da não acionabilidade dos direitos sociais é meramente ideológica e não científica[46]. É uma preconcepção que reforça a equivocada noção de que uma classe de direitos (os direitos civis e políticos) merece inteiro reconhecimento e respeito, enquanto outra classe (os direitos sociais, econômicos e culturais), ao revés, não merece qualquer reconhecimento.

---

ment n. 9, UM Doc. E/1999/22, Annex IV, citado em Henry J. Steiner e Philip Alston, *International human rights in context*, p. 276-277).

45. David Bilchitz, *Poverty and Fundamental Rights: The Justification and Enforcement of Socio-Economic Rights*, Oxford/NY, Oxford University Press, 2007, p. 128-129. Sobre a justiciabilidade de direitos sociais, consultar Langford, Malcolm (ed.). *Social Rights Jurisprudence: Emerging Trends in Comparative and International Law*, Cambridge University Press, 2009; International Commission of Jurists. *Courts and the Legal Enforcement of Economic, Social and Cultural Rights*, 2008; International Commission of Jurists, *The Justiciability of Economic, Social and Cultural Rights: National, Regional and International Experiences*, 2008.

46. Como explica Jack Donnelly: "Diversos filósofos e um grande número de conservadores e liberais contemporâneos têm sustentado que os direitos econômicos e sociais não são verdadeiros direitos, sugerindo que a tradicional dicotomia reflete não apenas a gênese das normas contemporâneas de direitos humanos, mas também uma ordem de prioridade entre esses direitos. Maurice Cranston oferece a mais amplamente citada versão do argumento filosófico contrário aos direitos econômicos e sociais. Ele afirma que os tradicionais direitos civis e políticos à vida, à liberdade e à propriedade são 'direitos universais, supremos e morais'. Os direitos econômicos e sociais, contudo, não são universais, concretos e nem possuem suprema importância, 'pertencendo a uma diferente categoria lógica' — isto é, não são verdadeiros direitos humanos. (...) Os impedimentos para a implementação da maior parte dos direitos econômicos e sociais, entretanto, são mais políticos que físicos. Por exemplo, há mais que suficiente alimento no mundo capaz de alimentar todas as pessoas; a fome e a má nutrição generalizada existem não em razão de uma insuficiência física de alimentos, mas em virtude de decisões políticas sobre a sua distribuição" (*Universal human rights in theory and practice*, p. 31-32).

Sustenta-se, pois, a noção de que os direitos fundamentais — sejam civis e políticos, sejam sociais, econômicos e culturais — são acionáveis e demandam séria e responsável observância[47].

Sob o ângulo pragmático, no entanto, a comunidade internacional continua a tolerar frequentes violações aos direitos sociais, econômicos e culturais que, se perpetradas em relação aos direitos civis e políticos, provocariam imediato repúdio internacional. Em outras palavras, "independentemente da retórica, as violações de direitos civis e políticos continuam a ser consideradas como mais sérias e mais patentemente intoleráveis, que a maciça e direta negação de direitos econômicos, sociais e culturais"[48].

---

47. A respeito, afirma David Trubek: "Eu acredito que o Direito Internacional está se orientando no sentido de criar obrigações que exijam dos Estados a adoção de programas capazes de garantir um mínimo nível de bem-estar econômico, social e cultural para todos os cidadãos do planeta, de forma a progressivamente melhorar esse bem-estar" (Economic, social and cultural, p. 207). Sobre a necessidade de valorar de forma equânime as duas categorias de direitos, merece destaque a seguinte reflexão de T. Farer, constante do relatório a respeito da situação dos direitos humanos na Nicarágua: "Com exceção dos casos de assassinato em massa e tortura (na definição do termo) — Camboja sob Khmer Rouge, Uganda sob Idi Amin, União Soviética sob Stalin, Europa sob a ocupação nazista — a comparação entre violações de direitos humanos requer um problemático exercício de etiologias e julgamentos de valor acerca da relativa importância de diferentes direitos e seu efeito (se algum) no contexto doméstico e internacional. Como, por exemplo, comparar governos que matam com armas e governos que permitem pessoas morrerem de fome e de desnutrição?" (T. Farer, Looking at Nicaragua: the problematique of impartiality in human rights inquiries, *Human Rights Quarterly*, v. 10, p. 141). No mesmo sentido, destaca-se o entendimento de Amartya Sen, no tocante à interdependência entre direitos econômicos e direitos políticos e, portanto, à relevância das duas categorias de direitos: "Se e como o governo responde a necessidades e a sofrimentos pode muito bem depender do grau de pressão a que o governo é exposto, e esse grau varia com o maior ou menor exercício de direitos políticos. (...) nossa concepção de necessidades está relacionada à nossa análise da natureza das privações e também à nossa compreensão sobre o que pode ser feito no que concerne a essas privações. Direitos políticos, incluindo a liberdade de expressão e de discussão, são não apenas essenciais na indução de respostas políticas às necessidades econômicas, eles são também centrais na conceituação mesma dessas necessidades". Amartya Sen, Freedoms and needs, *The New Republic* (January 10 and 17, 1992), citado em Henry J. Steiner e Philip Alston, *International human rights in context*, p. 269-271.

48. Statement to the World Conference on Human Rights on Behalf of the Committee on Economic, Social and Cultural Rights, UN Doc E/1993/22, Annex III. A respeito, alerta Ian Martin: "O número de pessoas vivendo em grau de pobreza absoluta soma 1,4 bilhão, para uma população mundial de 5,3 bilhões. Este número tem aumentado em média 50% nos últimos vinte anos. (...) Entre 1960 e 1989, os 20% mais ricos povos do mundo aumentaram sua

Em geral, a violação aos direitos sociais, econômicos e culturais é resultado tanto da ausência de forte suporte e intervenção governamental como da ausência de pressão internacional em favor dessa intervenção. É, portanto, um problema de ação e prioridade governamental[49] e implementação de políticas públicas, que sejam capazes de responder a graves problemas sociais.

Acrescente-se que a globalização econômica tem agravado ainda mais as desigualdades sociais, aprofundando as marcas da pobreza absoluta e da exclusão social. De acordo com o relatório sobre o Desenvolvimento Humano de 1999, elaborado pelo Programa das Nações Unidas para o Desenvolvimento (PNUD), a integração econômica mundial tem contribuído para aumentar a desigualdade. A diferença de renda entre os 20% mais ricos da população mundial e os 20% mais pobres, medida pela renda nacional média, aumentou de 30 para 1, em 1960, para 74, em 1997. Adiciona o relatório que, em face da globalização assimétrica, a parcela de 20% da população mundial que vive nos países de renda mais elevada concentra 86% do PIB mundial, 82% das exportações mundiais, 68% do investimento direto estrangeiro e 74% das linhas telefônicas. Já a parcela dos 20% mais pobres concentra 1% do PIB mundial, 1% das exportações mundiais, 1% do investimento direto estrangeiro e 1,5% das linhas telefônicas. Atente-se que o próprio Banco Mundial reconheceu, em relatório recente, que a pobreza tem crescido em virtude da globalização econômica. De acordo com o relatório do BIRD, no período de maior adesão ao neoliberalismo aumentaram a pobreza e o protecionismo em escala internacional. Para a Organização Mundial de Saúde, "a pobreza é a maior *causa mortis* na esfera mundial. A pobreza apresenta influência destrutiva em todas as fases da vida humana, do momento do nascimento à morte"[50].

---

participação no PIB (Produto Interno Bruto) de 70% para 83%. Os 20% mais pobres assistiram sua participação decair de 2,3% para 1,4%. O débito do terceiro mundo tem aumentado. É pior ver uma criança morrer de fome que ver um adulto ser atacado pela polícia" (*The new world order: opportunity or threat for human rights?*, A lecture by the Edward A. Smith Visiting Fellow presented by the Harvard Law School Human Rights Program, 1993, p. 18).

49. Quanto à noção de ação governamental: "A ação pública é não apenas uma questão de respostas públicas ou iniciativas estatais. É também um problema de participação pública no processo de transformação social. A participação pública pode oferecer poderosas e positivas contribuições, tanto como 'colaboradora' da política governamental, como 'adversária' a ela. Incentivos são centrais para a lógica da ação pública" (Jean Dreze e Amartya Sen, *Hunger and public action*, p. 257-259).

50. Paul Farmer, *Pathologies of power*, p. 50. De acordo com dados do relatório "Sinais Vitais", do *Worldwatch Institute* (2003), a desigualdade de renda se reflete nos indica-

Fica, por fim, o alerta do *Statement to the World Conference on Human Rights on Behalf of the Committee on Economic, Social and Cultural Rights*: "Com efeito, democracia, estabilidade e paz não podem conviver com condições de pobreza crônica, miséria e negligência. Além disso, essa insatisfação criará grandes e renovadas escalas de movimentos de pessoas, incluindo fluxos adicionais de refugiados e migrantes, denominados 'refugiados econômicos', com todas as suas tragédias e problemas. (...) Direitos sociais, econômicos e culturais devem ser reivindicados como direitos e não como caridade ou generosidade"[51].

e) Protocolo Facultativo ao Pacto Internacional dos Direitos Econômicos, Sociais e Culturais

Como já estudado no tópico "c" deste capítulo, desde 1966 os direitos civis e políticos contam com o mecanismo das petições individuais, mediante a adoção do Protocolo Facultativo ao Pacto Internacional dos Direitos Civis e Políticos. Ao consolidar a capacidade processual dos indivíduos na esfera internacional, a sistemática das petições tem fortalecido a justiciabilidade dos direitos civis e políticos nas esferas global, regional e local.

Já os direitos sociais, econômicos e culturais apenas em 2008 passam a contar com tal mecanismo, mediante a adoção do Protocolo Facultativo ao Pacto Internacional dos Direitos Econômicos, Sociais e Culturais, em 10 de dezembro de 2008[52].

---

dores de saúde: a mortalidade infantil nos países pobres é 13 vezes maior do que nos países ricos; a mortalidade materna é 150 vezes maior nos países de menor desenvolvimento com relação aos países industrializados. A falta de água limpa e saneamento básico mata 1,7 milhão de pessoas por ano (90% crianças), ao passo que 1,6 milhão de pessoas morrem de doenças decorrentes da utilização de combustíveis fósseis para aquecimento e preparo de alimentos. O relatório ainda atenta para o fato de que a quase totalidade dos conflitos armados se concentra no mundo em desenvolvimento, que produziu 86% de refugiados na última década. Para Joseph E. Stiglitz: "O número de pessoas vivendo na pobreza aumentou atualmente quase 100 milhões. Isto ocorreu ao mesmo tempo em que a renda mundial aumentou em média 2,5% ao ano" (Joseph E. Stiglitz, *Globalization and its discontents*, p. 6). Acrescenta o autor: "Desenvolvimento significa a transformação da sociedade, com a melhoria de vida das pessoas mais pobres, assegurando a toda e qualquer pessoa a oportunidade de sucesso, bem como o acesso à saúde e à educação" (p. 252).

51. *Statement to the World Conference on Human Rights on Behalf of the Committee on Economic, Social and Cultural Rights*, UN Doc E/1993/22, Annex III.

52. O Protocolo Facultativo ao Pacto Internacional dos Direitos Econômicos, Sociais e Culturais foi aprovado pela Resolução da Assembleia Geral A/RES/63/117, em 10 de

Atente-se que, desde 1996, o Comitê de Direitos Econômicos, Sociais e Culturais já adotava um projeto de Protocolo, contando com o apoio de países da América Latina, África e Leste Europeu e a resistência do Reino Unido, EUA, Canadá, Austrália, dentre outros[53].

O Protocolo Facultativo habilita o Comitê de Direitos Econômicos, Sociais e Culturais a: a) apreciar petições submetidas por indivíduos ou grupos de indivíduos, sob a alegação de serem vítimas de violação de direitos enunciados no Pacto Internacional dos Direitos Econômicos, Sociais e Culturais[54]; b) requisitar ao Estado-parte a adoção de medidas de urgência para evitar danos irreparáveis às vítimas de violações; c) apreciar comunicações interestatais, mediante as quais um Estado-parte denuncia a violação de direitos do Pacto por outro Estado-parte; e d) realizar investigações *in loco*, na hipótese de grave ou sistemática violação por um Estado-parte de direito enunciado no Pacto Internacional dos Direitos Econômicos, Sociais e Culturais.

O Protocolo entrou em vigor em 5 de maio de 2013, isto é, três meses a contar da data do depósito do décimo instrumento de ratificação junto ao Secretário-Geral da ONU, nos termos do art. 18 do Protocolo. Em 2024, o Protocolo contava com 29 Estados-partes.

---

dezembro de 2008. A cerimônia de abertura para assinaturas foi realizada em 24 de setembro de 2009, no "2009 Treaty Event at the United Nations Headquarters in New York". De acordo com: http://treaties.un.org/doc/source/events/2009/summary-24-09-09. No evento, 20 Estados assinaram o Protocolo Facultativo, que, até 2024, contava com 29 ratificações (Dentre os Estados-partes, destacam-se Argentina, Bélgica, Bolívia, Bósnia e Herzegovina, Cabo Verde, Costa Rica, Equador, El Salvador, Finlândia, França, Gabão, Itália, Luxemburgo, Mongólia, Montenegro, Niger, Portugal, San Marino, Eslováquia, Espanha e Uruguai).

53. Sobre o projeto de Protocolo Facultativo ao Pacto Internacional de Direitos Econômicos, Sociais e Culturais, consultar Doc.E/CN4/1997/105. Constata-se a resistência de Estados em aceitar a proteção aos direitos sociais, econômicos e culturais, conferindo-lhes o mesmo tratamento atribuído aos direitos civis e políticos. A título de exemplo, basta atentar que, nos sistemas regionais de proteção de direitos humanos, enquanto a Convenção Americana de Direitos Humanos (que prevê fundamentalmente direitos civis e políticos) em 2024 apresenta 24 Estados-partes, o Protocolo de San Salvador em matéria de direitos econômicos, sociais e culturais apresenta apenas 18 Estados-partes; no sistema regional europeu, enquanto a Convenção Europeia em 2024 apresenta 46 Estados-partes, a Carta Social Europeia Revisada apresenta apenas 35 Estados-partes. Estes dados, por si só, revelam as ambivalências políticas dos Estados no trato dos direitos econômicos, sociais e culturais.

54. Os requisitos de admissibilidade das petições individuais estão elencados no artigo 3 do Protocolo, compreendendo a necessidade do prévio esgotamento dos recursos internos, a inexistência de litispendência internacional, dentre outros.

Até outubro de 2023, o Comitê de Direitos Econômicos, Sociais e Culturais havia recebido 339 comunicações submetidas com fundamento no Protocolo Facultativo ao PIDESC. Desse universo, 221 encontravam-se pendentes, 27 haviam sido declaradas inadmissíveis, 75 haviam sido arquivadas e 16 examinadas no mérito (sendo que, em 13 casos, considerou-se haver violação e, em 3 outros, não haver violação). A título ilustrativo, a Comunicação n. 1/2013 foi proposta em face da Espanha, tendo por objeto a discriminação no acesso à pensão não contributiva de pessoa detida, nos termos dos artigos 2º e 9º do PIDESC. Já a Comunicação n. 2/2014 — também proposta em face da Espanha — tem por objeto a falta de acesso aos tribunais para a proteção do direito à moradia, nos termos dos artigos 2º (1) e 11 (1) do PIDESC. Por sua vez, a Comunicação n. 3/2014 foi proposta em face do Equador, tendo por objeto a discriminação de criança estrangeira no tocante à participação de torneios de futebol infantil, nos termos dos artigos 2º, 4º, 10 (3), 13 e 15 do PIDESC.

O Protocolo Facultativo é uma relevante iniciativa para romper com o desequilíbrio até então existente entre a proteção conferida aos direitos civis e políticos e aos direitos econômicos, sociais e culturais na esfera internacional, endossando a visão integral dos direitos humanos, a indivisibilidade e a interdependência de direitos[55].

A respeito do monitoramento dos direitos sociais e seu impacto na justiciabilidade desses direitos, observa Martin Scheinin: "A íntima relação entre a existência de um sistema de comunicações individuais, a permitir uma prática interpretativa institucionalizada e o desenvolvimento da justiciabilidade dos direitos sociais na esfera doméstica foi explicada de forma

---

55. Sobre o Protocolo Facultativo, consultar International NGO Coalition for an Optional Protocol to the ICESCR. *"New Concrete Steps on the Way to the Adoption of an Optional Protocol to the International Covenant on Economic, Social and Cultural Rights!"* (2008) http://www.opicescr-coalition.org; Claire Mahon, *Progress at the Front: The Draft Optional Protocol to the International Covenant on Economic, Social and Cultural Rights*, Human Rights Law Review, v. 8, n. 4 (2008); Martin Scheinin, *The Proposed Optional Protocol to the Covenant on Economic, Social and Cultural Rights: A Blueprint for UN Human Rights Treaty Body Reform—Without Amending the Existing Treaties*, Human Rights Law Review, v. 6 (2006); Magdalena Sepúlveda, *Obligations of "international assistance and cooperation" in an Optional Protocol to the International Covenant on Economic, Social and Cultural Rights,* Netherlands Quarterly of Human Rights, v. 24, n. 2 (2006); Lilian Chenwi, *First reading of the draft optional protocol to the International Covenant on Economic, Social and Cultural Rights*, ESR Review, v. 8, n. 4 (2007), 22-27 (http://www.communitylawcentre.org.za/Socio-Economic-Rights/esr-review/esr-previous-editions/esr--review-vol-8-4-november-2007.pdf/attachment_download/file).

precisa pelo Comitê de Direitos Econômicos, Sociais e Culturais: 'Considerando que a maior parte dos dispositivos do Pacto não era passível de qualquer apreciação jurisprudencial no plano internacional, do mesmo modo é bastante provável que não fosse também objeto de controle jurisprudencial no plano doméstico'"[56].

Neste contexto, o Protocolo Facultativo ao Pacto Internacional dos Direitos Econômicos, Sociais e Culturais é instrumento com extraordinária potencialidade de impactar positivamente o grau de justiciabilidade dos direitos econômicos, sociais e culturais, nas esferas global, regional e local.

f) Demais convenções internacionais de direitos humanos — breves considerações sobre o Sistema Especial de Proteção

Por fim, uma palavra sobre os demais instrumentos internacionais de proteção dos direitos humanos, que integram o sistema especial de proteção, no plano internacional.

O advento da *International Bill of Rights*, como já visto, constituiu o marco do processo de proteção internacional dos direitos humanos. A partir dela, inúmeras outras Declarações e Convenções foram elaboradas, algumas sobre novos direitos, outras relativas a determinadas violações, outras, ainda, para tratar de determinados grupos caracterizados como vulneráveis. A elaboração dessas inúmeras Convenções pode ser compreendida à luz do processo de "multiplicação de direitos", para adotar a terminologia de Norberto Bobbio.

Na visão de Bobbio[57], esse processo envolveu não apenas o aumento dos bens merecedores de tutela, mediante a ampliação dos direitos à prestação (como os direitos sociais, econômicos e culturais), como também a extensão da titularidade de direitos, com o alargamento do próprio conceito de sujeito de direito, que passou a abranger, além do indivíduo, as entidades de classe, as organizações sindicais, os grupos vulneráveis e a própria humanidade. Esse processo implicou ainda a especificação do sujeito de direito, tendo em vista que, ao lado do sujeito genérico e abstrato, delineia-

---

56. Martin Scheinin, Economic and Social Rights as Legal Rights. In Eide, A., C. Krause and A. Rosas (eds.), *Economic, Social and Cultural Rights: a textbook.* 2nd revised edition, Dordrecht, Martinus Nijhoff Publishers, 2001, p. 49. Ver também UN doc A/CONF.157/PC/62/Add.5/, para. 24).

57. Norberto Bobbio, *A era dos direitos*, p. 68-69.

-se o sujeito de direito concreto, visto em sua especificidade e na concretude de suas diversas relações.

O processo de internacionalização dos direitos humanos, conjugado com o processo de multiplicação desses direitos, resultou em um complexo sistema internacional de proteção, marcado pela coexistência do sistema geral e do sistema especial de proteção.

Os sistemas geral e especial são complementares, na medida em que o sistema especial de proteção é voltado, fundamentalmente, à prevenção da discriminação ou à proteção de pessoas ou grupos de pessoas particularmente vulneráveis, que merecem tutela especial. Daí se apontar não mais ao indivíduo genérica e abstratamente considerado, mas ao indivíduo "especificado", considerando categorizações relativas ao gênero, idade, etnia, raça etc. O sistema internacional passa a reconhecer direitos endereçados às crianças, aos idosos, às mulheres, às vítimas de tortura e de discriminação racial, entre outros.

O sistema especial de proteção realça o processo de especificação do sujeito de direito, em que este é visto em sua especificidade e concretude. Isto é, as Convenções que integram esse sistema são endereçadas a determinado sujeito de direito, ou seja, buscam responder a uma específica violação de direito. Atente-se que, no âmbito do sistema geral de proteção, como ocorre com a *International Bill of Rights*, o endereçado é toda e qualquer pessoa, genericamente concebida[58]. No âmbito do sistema geral, o sujeito de direito é visto em sua abstração e generalidade.

Vale dizer, ao lado da *International Bill of Rights*, que integra o sistema geral de proteção, organiza-se o sistema especial de proteção, que adota como sujeito de direito o indivíduo historicamente situado, o sujeito de direito "concreto", na peculiaridade e particularidade de suas relações sociais, afirmando-se o reconhecimento de sua identidade própria. Por esse prisma, ao lado do direito à igualdade nasce o direito à diferença. Importa assegurar a igualdade com respeito à diversidade.

Na esfera internacional, se uma primeira vertente de instrumentos internacionais nasce com a vocação de proporcionar uma proteção geral, genérica e abstrata, refletindo o próprio temor da diferença (que na era

---

58. Ilustra essa afirmação o fato de que tanto a Declaração Universal como os Pactos Internacionais de Direitos Civis e Políticos e de Direitos Econômicos, Sociais e Culturais aludem, em seus dispositivos, a "todos", a "cada um" e a "ninguém". A *International Bill of Rights* apresenta como endereçado o sujeito de direito em sua abstração e generalidade.

Hitler foi justificativa para o extermínio e a destruição), percebe-se, posteriormente, a necessidade de conferir a determinados grupos uma tutela especial e particularizada, em face de sua própria vulnerabilidade. Isso significa que a diferença não mais seria utilizada para a aniquilação de direitos, mas, ao revés, para a promoção de direitos.

Destacam-se, assim, três vertentes no que tange à concepção da igualdade: a) a igualdade formal, reduzida à fórmula "todos são iguais perante a lei" (que, ao seu tempo, foi crucial para abolição de privilégios); b) a igualdade material, correspondente ao ideal de justiça social e distributiva (igualdade orientada pelo critério socioeconômico); e c) a igualdade material, correspondente ao ideal de justiça enquanto reconhecimento de identidades (igualdade orientada pelos critérios gênero, orientação sexual, idade, raça, etnia e demais critérios).

Para Nancy Fraser, a justiça exige, simultaneamente, redistribuição e reconhecimento de identidades. Como atenta a autora: "O reconhecimento não pode se reduzir à distribuição, porque o *status* na sociedade não decorre simplesmente em função da classe. (...) Reciprocamente, a distribuição não pode se reduzir ao reconhecimento, porque o acesso aos recursos não decorre simplesmente em função de *status*"[59]. Há, assim, o caráter bidimensional da justiça: redistribuição somada ao reconhecimento. No mesmo sentido, Boaventura de Sousa Santos afirma que apenas a exigência do reconhecimento e da redistribuição permite a realização da igualdade[60].

---

59. Afirma Nancy Fraser: "O reconhecimento não pode se reduzir à distribuição, porque o *status* na sociedade não decorre simplesmente em função da classe. Tomemos o exemplo de um banqueiro afro-americano de Wall Street, que tem dificuldades para tomar um táxi. Neste caso, a injustiça da falta de reconhecimento tem pouco a ver com a má distribuição. (...) Reciprocamente, a distribuição não pode se reduzir ao reconhecimento, porque o acesso aos recursos não decorre simplesmente da função de *status*. Tomemos, como exemplo, o caso de um trabalhador industrial especializado, que fica desempregado em virtude do fechamento da fábrica em que trabalha, em vista de uma fusão corporativa especulativa. Neste caso, a injustiça da má distribuição tem pouco a ver com a falta de reconhecimento. (...) Proponho desenvolver o que chamo concepção bidimensional da justiça. Esta concepção trata da redistribuição e do reconhecimento como perspectivas e dimensões distintas da justiça. Sem reduzir uma à outra, abarca ambas em um marco mais amplo" (Nancy Fraser, Redistribución, reconocimiento y participación: hacia un concepto integrado de la justicia, in Unesco, *Informe Mundial sobre la Cultura — 2000-2001*, p. 55-56).

60. A respeito, ver Boaventura de Sousa Santos, Introdução: para ampliar o cânone do reconhecimento, da diferença e da igualdade, in *Reconhecer para libertar: os caminhos do cosmopolitanismo multicultural*. p. 56.

Atente-se que esta feição bidimensional da justiça mantém uma relação dinâmica e dialética, ou seja, os dois termos relacionam-se e interagem mutuamente, na medida em que a discriminação implica pobreza e a pobreza implica discriminação.

Nesse contexto, o direito à redistribuição requer medidas de enfrentamento da injustiça econômica, da marginalização e da desigualdade econômica, por meio da transformação nas estruturas socioeconômicas e da adoção de uma política de redistribuição. De igual modo, o direito ao reconhecimento requer medidas de enfrentamento da injustiça cultural, dos preconceitos e dos padrões discriminatórios, por meio da transformação cultural e da adoção de uma política de reconhecimento. É à luz desta política de reconhecimento que se pretende avançar na reavaliação positiva de identidades discriminadas, negadas e desrespeitadas; na desconstrução de estereótipos e preconceitos; e na valorização da diversidade cultural[61].

O direito à igualdade material, o direito à diferença e o direito ao reconhecimento de identidades integram a essência dos direitos humanos, em sua dupla vocação em prol da afirmação da dignidade humana e da prevenção do sofrimento humano. A garantia da igualdade, da diferença e do reconhecimento de identidades é condição e pressuposto para o direito à autodeterminação, bem como para o direito ao pleno desenvolvimento das potencialidades humanas, transitando-se da igualdade abstrata e geral para um conceito plural de dignidades concretas.

Como observa Boaventura de Sousa Santos: "Temos o direito a ser iguais quando a nossa diferença nos inferioriza; e temos o direito a ser diferentes quando a nossa igualdade nos descaracteriza. Daí a necessidade de

---

61. Ver Nancy Fraser, From Redistribution to Recognition? Dilemmas of Justice in a Postsocialist age em seu livro *Justice Interruptus. Critical reflections on the "Postsocialist"* condition, NY/London, Routledge, 1997. Consultar ainda Axel Honneth, *The Struggle for Recognition: The moral grammar of social conflicts*, Cambridge/Massachusetts, MIT Press, 1996; Nancy Fraser e Axel Honneth, *Redistribution or Recognition? A political-philosophical exchange*, London/NY, verso, 2003; Charles Taylor, The politics of recognition, in Charles Taylor et. al., *Multiculturalism — Examining the politics of recognition*, Princeton, Princeton University Press, 1994; Iris Young, *Justice and the politics of difference*, Princeton, Princeton University Press, 1990; Amy Gutmann, *Multiculturalism: examining the politics of recognition*, Princeton, Princeton University Press, 1994.

uma igualdade que reconheça as diferenças e de uma diferença que não produza, alimente ou reproduza as desigualdades"[62].

É neste cenário que se apresentam a Convenção Internacional sobre a Eliminação de todas as formas de Discriminação Racial, a Convenção sobre a Eliminação de todas as formas de Discriminação contra a Mulher, a Convenção sobre os Direitos da Criança, a Convenção sobre os Direitos das Pessoas com Deficiência, a Convenção Internacional sobre a Proteção dos Direitos de todos os Trabalhadores Migrantes e dos Membros de suas Famílias, a Convenção contra a Tortura, a Convenção para a Prevenção e Repressão do Crime de Genocídio, dentre outros importantes instrumentos internacionais. Como acentua José Augusto Lindgren Alves: "É grande o número de convenções em vigor internacionalmente na esfera dos direitos humanos, e maior ainda o número de declarações já adotadas pelas Nações Unidas — mais de duzentos instrumentos vigentes em 1995, segundo o Departamento de Informação Pública da ONU"[63].

Esta abordagem se limitará a tratar de determinados aspectos das Convenções acima mencionadas, com a certeza de que cada qual delas mereceria um estudo próprio e aprofundado, que transcende ao objeto desta análise. Na realidade, esta análise se reduzirá a iluminar o núcleo básico de direitos que tais Convenções enunciam, bem como o sistema de implementação de direitos que apresentam.

Tal como nos Pactos Internacionais já estudados, essas Convenções internacionais apresentam, via de regra, como mecanismo de proteção dos direitos nelas enunciados, a sistemática de relatórios a serem elaborados pelos Estados-partes. Por vezes, estabelecem o sistema de comunicações interestatais e o sistema de petição ou comunicação individual, mediante

---

62. Ver Boaventura de Sousa Santos, Introdução: para ampliar o cânone do reconhecimento, da diferença e da igualdade.

63. José Augusto Lindgren Alves, *A arquitetura internacional dos direitos humanos*, p. 85-86. Observe-se que não há um elenco exaustivo de convenções internacionais voltadas à proteção dos direitos humanos. O processo de especificação do sujeito de direito apontará, no futuro, à necessidade de elaboração de novas convenções internacionais, que visarão a proteger novos sujeitos de direito no âmbito internacional. No dizer de Jack Donnelly: "O elenco de direitos humanos tem se desenvolvido e se expandido, e assim continuará, em resposta a fatores como ideias renovadas de dignidade humana, ascensão de novas forças políticas, mudanças tecnológicas, novas técnicas de repressão (...). Esta evolução é particularmente visível em face da emergência dos direitos econômicos e sociais" (*Universal human rights in theory and practice*, p. 26).

cláusulas facultativas ou Protocolos facultativos[64]. Cada uma delas também prevê a instituição de determinado órgão, denominado "Comitê", que é responsável pelo monitoramento dos direitos constantes na Convenção. Em geral, compete ao Comitê a apreciação dos relatórios encaminhados pelos Estados-partes e, se se tratar da hipótese, cabe também ao Comitê receber e considerar as comunicações interestatais e as petições individuais[65].

g) Convenção Internacional sobre a Eliminação de todas as formas de Discriminação Racial

Adotada pela ONU em 21 de dezembro de 1965, a Convenção sobre a Eliminação de todas as formas de Discriminação Racial apresentou como precedentes históricos o ingresso de dezessete novos países africanos nas Nações Unidas em 1960, a realização da Primeira Conferência de Cúpula dos Países Não Aliados, em Belgrado, em 1961, bem como o ressurgimento de atividades nazifascistas na Europa e as preocupações ocidentais com o antissemitismo. No dizer de José Augusto Lindgren Alves, esses fatores

---

64. Na Convenção contra a Tortura, na Convenção sobre a Eliminação de todas as formas de Discriminação Racial e na Convenção sobre a Proteção dos Direitos de todos os Trabalhadores Migrantes e dos Membros de suas Famílias, os mecanismos das petições individuais e das comunicações interestatais são previstos por meio de cláusulas facultativas. Já com relação à Convenção sobre a Eliminação de todas as formas de Discriminação contra a Mulher, à Convenção sobre os Direitos das Pessoas com Deficiência e à Convenção sobre os Direitos da Criança, o sistema de petição individual é objeto de Protocolos Facultativos às mencionadas convenções.

65. Ao tratar da competência dos Comitês para receber e considerar petições individuais, afirma Siân Lewis-Anthony: "No sistema das Nações Unidas, há três órgãos competentes para receber e considerar, de forma quase judicial, comunicações de indivíduos que clamam serem vítimas de violações de direitos humanos. São eles: o Comitê de Direitos Humanos, o Comitê contra a Tortura e o Comitê sobre a Eliminação da Discriminação Racial. Cada um deles foi estabelecido em tratado, no sentido de monitorar o cumprimento de obrigações decorrentes dos tratados por parte dos Estados-partes. Os Estados devem declarar especificamente que reconhecem a competência dos relevantes Comitês para receber e considerar as comunicações de indivíduos que estejam sob a sua jurisdição. Todos os três Comitês funcionam de forma similar no que tange à consideração de comunicações individuais" (Treaty-based, p. 41). Acrescente-se também o Comitê sobre a Eliminação de todas as formas de Discriminação contra a Mulher, em face das inovações previstas pelo Protocolo Facultativo à Convenção, relativamente ao mecanismo das petições individuais; o Comitê sobre os Direitos da Criança, em face das inovações previstas pelo Protocolo Facultativo à Convenção, relativamente ao mecanismo das petições individuais; o Comitê sobre os Direitos das Pessoas com Deficiência; e o Comitê sobre a Proteção dos Direitos de todos os Trabalhadores Migrantes e dos Membros de suas Famílias.

"compuseram o panorama de influências que, com graus variados de eficácia, reorientaram o estabelecimento de normas internacionais de direitos humanos, atribuindo prioridade à erradicação do racismo"[66]. A Convenção sobre a Eliminação da Discriminação Racial contava, em 2024, com 182 Estados-partes[67].

Desde seu preâmbulo, esta Convenção assinala que qualquer "doutrina de superioridade baseada em diferenças raciais é cientificamente falsa, moralmente condenável, socialmente injusta e perigosa, inexistindo justificativa para a discriminação racial, em teoria ou prática, em lugar algum". Repudia teorias que hierarquizam indivíduos, classificando-os em superiores ou inferiores, em virtude de diferenças raciais. Adiciona a urgência em adotar todas as medidas necessárias para eliminar a discriminação racial em todas as suas formas e manifestações e para prevenir e combater doutrinas e práticas racistas.

O art. 1º da Convenção define a discriminação racial como "qualquer distinção, exclusão, restrição ou preferência baseada em raça, cor, descendência ou origem nacional ou étnica, que tenha o propósito ou o efeito de anular ou prejudicar o reconhecimento, gozo ou exercício em pé de igualdade dos direitos humanos e liberdades fundamentais". Vale dizer, a discriminação significa toda distinção, exclusão, restrição ou preferência que tenha por objeto ou resultado prejudicar ou anular o exercício, em igualdade de condições, dos direitos humanos e liberdades fundamentais, nos campos político, econômico, social, cultural e civil ou em qualquer outro campo. Logo, a discriminação significa sempre desigualdade. A Convenção proíbe tanto a discriminação direta — que tem como *propósito* anular ou prejudicar o exercício de direitos humanos — quanto a discriminação indireta — que tem como *efeito* anular ou prejudicar o exercício destes direitos. Na discriminação direta há a intenção de discriminar; na discriminação indireta, uma suposta neutralidade vem de forma desproporcional a impactar grupos raciais, limitando o exercício de seus direitos.

Daí a urgência em erradicar todas as formas de discriminação, baseadas em raça, cor, descendência ou origem nacional ou étnica, que tenham como escopo a exclusão. O combate à discriminação racial é medida

---

66. José Augusto Lindgren Alves, *Os direitos humanos como tema global*, p. 54-55.

67. Alto Comissariado de Direitos Humanos das Nações Unidas, *Status of Ratifications of the Principal International Human Rights Treaties*, www.unhchr.ch/pdf/report.pdf. O Brasil ratificou a Convenção em 27 de março de 1968.

fundamental para que se garanta o pleno exercício dos direitos civis e políticos, como também dos direitos sociais, econômicos e culturais.

Ao ratificar esta Convenção, os Estados assumem a obrigação internacional de, progressivamente, eliminar a discriminação racial, assegurando a efetiva igualdade[68].

Se o combate à discriminação é medida emergencial à implementação do direito à igualdade, todavia, por si só, é medida insuficiente. Faz-se necessário combinar a proibição da discriminação com políticas compensatórias que acelerem a igualdade enquanto processo. Isto é, para assegurar a igualdade não basta apenas proibir a discriminação, mediante legislação repressiva. São essenciais estratégias promocionais capazes de estimular a inserção e a inclusão de grupos socialmente vulneráveis nos espaços sociais.

Com efeito, a igualdade e a discriminação pairam sob o binômio inclusão-exclusão. Enquanto a igualdade pressupõe formas de inclusão social, a discriminação implica a violenta exclusão e intolerância à diferença e diversidade. Assim, a proibição da exclusão, em si mesma, não resulta automaticamente na inclusão. Logo, não é suficiente proibir a exclusão quando o que se pretende é garantir a igualdade de fato, com a efetiva inclusão social de grupos que sofreram e sofrem um consistente padrão de violência e discriminação. Desse modo, consagra a Convenção tanto a vertente repressivo-punitiva, pela qual é dever dos Estados proibir e eliminar a discriminação racial, como a vertente promocional, pela qual é dever dos Estados promover a igualdade[69].

---

68. No direito brasileiro constata-se um aparato normativo voltado ao combate à discriminação. A Constituição brasileira, em seu art. 5º, incisos XLI e XLII, estabelece que a "lei punirá qualquer discriminação atentatória dos direitos e liberdades fundamentais", acrescentando que "a prática do racismo constitui crime inafiançável e imprescritível, sujeito à pena de reclusão, nos termos da lei". A fim de conferir cumprimento ao dispositivo constitucional, surgiu a Lei n. 7.716, de 5 de janeiro de 1989, que definiu os crimes resultantes de preconceito de raça ou cor. A Lei n. 7.716/89 veio a ser alterada posteriormente em 1997 (Lei n. 9.459), para também contemplar a injúria baseada em discriminação racial e ampliar o foco para a punição de atos resultantes de preconceito de etnia, religião ou procedência nacional — já que a Lei n. 7.716/89 teve seu objeto originariamente restrito ao combate dos atos resultantes de preconceito de raça ou cor. Na experiência brasileira, constata-se que a Lei Afonso Arinos, de 1951 (Lei n. 1.390), foi a primeira a tipificar o racismo como contravenção penal (crime de menor potencial ofensivo). Portanto, somente com a Constituição de 1988, 100 anos após a abolição da escravatura, o racismo foi elevado a crime, inafiançável, imprescritível e sujeito à pena de reclusão, nos termos do art. 5º, XLII.

69. Sobre o tema, consultar Flávia Piovesan e Douglas Martins (coords.), *Ordem jurídica e igualdade étnico-racial*, Brasília, Secretaria Especial de Políticas de Promoção da Igualdade Racial da Presidência da República — SEPPIR, 2006.

Por essas razões, a Convenção sobre a Eliminação de todas as formas de Discriminação Racial prevê, no art. 1º, § 4º, a possibilidade de "discriminação positiva" (a chamada "ação afirmativa"), mediante a adoção de medidas especiais de proteção ou incentivo a grupos ou indivíduos, com vistas a promover sua ascensão na sociedade até um nível de equiparação com os demais. As ações afirmativas constituem medidas especiais e temporárias que, buscando remediar um passado discriminatório, objetivam acelerar o processo de igualdade, com o alcance da igualdade substantiva por parte de grupos socialmente vulneráveis, como as minorias étnicas e raciais, dentre outros grupos. Enquanto políticas compensatórias adotadas para aliviar e remediar as condições resultantes de um passado discriminatório, as ações afirmativas objetivam transformar a igualdade formal em igualdade material e substantiva, assegurando a diversidade e a pluralidade social[70]. As ações afirmativas devem ser compreendidas tanto pelo prisma retrospectivo (vocacionado a remediar o peso de um passado discriminatório), como pelo prisma

---

70. Importa destacar que o documento oficial brasileiro apresentado à Conferência das Nações Unidas contra o Racismo, em Durban, na África do Sul (31 de agosto a 7 de setembro de 2001), defende a adoção de medidas afirmativas para a população negra, nas áreas da educação e trabalho (Delegação brasileira quer cotas para negros, *Folha de S. Paulo*, 22 ago. 2001). O documento propõe a adoção de ações afirmativas para garantir o maior acesso de negros às universidades públicas, bem como a utilização, em licitações públicas, de um critério de desempate que considere a presença de negros, homossexuais e mulheres no quadro funcional das empresas concorrentes. Em um país em que os negros são 64% dos pobres e 69% dos indigentes (dados do IPEA), em que o índice de desenvolvimento humano geral (IDH, 2000) coloca o País em 74º lugar, mas que, sob o recorte étnico-racial, o IDH relativo à população negra indica a 108ª posição (enquanto o IDH relativo à população branca indica a 43ª posição, segundo Marcelo Paixão, *Brasil 2000 — Novos marcos para as relações raciais*), faz-se necessária a adoção de ações afirmativas em benefício da população negra, em especial nas áreas da educação e do trabalho. Adicione-se que, após a Conferência de Durban, houve a adoção de políticas de cotas no Ministério da Justiça, no STF e em universidades. A respeito, *vide* Ministério da Justiça cria cotas para negro, mulher e deficiente (*Folha de S. Paulo*, 20 dez. 2001); Edital do STF prevê reserva de 20% das vagas para profissionais negros (*Folha de S. Paulo*, 8 jan. 2002); Rio dá a negros e pardos 40% das vagas (em universidades públicas) (*Folha de S. Paulo*, 10 out. 2001). Ressalte-se, ainda, que, na ADPF n. 186 (2012), ao tratar das cotas raciais para ingresso em Universidades públicas, o STF acolheu as ações afirmativas, com fundamento no princípio da igualdade material. No mesmo sentido, na ADC n. 41 (2017), o STF declarou constitucional a Lei n. 12.990/2014, que reserva aos negros 20% das vagas oferecidas nos concursos públicos para provimento de cargos efetivos e empregos públicos na Administração Pública Federal.

prospectivo (vocacionado a construir um presente e um futuro marcados pela pluralidade e diversidade étnico-racial)[71].

Quanto aos direitos consagrados pela Convenção, destacam-se o direito à igualdade perante a lei, sem qualquer distinção de raça, cor, origem, nacionalidade ou etnia; o direito a tratamento equânime perante os Tribunais e perante todos os órgãos administradores da justiça; o direito a recursos e remédios judiciais quando da violação a direitos protegidos pela Convenção; o direito à segurança e à proteção contra violência; o direito de votar; a proibição de propaganda e organizações racistas; o direito ao acesso a todo lugar ou serviço de natureza pública, proibida qualquer discriminação; além do exercício de outros direitos civis, políticos, sociais, econômicos e culturais, que deve ser garantido sem qualquer discriminação.

No tocante à sistemática de monitoramento, cabe ressaltar que a Convenção Internacional sobre a Eliminação de todas as formas de Discriminação Racial, elaborada na mesma época do Pacto Internacional dos Direitos

---

71. Note-se que, em 5 de junho de 2013, foi adotada a Convenção Interamericana contra o Racismo e a Discriminação Racial. Dentre as inovações da Convenção, a primeira atém-se à ampliação da definição de discriminação racial, que passa a compreender qualquer distinção, exclusão ou restrição baseada em raça que tenha o propósito ou o efeito de restringir o exercício de direitos, nas esferas pública e privada. Consequentemente, os Estados têm o dever de prevenir, proibir e punir a discriminação racial nos domínios público e privado. Uma segunda inovação consiste no reconhecimento da discriminação indireta, como aquela medida que — embora não pareça discriminatória — tem um efeito discriminatório quando implementada. A discriminação indireta se verifica quando são tratadas de forma igual pessoas em situação diversa e de forma diversa pessoas em igual situação. Uma terceira inovação é o especial destaque às formas múltiplas e agravadas de discriminação, a combinar os critérios de raça, gênero e outros. Por exemplo, a discriminação racial afeta homens e mulheres diversamente. Outra inovação refere-se ao enfrentamento das formas contemporâneas de discriminação racial, enunciando o dever dos Estados de prevenir, eliminar e punir o racismo na internet, a discriminação baseada em informações genéticas, dentre outras manifestações de racismo no século XXI. O dever dos Estados de adotar ações afirmativas traduz a quinta inovação da Convenção, ao enfatizar a necessidade de medidas especiais e temporárias voltadas a acelerar o processo de construção da igualdade. Aqui a Convenção incorpora a jurisprudência internacional que sustenta serem as ações afirmativas não apenas legítimas, mas necessárias à realização do direito à igualdade. Tais ações permitiriam reduzir e eliminar fatores que perpetuam a discriminação, devendo ser adotadas de forma razoável e proporcional, visando à igualdade substantiva. Uma sexta inovação concerne ao dever dos Estados de que seus sistemas jurídicos e políticos possam refletir a diversidade social. Constituições latino-americanas explicitamente protegem o valor da diversidade étnico-racial como um valor fundamental de nações pluriétnicas e multirraciais, como é o caso das Constituições da Bolívia, Colômbia, Peru, Venezuela e Equador.

Civis e Políticos (embora tenha a Convenção sido aprovada anteriormente a este), situa-se como o primeiro instrumento jurídico internacional sobre direitos humanos a introduzir mecanismo próprio de supervisão[72]. A Convenção instituiu o Comitê sobre a Eliminação da Discriminação Racial, que em muitos aspectos é similar ao Comitê de Direitos Humanos (instituído pelo Pacto dos Direitos Civis e Políticos). Cabe ao Comitê examinar as petições individuais, os relatórios encaminhados pelos Estados-partes[73] e as comunicações interestatais.

Contudo, no que se refere ao sistema das petições individuais, é necessário que o Estado faça uma declaração habilitando o Comitê a recebê-las e examiná-las, já que nesses instrumentos internacionais o direito de petição é previsto sob a forma de cláusula facultativa. Na ausência dessa declaração, não poderá o Comitê tecer o exame das comunicações, nos termos do art. 14 da Convenção.

Até 2024, apenas 59 dos 182 Estados-partes na Convenção sobre a Eliminação de todas as formas de Discriminação Racial haviam feito a declaração no sentido de aceitar a competência do Comitê para receber e considerar comunicações individuais, nos termos do art. 14 da Convenção[74]. Observe-se que, até abril de 2023, 81 casos individuais haviam sido submetidos ao Comitê sobre a Eliminação de todas as formas de Discriminação Racial relativamente a 21 Estados-partes. Desses, 43 haviam sido examinados pelo Comitê (dentre os quais, o Comitê entendeu ter ocorrido violação em 26 casos); 19 casos foram considerados inadmissíveis; dois casos foram arquivados, havendo, ainda, 18 casos pendentes[75].

---

72. Note-se que a Convenção contra o Genocídio de 1948 não estabeleceu sistemática de monitoramento dos direitos que enuncia. Optou-se por deixar por fim o estudo dessa convenção (embora seja ela a mais antiga), para que, à luz de seus preceitos, seja compreendida a criação do Tribunal Penal Internacional.

73. Entre julho de 1970 e março de 1991, o Comitê havia recebido e examinado 882 relatórios nacionais, entre os quais 73 por ele solicitados a título de esclarecimentos adicionais (José Augusto Lindgren Alves, *A arquitetura internacional dos direitos humanos*, p. 93).

74. Ver http://www.unhchr.ch/html/menu2/8/stat.htm. As comunicações devem ser endereçadas ao Committee on the Elimination of Racial Discrimination c/o OHCHR-UNOG, 1211 Geneva 10, Switzerland Fax. No. (41-22) 917 9022. Alto Comissariado de Direitos Humanos das Nações Unidas. *Model Questionnaires for Communications*. Disponível em: http://www.unhchr.ch/html/menu2/8/question.htm.

75. Alto Comissariado de Direitos Humanos das Nações Unidas, Statistical survey of individual complaints considered under the procedure governed by article 14 of the Interna-

Como no Protocolo Facultativo ao Pacto dos Direitos Civis e Políticos, a petição individual deve levar a conhecimento do Comitê denúncia de violação de direito previsto na Convenção contra a Discriminação Racial. Mais uma vez, apenas os Estados que fizeram a declaração poderão ser objeto da denúncia veiculada pela comunicação individual.

Para que seja declarada admissível, a petição também deve responder a determinados requisitos, dentre eles o esgotamento prévio dos recursos internos — requisito que não é aplicado se os remédios se mostrarem ineficazes ou injustificadamente prolongados.

O Comitê serve-se então do mesmo procedimento utilizado pelo Comitê de Direitos Humanos: solicita informações e esclarecimentos ao Estado violador e, à luz de todas as informações colhidas, formula sua opinião, fazendo recomendações às partes. O Estado é então convidado a informar o Comitê a respeito das ações e medidas adotadas, em cumprimento às recomendações feitas pelo Comitê.

A decisão do Comitê é, tal como a decisão do Comitê de Direitos Humanos, destituída de força jurídica obrigatória ou vinculante. Todavia, é publicada no relatório anual elaborado pelo Comitê, que é, por sua vez, encaminhado à Assembleia Geral das Nações Unidas.

h) Convenção sobre a Eliminação de todas as formas de Discriminação contra a Mulher

Em 1979, impulsionada pela proclamação de 1975 como Ano Internacional da Mulher e pela realização da primeira Conferência Mundial sobre a Mulher[76], as Nações Unidas aprovaram a Convenção sobre a Eliminação de todas as formas de Discriminação contra a Mulher. Até 2024, essa Convenção contava com 189 Estados-partes[77].

---

tional Convention on the Elimination of All Forms of Racial Discrimination. Disponível em: http://www2.ohchr.org/english/bodies/docs/cerdsurveyearth14.xls.

76. Realizada no México, a primeira Conferência Mundial sobre a Mulher instou a ONU a elaborar um tratado internacional que assegurasse no plano internacional, de forma obrigatória, os princípios da Declaração sobre a Eliminação da Discriminação contra a Mulher.

77. Alto Comissariado de Direitos Humanos das Nações Unidas, *Status of Ratifications of the Principal International Human Rights Treaties*. Disponível em: http://www.unhchr.ch/pdf/report.pdf.

Embora esse dado reflita a ampla adesão dos Estados a esta Convenção (perdendo apenas para a Convenção sobre os Direitos da Criança em número de Estados-partes)[78], a Convenção sobre a Eliminação de todas as formas de Discriminação contra a Mulher enfrenta o paradoxo de ser o instrumento que recebeu o maior número de reservas formuladas pelos Estados, dentre os tratados internacionais de direitos humanos[79]. Um universo significativo de reservas concentrou-se na cláusula relativa à igualdade entre homens e mulheres na família. Tais reservas foram justificadas

---

78. Em 2024, a Convenção sobre os Direitos da Criança contava com 196 Estados-partes, destacando-se como o tratado de direitos humanos com a mais elevada adesão. Alto Comissariado de Direitos Humanos das Nações Unidas, *Status of Ratifications of the Principal International Human Rights Treaties*. Disponível em: http://www.unhchr.ch/pdf/report.pdf.

79. Sobre as reservas feitas à Convenção sobre a Eliminação de todas as formas de Discriminação contra a Mulher, observa Rebecca Cook: "Até 2 de fevereiro de 1990, cem países haviam ratificado ou aderido à Convenção da Mulher. O alcance e a extensão da ratificação são, entretanto, comprometidos em face do sério problema da realização de reservas substantivas à Convenção. O volume de reservas faz com que essa Convenção seja o instrumento que mais fortemente recebeu reservas, dentre as Convenções internacionais de direitos humanos, considerando que ao menos 23 dos 100 Estados-partes fizeram, no total, 88 reservas substanciais. Adicionalmente, 25 reservas foram feitas em relação ao art. 29, concernente à forma de solução de disputas. (...) A Convenção da Mulher pode enfrentar o paradoxo de ter maximizado sua aplicação universal ao custo de ter comprometido sua integridade. A questão legal acerca das reservas feitas à Convenção atinge a essência dos valores da universalidade e integridade" (Reservations to the Convention on the Elimination of All Forms of Discrimination against Women, *Vanderbilt Journal of International Law*, v. 30, p. 643). Nas lições de José Augusto Lindgren Alves: "A maior parte das reservas diz respeito ao Artigo 29, concernente à submissão à Corte Internacional de Justiça de controvérsias entre Estados-partes quanto à aplicação da Convenção. Outras, de número elevado, dizem respeito ao Artigo 16, relativo à eliminação da discriminação no casamento e na família. Várias reservas incidem sobre a possibilidade de adoção da 'ação afirmativa' (Artigo 4º), sobre as medidas para a eliminação dos preconceitos e estereótipos (Artigo 5º), a eliminação da discriminação na vida política e pública (Artigo 7º), a igualdade nos direitos à cidadania (Artigo 9º), a eliminação da discriminação na educação (Artigo 10) e no emprego (Artigo 11), a igualdade de direitos trabalhistas (Artigo 11), o acesso igualitário ao crédito financeiro (Artigo 13) e a plena capacidade legal (Artigo 15). A própria definição da discriminação contra a mulher (Artigo 1º) e, o que é pior, o compromisso de erradicar a discriminação (Artigo 2º) também são objeto de reservas. A proliferação de reservas incompatíveis com o 'objeto e o propósito' da Convenção, que contrariam de forma clara o parágrafo 2º de seu Artigo 28, assim como a Convenção de Viena sobre o Direito dos Tratados, não esmaece a importância do documento para a comunidade internacional. (...) Transforma, porém, a adesão ao instrumento por parte de alguns países num ato despiciendo, senão num embuste" (José Augusto Lindgren Alves, *A arquitetura internacional dos direitos humanos*, p. 120-121).

com base em argumentos de ordem religiosa, cultural ou mesmo legal[80], havendo países (como Bangladesh e Egito) que acusaram o Comitê sobre a Eliminação da Discriminação contra a Mulher de praticar "imperialismo cultural e intolerância religiosa", ao impor-lhes a visão de igualdade entre homens e mulheres, inclusive na família[81]. Isso reforça o quanto a implementação dos direitos humanos das mulheres está condicionada à dicotomia entre os espaços público e privado, que, em muitas sociedades, confina a mulher ao espaço exclusivamente doméstico da casa e da família. Vale dizer, ainda que se constate, crescentemente, a democratização do espaço público, com a participação ativa de mulheres nas mais diversas arenas sociais, resta o desafio de democratização do espaço privado — cabendo ponderar que tal democratização é fundamental para a própria democratização do espaço público. A respeito, ressalte-se que o Comitê sobre a Eliminação de todas as formas de Discriminação contra a Mulher, em sua Recomendação Geral n. 21, destacou ser dever dos Estados desencorajar toda noção de desigualdade entre a mulher e o homem, quer seja afirmada por leis, quer pela religião ou pela cultura, de forma a eliminar as reservas que ainda incidam no art. 16 da Convenção, concernente à igualdade de direitos no casamento e nas relações familiares.

Qual é o perfil da Convenção sobre a Eliminação de todas as formas de Discriminação contra a Mulher? Quais são seus objetivos centrais?

A Convenção se fundamenta na dupla obrigação de eliminar a discriminação e de assegurar a igualdade. Trata do princípio da igualdade seja como obrigação vinculante, seja como objetivo[82].

Nos termos do art. 1º da Convenção, a discriminação contra a mulher significa "toda distinção, exclusão ou restrição baseada no sexo e que tenha por objeto ou resultado prejudicar ou anular o reconhecimento, gozo, exercício pela mulher, independentemente de seu estado civil, com base na igualdade do homem e da mulher, dos direitos humanos e das liberdades

---

80. Quando da ratificação da Convenção, em 1984, o Estado brasileiro apresentou reservas ao art. 15, § 4º, e ao art. 16, § 1º (a), (c), (g) e (h), da Convenção. O art. 15 assegura a homens e mulheres o direito de, livremente, escolher seu domicílio e residência. Já o art. 16 estabelece a igualdade de direitos entre homens e mulheres no casamento e nas relações familiares. Tais reservas foram formuladas em virtude do Código Civil de 1916, então vigente, que consagrava a família patriarcal. Em 20 de dezembro de 1994, o Governo brasileiro notificou o Secretário-Geral das Nações Unidas acerca da eliminação das aludidas reservas.

81. Louis Henkin e outros, *Human rights*, p. 364.

82. Theodor Meron, *Human rights law-making in the United Nations*, p. 58.

fundamentais nos campos político, econômico, social, cultural e civil ou em qualquer outro campo". A Convenção proíbe tanto a discriminação direta, quanto a discriminação indireta. Na primeira, há a intenção e o propósito de discriminar; ao passo que, na segunda, a discriminação é um resultado de ações aparentemente neutras que impactam desfavoravelmente as mulheres.

Tal como a Convenção sobre a Eliminação de todas as formas de Discriminação Racial, esta Convenção (art. 4º) prevê a possibilidade de adoção das "ações afirmativas", como importante medida a ser adotada pelos Estados para acelerar o processo de obtenção da igualdade. Na qualidade de medidas especiais temporárias, com vistas a acelerar o processo de igualização de *status* entre homens e mulheres, as ações afirmativas cessarão quando alcançados os seus objetivos. São, assim, medidas compensatórias para remediar as desvantagens históricas, aliviando as condições resultantes de um passado discriminatório.

Desse modo, a Convenção objetiva não só erradicar a discriminação contra a mulher e suas causas, como também estimular estratégias de promoção da igualdade. Combina a proibição da discriminação com políticas compensatórias que acelerem a igualdade enquanto processo. Alia à vertente repressivo-punitiva a vertente positivo-promocional.

Entre as previsões da Convenção está a urgência em erradicar todas as formas de discriminação contra as mulheres, a fim de garantir o pleno exercício de seus direitos civis e políticos, como também de seus direitos sociais, econômicos e culturais. Ao ratificar a Convenção, os Estados-partes assumem o compromisso de, progressivamente, eliminar todas as formas de discriminação no que tange ao gênero, assegurando a efetiva igualdade entre eles. Trata-se de obrigação internacional assumida pelo Estado, ao ratificar esta Convenção. No dizer de Andrew Byrnes: "A Convenção em si mesma contém diferentes perspectivas sobre as causas de opressão contra as mulheres e as medidas necessárias para enfrentá-las. Ela impõe a obrigação de assegurar que as mulheres tenham uma igualdade formal perante a lei e reconhece que medidas temporárias de ação afirmativa são necessárias em muitos casos, para que as garantias de igualdade formal se transformem em realidade. Inúmeras previsões da Convenção também incorporam a preocupação de que os direitos reprodutivos das mulheres devem estar sob o controle delas próprias, cabendo ao Estado assegurar que as decisões das mulheres não sejam feitas sob coerção e não sejam a elas prejudiciais, no que se refere ao acesso às oportunidades sociais e econômicas. A Convenção também reconhece que há abusos aos quais mulheres são submetidas, que necessitam ser eliminados (como estupro, assédio sexual, exploração sexual e outras formas de violência contra as mulheres). (...) Em suma, a Convenção reflete a visão de que as mulheres são titulares de todos os direitos e oportunidades que os homens podem exercer; adicionalmente, as habilidades e necessidades que decorrem de diferenças biológicas entre os gêneros devem também ser reconhecidas e ajustadas, mas sem eliminar da titularidade das mulheres a igualdade de direitos e oportunidades"[83].

Importa observar que a Convenção não enfrenta a temática da violência contra a mulher de forma explícita, embora essa violência constitua grave discriminação[84]. Em 1993 foi adotada a Declaração sobre a Eliminação da Violência contra a Mulher[85], que define a violência contra a mulher como

---

83. Andrew Byrnes, The "other" human rights treaty body, p. 1. Note-se que a Constituição Federal de 1988 encontra-se em absoluta harmonia com a Convenção, adotando tanto a vertente repressivo-punitiva (voltada à proibição da discriminação), como a positivo-promocional (voltada à promoção da igualdade). O Texto incorporou a maioria significativa das reivindicações formuladas pelo movimento de mulheres ao longo dos trabalhos constituintes. O êxito do movimento feminino no tocante aos ganhos constitucionais pode ser claramente evidenciado pelos dispositivos que, dentre outros, asseguram: a) a igualdade entre homens e mulheres em geral (art. 5º, I) e especificamente no âmbito da família (art. 226, § 5º); b) a proibição da discriminação no mercado de trabalho por motivo de sexo ou estado civil (art. 7º, XXX, regulamentado pela Lei n. 9.029/95, que proíbe a exigência de atestados de gravidez e esterilização e outras práticas discriminatórias para efeitos admissionais ou de permanência da relação jurídica de trabalho); c) a proteção especial da mulher no mercado de trabalho, mediante incentivos específicos (art. 7º, XX, regulamentado pela Lei n. 9.799/99, que insere na Consolidação das Leis do Trabalho regras sobre o acesso da mulher ao mercado de trabalho); d) o planejamento familiar como livre decisão do casal, devendo o Estado propiciar recursos educacionais e científicos para o exercício desse direito (art. 226, § 7º, regulamentado pela Lei n. 9.263/96, que trata do planejamento familiar no âmbito do atendimento global e integral à saúde); e e) o dever do Estado de coibir a violência no âmbito das relações familiares (art. 226, § 8º, regulamentado pela Lei n. 11.340/2006, que cria mecanismos para coibir a violência doméstica e familiar contra a mulher). Além desses avanços, merece ainda destaque a Lei n. 9.504/97, que estabelece normas para as eleições, dispondo que cada partido ou coligação deverá reservar o mínimo de 30% e o máximo de 70% para candidaturas de cada sexo.

84. A respeito, ver Recomendação Geral n. 19 do Comitê sobre a Eliminação de todas as formas de Discriminação contra a Mulher, que entende ser a violência contra a mulher uma forma de discriminação.

85. Acrescente-se que outro grande avanço na proteção internacional dos direitos das mulheres foi a aprovação da Convenção Interamericana para Prevenir, Punir e Erradicar a Violência contra a Mulher, em 1994. Essa Convenção é o primeiro tratado internacional de proteção dos direitos humanos a reconhecer de forma enfática a violência contra a mulher como fenômeno generalizado, que alcança, sem distinção de raça, classe, religião, idade ou

"qualquer ato de violência baseado no gênero que resulte, ou possa resultar, em dano físico, sexual ou psicológico ou em sofrimento para a mulher, inclusive as ameaças de tais atos, coerção ou privação arbitrária da liberdade, podendo ocorrer na esfera pública ou na esfera privada". À luz dessa definição, a violência contra a mulher é concebida como um padrão de violência específico, baseado no gênero, que cause morte, dano ou sofrimento físico, sexual ou psicológico à mulher. Tal preceito rompe com a equivocada dicotomia entre o espaço público e o privado no tocante à proteção dos direitos humanos, reconhecendo que a violação desses direitos não se reduz à esfera pública, mas também alcança o domínio privado. Ressalte-se que, segundo a ONU, a violência doméstica é a principal causa de lesões em mulheres entre 15 e 44 anos no mundo[86]. A Declaração estabelece ainda o dever dos Estados de condenar e eliminar a violência contra a mulher, não invocando qualquer costume, tradição ou consideração religiosa para afastar suas obrigações concernentes à eliminação dessa violência (art. 4º).

Acrescente-se que a proteção internacional dos direitos humanos das mulheres foi reforçada pela Declaração e Programa de Ação de Viena de 1993 e pela Declaração e Plataforma de Ação de Pequim de 1995[87], ao enfa-

---

qualquer outra condição, um elevado número de mulheres. A Convenção afirma que a violência contra a mulher constitui grave violação aos direitos humanos e ofensa à dignidade humana, sendo manifestação de relações de poder historicamente desiguais entre mulheres e homens. Define ainda a violência contra a mulher como "qualquer ação ou conduta, baseada no gênero, que cause morte, dano ou sofrimento físico, sexual ou psicológico à mulher, tanto na esfera pública, como na privada".

86. Ilustrativamente, sobre a situação no Brasil, afirma o relatório da *Human Rights Watch* que, "de mais de 800 casos de estupro reportados a delegacias de polícia em São Paulo de 1985 a 1989, menos de um quarto foi investigado". Ainda esclarece o mesmo relatório que "a delegacia de mulheres de São Luís no Estado do Maranhão reportou que, de mais de 4.000 casos de agressões físicas e sexuais registrados, apenas 300 foram processados e apenas dois levaram à punição do acusado". Americas Watch, *Criminal Injustice: Violence against Women in Brazil* (1992). No Brasil, de acordo com pesquisa realizada pelo Movimento Nacional de Direitos Humanos em 1998 ("Primavera já partiu"), constata-se que 66,3% dos acusados em homicídios contra mulheres são seus parceiros. A violência doméstica ainda apresenta como consequência o prejuízo financeiro. Em conformidade com o BID (Banco Interamericano de Desenvolvimento), uma em cada cinco mulheres que faltam ao trabalho o faz por ter sofrido agressão física (*Folha de S. Paulo*, Caderno São Paulo, 21 jul. 1998, p. 1 e 3).

87. A Declaração e a Plataforma de Ação de Pequim de 1995 afirmam a importância de incorporar a perspectiva de gênero em todas as políticas públicas e programas governamentais. A Plataforma de Ação apresenta objetivos e ações estratégicas endereçadas a doze áreas consideradas de extrema preocupação: a) mulheres e pobreza; b) educação e treina-

tizarem que os direitos das mulheres são parte inalienável, integral e indivisível dos direitos humanos universais. Nesse sentido, não há como conceber os direitos humanos sem a plena observância dos direitos das mulheres.

No cenário internacional, a Conferência de Viena, em 1993, reafirmou a importância do reconhecimento universal do direito à igualdade relativa ao gênero, clamando pela ratificação universal da Convenção sobre a Eliminação da Discriminação contra as Mulheres. Nos termos do art. 39 da Declaração de Viena, ficou estabelecido que: "A Conferência Mundial de Direitos Humanos clama pela erradicação de todas as formas de discriminação contra a mulher, tanto explícitas como implícitas. As Nações Unidas devem encorajar a ratificação universal, por todos os Estados, da Convenção sobre a Eliminação de todas as formas de Discriminação contra a Mulher até o ano 2000. Ações e medidas para reduzir o amplo número de reservas à Convenção devem ser encorajadas. Dentre outras medidas, o Comitê de Eliminação de todas as formas de Discriminação contra a Mulher deve prosseguir na revisão das reservas à Convenção. Os Estados são convidados a eliminar as reservas que sejam contrárias ao objeto e ao propósito da Convenção, ou que sejam incompatíveis com os tratados internacionais".

Quanto aos mecanismos de monitoramento, a Convenção sobre a Eliminação de todas as formas de Discriminação contra a Mulher estabelece um Comitê próprio (a exemplo dos Comitês criados pelas demais convenções), que, todavia, tinha sua competência limitada à apreciação de relatórios encaminhados pelos Estados-partes[88]. Diversamente da Convenção sobre a Eliminação da Discriminação Racial, o único mecanismo de monitoramento previsto por esta Convenção reduzia-se aos relatórios elaborados pelos Estados-partes[89]. Apenas em 1999, com a adoção do Proto-

---

mento às mulheres; c) mulheres e saúde; d) violência contra as mulheres; e) mulheres e conflitos armados; f) mulheres e economia; g) mulheres no poder e nos processos decisórios; h) mecanismos institucionais para o avanço das mulheres; i) direitos humanos das mulheres; j) mulheres e mídia; k) mulheres e meio ambiente; e l) meninas.

88. A respeito do 1º relatório brasileiro, consultar Ministério das Relações Exteriores, Ministério da Justiça, Secretaria de Estado dos Direitos da Mulher, coordenação de Flávia Piovesan e Silvia Pimentel, *Relatório Nacional Brasileiro relativo aos anos de 1985, 1989, 1993, 1997 e 2001 nos termos do artigo 18 da Convenção sobre a Eliminação de todas as formas de Discriminação contra a Mulher*, Brasília, 2002.

89. Em face dessa sistemática, limitada era a possibilidade de atuação do Comitê sobre a Eliminação de todas as formas de Discriminação contra a Mulher. Na visão crítica de Andrew Byrnes anteriormente à entrada em vigor do Protocolo Facultativo: "Os poderes

colo Facultativo à Convenção, é que a competência do Comitê foi ampliada para receber e examinar petições individuais, bem como para realizar investigações *in loco*, como será visto a seguir.

No sentido de fortalecer a sistemática de monitoramento da Convenção, desde 1993, destaca-se a recomendação feita pela Declaração de Viena: "40. Os órgãos de monitoramento dos tratados devem disseminar informações necessárias que permitam às mulheres fazerem um uso mais efetivo dos procedimentos de implementação existentes, com o objetivo do pleno e equânime exercício dos direitos humanos e da não discriminação. Novos procedimentos devem também ser adotados para fortalecer a implementação da igualdade das mulheres, bem como de seus direitos humanos. A Comissão relativa ao *Status* da Mulher e o Comitê de Eliminação da Discriminação contra a Mulher devem rapidamente examinar a possibilidade de introduzir o direito de petição mediante a elaboração de um Protocolo Optativo à Convenção sobre a Eliminação de todas as formas de Discriminação contra as Mulheres. A Conferência Mundial de Direitos Humanos acolhe a decisão da Comissão de Direitos Humanos, em sua 50ª Sessão, a respeito da indicação de um relator especial concernente à violência contra as mulheres"[90].

---

do Comitê de Eliminação de Discriminação contra a Mulher para promover a implementação da Convenção são relativamente limitados. O Comitê não tem quase poderes judiciais que o habilitem a sancionar um Estado-parte responsável por violação à Convenção, tampouco detém o Comitê poderes para prever um remédio apropriado em caso de violação. Ainda que possa oferecer recomendações a Estados específicos, ou a Estados-partes em geral, no sentido de indicar as medidas apropriadas para o cumprimento da Convenção, seu meio mais eficaz de exercer pressão em Estados, para que cumpram com suas obrigações, se atém à revisão pública de relatórios específicos submetidos por Estados. Muitos Governos se preocupam com o fato do Comitê realizar comentários positivos ou negativos acerca de sua política de direitos humanos. Uma avaliação positiva em um fórum internacional a respeito do desempenho e dos esforços de um Estado pode dar ensejo a progressos futuros. Uma avaliação crítica pode causar embaraços ao governo, no plano doméstico e internacional, idealmente significando um incentivo para que se empenhe mais no futuro" (The "other" human rights treaty body: the work of the Committee on the Elimination of Discrimination against Women, *Yale Journal of International Law*, v. 14, p. 1, 1988).

90. De acordo com o relatório de 1994, apresentado por Rakhika Coomaraswanny, relatora especial da ONU sobre a violência contra as mulheres, "existem padrões patriarcais de dominação que são universais, ainda que essa dominação se apresente sob formas diferentes, como resultado de experiências históricas e particulares diversas". Ressalta que "a falta de controle sobre os sistemas de conhecimento leva [as mulheres] não apenas a serem vítimas da violência, como também a serem parte de um discurso que usualmente legitima ou banaliza a violência contra a mulher". Adiciona ainda algumas práticas tradicionais que

Relevante é a proposta de introdução do mecanismo de petição individual, mediante a elaboração de um Protocolo Facultativo à Convenção, na medida em que tal mecanismo constitui o sistema mais eficiente de monitoramento dos direitos humanos internacionalmente enunciados. Como sugeria Theodor Meron (anteriormente à adoção do Protocolo em 1999): "Um procedimento para a consideração de petições individuais deve ser estabelecido através de um Protocolo Facultativo, ao qual os Estados-partes da Convenção possam aderir. Esta inovação não seria tecnicamente difícil e não haveria a necessidade de se criar órgãos adicionais para a sua implementação; o Comitê sobre a Eliminação da Discriminação contra as Mulheres, já existente, apenas seria autorizado a acumular funções adicionais, em conformidade com o Protocolo"[91].

Uma segunda proposta é a introdução do mecanismo de comunicação interestatal, que permitiria a um Estado-parte denunciar outro Estado-parte, quando este violasse dispositivos da Convenção. Compartilha-se da posição de Theodor Meron, quando afirma que, "embora na prática este mecanismo não tenha sido invocado, ele apresenta grande importância simbólica"[92].

Finalmente, em 12 de março de 1999, a 43ª sessão da Comissão do *Status* da Mulher da ONU concluiu o Protocolo Facultativo à Convenção sobre a Eliminação de todas as formas de Discriminação contra a Mulher. O Protocolo institui dois mecanismos de monitoramento: a) o mecanismo da petição, que permite o encaminhamento de denúncias de violação de direitos enunciados na Convenção à apreciação do Comitê sobre a Eliminação da Discriminação contra a Mulher; e b) um procedimento investigativo, que habilita o Comitê a investigar a existência de grave e sistemática

---

frequentemente fundamentam formas de agressão contra a mulher, como o "casamento precoce (*early marriage*), testes de virgindade, dote, *sati*, infanticídio feminino e má nutrição", acrescentando que "a aderência cega a essas práticas e a omissão estatal com relação a esses costumes e tradições têm possibilitado a violência em larga escala contra as mulheres". Henry J. Steiner e Philip Alston, *International human rights in context*, p. 204-205.

91. Theodor Meron, Enhancing the effectiveness of the prohibition of discrimination against women, *American Journal of International Law*, v. 84, p. 213. Reitera o mesmo autor: "a Convenção deve também prever um procedimento que permita ao Comitê considerar comunicações individuais, de forma similar aos procedimentos criados pelo Protocolo Facultativo ao Pacto Internacional dos Direitos Civis e Políticos e pelo art. 14 da Convenção sobre a Eliminação de todas as formas de Discriminação Racial" (Theodor Meron, *Human rights law-making in the United Nations*, p. 82).

92. Theodor Meron, Enhancing, p. 214.

violação aos direitos humanos das mulheres. Para acionar estes mecanismos de monitoramento, é necessário que o Estado tenha ratificado o Protocolo Facultativo. O Protocolo entrou em vigor em 22 de dezembro de 2000[93], com o depósito do décimo instrumento de ratificação, tendo, até 2024, 115 Estados-partes[94].

Até 2022, o Comitê sobre a Eliminação de todas as formas de Discriminação contra a Mulher havia recebido um total de 155 petições individuais. Desse universo, 37 casos haviam sido examinados, tendo o Comitê entendido ter ocorrido violação em 32 deles; 59 casos haviam sido declarados inadmissíveis; 13 haviam sido arquivados; e 46 casos estavam pendentes de apreciação[95].

i) **Convenção contra a Tortura e outros Tratamentos ou Penas Cruéis, Desumanos ou Degradantes**

Outro documento a merecer destaque é a Convenção contra a Tortura e outros Tratamentos ou Penas Cruéis, Desumanos ou Degradantes, adotada pela ONU em 28 de setembro de 1984. Em 2024, contava com 174 Estados-partes[96].

O art. 1º da Convenção define "tortura"[97] como "qualquer ato pelo qual dores ou sofrimentos agudos, físicos ou mentais, são infligidos intencional-

---

93. Alto Comissariado das Nações Unidas. www.unhchr.ch/html/menu3/b/opt_cedaw.htm; [15.7.2001].

94. Alto Comissariado de Direitos Humanos das Nações Unidas, *Status of Ratifications of the Principal International Human Rights Treaties*, http://www.unhchr.ch/pdf/report.pdf. O Brasil ratificou a Convenção em 1º de fevereiro de 1984 e ratificou o Protocolo Facultativo em 28 de junho de 2002.

95. De acordo com: http://www2.ohchr.org/english/bodies/docs/cedawopsurvey48th.xls. As decisões referentes às comunicações recebidas pelo Comitê CEDAW estão disponíveis em: http://www.un.org/womenwatch/daw/cedaw/protocol/dec-views.htm. Há também a decisão referente à 1ª investigação recebida (referente ao art. 8º do Protocolo CEDAW) em relação ao Estado do México — disponível em: http://www.un.org/womenwatch/daw/cedaw/cedaw32/CEDAW-C-2005-OP.8-MEXICO-E.pdf.

96. Alto Comissariado de Direitos Humanos das Nações Unidas, *Status of Ratifications of the Principal International Human Rights Treaties*, http://www.unhchr.ch/pdf/report.pdf.

97. Sobre a definição de tortura, destaque-se importante decisão proferida, em 1995, pela Comissão Interamericana de Direitos Humanos, em caso de denúncia de violação dos direitos das mulheres no Haiti, que, ineditamente, reconheceu que o estupro ou abuso sexual é não apenas tratamento desumano e violador da integridade física e moral da mulher, mas também uma forma de tortura. Do relatório da Comissão, atente-se para os seguintes trechos:

mente a uma pessoa a fim de obter, dela ou de uma terceira pessoa, informações ou confissões; de castigá-la por ato que ela ou uma terceira pessoa tenha cometido ou seja suspeita de ter cometido; de intimidar ou coagir esta pessoa ou outras pessoas; ou por qualquer motivo baseado em discriminação de qualquer natureza; quando tais dores ou sofrimentos são infligidos por um funcionário público ou outra pessoa no exercício de funções públicas, ou por sua instigação, ou com o seu consentimento ou aquiescência". A definição de tortura envolve, assim, três elementos essenciais: a) a inflição deliberada de dor ou sofrimentos físicos ou mentais; b) a finalidade do ato (obtenção de informações ou confissões, aplicação de castigo, intimidação ou coação e qualquer outro motivo baseado em discriminação de qualquer natureza); c) a vinculação do agente ou responsável, direta ou indiretamente, com o

---

"132. No caso do Haiti, as violações sexuais foram o resultado da repressão em face de propósitos políticos. A intenção daqueles que estavam no poder foi a de destruir qualquer movimento democrático, mediante o terror criado pela série de crimes sexuais; 133. A Comissão considera que o estupro representa não apenas um tratamento desumano que afronta a integridade física e moral, de acordo com o art. 5º da Convenção, mas também uma forma de tortura, nos termos do art. 5º (2) daquele instrumento; 134. Consistente com as definições elaboradas pela Convenção Interamericana para Prevenir, Punir e Erradicar a Tortura, assinada pelo Haiti e pela Convenção das Nações Unidas contra a Tortura e outros Tratamentos Cruéis, Desumanos ou Degradantes, a Comissão considera que o estupro ou qualquer outro abuso sexual, cometido contra as mulheres do Haiti, inflige um trauma físico e mental, bem como um terrível sofrimento, punindo mulheres em face de sua militância e/ou associação com familiares militantes, de modo a intimidar ou destruir sua capacidade de resistir ao regime e sustentar a sociedade civil, particularmente as comunidades mais pobres. O estupro e a ameaça de estupro contra mulheres também são qualificados como tortura, na medida em que representam uma brutal expressão de discriminação contra elas. Em face do depoimento das testemunhas e das opiniões de especialistas constantes da documentação da Comissão, faz-se claro que na experiência de vítimas torturadas, o estupro e o abuso sexual são formas de tortura que produzem um dos mais severos e longos efeitos traumáticos" (Inter-American Commission on Human Rights, *Report on the Situation of Human Rights in Haiti*, 1995). Acrescente-se que, em conformidade com resolução do Conselho de Segurança da ONU, o estupro é considerado violação e ofensa aos princípios do direito humanitário, devendo ser juridicamente condenável e punível no plano internacional. Como afirma Theodor Meron: "A aprovação pelo Conselho de Segurança da Resolução 827, nos termos do Capítulo VII, da Carta da ONU, reconhecendo o estupro como uma ofensa punível de acordo com o direito humanitário internacional, confere validade a este importante desenvolvimento normativo que, espera-se, poderá assegurar o reconhecimento do estupro, em determinadas circunstâncias, como tortura ou tratamento desumano, no âmbito do direito internacional dos direitos humanos. Efetivos progressos no combate ao estupro só podem ser feitos mediante uma maior efetividade legal" (Rape as a crime under international humanitarian law, *American Journal of International Law*, p. 87).

Estado[98]. A gravidade da tortura e o fato de ser considerada crime contra a ordem internacional justifica-se na medida em que sua prática revela a perversidade do Estado, que, de garante de direitos, passa a ter em seus agentes brutais violadores de direitos.

Ao longo da Convenção, são consagrados, dentre outros direitos, a proteção contra atos de tortura e outras formas de tratamento cruel, desu-

---

98. Note-se que, no âmbito do sistema interamericano de proteção dos direitos humanos, foi adotada a Convenção Interamericana para Prevenir e Punir a Tortura, em 9 de dezembro de 1985, que reforça o dever dos Estados de prevenir e punir a tortura. A definição de tortura prevista pela Convenção Interamericana (arts. 2º e 3º) encontra-se em absoluta consonância com a definção da Convenção da ONU contra a Tortura, compreendendo, do mesmo modo, os três elementos supracitados: a) a inflição deliberada de dor ou sofrimentos físicos ou mentais; b) a finalidade do ato (obtenção de informações ou confissões, aplicação de castigo, intimidação ou coação, dentre outras); e c) a vinculação do agente ou responsável, direta ou indiretamente, com o Estado. Embora o Brasil tenha ratificado a Convenção da ONU contra a Tortura, em 28 de setembro de 1989, e a Convenção Interamericana para Prevenir e Punir a Tortura, em 20 de julho de 1989, foi apenas em 7 de abril de 1997 que o Estado brasileiro aprovou a Lei n. 9.455, que define e pune o crime de tortura. Cabe ressaltar que a Constituição de 1988 foi a primeira a consagrar a tortura como crime. De acordo com o Texto Constitucional, o crime de tortura é inafiançável e insuscetível de graça ou anistia, por ele respondendo os mandantes, os executores e os que, podendo evitá-lo, se omitirem (art. 5º, XLIII, da Constituição). Finalmente, em 1997, foi aprovada a Lei n. 9.455, que tipifica o crime de tortura (como tipo penal autônomo e específico), tendo em vista que, até então, a tortura era punida sob a forma de lesão corporal ou constrangimento ilegal, em flagrante afronta aos comandos constitucionais e internacionais. Para a lei brasileira, a definição de tortura envolve dois elementos essenciais: a) a inflição deliberada de dor ou sofrimentos físicos ou mentais; e b) a finalidade do ato (obtenção de informações ou confissões, aplicação de castigo, intimidação ou coação, e qualquer outro motivo baseado em discriminação racial ou religiosa). Ao comparar a definição de tortura da Lei n. 9.455/97 e a da Convenção, dois aspectos merecem destaque: 1º) a lei brasileira restringe o fator discriminação racial e religiosa, enquanto a Convenção menciona discriminação de qualquer natureza; 2º) a lei brasileira não requer, como o faz a Convenção, a vinculação do agente ou responsável pela tortura com o Estado, quer direta ou indiretamente. Quanto ao primeiro aspecto, entende-se descabida a restrição imposta pela lei brasileira, na medida em que qualquer discriminação deveria ser considerada, e não apenas a racial ou religiosa. Note-se, por exemplo, que no País há elevado número de denúncias envolvendo discriminação por orientação sexual das vítimas. No que se refere ao agente da tortura, a lei brasileira determina ser causa de aumento de pena ser o crime cometido por agente público, nos termos do art. 1º, § 4º, I. Isto é, para a caracterização do crime, não é necessário que o agente seja agente público. Essa concepção transcende a própria concepção introduzida pela Convenção, que demanda, necessariamente, para a configuração do crime de tortura, a qualidade de agente público. Parece mais adequada a definição da Convenção, ainda que mais ampla se mostre a definição nacional.

mano ou degradante; o direito de não ser extraditado ou expulso para um Estado onde há substancial risco de sofrer tortura; o direito à indenização no caso de tortura; o direito a que a denúncia sobre tortura seja examinada imparcialmente e o direito a não ser torturado para fins de obtenção de prova ilícita, como a confissão.

Não há possibilidade de derrogar a proibição contra a tortura. A Convenção é enfática ao determinar que "nenhuma circunstância excepcional, seja qual for, pode ser invocada como justificativa para a tortura" (art. 2º (2))[99].

Considerando que a tortura é um crime que viola o Direito Internacional, a Convenção estabelece a jurisdição compulsória e universal para os indivíduos suspeitos de sua prática (arts. 5º a 8º). Compulsória porque obriga os Estados-partes a punir os torturadores, independentemente do território onde a violação tenha ocorrido e da nacionalidade do violador e da vítima. Universal porque o Estado-parte onde se encontre o suspeito deverá processá-lo ou extraditá-lo para outro Estado-parte que o solicite e tenha o direito de fazê-lo, independentemente de acordo prévio bilateral sobre extradição[100].

No que tange ao sistema de monitoramento, esta Convenção estabelece os três mecanismos já analisados: as petições individuais, os relatórios e as comunicações interestatais.

Assim como a Convenção sobre a Eliminação da Discriminação Racial, esta exige que o Estado-parte faça uma declaração habilitando o Comitê contra a Tortura a receber as comunicações individuais e as interestatais. Sem que se faça tal declaração, não se admite o encaminhamento

---

99. No mesmo sentido, a Convenção Interamericana para Prevenir e Punir a Tortura, em seu art. 5º, estabelece que "não se invocará, nem se admitirá como justificativa do delito da tortura, a existência de circunstâncias tais como o estado de guerra, a ameaça de guerra, o estado de sítio ou de emergência, a comoção ou conflito interno, a suspensão das garantias constitucionais, a instabilidade política interna, ou outras emergências ou calamidades públicas. Nem a periculosidade do detido ou do condenado, nem a insegurança do estabelecimento carcerário ou penitenciário podem justificar a tortura".

100. Sobre esses preceitos, afirma José Augusto Lindgren Alves: "São unanimemente reputados de grande importância pela eficácia que propiciam à luta internacional contra a impunidade de aplicadores e responsáveis pela prática de torturas" (*A arquitetura internacional dos direitos humanos*, p. 141). A respeito da aplicação dos preceitos referentes à jurisdição compulsória e universal, há que mencionar o caso Pinochet, em que um juiz espanhol solicitou à Inglaterra a extradição de Pinochet (que lá se encontrava) para que fosse processado sob a acusação da prática de tortura e desaparecimento forçado de pessoas ao longo do regime ditatorial chileno.

de comunicações ao Comitê. Até 2024, apenas 69 Estados-partes haviam reconhecido a competência do Comitê contra a Tortura para apreciar petições individuais, e 63 Estados-partes haviam reconhecido a competência do Comitê para apreciar comunicações interestatais[101].

A comunicação individual deve ter como fundamento violação a direito reconhecido pela Convenção contra a Tortura. Os critérios de admissibilidade da petição, os métodos de apreciação e a natureza da decisão proferida pelo Comitê contra a Tortura são similares aos adotados pelos demais Comitês (Comitê de Direitos Humanos e Comitê sobre a Eliminação da Discriminação Racial).

Aqui também o Comitê contra a Tortura formula sua decisão à luz de todas as informações coletadas acerca do caso. Se o Comitê concluir pela existência de violação a direito consagrado na Convenção, solicitará ao Estado violador informações sobre as ações adotadas no sentido de satisfazer cumprimento à decisão do Comitê. Note-se que será conferida publicidade a todas as decisões proferidas pelo Comitê.

Importa destacar que, embora as decisões dos Comitês não sejam legalmente vinculantes e obrigatórias, têm efetivamente auxiliado o exercício dos direitos humanos reconhecidos no plano internacional, em face do chamado *power of shame* ou *power of embarrassment*.

O Comitê contra a Tortura havia recebido, até maio de 2023, um total de 1177 petições individuais. Desse universo, 476 casos haviam sido examinados, tendo o Comitê entendido ter ocorrido violação em 198 deles; 137 casos haviam sido declarados inadmissíveis; 369 haviam sido arquivados; e 196 casos estavam pendentes de apreciação[102].

---

101. Note-se que, em 2024, a Convenção contra a Tortura contava com 174 Estados-partes; destes, apenas 67 haviam feito a declaração no sentido de aceitar a competência do Comitê para apreciar as comunicações individuais e 63 haviam feito a declaração no sentido de aceitar a competência do Comitê para apreciar as comunicações interestatais, nos termos dos arts. 21 e 22 da Convenção (http://www.unhchr.ch/html/menu2/8/stat3.htm). As comunicações podem ser encaminhadas ao seguinte endereço: Committee against Torture c/o OHCHR-UNOG, 1211 Geneva 10, Switzerland-Fax n. (41-22) 917 9022. Alto Comissariado de Direitos Humanos das Nações Unidas. *Model Questionnaires for Communications.* http://www.unhchr.ch/html/menu2/8/question.htm.

102. Consultar Statistical survey of individual complaints dealt with by the Committee against Torture under the procedure governed by article 22 of the Convention against Torture and Other Cruel, Inhuman or Degrading Treatment or Punishment. Disponível em: http://www2.ohchr.org/english/bodies/cat/stat3.htm.

Diversamente dos demais, o Comitê contra a Tortura tem ainda o poder de iniciar uma investigação própria, na hipótese de recebimento de informações que contenham fortes indicadores de que a prática da tortura seja sistemática em determinado Estado-parte[103]. Acrescente-se que a Declaração de Viena recomenda a adoção de Protocolo Facultativo à Convenção contra a Tortura, a fim de que se estabeleça um sistema preventivo de visitas regulares a locais de detenção, para erradicar, definitivamente, a prática da tortura. O Protocolo foi adotado pela ONU em dezembro de 2002. Em 22 de junho de 2006 o Protocolo entrou em vigor, contando, em 2024, com 94 Estados-partes[104].

j) Convenção sobre os Direitos da Criança

A Convenção sobre os Direitos da Criança, adotada pela ONU em 1989 e vigente desde 1990[105], destaca-se como o tratado internacional de proteção de direitos humanos com o mais elevado número de ratificações. Em 2024, contava com 196 Estados-partes[106].

Nos termos dessa Convenção, a criança é definida como "todo ser humano com menos de 18 anos de idade, a não ser que, pela legislação aplicável, a maioridade seja atingida mais cedo" (art. 1º).

---

103. Note-se que semelhante poder investigativo é conferido ao Comitê sobre a Eliminação da Discriminação contra a Mulher (a partir das inovações introduzidas com o advento do Protocolo Facultativo à Convenção sobre a Eliminação da Discriminação contra a Mulher), ao Comitê sobre Direitos Econômicos, Sociais e Culturais (a partir das inovações introduzidas com o advento do Protocolo Facultativo ao Pacto Internacional de Direitos Econômicos, Sociais e Culturais) e ao Comitê sobre os Direitos da Criança (a partir das inovações introduzidas com o advento do Protocolo Facultativo à Convenção sobre os Direitos da Criança relativo ao procedimento de comunicação).

104. Alto Comissariado de Direitos Humanos das Nações Unidas, *Status of Ratifications of the Principal International Human Rights Treaties*, http://www.unhchr.ch/pdf/report.pdf. O Brasil ratificou o Protocolo Facultativo à Convenção contra a Tortura em 12 de janeiro de 2007.

105. Segundo Steiner e Alston, "a primeira menção a 'direitos da criança' como tais em um texto reconhecido internacionalmente data de 1924, quando a Assembleia da Liga das Nações aprovou uma resolução endossando a Declaração dos Direitos da Criança, promulgada no ano anterior pelo Conselho da organização não governamental 'Save the Children International Union'. Em 1959, a Assembleia Geral das Nações Unidas promulgava a Declaração dos Direitos da Criança, cujo texto iria impulsionar a elaboração da Convenção (Henry J. Steiner e Philip Alston, *International human rights in context*, p. 512).

106. Alto Comissariado de Direitos Humanos das Nações Unidas, *Status of Ratifications of the Principal International Human Rights Treaties*, http://www.unhchr.ch/pdf/report.pdf.

A Convenção acolhe a concepção do desenvolvimento integral da criança, reconhecendo-a como verdadeiro sujeito de direito, a exigir proteção especial e absoluta prioridade. Os direitos previstos na Convenção incluem: o direito à vida[107] e à proteção contra a pena capital; o direito a ter uma nacionalidade; a proteção ante a separação dos pais; o direito de deixar qualquer país e de entrar em seu próprio país; o direito de entrar e sair de qualquer Estado-parte para fins de reunificação familiar; a proteção para não ser levada ilicitamente ao exterior; a proteção de seus interesses no caso de adoção; a liberdade de pensamento, consciência e religião; o direito ao acesso a serviços de saúde, devendo o Estado reduzir a mortalidade infantil e abolir práticas tradicionais prejudiciais à saúde; o direito a um nível adequado de vida e segurança social; o direito à educação, devendo os Estados oferecer educação primária compulsória e gratuita; a proteção contra a exploração econômica, com a fixação de idade mínima para admissão em emprego; a proteção contra o envolvimento na produção, tráfico e uso de drogas e substâncias psicotrópicas; a proteção contra a exploração e o abuso sexual.

Para Henry Steiner e Philip Alston, "a Convenção é extraordinariamente abrangente em escopo. Ela abarca todas as áreas tradicionalmente definidas no campo dos direitos humanos — civis, políticos, econômicos, sociais e culturais. Ao fazê-lo, contudo, a Convenção evitou a distinção entre essas áreas e, contrariamente, assumiu a tendência de enfatizar a indivisibilidade, a implementação recíproca e a igual importância de todos os direitos"[108].

---

107. Atente-se que nunca houve um "Relator Especial das Nações Unidas para o Brasil". Como se verá no tópico "k" deste capítulo, os relatores especiais podem ter mandato para um país determinado ou para um tema específico. O Brasil apenas foi monitorado por relatores temáticos, a exemplo do relator sobre a tortura em 2000 e da relatora sobre a violência contra a mulher em 1996, não tendo sido objeto de mandato destinado a averiguar a situação geral de direitos humanos do País especificamente. Vale frisar, contudo, que o crescimento do fenômeno do extermínio de crianças e adolescentes já ocasionou, em 1992, a citação do caso brasileiro na agenda da Comissão de Direitos Humanos da ONU, que decide sobre a instituição de relatores especiais com mandato para países específicos. Como aponta Alvaro Augusto Ribeiro Costa: "No Brasil, 4.611 meninos de até 17 anos foram assassinados, entre 1988 e 1990, em todo o país. Em 1991, 4 crianças e adolescentes foram assassinados a cada dia e, em 1992, a média diária de mortes aumentou para 4,2 (85%, meninos; 72% negros) (*Jornal do Brasil*, 24.7.93). A impunidade se traduz, a propósito, no fato de que apenas 20% dos casos acima mencionados tiveram autoria apontada em inquérito policial" (Anotações sobre a atual situação dos direitos humanos no Brasil, *Arquivos do Ministério da Justiça*, Brasília, DF, jul./dez. 1993, p. 153).

108. Henry J. Steiner e Philip Alston, *International human rights in context*, p. 516.

Ao ratificar a Convenção, os Estados-partes se comprometem a proteger a criança contra todas as formas de discriminação e assegurar-lhe assistência apropriada[109].

Note-se que a Conferência de Viena, ao insistir no objetivo da "ratificação universal" — e sem reservas — dos tratados e protocolos de direitos humanos adotados no âmbito do sistema das Nações Unidas, urge a ratificação universal da Convenção sobre os Direitos da Criança e sua efetiva implementação por todos os Estados-partes, mediante a adoção de todas as medidas legislativas, administrativas e de outra natureza que se façam necessárias, bem como mediante a alocação do máximo possível de recursos disponíveis. Afirma ainda a Declaração de Viena: "A não discriminação e o interesse superior das crianças devem ser considerações fundamentais em todas as atividades dirigidas à infância, levando na devida consideração a opinião dos próprios interessados. Os mecanismos e programas nacionais e internacionais de defesa e proteção da infância devem ser fortalecidos, particularmente em prol de uma maior defesa e proteção das meninas, das crianças abandonadas, das crianças de rua, das crianças econômica e sexualmente exploradas, inclusive as que são vítimas da pornografia e prostituição infantis e da venda de órgãos, das crianças acometidas por doença, entre as quais a síndrome da imunodeficiência adquirida, das crianças refugiadas e deslocadas, das crianças detidas, das crianças em situação de conflito armado, bem como das crianças que são vítimas da fome, da seca e de outras emergências. Deve-se promover a cooperação e a solidariedade internacionais com vistas a apoiar a implementação da Convenção sobre os Direitos da Criança e os direitos da criança devem ser prioritários em todas as atividades das Nações Unidas na área dos direitos humanos".

Vale ressaltar que, no tocante à exploração econômica e sexual de crianças e à participação destas em conflitos armados, foram adotados, em 25 de maio de 2000, dois Protocolos Facultativos à Convenção dos Direitos da Criança, pela Resolução A/RES/54/263 da Assembleia Geral: o Proto-

---

109. Observe-se que a Constituição Federal de 1988 encontra-se em plena consonância com a Convenção sobre os Direitos da Criança, concebendo, de igual modo, a criança como sujeito de direito, a merecer especial proteção e absoluta prioridade, nos termos do art. 227 da Carta. Em 1990, foi adotado o Estatuto da Criança e do Adolescente (Lei n. 8.069, de 13 de julho), que disciplina a proteção integral à criança e ao adolescente, em cumprimento ao comando constitucional. Note-se que, de acordo com o Estatuto, considera-se criança a pessoa até 12 anos de idade incompletos e adolescente aquela entre 12 e 18 anos de idade.

colo Facultativo sobre a Venda de Crianças, Prostituição e Pornografia Infantis e o Protocolo Facultativo sobre o Envolvimento de Crianças em Conflitos Armados. Esses Protocolos visam a fortalecer o rol de medidas protetivas no que tange às violações sobre as quais discorrem. O Protocolo sobre a Venda de Crianças, Prostituição e Pornografia Infantis impõe aos Estados-partes a obrigação de proibir a venda de crianças, a prostituição e a pornografia infantis. Exige, ainda, em seu art. 3º, que os Estados-partes promovam, como medida mínima, a criminalização dessas condutas. O Protocolo sobre o Envolvimento de Crianças em Conflitos Armados estabelece em seu art. 1º que os "Estados-partes devem tomar todas as medidas possíveis para assegurar que os membros de suas forças armadas, que não tenham atingido a idade de 18 anos, não participem diretamente em disputas", estendendo essa proibição, em seu art. 4º, à participação em qualquer grupo armado. O Protocolo sobre a Venda de Crianças, Prostituição e Pornografia Infantis entrou em vigor em 18 de janeiro de 2002, de acordo com o art. 14 do Protocolo. Já o Protocolo sobre o Envolvimento de Crianças em Conflitos Armados entrou em vigor em 12 de fevereiro de 2002, de acordo com o art. 10 do Protocolo[110].

Quanto ao mecanismo de controle e fiscalização dos direitos enunciados na Convenção, é instituído o Comitê sobre os Direitos da Criança, ao qual cabe monitorar a implementação da Convenção, por meio do exame de relatórios periódicos encaminhados pelos Estados-partes. Tal como a Convenção sobre a Eliminação da Discriminação contra a Mulher — que apenas a partir do Protocolo Facultativo passou a contar com outros mecanismos de monitoramento —, a Convenção sobre os Direitos da Criança tão somente prevê a sistemática dos relatórios, mediante os quais devem os Estados-partes esclarecer as medidas adotadas em cumprimento à Convenção[111]. Não inovam os Protocolos Facultativos à Convenção, na medida em que não introduzem a sistemática de petições ou de comu-

---

110. O Protocolo Facultativo sobre a Venda de Crianças, Prostituição e Pornografia Infantis contava, em 2024, com 178 Estados-partes. O Protocolo Facultativo sobre o Envolvimento de Crianças em Conflitos Armados contava, nessa mesma data, com 173 Estados-partes. Alto Comissariado de Direitos Humanos das Nações Unidas, *Status of Ratifications of the Principal International Human Rights Treaties*, http://www.unhchr.ch/pdf/report.pdf. O Brasil ratificou a Convenção sobre os Direitos da Criança em 25 de setembro de 1990 e ratificou ambos os Protocolos Facultativos em 27 de janeiro de 2004.

111. Até maio de 2001, o Comitê havia recebido 182 relatórios (Henry J. Steiner e Philip Alston, *International human rights in context*, p. 521).

nicações interestatais[112]. O art. 8º do Protocolo Facultativo sobre Conflitos Armados e o art. 12 do Protocolo Facultativo sobre Prostituição Infantil apresentam praticamente a mesma redação, ao exigir que os Estados-partes dos Protocolos submetam relatórios ao Comitê sobre os Direitos da Criança, fornecendo informações sobre as medidas tomadas para a implementação desses Protocolos. Ainda, nos termos do art. 44 da própria Convenção sobre os Direitos da Criança, o Comitê fica autorizado a requerer, também no concernente à matéria dos Protocolos, maiores informações sobre aquela implementação.

Finalmente, em 19 de dezembro de 2011, foi adotado o Protocolo Facultativo à Convenção sobre os Direitos da Criança relativo ao procedimento de comunicações. Com o objetivo de instituir *"child-sensitive procedures"* e sempre endossando o princípio do interesse superior da criança, o Protocolo habilita o Comitê de Direitos da Criança a apreciar petições individuais (inclusive no caso de violação a direitos econômicos, sociais e culturais); a adotar *"interim measures"* quando houver urgência, em situações excepcionais e para evitar danos irreparáveis à(s) vítima(s) de violação; a apreciar comunicações interestatais; e a realizar investigações *in loco*, nas hipóteses de graves ou sistemáticas violações aos direitos humanos das crianças.

O Comitê de Direitos da Criança havia recebido, até abril de 2020, um total de 300 petições individuais. Desse universo, 116 casos haviam sido registrados e 39 examinados, tendo o Comitê entendido ter ocorrido violação em 12 deles; 17 casos haviam sido declarados inadmissíveis; 10 haviam sido arquivados; e 77 casos estavam pendentes de apreciação. Nos termos do art. 19 do Protocolo, ele entrou em vigor em 14 de abril de 2014, contando com 53 Estados-partes em 2024[113].

---

112. Note-se a existência de um Grupo de Trabalho voltado a estabelecer o mecanismo de petição mediante a adoção de um Protocolo Facultativo à Convenção sobre os Direitos das Crianças. Sobre o Open-ended Working Group on an Optional Protocol to the Convention on the Rights of the Child to provide a communications procedure. Disponível em: http://www2.ohchr.org/english/bodies/hrcouncil/OEWG/index.htm. Finalmente, em 19 de dezembro de 2011, foi adotado o Protocolo Facultativo à Convenção sobre os Direitos da Criança relativo ao procedimento de comunicações.

113. Em 2024, o Protocolo contava com 53 Estados-partes. O Brasil assinou o Protocolo em 28 de fevereiro de 2012, tendo depositado o instrumento de ratificação em 29 de setembro de 2017. Consultar: http://treaties.un.org./doc/source/signature/2012/CTC_4-11d.pdf.

k) Convenção Internacional sobre a Proteção dos Direitos de todos os Trabalhadores Migrantes e dos Membros de suas Famílias

Adotada pela Resolução n. 45/158 da Assembleia Geral da ONU, de 18 de dezembro de 1990, a Convenção Internacional sobre a Proteção dos Direitos de todos os Trabalhadores Migrantes e dos Membros de suas Famílias entrou em vigor em 1º de julho de 2003, nos termos de seu artigo 87[114]. Até 2024, contava com 59 Estados-partes[115]. Esta Convenção remanesce, sendo o tratado de direitos humanos com o menor universo de ratificações.

Observe-se que a problemática dos direitos dos trabalhadores migrantes já havia sido objeto de Convenções da OIT, destacando-se a Convenção n. 97 da OIT (1949) a respeito de trabalhadores migrantes[116]; e a Convenção n. 143 da OIT (1975) relativa às migrações em condições abusivas e à promoção da igualdade de oportunidades e de tratamento dos trabalhadores migrantes[117].

No âmbito da ONU, a primeira preocupação expressa com relação aos direitos dos trabalhadores migrantes foi em 1972, quando o Conselho Econômico e Social, por meio de sua Resolução n. 1.706 (LIII), alertou para os problemas de transporte ilegal de trabalhadores para países europeus e de exploração de trabalhadores de países africanos em condições similares a escravidão e a trabalho forçado. No mesmo ano, a Assembleia Geral, em sua Resolução n. 2.920 (XXVII), condenou a discriminação contra trabalhadores estrangeiros, demandando dos Governos que colocassem um fim a esta prática, melhorando os procedimentos de recepção de trabalhadores migrantes[118].

---

114. O artigo 87 dispõe que a Convenção entrará em vigor no primeiro dia do mês seguinte ao período de três meses após a data do depósito do vigésimo instrumento de ratificação ou de adesão.

115. Acessar:http://www.ohchr.org/english/countries/ratification/13.htm.

116. Essa Convenção foi adotada pela Conferência Geral da Organização Internacional do Trabalho na sua 32ª Sessão, em Genebra, em 1º de julho de 1949, tendo entrado em vigor em 22 de janeiro de 1952. Disponível em: http://www.direitoshumanos.usp.br/counter/Oit/texto/texto_15.html.

117. Essa Convenção foi adotada pela Conferência Geral da Organização Internacional do Trabalho na sua 60ª Sessão, em Genebra, em 24 de junho de 1975, tendo entrado em vigor em 9 de dezembro de 1978. Disponível em: http://www.direitoshumanos.usp.br/counter/Oit/texto/texto_11.html.

118. Ver *The International Convention on Migrant Workers and its Committee*, Office of UN High Commissioner for Human Rights, fac sheet n. 24, 2006, p. 6.

Em resposta a um pedido do Conselho Econômico e Social, em 1976, a Subcomissão para a Prevenção da Discriminação e Proteção das Minorias aprovou um relatório sobre a exploração de trabalhadores migrantes por meio de tráfico ilícito e clandestino. O relatório, preparado pela então *special rapporteur*, Sra. Halima Warzazi, identificou dois aspectos do problema: de um lado, as operações clandestinas e ilícitas; e, de outro, o tratamento discriminatório de trabalhadores migrantes nos países que os recebem. Recomendou a elaboração pela ONU de uma Convenção sobre os Direitos dos Trabalhadores Migrantes[119].

Em 1990 era, assim, adotada a Convenção, que, sob a perspectiva dos direitos humanos, enfoca a problemática da imigração, fixando parâmetros protetivos mínimos a serem aplicados pelos Estados-partes aos trabalhadores migrantes e aos membros de suas famílias, independentemente de seu *status* migratório. No dizer do então Secretário-Geral: "É tempo de adotar um olhar mais compreensivo a respeito das dimensões diversas da questão da imigração, que hoje envolve centenas de milhares de pessoas e afeta países de origem, de trânsito e de destino. Precisamos entender melhor as causas do fluxo internacional de pessoas e sua complexa inter-relação com o desenvolvimento"[120].

À luz do crescente fenômeno da migração e com a consciência de seu impacto, busca a Convenção contribuir para a harmonização das condutas dos Estados através da aceitação de princípios fundamentais relativos ao tratamento dos trabalhadores migrantes e dos membros das suas famílias, considerando a situação de vulnerabilidade em que frequentemente se encontram. Objetiva a Convenção consagrar a proteção internacional dos direitos de todos os trabalhadores migrantes e dos membros das suas famílias.

Especial atenção é conferida aos direitos dos trabalhadores migrantes não documentados ou em situação irregular, comumente empregados em condições de trabalho menos favoráveis que outros trabalhadores e, por vezes, explorados e vítimas de graves violações de direitos humanos. Afirma a Convenção que ações apropriadas devem ser encorajadas para prevenir e eliminar os movimentos clandestinos e o tráfico de trabalhadores migrantes, e, ao mesmo tempo, proteger os seus direitos.

---

119. Ver *The International Convention on Migrant Workers and its Committee*, Office of UN High Commissioner for Human Rights, fac sheet n. 24, 2006, p. 6.

120. *Strenghtening of the United Nations: an agenda for further change*, Report of the Secretary-General, A/57/387, paragraph 39.

Para efeitos da Convenção, a expressão "trabalhador migrante" designa a pessoa que vai exercer, exerce ou exerceu uma atividade remunerada em um Estado de que não é nacional (artigo 2º).

O princípio da não discriminação é um princípio fundamental da Convenção, endossando a Convenção que os Estados-partes comprometem-se a respeitar e a garantir os direitos previstos a todos os trabalhadores migrantes e membros da sua família que se encontrem em seu território e sujeitos à sua jurisdição, sem distinção alguma (artigo 7º)[121].

Dentre os direitos enunciados pela Convenção a todos os trabalhadores migrantes e membros de sua família, independentemente do *status* migratório, destacam-se os direitos à vida; a não ser submetido a tortura, nem a penas ou tratamentos cruéis, desumanos ou degradantes; a não ser constrangido a realizar um trabalho forçado; à liberdade de pensamento, de consciência e de religião; à liberdade de expressão; à vida privada e familiar; à liberdade e à segurança pessoal; a ser tratado com humanidade, dignidade e respeito à sua identidade cultural, quando privados de liberdade; à proibição de medidas de expulsão coletiva; à proteção e à assistência das autoridades diplomáticas e consulares do seu Estado de origem; ao reconhecimento da sua personalidade jurídica, em todos os lugares; a um tratamento não menos favorável que aquele concedido aos nacionais do Estado de emprego em matéria de retribuição[122].

Com relação aos direitos dos filhos dos trabalhadores migrantes, consagra o texto o direito a um nome, ao registro do nascimento e a uma na-

---

121. Sobre o princípio da não discriminação, destaca-se o General Comment n. 15 (1986) do Comitê de Direitos Humanos a respeito da situação de estrangeiros em face do Pacto Internacional dos Direitos Civis e Políticos. O Comitê afirma que não pode haver discriminação entre estrangeiros e nacionais no que se refere à aplicação dos direitos humanos enunciados no Pacto. Também merece menção a General Recommendation n. 30 (2004) do Comitê sobre a Eliminação da Discriminação Racial a respeito da discriminação contra não nacionais, em que o Comitê faz recomendações específicas aos Estados-partes no sentido de eliminar a discriminação de não nacionais. Recomenda ainda aos Estados-partes a adoção de medidas para assegurar que as instituições de educação pública estejam abertas aos não nacionais e crianças de imigrantes não documentados residentes no território do Estado-parte. Recomenda também que seja eliminada a discriminação contra não nacionais em relação a condições de trabalho e que sejam prevenidos os sérios problemas comumente enfrentados pelos trabalhadores não nacionais, em particular os trabalhadores domésticos, incluindo a escravidão por débito, a retenção de passaporte, confinamentos ilegais, estupro e violência física.

122. A respeito, vale destacar a recente Lei n. 13.445/17, Lei da Migração, com especial destaque ao seu art. 4º, XI, que estabelece:

cionalidade; o direito de acesso à educação em condições de igualdade de tratamento com os nacionais do Estado interessado, dentre outros direitos[123].

Os direitos dos trabalhadores migrantes e dos membros de suas famílias previstos na Convenção não podem ser objeto de renúncia, nos termos do artigo 82.

Há o desafio de avançar na cooperação internacional visando à proteção dos direitos dos trabalhadores migrantes, por meio da articulação, coordenação e harmonização de políticas estatais, a compor um quadro de responsabilidades compartilhadas. Como lembra Seyla Benhabib, "os movimentos migratórios são pontos de justiça imperfeita ao envolverem na sua dinâmica o direito individual à liberdade de movimento, o direito universal à hospitalidade e o direito das coletividades ao autogoverno, e, ainda, as obrigações associativas morais específicas"[124].

No que se refere ao monitoramento da Convenção, tal como as demais Convenções já estudadas, é instituído um Comitê para a proteção dos Direitos de Todos os Trabalhadores Migrantes e dos membros das suas Famí-

---

"Art. 4º Ao migrante é garantida no território nacional, em condição de igualdade com os nacionais, a inviolabilidade do direito à vida, à liberdade, à igualdade, à segurança e à propriedade, bem como são assegurados:

[...]

XI - garantia de cumprimento de obrigações legais e contratuais trabalhistas e de aplicação das normas de proteção ao trabalhador, sem discriminação em razão da nacionalidade e da condição migratória;

[...]".

123. A respeito, a Convenção estatui que não pode ser negado ou limitado o acesso a estabelecimentos públicos de ensino pré-escolar ou escolar por motivo de situação irregular em matéria de permanência ou emprego de um dos pais ou com fundamento na permanência irregular da criança no Estado de emprego. Ainda sobre a matéria, ver Corte Interamericana de Direitos Humanos, Opinião Consultiva n. 18 de 2003, sobre a condição jurídica e os direitos dos migrantes não documentados. Essa Opinião Consultiva foi adotada por solicitação do México, a respeito do *status* jurídico e direitos dos migrantes não documentados. Nela a Corte realça que o princípio fundamental da igualdade e da não discriminação é de natureza peremptória e vincula todos os Estados-partes, independentemente de qualquer circunstância e consideração, tal como o *status* migratório de uma pessoa. A Corte conclui que os Estados têm a obrigação de respeitar e garantir os dircitos humanos na esfera do trabalho a todos os trabalhadores, incluindo os trabalhadores migrantes não documentados. Fonte: http://www.cidh.org/Migrantes/Default.htm.

124. Seyla Benhabib, A moralidade da imigração, artigo publicado em *O Estado de S. Paulo*, de 5-8-2012.

lias, integrado por dez *experts* de alta autoridade moral, imparcialidade e reconhecida competência no domínio abrangido pela Convenção. Os membros do Comitê exercem suas funções a título pessoal e não governamental (ver artigo 72).

Quanto aos mecanismos de monitoramento, a Convenção estabelece a sistemática de relatórios a serem elaborados periodicamente pelos Estados-partes, contemplando as medidas legislativas, judiciais, administrativas e de outra natureza voltadas à implementação da Convenção, em conformidade com o artigo 73. Por meio de cláusulas facultativas, são previstos os mecanismos das comunicações interestatais e das petições individuais, nos termos dos artigos 76 e 77 respectivamente[125].

l) Convenção sobre os Direitos das Pessoas com Deficiência

Organismos internacionais estimam haver no mundo aproximadamente 650 milhões de pessoas com deficiências, o que corresponde a 10% da população mundial[126]. Na América Latina e no Caribe, estima-se que sejam ao menos 50 milhões de pessoas, 82% das quais vivendo na pobreza[127]. Deficiência e pobreza são termos inter-relacionados. As pessoas mais pobres têm uma chance significativa de adquirir uma deficiência ao longo de suas vidas, sendo que a deficiência pode resultar em pobreza, considerando que as pessoas com deficiência sofrem discriminação e marginalização. A deficiência é associada com analfabetismo, nutrição precária, falta de acesso à água potável, baixo grau de imunidade, doenças e condições de trabalho perigosas e insalubres.

---

125. Note-se que, em 2024, apenas 4 Estados-partes haviam reconhecido a competência do Comitê para apreciar petições individuais, conforme o art. 77 da Convenção (El Salvador, Guatemala, Mexico e Uruguai), e 2 Estados-partes haviam reconhecido a competência do Comitê para apreciar comunicações interestatais, conforme o art. 76 da Convenção (El Salvador e Guatemala). Sobre a atuação do Comitê no tocante aos relatórios apresentados por Estados-partes, acessar: http://www.ohchr.org/english/bodies/cmw/index.htm.

126. *From Exclusion to Equality: Realizing the Rights of Persons with Disabilities*, Handbook for Parlamentarians, n. 14, UN, OHCHR, Genebra, 2007, p. 13.

127. As pessoas com deficiência constituem a maior minoria do mundo. Estima-se que 20% das pessoas mais pobres do mundo têm deficiência; 98% das crianças com deficiência nos países em desenvolvimento não têm acesso à escola; 30% das crianças de rua vivem com deficiências; e o grau de alfabetização para adultos com deficiência é tão reduzido quanto 3% — e, em alguns países, inferior a 1% para mulheres com deficiência. A respeito, ver *From Exclusion to Equality: Realizing the Rights of Persons with Disabilities*, Handbook for Parlamentarians, n. 14, UN, OHCHR, Genebra, 2007, p. 13.

A história da construção dos direitos humanos das pessoas com deficiência compreende quatro fases: a) uma fase, de intolerância em relação às pessoas com deficiência, em que a deficiência simbolizava impureza, pecado, ou mesmo, castigo divino; b) uma fase marcada pela invisibilidade das pessoas com deficiência; c) uma terceira fase, orientada por uma ótica assistencialista, pautada na perspectiva médica e biológica de que a deficiência era uma "doença a ser curada", sendo o foco centrado no indivíduo "portador da enfermidade"; e d) finalmente uma quarta fase, orientada pelo paradigma dos direitos humanos, em que emergem os direitos à inclusão social, com ênfase na relação da pessoa com deficiência e do meio em que ela se insere, bem como na necessidade de eliminar obstáculos e barreiras superáveis, sejam elas culturais, físicas ou sociais, que impeçam o pleno exercício de direitos humanos[128]. Isto é, nessa quarta fase, o problema passa a ser a relação do indivíduo e do meio, este assumido como uma construção coletiva. Nesse sentido, esta mudança paradigmática aponta aos deveres do Estado para remover e eliminar os obstáculos que impeçam o pleno exercício de direitos das pessoas com deficiência, viabilizando o desenvolvimento de suas potencialidades, com autonomia e participação. De "objeto" de políticas assistencialistas e de tratamentos médicos, as pessoas com deficiência passam a ser concebidas como verdadeiros sujeitos, titulares de direitos.

É sob esta inspiração que, em 13 de dezembro de 2006, foi adotada pela ONU a Convenção sobre os Direitos das Pessoas com Deficiência, nos termos da Resolução da Assembleia Geral n. 61/106. A Convenção entrou em vigor em 3 de maio de 2008, mediante o depósito do vigésimo instrumento de ratificação, em conformidade com o artigo 45 do texto. Até 2024, a Convenção contava com 191 Estados-partes[129].

---

128. A respeito da história de violação dos direitos das pessoas com deficiência, observam Gerard Quinn and Theresia Degener: "Elas têm sido marginalizadas em praticamente todas as culturas ao longo da história. Uma reação comum (tanto do público em geral quanto de políticos) é a pena ou o repúdio. Há uma tendência a tomar a invisibilidade relativa (ou por vezes absoluta) das pessoas com deficiências como algo 'natural'. A diferença encontrada na deficiência tem sido percebida como fundamento para a exclusão e não como causa de celebração da diversidade do gênero humano" (Gerard Quinn and Theresia Degener with Anna Bruce, Christine Burke, Joshua Castellino, Padraic Kenna, Ursula Kilkelly, Shivaun Quinlivan, *The current use and future potential of United Nations human rights instruments in te context of disability*. NY/Geneva: UN, 2002, p. 23).

129. Até 2024, a Convenção contava com 191 Estados-partes. Ver www.ohchr.org/english/bodies/ratification. O Brasil a ratificou em 1º de agosto de 2008.

A Convenção surge como resposta da comunidade internacional à longa história de discriminação, exclusão e desumanização das pessoas com deficiência. É inovadora em muitos aspectos, tendo sido o tratado de direitos humanos mais rapidamente negociado e o primeiro do século XXI. Incorpora uma mudança de perspectiva, sendo um relevante instrumento para a alteração da percepção da deficiência, reconhecendo que todas as pessoas devem ter a oportunidade de alcançar de forma plena o seu potencial[130].

O texto apresenta uma definição inovadora de deficiência, compreendida como toda e qualquer restrição física, mental, intelectual ou sensorial, causada ou agravada por diversas barreiras, que limite a plena e efetiva participação na sociedade. A inovação está no reconhecimento explícito de que o meio ambiente econômico e social pode ser causa ou fator de agravamento de deficiência. A própria Convenção reconhece ser a deficiência um conceito em construção, que resulta da interação de pessoas com restrições e barreiras que impedem a plena e efetiva participação na sociedade em igualdade com os demais. A deficiência deve ser vista como o resultado da interação entre indivíduos e seu meio ambiente e não como algo que reside intrinsecamente no indivíduo.

Já o conceito de discriminação com base em deficiência, inspirado em Convenções anteriores (como a Convenção sobre a Eliminação de todas as formas de Discriminação Racial de 1965), envolve toda distinção, exclusão ou restrição baseadas na deficiência, que tenha por efeito ou objetivo impedir ou obstar o exercício pleno de direitos. Observa a Convenção as difíceis condições enfrentadas por pessoas com deficiência que são vítimas de múltiplas e agravadas formas de discriminação, com base na raça, cor, sexo, língua, religião, opinião política, nacionalidade, etnia, origem social, ou outros fatores. Enfatiza a necessidade de incorporar a perspectiva de gênero na promoção do exercício dos direitos e das liberdades fundamentais das pessoas com deficiência.

O propósito maior da Convenção é promover, proteger e assegurar o pleno exercício dos direitos humanos das pessoas com deficiência, demandando dos Estados-partes medidas legislativas, administrativas e de outra natureza para a implementação dos direitos nela previstos. Introduz a Convenção o conceito de "reasonable accommodation", apontando ao dever do Estado de adotar ajustes, adaptações, ou modificações razoáveis e apropriadas para assegurar às pessoas com deficiência o exercício dos direitos humanos

---

130. *From Exclusion to Equality: Realizing the Rights of Persons with Disabilities*, Handbook for Parlamentarians, n. 14, UN, OHCHR, Genebra, 2007, p. 7-8.

em igualdade de condições com as demais. Violar o "reasonable accommodation" é uma forma de discriminação nas esferas pública e privada.

Frisa ainda a Convenção que as pessoas com deficiência devem ter a oportunidade de participar ativamente dos processos decisórios relacionados a políticas e programas que as afetem. Os Estados estão obrigados a consultar as pessoas com deficiência, por meio de seus representantes e organizações, quando da elaboração e implementação de leis e medidas para efetivar a Convenção e outras políticas que impactem suas vidas.

Oito são os princípios inspiradores da Convenção: a) respeito à dignidade, autonomia individual para fazer suas próprias escolhas e independência pessoal; b) não discriminação; c) plena e efetiva participação e inclusão social; d) respeito às diferenças e aceitação das pessoas com deficiência com parte da diversidade humana; e) igualdade de oportunidades; f) acessibilidade; g) igualdade entre homens e mulheres; h) respeito ao desenvolvimento das capacidades das crianças com deficiência e respeito aos direitos destas crianças de preservar sua identidade.

Dentre os direitos enunciados, destacam-se os direitos à vida, ao igual reconhecimento perante a lei, ao acesso à justiça, à liberdade, à segurança e à integridade pessoal, à liberdade de movimento, à nacionalidade, à liberdade de expressão e opinião, ao acesso à informação, ao respeito à privacidade, à mobilidade pessoal, à educação, à saúde, ao trabalho, à participação política, à participação na vida cultural, a não ser submetido à tortura ou a tratamentos cruéis, desumanos ou degradantes, a não ser submetido à exploração, abuso ou violência. São, assim, consagrados direitos civis, políticos, econômicos, sociais e culturais, na afirmação da perspectiva integral dos direitos humanos.

A Convenção contempla as vertentes repressiva (atinente à proibição da discriminação) e promocional (atinente à promoção da igualdade), no que tange à proteção dos direitos das pessoas com deficiência. Expressamente enuncia a possibilidade dos Estados adotarem medidas especiais necessárias a acelerar ou a alcançar a igualdade de fato das pessoas com deficiência (artigo 5º, parágrafo 4º).

No tocante ao monitoramento dos direitos previstos pela Convenção, é instituído pelo art. 34 um Comitê sobre os Direitos das Pessoas com Deficiência, integrado inicialmente por doze *experts*, com larga experiência em direitos humanos e deficiência, que devem atuar a título pessoal e não governamental — tal como ocorre com todos os Comitês criados pelos demais tratados de direitos humanos (os *treaty bodies*). Para a composição do Comitê devem ser observados a representação geográfica equitativa, a representação dos distintos sistemas jurídicos, o equilíbrio de gênero, bem como a participação de *experts* em deficiência.

Quanto aos mecanismos de monitoramento, a Convenção estabelece tão somente a sistemática de relatórios a serem elaborados periodicamente pelos Estados-partes (artigo 35).

Por meio de um Protocolo Facultativo à Convenção, também adotado em 13 de dezembro de 2006, é reconhecida a competência do referido Comitê para receber e considerar petições de indivíduos ou grupos de indivíduos vítimas de violação por um Estado-parte dos direitos previstos na Convenção[131]. Requisitos de admissibilidade — como a inexistência de litispendência internacional e o esgotamento prévio dos recursos internos — são exigidos para a admissibilidade das petições, nos termos do artigo 2º do Protocolo.

Até maio de 2014, 19 casos haviam sido submetidos ao Comitê sobre os Direitos das Pessoas com Deficiência, dos quais 5 casos haviam sido examinados, tendo o Comitê entendido ter ocorrido violação; 1 caso havia sido declarado inadmissível; e 13 casos estavam pendentes de apreciação.

Em caso de graves e sistemáticas violações de direitos por um Estado-parte, poderá o Comitê realizar investigações *in loco*, com a prévia anuência do Estado, de acordo com o artigo 6º do Protocolo.

m) Declaração das Nações Unidas sobre os Direitos dos Povos Indígenas

Não há, até 2020, no âmbito das Nações Unidas, um tratado internacional específico para a proteção dos direitos dos povos indígenas, tal como há para a proteção dos direitos das pessoas com deficiência, das crianças, das mulheres, dos trabalhadores migrantes, dentre outros[132].

A inexistência de um tratado específico para a proteção dos direitos dos povos indígenas reflete as dificuldades na obtenção de um consenso

---

131. Até 2024, o Protocolo Facultativo contava com 106 Estados-partes. Ver www.ohchr.org/english/bodies/ratification. O Brasil o ratificou em 1º de agosto de 2008.

132. Note-se que o Pacto Internacional dos Direitos Econômicos, Sociais e Culturais, em seu artigo 27, consagra a proteção dos direitos das minorias étnicas, religiosas ou linguísticas, especialmente no que tange aos direitos de ter sua própria vida cultural, de professar e praticar a sua própria religião e usar a sua própria língua. Adicione-se que, em 15 de junho de 2016, foi adotada a Declaração Americana sobre os Direitos dos Povos Indígenas, no âmbito da OEA.

entre Estados acerca do alcance dos direitos dos povos indígenas, particularmente quanto ao direito à terra e ao princípio da autodeterminação. Isto explica a adoção de uma "Declaração" sobre os Direitos dos Povos Indígenas, e não de uma "Convenção", já que *stricto sensu* as declarações têm efeito jurídico recomendatório (*soft law*), enquanto os tratados têm efeito jurídico vinculante.

Ressalte-se que o ponto de partida da proteção internacional aos direitos dos povos indígenas foi a Convenção n. 107 da OIT, de 5 de junho de 1957, concernente à proteção das populações indígenas e outras populações tribais e semitribais de países independentes. A finalidade da Convenção n. 107 foi estabelecer parâmetros internacionais para a proteção dos povos indígenas. Contudo, a Convenção n. 107 revelava um explícito enfoque integracionista, enunciando desde seu preâmbulo que os Estados deveriam buscar a "integração progressiva dos povos indígenas às respectivas comunidades nacionais e a melhoria de suas condições de vida ou de trabalho". Nos termos de seu artigo 2º, os Estados deveriam ainda "pôr em prática programas coordenados e sistemáticos com vistas à proteção das populações interessadas e sua integração progressiva à vida dos respectivos países". Conclui-se, assim, que a Convenção n. 107 tinha como preocupação central integrar as populações indígenas, em um expresso intuito assimilacionista, a violar flagrantemente o direito à diversidade cultural dos povos indígenas.

Criticada por apresentar um enfoque integracionista — marcado pela assimilação forçada dos povos indígenas e pela meta de sua integração progressiva às comunidades nacionais —, a Convenção n. 107 passou por um processo de revisão, a partir da década de 1980.

O processo de revisão da Convenção n. 107 culminou com a adoção da Convenção n. 169, de 7 de junho de 1989, sobre Povos Indígenas e Tribais em países independentes, que introduz um novo paradigma para a compreensão dos direitos dos povos indígenas. Este novo paradigma é caracterizado pelo direito à diversidade, pelo reconhecimento da identidade própria dos povos indígenas, pelo seu direito à participação, pelo direito à terra, bem como pelos princípios de etnodesenvolvimento e de autodeterminação. A Convenção n. 169 inovou ao reconhecer o direito ao respeito à identidade dos povos indígenas, às suas especificidades e à diversidade cultural. O Estado Brasileiro ratificou esta Convenção em 25 de julho de 2002.

A Convenção n. 169 baseia-se em dois conceitos fundamentais: consulta e participação dos povos indígenas. Nos termos de seu artigo 2º, "os governos deverão assumir a responsabilidade de desenvolver, com a participação dos povos interessados, uma ação coordenada e sistemática com vistas a proteger os direitos desses povos e a garantir o respeito pela sua integridade".

É nesse contexto que, em 13 de setembro de 2007, é aprovada a Declaração das Nações Unidas sobre os Direitos dos Povos Indígenas. O artigo 1º da Declaração estatui como regra geral que os povos indígenas têm o direito ao pleno e efetivo exercício dos direitos humanos e liberdades reconhecidos na Carta das Nações Unidas, na Declaração Universal dos Direitos Humanos e no Direito Internacional.

A Declaração enfatiza — ainda mais que a Convenção n. 169 — que os povos indígenas têm o direito a preservar sua identidade cultural. São protegidos o direito a praticar e a revitalizar suas tradições e costumes; o direito a estabelecer sua própria mídia; o direito a manter e a desenvolver seus próprios sistemas político, econômico e social; o direito a determinar e a desenvolver prioridades e estratégias ao exercício do direito ao desenvolvimento.

Assegura-se aos povos indígenas o direito à autodeterminação. A Declaração prevê o direito à autonomia ou autogoverno em matérias relativas a questões internas e locais, incluindo cultura, religião, educação, informação, mídia, saúde, moradia, emprego, bem-estar social, atividades econômicas, terra e gerenciamento de recursos naturais e meio ambiente, como uma forma específica de exercício do direito à autodeterminação. Resta, assim, consagrado o direito dos povos indígenas de viver livremente, definindo o seu próprio destino, em respeito ao princípio da autodeterminação dos povos.

Quanto ao direito à participação, a Declaração prevê aos povos indígenas o direito de participar plenamente de decisões que possam afetar seus direitos, vidas e destinos, mediante representantes escolhidos por eles próprios, assim como têm o direito a manter e a desenvolver suas próprias instituições indígenas de tomada de decisões.

Também reconhece a Declaração a salvaguarda do direito às terras que ocupam, aludindo à importância na manutenção e no fortalecimento das distintas relações espirituais e materiais que os povos indígenas mantêm com as terras e águas. Por fim, a Declaração prevê ainda o direito dos povos indígenas a medidas especiais para controle, desenvolvimento e proteção das suas ciências, tecnologias e manifestações culturais.

n) O Tribunal Penal Internacional, a Convenção para a Prevenção e Repressão do Crime de Genocídio e a Convenção Internacional para a Proteção de todas as Pessoas contra o Desaparecimento Forçado

Como examinado neste capítulo, no âmbito global, a sistemática de monitoramento internacional dos tratados de direitos humanos se restringe ao mecanismo de relatórios, a serem elaborados pelos Estados-partes, e, por vezes, aos mecanismos das comunicações interestatais e petições individuais a serem apreciadas pelos Comitês internacionais, que, todavia, não apresentam caráter jurisdicional. Nesse sentido, o aprimoramento do sistema internacional de proteção dos direitos humanos impõe não apenas a criação de um órgão jurisdicional que tutele os direitos humanos, como também a adoção do mecanismo de petição individual por todos os instrumentos internacionais de proteção[133], já que esse mecanismo permite o acesso direto de indivíduos e organizações não governamentais aos órgãos internacionais de monitoramento. O aprimoramento do sistema internacional de proteção dos direitos humanos requer a democratização dos instrumentos de proteção desses mesmos direitos.

Como este capítulo pôde ainda demonstrar, no âmbito do sistema global inexiste uma Corte Internacional de Direitos Humanos, isto é, um órgão jurisdicional com competência específica para julgar casos de violação de direitos internacionalmente assegurados. Somente a partir da aprovação do Estatuto do Tribunal Penal Internacional, em Roma, em 17 de julho de 1998, o sistema global passou a contemplar um órgão jurisdicional internacional penal competente para julgar os mais graves crimes que atentem contra a ordem internacional, como será enfocado neste tópico.

A análise do Tribunal Penal Internacional requer, preliminarmente, o enfoque da Convenção para a Prevenção e Repressão do Crime de Genocídio.

Pode-se afirmar que esta Convenção foi o primeiro tratado internacional de proteção dos direitos humanos aprovado no âmbito da ONU, datando sua adoção de 9 de dezembro de 1948[134]. Tendo em vista as atrocidades

---

133. Sobre a matéria, Anne F. Bayefsky propõe "a instituição, não opcional, do direito à petição individual em todos os tratados de direitos humanos; a negação de acesso ao regime de tratados de direitos humanos a todo Estado que não permita comunicações individuais" (Making the human rights treaties work, in Louis Henkin e John Lawrence Hargrove (eds.), *Human rights: an agenda for the next century*, n. 26, p. 264).

134. A Convenção para a Prevenção e Repressão do Crime de Genocídio contava, em 2024, com 153 Estados-partes. O Brasil a ratificou em 15 de abril de 1952. United Nations

perpetradas ao longo da Segunda Guerra Mundial, particularmente o genocídio que resultou na morte de seis milhões de judeus, a Convenção afirma ser o genocídio um crime que viola o Direito Internacional, o qual os Estados se comprometem a prevenir e punir.

O art. 2º da Convenção entende por genocídio "qualquer dos seguintes atos, cometidos com a intenção de destruir, no todo ou em parte, um grupo nacional, étnico, racial ou religioso, tal como: a) assassinato de membros do grupo; b) dano grave à integridade física ou mental de membros do grupo; c) submissão intencional do grupo a condições de existência que lhe ocasionem a destruição física total ou parcial; d) medidas destinadas a impedir os nascimentos no seio do grupo; e e) transferência forçada de crianças de um grupo para outro grupo".

Acrescenta a Convenção que as pessoas que tiverem cometido genocídio serão punidas, sejam governantes, funcionários ou particulares. Quanto ao julgamento do crime de genocídio, o art. 6º da Convenção estabelece que "as pessoas acusadas de genocídio serão julgadas pelos tribunais competentes do Estado em cujo território foi o ato cometido ou pela corte penal internacional competente com relação às Partes Contratantes que lhe tiverem reconhecido a jurisdição"[135]. Constata-se, assim, que desde 1948 era prevista a criação de uma corte penal internacional para o julgamento do crime de genocídio. O raciocínio era simples: considerando que o genocídio era um crime que, por sua gravidade, afrontava a ordem internacional, e considerando ainda que, em face de seu alcance, as instâncias nacionais poderiam não ser capazes de processar e julgar seus perpetradores, seria razoável atribuir a uma corte internacional a competência para fazê-lo.

Quanto aos precedentes históricos da criação da Corte Penal Internacional, há que destacar os Tribunais de Nuremberg e Tóquio, como também os Tribunais *ad hoc* da Bósnia[136] e da Ruanda[137], constituídos por resolução

---

Treaty Collection, *Convention on the Prevention and Punishment of the Crime of Genocide*, www.unhchr.ch/html/menu3/b/treaty1gen.htm.

135. Note-se que a Convenção para a Prevenção e Repressão do Crime de Genocídio não estabeleceu um sistema próprio de monitoramento, como fizeram as convenções posteriores, já estudadas neste capítulo.

136. O Conselho de Segurança das Nações Unidas, em 25 de maio de 1993, mediante a Resolução n. 827, estabeleceu um Tribunal para Crimes de Guerra, com o objetivo de investigar as sérias violações ao direito humanitário internacional cometidas no território da antiga Iugoslávia desde 1991, incluindo o assassinato em massa, a detenção sistemática e organizada, o estupro de mulheres e a prática da "limpeza étnica". Sobre esse Tribunal,

do Conselho de Segurança da ONU, em 1993 e 1994, respectivamente, com fundamento no Capítulo VII da Carta da ONU. Ao tratar dos Tribunais *ad hoc*, ressalta o *Human Rights Watch Report*[137]: "Talvez em 1994 o mais

---

comenta James O'Brien: "Em 25 de maio de 1993, o Conselho de Segurança das Nações Unidas estabeleceu um Tribunal Internacional para julgar as pessoas responsáveis por violações do Direito Internacional Humanitário na antiga Iugoslávia, após 1º de janeiro de 1991. O estabelecimento do Tribunal ensejou diversas questões, incluindo: a responsabilização dos indivíduos; quem pode ser acusado pela violação das normas de Direito Humanitário; a posição do Conselho de Segurança que entregou ao Tribunal a atribuição decorrente do Capítulo VII da Carta; a posição do Tribunal em si e dos Estados — que são os responsáveis pelos recursos, cooperação e atmosfera política, determinantes do sucesso do Tribunal" (James O'Brien, The International Tribunal for Violations of International Humanitarian Law in the Former Yugoslavia, *American Journal of International Law*, v. 87, p. 639). Até 2021, o Tribunal Penal Internacional *ad hoc* para a ex-Iugoslávia havia indiciado formalmente 161 pessoas pela prática de graves violações de Direito Internacional Humanitário no território da ex-Iugoslávia. Desse universo, 154 acusados tiveram o procedimento concluído: 18 foram absolvidos; 91 foram condenados (2 aguardam transferência, 21 foram transferidos para cumprir sentença, 59 cumpriram a sentença e 9 morreram durante o cumprimento da sentença); 13 acusados foram remetidos para julgamento em jurisdição nacional, de acordo com o Regulamento do Tribunal; e 37 denunciados tiveram a acusação retirada ou morreram no curso do processo — dentre eles, Slobodan Miloševi´c, à época dos fatos presidente da Sérvia. Em 21 de julho de 2008 foi preso o ex-líder servo-bósnio, Radovan Karadzic, "o carniceiro de Belgrado", indiciado por crime de genocídio, crimes de guerra e crimes contra a humanidade. É acusado de ter ordenado o extermínio de 8 mil muçulmanos no massacre de Srebrenica em 1995 — considerada a pior atrocidade registrada na Europa desde a 2ª Guerra Mundial. Procurado há mais de 12 anos, Radovan Karadzic vivia sob falsa identidade em Belgrado. Foi determinada sua extradição ao Tribunal Penal Internacional para a ex-Iugoslávia. Com a extradição, o caso Karadzic seguirá o caminho do caso Slobodan Miloševi´c, ex-presidente sérvio, que esteve sob a custódia do mesmo Tribunal desde 2000, vindo a falecer em 2006, antes da conclusão de seu processo. Em 26 de maio de 2011, foi decretada a prisão de Ratko Mladic, até então foragido. Em 21 de dezembro de 2017, foi realizada a cerimônia oficial de encerramento do Tribunal, sendo os casos em andamento transferidos para o Mecanismo para Tribunais Criminais Internacionais, criado pela Resolução n. 1.966 do Conselho de Segurança.

137. Em julho de 1994, o Conselho de Segurança, por meio da Resolução n. 935, estabeleceu uma comissão para investigar as violações humanitárias ocorridas ao longo da guerra civil em Ruanda. As investigações tiveram como resultado dois relatórios que levaram ao estabelecimento de um Tribunal *ad hoc* para Ruanda. O Estatuto desse Tribunal, adotado pela Resolução n. 955 do Conselho de Segurança, foi inspirado no Estatuto do Tribunal para a ex-Iugoslávia. Até 2021, o Tribunal Penal Internacional *ad hoc* para Ruanda havia proferido sentenças relativas a 93 casos. Deste universo, 14 acusados foram absolvidos; 23 haviam cumprido sentença; 28 foram transferidos para cumprir sentenças em outros Estados; 2 acusados foram liberados (tiveram a acusação retirada); 10 acusados morreram ao longo do

importante e positivo desenvolvimento relativo aos direitos humanos se ateve à criação de um sistema internacional de justiça para terríveis violações de direitos humanos. (...) Durante o ano de 1994, parece cada vez mais possível a instituição de um novo instrumento: um sistema internacional de justiça que assegure aos perpetradores do genocídio, crimes de guerra e crimes contra a humanidade, a devida responsabilização. Pela primeira vez, desde os Tribunais de Nuremberg e Tóquio, um sistema como este está a prometer justiça às vítimas de extremos abusos, bem como está a inibir a tentativa de repetição destes crimes"[138].

A importância de um sistema internacional de justiça para o julgamento de graves violações de direitos humanos foi também enfatizada pelo Programa de Ação de Viena de 1993, ao estabelecer, em seu § 92: "A Conferência Mundial sobre Direitos Humanos recomenda que a Comissão dos Direitos Humanos examine a possibilidade de melhorar a aplicação dos instrumentos de direitos humanos existentes em níveis internacional e regional e encoraja a Comissão de Direito Internacional a continuar seus trabalhos visando ao estabelecimento de um tribunal penal internacional". Note-se que a importância da criação de uma jurisdição internacional para os graves crimes contra os direitos humanos foi revigorada na década de 90, em face dos genocídios que a marcaram (*vide* os conflitos da Bósnia, Ruanda, Kosovo, Timor Leste, dentre outros), confirmando as previsões de Samuel P. Huntington[139], para quem o fim da Guerra Fria demarcaria a transição do conflito bipolarizado Leste/Oeste para a explosão de conflitos étnicos e culturais.

A respeito da criação de uma jurisdição internacional, observa Norberto Bobbio que as atividades internacionais na área dos direitos humanos podem ser classificadas em três categorias: promoção, controle e garantia[140]. As atividades de promoção correspondem ao conjunto de ações destinadas ao fomento e ao aperfeiçoamento do regime de direitos humanos pelos

---

processo; e 6 acusados encontram-se foragidos. Quanto às prisões, destacam-se a prisão de 10 líderes políticos; 8 líderes militares; 7 administradores do Governo; 1 líder religioso; entre outros. Em 31 de dezembro de 2015, o Tribunal *ad hoc* para Ruanda encerrou suas atividades.

138. *Human Rights Watch World Report 1994: Events of 1993*, Human Rights Watch, New York, 1994, p. XX.

139. Samuel P. Huntington, *The clash of civilizations and the remaking of the world order*, 1997.

140. Norberto Bobbio, *A era dos direitos*, p. 25-47.

Estados. Já as atividades de controle envolvem as que cobram dos Estados a observância das obrigações por eles contraídas internacionalmente. Por fim, a atividade de garantia só será criada quando uma jurisdição internacional[141] se impuser concretamente sobre as jurisdições nacionais, deixando de operar dentro dos Estados, mas contra os Estados e em defesa dos cidadãos. Nesse sentido, pode-se concluir que, até a aprovação do Estatuto do Tribunal Penal Internacional[142], o sistema global de proteção só compreendia as atividades de promoção e de controle dos direitos humanos, não dispondo de um aparato de garantia desses direitos.

Eis que em 17 de julho de 1998, na Conferência de Roma, foi ineditamente aprovado o Estatuto do Tribunal Penal Internacional[143], por 120 votos favoráveis, 7 contrários (China, Estados Unidos, Filipinas, Índia, Israel,

---

141. Sobre a criação de um Tribunal Internacional, comenta Hans Kelsen: "Na medida em que o Direito Internacional penetra em áreas que no passado era do exclusivo domínio de ordens jurídicas nacionais, sua tendência de impor aos indivíduos obrigações ou autorizações diretamente aumenta. Na mesma proporção, a responsabilidade absoluta da coletividade é substituída pela responsabilidade do indivíduo e esta responsabilidade é baseada no alcance de sua infração. Este desenvolvimento é paralelo ao estabelecimento de órgãos centrais para a criação e execução de normas legais — um desenvolvimento que a partir de hoje é observável apenas em comunidades internacionais particulares. Esta centralização se aplica, primeiramente, à jurisdição; seu objetivo se volta à formação de Cortes internacionais. Neste sentido, a evolução do Direito Internacional é similar à do Direito Interno. Aqui, também, a centralização começa com a criação de Tribunais" (*Pure theory of law*, p. 327-328).

142. Como observa Graefrath: "Muitos Estados advogam a criação de uma Corte Internacional Criminal, argumentando que uma Corte Internacional é necessária se o projeto de Código de Crimes contra a Paz e a Segurança da Humanidade pretende ser efetivamente implementado. Estes Estados afirmam que o estabelecimento de uma Corte Internacional é o único meio de garantir uma jurisdição imparcial e objetiva, que é particularmente importante e, ao mesmo tempo, particularmente difícil de se alcançar. Ademais, estes Estados frequentemente observam que a criação de uma Corte internacional criminal é o único meio de evitar punições diferenciadas aos indivíduos pelos Estados" (Universal criminal jurisdiction and an international criminal court, *European Journal International Law*, p. 67).

143. Note-se que, em 16 de dezembro de 1996, a Assembleia Geral da ONU, em sua Resolução n. 51/207, decidiu que a conferência diplomática dos plenipotenciários para a criação do Tribunal Penal Internacional deveria ser realizada em 1998, ano em que se completava o cinquentenário da Convenção para a Prevenção e Repressão do Crime de Genocídio e da Declaração Universal dos Direitos Humanos. O Comitê Preparatório reuniu-se seis vezes, entre 1996 e 1998, para preparar o anteprojeto de estatuto da Conferência Diplomática das Nações Unidas, visando ao estabelecimento de um Tribunal Penal Internacional.

Sri Lanka e Turquia) e 21 abstenções. Em 1º de julho de 2002, o Estatuto de Roma entrou em vigor[144]. Até 2024, 124 Estados o haviam ratificado[145].

Como já mencionado, desde 1948, com a adoção da Convenção para a Prevenção e a Repressão do Crime de Genocídio, era prevista a criação de uma Corte Penal Internacional. Passados cinquenta anos, aprovou-se o Estatuto da Corte Penal Internacional, de caráter permanente, independente, com jurisdição complementar às Cortes nacionais e vinculada ao sistema das Nações Unidas, o que significa decisivo avanço para a proteção dos direitos humanos.

O Tribunal Penal Internacional permite limitar a seletividade política até então existente. Como visto, os Tribunais *ad hoc*, criados na década de 90 para julgar os crimes ocorridos na ex-Iugoslávia e em Ruanda, basearam-se em resoluções do Conselho de Segurança da ONU, para as quais se requer o consenso dos 5 membros permanentes, com poder de veto, nos termos do artigo 27, parágrafo 3º, da Carta da ONU. Ao contrário, o Tribunal Penal Internacional assenta-se no primado da legalidade, mediante uma justiça preestabelecida, permanente e independente, aplicável igualmente a todos os Estados que a reconhecem, capaz de assegurar direitos e combater a impunidade, especialmente a dos mais graves crimes internacionais. Consagra-se o princípio da universalidade, na medida em que o Estatuto de Roma aplica-se universalmente a todos os Estados-partes, que são iguais frente ao Tribunal Penal, afastando-se a relação entre "vencedores" e "vencidos".

Surge o Tribunal Penal Internacional como aparato complementar às cortes nacionais, com o objetivo de assegurar o fim da impunidade para os mais graves crimes internacionais, considerando que, por vezes, na ocorrência de tais crimes, as instituições nacionais se mostram falhas ou omissas na realização da justiça. Afirma-se, desse modo, a responsabilidade primária do Estado com relação ao julgamento de violações de direitos humanos,

---

144. Em 11 de abril de 2002, 66 Estados já haviam ratificado o Estatuto, ultrapassando as 60 ratificações necessárias para sua entrada em vigor, nos termos do art. 126 do Estatuto de Roma. O Brasil o ratificou em 20 de junho de 2002.

145. Consultar http://www.icc-cpi.int/asp/statesparties.html. Do universo dos Estados-partes, 33 são da África; 19 da Ásia; 18 do Leste Europeu; 28 da América Latina e Caribe; 25 da Europa Ocidental e outros países. Note-se que o Burundi denunciou o Estatuto de Roma em 27 de outubro de 2016 e, a partir de 27 de outubro de 2017, a denúncia passou a surtir efeitos. África do Sul e Gâmbia também denunciaram o Estatuto, em 19 de outubro de 2016 e em 10 de novembro de 2016, respectivamente. Contudo, posteriormente, notificaram a Secretaria Geral da ONU acerca da desistência da denúncia, em 2017.

tendo a comunidade internacional a responsabilidade subsidiária. Vale dizer, a jurisdição do Tribunal Internacional é adicional e complementar à do Estado, ficando, pois, condicionada à incapacidade ou à omissão do sistema judicial interno. O Estado tem, assim, o dever de exercer sua jurisdição penal contra os responsáveis por crimes internacionais, tendo a comunidade internacional a responsabilidade subsidiária. Como enuncia o art. 1º do Estatuto de Roma, a jurisdição do Tribunal é adicional e complementar à do Estado, ficando condicionada à incapacidade ou à omissão do sistema judicial interno. Dessa forma, o Estatuto busca equacionar a garantia do direito à justiça, o fim da impunidade e a soberania do Estado, à luz do princípio da complementaridade e do princípio da cooperação.

Integrado por dezoito juízes, com mandato de nove anos, o Tribunal Penal Internacional é composto dos seguintes órgãos, nos termos do art. 34 do Estatuto: a) Presidência (responsável pela administração do Tribunal); b) Câmaras (divididas em Câmara de Questões Preliminares, Câmara de Primeira Instância e Câmara de Apelações); c) Promotoria (órgão autônomo do Tribunal, competente para receber as denúncias sobre crimes, examiná-las, investigá-las e propor ação penal junto ao Tribunal); e d) Secretaria (encarregada de aspectos não judiciais da administração do Tribunal).

De acordo com o art. 5º do Estatuto de Roma, compete ao Tribunal o julgamento dos seguintes crimes: a) crime de genocídio (tal como definido no art. 2º da Convenção para a Prevenção e Repressão do Crime de Genocídio de 1948); b) crimes contra a humanidade (incluindo ataques generalizados e sistemáticos contra a população civil, sob a forma de assassinato, extermínio, escravidão, deportação, encarceramento, tortura, violência sexual, estupro, prostituição, gravidez e esterilização forçadas, desaparecimento forçado, o crime de *apartheid*, entre outros que atentem gravemente contra a integridade física ou mental); c) crimes de guerra (violações ao Direito Internacional humanitário, especialmente às Convenções de Genebra de 1949); e d) crimes de agressão (ainda pendente de definição, nos termos do art. 5º, 2, do Estatuto).

No que se refere ao crime de desaparecimento forçado, em 23 de dezembro de 2010, entrou em vigor a Convenção Internacional para a Proteção de todas as pessoas contra o Desaparecimento Forçado, contando, até 2024, com 75 Estados-partes, incluindo o Estado brasileiro que a ratificou em 29 de novembro de 2010[146]. A Convenção estabelece o direito a

---

146. De acordo com: http://treaties.un.org/Pages/ViewDetails.aspx?src=TREATY&mtdsg_no=IV-16&chapter=4&lang=en.

não ser submetido a desaparecimento forçado, bem como o direito da vítima à justiça e à reparação. Adiciona também o direito da vítima de conhecer a verdade sobre as circunstâncias do desaparecimento forçado e o destino das pessoas desaparecidas, enunciando o direito à liberdade de buscar, receber e difundir tais informações. Em consonância com o art. 5º do Estatuto de Roma, prescreve a Convenção que, por sua extrema gravidade, a prática generalizada ou sistemática de desaparecimento forçado constitui crime contra a humanidade. Impõe, ainda, aos Estados-partes o dever de prevenir e punir a prática de desaparecimento forçado, instituindo um Comitê próprio ("Comitê contra Desaparecimentos Forçados", nos termos do art. 26 da Convenção) com a competência de apreciar relatórios periódicos submetidos pelos Estados-partes, petições individuais e comunicações interestatais (arts. 29, 31 e 32 da Convenção, respectivamente). É previsto, ademais, o poder do Comitê de realizar investigações *in loco*, em conformidade com o art. 33 da Convenção[147].

Em 11 de junho de 2010, o Working Group sobre o crime de agressão adotou a Resolução RC/Res 6, que introduz a definição do crime de agressão, os elementos do crime e o exercício de sua jurisdição, visando à emenda do Estatuto de Roma pelos Estados-partes. Nos termos da proposta, crime de agressão compreende planejar, preparar, iniciar ou executar um ato de agressão, que, por sua natureza, gravidade e impacto, constitua uma manifesta violação à Carta da ONU, por parte de pessoa que esteja efetivamente no exercício do controle do Estado ou que diretamente tenha o controle político ou militar do Estado[148].

O exercício da jurisdição internacional pode ser acionado mediante denúncia de um Estado-parte ou do Conselho de Segurança à Promotoria, a fim de que esta investigue o crime, propondo a ação penal cabível, nos termos dos arts. 13 e 14 do Estatuto. Pode ainda a própria Promotoria agir de ofício, nos termos dos arts. 13 e 15. Em todas as hipóteses, o exercício da jurisdição é condicionado à adesão do Estado ao tratado, ou seja, é necessário que o Estado reconheça expressamente a jurisdição internacional.

---

147. Até 2024, 23 Estados haviam reconhecido a competência do Comitê para receber e apreciar comunicação individual (nos termos do art. 31 da Convenção) e 23 Estados-partes haviam reconhecido a competência do Comitê para apreciar comunicações interestatais (nos termos do art. 32 da Convenção).

148. A respeito, consultar: http://www.icc-cpi.int/iccdocs/asp_docs/Resolutions/RC-Res.6-ENG.pdf.

Note-se que a ratificação do tratado não comporta reservas, devendo o Estado ratificá-lo na íntegra e sem ressalvas (art. 120).

Considerando que a Corte Internacional é complementar à jurisdição penal nacional, o art. 17 do Estatuto prevê os requisitos de admissibilidade para o exercício da jurisdição internacional. Dentre tais requisitos, destacam-se a indisposição do Estado-parte (quando, por exemplo, houver demora injustificada ou faltar independência ou imparcialidade no julgamento) ou sua incapacidade em proceder à investigação e ao julgamento do crime (quando houver o colapso total ou substancial do sistema nacional de justiça).

Quanto às penas, o Estatuto estabelece como regra a pena máxima de 30 anos, admitindo, excepcionalmente, a prisão perpétua, quando justificada pela extrema gravidade do crime e pelas circunstâncias pessoais do condenado (art. 77). Não bastando a sanção de natureza penal, o Tribunal poderá também impor sanções de natureza civil, determinando a reparação às vítimas e aos seus familiares (art. 75). O Estado conjuga, desse modo, a justiça retributiva com a justiça reparatória.

Por fim, de acordo com o art. 27, aplica-se o Estatuto igualmente a todas as pessoas, sem distinção alguma baseada em cargo oficial. Isto é, o cargo oficial de uma pessoa, seja ela Chefe de Estado ou Chefe de Governo, não eximirá de forma alguma sua responsabilidade penal, tampouco importará em redução da pena. Aos acusados são asseguradas as garantias de um tratamento justo em todas as fases do processo, de acordo com os parâmetros internacionais.

Até 2024, mais de duas mil denúncias de indivíduos e de organizações não governamentais de direitos humanos, provenientes de mais de cem países, haviam sido recebidas pela Promotoria do Tribunal Penal Internacional. Preliminarmente, as denúncias são analisadas pela Promotoria, a fim de verificar a existência de uma base mínima para o início de investigações, de acordo com o Estatuto de Roma e com o Regulamento de Procedimento e Prova. Contudo, após uma análise inicial, 80% das denúncias foram consideradas fora da jurisdição do Tribunal Penal Internacional, enquanto as demais foram submetidas a uma análise mais aprofundada, compreendendo, por vezes, investigação. Em 2004, após rigorosas análises, a Promotoria decidiu pela instauração de duas investigações na África, a partir de denúncia oferecida pelos próprios Estados: República da Uganda e República Democrática do Congo.

Em junho de 2004 foi anunciado o início de investigações sobre cerca de 5.000 a 8.000 assassinatos ocorridos desde julho de 2002, entre outros diversos crimes, na República Democrática do Congo. Em janeiro de 2007, a Câmara de Questões Preliminares I recebeu a denúncia da Promotoria em face de Thomas Lubanga Dyilo, pela prática de crime de guerra consistente em alistar, recrutar e utilizar crianças menores de 15 anos em conflitos armados em Ituri, de setembro de 2002 a 13 de agosto de 2003[149]. Em 14 de março de 2012, o Trial Chamber I do Tribunal Penal Internacional condenou Thomas Lubanga Dyilo por crimes de guerra[150], tendo sido sentenciado a 14 anos de prisão.

Em agosto de 2006 foi expedido mandado de prisão em face de Bosco Ntanganda, pela prática de crime de guerra, nos termos do art. 25 (3) (a) do Estatuto de Roma, envolvendo alistamento, recrutamento e utilização de crianças menores de 15 anos em conflitos armados[151].

Em 23 de maio de 2014, German Katanga foi condenado a 12 anos de prisão, em virtude de crime contra a humanidade e crimes de guerra (assassinato e ataque contra população civil) cometidos em 24 de fevereiro de 2003. Bosco Ntanganda, Thomas Lubanga Dyilo e German Katange encontram-se sob custódia no Tribunal Penal Internacional.

Em julho de 2004 foi anunciado o início de investigações na região norte da República de Uganda, onde ataques sistemáticos e generalizados foram perpetrados contra a população civil desde julho de 2002, incluindo sequestros de meninos e meninas. Em outubro de 2005, o Tribunal Penal Internacional ordenou o seu primeiro mandado de prisão, em face de Joseph Kony, líder da resistência armada (LRA — Lord's Resistance Army), em Uganda[152].

---

149. Ver caso Promotoria *vs*. Thomas Lubanga Dyilo (ICC 01/04-01/06). A respeito, consultar sentença ICC-01/04-01/06-803-tEN. Disponível em: http://www.icc-cpi.int/iccdocs/doc/doc266175.PDF.

150. Judgment pursuant to Article 74 of the Statute (ICC-01/04-01/06-2842), Trial Chamber I, Judgment: 14-3-2012. Disponível em: http://www.icc-cpi.int/iccdocs/doc/doc1379838.pdf (acesso em 22-6-2012); Annex A (ICC-01/04-01/06-2842-AnxA) — Procedural Background; procedural steps before the Trial; Summary of the "Judgment pursuant to Article 74 of the Statute" (ICC-01/04-01/06-2843), Trial Chamber I, Judgment: 14-3-2012. Disponível em: http://www.icc-cpi.int/iccdocs/doc/doc1379843.pdf.

151. Ver caso Promotoria *vs*. Bosco Ntanganda (ICC 01/04-02/06). Sobre o mandado de prisão, consultar http://www2.icc-cpi.int/iccdocs/doc/doc305330.PDF.

152. Ver caso ICC 02/04-01/05. Nos últimos 19 anos, o LRA tem sido acusado de assassinatos, execuções e utilização forçada de mais de 20.000 crianças como crianças-soldados ou escravas sexuais (The International Criminal Court: Catching a Ugandan Monster, *The Economist*, October 22, 2005, p. 66-67).

Em janeiro de 2005, a Promotoria recebeu denúncia oferecida pela República Centro Africana, a respeito de crimes de guerra e crimes contra a humanidade cometidos desde 1º de julho de 2002, sendo o caso submetido à investigação e à análise. Em maio de 2008, foi expedido mandado de prisão em face de Jean-Pierre Bemba Gombo, sob a acusação de crimes de guerra e crimes contra a humanidade[153]. Em 3 de julho de 2008, Gombo foi transferido para o Centro de Detenção do Tribunal Penal Internacional (Haia), tendo iniciado seu julgamento em 22 de novembro de 2010.

Observe-se que nesses três casos — República Democrática do Congo; República de Uganda; e República Centro Africana — as denúncias foram oferecidas pelos próprios Estados, que acionaram o Tribunal Penal Internacional para obter uma posição de maior neutralidade política, à luz da gravidade e complexidade dos conflitos. Foram firmados acordos de cooperação, bem como realizadas negociações entre governos e organizações regionais, com vistas a facilitar o trabalho a ser desenvolvido pela Corte[154].

Além desses três casos relativos a denúncias apresentadas pelos próprios Estados, destaque-se o caso envolvendo o Sudão (crimes contra a humanidade e crimes de guerra em Darfur), submetido à Promotoria pelo Conselho de Segurança da ONU, em março de 2005, nos termos da Resolução n. 1.593[155]. Em 15 de julho de 2008, a Promotoria do Tribunal Penal Internacional solicitou ordem de prisão contra o presidente do Sudão, Omar al-Bashir, acusado pela prática de crime de genocídio, crimes contra a humanidade e crimes de guerra cometidos na região de Darfur. Segundo a ONU, o conflito em Darfur já deixou mais de 300 mil mortos e 2,5 milhões de refugiados.

---

153. Consultar caso Promotoria *vs.* Jean-Pierre Bemba Gombo (ICC 01/05-01/08), Case Information Sheet em: http://www2.icc-cpi.int/NR/rdonlyres/BB799007-74C-2-4212-9EA6-0FC9AD178492/279535/BembaCISEn.pdf.

154. Boletim da Corte Penal Internacional, outubro de 2004, p. 5. *Update on Investigations*, Office of the Prosecutor, ICC Newsletter #2, October 2004, p. 5. Disponível em: http://www.icc-cpi.int/library/about/newsletter/2/pdf/ICC_NEWSLETTER2-EN.pdf.

155. A Resolução n. 1.593 (2005), adotada pelo Conselho de Segurança da ONU, em 31 de março de 2005, pode ser lida no site: www.icc-cpi.int/library/cases/N0529273.darfurreferral.eng.pdf. Note-se que a resolução do Conselho de Segurança contou com onze votos favoráveis, nenhum contra e quatro abstenções. A respeito, ver Corte Mundial julgará acusados do Sudão, *Folha de S. Paulo*, p. A29, 2 de abril de 2005, e ainda Brasil se abstém de resolução antigenocídio, *Folha de S.Paulo*, p. A6, 2 de abril de 2005. Sobre a dramática situação de Darfur, ver Darfur's despair, *The Economist*, October 15, 2005, p. 69-71.

Em março de 2009, o Tribunal Penal Internacional expediu mandado de prisão em face de Omar al-Bashir — o primeiro mandado expedido pelo Tribunal contra um presidente em exercício[156].

Em 26 de novembro de 2009, a Promotoria apresentou requerimento à Câmara de Questões Preliminares II para autorizar a abertura de uma investigação *a proprio motu* em relação à violência e supostos crimes internacionais ocorridos pós-eleição de 2007-2008, no Quênia[157].

Em 31 de março de 2010, a Câmara de Questões Preliminares decidiu autorizar, por maioria de votos, as investigações sobre supostos crimes contra a humanidade ocorridos no período de 1º de junho de 2005 a 26 de novembro de 2009 no Quênia, em conformidade com o art. 15 do Estatuto de Roma[158]. Em 23 de janeiro de 2012, a Pre-Trial Chamber II confirmou as acusações em face de William Samoei Ruto (ex-Ministro da Educação, Ciência e Tecnologia da República do Quênia) e de Joshua Arap Sang concernentes a crimes contra a humanidade envolvendo assassinatos, deportação, transferência forçada da população e perseguição. Em maio de 2012, a Câmara de Apelação confirmou a decisão de levar a julgamento William Samoei Ruto e Joshua Arap perante a Trial Chamber V[159].

Em 23 de janeiro de 2012, a Pre-Trial Chamber II confirmou ainda as acusações em face de Francis Kirimi Muthaura (ex-chefe do Serviço Público da República do Quênia) e Uhuru Muigai Kenyatta (ex-Ministro das Finanças da República do Quênia) concernentes a crimes contra a humani-

---

156. Consultar Case Information Sheet em: http://www.icc-cpi.int/NR/rdonlyres/08B26814-F2B1-4195-8076-4D4026099EC/279975/CISAlBashirEn.pdf; ver também Summary of the "Decision on the Prosecution's Application for a Warrant of Arrest against Omar Hassan Ahmad Al Bashir" — disponível em: http://www.icc-cpi.int/NR/rdonlyres/2B-760995-E48C-426D-AD0B-4A800179924C/279972/Summary_ENG.pdf.

157. O requerimento para autorização de investigação, de acordo com o art. 15 do Estatuto de Roma, está disponível em: http://www.icccpi.int/iccdocs/doc/doc785972.pdf (acesso em 3-4-2010. Os anexos estão disponíveis em: http://www.icccpi.int/NR/exeres/90D5D0C1-0DEA-4428-BDB5-9CBCC7C9D590.htm).

158. Destaca-se que a decisão foi por maioria de votos, apresentando o juiz Hans-Peter Kaul voto dissidente. A decisão e o voto dissidente estão disponíveis em: http://www.icc-cpi.int/iccdocs/doc/doc854287.pdf.

159. Consultar Decision on the Confirmation of Charges Pursuant to Article 61(7)(a) and (b) of the Rome Statute (ICC-01/09-01/11-373) Pre-Trial Chamber II, Decision: 23-1-2012 — Case The Prosecutor v. William Samoei Ruto, Henry Kiprono Kosgey and Joshua Arap Sang (ICC-01/09-01/11), Situation in the Republic of Kenya. Disponível em: http://www.icc-cpi.int/iccdocs/doc/doc1314535.pdf.

dade, envolvendo assassinatos, deportações, transferência forçada, estupros, perseguições e outros atos desumanos. Em 24 de maio de 2012, a Câmara de Apelações rejeitou a apelação dos acusados e confirmou a sentença proferida em janeiro de 2012, estando o caso pendente de julgamento perante a Trial Chamber V[160].

Em 26 de fevereiro de 2011, o Conselho de Segurança, por unanimidade, decidiu submeter a situação da Líbia à Promotoria do Tribunal Penal Internacional[161]. Em 3 de março de 2011, a Promotoria anunciou sua decisão de instaurar uma investigação com relação à situação da Líbia[162]. Em 27 de junho de 2011, a Pre-Trial Chamber I expediu mandados de prisão em face de Muammar Mohammed Abu Minyar Gaddafi (então Presidente da Líbia), Saif Al-Islam Gaddafi (atuava como Primeiro Ministro de fato na Líbia) e Abdullah Al-Senussi (coronel nas Forças Armadas da Líbia e Chefe do Serviço Militar de Inteligência na Líbia) por crimes contra a humanidade envolvendo assassinatos e perseguição na Líbia, no período de 15 a 28 de fevereiro de 2011, com a utilização do aparato estatal e forças de segurança. Em 22 de novembro de 2011, a Pre-Trial Chamber I formalmente arquivou o caso contra Muammar Gaddafi devido à sua morte, estando os outros dois casos pendentes de julgamento[163].

Em 20 de maio de 2011, a Promotoria do Tribunal Penal Internacional concluiu que há uma base sólida para a abertura de processo de investigação relativamente à ocorrência de graves crimes internacionais na Costa do Marfim desde 28 de novembro de 2010[164]. Em 23 de novembro de 2011, a Pre-Trial

---

160. Consultar Decision on the Confirmation of Charges Pursuant to Article 61(7)(a) and (b) of the Rome Statute (ICC-01/09-02/11-382-Red), Pre-Trial Chamber II Decision: 23-1-2012 — Case The Prosecutor v. Francis Kirimi Muthaura, Uhuru Muigai Kenyatta and Mohammed Hussein Ali (ICC-01-09-02-11), Situation in the Republic of Kenya. Disponível em: http://www.icc-cpi.int/iccdocs/doc/doc1314543.pdf.

161. Ver Resolução n. 1970 (2011), adotada pelo Conselho de Segurança da ONU, sessão n. 6491, 26 de fevereiro de 2011.

162. Ver Statement of Luis Moreno-Ocampo, Prosecutor of the International Criminal Court, to the United Nations Security Council on the situation in the Libyan Arab Jamahiriya, pursuant to UNSCR 1970 (2011). Disponível em: http://www.icc-cpi.int/NR/rdonlyres/0B-DF4953-B5AB-42E0-AB21-5238F2C2323/0/OTPStatement04052011.pdf.

163. http://www.icc-cpi.int/Menus/ICC/Situations+and+Cases/Situations/ICC0111/Related+Cases/ICC01110111/ICC01110111.htm.

164. Decision Assigning the Situation in the Republic of Côte d'Ivoire to Pre-Trial Chamber II Public Court Records — Presidency — Decision: 20-5-2011. Disponível em: http://www.icc-cpi.int/iccdocs/doc/doc1073873.pdf.

Chamber III ordenou a prisão de Laurent Gbagbo (ex-presidente da Costa do Marfim) por crimes contra a humanidade envolvendo assassinatos, estupros e outras violências sexuais, perseguições e outros atos desumanos perpetrados no contexto de violência pós-eleitoral entre 16 de dezembro de 2010 e 12 de abril de 2011. Laurent Gbagbo foi transferido para o Centro de Detenção do Tribunal Penal Internacional em 30 de novembro de 2011[165].

Em 16 de janeiro de 2013, a Promotoria decidiu autorizar uma investigação a respeito de crimes de guerra em Mali[166], em virtude de crimes cometidos desde janeiro de 2012.

Em 24 de setembro de 2014, a Promotoria anunciou a instauração de uma segunda investigação na República Centro-Africana concernente a crimes praticados desde agosto de 2012.

Em 27 de janeiro de 2016, a Promotoria foi autorizada a iniciar um procedimento de investigação a *proprio motu*, com foco em supostos crimes contra a humanidade e crimes de guerra cometidos no contexto de conflito armado internacional entre 1º de julho e 10 de outubro de 2008, na região de Ossétia do Sul, na Geórgia[167].

Note-se que investigações preliminares estão sendo conduzidas pela Promotoria em face de denúncias de crimes perpetrados na Bolívia, Colômbia, Guiné, Nigéria, Palestina, Filipinas, Ucrânia e Venezuela (relativamente a fatos ocorridos a partir de abril de 2017).

Desse modo, até 2024 um total de dezessete situações haviam sido submetidas ao Tribunal Penal Internacional (envolvendo 32 casos): a) situação em Uganda (2 casos); b) situação na República Democrática do Congo (6 casos); c) situação na República Centro-Africana (3 casos); d) situação em Darfur, Sudão (6 casos); e) situação na República do Quênia (5 casos); f) situação na Líbia (3 casos); g) situação na Costa do Marfim (2 casos); h) situação em Mali (2 casos); i) situação na República Centro-Africana II (2 casos); j) situação na Geórgia; k) situação no Burundi (1 caso); l) situação em Bangladesh/Mianmar; m) situação no Afeganistão; n) situação no Estado da Palestina (incluindo Gaza e West Bank); o) situação nas Filipinas; p) situação na Ucrânia; e q) situação na Venezuela.

---

165. Consultar: http://www.icc-cpi.int/menus/icc/situations%20and%20cases/situations/icc0211/related%20cases/icc02110111.

166. ICC Prosecutor opens investigation into war crimes in Mali, 16-1-2013. Disponível em: http://www.icc-cpi.int.

167. Mais informações em: https://www.icc-cpi.int/georgia.

Estes casos refletem o anseio por justiça internacional em reação aos mais graves crimes que violam a humanidade; o desafio do combate à impunidade, sobretudo de chefes de Estado; o movimento de internacionalização dos direitos humanos, que se tornam, cada vez mais, tema de legítimo interesse da comunidade internacional; e a redefinição da noção clássica de soberania absoluta do Estado, já que as graves violações a direitos humanos perpetradas no âmbito interno de um Estado passam a demandar uma resposta internacional. É neste contexto que se fortalece a busca por afirmação de uma justiça internacional.

Na ordem contemporânea, inadmissível é o silêncio e a indiferença da comunidade internacional, especialmente em face de atrozes violações a direitos humanos. Do princípio da não intervenção no âmbito internacional (reflexo mesmo da noção clássica de soberania absoluta do Estado), transitou-se ao "direito de ingerência" e mais recentemente à chamada *responsibility to protect* (responsabilidade internacional de proteção). Da proibição de ingerência passou-se, assim, ao direito de ingerência, para culminar em um quase "dever" de intervenção internacional, em casos de graves e sistemáticas violações a direitos.

É neste cenário que o Tribunal Penal Internacional simboliza um avanço civilizatório extraordinário, ao celebrar a esperança por justiça e pelo combate à impunidade dos mais graves crimes, permitindo que a força do direito possa prevalecer em detrimento do direito da força.

o) **Mecanismos globais não convencionais de proteção dos direitos humanos**[168]

A proteção internacional dos direitos humanos não se restringe, contudo, aos mecanismos convencionais explicitados neste capítulo. Ela abrange, ainda, mecanismos tidos como não convencionais, isto é, decorrentes de resoluções elaboradas por órgãos criados pela Carta das Nações Unidas, como a Assembleia Geral, o Conselho Econômico e Social e a Comissão de Direitos Humanos, entre outros. Tratar-se-á aqui especificamente da Comissão de Direitos Humanos, que ocupava posição central no sistema

---

168. Item desenvolvido em coautoria com Daniela Ikawa, Professora Adjunta de Direito (Columbia University, EUA). Mestre em Direito pela Columbia University e Doutora em Direito pela USP. Foi coordenadora de programas da Conectas Direitos Humanos e assistente voluntária na disciplina de Direitos Humanos do Programa de Pós-Graduação da PUC-SP.

não convencional de proteção[169]. Como já abordado no capítulo anterior, especialmente no tópico dedicado à Carta da ONU, após mais de 50 anos de trabalho, em 24 de março de 2006, a Comissão de Direitos Humanos teve sua última sessão, sendo abolida em 16 de junho de 2006 e substituída pelo Conselho de Direitos Humanos. Dentre outras atribuições, cabe ao Conselho de Direitos Humanos assumir, revisar e, quando necessário, aprimorar e racionalizar os mandatos, os mecanismos, as funções e responsabilidades da antiga Comissão de Direitos Humanos, a fim de manter um sistema de procedimentos especiais, relatorias especializadas e procedimentos de denúncias. Em sua 1ª sessão, realizada no período de 19 a 30 de junho de 2006, o Conselho de Direitos Humanos decidiu estender excepcionalmente por um ano, sujeito a revisão, os mandatos e os procedimentos especiais criados pela Comissão de Direitos Humanos. Além disso, decidiu estabelecer um grupo de trabalho intergovernamental sem prazo determinado para formular recomendações concretas sobre a revisão e, onde necessário, a melhoria e a racionalização de todos os mandatos, mecanismos, funções e responsabilidades da antiga Comissão de Direitos Humanos, no sentido de manter um sistema de procedimentos especiais e mecanismos de denúncias. Este tópico será, assim, concentrado nos mecanismos não convencionais adotados pela então Comissão de Direitos Humanos, que serão objeto de revisão, aprimoramento e fortalecimento pelo novo Conselho.

Antes de iniciar o estudo sobre a Comissão, no entanto, insta ressaltar as distinções entre os mecanismos convencionais e os não convencionais de proteção aos direitos humanos, visando a elucidar, de forma breve, as vantagens e desvantagens de cada um dos sistemas. Discorrem Steiner e Alston que os "órgãos baseados em convenções se distinguem por: uma clientela limitada aos Estados-partes da Convenção em questão; temas decorrentes dos termos da Convenção; uma preocupação particular com o desenvolvimento de um entendimento normativo dos direitos relevantes; um número limitado de opções quanto aos procedimentos para lidar com as violações; um processo decisório baseado o quanto possível no consenso; e usualmente um relacionamento não conflitivo com os Estados-partes (especificamente com respeito aos relatórios apresentados pelos

---

169. A respeito da antiga Comissão de Direitos Humanos, ressaltam Steiner e Alston que, "embora a Comissão ocupe uma posição hierarquicamente inferior à Assembleia Geral e ao Conselho Econômico e Social, na área de direitos humanos ela é, em verdade, mais significante em muitos aspectos do que aqueles outros órgãos" (Henry J. Steiner e Philip Alston, *International human rights in context*, p. 600).

Estados), pautado em um conceito de 'diálogo construtivo'. Em contraste, os órgãos políticos [como a Comissão de Direitos Humanos] geralmente: focalizam-se em uma gama diversificada de temas; insistem que todos os Estados sejam clientes (ou requeridos) em potencial, a despeito de suas obrigações convencionais específicas; trabalham com base em um mandato passível de constante ampliação, que deveria ser apto a responder às crises na medida em que fossem surgindo; engajam-se, em último caso, em ações conflitivas no tocante aos Estados; pautam-se mais fortemente em informações trazidas por ONG's e na opinião pública para assegurar a efetividade de seu trabalho; tomam decisões pelo fortemente contestado voto da maioria; concedem relativamente pouca atenção a questões normativas; e são consideravelmente reticentes em estabelecer estruturas procedimentais específicas, preferindo uma aproximação *ad hoc* na maioria das situações"[170].

Nessa linha, a escolha de mecanismos não convencionais, ilustrativamente, poder-se-ia pautar na inexistência de Convenções específicas sobre o direito violado, na ausência de ratificação pelo Estado-violador de uma Convenção determinada ou na existência de forte opinião pública favorável à adoção de medidas de combate à violação. Já a escolha de mecanismos convencionais poder-se-ia basear na efetiva ratificação de uma Convenção específica pelo Estado-violador, na ausência de vontade política dos membros da Comissão em adotar medidas contra as violações cometidas por determinado Estado, na intenção de construir precedentes normativos ou na inexistência de opinião pública suficientemente forte para legitimar um procedimento de elevada natureza política, como são os procedimentos adotados pela então Comissão de Direitos Humanos.

Feita essa breve introdução quanto às diferenças entre os mecanismos não convencionais e suas consequências, cabe iniciar o estudo sobre os mecanismos não convencionais ou, mais especificamente, sobre a então Comissão de Direitos Humanos das Nações Unidas.

No que toca à sua composição, a Comissão contou de 1947 a 2003 com os seguintes membros: 46 Estados africanos, 26 Estados da Ásia, 18 da América Latina, 11 da Europa Central e do Leste Europeu, 21 da Europa Ocidental e outros (como o Canadá, a Nova Zelândia e a Austrália). A Comissão era integrada por 53 membros, que, na qualidade de representantes governamentais, eram eleitos para mandato de três anos pelo Conselho

---

170. Henry J. Steiner e Philip Alston, *International human rights in context*, p. 601-602.

Econômico e Social. O Brasil obteve mandatos sucessivos de 1978 a 1998, tendo sido novamente eleito em 2000[171].

A Comissão foi criada em 1946 com a competência genérica para atuar em quaisquer questões afetas a direitos humanos. Nos primeiros 20 anos de sua existência, concentrou-se na fixação de parâmetros mínimos para a proteção desses direitos, elaborando projetos para várias das Convenções internacionais estudadas neste capítulo.

Em 1967, a Comissão assumiu uma segunda função, que consiste na apreciação de casos específicos de violações a direitos humanos[172]. Na consideração desses casos, a Comissão seguia basicamente dois procedimentos: o procedimento 1235 e o procedimento 1503, alterado pela Resolução n. 2000/3, adotada pelo Conselho Econômico e Social em 16 de junho de 2000. Serão, assim, analisados ambos os procedimentos, que podem resultar, dentre outras medidas, na indicação de relatores especiais com mandatos para países determinados. Posteriormente, será estudada a indicação, pela Comissão, de relatores temáticos.

O procedimento 1235, criado pela Resolução n. 1235 do Conselho Econômico e Social em 6 de junho de 1967, simplesmente autorizou a Comissão de Direitos Humanos e a Subcomissão sobre a Prevenção contra a Discriminação e a Proteção de Minorias, denominada Subcomissão para a Promoção e para a Proteção de Direitos Humanos[173], a examinarem informações referentes a violações sistemáticas a direitos humanos. Essa autorização servia de base tanto para a realização de um debate público anual (em que organizações não governamentais e governos tinham a oportuni-

---

171. Disponível em: www.unhchr.ch/html/menu2/2/chrmem.htm#top (acesso em 18-7-2001).

172. Segundo Steiner e Alston, o "papel da Comissão em responder a violações teve início apenas em 1967, quando ela efetivamente reverteu uma forte crítica, que a acusava de 'não ter poder para tomar qualquer ação em relação a denúncias referentes a direitos humanos'" (Henry J. Steiner e Philip Alston, *International human rights in context*, p. 611).

173. A Subcomissão para a Promoção e para a Proteção de Direitos Humanos foi criada na primeira sessão da Comissão de Direitos Humanos da ONU em 1947, consistindo no órgão subsidiário mais importante da Comissão. Suas funções compreendiam a realização de estudos e a apresentação de recomendações à Comissão no tocante à prevenção contra discriminações de qualquer natureza, assim como o exercício de quaisquer funções que lhe fossem confiadas pelo Conselho Econômico e Social ou pela Comissão de Direitos Humanos. A Subcomissão era integrada por 26 especialistas independentes, eleitos pela Comissão de Direitos Humanos. Alto Comissariado de Direitos Humanos. *Sub-Commission on the Promotion and Protection of Human Rights*. www.unhchr.ch/html/menu2/2/sc.htm.

dade de indicar as "situações" que entendiam ser relevantes para a análise da Comissão e Subcomissão), quanto para a investigação e a análise de casos específicos pela Comissão e pela Subcomissão. A análise de casos específicos podia ensejar, segundo Steiner e Alston, as seguintes medidas: a indicação de serviços de aconselhamento para o Estado; a adoção de uma resolução, determinando que o Estado apresentasse informações; mero requerimento ao Estado para que respondesse às alegações; a adoção de uma resolução determinando que o Estado adotasse as medidas cabíveis; a indicação de um relator especial ou de um grupo para examinar a situação; ou mesmo um requerimento ao Conselho de Segurança para que estudasse o caso e adotasse eventuais sanções[174].

No que concerne ao procedimento 1503, foi criado pela Resolução n. 1503 do Conselho Econômico e Social em 27 de maio de 1970, com o intuito de examinar comunicações relacionadas com violações sistemáticas a direitos humanos. Essa resolução autorizou a Subcomissão para a Promoção e para a Proteção de Direitos Humanos a indicar um grupo de trabalho, composto por no máximo cinco membros, que seria responsável por considerar todas as comunicações encaminhadas por indivíduos, grupos de indivíduos ou organizações não governamentais. Com a adoção da Resolução n. 2000/3, contudo, determinou-se que seria estabelecido um Grupo de Trabalho sobre Comunicações encarregado de selecionar, segundo critérios de admissibilidade estabelecidos pela Resolução n. 1, adotada em 1971 pela Subcomissão, as comunicações que seriam encaminhadas para o Grupo de Trabalho sobre Situações. Era este último grupo o responsável pela análise dos casos, pela elaboração de recomendações e pela decisão de submeter ou não os casos à Comissão de Direitos Humanos.

Os requisitos de admissibilidade dispostos na Resolução n. 1, adotada pela Subcomissão em 1971, eram, em linhas gerais, os seguintes: o objeto da comunicação não podia ser inconsistente com os princípios da Carta das Nações Unidas; devia haver fundamentos razoáveis para acreditar que a

---

174. Henry J. Steiner e Philip Alston, *International human rights in context*, p. 621. O processo decisório da Comissão no sentido de adotar medidas em relação a violações era frequentemente acusado de ser seletivo. A título de exemplo, cite-se o caso da China, país que conseguia bloquear propostas de adoçao de uma resolução pela Comissão em relação às violações de direitos humanos ocorridas em seu território, alegando que aqueles que fossem favoráveis a tal adoção seriam desconsiderados em questões envolvendo oportunidades comerciais ou diplomáticas com a China. Nesse sentido, ver Henry J. Steiner e Philip Alston, *International human rights in context*, p. 634-640.

comunicação revelava um padrão consistente de violações sistemáticas a direitos humanos; a comunicação devia ser endereçada por indivíduos ou organizações não governamentais que tinham tido conhecimento direto e confiável acerca da violação; a comunicação não devia ser anônima; devia descrever os fatos, indicar os objetivos da petição e os direitos que foram violados; não devia usar linguagem abusiva; não devia ter motivações manifestamente políticas; não devia pautar-se exclusivamente em artigos da mídia; não devia prejudicar as funções de agências especializadas das Nações Unidas; e os remédios existentes no âmbito nacional deviam ter sido exauridos ou deviam ter-se mostrado ineficientes[175]. Quanto ao prazo, exigia-se apenas que a comunicação fosse submetida dentro de um período razoável[176].

Preenchidos esses requisitos e encaminhado o relatório pelo Grupo de Trabalho sobre Situações à Comissão, podia esta, de acordo com a Resolução n. 2000/3, adotar uma das medidas seguintes: cancelar o estudo sobre a situação[177] determinada; manter a situação sob análise, requerendo ao Estado envolvido maiores informações; apontar um especialista independente; ou cancelar o estudo da situação sob a Resolução n. 1503 e iniciar um procedimento público sob a Resolução n. 1235.

Fundamentalmente, três críticas eram apresentadas ao Procedimento n. 1503. A primeira se atinha ao caráter confidencial do procedimento[178], excepcionado apenas em um momento: na divulgação, pela Comissão, dos nomes dos Estados que estavam sendo por ela examinados e dos nomes dos Estados cuja situação deixou de ser analisada[179]. A segunda

---

175. As comunicações devem ser enviadas para a Sub-Commission on Prevention of Discrimination and Protection of Minorities c/o Support Services Branch, OHCHR-UNOG, 1211 Geneva 10, Switzerland. Alto Comissariado de Direitos Humanos das Nações Unidas. *Model Questionnaires for Communications.* www.unhchr.ch/html/menu2/8/question.htm.

176. Vale lembrar que existem convenções que estabelecem prazos para a apresentação de comunicações individuais. É o caso, por exemplo, da Convenção Americana de Direitos Humanos que, em seu art. 46, *b*, impõe que a petição deverá ser apresentada no prazo de seis meses, a partir da data em que o presumido prejudicado em seus direitos tenha sido notificado da decisão definitiva.

177. Segundo Steiner e Alston, o procedimento 1503 lida com "situações" e não com casos individuais específicos. Henry J. Steiner e Philip Alston, *International human rights in context*, p. 615.

178. Essa regra de confidencialidade foi reafirmada pela Resolução n. 2000/3, adotada pelo Conselho Econômico e Social em 16 de junho de 2000.

179. Parágrafo 7(c) da Resolução n. 2000/3, adotada pelo Conselho Econômico e Social em 16 de junho de 2000.

crítica se atinha ao fato de que a Comissão se restringia quase completamente ao exame de violações a direitos civis e políticos, embora a Resolução n. 1503 não excluísse de suas atribuições a análise de violações a direitos sociais e econômicos. Em seu § 1º, essa resolução estipulava que seriam consideradas todas as comunicações que parecessem "revelar um padrão consistente de violações sistemáticas a direitos humanos", atribuindo à Subcomissão e, por conseguinte, à Comissão uma competência genérica. Por fim, a terceira crítica enfatizava que não apenas as violações sistemáticas dos direitos humanos deviam ser respondidas, mas também as violações graves que não fossem sistemáticas[180].

A Comissão recebia, em média, 50.000 reclamações por ano sob o procedimento 1503[181]. Entre 1972 e 2001, 80 Estados haviam sido analisados. A situação de direitos humanos no Brasil foi levada à Comissão por esse procedimento nos anos de 1974 a 1976[182]. Contudo, a Comissão não chegou a nomear, na ocasião, um relator especial com mandato para o Brasil[183].

Tanto o procedimento 1235 quanto o procedimento 1503 podiam envolver a indicação, pela Comissão de Direitos Humanos, de um relator especial com mandato para países específicos[184]. A Comissão, todavia,

---

180. Embora a análise de situações sob o procedimento 1503 fosse confidencial, ressaltam Steiner e Alston que frequentemente alguma informação vazava para a imprensa. Nesse sentido, explicitam o caso da Arábia Saudita: a Comissão decidiu arquivar o procedimento por ter esse Estado se mostrado aparentemente disposto a realizar mudanças tocantes às violações alegadas (Henry J. Steiner e Philip Alston, *International human rights in context*, p. 615-618).

181. Henry J. Steiner e Philip Alston, *International human rights in context*, p. 615.

182. Alto Comissariado de Direitos Humanos das Nações Unidas. *States Examined under the 1503*. www.unhchr.ch/huridocda/huridoca.nsf/(symbol)/1970.1503.En? Open Document [12.7.2001].

183. Foram nomeados relatores especiais com mandato (*country mandates*) para os seguintes países: Afeganistão, Belarus, Burundi, Camboja, Chade, Cuba, República Popular Democrática da Coreia, República Democrática do Congo (ex-Zaire), Haiti, Libéria, Myanmar, Territórios Palestinos ocupados desde 1967, Somália, Sudão e Usbequistão. Alto Comissariado das Nações Unidas. *Special Procedures of the Commission on Human Rights, Country mandates*. www.ohchr.org/english/bodies/chr/special/countries.htm (31.1.2005).

184. Lembram Steiner e Alston que a Comissão não elabora uma distinção clara entre as seguintes expressões: relator especial, relator, enviado, representante especial e especialista independente (Henry J. Steiner e Philip Alston, *International human rights in context*, p. 621).

possuía ainda a atribuição de designar relatores temáticos (*thematic rapporteurs*) ou grupos de trabalho (*working groups*) com a missão de examinar determinadas violações de direitos humanos.

Foram criados mecanismos temáticos sobre: detenção arbitrária[185]; desaparecimentos forçados ou involuntários; execuções sumárias e arbitrárias; tortura; defensores de direitos humanos; independência de juízes e de advogados; venda de crianças e prostituição infantil; crianças em conflitos armados; direito ao desenvolvimento; direito à educação; direito à alimentação; moradia adequada; pobreza extrema; dívida externa e políticas de ajustamento estrutural; elaboração de um Protocolo ao Pacto de Direitos Econômicos, Sociais e Culturais; promoção e proteção da liberdade de opinião e expressão; liberdade de religião; deslocamento interno; uso de mercenários como meio de impedir o exercício do direito de autodeterminação; direitos de migrantes; direitos humanos e liberdades fundamentais de pessoas nativas; formas contemporâneas de discriminação, xenofobia e intolerância; lixo tóxico; violência contra a mulher; população afrodescendente; direito à saúde física e mental; proteção e promoção dos direitos humanos por meio do combate à impunidade; combate ao terrorismo; e tráfico de pessoas, especialmente de crianças e mulheres[186]. Até 2024, havia 46 procedimentos especiais temáticos e 14 procedimentos especiais por país.

Embora a criação de novos mecanismos visasse a facilitar a solução de casos envolvendo violações, procurando evitar principalmente a intransigência política de órgãos eventualmente existentes, observam Steiner e Alston que a proliferação desses mecanismos tem resultado em uma série de problemas tangentes "a recursos financeiros e humanos inadequados, à sobreposição de mandatos, à insuficiência da coordenação e à diluição da pressão sobre os governos"[187]. Ilustrativamente, o primeiro mecanismo temático foi estabelecido em 1980 e versava sobre desaparecimentos forçados. O mecanismo consistiu em uma solução para o caso argentino, tendo em vista a resistência levantada por alguns Estados no tocante à indicação de

---

185. Quanto a violações concernentes à detenção arbitrária, pode-se encontrar um modelo de reclamação no endereço: www.unhchr.ch/html/menu2/7/b/arb_det/ardintro.htm#urgent [19.7.2001].

186. Alto Comissariado das Nações Unidas. *Thematic Mandates*. http://www.ohchr.org/english/bodies/chr/special/themes.htm (acesso em 31.1.2005).

187. Henry J. Steiner e Philip Alston, *International human rights in context*, p. 641-642 e 694.

um relator especial para a Argentina. As razões dessa resistência variavam de interesses comerciais ao medo de ser o próximo Estado da lista[188].

A título ilustrativo, o Brasil já recebeu a visita de relatores temáticos, cabendo destaque à visita: em 1996, da relatora referente à violência contra a mulher[189]; em 2000, do relator referente à tortura[190]; em 2002, do relator referente ao direito à alimentação[191]; em 2003, do relator referente à venda de crianças e à prostituição infantil[192]; em 2003, da relatora referente às execuções sumárias e arbitrárias[193]; em 2004, do relator referente ao direito ao desenvolvimento[194]; em 2004, do relator referente ao direito à moradia[195]; e em 2004, do relator referente à independência de juízes e advogados[196];

---

188. Henry J. Steiner e Philip Alston, *International human rights in context*, p. 641.

189. O relatório apresentado à Comissão de Direitos Humanos pela Relatora Especial sobre a Violência contra a Mulher, documento E/CN.4/1997/47/Add.2, de 21 de janeiro de 1997, pode ser encontrado no seguinte endereço: www.unhchr.ch/Huridocda/Huridoca.nsf/TestFrame/Opendocument.

190. O relatório apresentado à Comissão de Direitos Humanos pelo Relator Especial sobre a Tortura, documento E/CN.4/2001/66/Add.2, de 30 de março de 2001, pode ser encontrado no seguinte endereço: www.unhchr.ch/Huridocda/Huridoca.nsf/TestFrame/Opendocument.

191. A visita do relator foi realizada entre 1º e 18 de março de 2002. O relatório apresentado à Comissão de Direitos Humanos pelo Relator Especial sobre direito à alimentação, Documento E/CN.4/2003/54/Add.1, de 3 de janeiro de 2003, pode ser encontrado no seguinte endereço: www.unhchr.ch/Huridocda/Huridoca.nsf/0/b7a109d9387bc99dc1256cc6004d0c57/$FILE/G0310067.pdf (acesso em 31-1-2004).

192. A visita foi realizada entre 3 e 14 de novembro de 2003. O relatório apresentado à Comissão de Direitos Humanos, documento E/CN.4/2004/9/Add.2, de 3 de fevereiro de 2004, encontra-se disponível em: www.unhchr.ch/pdf/chr60/9add2AV.pdf (acesso em 31-1-2005).

193. A visita foi realizada entre 16 de setembro e 8 de outubro de 2003. O relatório apresentado à Comissão de Direitos Humanos, Documento E/CN.4/2004/7/Add.3, de 28 de janeiro de 2004, encontra-se em www.unhchr.ch/pdf/chr60/7add3AV.pdf (acesso em 31-1-2005).

194. Ver relatório do grupo de trabalho apresentado à Comissão de Direitos Humanos, com estudos sobre direito ao desenvolvimento na Argentina, Chile e Brasil, no Documento E/CN.4/2004/WG.18/3, de 23 de janeiro de 2004, que pode ser encontrado no endereço: www.unhchr.ch/huridocda/huridoca.nsf/2848af408d01ec0ac1256609004e770b/4da116e87f-934d05c1256e360034320c/$FILE/G0410515.pdf (acesso em 31-1-2005).

195. A visita foi realizada em maio e junho de 2004. O relatório (Documento E/CN.4/2005/48/Add.3) foi apresentado na 61ª Sessão da Comissão de Direitos Humanos, em 14 de março a 22 de abril de 2005.

196. A visita foi realizada em 2004. O relatório (Documento E/CN.4/2005/60/Add.3) foi apresentado na 61ª Sessão da Comissão de Direitos Humanos, de 14 de março a 22 de abril de 2005.

em 2005, do relator especial sobre formas contemporâneas de racismo, discriminação racial, xenofobia e outras formas de intolerância[197]; em 2005, do representante especial da Secretaria-Geral referente à situação dos defensores de direitos humanos[198]; em 2007, do relator especial sobre execuções extrajudiciais, sumárias ou arbitrárias[199]; em 2008, do relator especial sobre a situação dos direitos humanos e liberdades fundamentais de povos indígenas[200]; em 2009, do relator especial para direito à alimentação[201]; em 2010, da relatora especial sobre formas contemporâneas de escravidão, inclusive suas causas e consequências e da especialista independente em matéria de direitos culturais[202]; em 2015, do relator especial para tortura e

---

197. A visita foi realizada de 17 a 26 de outubro de 2005. O relatório (E/CN.4/2006/16/Add.3) foi apresentado na 62ª Sessão da Comissão de Direitos Humanos, em março de 2006. Ver: http://daccessdds.un.org/doc/UNDOC/GEN/G06/113/21/PDF/G0611321.pdf?OpenElement.

198. A visita foi realizada de 5 a 21 de dezembro de 2005. O relatório (A/HRC/4/37/Add.2) foi apresentado na 4ª Sessão do Conselho de Direitos Humanos, em dezembro de 2006.

199. A visita foi realizada de 4 a 14 de novembro de 2007. O relatório (Documento A/HRC/8/3/Add.4) foi apresentado na 8ª Sessão do Conselho de Direitos Humanos, em maio de 2008. Disponível em: http://daccessdds.un.org/doc/UNDOC/GEN/G08/134/70/PDF/G0813470.pdf?OpenElement. O Relatório completo da visita (A/HRC/11/2/Add.2) foi apresentado na 11ª Sessão do Conselho de Direitos Humanos em março de 2009. [Disponível em: http://daccess-dds-ny.un.org/doc/UNDOC/GEN/G09/126/22/PDF/G0912622.pdf?OpenElement]. O monitoramento do cumprimento das recomendações realizadas foi analisado no documento (A/HRC/14/24/Add.4) apresentado na 14ª Sessão do Conselho de Direitos Humanos, em maio de 2010. [Disponível em: http://daccess-dds-ny.un.org/doc/UNDOC/GEN/G10/137/66/PDF/G1013766.pdf?OpenElement].

200. A visita foi realizada de 18 a 25 de agosto de 2008. O relatório (documento A/HRC/12/34/Add.2) foi apresentado na 12ª Sessão do Conselho de Direitos Humanos, em agosto de 2009. Disponível em: http://daccess-dds-ny.un.org/doc/UNDOC/GEN/G09/151/10/PDF/G0915110.pdf?OpenElement.

201. A visita foi realizada de 12 a 16 de outubro de 2009. O relatório dessa visita (A/HRC/13/33/Add.6) foi apresentado na 13ª Sessão do Conselho de Direitos Humanos, em fevereiro de 2009. Disponível em: http://daccess-dds-ny.un.org/doc/UNDOC/GEN/G10/111/28/PDF/G1011128.pdf?OpenElement.

202. A visita da relatora especial sobre formas contemporâneas de escravidão, inclusive suas causas e consequências foi realizada de 17 a 28 de maio de 2010. O relatório da visita (A/HRC/15/20/Add.4) foi apresentado na 15ª Sessão do Conselho de Direitos Humanos, em agosto de 2010. Disponível em: http://daccess-dds-ny.un.org/doc/UNDOC/GEN/G10/157/04/PDF/G1015704.pdf?OpenElement. A visita da especialista independente em matéria de direitos culturais foi realizada de 8 a 19 de novembro de 2010. O relatório da visita (A/HRC/17/38/Add.1) foi apresentado na 17ª Sessão do Conselho de Direitos Huma-

outros tratamentos ou penas cruéis, desumanas e degradantes[203]; em 2015, da relatora especial para questões de minorias[204]; em 2015, do Grupo de Trabalho sobre direitos humanos e corporações transnacionais e outras empresas[205]; em 2016, da relatora especial sobre direitos dos povos indígenas[206]; em 2019, da relatora especial sobre hanseníase[207]; em 2019, do relator especial sobre as implicações de direitos humanos relacionadas com a gestão e eliminação ambientalmente racional de substâncias e resíduos perigosos[208]; em 2022, do relator especial sobre o direito de associação e de

---

nos, em março de 2011. Disponível em: http://daccess-dds-ny.un.org/doc/UNDOC/GEN/G11/122/18/PDF/G1112218.pdf?OpenElement. A visita da Especialista Independente sobre Solidariedade Internacional foi realizada de 25 a 29 de junho de 2012. O relatório da visita (A/HRC/23/45/Add.1) foi apresentado durante a 23ª Sessão do Conselho de Direitos Humanos, em março de 2013. Disponível em: http://daccess-dds-ny.un.org/doc/UNDOC/GEN/G13/118/26/PDF/G1311826.pdf?OpenElement. O Grupo de Trabalho sobre Detenções Arbitrárias realizou visita de 18 a 27 de março de 2013. O Relatório da visita (A/HRC/27/48/Add.3) foi apresentado durante a 27ª Sessão do Conselho de Direitos Humanos, em junho de 2014. Disponível em: http://www.ohchr.org/EN/HRBodies/HRC/RegularSessions/Session27/Documents/A_HRC_27_48_Add_3_ENG.doc. A visita da Relatora Especial sobre Água e Saneamento foi realizada de 9 a 19 de dezembro de 2013. O Relatório da visita (A/HRC/27/55/Add.1) foi apresentado durante a 27ª Sessão do Conselho de Direitos Humanos, em junho de 2014. Disponível em: http://www.ohchr.org/EN/HRBodies/HRC/RegularSessions/Session27/Documents/A_HRC_27_55_Add_1_ENG.doc. O Grupo de Trabalho de Especialistas sobre Afrodescendentes realizou visita de 4 a 14 de dezembro de 2013. O Relatório da visita (A/HRC/27/68/Add.1) foi apresentado durante a 27ª Sessão do Conselho de Direitos Humanos, em setembro de 2014. Disponível em: http://www.ohchr.org/EN/HRBodies/HRC/RegularSessions/Session27/Documents/A.HRC.27.68.Add.1_AUV.doc (acesso em 3-8-2015).

203. A visita foi realizada de 3 a 14 de agosto de 2015. O relatório da visita (A/HRC/31/57/Add.4) está disponível em: https://documents-dds-ny.un.org/doc/UNDOC/GEN/G16/014/13/PDF/G1601413.pdf?OpenElement (acesso em 1º-7-2016).

204. A visita foi realizada de 14 a 24 de setembro de 2015. O relatório de visita (A/HRC/31/56/Add.1) está disponível em: https://documents-dds-ny.un.org/doc/UNDOC/GEN/G16/021/35/PDF/G1602135.pdf?OpenElement (acesso em 1º-7-2016).

205. A visita foi realizada de 7 a 16 de dezembro de 2015. O relatório da visita (A/HRC/32/45/Add.1) está disponível em: https://documents-dds-ny.un.org/doc/UNDOC/GEN/G16/096/43/PDF/G1609643.pdf?OpenElement (acesso em 1º-7-2016).

206. (A visita foi realizada de 7 a 17 de março de 2016. O relatório da visita (A/HRC/33/42/Add.1) está disponível em: https://documents-dds-ny.un.org/doc/UNDOC/GEN/G16/174/05/PDF/G1617405.pdf?OpenElement (acesso em 1º-7-2016).

207. A visita foi realizada de 7 a 14 de maio de 2019. Consultar: Reported/completed (A/HRC/44/46/Add.2), Report to HRC, 8 May 2020.

208. A visita foi realizada de 2 a 13 de dezembro de 2019.

reunião pacífica; em 2022, da relatora especial sobre violência contra mulheres e meninas; e em 2023, da relatora especial sobre defensores de direitos humanos.

Cabe ressaltar, ainda, que os mecanismos não convencionais envolvem medidas urgentes de proteção de caráter essencialmente preventivo. Embora mais comumente utilizadas nos mecanismos temáticos, especialmente naqueles referentes a execuções arbitrárias ou sumárias, à tortura, a desaparecimentos forçados ou involuntários e à detenção arbitrária, as medidas urgentes são, por vezes, requeridas em procedimentos envolvendo a indicação de relatores especiais para países determinados[209]. No que toca a execuções arbitrárias, o relator especial transmite a apelação aos governos, mesmo nos casos em que não tenham sido exauridos os remédios internos, para que seja efetiva a proteção buscada[210].

O sistema global de proteção a direitos humanos compreende, portanto, mecanismos convencionais e não convencionais, que apresentam características consideravelmente diversas. Essas características podem ser usadas, como já foi ressaltado, na escolha do melhor instrumento internacional para cada caso específico, levando em consideração ser ou não o Estado-violador parte de uma convenção determinada, haver ou não suficiente pressão política para sensibilizar órgãos de proteção essencialmente políticos, existir ou não o interesse em construir precedentes normativos.

O reconhecimento das vantagens decorrentes da possibilidade dessa escolha, contudo, não importa na aceitação das falhas existentes em ambos os sistemas. Insta lembrar que a inexistência de mecanismos de comunicações individuais em certos sistemas de proteção convencionais, como o referente à proteção dos direitos da criança, impede a verdadeira democratização desses sistemas e compromete sua própria efetividade. Além disso, no que toca ao sistema não convencional, a imposição de confidencialidade ao procedimento 1503 obsta a sua transparência e, por conseguinte, a possibilidade de maior pressão pública no sentido da adoção de medidas protetivas eficazes.

---

209. As comunicações urgentes devem ser encaminhadas ao relator especial ou grupo de trabalho específico, c/o OHCHR-UNOG, 1211 Geneva 10, Switzerland, Fax: (41 22) 917 9003; E-mail: webadmin.hchr@unog.ch. A expressão "For Urgent Action" (Para Ação Urgente) deve ser indicada no início da petição.

210. Nesse sentido, ver a informação disponibilizada pelo Alto Comissariado das Nações Unidas. *Special Rapporteur on Extrajudicial, Summary or Arbitrary Executions.* www.unhchr.ch/html/menu2/7/b/execut/exe_meth.htm#ua [19.7.2001].

Ainda que consideradas as limitações vigentes no sistema global de proteção, a possibilidade de submeter o Estado ao monitoramento e controle da comunidade internacional, sob o risco de uma condenação política e moral no fórum da opinião pública internacional, parece uma importante estratégia a ser utilizada e potencializada pelos indivíduos titulares de direitos internacionais. Para Theodor Meron: "As Nações Unidas têm contribuído de forma significativa para a promoção e proteção dos direitos humanos; têm adotado convenções e declarações disciplinando a maior parte dos aspectos da relação entre Governos e governados; têm estabelecido importantes procedimentos para a implementação e supervisão de normas constantes desses instrumentos; têm ainda encorajado o princípio da *international accountability*, relativamente à forma pela qual os Governos tratam indivíduos e grupos"[211].

Reitere-se, por fim, as palavras de Diane F. Orentlicher: "Cada vez mais, o respeito aos direitos humanos tem se tornado um aspecto crucial de legitimidade governamental, tanto no âmbito doméstico como no internacional"[212].

Feito o estudo do sistema global de proteção dos direitos humanos, transita-se à análise do sistema regional de proteção, particularmente do sistema interamericano de proteção dos direitos humanos.

---

211. Cf. Theodor Meron, *Human rights law-making in the United Nations*, p. 5.

212. Diane F. Orentlicher, Addressing gross human rights abuses: punishment and victim compensation, in Louis Henkin e John Lawrence Hargrove (eds.), *Human rights: an agenda for the next century*, n. 26, p. 435.

CAPÍTULO VII

A ESTRUTURA NORMATIVA DO SISTEMA REGIONAL DE PROTEÇÃO DOS DIREITOS HUMANOS — O SISTEMA INTERAMERICANO

a) Introdução

No capítulo anterior, fundamentalmente quando do estudo do sistema geral e especial de proteção dos direitos humanos, verificou-se que os instrumentos internacionais formam um complexo conjunto de regras, que apresentam, por vezes, distintos destinatários. Esse universo de regras assume ainda maior complexidade quando um outro componente se acrescenta. Trata-se do componente geográfico-espacial.

Vale dizer, o sistema internacional de proteção dos direitos humanos pode apresentar diferentes âmbitos de aplicação. Daí falar nos sistemas global e regional de proteção dos direitos humanos.

Todos os instrumentos analisados no capítulo anterior — a *International Bill of Rights*, como as demais Convenções Internacionais — integram o sistema global de proteção, tendo em vista que foram produzidos no âmbito das Nações Unidas, que, por sua vez, representam os Estados participantes da comunidade internacional[1]. Isso significa que o campo de incidência do aparato global de proteção não se limita a determinada região, mas pode alcançar, em tese, qualquer Estado integrante da ordem internacional, a depender do consentimento do Estado no que se atém aos instrumentos internacionais de proteção.

Ao lado do sistema global, surgem os sistemas regionais de proteção, que buscam internacionalizar os direitos humanos no plano regional, particularmente na Europa, América e África.

A respeito da criação do sistema regional de proteção, explica Henry Steiner: "Embora o Capítulo VIII da Carta da ONU faça expressa menção

---

[1]. A ONU possui 193 Estados-membros (www.un.org/spanish/aboutun/unmember.htm).

aos acordos regionais com vistas à paz e segurança internacionais, ele é silente quanto à cooperação no que tange aos direitos humanos. Todavia, o Conselho da Europa, já em 1950, adotava a Convenção Europeia de Direitos Humanos. Em 1969, a Convenção Americana era adotada. (...) Em 1977, as Nações Unidas formalmente endossaram uma nova concepção, encorajando 'os Estados, em áreas em que acordos regionais de direitos humanos ainda não existissem, a considerar a possibilidade de firmar tais acordos, com vista a estabelecer em sua respectiva região um sólido aparato regional para a promoção e proteção dos direitos humanos (Assembleia Geral, resolução 32/127, 1977)'"[2].

Ao apontar as vantagens dos sistemas regionais, Rhona K. M. Smith destaca que, "na medida em que um número menor de Estados está envolvido, o consenso político se torna mais facilitado, seja com relação aos textos convencionais, seja quanto aos mecanismos de monitoramento. Muitas regiões são ainda relativamente homogêneas, com respeito à cultura, à língua e às tradições, o que oferece vantagens"[3]. No mesmo sentido, afirmam Christof Heyns e Frans Viljoen: "Enquanto o sistema global de proteção dos direitos humanos geralmente sofre com a ausência de uma capacidade sancionatória que têm os sistemas nacionais, os sistemas regionais de proteção dos direitos humanos apresentam vantagens comparativamente ao sistema da ONU: podem refletir com maior autenticidade as peculiaridades e os valores históricos de povos de uma determinada região, resultando em uma aceitação mais espontânea e, devido à aproximação geográfica dos Estados envolvidos, os sistemas regionais têm a potencialidade de exercer fortes pressões em face de Estados vizinhos, em casos de violações. (...) Um efetivo sistema regional pode consequentemente complementar o sistema global em diversas formas"[4].

---

2. Henry Steiner, *Regional arrangements: general introduction*, material do curso International Law and Human Rights, Harvard Law School, 1994. Sobre o contexto no qual se delineia o sistema regional, comenta Henry Steiner: "A Carta das Nações Unidas inclui obrigações legais concernentes aos direitos humanos e quase todos os Estados hoje são partes da Carta. A Declaração Universal alcançou reconhecimento universal e seus dois principais Pactos Internacionais, um de direitos civis e políticos e outro de direitos sociais, econômicos e culturais, entraram em vigor. Há outras Convenções que consagram direitos particulares, que receberam grande adesão. (...) Programas semelhantes têm internacionalizado os direitos humanos em uma base regional na Europa e na América Latina" (Henry Steiner, *Regional arrangements*).

3. Rhona K. M. Smith, *Textbook on international human rights*, p. 84.

4. Christof Heyns e Frans Viljoen, An overview of human rights protection in Africa, *South African Journal on Human Rights*, v. 11, part. 3, 1999, p. 423.

Consolida-se, assim, a convivência do sistema global — integrado pelos instrumentos das Nações Unidas, como a Declaração Universal de Direitos Humanos, o Pacto Internacional dos Direitos Civis e Políticos, o Pacto Internacional dos Direitos Econômicos, Sociais e Culturais e as demais Convenções internacionais — com instrumentos do sistema regional de proteção, integrado por sua vez pelo sistema interamericano, europeu e africano de proteção aos direitos humanos.

Ainda no dizer de Henry Steiner, "há, atualmente, três sistemas regionais principais — o europeu, o interamericano e o africano. Adicionalmente, há um incipiente sistema árabe e a proposta de criação de um sistema regional asiático"[5].

Cada um dos sistemas regionais de proteção apresenta um aparato jurídico próprio. O sistema interamericano tem como principal instrumento a Convenção Americana de Direitos Humanos de 1969, que estabelece a Comissão Interamericana de Direitos Humanos e a Corte Interamerica-

---

5. Henry Steiner, *Regional arrangements: general introduction*. Acrescenta Steiner: "Tanto o Conselho Europeu como a Organização dos Estados Americanos têm estabelecido programas de direitos humanos para as respectivas regiões que, em importante aspectos, são mais efetivos que os adotados pelas Nações Unidas. Em 1981, os Estados africanos introduziram um sistema regional de direitos humanos quando a Organização da Unidade Africana adotou a Carta Africana de Direitos Humanos e dos Povos" (*Regional arrangements*). Sobre o incipiente sistema árabe, acrescente-se que, em 1945, foi criada a Liga dos Estados Árabes, e em 1994 os Estados da Liga adotaram a Carta Árabe dos Direitos Humanos, que reflete a islâmica lei da sharia e outras tradições religiosas. Em 15 de março de 2008, a Carta Árabe de Direitos Humanos entrou em vigor. Já no tocante ao sistema asiático, em 1997 uma Carta Asiática dos Direitos Humanos foi concluída, sob a forma de uma declaração feita por expressivas ONGs. A Carta endossa os princípios da universalidade e da indivisibilidade dos direitos humanos, bem como os direitos ao desenvolvimento sustentável, à democracia e à paz, com a crítica à visão autoritária dos "asian values". A Carta ainda apresenta medidas concretas para a proteção dos direitos humanos na região, ressaltando a importância de os Estados asiáticos adotarem instituições regionais para a proteção e promoção dos direitos humanos, bem como elaborarem uma Convenção regional, que reflita as peculiaridades regionais e que seja compatível com os parâmetros protetivos internacionais, contemplando órgãos de monitoramento, como uma Comissão e uma Corte independentes, aos quais as ONGs tenham direto acesso. Ver Rhona K. M. Smith, *Textbook*, p. 87-88. Adicione-se que, em 2009, foi criada a ASEAN (Association of Southeast Asian Nations) Intergovernmental Commission on Human Rights (AICHR). Em 18 de novembro de 2012, foi adotada a ASEAN Human Rights Declaration, prevendo direitos civis e políticos, direitos econômicos, sociais e culturais, bem como o direito ao desenvolvimento e o direito à paz.

na. Já o sistema europeu conta com a Convenção Europeia de Direitos Humanos de 1950, que estabeleceu originariamente a Comissão e a Corte Europeia de Direitos Humanos. Com o Protocolo n. 11, em vigor desde novembro de 1998, houve a fusão da Comissão com a Corte, com vistas à maior justicialização do sistema europeu, mediante uma Corte reformada e permanente[6]. Por fim, o sistema africano apresenta como principal instrumento a Carta Africana dos Direitos Humanos e dos Povos de 1981, que, por sua vez, estabelece a Comissão Africana de Direitos Humanos; posteriormente foi criada a Corte Africana de Direitos Humanos, mediante um Protocolo à Carta, em 1998[7]. Note-se que, dos três sistemas regionais,

---

6. O Protocolo n. 11 objetivou simplificar e diminuir a duração dos processos, reforçando o caráter judicial do sistema e tornando-o obrigatório. A Corte Europeia é composta por tantos juízes quantos forem os Estados-partes, os quais exercerão o mandato a título pessoal, e não como representantes do Estado. Sobre as atividades da Corte Europeia, ver *European Court of Human Rights, Survey of activities* (disponível em http://www.echr.coe.int/Eng/EDocs). Sobre o sistema europeu de proteção dos direitos humanos, ver David Harris, Michael O'Boyle e Chris Warbrick, *Law of the European Convention on Human Rights*; Mark Janis, Richard Kay e Anthony Bradley, *European human rights law: texts and materials*; Clare Ovey e Robin White, *European Convention on Human Rights*; Kevin Boyle, Europe: the Council of Europe, the CSCE, and the European Community, in Hurst Hannum (ed.), *Guide to international human rights practice*; Rosalyn Higgins, The European Convention on Human Rights, in Theodor Meron (ed.), *Human rights in international law: legal and policy issues*; Pieter van Dijk e G. J. H. van Hoof, *Theory and practice of the European Convention on Human Rights*; James E. S. Fawcett, *The application of the European Convention on Human Rights*; Donna Gomien, *Short guide to the European Convention on Human Right*.

7. Note-se que a Comissão Africana de Direitos Humanos e dos Povos, com sede em Gâmbia, recebe denúncias de violações de direitos humanos, que podem ser apresentadas por qualquer um, seja por indivíduo em seu nome, ou em nome da vítima, seja por grupo de indivíduos, por ONG, ou por Estado-parte (ver Information Sheet n. 02, Guidelines of submission of communication, em http://www.achpr.org/english/information_sheets/ACHPR%20inf.%20sheet%20no.2.doc). Sobre a Corte Africana de Direitos Humanos e dos Povos, acessar http://www.africa-union.org/rule_prot/africancourt-humanrights.pdf. A Comissão Africana, os Estados-partes e organizações intergovernamentais africanas podem submeter caso à Corte, nos termos do art. 5º do Protocolo. De acordo com art. 34.3, o Protocolo entrará em vigor no 30º dia após o depósito do 15º instrumento de ratificação por Estado-membro da Organização da União Africana. Em 25 de janeiro de 2004, o Protocolo entrou em vigor. Sobre o sistema africano, escreve J. A. Lindgren Alves: "Além dos sistemas europeu e interamericano, a África conta com um sistema regional incipiente, cuja pedra fundamental foi a adoção, em 26 de junho de 1981, pela Conferência de Chefes de Estado da Organização da Unidade Africana, em Nairóbi, da Carta Africana de Direitos Humanos e dos Povos. A Carta Africana entrou em vigor em 1987, com a ratificação de 26 Estados-membros da OUA" (*Os direitos humanos como tema global*, p. 84). Ver também Malcolm

o europeu é o mais antigo e o mais avançado. Ele estabeleceu mecanismo judicial compulsório para apreciar as comunicações individuais, por meio da jurisdição da Corte Europeia de Direitos Humanos (com o Protocolo n. 11, em vigor desde novembro de 1998), que tem apresentado grande êxito na implementação de suas decisões. O sistema mais incipiente é o africano, já que a África revela ainda uma história recente de regimes opressivos e de graves violações aos direitos humanos[8].

Quanto à convivência dos sistemas global e regional, relatório produzido pela *Commission to Study the Organization of Peace* acentua: "Pode ser afirmado que o sistema global e o sistema regional para a promoção e proteção dos direitos humanos não são necessariamente incompatíveis; pelo contrário, são ambos úteis e complementares. As duas sistemáticas podem ser conciliadas em uma base funcional: o conteúdo normativo de ambos os instrumentos internacionais, tanto global como regional, deve ser similar em princípios e valores, refletindo a Declaração Universal dos Direitos Humanos, que é proclamada como um código comum a ser alcançado por todos os povos e todas as Nações. O instrumento global deve conter um parâmetro normativo mínimo, enquanto que o instrumento regional deve ir além, adicionando novos direitos, aperfeiçoando outros, levando em consideração as diferenças peculiares em uma mesma região ou entre uma região e outra. O que inicialmente parecia ser uma séria dicotomia — o sistema global e o sistema regional de direitos humanos — tem sido solucionado satisfatoriamente em uma base funcional"[9].

Evans e Rachel Murray (eds.), *The African Charter on Human Rights and Peoples Rights: the system in practice — 1986-2000*; Makau wa Mutua, The Banjul Charter and the African Cultural Fingerprint: an evaluation of the language of duties, *Virginia Journal of International Law*, v. 35, p. 339-380, 1995; Cees Flinterman e Evelyn Ankumah, The African Charter on Human Rights and People's Rights, in Hurst Hannum (ed.), *Guide to international human rights practice*; Philip Kunig, *Regional protection of human rights by international law: the emerging African system, documents and three introductory essays*, Baden-Baden, Nomos, 1985; V. Nmehielle, *The African human rights system: its laws, practice and institutions*, The Hague, Martinus Nijhoff, 2001; Nasila S. Rembe, *The system of protection of human rights under the African Charter on Human and Peoples' Rights: problems and prospects*, Lesotho, Institute of Southern African Studies, National University of Lesotho, 1991; Amnesty International, *Organization of African Unity: making human rights a reality for Africans*, New York, 1998.

8. Para uma análise comparativa dos sistemas regionais, ver Flávia Piovesan, *Direitos humanos e justiça internacional: um estudo comparativo dos sistemas regionais europeu, interamericano e africano*, 10. ed., rev., ampl. e atual., São Paulo, Saraiva, 2024.

9. *Regional promotion and protection of human rights: twenty-eighth report of the Commission to Study the Organization of Peace*, 1980, in Henry Steiner, material do curso International Law and Human Rights, Harvard Law School, 1994.

Logo, os sistemas global e regional não são dicotômicos, mas, ao revés, são complementares. Inspirados pelos valores e princípios da Declaração Universal, compõem o universo instrumental de proteção dos direitos humanos, no plano internacional.

Diante desse universo de instrumentos internacionais, cabe ao indivíduo que sofreu violação de direito escolher o aparato mais favorável, tendo em vista que, eventualmente, direitos idênticos são tutelados por dois ou mais instrumentos de alcance global ou regional, ou, ainda, de alcance geral ou especial. Vale dizer, os diversos sistemas de proteção de direitos humanos interagem em benefício dos indivíduos protegidos. A título de exemplo, o direito a não ser submetido à tortura é, concomitantemente, enunciado pelo Pacto Internacional dos Direitos Civis e Políticos (art. 7º), pela Convenção Americana (art. 5º), pela Convenção contra a Tortura e Outros Tratamentos ou Penas Cruéis, Desumanos ou Degradantes e ainda pela Convenção Interamericana para Prevenir e Punir a Tortura. Cabe, assim, ao indivíduo a escolha do instrumental mais favorável à proteção de seu direito, já que, no domínio da proteção dos direitos humanos, a primazia é da norma mais favorável à vítima[10].

O propósito da coexistência de distintos instrumentos jurídicos — garantindo os mesmos direitos — é, pois, ampliar e fortalecer a proteção dos direitos humanos. O que importa é o grau de eficácia da proteção, e, por isso, deve ser aplicada a norma que no caso concreto melhor proteja a vítima. Nesse sentido, leciona Antônio Augusto Cançado Trindade: "O critério da primazia da norma mais favorável às pessoas protegidas, consagrado expressamente em tantos tratados de direitos humanos, contribui em pri-

---

10. Na explicação de Henry Steiner: "Hoje não tem havido grandes conflitos de interpretação entre os regimes regionais e o regime das Nações Unidas. Teoricamente, os conflitos devem ser evitados mediante a aplicação das seguintes regras: 1) os parâmetros da Declaração Universal e de qualquer outro tratado das Nações Unidas acolhido por um país devem ser respeitados; 2) os parâmetros de direitos humanos que integram os princípios gerais de Direito Internacional devem ser também observados; e 3) quando os parâmetros conflitam, o que for mais favorável ao indivíduo deve prevalecer" (Steiner, *Regional promotion*, p. 401). Ainda sobre a matéria, merece destaque o art. 44 do Pacto Internacional dos Direitos Civis e Políticos, que prescreve: "Art. 44 — As disposições relativas à implementação do presente Pacto aplicar-se-ão sem prejuízo dos procedimentos instituídos em matéria de direitos humanos pelos — ou em virtude dos mesmos — instrumentos constitutivos e pelas Convenções da Organização das Nações Unidas e das agências especializadas, e não impedirão que os Estados-partes venham a recorrer a outros procedimentos para a solução das controvérsias, em conformidade com os acordos gerais ou especiais vigentes entre eles".

meiro lugar para reduzir ou minimizar consideravelmente as pretensas possibilidades de 'conflitos' entre instrumentos legais em seus aspectos normativos. Contribui, em segundo lugar, para obter maior coordenação entre tais instrumentos em dimensão tanto vertical (tratados e instrumentos de Direito interno) quanto horizontal (dois ou mais tratados). (...) Contribui, em terceiro lugar, para demonstrar que a tendência e o propósito da coexistência de distintos instrumentos jurídicos — garantindo os mesmos direitos — são no sentido de ampliar e fortalecer a proteção"[11].

Com base nesses elementos introdutórios, buscar-se-á compreender o sistema regional de proteção dos direitos humanos. A análise se limitará ao sistema interamericano de proteção, uma vez que é o sistema que se aplica diretamente ao caso brasileiro. Essa opção metodológica se fundamenta em considerações de cunho meramente pragmático, jamais querendo minimizar a importância dos demais sistemas regionais no cenário de proteção internacional dos direitos humanos[12].

b) Breves considerações sobre a Convenção Americana de Direitos Humanos

O instrumento de maior importância no sistema interamericano é a Convenção Americana de Direitos Humanos, também denominada Pacto de San José da Costa Rica[13]. Foi assinada em San José, Costa Rica, em 1969,

---

11. Antônio Augusto Cançado Trindade, A interação entre o direito internacional e o direito interno na proteção dos direitos humanos, p. 52-53.

12. A jurisprudência produzida, por exemplo, pela Corte Europea de Direitos Humanos tem inegável relevância para o sistema internacional de proteção dos direitos humanos. No dizer de Louis Henkin (anteriormente à adoção do Protocolo n. 11, de 1º de novembro de 1998, que fundiu a Comissão e a Corte Europea): "A efetividade internacional apresentou sucesso no sistema europeu de direitos humanos. Este sistema possui um conjunto de remédios mais complexo e mais exigente, combinando uma ativa Comissão Europeia de Direitos Humanos (que também recebe petições de indivíduos e de organizações não governamentais), um Comitê de Ministros e uma Corte de Direitos Humanos, à qual a Comissão e os Estados podem submeter casos. A Comissão e a Corte têm decidido muitos casos, invocando importantes direitos — casos de tortura e de tratamento desumano, detenção ilegal, violação à liberdade de imprensa, ao direito de privacidade clamado por homossexuais, negação de direitos parentais, de direitos ao casamento, de direitos ao pacífico exercício da propriedade, do direito à educação. Estados considerados culpados pelas violações têm oferecido reparação e outros remédios, alterando suas respectivas legislações e práticas" (Louis Henkin, *The age of rights*, p. 23-24).

13. Note-se que o sistema interamericano consiste em dois regimes: um baseado na Convenção Americana e o outro baseado na Carta da Organização dos Estados Americanos.

entrando em vigor em 1978[14]. Apenas Estados-membros da Organização dos Estados Americanos têm o direito de aderir à Convenção Americana, que, até 2024, contava com 24 Estados-partes. Note-se que 24 Estados ratificaram a Convenção Americana — em 26 de maio de 1998, houve a denúncia formulada por Trinidad & Tobago e, em 10 de setembro de 2012, houve a denúncia formulada pela Venezuela. Em julho de 2019, a Venezuela depositou instrumento de ratificação, assinado por Juan Guaidó.

Substancialmente, a Convenção Americana reconhece e assegura um catálogo de direitos civis e políticos similar ao previsto pelo Pacto Internacional dos Direitos Civis e Políticos. Desse universo de direitos, destacam-se: o direito à personalidade jurídica, o direito à vida, o direito a não ser submetido à escravidão, o direito à liberdade, o direito a um julgamento justo, o direito à compensação em caso de erro judiciário, o direito à privacidade, o direito à liberdade de consciência e religião, o direito à liberdade de pensamento e expressão, o direito à resposta, o direito à liberdade de associação, o direito ao nome, o direito à nacionalidade, o direito à liberdade de movimento e residência, o direito de participar do governo, o direito à igualdade perante a lei e o direito à proteção judicial[15].

O enfoque do presente capítulo se concentrará apenas no regime instaurado pela Convenção Americana de Direitos Humanos.

14. Cf. Thomas Buergenthal: "A Convenção Americana de Direitos Humanos foi adotada em 1969 em uma Conferência intergovernamental celebrada pela Organização dos Estados Americanos (OEA). O encontro ocorreu em San José, Costa Rica, o que explica o porquê da Convenção Americana ser também conhecida como 'Pacto de San José da Costa Rica'. A Convenção Americana entrou em vigor em julho de 1978, quando o 11º instrumento de ratificação foi depositado" (The inter-American system for the protection of human rights, in Theodor Meron (ed.), *Human rights in international law: legal and policy issues*, p. 440). Segundo dados da Organização dos Estados Americanos, em 2024, dos 35 Estados-membros da OEA, 24 são partes da Convenção Americana. De acordo com: http://www.cidh.oas.org/Basicos/Basicos3.htm. Nesse universo, o Estado brasileiro foi um dos que mais tardiamente aderiram à Convenção, em 25 de setembro de 1992.

15. Ao tratar do catálogo de direitos previstos pela Convenção Americana, leciona Thomas Buergenthal: "A Convenção Americana é mais extensa que muitos instrumentos internacionais de direitos humanos. Ela contém 82 artigos e codifica mais que duas dúzias de distintos direitos, incluindo o direito à personalidade jurídica, à vida, ao tratamento humano, à liberdade pessoal, a um julgamento justo, à privacidade, ao nome, à nacionalidade, à participação no Governo, à igual proteção legal e à proteção judicial. A Convenção Americana proíbe a escravidão; proclama a liberdade de consciência, religião, pensamento e expressão, bem como a liberdade de associação, movimento, residência, ao lado da proibição da aplicação das leis *ex post facto*" (The inter-American system, p. 441). Na visão de Hector Gross Espiell: "Os direitos previstos no capítulo II são: o direito à personalidade jurídica, o

A Convenção Americana não enuncia de forma específica qualquer direito social, cultural ou econômico; limita-se a determinar aos Estados que alcancem, progressivamente, a plena realização desses direitos, mediante a adoção de medidas legislativas e outras que se mostrem apropriadas, nos termos do art. 26 da Convenção. Posteriormente, em 1988, a Assembleia Geral da Organização dos Estados Americanos adotou um Protocolo Adicional à Convenção, concernente aos direitos sociais, econômicos e culturais (Protocolo de San Salvador, que entrou em vigor em novembro de 1999, por ocasião do depósito do 11º instrumento de ratificação, nos termos do art. 21 do Protocolo)[16].

Dentre os direitos enunciados no Protocolo de San Salvador, destacam-se: o direito ao trabalho e as justas condições de trabalho; a liberdade sindical; o direito à seguridade social; o direito à saúde; o direito ao meio ambiente; o direito à alimentação; o direito à educação; direitos culturais; proteção à família; direitos das crianças; direitos dos idosos; e direitos das pessoas portadoras de deficiência.

Nos termos do artigo 19 do Protocolo, os Estados-partes comprometem-se a apresentar relatórios periódicos sobre as medidas progressivas que tiverem adotado para assegurar o devido respeito aos direitos consagrados no Protocolo. Um importante avanço merece ser celebrado no âmbito da Organização dos Estados Americanos (OEA): a inédita utilização de indicadores para medir o modo pelo qual os Estados garantem direitos sociais, econômicos e culturais enunciados no Protocolo de San Salvador. Em sessão na OEA, realizada de 24 a 26 de fevereiro de 2015, o Grupo de Trabalho relativo ao Protocolo de San Salvador — o qual esta autora teve a honra de integrar — examinou detidamente o alcance do exercício dos direitos à saúde, à educação e à seguridade social, avaliando com o rigor metodológico do sistema de indicadores como estes direitos estão sendo

---

direito à vida, o direito ao tratamento humano, a proibição da escravidão e servidão, o direito à liberdade pessoal, o direito a um julgamento justo, o princípio da não retroatividade, o direito à compensação, o direito de ter a própria honra e dignidade protegidas, a liberdade de consciência e religião, a liberdade de pensamento e expressão, o direito de resposta, o direito de assembleia, a liberdade de associação, o direito de se casar e de fundar uma família, o direito ao nome, os direitos da criança, o direito à nacionalidade, o direito à propriedade privada, a liberdade de movimento e residência, direitos políticos, igualdade perante a lei e o direito à proteção judicial (arts. 4º a 25). (...) O art. 26 trata dos direitos sociais, econômicos e culturais" (The Organization of American States (OAS), in Karel Vasak (ed.), *The international dimensions of human rights*, v. 1, p. 558-559).

16. Até 2024, o Protocolo de San Salvador contava com 18 Estados-partes (http://www.cidh.org/Basicos/Portugues/f.Protocolo_de_San_Salvador_Ratif..htm).

efetivados na região (quem tem e quem não tem acesso a tais direitos; como se dá tal acesso; qual é a qualidade das políticas sociais prestadas; qual é a dotação orçamentária para tal realização — envolvendo decisões financeiras sobre a alocação de recursos; qual é o grau de recepção jurídica de cada direito, com ênfase na incorporação de parâmetros protetivos internacionais; qual é a efetiva capacidade administrativa, técnica, política e institucional do Estado etc.). O sistema de indicadores de exercício de direitos sociais observa ainda três princípios transversais: igualdade e não discriminação (com destaque aos dados desagregados e aos processos de feminização e etnização da pobreza, que afetam de forma desproporcional as populações afrodescendentes, os povos indígenas e as mulheres na região — note-se que 70% dos pobres no mundo são mulheres); acesso à justiça; e acesso à informação, à participação e ao empoderamento.

Três são os extraordinários avanços decorrentes da aplicação do sistema de indicadores para mensurar o exercício dos direitos sociais: a) permite incorporar a perspectiva de direitos humanos nas políticas públicas; b) fomenta a geração de informações, dados e estatísticas a compor uma base sólida para diagnosticar a situação dos direitos sociais, sob as perspectivas de gênero, étnico-racial, etária e diversidade sexual; e c) contribui para o fortalecimento de políticas públicas, identificando prioridades e estratégias.

Com relação à Convenção Americana de Direitos Humanos, em face do catálogo de direitos nela assegurados, cabe ao Estado-parte a obrigação de respeitar e assegurar o livre e pleno exercício desses direitos e liberdades, sem qualquer discriminação. Cabe ainda ao Estado-parte adotar todas as medidas legislativas e de outra natureza que sejam necessárias para conferir efetividade aos direitos e liberdades enunciados[17]. Como atenta Thomas Buergenthal: "Os Estados-partes na Convenção Americana têm a obrigação não apenas de 'respeitar' esses direitos garantidos na Convenção, mas também de 'assegurar' o seu livre e pleno exercício. Um governo tem, consequentemente, obrigações positivas e negativas relativamente à Convenção Americana. De um lado, há a obrigação de não violar direitos individuais; por exemplo, há o dever de não

---

17. Cf. Hector Gross Espiell: "Os primeiros dois artigos constituem a base da Convenção. O art. 1º institui a obrigação dos Estados-partes de respeitar os direitos e as liberdades reconhecidas pela Convenção e assegurar o livre e pleno exercício desses direitos e liberdades sem qualquer discriminação. (...) À luz do art. 2º, os Estados-partes se comprometem, na hipótese do exercício desses direitos não estar assegurado por previsões legislativas de âmbito doméstico, a adotar tais medidas legislativas ou outras medidas que sejam necessárias para conferir efeitos a esses direitos" (The Organization of American States (OAS), p. 558).

torturar um indivíduo ou de não privá-lo de um julgamento justo. Mas a obrigação do Estado vai além desse dever negativo e pode requerer a adoção de medidas afirmativas necessárias e razoáveis, em determinadas circunstâncias, para assegurar o pleno exercício dos direitos garantidos pela Convenção Americana. Por exemplo, o Governo de um país em que há o desaparecimento de indivíduos em larga escala está a violar o art. 7º (1) da Convenção Americana, ainda que não possa demonstrar que seus agentes sejam responsáveis por tais desaparecimentos, já que o Governo, embora capaz, falhou em adotar medidas razoáveis para proteger os indivíduos contra tal ilegalidade"[18]. Enfatiza o mesmo autor: "Os Estados têm, consequentemente, deveres positivos e negativos, ou seja, eles têm a obrigação de não violar os direitos garantidos pela Convenção e têm o dever de adotar as medidas necessárias e razoáveis para assegurar o pleno exercício destes direitos"[19].

A Convenção Americana estabelece um aparato de monitoramento e implementação dos direitos que enuncia[20]. Esse aparato é integrado pela Comissão Interamericana de Direitos Humanos e pela Corte Interamericana[21].

---

18. Cf. Thomas Buergenthal, The inter-American system for the protection of human rights, 1984, p. 442.

19. Thomas Buergenthal, *International human rights*, p. 145.

20. Como observa Hector Gross Espiell, esse aparato consta da segunda parte da Convenção. Ao apresentar um breve perfil da Convenção, explica esse autor: "A parte I, relativa às obrigações dos Estados e aos direitos protegidos, consiste em um primeiro capítulo que define tais obrigações, um segundo capítulo que elenca direitos civis e políticos protegidos, um terceiro capítulo referente aos direitos econômicos, sociais e culturais, um quarto capítulo que trata da suspensão de garantias, interpretação e aplicação, e um capítulo final que disciplina a relação entre direitos e deveres. Desse modo, um único instrumento consagra tanto direitos civis e políticos como direitos econômicos, sociais e culturais. A parte II trata dos meios de proteção. O capítulo VI elenca os órgãos competentes, o capítulo VII disciplina a Comissão Interamericana de Direitos Humanos, o capítulo VIII regula a Corte Interamericana de Direitos Humanos e o IX capítulo prevê dispositivos comuns aos dois órgãos. A parte III consiste em dois capítulos que estabelecem previsões gerais e transitórias" (The Organization of American States (OAS), p. 557).

21. Para Thomas Buergenthal: "A Convenção estabelece uma Comissão Interamericana de Direitos Humanos e uma Corte Interamericana de Direitos Humanos e confere a elas a competência de tratar dos problemas relacionados à satisfação das obrigações enumeradas pela Convenção por parte dos Estados" (The inter-American system for the protection, p. 146). Sobre o sistema interamericano, consultar Rafael N. Navia, *Introducción al sistema interamericano de protección a los derechos humanos*; Thomas Buergenthal e Robert Norris, *Human rights: the inter-American system;* e ainda Thomas Buergenthal, Robert Norris e Dinah Shelton, *La protección de los derechos humanos en las Americas*.

c) A Comissão Interamericana de Direitos Humanos

A competência da Comissão Interamericana de Direitos Humanos alcança todos os Estados-partes da Convenção Americana, em relação aos direitos humanos nela consagrados. Alcança ainda todos os Estados-membros da Organização dos Estados Americanos, em relação aos direitos consagrados na Declaração Americana de 1948[22].

Quanto a sua composição, a Comissão é integrada por sete membros "de alta autoridade moral e reconhecido saber em matéria de direitos humanos", que podem ser nacionais de qualquer Estado-membro da Organização dos Estados Americanos. Os membros da Comissão são eleitos, a título pessoal, pela Assembleia Geral por um período de quatro anos, podendo ser reeleitos apenas uma vez.

Promover a observância e a proteção dos direitos humanos na América é a principal função da Comissão Interamericana. Para tanto, cabe à Comissão fazer recomendações aos governos dos Estados-partes, prevendo a adoção de medidas adequadas à proteção desses direitos; preparar estudos e relatórios que se mostrem necessários; solicitar aos governos informações relativas às medidas por eles adotadas concernentes à efetiva aplicação da Convenção; e submeter um relatório anual à Assembleia Geral da Organização dos Estados Americanos[23]. No dizer de Héctor Fix-Zamudio: "De

---

22. Como observa Héctor Fix-Zamudio: "O primeiro organismo efetivo de proteção dos direitos humanos é a Comissão Interamericana criada em 1959. Esta Comissão, no entanto, começou a funcionar no ano seguinte, em conformidade com o seu primeiro estatuto, segundo o qual teria por objetivo primordial a simples promoção dos direitos estabelecidos tanto na Carta da OEA, como na Declaração Americana dos Direitos e Deveres do Homem, elaborada em Bogotá, em maio de 1948. Embora com atribuições restritas, a aludida Comissão realizou uma frutífera e notável atividade de proteção dos direitos humanos, incluindo a admissão e investigação de reclamações de indivíduos e de organizações não governamentais, inspeções nos territórios dos Estados-membros e solicitação de informes, com o que logrou um paulatino reconhecimento" (Héctor Fix-Zamudio, *Protección jurídica de los derechos humanos*, p. 164).

23. Sobre os relatórios produzidos pela Comissão Interamericana de Direitos Humanos, leciona Monica Pinto: "Diversamente do que ocorre no âmbito universal, em que o sistema de informes é um método de controle regular, que consiste na obrigação dos Estados-partes em um tratado de direitos humanos de comunicar ao competente órgão de controle o estado de seu direito interno em relação aos compromissos assumidos em decorrência do tratado e a prática que tem se verificado com respeito às situações compreendidas no tratado, no sistema interamericano, os informes são elaborados pela Comissão Interamericana de Direitos Humanos. Além de se constituir em um método para determinar atos, precisar e di-

acordo com as acertadas observações do destacado internacionalista mexicano César Sepúlveda, atualmente presidente da citada Comissão Interamericana, a mesma realiza as seguintes funções: a) conciliadora, entre um Governo e grupos sociais que vejam violados os direitos de seus membros; b) assessora, aconselhando os Governos a adotar medidas adequadas para promover os direitos humanos; c) crítica, ao informar sobre a situação dos direitos humanos em um Estado-membro da OEA, depois de ter ciência dos argumentos e das observações do Governo interessado, quando persistirem estas violações; d) legitimadora, quando um suposto Governo, em decorrência do resultado do informe da Comissão acerca de uma visita ou de um exame, decide reparar as falhas de seus processos internos e sanar as violações; e) promotora, ao efetuar estudos sobre temas de direitos humanos, a fim de promover seu respeito; e f) protetora, quando além das atividades anteriores, intervém em casos urgentes para solicitar ao Governo, contra o qual se tenha apresentado uma queixa, que suspenda sua ação e informe sobre os atos praticados"[24].

---

fundir a objetividade de uma situação, os informes da Comissão servem para modificar a atitude de Governos resistentes à vigência dos direitos humanos, através do debate interno que eles proporcionam ou, a depender do caso, do debate internacional. A CIDH elabora dois tipos de informes: um sobre a situação dos direitos humanos em determinado país e outro que encaminha anualmente à Assembleia da OEA. Os informes sobre a situação dos direitos humanos em um Estado-membro da OEA são decididos pela própria Comissão ante situações que afetem gravemente a vigência dos direitos humanos. (...) Por outro lado, os informes anuais para a Assembleia Geral da OEA atualizam a situação dos direitos humanos em distintos países, apresentam o trabalho da Comissão, elencam as resoluções adotadas com respeito a casos particulares e revelam a opinião da Comissão sobre as áreas nas quais é necessário redobrar esforços e propor novas normas" (Derecho internacional de los derechos humanos: breve visión de los mecanismos de protección en el sistema interamericano, in *Derecho internacional de los derechos humanos*, p. 84-85).

24. Héctor Fix-Zamudio, *Protección jurídica de los derechos humanos*, p. 152. Segundo Monica Pinto, a Comissão Interamericana exerce as seguintes modalidades de controle: "a) o exame de petições, nas quais se alegue a violação de algum direito protegido pela Declaração Americana de Direitos e Deveres do Homem ou pela Convenção Americana sobre Direitos Humanos, encaminhadas por indivíduos ou organizações governamentais ou não governamentais; b) a elaboração de informes sobre a situação dos direitos humanos em qualquer país do sistema interamericano, incluindo a decisão da Comissão acerca de situações que afetem gravemente a vigência desses direitos; c) a realização de investigações 'in loco', em território de Estado-membro, a convite deste ou com o seu consentimento, que tenham por objeto investigar fatos constantes de informes ou petições" (*Derecho internacional de los derechos humanos: breve visión*, p. 83).

A Comissão Interamericana de Direitos Humanos apresenta, assim, uma natureza híbrida, ao combinar uma atuação política com uma atuação jurídica ("quase judicial"), valendo-se de um potente *"tool box"* dotado de diversos mecanismos. Neste sentido, cabe à Comissão Interamericana realizar audiências públicas; fomentar acordos de solução amistosa; adotar informes temáticos (a Comissão tem treze Relatorias temáticas, dedicadas a temas como direitos das mulheres, direitos das crianças e adolescentes, direitos das pessoas com deficiência, direitos das pessoas idosas, direitos das pessoas LGBTI, direitos de povos indígenas, direitos de povos afrodescendentes, direitos de migrantes, direitos de pessoas privadas de liberdade, dentre outros); adotar informes referentes a países (observando que a OEA tem 35 Estados-membros); realizar investigações "in loco"; outorgar medidas cautelares se comprovada a gravidade, a urgência e a irreparabilidade de danos em casos de violações a direitos humanos; e apreciar petições concernentes a denúncias de violações a direitos humanos à luz dos estândares de direitos humanos e do instituto da reparação integral[25].

Com efeito, ao assumir uma feição jurídica ("quase judicial"), atuando no sistema de casos, é da competência da Comissão examinar as comunicações, encaminhadas por indivíduo ou grupos de indivíduos, ou ainda entidade não governamental[26], que contenham denúncia de violação a direito consagrado pela Convenção[27], por Estado que dela seja parte, nos termos dos arts. 44 e 41[28]. O Estado, ao se tornar parte da Convenção,

---

25. No balanço do 60º aniversário da Comissão Interamericana, em 2019, destacavam-se: a realização de mais de 2335 audiências públicas; a celebração de mais de 170 períodos de sessão; a adoção de mais de 81 Informes temáticos; a adoção de mais de 71 Informes de países; e a realização de mais de 98 investigações *"in loco"*.

26. Como esclarece Thomas Buergenthal: "Além disso, diversamente de outros tratados de direitos humanos, a Convenção Americana não atribui exclusivamente às vítimas de violações o direito de submeter petições individuais. Qualquer pessoa ou grupo de pessoas e certas organizações não governamentais também podem fazê-lo" (The inter-American system for the protection, p. 148).

27. Note-se que, nos termos do art. 23 do Regulamento da Comissão Interamericana (adotado em maio de 2001), cabe também à Comissão receber e examinar petição que contenha denúncia sobre violação de direitos humanos consagrados na Declaração Americana de Direitos do Homem, em relação aos Estados-membros da Organização que não sejam partes da Convenção Americana. O procedimento é similar ao relativo às petições que contenham denúncia de violação aos direitos constantes na Convenção Americana, de acordo com o art. 50 do mesmo Regulamento. Sobre a matéria, ver Rafael Nieto Navia, *Introducción al sistema interamericano de protección a los derechos humanos*.

28. Cf. Thomas Buergenthal: "O art. 41 (f) confere à Comissão a atribuição de examinar petições e comunicações que responsabilizem Estados-partes por violações de obri-

aceita automática e obrigatoriamente a competência da Comissão para examinar essas comunicações, não sendo necessário elaborar declaração expressa e específica para tal fim. Como atenta Thomas Buergenthal: "A Comissão Interamericana, nos termos do art. 41 (f), tem o poder de examinar comunicações que denunciem violações de direitos humanos perpetradas por um Estado-parte (...). A Convenção Americana estabelece que, para que os Estados se tornem parte, devem aceitar *ipso facto* esta competência da Comissão para tratar de comunicações contra eles próprios"[29].

A petição, tal como no sistema global, deve responder a determinados requisitos de admissibilidade, como o prévio esgotamento dos recursos internos — salvo no caso de injustificada demora processual, ou no caso de a legislação doméstica não prover o devido processo legal. Quanto ao requisito do prévio esgotamento dos recursos internos, leciona Antônio Augusto Cançado Trindade: "Como se sabe, estamos diante da regra de Direito Internacional em virtude da qual se deve dar ao Estado a oportunidade de reparar um suposto dano no âmbito de seu próprio ordenamento jurídico interno, antes de que se possa invocar sua responsabilidade internacional; trata-se de uma das questões que, com maior frequência, é suscitada no contencioso internacional, concernente tanto à proteção diplomática de nacionais no exterior, como à proteção internacional dos direitos humanos"[30]. Afirma ainda Cançado Trindade: "O dever de provimento pelos Estados-partes de recursos internos eficazes, imposto pelos tratados de direitos humanos, constitui o necessário fundamento no Direito interno do dever correspondente dos indivíduos reclamantes de fazer uso de tais recursos antes de levar o caso aos órgãos internacionais. Com efeito, é precisamente porque os tratados de direitos humanos impõem aos Estados-partes o dever de assegurar às supostas vítimas recursos eficazes perante as instâncias nacionais contra violações de seus direitos reconhecidos (nos tratados ou no Direito interno), que, reversamente, requerem de todo reclamante o prévio esgotamento dos recursos de Direito interno como condição de

---

gações constantes da Convenção Americana. Ao realizar tal atribuição, a Comissão Interamericana exerce uma função quase judicial (...)." (The inter-American system for the protection, p. 453-454).

29. Thomas Buergenthal, The inter-American system for the protection, p. 454.

30. Antônio Augusto Cançado Trindade, *El agotamiento de los recursos internos en el sistema interamericano de protección de los derechos humanos*, p. 12. Acrescenta o mesmo autor: "A regra do esgotamento dos recursos internos dá testemunho da interação entre o Direito Internacional e o Direito Interno e da subsidiariedade — que é implícita — do procedimento internacional" (p. 55).

admissibilidade de suas petições a nível internacional"[31]. Além do requisito do prévio esgotamento dos recursos internos, outro requisito de admissibilidade é a inexistência de litispendência internacional, ou seja, a mesma questão não pode estar pendente em outra instância internacional.

No âmbito procedimental, ao receber uma petição, a Comissão Interamericana inicialmente decide sobre sua admissibilidade, levando em consideração os requisitos estabelecidos no art. 46 da Convenção[32]. Se reconhecer a admissibilidade da petição, solicita informações ao Governo denunciado. Como explica Héctor Fix-Zamudio: "A tramitação das denúncias e reclamações, tanto privadas, como dos Estados, podem ser divididas em duas etapas: a primeira se refere aos requisitos de admissibilidade e a segunda consiste na observância do contraditório"[33].

---

31. Antônio Augusto Cançado Trindade, *A interação entre o direito internacional e o direito interno na proteção dos direitos humanos*, p. 44. Sobre o requisito do esgotamento dos recursos internos, adiciona Héctor Fix-Zamudio: "Por outro lado, o inciso 3º do Regulamento da Comissão estabelece que, se o peticionário afirmar a impossibilidade de comprovação do esgotamento dos recursos internos, caberá ao Governo, contra o qual se dirige a petição, demonstrar à Comissão que os aludidos recursos não foram previamente esgotados, ao menos que isto se deduza claramente dos antecedentes contidos na petição" (*Protección jurídica de los derechos humanos*, p. 154). Ainda sobre a matéria, importante é a ponderação de Dinah L. Shelton: "Uma decisão recente da Corte Interamericana expande as exceções tradicionais, sugerindo que os remédios não precisam ser exauridos se o peticionário não teve acesso à representação legal adequada, devido à indigência ou a um temor genérico da comunidade legal, tornando-se incapaz de recorrer aos remédios necessários para proteger um direito que lhe era garantido. Entretanto, cabe ao peticionário o ônus de provar que a representação legal era necessária, mas impossível de ser obtida" (The inter-american human rights system, in Hurst Hannum (ed.), *Guide to international human rights practice*, p. 125). A respeito, ver a Opinião Consultiva n. 11/90, emitida pela Corte Interamericana em 10 de agosto de 1990.

32. Afirma Thomas Buergenthal: "Uma petição que não é considerada inadmissível por uma das razões acima mencionadas e que contém alegações concernentes à violação da Convenção Americana, avançará para o próximo ou segundo estágio de procedimento da Comissão Interamericana. Neste momento a Comissão examina as alegações do peticionário, busca informações do respectivo governo, investiga os fatos e assegura a oitiva tanto do peticionário como do governo. Se, após investigar a denúncia, a Comissão concluir, por exemplo, que o peticionário falhou em exaurir todos os remédios domésticos disponíveis, ela tem o poder de considerar a petição inadmissível. O mesmo resultado ocorrerá se a evidência deduzida no caso não deixar dúvidas razoáveis de que a petição era destituída de mérito. Em outras palavras, a autoridade da Comissão Interamericana permite a ela, nesta fase, rejeitar o caso, que, em retrospecto, nunca deveria ter sido admitido. Mas este poder não pode ser usado pela Comissão para adjudicar o mérito" (The inter-American system for the protection, p. 457-458).

33. Héctor Fix-Zamudio, *Protección jurídica de los derechos humanos*, p. 153.

Recebidas as informações do Governo, ou transcorrido o prazo sem que as tenha recebido, a Comissão verifica se existem ou se subsistem os motivos da petição ou comunicação. Na hipótese de não existirem ou não subsistirem, a Comissão mandará arquivar o expediente. Contudo, se o expediente não for arquivado, a Comissão realizará, com o conhecimento das partes, um exame acurado do assunto e, se necessário, realizará a investigação dos fatos.

Feito o exame da matéria, a Comissão se empenhará em buscar uma solução amistosa entre as partes — denunciante e Estado. Se alcançada a solução amistosa, a Comissão elaborará um informe que será transmitido ao peticionário e aos Estados-partes da Convenção, sendo comunicado posteriormente à Secretaria da Organização dos Estados Americanos para publicação. Esse informe conterá uma breve exposição dos fatos e da solução alcançada[34].

Entretanto, se não for alcançada qualquer solução amistosa, a Comissão redigirá um relatório, apresentando os fatos e as conclusões pertinentes ao caso, com recomendações ao Estado-parte. Como observa Thomas Buergenthal: "É importante notar que o relatório elaborado pela Comissão, na terceira fase do procedimento, é mandatório e deve conter as conclusões da Comissão indicando se o Estado referido violou ou não a Convenção Americana"[35]. O relatório é encaminhado ao Estado-parte, que tem o prazo de três meses para conferir cumprimento às recomendações feitas.

Durante esse período de três meses, o caso pode ser solucionado pelas partes ou encaminhado à Corte Interamericana de Direitos Humanos.

Se, ao longo desse prazo, o caso não for solucionado pelas partes e nem mesmo for submetido à Corte, a Comissão, por maioria absoluta de votos, poderá emitir sua própria opinião e conclusão. A Comissão fará as recomendações pertinentes e fixará um prazo, dentro do qual o Estado deverá tomar as medidas que lhe competirem para remediar a situação. Vencido o prazo

---

34. Nesse sentido, explica Thomas Buergenthal: "Durante a segunda etapa do procedimento, a Comissão Interamericana tem também que se colocar à disposição das partes, a fim de alcançar uma solução amistosa para o problema, com base no respeito aos direitos humanos reconhecidos pela Convenção. Se uma solução amistosa for obtida, a Comissão deve elaborar um relatório, descrevendo os fatos pertinentes ao caso e a forma pela qual foi solucionado. Este relatório é transmitido pela Comissão ao Secretário-Geral da Organização dos Estados Americanos, para publicação" (The inter-American system for the protection, p. 458).

35. Thomas Buergenthal, The inter-American system, p. 459.

fixado, a Comissão decidirá, por maioria absoluta de votos de seus membros, se as medidas recomendadas foram adotadas pelo Estado e se publicará o informe por ela elaborado no relatório anual de suas atividades.

No entanto, como já dito, no período de três meses, contados da data da remessa do relatório ao Estado denunciado, o caso poderá ser encaminhado à apreciação da Corte Interamericana, que é o órgão jurisdicional desse sistema regional. Apenas a Comissão Interamericana e os Estados-partes podem submeter um caso à Corte Interamericana, não estando prevista a legitimação do indivíduo, nos termos do art. 61 da Convenção Americana.

Em conformidade com o art. 44 do Regulamento da Comissão, adotado em 1º de maio de 2001, se a Comissão considerar que o Estado em questão não cumpriu as recomendações do informe aprovado nos termos do art. 50 da Convenção Americana, submeterá o caso à Corte Interamericana, salvo decisão fundada da maioria absoluta dos membros da Comissão. O Regulamento de 2001 introduz, assim, a justicialização do sistema interamericano. Note-se que o Regulamento adotado em 13 de novembro de 2009, com modificações de 2011 e 2013 (entrando em vigor em 1º de agosto de 2013), endossa esta regra no artigo 45. Se, anteriormente, cabia à Comissão Interamericana, a partir de uma avaliação discricionária, sem parâmetros objetivos, submeter à apreciação da Corte Interamericana caso em que não se obteve solução amistosa, com o novo Regulamento, o encaminhamento à Corte se faz de forma direta e automática. O sistema ganha maior tônica de "juridicidade", reduzindo a seletividade política, que, até então, era realizada pela Comissão Interamericana. Cabe observar, contudo, que o caso só poderá ser submetido à Corte se o Estado-parte reconhecer, mediante declaração expressa e específica, a competência da Corte no tocante à interpretação e aplicação da Convenção — embora qualquer Estado-parte possa aceitar a jurisdição da Corte para determinado caso.

Também sob a forma de cláusula facultativa está previsto o sistema das comunicações interestatais. Isto é, os Estados-partes podem declarar que reconhecem a competência da Comissão para receber e examinar comunicações em que um alegue que outro tenha cometido violação a direito previsto na Convenção. Para a adoção do mecanismo das comunicações interestatais, é necessário que ambos os Estados tenham feito declaração expressa reconhecendo a competência da Comissão para tanto. Na lição de Thomas Buergenthal: "A Comissão Interamericana pode apenas tratar das chamadas comunicações interestatais — comunicações submetidas por um

Estado contra outro Estado — se ambos os Estados, além de terem ratificado a Convenção Americana, fizeram uma declaração reconhecendo a competência interestatal da Comissão. A Convenção Americana inverte o padrão tradicional, utilizado pela Convenção Europeia por exemplo, em que o direito de petição individual é opcional e o procedimento da comunicação interestatal é obrigatório. Os elaboradores da Convenção Americana aparentemente assumem que as comunicações interestatais podem ser usadas por certos Estados para objetivos políticos e propósitos intervencionistas e que este risco existe em menor extensão relativamente às comunicações privadas. (...) Contudo, é indiscutível que a disponibilidade do direito de petição individual assegura efetividade ao sistema internacional de proteção dos direitos humanos. Ao garantir que os indivíduos encaminhem suas próprias reclamações, o direito da petição individual torna a efetividade dos direitos humanos menos dependente de considerações políticas outras, que tendam a motivar uma ação ou inação governamental"[36].

Por fim, em casos de gravidade e urgência, e toda vez que resulte necessário, de acordo com as informações disponíveis (por exemplo, na hipótese em que a vida ou integridade pessoal da vítima encontrar-se em perigo real ou iminente), a Comissão poderá, por iniciativa própria ou mediante petição da parte, solicitar ao Estado em questão a adoção de medidas cautelares para evitar danos irreparáveis, como prevê o art. 25 do novo Regulamento da Comissão. Pode ainda a Comissão solicitar à Corte Interamericana a adoção de medidas provisórias, em casos de extrema gravidade e urgência, para evitar dano irreparável à pessoa, em matéria ainda não submetida à apreciação da Corte (art. 74 do novo Regulamento).

d) A Corte Interamericana de Direitos Humanos

Quanto à Corte Interamericana, órgão jurisdicional do sistema regional, é composta por sete juízes nacionais de Estados-membros da OEA, eleitos a título pessoal pelos Estados partes da Convenção[37].

---

36. Thomas Buergenthal, The inter-American system for the protection, p. 454-455.
37. Cf. Thomas Buergenthal: "A Convenção Americana estabelece dois órgãos para assegurar sua implementação: a Comissão Interamericana de Direitos Humanos e a Corte Interamericana de Direitos Humanos. Cada um desses órgãos consiste de sete *experts*, eleitos a título individual e não como representantes dos Estados respectivos. Os membros da Comissão Interamericana são eleitos pela Assembleia Geral da OEA, que é composta por todos os Estados-membros da OEA, sejam ou não partes da Convenção Americana. (...) Os juízes

A Corte Interamericana apresenta competência consultiva e contenciosa. Na lição de Héctor Fix-Zamudio: "De acordo com o disposto nos arts. 1º e 2º de seu Estatuto, a Corte Interamericana possui duas atribuições essenciais: a primeira, de natureza consultiva, relativa à interpretação das disposições da Convenção Americana, assim como das disposições de tratados concernentes à proteção dos direitos humanos nos Estados Americanos; a segunda, de caráter jurisdicional, referente à solução de controvérsias que se apresentem acerca da interpretação ou aplicação da própria Convenção"[38]. No dizer de Thomas Buergenthal: "A Convenção Americana investe a Corte Interamericana em duas atribuições distintas. Uma envolve o poder de adjudicar disputas relativas à denúncia de que um Estado-parte violou a Convenção. Ao realizar tal atribuição, a Corte exerce a chamada jurisdição contenciosa. A outra atribuição da Corte é a de interpretar a Convenção Americana e determinados tratados de direitos humanos, em procedimentos que não envolvem a adjudicação para fins específicos. Esta é a jurisdição consultiva da Corte Interamericana"[39].

No plano consultivo, qualquer membro da OEA — parte ou não da Convenção — pode solicitar o parecer da Corte em relação à interpretação da Convenção ou de qualquer outro tratado relativo à proteção dos direitos humanos nos Estados americanos[40]. A Corte ainda pode opinar sobre a

---

da Corte Interamericana, por sua vez, podem ser apenas indicados e eleitos pelos Estados-partes da Convenção Americana. Entretanto, os juízes não precisam ser nacionais dos Estados-partes. A única condição relativa à nacionalidade — e ela se aplica igualmente aos membros da Comissão Interamericana e aos juízes da Corte — é que eles devem ser nacionais de um Estado-membro da OEA" (The inter-American system for the protection, p. 451).

38. Héctor Fix-Zamudio, *Protección jurídica de los derechos humanos*, p. 177.

39. Thomas Buergenthal, The inter-American system for the protection, p. 460. Ainda sobre o tema, escreve Monica Pinto: "A Corte Interamericana tem competência contenciosa e consultiva. A respeito da primeira, na qualidade de um Tribunal de Justiça, cabe à Corte resolver as controvérsias de natureza jurídica que, havendo tramitado na Comissão, lhes sejam submetidas por esta ou por qualquer Estado, que tenha aceito a sua jurisdição, em relação a outro Estado do sistema interamericano, que também tenha reconhecido a sua jurisdição" (Derecho internacional de los derechos humanos: breve visión de los mecanismos, p. 94).

40. Sobre a matéria, acrescenta Louis Henkin: "Em resposta a uma série de questões postas pelo Governo do Peru, relativamente à jurisdição consultiva da Corte, esta entendeu que tem jurisdição consultiva no que se refere a qualquer previsão atinente à proteção de direitos humanos enunciada em qualquer tratado internacional aplicável aos Estados Americanos, independentemente se bilateral ou multilateral, qualquer que seja o propósito principal do tratado, não importando se o Estado não membro do sistema interamericano tem o direito de se tornar parte dele" (*International law: cases and materials*, p. 670-673).

compatibilidade de preceitos da legislação doméstica em face dos instrumentos internacionais, efetuando, assim, o "controle da convencionalidade das leis". Ressalte-se que a Corte não efetua uma interpretação estática dos direitos humanos enunciados na Convenção Americana, mas, tal como a Corte Europeia, realiza interpretação dinâmica e evolutiva, de forma a interpretar a Convenção considerando o contexto temporal da interpretação, o que permite a expansão de direitos[41].

A respeito da competência consultiva da Corte Interamericana, realça Jo M. Pasqualucci: "A Corte Interamericana de Direitos Humanos tem a mais ampla jurisdição em matéria consultiva, se comparada com qualquer outro Tribunal internacional. A Corte tem exercido sua jurisdição no sentido de realizar importantes contribuições conceituais no campo do Direito Internacional dos Direitos Humanos. (...) As opiniões consultivas, enquanto mecanismo com muito menor grau de confronto que os casos contenciosos, não sendo ainda limitadas a fatos específicos lançados a evidência, servem para conferir expressão judicial aos princípios jurídicos. (...) Por meio de sua jurisdição consultiva, a Corte tem contribuído para conferir uniformidade e consistência à interpretação de previsões substantivas e procedimentais da Convenção Americana e de outros tratados de direitos humanos[42].

Até 2024, a Corte havia emitido 29 opiniões consultivas.

No exercício de sua competência consultiva, a Corte Interamericana tem desenvolvido análises aprofundadas a respeito do alcance e do impacto dos dispositivos da Convenção Americana. Como afirma Monica Pinto: "a Corte tem emitido opiniões consultivas que têm permitido a compreensão de aspectos substanciais da Convenção, dentre eles: o alcance de sua com-

---

41. Jo M. Pasqualucci, *The practice and procedure of the Inter-American Court on Human Rights*, Cambridge, Cambridge University Press, 2003, p. 328. Adiciona Jo M. Pasqualucci: "A Corte Interamericana tem ainda proclamado que o conceito de reciprocidade, que tem caracterizado as obrigações decorrentes de tratados entre Estados, não é aplicável aos tratados de direitos humanos. A Corte Interamericana diferencia os tratados de direitos humanos dos demais tratados, sustentando que: 'não são tratados multilaterais tradicionais concluídos com o objetivo de alcançar a reciprocidade e benefícios mútuos dos Estados contratantes. Seu objetivo e propósito é a proteção dos mais básicos direitos do ser humano, independentemente de sua nacionalidade, tanto contra o Estado de sua nacionalidade, como contra todo e qualquer outro Estado-parte'" (op. cit., p. 328).

42. Jo M. Pasqualucci, *The practice and procedure of the Inter-American Court on Human Rights*, Cambridge, Cambridge University Press, 2003, p. 80.

petência consultiva, o sistema de reservas, as restrições à adoção da pena de morte, os limites ao direito de associação, o sentido do termo 'leis' quando se trata de impor restrições ao exercício de determinados direitos, a exigibilidade do direito de retificação ou resposta, o *habeas corpus* e as garantias judiciais nos estados de exceção, a interpretação da Declaração Americana, as exceções ao esgotamento prévio dos recursos internos e a compatibilidade de leis internas em face da Convenção"[43]. Adicionem-se, ainda, as opiniões consultivas sobre a condição jurídica e os direitos humanos das crianças (por solicitação da Comissão Interamericana de Direitos Humanos)[44] e sobre a condição jurídica e os direitos de migrantes sem documentos (por solicitação do México)[45]. Acrescente-se também a opinião consultiva a respeito da interpretação do art. 55 da Convenção Americana concernente ao instituto do juiz *ad hoc* e a paridade de armas no processo perante a Corte Interamericana de Direitos Humanos[46].

Dentre as opiniões emitidas pela Corte, destaca-se o parecer acerca da impossibilidade da adoção da pena de morte no Estado da Guatemala (Opinião Consultiva n. 3, de 8-9-1983). Neste caso, a Comissão Interamericana solicitou à Corte opinião no sentido de esclarecer se a imposição da pena de morte por um Estado, em face de crimes não punidos com essa sanção quando da adoção da Convenção Americana pelo Estado, constituiria violação à Convenção, ainda que o Estado tivesse feito reservas a essa importante previsão da Convenção. No parecer, a Corte afirmou: "A Convenção impõe uma proibição absoluta quanto à extensão da pena de morte a crimes adicionais, ainda que uma reserva a esta relevante previsão da Convenção tenha entrado em vigor ao tempo da ratificação"[47].

Merece destaque também o parecer emitido pela Corte sobre a filiação obrigatória de jornalistas, por solicitação da Costa Rica (Opinião Consultiva n. 5, de 13-11-1985). No caso, a Corte considerou que a Lei n. 4.420 da Costa Rica violava a Convenção, ao exigir de jornalistas diploma universitário e filiação ao Conselho Profissional dos Jornalistas. A Corte entendeu

---

43. Monica Pinto, Derecho internacional de los derechos humanos, p. 96.

44. OC 17/02, de 28 de agosto de 2002, www.corteidh.or.cr/serieapdf/seriea_17_esp.pdf.

45. OC 18/02, de 17 de setembro de 2003, www.corteidh.or.cr/serieapdf/seriea_18_esp.pdf.

46. OC 25/09, de 29 de setembro de 2009. Disponível em: www.corteidh.or.cr/serieapdf/seriea_20_esp.pdf.

47. Sobre esse parecer proferido pela Corte Interamericana, ver Louis Henkin et al., *International law: cases and materials*, p. 670.

que, ao se restringir a liberdade de expressão de um indivíduo, não somente o direito desse indivíduo é violado, mas também o direito de todos de receber informações[48].

Em outro parecer (Opinião Consultiva n. 8, de 30-1-1987), por solicitação da Comissão Interamericana, a Corte considerou que o *habeas corpus* é garantia de proteção judicial insuscetível de ser suspensa, ainda que em situações de emergência, em respeito ao art. 27 da Convenção Americana[49].

Mencione-se, ainda, o parecer emitido, por solicitação do México (Opinião Consultiva n. 16, de 1º-10-1999), em que a Corte considerou violado o direito ao devido processo legal quando um Estado não notifica um preso estrangeiro de seu direito à assistência consular. Na hipótese, se o preso foi condenado à pena de morte, isso constituiria privação arbitrária do direito à vida. Note-se que o México embasou seu pedido de consulta nos vários casos de presos mexicanos condenados à pena de morte nos Estados Unidos[50].

Também merece realce a Opinião Consultiva n. 21, de 19 de agosto de 2014, a respeito dos direitos e garantias de crianças no contexto da migração e/ou em necessidade de proteção especial. Neste caso, o parecer foi solicitado pela República Argentina, República Federativa do Brasil, República do Paraguai e República Oriental do Uruguai para que a Corte determinasse com maior precisão quais são as obrigações dos Estados com relação às medidas passíveis de serem adotadas a respeito de meninos e meninas, associadas à sua condição migratória, ou à de seus pais, à luz da interpretação autorizada dos artigos 1.1, 2, 4.1, 5, 7, 8, 11, 17, 19, 22.7, 22.8, 25 e 29 da Convenção Americana sobre Direitos Humanos e dos artigos 1, 6, 8, 25 e 27 da Declaração Americana dos Direitos e Deveres do Homem e do artigo 13 da Convenção Interamericana para Prevenir e Punir a Tortura.

---

48. A respeito, consultar André Carvalho Ramos, *Direitos humanos em juízo*, p. 383-388. Ver também Procuradoria Geral do Estado de São Paulo, *Sistema interamericano de proteção dos direitos humanos: legislação e jurisprudência*, São Paulo, Grupo de Trabalho de Direitos Humanos da PGE/SP, 2001.

49. André Carvalho Ramos, *Direitos humanos em juízo*, p. 400-405. Ver também Procuradoria-Geral do Estado de São Paulo, *Sistema interamericano de proteção dos direitos humanos: legislação e jurisprudência,* São Paulo, Grupo de Trabalho de Direitos Humanos da PGE/SP, 2001.

50. André Carvalho Ramos, *Direitos humanos em juízo*, p. 461-490. Ver também Procuradoria-Geral do Estado de São Paulo, *Sistema interamericano de proteção dos direitos humanos: legislação e jurisprudência*, São Paulo, Grupo de Trabalho de Direitos Humanos da PGE/SP, 2001.

Por sua vez, na Opinião Consultiva n. 22, de 26 de fevereiro de 2016, a Corte Interamericana tratou da titularidade dos direitos de pessoas jurídicas no âmbito do sistema interamericano, à luz da Convenção Americana e do Protocolo de San Salvador (art. 8º).

Em 14 de março de 2016 houve a solicitação de Opinião Consultiva formulada pelo Estado da Colômbia, a fim de que a Corte interprete as obrigações decorrentes dos arts. 1º (obrigação de respeitar os direitos), 4º (direito à vida) e 5º (direito à integridade pessoal) da Convenção Americana, em relação ao impacto de grandes projetos no meio ambiente marinho, especificamente na Região do Grande Caribe. Em 15 de novembro de 2017, foi emitida a Opinião Consultiva n. 23 a respeito de meio ambiente e direitos humanos, esclarecendo o alcance das obrigações estatais em relação ao meio ambiente.

Cabe ainda destaque à Opinião Consultiva n. 24 a respeito do direito à identidade de gênero e ao matrimônio igualitário, emitida em 24 de novembro de 2017, realçando que os direitos à intimidade e à privacidade são insuscetíveis de ingerência estatal, resguardando a vivência interna de cada indivíduo, o que e como cada pessoa sente, como se vê e como se projeta na sociedade.

Adicione-se, a Opinião Consultiva n. 25 a respeito do instituto do asilo, emitida em 30 de maio de 2018, enfocando reconhecimento do asilo como direito humano no sistema interamericano de proteção.

Acrescente-se, ademais, a Opinião Consultiva n. 26, emitida em 9 de novembro de 2020, a respeito da denúncia à Convenção Americana e à Carta da OEA e seus efeitos sobre as obrigações estatais em matéria de direitos humanos. Já a Opinião Consultiva n. 27, emitida em 5 de maio de 2021, versa acerca do alcance dos direitos à liberdade sindical, negociação coletiva e greve e sua relação com outros direitos, sob a perspectiva de gênero. A Opinião Consultiva n. 28, emitida em 7 de junho de 2021, enfoca o instituto da reeleição presidencial indefinida nos regimes presidencialistas no contexto do sistema interamericano de direitos humanos. Por fim, a Opinião Consultiva n. 29, emitida em 30 de maio de 2022, trata de enfoques diferenciados relativamente a determinados grupos de pessoas privadas de liberdade.

No plano contencioso, como já dito, a competência da Corte para o julgamento de casos é, por sua vez, limitada aos Estados-partes da Convenção que reconheçam tal jurisdição expressamente, nos termos do artigo 62 da Convenção. Compartilha-se da visão de Cançado Trindade de que este dispositivo constitui um anacronismo histórico, que deve ser superado, a fim de que se consagre o "automatismo da jurisdição obrigatória da Corte para todos os Estados-partes da Convenção"[51]. Isto é, todo Estado-parte da Convenção passaria a reconhecer como obrigatória, de pleno direito e sem convenção especial, integralmente e sem restrição alguma, a competência da Corte em todos os casos relativos à interpretação e aplicação da Convenção. Ainda nas lições de Cançado Trindade: "Sob as cláusulas da jurisdição obrigatória e do direito de petição individual se ergue todo o mecanismo de salvaguarda internacional do ser humano, razão pela qual me permito designá-las verdadeiras cláusulas pétreas de proteção internacional dos direitos da pessoa humana"[52].

Reitere-se que apenas a Comissão Interamericana e os Estados-partes podem submeter um caso à Corte Interamericana[53], não estando prevista a legitimação do indivíduo, nos termos do art. 61 da Convenção Americana. Em 2009, contudo, a Corte revisou substancialmente as suas Regras de Procedimento para, de forma mais efetiva, assegurar a representação das vítimas perante a Corte. Ainda que indivíduos e ONGs não tenham acesso direto à Corte, se a Comissão Interamericana submeter o caso perante a Corte, as vítimas, seus parentes ou representantes podem submeter de forma autônoma seus argumentos, arrazoados e provas perante a Corte[54].

---

51. Antônio Augusto Cançado Trindade e Manuel E. Ventura Robles, *El futuro de la Corte Interamericana de Derechos Humanos*, 2ª ed. atualizada e ampliada, San José/Costa Rica, Corte Interamericana de Direitos Humanos/ACNUR, 2004, p. 91.

52. Antônio Augusto Cançado Trindade, op. cit., p. 395. Ver ainda Antônio Augusto Cançado Trindade, "Las cláusulas pétreas de la protección internacional del ser humano: el acceso directo de los individuos a la jusiticia a nivel internacional y la intangibilidad de la jurisdicción obligatoria de los tribunales internacionales de derechos humanos, in *El sistema interamericano de protección de los derechos humanos en el umbral del siglo XXI* — memoria del seminario (noviembre de 1999), tomo I, 2ª ed., San José da Costa Rica, Corte Interamericana de Derechos Humanos, 2003, p. 3-68.

53. Como afirma Monica Pinto: "Até a presente data, somente a Comissão tem submetido casos perante a Corte: em 1987, três casos de desaparecimento forçado de pessoas em Honduras (casos Velasquez Rodriguez, Godinez Cruz, Fairen Garbi e Solis Corrales); em 1990, um caso de desaparecimento de pessoas detidas no estabelecimento penal conhecido como *El Frontón* no Peru (caso Neira Alegria e outros) e dois casos de execuções extrajudiciais no Suriname (caso Gangaram Panday e Aloeboetoe e outros). Em 1992 a Comissão submeteu à Corte um caso a respeito da Colômbia. Previamente, a Corte já havia se pronunciado em uma questão de conflito de competência, no caso Viviana Gallardo e outras, submetido pela Costa Rica diretamente à Corte, renunciando ao esgotamento dos recursos internos e ao procedimento ante a Comissão" (Derecho internacional de los derechos humanos: breve visión de los mecanismos, p. 94-95).

54. A respeito da participação das vítimas, o artigo 23 do novo Regulamento da Corte Interamericana dispõe que, depois de admitida a demanda, as vítimas, seus familiares ou

A Corte tem jurisdição para examinar casos que envolvam a denúncia de que um Estado-parte violou direito protegido pela Convenção. Se reconhecer que efetivamente ocorreu a violação, determinará a adoção de medidas que se façam necessárias à restauração do direito então violado. A Corte pode ainda condenar o Estado a pagar uma justa compensação à vítima.

A respeito da competência contenciosa da Corte, afirma Antônio Augusto Cançado Trindade: "Os Tribunais internacionais de direitos humanos existentes — as Cortes Europeia e Interamericana de Direitos Humanos — não 'substituem' os Tribunais internos, e tampouco operam como tribunais de recursos ou de cassação de decisões dos Tribunais internos. Não obstante, os atos internos dos Estados podem vir a ser objeto de exame por parte dos órgãos de supervisão internacionais, quando se trata de verificar a sua conformidade com as obrigações internacionais dos Estados em matéria de direitos humanos"[55].

Note-se que a decisão da Corte tem força jurídica vinculante e obrigatória, cabendo ao Estado seu imediato cumprimento[56]. Se a Corte fixar uma compensação à vítima, a decisão valerá como título executivo, em conformidade com os procedimentos internos relativos à execução de sentença desfavorável ao Estado.

Contudo, repita-se, é necessário que o Estado reconheça a jurisdição da Corte, já que tal jurisdição é apresentada sob a forma de cláusula facultativa[57]. Até 2024, dos vinte e quatro Estados-partes da Convenção Ameri-

---

representantes legalmente reconhecidos poderão apresentar suas solicitações, argumentos e provas, de forma autônoma durante todo o processo. Assegura-se, assim, o *locus standi* dos peticionários em todas as etapas do procedimento perante a Corte.

55. Antônio Augusto Cançado Trindade, A interação entre o direito internacional e o direito interno, p. 33.

56. Na lição de Paul Sieghart: "A Corte Europeia de Direitos Humanos e a Corte Interamericana de Direitos Humanos têm o poder de proferir decisões juridicamente vinculantes contra Estados soberanos, condenando-os pela violação de direitos humanos e liberdades fundamentais de indivíduos, e ordenando-lhes o pagamento de justa indenização ou compensação às vítimas" (Paul Sieghart, *International human rights law: some current problems*, p. 35).

57. Sobre a matéria, afirma Louis B. Sohn: "A Convenção Americana de Direitos Humanos também contém cláusulas opcionais, pelas quais um Estado-parte pode aceitar a jurisdição da Corte Interamericana de Direitos Humanos, com respeito a todas as questões relacionadas à interpretação ou aplicação da Convenção. Uma vez que esta jurisdição tenha sido aceita por um Estado-parte, um caso pode ser submetido à Corte, seja pela Comissão Interamericana de Direitos Humanos, seja por um outro Estado-parte. Adicionalmente, a Corte tem ampla jurisdição para apresentar opiniões consultivas a pedido de qualquer Esta-

cana de Direitos Humanos, vinte e dois haviam reconhecido a competência contenciosa da Corte[58]. O Estado brasileiro finalmente reconheceu a competência jurisdicional da Corte Interamericana em dezembro de 1998, por meio do Decreto Legislativo n. 89, de 3 de dezembro de 1998[59].

No exercício de sua jurisdição contenciosa, até 2024, a Corte Interamericana havia proferido 520 sentenças, das quais 371 referem-se a exceções preliminares, sentenças de mérito (que avaliam fundamentalmente se houve violação ou não) e sentenças sobre reparação, enquanto 98 são relacionadas à interpretação de sentença e outras questões. Havia ainda adotado 736 medidas provisórias[60].

No plano da jurisdição contenciosa, referência obrigatória é o famoso caso "Velasquez Rodriguez", atinente ao desaparecimento forçado de indivíduo no Estado de Honduras. Acolhendo comunicação encaminhada pela Comissão Interamericana, a Corte condenou o Estado de Honduras ao pagamento de indenização aos familiares do desaparecido, em decisão publicada em 21 de julho de 1989. Como realça Diane F. Orentlicher: "Em 1989, a Corte Interamericana de Direitos Humanos proferiu uma decisão pioneira, ao interpretar a Convenção Americana, impondo aos Estados-partes o dever de investigar certas violações de direitos humanos e punir seus perpetradores. A decisão foi proferida no caso Velasquez Rodriguez, que foi submetido à Corte pela Comissão Interamericana, contra o Governo de Honduras, concernente ao desaparecimento de Manfredo Velasquez, em setembro de 1981"[61].

---

do-membro da Organização dos Estados Americanos ou de qualquer órgão daquela Organização" (Human rights: their implementation and supervision by the United Nations, in Theodor Meron (ed.), *Human rights in international law: legal and policy issues*, p. 381).

58. Fonte: www.cidh.org/Basicos/Portugues/d.Convencao_Americana_Ratif.htm Observa André de Carvalho Ramos: "O Peru, após uma série de condenações da Corte, denunciou seu reconhecimento da jurisdição obrigatória em 9 de julho de 1999, não sendo o mesmo, contudo, aceito" (*Direitos humanos em juízo*, p. 60).

59. O Decreto Legislativo n. 89, de 3 de dezembro de 1998, aprovou a solicitação de reconhecimento da competência obrigatória da Corte Interamericana de Direitos Humanos em todos os casos relativos à interpretação ou aplicação da Convenção Americana de Direitos Humanos, para fatos ocorridos a partir do reconhecimento, de acordo com o previsto no § 1º do art. 62 da Convenção Americana.

60. A respeito, acessar: www.corteidh.or.cr/paises/index.html e http://www.corteidh.or.cr/seriee/index.html.

61. Diane F. Orentlicher, *Addressing gross human rights abuses: punishment and victim compensation*, p. 430.

Em petição encaminhada em 1981 à Comissão Interamericana de Direitos Humanos, alegou-se que o caso "Velasquez Rodriguez" ocorrera em um período de séria turbulência política, violência e repressão em Honduras. A denúncia se atinha ao fato de que Angel Manfredo Velasquez Rodriguez fora violentamente preso, sem qualquer autorização judicial, por membros da Divisão Nacional de Investigações e Forças Armadas, que, embora em trajes civis e conduzindo um carro não licenciado, estavam armados. A petição denunciava que Velasquez Rodriguez fora vítima de tortura cruel e desaparecimento forçado, ainda que a polícia e forças de segurança continuassem a negar a detenção. Concluindo, e à luz desses fatos, a petição terminava por afirmar que o Estado de Honduras havia incorrido na violação de inúmeros dispositivos da Convenção Americana e clamava por sua condenação, com o pagamento de indenização compensatória aos familiares da vítima.

Considerando que até 1986 a vítima continuava desaparecida, a Comissão Interamericana reconheceu que o Governo de Honduras não havia oferecido provas convincentes que permitissem afastar a denúncia recebida. Em face disso, a Comissão encaminhou o caso à apreciação da Corte Interamericana, tendo em vista que o Estado de Honduras reconhecia sua jurisdição.

A Corte conduziu séria investigação sobre o caso, que incluiu oitiva de testemunhas, exame de documentos e requisição de provas, dentre outras medidas[62]. Ao final, concluiu que o Estado de Honduras havia violado diversos artigos da Convenção: "a) art. 4º, que confere a qualquer pessoa o direito de ter sua vida respeitada, já que ninguém pode ser arbitrariamente privado de sua própria vida; b) art. 5º, que prevê que ninguém pode ser submetido à tortura, tratamento ou punição desumana ou degradante; c) art. 7º, que atribui a todas as pessoas o direito à liberdade e segurança pessoal, proíbe a prisão e detenção arbitrária e prevê certos direitos procedimentais, como a notificação da culpa, o recurso da pessoa detida a uma Corte competente e o julgamento em tempo razoável"[63].

---

62. "A Corte recebeu o testemunho de que 'em média 112 a 130 indivíduos desapareceram de 1981 a 1984'. (...) A Comissão também apresentou evidências demonstrando que, de 1981 a 1984, remédios judiciais domésticos em Honduras eram inadequados para garantir a proteção dos direitos humanos. As Cortes eram ainda lentas para julgar o *writ* do *habeas corpus* e os juízes eram frequentemente ignorados pela polícia" (Velasquez Rodriguez Case, Inter-American Court of Human Rights, 1988, Ser. C, n. 4, *Human Rights Law Journal*, v. 9, p. 212, 1988).

63. Velasquez Rodriguez Case, Inter-American Court of Human Rights, p. 212. Nesse sentido, afirmou a Corte: "O sequestro de uma pessoa é uma arbitrária privação da liberdade,

Ao fundamentar a decisão, a Corte afirmou: "O desaparecimento forçado de seres humanos é uma violação múltipla e contínua de muitos direitos constantes da Convenção, que os Estados-partes são obrigados a respeitar e garantir. Esta obrigação implica no dever dos Estados-partes de organizar um aparato governamental, no qual o poder público é exercido, capaz de juridicamente assegurar o livre e pleno exercício dos direitos humanos. Como consequência desta obrigação, os Estados devem prevenir, investigar e punir qualquer violação de direitos enunciados na Convenção e, além disso, se possível, devem buscar a restauração de direito violado, prevendo uma compensação em virtude dos danos resultantes da violação. (...) a falha de ação do aparato estatal, que está claramente provada, reflete a falha de Honduras em satisfazer as obrigações assumidas em face do art. 1º (1) da Convenção, que obriga a garantir a Manfredo Velasquez o livre e pleno exercício de seus direitos humanos"[64].

---

uma afronta ao direito de ser submetido a julgamento sem demora perante um juiz e uma afronta ao direito de invocar os procedimentos apropriados para revisão da legalidade da prisão, tudo em violação ao art. 7º da Convenção. Além disso, o isolamento prolongado e a privação da comunicação constituem, em si mesmos, formas de tratamento cruel e desumano, lesivo à integridade física e moral da pessoa e violam o direito de qualquer detento ao respeito da sua dignidade, inerente à condição humana. Esse tratamento, portanto, viola o art. 5º da Convenção. (...) A prática do desaparecimento frequentemente envolve a execução secreta, sem julgamento, seguida da eliminação do corpo, a fim de impossibilitar qualquer evidência material do crime, assegurando impunidade aos responsáveis. Esta é uma flagrante violação ao direito à vida, reconhecido no art. 4º da Convenção. (...) A prática de desaparecimentos, além de violação direta de muitas previsões da Convenção, como as acima mencionadas, constitui uma afronta radical àquele tratado, na medida em que implica a negação de valores dos quais emanam a concepção de dignidade humana e a maior parte dos princípios básicos do sistema interamericano e da Convenção. (...) A Corte está convencida de que o desaparecimento do Manfredo Velasquez foi causado por agentes que agiram sob cobertura das autoridades públicas".

64. Velasquez Rodriguez Case, Inter-American Court of Human Rights, 1988, Ser. C, n. 4. Como conclui Diane F. Orentlicher: "A Corte considerou o Governo de Honduras responsável pelas múltiplas violações à Convenção Americana, baseando a maior parte de sua análise na obrigação afirmativa dos Estados-partes de assegurar os direitos enunciados na Convenção. (...) A Corte considerou que os deveres dos Estados-partes persistem, mesmo que o Governo haja mudado. Ainda que reconhecendo o dever de punir as sérias violações à integridade física, os órgãos que monitoram o cumprimento dos tratados de direitos humanos não haviam, até recentemente, confrontado a questão relativa à compatibilidade das leis de anistia em relação aos deveres dos Estados-partes. O Comitê de Direitos Humanos finalmente o fez, em abril de 1992, quando da adoção de um *General Comment* que considerou as anistias que acobertaram os atos de tortura como 'geralmente incompatíveis com o dever dos Estados de investigar estes atos, garantir a inocorrência destes atos em sua jurisdição e

À luz dessa fundamentação, a Corte, ao final, concluiu pela condenação do Estado de Honduras ao pagamento de indenização aos familiares do desaparecido: "O art. 63 (1) da Convenção estabelece que, se a Corte considerar que há uma violação do direito ou da liberdade protegida por esta Convenção, deverá determinar que seja assegurado às vítimas o exercício do direito ou da liberdade violada. Deve também determinar, se apropriado, que as consequências danosas decorrentes da afronta a direito ou liberdade sejam remediadas e que uma justa compensação seja paga às vítimas. Claramente, no presente caso, a Corte não pode ordenar que seja garantido à vítima o exercício do direito ou liberdade violada. A Corte, entretanto, pode determinar que as consequências da afronta a direitos sejam remediadas e que a compensação seja efetuada. (...) A Corte acredita que as partes podem fazer um acordo relativamente aos danos. Todavia, se um acordo não for alcançado, a Corte deverá fixar uma quantia. O caso deve, portanto, permanecer em aberto para este propósito. A Corte reserva o direito de aprovar o acordo e, se este não for alcançado, fixar a quantia e ordenar a forma de pagamento"[65].

Em suma, em face da violação, por parte do Estado de Honduras, dos arts. 4º, 5º e 7º da Convenção, conjugados com o art. 1º (1), a Corte, em votação unânime, decidiu que aquele Estado estava condenado a pagar uma justa indenização aos familiares da vítima.

Após o caso Velasquez Rodriguez, dois outros julgamentos foram proferidos pela Corte Interamericana, ambos envolvendo desaparecimentos

---

assegurar que eles não ocorram no futuro'. (...) A Comissão Interamericana de Direitos Humanos alcançou uma conclusão similar em dois casos que atacavam a validade de leis de anistia adotadas na Argentina e no Uruguai, respectivamente. Em decisões levadas a público em outubro de 1992, a Comissão considerou que as leis de anistia, que impediam a punição de pessoas responsáveis por crimes como desaparecimento, tortura e assassinato político, eram incompatíveis com a Convenção Americana" (Diane F. Orentlicher, Addressing gross human rights abuses: punishment and victim compensation, p. 430). E adiciona Diane F. Orentlicher: "Os órgãos internacionais competentes devem continuar a insistir no princípio da *accountability* e devem fazer grandes esforços para assegurar o cumprimento deste princípio. Seguindo o exemplo da Comissão Interamericana de Direitos Humanos em casos que atacavam a validade de leis de anistia adotadas no Uruguai e na Argentina, e da Corte Europeia no Caso X e Y contra Países Baixos, os organismos internacionais devem considerar os danos decorrentes da falha do Estado em processar e punir os crimes de direitos humanos, como uma violação distinta da obrigação convencional do Estado em assegurar a não ocorrência de graves violações à integridade física" (p. 459).

65. Velasquez Rodriguez Case, Inter-American Court of Human Rights, 1988, Ser. C, n. 4.

no Estado de Honduras⁶⁶. O caso Godinez, substancialmente similar ao caso Velasquez, permitiu à Corte alcançar uma decisão similar, condenando o Estado de Honduras a pagar uma justa compensação, nos termos do art. 63 da Convenção⁶⁷. Já o caso Fairen Garbi e Solis Corrales foi julgado improcedente pela Corte, que entendeu inexistirem provas de que o Estado de Honduras seria responsável pelo desaparecimento dos indivíduos, já que não estavam envolvidos em atividades consideradas "perigosas ou subversivas" na ótica governamental e tampouco existiam provas de que haviam sido presos ou sequestrados no território hondurenho.

A Comissão Interamericana encaminhou ainda à Corte um caso contencioso contra o Estado de Suriname (caso Aloeboetoe), concernente ao assassinato de sete civis pela polícia do Estado. Embora no início do processo o Estado do Suriname se tenha declarado não responsável pelos assassinatos, posteriormente assumiu tal responsabilidade. Ao final, a Corte determinou o pagamento de justa e apropriada compensação aos familiares das vítimas, bem como o cumprimento de obrigação de fazer, concernente à instalação de posto médico e reabertura de escola na região dos saramacas⁶⁸.

Em outro caso, atendendo a solicitação da Comissão Interamericana de Direitos Humanos, a Corte ordenou a adoção de medidas provisórias no sentido de proteger quatorze membros de organizações de direitos humanos no Estado da Guatemala⁶⁹. No caso do Presídio Urso Branco em face do Brasil, a Corte ordenou medidas provisórias para evitar novas mortes de internos do Presídio Urso Branco, em Porto Velho, Rondônia, onde ao menos trinta e sete internos foram brutalmente assassinados entre 1º de

---

66. O caso Godinez (Inter-American Court of HR, Ser. C, n. 5, 20.01.1989) e o caso Fairen Garbi e Solis Corrales (Inter-American Court of HR, Ser. C, n. 6, 1989).

67. Como enfatiza Monica Pinto: "As ponderações judiciais da Corte Interamericana nos dois casos hondurenhos são de transcendental importância. A Corte sustentou a responsabilidade do Estado hondurenho pelo desaparecimento forçado de pessoas, em violação à Convenção Americana, e ao duplo dever de prevenção e punição" (Derecho internacional de los derechos humanos: breve visión, p. 57). Sobre a matéria, afirma Henkin: "Honduras, em ambos os casos, foi condenado a pagar a indenização. Ele pagou a quantia requerida, contudo, apenas após uma longa demora, sem levar em conta a alta inflação acumulada desde o momento no qual a decisão da Corte foi proferida. Como consequência, as duas famílias receberam efetivamente, em média, 1/3 da quantia que lhes era devida" (Louis Henkin et al., *International law: cases and materials*, p. 672).

68. Decisão de 4 de dezembro de 1991, 10 Annual Report of the Inter-American Court of HR 57, 1991.

69. August, 1991, 10 Annual Report of the Inter-American Court of HR 52, 1991.

janeiro e 5 de junho de 2002[70]. Essas decisões da Corte fundamentaram-se no art. 63 (2) da Convenção, que estabelece que, em casos de extrema gravidade e urgência, e quando necessário para evitar danos irreparáveis a pessoas, a Corte, nos assuntos de que estiver conhecendo, pode adotar medidas provisórias que lhe pareçam pertinentes. Se se tratar de assuntos que ainda não tiverem sido submetidos a seu conhecimento, poderá atuar a pedido da Comissão. Note-se que a Convenção Americana de Direitos Humanos é o único tratado internacional de direitos humanos a dispor sobre medidas provisórias judicialmente aplicáveis[71].

No caso Blake, a Corte condenou o Estado da Guatemala ao pagamento de indenização por danos materiais e morais em face do sequestro e assassinato de Nicholas Chapman Blake, por agentes do Estado, em março de 1985. Vale ressaltar que a Corte condenou também o Estado de Guatemala pela violação ao artigo 51.2 da Convenção Americana, por haver-se negado a dar cumprimento à recomendação anterior da Comissão Interamericana de Direitos Humanos[72].

No caso Barrios Altos, em virtude da promulgação e aplicação de leis de anistia (uma que concede anistia geral aos militares, policiais e civis, e outra que dispõe sobre a interpretação e alcance da anistia), o

---

70. Há cinco resoluções da Corte sobre medidas provisórias referentes ao caso do Presídio de Urso Branco, datadas de 18.6.2002, 29.8.2002, 22.4.2004, 7.7.2004 e 21.9.2005 (www.corteidh.or.cr/seriee/index.html#ursobranco). Tendo em vista suficientes elementos probatórios da gravidade e risco de vida e integridade pessoal dos internos, a Corte determinou que o Estado brasileiro: a) adotasse todas as medidas necessárias para garantir a vida e a integridade pessoal de todas as pessoas reclusas na Penitenciária Urso Branco, assim como daquelas que nela ingressassem, visitantes e agentes de segurança; b) adequasse as condições da penitenciária às normas internacionais; c) remetesse à Corte lista atualizada de todas as pessoas que se encontram reclusas na penitenciária; d) investigasse os acontecimentos e aplicasse as sanções correspondentes; e e) apresentasse relatório sobre o cumprimento dessas medidas, entre outras (resolução da Corte Interamericana de Direitos Humanos, de 21 de setembro de 2005, Medidas Provisórias solicitadas pela Comissão Interamericana de Direitos Humanos a respeito da República Federativa do Brasil, Caso da Penitenciária Urso Branco). www.corteidh.or.cr/seriee/urso_se_05_portugues.doc (30.8.2006).

71. Sobre o tema e várias outras questões relacionadas à interpretação e aplicação do art. 63 (2) da Convenção Americana, consultar Thomas Buergenthal, Medidas provisórias na Corte Interamericana de Direitos Humanos, *Boletim da Sociedade Brasileira de Direito Internacional*, Brasília, dez. 1992/maio 1993, p. 11-37. Consultar, ainda, http://www.corteidh.or.cr/seriee/index.html.

72. Caso Blake vs. Guatemala, Sentença de 24 de janeiro de 1998, Série C, n. 36. www.corteidh.or.cr/seriecpdf/seriec_36_esp.pdf (1º.2.2005).

Peru foi condenado a reabrir investigações judiciais sobre os fatos em questão, relativos ao "massacre de Barrios Altos", de forma a derrogar ou tornar sem efeito as leis de anistia mencionadas. Referido massacre envolveu a execução de quinze pessoas por agentes policiais. O Peru foi condenado, ainda, à reparação integral e adequada dos danos materiais e morais sofridos pelos familiares das vítimas[73]. Concluiu a Corte que as leis de "autoanistia" perpetuam a impunidade, propiciam uma injustiça continuada, impedem às vítimas e aos seus familiares o acesso à justiça e o direito de conhecer a verdade e de receber a reparação correspondente, o que constituiria uma manifesta afronta à Convenção Americana. As leis de anistia configurariam, assim, um ilícito internacional, e sua revogação uma forma de reparação não pecuniária. Essa decisão apresentou um elevado impacto na anulação de leis de anistia e na consolidação do direito à verdade, pelo qual os familiares das vítimas e a sociedade como um todo têm o direito de ser informados das violações, realçando o dever do Estado de investigar, processar, punir e reparar violações aos direitos humanos[74].

No mesmo sentido, destaca-se o caso Almonacid Arellano em face do Chile[75], cujo objeto era a validade do Decreto-Lei n. 2.191/78 — que perdoava os crimes cometidos entre 1973 e 1978 durante o regime Pinochet — à luz das obrigações decorrentes da Convenção Americana de Direitos Humanos. Decidiu a Corte pela invalidade do mencionado decreto-lei de "autoanistia", por implicar a denegação de justiça às vítimas, bem como por afrontar os deveres do Estado de investigar, processar, punir e reparar graves violações de direitos humanos que constituem crimes de lesa-humanidade. A Corte consolidou, assim, o entendimento de que leis de anistia são incompatíveis com a Convenção Americana, por afrontarem direitos inderrogáveis reconhecidos pelo Direito Internacional dos Direitos Humanos, obstando o acesso à justiça, o direito à verdade e a responsabilização por graves violações de direitos humanos (como a tortura, as execuções sumárias, extrajudiciais ou arbitrárias e o desaparecimento forçado).

---

73. Caso Barrios Altos (Chumbipuma Aguirre e outros *vs.* Peru), Sentença de 14 de março de 2001, Série C, n. 75. www.corteidh.or.cr/seriecpdf/seriec_75_esp.pdf (1º.2.2005).

74. A título de exemplo, destaca-se o caso argentino, em que decisão da Corte Suprema de Justiça de 2005 anulou as leis de ponto final (Lei n. 23.492/86) e obediência devida (Lei n. 23.521/87), adotando como precedente o caso Barrios Altos.

75. Caso Almonacid Arellano and others *vs.* Chile, Inter-American Court, 26 de setembro de 2006, Ser. C, n. 154.

Em 24 de novembro de 2010, no caso Gomes Lund e outros contra o Brasil, a Corte Interamericana condenou o Brasil em virtude do desaparecimento de integrantes da guerrilha do Araguaia durante as operações militares ocorridas na década de 70. O caso foi submetido à Corte pela Comissão Interamericana, ao reconhecer que o caso "representava uma oportunidade importante para consolidar a jurisprudência interamericana sobre leis de anistia em relação aos desaparecimentos forçados e às execuções extrajudiciais, com a consequente obrigação dos Estados de assegurar o conhecimento da verdade, bem como de investigar, processar e punir graves violações de direitos humanos". Em sua histórica sentença, a Corte realçou que as disposições da lei de anistia de 1979 são manifestamente incompatíveis com a Convenção Americana, carecem de efeitos jurídicos e não podem seguir representando um obstáculo para a investigação de graves violações de direitos humanos, nem para a identificação e punição dos responsáveis. Enfatizou a Corte que leis de anistia relativas a graves violações de direitos humanos são incompatíveis com o Direito Internacional e as obrigações jurídicas internacionais contraídas pelos Estados. Respaldou sua argumentação em vasta e sólida jurisprudência produzida por órgãos das Nações Unidas e pelo sistema interamericano, destacando também, decisões judiciais emblemáticas invalidando leis de anistia na Argentina, no Chile, no Peru, no Uruguai e na Colômbia. A conclusão é uma só: as leis de anistia violam o dever internacional do Estado de investigar e punir graves violações a direitos humanos.

Na mesma direção, em 24 de fevereiro de 2011, no caso Gelman contra o Uruguai, a Corte Interamericana decidiu que a "Lei de Caducidade da Pretensão Punitiva" carece de efeitos jurídicos por sua incompatibilidade com a Convenção Americana e com a Convenção Interamericana sobre o Desaparecimento Forçado de Pessoas, não podendo impedir ou obstar a investigação dos fatos, a identificação e eventual sanção dos responsáveis por graves violações a direitos humanos.

No caso Lori Berenson Mejía, uma vez mais, foi o Estado peruano condenado, em virtude da detenção de Lori Berenson durante dois anos, oito meses e vinte dias, punida pela infração de "traição à pátria", por sentença do Tribunal Militar, que, posteriormente, foi anulada. O caso foi, então, remetido ao juízo ordinário, que determinou a condenação de Lori Berenson a vinte anos de privação de liberdade por "colaboração ao terrorismo". Após rigorosa análise de provas, a Corte decidiu pela condenação do Estado peruano a harmonizar sua legislação interna, à luz dos parâmetros protetivos internacionais; a providenciar atenção médica adequada e especializada à vítima; a prestar reparação civil; e a adotar as medidas necessárias para adequar as condições de detenção de Yanamayo, onde a vítima permaneceu presa[76].

Também no sentido de condenar o Estado a harmonizar sua legislação interna à luz dos parâmetros protetivos internacionais, merece destaque o caso Hilaire, Constantine e Benjamin, no qual a Corte determinou a Trinidad e Tobago que modificasse a legislação doméstica que impunha obrigatoriamente a pena de morte a qualquer pessoa condenada por homicídio[77].

No caso "A Última Tentação de Cristo"[78], a Corte condenou o Chile em virtude de censura prévia à exibição cinematográfica do referido filme, decorrente da violação aos direitos de liberdade de pensamento e expressão, bem como de liberdade de consciência e religião, assegurados nos artigos 12 e 13 da Convenção Americana. Entendeu a Corte que a censura prévia, autorizada pelo artigo 19 da Constituição chilena, era incompatível com as dimensões individual e social da liberdade de expressão, condição essencial a toda sociedade democrática. A Corte demandou do Chile a reforma de sua legislação doméstica, que foi implementada por esse Estado, compreendendo a adoção de nova lei e a reforma da Constituição, de forma a abolir a censura prévia.

Cabe também menção ao caso Villagran Morales contra a Guatemala, em que esse Estado foi condenado pela Corte, em virtude da impunidade relativa à morte de cinco meninos de rua, brutalmente torturados e assassinados por dois policiais nacionais da Guatemala. Entre as medidas de reparação ordenadas pela Corte estão: o pagamento de indenização pecuniária aos familiares das vítimas; a reforma no ordenamento jurídico interno visando à maior proteção dos direitos das crianças e adolescentes guatemaltecos; e a construção de uma escola em memória das vítimas[79]. Nesse caso, a Corte afirmou que o direito à vida não pode ser concebido restritivamente. Introduziu a visão de que o direito à vida compreende não apenas

---

76. Caso Lori Berenson Mejía *vs.* Peru, Sentença de 25 de novembro de 2004, Série C, n. 119. www.corteidh.or.cr/seriecpdf/seriec_119_esp.pdf — acesso em 1º.2.2005. Adicione-se que, no caso Loayza Tamayo, a Corte Interamericana condenou o Peru a libertar um professor da prisão, reconhecendo a incompatibilidade de decretos-leis que tipificavam os delitos de "traição à pátria" e de "terrorismo" com a Convenção Americana, ordenando ao Estado reformas legais (Caso Loayza Tamayo, Series C, n. 33, 17 de setembro de 1997).

77. Caso Hilaire, Constantine e Benjamin, Series C, n. 44, 21 de junho de 2002.

78. A respeito, ver Olmedo Bustos y otros *vs.* Chile. Sentença de 5 de fevereiro de 2001. www.corteidh.or.cr/seriescpdf.

79. Ver Villagran Morales et al. *vs.* Guatemala (The Street Children case) (merits), Inter-American Court, 19 de novembro de 1999, Ser. C, n. 63.

uma dimensão negativa — o direito a não ser privado da vida arbitrariamente —, mas uma dimensão positiva, que demanda dos Estados medidas positivas apropriadas para proteger o direito à vida digna — o "direito a criar e desenvolver um projeto de vida". Essa interpretação lançou um importante horizonte para a proteção dos direitos sociais.

Quanto aos direitos dos povos indígenas, destaca-se o relevante caso da comunidade indígena Mayagna Awas Tingni contra a Nicarágua[80], em que a Corte reconheceu o direito dos povos indígenas à propriedade coletiva da terra, como uma tradição comunitária, e como um direito fundamental e básico à sua cultura, à sua vida espiritual, à sua integridade e à sua sobrevivência econômica. Acrescentou que para os povos indígenas a relação com a terra não é somente uma questão de possessão e produção, mas um elemento material e espiritual de que devem gozar plenamente, inclusive para preservar seu legado cultural e transmiti-lo às gerações futuras.

Em outro caso — comunidade indígena Yakye Axa contra o Paraguai[81] — a Corte decidiu que os povos indígenas têm direito a medidas específicas que garantam o acesso aos serviços de saúde, que devem ser apropriados sob a perspectiva cultural, incluindo cuidados preventivos, práticas curativas e medicinas tradicionais. Adicionou que para os povos indígenas a saúde representa uma dimensão coletiva e que a ruptura de sua relação simbiótica com a terra exerce um efeito prejudicial sobre a saúde dessas populações. A respeito do direito à identidade cultural, aludiu a Corte à necessidade de adotar uma interpretação evolutiva e dinâmica, tal como acena a jurisprudência da Corte Europeia, no sentido de fazer da Convenção um instrumento vivo, capaz de acompanhar as evoluções temporais e as condições de vida atuais. Afirmou a Corte o significado especial da propriedade coletiva das terras ancestrais para os povos indígenas, inclusive para preservar sua identidade cultural e transmiti-la para as gerações futuras. Realçou que a cultura dos membros da comunidade indígena corresponde a uma forma de vida particular de ser, ver e atuar no mundo, construída a partir de sua relação com suas terras tradicionais. Pontuou que a terra, para os povos indígenas, não é apenas um meio de subsistência, mas um elemento integrante de sua cosmovisão, de sua religiosidade e de sua identidade cultural. Isso porque a terra estaria estreitamente relacionada com suas tradições e expressões orais, costumes e línguas, artes e rituais, bem como

---

80. Ver Comunidad Mayagna (Sumo) Awas Tingni *vs.* Nicarágua, Inter-American Court, 2001, Ser. C, n. 79.

81. Ver Comunidad Yakye Axa *vs.* Paraguai, Inter-American Court, 2005, Ser. C, n. 125.

com a sua relação com a natureza, arte culinária, direito consuetudinário. Em virtude de sua relação com a natureza, os membros das comunidades indígenas transmitem de geração para geração esse patrimônio cultural imaterial, que é recriado constantemente pelos membros da comunidade indígena. Concluiu a Corte que a identidade cultural é um componente agregado ao próprio direito à vida *lato sensu*. Deste modo, se é violada a identidade cultural, a própria vida vê-se inevitavelmente violada.

No caso da comunidade indígena Xákmok Kásek contra Paraguai, a Corte Interamericana, em sentença proferida em 24 de agosto de 2010, condenou o Estado do Paraguai pela afronta aos direitos à vida, à propriedade comunitária e à proteção judicial (arts. 4º, 21 e 25 da Convenção Americana, respectivamente), dentre outros direitos, em face da não garantia do direito de propriedade ancestral à aludida comunidade indígena, o que estaria a afetar seu direito à identidade cultural. Ao motivar a sentença, destacou que os conceitos tradicionais de propriedade privada e de possessão não se aplicam às comunidades indígenas, pelo significado coletivo da terra, eis que a relação de pertença não se centra no indivíduo, senão no grupo e na comunidade. Acrescentou que o direito à propriedade coletiva estaria ainda a merecer igual proteção pelo art. 21 da Convenção (concernente ao direito à propriedade privada). Afirmou o dever do Estado em assegurar especial proteção às comunidades indígenas, à luz de suas particularidades próprias, suas características econômicas e sociais e suas especiais vulnerabilidades, considerando o direito consuetudinário, os valores, os usos e os costumes dos povos indígenas, de forma a assegurar-lhes o direito à vida digna, contemplando o acesso à água potável, alimentação, saúde, educação, dentre outros.

Em 27 de junho de 2012, no caso da comunidade indígena Kichwa de Sarayaku contra Equador, a Corte Interamericana condenou o Estado sob o argumento de violação do direito à consulta prévia dos povos indígenas, bem como pela afronta aos direitos de identidade cultural. No entender da Corte, o Estado ainda seria responsável por ter colocado em grave risco os direitos à vida e à integridade pessoal dos povos indígenas Sarayaku. Na hipótese, a comunidade indígena Sarayaku — integrada por 1.200 membros — habita a região amazônica do Equador (floresta tropical), vivendo por meio da propriedade coletiva da terra, bem como da caça e da pesca, em plena observância de costumes ancestrais e tradições. Contudo, na década de 1990, o Estado do Equador teria outorgado permissão a um consórcio petrolífero, formado por entes privados, para a exploração de atividades econômicas no território dos povos Sarayaku, sem que houvesse a prévia consulta, o que acabou por implicar violações a direitos dos povos indígenas

Sarayku. A Corte condenou o Estado do Equador a realizar uma consulta à comunidade indígena Sarayaku, de forma prévia, adequada e efetiva, em total consonância com os relevantes parâmetros internacionais, nos casos a envolver atividades ou projetos de exploração dos recursos naturais de seu território, ou qualquer investimento, ou, ainda, desenvolvimento de planos com potencial impacto em seu território.

Outras relevantes sentenças foram proferidas pela Corte Interamericana visando à proteção de direitos dos povos indígenas, merecendo destaque o caso Comunidade Garífuna Triunfo de la Cruz contra Honduras (sentença de 8 de outubro de 2015) e o caso Pueblos Kaliña y Lokono contra o Suriname (sentença de 25 de novembro de 2015). Em ambos os casos, a Corte condenou os Estados por violação ao direito à propriedade coletiva, pela afronta ao dever de delimitar e demarcar terras indígenas, bem como pela violação ao direito à consulta prévia.

Destaque há que ser dado ao caso Baena Ricardo e outros contra o Estado do Panamá, envolvendo a demissão sumária de duzentos e setenta trabalhadores, como resultado de uma lei que determinava a demissão em massa dos aludidos funcionários públicos, que haviam participado de uma manifestação trabalhista. Ao final, o Estado do Panamá foi condenado a pagar os salários dos duzentos e setenta trabalhadores e a indenização correspondente; a reintegrar os trabalhadores ou, em caso de impossibilidade, a propor alternativa que respeitasse as condições, salários e remunerações; bem como a pagar indenização por danos morais[82]. Ressalte-se que, nesse caso, foram utilizados argumentos atinentes à violação de direitos civis e políticos (especialmente do direito ao devido processo legal e à proteção judicial, bem como das liberdades de reunião e associação) para proteger direitos sociais (fundamentalmente direitos de natureza trabalhista). No caso Trabajadores cesados del congreso (Aguado Alfaro y otros) contra o Peru[83] envolvendo a despedida arbitrária de duzentos e cinquenta e sete trabalhadores, a Corte condenou o Estado do Peru também pela afronta ao devido processo legal e à proteção judicial. Em ambos os casos, a condenação dos Estados teve como argumento central a violação à garantia do devido processo legal e não a violação ao direito do trabalho.

---

82. Caso Baena Ricardo e outros *vs.* Panamá, Sentença de 2 de fevereiro de 2001, Série C, n. 72. Disponível em: www.corteidh.or.cr/seriecpdf/seriec_72_esp.pdf — acesso em 1º-2-2005.

83. Caso Trabajadores cesados del congreso (Aguado Alfaro y otros) *vs.* Peru, Inter-American Court, 24 de novembro de 2006, série C n. 158.

No caso Acevedo Buendía y otros ("Cesantes y Jubilados de la Contraloría") contra o Peru, em sentença prolatada em 1º de julho de 2009, a Corte condenou o Peru pela violação aos direitos à proteção judicial (art. 25 da Convenção Americana) e à propriedade privada (art. 21 da Convenção), em caso envolvendo denúncia dos autores relativamente ao não cumprimento pelo Estado de decisão judicial, concedendo aos mesmos remuneração, gratificação e bonificação similar aos percebidos pelos servidores da ativa em cargos idênticos. Em sua fundamentação, a Corte reconheceu que os direitos humanos devem ser interpretados sob a perspectiva de sua integralidade e interdependência, a conjugar direitos civis e políticos e direitos econômicos, sociais e culturais, inexistindo hierarquia entre eles e sendo todos direitos exigíveis. Realçou ser a aplicação progressiva dos direitos sociais (art. 26 da Convenção) suscetível de controle e fiscalização pelas instâncias competentes, destacando o dever dos Estados de não regressividade em matéria de direitos sociais. Endossou o entendimento do Comitê da ONU sobre Direitos Econômicos, Sociais e Culturais de que as medidas de caráter deliberadamente regressivo requerem uma cuidadosa análise, somente sendo justificáveis quando considerada a totalidade dos direitos previstos no Pacto, bem como a máxima utilização dos recursos disponíveis.

Um outro caso emblemático é o caso "cinco pensionistas" *versus* Peru[84] envolvendo a modificação do regime de pensão no Peru, em que a Corte condenou o Estado com fundamento na violação ao direito de propriedade privada e não com fundamento na afronta ao direito de seguridade social, em face dos danos sofridos pelos cinco pensionistas.

Esses casos consagram a proteção indireta de direitos sociais, mediante a proteção de direitos civis, o que confirma a ideia da indivisibilidade e da interdependência dos direitos humanos.

Constata-se gradativamente a emergência de uma nova tendência jurisprudencial voltada à justiciabilidade direta dos direitos sociais. A respeito, destacam-se o caso Lagos del Campo e o caso Trabalhadores Demitidos de Petroperu, ambos contra o Estado do Peru, decididos em 2017, em que, ineditamente, a Corte Interamericana considerou restar caracterizada uma violação autônoma do artigo 26 da Convenção Americana. Em sentido similar, destaca-se a sentença proferida em 8 de março de 2018 no caso Poblete Vilches y Otros contra o Estado do Chile, que consolidou relevantes parâmetros interamericanos a respeito do direito à saúde envolvendo pessoa idosa, com ênfase ao direito ao consentimento informado. Para a Corte Interameri-

---

84. Caso "cinco pensionistas" *vs.* Peru, Inter-American Court, 28 de fevereiro de 2003, série C n. 98.

cana, o direito à saúde invoca como dimensões a disponibilidade, a acessibilidade, a aceitabilidade e a qualidade, tendo exigibilidade e justiciabilidade direta, na qualidade de direito autônomo. Adicionou, ainda, a importância de conferir visibilidade às pessoas idosas como sujeitos de direitos a merecer especial proteção. De forma inédita, a Corte se pronunciou sobre a saúde como um direito autônomo, integrante dos direitos econômicos, sociais, culturais e ambientais, com base no artigo 26 e no dever do Estado de conferir observância aos direitos das pessoas idosas. No mesmo sentido, cabe menção à sentença do caso Cuscul Pivaral contra o Estado da Guatemala, proferida em 2018, em que, também ineditamente, a Corte condenou um Estado por violar o dever de progressivamente implementar o direito à saúde, em situação envolvendo pessoas vivendo com HIV na Guatemala[85]. Em 6 de fevereiro de 2020, no caso Comunidades Indígenas Miembros de la Asociación Lhaka Honhat (Nuestra Tierra) contra o Estado da Argentina, a Corte Interamericana, de forma inédita, reconheceu a responsabilidade internacional do Estado por violação autônoma dos direitos econômicos, sociais, culturais e ambientais de comunidades indígenas, com destaque para os direitos ao meio ambiente saudável, à alimentação e à água, no contexto da pandemia, tendo por fundamento o art. 26 da Convenção Americana.

Na mesma direção, no sentido de fortalecer a tendência jurisprudencial voltada à justiciabilidade dos direitos econômicos, sociais, culturais e ambientais, destaca-se o caso Habitantes de La Oroya contra o Peru. Em sentença proferida em 27 de novembro de 2023, ineditamente a Corte Interamericana considerou o Estado responsável por violar o direito ao meio ambiente saudável, com fundamento nos arts. 26 e 1 e 2 da Convenção Americana, tanto em sua dimensão de exigibilidade imediata como de proibição de regressividade, em sua dimensão individual e coletiva. Declarou, ainda, a responsabilidade do Estado por afrontar o direito à saúde, também com fundamento nos arts. 26 e 1 e 2 da Convenção Americana, o direito à vida digna e à integridade pessoal, direitos das crianças, bem como o direito ao acesso à informação e à participação política e a um recurso judicial efetivo. Esse caso aponta um quadro de graves violações de direitos humanos sofridas por um grupo de habitantes de La Oroya, decorrentes de contaminação ocorrida no complexo metalúrgico da cidade, restando configurada a omissão do Estado no que se refere ao dever de atuar com a devida diligência na regulação, na fiscalização e no controle das atividades do complexo metalúrgico com respeito aos direitos ao meio ambiente saudável, à vida e à integridade pessoal.

---

85. Caso Cuscul Pivaral *vs.* Guatemala, Inter-American Court, 08 de fevereiro de 2018, série C n. 348.

Ressalte-se, ademais, que o Estado tampouco teria assegurado o direito à participação pública das vítimas e o acesso ao direito de informação relevante sobre medidas que afetaram seus direitos. Dentre os pontos resolutivos da sentença, a Corte Interamericana ordenou o dever do Estado em realizar um diagnóstico de "línea base" e um plano de ação para remediar os danos ambientais ocorridos, compatibilizando, ainda, sua legislação ambiental à luz da efetiva proteção ao meio ambiente e à saúde. Determinou também ao Estado o dever de garantir a efetividade de um sistema de estados de alerta em La Oroya e o dever de adotar medidas para garantir que as operações do complexo metalúrgico sejam realizadas conforme os estandares ambientais internacionais, à luz dos Princípios Rectores sobre Empresas e Direitos Humanos. Endossou que o Estado tem o dever de evitar violações de direitos humanos perpetradas por empresas, cabendo às empresas a responsabilidade de evitar violações causadas por suas atividades empresariais. Ordenou ainda ao Estado fornecer tratamento médico, psicológico e psiquiátrico às vítimas, bem como um sistema de atenção médica especializada.

No caso Massacre de Ituango contra a Colômbia, a Corte Interamericana condenou o Estado da Colômbia por omissão, aquiescência e colaboração com grupos paramilitares pertencentes à Autodefesa Unida da Colômbia (AUC), que perpetraram ataques armados no Município de Ituango, causando o assassinato de civis indefesos, despojando-lhes de seus bens e gerando terror e "desplazamiento" (deslocamentos forçados). A sentença condenatória da Corte endossou a responsabilidade por omissão da Colômbia, por não esclarecer os fatos ocorridos, não proceder ao julgamento efetivo dos responsáveis e tampouco prover a reparação adequada das vítimas[86].

Outro caso a merecer menção é o caso Damião Ximenes Lopes contra o Brasil, envolvendo a morte, após três dias de internação em hospital psiquiátrico, de pessoa com deficiência mental. Foi o primeiro caso sobre saúde mental a ser decidido pela Corte. Também neste caso apontou-se à responsabilidade internacional do Estado por omissão, resultante na violação aos direitos à vida, à integridade física e à proteção judicial da vítima[87].

---

86. Ver sentença de 1º de julho de 2006, Série C n. 148. Disponível em: www.corteidh.or.cr/docs/casos/articulos/seriec_148_esp.pdf.

87. Ver sentença de 4 de julho de 2006, Série C n. 149. Trata-se da primeira condenação do Estado brasileiro perante a Corte Interamericana de Direitos Humanos. A Corte ressaltou que a sentença constitui *per se* uma forma de reparação. A Corte ainda determinou ao Estado: a) garantir, em um prazo razoável, que o processo interno destinado a investigar e sancionar os responsáveis pelos fatos desse caso surta seus devidos efeitos; b) publicar, no prazo de seis meses, no *Diário Oficial* e em outro jornal de ampla circulação nacional, em

No que se refere à proteção dos direitos humanos das mulheres, emblemático é o caso González e outras contra o México (caso "Campo Algodonero"), em que a Corte Interamericana condenou o México em virtude do desaparecimento e morte de mulheres em Ciudad Juarez, sob o argumento de que a omissão estatal estava a contribuir para a cultura da violência e da discriminação contra a mulher. No período de 1993 a 2003, estima-se que de 260 a 370 mulheres tenham sido vítimas de assassinato, em Ciudad Juarez. A sentença da Corte condenou o Estado do México ao dever de investigar, sob a perspectiva de gênero, as graves violações ocorridas, garantindo direitos e adotando medidas preventivas necessárias de forma a combater a discriminação contra a mulher[88].

No caso Gutiérrez Hernández e outros contra a Guatemala, concernente a desaparecimento forçado e violência contra a mulher, em sentença proferida em 24 de agosto de 2017, a Corte Interamericana condenou o Estado da Guatemala pela violação aos direitos à igual proteção da lei e não discriminação, aos direitos às garantias judiciais e proteção judicial, bem como aos direitos à vida e integridade pessoal, tendo por fundamento a Convenção Americana de Direitos Humanos, a Convenção Interamericana para Prevenir, Punir e Erradicar a Violência contra a Mulher e a Convenção Interamericana sobre Desaparecimento Forçado de Pessoas. Determinou ao Estado o dever de conduzir, em prazo razoável, eficaz investigação "livre de esteriótipos de gênero", adotando procedimento penal para identificar, processar e punir os responsáveis pelo desaparecimento da vítima Mayra Gutiérrez Hernandez, dentre outras medidas[89].

---

uma só vez, o Capítulo VII relativo aos fatos provados da sentença da Corte; c) continuar a desenvolver um programa de formação e capacitação para o pessoal médico, de psiquiatria e psicologia, de enfermagem e auxiliares de enfermagem e para todas as pessoas vinculadas ao atendimento de saúde mental, em especial sobre os princípios que devem reger o trato das pessoas portadoras de deficiência mental, conforme os padrões internacionais sobre a matéria e aqueles dispostos na Sentença; d) pagar em dinheiro para os familiares da vítima, no prazo de um ano, a título de indenização por dano material e imaterial, as quantias fixadas em sentença; e e) pagar em dinheiro, no prazo de um ano, a título de custas e gastos gerados no âmbito interno e no processo internacional perante o sistema interamericano de proteção dos direitos humanos. A Corte ressaltou também que supervisionará o cumprimento integral da sentença, cabendo ao Estado, no prazo de um ano, apresentar à Corte relatório sobre as medidas adotadas para o seu cumprimento. Disponível em: www.corteidh.or.cr/docs/casos/articulos/seriec_149_por.pdf.

88. Ver sentença de 16 de novembro de 2009. Disponível em: www.corteidh.or.cr/docs/casos/articulos/seriec_205_esp.pdf.

89. Corte IDH. Caso Gutiérrez Hernández y otros vs. Guatemala. Excepciones Preliminares, Fondo, Reparaciones y Costas. Sentencia de 24 de agosto de 2017. Serie C n. 339.

Merece ainda destaque o *leading case* Atala Riffo y niñas contra o Chile, decidido pela Corte Interamericana em 24 de fevereiro de 2012[90]. Trata-se do primeiro caso julgado pela Corte concernente à violação aos direitos da diversidade sexual. Ineditamente foi analisada a responsabilidade internacional do Estado em face do tratamento discriminatório e da interferência indevida na vida privada e familiar da vítima Karen Atala devido à sua orientação sexual. O caso foi objeto de intenso litígio judicial no Chile, que culminou com a decisão da Corte Suprema de Justiça em determinar a custódia das três filhas ao pai, sob o argumento de que a Sra. Atala não deveria manter a custódia por conviver com pessoa do mesmo sexo, após o divórcio. No entender unânime da Corte Interamericana, o Chile violou os arts. 1º, parágrafo 1º, e 14 da Convenção Americana, por afrontar o princípio da igualdade e da proibição da discriminação. À luz de uma interpretação dinâmica e evolutiva compreendendo a Convenção como um "*living instrument*", ressaltou a Corte que a cláusula do art. 1º, parágrafo 1º, é caracterizada por ser uma cláusula aberta de forma a incluir a categoria da orientação sexual, impondo aos Estados a obrigação geral de assegurar o exercício de direitos, sem qualquer discriminação. Argumentou ainda que "a igualdade é inseparável da dignidade essencial de cada pessoa, frente a qual é incompatível toda situação que, por considerar superior um determinado grupo, implique tratá-lo com privilégios; ou que, a contrário senso, por considerá-lo inferior o trate com hostilidade, ou, de qualquer forma, o discrimine no gozo de direitos reconhecidos". Enfatizou que o princípio da igualdade e da proibição de discriminação ingressou no domínio do "*jus cogens*" na atual etapa evolutiva do Direito Internacional, amparando a ordem pública nacional e internacional que permeia todo ordenamento jurídico. Concluiu que "nenhuma norma, decisão ou prática de direito interno, seja por parte de autoridade estatal, seja por particular, podem diminuir ou restringir direitos de pessoas com base em orientação sexual". Adicionou a Corte que "a falta de consenso no interior dos países sobre o pleno respeito a direitos de minorias sexuais não pode ser considerada como um argumento válido para negar-lhes ou restringir-lhes direitos humanos ou perpetuar ou reproduzir discriminações históricas ou estruturais que estas minorias tenham sofrido", sob pena de restar violado o art. 1º, parágrafo 1º, da Convenção.

No caso Duque contra Colômbia, em sentença de 26 de fevereiro de 2016, a Corte Interamericana reconheceu a responsabilidade internacional do Estado da Colômbia por violação ao direito à igualdade perante a lei e à proibição de discriminação em face de Angel Alberto Duque. Na hipótese, foi negado o direito à pensão à vítima, sob o argumento de que o com-

---

90. Caso Atala Riffo and daughters *vs.* Chile, Inter-American Court, 24 February 2012, Series C n. 239.

panheiro era do mesmo sexo. Naquele momento, a legislação colombiana previa o direito à pensão exclusivamente ao cônjuge, companheiro ou companheira permanente sobrevivente que fosse de sexo diferente.

Em 31 de agosto de 2016, a Corte Interamericana, no caso Flor Freire contra Equador, condenou o Estado por violação ao direito à igualdade perante a lei e à proibição da discriminação e aos direitos à honra e à dignidade, bem como por afronta à garantia de imparcialidade, em face de processo disciplinar militar sofrido pela vítima, culminando em sua exoneração das Forças Armadas, por supostamente haver cometido práticas sexuais homossexuais no âmbito de instalações militares — punidas de forma mais gravosas se comparadas com práticas sexuais não homossexuais, o que estaria a caracterizar discriminação[91].

Em 12 de março de 2020, a Corte Interamericana condenou o Estado do Peru no caso Azul Rojas Marín, concernente a graves atos de violência física e psicológica em face da vítima em virtude de sua orientação sexual e identidade de gênero. Para a Comissão Interamericana, o Estado teria violado a obrigação de proteção à vítima de violência sexual, tendo por agravante o preconceito em face das pessoas LGBTI. Ao condenar o Estado do Peru pela violação ao direito à integridade pessoal, enunciado no artigo 5º da Convenção Americana, dentre outros dispositivos convencionais violados, ineditamente, no âmbito das garantias de não repetição, a Corte demandou do Estado do Peru a adoção de protocolo específico de investigação e administração de justiça em casos de violência contra pessoas LGBTI; a adoção de programas de sensibilização e capacitação de agentes estatais sobre a violência contra pessoas LGBTI; e a implementação de um sistema de produção de estatísticas de violência contra pessoas LGBTI[92].

Em 26 de março de 2021, no caso Vicky Hernandez e outras contra Honduras, a Corte Interamericana reconheceu a responsabilidade do Estado em face da execução sumária sofrida pela vítima, mulher trans, defensora de direitos humanos, em Honduras. Afirmou a responsabilidade do Estado pela violação aos direitos à vida, à integridade pessoal, à proteção judicial e a garantias judiciais, nos termos dos arts. 4º, 5º, 8º e 25 da Convenção Americana. Ineditamente, a Corte considerou o Estado responsável pela violação das obrigações decorrentes do art. 7º da Convenção Interamericana para Prevenir, Punir e Erradicar a Violência contra a Mulher, adotando a interpre-

---

91. Corte IDH. Caso Flor Freire *vs.* Ecuador. Excepción Preliminar, Fondo, Reparaciones y Costas. Sentencia de 31 de agosto de 2016. Serie C n. 315.

92. Caso Azul Rojas Marín *vs.* Peru, Inter-American Court, 12 de março de 2020.

tação de que tal instrumento seria aplicável a todas mulheres, inclusive às mulheres trans. Desse modo, a Corte consagrou o direito a uma vida livre de violência a todas as mulheres, sem qualquer discriminação. Dentre as medidas ordenadas pela Corte, cabe menção ao dever do Estado de adotar um procedimento para o reconhecimento do direito à identidade de gênero; ao dever de adotar um protocolo de investigação e administração de justiça em casos envolvendo pessoas LGBTI; e ao dever de implementar um sistema de dados desagregados vinculados aos casos de violência em face das pessoas LGBTI.

Em 4 de fevereiro de 2023, no caso Oliveira Fuentes contra o Peru, a Corte reconheceu a responsabilidade do Estado em face da violação aos direitos à liberdade pessoal, à proteção à honra e à dignidade, bem como ao direito à igualdade perante a lei, dentre outros, decorrente de ato discriminatório sofrido pela vítima Crissthian Manuel Olivera Fuentes. Na hipótese, a vítima, defensor de direitos humanos com larga trajetória no ativismo em prol dos direitos das pessoas LGBTI, foi hostilizada em uma cafeteria no interior de um estabelecimento privado (supermercado), quando realizava demonstrações de afeto com o seu companheiro, envolvendo leitura de poemas e demonstração de carinho. Considerando a prática discriminatória baseada em orientação sexual, no âmbito das medidas de reparação, a Corte Interamericana determinou o dever do Estado de oferecer de forma imediata, oportuna, adequada e efetiva tratamento psicológico e psiquiátrico à vítima, demandando também do Estado o dever de elaborar e implementar uma política pública com o objetivo de fiscalizar e monitorar o cumprimento pelas empresas (incluindo seus trabalhadores, trabalhadoras e colaboradores) dos estândares interamericanos sobre igualdade e não discriminação das pessoas LGBTI. Ordenou ainda ao Estado o dever de adotar um plano pedagógico integral em matéria de diversidade sexual e de gênero, igualdade e não discriminação na esfera do consumo, por meio de cursos de formação, adicionando o dever do Estado de implementar uma campanha informativa anual de sensibilização e conscientização nacional endereçada aos meios de comunicação para fomentar uma cultura de respeito, não discriminação e garantia dos direitos das pessoas LGBTI.

Em sentença proferida em 28 de novembro de 2012, a Corte Interamericana de Direitos Humanos, no caso Artavia Murillo e outros contra a Costa Rica, enfrentou, de forma inédita, a temática da fecundação *in vitro* sob a ótica dos direitos humanos. O caso foi submetido pela Comissão Interamericana, sob o argumento de que a proibição geral e absoluta de praticar a fecundação *in vitro* na Costa Rica desde 2000 estaria a implicar violação a direitos humanos. Com efeito, por decisão da Sala Constitucional da Corte Suprema de Justiça de 15 de março de 2000, a prática da fertilização *in vitro* atentaria claramente contra a vida e a dignidade do ser humano. Todavia, no entender da Comissão, tal proibição estaria a constituir uma ingerência arbitrária com relação aos direitos à vida privada e familiar, bem como ao direito de formar uma família. A proibição estaria ainda a afetar o direito de igualdade das vítimas, eis que o Estado estaria a impedir o acesso a tratamento que permitiria superar uma situação de desvantagem relativamente a ter filhas e filhos biológicos, com impacto desproporcional nas mulheres. O argumento da Comissão é de que a proibição da fertilização *in vitro* afrontaria os direitos à vida privada e familiar, à integridade pessoal, à saúde sexual e reprodutiva, bem como o direito de gozar dos benefícios do progresso científico e tecnológico e o princípio da não discriminação.

A partir de uma interpretação sistemática e histórica, com destaque à normatividade e à jurisprudência dos sistemas universal, europeu e africano, concluiu a Corte Interamericana não ser possível sustentar que o embrião possa ser considerado pessoa. Recorrendo a uma interpretação evolutiva, a Corte observou que o procedimento da fertilização *in vitro* não existia quando a Convenção foi elaborada, conferindo especial relevância ao Direito Comparado, por meio do diálogo com a experiência jurídica latino-americana e de outros países, como os EUA e a Alemanha, a respeito da matéria. Concluiu que ter filhos biológicos, por meio de técnica de reprodução assistida, decorre dos direitos à integridade pessoal, liberdade e vida privada e familiar. Argumentou que o direito absoluto à vida do embrião — como base para restringir direitos — não encontra respaldo na Convenção Americana. Condenou, assim, a Costa Rica por violação aos artigos 5º, parágrafo 1º, 7º, 11, parágrafo 2º, e 17, parágrafo 2º, da Convenção Americana, determinando ao Estado adotar com a maior celeridade possível medidas apropriadas para que fique sem efeito a proibição de praticar a fertilização *in vitro*, assegurando às pessoas a possibilidade de valer-se deste procedimento sem impedimentos. Determinou também ao Estado a implementação da fertilização *in vitro*, tornando disponíveis os programas e os tratamentos de infertilidade, com base no princípio da não discriminação. Adicionou o dever do Estado de proporcionar às vítimas atendimento psicológico de forma imediata, fomentando, ademais, programas e cursos de educação e capacitação em direitos humanos, no campo dos direitos reprodutivos, sobretudo aos funcionários judiciais.

No caso I.V. contra o Estado Plurinacional da Bolívia, envolvendo intervenção cirúrgica sofrida pela vítima em hospital público referente ao ligamento de trompas e consequente esterilização, sem que restasse configurada situação de emergência e sem que houvesse o seu consentimento livre, prévio e informado, a Corte Interamericana, em sentença proferida em 30 de novembro de 2016, declarou a responsabilidade do Estado por violação aos direitos à integridade pessoal, à liberdade, à dignidade, à vida privada e familiar, e ao direito de fundar uma família. Condenou o Estado ao dever de oferecer à vítima tratamento médico no campo da saúde sexual e reprodutiva, tratamento psiquiátrico e psicológico, bem como ao dever de editar publicação acessível acerca dos direitos das mulheres, direitos sexuais e reprodutivos, constando especialmente a necessidade de observar o consentimento livre, prévio e informado, desenvolvendo, ainda, programas de educação e capacitação sobre a temática de gênero, violência contra a mulher e direitos humanos das mulheres[93].

Por fim, cabe menção ao caso Corporação Coletivo de Advogados José Alvear Restrepo (Cajar) contra a Colômbia. Em sentença proferida em 18 de outubro de 2023, a Corte Interamericana considerou o Estado responsável por violações a direitos humanos cometidas em face de membros e familiares da organização não governamental Cajar, decorrentes de atividades arbitrárias de inteligência em dependências estatais em prejuízo das vítimas, que ainda sofreram estigmatização, violência, ameaça e intimidação, em virtude de sua qualidade de defensores de direitos humanos. A Corte reconheceu violados os direitos à vida, à integridade pessoal, à vida privada, à liberdade de expressão, à autodeterminação informativa (como um direito autônomo a envolver o direito a controlar os dados de caráter pessoal em poder de órgãos públicos) e ao direito a defender direitos (também como um direito autônomo a envolver a possibilidade de exercer livremente, sem limitações e quaisquer riscos, as distintas atividades voltadas à vigilância, à promoção, à proteção e à defesa de direitos universalmente reconhecidos), entre outros. Enfatizou ser essencial o papel das pessoas defensoras de direitos humanos em uma sociedade democrática. No campo das reparações, ordenou ao Estado o dever de investigar, processar, julgar e sancionar os perpetradores, bem como assegurar às vítimas o direito a tratamento psicológico e psiquiátrico. Dentre as garantias de não repetição, determinou a Corte o dever do Estado de realizar uma campanha informativa e de sensibilização de alcance nacional sobre a violência em face de pessoas defensoras de direitos humanos; implementar um sistema de sistematização de dados relativos a casos de violência contra pessoas defensoras de direitos humanos; criar um fundo destinado a programas de proteção a defensores de direitos humanos; implementar mecanismos que assegurem o direito à

---

93. Corte IDH. Caso I.V. Vs. Bolivia. Excepciones Preliminares, Fondo, Reparaciones y Costas. Sentencia de 30 de noviembre de 2016. Serie C n. 329.

autodeterminação informativa das pessoas cujos dados constem dos arquivos de inteligência do Estado; e adequar os manuais de inteligência e contra-inteligência aos estândares internacionais sobre a matéria.

Considerando a atuação da Comissão e da Corte Interamericana nesses casos destacados, resta concluir que, embora recente a jurisprudência da Corte, o sistema interamericano está se consolidando como importante e eficaz estratégia de proteção dos direitos humanos, quando as instituições nacionais se mostram omissas ou falhas[94].

Ainda que a crescente justicialização do sistema, especialmente em virtude do Regulamento da Comissão Interamericana de 2001, signifique, por si só, um considerável avanço, faz-se ainda necessário seu aprimoramento. Aponta-se, nesse sentido, para quatro propostas.

A primeira proposta atém-se à exigibilidade de cumprimento das decisões da Comissão e da Corte, com a adoção pelos Estados de legislação interna relativa à implementação das decisões internacionais em matéria de direitos humanos[95]. A justicialização do sistema interamericano requer, necessariamente, a observância e o cumprimento das decisões internacionais no âmbito interno. Os Estados devem garantir o cumprimento das decisões, sendo inadmissível sua indiferença, omissão e silêncio. As decisões internacionais em matéria de direitos humanos devem produzir efeitos jurídicos imediatos e obrigatórios no âmbito do ordenamento jurídico interno, cabendo aos Estados sua fiel execução e cumprimento, em conformidade com o princípio da boa-fé, que orienta a ordem internacional. A efetividade da proteção internacional dos direitos humanos está absolutamente condicionada ao aperfeiçoamento das medidas nacionais de implementação.

Outra proposta refere-se à previsão de sanção ao Estado que, de forma reiterada e sistemática, descumprir as decisões internacionais. A título de exemplo, poder-se-ia estabelecer a suspensão ou expulsão do Estado pela

---

94. Como observa Antonio Cassesse: "a Comissão e a Corte Interamericana contribuem, ao menos em certa medida, para a denúncia dos mais sérios abusos e pressionam os governos para que cessem com as violações de direitos humanos" (*Human rights in a changing world*, p. 202).

95. A respeito, ver Flávia Piovesan, Implementação das obrigações, *standards* e parâmetros internacionais de direitos humanos no âmbito intragovernamental e federativo, texto que serviu de base à palestra proferida no painel "Implementation Through Intrastate Levels of Government, Including Federal, State/Provincial and Municipal Jurisdictions", na Working Session on the Implementation of International Human Rights Obligations and Standards in the Inter-American System, organizada pela Inter-American Commission on Human Rights e pelo The International Justice Project, em Washington, em 1º de março de 2003.

Assembleia Geral da OEA[96]. Fundamental, ainda, é aprimorar o mecanismo de supervisão do cumprimento das decisões da Corte Interamericana, a fim de que o monitoramento de tais decisões seja uma garantia coletiva da própria OEA e não apenas uma preocupação solitária da Corte, por meio de audiências de seguimento de suas decisões. Na avaliação de Antônio Augusto Cançado Trindade: "(...) a Corte Interamericana tem atualmente uma especial preocupação quanto ao cumprimento de suas sentenças. Os Estados, em geral, cumprem as reparações que se referem a indenizações de caráter pecuniário, mas o mesmo não ocorre necessariamente com as reparações de caráter não pecuniário, em especial as que se referem às investigações efetivas dos fatos que originaram tais violações, bem como à identificação e sanção dos responsáveis, — imprescindíveis para pôr fim à impunidade (e suas consequências negativas para o tecido social como um todo). (...) Atualmente, dada a carência institucional do sistema interamericano de proteção dos direitos humanos nesta área específica, a Corte Interamericana vem exercendo *motu propio* a supervisão da execução de suas sentenças, dedicando-lhe um ou dois dias de cada período de sessões. Mas a supervisão — como exercício de garantia coletiva — da fiel execução das sentenças e decisões da Corte é uma tarefa que recai sobre o conjunto dos Estados-partes da Convenção"[97].

Uma terceira proposta compreende a demanda por maior democratização do sistema, permitindo o acesso direto do indivíduo à Corte Interamericana — hoje restrito apenas à Comissão e aos Estados. Note-se que, no sistema regional europeu, mediante o Protocolo n. 11, que entrou em vigor em 1º de novembro de 1998, qualquer pessoa física, organização não governamental ou grupo de indivíduos pode submeter diretamente à Corte

---

96. Note-se que no Conselho da Europa o descumprimento das decisões dos órgãos de direitos humanos acarreta sanções, que preveem a exclusão do sistema regional europeu.

97. Antônio Augusto Cançado Trindade e Manuel E. Ventura Robles, *El Futuro de la Corte Interamericana de Derechos Humanos*, 2. ed. atualizada e ampliada, San José/Costa Rica, Corte Interamericana de Direitos Humanos e ACNUR, 2004, p. 434. Propõe o autor: "Para assegurar o monitoramento contínuo do fiel cumprimento de todas as obrigações convencionais de proteção, em particular das decisões da Corte, deve ser acrescentado ao final do artigo 65 da Convenção Americana, a seguinte frase: 'A Assembleia Geral os remeterá ao Conselho Permanente, para estudar a matéria e elaborar um informe, a fim de que a Assembleia Geral delibere a respeito.' Deste modo, se supre uma lacuna com relação a um mecanismo, a operar em base permanente (e não apenas uma vez por ano, ante a Assembleia Geral da OEA), para supervisionar a fiel execução, por todos os Estados-partes demandados, das sentenças da Corte" (op. cit., p. 91-92).

Europeia demanda veiculando denúncia de violação por Estado-parte de direitos reconhecidos na Convenção (conforme o art. 34 do Protocolo). O acesso direto à Corte, sendo mantida a atuação da Comissão Interamericana, permitiria uma arena mais participativa e aberta à relevante atuação das organizações não governamentais e dos indivíduos no sistema. O protagonismo da sociedade civil tem se mostrado vital ao sucesso do sistema interamericano. Ademais, a jurisdição da Corte deveria ser veiculada por meio de cláusula obrigatória (e não facultativa, como atualmente é prevista), sendo automática e compulsória para os Estados-partes.

Uma quarta proposta, de natureza logística, seria a instituição de funcionamento permanente da Comissão e da Corte, com recursos financeiros, técnicos e administrativos suficientes. A justicialização do sistema aumentará significativamente o universo de casos submetidos à Corte Interamericana.

e) Impacto do Sistema Interamericano e a Emergência de um Constitucionalismo Regional Transformador: um *Ius Constitutionale Commune* na América Latina

Por fim, cabe realçar que o sistema interamericano tem assumido extraordinária relevância, como especial *locus* para a proteção de direitos humanos. O sistema interamericano salvou e continua salvando muitas vidas; tem contribuído de forma decisiva para a consolidação do Estado de Direito e das democracias na região; tem combatido a impunidade; e tem assegurado às vítimas o direito à esperança de que a justiça seja feita e os direitos humanos sejam respeitados. No dizer de Dinah Shelton: "Ambas, a Comissão e a Corte, têm adotado medidas inovadoras, de modo a contribuir para a proteção dos direitos humanos nas Américas e ambos, indivíduos e organizações não governamentais, podem encontrar um fértil espaço para futuros avanços"[98].

O sistema interamericano tem revelado, sobretudo, uma dupla vocação: impedir retrocessos e fomentar avanços no regime de proteção dos direitos humanos, sob a inspiração de uma ordem centrada no valor da absoluta prevalência da dignidade humana. Permite difundir parâmetros protetivos mínimos afetos à dignidade humana; compensar "déficits nacionais" em matéria de direitos humanos; e fomentar uma nova dinâmica de poder entre os diversos atores sociais.

Três são as dimensões essenciais do sistema interamericano: a centralidade das vítimas (o "*victim centric approach*"); os estândares interameri-

---

98. Cf. Dinah Shelton, The inter-american human rights system, p. 131.

canos a formar o *"corpus juris* interamericano"; e o instituto da reparação integral a envolver medidas de restituição (visando reestabelecer a situação anterior à violação); reabilitação (visando à reabilitação física, psicológica e social das vítimas); compensação (visando ao pagamento de indenização financeira decorrente dos danos materiais e morais sofridos pela vítima); satisfação (visando a medidas de reparação simbólica para restaurar a dignidade, a honra e a memória histórica das vítimas); medidas de acesso à justiça (visando ao dever do Estado de investigar, processar e punir violações de direitos humanos); e garantias de não repetição (visando ao dever de prevenir violações de direitos humanos por parte do Estado). É no âmbito das garantias de não repetição e com fundamento no dever do Estado de prevenir violações de direitos humanos que o sistema interamericano tem sido capaz de fomentar transformações estruturais, demandando do Estado a adoção de políticas públicas e marcos normativos. Sustenta-se que violações estruturais têm causas estruturais, exercendo o sistema interamericano um impacto transformador ao contribuir para o desmantelamento das causas estruturais, evitando sua perpetuação.

O sistema interamericano é capaz de revelar as peculiaridades e especificidades das lutas emancipatórias por direitos e por justiça na região latino-americana. O sistema apresenta uma particular institucionalidade marcada pelo protagonismo de diversos atores, em um palco em que interagem Estados, vítimas, organizações da sociedade civil nacionais e internacionais, a Comissão e a Corte Interamericana no âmbito da Organização dos Estados Americanos.

Neste contexto, o sistema interamericano gradativamente se empodera, mediante diálogos a permitir o fortalecimento dos direitos humanos, em um sistema multinível. É sob esta perspectiva multinível que emergem duas vertentes do diálogo jurisdicional, a compreender o diálogo com os sistemas nacionais (a abranger o controle da convencionalidade) e o diálogo com a sociedade civil (a emprestar ao sistema interamericano crescente legitimação social).

A respeito do diálogo com os sistemas nacionais, consolida-se o chamado "controle de convencionalidade". Tal controle é reflexo de um novo paradigma a nortear a cultura jurídica latino-americana na atualidade: da hermética pirâmide centrada no *State approach* à permeabilidade do trapézio centrado no *Human rights approach* — como já examinado nesta obra, no capítulo IV, tópico "e", isto é, aos parâmetros constitucionais somam-se os parâmetros convencionais, na composição de um trapézio jurídico aberto ao diálogo, aos empréstimos e à interdisciplinaridade, a ressignificar o fenômeno jurídico sob a inspiração do *human rights approach*.

No caso latino-americano, o processo de democratização na região, deflagrado na década de 80, é que propiciou a incorporação de importantes instrumentos internacionais de proteção dos direitos humanos pelos Estados latino-americanos. Hoje constata-se que os países latino-americanos subscreveram os principais tratados de direitos humanos adotados pela ONU e pela OEA.

De um lado, despontam Constituições latino-americanas com cláusulas constitucionais abertas, com destaque à hierarquia especial dos tratados de direitos humanos, à sua incorporação automática e às regras interpretativas alicerçadas no princípio *pro persona*.

Por outro lado, o sistema interamericano revela permeabilidade e abertura ao diálogo mediante as regras interpretativas do artigo 29 da Convenção Americana, em especial as que asseguram o princípio da prevalência da norma mais benéfica, mais favorável e mais protetiva à vítima. Ressalte-se que os tratados de direitos humanos fixam parâmetros protetivos mínimos, constituindo um piso mínimo de proteção e não um teto protetivo máximo. Daí a hermenêutica dos tratados de direitos humanos endossar o princípio pro ser humano.

Cláusulas de abertura constitucional e o princípio pro ser humano inspirador dos tratados de direitos humanos compõem os dois vértices — nacional e internacional — a fomentar o diálogo em matéria de direitos humanos. No sistema interamericano este diálogo é caracterizado pelo fenômeno do "controle da convencionalidade", na sua forma difusa e concentrada.

A emergência de um novo paradigma jurídico tem impulsionado a criação de um constitucionalismo regional transformador em matéria de direitos humanos — um *Ius Constitutionale Commune* na América Latina —, fruto da combinação de 3 (três) importantes fatores ao longo do processo de democratização na região:

i) o crescente empoderamento do sistema interamericano de proteção dos direitos humanos e seu impacto transformador na região;

ii) a adoção de Constituições latino-americanas que, na qualidade de marcos jurídicos de transições democráticas e da institucionalização de direitos, apresentam cláusulas de abertura constitucional, a propiciar maior diálogo e interação entre o Direito interno e o Direito Internacional dos Direitos Humanos;

iii) o fortalecimento da sociedade civil na luta por direitos e por justiça.

É neste cenário que o sistema interamericano gradativamente se legitima como importante e eficaz instrumento para a proteção dos direitos humanos. Com a atuação da sociedade civil, a partir de articuladas e competentes estratégias de litigância, o sistema interamericano tem tido a força catalizadora de promover avanços no regime de direitos humanos.

Adicione-se o profícuo diálogo do sistema interamericano com a sociedade civil, o que lhe confere gradativa legitimação social e crescente empoderamento. O sistema enfrenta o paradoxo de sua origem — nasceu em um ambiente marcado pelo arbítrio de regimes autoritários com a expectativa estatal de seu reduzido impacto — e passa a ganhar credibilidade, confiabilidade e elevado impacto. A força motriz do sistema interamericano tem sido a sociedade civil organizada por meio de um *transnational network*, a empreender exitosos litígios estratégicos.

O sucesso do sistema interamericano reflete o intenso comprometimento das ONGs (envolvendo movimentos sociais e estratégias de mídia), a boa resposta do sistema e a implementação de suas decisões pelo Estado, propiciando transformações e avanços no regime interno de proteção dos direitos humanos.

A partir da análise do impacto da jurisprudência da Corte Interamericana de Direitos Humanos na região latino-americana, sob a perspectiva de um sistema multinível e dialógico a envolver as esferas regional e local, tendo ainda como força impulsionadora o ativismo transnacional da sociedade civil, vislumbra-se a pavimentação de um constitucionalismo regional transformador em direitos humanos.

É à luz desta dinâmica que emergem 3 (três) desafios centrais à pavimentação deste constitucionalismo latino-americano em direitos humanos:

1) Fomentar uma cultura jurídica inspirada em novos paradigmas jurídicos e na emergência de um novo Direito Público: estatalidade aberta, diálogo jurisdicional e prevalência da dignidade humana em um sistema multinível[99]

A existência de cláusulas constitucionais abertas a propiciar o diálogo entre as ordens jurídicas local, regional e global, por si só, não assegura a

---

99. Ver Armin von Bogdandy, Flávia Piovesan e Mariela Morales Antoniazzi (coord.), *Estudos avançados de direitos humanos — democracia e integração jurídica:* emergência de um novo Direito Público, São Paulo, Campus Elsevier, 2013. Consultar ainda Armin von Bogdandy, Mariela Morales Antoniazzi; Eduardo Ferrer Mac-Gregor, Flávia Piovesan (eds.), *Transformative Constitutionalism in Latin America*, Oxford, Oxford University Press, 2017; e Armin von Bogdandy; Flávia Piovesan; Eduardo Ferrer Mac-Gregor e Mariela Morales Antoniazzi (coord.). *The Impact of the Inter-American System: transformations on the ground.* Oxford: Oxford University Press, 2024.

efetividade do diálogo jurisdicional em direitos humanos. Se, de um lado, constata-se o maior refinamento das cláusulas de abertura constitucional — a contemplar a hierarquia, a incorporação e as regras interpretativas de instrumentos internacionais de direitos humanos —, por outro lado, esta tendência latino-americana não é suficiente para o êxito do diálogo jurisdicional em matéria de direitos humanos.

Isto porque interpretações jurídicas reducionistas e restritivas das ordens constitucionais podem comprometer o avanço e a potencialidade de cláusulas abertas.

Daí a necessidade de fomentar uma doutrina e uma jurisprudência emancipatórias no campo dos direitos humanos inspiradas na prevalência da dignidade humana[100] e na emergência de um novo Direito Público marcado pela estatalidade aberta em um sistema jurídico multinível. A formação de uma nova cultura jurídica, baseada em uma nova racionalidade e ideologia, surge como medida imperativa à afirmação de um constitucionalismo regional transformador.

2) Fortalecer o sistema interamericano de proteção de direitos humanos: universalidade, institucionalidade, independência, sustentabilidade e efetividade

Outro importante desafio à consolidação de um constitucionalismo regional transformador atém-se ao aprimoramento do sistema interamericano — somadas às propostas já elencadas acima concernentes ao fortalecimento da Corte Interamericana, com realce à exigibilidade de suas decisões; à previsão de sanção ao Estado que descumprir suas decisões; à democratização do acesso à jurisdição da Corte; e ao seu funcionamento permanente, com recursos financeiros, técnicos e administrativos apropriados.

Com relação à universalidade do sistema interamericano, há de se expandir o universo de Estados-partes da Convenção Americana (que contava com 24 Estados-partes em 2024) e sobretudo do Protocolo de San Salvador em matéria de direitos econômicos, sociais e culturais (que contava apenas com 18 Estados-partes em 2024). Também essencial é ampliar o grau de reconhecimento da jurisdição da Corte Interamericana de Direitos

---

100. Para Habermas, o princípio da dignidade humana é a fonte moral da qual os direitos fundamentais extraem seu conteúdo. Adiciona Habermas: "The appeal to human rights feeds off the outrage of the humiliated at the violation of their human dignity (…) The origin of human rights has always been resistance to despotism, oppression and humiliation (...)" (Jurgen Habermas, *The Crisis of the European Union: a response*, Cambridge, Polity Press, 2012, p. 75).

Humanos, a contar com o aceite de 22 Estados, em 2024. Observa-se que a OEA compreende 35 Estados-membros.

Outra relevante medida é assegurar a elevada independência e autonomia dos membros integrantes da Comissão e da Corte Interamericana, que devem atuar a título pessoal e não governamental. Faz-se necessário densificar a participação da sociedade civil no monitoramento do processo de indicação de tais membros, doando-lhe maior publicidade, transparência e *accountability*.

Também fundamental é fortalecer a efetividade do sistema interamericano (seja no que se refere à supervisão das decisões da Corte e da Comissão), bem como fortalecer a sustentabilidade do sistema interamericano, como já enfocado no tópico anterior.

3) Avançar na proteção dos direitos humanos, da democracia e do Estado de Direito na região

Finalmente, considerando o contexto latino-americano marcado por acentuada desigualdade social e violência sistêmica, fundamental é avançar na afirmação dos direitos humanos, da democracia e do Estado de Direito na região.

Ao enfrentar os desafios de sociedades latino-americanas — em que direitos humanos tradicionalmente constituíam uma agenda contra o Estado —, o sistema interamericano empodera-se e com sua força invasiva contribui para o fortalecimento dos direitos humanos, da democracia e do Estado de Direito na região.

O sistema interamericano rompe com o paradoxo de sua origem. Nascido em um contexto regional marcado por regimes ditatoriais — seguramente com a expectativa de reduzido impacto por parte dos então Estados autoritários —, o sistema se consolida e se fortalece como ator regional democratizante, provocado por competentes estratégias de litigância da sociedade civil em um *transnational network* a lhe conferir elevada carga de legitimação social.

Como já evidenciado, o sistema interamericano permitiu a desestabilização dos regimes ditatoriais; exigiu justiça e o fim da impunidade nas transições democráticas; e agora demanda o fortalecimento das instituições democráticas com o necessário combate às violações de direitos humanos e proteção aos grupos mais vulneráveis.

O seu impacto transformador na região — fruto sobretudo do papel vital da sociedade civil organizada em sua luta por justiça e por direitos — é fomentado pela efetividade do diálogo regional-local em um sistema multinível com abertura e permeabilidade mútuas.

É neste cenário que o sistema interamericano tem a potencialidade de exercer um extraordinário impacto na pavimentação de um constitucionalismo regional transformador, contribuindo para o fortalecimento dos direitos humanos, da democracia e do Estado de Direito na região mais desigual e violenta do mundo.

Terceira Parte

O SISTEMA INTERNACIONAL DE PROTEÇÃO DOS DIREITOS HUMANOS E A REDEFINIÇÃO DA CIDADANIA NO BRASIL

CAPÍTULO VIII

O ESTADO BRASILEIRO E O SISTEMA INTERNACIONAL DE PROTEÇÃO DOS DIREITOS HUMANOS

Transita-se assim à terceira parte deste estudo. A meta agora é desenvolver uma investigação que permita avaliar o modo como o Estado brasileiro se relaciona com o Direito Internacional dos Direitos Humanos e o modo como este último pode contribuir para o reforço do sistema de proteção de direitos no País.

Se na segunda parte deste trabalho o objetivo foi permitir a compreensão da sistemática internacional de proteção dos direitos humanos, tanto no âmbito global como no regional, na terceira parte se faz o encontro dessa sistemática com a sistemática nacional, seja no plano jurídico-formal, seja no material. Interessa a esta investigação o exame da forma pela qual o Estado brasileiro se abre à ordem internacional, como também a análise do modo pelo qual os instrumentos internacionais de proteção dos direitos humanos são incorporados pela ordem interna e nela repercutem, sendo efetivamente utilizados pelos mais diversos atores sociais.

a) A agenda internacional do Brasil a partir da democratização e a afirmação dos direitos humanos como tema global

O objetivo deste capítulo é avaliar a posição do Brasil diante dos tratados internacionais de proteção dos direitos humanos. Este estudo se concentrará no período de democratização, deflagrado no Brasil a partir de 1985 e que adota como marco jurídico referencial a Constituição Federal de 1988.

O desenvolvimento deste capítulo possibilitará concluir que o processo de democratização, iniciado no Brasil a partir de 1985, não apenas implicou transformações no plano interno, mas acenou com mudanças na agenda internacional do Brasil. Essas mudanças contribuíram para a reinserção do País no contexto internacional. Nesse sentido, percebe-se que os valores democráticos que marcaram o debate nacional, em um momento histórico de ruptura com o ciclo de autoritarismo pelo qual passou o País, invocaram uma agenda internacional renovada no âmbito brasileiro.

Verificar-se-á que esses fatores ensejaram um avanço extremamente significativo no âmbito do reconhecimento, cada vez maior, da existência de obrigações internacionais em matéria de direitos humanos por parte do Estado brasileiro.

Com efeito, ao longo do processo de democratização, o Brasil passou a aderir a importantes instrumentos internacionais de direitos humanos, aceitando expressamente a legitimidade das preocupações internacionais e dispondo-se a um diálogo com as instâncias internacionais sobre o cumprimento conferido pelo País às obrigações internacionalmente assumidas. No processo de democratização, por outro lado, acentuou-se a participação e mobilização da sociedade civil e de organizações não governamentais no debate sobre a proteção dos direitos humanos.

É nesse cenário que a temática dos direitos humanos começa a se consolidar como uma das mais relevantes pautas da agenda internacional do Brasil contemporâneo[1].

O fim da Guerra Fria, no contexto internacional, contribuiu consideravelmente para esse processo. A partir dele, os direitos humanos passaram a ser concebidos como tema global. Isto porque, em face das peculiaridades de tais direitos, no mundo de confrontações ideológicas entre comunismo e capitalismo, era mais fácil esconder as violações de direitos internacionalmente detectadas, sob o argumento de que as denúncias tinham por finalidade deteriorar a imagem positiva que cada bloco oferecia de si mesmo e, assim, proporcionar vantagens políticas ao lado adversário. Com exceção dos casos mais gritantes, como o da África do Sul, os problemas de direitos

---

1. A temática dos direitos humanos se conjuga com a preocupação do Estado brasileiro com a democratização dos processos decisórios internacionais. A respeito, comenta Fernando Henrique Cardoso: "O Brasil foi eleito em janeiro, pela sétima vez, para uma vaga de membro não permanente do Conselho de Segurança da ONU. O Conselho passou justamente a ter importância estratégica nas relações internacionais. Tudo depende de uma negociação em seu âmbito. Mas até que ponto essa negociação é real? Ou simplesmente o Conselho se transforma num diretório? Por isso, o Brasil quer discutir uma forma de democratizar o processo de decisões no Conselho. (...) Politicamente, as atenções da diplomacia brasileira se concentram hoje na necessidade de democratização dos processos decisórios internacionais. A reforma da Carta das Nações Unidas e a alteração da composição do Conselho de Segurança são imperativos de uma época em que já não há similitude com a ordem superveniente ao fim da Segunda Guerra Mundial. O Brasil acredita nas virtudes do multilateralismo. A construção de uma nova ordem internacional deve passar necessariamente pelo seu fortalecimento, em bases democráticas e não discriminatórias" (Política externa: fatos e perspectivas, *Política Externa*, v. 2, n. 1, p. 8-9).

humanos, conquanto denunciados, tendiam a ofuscar-se dentro das rivalidades estratégicas das duas superpotências[2].

O novo quadro criado com o fim da Guerra Fria possibilitou a afirmação dos direitos humanos como tema global[3]. Na avaliação de Louis Henkin: "O fim da Guerra Fria abriu oportunidades para preencher lacunas e suprir deficiências, no que tange à concepção e conteúdo dos direitos humanos, desenvolvidos durante o século passado, quando profundas diferenças ideológicas impossibilitavam, por vezes, o alcance de consenso. O fim da Guerra Fria trouxe esperança ao persuadir os governos a fortalecer seu comprometimento para com os parâmetros da Declaração Universal dos Direitos Humanos, aderindo a Pactos ou Convenções até então recusados, e a abandonar reservas que esvaziavam o conteúdo dos instrumentos ratifi-

---

2. Cf. José Augusto Lindgren Alves, O sistema internacional de proteção dos direitos humanos e o Brasil, p. 86. Sobre o fim da Guerra Fria e as expectativas de reestruturação do cenário internacional, afirma Celso Lafer: "Na multipolaridade dos anos 90, que perdeu o centro estruturador anteriormente dado pelas relações Leste/Oeste, atuarão, ainda, mais forças centrípetas e centrífugas. Estas poderão ensejar uma certa sublevação dos particularismos e isto, na medida em que ocorrer, dificultará a tessitura de uma ordem internacional não necessariamente violenta a partir da composição dos conflitos e interesses. Os riscos de uma maior anarquia na vida internacional têm como contrapeso as realidades de um mundo interdependente, que faz repercutir nos países e nas regiões o que acontece nos demais. Esta repercussão representa uma força centrípeta a contra-arrestar as forças centrífugas e dará margem à consolidação, na agenda internacional, em meio à especificidade dos interesses, de temas globais como as questões da democracia, dos direitos humanos, da eficiência competitiva, dos desequilíbrios comerciais e financeiros, dos movimentos migratórios e de refugiados, das drogas, do desarmamento e do meio ambiente" (Reflexões sobre a inserção do Brasil no contexto internacional, *Contexto Internacional*, n. 11, p. 40). Ainda sobre as perspectivas de reestruturação da ordem internacional, no período Pós-Guerra Fria, observa Fernando Henrique Cardoso: "Hoje, já não dispomos deste quadro, pois não existe a ameaça do conflito atômico global. O novo quadro criado com o fim da Guerra Fria desafia a diplomacia brasileira a buscar um outro tipo de inserção. Se não temos mais as vantagens relativas de jogar com a dualidade de poderes, também nos deparamos com uma situação em que a nova ordem ainda não está configurada" (Política externa: fatos e perspectivas, p. 4).

3. Na reflexão de Celso Lafer: "Com efeito, o que são os direitos humanos como tema global senão um limite à subjetividade discricionária das soberanias? Este limite se coloca através da instauração do ponto de vista da humanidade, como princípio regulador englobante da comunidade mundial, tal como indicado por Kant no Projeto de Paz Perpétua. Os direitos humanos como tema global representam, neste sentido, para falar com Perelman, a constituição e a institucionalização do comum de um auditório universal perante o qual argumenta-se a legitimidade das condutas internas e internacionais soberanas" (prefácio ao livro de J. A. Lindgren Alves, *Os direitos humanos como tema global*, p. XXIII).

cados. O fim da Guerra Fria trouxe ainda a esperança de que os Estados começarão a aceitar algum controle para a situação dos direitos humanos em seus próprios territórios, bem como o monitoramento e a responsabilização atinentes à situação dos direitos humanos em outros países; tornarão os órgãos de monitoramento existentes mais efetivos e desenvolverão novos órgãos; atenderão urgentemente, de forma vigorosa, usando de todos os meios necessários, a explosão ou ameaça de sérias e atrozes violações de direitos humanos"[4].

Vale dizer, se o fim da Segunda Guerra Mundial significou a primeira revolução no processo de internacionalização dos direitos humanos, impulsionando a criação de órgãos de monitoramento internacional, bem como a elaboração de tratados de proteção dos direitos humanos — que compõem os sistemas global e regional de proteção —, o fim da Guerra Fria significou a segunda revolução no processo de internacionalização dos direitos humanos, a partir da consolidação e reafirmação dos direitos humanos como tema global.

Como tema global, os direitos humanos passam a ser preocupação legítima da comunidade internacional[5]. Na percepção de Celso Lafer, "os

---

4. Louis Henkin, *Human rights: an agenda for the next century*, Washington, 1994, Studies in Transnational Legal Policy, n. 26, p. VII-VIII. Contudo, adverte Henkin: "Não há dúvida de que regimes repressivos e ilegítimos continuarão a invocar o relativismo cultural e a soberania estatal para dar suporte à sua resistência quanto à efetiva implementação dos direitos humanos" (p. IX). Ainda afirma o mesmo autor: "Hoje, os direitos humanos integram a consciência internacional (...). Eles são matéria de relações internacionais, aparecem em todas as agendas internacionais e constituem preocupação de poderes e superpoderes; eles são objeto de um crescente sistema normativo internacional e de acordos internacionais. O mito de que a condição dos direitos humanos, em determinado país, constitui matéria de jurisdição nacional e não internacional, ainda persiste, em graus elevados, em muitos Governos. Remanescem profundas as tensões entre a tradicional autonomia interna dos Estados (soberania) e a preocupação internacional com respeito ao bem-estar do indivíduo" (Louis Henkin, *The age of rights*, p. 13).

5. Nesse sentido, o § 4º da Declaração de Viena adotada em 1993 determina: "A promoção e proteção de todos os direitos humanos e liberdades fundamentais devem ser consideradas como um objetivo prioritário das Nações Unidas, em conformidade com seus propósitos e princípios, particularmente com o propósito da cooperação internacional. No contexto desses propósitos e princípios, a promoção e proteção de todos os direitos humanos constituem uma preocupação legítima da comunidade internacional". Norberto Bobbio, ao examinar a possibilidade de encontrar hoje o "sentido" da história, identifica na crescente importância atribuída ao tema dos direitos humanos o principal sinal de progresso moral da humanidade (Norberto Bobbio, apud J. A. Lindgren Alves, *Os direitos humanos como tema global*, p. 23).

direitos humanos, como tema global, significam, ao internacionalmente deles se tratar, no âmbito da jurisdição de cada Estado, que somente a garantia efetiva dos direitos humanos da população confere legitimidade plena aos governantes no plano mundial"[6].

A afirmação dos direitos humanos como tema global vem ainda acenar para a relação de interdependência existente entre democracia, desenvolvimento e direitos humanos. A própria Declaração de Viena recomendou que se dê prioridade à adoção de medidas nacionais e internacionais para promover a democracia, o desenvolvimento e os direitos humanos[7]. A Decla-

---

6. Celso Lafer, prefácio ao livro de J. A. Lindgren Alves, *Os direitos humanos como tema global*, p. XXVI.

7. Para Gilberto Vergne Sabóia: "O parágrafo 8º da Declaração foi particularmente feliz em sublinhar a relação essencial e a interdependência que existe entre democracia, desenvolvimento e direitos humanos" (Um improvável consenso: a Conferência Mundial de Direitos Humanos e o Brasil, *Política Externa*, v. 2, n. 3, p. 11, dez. 1993). Na visão do mesmo autor: "A comunidade internacional enfrenta também dificuldades para prosseguir uma tarefa que muda de face com o fim da Guerra Fria. Superadas as confrontações ideológicas, que levavam a um elevado grau de maniqueísmo e de politização no exame das questões de direitos humanos, destaca-se nitidamente o dilema de que as formas mais notórias e graves de violações de direitos humanos não decorrem apenas da existência de governos totalitários e opressores. A miséria no Terceiro Mundo coloca em pauta a correlação entre o desenvolvimento e os direitos humanos, correlação em grande parte ainda negada pelo mundo desenvolvido" (Direitos humanos, evolução institucional brasileira e política externa: perspectivas e desafios, in *Temas de política externa brasileira II*, v. 1, 1994, p. 190). No dizer de José Augusto Lindgren Alves: "Criteriosa ao reconhecer tal direito, a Declaração de Viena assinala que 'a falta de desenvolvimento não pode ser invocada para justificar limitações aos (outros) direitos humanos reconhecidos internacionalmente'. Propõe, por outro lado, e nesse contexto, medidas concretas para a realização do direito ao desenvolvimento, através da cooperação internacional, entre as quais o alívio da dívida externa e a luta pelo fim da pobreza absoluta" (O significado político da Conferência de Viena sobre os Direitos Humanos, *Revista dos Tribunais,* n. 713, p. 286). Para Antônio Augusto Cançado Trindade: "Desde a época da Conferência de Teerã até recentemente, havia um divórcio, no seio do próprio sistema das Nações Unidas, entre as agências e órgãos voltados aos seus três objetivos básicos — a manutenção da paz e segurança internacionais (o mais realçado no passado), a promoção do desenvolvimento econômico e social, e o respeito pelos direitos humanos — que atuavam de forma compartimentalizada em razão das características do cenário internacional da época. A recente Conferência de Viena, realizada já no período do Pós-Guerra Fria, buscou uma maior aproximação entre aquelas agências e órgãos, de modo a lograr a realização conjunta dos três objetivos básicos e incorporar a dimensão dos direitos humanos em todos os seus programas e atividades" (A proteção internacional dos direitos humanos no liminar do novo século, p. 182). Ainda sobre a matéria, acentua Fernando Henrique Cardoso: "É com essa preocupação que preconizamos nas Nações Unidas a adoção de

ração é o primeiro documento das Nações Unidas a endossar expressamente a democracia como forma de governo mais favorável ao respeito dos direitos humanos e liberdades fundamentais.

Logo, é neste cenário, em que o processo de democratização do Brasil se conjuga com o processo de afirmação dos direitos humanos como tema global, que se desenha a reinserção do Brasil no plano do sistema de proteção internacional dos direitos humanos.

Importa, neste momento, avaliar a posição do Estado brasileiro diante dos tratados internacionais de proteção dos direitos humanos.

b) O Brasil e os tratados internacionais de direitos humanos

Desde o processo de democratização do País e em particular a partir da Constituição Federal de 1988, o Brasil tem adotado importantes medidas em prol da incorporação de instrumentos internacionais voltados à proteção dos direitos humanos.

O marco inicial do processo de incorporação do Direito Internacional dos Direitos Humanos pelo Direito brasileiro foi a ratificação, em 1º de fevereiro de 1984, da Convenção sobre a Eliminação de todas as formas de Discriminação contra a Mulher[8]. A partir dessa ratificação, inúmeros outros relevantes instrumentos internacionais de proteção dos direitos humanos foram também incorporados pelo Direito brasileiro, sob a égide da Constituição Federal de 1988, que, como já visto, situa-se como marco jurídico da transição democrática e da institucionalização dos direitos humanos no País.

---

uma "Agenda para o Desenvolvimento", que complemente a ideia de uma simples 'Agenda para a paz'. O debate das questões da paz e da segurança, que tende a ser privilegiado pelas grandes potências, não pode suplantar o debate em torno da problemática do desenvolvimento econômico e social. Daí o interesse do Brasil pela participação na série de conferências mundiais especializadas, nos moldes da Conferência do Rio, que se realizarão no decorrer desta década: sobre direitos humanos, população, desenvolvimento social" (Política externa: fatos e perspectivas, p. 9).

8. Embora a Convenção sobre a Eliminação de todas as formas de Discriminação Racial tenha sido ratificada em 27 de março de 1968, tal ratificação, ainda que extremamente relevante para a proteção dos direitos humanos, constitui ato jurídico isolado, que não integra um "processo" de incorporação do Direito Internacional dos Direitos Humanos pelo Direito brasileiro. Por esse motivo, adota-se a ratificação da Convenção sobre a Eliminação de todas as formas de Discriminação contra a Mulher, em 1984, como marco inicial do processo de incorporação do Direito Internacional dos Direitos Humanos pelo Direito brasileiro.

Assim, a partir da Carta de 1988, importantes tratados internacionais de direitos humanos foram ratificados pelo Brasil. Dentre eles, destaque-se a ratificação: a) da Convenção Interamericana para Prevenir e Punir a Tortura, em 20 de julho de 1989; b) da Convenção contra a Tortura e outros Tratamentos Cruéis, Desumanos ou Degradantes, em 28 de setembro de 1989; c) da Convenção sobre os Direitos da Criança, em 24 de setembro de 1990; d) do Pacto Internacional dos Direitos Civis e Políticos, em 24 de janeiro de 1992; e) do Pacto Internacional dos Direitos Econômicos, Sociais e Culturais, em 24 de janeiro de 1992[9]; f) da Convenção Americana de Direitos Humanos, em 25 de setembro de 1992; g) da Convenção Interamericana para Prevenir, Punir e Erradicar a Violência contra a Mulher, em 27 de novembro de 1995; h) do Protocolo à Convenção Americana referente à Abolição da Pena de Morte, em 13 de agosto de 1996; i) do Protocolo à Convenção Americana referente aos Direitos Econômicos, Sociais e Culturais (Protocolo de San Salvador), em 21 de agosto de 1996[10]; j) da Convenção Interamericana para Eliminação de todas as formas de Discriminação contra Pessoas Portadoras de Deficiência, em 15 de agosto de 2001;

---

9. Observe-se que a ratificação de ambos os pactos internacionais pelo Brasil, em 1992, realça o caráter indivisível e inter-relacionado dos direitos humanos e sua relação com a democracia e o desenvolvimento. Como sustentou o então Ministro de Estado da Justiça Maurício Correia em discurso proferido, em junho de 1993, na Conferência Mundial sobre Direitos Humanos em Viena: "No entender do Brasil, os instrumentos internacionais de direitos humanos entronizam claramente alguns conceitos que parecem ter sido postos em causa quando das negociações do documento final que todos esperamos poder adotar nesta Conferência. O primeiro diz respeito ao caráter indivisível e inter-relacionado de todos os direitos. O segundo se refere às dimensões individuais e coletivas dos direitos humanos. Após longa e cautelosa deliberação pelo Congresso Nacional, o Brasil aderiu, de forma simultânea, ao Pacto Internacional de Direitos Civis e Políticos e ao Pacto Internacional de Direitos Econômicos, Sociais e Culturais. A simultaneidade da adesão ressalta, de per si, a inter-relação e a indivisibilidade que atribuímos a tais direitos. Ao estabelecermos tal interpretação, fazemo-lo com a consciência de que os direitos econômicos, sociais e culturais, conquanto mais difíceis de alcançar, além de constituírem prerrogativas essenciais dos indivíduos e coletividades para a realização de uma vida normal, têm impacto direto na situação geral dos direitos humanos, inclusive no exercício dos direitos civis e políticos. Louvamos, pois, a decisão adotada no processo preparatório desta Conferência de que aqui se examinem as inter-relações existentes entre democracia, desenvolvimento c direitos humanos" (Discurso proferido pelo Ministro de Estado da Justiça na Conferência Mundial sobre Direitos Humanos, Viena, 14 de junho de 1993, *Arquivos do Ministério da Justiça*, n. 46, p. 12-13).

10. A ratificação dos dois Protocolos à Convenção Americana de Direitos Humanos foi impulsionada pelo Programa Nacional de Direitos Humanos, adotado em 13 de maio de 1996.

k) do Estatuto de Roma, que cria o Tribunal Penal Internacional, em 20 de junho de 2002; l) do Protocolo Facultativo à Convenção sobre a Eliminação de todas as formas de Discriminação contra a Mulher, em 28 de junho de 2002; m) do Protocolo Facultativo à Convenção sobre os Direitos da Criança sobre o Envolvimento de Crianças em Conflitos Armados, em 27 de janeiro de 2004; n) do Protocolo Facultativo à Convenção sobre os Direitos da Criança sobre Venda, Prostituição e Pornografia Infantis, também em 27 de janeiro de 2004; o) do Protocolo Facultativo à Convenção contra a Tortura e outros Tratamentos ou Penas Cruéis, Desumanos ou Degradantes, em 11 de janeiro de 2007; p) da Convenção sobre os Direitos das Pessoas com Deficiência e seu Protocolo Facultativo, em 1º de agosto de 2008; q) do Protocolo Facultativo ao Pacto Internacional dos Direitos Civis e Políticos, bem como do Segundo Protocolo ao mesmo Pacto visando à Abolição da Pena de Morte, em 25 de setembro de 2009; r) da Convenção Internacional para a Proteção de todas as pessoas contra o Desaparecimento Forçado, em 29 de novembro de 2010[11]; s) da Convenção Interamericana sobre o Desaparecimento Forçado de Pessoas, em 3 de fevereiro de 2014; t) do Protocolo Facultativo à Convenção sobre os direitos da Criança relativo ao procedimento de comunicações, em 29 de setembro de 2017; e u) da Convenção Interamericana contra o Racismo, a Discriminação Racial e formas correlatas de Intolerância, em 13 de maio de 2021.

Analisadas na primeira parte deste estudo, as inovações introduzidas pela Carta de 1988 — especialmente no que tange ao primado da prevalência dos direitos humanos como princípio orientador das relações internacionais — foram fundamentais para a ratificação desses importantes instrumentos de proteção dos direitos humanos[12].

---

11. A Convenção Internacional para a Proteção de todas as pessoas contra o Desaparecimento Forçado entrou em vigor em 23 de dezembro de 2010, de acordo com o seu art. 39, § 1º, contando com 75 Estados-partes até 2024.

12. Para J. A. Lindgren Alves: "Com a adesão aos dois Pactos Internacionais da ONU, assim como ao Pacto de San José no âmbito da OEA, em 1992, e havendo anteriormente ratificado todos os instrumentos jurídicos internacionais significativos sobre a matéria, o Brasil já cumpriu praticamente todas as formalidades externas necessárias a sua integração ao sistema internacional de proteção aos direitos humanos. Internamente, por outro lado, as garantias aos amplos direitos entronizados na Constituição de 1988, não passíveis de emendas e, ainda, extensivas a outros decorrentes de tratados de que o país seja parte, asseguram a disposição do Estado democrático brasileiro de conformar-se plenamente às obrigações internacionais por ele contraídas" (*Os direitos humanos como tema global*, p. 108).

Além das inovações constitucionais, como importante fator para a ratificação desses tratados internacionais, acrescente-se a necessidade do Estado brasileiro de reorganizar sua agenda internacional de modo mais condizente com as transformações internas decorrentes do processo de democratização. Esse esforço se conjuga com o objetivo de compor uma imagem mais positiva do Estado brasileiro no contexto internacional, como país respeitador e garantidor dos direitos humanos. Adicione-se que a adesão do Brasil aos tratados internacionais de direitos humanos simboliza ainda o seu aceite para com a ideia contemporânea de globalização dos direitos humanos, bem como para com a ideia da legitimidade das preocupações da comunidade internacional no tocante à matéria. Por fim, é de se acrescer o elevado grau de universalidade desses instrumentos, que contam com significativa adesão dos Estados integrantes da ordem internacional[13].

---

13. Sobre as razões que justificaram a adesão do Brasil aos tratados internacionais de direitos humanos, ver a Mensagem n. 620 do Presidente da República ao Congresso Nacional propondo, em 28 de novembro de 1985, a ratificação dos dois pactos internacionais das Nações Unidas: "Excelentíssimos Senhores Membros do Congresso Nacional, em conformidade com o disposto no art. 44, inciso I, da Constituição Federal, tenho a honra de submeter à elevada consideração de Vossas Excelências, acompanhados de Exposição de Motivos do Senhor Ministro de Estado das Relações Exteriores, os textos do Pacto Internacional sobre Direitos Econômicos, Sociais e Culturais e do Pacto Internacional sobre Direitos Civis e Políticos, ambos aprovados, junto com o Protocolo Facultativo relativo a esse último Pacto, na XXI Sessão (1966) da Assembleia Geral das Nações Unidas. (...) Os dois Pactos em questão, que entraram em vigor em 1976, não incluem entre seus Estados-partes o Brasil. Creio, contudo, que várias e de diversas naturezas são as razões pelas quais o Brasil deveria aderir àqueles instrumentos jurídicos internacionais: a) o Brasil participou ativamente dos trabalhos de elaboração dos Pactos Internacionais sobre Direitos Humanos; b) o Brasil votou a favor da Resolução n. 2.200/66 da Assembleia Geral das Nações Unidas, pela qual os referidos instrumentos foram adotados e abertos à assinatura; c) os Pactos contam, cada um, com mais de oitenta Estados Partes, pertencentes a diferentes sistemas de organização jurídica, social e econômica, fato que demonstra, por si só, o elevado grau de universalidade dos Pactos; d) a adesão do Brasil àqueles instrumentos internacionais de grande relevância constituirá uma das manifestações externas — e das mais expressivas — do processo de modificação interna por que passa o Brasil, no curso do qual, procurando reorganizar-se social, econômica e politicamente, inaugura nova fase de sua história; e) a adesão aos Pactos do Brasil teria excelente repercussão tanto no plano externo quanto no interno e constituiria compromisso ou garantia adicional da efetiva proteção dos direitos humanos em nosso país; f) a assinatura de tratados na área dos direitos humanos ou a adesão a eles — de cunho eminentemente ético e humanitário — faz parte da verdadeira tradição jurídica e diplomática do Brasil, que é Parte de numerosos tratados destinados à proteção dos direitos humanos, tais como, e. g., a Convenção Relativa ao Estatuto dos Refugiados, a Convenção Internacional sobre a Eliminação de todas as formas de Discriminação Racial e a Convenção Internacional sobre a Eliminação de todas as formas de Discriminação contra a Mulher;

Enfatize-se que a reinserção do Brasil na sistemática da proteção internacional dos direitos humanos vem a redimensionar o próprio alcance do termo "cidadania". Isto porque, além dos direitos constitucionalmente previstos no âmbito nacional, os indivíduos passam a ser titulares de direitos internacionais. Vale dizer, os indivíduos passam a ter direitos acionáveis

---

g) a adesão do Brasil aos Pactos em apreço estaria de acordo com a evolução do Direito Internacional contemporâneo, que vem reconhecendo, em escala crescente, a legitimidade das preocupações e da cooperação internacional no tocante às questões de direitos humanos". Sobre a matéria, ver ainda a Mensagem n. 621 do Presidente da República ao Congresso Nacional, propondo, em 28 de novembro de 1985, a ratificação da Convenção Americana de Direitos Humanos: "Excelentíssimos Senhores Membros do Congresso Nacional, em conformidade com o disposto no art. 44, inciso I, da Constituição Federal, tenho a honra de submeter à elevada consideração de Vossas Excelências, acompanhado de Exposição de Motivos do Senhor Ministro de Estado das Relações Exteriores, o texto da Convenção Americana sobre Direitos Humanos (Pacto de San José), celebrada em San José da Costa Rica, a 22 de novembro de 1969, por ocasião da Conferência Especializada Interamericana sobre Direitos Humanos. São as seguintes as razões que justificariam a adesão do Brasil à Convenção Americana sobre Direitos Humanos: a) o Brasil participou ativamente dos trabalhos preparatórios do Pacto de San José, marcando presença na elaboração dos instrumentos existentes de proteção internacional dos direitos humanos; em diversas ocasiões, desde a década de 1940, manifestou-se o Brasil em favor da proteção internacional dos direitos humanos, tendo inclusive tomado a iniciativa de apresentar projetos em conferências internacionais; b) adequação à doutrina e tradição jurídico-diplomática brasileiras; c) o Brasil já ratificou outros importantes tratados relativos a aspectos específicos da proteção de direitos humanos; d) a adesão do Brasil ao tratado humanitário em apreço estaria totalmente de acordo com a evolução do Direito Internacional contemporâneo, sempre levado em conta na formulação da política externa brasileira; e) no campo da proteção internacional dos direitos humanos, os Estados também contraem obrigações internacionais, no exercício pleno de sua soberania, que não pode ser invocada como elemento de interpretação dos tratados; os tratados humanitários não hão de ser interpretados restritivamente à luz de concessões recíprocas, como os tratados clássicos, uma vez que visam não a estabelecer um equilíbrio de interesses entre os Estados, mas sim a proteger os direitos fundamentais do ser humano; f) a Convenção Americana sobre Direitos Humanos tem buscado a compatibilização entre seus dispositivos e os de Direito Interno, consagrando mecanismos e técnicas que objetivam prevenir ou evitar conflito entre as jurisdições internacional e nacional; é dotada, ademais, de especificidade própria, não se prestando a analogias com os mecanismos clássicos de solução das controvérsias no plano das relações puramente interestatais; e g) a adesão do Brasil constituiria compromisso ou garantia adicional, nas esferas nacional e internacional, de efetiva proteção contra a violação dos direitos humanos; contribuiria, igualmente, para a projeção da conquista interna da democracia na órbita internacional e para a cristalização definitiva, no plano internacional, da imagem do Brasil como país respeitador e garantidor dos direitos humanos". Sobre o tema, consultar Antônio Augusto Cançado Trindade, *A proteção internacional dos direitos humanos: fundamentos jurídicos e instrumentos básicos*, p. 568-573.

e defensáveis no âmbito internacional. Assim, o universo de direitos fundamentais se expande e se completa, a partir da conjugação dos sistemas nacional e internacional de proteção dos direitos humanos.

Nas palavras de Cançado Trindade: "Com a interação entre o Direito Internacional e o Direito interno, os grandes beneficiários são as pessoas protegidas. (...) No presente contexto, o Direito Internacional e o Direito interno interagem e se auxiliam mutuamente no processo de expansão e fortalecimento do direito de proteção do ser humano"[14].

Em face dessa interação, o Brasil assume, perante a comunidade internacional, a obrigação de manter e desenvolver o Estado Democrático de Direito e de proteger, mesmo em situações de emergência, um núcleo de direitos básicos e inderrogáveis. Aceita ainda que essas obrigações sejam fiscalizadas e controladas pela comunidade internacional, mediante uma sistemática de monitoramento efetuada por órgãos de supervisão internacional.

Contudo, ainda que seja extraordinário o avanço decorrente da ratificação dos instrumentos internacionais já mencionados, outros tratados internacionais de direitos humanos aguardam a ratificação pelo Estado brasileiro. Cabe citar, por exemplo, o Protocolo Facultativo ao Pacto Internacional dos Direitos Econômicos, Sociais e Culturais, a Convenção Internacional sobre a Proteção dos Direitos de todos os Trabalhadores Migrantes e dos Membros de suas Famílias, a Convenção Interamericana contra toda forma de Discriminação e Intolerância e a Convenção Interamericana sobre a Proteção dos Direitos Humanos das Pessoas Idosas.

É necessário avançar na ratificação desses instrumentos internacionais, a fim de aprimorar a sistemática de proteção dos direitos humanos no Direito brasileiro. Observe-se que a Declaração de Viena de 1993, em seu § 26, insiste no objetivo da ratificação universal — e sem reservas — de todos os tratados e protocolos de direitos humanos adotados no âmbito do sistema das Nações Unidas: "26. A Conferência Mundial sobre Direitos Humanos vê com bons olhos o progresso alcançado na codificação dos instrumentos de direitos humanos, que constitui um processo dinâmico e evolutivo, e insta à ratificação universal dos tratados de direitos humanos existentes. Todos os Estados devem aderir a esses instrumentos internacionais; e todos os Estados devem evitar ao máximo a formulação de reservas"[15].

---

14. Cf. Antônio Augusto Cançado Trindade, A interação entre o direito internacional e o direito interno na proteção dos direitos humanos, p. 53.

15. Como observa Antônio Augusto Cançado Trindade: "A Declaração de Viena também se volta à necessidade de prontamente incorporar os instrumentos internacionais de

Outra medida de extrema relevância é a revisão de reservas e declarações restritivas formuladas pelo Estado brasileiro quando se ratificaram determinados tratados internacionais de direitos humanos, bem como a reavaliação da posição do Brasil quanto às cláusulas e procedimentos facultativos, que estabelecem, por exemplo, a sistemática de petição individual e de comunicação interestatal no âmbito internacional — tema que será apreciado no próximo tópico.

De todo modo, especialmente em 1992, por ocasião da adesão aos três tratados gerais de proteção dos direitos humanos — a Convenção Americana e os dois Pactos de Direitos Humanos das Nações Unidas —, o Estado brasileiro passou definitivamente a se inserir no sistema de proteção internacional dos direitos humanos[16]. O processo de inserção, no entanto, exige a adoção de providências adicionais, com vistas ao completo alinhamento do Brasil com a causa da plena vigência dos direitos humanos nos planos nacional e internacional, como será examinado no tópico que segue.

c) **Pela plena vigência dos tratados internacionais de direitos humanos: a revisão de reservas e declarações restritivas, a reavaliação da posição do Brasil quanto a cláusulas e procedimentos facultativos e outras medidas**

A plena vigência dos tratados de direitos humanos requer a adoção de providências adicionais pelo Brasil, entre elas uma profunda revisão das reservas e declarações restritivas feitas pelo Estado brasileiro quando da ratificação de Convenções voltadas à proteção dos direitos humanos. A própria Declaração de Viena de 1993, em seu § 26, encoraja os Estados a evitar, tanto quanto possível, a formulação de reservas aos instrumentos de proteção dos direitos humanos. O Programa de Ação de Viena, por sua vez, em seu § 5º, recomenda aos Estados que considerem a possibilidade de limitar o alcance de quaisquer reservas que porventura tenham adotado

---

direitos humanos no direito interno dos Estados, de modo a assegurar-lhes a devida e plena implementação. Ligada a este ponto encontra-se a questão da construção e fortalecimento das instituições diretamente vinculadas aos direitos humanos e ao Estado de Direito, consolidando uma sociedade civil pluralista e a proteção especial aos grupos vulneráveis" (A proteção internacional dos direitos humanos no liminar do novo século, p. 176).

16. Nesse sentido, Antônio Augusto Cançado Trindade, A proteção internacional dos direitos humanos no liminar do novo século, p. 167-187, e Gilberto Vergne Sabóia, Direitos humanos, evolução institucional brasileira e política externa: perspectivas e desafios, p. 189-199.

em relação a instrumentos internacionais de direitos humanos; também orienta os Estados a formular tais reservas da forma mais precisa e estrita possível, de modo a não adotar reservas incompatíveis com o objeto e propósito do tratado em questão e a reconsiderar regularmente tais reservas com vistas a eliminá-las[17]. A título ilustrativo, ao ratificar o Segundo Protocolo ao Pacto Internacional dos Direitos Civis e Políticos, em 25 de setembro de 2009, o Estado brasileiro o fez com reserva expressa ao art. 2º. Tal dispositivo estabelece não ser admitida qualquer reserva ao Protocolo, exceto a reserva formulada no momento da ratificação ou adesão prevendo a aplicação da pena de morte em tempo de guerra, em virtude de condenação por infração penal de natureza militar de gravidade extrema cometida em tempo de guerra.

Não bastando a eliminação de reservas, cabe ao Estado brasileiro rever determinadas declarações feitas no sentido de restringir o alcance de mecanismos previstos nos tratados internacionais de direitos humanos. Ao ratificar a Convenção sobre a Eliminação de todas as formas de Discriminação contra a Mulher, por exemplo, o Estado brasileiro declarou não estar vin-

---

17. Em 20 de dezembro de 1994 o Estado brasileiro notificou o Secretário-Geral das Nações Unidas acerca da retirada de reservas formuladas quando da ratificação, em 1984, da Convenção sobre a Eliminação de todas as formas de Discriminação contra a Mulher (*Multilateral Treaties deposited with the Secretary-General*, Status as at 31 December 1994, United Nations, New York, 1995, p. 174). Tais reservas incidiam em dispositivo referente à igualdade legal de homens e mulheres no que tange à liberdade de movimento e à escolha de domicílio e residência (art. 15, § 4º, da Convenção), como também em dispositivo pertinente à igualdade entre os gêneros quanto ao direito de se casar, quanto aos direitos e deveres no casamento e em sua dissolução, quanto a direitos pessoais, incluindo o direito ao nome, à profissão e à ocupação e ainda quanto à igualdade de direitos no que tange à aquisição, administração, disposição de bens de propriedade (art. 16, § 1º (a), (c), (g) e (h) da Convenção, respectivamente). Essas reservas foram formuladas nos seguintes termos: "O Governo da República Federativa do Brasil expressa suas reservas ao art. 15, § 4º e ao art. 16, § 1º (a), (c), (g) e (h), da Convenção sobre a Eliminação de todas as formas de Discriminação contra a Mulher" (*Multilateral Treaties deposited with the Secretary-General*, Status as at 31 December 1993, New York, United Nations, 1994). Flagrantemente anacrônicas e inconstitucionais eram essas reservas, especialmente à luz das disposições igualitárias da Constituição de 1988, que enfaticamente consagram a igualdade entre os gêneros, seja genericamente (art. 5º, I, da Carta), seja especificamente no âmbito das relações familiares (art. 226, § 5º). A anacronia estava a exigir a imediata e urgente resposta do Estado brasileiro, mediante a retirada das reservas então formuladas. Dez anos após a ratificação da Convenção e seis anos após o advento da Constituição de 1988, o Governo brasileiro, em dezembro de 1994, finalmente decidiu eliminar as mencionadas reservas.

culado ao disposto no art. 29 (1) da Convenção. Esse dispositivo estabelece que, em caso de disputa entre dois ou mais Estados sobre a interpretação ou aplicação da Convenção, se não for solucionada mediante negociação amigável, a questão será submetida à arbitragem, e se ainda assim não se alcançar um acordo, qualquer dos Estados poderá encaminhar a controvérsia à Corte Internacional de Justiça. Ao efetuar essa declaração, de forma a não se considerar vinculado a tal preceito, o Estado brasileiro está evitando a competência jurisdicional da Corte Internacional de Justiça para a solução de eventual disputa.

Sugere-se que o Estado brasileiro reveja essa posição, de modo a acolher a sistemática de monitoramento internacional, mediante o reconhecimento da competência jurisdicional da Corte Internacional de Justiça. Ademais, trata-se de posição incoerente e anacrônica, uma vez que a Convenção sobre a Eliminação de todas as formas de Discriminação Racial contém dispositivo semelhante (art. 22), que, por sua vez, não foi objeto de qualquer declaração pelo Estado brasileiro. Vale dizer, no caso dessa Convenção, o Brasil aceitou a competência da Corte Internacional de Justiça para dirimir divergências interpretativas a respeito da Convenção sobre a Eliminação de todas as formas de Discriminação Racial[18].

Também merece atenção a declaração interpretativa feita pelo Estado brasileiro por ocasião da adesão à Convenção Americana de Direitos Humanos. Por ela, o Brasil entende que o sistema de visitas e inspeções *in loco* da Comissão Interamericana de Direitos Humanos, nos termos dos arts. 43 e 48 (d) da Convenção, não é "automático", mas depende do expresso consentimento do Estado brasileiro[19]. Note-se que, à luz do art. 43, os Estados-partes

---

18. O art. 22 da Convenção sobre a Eliminação de todas as formas de Discriminação Racial dispõe: "Qualquer disputa entre dois ou mais Estados com respeito à interpretação ou aplicação desta Convenção, que não for solucionada por negociação ou por procedimentos expressamente previstos para este fim por esta Convenção, deve, a pedido de qualquer das partes na disputa, ser submetida à decisão da Corte Internacional de Justiça, ao menos que as partes disputantes concordem com outra forma de solução".

19. Essa declaração feita pelo Brasil em 1992, objetivando condicionar as visitas e as inspeções *in loco* da Comissão Interamericana ao consentimento expresso do Governo brasileiro, parece inspirar-se nas respostas apresentadas pelo País em determinados casos submetidos à Comissão Interamericana na década de 70, que denunciavam a prática de tortura e detenção arbitrária pelo regime repressivo militar. A título de exemplo, no Caso 1684 em que se denunciava a prática de detenção arbitrária e tortura nos anos de 1969 e 1970 — afirmou o Estado brasileiro: "o art. 50 da Convenção Americana exige que a Comissão atue discretamente na forma de coleta de informação necessária ao exame das denúncias a ela

obrigam-se a proporcionar à Comissão as informações que esta solicitar sobre a forma pela qual o Direito interno assegura a aplicação efetiva das disposições da Convenção. Já o art. 48 (d) permite à Comissão, quando necessário e conveniente, proceder à investigação dos fatos (expostos na petição ou comunicação) que estão sendo por ela examinados, para cuja eficaz realização solicitará, e os Estados interessados lhe proporcionarão, todas as facilidades necessárias. O Brasil buscou, mediante a declaração feita, impedir que a Comissão tenha o direito automático de efetuar visitas ou inspeções sem a expressa autorização do Governo brasileiro[20]. Acrescente-se que, dos vinte e cinco Estados que ratificaram a Convenção Americana, o Brasil é o único a fazer tal declaração interpretativa acerca dos arts. 43 e 48.

Novamente, cabe ao Estado brasileiro reavaliar sua declaração, de modo a possibilitar a fiscalização efetiva, por parte da Comissão Interamericana, do cumprimento das disposições da Convenção Americana no âmbito nacional.

---

submetidas. Nesse sentido, a medida constante do art. 50, observação *in loco* (...) pode ser considerada excepcional, dado que não é usada tão frequentemente quanto os outros métodos, já que é mais custosa e requer o consentimento do Governo em questão" (*Ten Years of Activities: 1971-1981*, Inter-American Commission on Human Rights, General Secretariat, Organization of American States, Washington, D.C., 1982, p. 117). Observe-se ainda o teor da Mensagem n. 621 do Presidente da República ao Congresso Nacional, propondo, em 28 de novembro de 1985, a ratificação da Convenção Americana de Direitos Humanos: "Cumpre assinalar que deverá ser feita declaração interpretativa sobre os arts. 43 e 48, letra 'd', esclarecendo que, no entender do Governo brasileiro, os referidos dispositivos não incluem o direito automático de visitas ou inspeções *in loco* da Comissão Interamericana de Direitos Humanos (CIDH), as quais dependem da anuência expressa do Estado". Sobre o inteiro teor da Mensagem n. 621, ver Antônio Augusto Cançado Trindade, *A proteção internacional dos direitos humanos...*, p. 573. A respeito da natureza das declarações interpretativas, adverte Theodor Meron: "Deve ficar claro que certas reservas podem reduzir consideravelmente ou mesmo esvaziar o significado legal da ratificação de instrumentos de direitos humanos. Deve também ficar claro que a nomenclatura usada pelos Estados que efetuam reservas não é conclusiva no que tange à verdadeira natureza da ação adotada. Uma 'declaração' ou uma 'declaração interpretativa', ou ainda outra denominação que se ofereça a uma declaração feita por um Estado, pode ser equivalente a uma reserva" (Teaching human rights: an overview, in Theodor Meron (ed.), *Human rights in international law: legal and policy issues*, p. 18).

20. Em dezembro de 1995, a Comissão Interamericana de Direitos Humanos, mediante autorização prévia do Governo brasileiro, realizou visita no Brasil. Ao final, elaborou relatório sobre a situação dos direitos humanos no Brasil. A respeito, ver *Relatório sobre a Situação dos Direitos Humanos no Brasil* (OEA/Ser. L/V/II.97; Doc 29 rev.1, 29 setembro 1997), Comissão Interamericana de Direitos Humanos, OEA, Washington, 1997.

Observe-se que, em relação à Convenção sobre a Eliminação de todas as formas de Discriminação Racial, ao Pacto Internacional dos Direitos Econômicos, Sociais e Culturais, à Convenção contra a Tortura e outros Tratamentos Cruéis, Desumanos ou Degradantes, ao Pacto Internacional dos Direitos Civis e Políticos e à Convenção sobre os Direitos da Criança, o Brasil não elaborou qualquer reserva ou declaração restritiva quando da ratificação.

Além da necessária revisão de reservas e declarações restritivas efetuadas pelo Estado brasileiro, é preciso reavaliar a posição do Brasil diante de cláusulas e procedimentos facultativos constantes do sistema internacional de proteção. Trata-se de medida imprescindível à plena inserção do Brasil na sistemática internacional de proteção dos direitos humanos.

Lembre-se que o Programa de Ação de Viena de 1993, em seu § 90, recomenda aos Estados-partes de tratados de direitos humanos que considerem a possibilidade de aceitar todos os procedimentos facultativos existentes para a apresentação e o exame de comunicações.

Assim, no âmbito do sistema global das Nações Unidas, finalmente, em 25 de setembro de 2009, o Estado brasileiro ratificou o Protocolo Facultativo relativo ao Pacto Internacional dos Direitos Civis e Políticos, de modo a habilitar o Comitê de Direitos Humanos a receber e apreciar comunicações individuais que veiculem denúncia de violação de direito enunciado no Pacto. Até 2024, o Protocolo contava com a ampla adesão de cento e dezesseis Estados-partes[21]. É importante ainda que o Brasil elabore declaração específica, aceitando a competência do Comitê de Direitos Humanos para receber e considerar o procedimento facultativo das comunicações interestatais, previsto pelo Pacto Internacional dos Direitos

---

21. Sobre a matéria, a Mensagem n. 620 do Presidente da República ao Congresso Nacional propondo, em 28 de novembro de 1985, a ratificação dos dois pactos internacionais das Nações Unidas, ressalvava: "Com relação aos termos sobre os quais se deverá fazer a adesão do Brasil aos Pactos Internacionais sobre Direitos Humanos das Nações Unidas, seria preferível, pelo menos numa etapa inicial, não fazer a declaração prevista no art. 41 do Pacto Internacional sobre Direitos Civis e Políticos (...). O mesmo se aplica ao Protocolo Facultativo relativo ao Pacto sobre Direitos Civis e Políticos, que dispõe sobre a apresentação de petições individuais por violações dos direitos reconhecidos no referido Pacto. O recurso individual a instâncias internacionais constitui prática inovadora, cuja compatibilidade com o ordenamento jurídico brasileiro deveria ser cuidadosamente analisada, de modo que a eventual adesão ao Protocolo Facultativo poderia ser deixada para etapa ulterior" (Antônio Augusto Cançado Trindade, *A proteção internacional dos direitos humanos*, p. 571).

Civis e Políticos, nos termos de seu art. 41[22]. Também fundamental é o reconhecimento pelo Estado Brasileiro da competência do Comitê de Desaparecimento Forçado para receber e analisar petições individuais, mediante declaração específica para este fim, nos termos do art. 31 da Convenção Internacional para a Proteção de todas as pessoas contra o Desaparecimento Forçado.

Fundamental, ainda, é a ratificação do Protocolo Facultativo ao Pacto Internacional dos Direitos Econômicos, Sociais e Culturais, que fortalece a proteção desses direitos no plano internacional, mediante a introdução da sistemática de comunicações individuais, comunicações interestatais, investigações *in loco* e medidas de urgência para evitar danos irreparáveis às vítimas de violação.

Ressalte-se que, em 28 de junho de 2002, o Brasil ratificou o Protocolo Facultativo à Convenção sobre a Eliminação de todas as formas de Discriminação contra a Mulher; em 17 de junho de 2002, acolheu a cláusula facultativa das petições individuais, prevista no art. 14 da Convenção sobre a Eliminação de todas as formas de Discriminação Racial; em 26 de junho de 2006, acolheu a cláusula facultativa das petições individuais, prevista no art. 22 da Convenção contra a Tortura e outros Tratamentos ou Penas Cruéis, Desumanos ou Degradantes[23]; em 11 de janeiro de 2007, ratificou o Protocolo Facultativo à Convenção contra a Tortura, que institui

---

22. Até 2024, 49 Estados haviam feito a declaração no sentido de aceitar a competência do Comitê de Direitos Humanos para receber e considerar comunicações interestatais, em conformidade com o art. 41 do Pacto dos Direitos Civis e Políticos (www2.ohchr.org/english/bodies/ratification/docs/DeclarationsArt41ICCPR.pdf). Sobre o tema, a Mensagem n. 620 do Presidente da República ao Congresso Nacional propondo, em 28 de novembro de 1985, a ratificação dos dois pactos internacionais das Nações Unidas, ressalvava: "Com relação aos termos sobre os quais se deverá fazer a adesão do Brasil aos pactos internacionais sobre Direitos Humanos das Nações Unidas, seria preferível, pelo menos numa etapa inicial, não fazer a declaração prevista no art. 41 do Pacto Internacional sobre Direitos Civis e Políticos, relativa à aceitação da competência do Comitê de Direitos Humanos — estabelecido pelo art. 28 do Pacto em questão — para receber e examinar queixas dos Estados-partes sobre violações, por outro Estado-parte, das disposições do Pacto. Trata-se de mecanismo de conciliação de utilidade ainda não comprovada e que alcançou número relativamente reduzido de adesões" (Antônio Augusto Cançado Trindade, *A proteção internacional dos direitos humanos*, p. 571).

23. Até 2024, 67 Estados-partes haviam reconhecido a competência do Comitê contra Tortura para apreciar petições individuais, e 63 haviam reconhecido a competência para apreciar comunicações interestatais, nos termos dos arts. 21 e 22 da Convenção. De acordo com: www2.ohchr.org/english/bodies/cat/stat3.htm.

relevante sistema preventivo de visitas regulares a locais de detenção; e em 29 de setembro de 2017, ratificou o Protocolo Facultativo à Convenção sobre os direitos da Criança relativo ao procedimento de comunicações — cinco significativos avanços para o monitoramento internacional dos direitos humanos.

O Estado brasileiro deve também encaminhar aos competentes órgãos internacionais os relatórios pertinentes às medidas legislativas, administrativas e judiciárias adotadas, para o fim de conferir cumprimento às obrigações internacionais decorrentes da ratificação dos tratados de proteção dos direitos humanos[24].

No âmbito do sistema regional, cabe ao Estado brasileiro elaborar a declaração a que faz referência o art. 45 da Convenção Americana, de modo a habilitar a Comissão Interamericana a examinar comunicações interestatais, em que um Estado-parte alegue que outro Estado-parte tenha cometido violação a direito enunciado na Convenção[25].

Quanto à competência jurisdicional da Corte Interamericana de Direitos Humanos, o Estado brasileiro finalmente a reconheceu em dezembro de 1998, por meio do Decreto Legislativo n. 89, de 3 de dezembro de 1998, que teceu a declaração expressa de tal reconhecimento, nos termos do art. 62 da Convenção Americana[26]. No que se refere ao reconhecimento pelo Brasil da competência obrigatória da Corte Interamericana de Direitos Humanos, insta ressaltar que foi precisamente a delega-

---

24. Na visão de Gilberto Vergne Sabóia: "é necessário equipar os órgãos governamentais competentes para desempenhar suas tarefas de preparação dos relatórios periódicos devidos aos órgãos de supervisão dos instrumentos de que agora somos parte" (Direitos humanos, evolução institucional brasileira e política externa, p. 195).

25. Sobre a matéria, a Mensagem n. 621 do Presidente da República ao Congresso Nacional, propondo, em 28 de novembro de 1985, a ratificação da Convenção Americana de Direitos Humanos, apresentava a seguinte ressalva: "No tocante às cláusulas-facultativas contempladas no parágrafo 1º, do art. 45 — referente à competência da CIDH para examinar queixas apresentadas por outros Estados sobre o não cumprimento das obrigações — e no parágrafo 1º, do art. 62 — relativo à jurisdição obrigatória da Corte — não é recomendável, na presente etapa, a adesão do Brasil" (Antônio Augusto Cançado Trindade, *A proteção internacional dos direitos humanos*, p. 572-573).

26. O Decreto Legislativo n. 89, de 3 de dezembro de 1998, aprovou a solicitação de reconhecimento da competência obrigatória da Corte Interamericana de Direitos Humanos em todos os casos relativos à interpretação ou aplicação da Convenção Americana de Direitos Humanos, para fatos ocorridos a partir do reconhecimento, de acordo com o previsto no § 1º do art. 62 da Convenção Americana.

ção do Brasil que propôs a criação de uma Corte Interamericana de Direitos Humanos, por ocasião da IX Conferência Internacional Americana, realizada em Bogotá, em 1948. A proposta do Brasil acentuava a necessidade de criar uma corte internacional para tornar eficaz a proteção jurídica dos direitos humanos internacionalmente reconhecidos. Foi aprovada e adotada como Resolução XXI da Conferência de Bogotá de 1948. À luz desse histórico, e considerando a iniciativa do Brasil no que tange à criação da corte, foi exigência de uma postura minimamente coerente do Estado brasileiro o reconhecimento da competência jurisdicional da corte, que o próprio Brasil teve a iniciativa de propor[27].

Tão relevante quanto o reconhecimento da competência contenciosa da Corte Interamericana de Direitos Humanos, ocorrido em dezembro de 1998, foi a aceitação pelo Brasil da competência do Tribunal Penal Internacional, previsto no Estatuto de Roma, de julho de 1998, ratificado pelo Estado brasileiro em 20 de junho de 2002. O Tribunal Penal Internacional constitui extraordinário avanço para a realização da justiça e o fim da impunidade relativamente aos mais graves crimes contra a ordem internacional. O reconhecimento do Tribunal Penal Internacional[28] consolidou a

---

27. Nesse sentido, afirma Antônio Augusto Cançado Trindade: "Dentre as iniciativas do Brasil neste domínio, há uma, em particular, que merece destaque para os propósitos do presente Parecer: como ressaltei em meu Parecer CJ/01 de 1985 supracitado, foi precisamente a Delegação do Brasil que propôs a criação de uma Corte Interamericana de Direitos Humanos, por ocasião da IX Conferência Internacional Americana (Bogotá, 1948). A proposta do Brasil, que, em suma, acentuava a necessidade da criação de um tribunal internacional para tornar adequada e eficaz a proteção jurídica dos direitos humanos internacionalmente reconhecidos, foi aprovada e adotada como Resolução XXI da Conferência de Bogotá de 1948. (...) Hoje, transcorridas duas outras décadas, uma decisão no sentido de fazer acompanhar a adesão do Brasil à Convenção Americana sobre Direitos Humanos do reconhecimento pelo Brasil da competência obrigatória da Corte Interamericana de Direitos Humanos em todos os casos relativos à interpretação e aplicação da Convenção (nos termos do art. 62 (1) da Convenção Americana) estaria em linha de inteira coerência com a iniciativa do Brasil de propor, já em 1948, a criação da Corte Interamericana, e da posição que voltou a externar em 1969 em defesa da independência da referida Corte. Mais do que isto, à luz das posições do Brasil avançadas naquelas ocasiões, seria difícil compreender e explicar um não reconhecimento pelo Brasil da competência obrigatória da Corte Interamericana de Direitos Humanos" (*A proteção internacional dos direitos humanos*, p. 588).

28. Note-se que, com o advento da Emenda Constitucional n. 45/2004, foi introduzido o § 4º no art. 5º da Constituição Federal, estabelecendo que: "O Brasil se submete à jurisdição de Tribunal Penal Internacional a cuja criação tenha manifestado adesão". Assim, o reconhecimento da jurisdição do Tribunal Penal Internacional ganha respaldo constitucional.

postura renovada do País em relação à jurisdição internacional de proteção dos direitos humanos, já assinalada com o reconhecimento da jurisdição da Corte Interamericana.

Além disso, cabe ao Estado brasileiro elaborar todas as disposições de Direito interno que sejam necessárias para tornar efetivos os direitos e liberdades enunciados nos tratados de que o Brasil é parte. A omissão estatal viola obrigação jurídica assumida no âmbito internacional, importando em responsabilização do Estado. Viola ainda a própria Constituição, na medida em que esses direitos e liberdades foram incorporados ao Texto Constitucional, por força do art. 5º, § 2º, devendo ter aplicabilidade imediata (art. 5º, § 1º). Na lição de Louis Henkin: "se um Estado incorrer em uma obrigação, decorrente de um tratado, que requeira legislação, o fracasso do Estado em adotar tal legislação resultará em sua responsabilização, ao menos que adote outros meios para satisfazer a obrigação"[29]. A respeito da responsabilização do Estado decorrente da omissão, compartilha-se do entendimento de Luiz Alberto David Araujo quando afirma: "A declaração judicial da omissão implica no reconhecimento de dano a pessoa ou grupo de pessoas prejudicadas. Estamos diante de uma obrigação descumprida por uma pessoa de direito público, no caso, o Poder Legislativo da União Federal e, por outro lado, de titulares de direitos feridos, que sofreram prejuízos pela omissão legislativa, reconhecida através da coisa julgada. (...) Quer entendendo o problema sob o prisma individual, quer sob o metaindividual, duas regras ficam claras: há um reconhecimento de falta de cumprimento de dever (obrigação) do Poder Legislativo; há um princípio de responsabilização das pessoas de direito público. As duas regras devem ser entendidas dentro da ótica da inafastabilidade do Poder Judiciário, para apreciar lesão ou ameaça de lesão a direito (inciso XXXV do art. 5º). Logo, configurada a omissão, é cabível o ajuizamento de ação de perdas e danos contra a pessoa de direito público, responsável pela omissão"[30].

---

29. Louis Henkin, *International law: cases and materials*, p. 550. E acrescenta Henkin: "Além disso, o fato de que, perante o direito nacional, uma medida legislativa possa prevalecer sobre uma obrigação decorrente de um tratado anterior, não absolve o Estado da responsabilidade resultante de sua omissão quanto às obrigações relativas ao tratado" (p. 550). Sobre os mecanismos de controle da omissão do Estado, ver Flávia Piovesan, *Proteção judicial contra omissões legislativas: mandado de injunção e ação direta de inconstitucionalidade por omissão*.

30. Cf. Luiz Alberto David Araujo, *A proteção constitucional das pessoas portadoras de deficiência*, Brasília, Coordenadoria Nacional para a Integração da Pessoa Portadora de Deficiência (CORDE), 1994, p. 187-190.

A título de exemplo, ilustrou grave caso de omissão do Estado brasileiro, caracterizadora de violação à Convenção contra a Tortura, ratificada pelo Brasil em 1989, a falta, até abril de 1997, de tipificação do crime de tortura no ordenamento jurídico interno — salvo se o crime fosse praticado contra criança ou adolescente, nos termos do art. 233 do Estatuto da Criança e do Adolescente. Com efeito, ao ratificar a Convenção contra a Tortura, o Brasil se comprometeu, nos termos do art. 2º, a tomar medidas efetivas no plano legislativo, administrativo e judicial para prevenir e punir os atos de tortura em seu território. A inexistência, até 1997, de tipificação do crime de tortura como infração penal autônoma[31] implicou, portanto, o descumprimento de obrigação jurídica assumida internacionalmente. Esta omissão importou ainda em violação à própria Constituição de 1988, que, no art. 5º, XLIII, prevê que a lei considerará a prática da tortura um crime inafiançável e insuscetível de graça e anistia, por ele respondendo os mandantes, os executores e os que, podendo evitá-los, se omitirem. Logo, a omissão do legislador constituiu violação seja ao comando constitucional — que requer a punição severa da prática da tortura —, seja à Convenção Internacional contra a Tortura, na medida em que o Estado brasileiro afrontou obrigação jurídica internacionalmente assumida. Fez-se, pois, necessário o preenchimento dessa lacuna por parte do Brasil[32], o que finalmente

---

31. Em face da inexistência da norma tipificadora, a prática da tortura na sistemática do Código Penal, que é de 1940, estava prevista apenas como circunstância agravante da pena, nos termos do art. 61, II, *d,* e circunstância qualificadora do crime de homicídio, nos termos do art. 121, § 2º, III, do Código Penal.

32. A respeito, afirmou Gilberto Vergne Sabóia: "Em alguns casos é necessário adaptar a legislação brasileira para tornar eficazes os dispositivos dos instrumentos internacionais. É o caso, por exemplo, da Convenção contra a Tortura. Até hoje, apesar de existir projeto de lei no Congresso, não está tipificado, na legislação brasileira, com pena adequada, o crime de tortura, conforme estipula a Convenção. Assim, frequentemente atos de tortura são tipificados como delitos sujeitos a penas bem mais leves, como o de lesões corporais. (...) Cumprida a etapa decisiva de adesão, cabe ao Brasil dar cumprimento às suas obrigações, tanto de natureza substantiva, quanto processuais. As primeiras requerem, em muitos casos, medidas legislativas administrativas e, quando se tratar de direitos de natureza progressiva, que exigem uma ação positiva do Estado, implicam a adoção de políticas específicas" (Direitos humanos, evolução institucional brasileira e política externa: perspectivas e desafios, p. 195). No mesmo sentido, observou J. A. Lindgren Alves: "É fato que, em algumas áreas específicas, a legislação complementar interna se faz esperar, às vezes com excessiva delonga, como é o caso da tipificação do crime de tortura. Havendo a Constituição de 1988 caracterizado a tortura como crime inafiançável e insuscetível de graça ou anistia, a prática criminosa, amplamente disseminada, ainda não é contemplada na nossa legislação penal. Os

ocorreu com o advento da Lei n. 9.455, de 7 de abril de 1997, que definiu o crime de tortura.

Outro exemplo de grave omissão estatal concernente à obrigação internacionalmente contraída em matéria de direitos humanos atinha-se à inexistência de normatividade nacional específica em relação à prevenção, combate e erradicação da violência contra a mulher. Ressalte-se que, ao ratificar a Convenção Interamericana para Prevenir, Punir e Erradicar a Violência contra a Mulher ("Convenção de Belém do Pará"), o Estado brasileiro assumiu o dever jurídico de, sem demora, "incluir em sua legislação interna normas penais, civis e administrativas necessárias para prevenir, punir e erradicar a violência contra a mulher" (art. 7º da Convenção). No entanto, até 2006, o Estado brasileiro não havia elaborado legislação específica sobre a matéria, o que caracterizava violação ao dispositivo internacional. Finalmente, em 7 de agosto de 2006, foi adotada a Lei n. 11.340 ("Lei Maria da Penha"), que cria mecanismos para coibir a violência doméstica e familiar contra a mulher.

A ratificação pelo Estado brasileiro da Convenção Internacional para a Proteção de todas as pessoas contra o Desaparecimento Forçado, em 29 de novembro de 2010, demanda do Brasil a adoção das medidas necessárias para assegurar que o desaparecimento forçado constitua crime, considerada sua extrema gravidade, nos termos dos arts. 4º e 7º da Convenção. Requer, ademais, sejam devidamente investigados os atos de desaparecimento forçado, sendo atribuída a responsabilização criminal a quem ordene, solicite ou induza o desaparecimento forçado (art. 3º). A Convenção ainda reconhece o direito à verdade com relação às circunstâncias do ocorrido, os resultados da investigação e o destino da pessoa desaparecida.

Diante desse quadro, todas as medidas apontadas mostram-se essenciais para a institucionalização da proteção internacional dos direitos humanos no âmbito interno brasileiro. Vale dizer, para que o Brasil se alinhe efetivamente à sistemática internacional de proteção dos direitos humanos em relação aos tratados ratificados, é emergencial a revisão de reservas e

---

torturadores, quando processados por 'maus-tratos', recebem geralmente penas irrisórias. A situação neste caso é constrangedora porque, ao ratificar a Convenção contra a Tortura e outros Tratamentos e Punições Cruéis, Desumanos e Degradantes, os Estados se comprometem, pelo art. 2º, a 'tomar medidas efetivas legislativas, administrativas, judiciais e outras para prevenir atos de tortura no território sob sua jurisdição'" (*Os direitos humanos como tema global*, p. 108).

declarações restritivas, a reavaliação da posição do Estado brasileiro quanto a cláusulas e procedimentos facultativos, bem como a adoção de medidas que assegurem eficácia aos direitos constantes nos instrumentos internacionais de proteção. A essas providências se adicione a urgência de incorporar relevantes tratados internacionais ainda pendentes de ratificação, já mencionados neste capítulo.

Tais ações parecem essenciais para a verdadeira reinserção do Brasil, na condição de Estado Democrático de Direito, no cenário internacional de proteção dos direitos humanos. Como já se ressaltou, a democratização implica transformações não apenas no plano interno, mas também no internacional, especialmente em um momento em que se intensifica o processo de globalização dos direitos humanos. O binômio democracia e direitos humanos se faz premente na experiência brasileira, tendo em vista que o projeto democrático está absolutamente condicionado à garantia dos direitos humanos.

Não obstante avanços extremamente significativos tenham ocorrido ao longo do processo de democratização brasileira, no que tange à incorporação de mecanismos internacionais de proteção de direitos humanos, ainda resta o importante desafio — decisivo ao futuro democrático — do pleno e total comprometimento do Estado brasileiro com a causa dos direitos humanos.

CAPÍTULO IX

A ADVOCACIA DO DIREITO INTERNACIONAL DOS DIREITOS HUMANOS: CASOS CONTRA O ESTADO BRASILEIRO PERANTE O SISTEMA INTERAMERICANO DE DIREITOS HUMANOS

a) Introdução

O objetivo deste capítulo é investigar de que modo a advocacia do Direito Internacional dos Direitos Humanos é exercida no Brasil, quais os atores sociais envolvidos e quais os direitos humanos violados.

Para tanto, esta análise apresentará como objeto casos de violação de direitos humanos submetidos à apreciação do sistema interamericano de direitos humanos.

Essa opção metodológica se justifica na medida em que, embora tenha o Brasil acolhido o direito de petição ao Comitê de Direitos Humanos, ao Comitê sobre a Eliminação da Discriminação Racial, ao Comitê sobre a Eliminação da Discriminação contra a Mulher, ao Comitê sobre os Direitos da Criança, ao Comitê sobre os Direitos das Pessoas com Deficiência e ao Comitê contra a Tortura, como já visto no capítulo anterior, incipiente ainda se mostra a utilização destas instâncias do sistema global de proteção na experiência brasileira. Com efeito, até 2024, apenas havia duas condenações do Estado brasileiro pelos UN *treaty bodies*, particularmente pelo Comitê sobre a Eliminação da Discriminação contra a Mulher (Comitê CEDAW) e pelo Comitê de Direitos Humanos. O primeiro caso refere-se ao caso Alyne da Silva Pimentel Teixeira *versus* Brasil, decidido pelo Comitê CEDAW em 27 de setembro de 2011, envolvendo a condenação do Brasil por evitável morte materna, em violação aos artigos 12 (acesso à saúde), 2º, *c* (acesso à justiça) e 2º, *e* (dever do Estado de regulamentar as atividades do serviço privado de saúde) da aludida Convenção[1]. Já o segundo caso

---

1. Ver caso Alyne da Silva Pimentel Teixeira *versus* Brasil, Comitê sobre a Eliminação da Discriminação contra a Mulher, Comunicação n. 17/2008. O Comitê CEDAW determinou ao Estado brasileiro a adoção de seguintes medidas: a) assegurar a apropriada

refere-se ao caso Lula da Silva *versus* Brasil, decidido pelo Comitê de Direitos Humanos em 17 de março de 2022, envolvendo a condenação do Brasil por ofensa aos direitos políticos (artigo 25), ao direito a um julgamento imparcial (artigo 14), bem como ao direito à privacidade (artigo 17), no âmbito da chamada Operação Lava Jato, direitos protegidos pelo Pacto Internacional de Direitos Civis e Políticos.

Diversamente, no sistema interamericano testemunha-se uma crescente litigância internacional.

Neste contexto, a Comissão Interamericana surge como relevante instância internacional competente para examinar comunicações ou petições individuais que denunciem violação a direito internacionalmente assegurado — no caso, direito assegurado pela Convenção Americana de Direitos Humanos ou por outro tratado do sistema interamericano. Quanto à Corte Interamericana, em dezembro de 1998, o Brasil reconheceu sua competência jurisdicional, o que ampliou e fortaleceu consideravelmente as instâncias de proteção dos direitos humanos internacionalmente assegurados.

Ressalte-se que, como examinado no Capítulo VII deste livro, o indivíduo não tem acesso direto à Corte. Nos termos do art. 61 da Convenção Americana, apenas a Comissão Interamericana e os Estados-partes podem submeter um caso à Corte Interamericana de Direitos Humanos.

Sob esse prisma, a análise da advocacia dos tratados de direitos humanos junto às instâncias internacionais atém-se fundamentalmente às ações internacionais perpetradas contra o Estado brasileiro perante a Comissão Interamericana de Direitos Humanos, em razão da violação a direito previsto na Convenção Americana ou em outro tratado do sistema interamericano.

Como abordado no Capítulo VII deste livro, ao ratificar a Convenção Americana, o Estado signatário aceita automaticamente a competência da

---

reparação à vítima (compensação financeira); b) assegurar o direito à maternidade segura com acesso a serviços de obstetrícia de emergência; c) prover o treinamento adequado dos agentes de saúde com relação aos direitos reprodutivos das mulheres; d) garantir o acesso a remédios judiciais efetivos na hipótese de violação de direitos reprodutivos de mulheres; e) assegurar o cumprimento de *standards* nacionais e internacionais de saúde reprodutiva pelos serviços privados de saúde; f) assegurar a imposição de sanções adequadas a profissionais de saúde que violem os direitos reprodutivos das mulheres; e g) reduzir as mortes maternas evitáveis mediante a implementação de Pactos Nacionais para Redução da Mortalidade Materna nos âmbitos municipal e estadual, com o estabelecimento de Comitês de Mortalidade Materna.

Comissão Interamericana para examinar denúncia de violação de preceito constante na Convenção, dispensando-se qualquer declaração expressa por parte do Estado.

O enfoque deste capítulo será, portanto, centrado nos casos de violação de direitos humanos no Brasil, que foram levados ao exame da Comissão Interamericana, sendo por ela admitidos. Serão também analisados os casos contra o Estado brasileiro perante a Corte Interamericana.

b) Federalização das violações de direitos humanos

As ações internacionais concretizam e refletem a dinâmica integrada do sistema de proteção dos direitos humanos, pela qual os atos internos do Estado estão sujeitos à supervisão e ao controle dos órgãos internacionais de proteção[2], quando a atuação do Estado se mostra omissa ou falha na tarefa de garantir esses mesmos direitos.

Como se verá, os casos a seguir examinados — todos eles — requerem o controle internacional para situações em que direitos fundamentais são violados pelo Estado brasileiro, solicitando uma resposta internacional em razão da ofensa de obrigações internacionalmente assumidas.

De acordo com o Direito Internacional, a responsabilidade pelas violações de direitos humanos é sempre da União, que dispõe de personalidade jurídica na ordem internacional. Nesse sentido, os princípios federativo e da separação dos Poderes não podem ser invocados para afastar a responsabilidade da União em relação à violação de obrigações contraídas no âmbito internacional. Como leciona Louis Henkin: "A separação dos poderes no plano nacional afeta a forma de responsabilização do Estado? No que se refere à atribuição de responsabilidade, não faz qualquer diferença se o órgão é parte do Executivo, Legislativo ou Judiciário. Não importa ainda se o órgão tem, ou não, qualquer responsabilidade em política internacional. Um Estado pode ser internacionalmente responsabilizado em virtude de agentes oficiais que atuavam inteiramente no plano das obrigações domésticas, independentemente de suas condutas terem sido endossadas ou conhecidas por oficiais responsáveis pelos assuntos internacionais. (...) Estados Federais, por vezes, têm buscado negar sua responsabilidade em relação a condutas praticadas por Estados ou Províncias. Um Estado Federal é também responsável pelo cumprimento das obrigações decorrentes de

---

2. Cf. Antônio Augusto Cançado Trindade, A interação entre o direito internacional e o direito interno na proteção dos direitos humanos, p. 52-53.

tratados no âmbito de seu território inteiro, independentemente das divisões internas de poder. Exceções a esta regra podem ser feitas pelo próprio tratado ou em determinadas circunstâncias"[3].

Há 140 casos contra o Brasil pendentes de apreciação na Comissão Interamericana de Direitos Humanos[4]. Cabe atentar que, desse universo, apenas dois casos apontam à responsabilidade direta da União em face da violação de direitos humanos. Um deles se atém a trabalho escravo (Caso José Pereira — que, aliás, foi objeto de solução amistosa); o outro caso refere-se à morte de indígena Macuxi em uma delegacia em Roraima (na época, território federal). Nos demais casos — 98% deles —, a responsabilidade é do Estado.

Reitere-se: é a União que tem a responsabilidade internacional na hipótese de violação de obrigação internacional em matéria de direitos humanos que se comprometeu juridicamente a cumprir.

Todavia, paradoxalmente, em face da sistemática até então vigente, a União, ao mesmo tempo em que detém a responsabilidade internacional, não é responsável em âmbito nacional, já que não dispõe da competência de investigar, processar e punir a violação, pela qual internacionalmente estará convocada a responder.

---

3. Louis Henkin et al., *International law: cases and materials*, p. 550. Nesse mesmo sentido, observa J. A. Lindgren Alves: "de acordo com o direito internacional, a responsabilidade pelas violações de direitos humanos é, naturalmente, sempre do governo central, ou seja, no caso do Brasil, da União" (*Os direitos humanos como tema global*, p. 110). Considerando que a responsabilidade pelas violações de direitos humanos é sempre do governo central, sugere o mesmo autor: "Um adjutório importante talvez fosse a atribuição às instâncias federais de capacidade de atuação direta complementar, em cooperação com as instâncias estaduais, sem configurar intervenção, nos casos que envolvem obrigações internacionais. Evitar-se-ia, por esse meio, que a União permaneça praticamente inerme em matéria tão sensível de sua responsabilidade" (p. 110). A chamada "federalização dos crimes contra os direitos humanos" foi acolhida pela Emenda Constitucional n. 45/2004, como será analisado a seguir.

4. Esse número corresponde ao número de casos formalmente admitidos pela Comissão Interamericana até 2016. Além dos casos admitidos, há petições contra o Estado brasileiro submetidas à apreciação da Comissão Interamericana (em processo inicial de análise) e há, ainda, petições que solicitam medidas cautelares. Note-se que este estudo se centrará apenas nos casos formalmente admitidos, incluindo, além dos casos pendentes, dez casos encaminhados ao longo do período ditatorial, com base na Declaração Americana de Direitos Humanos. Especial agradecimento é feito à missão diplomática brasileira junto à OEA, em particular ao amigo Silvio Albuquerque, pelo fornecimento de informações sobre os casos, permitindo a atualização deste capítulo. Outro especial agradecimento é feito à Akemi Kamimura pelo primoroso trabalho de pesquisa na atualização dos casos.

Diante deste quadro é que se insere a federalização das violações a direitos humanos.

Introduzida pela Emenda Constitucional n. 45, de 8 de dezembro de 2004, a federalização das violações de direitos humanos já era prevista como meta do Programa Nacional de Direitos Humanos, desde 1996. O novo mecanismo permite ao Procurador-Geral da República, nas hipóteses de grave violação a direitos humanos e com a finalidade de assegurar o cumprimento de tratados internacionais de direitos humanos ratificados pelo Brasil, requerer ao Superior Tribunal de Justiça o deslocamento da competência do caso para as instâncias federais, em qualquer fase do inquérito ou processo.

Por meio da federalização das violações de direitos humanos, cria-se um sistema de salutar concorrência institucional para o combate à impunidade[5]. De um lado, a federalização encoraja a firme atuação do Estado, sob o risco do deslocamento de competências. Isto é, se as instituições locais se mostrarem falhas, ineficazes ou omissas para a proteção dos direitos humanos, será possível valer-se das instâncias federais. Por outro lado, a federalização aumenta a responsabilidade das instâncias federais para o efetivo combate à impunidade das graves violações aos direitos humanos. O impacto há de ser o fortalecimento das instituições locais e federais.

Além disso, resultará ampliada a responsabilidade da União em matéria de direitos humanos no âmbito interno, em consonância com sua crescente responsabilidade internacional. É exclusivamente sobre a União que recai a responsabilidade internacional na hipótese de violação de tratado de proteção de direitos humanos.

Com a federalização restará aperfeiçoada a sistemática de responsabilidade nacional e internacional em face das graves violações dos direitos humanos, o que permitirá aprimorar o grau de respostas institucionais nas diversas instâncias federativas. Para os Estados cujas instituições responderem de forma eficaz às violações, a federalização não terá incidência maior — tão somente encorajará a importância da eficácia dessas respostas. Para os Estados, ao revés, cujas instituições se mostrarem falhas, ineficazes ou omissas, estará configurada a hipótese de deslocamento de competência para a esfera federal. A responsabilidade primária no tocante

---

5. Esses argumentos são desenvolvidos em parecer que elaborei sobre o tema, aprovado em sessão do Conselho Nacional de Defesa dos Direitos da Pessoa Humana, em outubro de 2004.

aos direitos humanos é dos Estados, enquanto a responsabilidade subsidiária passa a ser da União[6].

Em 27 de outubro de 2010, em decisão inédita, o Superior Tribunal de Justiça acolheu o IDC n. 2, determinando o imediato deslocamento das investigações e do processamento da ação penal do caso Manoel Mattos ao âmbito federal, por considerar atendidos os pressupostos do art. 109, § 5º, da Constituição Federal. Sustentou o Superior Tribunal de Justiça: "1. A teor do § 5º do art. 109, da Constituição Federal, introduzido pela Emenda Constitucional n. 45/2004, o incidente de deslocamento de competência para a Justiça Federal fundamenta-se, essencialmente, em três pressupostos: a existência de grave violação a direitos humanos; o risco de responsabilização internacional decorrente do descumprimento de obrigações jurídicas assumidas em tratados internacionais; e a incapacidade das instâncias e autoridades locais em oferecer respostas efetivas. 2. Fatos que motivaram o pedido de deslocamento deduzido pelo Procurador-Geral da República: o advogado e vereador pernambucano Manoel Bezerra de Mattos Neto foi assassinado em 24 de janeiro de 2009, no Município de Pitimbu/PB, depois de sofrer diversas ameaças e vários atentados, em decorrência, ao que tudo leva a crer, de sua persistente e conhecida atuação contra grupos de extermínio que agem impunes há mais de uma década na divisa dos Estados da Paraíba e de Pernambuco, entre os Municípios de Pedras de Fogo e Itambé. 3. A existência de grave violação a direitos humanos, primeiro pressuposto, está sobejamente demonstrado: esse tipo de assassinato, pelas circunstâncias e motivação até aqui reveladas, sem dúvida, expõe uma lesão que extrapola os limites de um crime de homicídio ordinário, na medida em que fere, além do precioso bem da vida, a própria base do Estado, que é desafiado por grupos de criminosos que chamam para si as prerrogativas exclusivas

---

6. A respeito, consultar o Incidente de Deslocamento de Competência IDC 1/PA, julgado em junho de 2005, referente ao caso Dorothy Stang. Pondere-se que a federalização encontra-se em plena harmonia com o sistema constitucional. De um lado, está a observar a responsabilidade primária das instituições locais em matéria de direitos humanos. Por outro lado, tão somente institui a responsabilidade subsidiária da União nesses casos. Estabelece, ainda, que o incidente de deslocamento será apreciado pelo STJ, que, por sua vez, nos termos do art. 105, I, g, da Constituição, tem a competência originária para processar e julgar os conflitos de competência entre os entes federativos. Além disso, se a própria ordem constitucional de 1988 permite a drástica hipótese de intervenção federal quando da afronta de direitos humanos (art. 34, VII, b), em prol do bem jurídico a ser tutelado, não há por que obstar a possibilidade de deslocamento de competências.

dos órgãos e entes públicos, abalando sobremaneira a ordem social. 4. O risco de responsabilização internacional pelo descumprimento de obrigações derivadas de tratados internacionais aos quais o Brasil anuiu (dentre eles, vale destacar, a Convenção Americana de Direitos Humanos, mais conhecido como 'Pacto de San José da Costa Rica') é bastante considerável, mormente pelo fato de já ter havido pronunciamentos da Comissão Interamericana de Direitos Humanos, com expressa recomendação ao Brasil para adoção de medidas cautelares de proteção a pessoas ameaçadas pelo tão propalado grupo de extermínio atuante na divisa dos Estados da Paraíba e Pernambuco, as quais, no entanto, ou deixaram de ser cumpridas ou não foram efetivas. Além do homicídio de Manoel Mattos, outras três testemunhas da CPI da Câmara dos Deputados foram mortas, dentre eles Luiz Tomé da Silva Filho, ex-pistoleiro, que decidiu denunciar e testemunhar contra os outros delinquentes. Também Flávio Manoel da Silva, testemunha da CPI da Pistolagem e do Narcotráfico da Assembleia Legislativa do Estado da Paraíba, foi assassinado a tiros em Pedras de Fogo, Paraíba, quatro dias após ter prestado depoimento à Relatora Especial da ONU sobre Execuções Sumárias, Arbitrárias ou Extrajudiciais. E, mais recentemente, uma das testemunhas do caso Manoel Mattos, Maximiano Rodrigues Alves, sofreu um atentado à bala no município de Itambé, Pernambuco, e escapou por pouco. Há conhecidas ameaças de morte contra Promotores e Juízes do Estado da Paraíba, que exercem suas funções no local do crime, bem assim contra a família da vítima Manoel Mattos e contra dois Deputados Federais. 5. É notória a incapacidade das instâncias e autoridades locais em oferecer respostas efetivas, reconhecida a limitação e precariedade dos meios por elas próprias. Há quase um pronunciamento uníssono em favor do deslocamento da competência para a Justiça Federal, dentre eles, com especial relevo: o Ministro da Justiça; o Governador do Estado da Paraíba; o Governador de Pernambuco; a Secretária Executiva de Justiça de Direitos Humanos; a Ordem dos Advogados do Brasil; a Procuradoria-Geral de Justiça do Ministério Público do Estado da Paraíba. 6. As circunstâncias apontam para a necessidade de ações estatais firmes e eficientes, as quais, por muito tempo, as autoridades locais não foram capazes de adotar, até porque a zona limítrofe potencializa as dificuldades de coordenação entre os órgãos dos dois Estados. Mostra-se, portanto, oportuno e conveniente a imediata entrega das investigações e do processamento da ação penal em tela aos órgãos federais"[7].

---

7. IDC n. 2/DF, Rel. Ministra Laurita Vaz, 3ª Seção, j. 27.10.2010, *DJe*, 22.11.2010.

Em 13 de agosto de 2014, o Superior Tribunal de Justiça julgou procedente o IDC n. 5 relativo ao homicídio do Promotor de Justiça estadual Thiago Faria Soares, ocorrido em contexto de grupos de extermínio que atuam no interior do Estado de Pernambuco, bem como de conflito institucional entre os órgãos envolvidos com a investigação e a persecução penal dos ainda não identificados autores do crime. Para o Superior Tribunal de Justiça: "A falta de entendimento operacional entre a Polícia Civil e o Ministério Público estadual ensejou um conjunto de falhas na investigação criminal que arrisca comprometer o resultado final da persecução penal, com possibilidade, inclusive, de gerar a impunidade dos mandantes e dos executores do citado crime de homicídio. O pedido de deslocamento de competência encontra-se fundamentado em afronta a tratado internacional de proteção a direitos humanos. O direito à vida, previsto na Convenção Americana de Direitos Humanos (Pacto de San José da Costa Rica), é a pedra basilar para o exercício dos demais direitos humanos. O julgamento justo, imparcial e em prazo razoável é, por seu turno, garantia fundamental do ser humano, previsto, entre outros, na referida Convenção. (...) Ademais, a Corte Interamericana de Direitos Humanos tem, reiteradamente, asseverado que a obrigação estatal de investigar e punir as violações de direitos humanos deve ser empreendida pelos Estados de maneira séria e efetiva, dentro de um prazo razoável. No caso vertente, encontram-se devidamente preenchidos todos os requisitos constitucionais que autorizam e justificam o pretendido deslocamento de competência, porquanto evidenciada a incontornável dificuldade do Estado de Pernambuco de reprimir e apurar o crime praticado com grave violação de direitos humanos, em descumprimento a obrigações decorrentes de tratados internacionais de direitos humanos dos quais o Brasil é parte. Incidente de deslocamento de competência julgado procedente, para que seja determinada a imediata transferência do Inquérito Policial para a Polícia Federal, sob o acompanhamento do Ministério Público Federal, e sob a jurisdição, no que depender de sua intervenção, da Justiça Federal, Seção Judiciária de Pernambuco"[8].

Em 10 de agosto de 2022, o Superior Tribunal de Justiça julgou procedente o IDC n. 9, ao reconhecer a ineficácia das instâncias locais e o risco de responsabilização internacional do Estado, em caso relativo a grupo de extermínio ligado a agentes públicos do Estado (caso chamado "maio sangrento" e "chacina do parque Bristol"). Argumentou o Superior Tribunal de Justiça: "Constatada a incapacidade dos agentes públicos na condução de investigações, seja por inércia, seja por falta de vontade de apurar os fatos, de identificar os

---

8. IDC n. 5/PE, Rel. Min. Rogerio Schietti Cruz, 3ª Seção, j. 13.8.2014, *DJe*, 1º.9.2014.

autores dos homicídios/execuções cometidos nos casos conhecidos como 'Maio Sangrento' e 'Chacina do Parque Bristol', de buscar a respectiva responsabilização, aliada ao fato de que há risco de responsabilização internacional, fica demonstrada a situação de excepcionalidade indispensável ao acolhimento do pleito de deslocamento de competência"[9].

Em 23 de agosto de 2023, o Superior Tribunal de Justiça julgou procedente em parte o IDC n. 22 concernente à investigação, ao processamento e ao julgamento de mandantes, intermediários e executores dos assassinatos das vítimas, em sua maioria, lideranças de movimentos em prol dos trabalhadores rurais e responsáveis por denúncias de grilagem de terras e de extração ilegal de madeira, ocorridos no contexto de grave conflito agrário no Estado de Rondônia. Foi deferido o deslocamento de competências do âmbito estadual para o âmbito federal, sob o argumento de estarem preenchidos todos os requisitos que autorizam o deslocamento de competência da esfera estadual para a esfera federal (relativamente a seis inquéritos não solucionados). No entender do Superior Tribunal de Justiça, restou evidenciada "a grave violação de direitos humanos, a possibilidade de responsabilização do Brasil em razão de descumprimento a obrigações contraídas em tratados internacionais e a incapacidade de órgãos locais darem respostas efetivas às demandas"[10].

Com efeito, a jurisprudência do Superior Tribunal de Justiça consagrou três pressupostos para o deferimento de IDC: a) existência de grave violação a direitos humanos; 2) o risco de responsabilização internacional decorrente do descumprimento de obrigações jurídicas assumidas em tratados internacionais; e 3) a incapacidade das instâncias e autoridades locais de oferecer respostas efetivas. Ademais, para o Superior Tribunal de Justiça devem restar caracterizadas a excepcionalidade, a necessidade, a imprescindibilidade, a razoabilidade e a proporcionalidade da medida[11].

A federalização, no entanto, exigirá a elucidação de seus próprios requisitos de admissibilidade (ex.: "grave violação de direitos humanos";

---

9. IDC n. 9/SP, Rel. Min. João Otávio de Noronha, 3ª Seção, j. 10.8.2022, *DJe* 6.9.2022.
10. IDC n. 22/RO, Rel. Min. Messod Azulay Neto, 3ª Seção, j. 23.8.2023, *DJe* 25.8.2023
11. Note-se que, em julgamento realizado em 25 de agosto de 2021, no IDC n. 21 (RJ), envolvendo operações militares na Favela Nova Brasília em 1994 e 1995, resultando cada uma delas na morte de 13 pessoas, o Superior Tribunal de Justiça entendeu que não havia se evidenciado incapacidade, ineficácia ou omissão das autoridades estaduais, no desempenho da função de apuração, processamento e julgamento do caso com a devida isenção, mostrando-se desnecessário o deslocamento da competência. Por esse motivo, foi julgado improcedente o IDC n. 21.

"assegurar o devido cumprimento de obrigações decorrentes dos tratados de direitos humanos"). A prática permitirá que tais lacunas sejam, gradativamente, preenchidas. Ademais, a emenda poderia ter previsto outros legitimados para o incidente de deslocamento (como o próprio Conselho de Direitos Humanos) e não ter optado por centrar tal legitimidade exclusivamente no Procurador-Geral da República. É de rigor que se democratize o acesso ao pedido de deslocamento a outros relevantes atores sociais.

De todo modo, acredita-se na federalização como efetivo instrumento para o combate à impunidade e para a garantia de justiça nas graves violações de direitos humanos.

Importa ressaltar, uma vez mais, que o sistema de proteção internacional dos direitos humanos é adicional e subsidiário e, nesse sentido, pressupõe o esgotamento dos recursos internos para seu acionamento. Vale dizer, a sistemática internacional só pode ser invocada quando o Estado se mostrar omisso ou falho na tarefa de proteger os direitos fundamentais.

Passa-se, assim, à análise de ações internacionais impetradas contra o Estado do Brasil perante a Comissão Interamericana, em razão da violação de direitos humanos garantidos na Declaração Americana, na Convenção Americana de Direitos Humanos ou ainda em outro tratado do sistema interamericano.

c) Casos contra o Estado brasileiro perante a Comissão Interamericana de Direitos Humanos

Neste tópico serão examinados 140 casos contra o Estado brasileiro que foram admitidos pela Comissão Interamericana no período de 1970 a 2020[12]. Desse total, há casos que foram apreciados pela Comissão Interamericana, sendo os respectivos relatórios publicados no relatório anual da Comissão, e há aqueles — a maioria deles — que estão pendentes perante a Comissão Interamericana.

Cabe observar que os casos pendentes são processados pela Comissão em regime confidencial, o que impossibilitou a este estudo o acesso ao desenvolvimento de cada um. Por esse motivo, a análise dos casos pendentes se reduzirá a uma breve sinopse dos fatos constantes em cada comuni-

---

12. Algumas petições referentes a esses casos foram gentilmente cedidas pelo Centro pela Justiça e o Direito Internacional (CEJIL), pelo *Human Rights Watch/Americas*, pela Comissão Teotônio Vilela, pelo Núcleo de Estudos da Violência da Universidade de São Paulo e pelo Centro Santo Dias de Direitos Humanos da Arquidiocese de São Paulo.

cação, levando em consideração o direito violado e os atores sociais envolvidos a exercer a advocacia do Direito Internacional dos Direitos Humanos.

Com relação aos casos findos, como já apontado no Capítulo VII, se não se alcançar uma solução amistosa, a Comissão poderá publicar o informe por ela elaborado, do qual constarão um breve relato do fato, conclusões e recomendações.

À luz dos 140 casos levantados, optou-se por criar uma tipologia de análise, orientada pela natureza do direito violado. Isto é, preferiu-se essa classificação ao exame isolado e particular de cada caso. Nesse sentido, foram criadas 10 categorias, que correspondem a casos de: 1) detenção arbitrária, tortura e assassinato cometidos durante o regime autoritário militar; 2) violação dos direitos dos povos indígenas; 3) violência rural; 4) violência policial e outras violações praticadas por agentes estatais; 5) violação dos direitos de crianças e adolescentes; 6) violação dos direitos das mulheres; 7) discriminação racial; 8) violência contra defensores de direitos humanos; 9) violação de direitos de outros grupos vulneráveis; e 10) violação a direitos sociais.

Passa-se, desse modo, ao breve relato dos casos, o que permitirá a análise dos limites e possibilidades da advocacia do Direito Internacional dos Direitos Humanos no Brasil.

1) Casos de detenção arbitrária, tortura e assassinato cometidos durante o regime autoritário militar

Do universo de casos examinados, 11 envolvem denúncias de detenção arbitrária e tortura cometidas durante o regime autoritário militar. Tais ações foram submetidas à apreciação da Comissão Interamericana no período de 1970 a 1974[13], com exceção do caso da "guerrilha do Araguaia" (Caso 1552), que foi encaminhado à Comissão em 1997, e do caso Vladimir Herzog e outros (Caso P-859-09), que foi encaminhado em 2009.

---

13. Nesse sentido, ver Caso 1684, Inter-Am. C. H. R. 104, OEA/ser.L/V/II.28, doc. 14 (1972); Caso 1769, Inter-Am. C.H.R. 89, OEA/ser.P/AG, doc. 632 (1976); Caso 1788, Inter-Am. C.H.R. 93, OEA/ser.P/AG, doc. 632 (1976); Caso 1789, Inter-Am. C.H.R. 94, OEA/ser.P/AG, doc. 632 (1976); Caso 1835, Inter-Am. C.H.R. 95, OEA/ser.P/AG, doc. 632 (1976); Caso 1841, Inter-Am. C.H.R. 97, OEA/ser.P/AG, doc. 632 (1976); Caso 1844, Inter-Am. C.H.R. 97, OEA/ser.P/AG, doc. 632 (1976); Caso 1846, Inter-Am. C.H.R. 99, OEA/ser.P/AG, doc. 632 (1976); Caso 1897, Inter-Am. C.H.R. 100, OEA/ser.P/AG, doc. 632 (1976). Esses casos denunciam as práticas da tortura e da detenção ilegal e arbitrária, cometidas no período de 1970 a 1974.

Considerando que na época o Brasil não era signatário da Convenção Americana, todas essas ações se fundamentaram na Declaração Americana dos Direitos e Deveres do Homem. Em particular, levou-se ao conhecimento da Comissão a violação, por parte do Estado brasileiro, dos direitos à vida, à liberdade, à segurança, ao devido processo legal e à proteção contra a detenção arbitrária, enunciados nos arts. I, XXV e XXVI da Declaração Americana.

A prática de detenção arbitrária e de tortura foi denunciada mediante petições encaminhadas por indivíduo ou grupos de indivíduos, não se verificando qualquer caso no qual a petição fosse submetida por organização não governamental.

Constata-se, a partir desses nove casos, que as vítimas das violações perpetradas eram lideranças da Igreja Católica, líderes de trabalhadores, estudantes, professores universitários, advogados, economistas e demais profissionais[14] que, de alguma forma, apresentavam reação e resistência ao regime repressivo que perdurou no País de 1964 a 1985.

Merece destaque o Caso 1684, acerca do qual três comunicações foram enviadas à apreciação da Comissão, em 1970, denunciando a prática da detenção ilegal e da tortura nos anos de 1969 e 1970. A primeira comunicação, de 25 de junho de 1970, denunciou o assassinato de um padre no Recife. A segunda, na mesma data, levou ao exame da Comissão a detenção arbitrária e tortura de sete pessoas em Belo Horizonte. Já a terceira comunicação, de 24 de julho de 1970, alegou a existência de pelo menos 12.000 presos políticos no País[15]. As comunicações solicitavam à Comissão uma investigação cautelosa dos fatos por elas denunciados, que apontavam à prática autoritária do regime repressivo militar.

Por maioria de votos, a Comissão Interamericana aprovou Resolução na qual afirmava: "as provas coletadas nestes casos levam à forte presunção de que no Brasil há sérios casos de tortura, abuso e tratamento cruel de pessoas de ambos os sexos, que foram privadas de sua liberdade"[16].

---

14. Como afirmam Henry Steiner e David Trubek: "As principais categorias de presos políticos submetidos à tortura incluem estudantes, intelectuais e representantes da Igreja Católica" (Henry J. Steiner e David M. Trubek, *Brazil: all power to the generals*, 1971, p. 473).

15. Sobre as três comunicações que integram o Caso 1684, consultar *Ten Years of Activities: 1971-1981*, Inter-American Commission on Human Rights, General Secretariat, Organization of American States, Washington, D.C., 1982, p. 104-112.

16. Resolução OEA/Ser.L/V/II.28, doc. 14, Maio 3, 1972, in *Ten Years of Activities: 1971-1981*, p. 121. Sobre a matéria, acentua David Weissbrodt: "O relatório da Anistia In-

A Comissão recomendou ainda ao Estado do Brasil que procedesse a uma séria investigação dos fatos denunciados, para que na sessão subsequente pudesse avaliar se os atos de tortura e abuso foram efetivamente cometidos contra as pessoas detidas e se foram praticados por militares ou autoridades policiais, cujos nomes seguiam elencados nas aludidas comunicações. A Comissão solicitou também ao Estado brasileiro informações sobre os resultados da investigação e a punição, nos termos da lei, das pessoas comprovadamente responsáveis pelas alegadas violações a direitos humanos.

Na sua resposta, o Estado do Brasil se limitou a considerar que as bases da presunção da violação dos direitos humanos no País eram insuficientes e frágeis, não apresentando consistência. Acrescentou que a Comissão, de acordo com o art. 50 da Convenção, deveria atuar com discrição no procedimento de coleta de informações necessárias para o exame da denúncia oferecida e que a possibilidade de realizar a observação *in loco* das denúncias, por parte da Comissão, deveria ser considerada medida excepcional, por ser mais custosa e depender do consentimento do Governo referido[17].

A partir dessa resposta, a Comissão Interamericana decidiu publicar em seu relatório anual recomendações endereçadas ao Governo brasileiro, reiterando que "as provas coletadas no Caso 1684 levam à forte presunção de que no Brasil há sérios casos de tortura, abuso e tratamento cruel de pessoas de ambos os sexos, que foram privadas de sua liberdade". Adicionou ainda que o Estado do Brasil se recusara a adotar as medidas recomendadas pela Comissão no sentido de esclarecer se os atos de tortura e abuso foram perpetrados contra as pessoas detidas e se foram praticados por militares ou autoridades policiais, que, se comprovadamente responsáveis pela violação dos direitos humanos, deveriam ser punidos pelo Estado brasileiro.

---

ternacional de 1972, a respeito das denúncias de tortura no Brasil, contém um elenco de mais de mil vítimas de tortura e demonstra um consistente padrão de sérias violações de direitos humanos no Brasil (Amnesty International, Report on allegations of torture in Brazil, 1972)" (David Weissbrodt, The contribution of international nongovernmental organizations to the protection of human rights, in Theodor Meron (ed.), *Human rights in international law: legal and policy issues*, p. 415).

17. Nesse sentido, afirmou o Estado brasileiro: "o art. 50 da Convenção Americana exige que a Comissão atue discretamente na forma de coleta de informação necessária ao exame das denúncias a ela submetidas. Neste sentido, a medida constante do art. 50, observação *in loco* (...) pode ser considerada excepcional, dado que não é usada tão frequentemente quanto os outros métodos, já que é mais custosa e requer o consentimento do Governo em questão" (*Ten Years of Activities: 1971-1981*, p. 127).

A resolução foi aprovada durante a 31ª Sessão da Comissão Interamericana, tendo sido comunicada ao Brasil em 8 de janeiro de 1974[18].

Além do Caso 1684, oito outros foram submetidos à Comissão Interamericana no período entre 1973 e 1974[19]. Todos denunciaram a prática de detenção arbitrária e tortura cometidos pelo regime repressivo militar, sendo os mais contundentes os Casos 1788 — que denunciou o assassinato de cento e quatro pessoas em 1973, pelo aparato do regime autoritário — e 1835 — que denunciou a detenção arbitrária de cinquenta e três pessoas pela polícia em 1974[20]. Contudo, a Comissão Interamericana, ainda que tenha admitido todos os oito casos, optou por não publicar em seu relatório anual as respectivas conclusões e recomendações, desconhecendo-se os motivos ensejadores dessa opção.

Adicione-se que, em 1997, foi submetido à Comissão Interamericana o caso da "guerrilha do Araguaia", referente ao desaparecimento de mais de vinte integrantes da aludida guerrilha na década de 70, durante as operações militares ocorridas na região. Desde 1982, familiares tentam, sem sucesso, obter informações sobre o desaparecimento das vítimas. Em 26 de março de 2009, a Comissão encaminhou o caso à apreciação da Corte Interamericana, que condenou o Brasil em virtude do desaparecimento de integrantes da guerrilha do Araguaia durante as operações militares ocorridas na década de 70, em sentença proferida em 24 de novembro de 2010.

Além disso, em 2009 foi submetido à Comissão Interamericana o caso Vladimir Herzog e outros (Caso 12.879), referente à detenção arbitrária, tortura e morte do jornalista Vladimir Herzog, ocorrida em dependência do Exército, em outubro de 1975, e a contínua impunidade dos fatos, em virtude de lei de anistia promulgada durante a ditadura militar brasileira. Em novembro de 2012 (Relatório n. 80/12), a Comissão Interamericana declarou a petição admissível quanto à suposta violação dos artigos I, IV, XVIII e XXV da Declaração Americana; dos artigos 5.1, 8.1 e 25 da Convenção

---

18. Cf. *Ten Years of Activities: 1971-1981*, p. 117.

19. Sobre os Casos 1769, 1788, 1789, 1835, 1841, 1844, 1846 e 1897, consultar o *Annual Report of the Inter-American Commission on Human Rights for the year 1975, to the General Assembly*, General Secretariat, Organization of American States, Washington, D.C., 1975, p. 89-100.

20. Sobre os Casos 1788 e 1835, consultar o *Annual Report of the Inter-American Commission on Human Rights for the year 1975, to the General Assembly*, p. 93 e p. 95, respectivamente.

Americana, em conexão com as obrigações gerais estabelecidas nos artigos 1.1 e 2 do mesmo instrumento; e dos artigos 1, 6 e 8 da Convenção Interamericana para Prevenir e Punir a Tortura. No entanto, a CIDH considerou inadmissível a petição no que se refere ao artigo XXVI da Declaração Americana. Em 22 de abril de 2016, o caso foi submetido à Corte Interamericana, com nova condenação do Estado brasileiro, como será apreciado no tópico "e" deste estudo relativamente à análise de casos contra o Estado brasileiro perante a Corte Interamericana.

2) Casos de violação dos direitos dos povos indígenas

Também de grande impacto no âmbito internacional foi o Caso 7615, relativo à violação dos direitos dos povos indígenas no Brasil[21], particularmente da comunidade Yanomami, em 1980.

Considerando o levantamento das ações internacionais contra o Estado brasileiro, apresentadas à Comissão Interamericana, o Caso 7615 se distingue dos demais por ser o primeiro caso submetido por organizações não governamentais de âmbito internacional contra o Estado do Brasil.

Com efeito, no Caso 7615, entidades como *Indian Law Resource Center, American Anthropological Association, Survival International, Anthropology Resource Center*, dentre outras, denunciaram a violação dos direitos humanos das populações Yanomamis à Comissão Interamericana, alegando que o Estado brasileiro havia violado direitos constantes da Declaração Americana. Em síntese, afirmaram que os direitos dessas populações à vida, à liberdade, à segurança, à igualdade perante à lei, à saúde e bem-estar, à educação, ao reconhecimento da personalidade jurídica e à propriedade haviam sido afrontados pelo Governo do Brasil. Nesse sentido, o Estado brasileiro estava a descumprir obrigações internacionais assumidas, decorrentes da Declaração Americana em seus arts. I, II, XI, XII, XVII e XXIII[22].

Segundo os peticionários, uma população de 10.000 a 12.000 índios Yanomamis vivia no Brasil, nos Estados do Amazonas e de Roraima. Em face da Constituição vigente na época, era-lhes garantido o direito ao terri-

---

21. A respeito da violação dos direitos das populações indígenas no Brasil, ver Amnesty International, *Brazil: cases of killing and ill-treatment of indigenous people*, 1988; Amnesty International, *Brazil: we are the land — indigenous peoples' struggle for human rights*, 1992.

22. Sobre o Caso 7615, consultar o *Annual Report of the Inter-American Commission on Human Rights, 1984-1985*, General Secretariat, Organization of American States, Washington, 1985, p. 24-34.

tório, de modo permanente e inalienável, como também o direito ao uso exclusivo das riquezas minerais que nele existissem.

Contudo, acrescentavam os peticionários, na década de 1960, o Governo do Brasil aprovou um plano de exploração das riquezas naturais e de desenvolvimento da região da Amazônia. Em 1973, teve início a construção da estrada BR-210, que, por atingir grande parte do território dos índios Yanomamis, compeliu-os a abandonar seu hábitat e a buscar refúgio em outras regiões. No dizer dos peticionários, durante a década de 1970, para agravar a situação, ricas reservas minerais foram descobertas nos territórios dos Yanomamis, o que atraiu inúmeras mineradoras e garimpeiros para aquela região.

Diante desse quadro, esforços foram empenhados a fim de demarcar as fronteiras do território Yanomami no período entre 1979 e 1984. Em 1982, sob pressões internacionais, o Governo brasileiro estabeleceu a interdição de uma área em Roraima e no Amazonas para os povos Yanomamis. Em 1984, expediu-se um decreto prevendo a definição do chamado "Parque dos Índios Yanomamis", que corresponderia ao território desses índios. Todavia, a proposta não foi implementada.

Esses fatos, no entender dos peticionários, implicaram a violação dos direitos fundamentais dos Yanomamis. A devastação deixou sequelas físicas e psicológicas, doenças e mortes, com a destruição de centenas de índios, o que estava a levar à própria extinção daquela comunidade.

A comunicação dos peticionários, transmitida pela Comissão Interamericana ao Governo brasileiro, com a solicitação de informações, foi respondida pelo Brasil, através das notas n. 127, de 13.5.1981, n. 316, de 3.11.1981, n. 101, de 14.4.1982, e n. 38, de 3.2.1985. Os comentários governamentais se concentraram na legislação brasileira sobre o estatuto legal dos índios no Brasil, seus direitos civis e políticos e projetos do Governo para estender a proteção aos índios e a suas terras[23].

À luz dessas considerações, a Comissão Interamericana resolveu declarar: "Há prova suficiente para concluir que, em face do fracasso do Estado do Brasil em adotar medidas tempestivas e efetivas concernentes aos índios Yanomamis, caracteriza-se a violação dos seguintes direitos reconhecidos pela Declaração Americana dos Direitos e Deveres do Homem: do direito à vida, à liberdade e à segurança (art. I), do direito à residência e

---

23. Cf. Antônio Augusto Cançado Trindade, *A proteção internacional dos direitos humanos*, p. 581.

ao movimento (art. VIII) e do direito à preservação da saúde e bem-estar (art. XI)"[24].

A Comissão ainda resolveu recomendar ao Estado brasileiro que: a) adotasse medidas de proteção à vida e à saúde dos Yanomamis; b) procedesse à demarcação do "Parque Yanomami"; c) conduzisse programas de educação, proteção médica e integração social dos Yanomamis, sob a assessoria de pessoal de competência científica, médica e antropológica; e d) informasse a Comissão sobre as medidas adotadas em cumprimento às recomendações.

Além do Caso 7615, foi submetido à Comissão Interamericana o Caso 11745, que consistia na denúncia de chacina de dezesseis índios Yanomamis, em junho de 1993, na região de Haximu, fronteira com a Venezuela. Segundo a denúncia, em razão de negligência e omissão do Governo brasileiro, o território Yanomami foi invadido por garimpeiros, o que resultou em graves confrontos, implicando a violação dos direitos humanos daquele povo indígena.

Em 2004, o Conselho Indígena de Roraima — CIR e a *Rainforest Foundation US* encaminharam a petição 250-04, denunciando violações de direitos dos povos indígenas Ingaricó, Macuxi, Patamona, Taurepang e Wapichana da Raposa Serra do Sol e seus membros, em razão de "atraso que data de 1977 a 2009 para a consumação efetiva da demarcação, delimitação e titulação do território indígena da Raposa Serra do Sol, assim como frequentes incidentes violentos e severa degradação ambiental que teriam afetado a vida e a integridade pessoal das supostas vítimas", no caso, os povos indígenas da Raposa Serra do Sol. Tais incidentes violentos e degradação ambiental teriam sido causados pela contínua presença de pessoas não indígenas dentro do território indígena, o que igualmente vem produzindo restrições ao direito de circulação e residência, liberdade de religião e direito a exercer sua cultura. Segundo os peticionários, houve atraso injustificado na resolução do processo administrativo de demarcação do território indígena e inexistem disposições na legislação brasileira que garantam o devido processo legal, a proteção dos direitos territoriais indígenas e a igualdade perante a lei dos povos indígenas. No Relatório n. 125/10, a CIDH concluiu pela admissibilidade da petição, sem analisar o mérito da questão, com respeito às supostas violações aos artigos I, II, III, VIII, IX,

---

24. Resolução n. 12/85, in *Annual Report of the Inter-American Commission on Human Rights*, p. 33-34.

XVIII e XXIII da Declaração Americana, assim como aos artigos 4, 5, 8, 12, 21, 22, 24 e 25 da Convenção Americana em conexão com os artigos 1.1 e 2 do mesmo instrumento internacional.

O Caso 4355-02 foi encaminhado à Comissão Interamericana em 2002 pelo Movimento Nacional de Direitos Humanos/Regional Nordeste, o Gabinete de Assessoria Jurídica às Organizações Populares — GAJOP e o Conselho Indigenista Missionário — CIMI. A petição denuncia a denegação do direito à propriedade do povo indígena Xucuru, em razão da demora no procedimento de delimitação, demarcação e titulação do território ancestral indígena e ineficácia da proteção judicial destinada a garantir seu direito à propriedade. No Relatório n. 98/09, a Comissão Interamericana de Direitos Humanos declarou o caso admissível em relação aos artigos 8, 21 e 25 da Convenção Americana em conexão com as obrigações gerais estabelecidas nos artigos 1.1 e 2 da Convenção; e também em relação aos artigos XVIII e XXIII da Declaração Americana dos Direitos e Deveres do Homem. Em 2015 foi adotado o Relatório de Mérito n. 44/15, em que se concluiu pela responsabilidade internacional do Estado Brasileiro pela violação aos direitos à propriedade, à integridade pessoal e às garantias judiciais. Em 16 de março de 2016, o caso foi submetido à Corte Interamericana, tendo o Estado Brasileiro sofrido condenação, mediante o reconhecimento de sua responsabilidade internacional na violação dos aludidos dispositivos, como será enfocado no tópico "e" deste estudo, dedicado à análise dos casos contra o Estado Brasileiro perante a Corte Interamericana.

3) Casos de violência rural

Do universo de casos coletados, constata-se que 20 envolvem situação de violência rural[25]. Trata-se dos Casos 11287, 11289, 11405, 11495, 11556, 11820, 11517, 12066, 12200, 12310, 12353, 12478, 12332, 1290-04, 1236-06, 1330-07, 4643-02, 462-01, 4-04 e 833-11. A maioria se encontra pendente de apreciação perante a Comissão Interamericana. Como os casos pendentes são processados em regime de natureza confidencial, este estudo se limita a tecer um breve relato destes casos, que foram admitidos pela Comissão.

Inicialmente, cabe observar que os casos foram encaminhados à Comissão Interamericana por organizações não governamentais de âmbito

---

25. Sobre a violência rural no Brasil, ver Amnesty International, *Brazil: authorized violence in rural areas*, London, 1988; Jemera Rone, *The struggle for land in Brazil: rural violence continues*, New York, Human Rights Watch, 1992; Jemera Rone, *Rural violence in Brazil*, New York, Human Rights Watch, 1991.

internacional[26] e nacional, entre eles, a *Human Rights Watch/Americas*, o Centro para a Justiça e o Direito Internacional (CEJIL), a Justiça Global, a Comissão Pastoral da Terra e a Rede Nacional de Advogados Populares. Como registra o relatório anual da *Human Rights Watch* concernente às atividades de 1994: "*Human Rights Watch/Americas* continua a usar os mecanismos internacionais para focar a atenção nas violações de direitos humanos no Brasil. Em fevereiro, em conjunto com o Centro para a Justiça e o Direito Internacional (CEJIL), a organização submeteu petições, em sete casos, à Comissão Interamericana de Direitos Humanos. Esses casos apontavam para quatro áreas de preocupação: execução extrajudicial de crianças e adolescentes pela polícia; abuso em estabelecimentos penitenciários, incluindo dois massacres notórios no sistema penitenciário de São Paulo; violência rural; e trabalho forçado. Em fevereiro e setembro, representantes do *Human Rights Watch/Americas* e do CEJIL se apresentaram perante a Comissão Interamericana para informar os endêmicos problemas de direitos humanos no Brasil e a situação dos oito casos pendentes contra o Brasil"[27].

---

26. Via de regra, as organizações não governamentais de âmbito internacional situam-se nos países desenvolvidos, como é o caso da Amnesty International (London), Human Rights Watch (NY), The Lawyers Committee for Human Rights (NY), The International Commission of Jurists (Geneva), The International League for Human Rights (NY), The Federation Internationale des Droits de l'homme (Paris), Defence for Children International (Geneva), The Human Rights Group (Washington). São as denominadas *first world NGOs*. Para Henry Steiner: "o termo ONG de 'primeiro mundo' indica tanto a base geográfica da organização, como tipifica certas características da entidade, como seu mandato, suas funções e sua orientação ideológica. Estas características revelam a ênfase destas entidades na proteção de direitos civis e políticos, no comprometimento por um processo justo, na orientação individualística mais que coletiva ou comunitária para a advocacia de direitos e na crença em uma sociedade pluralista, que adote regras básicas de modo imparcial, aplicáveis para proteger indivíduos ante a interferência estatal. Em resumo, ONGs de 'primeiro mundo' significam aquelas organizações comprometidas com tradicionais valores liberais ocidentais, associados com as origens do movimento de direitos humanos. (...) a categoria de 'primeiro mundo' também inclui a maior parte das poderosas ONGs que investigam fundamentalmente eventos do terceiro mundo. Sua autoimagem é a de monitora, investigadora objetiva, que aplica as normas consensuais do movimento de direitos humanos aos fatos a serem apurados. Elas são defensoras da legalidade" (*Diverse partners: non-governmental organizations in the human rights movement, the report of a retreat of human rights activits*, co-sponsored by Harvard Law School Human Rights Program and Human Rights Internet, 1991, p. 19). Cabe salientar, no entanto, que tais organizações têm gradativamente ampliado sua agenda de atuação para também incorporar a proteção dos direitos econômicos, sociais e culturais.

27. Cf. *Human Rights Watch World Report 1995: Events of 1994*, Human Rights Watch, New York, 1995, p. 76.

Quanto aos casos submetidos à Comissão Interamericana, o Caso 11287 denuncia o assassinato de João Canuto, presidente do Sindicato dos Trabalhadores Rurais de Rio Maria, no Estado do Pará, em 1985. Alegam os peticionários que, tendo em vista a insuficiência da resposta governamental no sentido de punir os responsáveis — a investigação policial durou oito anos, e até o momento não houve indiciamento —, caracterizado, assim, o esgotamento dos recursos internos, cabe à Comissão Interamericana declarar a violação pelo Estado brasileiro de suas obrigações internacionais constantes da Convenção Americana, em especial da obrigação do Estado de investigar delitos cometidos e punir os responsáveis. Em 10 de março de 1998, a Comissão Interamericana aprovou o relatório final sobre o caso, condenando o Brasil pela violação aos direitos à vida, à liberdade, à segurança, à integridade e à justiça, previstos na Declaração Americana de Direitos Humanos e na Convenção Americana, com a recomendação ao Estado brasileiro para que confira maior celeridade ao processo criminal relativo ao caso, a fim de que os responsáveis sejam devidamente processados e punidos. A Comissão Interamericana recomendou ainda ao Governo brasileiro seja efetuado o pagamento de indenização aos familiares das vítimas. Em julho de 1999, o Poder Executivo do Estado do Pará promulgou decreto estabelecendo o pagamento de pensão especial em favor da viúva do líder rural assassinado.

O Caso 11289, por sua vez, denuncia a tentativa de assassinato de um jovem trabalhador rural, José Pereira, por ocasião da tentativa de fuga do regime de trabalho escravo a que estava submetido em uma fazenda em Xinguará, no Estado do Pará, em 1989. Novamente, as entidades *Human Rights Watch/Americas* e CEJIL — considerando que até 1994 não houve punição dos responsáveis por parte do Estado brasileiro — levaram o caso à apreciação da Comissão, solicitando fosse declarada a violação da Convenção Americana por parte do Brasil. Celebrou-se acordo de solução amistosa, em 18 de setembro de 2003. Houve o pagamento de indenização à vítima e o compromisso do Estado brasileiro de adotar medidas para a prevenção, combate e erradicação do trabalho escravo. Note-se que o Caso 12066 também revela denúncia de trabalho escravo em fazenda localizada no Pará.

O Caso 11405 envolve situação de conflito no campo, uma vez mais no Estado do Pará, em abril de 1994. Sob a acusação de ocupação de terras e defesa dos direitos dos demais trabalhadores rurais, cinco trabalhadores foram assassinados, dois sofreram lesões corporais, um foi sequestrado e pelo menos quatro famílias foram compelidas a fugir depois de ameaçadas de morte. Mais uma vez a resposta governamental foi inefetiva, senão inexistente, o que para os peticionários pode sugerir até a cumplicidade dos responsáveis com as autoridades policiais locais. Em novembro de 1994, a *Human Rights Watch/Americas* e o CEJIL peticionaram à Comissão Interamericana solicitando fosse requerido ao Estado brasileiro conduzir uma eficiente investigação dos crimes, proceder à punição dos responsáveis e adotar medidas preventivas para proteger os demais trabalhadores rurais.

Ainda no Estado do Pará, o Caso 11495 refere-se à denúncia do assassinato de Newton Coutinho Mendes (em abril de 1994), Moacir Rosa Andrade, José Martins dos Santos e Giovan dos Santos (em junho de 1994). A petição alega que os assassinatos foram cometidos como resposta à suspeita de que as vítimas estariam vinculadas à ocupação de terras. Outros casos envolvendo violência rural no Estado do Pará atêm-se aos casos 1290-04 e 1236-06, referentes ao assassinato de líderes de trabalhadores rurais naquele Estado. No mesmo sentido, o Caso 12200 é concernente ao assassinato de trabalhador rural no Estado do Mato Grosso, apontando a negligência do Estado na apuração dos fatos e no processamento e condenação dos responsáveis. Os Casos 12310 e 12478, de igual modo, revelam assassinato de trabalhadores rurais no Estado do Paraná por parte de milícias privadas, contratadas por proprietários de terras. Já o Caso 12332 refere-se ao assassinato da presidente do Sindicato de Trabalhadores de Alagoa Grande, no Estado da Paraíba.

O Caso 11820, por sua vez, envolve o assassinato de dezenove integrantes do Movimento dos Trabalhadores Rurais Sem-Terra (MST), em 17 de abril de 1996. As vítimas haviam interrompido trecho de uma rodovia no Estado do Pará (PA-150) quando foram desalojadas de forma violenta por policiais militares, o que resultou na morte de dezenove pessoas. Foram indiciados cento e cinquenta e seis policiais militares, que participaram da operação. O caso, que apresentou amplo impacto nacional e internacional, ficou conhecido como o "massacre de Eldorado de Carajás".

Já o Caso 11517 atém-se à denúncia de homicídio de agricultor e também membro do Movimento dos Trabalhadores Rurais Sem-Terra (MST), cometido por policiais militares, no Estado do Paraná.

Interceptação e monitoramento ilegais de linhas telefônicas de instituições associadas ao Movimento dos Trabalhadores Rurais Sem-Terra são objeto da denúncia apresentada no Caso 12353.

O Caso 11556, que alcançou larga repercussão nacional e internacional, refere-se ao caso denominado "Corumbiara", em que, em virtude de conflito agrário na fazenda Santa Elina (em Rondônia), dez pessoas ligadas ao Movimento dos Trabalhadores Rurais Sem-Terra (MST) foram mortas por policiais militares e mais de cem ficaram feridas. A Comissão Interamericana, no relatório final de mérito, condenou o Estado brasileiro por violação aos direitos previstos na Convenção Americana.

O Caso 1330-07 refere-se à morte de dois trabalhadores rurais sem terra e à tentativa de assassinato de outras seis pessoas que foram feridas, inclusive duas crianças, no episódio conhecido como "Massacre de Camarazal", ocorrido em junho de 1997, em Pernambuco.

No Caso 4643-02, as próprias vítimas encaminharam petição à Comissão Interamericana, denunciando sucessivas invasões e ataques, danos e tentativas de expropriação da fazenda de propriedade das vítimas, atos de ameaças e intimidação sofridos e falta de diligência do Estado em prevenir e responder a tais atos, bem como em investigar e punir seus responsáveis.

O Caso 462-01 trata da falta de prevenção e impunidade no assassinato de trabalhador rural, em emboscada em 1991, em contexto de conflitos fundiários no Maranhão.

O Caso 4-04 denunciou uma violenta repressão a uma marcha pela reforma agrária, ocorrida em maio de 2000, no Estado do Paraná, culminando na morte de um trabalhador rural e lesões corporais sofridas por 185 trabalhadores rurais.

Levando em consideração o contexto de violência rural e impunidade no Brasil, a Comissão Interamericana concluiu que o Estado brasileiro era responsável pela violação do direito à vida, às garantias judiciais e à proteção judicial, em detrimento de Sebastião Camargo Filho (caso 12.310). Recomendou ao Estado brasileiro: (1) realizar uma investigação completa, imparcial e efetiva dos fatos, com o objetivo de afirmar a responsabilidade pelo assassinato de Sebastião Camargo Filho; (2) reparar plenamente os familiares de Sebastião Camargo Filho, no aspecto tanto moral, quanto material; (3) adotar em caráter prioritário uma política global de erradicação da violência rural, que abranja medidas de prevenção e proteção de comunidades em risco e o fortalecimento das medidas de proteção destinadas a líderes de movimentos que trabalham pela distribuição equitativa da propriedade rural; (4) adotar medidas efetivas destinadas ao desmantelamento dos grupos ilegais armados que atuam nos conflitos relacionados com a distribuição da terra; (5) adotar uma política pública de combate à impunidade das violações de direitos humanos das pessoas envolvidas em conflitos agrários, que lutam por uma distribuição equitativa da terra[28].

4) Casos de violência policial

Dos casos apreciados, 53 correspondem a situações de violência policial e outras violações praticadas por agentes estatais ocorridas no Brasil a partir de 1982[29]. Considerando que parte dessas ações encontra-se pendente perante a Comissão Interamericana, este estudo se limita a enfocar a denúncia oferecida, tendo em vista o regime de confidencialidade acolhido pela Comissão em relação aos casos pendentes.

Cabe anotar que a maioria significativa dos casos foi submetida à Comissão Interamericana por organizações não governamentais de direitos humanos, entre elas o Centro Santo Dias de Direitos Humanos da Arquidiocese de São Paulo, o Centro para a Justiça e o Direito Internacional (CEJIL), a *Human Rights Watch/Americas* e a Comissão Teotônio Vilela — havendo aqueles submetidos pela Defensoria Pública e por familiares.

Os casos são fundamentados na Convenção Americana de Direitos Humanos, ratificada pelo Brasil em 1992. Vale dizer, essas ações interna-

---

28. Em 2009, embora reconhecendo que o Estado brasileiro tenha adotado medidas para combater a violência rural, a Comissão Interamericana destacou que a violência rural não diminuiu significativamente no país, tampouco diminuiu a impunidade em relação a esses conflitos. E, ademais, decorridos mais de dez anos do homicídio de Sebastião Camargo Filho, não houve julgamento dos responsáveis pelo crime, nem reparação aos familiares da vítima. Reiterou a Comissão Interamericana a responsabilidade do Estado, mediante a publicação do relatório n. 25/09, de admissibilidade e mérito do caso.

29. Entre eles: Caso 10301, Caso 11285, Caso 11286, Caso 11290, Caso 11291, Caso 11406, Caso 11407, Caso 11409, Caso 11412, Caso 11413, Caso 11414, Caso 11415, Caso 11416, Caso 11417, Caso 11516, Caso 11566, Caso 11598, Caso 11599, Caso 11634, Caso 11694, Caso 11793, Caso 11841, Caso 11852, Caso 11994, Caso 12003, Caso 12008, Caso 12019, Caso 12198, Caso 12227, Caso 12293, Caso 12398, Caso 12426, Caso 12440, Caso 12479, Caso 1113-06, Caso 394-02, Caso 478-07 e Caso 1342-04. A respeito da violência policial no Brasil, ver Amnesty International, Brazil, *"Death has arrived": prison massacre at the Casa de Detenção*, New York, 1993; Human Rights Watch/Americas, *Violência policial urbana no Brasil: mortes e tortura pela polícia em São Paulo e no Rio de Janeiro nos últimos cinco anos, 1987-1992*, São Paulo, Núcleo de Estudos da Violência, USP, 1993; Paul Chevigny e Bell Gale Chevigny, *Police abuse in Brazil: summary executions and torture in São Paulo and Rio de Janeiro*, 1987; Human Rights Watch/Americas, *Brutalidade policial urbana no Brasil*, Rio de Janeiro, 1997; Anistia Internacional, *"Aqui ninguém dorme sossegado": Violações dos direitos humanos contra detentos. Brasil*, 1999; Justiça Global e Núcleo de Estudos Negros, *Execuções Sumárias no Brasil — 1997-2003*, 2003.

cionais levam à Comissão denúncia de violação, por parte do Estado brasileiro, de direitos humanos enunciados na Convenção. Os peticionários denunciam o abuso e a violência policial, que implica o assassinato, sem justificativa, de vítimas inocentes, além de tortura, desaparecimentos, lesões e detenções arbitrárias praticadas por agentes do Estado. Denunciam ainda a insuficiência de resposta do Estado brasileiro, ou mesmo a inexistência de qualquer resposta, em face da falta de punição dos responsáveis pelas violações cometidas[30].

---

30. Sobre a impunidade em casos de violência da polícia militar e sobre a necessidade de transferir o julgamento desses crimes para a Justiça Comum, afirma a petição de 6 de setembro de 1994, submetida pelo Centro Santo Dias de Direitos Humanos à Comissão Interamericana: "Ocorre que, desde 1977, sempre que policiais militares cometem quaisquer crimes contra civis, as investigações são feitas pela própria Polícia Militar e os policiais acusados são julgados, quando o são, por seus pares, por um Tribunal que se tem mostrado parcial, dependente e ineficaz para assegurar a justiça e punição dos culpados. (...) Não obstante a previsão constitucional da Justiça Militar, essa Justiça deveria julgar apenas crimes propriamente militares, como acontecia até 1977, quando prevalecia o entendimento uniforme no sentido de que 'oficiais e praças das milícias dos Estados, no exercício de função policial civil não são considerados militares para efeitos penais, sendo competente a justiça comum para julgar os crimes cometidos por ou contra eles' (Supremo Tribunal Federal, Súmula 297). Em 1977, a Emenda Constitucional n. 7, baixada por um governo militar e de exceção, mudou o entendimento sobre a matéria, passando o Supremo Tribunal Federal a decidir que a competência para o julgamento de quaisquer crimes praticados por policiais militares, nas atividades de policiamento, caberia, onde houvesse, às Justiças Militares Estaduais. (...) A certeza da impunidade e da ineficácia da Justiça Militar é um convite à reiteração da violência pelos agentes do Estado, motivo pelo qual mister que se condene o Estado do Brasil a processar e punir os seus agentes violadores do direito à vida e à integridade física dos cidadãos, bem como a indenizar as vítimas das violações, nos casos em que essas ainda não o tenham sido" (fls. 2, 4 e 6). Nessa mesma direção, observa o relatório de direitos humanos do Departamento de Estado americano: "A Justiça Militar (distinta da Corte marcial das Forças Armadas) está sobrecarregada, raramente conduz rigorosas investigações concernentes aos companheiros militares e raramente os condenam. O sistema separado de Cortes Militares cria um clima de impunidade relativamente a policiais envolvidos em casos de execução extrajudicial ou abuso de prisioneiros, constituindo o maior obstáculo para mudar o comportamento dos policiais e eliminar tais abusos. (...) Um dos mais sérios abusos de direitos humanos continua a ser determinadas práticas de execução extrajudicial e tortura cometidas pela polícia. A Justiça é lenta e irrealizável, especialmente em áreas rurais em que poderosos proprietários usam da violência para resolver disputas de terra, exercendo influência sobre o Judiciário local. Em áreas urbanas, a polícia frequentemente está envolvida em assassinatos e abusos de prisioneiros; contudo, a Justiça Militar especial raramente investiga esses casos ou submete os acusados a julgamento" (Department of State (US), *Country Reports on Human Rights Practices for 1994: in accordance with sections 116 (d)*

Como afirma a petição de 6 de setembro de 1994, submetida à Comissão Interamericana pelo Centro Santo Dias, mediante a qual denuncia nove casos de violações de direitos humanos: "Os casos denunciados referem-se a vítimas civis mortas ou mutiladas por policiais militares, agentes do Estado do Brasil, sem motivo justificado, violando assim os arts. 4º e 5º da Convenção Americana sobre Direitos Humanos e o art. 1º da Declaração Americana dos Direitos e Deveres do Homem. (...) Todos os casos ora apresentados foram, no âmbito interno do Estado, processados perante a Justiça Militar do Estado de São Paulo, sem que até a presente data tenha havido uma solução, decorridos, no caso mais recente, 5 (cinco) anos da data dos fatos e até 12 (doze) anos, nos casos mais antigos. (...) O descaso da Justiça do Estado do Brasil em apurar e julgar adequadamente os crimes cometidos por policiais militares contra civis, fere o disposto nos arts. 8º, (1) e 25 da Convenção Americana sobre Direitos Humanos e os arts. XVIII e XXIV, da Declaração Americana dos Direitos do Homem. (...) A certeza da impunidade e da ineficácia da Justiça Militar é um convite à reiteração da violência pelos agentes do Estado, motivo pelo qual, mister que se condene o Estado do Brasil a processar e punir os seus agentes violadores do direito à vida e à integridade física dos cidadãos, bem como a indenizar as vítimas das violações, nos casos em que essas ainda não o tenham sido. (...) A entidade peticionária requer que os casos ora denunciados sejam admitidos por essa Comissão Interamericana de Direitos Humanos, de acordo com o disposto nos arts. 44 e 51 da Convenção Americana sobre Direitos Humanos, condenando-se, ao final, o Estado do Brasil: a) pelas mortes e agressões à integridade física das vítimas da violação policial, por violação dos arts. 4º e 5º da Convenção Americana sobre Direitos Humanos; b) a conduzir os processos-crimes que apuram os fatos, de forma eficaz e capaz de assegurar retidão de procedimentos e provimentos justos, a fim de que sejam respeitados os arts. 8º, (1) e 25 da Convenção Americana de Direitos Humanos e os arts. XVIII e XXIV da Declaração Americana dos Direitos

---

and 502B (b) of the Foreign Assistance Act of 1961, as amended, Washington, U.S. Government Printing Office, February 1995, p. 332-333). Também no mesmo sentido, recomenda Anistia Internacional: "Considerando o constante fracasso das Cortes Militares para condenar os policiais militares acusados de violações de direitos humanos, o Governo deveria transferir a jurisdição destes crimes contra direitos humanos fundamentais, cometidos por policiais militares, para as Cortes Civis" (Amnesty International, *Beyond despair: an agenda for human rights in Brazil,* New York, 1994, p. 19). Finalmente, a Lei 9.299, de 7 de agosto de 1996, determinou a transferência da Justiça Militar para a Justiça Comum do julgamento de crimes dolosos contra a vida cometidos por policiais militares.

e Deveres do Homem; c) a indenizar as vítimas da violência policial que ainda não tiverem sido indenizadas"[31].

Em suma, em todos os casos que denunciam a violência cometida pela polícia militar o pedido é o mesmo: a condenação do Estado brasileiro a processar e punir os agentes responsáveis pelas violações cometidas, bem como a indenizar as vítimas das violações nos casos em que isso ainda não tenha ocorrido. Essas petições ressaltam a obrigação do Estado brasileiro de respeitar, assegurar e remediar violações de direitos consagrados na Convenção Americana, nos termos do seu art. 1º. Vale dizer, como consequência do art. 1º da Convenção e das obrigações que institui, cabe aos Estados-partes o dever de prevenir, investigar e sancionar toda violação de direito enunciado pela Convenção Americana e buscar o restabelecimento, se possível, do direito violado, bem como a reparação dos danos produzidos pela violação. A impunidade viola o dever de garantir, por completo, o livre exercício do direito afetado. A respeito, decidiu a Corte Interamericana: "se o aparato do Estado atua de modo a que uma violação permaneça impune, não restaurando, à vítima, a plenitude de seus direitos, pode-se afirmar que o Estado está a descumprir o dever de garantir o livre e pleno exercício de direitos às pessoas sujeitas à sua jurisdição. Com respeito à obrigação de investigar, deve ser assumida pelo Estado como um dever jurídico próprio e não como uma simples gestão de interesses particulares, que depende da iniciativa processual da vítima ou de seus familiares, sem que a autoridade pública busque efetivamente a verdade..."[32].

No mesmo sentido, acentua a *Human Rights Watch*: "A questão da justiça tem sido, há muito tempo, central para a causa dos direitos humanos. O objetivo é assegurar que os responsáveis por sérios abusos sejam, ao

---

31. Nesse sentido, fls. 1, 2, 5 e 8 da petição encaminhada pelo Centro Santo Dias, cuja cópia foi gentilmente cedida para este trabalho por Benedito Mariano, então representante legal daquela entidade.

32. Ver o parágrafo 50 da decisão proferida no famoso caso Velasquez-Rodriguez, Corte Interamericana de Direitos Humanos, 1988, Ser. C n. 4. Sobre o tema, afirma Robert Kogod Goldman: "A questão acerca da existência, ou não, do dever dos Estados-partes em tratados de direitos humanos de investigar e processar os violadores destes direitos tem sido intensamente estudada e debatida por juristas internacionais e especialistas em direitos humanos, nos dias de hoje. Ao proferir a primeira decisão sobre o tema e abordando-o de forma pontual, a Comissão Interamericana de Direitos Humanos, em um relatório publicado recentemente, entendeu que a lei uruguaia de anistia violava disposições fundamentais da Convenção Americana de Direitos Humanos" (Responsabilidad internacional e impunidad nacional, in *Derecho internacional de los derechos humanos*, p. 160).

menos, afastados de seus cargos, bem como processados e punidos criminalmente. O movimento de direitos humanos busca justiça e o respeito pela vítima e seus familiares, como um meio de responder às violações que causaram seu sofrimento e busca também deter futuros abusos, expressando a mensagem de que um indivíduo não pode vitimizar outros sem que sofra, ele próprio, severas consequências"[33]. Com relação ao direito à justiça e

---

33. Cf. *Human Rights Watch World Report 1994: Events of 1993*, Human Rights Watch, New York, 1994, p. XIII. Acrescenta o relatório da Human Rights Watch: "Em Viena e em outros lugares, também se afirmou a interdependência entre direitos humanos, democracia e desenvolvimento. Enfatizou-se que 'democracia' pressupõe não apenas eleições competitivas, mas também instituições democráticas, como um Judiciário independente, promotores e polícia. (...) *Accountability* e sociedade civil são as marcas que procuramos para avaliar o *status* de uma democracia no continente. Embora muitos países na região sejam governados por regimes que se formaram a partir de eleições, a América Latina tem o direito de esperar mais de suas incipientes democracias: mais participação nos processos de decisão, mais transparência nas ações governamentais e mais respostas das instituições estatais, particularmente daquelas que são designadas para a proteção dos direitos dos cidadãos. Para nós, um governo não pode chamar a si próprio democrático ao menos que seus agentes sejam responsáveis por suas ações; suas Cortes e promotores sejam protetores dos direitos dos cidadãos e ofereçam respostas para as injustiças; seu Governo permita e encoraje o desenvolvimento de independentes organizações da sociedade civil; e os conflitos políticos e sociais sejam geralmente resolvidos de forma pacífica" (p. XIII e 69). Ainda na avaliação da Human Rights Watch: "Em 1994, *accountability* para as violações de direitos humanos continua a ser um objetivo central para os esforços da Human Rights/Americas. A obrigação do Estado de prevenir e investigar as violações de direitos humanos, processar e punir seus perpetradores e resguardar o direito da vítima de buscar justiça, é a única garantia de que as instituições democráticas promoverão uma sociedade verdadeiramente democrática" (*Human Rights Watch World Report 1995: Events of 1994*, Human Rights Watch, New York, 1995, p. 70). Nesta mesma direção, observa Hurst Hannum: "Toda pessoa tem direito a adequadas condições de vida, a não ser submetida a um tratamento arbitrário pelo governo, a participar da sociedade com base na igualdade. Em muitos aspectos, o Direito Internacional dos Direitos Humanos é concernente primariamente à garantia de justiça, de modo a assegurar que as regras do jogo sejam observadas, mais do que determinar o vencedor. O Direito Internacional dos Direitos Humanos busca fazer com que os Governos sejam passíveis de responsabilização, de acordo com regras que eles próprios proclamaram ter valor universal" (Implementing human rights: an overview of strategies and procedures, in Hurst Hannum (ed.), *Guide to international human rights practice*, p. 37). Para Adam Przeworski: "O que torna as democracias sustentáveis, dado o contexto de condições exógenas, são as suas instituições e as suas práticas. A democracia é sustentável quando a sua estrutura institucional promove objetivos normativa e politicamente desejáveis, como a recusa à violência arbitrária, a segurança material, a igualdade, a justiça e quando, por sua vez, estas instituições são hábeis para responder a crises que ocorrem quando estes objetivos não são alcançados" (Adam Przeworski (org.), *Sustainable democracy*, p. 107).

à sistemática impunidade nos casos de violência da polícia militar, assegurada pelo fato de os agentes militares serem julgados por seus pares, no âmbito da Justiça Militar, cabe ressaltar que, como será visto neste tópico, as pressões internacionais decorrentes dos casos submetidos à Comissão Interamericana contribuíram para a adoção, em 1996, da Lei n. 9.299, que transferiu para a Justiça comum a competência para julgar os crimes dolosos contra a vida cometidos por policiais militares.

Considerando o universo dos 38 casos concernentes à violência policial, sete merecem destaque — os Casos 10301, 11291, 11566, 11694, 12008, 11516 e 12227 — em face do número de vítimas e do significativo impacto nacional e internacional que produziram.

No Caso 10301 (Caso "Parque São Lucas"), há a denúncia de que, em 1989, no 42º Distrito Policial da Capital, 50 detentos foram encarcerados em uma cela de 1 m x 3 m, na qual foram lançados gases lacrimogêneos, o que resultou na morte por asfixia de dezoito detentos. A petição solicita à Comissão seja declarada a violação, pelo Estado brasileiro, dos direitos à vida e à integridade pessoal, como também a violação às normas mínimas sobre as condições de detenção — direitos assegurados pela Convenção Americana nos arts. 4º e 5º. Solicita também seja requerida ao Estado brasileiro a punição das autoridades policiais responsáveis, tendo em vista que, segundo afirma a petição, os policiais militares envolvidos não foram ainda indiciados, passados mais de seis anos da ocorrência do fato — o que caracterizaria o esgotamento dos recursos internos.

A Comissão Interamericana, em 15 de julho de 1996, aprovou o relatório do caso. Considerando a ocorrência de demora injustificada e a falta de empenho por parte das autoridades judiciais e do Ministério Público para processar e punir os perpetradores, a Comissão declarou o Estado brasileiro responsável pela violação dos direitos à vida e à integridade pessoal, como também do direito à proteção judicial, enunciados na Convenção Americana de Direitos Humanos. Recomendou ao Brasil, dentre outras medidas, a transferência para a Justiça comum do julgamento de crimes cometidos por policiais militares; a punição dos policiais envolvidos e o pagamento de indenização aos familiares das vítimas. O Governo brasileiro, ao aceitar o procedimento de solução amistosa, propôs-se a cumprir as mencionadas recomendações. Nesse sentido, foi efetuado o pagamento de indenização aos familiares das vítimas, bem como restou aprovada a Lei n. 9.299/96, que transfere à Justiça comum a competência para julgar os crimes dolosos contra a vida cometidos por policiais militares.

Outro gravíssimo caso de violência policial é o Caso 11291, denominado "caso Carandiru". A petição — subscrita pelo Centro para a Justiça e o Direito Internacional (CEJIL), a *Human Rights Watch/Americas* e a Comissão Teotônio Vilela — denuncia que, em 1992, 111 detentos foram massacrados por policiais, na Casa de Detenção de São Paulo, denominada "Carandiru". Segundo os peticionários, todas as evidências indicam a ocorrência de execução sumária das vítimas. Acrescentam que ao menos oitenta e quatro dos prisioneiros mortos estavam aguardando julgamento, o que caracterizaria o fato como o mais sério massacre em prisão da história brasileira. Diante dessas argumentações, os peticionários requerem à Comissão Interamericana que condene o Estado do Brasil pela violação de obrigações internacionais decorrentes da Convenção Americana, especificamente no que tange à violação dos direitos à vida e à integridade física, mental e moral (arts. 4º e 5º), direito a um julgamento equitativo (art. 8º) e à proteção judicial (art. 25), em face da morte extrajudicial de 111 presos mantidos na Casa de Detenção e de sérios ferimentos em dezenas de outros detentos. Requerem ainda seja determinado ao Estado do Brasil conduzir uma investigação judicial plena e imparcial dos crimes, com a punição dos responsáveis. Solicitam, ademais, seja fixada uma compensação às famílias das vítimas, em razão dos danos sofridos. Por fim, os peticionários requerem à Comissão que ordene ao Estado do Brasil adotar todas as medidas necessárias para prevenir futuras ocorrências dessa natureza (incluindo a desativação do complexo do Carandiru), para que sejam plenamente respeitados os direitos de todos os presos mantidos sob sua responsabilidade.

Quanto à indenização aos familiares das vítimas, cabe anotar que a Procuradoria de Assistência Judiciária do Estado de São Paulo propôs cinquenta e nove ações indenizatórias. Com relação ao pedido formulado pelos peticionários acerca da desativação do complexo do Carandiru, foi acolhido, com a implosão do complexo, em 2003.

Atente-se que, do universo de casos de violência da polícia militar, o Caso 11291 foi o que maior atenção recebeu da comunidade internacional, com intensa repercussão, especialmente na imprensa, tendo em vista a proporção e o alcance da violação de direitos internacionalmente assegurados[34].

---

34. Interessante acrescentar que, segundo o relatório da Human Rights Watch, em 1992 a Polícia Militar do Estado de São Paulo matou 1.470 civis, enquanto, nos primeiros 8 meses de 1993, a mesma polícia matou 257 civis. A redução significativa do número de mortos, em comparação com o ano de 1992, sugere que as pressões internacionais relativas ao caso "Carandiru" muito provavelmente contribuíram para esse resultado.

Outros casos a merecerem destaque são os Casos 11694 e 11566. O Caso 11694, conhecido como "Nova Brasília I", envolve a morte de 14 pessoas, moradoras da Favela Nova Brasília, no Rio de Janeiro, ocorrida em virtude de operação policial na área, em 18 de outubro de 1994. Já o Caso 11566 refere-se à violência policial perpetrada, uma vez mais, em face de moradores da mesma favela, em 8 de maio de 1995. Neste último caso, com o objetivo de prender um traficante, a operação policial resultou na morte de mais de dez moradores. Note-se que este caso foi submetido pela Comissão à Corte Interamericana em 19 de maio de 2015 (Caso Cosme Rosa Genoveva, Evandro Oliveira e outros — Favela Nova Brasília — Caso 11566), resultando na condenação do Estado brasileiro, como será enfocado no tópico "e" dedicado aos casos contra o Estado brasileiro perante a Corte Interamericana. O Caso 12008, por sua vez, também merece menção. Denunciou a morte de vinte e uma pessoas na Favela de Vigário-Geral, no Rio de Janeiro, em agosto de 1993. Segundo os peticionários, os responsáveis são agentes policiais que teriam cometido o ato criminoso como vingança, em razão da morte de quatro policiais nas imediações da aludida favela.

Quanto ao Caso 11516, refere-se a graves lesões perpetradas por policiais em face de indígena Macuxi, que acabou por falecer em delegacia situada em Roraima, na época território federal. O Estado brasileiro reconheceu sua responsabilidade ao promover a reparação civil decorrente das violações cometidas. Note-se que, na hipótese, houve responsabilidade direta da União, tendo em vista que Roraima era território federal quando ocorreu o crime.

Já o Caso 12227 atém-se à denúncia de espancamento de oitenta e cinco detentas na Cadeia Pública de Santa Rosa do Viterbo, em 12 de janeiro de 1997, por parte de policiais civis e militares, no Estado de São Paulo. Todos os denunciados foram absolvidos.

No Caso 1113-06, a Comissão Interamericana outorgou medidas cautelares em favor de aproximadamente 400 pessoas privadas de liberdade no 76º Distrito Policial de Niterói, no Rio de Janeiro. Segundo a denúncia, tais indivíduos eram mantidos em celas com capacidade para 140 pessoas, por 24 horas, sem qualquer atividade física, sem ainda a observância de qualquer critério de separação por categorias, em afronta ao princípio da individualização da pena. Adicionem-se, ainda, as precárias condições de higiene, o alto risco de incêndio e a ausência de assistência médica e medicamentos. A Comissão Interamericana solicitou ao Estado brasileiro a adoção de medidas necessárias para garantir a vida e a integridade pessoal dos detidos. O caso 394-02 refere-se a caso de morte e maus-tratos de detentos no Presídio Urso Branco, em Rondônia, que ensejou a concessão de medidas provisórias pela Corte Interamericana, em face da extrema gravidade e urgência, no sentido de evitar danos irreparáveis às vítimas, como já enfocado por este capítulo. Já o caso 478-07 envolve a dramática situação de pessoas privadas de liberdade na Cadeia Pública do Guarujá, em São Paulo. As entidades peticionárias denunciam o quadro de superpopulação carcerária, condições degradantes de detenção, maus-tratos e violações a direitos humanos das pessoas privadas de liberdade. Em 26 de outubro de 2007, a Comissão outorgou medidas cautelares em favor dos adolescentes internos na Cadeia Pública do Guarujá. Recomendou ao Estado brasileiro adotar todas as medidas para garantir a vida e a integridade pessoal dos adolescentes, transferindo-os a um centro de detenção adequado, prestando-lhes de imediato atenção médica e psicológica e proibindo o ingresso e a permanência de adolescentes na mencionada Cadeia.

Enfatize-se que, no que tange aos demais casos admitidos pela Comissão Interamericana, todos envolvem, no dizer dos peticionários, o assassinato de pessoas inocentes, por vezes adolescentes, em virtude do abuso e violência da polícia militar. Nessas situações se reitera a denúncia da inexistência ou insuficiência de medidas adotadas pelo Brasil no sentido de processar e punir as autoridades policiais responsáveis. No Caso 11286[35] — em que há denúncia de que dois menores de dezesseis anos foram mortos por policiais militares em 1987 —, passados mais de oito anos da ocorrência dos fatos, não houve punição dos culpados pelo Estado brasileiro[36].

---

35. Esse caso foi encaminhado à Comissão Interamericana pelo Centro para a Justiça e o Direito Internacional (CEJIL), em fevereiro de 1994. Em fevereiro do ano seguinte, contudo, o Centro transferiu seu acompanhamento para o Centro Santo Dias de Direitos Humanos da Arquidiocese de São Paulo.

36. Dentre outros casos, merecem menção os Casos 11285 e 11290, que também revelam denúncia do assassinato de indivíduos inocentes pela Polícia Militar e da falta de punição dos culpados. Em ambos os casos, as vítimas viviam em favelas no Recife, sendo que no Caso 11285 a vítima tinha apenas 14 anos de idade e no Caso 11290 a vítima tinha 16 anos. Também o Caso 11598 refere-se à morte de adolescente de 16 anos, por integrantes da Polícia Militar do Estado do Rio de Janeiro, em 8 de março de 1992. Na mesma direção, o Caso 11634 denuncia a morte, por violência policial, de adolescente de 13 anos, em 22 de dezembro de 1992, após uma incursão de policiais militares na favela Ramos, no Rio de Janeiro. Cabe adicionar o Caso 11599, que se refere ao homicídio de adolescente de 17 anos, cometido em 24 de setembro de 1993, por pessoa identificada, por testemunhas, como integrante da polícia. O Caso 12198 também se refere a assassinato de adolescentes por policiais militares, no Estado do Rio de Janeiro. O Caso 12398 refere-se à denúncia de execução sumária de adolescentes por policiais militares, no Estado do Pará, não ocorrendo, uma vez mais, a condenação dos responsáveis. Por sua vez, o Caso 12019 denuncia atos de tortura

A respeito, declara Benedito Mariano, então representante do Centro Santo Dias de Direitos Humanos da Arquidiocese de São Paulo: "Recorremos à OEA porque se esgotaram, no Brasil, todas as esperanças de que esses casos tivessem seus responsáveis punidos"[37].

Os peticionários requerem a condenação do Estado brasileiro, em razão da afronta aos direitos à vida, à integridade pessoal e às garantias judiciais, assegurados pela Convenção Americana nos arts. 4º, 5º e 8º, com o fim da impunidade, para que os responsáveis sejam devidamente investigados, processados e punidos.

Destacam-se ainda os Casos 1448-06, 1452-06, 1458-06 e 65-07[38]. Tais casos denunciam lesões, desaparecimento e/ou assassinatos cometidos pela Polícia Militar do Rio de Janeiro, entre maio de 2003 e janeiro de 2004, em cumprimento a uma "política de segurança pública violenta e discriminatória implementada pelo Governo do Estado do Rio de Janeiro, que criminaliza a pobreza e persegue desproporcionalmente jovens afrodescendentes do sexo masculino residentes em favelas ou em bairros pobres", no dizer dos peticionários. Ressalta-se que as vítimas eram jovens afrodescendentes que viviam em bairros pobres (favela ou similar), no Rio de Janeiro, os quais poderiam ter sido vitimizados em razão de sua idade e de suas

---

praticados por policiais, contra servente de pedreiro, em uma delegacia de Fortaleza (Ceará), em 12 de abril de 1993. O Caso 11406 envolve episódio em que uma vítima foi alvejada por policial militar, que a deixou tetraplégica, ao confundi-la com criminoso, em 29 de fevereiro de 1983, em São Paulo. O Caso 11407 envolve a morte de ajudante de pedreiro, por policiais militares, em 20 de abril de 1982, em São Paulo. No mesmo sentido, o Caso 11413 denuncia a morte de estudante e auxiliar de escritório, por policiais militares, em 14 de março de 1985, em São Paulo. Ainda cabe menção ao Caso 11793, em que a vítima teria sido presa, espancada e levada para local ignorado por policiais da Divisão Antissequestro da Polícia Civil do Estado do Rio de Janeiro, em 10 de agosto de 1993. No Caso 11412, um mecânico foi morto a coronhadas de revólver, por policial militar, em 26 de agosto de 1983, em São Paulo. O Caso 11417 envolve a morte de estudante e ajudante de operário, por policiais militares, em 1988, em São Paulo. Também o Caso 11414 envolve violência policial contra metalúrgico, morto a tiros, em 16 de março de 1982, em São Paulo. Em todos esses casos se solicita à Comissão Interamericana seja declarada a violação pelo Estado brasileiro dos direitos à vida, à integridade pessoal e às garantias judiciais, com o fim da impunidade, para que os responsáveis sejam devidamente investigados, processados e punidos.

37. Ver OEA vai intervir em 9 casos de pessoas mortas por PMs, *Folha de S.Paulo*, 27 maio 1995.

38. As quatro petições foram reunidas com trâmite nos mesmos autos sob n. 12.778 na etapa de mérito, tendo em vista que tratam de fatos semelhantes e aparentemente ilustram o mesmo padrão de conduta. Consultar Relatório n. 126/10.

características sociais e raciais. Ademais, 5 das 13 vítimas eram crianças ou adolescentes à época dos fatos.

No Relatório n. 126/10, a CIDH declarou a admissibilidade desses casos com respeito a supostas violações dos direitos protegidos nos artigos 3, 4, 5, 7, 8, 19, 24 e 25 da Convenção Americana, em consonância com os artigos 1.1 e 2 do mesmo instrumento, assim como em relação aos direitos protegidos nos artigos 1, 6, 7 e 8 da Convenção Interamericana para Prevenir e Punir a Tortura.

Merece ainda especial menção o Caso 12440, em que um jovem negro, de 18 anos de idade e soldado do Exército, foi assassinado por policiais militares, em 1998. Ao analisar o mérito, a Comissão considerou o contexto de discriminação racial, violência policial e impunidade. Reconheceu que a vítima "perdeu a vida em consequência de uma ação discriminatória praticada por agentes do Estado, sem que a sua condição de membro de um grupo considerado vulnerável (afrodescendente, pobre, favelado) fosse respeitada".

Para a Comissão: "Cabia ao Estado Federal e ao Estado do Rio de Janeiro haver adotado medidas adequadas para que Wallace de Almeida não fosse objeto de normas, práticas, ações ou omissões que, direta ou indiretamente, violassem a proibição geral de discriminação. Além disso, era imperativo para esses Estados proporcionar-lhe uma proteção efetiva e igualitária contra a discriminação, tomando para tanto as medidas necessárias no sentido de que lhe fosse dispensado o tratamento diferenciado que sua condição de afrodescendente exigia". A CIDH ressaltou ainda que a investigação do assassinato da vítima cometido por membros da Polícia Militar foi levada a cabo por policiais e que o julgamento dos responsáveis caberia também a militares, violando a obrigação do Estado de proporcionar às vítimas acesso a um órgão independente, autônomo e imparcial.

Assim, a Comissão Interamericana concluiu que houve violação do direito à vida, à integridade pessoal, às garantias judiciais, à igualdade e à proteção judicial consagrados, respectivamente, nos artigos 4, 5, 8, 24 e 25 da Convenção Americana. Além disso, também foram violadas as obrigações impostas pela Convenção Americana em seu artigo 1(1), de respeito e garantia dos direitos nela consagrados; em seu artigo 2, que estabelece o dever de adotar disposições de direito interno a fim de tornar efetivos os direitos previstos no referido instrumento; e em seu artigo 28, relativamente à obrigação tanto do Estado Federal como do Estado do Rio de Janeiro de cumprir as disposições contidas na Convenção.

Nesse sentido, a Comissão Interamericana de Direitos Humanos recomendou ao Estado brasileiro: (1) levar a cabo uma investigação completa, imparcial e efetiva dos fatos, por órgãos judiciais independentes do foro policial civil/militar, a fim de estabelecer a responsabilidade pelos atos relacionados com o assassinato de Wallace de Almeida e os impedimentos que impossibilitaram a realização tanto de uma investigação quanto de um julgamento efetivos; (2) proporcionar plena reparação aos familiares da vítima, incluindo tanto o aspecto moral quanto o material; (3) adotar as medidas necessárias à efetiva implementação da disposição constante no artigo 10 do Código de Processo Penal Brasileiro; (4) adotar medidas adequadas dirigidas aos funcionários da justiça e da polícia, a fim de evitar ações que impliquem discriminação racial nas operações policiais, nas investigações, no processo ou na sentença penal[39].

5) Casos de violação dos direitos de crianças e adolescentes

No que tange à violação dos direitos de crianças e adolescentes, merecem destaque os Casos 11993, 11702, 12328, 12426 e 12427.

O Caso 11993 refere-se ao caso denominado "Candelária": oito crianças e adolescentes foram encontrados mortos nos arredores da igreja da Candelária, no Rio de Janeiro, em julho de 1993[40]. A petição alega que os responsáveis pelas mortes são policiais militares. Os peticionários solicitam à Comissão seja declarada a violação pelo Estado brasileiro do direito à vida, do direito da criança à proteção especial e do direito à proteção judicial, previstos nos arts. 4º, 19 e 25 da Convenção Americana. A petição

---

39. Note-se que outros casos de 2009 a 2014 sobre violência policial referem-se a execução extrajudicial de 4 jovens no Rio de Janeiro em 1998 (Caso 1454-06); a arbitrária detenção, tortura e violação da integridade pessoal de comerciante no Pará (Caso 405-07); a execução extrajudicial de adolescente no Rio de Janeiro (Caso 302-07, em que o peticionário é a Unidade de Direitos Humanos da Defensoria Pública do Rio de Janeiro); à morte de duas crianças em operação da Polícia Militar do Rio de Janeiro em 1996 e à falta de adequada investigação e responsabilização dos autores (Caso 1453-06); à detenção arbitrária e tortura seguidas da morte de trabalhador rural no Pará (Caso 999-06); à denegação de justiça e impunidade em relação à tentativa de homicídio provocada por policial (Caso 590-05); a execuções extrajudiciais por policiais militares de São Paulo (Caso 150-06); à tortura praticada por policial civil no Rio de Janeiro (Caso 262-06, tendo a Defensoria Pública como peticionário); à execução extrajudicial praticada por grupo de extermínio em Pernambuco (Caso 373-03); e à prisão arbitrária, tortura e execução em Minas Gerais (Caso 1173-05).

40. Sobre o caso "Candelária", ver Anistia Internacional, *Rio de Janeiro 2003: Candelária e Vigário Geral, 10 anos depois*, 2003.

requer também seja recomendada ao Governo brasileiro a adoção das medidas necessárias para que os responsáveis sejam investigados, processados e punidos, sendo-lhes aplicáveis as sanções correspondentes, bem como seja determinado o pagamento de indenização aos familiares das vítimas.

Por sua vez, o Caso 11702 refere-se à solicitação de medidas cautelares para a proteção dos direitos à vida e à integridade física de adolescentes internos em três estabelecimentos do Estado do Rio de Janeiro. Apontam os peticionários à situação irregular dos aludidos estabelecimentos, especialmente em virtude da violação ao Estatuto da Criança e do Adolescente quanto à separação dos adolescentes por critérios de idade, compleição física e gravidade da infração, à superlotação e às condições subumanas a que são submetidos os adolescentes, vítimas de espancamentos, maus-tratos e violência sexual por parte de funcionários dos estabelecimentos. Na mesma direção, o Caso 12328 diz respeito à denúncia de tortura e maus-tratos sofridos por adolescentes internos no estabelecimento da Febem do complexo do Tatuapé, em São Paulo. A Comissão Interamericana solicitou a adoção de medidas cautelares para proteger a vida e a integridade física dos adolescentes.

Os Casos 12426 e 12427 referem-se ao caso dos "meninos emasculados do Maranhão", em que crianças e adolescentes têm sido vítimas de assassinato, marcado pela violência e abuso sexual, culminando na extração dos órgãos genitais das vítimas, no Estado do Maranhão. Ressalte-se que, no período de 1991 a 2000, dezenove meninos, entre nove e catorze anos, foram vítimas dessa grave violação. Nestes casos foi alcançada solução amistosa incluindo o reconhecimento da responsabilidade internacional do Estado brasileiro, o julgamento e a punição dos responsáveis, bem como a adoção de medidas de reparação simbólica e material, medidas de não repetição e medidas de seguimento[41].

Adicione-se, ainda, o Caso 897-04, concernente à alegada retenção ilegal de duas crianças, filhos menores de idade do argentino Alejandro Daniel Esteve, em território brasileiro, com supostas violações ao devido processo ocorridas no processo de restituição internacional das crianças.

6) Casos de violência contra a mulher

Do universo dos casos examinados, 5 (os Casos 11996, 12051, 12263, 1279-04 e 337-03) denunciam a violência contra a mulher, apresentando

---

41. A solução amistosa dos casos 12426 e 12427, referentes aos "meninos emasculados do Maranhão", Informe 43/06, está disponível em: www.cidh.org/annualrep/2006sp/Brasil12426sp.htm (acesso em 3-4-2008).

como fundamento central a violação à Convenção Interamericana para Prevenir, Punir e Erradicar a Violência contra a Mulher, ratificada pelo Brasil em 27 de novembro de 1995. Um caso refere-se à discriminação contra a mulher (Caso 12378).

No Caso 11996, Márcia Cristina Rigo Leopoldi, estudante de Arquitetura, foi morta em 10 de março de 1984, em Santos. Segundo a denúncia, a vítima foi estrangulada em sua própria casa pelo ex-namorado. Condenado a quinze anos de reclusão por decisão do Tribunal do Júri de Santos, o responsável obteve a concessão de *habeas corpus*, que depois veio a ser afastada pelo Tribunal de Justiça. Desde a concessão do *habeas corpus*, o acusado se encontra foragido — não obstante sucessivos mandados de prisão tenham sido expedidos. Trata-se do primeiro caso contra o Estado brasileiro que se baseia em dispositivos da Convenção Interamericana para Prevenir, Punir e Erradicar a Violência contra a Mulher. Os peticionários requerem a condenação do Brasil pela afronta ao direito assegurado à mulher a uma vida livre de violência (tanto no âmbito público como no privado), ao direito à vida, bem como ao dever do Estado de atuar com a devida diligência para prevenir, investigar e punir a violência contra a mulher, nos termos dos arts. 3º, 4º e 7º da Convenção, respectivamente. Também requerem o pagamento de indenização aos familiares da vítima.

No mesmo sentido, a petição referente ao Caso 12051 denuncia grave violência perpetrada contra Maria da Penha Maia Fernandes por parte de seu então companheiro. As tentativas de homicídio e as agressões acabaram por provocar paraplegia irreversível na vítima, além de outras lesões. Apesar de condenado pela Justiça local, após quinze anos o réu ainda permanecia em liberdade, valendo-se de sucessivos recursos processuais contra a decisão condenatória do Tribunal do Júri. A impunidade e a inefetividade do sistema judicial diante da violência doméstica contra as mulheres no Brasil motivaram, em 1998, a apresentação do caso à Comissão Interamericana de Direitos Humanos. Em 2001, em decisão inédita, a Comissão Interamericana condenou o Estado brasileiro por negligência e omissão em relação à violência doméstica, recomendando ao Estado, dentre outras medidas, "prosseguir e intensificar o processo de reforma, a fim de romper com a tolerância estatal e o tratamento discriminatório com respeito à violência doméstica contra as mulheres no Brasil"[42]. A decisão fundamentou-se na violação, pelo Estado, dos deveres assumidos em face da ratificação da

---

42. Comissão Interamericana de Direitos Humanos, Informe n. 54/01, de 16 de abril de 2001.

Convenção Americana de Direitos Humanos e da Convenção Interamericana para Prevenir, Punir e Erradicar a Violência contra a Mulher ("Convenção do Belém do Pará"). É a primeira vez que um caso de violência doméstica leva à condenação de um país, no âmbito do sistema interamericano de proteção dos direitos humanos[43]. Observe-se que, em cumprimento à decisão da Comissão Interamericana de Direitos Humanos, no caso 12051 (caso "Maria da Penha"), o Estado brasileiro adotou a Lei n. 11.340/2006, que cria mecanismos para coibir e prevenir a violência doméstica e familiar contra a mulher, bem como determinou o pagamento de indenização à vítima[44].

Já o Caso 12263 refere-se ao assassinato da estudante Márcia Barbosa de Souza, nos arredores do João Pessoa, no Estado da Paraíba, em 18 de junho de 1998. De acordo com o inquérito policial, o principal acusado do crime é um deputado estadual. Em virtude da então imunidade parlamentar, só poderia ele ser processado criminalmente com a prévia licença da Assembleia Legislativa do Estado. Contudo, por duas vezes o pedido de licença foi indeferido, o que justificou o envio do caso à Comissão Interamericana, em face da impunidade assegurada[45]. No entender da Comissão Interamericana, a imunidade parlamentar provocou atraso no processo penal em face do perpetrador, constituindo uma violação aos direitos e garantias judiciais, bem como ao princípio da igualdade e não discriminação. Em 11 de junho de 2019, o caso Márcia Barbosa de Souza foi submetido à Corte Interamericana, sendo proferida sentença condenatória do Estado Brasileiro em 7 de setembro de 2021.

Esses casos distinguem-se dos demais por denunciarem um padrão específico de violência que alcança as mulheres. Trata-se da violência baseada no gênero, capaz de causar morte, dano ou sofrimento físico, sexual ou psicológico à mulher, seja na esfera pública, seja na esfera privada. Reconhece-se, assim, que o domínio do privado não é mais indevassável quando

---

43. Sobre o caso Maria da Penha, ver Flávia Piovesan e Silvia Pimentel, Conspiração contra a impunidade, *Folha de S.Paulo*, p. A-3, 25 nov. 2002.

44. Quanto à indenização, o Estado do Ceará comprometeu-se a efetuar o pagamento de R$ 60.000,00 a título de indenização à Maria da Penha, em face das violações de direitos sofridas. Ver Após 7 anos, Maria da Penha é indenizada, *Folha de S.Paulo*, 13 de março de 2008.

45. A respeito do caso Márcia Barbosa, ver Flávia Piovesan, O caso Márcia Barbosa e a imunidade parlamentar, in Jayme Benvenuto Lima Jr. (org.), *Direitos humanos internacionais: avanços e desafios do século XXI*, Programa DH Internacional, Recife, 2001, p. 161-168. Consultar ainda Flávia Piovesan, Prerrogativa ou privilégio?, *Folha de S.Paulo*, p. A-3, 4 jul. 2001.

ocorre violação a direitos humanos. Embora esse padrão específico de violência seja distinto dos demais padrões até então examinados — em que os próprios agentes estatais atuam como agentes perpetradores na esfera pública —, os casos se assemelham aos demais casos na medida em que, do mesmo modo, requerem o combate à impunidade, acentuando o dever do Estado de investigar, processar e punir os agentes responsáveis.

O Caso 1279-04 refere-se à omissão do Poder Judiciário brasileiro em agir com a devida diligência a fim de sancionar os reiterados atos de estupro perpetrados por um padre católico em 1996 e 1997, em Porto Alegre, no Estado do Rio Grande do Sul, em detrimento das vítimas M. V. M. e P. S. R., esta última com 16 anos de idade. No Relatório n. 37/13, a Comissão Interamericana declarou o caso admissível a fim de analisar a suposta violação dos direitos previstos nos artigos 5, 8.1, 11, 19, 24 e 25 da Convenção Americana, em concordância com o artigo 1.1 daquele tratado, e com o artigo 7 da Convenção de Belém do Pará[46].

O Caso 337-03 trata de irregularidades e violações ao devido processo, supostamente cometidas no marco da investigação penal de agressão sexual denunciada por Samanta Nunes da Silva, uma adolescente de 16 anos de idade.

Por fim, merece menção o Caso 12378, envolvendo denúncia de discriminação contra mães adotivas e seus respectivos filhos, em face de decisão definitiva proferida pelo Supremo Tribunal Federal, que negou direito à licença-gestante à mãe adotiva.

7) Caso de discriminação racial

O Caso 12001, no universo dos casos apreciados, destaca-se por ser o único caso a envolver denúncia de discriminação racial.

Este caso refere-se à discriminação racial sofrida por vítima cujo ingresso em emprego foi recusado em virtude de ser negra. Os peticionários solicitam à Comissão Interamericana seja responsabilizado o Estado brasileiro pela violação ao dever de garantir o livre e pleno exercício dos direitos dispostos na Convenção Americana, sem discriminação alguma, bem como

---

46. A Comissão Interamericana também decide, no Relatório n. 37/13, que a petição é inadmissível quanto à suposta violação do artigo 7 da Convenção Americana. Ressalta que, no concernente aos artigos 1, 2, 3 e 4 da Convenção de Belém do Pará, levará estes em consideração, quando pertinente, na sua interpretação do artigo 7 daquele tratado, durante a etapa de mérito.

pela afronta aos direitos à igualdade perante a lei e à proteção judicial, nos termos dos arts. 1º, 8º, 24 e 25 da Convenção. Requerem os peticionários seja recomendado ao Governo brasileiro que proceda à diligente apuração e investigação dos fatos, bem como ao pagamento de indenização à vítima, pelos danos sofridos. Solicitam, por fim, sejam tornadas públicas as providências tomadas no caso, para prevenir futuras discriminações por motivo de cor ou raça no território brasileiro.

A Comissão Interamericana reconheceu a responsabilidade internacional do Estado por ato praticado por particular em violação ao direito à igualdade perante a lei e à não discriminação. Analisou a situação racial no Brasil, a evolução da ordem jurídica antirracismo e os problemas da aplicação de lei antirracismo no Brasil, especialmente no tocante à prova e ao racismo institucional. Determinou, por fim, ao Estado brasileiro, dentre outras medidas: a) reparar plenamente a vítima, considerando tanto o aspecto moral como o material, pelas violações de direitos humanos sofridas; b) reconhecer publicamente a responsabilidade internacional por violação dos direitos humanos da vítima; c) estabelecer um valor pecuniário a ser pago à vítima a título de indenização por danos morais; d) realizar uma investigação completa, imparcial e efetiva dos fatos, com o objetivo de estabelecer e sancionar a responsabilidade concernente à discriminação racial sofrida pela vítima; e) realizar reformas legislativas e administrativas necessárias para que a legislação antirracismo tenha maior efetividade; f) solicitar aos governos estaduais a criação de delegacias especializadas na investigação de crimes de racismo e discriminação racial; g) solicitar aos Ministérios Públicos Estaduais a criação de Promotorias Públicas Estaduais Especializadas no combate ao racismo e a discriminação racial; e h) promover campanhas publicitárias contra a discriminação racial e o racismo[47].

Destaca-se ainda que há outros casos relacionados com a discriminação racial, mas já incluídos na categoria "violência policial", como os Casos 1448-06, 1452-06, 1458-06 e 65-07 relativos a lesões, desaparecimentos e/ou assassinatos cometidos pela Polícia Militar do Rio de Janeiro, entre maio

---

47. Ver decisão de mérito proferida pela Comissão Interamericana de Direitos Humanos em 21 de outubro de 2006, Caso 12001, Simone André Diniz, Relatório 66/06 (disponível em: http://www.cidh.org/annualrep/2006port/BRASIL.12001port.htm). Note-se que o pagamento de indenização foi efetuado pelo Estado de São Paulo no valor correspondente a R$ 36.000,00, conforme *Diário Oficial do Estado de São Paulo*, de 29 de novembro de 2007 ("Sai lei de São Paulo para indenização de vítima de preconceito racial", *A Tarde* — on-line, 29 de novembro de 2007).

de 2003 e janeiro de 2004, cujas vítimas eram jovens afrodescendentes que viviam em bairros pobres (favela ou similar), no Rio de Janeiro.

Merece especial menção o Caso 12440, também já destacado anteriormente, em que a Comissão Interamericana assinalou o padrão discriminatório da atuação policial no Rio de Janeiro, observando que "a quantidade desproporcionalmente alta de indivíduos com traços próprios da raça negra entre as vítimas fatais das ações da polícia é um indício claro da tendência racista existente nos aparelhos de repressão do Estado".

8) Casos de violência contra defensores de direitos humanos

Adota-se neste trabalho a definição segundo a qual defensores de direitos humanos são todos os indivíduos, grupos e órgãos da sociedade que promovem e protegem os direitos humanos e as liberdades fundamentais universalmente reconhecidos, conforme dispõe a Declaração dos Direitos e Responsabilidades dos Indivíduos, Grupos e Órgãos da Sociedade para Promover e Proteger os Direitos Humanos e Liberdades Individuais Universalmente Reconhecidos, adotada pela ONU em 9 de dezembro de 1998[48].

Destaca-se, neste tópico, o caso emblemático de Gilson Nogueira Carvalho (Caso 12058), concernente ao brutal assassinato desse defensor de direitos humanos, advogado do Centro de Direitos Humanos e Memória Popular de Natal, por grupo de extermínio, em 20 de outubro de 1996, no Estado do Rio Grande do Norte. Segundo a denúncia, o advogado tinha destacada atuação em defesa das vítimas de violência policial na região. Atuava também como assistente do Ministério Público nos processos que examinavam a possível existência de grupo de extermínio no interior da Secretaria de Segurança Pública do Estado do Rio Grande do Norte. Atente-se para o fato de que a Comissão Interamericana, em nota datada de 19 de janeiro de 2005, entendeu por encaminhar o caso à Corte. Em sentença de 28 de novembro de 2006, contudo, a Corte Interamericana decidiu arquivar o expediente, pela insuficiência de provas de que o Estado brasileiro teria violado os direitos a garantias judiciais e proteção judicial, previstos no artigos 8 e 25 da Convenção Americana de Direitos Humanos[49].

---

48. A respeito, consultar Front Line e Justiça Global, *Na linha de frente: defensores de direitos humanos no Brasil, 1997-2001*, Rio de Janeiro, Justiça Global, 2002. Ver também Anistia Internacional, *Protagonistas essenciais de nosso tempo: defensores de direitos humanos nas Américas*, Londres, 2003.

49. Corte Interamericana de Direitos Humanos, Caso Nogueira de Carvalho e outro *vs.* Brasil. Exceções Preliminares e Mérito. Sentença de 28 de novembro de 2006. Série C n. 161.

No mesmo sentido, o Caso 12397 envolve denúncia de ameaça de morte recebida por histórico defensor de direitos humanos no Estado de São Paulo.

Além dos Casos 12058 e 12397, somam-se outros relativos ao assassinato de jornalistas, em virtude de denúncias veiculadas, em Minas Gerais (Caso 12212), no Rio de Janeiro (Caso 12213) e na Bahia (Casos 12308 e 12309).

O Caso 265-05 refere-se ao assassinato de duas lideranças políticas e sindicais no interior do Estado de São Paulo e à falta de diligência na investigação e punição dos fatos, com provável participação de agente do Estado e atuação de grupo de extermínio, permanecendo o crime impune após 14 anos.

Já o Caso 702-03 trata de desaparecimento e suposto assassinato de locutor de rádio em 1991, em provável represália por suas denúncias sobre grupos de extermínio que atuavam no sul da Bahia. O Caso 1294-05 denuncia o assassinato de jornalista no Rio de Janeiro em 2001, em represália a reportagens sobre atos de corrupção, abuso do poder econômico e mau uso do dinheiro público por parte de políticos locais.

O Caso 06-07 refere-se a desaparecimento forçado de líder comunitário no Rio de Janeiro em 1995 e a falta de devida diligência na investigação sobre os fatos. No mesmo sentido, o Caso 1170-09 refere-se a desaparecimento forçado de líder de trabalhadores rurais na Paraíba em 2002, restando também caracterizada a falta de devida diligência na investigação dos fatos.

Observa-se que, no Caso 12308, levando em consideração o contexto de impunidade em relação ao assassinato de jornalista na Bahia — após publicação de diversas denúncias sobre corrupção e irregularidades cometidas por funcionários do governo municipal e autoridades policiais, e a falta de investigação adequada dos fatos —, a Comissão Interamericana concluiu que o Estado brasileiro é responsável pela violação do direito à vida, à liberdade de expressão, às garantias judiciais e à proteção judicial, consagradas, respectivamente, nos artigos 4, 13, 8 e 25 da Convenção Americana, em prejuízo de Manoel Leal de Oliveira e seus familiares. Nesse sentido, a Comissão Interamericana recomendou ao Estado brasileiro: (1) reconhecer publicamente sua responsabilidade internacional pelas violações de direitos humanos relacionadas ao caso; (2) realizar uma investigação completa, imparcial e efetiva dos fatos, de forma a sancionar os autores materiais e intelectuais do assassinato de Manoel Leal de Oliveira; (3) realizar uma investigação completa, imparcial e efetiva sobre as irregularidades ocorridas ao longo do inquérito policial que investigava o homicídio de Manoel Leal de Oliveira, inclusive os atos que buscaram dificultar a identificação dos seus autores materiais e intelectuais; (4) reparar a família da vítima pelos danos materiais e morais sofridos; (5) implementar medidas para recuperar a memória histórica de Manoel Leal de Oliveira e demais jornalistas assassinados no Estado da Bahia ao longo da década de 1990; e (6) adotar, de forma prioritária, uma política global de proteção ao trabalho dos jornalistas e centralizar, como política pública, o combate à impunidade em relação ao assassinato, agressão e a ameaça a jornalistas, mediante investigações exaustivas e independentes sobre tais fatos com a punição dos seus autores materiais e intelectuais.

9) Casos de violação de direitos de outros grupos vulneráveis

Um universo de casos analisados pela Comissão Interamericana refere-se a violações de direitos de outros grupos vulneráveis, como pessoas em situação de rua, pessoas privadas de liberdade, pessoas idosas e pessoas LGBTI.

O Caso 1198-05 reporta-se a uma série de ataques contra a vida e a integridade pessoal de 13 pessoas em situação de rua no centro de São Paulo, em 19 e 22 de outubro de 2004. No episódio conhecido como "Massacre da Sé", as vítimas foram espancadas na cabeça — algumas fatalmente — com pedaços de madeira e/ou barras de ferro, com fortes indícios de que, entre os autores dos ataques, estavam agentes estatais da Polícia Militar, resultando na morte de 8 pessoas e em lesões a outras 5 pessoas em situação de rua. Além disso, foi denunciada a falta de diligência e parcialidade das autoridades encarregadas de investigar os fatos, ressaltando-se que, passados mais de cinco anos da data dos ataques, os homicídios e as lesões contra as supostas vítimas continuavam impunes.

No Relatório n. 38/10, a Comissão Interamericana declarou a petição admissível com respeito à suposta violação dos artigos 4, 5 e 25 da Convenção Americana, em combinação com a obrigação geral estabelecida pelo artigo 1.1 do mesmo instrumento. Em conformidade com o princípio *iura novit curia*, a CIDH também decidiu pela admissibilidade em relação a possíveis violações dos artigos 5.1 e 8 da Convenção Americana, com respeito aos membros das famílias das supostas vítimas, assim como dos artigos 1, 6, 7 e 8 da Convenção Interamericana para Prevenir e Punir a Tortura.

O Caso 303-05 envolve denúncia sobre as condições de detenção e privação de liberdade sob o regime disciplinar diferenciado (RDD) aplicado à vítima de fevereiro de 2002 a novembro de 2006.

Já o Caso 342-07 envolve a morte de pessoa idosa em casa de repouso de propriedade particular, em razão de alegada negligência e tratamento médico inadequado prestado na clínica privada, assim como a falta de investigação adequada e eficaz para esclarecer os fatos, processar e punir os responsáveis.

Por sua vez, o Caso 362-09 é o primeiro a envolver violação de direitos de pessoa transexual, em face de negativa da realização de cirurgia de mudança de sexo no sistema público de saúde.

Outro caso a merecer destaque é o Caso 673-11 ao envolver discriminação por orientação sexual e perseguição nas Forças Armadas, tendo a Comissão Interamericana aprovado o Informe de Admissibilidade n. 04/2019, sob argumento de que, se comprovadas, restariam caracterizadas violações aos direitos à igualdade perante a lei, bem como à integridade pessoal, à liberdade pessoal, à proteção à honra e dignidade e à liberdade de expressão.

Por fim, destaca-se o Caso 221-12 concernente à discriminação sofrida por policial militar, desligado do curso de formação de oficiais mediante processo administrativo baseado no argumento de sua orientação sexual. No mesmo sentido do Caso 673-11, ao aprovar o Informe de Admissibilidade n. 116/20, sustentou a Comissão que, se comprovadas, restariam configuradas afronta aos direitos à igualdade perante a lei, à integridade pessoal, à honra e à dignidade.

10) Caso de violação a direitos sociais

No tocante à violação a direitos sociais, merece especial destaque o Caso P-1073-05 concernente à denúncia de degradação ambiental e risco para a vida humana, integridade pessoal e saúde decorrente da contaminação do solo e do consequente dano ambiental, em detrimento dos moradores do Conjunto Habitacional "Barão de Mauá" (CHBM), dos que trabalharam nas fundações e na construção do CHBM, dos ex-moradores do CHBM e de quem quer que trabalhe ou tenha trabalhado no CHBM. Para fins de admissibilidade, foram identificadas 531 supostas vítimas.

De acordo com o peticionário, o terreno em que foi construído o conjunto habitacional havia sido utilizado como depósito clandestino de lixo industrial pelo menos desde 1973. A agência ambiental estadual encarregada do controle, da licença, da supervisão e do monitoramento de atividades potencialmente poluidoras do meio ambiente (a Companhia de Tecnologia de Saneamento Ambiental — CETESB) emitiu pelo menos 17 autos de infração ou de inspeção contra a empresa privada proprietária do terreno (a Companhia Fabricadora de Peças — COFAP) pela degradação ambiental causada pelo despejo de substâncias tóxicas, lavrando multas contra a empresa ou declarando que o despejo de material tóxico tinha degradado o meio ambiente, em particular, o solo e o ar.

Ainda assim, em 1995 foi concedida autorização à COFAP e outras empresas privadas para a construção do conjunto habitacional naquela localidade pela Prefeitura de Mauá, inclusive com a aprovação do órgão estadual Grupo de Análise e Aprovação de Projetos Habitacionais (GRAPOHAB) e parecer da CETESB declarando o terreno apto para planejamento e moradia urbanos. Em abril de 2000, quando já havia moradores no conjunto habitacional, ocorreu uma explosão de um tanque de água subterrâneo, devido à contaminação do solo, o que provocou a morte de um dos trabalhadores da construção e graves ferimentos e queimadura em outro trabalhador. Somente após esse incidente, órgãos estaduais comunicaram a grave contaminação do solo e riscos à saúde de mais de 5.000 moradores do conjunto habitacional.

Neste caso, a Comissão Interamericana considerou que as alegações são admissíveis nos termos do artigo 4 da Convenção Americana com relação à suposta vítima que morreu em razão das lesões na explosão de 20 de abril de 2000. Concluiu que, se comprovadas verdadeiras, as alegações do peticionário poderiam caracterizar violações aos artigos 5.1, 8 e 25 da Convenção Americana, bem como ao artigo 1.1 do mesmo tratado, em detrimento das supostas vítimas que foram expostas à degradação ambiental no CHBM. Finalmente, a Comissão Interamericana constatou que a presumida falta e/ou manipulação de informações sobre a degradação ambiental do terreno em que o CHBM foi construído e sobre seus efeitos para a saúde e a vida das supostas vítimas poderiam caracterizar violação ao artigo 13 da Convenção Americana, nos termos do Relatório n. 71/12 da Comissão Interamericana de Direitos Humanos.

Por fim, destacam-se ainda casos envolvendo a temática de precatórios e efetivo pagamento de valores devidos pelo Estado.

O Caso 1050-06 refere-se à falta de pagamento de títulos executivos judiciais (precatórios) decorrentes de ação ordinária de indenização contra o município de Santo André, interposta por 1.377 funcionários públicos em 1994, devido à falta de pagamento de uma complementação salarial reconhecida por lei. Ademais, a petição denuncia a falta de devida proteção judicial e violação das garantias judiciais pela ausência de um recurso efetivo para garantir seus direitos, uma vez que, em 1999, foram emitidos títulos executivos judiciais (precatórios) para a execução dos valores devidos pelo Estado, os quais, até 2011, não haviam sido pagos. No Relatório n. 144/11, a Comissão Interamericana concluiu que a legislação brasileira não contempla recursos judiciais efetivos e adequados para assegurar o pagamento dos precatórios devidos pelo Estado, aplicando-se ao caso a exceção prevista no artigo 46.2 da Convenção Americana, no tocante ao esgotamento dos recursos de jurisdição interna.

O Caso 1140-04 envolve a falta de pagamento de precatórios devidos pelo Estado do Rio Grande do Sul à viúva e filha de funcionários públicos falecidos. Após questionar o valor recebido a título de pensão por morte em ações ordinárias de indenização contra o Estado do Rio Grande do Sul e o Instituto de Previdência Social, as supostas vítimas obtiveram sentenças definitivas favoráveis às suas pretensões em outubro de 1997 e, em março de 1998, consequentemente, foram emitidos títulos executivos judiciais (precatórios) em nome de cada uma delas, os quais não teriam sido pagos até 2011.

No Caso 341-01, Nancy Victor da Silva encaminhou petição à Comissão Interamericana em razão da falta de cumprimento de uma sentença judicial no âmbito de uma ação civil de indenização pela morte de seu filho Márcio Manoel Fraga, ocorrida em 27 de março de 1999, no Hospital Penitenciário "Fábio Soares Maciel", no Rio de Janeiro. Segundo o alegado, o pagamento da indenização pelo Estado do Rio de Janeiro não foi realizado por causa de sua vinculação a um título executivo judicial (precatório).

Já o Caso 1485-07 refere-se ao atraso na prestação jurisdicional relativa a uma ação de revisão de benefício previdenciário contra o Instituto Nacional de Seguro Social (INSS) proposta em 1986, que, até 2011, não havia resultado em efetivo pagamento do valor devido pelo Estado, decorridos mais de 26 anos.

d) Análise dos casos — limites e possibilidades da advocacia do Direito Internacional dos Direitos Humanos no Brasil

Considerando que o universo desses 140 casos representa o número total de casos formalmente admitidos pela Comissão Interamericana de Direitos Humanos contra o Estado brasileiro até 2020[50], acredita-se

---

50. Reitere-se que esse número corresponde aos casos formalmente admitidos pela Comissão Interamericana. Além dos 140 casos admitidos, há petições contra o Estado bra-

que sua análise possa revelar conclusões elucidativas acerca do exercício da advocacia do Direito Internacional dos Direitos Humanos no âmbito brasileiro.

Para tanto, a análise do quadro das ações internacionais acima enfocadas adotará como critério a demarcação de dois períodos distintos na história política brasileira: o período concernente ao regime repressivo militar vigente no Brasil de 1964 a 1985[51], e o período concernente ao processo de transição democrática, deflagrado a partir de 1985[52]. Essa classificação parece necessária por refletir as significativas mudanças políticas ocorridas no Brasil a partir de 1985, no início do processo de democratização. As transformações, como se verá, implicaram mudanças relativas à própria advocacia do Direito Internacional dos Direitos Humanos, tendo em vista que outros passaram a ser os direitos violados e outros passaram a ser os atores sociais envolvidos, isto é, com a democratização do País surgiu um novo padrão de conflituosidade.

Se o objetivo da análise é avaliar o modo como a advocacia do Direito Internacional dos Direitos Humanos tem sido exercida no Brasil, o primeiro foco de análise deve ater-se aos atores sociais nela envolvidos. Indaga-se: quem são os proponentes dessas ações internacionais submetidas à Comissão Interamericana de Direitos Humanos?

Considerando a demarcação dos dois distintos períodos, observa-se que durante o regime militar, de 1964 a 1985, 90% das comunicações examinadas foram encaminhadas por indivíduo ou grupo de indivíduos — em apenas um único caso a comunicação foi encaminhada por entidades não governamentais. Já no segundo período, relativo ao processo de democratização, a

---

sileiro submetidas à apreciação da Comissão Interamericana (em processo inicial de análise), e há, ainda, petições que solicitam medidas cautelares.

51. A respeito do regime repressivo militar, ver Arquidiocese de São Paulo, *Brasil: nunca mais*, 1985; Henry J. Steiner e David M. Trubek, *Brazil: all power to the generals*, New York, 1971; Paulo Sérgio Pinheiro, *Escritos indignados: polícia, prisões e política no Estado autoritário* (no 20º aniversário do regime de exceção, 1964-1984), 1984; Alfred Stepan (ed.), *Authoritarian Brazil: origins, policies, and future*, New Haven, Yale University Press, 1973; Alfred Stepan, *The military in politics: changing patterns in Brazil*, Princeton, Princeton University Press, 1974; Thomas E. Skidmore, *The politics of military rule in Brazil*: 1964-1985, 1988.

52. Sobre o processo de democratização no Brasil, ver Alfred Stepan et al., *Democratizing Brazil: problems of transition and consolidation*, 1989; Fabio Wanderley Reis et al., *A democracia no Brasil: dilemas e perspectivas*, 1988.

quase totalidade dos casos examinados foi encaminhada por entidades não governamentais de defesa dos direitos humanos, de âmbito nacional ou internacional, e, por vezes, pela atuação conjunta dessas entidades[53].

Estes dados, por si sós, ilustram a dinâmica da relação entre o processo de democratização do País e a maior articulação e organização da sociedade civil. Se, por um lado, o processo de liberalização do regime autoritário permitiu o fortalecimento da sociedade civil, que passou a contar com novos atores a partir da criação de inúmeras entidades não governamentais, por sua vez a reinvenção da sociedade civil contribuiu para o processo de democratização e para a gradativa formação de um regime civil. Os dados refletem essa dinâmica, sendo simbólica a inversão dos percentuais — como já apontado, no primeiro período, 90% das comunicações foram apresentadas por indivíduo ou grupo de indivíduos; no segundo, a quase totalidade dos casos foi encaminhada por entidades não governamentais de defesa dos direitos humanos. Também notável é perceber, a partir do período de democratização, o importante e crucial papel assumido pelas organizações não governamentais[54], no que tange à defesa e proteção dos direitos humanos, mediante a advocacia dos instrumentos internacionais de proteção.

---

53. A respeito da cooperação entre organizações não governamentais de âmbito nacional e internacional, afirma Henry Steiner: "Em muitos aspectos, as ONGs nacionais beneficiam-se amplamente da cooperação com ONGs internacionais. As organizações nacionais frequentemente se sentem isoladas, com a impressão de lutar por batalhas locais, perante um mundo apático. As ONGs internacionais permitem uma conexão e, até mesmo, o senso de solidariedade" (*Diverse partners: non-governmental organizations in the human rights movement*, p. 65). Para Kathryn Sikkink: "Uma rede internacional envolve uma série de organizações conectadas por compartilhar os mesmos valores, o que permite a intensa troca de informações e serviços, na atividade internacional orientada a uma questão. (...) ONGs internacionais e nacionais têm uma contribuição central nessa rede. Elas constituem os mais ativos membros dessa rede e, usualmente, empenham-se em ações e pressionam os mais poderosos atores a adotar posições. (...) Os valores comuns, a unir os atores nessa rede de direitos humanos, são aqueles incorporados nos instrumentos internacionais de proteção desses direitos, especialmente a Declaração Universal de Direitos Humanos. Este conjunto normativo permite justificar ações e prover uma linguagem comum que transforme argumentos e procedimentos em avançadas reivindicações. O fluxo de informações entre os atores dessa rede revela um sistema extremamente denso de interconexões entre esses grupos. Na maior parte dos casos, esse fluxo de informações ocorre informalmente através da troca de relatórios, ligações telefônicas e participação em conferências e encontros" (Human rights, principled issue-networks, and sovereignty in Latin America, in *International Organizations*, Massachusetts, IO Foundation e Massachusetts Institute of Technology, 1993, p. 416).

54. Para Henry Steiner: "As ONGs têm se tornado indispensáveis para o movimento de direitos humanos, em virtude de suas atividades peculiares: monitoramento, investigação

Passa-se então à segunda indagação: essas ações internacionais denunciam a violação de qual categoria de direitos? Qual a natureza dos direitos violados?

Considerando o primeiro período, relativo ao regime militar, constata-se que, dos 10 casos apreciados, 9 se referem a casos de detenção arbitrária e tortura ocorridas durante o regime autoritário militar, enquanto 1 caso envolve a violação dos direitos dos povos indígenas[55]. Já no segundo período, ou seja, a partir do processo de democratização iniciado em 1985, observa-se que, dos casos apreciados, 53 envolvem violência policial, além dos casos referentes à violência rural, violação de direitos de crianças e adolescentes, violação dos direitos das mulheres, violação dos direitos de povos indígenas, discriminação racial, violência contra defensores de direitos humanos, violação a direitos de outros grupos vulneráveis e violação a direitos sociais.

Em outras palavras, se no primeiro período 90% dos casos denunciaram a prática de violência do regime militar, no segundo mais de 40% dos casos denunciaram a violência policial. Esses dados demonstram que o processo de democratização no Brasil foi incapaz de romper em absoluto

---

e relatórios referentes aos Estados violadores; *lobby* com relação aos governos nacionais e ONGs internacionais; mobilização de grupos interessados; educação do público; e representação de clientes perante oficiais nacionais ou perante Cortes ou órgãos internacionais" (*Diverse partners: non-governmental organizations...*, op. cit., p. 1). Na visão de Thomas Buergenthal: "As ONGs de direitos humanos têm exercido uma importante contribuição, no que tange à evolução do sistema internacional de proteção dos direitos humanos e ao seu efetivo funcionamento. (...) as ONGs têm invocado procedimentos e submetido inúmeras petições, particularmente nos casos que envolvem alegações de maciças violações de direitos humanos. Aqui as ONGs estão, frequentemente, em uma posição mais confortável que os indivíduos, para obter informações verdadeiras e preparar a necessária documentação legal" (*International human rights*, p. 253). Ainda sobre o importante papel desempenhado pelas organizações não governamentais, afirma Louis Henkin: "organizações não governamentais (comumente chamadas ONGs) têm exercido uma ativa contribuição no cenário internacional e, em alguns casos, têm seu *status* reconhecido por tratados e outros instrumentos internacionais. (...) ONGs têm exercido uma contribuição de importância crescente no campo dos direitos humanos e do direito ambiental. Por exemplo, organizações como a Anistia Internacional e a Human Rights Watch têm assistido a Comissão de Direitos Humanos das Nações Unidas em seu esforço de monitorar a violação de direitos humanos em todo o mundo e organizações como a Greenpeace e Friends of the Earth têm contribuído muito para a identificação dos violadores do meio ambiente" (*International law: cases and materials*, p. 345-346).

55. Os Casos 1684, 1769, 1788, 1789, 1835, 1841, 1844, 1846 e 1897 se referem à detenção arbitrária e à tortura, enquanto o Caso 7615 se refere à violação dos direitos das populações indígenas.

com as práticas autoritárias do regime repressivo militar, apresentando como reminiscência um padrão de violência sistemática praticada pela polícia, que não consegue ser controlada pelo aparelho estatal. A transição democrática revela, assim, marcas de um continuísmo autoritário[56]. A grande distinção entre as práticas autoritárias verificadas no regime militar e no processo de democratização está no fato de que, no primeiro caso, a violência era perpetrada direta e explicitamente por ação do regime autoritário e sustentava a manutenção de seu próprio aparato ideológico. Já no processo de democratização, a sistemática violência policial apresenta-se como resultado não mais de uma ação, mas de uma omissão do Estado ao não ser capaz de deter os abusos perpetrados por seus agentes. Tal como no regime militar, não se verifica a punição dos responsáveis. A insuficiência, ou mesmo, em alguns casos, a inexistência de resposta por parte do Estado brasileiro é o fator que — a configurar o requisito do prévio esgotamento dos recursos internos — enseja a denúncia dessas violações de direitos perante a Comissão Interamericana.

Ao lado dos 53 casos de violência policial, constata-se que os demais casos restantes, concernentes ao período de democratização, refletem violência cometida em face de grupos socialmente vulneráveis, como os povos indígenas, a população negra, as mulheres, as crianças e os adolescentes.

Acrescente-se que todos os casos de violação de direitos humanos submetidos ao conhecimento da Comissão Interamericana, seja durante o período ditatorial, seja durante o período de democratização, denunciaram violação a direitos civis e/ou políticos, sendo ainda incipiente a apresentação de denúncias atinentes à violação a direitos sociais, econômicos ou culturais[57]. Verifica-se assim que as denúncias se concentraram fundamentalmente em casos de violações a direitos civis e/ou políticos.

---

56. Sobre o processo de transição democrática no Brasil, pondera Frances Hagopian: "No Brasil, a acentuada participação das elites políticas dos sistemas oligárquico e militar no regime democrático resultou em uma forte continuidade do regime militar nos primeiros cinco anos do regime civil, mediante a contaminação da democracia política pelas tradicionais práticas antidemocráticas, notavelmente por uma versão extrema do clientelismo político" (Frances Hagopian, The compromised consolidation: the political class in the brazilian transition, in Scott Mainwaring, Guillermo O'Donnell e J. Samuel Valenzuela (orgs.), *Issues in democratic consolidation: the new South American democracies in comparative perspective*, p. 248).

57. A respeito, cabe mencionar o Caso 12242, referente à morte de recém-nascidos na UTI de clínica pediátrica da região dos Lagos, no Rio de Janeiro, em virtude de contaminação

Uma terceira questão se apresenta: como caracterizar as vítimas dessas violações de direitos?

Quanto às vítimas dessas violações, se no primeiro período (de 1964 a 1985), em 90% dos casos examinados, as vítimas eram líderes da Igreja Católica, estudantes, líderes de trabalhadores, professores universitários, advogados, economistas e outros profissionais, todos em geral integrantes da classe média brasileira, no segundo período, relativo ao processo de democratização, em 87% dos casos examinados as vítimas podem ser consideradas pessoas socialmente pobres, sem qualquer liderança destacada, o que inclui tanto aqueles que viviam como pedreiros, vendedores, auxiliares de escritório, ajudantes de obras, mecânicos ou em outras atividades pouco rentáveis no Brasil como os que viviam em favelas, nas ruas, nas estradas, nas prisões ou mesmo em regime de trabalho escravo no campo, tendo acentuado grau de vulnerabilidade[58]. Exceção é feita aos casos de violência

---

hospitalar. Segundo a denúncia, no período de 10 meses, 33,1% dos bebês internados morreram. Também merece menção o Caso 12461, referente à denúncia de inadimplemento da Fazenda Pública do Estado de São Paulo de precatório relativo ao pagamento de pensão por dano físico sofrido pela vítima. Enquanto o primeiro caso aponta a violação ao direito à saúde e à vida, o segundo caso aponta a violação de direitos previdenciários. Como observa Henry Steiner: "Embora muitas ONGs de terceiro mundo acreditem que os direitos econômicos e sociais devam integrar sua atividade, poucas têm tido a experiência de, sistematicamente, examiná-los ou protegê-los" (*Diverse partners: non-governmental organizations in the human rights movement*, p. 41). Para Ian Martin: "o verdadeiro perigo desta nova trilogia de virtudes repousa na implícita identificação dos direitos humanos com direitos civis e políticos apenas e na visão de que os direitos econômicos e sociais são garantidos pela economia do livre mercado. Obviamente, muitos de nós acreditamos que a liberdade de mercado é o coração de uma economia eficiente e que comandos econômicos causam um desastre econômico, constituindo um elemento intrínseco da inexistência das liberdades civis e políticas nas sociedades nas quais eles existem. Contudo, uma economia de mercado, absolutamente não regulada, não constitui um princípio de direitos humanos; os direitos humanos invocam a questão do modo pelo qual os direitos sociais e econômicos fundamentais devem ser garantidos.(...) Em segundo lugar, o movimento dos direitos humanos deve, ele próprio, atribuir igual prioridade aos direitos econômicos, sociais e culturais, e aos direitos civis e políticos. Devem ser encontrados meios de garantir, no futuro, uma efetiva ação concernente ao monitoramento e implementação dos direitos econômicos, sociais e culturais, como ocorreu no passado, relativamente ao monitoramento e implementação dos direitos civis e políticos" (*The new world order: opportunity or threat for human rights?*, A lecture by the Edward A. Smith Visiting Fellow presented by the Harvard Law School Human Rights Program, 1993, p. 22).

58. Sobre a matéria, afirma a petição de 6 de setembro de 1994, submetida pelo Centro Santo Dias de Direitos Humanos à Comissão Interamericana: "Os casos denunciados referem-se, na sua maioria, a vítimas jovens, trabalhadoras, sem antecedentes criminais e

contra defensores de direitos humanos e contra lideranças rurais[59]. Esses dados revelam que o padrão de conflituosidade apresentado no processo de democratização não mais se identifica com o apresentado no regime repressivo militar. Se no período de autoritarismo militar aqueles que eram acusados de oferecer resistência ao regime eram torturados ou arbitrariamente detidos por razões de natureza política, no processo de democratização o padrão de conflituosidade se orienta por outro critério. Não se trata mais do critério político, mas do critério econômico, com o qual se conjuga um componente sociopolítico. Nesse sentido, as vítimas, via de regra, não são mais dos setores da classe média, politicamente engajados, mas pessoas pobres, por vezes excluídas socialmente e integrantes de grupos vulneráveis[60].

---

residentes na periferia da cidade de São Paulo, local onde moram as classes sociais economicamente mais desfavorecidas. Essa caracterização das vítimas está presente também, em grande parte, em crimes cometidos por policiais militares, em geral, o que pode sugerir um delineamento institucional informal na repressão de alguns setores sociais, tornando ainda mais inadequado o julgamento desses crimes pelos Tribunais Militares".

59. São exceções a esses casos, por apresentarem vítimas de destacada liderança social ou integrantes da classe média, os casos de violência contra defensores de direitos humanos (Casos 12058, 12397, 12212, 12213, 12308 e 12309), o Caso 11287 (caso de assassinato de líder rural), e o Caso 11996 (caso de assassinato de estudante de Arquitetura).

60. Para Álvaro Ribeiro Costa: "A violência contra a cidadania no Brasil pode ser vista sob os mais variados aspectos. Salientam-se, entre eles, a violência estrutural e a violência específica. Por isso, é importante destacar alguns dados da realidade econômica e social do País, em vista dos quais melhor se compreende o quadro das violações aos direitos humanos no Brasil. A propósito, o Prof. Paulo Sérgio Pinheiro lembrou que 'somos campeões mundiais da desigualdade: em 1992 (dados da ONU), a renda dos 20% mais ricos era 26 vezes maior do que a dos 20% mais pobres', afirmando ainda o professor que as elites impedem 'as reformas que aliviariam a fome, a pobreza, a doença' (v. *Folha de S. Paulo*, 14 de agosto de 1993, p. 1-3). A fome é parte inescondível dessa realidade. Estudos do IPEA (Instituto de Pesquisa Econômica Aplicada) apontam a existência de cerca de 37 milhões de pessoas situadas numa linha abaixo da linha da pobreza, em condições nítidas de miséria ou de indigência (9,2 milhões de famílias) (v. *Jornal de Brasília*, de 8 de agosto de 1993). (...) A chamada violência específica — cujas formas mais visíveis podem aparecer como homicídios, lesões corporais, torturas, sequestros etc. — é a que habitualmente pode chamar mais atenção. No entanto, a violência estrutural — a que reside nas estruturas econômicas, políticas, sociais, culturais e jurídicas — parece ser a mais perversa e de maiores efeitos em detrimento dos direitos humanos e da cidadania, por se caracterizar pela permanência, pela profundidade e extensão de seu alcance" (Anotações sobre a atual situação dos direitos humanos no Brasil, *Arquivos do Ministério da Justiça*, Brasília, jul./dez. 1993, p. 152-154). Na visão de Adam Przeworski: "O perigo da violência coletiva não está limitado àqueles países que enfrentam o desafio relativo à sua integridade territorial. Este perigo também é causado por desigualdades políticas, educacionais e sociais, que excluem amplos segmentos

Importa ainda assinalar que 97% dos casos que integram o período da democratização foram submetidos à Comissão a partir de 1992[61], ou seja, a partir da ratificação da Convenção Americana de Direitos Humanos pelo Estado brasileiro. Acredita-se que a ratificação tenha, em certa medida, estimulado a propositura de ações internacionais junto à Comissão Interamericana, especialmente porque, em muitos dos casos examinados, as violações de direito ocorreram há anos, e apenas quando da ratificação da Convenção foram levadas à apreciação da Comissão, sob a denúncia de que o Estado brasileiro não estava conferindo cumprimento às suas obrigações internacionais. Ademais, se no período de 1970 a 1992, ou seja, em 22 anos, 11 ações foram impetradas contra o Brasil, a partir da ratificação da Convenção Americana em 1992, e considerando o período de 1992 a 2014, em 22 anos portanto, um total de 127 ações foi impetrado. Estes números sugerem e reforçam a assertiva de que a ratificação da Convenção Americana foi um fator que, definitivamente, estimulou e propiciou a propositura de ações internacionais junto à Comissão Interamericana.

Quanto ao impacto da litigância internacional no âmbito brasileiro, destaca-se que casos submetidos à Comissão Interamericana têm apresentado relevante impacto no que tange à mudança de legislação e de políticas públicas de direitos humanos, propiciando significativos avanços internos. A título ilustrativo, cabe menção a seis avanços: a) os casos de violência policial, especialmente os que denunciam a impunidade de crimes praticados por policiais militares, foram fundamentais para a adoção da Lei

---

da população do efetivo exercício dos direitos e obrigações da cidadania. Se a democracia é o regime no qual todos os indivíduos se transformam em cidadãos, apenas um Estado efetivo pode gerar as condições que assegurem a realização da cidadania. A cidadania pode ser implementada somente quando o sistema normativo é orientado por um critério universal, quando o Estado de Direito é plenamente vigente e quando os poderes públicos são capazes de proteger os direitos e obrigações. Muitas democracias enfrentam desafios múltiplos em assegurar uma cidadania efetiva, à luz de condições econômicas e institucionais que enfatizem a necessidade das instituições estatais. O resultado é que os Estados são incapazes de uniformemente implementar padrões de direitos e obrigações. Deste modo, nós enfrentamos a existência de regimes políticos democráticos que não asseguram uma cidadania efetiva para extensos domínios geográficos ou para um significativo número de atores sociais" (*Sustainable democracy*, p. 111).

61. Note-se que todas as comunicações do período da democratização — com exceção do Caso 10301 — fundamentaram-se na Convenção Americana de Direitos Humanos (existindo dois casos de violência contra a mulher baseados também na Convenção de "Belém do Pará"), enquanto as comunicações do período do regime militar fundamentaram-se na Declaração Americana dos Direitos e Deveres do Homem.

n. 9.299/96, que determinou a transferência da Justiça Militar para a Justiça Comum do julgamento de crimes dolosos contra a vida cometidos por policiais militares; b) o Caso 12263, relativo ao assassinato de estudante por deputado estadual, foi essencial para a adoção da Emenda Constitucional n. 35/2001, que restringe o alcance da imunidade parlamentar no Brasil; c) o Caso 12378, envolvendo denúncia de discriminação contra mães adotivas e seus respectivos filhos, em face de decisão definitiva proferida pelo Supremo Tribunal Federal, que negou direito à licença-gestante à mãe adotiva, foi também fundamental para a aprovação da Lei n. 10.421/2002, que estendeu o direito à licença-maternidade às mães de filhos adotivos; d) o Caso 12051 (Caso Maria da Penha Maia Fernandes), que resultou na condenação do Brasil por violência doméstica sofrida pela vítima, culminou na adoção da Lei n. 11.340/2006 ("Lei Maria da Penha"), que cria mecanismos para coibir a violência doméstica e familiar contra a mulher[62]; e) os casos envolvendo violência contra defensores de direitos humanos contribuíram para a adoção do Programa Nacional de Proteção aos Defensores de Direitos Humanos; e f) os casos envolvendo violência rural e trabalho escravo contribuíram para a adoção do Programa Nacional para a Erradicação do Trabalho Escravo e para a criação da Comissão Nacional de Erradicação do Trabalho Escravo.

Pode-se concluir que o sistema interamericano de proteção dos direitos humanos oferece importantes estratégias de ação, potencialmente capazes de contribuir para o reforço da promoção dos direitos humanos no Brasil.

Como foi examinado, o sistema interamericano invoca um parâmetro de ação para os Estados, legitimando o encaminhamento de comunicações de indivíduos e entidades não governamentais se esses *standards* internacionais são desrespeitados. Nesse sentido, a sistemática internacional estabelece a tutela, a supervisão e o monitoramento do modo pelo qual os Estados garantem os direitos humanos internacionalmente assegurados.

Verificou-se ainda que os instrumentos internacionais constituem relevante estratégia de atuação para as organizações não governamentais, nacionais e internacionais, ao adicionar uma linguagem jurídica ao discurso dos direitos humanos. Esse fator é positivo na medida em que os Estados são convocados a responder com mais seriedade aos casos de violação de direitos.

---

62. O projeto de lei foi fruto do trabalho do Grupo Interministerial criado pelo Decreto n. 5.030, de 31.3.2004. Note-se que, na exposição de motivos do aludido projeto de lei, referência expressa é feita ao Caso Maria da Penha, em especial às recomendações formuladas pela Comissão Interamericana.

A experiência brasileira revela que a ação internacional tem também auxiliado a publicidade das violações de direitos humanos, o que oferece o risco do constrangimento político e moral ao Estado violador, e, nesse sentido, surge como significativo fator para a proteção dos direitos humanos. Ademais, ao enfrentar a publicidade das violações de direitos humanos, bem como as pressões internacionais, o Estado é praticamente "compelido" a apresentar justificativas a respeito de sua prática. A ação internacional e as pressões internacionais podem, assim, contribuir para transformar uma prática governamental específica, no que se refere aos direitos humanos, conferindo suporte ou estímulo para reformas internas. Como realça James L. Cavallaro, "estratégias bem articuladas de litigância internacional que diferenciem vitórias meramente processuais de ganhos substantivos, mediante a adoção de medidas para mobilizar a mídia e a opinião pública, têm permitido o avanço da causa dos direitos humanos no Brasil"[63]. Na percepção de Kathryn Sikkink: "O trabalho das ONGs tornam as práticas repressivas dos Estados mais visíveis e públicas, exigindo deles, que se manteriam calados, uma resposta. Ao enfrentar pressões crescentes, os Estados repressivos buscam apresentar justificativas. (...) Quando um Estado reconhece a legitimidade das intervenções internacionais na questão dos direitos humanos e, em resposta a pressões internacionais, altera sua prática com relação à matéria, fica reconstituída a relação entre Estado, cidadãos e atores internacionais"[64]. Adiciona a autora: "pressões e políticas transnacionais no campo dos direitos humanos, incluindo network de ONGs, têm exercido uma significativa diferença no sentido de permitir avanços nas práticas dos direitos humanos em diversos países do mundo. Sem os regimes internacionais de proteção dos direitos humanos e suas normas, bem como sem a atuação das networks transnacionais que operam para efetivar tais normas, transformações na esfera dos direitos humanos não teriam ocorrido"[65].

---

63. James L. Cavallaro, Toward fair play: a decade of transformation and resistance in international human rights advocacy in Brazil, *Chicago Journal of International Law*, v. 3, n. 2, fall 2002, p. 492. Adiciona o mesmo autor: "no Brasil, o grau de impacto não tem variado em relação à importância da ação do sistema interamericano quanto a determinado caso, mas o impacto tem variado em função da mídia e da opinião pública e da extensão das pressões sofridas pelo governo (...)" (p. 487).

64. Ver Kathryn Sikkink, Human rights, principled, p. 414-415.

65. Kathryn Sikkink e Thomas Risse, Conclusions, in Thomas Risse, Stephen C. Ropp e Kathryn Sikkink, *The power of human rights: international norms and domestic change*, Cambridge, Cambridge University Press, 1999, p. 275.

Enfim, considerando a experiência brasileira, pode-se afirmar que, com o intenso envolvimento das organizações não governamentais, a partir de articuladas e competentes estratégias de litigância, os instrumentos internacionais constituem poderosos mecanismos para a promoção do efetivo fortalecimento da proteção dos direitos humanos no âmbito nacional.

e) Casos contra o Estado brasileiro perante a Corte Interamericana de Direitos Humanos

Passa-se, por fim, ao exame dos casos contra o Brasil perante a Corte Interamericana de Direitos Humanos.

Tendo em vista que o Estado brasileiro apenas reconheceu a competência jurisdicional da Corte Interamericana em dezembro de 1998 e considerando que somente Estados e a Comissão Interamericana podem acessá-la (após esgotados os procedimentos perante a Comissão Interamericana, nos termos dos arts. 48 a 50 da Convenção Americana), verifica-se, até o presente momento, um número reduzido de casos. Com efeito, até julho de 2024, apenas 26 casos haviam sido apreciados pela Corte Interamericana em face do Estado brasileiro. Desse universo, 14 são casos contenciosos e outros 12 casos envolvem medidas provisórias, nos termos do art. 63.2 da Convenção Americana, com a adoção pela Corte de 51 resoluções de medidas provisórias[66]. Das 12 solicitações de medidas

---

66. No que se refere aos 14 casos contenciosos, destacam-se: a) caso Damião Ximenes Lopes, referente à denúncia de morte por espancamento em clínica psiquiátrica no Ceará, encaminhado pela Comissão Interamericana à Corte em 13 de outubro de 2004 (Caso 12.237); b) caso Gilson Nogueira de Carvalho, referente à denúncia de assassinato de defensor de direitos humanos por grupo de extermínio no Rio Grande do Norte, encaminhado pela Comissão Interamericana à Corte em 19 de janeiro de 2005 (Caso 12.058); c) caso Escher e outros, referente à denúncia de interceptações telefônicas de integrantes do MST, encaminhado pela Comissão Interamericana à Corte em 20 de dezembro de 2007 (Caso 12.353); d) caso Garibaldi, referente à denúncia de execução sumária, encaminhado pela Comissão Interamericana à Corte em 24 de dezembro de 2007 (Caso 12.478); e) caso Gomes Lund, referente ao desaparecimento de pessoas na guerrilha do Araguaia e à incompatibilidade da lei de anistia brasileira com a Convenção Americana de Direitos Humanos, encaminhado pela Comissão Interamericana à Corte em 26 de março de 2009 (Caso 11.552); f) caso Cosme Rosa Genoveva, Evandro Oliveira e outros, referente à denúncia de execução extrajudicial envolvendo 26 pessoas, inclusive 6 adolescentes, na atuação da Polícia Civil do Estado do Rio de Janeiro de 18 de outubro de 1994 a 8 de maio de 1995, na Favela Nova Brasília, encaminhado pela Comissão Interamericana à Corte em 19 de maio de 2015 (Caso

provisórias, dez foram outorgadas e duas foram indeferidas pela Corte Interamericana. Dentre as que foram outorgadas, seis estão em vigor e quatro já foram arquivadas.

No âmbito dos casos contenciosos, a Corte proferiu a primeira sentença condenatória contra o Brasil, em 4 de julho de 2006, no **caso Ximenes Lopes,** em virtude de maus-tratos sofridos pela vítima, portadora de transtorno mental, em clínica psiquiátrica no Ceará, a Casa de Repouso Guararapes. A decisão da Corte responsabilizou o Brasil pela violação aos direitos à vida (art. 4º), à integridade física (art. 5º), às garantias judiciais

---

11.566); g) caso Trabalhadores da Fazenda Brasil Verde, relativo a trabalho escravo, encaminhado pela Comissão Interamericana à Corte em 4 de março de 2015 (Caso 12.066); h) caso Povo Indígena Xucuru, relativo à demarcação de terras e ao direito à propriedade coletiva, encaminhado pela Comissão Interamericana à Corte em 16 de março de 2016 (Caso 12.728); i) caso Vladimir Herzog e outros, relativo ao direito a conhecer a verdade e ao dever do Estado de esclarecer fatos afetos a crimes perpetrados em contextos ditatoriais, encaminhado pela Comissão Interamericana à Corte em 22 de abril de 2016 (Caso 12.879); j) caso Empregados da Fábrica de Fogos de Santo Antônio de Jesus e seus familiares, relativo à falta de inspeção e fiscalização de atividade laboral perigosa, encaminhado pela Comissão Interamericana à Corte em 19 de setembro de 2018 (Caso 12.428); k) caso Barbosa de Souza e outros, relativo à impunidade de crime de homicídio por razões de gênero, encaminhado pela Comissão Interamericana à Corte em 11 de junho de 2019 (Caso 12.263); l) caso Sales Pimenta, relativo à impunidade de homicídio de defensor de direitos humanos, encaminhado pela Comissão Interamericana à Corte em 4 de dezembro de 2020 (Caso 12.675); m) caso Tavares Pereira e outros, referente ao uso desproporcional da força por parte da Polícia Militar em face de manifestantes pela reforma agrária, encaminhado pela Comissão Interamericana à Corte em 6 de fevereiro de 2021 (Petição 4-04); e n) caso Airton Honorato e outros, referente ao uso excessivo da força por parte da Polícia Militar no âmbito da "Operação Castelinho", que resultou nos homicídios de 12 pessoas, encaminhado pela Comissão Interamericana à Corte em 28 de maio de 2021 (Caso 12.479). Quanto aos 12 casos envolvendo medidas provisórias, destacam-se: a) assunto do Presídio Urso Branco, referente à denúncia de morte e maus-tratos de detentos no presídio de Rondônia, em que, em virtude da extrema gravidade e urgência e para evitar dano irreparável à vítima (ver art. 74 do Regulamento da Comissão Interamericana), a Corte decidiu ordenar medidas provisórias de proteção de detentos do referido presídio – medidas provisórias já levantadas; b) assunto dos adolescentes privados de liberdade no "Complexo do Tatuapé" da Febem, em que a Corte ordenou medidas provisórias para determinar ao Estado brasileiro que adotasse de forma imediata as medidas necessárias para proteger a vida e a integridade pessoal dos adolescentes internos no "Complexo do Tatuapé" da Febem, assim como a de todas as (art. 8º) e à proteção judicial (art. 25), uma vez que a vítima, pela violência sofrida, faleceu três dias após a sua internação na clínica[67].

O caso Ximenes Lopes foi a primeira ocasião em que a Corte se pronunciou sobre violações a direitos de pessoas com transtornos mentais.

Destaca-se que a clínica era um hospital privado de saúde contratado pelo Estado para prestar serviços de atendimento psiquiátrico, sob a direção do Sistema Único de Saúde. Na sentença, a Corte salientou que é dever dos Estados regular e fiscalizar instituições que prestem serviços de saúde, sejam estas públicas, privadas ou privadas que prestem serviços públicos.

Durante a audiência pública realizada pela Corte Interamericana, o Estado brasileiro manifestou reconhecimento parcial de responsabilidade –

---

pessoas que se encontrem em seu interior – medidas provisórias já levantadas; c) assunto da Penitenciária "Dr. Sebastião Martins Silveira", em Araraquara, em que a Corte ordenou ao Estado que adotasse de forma imediata as medidas necessárias para proteger a vida e a integridade de todas as pessoas privadas de liberdade na Penitenciária de Araraquara, bem como das pessoas que possam ingressar no futuro, na qualidade de detentos – medidas provisórias já levantadas; d) assunto da Unidade de Internação Socioeducativa, em Cariacica, no Espírito Santo, conforme Resolução da Corte de 25 de fevereiro de 2011 e seguintes, relativas aos direitos à vida e à integridade pessoal dos adolescentes privados de liberdade; e) caso Gomes Lund e outros (Guerrilha do Araguaia), conforme Resolução da Corte de 15 de julho de 2009, relativa à solicitação de revogação de ato normativo que regulamentava grupo de trabalho para identificação dos corpos de participantes da guerrilha; f) assunto do Complexo Penitenciário do Curado, conforme Resolução da Corte de 22 de maio de 2014 e seguintes, relativas aos direitos à vida e à integridade pessoal das pessoas privadas de liberdade no estabelecimento; g) assunto do Complexo Penitenciário de Pedrinhas, conforme Resolução da Corte de 14 de novembro de 2014 e seguintes, relativas aos direitos à vida e à integridade pessoal das pessoas privadas de liberdade no estabelecimento; h) assunto do Instituto Penal Plácido de Sá Carvalho, no Rio de Janeiro, conforme Resolução da Corte de 13 de fevereiro de 2017 e seguintes, relativas aos direitos à vida e à integridade pessoal das pessoas privadas de liberdade no estabelecimento; i) caso Tavares Pereira e outros, conforme Resolução da Corte de 24 de junho de 2021, relativa à proteção de monumento relevante para eventuais medidas de reparação do caso – medidas provisórias já levantadas; j) caso Favela Nova Brasília, conforme Resolução da Corte de 21 de junho de 2021, relativa à solicitação de proteção do direito de acesso à justiça de familiares das vítimas de operação policial realizada em favela do Rio de Janeiro, em 2021; k) assunto dos membros dos Povos Indígenas Yanomami, Ye'kwana e Munduruku, conforme Resolução da Corte de 1º de julho de 2022 e seguinte, relativas à necessária proteção de diferentes direitos dos referidos povos indígenas; e l) assunto das pessoas privadas de liberdade na Penitenciária Evaristo de Moraes, no Rio de Janeiro, conforme Resolução da Corte de 21 de março de 2023, relativa aos direitos à vida, à integridade pessoal, à saúde, ao acesso à água e à alimentação das pessoas privadas de liberdade no estabelecimento.

67. Caso Ximenes Lopes *vs.* Brasil, Sentença de 4 de julho de 2006, Série C, n. 150.

quanto aos fatos relativos aos maus-tratos e à morte de Damião Ximenes Lopes, à falta de prevenção para superar as condições que encadearam sua morte e à precariedade do sistema de atenção à saúde mental –, o que foi levado em consideração pela Corte ao decidir sobre sua responsabilidade internacional.

Em relação aos direitos à vida e à integridade pessoal, entendeu a Corte que o Estado faltou com seus deveres de respeitar e proteger direitos e prevenir violações em relação a Damião Ximenes Lopes, sobretudo considerando-se a especial situação de vulnerabilidade das pessoas com transtorno mental.

Quanto aos seus familiares, a Corte considerou que sofreram profunda angústia e tristeza, razão pela qual o Estado também violara o art. 5º em prejuízo destes.

Sobre as garantias judiciais e à proteção judicial, concluiu a Corte que as investigações sobre mortes violentas exigem especial devida diligência por parte das autoridades estatais. No caso, constatou-se demora na condução das investigações e uma série de atos de negligência. Também no âmbito do processo penal, houve demora injustificada atribuível tão somente às condutas das autoridades judiciais. Portanto, a falta de um recurso efetivo disponível aos familiares de Damião Ximenes Lopes prejudicou seu direito de acesso à justiça.

No âmbito das reparações, a Corte ressaltou que a sentença constitui *per se* uma forma de reparação e determinou ao Estado: a) garantir, em um prazo razoável, que o processo interno destinado a investigar e sancionar os responsáveis pelos fatos surta seus devidos efeitos; b) publicar trecho da sentença no Diário Oficial e em outro jornal de ampla circulação nacional; c) continuar a desenvolver um programa de formação e capacitação para o pessoal médico, de psiquiatria e psicologia, de enfermagem e auxiliares de enfermagem e para todas as pessoas vinculadas ao atendimento de saúde mental, em especial sobre os princípios que devem reger o trato das pessoas portadoras de deficiência mental, conforme os padrões internacionais sobre a matéria; d) pagar aos familiares da vítima, a título de indenização por dano material e imaterial, as quantias fixadas; e e) pagar as custas e gastos gerados no âmbito interno e no processo internacional.

Até o momento, a Corte Interamericana emitiu seis resoluções de supervisão de cumprimento de sentença[68].

---

68. Corte IDH, Caso Ximenes Lopes *vs.* Brasil, Supervisión de Cumplimiento de Sentencia, Resolución de lª Corte Interamericana de Derechos Humanos de 2 de mayo de

Em cumprimento à decisão, o Estado brasileiro publicou a sentença da Corte Interamericana no *Diário Oficial da União*, bem como assegurou o pagamento de indenização aos familiares da vítima, além das custas e gastos[69].

Quanto ao dever de investigar, processar e julgar os responsáveis pelos fatos que deram origem ao caso, foi emitida sentença penal condenatória mediante a qual se reconheceu que a vítima sofreu maus-tratos com o resultado morte por conta de omissões dos funcionários da clínica. Foram interpostos recursos em face da decisão. Em segunda instância, houve a requalificação do delito apenas para maus-tratos. Tendo em vista a prescrição da pretensão punitiva segundo o direito brasileiro, o processo foi arquivado em 2013[70].

A esse respeito, a Corte Interamericana concluiu que, com base nas provas colocadas à sua disposição, não restou comprovado que Damião Ximenes Lopes teria sido vítima de tortura. Portanto, não seria este um caso de aplicação da imprescritibilidade referente aos crimes envolvendo graves violações de direitos humanos, nos termos da jurisprudência da Corte. Todavia, a Corte destacou que isso não afasta as falhas de devida diligência que foram constatadas nas investigações, as quais violaram a garantia de prazo razoável e geraram impunidade.

Em Resolução de 28 de janeiro de 2021, a Corte decidiu que não havia razões para seguir exigindo do Estado brasileiro o cumprimento desta medida de reparação, motivo pelo qual deixou de supervisioná-la, ao tempo em que

---

2008; Corte IDH, Caso Ximenes Lopes *vs*. Brasil, Supervisión de Cumplimiento de Sentencia, Resolución de lª Corte Interamericana de Derechos Humanos de 21 de septiembre de 2009; Corte IDH, Caso Ximenes Lopes *vs*. Brasil, Supervisión de Cumplimiento de Sentencia, Resolución de lª Corte Interamericana de Derechos Humanos de 17 de mayo de 2010; Corte IDH, Caso Ximenes Lopes *vs*. Brasil, Supervisión de Cumplimiento de Sentencia, Resolución de lª Corte Interamericana de Derechos Humanos de 28 de enero de 2021; Corte IDH, Caso Ximenes Lopes *vs*. Brasil, Supervisión de Cumplimiento de Sentencia, Resolución de lª Corte Interamericana de Derechos Humanos de 5 de abril de 2022; Corte IDH, Caso Ximenes Lopes *vs*. Brasil, Supervisión de Cumplimiento de Sentencia, Resolución de lª Corte Interamericana de Derechos Humanos de 25 de septiembre de 2023.

69. Observe-se que a sentença da Corte foi publicada no *Diário Oficial da União* n. 30, de 12 de fevereiro de 2007, p. 4-7. Quanto ao pagamento de indenização por meio do Decreto n. 6.185, de 13 de agosto de 2007, o Estado brasileiro efetuou o pagamento de indenização correspondente ao valor de aproximadamente 280 mil reais aos familiares da vítima Damião Ximenes Lopes. Disponível em: http://www.planalto.gov.br/CCIVIL/_Ato2007-2010/2007/Decreto/D6185.htm (acesso em 3-4-2008).

70. Apesar do arquivamento do processo criminal, houve a propositura de uma ação cível com vistas ao pagamento de indenização por danos morais à mãe de Damião Ximenes Lopes. A ação foi julgada procedente e confirmada em segunda instância.

declarou seu descumprimento. Ressalte-se que a Corte Interamericana reconheceu que foi o Estado o próprio responsável pela impossibilidade de dar cumprimento à reparação, em afronta ao art. 68 da Convenção Americana.

Destaca-se que, na mesma resolução, a Corte Interamericana convidou o Conselho Nacional de Justiça (CNJ) a prestar informações sobre a supervisão do cumprimento da sentença como "outra fonte de informação", nos termos do art. 69.2 de seu Regulamento. Esta foi a primeira oportunidade de participação do CNJ como órgão autônomo perante a Corte, o que se manteve na supervisão de outros casos.

Finalmente, sobre a capacitação para o pessoal vinculado ao atendimento de saúde mental em hospitais psiquiátricos, tem-se que o Estado adotou diferentes iniciativas ao longo dos anos. Para a Corte, o curso deve ser de caráter obrigatório e permanente, destinado a funcionários de instituições de mesma natureza que a Casa de Repouso Guararapes e versar sobre os princípios internacionais que regem o trato de pessoas com deficiência.

Em abril de 2023, o Estado começou a implementar o curso "Direitos Humanos e Saúde Mental – Curso Permanente Damião Ximenes Lopes", disponível na plataforma da Escola Virtual de Governo e destinado a profissionais da saúde atuantes na área de saúde mental. O curso conta com módulos específicos de Direito Internacional dos Direitos Humanos, incluindo a jurisprudência da Corte Interamericana. A Corte indicou, portanto, que o Estado brasileiro deu cumprimento total à medida de reparação.

Assim, em Resolução de 25 de setembro de 2023, a Corte Interamericana deu por concluído e arquivou o caso Ximenes Lopes, em virtude do cumprimento de quatro medidas de reparação e do encerramento de supervisão do cumprimento do ponto resolutivo referente ao dever de investigar. Em outubro de 2023, o Estado brasileiro recebeu juízes da Corte Interamericana em Brasília para cerimônia solene de encerramento do caso.

Com relação ao **caso Nogueira de Carvalho e outro** — referente à denúncia de assassinato de defensor de direitos humanos por grupo de extermínio no Rio Grande do Norte —, em sentença de 28 de novembro de 2006, a Corte Interamericana decidiu arquivar o expediente, pela insuficiência de provas de que o Estado brasileiro teria violado os direitos a garantias judiciais e proteção judicial, previstos nos arts. 8º e 25 da Convenção Americana.

No **caso Escher e outros**, em sentença de 6 de julho de 2009[71], a Corte Interamericana responsabilizou o Estado brasileiro em virtude de

---

71. Caso Escher e outros vs. Brasil, Excepciones Preliminares, Fondo, Reparaciones y Costas. Sentencia de 6 de julio de 2009. Serie C n. 200. Disponível em: http://www.

interceptação e do monitoramento ilegal de linhas telefônicas de integrantes do Movimento dos Trabalhadores Rurais Sem-Terra (MST), realizados pela Polícia Militar do Estado do Paraná, bem como da divulgação das conversas. Atribuiu-se ao Estado a responsabilidade por violação ao direito à vida privada, à honra e à dignidade, ao direito à liberdade de associação e aos direitos às garantias judiciais e à proteção judicial. Embora as vítimas tenham recorrido ao Judiciário para impedir a utilização das gravações que se encontravam sob segredo de justiça, as solicitações foram indeferidas.

Quanto à proteção da honra e da dignidade, a Corte Interamericana decidiu que conversas telefônicas estão incluídas no escopo de proteção da vida privada, sendo que sujeitos alheios aos interlocutores não dispõem de acesso ao conteúdo das conversas. Assim, como as conversas telefônicas eram de caráter privado e os interlocutores não autorizaram seu conhecimento por terceiros, as interceptações por agentes estatais constituíram uma ingerência na vida privada, sobretudo em virtude de divulgação de trechos em jornal televisivo de abrangência nacional. Ademais, a Corte identificou que as interceptações ocorreram em desconformidade aos preceitos legais, violando o princípio da legalidade.

Ao analisar o direito à liberdade de associação, a Corte Interamericana levou em consideração o trabalho de promoção e defesa de direitos humanos dos trabalhadores rurais e o correspondente dever dos Estados de assegurar meios para o exercício desse direito, não apresentando obstáculos. Dessa forma, o monitoramento ilegal das comunicações telefônicas sem finalidades legítimas prejudicou a imagem e a credibilidade das entidades, vulnerando seu direito de associação.

Para a Corte, as garantias judiciais e o direito à proteção judicial foram violados porque as autoridades estatais não atuaram com a devida diligên-

---

corteidh.or.cr/docs/casos/articulos/seriec_200_por.pdf (acesso em 2-4-2010). Ver ainda caso Escher e outros *vs.* Brasil, Interpretación de 1ª Sentencia de Excepciones Preliminares, Fondo, Reparaciones y Costas. Sentencia de 20 de noviembre de 2009. Serie C n. 208. Disponível em: http://www.corteidh.or.cr/docs/casos/articulos/seriec_208_por.pdf (acesso em 2-4-2010). Note-se que, em 20 de abril de 2010, foi publicado o Decreto n. 7.158 autorizando a Secretaria de Direitos Humanos da Presidência da República a dar cumprimento à sentença da Corte Interamericana no caso Escher, de forma a promover as gestões necessárias visando especialmente ao pagamento de indenização pelas violações dos direitos humanos às vítimas. Sobre a supervisão do cumprimento da sentença, consultar Corte IDH, Caso Escher y otros vs. Brasil, Supervisión de Cumplimiento de Sentencia, Resolución de la Corte Interamericana de Derechos Humanos de 17 de mayo de 2010. Versão em português: http://www.corteidh.or.cr/docs/supervisiones/escher_17_05_10_%20por.pdf.)

cia para a investigação dos fatos, principalmente no que tange à ação penal instaurada em face do ex-Secretário de Segurança Pública do Estado do Paraná, à falta de investigação dos responsáveis pela divulgação das conversas telefônicas e à falta de motivação da decisão administrativa mediante a qual se concluiu pela inexistência de faltas funcionais por parte da magistrada que autorizou as interceptações.

A Corte Interamericana determinou ao Estado brasileiro: a) o pagamento de indenização por danos imateriais às vítimas; b) a publicação da sentença no Diário Oficial, em jornal de circulação no Estado do Paraná e em páginas eletrônicas dos governos federal e estadual; c) a investigação dos fatos que originaram o caso; e d) o pagamento de custas e gastos.

No âmbito da supervisão de cumprimento de sentença, a Corte publicou duas resoluções[72] e reconheceu que o Estado brasileiro implementou totalmente as medidas de pagamento das indenizações e das custas e gastos, bem como da publicação da sentença.

A respeito da obrigação de investigar os fatos de divulgação das conversas e da entrega e divulgação das fitas com as conversas gravadas, o Estado brasileiro informou que a Procuradoria de Justiça do Estado do Paraná sinalizou a impossibilidade de iniciar investigações em virtude da prescrição da pretensão punitiva. Para a Corte, o presente caso também não se caracteriza como "graves violações a direitos humanos", que apresentam regime jurídico próprio quanto à imprescritibilidade. Portanto, a Corte Interamericana encerrou a supervisão de cumprimento da sentença quanto a este ponto, deu por concluído o caso e arquivou o expediente em 19 de junho de 2012.

No **caso Garibaldi**, em sentença proferida em 23 de setembro de 2009[73], a Corte Interamericana responsabilizou o Estado brasileiro pelo descumprimento da obrigação de investigar, processar, julgar e punir os responsáveis

---

72. Corte IDH, Caso Escher y otros *vs.* Brasil, Supervisión de Cumplimiento de Sentencia, Resolución de la Corte Interamericana de Derechos Humanos de 17 de mayo de 2010; Corte IDH, Caso Escher y otros *vs.* Brasil, Supervisión de Cumplimiento de Sentencia, Resolución de 1ª Corte Interamericana de Derechos Humanos de 19 de junio de 2012.

73. Caso Garibaldi vs. Brasil, Excepciones Preliminares, Fondo, Reparaciones y Costas. Sentencia de 23 de septiembre de 2009. Serie C n. 203. Disponível em: http://www.corteidh.or.cr/docs/casos/articulos/seriec_203_por.pdf (acesso em 2-4-2010). Sobre a supervisão do cumprimento da sentença, consultar Corte IDH, Caso Garibaldi *vs.* Brasil, Supervisión de Cumplimiento de Sentencia, Resolución de la Corte Interamericana de Derechos Humanos de 22 de febrero de 2011. Versão em português: http://www.corteidh.or.cr/docs/supervisiones/garibaldi_22_02_11_por.pdf.

pela execução sumária de Sétimo Garibaldi, ocorrida em novembro de 1998, quando do despejo de famílias de trabalhadores sem-terra que ocupavam uma fazenda em Querência do Norte, no Paraná. O Estado foi internacionalmente responsabilizado pela violação das garantias judiciais (art. 8º) e da proteção judicial (art. 25) em prejuízo dos familiares de Sétimo Garibaldi.

A Corte destacou os princípios que devem nortear as investigações de mortes violentas, os quais devem incluir a participação ativa dos familiares da vítima. Assim, o direito de acesso à justiça deve assegurar às vítimas e seus familiares, em um tempo razoável, o conhecimento da verdade sobre o ocorrido e a correspondente sanção dos responsáveis.

Para verificar a razoabilidade do prazo, a Corte utilizou-se dos quatro elementos de análise desenvolvidos em sua jurisprudência: complexidade do assunto, atividade processual do interessado, conduta das autoridades judiciais e afetação à situação jurídica dos envolvidos no processo.

Advertiu a Corte que não se tratava de uma demanda complexa, eis que o assassinato de Sétimo Garibaldi, única vítima, ocorreu diante de várias testemunhas. Ademais, o crime de homicídio deve ser investigado de ofício pelo Estado. A Corte concluiu que as autoridades estatais não atuaram com a devida diligência na condução das investigações, excedendo o prazo razoável, segundo os critérios fixados.

No campo da reparação das violações de direitos humanos apuradas, a Corte Interamericana determinou ao Estado brasileiro: a) publicar a sentença no Diário Oficial, em jornal de ampla circulação nacional, em jornal de ampla circulação no Paraná e em sítios eletrônicos oficiais da União e do Estado do Paraná; b) conduzir eficazmente o inquérito e eventual processo criminal para identificar, julgar e, se for o caso, sancionar os responsáveis pela morte de Sétimo Garibaldi, bem como investigar e, se for o caso, sancionar as faltas funcionais dos agentes estatais que conduziram as investigações; c) pagar indenizações a título de danos materiais e imateriais aos familiares de Sétimo Garibaldi; e d) efetuar o reembolso de custas e gastos.

Com o intuito de supervisionar o cumprimento da sentença, a Corte Interamericana emitiu duas resoluções[74]. A Corte declarou o cumprimento total das medidas afetas às publicações e aos pagamentos das indenizações e do reembolso de custas e gastos.

---

74. Corte IDH, Garibaldi vs. Brasil, Supervisión de Cumplimiento de Sentencia, Resolución de lª Corte Interamericana de Derechos Humanos de 22 de febrero de 2011; Corte IDH, Garibaldi vs. Brasil, Supervisión de Cumplimiento de Sentencia, Resolución de lª Corte Interamericana de Derechos Humanos de 20 de febrero de 2012.

Em relação ao dever de investigar, processar, julgar e punir os responsáveis, o Estado brasileiro informou que o inquérito policial teria tramitado e diferentes diligências teriam sido solicitadas pelo Ministério Público. Foram tomadas declarações de quatro testemunhas e um suposto responsável e oferecida denúncia em face de Morival Favoreto. A Corte segue no monitoramento do cumprimento deste ponto.

Diferente foi o resultado das medidas empreendidas pelo Estado para investigar eventuais faltas funcionais de autoridades a cargo das investigações. A Corregedoria Geral da Polícia no Estado do Paraná, a Corregedoria Geral do Ministério Público do Estado do Paraná, a Corregedoria Nacional do Conselho Nacional do Ministério Público e a Corregedoria Geral de Justiça do Estado do Paraná instauraram investigações administrativas. Todas foram arquivadas por ausência de provas e/ou de faltas e infrações disciplinares.

Para a Corte Interamericana, o Estado realizou as investigações administrativas nos termos ordenados pela sentença, chegando a conclusões motivadas que conduziram aos arquivamentos. Logo, decidiu não continuar com a supervisão do cumprimento quanto a este ponto, encerrando-a.

No **caso Gomes Lund e outros**, em sentença proferida em 24 de novembro de 2010, a Corte Interamericana condenou o Brasil em virtude do desaparecimento de integrantes da guerrilha do Araguaia durante as operações militares ocorridas na década de 1970. O caso foi submetido à Corte pela Comissão Interamericana, ao reconhecer que o caso "representava uma oportunidade importante para consolidar a jurisprudência interamericana sobre leis de anistia em relação aos desaparecimentos forçados e às execuções extrajudiciais, com a consequente obrigação dos Estados de assegurar o conhecimento da verdade, bem como de investigar, processar e punir graves violações de direitos humanos".

O Estado brasileiro foi internacionalmente responsabilizado pelo desaparecimento forçado das vítimas, em violação aos direitos à personalidade jurídica (art. 3), à vida (art. 4), à integridade pessoal (art. 5) e à liberdade pessoal (art. 7), bem como pela violação ao dever de adotar disposições de direito interno (art. 2), às garantias judiciais (art. 8), à proteção judicial (art. 25), à liberdade de pensamento e de expressão (art. 13) e à integridade pessoal (art. 5), em prejuízo dos familiares as vítimas desaparecidas.

Em sua histórica sentença, a Corte realçou que as disposições da lei de anistia de 1979 são manifestamente incompatíveis com a Convenção Americana, carecem de efeitos jurídicos e não podem seguir representando um obstáculo para a investigação de graves violações de direitos humanos, nem para a identificação e punição dos responsáveis. Enfatizou a Corte que leis de anistia relativas a graves violações de direitos humanos são incompatíveis com o Direito Internacional e as obrigações jurídicas internacionais contraídas pelos Estados. Respaldou sua argumentação em vasta e sólida jurisprudência produzida por órgãos das Nações Unidas e pelo sistema interamericano, destacando também decisões judiciais emblemáticas invalidando leis de anistia na Argentina, no Chile, no Peru, no Uruguai e na Colômbia. A conclusão é uma só: as leis de anistia violam o dever internacional do Estado de investigar e punir graves violações a direitos humanos[75].

Ineditamente, em 18 de novembro de 2011, foi adotada a Lei n. 12.528, que institui a Comissão Nacional da Verdade, com a finalidade de examinar e esclarecer as graves violações de direitos humanos praticadas durante o regime militar, a fim de efetivar o *"direito à memória e à verdade e promover a reconciliação nacional"*. O Programa Nacional de Direitos Humanos III, lançado em 21 de dezembro de 2009, já previa a Comissão Nacional de Verdade, com o objetivo de resgatar as informações relativas ao período da repressão militar[76]. O direito à verdade apresenta uma dupla dimensão: individual e coletiva. Individual ao conferir aos familiares de vítimas de graves violações o direito à informação sobre o ocorrido, permitindo-lhes o direito a honrar os seus entes queridos, celebrando o direito ao luto. Coletivo ao assegurar à sociedade em geral o direito à construção da memória e identidade coletivas, cumprindo um papel preventivo, ao confiar às gerações futuras a responsabilidade de prevenir a ocorrência de tais práticas. Em 18 de novembro de 2011, foi também adotada a lei que garante o acesso à informação, sob o lema de que a publicidade é a regra, sendo o sigilo a exceção. Com efeito, no regime democrático a regra é assegurar a disponibilidade das informações com base no princípio da máxima divulgação das informações; a exceção é o sigilo e o segredo. As limitações ao direito de acesso à informação devem se mostrar necessárias em uma sociedade

---

75. Caso Gomes Lund y otros (Guerrilha do Araguaia) vs. Brasil, Excepciones Preliminares, Fondo, Reparaciones y Costas. Sentencia de 24 de noviembre de 2010, Serie C n. 219. Sentença em versão português. Disponível em: http://www.corteidh.or.cr/docs/casos/articulos/seriec_219_por.doc.

76. Contudo, tal proposta foi alvo de acirradas polêmicas, controvérsias e tensões políticas entre o Ministério da Defesa — que a acusava de "revanchista" — e a Secretaria Especial de Direitos Humanos e o Ministério da Justiça — que a defendiam em nome do direito à memória e à verdade —, culminando, inclusive, com a exoneração do general chefe do departamento do Exército, por ter se referido à "comissão da calúnia".

democrática para satisfazer um interesse público imperativo. No atual contexto brasileiro, o interesse público imperativo não é o sigilo eterno de documentos públicos, mas, ao contrário, o amplo e livre acesso aos arquivos. O direito ao acesso à informação é condição para o exercício de demais direitos humanos, como o direito à verdade e o direito à justiça, sobretudo em casos de graves violações de direitos humanos perpetradas em regimes autoritários do passado.

Como concluía em 2010 Anthony Pereira, "a justiça de transição no Brasil foi mínima. Nenhuma Comissão de Verdade foi (ainda) instalada, nenhum dirigente do regime militar foi levado a julgamento e não houve reformas significativas nas Forças Armadas ou no poder Judiciário"[77]. No Brasil tão somente havia sido contemplado o direito à reparação, com o pagamento de indenização aos familiares dos desaparecidos políticos, nos termos da Lei n. 9.140/95. Este quadro começa a se transformar no final de 2011, em decorrência do impacto da sentença da Corte Interamericana no caso Gomes Lund *versus* Brasil. Ao endossar a relevante jurisprudência internacional sobre a matéria, a inédita decisão da Corte Interamericana irradia extraordinário impacto na experiência brasileira. Traduz a força catalisadora de avançar na garantia dos direitos à verdade e à justiça. De um lado, contribui para o fortalecimento da Comissão Nacional da Verdade, com a finalidade de resgatar as informações relativas ao período da repressão militar, em defesa do direito à memória coletiva. De outro lado, contribui para o direito à justiça, combatendo a impunidade de graves violações de direitos humanos, que alimenta um continuísmo autoritário na arena democrática.

Direito à verdade e direito à informação simbolizam um avanço extraordinário ao fortalecimento do Estado de Direito, da democracia e dos direitos humanos no Brasil. São instrumentos capazes de transformar a dinâmica de poder dos atores sociais, revelando o sentido do presente e sua relação com o passado. Esses avanços da justiça de transição são reflexo do impacto da jurisprudência da Corte Interamericana na experiência brasileira.

No que tange à implementação da sentença, a Corte Interamericana publicou uma resolução de supervisão de cumprimento[78]. O Estado brasileiro cumpriu integralmente os pontos resolutivos relativos às publicações

---

77. Anthony Pereira, *Political (In)justice: Authoritarianism and the Rule of Law in Brazil, Chile, and Argentina*, 2010, p. 172.

78. Corte IDH, Gomes Lund y otros "Guerrilha do Araguaia" *vs.* Brasil, Supervisión de Cumplimiento de Sentencia, Resolución de la Corte Interamericana de Derechos Humanos de 17 de octubre de 2014.

da sentença e à solicitação de indenização por parte de alguns familiares. A Corte valorou positivamente as iniciativas tomadas pelo Brasil a respeito da Comissão Nacional da Verdade. Contudo, apontou que a interpretação e a aplicação da Lei de Anistia em determinadas decisões judiciais continuam sendo um obstáculo para a investigação dos fatos do presente caso.

A Corte Interamericana segue supervisionando o cumprimento das medidas de reparação pendentes de implementação, quais sejam: a) conduzir a investigação penal dos fatos perante a jurisdição ordinária; b) realizar os esforços para determinar o paradeiro das vítimas desaparecidas, identificar e entregar seus restos mortais a seus familiares; c) oferecer o tratamento médico e psicológico ou psiquiátrico que as vítimas requeiram; d) realizar um ato público de reconhecimento de responsabilidade internacional; e) continuar com as ações desenvolvidas em matéria de capacitação e implementar, em um prazo razoável, um programa ou curso permanente e obrigatório sobre direitos humanos, dirigido a todos os níveis hierárquicos das Forças Armadas; f) adotar, em um prazo razoável, as medidas que sejam necessárias para tipificar o delito de desaparecimento forçado de pessoas; g) continuar desenvolvendo as iniciativas de busca, sistematização e publicação de toda a informação sobre a Guerrilha do Araguaia, assim como da informação relativa a violações de direitos humanos ocorridas durante o regime militar; h) pagar as quantias fixadas a título de indenização por dano material, dano imaterial e por restituição de custas e gastos; e i) realizar uma convocatória para que os familiares de algumas das pessoas desaparecidas aportem prova suficiente que permita ao Estado identificá-los e, conforme o caso, considerá-los vítimas.

Em 20 de outubro de 2016, no **caso Trabalhadores da Fazenda Brasil Verde**, a Corte Interamericana responsabilizou o Estado brasileiro por violação ao direito a não ser submetido à escravidão (art. 6), às garantias judiciais de devida diligência e ao direito à proteção judicial (arts. 8 e 25), em virtude de trabalho escravo envolvendo 128 trabalhadores em fazenda no Pará. Trata-se do primeiro caso contencioso perante a Corte Interamericana concernente à proibição do trabalho escravo e que envolveu a análise substantiva do art. 6.1 da Convenção Americana.

Sustentou a Corte que a violação ocorreu no marco de uma situação de discriminação estrutural histórica, em razão da posição econômica, decorrente da pobreza e elevada concentração de propriedade de terras. Endossou ser o direito a não ser submetido à escravidão um direito absoluto e inderrogável, não permitindo qualquer flexibilização ou relativização, integrando, ademais, o *jus cogens* internacional.

A partir de uma interpretação dinâmica e evolutiva, ressaltou o conceito contemporâneo de escravidão, a compreender o estado ou condição de um indivíduo em que se constate o exercício de algum dos atributos do direito de propriedade, culminando com a perda substantiva de autonomia, que nega ao indivíduo a condição plena de sujeito de direito. Para a Corte, "o direito a não ser submetido à escravidão, servidão, trabalho forçado ou tráfico de pessoas possui um caráter essencial à Convenção Americana (...). Tal garantia forma parte do núcleo inderrogável de direitos, pois não pode ser suspensa em nenhuma circunstância. A proibição da escravidão é considerada norma imperativa do Direito Internacional (*jus cogens*) e implica em obrigações *erga omnes*"[79].

No aspecto fático, a Corte Interamericana avaliou que os trabalhadores estiveram impossibilitados de sair da situação de escravidão em razão da presença de guardas armados, da restrição de saída da fazenda sem o pagamento das dívidas adquiridas, da coação física e psicológica e do medo de represálias. As condições se agravavam devido à vulnerabilidade dos trabalhadores, em sua maioria analfabetos e provenientes de uma região bastante pobre do país.

No que se refere à violação das garantias judiciais e da proteção judicial, houve duas fiscalizações por parte do Ministério Público do Trabalho, em 1997 e 2000. Em ambas as ocasiões, trabalhadores foram resgatados. Tais fiscalizações foram seguidas da propositura de ações cíveis e criminais. Segundo a Corte, recaía sobre o Estado um dever especial de devida diligência em virtude da situação de extrema vulnerabilidade econômica das vítimas. Porém, nenhum dos responsáveis chegou a ser punido, sendo que os procedimentos e processos instaurados não consistiram em meios idôneos para remediar as violações de direitos humanos.

A Corte Interamericana determinou ao Estado: a) reiniciar as investigações e/ou processos penais relacionados aos fatos para, em um prazo razoável, identificar, processar e, se for o caso, punir os responsáveis; b) publicar a sentença e/ou o resumo oficial no Diário Oficial, em jornal de ampla circulação nacional e em sítio eletrônico oficial; c) garantir que a prescrição não seja aplicada ao crime de escravidão e suas formas análogas; e d) pagar os valores a título de indenização por dano imaterial e reembolso de custas e gastos.

---

79. Caso Trabajadores de la Hacienda Brasil Verde *vs.* Brasil, Excepciones Preliminares, Fondo, Reparaciones y Costas. Sentencia de 20 de octubre de 2016, Serie C n. 318.

No âmbito da supervisão de cumprimento de sentença, a Corte Interamericana publicou duas resoluções[80]. Declarou o cumprimento total das medidas relativas às publicações e ao reembolso das custas e gastos. Quanto ao pagamento das indenizações, a Corte identificou que o Estado brasileiro deu cumprimento parcial à medida, tendo indenizado 72 vítimas, estando pendente o pagamento de 56 vítimas ou seus sucessores. A Corte também reconheceu os esforços empreendidos pelo Estado para localizar muitas das vítimas e obter seus dados pessoais, como a criação de um banco de dados com vistas ao cruzamento de informações disponíveis em órgãos estatais, o envio de cartas e a publicação de intimações no Diário Oficial e em jornais de circulação regional.

Quanto à medida de reparação referente ao dever de investigar, a Corte avaliou que, após a edição da sentença interamericana, foi instaurado procedimento de investigação criminal para reiniciar as investigações, além de criada força tarefa no âmbito do Ministério Público Federal (MPF). Em setembro de 2019, o MPF ofereceu denúncia contra o proprietário e o gerente da fazenda. Em junho de 2023, o juízo de primeira instância condenou os réus à pena privativa de liberdade e ao pagamento de multa pelos crimes de redução à condição análoga à de escravo e de aliciamento de trabalhadores. Ainda não houve sentença judicial definitiva.

A Corte Interamericana salientou que, durante o curso processual doméstico, houve exercício do controle de convencionalidade por parte do Poder Judiciário, com expressa referência à jurisprudência interamericana para afastar a prescrição devido à gravidade das violações de direitos humanos. Por isso, a Corte entendeu que o Estado cumpriu parcialmente o ponto resolutivo concernente à obrigação de investigar, aguardando-se decisão criminal definitiva para que se possa avaliar o cumprimento total da medida. Decidiu a Corte manter aberto o procedimento de supervisão de cumprimento em relação a este e aos demais pontos resolutivos pendentes.

Em 16 de fevereiro de 2017, foi proferida sentença pela Corte Interamericana no **caso Favela Nova Brasília**[81], concernente às investigações de

---

80. Corte IDH, Caso Trabajadores de la Hacienda Brasil Verde *vs.* Brasil, Supervisión de Cumplimiento de Sentencia, Resolución de lª Corte Interamericana de Derechos Humanos de 22 de noviembre de 2019; Corte IDH, Caso Trabajadores de la Hacienda Brasil Verde *vs.* Brasil, Supervisión de Cumplimiento de Sentencia, Resolución de lª Corte Interamericana de Derechos Humanos de 18 de octubre de 2023.

81. Caso Favela Nova Brasília *vs.* Brasil, Excepciones Preliminares, Fondo, Reparaciones y Costas. Sentencia de 16 de febrero de 2017, Serie C n. 318.

duas incursões policiais em favela na cidade do Rio de Janeiro, nos anos 1994 e 1995, que resultaram em execução extrajudicial de 26 pessoas, inclusive seis adolescentes, e em atos de violência sexual contra três mulheres.

O Estado brasileiro foi internacionalmente responsabilizado pelas violações dos direitos às garantias judiciais de independência e imparcialidade da investigação, devida diligência e prazo razoável (art. 8), à proteção judicial (art. 25) e à integridade pessoal (art. 5), em prejuízo de 74 familiares das pessoas mortas pela Polícia Civil do Estado do Rio de Janeiro nas duas incursões e das três mulheres vítimas de estupro na incursão de 1994.

Na sequência dos fatos, foram iniciadas investigações pela Polícia Civil e por uma Comissão de Investigação Especial criada pelo governo do Estado do Rio de Janeiro, arquivadas em 2009 em virtude da prescrição. Destaca-se que as mortes foram registradas como "resistência à prisão resultante na morte dos opositores", expressão conhecida como "autos de resistência".

A Corte Interamericana concluiu que o fato de as investigações terem sido conduzidas pela mesma força policial envolvida nas graves violações teria afrontado as garantias de independência e imparcialidade. Ademais, os atos praticados pela Polícia Civil não observaram o dever de devida diligência, nem outros parâmetros internacionais de investigações de graves violações de direitos humanos. A inação das autoridades estatais conduziu à demora excessiva dos procedimentos, o que resultou na prescrição, gerando uma situação de incerteza em relação aos responsáveis, restando caracterizada a denegação de justiça às vítimas e seus familiares.

Especificamente quanto às três mulheres vítimas de estupro, a Corte destacou a falta de devida diligência na condução das investigações, aliada à constatação de que intervieram no processo apenas como testemunhas, e não como vítimas, além de não terem recebido qualquer tipo de reparação. Para a Corte Interamericana, as violações às garantias judiciais e à proteção judicial foram acompanhadas da violação aos arts. 1, 6 e 8 da Convenção Interamericana para Prevenir e Punir a Tortura, e ao art. 7 da Convenção Interamericana para Prevenir, Punir e Erradicar a Violência contra a Mulher (Convenção de Belém do Pará), em decorrência da completa falta de atuação estatal a respeito dos estupros e possíveis atos de tortura. Ainda, o sofrimento, a angústia e a insegurança resultantes da falta de investigação também implicaram violação à integridade pessoal das três vítimas.

No que tange ao direito à integridade pessoal das demais vítimas, a Corte o considerou violado porque alguns dos familiares padeceram de profundo sofrimento e angústia, em detrimento de sua integridade psíquica e moral, como consequência da falta de investigação, julgamento e punição dos responsáveis pelas mortes.

No campo das reparações, a Corte Interamericana determinou ao Estado brasileiro: a) conduzir uma investigação sobre os fatos de 1994 e iniciar ou reativar uma investigação em relação às mortes ocorridas em 1995, além de avaliar a possibilidade de instauração de Incidente de Deslocamento de Competência; b) iniciar uma investigação eficaz sobre os fatos de violência sexual; c) oferecer o tratamento psicológico e psiquiátrico de que as vítimas necessitem; d) publicar a sentença e/ou seu resumo oficial no Diário Oficial, em um jornal de ampla circulação nacional, em páginas eletrônicas oficiais do governo federal, do governo do Rio de Janeiro e da Polícia Civil do Estado do Rio de Janeiro; utilizar-se das contas das redes sociais Twitter e Facebook dos respectivos órgãos para promover, semanalmente e durante um ano, a página eletrônica em que figure a sentença e/ou seu resumo; e) realizar um ato de reconhecimento público de responsabilidade internacional, durante o qual deverão ser inauguradas duas placas em memórias das vítimas, na praça principal da Favela Nova Brasília; f) publicar anualmente um relatório oficial com dados relativos às mortes ocasionadas durante operações da polícia em todos os Estados do país; g) estabelecer os mecanismos normativos necessários para que, na hipótese de supostas mortes, tortura ou violência sexual decorrentes de intervenção policial, em que policiais apareçam como possíveis acusados, delegue-se a investigação a um órgão independente e diferente da força pública envolvida no incidente, como uma autoridade judicial ou o Ministério Público; h) adotar as medidas necessárias para que o Estado do Rio de Janeiro estabeleça metas e políticas de redução de letalidade e violência policial; i) implementar um programa ou curso permanente e obrigatório sobre atendimento a mulheres vítimas de estupro, destinado a todos os níveis hierárquicos das Polícias Civil e Militar do Rio de Janeiro e a funcionários de atendimento de saúde; j) adotar as medidas necessárias para permitir às vítimas de delitos ou a seus familiares participar da investigação de delitos conduzida pela polícia ou pelo Ministério Público; k) uniformizar a expressão "lesão corporal ou homicídio decorrente de intervenção policial" nos relatórios e investigações da polícia ou do Ministério Público em casos de mortes ou lesões provocadas por ação policial; l) pagar as quantias fixadas a título de indenização por dano imaterial e pelo reembolso de custas e gastos; m) restituir ao Fundo de Assistência Jurídica às Vítimas a quantia desembolsada durante a tramitação do caso.

A Corte Interamericana expediu uma resolução sobre a restituição ao Fundo de Assistência Jurídica às Vítimas e duas resoluções de supervisão de cumprimento de sentença[82]. Declarou que o Estado cumpriu com a restituição ao Fundo de Assistência Jurídica às Vítimas e implementou totalmente as medidas afetas às publicações e ao reembolso das custas e gastos.

Reconheceu a Corte que o Estado adotou algumas medidas em prol do cumprimento da garantia de não repetição acerca da delegação da investigação a um órgão independente e diferente da força pública envolvida no incidente. Entretanto, referido ponto resolutivo encontra-se pendente de cumprimento, sobretudo por conta da falta de recursos por parte do Ministério Público para proceder às investigações e da constatação de que há contribuição de órgãos policiais às perícias realizadas por aquela instituição.

Quanto às indenizações, a Corte aduziu que o Estado cumpriu parcialmente a medida de reparação, haja vista que efetuou os pagamentos a 61 vítimas, estando pendentes os pagamentos a 16 vítimas. O Estado realizou diferentes ações para localização das vítimas, como buscas ativas e a publicação de convocatória em jornal de relevante circulação.

A Corte Interamericana solicitou informações específicas ao Estado e manteve aberto o procedimento de supervisão de cumprimento quanto às medidas de reparação pendentes.

Ressalte-se que, na audiência de supervisão de cumprimento realizada em 20 de agosto de 2021, a Corte tomou em conta considerações apresentadas pelo CNJ e pelo Conselho Nacional do Ministério Público como "outra[s] fonte[s] de informação", (art. 69.2 do Regulamento da Corte). O CNJ comprometeu-se a desenvolver um mapeamento nacional sobre a existência de órgãos de perícia técnicos independentes da Polícia Civil, com o intuito de propor reformas estruturais para garantir a independência pericial.

Em 5 de fevereiro de 2018, no **caso do Povo Indígena Xucuru e seus membros**, a Corte Interamericana declarou o Estado Brasileiro internacionalmente responsável pela violação do direito à garantia judicial de prazo

---

82. Corte IDH, Caso Favela Nova Brasília *vs.* Brasil, Restitución al Fondo de Asistencia Legal a las Víctimas, Resolución de 30 de mayo de 2018; Corte IDH, Caso Favela Nova Brasília *vs.* Brasil, Supervisión de Cumplimiento de Sentencia, Resolución de Iª Corte Interamericana de Derechos Humanos de 07 de octubre de 2019; Corte IDH, Caso Favela Nova Brasília *vs.* Brasil, Supervisión de Cumplimiento de Sentencia, Resolución de Iª Corte Interamericana de Derechos Humanos de 25 de noviembre de 2021.

razoável, previsto no art. 8 da Convenção Americana, bem como pela violação dos direitos de proteção judicial e à propriedade coletiva, previstos nos arts. 25 e 21[83], no âmbito dos processos de titulação, demarcação e desintrusão do território do Povo Indígena Xucuru.

O Povo Indígena Xucuru é constituído por aproximadamente 2.300 famílias e 7.700 indígenas distribuídos em 24 comunidades, possuindo seu território 27.555 hectares de extensão, no município de Pesqueira, em Pernambuco.

O processo de reconhecimento, titulação e demarcação do território Xucuru foi iniciado em 1989. Em 2001, o Presidente da República homologou a demarcação do território por meio de Decreto publicado no Diário Oficial. Em 2005, foi executada a titulação do território como propriedade da União para posse permanente do Povo Indígena Xucuru. O processo de regularização das terras foi concluído em 2007, resultando em 624 áreas cadastradas, e o procedimento de pagamento de indenizações por benfeitorias de boa-fé encerrou-se em 2013, concluindo-se a indenização de 523 das 624 áreas cadastradas ocupadas por não indígenas.

Houve a propositura de ação de reintegração de posse a respeito de uma fazenda localizada no território indígena, bem como de ação ordinária solicitando a anulação do processo administrativo de cinco imóveis, todos situados na terra indígena Xucuru. Os processos judiciais estavam pendentes quando do proferimento da sentença internacional.

No mérito, a Corte Interamericana afirmou que a Constituição Federal brasileira e a jurisprudência do Supremo Tribunal Federal conferem prevalência ao direito de propriedade coletiva dos povos indígenas ou comunidades tradicionais em relação ao direito à propriedade privada, considerando a posse histórica e os laços tradicionais com o território. Portanto, os direitos dos povos indígenas ou originários prevalecem frente a terceiros de boa-fé e ocupantes não indígenas. Dessa forma, a análise centrou-se em constatar se as ações executadas pelo Estado no caso concreto foram efetivas para garantir tal reconhecimento de direitos, bem como qual o impacto da demora dos processos.

---

83. Caso do Povo Indígena Xucuru e seus membros vs. Brasil, Exceções Preliminares, Mérito, Reparações e Custas. Sentença de 5 de fevereiro de 2018, Série C n. 346. Note-se que, em fevereiro de 2020, o Estado efetuou o pagamento de indenização no valor correspondente a um milhão de reais à Associação Xucuru. A respeito, ver CIMI, *Povo Xucuru recebe indenização do governo após sentença da CIDH que condenou o Estado por violações de direitos humanos*, 11 de fevereiro de 2020.

Para a Corte Interamericana, houve demora excessiva tanto no processo administrativo de homologação e titulação do território Xucuru quanto para a realização da desintrusão. Apesar do reconhecimento formal da propriedade coletiva ter ocorrido em novembro de 2005, a Corte reconheceu que não havia segurança jurídica sobre o direito à totalidade do território. Tal cenário de insegurança foi agravado pela demora excessiva no processamento das ações judiciais propostas por terceiros não indígenas. Portanto, concluiu a Corte que houve violação aos arts. 8.1, 25 e 21 da Convenção Americana.

Quanto às reparações, a Corte Interamericana determinou ao Estado brasileiro: a) garantir o direito de propriedade coletiva do Povo Indígena Xucuru sobre seu território, de modo que não sofram nenhuma invasão, interferência ou dano, por parte de terceiros ou agentes do Estado; b) concluir o processo de desintrusão do território indígena Xucuru, com extrema diligência, efetuar os pagamentos das indenizações por benfeitorias de boa-fé pendentes e remover qualquer tipo de obstáculo ou interferência sobre o território em questão, de modo a garantir o domínio pleno e efetivo do povo Xucuru sobre seu território; c) publicar a sentença e/ou seu resumo oficial no Diário Oficial e em página eletrônica oficial do Estado; e d) pagar as quantias fixadas a título de custas e indenizações por dano imaterial.

Para supervisionar o cumprimento da sentença, a Corte publicou duas resoluções[84]. Declarou o cumprimento total das medidas de divulgação e publicação da sentença e manteve aberto o procedimento de supervisão em relação às outras medidas.

Observe-se que a sentença ordenou ao Estado a criação de um fundo de desenvolvimento comunitário como compensação pelo dano imaterial sofrido pelo Povo Indígena Xucuru, fixando-se o montante de US$ 1.000.000,00 (um milhão de dólares dos Estados Unidos da América). Após reuniões entre o Estado brasileiro e integrantes do Povo Indígena Xucuru, ambas as partes concordaram que a reparação seria cumprida sem a constituição de um fundo, mas por meio de um pagamento direto à Associação da Comunidade Indígena Xucuru. A Corte concordou que a reparação seja executada nos termos propostos pelas partes, que assinaram um acordo de

---

84. Corte IDH, Caso del Pueblo Indígena Xucuru y sus miembros *vs.* Brasil, Supervisión de Cumplimiento de Sentencia, Resolución de lª Corte Interamericana de Derechos Humanos de 22 de noviembre de 2019; Corte IDH, Caso del Pueblo Indígena Xucuru y sus miembros *vs.* Brasil, Supervisión de Cumplimiento de Sentencia, Resolución de lª Corte Interamericana de Derechos Humanos de 26 de junio de 2023.

cumprimento de sentença afeto a este ponto resolutivo, e segue monitorando a implementação da medida.

Em janeiro de 2020, o Estado brasileiro efetuou o pagamento integral do valor indicado na sentença. Tanto o Estado quanto os membros da Associação da Comunidade Indígena Xucuru concordaram com o destino dos fundos que foi detalhado em plano de atividades aprovado pelas partes. A Corte indicou que a fruição da indenização não deve ser obstaculizada pela imposição de formalidades excessivas à Comunidade, como a prestação de contas ou a fiscalização estatal, cláusulas estas previstas no acordo. De todo modo, a Corte Interamericana considerou que o Brasil cumpriu integralmente a medida de reparação relativa ao pagamento de indenização, além do pagamento a título do reembolso de custas. A Corte segue com a supervisão de cumprimento de sentença quanto aos demais pontos resolutivos.

Em 15 de março de 2018, no **caso Herzog e outros**[85], a Corte Interamericana declarou responsável o Estado Brasileiro pela violação dos direitos às garantias judiciais, à proteção judicial e à integridade pessoal, previstos nos arts. 8, 25 e 5 da Convenção Americana, e dos arts. 1, 6 e 8 da Convenção Interamericana para Prevenir e Punir a Tortura, com relação aos familiares da vítima Vladimir Herzog. Tais violações resultaram da falta de investigação, julgamento e punição dos responsáveis pela tortura e pelo assassinato de Vladimir Herzog, cometidos no contexto ditatorial. Uma vez mais, a Corte considerou a Lei de Anistia (Lei n. 6.683/79) incompatível com a Convenção Americana, endossando o direito à verdade, com o necessário esclarecimento dos fatos violatórios do caso, bem como o direito à justiça, com a necessária apuração das responsabilidades individuais relativamente às violações perpetradas.

Em outubro de 1975, Vladimir Herzog foi intimado por membros do DOI/CODI a prestar depoimento na sede do órgão. Durante o interrogatório, foi torturado e, posteriormente, assassinado pelos agentes. Contudo, a versão publicizada pelo Estado foi a de que Vladimir Herzog teria se suicidado.

Após os fatos, os familiares de Vladimir Herzog propuseram uma ação judicial com vistas à declaração de responsabilidade da União Federal pela detenção arbitrária, tortura e morte. Embora em sede recursal se tenha reconhecido que a União tinha a obrigação de indenizar os familiares pelos

---

85. Caso Herzog e outros *vs.* Brasil, Exceções Preliminares, Mérito, Reparações e Custas. Sentença de 15 de março de 2018, Série C n. 353.

danos decorrentes da morte, o processo foi encerrado em 1995, diante do entendimento de que a ação declaratória não era a via adequada.

No início da década de 90, o Ministério Público solicitou a abertura de uma investigação diante da informação pública de que um capitão do Exército teria sido o único responsável pelo interrogatório de Vladimir Herzog. A solicitação foi arquivada devido à incidência da Lei de Anistia.

Na esfera administrativa, o Estado brasileiro criou a Comissão Especial de Mortos e Desaparecidos Políticos, que publicou, em 2007, o livro "Direito à Memória e à Verdade", no qual se concluiu que Vladimir Herzog fora torturado e assassinado pelo DOI/CODI. Iniciaram-se investigações e foi oferecida uma denúncia em relação aos fatos do caso. Novamente, o processo foi arquivado sob os argumentos de coisa julgada material, inexistência do tipo penal de crimes de contra a humanidade na legislação brasileira e prescrição da ação penal.

Em 2011, foi criada a Comissão Nacional da Verdade (CNV), com a finalidade de esclarecer graves violações de direitos humanos praticadas entre 18 de setembro de 1946 e 5 de outubro de 1988. A CNV solicitou a retificação da *causa mortis* registrada no atestado de óbito de Vladimir Herzog. Assim, em 2013, o juiz interveniente ordenou que constasse que a morte ocorrera em consequência de lesões e maus-tratos sofridos no DOI/CODI.

Além dessas medidas, a Corte Interamericana levou em consideração que o Estado brasileiro reconheceu sua responsabilidade pela detenção arbitrária, tortura e assassinato de Vladimir Herzog, conforme apresentado no escrito de contestação. Portanto, a análise de mérito centrou-se na possibilidade de indiciamento dos responsáveis e na aplicação da categoria de crimes contra a humanidade em 1975 e de figuras como a Lei de Anistia brasileira, a prescrição, o princípio de *ne bis in idem* e a coisa julgada.

À luz dos parâmetros do Direito Internacional, entendeu a Corte que, à época dos fatos, já estava consolidado o caráter *jus cogens* da proibição da tortura e de outros crimes contra a humanidade, bem como a imprescritibilidade de tais delitos já era revestida da natureza de costume internacional. Como os atos perpetrados contra Vladimir Herzog estiveram inseridos em um contexto de ataque sistemático e generalizado contra a população civil, no contexto ditatorial, a Corte Interamericana concluiu tratar-se de crimes contra a humanidade, incidindo o regime jurídico que não autoriza a aplicação de prescrição, do princípio *ne bis in idem*, de leis de anistia ou de qualquer disposição análoga ou excludente de responsabilidade.

Além do descumprimento da obrigação de investigar, processar, julgar e punir os responsáveis pelas violações de direitos humanos, a Corte atribuiu responsabilidade ao Estado pela violação do direito dos familiares de Vladmir Herzog de conhecer a verdade, em virtude da falta de esclarecimento judicial dos fatos e da negativa do Exército de fornecer informação e conceder acesso aos arquivos da época. A difusão de versão falsa dos fatos e os esforços infrutíferos de reivindicação judicial também geraram angústia, frustração e sofrimento aos familiares, em vulneração ao direito à integridade pessoal.

Na esfera das reparações, a Corte determinou ao Estado brasileiro: a) reiniciar a investigação e o processo penal cabíveis para identificar, processar e, caso seja pertinente, punir os responsáveis pela tortura e morte de Vladimir Herzog, em atenção ao caráter de crime contra a humanidade desses fatos e às respectivas consequências jurídicas para o direito internacional; b) adotar as medidas mais idôneas para que se reconheça a imprescritibilidade das ações emergentes de crimes contra a humanidade e internacionais; c) realizar um ato público de reconhecimento de responsabilidade internacional pelos fatos do presente caso; d) publicar a sentença e/ou seu resumo oficial no Diário Oficial, em jornal de grande circulação nacional, nas páginas eletrônicas oficiais dos órgãos, além da divulgação semanal, por um ano, nas redes sociais oficiais; e) pagar os montantes fixados a título de indenização por danos materiais e imateriais e de reembolso de custas e gastos; e f) reembolsar o Fundo de Assistência Jurídica às Vítimas.

A Corte Interamericana publicou uma resolução de supervisão de cumprimento de sentença[86]. Constatou que não houve avanços na reabertura das investigações e do processo penal. A posição do Estado brasileiro de não dar cumprimento a essa obrigação por razões de direito interno foi avaliada como um desacato à ordem da Corte, em ofensa aos arts. 67 e 68 da Convenção Americana. Esclareceu a Corte que o dever de implementar uma sentença internacional não está sujeito a condições, sobretudo porque a sentença é definitiva e inapelável, recaindo sobre os Estados a obrigação de cumpri-la com base no princípio da boa-fé (*pacta sunt servanda*) e no exercício do controle de convencionalidade. A impunidade dos fatos estaria, portanto, perpetuando-se no tempo.

Ainda segundo a resolução, o Estado brasileiro não teria adotado medidas para impulsionar o andamento dos projetos de lei em tramitação que

---

[86]. Corte IDH, Caso Herzog y otros *vs.* Brasil, Supervisión de Cumplimiento de Sentencia, Resolución de lª Corte Interamericana de Derechos Humanos de 30 de abril de 2021.

visam à imprescritibilidade dos crimes contra a humanidade. Também não houve seguimento à realização do ato de reconhecimento de responsabilidade internacional, tampouco o reembolso ao Fundo de Assistência. O Estado cumpriu parcialmente a medida referente às publicações da sentença e de seu resumo oficial e efetuou o pagamento das custas e gastos, estando pendente o pagamento das indenizações. A Corte Interamericana segue monitorando a implementação da sentença.

Em 15 de julho de 2020, no **caso Empregados da Fábrica de Fogos de Santo Antônio de Jesus e seus familiares**[87], a Corte Interamericana responsabilizou o Estado brasileiro pelas violações aos direitos à vida (art. 4), à integridade pessoal (art. 5), aos direitos da criança (art. 19), à igual proteção da lei (art. 24), à proibição da discriminação e ao trabalho (art. 26), às garantias judiciais (art. 8º) e à proteção judicial (art. 25). Esta foi a primeira vez em que o Brasil foi condenado por violar o art. 26 da Convenção Americana, referente ao dever de adotar medidas com vistas ao desenvolvimento progressivo dos direitos econômicos, sociais e culturais.

O caso envolve a explosão de fábrica de fogos de artifício situada no município de Santo Antônio de Jesus, Estado da Bahia, em 11 de dezembro de 1998, que resultou na morte de 60 pessoas (59 mulheres – das quais quatro estavam grávidas e 19 eram meninas – e um menino) e em lesões graves a seis vítimas sobreviventes. A Corte também considerou como vítimas 100 familiares das pessoas falecidas e sobreviventes.

A decisão ressaltou a discriminação estrutural de raça e gênero, bem como a situação de extrema vulnerabilidade social e econômica das vítimas como violações a direitos humanos, sob a perspectiva interseccional. Isso porque a maioria dos trabalhadores da fábrica eram mulheres afrodescendentes que viviam em condições de pobreza e possuíam baixo nível de escolaridade, além de crianças. Apesar da periculosidade e dos riscos inerentes à atividade desempenhada, a fábrica não oferecia treinamento e tampouco equipamento de proteção. Note-se que a produção de fogos de artifício é uma atividade controlada pelo Exército Brasileiro, que emitiu autorização para funcionamento da fábrica. Na hipótese, contudo, não houve qualquer fiscalização por parte das autoridades estatais quanto às condições de trabalho.

---

87. Caso Empregados da Fábrica de Fogos de Santo Antônio de Jesus e seus familiares vs. Brasil, Exceções Preliminares, Mérito, Reparações e Custas. Sentença de 15 de julho de 2020, Série C, n. 407.

Após a explosão, foram iniciados um processo penal e um processo administrativo, bem como vários processos cíveis e trabalhistas. Foram concluídos o processo administrativo e alguns processos nas esferas civil e trabalhista, mas não se obteve a execução completa da reparação nestes últimos. Os demais processos estavam pendentes, quando da adoção da sentença da Corte.

Para a Corte Interamericana, a responsabilidade internacional do Estado decorreu da falta de supervisão e fiscalização das atividades perigosas. A conduta omissiva deu lugar à violação dos direitos à vida das 60 pessoas que faleceram e do direito à integridade pessoal das seis pessoas sobreviventes. A Corte também concluiu que era dever do Estado garantir condições equitativas e satisfatórias, que garantissem a segurança, a saúde e a higiene, prevenindo acidentes. A violação ao art. 26 foi agravada pelos padrões de discriminação estrutural a que as vítimas estavam submetidas, o que as levou a aceitar um trabalho que colocava em risco sua vida e integridade e a de seus filhos menores de idade, em clara vulneração ao art. 24.

Para decidir sobre as violações aos arts. 8 e 25, a Corte Interamericana dividiu os processos de acordo com sua natureza. Quanto às ações penais, o dever de devida diligência não foi observado, considerando a demora de mais de 20 anos sem julgamento definitivo. O mesmo ocorreu em relação às ações cíveis. Acerca dos processos trabalhistas, somente 18 anos após seu início é que se embargou um bem suficiente para a execução das sentenças, além das dificuldades no reconhecimento dos vínculos trabalhistas terem levado ao arquivamento das ações.

Por fim, entendeu a Corte que o sofrimento de que padeceram os 100 familiares por conta das violações a seus entes queridos configurou-se em violação à integridade pessoal.

No âmbito da reparação das violação de direitos humanos, a Corte determinou ao Estado brasileiro: a) dar continuidade ao processo penal em trâmite para julgar e, caso pertinente, punir os responsáveis pela explosão da fábrica de fogos; b) dar continuidade às ações cíveis de indenização por danos morais e materiais e aos processos trabalhistas ainda em tramitação; c) oferecer tratamento médico, psicológico ou psiquiátrico às vítimas que o solicitem; d) publicar a sentença e/ou seu resumo oficial no Diário Oficial, em jornal de ampla circulação nacional, em página eletrônica oficial do Estado da Bahia e do governo federal; e) produzir e divulgar material para rádio e televisão, em relação aos fatos do presente caso; f) realizar um ato público de reconhecimento de responsabilidade internacional; g) inspecionar sistemática e periodicamente os locais de produção de fogos de artifício;

h) apresentar um relatório sobre o andamento da tramitação legislativa do projeto de lei do Senado Federal PLS 7.433/2017, que dispõe sobre a fabricação, o comércio e o uso de fogos de artifício; i) elaborar e executar um programa de desenvolvimento socioeconômico, em consulta com as vítimas e seus familiares, com o objetivo de promover a inserção de trabalhadoras e trabalhadores dedicados à fabricação de fogos de artifício em outros mercados de trabalho e possibilitar a criação de alternativas econômicas; j) apresentar um relatório sobre a aplicação das Diretrizes Nacionais sobre Empresas e Direitos Humanos; e k) pagar as quantias fixadas a título de indenizações por dano material, dano imaterial, além de custas e gastos.

Destaca-se que foram inéditas as considerações da Corte sobre a temática de direitos humanos e empresas em relação ao Brasil, principalmente com base nos Princípios Orientadores das Nações Unidas[88]. Destaque-se que o juiz Eduardo Ferrer Mac-Gregor Poisot submeteu à Corte um voto fundamentado para elucidar aspectos como a obrigação de garantia estatal frente à ação de particulares e o direito à igualdade material ou substancial das vítimas da explosão da fábrica de fogos. O magistrado também avaliou a pobreza como parte da condição econômica e da discriminação estrutural e interseccional, reconhecendo o aperfeiçoamento da jurisprudência da Corte desde a sentença do caso Trabalhadores da Fazenda Brasil Verde. Em síntese, enquanto naquele a análise da discriminação centrou-se unicamente na posição econômica das vítimas, no presente caso, agrega-se o enfoque interseccional.

Em 7 de setembro de 2021, no **caso Barbosa de Souza e outros**, a Corte Interamericana reconheceu a responsabilidade internacional do Estado brasileiro por violação às garantias judiciais (art. 8), à igualdade perante a lei (art. 24) e à proteção judicial (art. 25), em relação à obrigação de atuar com a devida diligência para prevenir, investigar e sancionar a violência contra a mulher (art. 7 da Convenção de Belém do Pará) e à integridade pessoal (art. 5 da Convenção Americana), em prejuízo de M.B.S. e de S.R.S., mãe e pai de Marcia Barbosa de Souza.[89]

Marcia Barbosa de Souza, estudante afrodescendente de 20 anos de idade, foi assassinada pelo então deputado estadual Aércio Pereira de Lima,

---

88. ONU. Conselho de Direitos Humanos. *Princípios Orientadores das Nações Unidas sobre Empresas e Direitos Humanos*, UN Doc. A/HRC/17/31, 16 de junho de 2011.

89. Caso Barbosa de Souza e outros *vs.* Brasil, Exceções Preliminares, Mérito, Reparações e Custas. Sentença de 7 de setembro de 2021.

em João Pessoa, Estado da Paraíba, em 18 de junho de 1998. Embora as investigações tenham iniciado de imediato, o processo penal em face de Aércio Pereira de Lima foi instaurado apenas em 2003, em virtude da aplicação da imunidade parlamentar. Esta foi a primeira oportunidade em que a Corte Interamericana se pronunciou a respeito do instituto da imunidade parlamentar, que teria provocado um atraso de caráter discriminatório no processo penal, resultando em violação à garantia de prazo razoável e em denegação de justiça.

Em setembro de 2007, Aércio Pereira de Lima foi condenado a 16 anos de prisão por homicídio e ocultação de cadáver. Entretanto, faleceu em 12 de fevereiro de 2008, extinguindo-se a punibilidade e arquivando-se o caso.

Na época dos fatos, a Constituição Federal dispunha que, para que um parlamentar fosse processado criminalmente, era necessária a licença prévia por parte da casa legislativa. No caso, a Assembleia Legislativa do Estado da Paraíba negou-se, por duas vezes, a conceder a licença prévia. O procedimento teve uma série de irregularidades, e a negativa acarretou o atraso em quase cinco anos para o início da ação penal.

Para a Corte Interamericana, a imunidade parlamentar objetiva garantir a independência do órgão legislativo e não pode transformar-se em privilégio pessoal do detentor do mandato eletivo. Na hipótese, a decisão sobre a aplicação ou o levantamento da imunidade parlamentar deveria ter observado determinados critérios: (i) seguir um procedimento célere e previsto em lei ou ato normativo, (ii) incluir um teste de proporcionalidade e as consequências de se impedir o processamento de um crime e (iii) ser motivada.

A Corte concluiu que a negativa de levantamento da imunidade parlamentar acarretou a impunidade do homicídio de Marcia Barbosa de Souza e obstaculizou arbitrariamente o acesso à justiça de seus familiares.

Quanto ao dever de devida diligência nas investigações de mortes violentas, entendeu-se que a Polícia Civil do Estado da Paraíba não adotou as medidas necessárias para apurar eventual responsabilidade de partícipes do homicídio. Ademais, a demora excessiva para se dar início à persecução criminal violou a garantia convencional de prazo razoável.

À luz dos arts. 1 e 24 da Convenção Americana e do art. 7 da Convenção de Belém do Pará, a Corte Interamericana afirmou que houve a intenção de desvalorizar Marcia Barbosa de Souza durante as investigações e a persecução criminal mediante estereótipos relacionados a aspectos de sua vida pessoal e sexualidade, em claro caráter discriminatório por razões de gênero. Ademais, para decidir sobre este ponto, a Corte Interamericana levou em consideração o contexto de violência contra a mulher existente no Brasil na data dos fatos.

A Corte também constatou que a impunidade causou profundo sofrimento e infringiu a integridade psíquica e moral dos pais de Márcia Babosa de Souza, nos termos do art. 5 da Convenção Americana.

Com o intuito de reparar as violações de direitos humanos, a Corte determinou ao Estado brasileiro: a) publicar a sentença e/ou seu resumo oficial no Diário Oficial, em página eletrônica da Assembleia Legislativa do Estado da Paraíba e do Poder Judiciário da Paraíba, em jornal de ampla circulação nacional e em sítio eletrônico dos governos Federal e do Estado da Paraíba; b) realizar um ato de reconhecimento de responsabilidade internacional; c) elaborar e implementar um sistema nacional e centralizado de recopilação de dados que permita a análise qualitativa de fatos de violência contra as mulheres e, em particular, de mortes violentas de mulheres; d) criar e implementar um plano de formação, capacitação e sensibilização continuada para as forças policiais responsáveis pela investigação e para operadores de justiça do Estado da Paraíba, com perspectiva de gênero e raça; e) levar a cabo uma jornada de reflexão e sensibilização sobre o impacto do feminicídio, da violência contra a mulher e da utilização da figura da imunidade parlamentar; f) adotar e implementar um protocolo nacional para a investigação de feminicídios; g) pagar a M.B.S. e S.R.S quantias a título de compensação pelas omissões nas investigações do homicídio, de reabilitação e de indenização por danos materiais e imateriais, além do reembolso de custas e gastos; h) reembolsar o Fundo de Assistência Jurídica às Vítimas da Corte Interamericana.

Em 21 de março de 2023, a Corte publicou uma resolução de supervisão de cumprimento de sentença sobre o caso[90]. Reconheceu que o Estado efetuou o reembolso do Fundo de Assistência e as publicações ordenadas. Decidiu manter aberto o procedimento de supervisão de cumprimento das demais medidas de reparação.

Ressalte-se que a Constituição Federal brasileira foi alterada por meio da Emenda Constitucional n. 35/2001, passando a dispor que a persecução criminal contra um parlamentar acusado de cometer um delito após a diplomação pode iniciar-se de imediato, podendo, contudo, a casa legislativa

---

[90]. Corte IDH, Barbosa de Souza y otros *vs.* Brasil, Supervisión de Cumplimiento de Sentencia, Resolución de la Corte Interamericana de Derechos Humanos de 21 de marzo de 2023.

suspender o andamento da ação, por voto da maioria de seus membros, nos termos do art. 53 da Constituição. Essa alteração foi apreciada pela Corte Interame-ricana quando da edição da sentença.

Em 30 de junho de 2022, **no caso Sales Pimenta**[91], a Corte Interamericana responsabilizou o Estado brasileiro por violação às garantias judiciais (art. 8), à proteção judicial (art. 25), ao direito à verdade e ao direito à integridade pessoal (art. 5), em prejuízo dos familiares de Gabriel Sales Pimenta, como consequência da grave falência do Estado na condução das investigações e da persecução criminal a respeito de sua morte violenta.

Gabriel Sales Pimenta era advogado do Sindicato de Trabalhadores Rurais de Marabá, no Estado do Pará, tendo participado ativamente de movimentos sociais na região. Foi assassinado por particulares em 18 de julho de 1982, muito provavelmente devido ao êxito na reversão de decisão que havia despejado trabalhadores rurais da região de Pau Seco. Devido ao seu trabalho de defensor de direitos humanos, a vítima já havia recebido diversas ameaças de morte, solicitando proteção estatal em várias ocasiões.

A denúncia foi oferecida pelo Ministério Público do Estado do Pará em agosto de 1983, em face de três pessoas indicadas como autoras do homicídio qualificado. O processo seguiu em face apenas do acusado M.C.N. O julgamento foi postergado diversas vezes pela dificuldade de localização do réu. Em abril de 2006, a Polícia Federal obteve sucesso no cumprimento de mandado de prisão preventiva. No entanto, no mesmo ano, o Tribunal de Justiça do Estado do Pará declarou extinta a punibilidade do crime, em razão da prescrição.

Em novembro de 2007, a mãe de Gabriel Sales Pimenta ajuizou uma ação de indenização por danos morais em face do Estado do Pará, em virtude do atraso na tramitação do processo e da consequente impunidade do homicídio. Embora a demanda tenha sido julgada procedente em primeiro grau, a decisão foi revertida em segunda instância e confirmada em 2021 pelo Superior Tribunal de Justiça.

Para a Corte Interamericana, os casos de atentados contra pessoas defensoras de direitos humanos exigem que a investigação dos fatos seja realizada de forma séria, efetiva e dentro de um prazo razoável, cabendo ao Estado um dever reforçado de devida diligência. A esse respeito, entendeu

---

91. Caso Sales Pimenta *vs.* Brasil, Exceções Preliminares, Mérito, Reparações e Custas. Sentença de 30 de junho de 2022.

a Corte que a aplicação da prescrição foi fruto de uma série de ações e omissões estatais durante o curso processual.

No que se refere à violação do direito à verdade, a Corte Interamericana considerou que a morte violenta de Gabriel Sales Pimenta ocorreu em um contexto de inúmeros homicídios contra trabalhadores rurais e defensores de seus direitos, acompanhado de uma situação generalizada de impunidade. Assim, o esclarecimento do homicídio não teria apenas importância para seus familiares, mas possuiria uma dimensão coletiva para toda a sociedade.

Ademais, os familiares de Gabriel Sales Pimenta se envolveram ativamente em processos judiciais, que se estenderam por longos anos, sem qualquer resposta satisfatória sobre os fatos. Tal situação de impunidade causou-lhes sofrimento e angústia, em direta violação à sua integridade pessoal.

Quanto às reparações, a Corte Interamericana determinou ao Estado brasileiro: a) criar um grupo de trabalho com a finalidade de identificar as causas e circunstâncias geradoras da impunidade estrutural relacionada à violência contra pessoas defensoras de direitos humanos dos trabalhadores rurais; b) oferecer tratamento psicológico e/ou psiquiátrico aos irmãos de Gabriel Sales Pimenta; c) publicar a sentença e/ou seu resumo oficial nos Diários Oficiais da União e do Estado do Pará, em jornal de ampla circulação nacional, nos sítios eletrônicos do governo federal, do Ministério Público e do Poder Judiciário do Estado do Pará; d) realizar um ato público de reconhecimento de responsabilidade internacional; e) nomear uma praça pública no município do Marabá com o nome de Gabriel Sales Pimenta; f) criar um espaço público de memória na cidade de Belo Horizonte, no Estado de Minas Gerais; g) criar e implementar um protocolo para a investigação dos crimes cometidos contra pessoas defensoras de direitos humanos e um sistema de indicadores que permita medir a efetividade do protocolo; h) realizar um plano de capacitação sobre o referido protocolo de investigação destinado aos funcionários que possam vir a participar na investigação e tramitação de casos de crimes contra pessoas defensoras de direitos humanos; i) revisar e adequar mecanismos existentes, em particular o Programa de Proteção aos Defensores de Direitos Humanos, Comunicadores e Ambientalistas; j) elaborar e implementar um sistema nacional de coleta de dados e cifras relacionados a casos de violência contra pessoas defensoras de direitos humanos; k) criar um mecanismo que permita a reabertura de processos judiciais; e l) pagar as quantias fixadas a título de indenização por dano material e dano imaterial e pelo reembolso de custas e gastos.

A Corte Interamericana expediu uma resolução de supervisão de cumprimento em 30 de agosto de 2023[92], em que endossou a composição[93] do grupo de trabalho concernente à impunidade estrutural em casos de violência contra pessoas defensoras de direitos humanos dos trabalhadores rurais, que exercerá suas funções em caráter consultivo e de forma complementar às instituições estatais, no prazo de dois anos.

A Corte Interamericana avaliou positivamente que as publicações da sentença e de seu resumo foram realizadas dentro do prazo estipulado, razão pela qual o Estado brasileiro cumpriu integralmente as medidas ordenadas no ponto resolutivo nono da sentença. A implementação das demais reparações será apreciada em resoluções futuras.

Note-se que, em 30 de julho de 2024, foi realizado um ato público de reconhecimento de responsabilidade internacional pelo Estado Brasileiro, em Juiz de Fora, por solicitação dos familiares da vítima que lá residem.

Em 16 de novembro de 2023, a Corte Interamericana proferiu sentença no âmbito do **caso Tavares Pereira e outros**[94], em virtude do uso desproporcional da força pela Polícia Militar do Estado do Paraná, em 2 de maio de 2000, contra Antônio Tavares Pereira e 69 trabalhadores rurais, incluindo 6 crianças, que se dirigiam a Curitiba, no Estado do Paraná, para manifestação em marcha pela reforma agrária.

O Estado brasileiro foi internacionalmente responsabilizado pelas violações aos direitos à vida (art. 4), à integridade pessoal (art. 5), à liberdade de pensamento e de expressão (art. 13), de reunião (art. 15), aos direitos da criança (art. 19) e ao direito de circulação e de residência (art. 22) em prejuízo das vítimas manifestantes. Ademais, foram violadas as garantias judiciais (art. 8.1) e a proteção judicial (art. 25) em virtude da falta de devida diligência na investigação e nos processos penais, em detrimento dos familiares de Antônio Tavares Pereira e dos trabalhadores

---

92. Corte IDH, Sales Pimenta *vs*. Brasil, Supervisión de Cumplimiento de Sentencia, Resolución de la Corte Interamericana de Derechos Humanos de 30 de agosto de 2023.

93. O grupo de trabalho é integrado por Flávia Piovesan, coordenadora do grupo indicada pelo Conselho Nacional de Justiça, Deborah Macedo Duprat de Britto Pereira e Fernando Michelotti, designados pela Corte a partir das pessoas propostas pelos representantes das vítimas, Luciana Silva Garcia e Tiago Botelho, designados pela Corte a partir das pessoas propostas pelo Estado.

94. Caso Tavares Pereira e outros *vs*. Brasil, Exceções Preliminares, Mérito, Reparações e Custas. Sentença de 16 de novembro de 2023.

rurais feridos. O art. 8.1 também foi afrontado pela inobservância do prazo razoável no processamento da ação civil movida pelos familiares de Antônio Tavares Pereira para obtenção de indenização por danos materiais e morais. Por tudo isso, a Corte também considerou como violado o direito à integridade pessoal (art. 5.1) em prejuízo dos familiares de Antônio Tavares Pereira.

Os fatos ocorreram na rodovia BR-277, uma vez que os ônibus que transportavam os manifestantes foram impedidos de ingressar em Curitiba sob a alegação, por parte dos policiais, de que um interdito proibitório autorizava que não se permitisse a entrada na cidade. Os trabalhadores desceram dos ônibus, e a Polícia Militar se valeu de gás lacrimogêneo, balas de borracha, cassetetes e armas de fogo para tentar desobstruir a via. Projétil disparado por soldado ricocheteou no asfalto e atingiu Antônio Tavares Pereira, que foi levado ao hospital por seus colegas e veio a falecer em decorrência de hemorragia.

Quanto à apuração da responsabilidade pelo homicídio de Antônio Tavares Pereira, a ação penal foi arquivada em 17 de abril de 2003 pelo Tribunal de Justiça do Estado do Paraná, sob o argumento de que o crime já teria sido objeto de decisão pela Justiça Militar. Na esfera cível, os familiares de Antônio Tavares Pereira ingressaram com ação de indenização contra o Estado do Paraná em dezembro de 2002. Em novembro de 2010, sentença de primeiro grau determinou ao Estado o pagamento de indenização por danos morais e pensões mensais à viúva e aos dois filhos. Estas foram pagas até setembro de 2020, agosto de 2020 e abril de 2016, respectivamente. Como outros pontos da decisão não foram cumpridos pelo Estado do Paraná, ingressou-se com ação de execução em dezembro de 2017, cujos desdobramentos não haviam sido informados à Corte Interamericana quando do proferimento da sentença.

Especificamente sobre a jurisdição militar, a Corte Interamericana concluiu não ser esta a instância independente e imparcial para a investigação e o processamento da morte de Antônio Tavares Pereira. Ademais, aduziu que a análise depreendida foi apressada e não demandou vasta produção probatória, o que levou ao encerramento do caso sem julgamento. A Corte reiterou sua jurisprudência acerca da falta de devida diligência tanto no que respeita às investigações referentes ao homicídio quanto às lesões sofridas pelos demais manifestantes, sobretudo por se tratar de pessoas defensoras de direitos humanos.

Para reparar as violações de direitos humanos, a Corte Interamericana ordenou ao Estado brasileiro: a) fornecer tratamento médico, psicológico e/ou psiquiátrico gratuito aos familiares do senhor Tavares Pereira e às vítimas que assim desejem; b) proceder às publicações do resumo oficial da sentença em *Diário Oficial* e em meio de comunicação de ampla circulação nacional, e da sentença em *site* oficial do Governo Federal, do Poder Judiciário e da Secretaria de Segurança Pública do Estado do Paraná, além de sua publicização em redes sociais oficiais; c) realizar um ato público de reconhecimento de responsabilidade internacional; d) adotar as medidas adequadas para proteger de maneira efetiva o Monumento Antônio Tavares Pereira no local em que está edificado e deixar sem efeito as medidas provisórias relacionadas ao presente caso; e) incluir conteúdo específico na grade curricular permanente de formação das forças de segurança que atuam no contexto de manifestações públicas no Estado do Paraná acerca de parâmetros interamericanos para o uso da força, principalmente quando estiverem presentes crianças e adolescentes; f) adequar o seu ordenamento jurídico em relação à competência da Justiça Militar, para que não julgue crimes cometidos contra civis em observância à excepcionalidade e à restrição que caracterizam essa jurisdição; e g) pagar as quantias fixadas a título de indenização por dano material e imaterial e o reembolso de custas e gastos.

Ressalte-se que, em 24 de junho de 2021, a Corte Interamericana havia expedido uma resolução por meio da qual concedeu medidas provisórias em relação ao caso Tavares Pereira e outros[95]. Na ocasião, o caso ainda estava em fase de instrução perante a Corte, sendo a primeira vez em que esta adotou medidas provisórias em face do Estado brasileiro em um caso ainda pendente de julgamento.

Formulado pelos representantes das vítimas, o pedido de medidas provisórias teve como objetivo solicitar à Corte Interamericana que ordenasse ao Estado a implementação de medidas para proteger, até o proferimento da sentença internacional, o Monumento Tavares Pereira no local onde foi construído. Tal monumento foi projetado pelo arquiteto brasileiro Oscar Niemeyer e encontra-se às margens da BR-277, em local próximo ao dos fatos do caso.

Na resolução de adoção das medidas provisórias, além de requerer ao Estado brasileiro e aos representantes das vítimas algumas informações, a Corte Interamericana solicitou diretamente ao Ministério Público do Estado

---

[95]. Corte IDH, Resolução de 24 de junho de 2021, adoção de medidas provisórias no Caso Tavares Pereira e Outros *vs.* Brasil.

do Paraná, com fulcro no art. 27.8 de seu Regulamento, a apresentação de um relatório. O aludido dispositivo autoriza a Corte a requerer a "outras fontes de informação" dados relevantes que auxiliem na apreciação dos requisitos de gravidade e urgência e na eficácia das medidas provisórias. Assim, à Corte é facultado contactar diretamente órgãos do Estado sem provocar a representação oficial via Ministério das Relações Exteriores.

Na sentença, a Corte apontou que o Estado brasileiro teria empreendido ações para a preservação do patrimônio, mas que careceria de informações sobre o caráter definitivo de tais esforços. Portanto, a Corte tornou sem efeito as medidas provisórias anteriormente outorgadas e definiu que as medidas de proteção passaram a integrar as obrigações do Estado em matéria de reparação e serão monitoradas no âmbito da supervisão do cumprimento da sentença.

Acerca da competência da Justiça Militar, a Corte Interamericana reiterou o que estabelecera no caso Favela Nova Brasília *vs*. Brasil e determinou que o Estado deve adotar, no prazo de um ano, as medidas necessárias para garantir que, "desde a *notitia criminis*, se delegue a investigação a um órgão independente e diferente da força policial envolvida no incidente, tais como uma autoridade judicial ou o Ministério Público, assistido por pessoal policial, técnico criminalístico e administrativo alheio ao órgão de segurança a que pertença o possível acusado ou acusados"[96]. Observa-se, assim, a presença reiterada da temática da violência policial nas decisões proferidas pela Corte em face do Estado brasileiro, bem como de diálogos entre as reparações.

Ainda sobre esse tema, foi publicada, em 27 de novembro de 2023, a sentença da Corte Interamericana no **caso Honorato e outros**[97]. Os fatos concernem a uma operação policial denominada "Castelinho", que resultou na execução extrajudicial de 12 pessoas pela Polícia Militar do Estado de São Paulo, em 5 de março de 2002.

O Estado foi internacionalmente responsabilizado pelas violações aos direitos à vida (art. 4) das vítimas fatais, bem como dos direitos às garantias judiciais (art. 8.1), à proteção judicial (art. 25.1) e à verdade em prejuízo dos familiares das pessoas executadas, tendo em vista a falta de

---

96. Caso Tavares Pereira e outros *vs*. Brasil, Exceções Preliminares, Mérito, Reparações e Custas. Sentença de 16 de novembro de 2023, § 209.

97. Caso Honorato e outros *vs*. Brasil, Exceções Preliminares, Mérito, Reparações e Custas. Sentença de 27 de novembro de 2023.

devida diligência e de prazo razoável na condução das investigações e dos processos penais, o que acarretou a impunidade. Quanto às ações cíveis de indenização, a Corte concluiu pelas violações à garantia de prazo razoável (art. 8.1) e ao direito ao cumprimento de decisões judiciais (art. 25.2.c), em virtude da demora excessiva no processamento e na execução das decisões. Também foi afrontado o direito à integridade pessoal (art. 5.1) dos familiares das vítimas diretas devido às execuções extrajudiciais, à falta de esclarecimento da verdade sobre os fatos e de responsabilização.

Os contornos fáticos do caso correspondem à organização de uma operação policial que envolveu três pessoas privadas de liberdade que haviam sido autorizadas a deixar o cárcere para colaborar com o Grupo de Repressão e Análise dos Delitos de Intolerância (Gradi) da Polícia Militar do Estado de São Paulo. As três pessoas informaram a outras 12 que um avião contendo 28 milhões de reais chegaria ao aeroporto de Sorocaba. Preparou-se, então, um assalto, e o Gradi esperou o grupo no pedágio da Rodovia Castelo Branco. Cerca de 53 policiais militares participaram da operação. Após cercarem os veículos onde estavam as 12 pessoas, os policiais dispararam durante 10 minutos. Não houve provas de que trocas de tiros tenham ocorrido, pois se comprovou que as vítimas não estavam armadas. As vítimas faleceram em decorrência de hemorragias internas.

Os fatos foram investigados pelas Polícias Militar e Civil. Quanto ao inquérito policial militar, este foi arquivado em 30 de janeiro de 2004. Acerca das investigações conduzidas pela Polícia Civil, o Ministério Público ofereceu denúncia contra 55 pessoas, sendo 53 policiais militares e duas pessoas privadas de liberdade. Em face de sentença absolutória dos crimes de homicídio qualificado, o Ministério Público interpôs apelação, e o recurso foi rejeitado pelo Tribunal de Justiça do Estado de São Paulo em 14 de fevereiro de 2017.

Dentre as ações cíveis de indenização propostas pelos familiares de algumas das vítimas fatais, quatro foram julgadas procedentes, sendo que apenas uma foi objeto de pagamento, e três foram julgadas improcedentes. Uma das ações julgadas procedentes tramitou por mais de 16 anos sem que houvesse uma decisão definitiva. Outras três estavam pendentes do pagamento das indenizações, ainda que as decisões definitivas tivessem sido proferidas há mais de uma década quando do pronunciamento da Corte Interamericana.

Como medidas de reparação, a Corte Interamericana ordenou ao Estado brasileiro: a) criar um Grupo de Trabalho com a finalidade de esclarecer as atuações do Gradi no Estado de São Paulo, incluindo as circunstâncias do presente caso, e realizar recomendações que previnam a repetição dos fatos; b) ofertar tratamento médico, psicológico e/ou psiquiátrico as familiares das vítimas diretas; c) publicar o resumo oficial da sentença no *Diário Oficial* e em meio de comunicação de ampla circulação nacional, e a íntegra da sentença em sítios eletrônicos e nos perfis das redes sociais do Governo Federal, do Tribunal de Justiça do Estado de São Paulo e da Secretaria de Segurança Pública do Estado de São Paulo; d) realizar ato público de reconhecimento de responsabilidade internacional; e) garantir a implementação de dispositivos de geolocalização e registro de movimentos dos veículos policiais e dos policiais no Estado de São Paulo; f) garantir o envio dos registros de operações policiais que resultem em mortes ou lesões graves de civis, incluindo as gravações das câmaras corporais e de geolocalização, aos órgãos de controle interno e externo da polícia do Estado de São Paulo; g) contar com um quadro normativo que permita que todo agente policial envolvido em uma morte resultante de uma ação policial seja afastado temporariamente de sua função ostensiva até que se determine a conveniência e pertinência de sua reincorporação por parte da Corregedoria; h) criar um mecanismo que permita a reabertura de processos judiciais; i) suprimir a competência da Polícia Militar para investigar delitos supostamente cometidos contra civis, j) garantir que o Ministério Público do Estado de São Paulo conte com os recursos econômicos e humanos necessários para investigar as mortes de civis cometidas por policiais civis ou militares; e k) pagar as quantias fixadas a título de indenização por dano material e imaterial e o reembolso de custas e gastos.

Como revelam as decisões da Corte Interamericana e as recomendações da Comissão Interamericana, o sistema interamericano tem por alicerce três dimensões: a) a centralidade das vítimas (o chamado *victim centric approach*); b) os estândares interamericanos (o *corpus juris* interamericano); e c) o instituto da reparação integral.

Por meio do instituto da reparação integral e de seu amplo alcance, sustenta-se que violações estruturais têm causas estruturais, a impulsionar a incidência do mandato transformador do sistema interamericano em desmantelar violações estruturais a direitos humanos. O mandato transformador do sistema interamericano permite, assim, impulsar mudanças estruturais em marcos normativos e políticas públicas, buscando romper com a perpetuação de violações, com fundamento no dever de prevenção dos Estados. A vocação maior do sistema interamericano é proteger direitos, mas também transformar realidades, tendo como inspiração maior a prevalência da dignidade humana.

CAPÍTULO X

ENCERRAMENTO: O DIREITO INTERNACIONAL DOS DIREITOS HUMANOS E A REDEFINIÇÃO DA CIDADANIA NO BRASIL

Nestas considerações finais, pretende-se tecer uma reflexão sobre o Direito Internacional dos Direitos Humanos e a redefinição da cidadania no Brasil. Isto é, com base em toda a análise desenvolvida, importa examinar a dinâmica da relação entre o processo de internacionalização dos direitos humanos, e seu impacto e repercussão no processo de redefinição e reconstrução da cidadania no âmbito brasileiro.

Como este trabalho evidenciou, o Direito Internacional dos Direitos Humanos constitui um movimento extremamente recente na história, surgindo, a partir do pós-guerra, como resposta às atrocidades cometidas durante o nazismo. É nesse cenário que se desenha o esforço de reconstrução dos direitos humanos, como paradigma e referencial ético a orientar a ordem internacional contemporânea.

Nesse sentido, uma das principais preocupações deste movimento foi converter os direitos humanos em tema de legítimo interesse da comunidade internacional[1], o que implicou os processos de universalização e internacionalização dos mesmos direitos. Tais processos levaram, por sua vez, à formação de um sistema normativo internacional de proteção de direitos humanos[2], de âmbito global e regional, como também de âmbito geral e

---

1. Como afirma Kathryn Sikkink: "O Direito Internacional dos Direitos Humanos pressupõe como legítima e necessária a preocupação de atores estatais e não estatais a respeito do modo pelo qual os habitantes de outros Estados são tratados. A rede de proteção dos direitos humanos internacionais busca redefinir o que é matéria de exclusiva jurisdição doméstica dos Estados" (Human rights, principled issue-networks, and sovereignty in Latin America, p. 413). Acrescenta a mesma autora: "Os direitos individuais básicos não são do domínio exclusivo do Estado, mas constituem uma legítima preocupação da comunidade internacional" (p. 441).

2. Na lição de André Gonçalves Pereira e Fausto de Quadros: "Em termos de Ciência Política, tratou-se apenas de transpor e adaptar ao Direito Internacional a evolução que no Direito Interno já se dera, no início do século, do Estado-Polícia para o Estado-Providência.

específico. Adotando o valor da primazia da pessoa humana, esses sistemas se complementam, interagindo com o sistema nacional de proteção, a fim de proporcionar a maior efetividade possível na tutela e promoção de direitos fundamentais. A sistemática internacional, como garantia adicional de proteção, institui mecanismos de responsabilização e controle internacional, acionáveis quando o Estado se mostra falho ou omisso na tarefa de implementar direitos e liberdades fundamentais.

Ao acolher o aparato internacional de proteção, bem como as obrigações internacionais dele decorrentes, o Estado passa a aceitar o monitoramento internacional no que se refere ao modo pelo qual os direitos fundamentais são respeitados em seu território[3]. O Estado passa, assim, a consentir no controle e na fiscalização da comunidade internacional quando, em casos de violação a direitos fundamentais, a resposta das instituições nacionais se mostra insuficiente e falha ou, por vezes, inexistente. Enfatize-se, contudo, que a ação internacional é sempre uma ação suplementar, constituindo garantia adicional de proteção dos direitos humanos.

Estas transformações decorrentes do movimento de internacionalização dos direitos humanos contribuíram ainda para o processo de democratização do próprio cenário internacional, já que, além do Estado, novos sujeitos de

---

Mas foi o suficiente para o Direito Internacional abandonar a fase clássica, como o Direito da Paz e da Guerra, para passar à era nova ou moderna da sua evolução, como Direito Internacional da Cooperação e da Solidariedade. As novas matérias que o Direito Internacional tem vindo a absorver, nas condições referidas, são de índole variada: política, econômica, social, cultural, científica, técnica etc. Mas dentre elas o livro mostrou que há que se destacar três: a proteção e a garantia dos Direitos do Homem, o desenvolvimento e a integração econômica e política" (*Manual de direito internacional público*, p. 661). Na visão de Héctor Fix-Zamudio: "o estabelecimento de organismos internacionais de tutela dos direitos humanos, que o destacado tratadista italiano Mauro Cappelletti tem qualificado como jurisdição constitucional transnacional, enquanto controle judicial de constitucionalidade das disposições legislativas e dos atos concretos de autoridade, tem alcançado o Direito interno, particularmente a esfera dos direitos humanos, e tem se projetado ao âmbito internacional e, inclusive, comunitário" (*Protección jurídica de los derechos humanos*, p. 184).

3. Nesse sentido, observa Kathryn Sikkink: "A doutrina da proteção internacional dos direitos humanos é uma das críticas mais poderosas à soberania, ao modo pelo qual é tradicionalmente concebida, e a prática do direito internacional dos direitos humanos e da política internacional de direitos humanos apresenta exemplos concretos de renovados entendimentos sobre o escopo da soberania. (...) a política e a prática de direitos humanos têm contribuído para uma transformação gradual, significativa e provavelmente irreversível da soberania, no mundo moderno" (*Human rights, principled issue-networks and sovereignty*, p. 411).

direito passam a participar da arena internacional, como os indivíduos[4] e as organizações não governamentais.

Os indivíduos convertem-se em sujeitos de Direito Internacional — tradicionalmente, uma arena em que só os Estados podiam participar. Com efeito, na medida em que guardam relação direta com os instrumentos internacionais de direitos humanos — que lhes atribuem direitos fundamentais imediatamente aplicáveis[5] —, os indivíduos passam a ser concebidos como sujeitos de Direito Internacional. Nessa condição, cabe aos indivíduos o acionamento direto de mecanismos internacionais. É o caso das petições ou comunicações, mediante as quais um indivíduo, grupos de indivíduos ou, por vezes, entidades não governamentais podem submeter aos órgãos internacionais competentes denúncias de violação de direito enunciado em

---

4. Em sentido contrário, José Francisco Rezek afirma: "A proposição, hoje frequente, do indivíduo como sujeito de direito das gentes pretende fundar-se na assertiva de que certas normas internacionais criam direitos para as pessoas comuns, ou lhes impõem deveres. É preciso lembrar, porém, que os indivíduos — diversamente dos Estados e das organizações — não se envolvem, a título próprio, na produção do acervo normativo internacional, nem guardam qualquer relação direta e imediata com esse corpo de normas. Muitos são os textos internacionais voltados à proteção do indivíduo. Entretanto, a flora e a fauna também constituem objeto de proteção por normas de direito das gentes, sem que se lhes tenha pretendido, por isso, atribuir personalidade jurídica. É certo que indivíduos e empresas já gozam de personalidade em direito interno, e que essa virtude poderia repercutir no plano internacional na medida em que o direito das gentes não se teria limitado a protegê-los, mas teria chegado a atribuir-lhes a titularidade de direitos e deveres — o que é impensável no caso de coisas juridicamente protegidas, porém despersonalizadas, como as florestas e os cabos submarinos" (*Direito internacional público*, p. 158-159). Para Celso Ribeiro Bastos e Ives Gandra Martins: "A regra ainda continua sendo a de negar ao indivíduo a condição de sujeito internacional. Faz-se necessária ainda a mediação do Estado para que o pleito do indivíduo possa ressoar internacionalmente. Ora, é bem de ver que como no mais das vezes é o próprio Estado que é o agente perpetrador destas lesões, as possíveis queixas daí decorrentes não encontram um canal natural para desaguar. Elas morrem no próprio Estado" (*Comentários à Constituição do Brasil*, v. 1, p. 453). Este estudo defende, todavia, que o indivíduo é efetivo sujeito de direito internacional. O ingresso do indivíduo como novo ator no cenário internacional pode ser evidenciado especialmente quando do encaminhamento de petições e comunicações às instâncias internacionais. No capítulo anterior, por exemplo, todos os casos analisados foram submetidos à Comissão Interamericana de Direitos Humanos por indivíduos ou organizações não governamentais.

5. A respeito, ver Capítulo IV, dedicado ao estudo da Constituição brasileira de 1988 e dos tratados internacionais de direitos humanos, em especial no tópico relativo à incorporação automática dos tratados internacionais de direitos humanos.

tratados internacionais. É correto afirmar, no entanto, que ainda se faz necessário democratizar determinados instrumentos e instituições internacionais, de modo que possam prover um espaço participativo mais eficaz, que permita maior atuação de indivíduos e de entidades não governamentais[6], mediante legitimação ampliada nos procedimentos e instâncias internacionais. A propósito, ilustrativa é a Convenção Americana ao estabelecer, no art. 61, que apenas os Estados-partes e a Comissão Interamericana podem submeter casos à decisão da Corte. Isto é, a Convenção Americana, lamentavelmente, não atribui ao indivíduo ou a entidades não governamentais legitimidade para encaminhar casos à apreciação da Corte Interamericana de Direitos Humanos[7]. Ao defender a democratização do acesso às Cortes

---

6. Sobre a atuação das entidades não governamentais, acentua David Weissbrodt: "Atuando no plano internacional e/ou nacional, estas organizações funcionam como *ombudsman* não oficial, resguardando os direitos humanos ante a infringência governamental, através de técnicas, como iniciativas diplomáticas, relatórios, declarações públicas, esforços para influenciar as deliberações de direitos humanos efetuadas por organizações intergovernamentais, campanhas para mobilizar a opinião pública, e tentativas de afetar a política internacional de alguns países, com respeito à sua relação com Estados que são regularmente responsáveis pelas violações de direitos humanos. As ONGs compartilham dos mesmos propósitos básicos, no sentido de obter informações que possam efetivamente — seja de forma direta ou indireta — influenciar a implementação dos direitos humanos pelos Governos" (David Weissbrodt, The contribution of international nongovernmental organizations to the protection of human rights, in Theodor Meron (ed.), *Human rights in international law: legal and policy issues*, p. 404).

7. Outro exemplo é a Corte Internacional de Justiça que, nos termos do art. 34 de seu Estatuto, tem a competência restrita ao julgamento de demandas entre Estados, e, assim, não reconhece a capacidade processual dos indivíduos. Sobre as razões históricas desse dispositivo, explica Celso Albuquerque de Mello: "Quando foi elaborado o projeto de estatuto da Corte Permanente de Justiça Internacional, antecessora da Corte Internacional de Justiça, no Comitê de Juristas de Haia, Loder propôs que se reconhecesse o direito do indivíduo de comparecer como parte perante a Corte. Esta proposta encontrou de imediato a oposição da grande maioria de juristas que faziam parte do Comitê, entre eles Ricci Busatti. Os argumentos contrários foram os seguintes: 1) o domínio da Corte era o Direito Internacional Público e os indivíduos não eram sujeitos internacionais; 2) o recurso à justiça internacional era inadmissível, porque o indivíduo já tinha a proteção dos Tribunais nacionais e se não a tivesse não poderia o Direito Internacional Público dar mais do que era concedido pelo direito interno; 3) na vida internacional o indivíduo já possuía a proteção diplomática" (*Curso de direito internacional público*, p. 582-583). Contudo, como já ressaltado, a criação do Direito Internacional dos Direitos Humanos fez com que os indivíduos se tornassem verdadeiros sujeitos internacionais, capazes de recorrer às instâncias internacionais quando as instituições nacionais se mostram falhas ou omissas. Essa concepção enseja mudanças no

internacionais, afirma Richard B. Bilder: "É importante ampliar a competência das Cortes Internacionais na tarefa de implementação dos direitos humanos, na medida em que as Cortes simbolizam e fortalecem a ideia de que o sistema internacional de direitos humanos é, de fato, um sistema de direitos legais, que envolve direitos e obrigações juridicamente vinculantes. As pessoas associam a ideia de Estado de Direito com a existência de Cortes imparciais, capazes de proferir decisões obrigatórias e vinculantes. (...) Em segundo lugar, a experiência internacional já demonstra que as Cortes internacionais, se oferecida a possibilidade, podem contribuir de modo fundamental e crucial na implementação do sistema internacional dos direitos humanos. (...) Em terceiro lugar, as Cortes, como administradoras imparciais do Estado de Direito, tradicionalmente são concebidas como detentoras de uma especial legitimidade, constituindo um dos instrumentos mais poderosos no sentido de persuadir os Estados a cumprir suas obrigações concernentes aos direitos humanos. (...) Considerando que os indivíduos e os grupos são aqueles diretamente afetados pelas violações de direitos humanos e, consequentemente, aqueles que mais diligente e efetivamente buscam o respeito de direitos, devem ter eles direto acesso às Cortes. Além disso, como indicado, tanto por razões políticas, como por outras de natureza diversa, os Estados têm sido notoriamente relutantes em submeter casos de direitos humanos perante as Cortes internacionais. Por estes motivos, muitos acreditam que o único meio de fazer com que o sistema internacional de direitos humanos possa operar é mediante a garantia, aos indivíduos e aos grupos, do acesso direto às Cortes"[8].

Note-se que, no caso brasileiro, a incorporação do Direito Internacional dos Direitos Humanos e de seus importantes instrumentos é consequência do processo de democratização, iniciado em 1985. Esse processo possibilitou a reinserção do Brasil na arena internacional de proteção dos direitos

---

plano internacional, que deve prover uma política participativa mais eficaz, mediante a garantia de acesso de atores distintos do Estado, como indivíduos e organizações não governamentais, no cenário internacional. A respeito, cabe menção à Convenção Europeia de Direitos Humanos, que, após o Protocolo n. 11, que entrou em vigor em 1998, estabelece que qualquer pessoa, grupo de pessoas ou organização não governamental pode encaminhar denúncias de violação de direitos humanos diretamente à Corte Europeia.

8. Cf. Richard B. Bilder, Possibilities for development of new international judicial mechanisms, in Louis Henkin e John Lawrence Hargrove (eds.). *Human rights: an agenda for the next century*, Washington, 1994, Studies in Transnational Legal Policy, n. 26, p. 326-327 e 334.

humanos — embora relevantes medidas ainda necessitem ser adotadas pelo Estado brasileiro para o completo alinhamento do País com a causa da plena vigência dos direitos humanos[9]. Nesse sentido, constatou-se a dinâmica e a dialética da relação entre democracia e direitos humanos[10], tendo em vista que, se o processo de democratização permitiu a ratificação de relevantes tratados internacionais de direitos humanos, por sua vez, essa ratificação permitiu o fortalecimento do processo democrático, por meio da ampliação e do reforço do universo de direitos fundamentais por ele assegurado. Se a busca democrática não se atém apenas ao modo pelo qual o poder político é exercido, mas envolve também a forma pela qual direitos fundamentais são implementados[11], este estudo possibilitou enfocar a contribuição da sistemática internacional de proteção dos direitos humanos para o aperfeiçoamento do sistema de tutela desses direitos no Brasil. Por esse prisma, o aparato internacional permite intensificar as respostas jurídicas ante casos de violação de direitos humanos, e, consequentemente, ao reforçar a sistemática de proteção de direitos, o aparato internacional permite o aperfeiçoamento do próprio regime democrático. Atentou-se, assim, para o modo pelo qual os direitos humanos internacionais inovam a ordem jurídica brasileira, complementando e integrando o elenco dos direitos nacionalmente consagrados e nele introduzindo novos direitos, até então não previstos pelo ordenamento jurídico interno.

---

9. A plena vigência dos direitos humanos internacionais impõe ao Estado brasileiro a adoção de medidas adicionais, como a revisão de reservas e declarações restritivas e a reavaliação de sua posição quanto a cláusulas e procedimentos facultativos, constantes dos instrumentos internacionais de proteção dos direitos humanos. Sobre a adoção dessas medidas, ver Capítulo VIII, dedicado ao estudo do Estado brasileiro e do sistema internacional de proteção dos direitos humanos.

10. Para Ian Martin: "O movimento de direitos humanos atua para garantir a democracia. Os direitos humanos universais pressupõem a democracia" (*The new world order: opportunity or threat for human rights?*, p. 21).

11. Afirma Roberto Mangabeira Unger: "Nós temos de entender a democracia como muito mais do que pluralismo político e *accountability* eleitoral de um Governo por parte do respectivo eleitorado. Concebido de forma mais ampla, o projeto democrático tem sido o esforço de efetuar o sucesso prático e moral da sociedade, mediante a reconciliação de duas famílias de bens fundamentais: o bem do progresso material, liberando-nos da monotonia e da incapacidade e dando braços e asas para nossos desejos, e o bem da emancipação individual, liberando-nos da opressão sistemática da divisão e hierarquia social que nos impede de lidar um com o outro como plenos indivíduos" (Roberto Mangabeira Unger, *What should legal analysis become?*, p. 9).

Enfatize-se que a Constituição brasileira de 1988, como marco jurídico da institucionalização dos direitos humanos e da transição democrática no País, ineditamente consagra o primado do respeito aos direitos humanos como paradigma propugnado para a ordem internacional. Esse princípio invoca a abertura da ordem jurídica brasileira ao sistema internacional de proteção dos direitos humanos e, ao mesmo tempo, exige nova interpretação de princípios tradicionais, como a soberania nacional e a não intervenção, impondo a flexibilização e relativização desses valores. Se a prevalência dos direitos humanos é princípio a reger o Brasil no cenário internacional, está-se consequentemente a admitir a concepção de que os direitos humanos constituem tema de legítima preocupação e interesse da comunidade internacional. Os direitos humanos, para a Carta de 1988, surgem como tema global.

O Texto democrático ainda rompe com as Constituições anteriores ao estabelecer um regime jurídico diferenciado aplicável aos tratados internacionais de proteção dos direitos humanos. À luz desse regime, os tratados de direitos humanos são incorporados automaticamente pelo Direito brasileiro e passam a apresentar hierarquia de norma constitucional, diversamente dos tratados tradicionais, os quais se sujeitam à sistemática da incorporação legislativa e detêm *status* hierárquico infraconstitucional. Por força do art. 5º, § 2º, da Constituição Federal de 1988, todos os tratados de direitos humanos, independentemente do *quorum* de sua aprovação, são materialmente constitucionais, compondo o bloco de constitucionalidade. O *quorum* qualificado introduzido pelo § 3º do mesmo artigo (fruto da Emenda Constitucional n. 45/2004), ao reforçar a natureza constitucional dos tratados de direitos humanos, vem a adicionar um lastro formalmente constitucional aos tratados ratificados, propiciando a "constitucionalização formal" dos tratados de direitos humanos no âmbito jurídico interno. Nesta hipótese, os tratados de direitos humanos formalmente constitucionais são equiparados às emendas à Constituição, isto é, passam a integrar formalmente o Texto Constitucional.

A Carta de 1988 acolhe, desse modo, um sistema misto, que combina regimes jurídicos diferenciados — um aplicável aos tratados internacionais de proteção dos direitos humanos e outro aplicável aos tratados tradicionais. Esse sistema misto se fundamenta na natureza especial dos tratados internacionais de direitos humanos que — distintamente dos tratados tradicionais, que objetivam assegurar uma relação de equilíbrio e reciprocidade entre Estados pactuantes — priorizam a busca em assegurar a proteção da pessoa humana, até mesmo contra o próprio Estado pactuante.

Insista-se: a Constituição de 1988, por força do art. 5º, §§ 1º, 2º e 3º, atribuiu aos direitos humanos internacionais hierarquia de norma constitucional, incluindo-os no elenco dos direitos constitucionalmente garantidos, que apresentam aplicabilidade imediata. Como este trabalho pôde demonstrar, a conclusão advém de interpretação sistemática e teleológica do Texto de 1988, especialmente em face da força expansiva dos valores da dignidade humana e dos direitos fundamentais, como parâmetros axiológicos a orientar a compreensão do fenômeno constitucional. Com a Carta democrática de 1988, a dignidade da pessoa humana, bem como os direitos e garantias fundamentais, vêm a constituir os princípios constitucionais que incorporam as exigências de justiça e dos valores éticos, conferindo suporte axiológico a todo o sistema jurídico brasileiro. Com esse raciocínio se conjuga o princípio da máxima efetividade das normas constitucionais, particularmente das normas concernentes a direitos e garantias fundamentais, que hão de alcançar a maior carga de efetividade possível — o princípio vem a consolidar o alcance interpretativo que se propõe relativamente aos parágrafos do art. 5º do Texto.

Em favor da natureza constitucional dos direitos enunciados nos tratados internacionais, adicione-se também o fato de o processo de globalização ter implicado a abertura da Constituição à normação internacional. Tal abertura resultou na ampliação do bloco de constitucionalidade. Este passou a incorporar preceitos enunciadores de direitos fundamentais que, embora decorrentes de fonte internacional, veiculam matéria e conteúdo de inegável natureza constitucional. Admitir o contrário traduziria o equívoco de consentir na existência de duas categorias diversas de direitos fundamentais — uma de *status* constitucional e outra de *status* ordinário. Há que ser também afastada a frágil argumentação de que os direitos internacionais integrariam o universo impreciso e indefinido dos direitos implícitos, decorrentes do regime ou dos princípios adotados pela Constituição. Ainda que não explícitos no Texto Constitucional, os direitos internacionais são expressos, bastando para tanto a menção aos dispositivos dos tratados internacionais de proteção dos direitos humanos, que demarcam um catálogo claro, preciso e definido de direitos. Em suma, todos esses argumentos se reúnem no sentido de endossar o regime constitucional privilegiado conferido aos tratados de proteção de direitos humanos — regime este semelhante ao que é conferido aos demais direitos e garantias constitucionais.

Quanto ao impacto jurídico do Direito Internacional dos Direitos Humanos no Direito brasileiro, acrescente-se que os direitos internacionais — por força do princípio da norma mais favorável à vítima, que assegura a prevalência da norma que melhor e mais eficazmente proteja os direitos humanos — apenas vêm a aprimorar e fortalecer, jamais a restringir ou debilitar, o grau de proteção dos direitos consagrados no plano normativo constitucional[12]. A sistemática internacional de proteção vem ainda a permitir a tutela, a supervisão e o monitoramento de direitos por organismos internacionais[13].

---

12. Na visão de Richard B. Lillich: "Usar as Cortes domésticas para implementar o Direito Internacional dos Direitos Humanos, tanto direta como indiretamente, é uma nova e desafiadora área na advocacia dos direitos humanos. (...) A advocacia dos direitos humanos tem alcançado progresso considerável, ao longo dos vinte últimos anos, ao submeter as normas do Direito Internacional dos Direitos Humanos às Cortes nacionais, e, com ideias imaginativas, mediante pesquisa e habilidosa advocacia — em outras palavras, com boa advocacia — futuros avanços esperam ser alcançados" (The role of domestic Courts in enforcing international human rights law, in Hurst Hannum (ed.), *Guide to international human rights practice*, p. 241). Para Richard B. Bilder: "O movimento dos direitos humanos internacionais continuará a encontrar oposições, como também avanços e, por isso, dedicação, persistência e muito trabalho são necessários. Algumas das direções que este trabalho deve incluir são: a) esforços crescentes para incorporar, de modo mais efetivo, as normas internacionais de direitos humanos aos sistemas legais nacionais, sensibilizando advogados, juízes e outros agentes oficiais para a relevância e utilidade do Direito Internacional dos Direitos Humanos, como instrumento de reforço dos direitos humanos nas sociedades nacionais; b) fortalecer as instituições internacionais existentes, tais como as Comissões e Cortes de direitos humanos, desenvolvendo e revisando seus procedimentos e utilizando-se destes de forma plena" (Richard B. Bilder, An overview of international human rights law, p. 16). Cabe observar, contudo, que a implementação das normas internacionais de direitos humanos perante as Cortes brasileiras está condicionada à tarefa imprescindível de divulgação, educação e promoção do Direito Internacional dos Direitos Humanos no âmbito nacional.

13. Cf. Jack Donnelly, *Universal human rights in theory and practice*, p. 267. Como observa Paulo Sérgio Pinheiro: "Por mais que o recurso ao sistema de proteção internacional possa ser limitado, os órgãos internacionais de investigação de direitos humanos, na medida em que se tornaram mais numerosos e especializados, têm sempre o *power to embarass* os governos que perpetram violações. Nenhum governo se sente à vontade para ver expostas violações sistemáticas de direitos humanos por parte de agências sob sua responsabilidade ou sua omissão em promover obrigações que se comprometeu a promover. A Comissão Teotônio Vilela e o Núcleo de Estudos da Violência (NEV), apesar de manterem um diálogo construtivo com o Estado e agências governamentais, julgam que é essencial fortalecer a *accountability* perante a comunidade internacional. Nesse sentido iniciou-se nos últimos anos diversas queixas à Comissão Interamericana de Direitos Humanos contra o governo do Brasil, com fundamento nas obrigações assumidas ao ratificar os tratados internacionais. O Núcleo de Estudos da Violência (NEV) integra e apóia um escritório legal em Washington, o Centro pela Justiça e o Direito Internacional, CEJIL, dedicado exclusivamente a apresentação de queixas contra os Estados latino-americanos" (Paulo Sérgio Pinheiro, Direitos humanos no ano que passou: avanços e continuidades, in *Os direitos humanos no Brasil*, p. 15).

Embora incipiente no Brasil, verificou-se que a advocacia do Direito Internacional dos Direitos Humanos tem sido capaz de propor relevantes ações internacionais, invocando a atenção da comunidade internacional para a fiscalização e o controle de graves casos de violação de direitos humanos. No momento em que tais violações são submetidas à arena internacional, elas se tornam mais visíveis, salientes e públicas. Diante da publicidade de casos de violações de direitos humanos e de pressões internacionais, o Estado se vê "compelido" a prover justificativas, o que tende a implicar alterações na própria prática do Estado em relação aos direitos humanos, permitindo, por vezes, um sensível avanço na forma pela qual tais direitos são nacionalmente respeitados e implementados. Para Jack Donnelly: "A ação internacional tem auxiliado na publicidade de diversas violações de direitos humanos e, em alguns casos, tem sido um importante suporte e estímulo para as reformas internas e para a contestação ante regimes repressivos. A ação política internacional pode contribuir — e tem contribuído — de forma efetiva para a luta pelos direitos humanos"[14]. No mesmo sentido, afirma David Weissbrodt: "uma vez que uma ONG denuncia um caso à atenção governamental, torna-se mais difícil ignorar as violações de direitos humanos. (...) Quando o Governo torna-se ciente do problema e do possível risco de constrangimento, oficiais diplomáticos devem tomar medidas para remediar a situação. (...) A publicidade é, claramente, um importante fator para a implementação dos direitos humanos por parte das ONGs"[15]. A ação internacional constitui, portanto, importante estratégia para o fortalecimento da sistemática de implementação dos direitos humanos[16].

---

14. Jack Donnelly, *Universal human rights in theory and practice*, p. 4.

15. David Weissbrodt, The contribution of international nongovernmental organizations, p. 413 e 415. Sobre a publicidade como importante fator para a implementação dos direitos humanos, propõe Anne F. Bayefsky "desenvolver uma regra clara de cobertura da mídia em relação ao cumprimento dos tratados; permitir a cobertura de televisão; organizar conferências de imprensa; realizar conferências de imprensa e entrevistas na mídia com respeito a cada Estado-parte; negar aos Estados, que se recusem a admitir a atuação da mídia, acesso ao regime dos tratados" (*Making the human rights treaties work*, p. 265).

16. Como observa Theodor Meron: "O relatório de 1980 (o relatório preparado anualmente pelo Departamento de Estado dos Estados Unidos) indica que tem ocorrido uma queda contínua de violações à integridade da pessoa humana em países nos quais a prática de direitos humanos tem sido objeto de um intenso controle internacional, enquanto que, em países que não são objeto de tal controle, a tortura e a punição cruel continuam a ser praticadas" (*Teaching human rights: an overview*, p. 20). No dizer de Sandra Coliver: "Com um grande envolvimento das ONGs — em suprir informações aos membros do Comitê, com-

Seja em face da sistemática de monitoramento internacional que proporciona, seja em face do extenso universo de direitos que assegura, o Direito Internacional dos Direitos Humanos vem a instaurar o processo de redefinição do próprio conceito de cidadania no âmbito brasileiro. O conceito de cidadania se vê, assim, alargado e ampliado, na medida em que passa a incluir não apenas direitos previstos no plano nacional, mas também direitos internacionalmente enunciados. A sistemática internacional de *accountability* vem ainda a integrar esse conceito renovado de cidadania tendo em vista que às garantias nacionais são adicionadas garantias de natureza internacional. Consequentemente, o desconhecimento dos direitos e garantias internacionais importa no desconhecimento de parte substancial dos direitos da cidadania, por significar a privação do exercício de direitos acionáveis e defensáveis na arena internacional.

Hoje se pode afirmar que a realização plena e não apenas parcial dos direitos da cidadania envolve o exercício efetivo e amplo dos direitos humanos, nacional e internacionalmente assegurados.

---

partilhar informações com outras organizações nacionais e publicar as discussões do Comitê — os tratados internacionais podem se converter em poderosos mecanismos para focar a atenção em violações e promover melhorias concretas na proteção dos direitos humanos" (Sandra Coliver, International reporting procedures, in Hurst Hannum (ed.), *Guide to international human rights practice,* p. 191). Sobre a matéria, ver ainda Kathryn Sikkink, p. 414-415. Nesse estudo, Kathryn Sikkink tece uma análise comparada sobre o impacto das pressões internacionais em prol dos direitos humanos na Argentina e no México, ao longo das décadas de 70 e 80, e conclui que as pressões internacionais, nesses casos, contribuíram para alterar o comportamento desses Estados, especialmente no que se refere à política de direitos humanos por eles adotada. Ver também Dan Thomaz, *Social movements and the strategic use of human rights norms: a comparison of east european cases,* 1995, que analisa a contribuição das normas internacionais de direitos humanos — particularmente o impacto do Ato Final de Helsinki de 1975 — para a democratização do Leste Europeu, a partir do declínio e desaparecimento do Comunismo no Leste Europeu e na então União Soviética. Ver também Thomas Risse, Stephen C. Ropp e Kathryn Sikkink (ed.), *The power of human rights: international norms and domestic change.*

CAPÍTULO XI

SÍNTESE

1) A Constituição brasileira de 1988 simboliza o marco jurídico da transição democrática e da institucionalização dos direitos humanos no Brasil. O Texto de 1988 empresta aos direitos e garantias ênfase extraordinária, destacando-se como o documento mais avançado, abrangente e pormenorizado sobre a matéria na história do País.

2) O valor da dignidade humana impõe-se como núcleo básico e informador do ordenamento jurídico brasileiro, como critério e parâmetro de valoração a orientar a interpretação e compreensão do sistema constitucional instaurado em 1988. A dignidade humana e os direitos e garantias fundamentais vêm a constituir os princípios constitucionais que incorporam as exigências de justiça e dos valores éticos, conferindo suporte axiológico ao sistema jurídico brasileiro. Os direitos e garantias fundamentais passam a ser dotados de uma especial força expansiva, projetando-se por todo o universo constitucional e servindo como critério interpretativo de todas as normas do ordenamento jurídico nacional.

3) É nesse contexto que se há de interpretar os dispositivos constitucionais pertinentes à proteção internacional dos direitos humanos. No caso brasileiro, as relevantes transformações internas decorrentes do processo de democratização tiveram acentuada repercussão no plano internacional. Isto é, o equacionamento dos direitos humanos no âmbito da ordem jurídica interna permitiu que tais direitos se convertessem em tema fundamental na agenda internacional do País. Por sua vez, o impacto da nova agenda provocou mudanças no plano interno e no próprio ordenamento jurídico brasileiro. Essas transformações têm gerado um novo constitucionalismo, bem como uma abertura à internacionalização da proteção dos direitos humanos.

4) Inovações extremamente significativas no plano das relações internacionais foram introduzidas com a Constituição de 1988. Se, por um lado, esse Texto reproduz tanto a antiga preocupação vivida no Império no que se refere à independência nacional e à não intervenção, como reproduz ainda os ideais republicanos voltados à defesa da paz, a Carta de 1988 inova ao realçar uma orientação internacionalista jamais vista na história

brasileira. A orientação internacionalista se traduz nos princípios da prevalência dos direitos humanos, da autodeterminação dos povos, do repúdio ao terrorismo e ao racismo e da cooperação entre os povos para o progresso da humanidade, nos termos do art. 4º, II, III, VIII e IX, da Carta.

5) Ao romper com a sistemática das Cartas anteriores, a Constituição de 1988, ineditamente, consagra o primado do respeito aos direitos humanos, como paradigma propugnado para a ordem internacional. Esse princípio invoca a abertura da ordem jurídica interna ao sistema internacional de proteção dos direitos humanos. A partir do momento em que o Brasil se propõe a fundamentar suas relações internacionais com base na prevalência dos direitos humanos, está ao mesmo tempo reconhecendo a existência de limites e condicionamentos à noção de soberania estatal, do modo pelo qual tem sido tradicionalmente concebida. Isto é, a soberania do Estado brasileiro fica submetida a regras jurídicas, tendo como parâmetro obrigatório a prevalência dos direitos humanos. Surge, pois, a necessidade de interpretar os antigos conceitos de soberania nacional e não intervenção à luz de princípios inovadores da ordem constitucional; dentre eles, destaque-se o princípio da prevalência dos direitos humanos. Esses são os novos valores incorporados pelo Texto de 1988 e que compõem a tônica do constitucionalismo contemporâneo.

6) Se para o Brasil a prevalência dos direitos humanos é princípio a reger o Estado no cenário internacional, admite-se consequentemente a concepção de que os direitos humanos constituem tema de legítima preocupação e interesse da comunidade internacional. Os direitos humanos, nessa concepção, surgem para o constituinte de 1988 como tema global.

7) De forma inédita, a Carta de 1988 estabelece, ao fim da extensa Declaração de Direitos por ela prevista, que os direitos e garantias expressos no Texto "não excluem outros decorrentes do regime e dos princípios por ela adotados, ou dos tratados internacionais em que a República Federativa do Brasil seja parte" (art. 5º, § 2º). A Carta inova, assim, ao incluir entre os direitos constitucionalmente protegidos os enunciados nos tratados internacionais de que o Brasil seja signatário. Ao efetuar tal incorporação, a Carta atribui aos direitos internacionais uma natureza especial e diferenciada, qual seja, a de norma constitucional.

8) Por força do art. 5º, § 2º, da Constituição Federal de 1988, todos os tratados de direitos humanos, independentemente do *quorum* de aprovação, são materialmente constitucionais, compondo o bloco de constitucionalidade. O *quorum* qualificado introduzido pelo § 3º do mesmo artigo (fruto da Emenda Constitucional n. 45/2004), ao reforçar a natureza constitucional dos tratados de direitos humanos, vem a adicionar um lastro formalmente

constitucional aos tratados ratificados, propiciando a "constitucionalização formal" dos tratados de direitos humanos no âmbito jurídico interno. Nessa hipótese, os tratados de direitos humanos formalmente constitucionais são equiparados às emendas à Constituição, isto é, passam a integrar formalmente o Texto. Com o advento do § 3º do art. 5º surgem, assim, duas categorias de tratados internacionais de proteção de direitos humanos: a) os materialmente constitucionais; e b) os material e formalmente constitucionais. Frise-se: todos os tratados internacionais de direitos humanos são materialmente constitucionais, por força do § 2º do art. 5º. Para além de serem materialmente constitucionais, poderão, a partir do § 3º do mesmo dispositivo, acrescer a qualidade de formalmente constitucionais, equiparando-se às emendas à Constituição, no âmbito formal.

9) Essa conclusão advém de interpretação sistemática e teleológica do Texto, especialmente em face da força expansiva dos valores da dignidade humana e dos direitos fundamentais, como parâmetros axiológicos a orientar a compreensão do fenômeno constitucional. A conclusão decorre ainda do processo de globalização, que propicia e estimula a abertura da Constituição à normatividade internacional — abertura que constitui um traço marcante da ordem constitucional contemporânea, alargando o "bloco de constitucionalidade", como forma de densificação ou revelação específicas de princípios ou regras constitucionais positivas. Também em favor da natureza constitucional dos direitos enunciados em tratados internacionais, acrescente-se a natureza materialmente constitucional dos direitos fundamentais, como ainda o princípio da máxima efetividade das normas constitucionais referentes a direitos e garantias fundamentais, o que justifica estender aos direitos enunciados em tratados o regime constitucional conferido aos demais direitos e garantias fundamentais.

10) Em conformidade com o § 2º do art. 5º da Constituição brasileira, propõe-se uma nova classificação dos direitos fundamentais. Por ela, esses direitos são organizados em três grupos distintos: a) o dos direitos expressos na Constituição (por exemplo, os elencados pelo Texto nos incisos I a LXXVII do art. 5º); b) o dos direitos expressos em tratados internacionais de que o Brasil seja parte; e, finalmente, c) o dos direitos implícitos (direitos subentendidos nas regras de garantias, bem como os decorrentes do regime e dos princípios adotados pela Constituição). Se os direitos implícitos apontam para um universo de direitos impreciso, vago, elástico e subjetivo, os direitos expressos na Constituição e nos tratados internacionais de que o Brasil seja parte compõem um universo claro e preciso. Quanto a estes últimos, basta examinar os tratados internacionais de proteção dos direitos humanos ratifi-

cados pelo Brasil para que se possa delimitar, delinear e definir o universo dos direitos internacionais constitucionalmente protegidos.

11) Enfatize-se que, enquanto os demais tratados internacionais têm força hierárquica infraconstitucional, nos termos do art. 102, III, *b*, do Texto, os direitos enunciados em tratados internacionais de proteção dos direitos humanos detêm natureza de norma constitucional. O tratamento jurídico diferenciado se justifica, na medida em que os tratados internacionais de direitos humanos apresentam caráter especial, distinguindo-se dos tratados internacionais comuns. Enquanto estes buscam o equilíbrio e a reciprocidade de relações entre Estados-partes, aqueles transcendem os meros compromissos recíprocos entre os Estados pactuantes, tendo em vista que objetivam salvaguardar os direitos do ser humano e não das prerrogativas dos Estados. O caráter especial vem a justificar o *status* constitucional atribuído aos tratados internacionais de proteção dos direitos humanos.

12) Os direitos constantes dos tratados internacionais, como os demais direitos e garantias individuais consagrados pela Constituição, constituem cláusula pétrea e não podem ser abolidos por meio de emenda à Constituição, nos termos do art. 60, § 4º, da Constituição. Todavia, embora os direitos internacionais sejam alcançados pelo art. 60, § 4º, os tratados internacionais de direitos humanos materialmente constitucionais são suscetíveis de denúncia por parte do Estado signatário. Seria mais coerente, no entanto, aplicar ao ato da denúncia o mesmo procedimento aplicável ao ato da ratificação. Isto é, se para a ratificação é necessário um ato complexo, fruto da conjugação de vontades do Executivo e do Legislativo, para o ato da denúncia também esse deveria ser o procedimento. Propõe-se aqui a necessidade de prévia autorização pelo Legislativo do ato de denúncia de determinado tratado internacional de direitos humanos pelo Executivo.

13) Se os tratados de direitos humanos materialmente constitucionais são suscetíveis de denúncia, em virtude das peculiaridades do regime de Direito Internacional público, sendo de rigor a democratização do processo de denúncia (com a necessária participação do Legislativo), os tratados de direitos humanos material e formalmente constitucionais são insuscetíveis de denúncia. Isto porque os direitos neles enunciados receberam assento formal no Texto Constitucional, não apenas pela matéria que veiculam, mas pelo grau de legitimidade popular contemplado pelo especial e dificultoso processo de aprovação, concernente à maioria de três quintos dos votos dos membros, em cada Casa do Congresso Nacional, em dois turnos de votação. Ora, se tais direitos internacionais passaram a compor o quadro constitucional, não só no campo material, mas também no formal, não há como admitir que um ato isolado e solitário do Poder Executivo subtraia tais direitos do

patrimônio popular — ainda que a possibilidade de denúncia esteja prevista nos próprios tratados de direitos humanos ratificados, como já apontado. É como se o Estado houvesse renunciado à prerrogativa de denúncia, em virtude da "constitucionalização formal" do tratado no âmbito jurídico interno.

14) Atente-se a que a sistemática constitucional brasileira de 1988, no que tange ao regime privilegiado dos direitos internacionalmente reconhecidos, situa-se num contexto em que diversas Constituições latino-americanas recentes buscam dispensar aos preceitos constantes dos tratados de direitos humanos tratamento especial e diferenciado.

15) Quanto à incorporação dos tratados de direitos humanos no Direito brasileiro, de acordo com o princípio da aplicabilidade imediata das normas definidoras dos direitos e garantias fundamentais, consagrado no art. 5º, § 1º, da Constituição, acolhe-se a sistemática da incorporação automática desses tratados, sem que se faça necessário um ato jurídico complementar para sua exigibilidade e implementação. Vale dizer, com o ato da ratificação, a regra internacional de proteção dos direitos humanos passa a vigorar de imediato, tanto na ordem jurídica internacional como na ordem interna brasileira — o que vem reforçado pelo art. 5º, § 3º, da Constituição, introduzido pela Emenda Constitucional n. 45/2004. Diversamente, no que se refere aos tratados tradicionais aplica-se a sistemática da incorporação legislativa, uma vez que não são incorporados de plano pelo direito nacional, mas, ao revés, dependem necessariamente de ato normativo que os implemente. Conclui-se, portanto, que o Direito brasileiro faz opção por um sistema misto, no qual, para os tratados internacionais de proteção dos direitos humanos — por força do art. 5º, § 1º —, aplica-se a sistemática da incorporação automática, enquanto para os demais tratados internacionais se aplica a sistemática da incorporação legislativa. Além disso, o regime jurídico privilegiado conferido aos tratados de direitos humanos não é aplicável aos demais tratados tradicionais, isto é, enquanto aqueles apresentam *status* constitucional, estes apresentam *status* infraconstitucional.

16) Em relação ao impacto jurídico dos tratados internacionais de direitos humanos no Direito brasileiro, e considerando a hierarquia constitucional desses direitos, três hipóteses poderão ocorrer. O direito enunciado no tratado internacional poderá: a) reproduzir direito assegurado pela Constituição (nesta hipótese o Direito interno tem como inspiração o Direito Internacional dos Direitos Humanos); b) integrar e complementar o universo de direitos constitucionalmente previstos; e c) contrariar preceito constitucional. Na primeira hipótese, os tratados internacionais de direitos humanos estarão a reforçar o valor jurídico de direitos constitucionalmente assegurados. Na

segunda, os tratados estarão a ampliar, integrar e estender o elenco dos direitos constitucionais, complementando e integrando a declaração constitucional de direitos. Por fim, quanto à terceira hipótese, prevalecerá a norma mais favorável à proteção da vítima (não importa se do Direito interno ou do Direito Internacional), já que no plano da proteção dos direitos humanos interagem o Direito Internacional e o interno, movidos pelas mesmas necessidades de proteção. Prevalece a norma que melhor proteja o ser humano, tendo em vista que a primazia é da pessoa humana. Logo, os direitos internacionais constantes dos tratados de direitos humanos apenas vêm a aprimorar e fortalecer, nunca a restringir ou debilitar, o grau de proteção dos direitos consagrados no plano normativo constitucional.

17) Os tratados internacionais de direitos humanos têm como fonte o Direito Internacional dos Direitos Humanos. Os primeiros marcos do processo de internacionalização dos direitos humanos foram o Direito Humanitário, a Liga das Nações e a Organização Internacional do Trabalho. Seja ao proteger direitos fundamentais em situações de conflito armado, seja ao fixar como objetivos internacionais a manutenção da paz e segurança internacionais, seja, ainda, ao assegurar padrões globais mínimos para as condições de trabalho, esses institutos e instituições se assemelham, na medida em que projetam o tema dos direitos humanos no plano internacional. Registram ainda o fim de uma época em que o Direito Internacional era, salvo raras exceções, confinado a regular relações entre Estados, no âmbito estritamente governamental. Tais institutos rompem, assim, com a concepção tradicional que concebia o Direito Internacional apenas como a lei da comunidade internacional dos Estados e que sustentava ser o Estado o único sujeito de Direito Internacional. Rompem ainda com a noção de soberania nacional absoluta, pois admitem intervenções no plano nacional, em prol da proteção dos direitos humanos. Prenuncia-se o fim da era em que a forma como o Estado tratava seus nacionais era concebida como um problema de jurisdição doméstica, restrito ao domínio reservado do Estado, decorrência de sua soberania, autonomia e liberdade. Neste cenário, os primeiros delineamentos do Direito Internacional dos Direitos Humanos começavam a se revelar.

18) Contudo, a efetiva consolidação do Direito Internacional dos Direitos Humanos surgiu em meados do século XX, em decorrência da Segunda Guerra Mundial. Seu desenvolvimento pode ser atribuído às monstruosas violações de direitos humanos da Era Hitler e à crença de que parte dessas violações poderiam ser prevenidas se um efetivo sistema de proteção internacional de direitos humanos existisse. Emerge a certeza de que a proteção dos direitos humanos não deve reduzir-se ao âmbito reservado de um Estado, pois revela tema de legítimo interesse internacional.

19) Nesse cenário, o Tribunal de Nuremberg, de 1945-1946, significou um poderoso impulso ao movimento de internacionalização dos direitos humanos. O significado desse tribunal para o processo de internacionalização desses direitos é duplo: não apenas consolida a ideia da necessária limitação da soberania nacional como reconhece que os indivíduos têm direitos protegidos pelo Direito Internacional, na condição de sujeitos de direito.

20) A Carta das Nações Unidas de 1945 consolida, de forma decisiva, o movimento de internacionalização dos direitos humanos, a partir do consenso de Estados que elevam a promoção de tais direitos a propósito e finalidade das Nações Unidas. Definitivamente, a relação entre um Estado e seus nacionais passa a constituir uma problemática internacional, objeto de instituições internacionais e do Direito Internacional.

21) Embora a Carta das Nações Unidas seja enfática ao determinar a importância de defender, promover e respeitar os direitos humanos e as liberdades fundamentais, ela não define o conteúdo dessas expressões, deixando-as em aberto. Três anos após o advento daquela Carta, a Declaração Universal dos Direitos Humanos, em 1948, veio a definir com precisão o elenco dos "direitos humanos e liberdades fundamentais".

22) Concebida como a interpretação autorizada dos arts. 1º (3) e 55 da Carta da ONU, no sentido de aclarar, definir e decifrar a expressão "direitos humanos e liberdades fundamentais", a Declaração de 1948 estabelece duas categorias de direitos: os direitos civis e políticos e os direitos econômicos, sociais e culturais. Combina, ineditamente, o discurso liberal e o discurso social da cidadania, conjugando o valor da liberdade ao valor da igualdade. Ao conjugar esses dois valores, a Declaração introduz a concepção contemporânea de direitos humanos, pela qual estes passam a ser concebidos como unidade interdependente e indivisível. Nessa concepção, todos os direitos humanos constituem um complexo integral, único e indivisível, em que os diferentes direitos são necessariamente inter-relacionados e interdependentes. Além da indivisibilidade dos direitos humanos, a Declaração de 1948 endossa a universalidade desses direitos, afirmando que os direitos humanos decorrem da dignidade inerente à condição de pessoa.

23) A Declaração Universal de 1948, ainda que não assuma a forma de tratado internacional, apresenta força jurídica obrigatória e vinculante, na medida em que constitui a interpretação autorizada da expressão "direitos humanos", constante dos arts. 1º (3) e 55 da Carta das Nações Unidas. Ressalte-se que, à luz da Carta, os Estados assumem o compromisso de assegurar o respeito universal e efetivo aos direitos humanos. Ademais, a natureza jurídica vinculante da Declaração Universal é reforçada pelo fato de, na quali-

dade de um dos mais influentes instrumentos jurídicos e políticos do século XX, ter-se transformado, ao longo de mais de cinquenta anos de sua adoção, em direito costumeiro internacional e princípio geral de Direito Internacional.

24) A concepção universal dos direitos humanos demarcada pela Declaração sofreu e sofre, entretanto, fortes resistências dos adeptos do movimento do relativismo cultural. Para os relativistas, a noção de direitos está estritamente relacionada aos sistemas político, econômico, cultural, social e moral vigentes em determinada sociedade. Por esse prisma, cada cultura possui seu próprio discurso acerca dos direitos fundamentais, relacionado às específicas circunstâncias culturais e históricas de cada sociedade. Em face dessa polêmica, compartilha-se da corrente universalista, acolhida pela Declaração de Viena de 1993, quando consagra que todos os direitos humanos são universais, indivisíveis, interdependentes e inter-relacionados. Compartilha-se, todavia, da defesa de um "universalismo de confluência", ou seja, um universalismo de ponto de chegada e não de ponto de partida. Acredita-se que a abertura do diálogo entre as culturas, com respeito à diversidade e com base no reconhecimento do outro, como ser pleno de dignidade e direitos, é condição para a celebração de uma cultura dos direitos humanos, inspirada pela observância do "mínimo ético irredutível", alcançado por um universalismo de confluência. Este universalismo de confluência, fomentado pelo ativo protagonismo da sociedade civil internacional, a partir de suas demandas e reivindicações morais, é que assegurará a legitimidade do processo de construção de parâmetros internacionais mínimos voltados à proteção dos direitos humanos.

25) Sob enfoque estritamente legalista, a Declaração Universal, em si mesma, não apresenta força jurídica obrigatória e vinculante, já que assume a forma de declaração e não de tratado. Esse entendimento ensejou o processo de "juridicização" da Declaração, concluído em 1966 com a elaboração de dois distintos tratados internacionais — o Pacto Internacional dos Direitos Civis e Políticos e o Pacto Internacional dos Direitos Econômicos, Sociais e Culturais. Formou-se, desse modo, a Carta Internacional dos Direitos Humanos, ou a *International Bill of Rights*, integrada pela Declaração Universal de 1948 e pelos dois Pactos Internacionais de 1966.

26) A Carta Internacional dos Direitos Humanos inaugura o sistema normativo global de proteção desses direitos, ao lado do qual já se delineava o sistema regional de proteção. A sistemática normativa de proteção internacional dos direitos humanos faz possível a responsabilização do Estado no domínio internacional quando as instituições nacionais se mostram falhas ou omissas na tarefa de proteção dos direitos humanos. A sistemática internacio-

nal é, portanto, sempre adicional e subsidiária, já que cabe ao Estado a responsabilidade primária de proteger os direitos humanos em seu território. Vale dizer, o Direito Internacional dos Direitos Humanos, com seus inúmeros instrumentos, não pretende substituir o sistema nacional. Ao revés, situa-se como direito paralelo e suplementar ao direito nacional, no sentido de permitir sejam superadas suas omissões e deficiências. Em suma, no sistema internacional de proteção dos direitos humanos, o Estado tem a responsabilidade primária pela proteção desses direitos, ao passo que a comunidade internacional tem a responsabilidade subsidiária, quando falham as instituições nacionais.

27) O Pacto Internacional dos Direitos Civis e Políticos e o Pacto Internacional dos Direitos Econômicos, Sociais e Culturais não apenas incorporam os direitos originariamente previstos na Declaração Universal de 1948 como os estendem e ampliam. Os direitos enunciados no Pacto Internacional dos Direitos Civis e Políticos apresentam aplicabilidade imediata, devendo ser assegurados de plano pelo Estado-parte. Já os direitos enunciados no Pacto Internacional dos Direitos Econômicos, Sociais e Culturais, na linguagem do Pacto, têm aplicação "progressiva", tendo em vista que estão condicionados à atuação do Estado, que deve adotar medidas, até o máximo de seus recursos disponíveis, com vistas a alcançar progressivamente a completa realização desses direitos. No entanto, esforços têm sido empenhados no sentido de fortalecer a aplicabilidade dos direitos sociais, econômicos e culturais, realçando seu caráter jurídico e acionabilidade. Para este estudo, tais direitos são direitos legais e acionáveis, já que a ideia da não acionabilidade dos direitos sociais é meramente ideológica e não científica. É uma preconcepção que reflete a equivocada noção de que uma classe de direitos (os direitos civis e políticos) merece inteiro reconhecimento e respeito, enquanto outra classe de direitos (os sociais, econômicos e culturais), ao contrário, não merece reconhecimento. Sustenta-se que os direitos fundamentais — sejam civis e políticos, sejam sociais, econômicos e culturais — são acionáveis e demandam séria e responsável observância.

28) O Pacto Internacional dos Direitos Civis e Políticos apresenta um peculiar mecanismo de implementação e monitoramento, que envolve a sistemática dos relatórios encaminhados pelos Estados-partes e a sistemática, opcional, das comunicações interestatais. O Protocolo Facultativo relativo a esse Pacto vem adicionar a essas sistemáticas um importante mecanismo, que traz significativos avanços no plano internacional, especialmente quanto à *international accountability* — o mecanismo das petições individuais a serem examinadas pelo Comitê de Direitos Humanos. Essas petições são encaminhadas por indivíduos que denunciam serem vítimas de violação de direitos enunciados pelo Pacto dos Direitos Civis e Políticos. A petição deve respeitar

determinados requisitos de admissibilidade, como o esgotamento prévio dos recursos internos e a comprovação de que a mesma questão não está sendo examinada por outra instância internacional. Já o Pacto Internacional dos Direitos Econômicos, Sociais e Culturais apresenta tão somente a sistemática de relatórios a serem encaminhados pelos Estados-partes, evidenciando as medidas adotadas em cumprimento ao Pacto. Em dezembro de 2008, finalmente, foi adotado o Protocolo Facultativo a esse Pacto, estabelecendo o mecanismo da petição individual, das comunicações interestatais e da investigação *in loco*, na hipótese de grave ou sistemática violação por um Estado-parte de direito econômico, social e cultural enunciado no Pacto.

29) O sistema global de proteção dos direitos humanos, até então caracterizado por instrumentos de alcance geral, tem sido ampliado com o advento de diversos tratados multilaterais de direitos humanos, pertinentes a determinadas e específicas violações de direitos, como o genocídio, a tortura, a discriminação racial, a discriminação contra a mulher, a violação dos direitos da criança, entre outras. Daí a adoção de instrumentos internacionais de alcance específico, como a Convenção para a Prevenção e Repressão ao Crime de Genocídio, a Convenção contra a Tortura e outros Tratamentos Cruéis, Desumanos ou Degradantes, a Convenção sobre a Eliminação de todas as formas de Discriminação Racial, a Convenção sobre a Eliminação de todas as formas de Discriminação contra a Mulher, a Convenção sobre os Direitos da Criança, a Convenção Internacional sobre a Proteção dos Direitos de Todos os Trabalhadores Migrantes e dos Membros de suas Famílias, a Convenção sobre os Direitos das Pessoas com Deficiência, entre outras. Firma-se, assim, no âmbito do sistema global, a coexistência dos sistemas geral e especial de proteção dos direitos humanos, que se revelam complementares, na medida em que o sistema especial de proteção é voltado, fundamentalmente, à prevenção da discriminação ou à proteção de pessoas ou grupos de pessoas particularmente vulneráveis. O sistema especial de proteção realça o processo da especificação do sujeito de direito, no qual o sujeito passa a ser visto em sua especificidade e concreticidade, diversamente do sistema geral de proteção, endereçado a toda e qualquer pessoa, concebida em sua abstração e generalidade. À semelhança dos Pactos Internacionais, essas Convenções específicas apresentam, como mecanismo de proteção dos direitos nelas enunciados, a sistemática de relatórios a serem elaborados pelos Estados-partes. A depender da Convenção, são também previstos os mecanismos das comunicações interestatais e das petições individuais, a serem apreciadas por Comitês instituídos pelas respectivas Convenções, que são os órgãos responsáveis pelo monitoramento dos direitos nelas assegurados.

30) Constata-se que, no sistema normativo global de proteção, seja de alcance geral, seja de alcance específico, até o advento do Estatuto do Tribunal Penal Internacional, em 1998, não era previsto um órgão jurisdicional com competência para julgar casos de violação de direitos internacionalmente assegurados. Com exceção dessa jurisdição de natureza estritamente penal, no âmbito global a sistemática de monitoramento internacional continua a se restringir ao mecanismo de relatórios, a serem elaborados pelos Estados-partes, e, por vezes, ao mecanismo das comunicações interestatais e petições individuais, a serem consideradas pelos Comitês internacionais, que, todavia, não apresentam caráter jurisdicional. Isto é, as decisões desses Comitês são de cunho recomendatório e não têm natureza jurídica sancionatória, de modo que se aplicam ao Estado violador sanções de caráter moral e político, mas não jurídico, no enfoque estrito. Todavia, em nome do princípio da boa-fé a reger os Estados no âmbito internacional, tais decisões merecem plena observância e respeito. Impõe-se, assim, no plano global, a instituição de um Tribunal Internacional de Direitos Humanos, como órgão jurisdicional competente para tutelar os direitos humanos no sistema global, tendo o poder de proferir decisões com força jurídica vinculante e obrigatória aos Estados perpetradores de violações. Faz-se também necessária a adoção do mecanismo de petição individual por todos os tratados internacionais de proteção de direitos humanos, já que esse mecanismo permite o acesso direto de indivíduos aos órgãos internacionais de monitoramento. O aprimoramento do sistema internacional de proteção dos direitos humanos requer o fortalecimento dos órgãos e instituições internacionais existentes, desenvolvendo e revisando seus procedimentos e utilizando-se destes de forma plena. Insista-se: o aprimoramento do sistema internacional de proteção dos direitos humanos está condicionado: a) ao reforço do sistema sancionatório internacional, mediante a imposição de sanções não apenas políticas ou morais, mas também de natureza jurídica, por instâncias que simbolizem a ideia de que o sistema internacional de direitos humanos é um sistema de direitos legais, que envolve direitos e obrigações juridicamente vinculantes; e b) à democratização dos instrumentos internacionais, a fim de assegurar sempre o direito de petição a indivíduos e a entidades não governamentais, permitindo-lhes possibilidades ampliadas de atuação e um espaço participativo mais eficaz na ordem internacional.

31) Todavia, ainda que consideradas as limitações vigentes no sistema normativo global de proteção, a possibilidade de submeter o Estado ao monitoramento e controle da comunidade internacional, sob o risco do constrangimento (*embarrassment*), em face de uma condenação política e moral no fórum da opinião pública internacional, é importante estratégia a ser utilizada e potencializada pelos indivíduos titulares de direitos internacionais.

32) Ao lado do sistema normativo global, surge o sistema normativo regional de proteção, que busca internacionalizar os direitos humanos no plano regional, particularmente na Europa, América e África. Consolida-se, assim, a convivência do sistema global — integrado pelos instrumentos das Nações Unidas, como a Declaração Universal de Direitos Humanos, o Pacto Internacional dos Direitos Civis e Políticos, o Pacto Internacional dos Direitos Econômicos, Sociais e Culturais e as demais convenções internacionais — com instrumentos do sistema regional, integrado, por sua vez, pelos sistemas interamericano, europeu e africano de proteção dos direitos humanos. Os sistemas global e regional não são dicotômicos, mas complementares. Inspirados pelos valores e princípios da Declaração Universal, compõem o universo instrumental de proteção dos direitos humanos, no plano internacional. Diante desse complexo universo de instrumentos internacionais, cabe ao indivíduo que sofreu a violação de direito a escolha do aparato mais favorável, tendo em vista que, eventualmente, direitos idênticos são tutelados por dois ou mais instrumentos de alcance global ou regional, ou, ainda, de alcance geral ou especial. Sob essa ótica, os diversos sistemas de proteção de direitos humanos interagem em benefício dos indivíduos protegidos.

33) Considerando o sistema regional interamericano, seu instrumento de maior importância é a Convenção Americana de Direitos Humanos. Esta Convenção assegura um catálogo de direitos civis e políticos similar ao previsto pelo Pacto Internacional dos Direitos Civis e Políticos, não enunciando de forma específica qualquer direito social, cultural ou econômico, mas tão somente determinando aos Estados que alcancem, progressivamente, a plena realização de tais direitos, mediante a adoção de medidas legislativas e outras que se mostrem apropriadas.

34) A Convenção Americana estabelece um aparato de monitoramento e implementação dos direitos que enuncia. Esse aparato é integrado pela Comissão Interamericana de Direitos Humanos e pela Corte Interamericana. Promover a observância e a proteção dos direitos humanos na América é a principal função da Comissão Interamericana. Para tanto, cabe à Comissão: fazer recomendações aos governos dos Estados-partes, prevendo a adoção de medidas adequadas à proteção desses direitos; preparar estudos e relatórios que se mostrem necessários; solicitar aos governos informações relativas às medidas por eles adotadas, concernentes à efetiva aplicação da convenção; submeter um relatório anual à Assembleia Geral da Organização dos Estados Americanos. É também da competência da Comissão examinar as comunicações, encaminhadas por indivíduo ou grupos de indivíduos, ou

ainda entidade não governamental, que contenham denúncias de violação a direito consagrado pela convenção por Estado que dela seja parte. Também está previsto o sistema das comunicações interestatais. Quanto à Corte Interamericana, é o órgão jurisdicional do sistema regional interamericano, que apresenta competência consultiva e contenciosa. No plano contencioso, a competência da Corte para o julgamento de casos é, por sua vez, limitada aos Estados-partes da Convenção que reconheçam expressamente tal jurisdição. Atente-se que apenas a Comissão Interamericana e os Estados-partes podem submeter um caso à Corte Interamericana, não estando prevista a legitimação do indivíduo — nesse sentido, mais uma vez se enfatiza a necessidade premente de democratização dos procedimentos internacionais, com a garantia de acesso direto de indivíduos e entidades não governamentais à Corte.

35) A Corte Interamericana possui jurisdição para examinar casos que envolvam a denúncia de que um Estado-parte violou direito protegido pela convenção. Se reconhecer que efetivamente ocorreu a violação, a Corte determinará a adoção de medidas que se façam necessárias à restauração do direito. A Corte poderá ainda condenar o Estado a pagar uma justa compensação à vítima, tendo sua decisão força jurídica vinculante e obrigatória. Se a Corte fixar uma compensação à vítima, a decisão valerá como título executivo, em conformidade com os procedimentos internos relativos à execução de sentença desfavorável ao Estado. Ainda que recente seja a jurisprudência da Corte, o sistema interamericano se consolida como relevante e eficaz estratégia de proteção dos direitos humanos quando as instituições nacionais se mostram omissas ou falhas.

36) No que se refere à posição do Brasil perante o sistema internacional de proteção dos direitos humanos, observa-se que, ao longo do processo de democratização, o Estado brasileiro passou a aderir a importantes instrumentos internacionais de direitos humanos, integrantes dos sistemas global e regional, aceitando expressamente a legitimidade das instâncias internacionais quanto ao cumprimento conferido pelo País às obrigações internacionalmente assumidas concernentes aos direitos humanos. A reinserção do Estado brasileiro no plano do sistema de proteção internacional dos direitos humanos ocorre em um contexto em que o processo de democratização no Brasil se conjuga com o processo de afirmação dos direitos humanos como tema global, processo deflagrado com o fim da Guerra Fria.

37) O marco inicial do processo de incorporação de tratados internacionais de direitos humanos pelo Direito brasileiro foi a ratificação, em 1º de fevereiro de 1984, da Convenção sobre a Eliminação de todas as formas

de Discriminação contra a Mulher. A partir dessa ratificação, outros relevantes instrumentos internacionais de proteção dos direitos humanos foram também incorporados pelo Direito brasileiro, sob a égide da Constituição Federal de 1988. Assim, a partir da Carta de 1988, importantes tratados internacionais de direitos humanos foram ratificados pelo Brasil, dentre eles: a) a Convenção Interamericana para Prevenir e Punir a Tortura, em 20 de julho de 1989; b) a Convenção contra a Tortura e outros Tratamentos Cruéis, Desumanos ou Degradantes, em 28 de setembro de 1989; c) a Convenção sobre os Direitos da Criança, em 24 de setembro de 1990; d) o Pacto Internacional dos Direitos Civis e Políticos, em 24 de janeiro de 1992; e) o Pacto Internacional dos Direitos Econômicos, Sociais e Culturais, em 24 de janeiro de 1992; f) a Convenção Americana de Direitos Humanos, em 25 de setembro de 1992; g) a Convenção Interamericana para Prevenir, Punir e Erradicar a Violência contra a Mulher, em 27 de novembro de 1995; h) o Protocolo à Convenção Americana referente à Abolição da Pena de Morte, em 13 de agosto de 1996; i) o Protocolo de San Salvador referente aos Direitos Econômicos, Sociais e Culturais, em 21 de agosto de 1996; j) a Convenção Interamericana para Eliminação de todas as formas de Discriminação contra Pessoas Portadoras de Deficiência, em 15 de agosto de 2001; k) o Estatuto de Roma, que cria o Tribunal Penal Internacional, em 20 de junho de 2002; l) o Protocolo Facultativo à Convenção sobre a Eliminação de todas as formas de Discriminação contra a Mulher, em 28 de junho de 2002; m) o Protocolo Facultativo à Convenção sobre os Direitos da Criança sobre o Envolvimento de Crianças em Conflitos Armados, em 27 de janeiro de 2004; n) o Protocolo Facultativo à Convenção sobre os Direitos da Criança sobre Venda, Prostituição e Pornografia Infantis, também em 27 de janeiro de 2004; o) o Protocolo Facultativo à Convenção contra a Tortura e outros Tratamentos ou Penas Cruéis, Desumanos ou Degradantes, em 11 de janeiro de 2007; p) a Convenção sobre os Direitos das Pessoas com Deficiência e seu Protocolo Facultativo, em 1º de agosto de 2008; q) o Protocolo Facultativo ao Pacto Internacional dos Direitos Civis e Políticos, bem como o Segundo Protocolo ao mesmo Pacto visando à Abolição da Pena de Morte, em 25 de setembro de 2009; r) a Convenção Internacional para a Proteção de todas as pessoas contra o Desaparecimento Forçado, em 29 de novembro de 2010; s) da Convenção Interamericana sobre o Desaparecimento Forçado de Pessoas, em 3 de fevereiro de 2014; t) do Protocolo Facultativo à Convenção sobre os Direitos da Criança relativo ao procedimento de comunicações, em 29 de setembro de 2017; e u) da Convenção Interamericana contra o Racismo, a Discriminação Racial e formas correlatas de Intolerância, em 13 de maio de 2021.

38) Contudo, para que o Brasil se alinhe efetivamente à sistemática internacional de proteção dos direitos humanos, em relação aos tratados ratificados, é emergencial uma mudança de atitude política, de modo que o Estado brasileiro não mais se recuse a aceitar procedimentos que permitam acionar de forma direta e eficaz a *international accountability*. Superar a postura de recuo e retrocesso — que remonta ao período de autoritarismo — é fundamental à plena e integral proteção dos direitos humanos no âmbito nacional. Nesse sentido, é prioritária no Estado brasileiro a revisão de declarações restritivas elaboradas, por exemplo, quando da ratificação da Convenção Americana. É também prioritária a reavaliação da posição do Estado brasileiro quanto a cláusulas e procedimentos facultativos — destacando-se a urgência de o Brasil aceitar os mecanismos de petição individual e comunicação interestatal previstos nos tratados já ratificados. Deve ainda o Estado brasileiro adotar medidas que assegurem eficácia aos direitos constantes dos instrumentos internacionais de proteção. A essas providências adicione-se a urgência de incorporar relevantes tratados internacionais ainda pendentes de ratificação, como o Protocolo Facultativo ao Pacto Internacional dos Direitos Econômicos, Sociais e Culturais. Todas essas ações são essenciais para a efetiva reinserção do Brasil, na condição de Estado Democrático de Direito, no cenário internacional de proteção dos direitos humanos. Embora avanços extremamente significativos tenham ocorrido ao longo do processo de democratização brasileira, no que tange à incorporação de mecanismos internacionais de proteção de direitos humanos, ainda resta o importante desafio — decisivo ao futuro democrático — do pleno e total comprometimento do Estado brasileiro à causa dos direitos humanos.

39) Considerando a advocacia dos tratados de direitos humanos junto às instâncias internacionais e, em particular, as ações internacionais perpetradas contra o Estado brasileiro perante a Comissão Interamericana de Direitos Humanos, conclui-se que ela oferece relevantes estratégias de ação, potencialmente capazes de contribuir para o reforço da promoção dos direitos humanos no Brasil. Demonstrou-se que a advocacia dos instrumentos internacionais permite a tutela, a supervisão e o monitoramento do modo pelo qual o Estado brasileiro garante os direitos humanos internacionalmente assegurados. Os instrumentos internacionais possibilitam ainda às organizações não governamentais, nacionais e internacionais, adicionar uma linguagem jurídica ao discurso dos direitos humanos, o que é positivo, já que os Estados são convocados a responder com mais seriedade aos casos de violação desses direitos. Na experiência brasileira, a ação internacional

tem também auxiliado a publicidade das violações de direitos humanos, oferecendo o risco do constrangimento (*embarrassment*) político e moral ao Estado violador. Nesse sentido, surge como significativo fator para a proteção dos direitos humanos. Ademais, ao enfrentar a publicidade das violações de direitos humanos, bem como as pressões internacionais, o Estado brasileiro vê-se "compelido" a apresentar justificativas a respeito de sua prática. A ação internacional e as pressões internacionais podem, assim, contribuir para transformar uma prática governamental específica, referente aos direitos humanos, conferindo suporte ou estímulo para reformas internas. Com o intenso envolvimento das organizações não governamentais, a partir de articuladas e competentes estratégias de litigância, os instrumentos internacionais constituem poderosos mecanismos para a promoção do efetivo fortalecimento do sistema de proteção dos direitos humanos no âmbito nacional. Observa-se, no entanto, que o sucesso da aplicação dos instrumentos internacionais de proteção dos direitos humanos requer a ampla sensibilização dos agentes operadores do direito, no que se atém à relevância e à utilidade de advogar esses tratados junto a instâncias internacionais e nacionais, o que pode viabilizar avanços concretos na defesa do exercício dos direitos da cidadania.

40) Ao longo deste estudo vislumbram-se a dinâmica e a dialética da relação entre democracia e direitos humanos, tendo em vista que, se no caso brasileiro o processo de democratização estimula a incorporação de relevantes tratados internacionais de direitos humanos, por sua vez, essa incorporação permite o fortalecimento do processo democrático, por meio da ampliação e do reforço do universo de direitos fundamentais por ele assegurado. Se a busca democrática não se atém apenas ao modo pelo qual o poder político é exercido, mas envolve fundamentalmente a forma pela qual direitos básicos de cidadania são implementados, este trabalho possibilitou avaliar a contribuição da sistemática internacional de proteção dos direitos humanos para o aperfeiçoamento do sistema de tutela desses direitos no Brasil. Sob esse prisma, o aparato internacional permite intensificar as respostas jurídicas diante de casos de violação de direitos humanos. Consequentemente, ao reforçar a sistemática de proteção de direitos, o aparato internacional permite o aperfeiçoamento do próprio regime democrático.

41) Seja em face da sistemática de monitoramento internacional que proporciona, seja em face do extenso universo de direitos que assegura, o Direito Internacional dos Direitos Humanos vem a instaurar o processo de redefinição do próprio conceito de cidadania no âmbito brasileiro. O conceito de cidadania se vê, assim, alargado e ampliado, na medida em que

passa a incluir não apenas direitos previstos no plano nacional, mas também direitos internacionalmente enunciados. A sistemática internacional de *accountability* vem ainda a integrar esse conceito renovado de cidadania, tendo em vista que às garantias nacionais são adicionadas garantias de natureza internacional. Desse modo, a realização plena dos direitos da cidadania envolve o exercício efetivo e amplo dos direitos humanos, nacional e internacionalmente assegurados.

APÊNDICE

INSTRUMENTOS INTERNACIONAIS DE PROTEÇÃO DOS DIREITOS HUMANOS

O quadro abaixo elenca relevantes instrumentos internacionais de proteção dos direitos humanos enfocados ao longo deste estudo. Através dele, destaca-se a data da adoção de cada instrumento internacional, bem como a data de sua ratificação pelo Brasil. Há também o cuidado em separar os instrumentos de alcance global dos instrumentos de alcance regional interamericano.

Objetiva este quadro apresentar importantes instrumentos internacionais ratificados pelo Brasil no âmbito do Direito Internacional dos Direitos Humanos[1].

SISTEMA GLOBAL

INSTRUMENTO INTERNACIONAL	DATA DE ADOÇÃO	DATA DA RATIFICAÇÃO PELO BRASIL
Carta das Nações Unidas	Adotada e aberta a assinatura pela Conferência de São Francisco em 26.6.1945	21.9.1945[2]
Declaração Universal dos Direitos Humanos	Adotada e proclamada pela Resolução 217-A (III) da Assembleia Geral das Nações Unidas em 10.12.1948	assinada em 10.12.1948
Pacto Internacional dos Direitos Civis e Políticos	Adotado pela Resolução 2.200-A (XXI) da Assembleia Geral das Nações Unidas em 16.12.1966	24.1.1992[3]

---

1. Note-se que os instrumentos internacionais que seguem anexo foram vertidos para o português em tradução não oficial.

2. Aprovada no Brasil pelo Decreto-lei n. 7.935, de 4-9-1945, e promulgada pelo Decreto n. 19.841, de 22.10.1945.

3. Aprovado no Brasil pelo Decreto Legislativo n. 226, de 12.12.1991, e promulgado pelo Decreto n. 592, de 6.7.1992.

Protocolo Facultativo ao Pacto Internacional dos Direitos Civis e Políticos	Adotado pela Resolução 2.200-A (XXI) da Assembleia Geral das Nações Unidas em 16.12.1966	25.9.2009
Segundo Protocolo Facultativo ao Pacto Internacional dos Direitos Civis e Políticos para a Abolição da Pena de Morte[4]	Adotado pela Resolução 44/128 da Assembleia Geral das Nações Unidas em 15.12.1989	25.9.2009
Pacto Internacional dos Direitos Econômicos, Sociais e Culturais	Adotado pela Resolução 2.200-A (XXI) da Assembleia Geral das Nações Unidas em 16.12.1966	24.1.1992[5]
Convenção para a Prevenção e Repressão do Crime de Genocídio	Adotado pela Resolução 260-A (III) da Assembleia Geral das Nações Unidas em 9.12.1948	4.9.1951
Convenção contra a Tortura e outros Tratamentos ou Penas Cruéis, Desumanos ou Degradantes	Adotada pela Resolução 39/46 da Assembleia Geral das Nações Unidas em 10.12.1984	28.9.1989[6]
Protocolo Facultativo à Convenção contra a Tortura e outros Tratamentos ou Penas Cruéis, Desumanos ou Degradantes	Adotado pela Resolução A/RES/57/199	12.01.2007[7]

---

4. Note-se que, ao aderir ao Segundo Protocolo Facultativo ao Pacto Internacional dos Direitos Civis e Políticos para a Abolição da Pena de Morte, o Estado brasileiro formulou reserva expressa ao art. 2º do Protocolo.

5. Aprovado no Brasil pelo Decreto Legislativo n. 226, de 12.12.1991, e promulgado pelo Decreto n. 591, de 6.7.1992.

6. Aprovada no Brasil pelo Decreto Legislativo n. 4, de 23.5.1989, e promulgada pelo Decreto n. 40, de 15.2.1991.

7. Aprovado no Brasil pelo Decreto Legislativo n. 483, de 20.12.2006, e promulgado pelo Decreto n. 6.085, de 19.4.2007.

Convenção sobre a Eliminação de todas as formas de Discriminação contra a Mulher[8]	Adotada pela Resolução 34/180 da Assembleia Geral das Nações Unidas em 18.12.1979	1º.2.1984
Protocolo Facultativo à Convenção sobre a Eliminação de todas as formas de Discriminação contra a Mulher	Adotado pela Resolução A/54/L.4 da Assembleia Geral das Nações Unidas em 15.10.1999	28.6.2002
Convenção sobre a Eliminação de todas as formas de Discriminação Racial	Adotada pela Resolução 2.106-A (XX) da Assembleia Geral das Nações Unidas em 21.12.1965	27.3.1968
Convenção sobre os Direitos da Criança	Adotada pela Resolução L.44 (XLIV) da Assembleia Geral das Nações Unidas em 20.11.1989	24.9.1990[9]

---

8. Em 20 de dezembro de 1994 o Estado brasileiro notificou o Secretário-Geral das Nações Unidas acerca da retirada de reservas formuladas quando da ratificação da Convenção sobre a Eliminação de todas as formas de Discriminação contra a Mulher, em 1984 (*Multilateral Treaties deposited with the Secretary-General, Status as at 31 December 1994*, United Nations, New York, 1995, p. 174). Essas reservas foram formuladas nos seguintes termos: "O Governo da República Federativa do Brasil expressa suas reservas ao artigo 15, parágrafo 4º e ao artigo 16, parágrafo 1º (a), (c), (g) e (h), da Convenção sobre a Eliminação de todas as formas de Discriminação contra a Mulher" (*Multilateral Treaties deposited with the Secretary-General, Status as at 31 December 1993*, United Nations, New York, 1994). Tais reservas incidiam em dispositivo referente à igualdade de homens e mulheres no que tange à liberdade de movimento e à escolha de domicílio e residência (art. 15, § 4º, da Convenção), como também em dispositivo pertinente à igualdade entre os gêneros quanto ao direito de se casar, quanto aos direitos e deveres no casamento e em sua dissolução, quanto aos direitos pessoais, incluindo o direito ao nome, à profissão e à ocupação e ainda quanto à igualdade de direitos no que tange à aquisição, administração e disposição de bens de propriedade (art. 16, § 1º (a), (c), (g) e (h), da Convenção, respectivamente).

9. Aprovada no Brasil pelo Decreto Legislativo n. 28, de 14.9.1990, e promulgada pelo Decreto n. 99.710, de 22.11.1990.

Convenção sobre os Direitos das Pessoas com Deficiência	Adotada pela Resolução A/RES/61/106 da Assembleia Geral das Nações Unidas em 13.12.2006	1º.8.2008[10]
Protocolo Facultativo à Convenção sobre os Direitos das Pessoas com Deficiência	Adotado pela Resolução A/RES/61/106 da Assembleia Geral das Nações Unidas em 13.12.2006	
Convenção Internacional para a Proteção de todas as pessoas contra o Desaparecimento Forçado	Adotada pela Assembleia Geral das Nações Unidas em 20.12.2006	29.11.2010

SISTEMA REGIONAL INTERAMERICANO

INSTRUMENTO INTERNACIONAL	DATA DE ADOÇÃO	DATA DA RATIFICAÇÃO PELO BRASIL
Convenção Americana de Direitos Humanos[11]	Adotada e aberta a assinatura na Conferência Especializada Interamericana sobre Direitos Humanos, em San José da Costa Rica, em 22.11.1969	25.9.1992[12]

---

10. A Convenção sobre os Direitos das Pessoas com Deficiência e seu Protocolo Facultativo foram aprovados pelo Decreto Legislativo n. 186/2008, de 9.7.2008, nos termos do art. 5º, § 3º, da Constituição Federal de 1988, com *status* constitucional.

11. Ao ratificar a Convenção Americana, o Brasil teceu declaração interpretativa com o seguinte teor: "O Governo do Brasil entende que os artigos 43 e 48 (d) não incluem o direito automático de visitas e inspeções pela Comissão Interamericana de Direitos Humanos, que dependerão do consentimento expresso do Estado".

12. Aprovada no Brasil pelo Decreto Legislativo n. 27, de 25.9.1992, e promulgada pelo Decreto n. 678, de 6.11.1992.

Protocolo Adicional à Convenção Americana de Direitos Humanos em matéria de Direitos Econômicos, Sociais e Culturais	Adotado pela Assembleia Geral da Organização dos Estados Americanos em 17.11.1988	21.8.1996[13]
Convenção Interamericana para Prevenir e Punir a Tortura	Adotada pela Assembleia Geral da Organização dos Estados Americanos em 9.12.1985	20.7.1989
Convenção Interamericana para Prevenir, Punir e Erradicar a Violência contra a Mulher	Adotada pela Assembleia Geral da Organização dos Estados Americanos em 6.6.1994	27.11.1995
Convenção Interamericana contra o Racismo, a Discriminação Racial e formas correlatas de Intolerância	Adotada pela Assembleia Geral da Organização dos Estados Americanos em 5.6.2013	13.5.2021

---

13. Aprovado no Brasil pelo Decreto Legislativo n. 56, de 19.4.1995, e promulgado pelo Decreto n. 3.321, de 30.12.1999.

CARTA DAS NAÇÕES UNIDAS — PRECEITOS

Artigo 1º — Os propósitos das Nações Unidas são:

....

2. Desenvolver relações entre as nações, baseadas no respeito ao princípio da igualdade de direitos e da autodeterminação dos povos, e tomar outras medidas apropriadas ao fortalecimento da paz universal;

3. Conseguir uma cooperação internacional para resolver os problemas internacionais de caráter econômico, social, cultural ou humanitário, e para promover e estimular o respeito aos direitos humanos e às liberdades fundamentais para todos, sem distinção de raça, sexo, língua ou religião.

....

Artigo 13 — 1. A Assembleia Geral iniciará estudos e fará recomendações destinados a:

....

b) promover cooperação internacional nos terrenos econômico, social, cultural, educacional e sanitário, e favorecer o pleno gozo dos direitos humanos e das liberdades fundamentais, por parte de todos os povos, sem distinção de raça, língua ou religião.

....

Artigo 55 — Com o fim de criar condições de estabilidade e bem-estar, necessárias às relações pacíficas e amistosas entre as Nações, baseadas no respeito ao princípio da igualdade de direitos e da autodeterminação dos povos, as Nações Unidas favorecerão:

a) níveis mais altos de vida, trabalho efetivo e condições de progresso e desenvolvimento econômico e social;

b) a solução dos problemas internacionais econômicos, sociais, sanitários e conexos; a cooperação internacional, de caráter cultural e educacional; e

c) o respeito universal e efetivo dos direitos humanos e das liberdades fundamentais para todos, sem distinção de raça, sexo, língua ou religião.

....

Artigo 56 — Para a realização dos propósitos enumerados no artigo 55, todos os Membros da Organização se comprometem a agir em cooperação com esta, em conjunto ou separadamente.

Artigo 62 — 1. O Conselho Econômico e Social fará ou iniciará estudos e relatórios a respeito de assuntos internacionais de caráter econômico, social, cultural, educacional, sanitário e conexos, e poderá fazer recomendações a respeito de tais assuntos à Assembleia Geral, aos Membros das Nações Unidas e às entidades especializadas interessadas.

....

2. Poderá igualmente fazer recomendações destinadas a promover o respeito e a observância dos direitos humanos e das liberdades fundamentais para todos.

....

DECLARAÇÃO UNIVERSAL DOS DIREITOS HUMANOS

Considerando que o reconhecimento da dignidade inerente a todos os membros da família humana e de seus direitos iguais e inalienáveis é o fundamento da liberdade, da justiça e da paz no mundo;

Considerando que o desprezo e o desrespeito pelos direitos da pessoa resultaram em atos bárbaros que ultrajaram a consciência da Humanidade e que o advento de um mundo em que as pessoas gozem de liberdade de palavra, de crença e de liberdade de viverem a salvo do temor e da necessidade foi proclamado como a mais alta aspiração do homem comum;

Considerando essencial que os direitos da pessoa sejam protegidos pelo império da lei, para que a pessoa não seja compelida, como último recurso, à rebelião contra a tirania e a opressão;

Considerando essencial promover o desenvolvimento das relações amistosas entre as nações;

Considerando que os povos das Nações Unidas reafirmaram, na Carta, sua fé nos direitos humanos fundamentais, na dignidade e no valor da pessoa humana e na igualdade de direitos do homem e da mulher, e que decidiram promover o progresso social e melhores condições de vida em uma liberdade mais ampla;

Considerando que os Estados-Membros se comprometeram a promover, em cooperação com as Nações Unidas, o respeito universal aos direitos e liberdades fundamentais da pessoa e a observância desses direitos e liberdades;

Considerando que uma compreensão comum desses direitos e liberdades é da mais alta importância para o pleno cumprimento desse compromisso,

A Assembleia Geral proclama

A presente Declaração Universal dos Direitos Humanos como o ideal comum a ser atingido por todos os povos e todas as nações, com o objetivo de que cada indivíduo e cada órgão da sociedade, tendo sempre em mente esta Declaração, se esforcem, através do ensino e da educação, em promover o respeito a esses direitos e liberdades e, pela adoção de medidas progressivas de caráter nacional e internacional, em assegurar o seu reconhecimento e a sua observância universais e efetivos, tanto entre os povos dos próprios Estados-Membros quanto entre os povos dos territórios sob a sua jurisdição.

Artigo I — Todas as pessoas nascem livres e iguais em dignidade e direitos. São dotadas de razão e consciência e devem agir em relação umas às outras com espírito de fraternidade.

Artigo II — 1. Toda pessoa tem capacidade para gozar os direitos e as liberdades estabelecidos nesta Declaração, sem distinção de qualquer espécie, seja de raça, cor, sexo, língua, religião, opinião política ou de outra natureza, origem nacional ou social, riqueza, nascimento, ou qualquer outra condição.

2. Não será tampouco feita nenhuma distinção fundada na condição política, jurídica ou internacional do país ou território a que pertença uma pessoa, quer se trate de um território independente, sob tutela, sem governo próprio, quer sujeito a qualquer outra limitação de soberania.

Artigo III — Toda pessoa tem direito à vida, à liberdade e à segurança pessoal.

Artigo IV — Ninguém será mantido em escravidão ou servidão; a escravidão e o tráfico de escravos serão proibidos em todas as suas formas.

Artigo V — Ninguém será submetido a tortura, nem a tratamento ou castigo cruel, desumano ou degradante.

Artigo VI — Toda pessoa tem o direito de ser, em todos os lugares, reconhecida como pessoa perante a lei.

Artigo VII — Todos são iguais perante a lei e têm direito, sem qualquer distinção, a igual proteção da lei. Todos têm direito a igual proteção contra qualquer discriminação que viole a presente Declaração e contra qualquer incitamento a tal discriminação.

Artigo VIII — Toda pessoa tem o direito de receber dos Tribunais nacionais competentes recurso efetivo para os atos que violem os direitos fundamentais, que lhe sejam reconhecidos pela Constituição ou pela lei.

Artigo IX — Ninguém será arbitrariamente preso, detido ou exilado.

Artigo X — Toda pessoa tem direito, em plena igualdade, a uma audiência justa e pública por parte de um Tribunal independente e imparcial, para decidir de seus direitos e deveres ou do fundamento de qualquer acusação criminal contra ela.

Artigo XI — 1. Toda pessoa acusada de um ato delituoso tem o direito de ser presumida inocente, até que a sua culpabilidade tenha sido provada de acordo com a lei, em julgamento público no qual lhe tenham sido asseguradas todas as garantias necessárias à sua defesa.

2. Ninguém poderá ser culpado por qualquer ação ou omissão que, no momento, não constituam delito perante o direito nacional ou internacional. Também não será imposta pena mais forte do que aquela que, no momento da prática, era aplicável ao ato delituoso.

Artigo XII — Ninguém será sujeito a interferências na sua vida privada, na sua família, no seu lar ou na sua correspondência, nem a ataques à sua honra e reputação. Toda pessoa tem direito à proteção da lei contra tais interferências ou ataques.

Artigo XIII — 1. Toda pessoa tem direito à liberdade de locomoção e residência dentro das fronteiras de cada Estado.

2. Toda pessoa tem o direito de deixar qualquer país, inclusive o próprio, e a ele regressar.

Artigo XIV — 1. Toda pessoa vítima de perseguição tem o direito de procurar e de gozar asilo em outros países.

2. Este direito não pode ser invocado em caso de perseguição legitimamente motivada por crimes de direito comum ou por atos contrários aos propósitos ou princípios das Nações Unidas.

Artigo XV — 1. Toda pessoa tem direito a uma nacionalidade.

2. Ninguém será arbitrariamente privado de sua nacionalidade, nem do direito de mudar de nacionalidade.

Artigo XVI — Os homens e mulheres de maior idade, sem qualquer restrição de raça, nacionalidade ou religião, têm o direito de contrair matrimônio e fundar uma família. Gozam de iguais direitos em relação ao casamento, sua duração e sua dissolução.

2. O casamento não será válido senão com o livre e pleno consentimento dos nubentes.

3. A família é o núcleo natural e fundamental da sociedade e tem direito à proteção da sociedade e do Estado.

Artigo XVII — 1. Toda pessoa tem direito à propriedade, só ou em sociedade com outros.

2. Ninguém será arbitrariamente privado de sua propriedade.

Artigo XVIII — Toda pessoa tem direito à liberdade de pensamento, consciência e religião; este direito inclui a liberdade de mudar de religião ou crença e a liberdade de manifestar essa religião ou crença, pelo ensino, pela prática, pelo culto e pela observância, isolada ou coletivamente, em público ou em particular.

Artigo XIX — Toda pessoa tem direito à liberdade de opinião e expressão; este direito inclui a liberdade de, sem interferências, ter opiniões e de procurar, receber e transmitir informações e ideias por quaisquer meios e independentemente de fronteiras.

Artigo XX — 1. Toda pessoa tem direito à liberdade de reunião e associação pacíficas.

2. Ninguém poderá ser obrigado a fazer parte de uma associação.

Artigo XXI — 1. Toda pessoa tem o direito de tomar parte no governo de seu país diretamente ou por intermédio de representantes livremente escolhidos.

2. Toda pessoa tem igual direito de acesso ao serviço público do seu país.

3. A vontade do povo será a base da autoridade do governo; esta vontade será expressa em eleições periódicas e legítimas, por sufrágio universal, por voto secreto ou processo equivalente que assegure a liberdade de voto.

Artigo XXII — Toda pessoa, como membro da sociedade, tem direito à segurança social e à realização, pelo esforço nacional, pela cooperação internacional e de acordo com a organização e recursos de cada Estado, dos direitos econômicos, sociais e culturais indispensáveis à sua dignidade e ao livre desenvolvimento de sua personalidade.

Artigo XXIII — 1. Toda pessoa tem direito ao trabalho, à livre escolha de emprego, a condições justas e favoráveis de trabalho e à proteção contra o desemprego.

2. Toda pessoa, sem qualquer distinção, tem direito a igual remuneração por igual trabalho.

3. Toda pessoa que trabalha tem direito a uma remuneração justa e satisfatória, que lhe assegure, assim como à sua família, uma existência compatível com a dignidade humana, e a que se acrescentarão, se necessário, outros meios de proteção social.

4. Toda pessoa tem direito a organizar sindicatos e a neles ingressar para a proteção de seus interesses.

Artigo XXIV — Toda pessoa tem direito a repouso e lazer, inclusive a limitação razoável das horas de trabalho e a férias remuneradas periódicas.

Artigo XXV — 1. Toda pessoa tem direito a um padrão de vida capaz de assegurar a si e a sua família saúde e bem-estar, inclusive alimentação, vestuário, habitação, cuidados médicos e os serviços sociais indispensáveis, o direito à segurança, em caso de desemprego, doença, invalidez, viuvez, velhice ou outros casos de perda dos meios de subsistência em circunstâncias fora de seu controle.

2. A maternidade e a infância têm direito a cuidados e assistência especiais. Todas as crianças, nascidas dentro ou fora do matrimônio, gozarão da mesma proteção social.

Artigo XXVI — 1. Toda pessoa tem direito à instrução. A instrução será gratuita, pelo menos nos graus elementares e fundamentais. A instrução elementar será obrigatória. A instrução técnico-profissional será acessível a todos, bem como a instrução superior, esta baseada no mérito.

2. A instrução será orientada no sentido do pleno desenvolvimento da personalidade humana e do fortalecimento e do respeito pelos direitos humanos e pelas liberdades fundamentais. A instrução promoverá a compreensão, a tolerância e a amizade entre todas as nações e grupos raciais ou religiosos, e coadjuvará as atividades das Nações Unidas em prol da manutenção da paz.

3. Os pais têm prioridade de direito na escolha do gênero de instrução que será ministrada a seus filhos.

Artigo XXVII — 1. Toda pessoa tem o direito de participar livremente da vida cultural da comunidade, de fruir as artes e de participar do progresso científico e de seus benefícios.

2. Toda pessoa tem direito à proteção dos interesses morais e materiais decorrentes de qualquer produção científica, literária ou artística da qual seja autor.

Artigo XXVIII — Toda pessoa tem direito a uma ordem social e internacional em que os direitos e liberdades estabelecidos na presente Declaração possam ser plenamente realizados.

Artigo XXIX — 1. Toda pessoa tem deveres para com a comunidade, na qual o livre e pleno desenvolvimento de sua personalidade é possível.

2. No exercício de seus direitos e liberdades, toda pessoa estará sujeita apenas às limitações determinadas pela lei, exclusivamente com o fim de assegurar o devido reconhecimento e respeito dos direitos e liberdades de outrem, e de satisfazer às justas exigências da moral, da ordem pública e do bem-estar de uma sociedade democrática.

3. Esses direitos e liberdades não podem, em hipótese alguma, ser exercidos contrariamente aos propósitos e princípios das Nações Unidas.

Artigo XXX — Nenhuma disposição da presente Declaração pode ser interpretada como o reconhecimento a qualquer Estado, grupo ou pessoa, do direito de exercer qualquer atividade ou praticar qualquer ato destinado à destruição de quaisquer dos direitos e liberdades aqui estabelecidos.

PACTO INTERNACIONAL DOS DIREITOS CIVIS E POLÍTICOS

PREÂMBULO

Os Estados-partes no presente Pacto,

Considerando que, em conformidade com os princípios proclamados na Carta das Nações Unidas, o reconhecimento da dignidade inerente a todos os membros da família humana e dos seus direitos iguais e inalienáveis constitui o fundamento da liberdade, da justiça e da paz no mundo,

Reconhecendo que esses direitos decorrem da dignidade inerente à pessoa humana,

Reconhecendo que, em conformidade com a Declaração Universal dos Direitos Humanos, o ideal do ser humano livre, no gozo das liberdades civis e políticas e liberto do temor e da miséria, não pode ser realizado, a menos que se criem as condições que permitam a cada um gozar de seus direitos civis e políticos, assim como de seus direitos econômicos, sociais e culturais,

Considerando que a Carta das Nações Unidas impõe aos Estados a obrigação de promover o respeito universal e efetivo dos direitos e das liberdades da pessoa humana,

Compreendendo que o indivíduo, por ter deveres para com seus semelhantes e para com a coletividade a que pertence, tem a obrigação de lutar pela promoção e observância dos direitos reconhecidos no presente Pacto,

Acordam o seguinte:

PARTE I

Artigo 1º — 1. Todos os povos têm direito à autodeterminação. Em virtude desse direito, determinam livremente seu estatuto político e asseguram livremente seu desenvolvimento econômico, social e cultural.

2. Para a consecução de seus objetivos, todos os povos podem dispor livremente de suas riquezas e de seus recursos naturais, sem prejuízo das obrigações decorrentes da cooperação econômica internacional, baseada no princípio do proveito mútuo e do Direito Internacional. Em caso algum poderá um povo ser privado de seus próprios meios de subsistência.

3. Os Estados-partes no presente Pacto, inclusive aqueles que tenham a responsabilidade de administrar territórios não autônomos e territórios sob tutela, deverão promover o exercício do direito à autodeterminação e respeitar esse direito, em conformidade com as disposições da Carta das Nações Unidas.

PARTE II

Artigo 2º — 1. Os Estados-partes no presente Pacto comprometem-se a garantir a todos os indivíduos que se encontrem em seu território e que estejam sujeitos à sua jurisdição os direitos reconhecidos no presente Pacto, sem discriminação alguma por motivo de raça, cor, sexo, língua, religião, opinião política ou de qualquer outra natureza, origem nacional ou social, situação econômica, nascimento ou qualquer outra situação.

2. Na ausência de medidas legislativas ou de outra natureza destinadas a tornar efetivos os direitos reconhecidos no presente Pacto, os Estados-partes comprometem-se a tomar as providências necessárias, com vistas a adotá-las, levando em consideração seus respectivos procedimentos constitucionais e as disposições do presente Pacto.

3. Os Estados-partes comprometem-se a:

a) garantir que toda pessoa, cujos direitos e liberdades reconhecidos no presente Pacto hajam sido violados, possa dispor de um recurso efetivo, mesmo que a violência tenha sido perpetrada por pessoas que agiam no exercício de funções oficiais;

b) garantir que toda pessoa que interpuser tal recurso terá seu direito determinado pela competente autoridade judicial, administrativa ou legislativa ou por qualquer outra autoridade competente prevista no ordenamento jurídico do Estado em questão e a desenvolver as possibilidades de recurso judicial;

c) garantir o cumprimento, pelas autoridades competentes, de qualquer decisão que julgar procedente tal recurso.

Artigo 3º — Os Estados-partes no presente Pacto comprometem-se a assegurar a homens e mulheres igualdade no gozo de todos os direitos civis e políticos enunciados no presente Pacto.

Artigo 4º — 1. Quando situações excepcionais ameacem a existência da nação e sejam proclamadas oficialmente, os Estados-partes no presente Pacto podem adotar, na estrita medida em que a situação o exigir, medidas que derroguem as obrigações decorrentes do presente Pacto, desde que tais medidas não sejam incompatíveis com as demais obrigações que lhes sejam impostas pelo Direito Internacional e não acarretem discriminação alguma apenas por motivo de raça, cor, sexo, língua, religião ou origem social.

2. A disposição precedente não autoriza qualquer derrogação dos artigos 6º, 7º, 8º (parágrafos 1º e 2º), 11, 15, 16 e 18.

3. Os Estados-partes no presente Pacto que fizerem uso do direito de derrogação devem comunicar imediatamente aos outros Estados-partes no presente Pacto, por intermédio do Secretário-Geral da Organização das Nações Unidas, as disposições que tenham derrogado, bem como os motivos de tal derrogação. Os Estados-partes deverão fazer uma nova comunicação, igualmente por intermédio do Secretário-Geral das Nações Unidas, na data em que terminar tal suspensão.

Artigo 5º — 1. Nenhuma disposição do presente Pacto poderá ser interpretada no sentido de reconhecer a um Estado, grupo ou indivíduo qualquer direito de dedicar-se a quaisquer atividades ou de praticar quaisquer atos que tenham por objetivo destruir os direitos ou liberdades reconhecidos no presente Pacto ou impor-lhes limitações mais amplas do que aquelas nele previstas.

2. Não se admitirá qualquer restrição ou suspensão dos direitos humanos fundamentais reconhecidos ou vigentes em qualquer Estado-parte no presente Pacto em virtude de leis, convenções, regulamentos ou costumes, sob pretexto de que o presente Pacto não os reconheça ou os reconheça em menor grau.

PARTE III

Artigo 6º — 1. O direito à vida é inerente à pessoa humana. Este direito deverá ser protegido pela lei. Ninguém poderá ser arbitrariamente privado de sua vida.

2. Nos países em que a pena de morte não tenha sido abolida, esta poderá ser imposta apenas nos casos de crimes mais graves, em conformidade com a legislação vigente na época em que o crime foi cometido e que não esteja em conflito com as disposições do presente Pacto, nem com a Convenção sobre a Prevenção e a Repressão do Crime de Genocídio. Poder-se-á aplicar essa pena apenas em decorrência de uma sentença transitada em julgado e proferida por tribunal competente.

3. Quando a privação da vida constituir crime de genocídio, entende-se que nenhuma disposição do presente artigo autorizará qualquer Estado-parte no presente Pacto a eximir-se, de modo algum, do cumprimento de qualquer das obrigações que tenha assumido, em virtude das disposições da Convenção sobre a Prevenção e Repressão do Crime de Genocídio.

4. Qualquer condenado à morte terá o direito de pedir indulto ou comutação da pena. A anistia, o indulto ou a comutação da pena poderão ser concedidos em todos os casos.

5. Uma pena de morte não poderá ser imposta em casos de crimes cometidos por pessoas menores de 18 anos, nem aplicada a mulheres em caso de gravidez.

6. Não se poderá invocar disposição alguma do presente artigo para retardar ou impedir a abolição da pena de morte por um Estado-parte no presente Pacto.

Artigo 7º — Ninguém poderá ser submetido a tortura, nem a penas ou tratamentos cruéis, desumanos ou degradantes. Será proibido, sobretudo, submeter uma pessoa, sem seu livre consentimento, a experiências médicas ou científicas.

Artigo 8º — 1. Ninguém poderá ser submetido à escravidão; a escravidão e o tráfico de escravos, em todas as suas formas, ficam proibidos.

2. Ninguém poderá ser submetido à servidão.

3. a) ninguém poderá ser obrigado a executar trabalhos forçados ou obrigatórios;

b) a alínea "a" do presente parágrafo não poderá ser interpretada no sentido de proibir, nos países em que certos crimes sejam punidos com prisão e trabalho forçados, o cumprimento de uma pena de trabalhos forçados, imposta por um tribunal competente;

c) para os efeitos do presente parágrafo, não serão considerados "trabalhos forçados ou obrigatórios":

i) qualquer trabalho ou serviço, não previsto na alínea "b", normalmente exigido de um indivíduo que tenha sido encarcerado em cumprimento de decisão judicial ou que, tendo sido objeto de tal decisão, ache-se em liberdade condicional;

ii) qualquer serviço de caráter militar e, nos países em que se admite a isenção por motivo de consciência, qualquer serviço nacional que a lei venha a exigir daqueles que se oponham ao serviço militar por motivo de consciência;

iii) qualquer serviço exigido em casos de emergência ou de calamidade que ameacem o bem-estar da comunidade;

iv) qualquer trabalho ou serviço que faça parte das obrigações cívicas normais.

Artigo 9º — 1. Toda pessoa tem direito à liberdade e à segurança pessoais. Ninguém poderá ser preso ou encarcerado arbitrariamente. Ninguém poderá ser privado de sua liberdade, salvo pelos motivos previstos em lei e em conformidade com os procedimentos nela estabelecidos.

2. Qualquer pessoa, ao ser presa, deverá ser informada das razões da prisão e notificada, sem demora, das acusações formuladas contra ela.

3. Qualquer pessoa presa ou encarcerada em virtude de infração penal deverá ser conduzida, sem demora, à presença do juiz ou de outra autoridade habilitada por lei a exercer funções judiciais e terá o direito de ser julgada em prazo razoável ou de ser posta em liberdade. A prisão preventiva de pessoas que aguardam julgamento não deverá constituir a regra geral, mas a soltura poderá estar condicionada a garantias que assegurem o comparecimento da pessoa em questão à audiência e a todos os atos do processo, se necessário for, para a execução da sentença.

4. Qualquer pessoa que seja privada de sua liberdade, por prisão ou encarceramento, terá o direito de recorrer a um tribunal para que este decida sobre a legalidade de seu encarceramento e ordene a soltura, caso a prisão tenha sido ilegal.

5. Qualquer pessoa vítima de prisão ou encarceramento ilegal terá direito à reparação.

Artigo 10 — 1. Toda pessoa privada de sua liberdade deverá ser tratada com humanidade e respeito à dignidade inerente à pessoa humana.

2. a) As pessoas processadas deverão ser separadas, salvo em circunstâncias excepcionais, das pessoas condenadas e receber tratamento distinto, condizente com sua condição de pessoas não condenadas.

b) As pessoas jovens processadas deverão ser separadas das adultas e julgadas o mais rápido possível.

3. O regime penitenciário consistirá em um tratamento cujo objetivo principal seja a reforma e reabilitação moral dos prisioneiros. Os delinquentes juvenis deverão ser separados dos adultos e receber tratamento condizente com sua idade e condição jurídica.

Artigo 11 — Ninguém poderá ser preso apenas por não poder cumprir com uma obrigação contratual.

Artigo 12 — 1. Toda pessoa que se encontre legalmente no território de um Estado terá o direito de nele livremente circular e escolher sua residência.

2. Toda pessoa terá o direito de sair livremente de qualquer país, inclusive de seu próprio país.

3. Os direitos supracitados não poderão constituir objeto de restrições, a menos que estejam previstas em lei e no intuito de proteger a segurança nacional e a ordem, saúde ou moral públicas, bem como os direitos e liberdades das demais pessoas, e que sejam compatíveis com os outros direitos reconhecidos no presente Pacto.

4. Ninguém poderá ser privado arbitrariamente do direito de entrar em seu próprio país.

Artigo 13 — Um estrangeiro que se encontre legalmente no território de um Estado-parte no presente Pacto só poderá dele ser expulso em decorrência de decisão adotada em conformidade com a lei e, a menos que razões imperativas de segurança nacional a isso se oponham, terá a possibilidade de expor as razões que militem contra a sua expulsão e de ter seu caso reexaminado pelas autoridades competentes, ou por uma ou várias pessoas especialmente designadas pelas referidas autoridades, e de fazer-se representar com este objetivo.

Artigo 14 — 1. Todas as pessoas são iguais perante os Tribunais e as Cortes de Justiça. Toda pessoa terá o direito de ser ouvida publicamente e com as devidas garantias por um Tribunal competente, independente e imparcial, estabelecido por lei, na apuração de qualquer acusação de caráter penal formulada contra ela ou na determinação de seus direitos e obrigações de caráter civil. A imprensa e o público poderão ser excluídos de parte ou da totalidade de um julgamento, quer por motivo de moral pública, ordem pública ou de segurança nacional em uma sociedade democrática, quer quando o interesse da vida privada das partes o exija, quer na medida em que isto seja estritamente necessário na opinião da justiça, em circunstâncias específicas, nas quais a publicidade venha a prejudicar os interesses da justiça; entretanto, qualquer sentença proferida em matéria penal ou civil deverá tornar-se pública, a menos que o interesse de menores exija procedimento oposto, ou o processo diga respeito a controvérsias matrimoniais ou à tutela de menores.

2. Toda pessoa acusada de um delito terá direito a que se presuma sua inocência enquanto não for legalmente comprovada sua culpa.

3. Toda pessoa acusada de um delito terá direito, em plena igualdade, às seguintes garantias mínimas:

a) a ser informada, sem demora, em uma língua que compreenda e de forma minuciosa, da natureza e dos motivos da acusação contra ela formulada;

b) a dispor do tempo e dos meios necessários à preparação de sua defesa e a comunicar-se com defensor de sua escolha;

c) a ser julgada sem dilações indevidas;

d) a estar presente no julgamento e a defender-se pessoalmente ou por intermédio de defensor de sua escolha; a ser informada, caso não tenha defensor, do direito que lhe assiste de tê-lo, e sempre que o interesse da justiça assim exija, a ter um defensor designado *ex officio* gratuitamente, se não tiver meios para remunerá-lo;

e) a interrogar ou fazer interrogar as testemunhas de acusação e a obter comparecimento e o interrogatório das testemunhas de defesa nas mesmas condições de que dispõem as de acusação;

f) a ser assistida gratuitamente por um intérprete, caso não compreenda ou não fale a língua empregada durante o julgamento;

g) a não ser obrigada a depor contra si mesma, nem a confessar-se culpada.

4. O processo aplicável aos jovens que não sejam maiores nos termos da legislação penal levará em conta a idade dos mesmos e a importância de promover sua reintegração social.

5. Toda pessoa declarada culpada por um delito terá o direito de recorrer da sentença condenatória e da pena a uma instância superior, em conformidade com a lei.

6. Se uma sentença condenatória passada em julgado for posteriormente anulada ou quando um indulto for concedido, pela ocorrência ou descoberta de fatos novos que provem cabalmente a existência de erro judicial, a pessoa que sofreu a pena decorrente dessa condenação deverá ser indenizada, de acordo com a lei, a menos que fique provado que se lhe pode imputar, total ou parcialmente, a não revelação do fato desconhecido em tempo útil.

7. Ninguém poderá ser processado ou punido por um delito pelo qual já foi absolvido ou condenado por sentença passada em julgado, em conformidade com a lei e com os procedimentos penais de cada país.

Artigo 15 — 1. Ninguém poderá ser condenado por atos ou omissões que não constituam delito de acordo com o direito nacional ou internacional, no momento em que foram cometidos. Tampouco poder-se-á impor pena mais grave do que a aplicável no momento da ocorrência do delito. Se, depois de perpetrado o delito, a lei estipular a imposição de pena mais leve, o delinquente deverá dela beneficiar-se.

2. Nenhuma disposição do presente Pacto impedirá o julgamento ou a condenação de qualquer indivíduo por atos ou omissões que, no momento em que foram cometidos, eram considerados delituosos de acordo com os princípios gerais de direito reconhecidos pela comunidade das nações.

Artigo 16 — Toda pessoa terá o direito, em qualquer lugar, ao reconhecimento de sua personalidade jurídica.

Artigo 17 — 1. Ninguém poderá ser objeto de ingerências arbitrárias ou ilegais em sua vida privada, em sua família, em seu domicílio ou em sua correspondência, nem de ofensas ilegais à sua honra e reputação.

2. Toda pessoa terá direito à proteção da lei contra essas ingerências ou ofensas.

Artigo 18 — 1. Toda pessoa terá direito à liberdade de pensamento, de consciência e de religião. Esse direito implicará a liberdade de ter ou adotar uma religião ou crença de sua escolha e a liberdade de professar sua religião ou crença, individual ou coletivamente, tanto pública como privadamente, por meio do culto, da celebração de ritos, de práticas e do ensino.

2. Ninguém poderá ser submetido a medidas coercitivas que possam restringir sua liberdade de ter ou de adotar uma religião ou crença de sua escolha.

3. A liberdade de manifestar a própria religião ou crença estará sujeita apenas às limitações previstas em lei e que se façam necessárias para proteger a segurança, a ordem, a saúde ou a moral públicas ou os direitos e as liberdades das demais pessoas.

4. Os Estados-partes no presente Pacto comprometem-se a respeitar a liberdade dos pais — e, quando for o caso, dos tutores legais — de assegurar aos filhos a educação religiosa e moral que esteja de acordo com suas próprias convicções.

Artigo 19 — 1. Ninguém poderá ser molestado por suas opiniões.

2. Toda pessoa terá o direito à liberdade de expressão; esse direito incluirá a liberdade de procurar, receber e difundir informações e ideias de qualquer natureza, independentemente de considerações de fronteiras, verbalmente ou por escrito, de forma impressa ou artística, ou por qualquer meio de sua escolha.

3. O exercício de direito previsto no parágrafo 2º do presente artigo implicará deveres e responsabilidades especiais. Consequentemente, poderá estar sujeito a certas restrições, que devem, entretanto, ser expressamente previstas em lei e que se façam necessárias para:

a) assegurar o respeito dos direitos e da reputação das demais pessoas;

b) proteger a segurança nacional, a ordem, a saúde ou a moral públicas.

Artigo 20 — 1. Será proibida por lei qualquer propaganda em favor da guerra.

2. Será proibida por lei qualquer apologia ao ódio nacional, racial ou religioso, que constitua incitamento à discriminação, à hostilidade ou à violência.

Artigo 21 — O direito de reunião pacífica será reconhecido. O exercício desse direito estará sujeito apenas às restrições previstas em lei e que se façam necessárias, em uma sociedade democrática, ao interesse da segurança nacional, da segurança ou ordem públicas, ou para proteger a saúde ou a moral públicas ou os direitos e as liberdades das demais pessoas.

Artigo 22 — 1. Toda pessoa terá o direito de associar-se livremente a outras, inclusive o direito de constituir sindicatos e de a eles filiar-se, para proteção de seus interesses.

2. O exercício desse direito estará sujeito apenas às restrições previstas em lei e que se façam necessárias, em uma sociedade democrática, ao interesse da segurança nacional, da segurança e da ordem públicas, ou para proteger a saúde ou a moral públicas ou os direitos e as liberdades das demais pessoas. O presente artigo não impedirá que se submeta a restrições legais o exercício desses direitos por membros das forças armadas e da polícia.

3. Nenhuma das disposições do presente artigo permitirá que os Estados-partes na Convenção de 1948 da Organização Internacional do Trabalho, relativa à liberdade sindical e à proteção do direito sindical, venham a adotar medidas legislativas que restrinjam — ou a aplicar a lei de maneira a restringir — as garantias previstas na referida Convenção.

Artigo 23 — 1. A família é o núcleo natural e fundamental da sociedade e terá o direito de ser protegida pela sociedade e pelo Estado.

2. Será reconhecido o direito do homem e da mulher de, em idade núbil, contrair casamento e constituir família.

3. Casamento algum será celebrado sem o consentimento livre e pleno dos futuros esposos.

4. Os Estados-partes no presente Pacto deverão adotar as medidas apropriadas para assegurar a igualdade de direitos e responsabilidades dos esposos quanto ao casamento, durante o mesmo e por ocasião de sua dissolução. Em caso de dissolução, deverão adotar-se as disposições que assegurem a proteção necessária para os filhos.

Artigo 24 — 1. Toda criança terá direito, sem discriminação alguma por motivo de cor, sexo, língua, religião, origem nacional ou social, situação econômica ou nascimento, às medidas de proteção que a sua condição de menor requer por parte de sua família, da sociedade e do Estado.

2. Toda criança deverá ser registrada imediatamente após seu nascimento e deverá receber um nome.

3. Toda criança terá o direito de adquirir uma nacionalidade.

Artigo 25 — Todo cidadão terá o direito e a possibilidade, sem qualquer das formas de discriminação mencionadas no artigo 2º e sem restrições infundadas:

a) de participar da condução dos assuntos públicos, diretamente ou por meio de representantes livremente escolhidos;

b) de votar e ser eleito em eleições periódicas, autênticas, realizadas por sufrágio universal e igualitário e por voto secreto, que garantam a manifestação da vontade dos eleitores;

c) de ter acesso, em condições gerais de igualdade, às funções públicas de seu país.

Artigo 26 — Todas as pessoas são iguais perante a lei e têm direito, sem discriminação alguma, a igual proteção da lei. A este respeito, a lei deverá proibir qualquer forma de discriminação e garantir a todas as pessoas proteção igual e eficaz contra qualquer discriminação por motivo de raça, cor, sexo, língua, religião, opinião política ou de outra natureza, origem nacional ou social, situação econômica, nascimento ou qualquer outra situação.

Artigo 27 — Nos Estados em que haja minorias étnicas, religiosas ou linguísticas, as pessoas pertencentes a essas minorias não poderão ser privadas do direito de ter, conjuntamente com outros membros de seu grupo, sua própria vida cultural, de professar e praticar sua própria religião e usar sua própria língua.

PARTE IV

Artigo 28 — 1. Constituir-se-á um Comitê de Direitos Humanos (doravante denominado "Comitê" no presente Pacto). O Comitê será composto de dezoito membros e desempenhará as funções descritas adiante.

2. O Comitê será integrado por nacionais dos Estados-partes no presente Pacto, os quais deverão ser pessoas de elevada reputação moral e reconhecida competência em matéria de direitos humanos, levando-se em consideração a utilidade da participação de algumas pessoas com experiência jurídica.

3. Os membros do Comitê serão eleitos e exercerão suas funções a título pessoal.

Artigo 29 — 1. Os membros do Comitê serão eleitos em votação secreta dentre uma lista de pessoas que preencham os requisitos previstos no artigo 28 e indicadas, com esse objetivo, pelos Estados-partes no presente Pacto.

2. Cada Estado-parte no presente Pacto poderá indicar duas pessoas. Essas pessoas deverão ser nacionais do Estado que as indicou.

3. A mesma pessoa poderá ser indicada mais de uma vez.

Artigo 30 — 1. A primeira eleição realizar-se-á no máximo seis meses após a data da entrada em vigor do presente Pacto.

2. Ao menos quatro meses antes da data de cada eleição do Comitê, e desde que não seja uma eleição para preencher uma vaga declarada nos termos do artigo 34, o Secretário-Geral da Organização das Nações Unidas convidará, por escrito,

os Estados-partes no presente Pacto a indicar, no prazo de três meses, os candidatos a membro do Comitê.

3. O Secretário-Geral da Organização das Nações Unidas organizará uma lista por ordem alfabética de todos os candidatos assim designados, mencionando os Estados-partes que os tiverem indicado, e a comunicará aos Estados-partes no presente Pacto, no máximo um mês antes da data de cada eleição.

4. Os membros do Comitê serão eleitos em reuniões dos Estados-partes convocadas pelo Secretário-Geral da Organização das Nações Unidas na sede da Organização. Nessas reuniões, em que o *quorum* será estabelecido por dois terços dos Estados-partes no presente Pacto, serão eleitos membros do Comitê os candidatos que obtiverem o maior número de votos e a maioria absoluta dos votos dos representantes dos Estados-partes presentes e votantes.

Artigo 31 — 1. O Comitê não poderá ter mais de um nacional de um mesmo Estado.

2. Nas eleições do Comitê, levar-se-ão em consideração uma distribuição geográfica equitativa e uma representação das diversas formas da civilização, bem como dos principais sistemas jurídicos.

Artigo 32 — 1. Os membros do Comitê serão eleitos para um mandato de quatro anos. Poderão, caso suas candidaturas sejam apresentadas novamente, ser reeleitos. Entretanto, o mandato de nove dos membros eleitos na primeira eleição expirará ao final de dois anos; imediatamente após a primeira eleição, o presidente da reunião a que se refere o parágrafo 4º do artigo 30 indicará, por sorteio, os nomes desses nove membros.

2. Ao expirar o mandato dos membros, as eleições se realizarão de acordo com o disposto nos artigos precedentes desta parte do presente Pacto.

Artigo 33 — 1. Se, na opinião dos demais membros, um membro do Comitê deixar de desempenhar suas funções por motivos distintos de uma ausência temporária, o Presidente comunicará tal fato ao Secretário-Geral da Organização das Nações Unidas, que declarará vago o lugar, desde a data da morte ou daquela em que a renúncia passe a produzir efeitos.

Artigo 34 — 1. Quando um cargo for declarado vago nos termos do artigo 33 e o mandato do membro a ser substituído não expirar no prazo de seis meses a contar da data em que tenha sido declarada a vaga, o Secretário-Geral das Nações Unidas comunicará tal fato aos Estados-partes no presente Pacto, que poderão, no prazo de dois meses, indicar candidatos, em conformidade com o artigo 29, para preencher a vaga.

2. O Secretário-Geral da Organização das Nações Unidas organizará uma lista por ordem alfabética dos candidatos assim designados e a comunicará aos

Estados-partes no presente Pacto. A eleição destinada a preencher tal vaga será realizada nos termos das disposições pertinentes desta parte do presente Pacto.

3. Qualquer membro do Comitê eleito para preencher a vaga em conformidade com o artigo 33 fará parte do Comitê durante o restante do mandato do membro que deixar vago o lugar do Comitê, nos termos do referido artigo.

Artigo 35 — Os membros do Comitê receberão, com a aprovação da Assembleia Geral das Nações Unidas, honorários provenientes de recursos da Organização das Nações Unidas, nas condições fixadas, considerando-se a importância das funções do Comitê, pela Assembleia Geral.

Artigo 36 — O Secretário-Geral da Organização das Nações Unidas colocará à disposição do Comitê o pessoal e os serviços necessários ao desempenho eficaz das funções que lhe são atribuídas em virtude do presente Pacto.

Artigo 37 — 1. O Secretário-Geral da Organização das Nações Unidas convocará os Membros do Comitê para a primeira reunião, a realizar-se na sede da Organização.

2. Após a primeira reunião, o Comitê deverá reunir-se em todas as ocasiões previstas em suas regras de procedimento.

3. As reuniões do Comitê serão realizadas normalmente na sede da Organização das Nações Unidas ou no Escritório das Nações Unidas em Genebra.

Artigo 38 — Todo membro do Comitê deverá, antes de iniciar suas funções, assumir, em sessão pública, o compromisso solene de que desempenhará suas funções imparcial e conscientemente.

Artigo 39 — 1. O Comitê elegerá sua Mesa para um período de dois anos. Os membros da Mesa poderão ser reeleitos.

2. O próprio Comitê estabelecerá suas regras de procedimento; estas, contudo, deverão conter, entre outras, as seguintes disposições:

a) o *quorum* será de doze membros;

b) as decisões do Comitê serão tomadas por maioria dos votos dos membros presentes.

Artigo 40 — 1. Os Estados-partes no presente Pacto comprometem-se a submeter relatórios sobre as medidas por eles adotadas para tornar efetivos os direitos reconhecidos no presente Pacto e sobre o progresso alcançado no gozo desses direitos:

a) dentro do prazo de um ano, a contar do início da vigência do presente Pacto nos Estados-partes interessados;

b) a partir de então, sempre que o Comitê vier a solicitar.

2. Todos os relatórios serão submetidos ao Secretário-Geral da Organização das Nações Unidas, que os encaminhará, para exame, ao Comitê. Os relatórios deverão sublinhar, caso existam, os fatores e as dificuldades que prejudiquem a implementação do presente Pacto.

3. O Secretário-Geral da Organização das Nações Unidas poderá, após consulta ao Comitê, encaminhar às agências especializadas cópias das partes dos relatórios que digam respeito à sua esfera de competência.

4. O Comitê estudará os relatórios apresentados pelos Estados-partes no presente Pacto e transmitirá aos Estados-partes seu próprio relatório, bem como os comentários gerais que julgar oportunos. O Comitê poderá igualmente transmitir ao Conselho Econômico e Social os referidos comentários, bem como cópias dos relatórios que houver recebido dos Estados-partes no presente Pacto.

5. Os Estados-partes no presente Pacto poderão submeter ao Comitê as observações que desejarem formular relativamente aos comentários feitos nos termos do parágrafo 4º do presente artigo.

Artigo 41 — 1. Com base no presente artigo, todo Estado-parte no presente Pacto poderá declarar, a qualquer momento, que reconhece a competência do Comitê para receber e examinar as comunicações em que um Estado-parte alegue que outro Estado-parte não vem cumprindo as obrigações que lhe impõe o presente Pacto. As referidas comunicações só serão recebidas e examinadas nos termos do presente artigo no caso de serem apresentadas por um Estado-parte que houver feito uma declaração em que reconheça, com relação a si próprio, a competência do Comitê. O Comitê não receberá comunicação alguma relativa a um Estado-parte que não houver feito uma declaração dessa natureza. As comunicações recebidas em virtude do presente artigo estarão sujeitas ao procedimento que segue:

a) Se um Estado-parte no presente Pacto considerar que outro Estado-parte não vem cumprindo as disposições do presente Pacto poderá, mediante comunicação escrita, levar a questão ao conhecimento desse Estado-parte. Dentro do prazo de três meses, a contar da data do recebimento da comunicação, o Estado destinatário fornecerá ao Estado que enviou a comunicação explicações e quaisquer outras declarações por escrito que esclareçam a questão, as quais deverão fazer referência, até onde seja possível e pertinente, aos procedimentos nacionais e aos recursos jurídicos adotados, em trâmite ou disponíveis sobre a questão;

b) Se dentro do prazo de seis meses, a contar da data do recebimento da comunicação original pelo Estado destinatário, a questão não estiver dirimida satisfatoriamente para ambos os Estados-partes interessados, tanto um como o outro terão o direito de submetê-la ao Comitê, mediante notificação endereçada ao Comitê ou ao outro Estado interessado;

c) O Comitê tratará de todas as questões que se lhe submetam em virtude do presente artigo, somente após ter-se assegurado de que todos os recursos internos disponíveis tenham sido utilizados e esgotados, em conformidade com os princípios do Direito Internacional geralmente reconhecidos. Não se aplicará essa regra quando a aplicação dos mencionados recursos prolongar-se injustificadamente;

d) O Comitê realizará reuniões confidenciais quando estiver examinando as comunicações previstas no presente artigo;

e) Sem prejuízo das disposições da alínea "c", o Comitê colocará seus bons ofícios à disposição dos Estados-partes interessados, no intuito de alcançar uma solução amistosa para a questão, baseada no respeito aos direitos humanos e liberdades fundamentais reconhecidos no presente Pacto;

f) Em todas as questões que se lhe submetam em virtude do presente artigo, o Comitê poderá solicitar aos Estados-partes interessados, a que se faz referência na alínea "b", que lhe forneçam quaisquer informações pertinentes;

g) os Estados-partes interessados, a que se faz referência na alínea "b", terão o direito de fazer-se representar, quando as questões forem examinadas no Comitê, e de apresentar suas observações verbalmente e/ou por escrito;

h) O Comitê, dentro dos doze meses seguintes à data do recebimento da notificação mencionada na alínea "b", apresentará relatório em que:

(i) se houver sido alcançada uma solução nos termos da alínea "e", o Comitê restringir-se-á, em seu relatório, a uma breve exposição dos fatos e da solução alcançada;

(ii) se não houver sido alcançada solução alguma nos termos da alínea "e", o Comitê restringir-se-á, em seu relatório, a uma breve exposição dos fatos; serão anexados ao relatório o texto das observações escritas e das atas das observações orais apresentadas pelos Estados-partes interessados. Para cada questão, o relatório será encaminhado aos Estados-partes interessados.

2. As disposições do presente artigo entrarão em vigor a partir do momento em que dez Estados-partes no presente Pacto houverem feito as declarações mencionadas no parágrafo 1º deste artigo. As referidas declarações serão depositadas pelos Estados-partes junto ao Secretário-Geral da Organização das Nações Unidas, que enviará cópia das mesmas aos demais Estados-partes. Toda declaração poderá ser retirada, a qualquer momento, mediante notificação endereçada ao Secretário-Geral. Far-se-á essa retirada sem prejuízo do exame de quaisquer questões que constituam objeto de uma comunicação já transmitida nos termos deste artigo; em virtude do presente artigo, não se receberá qualquer nova comunicação de um Estado-parte, quando o Secretário-Geral houver recebido a notificação sobre a retirada da declaração, a menos que o Estado-parte interessado haja feito uma nova declaração.

Artigo 42 — 1. a) Se uma questão submetida ao Comitê, nos termos do artigo 41, não estiver dirimida satisfatoriamente para os Estados-partes interessados, o Comitê poderá, com o consentimento prévio dos Estados-partes interessados, constituir uma Comissão de Conciliação *ad hoc* (doravante denominada "Comissão"). A Comissão colocará seus bons ofícios à disposição dos Estados-partes interessados, no intuito de se alcançar uma solução amistosa para a questão baseada no respeito ao presente Pacto.

b) A Comissão será composta por cinco membros designados com o consentimento dos Estados-partes interessados. Se os Estados-partes interessados não chegarem a um acordo a respeito da totalidade ou de parte da composição da Comissão dentro do prazo de três meses, os membros da Comissão em relação aos quais não se chegou a um acordo serão eleitos pelo Comitê, entre os seus próprios membros, em votação secreta e por maioria de dois terços dos membros do Comitê.

2. Os membros da Comissão exercerão suas funções a título pessoal. Não poderão ser nacionais dos Estados interessados, nem do Estado que não seja Parte no presente Pacto, nem de um Estado-parte que não tenha feito a declaração prevista pelo artigo 41.

3. A própria Comissão elegerá seu Presidente e estabelecerá suas regras de procedimento.

4. As reuniões da Comissão serão realizadas normalmente na sede da Organização das Nações Unidas ou no Escritório das Nações Unidas em Genebra. Entretanto, poderão realizar-se em qualquer outro lugar apropriado que a Comissão determinar, após a consulta ao Secretário-Geral da Organização das Nações Unidas e aos Estados-partes interessados.

5. O Secretariado referido no artigo 36 também prestará serviços às comissões designadas em virtude do presente artigo.

6. As informações obtidas e coligadas pelo Comitê serão colocadas à disposição da Comissão, a qual poderá solicitar aos Estados-partes interessados que lhe forneçam qualquer outra informação pertinente.

7. Após haver estudado a questão sob todos os seus aspectos, mas, em qualquer caso, no prazo de não mais que doze meses após dela ter tomado conhecimento, a Comissão apresentará um relatório ao Presidente do Comitê, que o encaminhará aos Estados-partes interessados:

a) se a Comissão não puder terminar o exame da questão, restringir-se-á, em seu relatório, a uma breve exposição sobre o estágio em que se encontra o exame da questão;

b) se houver sido alcançada uma solução amistosa para a questão, baseada no respeito dos direitos humanos reconhecidos no presente Pacto, a Comissão restringir-se-á, em seu relatório, a uma breve exposição dos fatos e da solução alcançada;

c) se não houver sido alcançada solução nos termos da alínea "b", a Comissão incluirá no relatório suas conclusões sobre os fatos relativos à questão debatida entre os Estados-partes interessados, assim como sua opinião sobre a possibilidade de solução amistosa para a questão; o relatório incluirá as observações escritas e as atas das observações orais feitas pelos Estados-partes interessados;

d) se o relatório da Comissão for apresentado nos termos da alínea "c", os Estados-partes interessados comunicarão, no prazo de três meses a contar da data do recebimento do relatório, ao Presidente do Comitê, se aceitam ou não os termos do relatório da Comissão.

8. As disposições do presente artigo não prejudicarão as atribuições do Comitê previstas no artigo 41.

9. Todas as despesas dos membros da Comissão serão repartidas equitativamente entre os Estados-partes interessados, com base em estimativas a serem estabelecidas pelo Secretário-Geral da Organização das Nações Unidas.

10. O Secretário-Geral da Organização das Nações Unidas poderá, caso seja necessário, pagar as despesas dos membros da Comissão antes que sejam reembolsadas pelos Estados-partes interessados, em conformidade com o parágrafo 9º do presente artigo.

Artigo 43 — Os membros do Comitê e os membros da Comissão de Conciliação *ad hoc* que forem designados nos termos do artigo 42, terão direito às facilidades, privilégios e imunidades que se concedem aos peritos no desempenho de missões para a Organização das Nações Unidas, em conformidade com as seções pertinentes da Convenção sobre Privilégios e Imunidades das Nações Unidas.

Artigo 44 — As disposições relativas à implementação do presente Pacto aplicar-se-ão sem prejuízo dos procedimentos instituídos em matéria de direitos humanos pelos — ou em virtude dos mesmos — instrumentos constitutivos e pelas Convenções da Organização das Nações Unidas e das agências especializadas, e não impedirão que os Estados-partes venham a recorrer a outros procedimentos para a solução das controvérsias, em conformidade com os acordos internacionais gerais ou especiais vigentes entre eles.

Artigo 45 — O Comitê submeterá à Assembleia Geral, por intermédio do Conselho Econômico e Social, um relatório sobre suas atividades.

PARTE V

Artigo 46 — Nenhuma disposição do presente Pacto poderá ser interpretada em detrimento das disposições da Carta das Nações Unidas ou das constituições das agências especializadas, as quais definem as responsabilidades respectivas dos diversos órgãos da Organização das Nações Unidas e das agências especializadas relativamente às matérias tratadas no presente Pacto.

Artigo 47 — Nenhuma disposição do presente Pacto poderá ser interpretada em detrimento do direito inerente a todos os povos de desfrutar e utilizar plena e livremente suas riquezas e seus recursos naturais.

PARTE VI

Artigo 48 — 1. O presente Pacto está aberto à assinatura de todos os Estados membros da Organização das Nações Unidas ou membros de qualquer de suas agências especializadas, de todo Estado-parte no Estatuto da Corte Internacional de Justiça, bem como de qualquer outro Estado convidado pela Assembleia Geral das Nações Unidas a tornar-se Parte no presente Pacto.

2. O presente Pacto está sujeito à ratificação. Os instrumentos de ratificação serão depositados junto ao Secretário-Geral da Organização das Nações Unidas.

3. O presente Pacto está aberto à adesão de qualquer dos Estados mencionados no parágrafo 1º do presente artigo.

4. Far-se-á a adesão mediante depósito do instrumento de adesão junto ao Secretário-Geral das Nações Unidas.

5. O Secretário-Geral das Organização das Nações Unidas informará todos os Estados que hajam assinado o presente Pacto, ou a ele aderido, do depósito de cada instrumento de ratificação ou adesão.

Artigo 49 — 1. O presente Pacto entrará em vigor três meses após a data do depósito, junto ao Secretário-Geral da Organização das Nações Unidas, do trigésimo quinto instrumento de ratificação ou adesão.

2. Para os Estados que vierem a ratificar o presente Pacto ou a ele aderir após o depósito do trigésimo quinto instrumento de ratificação ou adesão, o presente Pacto entrará em vigor três meses após a data do depósito, pelo Estado em questão, de seu instrumento de ratificação ou adesão.

Artigo 50 — Aplicar-se-ão as disposições do presente Pacto, sem qualquer limitação ou exceção, a todas as unidades constitutivas dos Estados federativos.

Artigo 51 — 1. Qualquer Estado-parte no presente Pacto poderá propor emendas e depositá-las junto ao Secretário-Geral da Organização das Nações Unidas. O Secretário-Geral comunicará todas as propostas de emendas aos Estados--partes no presente Pacto, pedindo-lhes que o notifiquem se desejam que se convoque uma conferência dos Estados-partes destinada a examinar as propostas e submetê-las a votação. Se pelo menos um terço dos Estados-partes se manifestar a favor da referida convocação, o Secretário-Geral convocará a conferência sob os auspícios da Organização das Nações Unidas. Qualquer emenda adotada pela maioria dos Estados-partes presentes e votantes na conferência será submetida à aprovação da Assembleia Geral das Nações Unidas.

2. Tais emendas entrarão em vigor quando aprovadas pela Assembleia Geral das Nações Unidas e aceitas, em conformidade com seus respectivos procedimentos constitucionais, por uma maioria de dois terços dos Estados-partes no presente Pacto.

3. Ao entrarem em vigor, tais emendas serão obrigatórias para os Estados-partes que as aceitaram, ao passo que os demais Estados-partes permanecem obrigados pelas disposições do presente Pacto e pelas emendas anteriores por eles aceitas.

Artigo 52 — Independentemente das notificações previstas no parágrafo 5º do artigo 48, o Secretário-Geral da Organização das Nações Unidas comunicará a todos os Estados mencionados no parágrafo 1º do referido artigo:

a) As assinaturas, ratificações e adesões recebidas em conformidade com o artigo 48;

b) A data da entrada em vigor do Pacto, nos termos do artigo 49, e a data de entrada em vigor de quaisquer emendas, nos termos do artigo 51.

Artigo 53 — 1. O presente Pacto, cujos textos em chinês, espanhol, francês, inglês e russo são igualmente autênticos, será depositado nos arquivos da Organização das Nações Unidas.

2. O Secretário-Geral da Organização das Nações Unidas encaminhará cópias autenticadas do presente Pacto a todos os Estados mencionados no artigo 48.

PROTOCOLO FACULTATIVO AO PACTO INTERNACIONAL DOS DIREITOS CIVIS E POLÍTICOS

Os Estados-partes no presente Protocolo,

Considerando que, para melhor assegurar o cumprimento dos fins do Pacto Internacional dos Direitos Civis e Políticos (a seguir denominado "o Pacto") e a aplicação das suas disposições, conviria habilitar o Comitê dos Direitos Humanos, constituído nos termos da quarta parte do Pacto (a seguir denominado "o Comitê"), a receber e examinar, como se prevê no presente Protocolo, as comunicações provenientes de particulares que se considerem vítimas de violação dos direitos enunciados no Pacto,

Acordam o seguinte:

Artigo 1º — Os Estados-partes no Pacto que se tornem partes no presente Protocolo reconhecem que o Comitê tem competência para receber e examinar comunicações provenientes de particulares sujeitos à sua jurisdição que aleguem ser vítimas de uma violação, por esses Estados-partes, de qualquer dos direitos enunciados no Pacto. O Comitê não recebe nenhuma comunicação respeitante a um Estado-parte no Pacto que não seja parte no presente Protocolo.

Artigo 2º — Ressalvado o disposto no artigo 1º, os particulares que se considerem vítimas da violação de qualquer dos direitos enunciados no Pacto e que tenham esgotado todos os recursos internos disponíveis podem apresentar uma comunicação escrita ao Comitê para que este a examine.

Artigo 3º — O Comitê declarará inadmissíveis as comunicações apresentadas, em virtude do presente Protocolo, que sejam anônimas ou cuja apresentação considere constituir um abuso de direito ou considere incompatível com as disposições do Pacto.

Artigo 4º — § 1. Ressalvado o disposto no artigo 3º, o Comitê levará as comunicações que lhe sejam apresentadas, em virtude do presente Protocolo, à atenção dos Estados-partes no dito Protocolo que tenham alegadamente violado qualquer disposição do Pacto.

§ 2. Nos 6 meses imediatos, os ditos Estados submeterão por escrito ao Comitê as explicações ou declarações que esclareçam a questão e indicarão, se tal for o caso, as medidas que tenham tomado para remediar a situação.

Artigo 5º — § 1. O Comitê examina as comunicações recebidas em virtude do presente Protocolo, tendo em conta todas as informações escritas que lhe são submetidas pelo particular e pelo Estado-parte interessado.

§ 2. O Comitê não examinará nenhuma comunicação de um particular sem se assegurar de que:

a) A mesma questão não está a ser examinada por outra instância internacional de inquérito ou de decisão;

b) O particular esgotou todos os recursos internos disponíveis. Esta regra não se aplica se os processos de recurso excederem prazos razoáveis.

§ 3. O Comitê realiza as suas sessões à porta fechada quando examina as comunicações previstas no presente Protocolo.

§ 4. O Comitê comunica as suas constatações ao Estado-parte interessado e ao particular.

Artigo 6º — O Comitê insere no relatório anual que elabora de acordo com o artigo 45º do Pacto um resumo das suas atividades previstas no presente Protocolo.

Artigo 7º — Enquanto se espera a realização dos objetivos da Resolução 1514 (XV), adotada pela Assembleia Geral das Nações Unidas em 14 de dezembro de 1960, referente à Declaração sobre a Concessão de Independência aos Países e aos Povos Coloniais, o disposto no presente Protocolo em nada restringe o direito de petição concedido a estes povos pela Carta das Nações Unidas e por outras convenções e instrumentos internacionais concluídos sob os auspícios da Organização das Nações Unidas ou das suas instituições especializadas.

Artigo 8º — § 1. O presente Protocolo está aberto à assinatura dos Estados que tenham assinado o Pacto.

§ 2. O presente Protocolo estará sujeito à ratificação dos Estados que ratificaram o Pacto ou a ele aderiram. Os instrumentos de ratificação serão depositados junto do Secretário-Geral da Organização das Nações Unidas.

§ 3. O presente Protocolo está aberto à adesão dos Estados que tenham ratificado o Pacto ou que a ele tenham aderido.

§ 4. A adesão far-se-á através do depósito de um instrumento de adesão junto do Secretário-Geral da Organização das Nações Unidas.

§ 5. O Secretário-Geral da Organização das Nações Unidas informará todos os Estados que assinaram o presente Protocolo ou que a ele aderiram do depósito de cada instrumento de adesão ou ratificação.

Artigo 9º — § 1. Sob ressalva da entrada em vigor do Pacto, o presente Protocolo entrará em vigor três meses após a data do depósito junto ao Secretário-

-Geral da Organização das Nações Unidas do 10º instrumento de ratificação ou de adesão.

§ 2. Para os Estados que ratifiquem o presente Protocolo ou a ele adiram após o depósito do 10º instrumento de ratificação ou de adesão, o dito Protocolo entrará em vigor três meses após a data do depósito por esses Estados do seu instrumento de ratificação ou de adesão.

Artigo 10 — O disposto no presente Protocolo aplica-se, sem limitação ou exceção, a todas as unidades constitutivas dos Estados federais.

Artigo 11 — § 1. Os Estados-partes no presente Protocolo podem propor alterações e depositar o respectivo texto junto do Secretário-Geral da Organização das Nações Unidas. O Secretário-Geral transmitirá todos os projetos de alterações aos Estados-partes no dito Protocolo, pedindo-lhes que indiquem se desejam a convocação de uma conferência de Estados-partes para examinar estes projetos e submetê-los a votação. Se pelo menos um terço dos Estados se declarar a favor desta convocação, o Secretário-Geral convocará a conferência sob os auspícios da Organização das Nações Unidas. As alterações adotadas pela maioria dos Estados presentes e votantes na conferência serão submetidas para aprovação à Assembleia Geral das Nações Unidas.

§ 2. Estas alterações entram em vigor quando forem aprovadas pela Assembleia Geral das Nações Unidas e aceitas, de acordo com as suas regras constitucionais respectivas, por uma maioria de dois terços dos Estados-partes no presente Protocolo.

§ 3. Quando estas alterações entrarem em vigor, tornam-se obrigatórias para os Estados-partes que as aceitaram, continuando os outros Estados-partes ligados pelas disposições do presente Protocolo e pelas alterações anteriores que tenham aceitado.

Artigo 12 — § 1. Os Estados-partes podem, em qualquer altura, denunciar o presente Protocolo por notificação escrita dirigida ao Secretário-Geral da Organização das Nações Unidas. A denúncia produzirá efeitos três meses após a data em que o Secretário-Geral tenha recebido a notificação.

§ 2. A denúncia não impedirá a aplicação das disposições do presente Protocolo às comunicações apresentadas em conformidade com o artigo 2º antes da data em que a denúncia produzir efeitos.

Artigo 13 — Independentemente das notificações previstas no parágrafo 5º do artigo 8º do presente Protocolo, o Secretário-Geral da Organização das Nações Unidas informará todos os Estados referidos no parágrafo 1º do artigo 48 do Pacto:

a) Das assinaturas do presente Protocolo e dos instrumentos de ratificação e de adesão depositados de acordo com o artigo 8º;

b) Da data da entrada em vigor do presente Protocolo, de acordo com o artigo 9º e da data da entrada em vigor das alterações previstas no artigo 11;

c) Das denúncias feitas nos termos do artigo 12.

Artigo 14 — § 1. O presente Protocolo, cujos textos em inglês, chinês, espanhol, francês e russo são igualmente válidos, será depositado nos arquivos da Organização das Nações Unidas.

§ 2. O Secretário-Geral da Organização das Nações Unidas transmitirá uma cópia autenticada do presente Protocolo a todos os Estados referidos no artigo 48 do Pacto.

SEGUNDO PROTOCOLO FACULTATIVO AO PACTO INTERNACIONAL DOS DIREITOS CIVIS E POLÍTICOS PARA A ABOLIÇÃO DA PENA DE MORTE

Os Estados-partes no presente Protocolo,

Convencidos de que a abolição da pena de morte contribui para a promoção da dignidade humana e para o desenvolvimento progressivo dos direitos humanos;

Recordando o artigo 3º da Declaração Universal dos Direitos Humanos, adotada em 10 de dezembro de 1948, bem como o artigo 6º do Pacto Internacional dos Direitos Civis e Políticos, adotado em 16 de dezembro de 1966;

Tendo em conta que o artigo 6º do Pacto Internacional dos Direitos Civis e Políticos prevê a abolição da pena de morte em termos que sugerem sem ambiguidade que é desejável a abolição desta pena;

Convencidos de que todas as medidas de abolição da pena de morte devem ser consideradas como um progresso no gozo do direito à vida;

Desejosos de assumir por este meio um compromisso internacional para abolir a pena de morte,

Acordam no seguinte:

Artigo 1º

1. Nenhum indivíduo sujeito à jurisdição de um Estado-parte no presente Protocolo será executado.

2. Os Estados-partes devem tomar as medidas adequadas para abolir a pena de morte no âmbito da sua jurisdição.

Artigo 2º

1. Não é admitida qualquer reserva ao presente Protocolo, exceto a reserva formulada no momento da ratificação ou adesão que preveja a aplicação da pena de morte em tempo de guerra em virtude de condenação por infração penal de natureza militar de gravidade extrema cometida em tempo de guerra.

2. O Estado que formular tal reserva transmitirá ao Secretário-Geral das Nações Unidas, no momento da ratificação ou adesão, as disposições pertinentes da respectiva legislação nacional aplicável em tempo de guerra.

3. O Estado-parte que haja formulado tal reserva notificará o Secretário-Geral das Nações Unidas da declaração e do fim do estado de guerra no seu território.

Artigo 3º

Os Estados-partes no presente Protocolo deverão informar, nos relatórios que submeterem ao Comitê de Direitos Humanos, sob o artigo 40 do Pacto, as medidas adotadas para implementar o presente Protocolo.

Artigo 4º

Para os Estados-partes que hajam feito a declaração prevista no artigo 41, a competência reconhecida ao Comitê dos Direitos do Homem para receber e apreciar comunicações nas quais um Estado-parte alega que um outro Estado-parte não cumpre as suas obrigações é extensiva às disposições do presente Protocolo, exceto se o Estado-parte em causa tiver feito uma declaração em contrário no momento da respectiva ratificação ou adesão.

Artigo 5º

Para os Estados-partes do (Primeiro) Protocolo Facultativo ao Pacto Internacional dos Direitos Civis e Políticos, adotado em 16 de dezembro de 1966, a competência reconhecida ao Comitê dos Direitos do Homem para receber e apreciar comunicações provenientes de indivíduos sujeitos à sua jurisdição é igualmente extensiva às disposições do presente Protocolo, exceto se o Estado-parte em causa tiver feito uma declaração em contrário no momento da respectiva ratificação ou adesão.

Artigo 6º

1. As disposições do presente Protocolo aplicam-se como disposições adicionais ao Pacto.

2. Sem prejuízo da possibilidade de formulação da reserva prevista no artigo 2º do presente Protocolo, o direito garantido no parágrafo 1º do artigo 1º do presente Protocolo não pode ser objeto de qualquer derrogação sob o artigo 4º do Pacto.

Artigo 7º

1. O presente Protocolo está aberto à assinatura dos Estados que tenham assinado o Pacto.

2. O presente Protocolo está sujeito à ratificação dos Estados que ratificaram o Pacto ou a ele aderiram. Os instrumentos de ratificação serão depositados junto do Secretário-Geral da Organização das Nações Unidas.

3. O presente Protocolo está aberto à adesão dos Estados que tenham ratificado o Pacto ou a ele tenham aderido.

4. A adesão far-se-á através do depósito de um instrumento de adesão junto do Secretário-Geral da Organização das Nações Unidas.

5. O Secretário-Geral da Organização das Nações Unidas informará a todos os Estados que assinaram o presente Protocolo ou que a ele aderiram do depósito de cada instrumento da ratificação ou adesão.

Artigo 8º

1. O presente Protocolo entrará em vigor três meses após a data do depósito junto do Secretário-Geral da Organização das Nações Unidas do décimo instrumento de ratificação ou de adesão.

2. Para os Estados que ratificarem o presente Protocolo ou a ele aderirem após o depósito do décimo instrumento de ratificação ou adesão, o Protocolo entrará em vigor três meses após a data do depósito por esses Estados do seu instrumento de ratificação ou de adesão.

Artigo 9º

O disposto no presente Protocolo aplica-se, sem limitação ou exceção, a todas as unidades constitutivas dos Estados federais.

Artigo 10º

O Secretário-Geral da Organização das Nações Unidas informará todos os Estados referidos no parágrafo 1º do artigo 48 do Pacto:

a) Das reservas, comunicações e notificações recebidas nos termos do artigo 2º do presente Protocolo;

b) Das declarações feitas nos termos dos artigos 4º ou 5º do presente Protocolo;

c) Das assinaturas apostas ao presente Protocolo e dos instrumentos de ratificação e de adesão depositados nos termos do artigo 7º;

d) Da data de entrada em vigor do presente Protocolo, nos termos do artigo 8º.

Artigo 11º

1. O presente Protocolo, cujos textos em inglês, árabe, chinês, espanhol, francês e russo são igualmente válidos, será depositado nos arquivos da Organização das Nações Unidas.

2. O Secretário-Geral da Organização das Nações Unidas transmitirá uma cópia autenticada do presente Protocolo a todos os Estados referidos no artigo 48 do Pacto.

PACTO INTERNACIONAL DOS DIREITOS ECONÔMICOS, SOCIAIS E CULTURAIS

PREÂMBULO

Os Estados-partes no presente Pacto,

Considerando que, em conformidade com os princípios proclamados na Carta das Nações Unidas, o reconhecimento da dignidade inerente a todos os membros da família humana e dos seus direitos iguais e inalienáveis constitui o fundamento da liberdade, da justiça e da paz no mundo,

Reconhecendo que esses direitos decorrem da dignidade inerente à pessoa humana,

Reconhecendo que, em conformidade com a Declaração Universal dos Direitos Humanos, o ideal do ser humano livre, liberto do temor e da miséria, não pode ser realizado a menos que se criem condições que permitam a cada um gozar de seus direitos econômicos, sociais e culturais, assim como de seus direitos civis e políticos,

Considerando que a Carta das Nações Unidas impõe aos Estados a obrigação de promover o respeito universal e efetivo dos direitos e das liberdades da pessoa humana,

Compreendendo que o indivíduo, por ter deveres para com seus semelhantes e para com a coletividade a que pertence, tem a obrigação de lutar pela promoção e observância dos direitos reconhecidos no presente Pacto,

Acordam o seguinte:

PARTE I

Artigo 1º — 1. Todos os povos têm direito à autodeterminação. Em virtude desse direito, determinam livremente seu estatuto político e asseguram livremente seu desenvolvimento econômico, social e cultural.

2. Para a consecução de seus objetivos, todos os povos podem dispor livremente de suas riquezas e de seus recursos naturais, sem prejuízo das obrigações decorrentes da cooperação econômica internacional, baseada no princípio do proveito mútuo e do Direito Internacional. Em caso algum poderá um povo ser privado de seus próprios meios de subsistência.

3. Os Estados-partes no presente Pacto, inclusive aqueles que tenham a responsabilidade de administrar territórios não autônomos e territórios sob tutela, deverão promover o exercício do direito à autodeterminação e respeitar esse direito, em conformidade com as disposições da Carta das Nações Unidas.

PARTE II

Artigo 2º — 1. Cada Estado-parte no presente Pacto compromete-se a adotar medidas, tanto por esforço próprio como pela assistência e cooperação internacionais, principalmente nos planos econômico e técnico, até o máximo de seus recursos disponíveis, que visem a assegurar, progressivamente, por todos os meios apropriados, o pleno exercício dos direitos reconhecidos no presente Pacto, incluindo, em particular, a adoção de medidas legislativas.

2. Os Estados-partes no presente Pacto comprometem-se a garantir que os direitos nele enunciados se exercerão sem discriminação alguma por motivo de raça, cor, sexo, língua, religião, opinião política ou de qualquer outra natureza, origem nacional ou social, situação econômica, nascimento ou qualquer outra situação.

3. Os países em desenvolvimento, levando devidamente em consideração os direitos humanos e a situação econômica nacional, poderão determinar em que medida garantirão os direitos econômicos reconhecidos no presente Pacto àqueles que não sejam seus nacionais.

Artigo 3º — Os Estados-partes no presente Pacto comprometem-se a assegurar a homens e mulheres igualdade no gozo dos direitos econômicos, sociais e culturais enumerados no presente Pacto.

Artigo 4º — Os Estados-partes no presente Pacto reconhecem que, no exercício dos direitos assegurados em conformidade com o presente Pacto pelo Estado, este poderá submeter tais direitos unicamente às limitações estabelecidas em lei, somente na medida compatível com a natureza desses direitos e exclusivamente com o objetivo de favorecer o bem-estar geral em uma sociedade democrática.

Artigo 5º — 1. Nenhuma das disposições do presente Pacto poderá ser interpretada no sentido de reconhecer a um Estado, grupo ou indivíduo qualquer direito de dedicar-se a quaisquer atividades ou de praticar quaisquer atos que tenham por objetivo destruir os direitos ou liberdades reconhecidos no presente Pacto ou impor-lhes limitações mais amplas do que aquelas nele previstas.

2. Não se admitirá qualquer restrição ou suspensão dos direitos humanos fundamentais reconhecidos ou vigentes em qualquer país em virtude de leis, convenções, regulamentos ou costumes, sob o pretexto de que o presente Pacto não os reconheça ou os reconheça em menor grau.

PARTE III

Artigo 6º — 1. Os Estados-partes no presente Pacto reconhecem o direito de toda pessoa de ter a possibilidade de ganhar a vida mediante um trabalho livremente escolhido ou aceito e tomarão medidas apropriadas para salvaguardar esse direito.

2. As medidas que cada Estado-parte no presente Pacto tomará, a fim de assegurar o pleno exercício desse direito, deverão incluir a orientação e a formação técnica e profissional, a elaboração de programas, normas técnicas apropriadas para assegurar um desenvolvimento econômico, social e cultural constante e o pleno emprego produtivo em condições que salvaguardem aos indivíduos o gozo das liberdades políticas e econômicas fundamentais.

Artigo 7º — Os Estados-partes no presente Pacto reconhecem o direito de toda pessoa de gozar de condições de trabalho justas e favoráveis, que assegurem especialmente:

a) Uma remuneração que proporcione, no mínimo, a todos os trabalhadores:

i) um salário equitativo e uma remuneração igual por um trabalho de igual valor, sem qualquer distinção; em particular, as mulheres deverão ter a garantia de condições de trabalho não inferiores às dos homens e perceber a mesma remuneração que eles, por trabalho igual;

ii) uma existência decente para eles e suas famílias, em conformidade com as disposições do presente Pacto;

b) Condições de trabalho seguras e higiênicas;

c) Igual oportunidade para todos de serem promovidos, em seu trabalho, à categoria superior que lhes corresponda, sem outras considerações que as de tempo, de trabalho e de capacidade;

d) O descanso, o lazer, a limitação razoável das horas de trabalho e férias periódicas remuneradas, assim como a remuneração dos feriados.

Artigo 8º — 1. Os Estados-partes no presente Pacto comprometem-se a garantir:

a) O direito de toda pessoa de fundar com outras sindicatos e de filiar-se ao sindicato de sua escolha, sujeitando-se unicamente aos estatutos da organização interessada, com o objetivo de promover e de proteger seus interesses econômicos e sociais. O exercício desse direito só poderá ser objeto das restrições previstas em lei e que sejam necessárias, em uma sociedade democrática, ao interesse da segurança nacional ou da ordem pública, ou para proteger os direitos e as liberdades alheias;

b) O direito dos sindicatos de formar federações ou confederações nacionais e o direito destas de formar organizações sindicais internacionais ou de filiar-se às mesmas;

c) O direito dos sindicatos de exercer livremente suas atividades, sem quaisquer limitações além daquelas previstas em lei e que sejam necessárias, em uma sociedade democrática, ao interesse da segurança nacional ou da ordem pública, ou para proteger os direitos e as liberdades das demais pessoas;

d) O direito de greve, exercido em conformidade com as leis de cada país.

2. O presente artigo não impedirá que se submeta a restrições legais o exercício desses direitos pelos membros das forças armadas, da polícia ou da administração pública.

3. Nenhuma das disposições do presente artigo permitirá que os Estados-partes na Convenção de 1948 da Organização Internacional do Trabalho, relativa à liberdade sindical e à proteção do direito sindical, venham a adotar medidas legislativas que restrinjam — ou a aplicar a lei de maneira a restringir — as garantias previstas na referida Convenção.

Artigo 9º — Os Estados-partes no presente Pacto reconhecem o direito de toda pessoa à previdência social, inclusive ao seguro social.

Artigo 10 — Os Estados-partes no presente Pacto reconhecem que:

1. Deve-se conceder à família, que é o núcleo natural e fundamental da sociedade, a mais ampla proteção e assistência possíveis, especialmente para a sua constituição e enquanto ela for responsável pela criação e educação dos filhos. O matrimônio deve ser contraído com o livre consentimento dos futuros cônjuges.

2. Deve-se conceder proteção especial às mães por um período de tempo razoável antes e depois do parto. Durante esse período, deve-se conceder às mães que trabalham licença remunerada ou licença acompanhada de benefícios previdenciários adequados.

3. Deve-se adotar medidas especiais de proteção e assistência em prol de todas as crianças e adolescentes, sem distinção alguma por motivo de filiação ou qualquer outra condição. Deve-se proteger as crianças e adolescentes contra a exploração econômica e social. O emprego de crianças e adolescentes, em trabalho que lhes seja nocivo à moral e à saúde, ou que lhes faça correr perigo de vida, ou ainda que lhes venha prejudicar o desenvolvimento normal, será punido por lei. Os Estados devem também estabelecer limites de idade, sob os quais fique proibido e punido por lei o emprego assalariado da mão de obra infantil.

Artigo 11 — 1. Os Estados-partes no presente Pacto reconhecem o direito de toda pessoa a um nível de vida adequado para si próprio e para sua família, inclusive à alimentação, vestimenta e moradia adequadas, assim como uma melhoria contínua de suas condições de vida. Os Estados-partes tomarão medidas apropriadas para assegurar a consecução desse direito, reconhecendo, nesse sentido, a importância essencial da cooperação internacional fundada no livre consentimento.

2. Os Estados-partes no presente Pacto, reconhecendo o direito fundamental de toda pessoa de estar protegida contra a fome, adotarão, individualmente e mediante cooperação internacional, as medidas, inclusive programas concretos, que se façam necessários para:

a) Melhorar os métodos de produção, conservação e distribuição de gêneros alimentícios pela plena utilização dos conhecimentos técnicos e científicos, pela difusão de princípios de educação nutricional e pelo aperfeiçoamento ou reforma dos regimes agrários, de maneira que se assegurem a exploração e a utilização mais eficazes dos recursos naturais.

b) Assegurar uma repartição equitativa dos recursos alimentícios mundiais em relação às necessidades, levando-se em conta os problemas tanto dos países importadores quanto dos exportadores de gêneros alimentícios.

Artigo 12 — 1. Os Estados-partes no presente Pacto reconhecem o direito de toda pessoa de desfrutar o mais elevado nível de saúde física e mental.

2. As medidas que os Estados-partes no presente Pacto deverão adotar, com o fim de assegurar o pleno exercício desse direito, incluirão as medidas que se façam necessárias para assegurar:

a) A diminuição da mortinatalidade e da mortalidade infantil, bem como o desenvolvimento são das crianças.

b) A melhoria de todos os aspectos de higiene do trabalho e do meio ambiente.

c) A prevenção e o tratamento das doenças epidêmicas, endêmicas, profissionais e outras, bem como a luta contra essas doenças.

d) A criação de condições que assegurem a todos assistência médica e serviços médicos em caso de enfermidade.

Artigo 13 — 1. Os Estados-partes no presente Pacto reconhecem o direito de toda pessoa à educação. Concordam em que a educação deverá visar ao pleno desenvolvimento da personalidade humana e do sentido de sua dignidade e a fortalecer o respeito pelos direitos humanos e liberdades fundamentais. Concordam ainda que a educação deverá capacitar todas as pessoas a participar efetivamente de uma sociedade livre, favorecer a compreensão, a tolerância e a amizade entre todas as nações e entre todos os grupos raciais, étnicos ou religiosos e promover as atividades das Nações Unidas em prol da manutenção da paz.

2. Os Estados-partes no presente Pacto reconhecem que, com o objetivo de assegurar o pleno exercício desse direito:

a) A educação primária deverá ser obrigatória e acessível gratuitamente a todos.

b) A educação secundária em suas diferentes formas, inclusive a educação secundária técnica e profissional, deverá ser generalizada e tornar-se acessível a todos, por todos os meios apropriados e, principalmente, pela implementação progressiva do ensino gratuito.

c) A educação de nível superior deverá igualmente tornar-se acessível a todos, com base na capacidade de cada um, por todos os meios apropriados e, principalmente, pela implementação progressiva do ensino gratuito.

d) Dever-se-á fomentar e intensificar, na medida do possível, a educação de base para aquelas pessoas que não receberam educação primária ou não concluíram o ciclo completo de educação primária.

e) Será preciso prosseguir ativamente o desenvolvimento de uma rede escolar em todos os níveis de ensino, implementar-se um sistema adequado de bolsas de estudo e melhorar continuamente as condições materiais do corpo docente.

3. Os Estados-partes no presente Pacto comprometem-se a respeitar a liberdade dos pais — e, quando for o caso, dos tutores legais — de escolher para seus filhos escolas distintas daquelas criadas pelas autoridades públicas, sempre que atendam aos padrões mínimos de ensino prescritos ou aprovados pelo Estado, e de fazer com que seus filhos venham a receber educação religiosa ou moral que esteja de acordo com suas próprias convicções.

4. Nenhuma das disposições do presente artigo poderá ser interpretada no sentido de restringir a liberdade de indivíduos e de entidades de criar e dirigir instituições de ensino, desde que respeitados os princípios enunciados no parágrafo 1º do presente artigo e que essas instituições observem os padrões mínimos prescritos pelo Estado.

Artigo 14 — Todo Estado-parte no presente Pacto que, no momento em que se tornar Parte, ainda não tenha garantido em seu próprio território ou território sob a sua jurisdição a obrigatoriedade ou a gratuidade da educação primária, se compromete a elaborar e a adotar, dentro de um prazo de dois anos, um plano de ação detalhado destinado à implementação progressiva, dentro de um número razoável de anos estabelecido no próprio plano, do princípio da educação primária obrigatória e gratuita para todos.

Artigo 15 — 1. Os Estados-partes no presente Pacto reconhecem a cada indivíduo o direito de:

a) Participar da vida cultural;

b) Desfrutar o progresso científico e suas aplicações;

c) Beneficiar-se da proteção dos interesses morais e materiais decorrentes de toda a produção científica, literária ou artística de que seja autor.

2. As medidas que os Estados-partes no presente Pacto deverão adotar com a finalidade de assegurar o pleno exercício desse direito incluirão aquelas necessárias à conservação, ao desenvolvimento e à difusão da ciência e da cultura.

3. Os Estados-partes no presente Pacto comprometem-se a respeitar a liberdade indispensável à pesquisa científica e à atividade criadora.

4. Os Estados-partes no presente Pacto reconhecem os benefícios que derivam do fomento e do desenvolvimento da cooperação e das relações internacionais no domínio da ciência e da cultura.

PARTE IV

Artigo 16 — 1. Os Estados-partes no presente Pacto comprometem-se a apresentar, de acordo com as disposições da presente parte do Pacto, relatórios sobre as medidas que tenham adotado e sobre o progresso realizado, com o objetivo de assegurar a observância dos direitos reconhecidos no Pacto.

2. a) Todos os relatórios deverão ser encaminhados ao Secretário-Geral da Organização das Nações Unidas, o qual enviará cópias dos mesmos ao Conselho Econômico e Social, para exame de acordo com as disposições do presente Pacto.

b) O Secretário-Geral da Organização das Nações Unidas encaminhará também às agências especializadas cópias dos relatórios — ou de todas as partes pertinentes dos mesmos — enviados pelos Estados-partes no presente Pacto que sejam igualmente membros das referidas agências especializadas, na medida em que os relatórios, ou parte deles, guardem relação com questões que sejam da competência de tais agências, nos termos de seus respectivos instrumentos constitutivos.

Artigo 17 — 1. Os Estados-partes no presente Pacto apresentarão seus relatórios por etapas, segundo um programa a ser estabelecido pelo Conselho Econômico e Social, no prazo de um ano a contar da data da entrada em vigor do presente Pacto, após consulta aos Estados-partes e às agências especializadas interessadas.

2. Os relatórios poderão indicar os fatores e as dificuldades que prejudiquem o pleno cumprimento das obrigações previstas no presente Pacto.

3. Caso as informações pertinentes já tenham sido encaminhadas à Organização das Nações Unidas ou a uma agência especializada por um Estado-parte, não será necessário reproduzir as referidas informações, sendo suficiente uma referência precisa às mesmas.

Artigo 18 — Em virtude das responsabilidades que lhes são conferidas pela Carta das Nações Unidas no domínio dos direitos humanos e das liberdades fundamentais, o Conselho Econômico e Social poderá concluir acordos com as agências especializadas sobre a apresentação, por estas, de relatórios relativos aos progressos realizados quanto ao cumprimento das disposições do presente Pacto que correspondam ao seu campo de atividades. Os relatórios poderão incluir dados sobre as decisões e recomendações, referentes ao cumprimento das disposições do presente Pacto, adotadas pelos órgãos competentes das agências especializadas.

Artigo 19 — O Conselho Econômico e Social poderá encaminhar à Comissão de Direitos Humanos, para fins de estudo e de recomendação de ordem geral, ou para informação, caso julgue apropriado, os relatórios concernentes aos direitos humanos que apresentarem os Estados, nos termos dos artigos 16 e 17, e aqueles concernentes aos direitos humanos que apresentarem as agências especializadas, nos termos do artigo 18.

Artigo 20 — Os Estados-partes no presente Pacto e as agências especializadas interessadas poderão encaminhar ao Conselho Econômico e Social comentários sobre qualquer recomendação de ordem geral, feita em virtude do artigo 19, ou sobre qualquer referência a uma recomendação de ordem geral que venha a constar de relatório da Comissão de Direitos Humanos ou de qualquer documento mencionado no referido relatório.

Artigo 21 — O Conselho Econômico e Social poderá apresentar ocasionalmente à Assembleia Geral relatórios que contenham recomendações de caráter geral, bem como resumo das informações recebidas dos Estados-partes no presente Pacto e das agências especializadas, sobre as medidas adotadas e o progresso realizado com a finalidade de assegurar a observância geral dos direitos reconhecidos no presente Pacto.

Artigo 22 — O Conselho Econômico e Social poderá levar ao conhecimento de outros órgãos da Organização das Nações Unidas, de seus órgãos subsidiários e das agências especializadas interessadas, às quais incumba a prestação de assistência técnica, quaisquer questões suscitadas nos relatórios mencionados nesta parte do presente Pacto, que possam ajudar essas entidades a pronunciar-se, cada uma dentro de sua esfera de competência, sobre a conveniência de medidas internacionais que possam contribuir para a implementação efetiva e progressiva do presente Pacto.

Artigo 23 — Os Estados-partes no presente Pacto concordam em que as medidas de ordem internacional, destinadas a tornar efetivos os direitos reconhecidos no referido Pacto, incluem, sobretudo, a conclusão de convenções, a adoção de recomendações, a prestação de assistência técnica e a organização, em conjunto com os governos interessados, e no intuito de efetuar consultas e realizar estudos, de reuniões regionais e de reuniões técnicas.

Artigo 24 — Nenhuma das disposições do presente Pacto poderá ser interpretada em detrimento das disposições da Carta das Nações Unidas ou das constituições das agências especializadas, as quais definem as responsabilidades respectivas dos diversos órgãos da Organização das Nações Unidas e agências especializadas, relativamente às matérias tratadas no presente Pacto.

Artigo 25 — Nenhuma das disposições do presente Pacto poderá ser interpretada em detrimento do direito inerente a todos os povos de desfrutar e utilizar plena e livremente suas riquezas e seus recursos naturais.

PARTE V

Artigo 26 — 1. O presente Pacto está aberto à assinatura de todos os Estados-membros da Organização das Nações Unidas ou membros de qualquer de suas agências especializadas, de todo Estado-parte no Estatuto da Corte Internacional de Justiça, bem como de qualquer outro Estado convidado pela Assembleia Geral das Nações Unidas a tornar-se parte no presente Pacto.

2. O presente Pacto está sujeito à ratificação. Os instrumentos de ratificação serão depositados junto ao Secretário-Geral da Organização das Nações Unidas.

3. O presente Pacto está aberto à adesão de qualquer dos Estados mencionados no parágrafo 1º do presente artigo.

4. Far-se-á a adesão mediante depósito do instrumento de adesão junto ao Secretário-Geral das Nações Unidas.

5. O Secretário-Geral da Organização das Nações Unidas informará a todos os Estados que hajam assinado o presente Pacto, ou a ele aderido, do depósito de cada instrumento de ratificação ou adesão.

Artigo 27 — 1. O presente Pacto entrará em vigor três meses após a data do depósito, junto ao Secretário-Geral da Organização das Nações Unidas, do trigésimo quinto instrumento de ratificação ou adesão.

2. Para os Estados que vierem a ratificar o presente Pacto ou a ele aderir após o depósito do trigésimo quinto instrumento de ratificação ou adesão, o presente Pacto entrará em vigor três meses após a data do depósito, pelo Estado em questão, de seu instrumento de ratificação ou adesão.

Artigo 28 — Aplicar-se-ão as disposições do presente Pacto, sem qualquer limitação ou exceção, a todas as unidades constitutivas dos Estados federativos.

Artigo 29 — 1. Qualquer Estado-parte no presente Pacto poderá propor emendas e depositá-las junto ao Secretário-Geral da Organização das Nações Unidas. O Secretário-Geral comunicará todas as propostas de emendas aos Estados-partes no presente Pacto, pedindo-lhes que o notifiquem se desejarem que se convoque uma conferência dos Estados-partes, destinada a examinar as propostas e submetê-las a votação. Se pelo menos um terço dos Estados-partes se manifestar a favor da referida convocação, o Secretário-Geral convocará a conferência sob os auspícios da Organização das Nações Unidas. Qualquer emenda adotada pela maioria dos Estados-partes presentes e votantes na conferência será submetida à aprovação da Assembleia Geral das Nações Unidas.

2. Tais emendas entrarão em vigor quando aprovadas pela Assembleia Geral das Nações Unidas e aceitas, em conformidade com seus respectivos procedimentos constitucionais, por uma maioria de dois terços dos Estados-partes no presente Pacto.

3. Ao entrarem em vigor, tais emendas serão obrigatórias para os Estados--partes que as aceitaram, ao passo que os demais Estados-partes permanecem obrigados pelas disposições do presente Pacto e pelas emendas anteriores por eles aceitas.

Artigo 30 — Independentemente das notificações previstas no parágrafo 5º do artigo 26, o Secretário-Geral da Organização das Nações Unidas comunicará a todos os Estados mencionados no parágrafo 1º do referido artigo:

a) As assinaturas, ratificações e adesões recebidas em conformidade com o artigo 26;

b) A data da entrada em vigor do Pacto, nos termos do artigo 27, e a data de entrada em vigor de quaisquer emendas, nos termos do artigo 29.

Artigo 31 — 1. O presente Pacto, cujos textos em chinês, espanhol, francês, inglês e russo são igualmente autênticos, será depositado nos arquivos da Organização das Nações Unidas.

2. O Secretário-Geral da Organização das Nações Unidas encaminhará cópias autenticadas do presente Pacto a todos os Estados mencionados no artigo 26.

PROTOCOLO FACULTATIVO AO PACTO INTERNACIONAL DOS DIREITOS ECONÔMICOS, SOCIAIS E CULTURAIS

PREÂMBULO

Os Estados-partes no presente Protocolo,

Considerando que, conforme os princípios enunciados na Carta das Nações Unidas, a liberdade, a justiça e a paz no mundo têm por base o reconhecimento da dignidade inerente a todos os membros da família humana e seus direitos iguais e inalienáveis,

Afirmando que a Declaração Universal de Direitos Humanos proclama que todos os seres humanos nascem livres e iguais em dignidade e direitos e que toda pessoa tem todos os direitos e liberdades nelas proclamados, sem distinção alguma de raça, cor, sexo, idioma, religião, opinião política ou de qualquer outra índole, origem nacional ou social, posição econômica ou qualquer outra condição,

Recordando que a Declaração Universal de Direitos Humanos e os Pactos Internacionais de Direitos Humanos reconhecem que não podem realizar o ideal do ser humano livre e liberto do temor e da miséria sem que sejam criadas condições que permitam a cada pessoa desfrutar de seus direitos civis, culturais, econômicos, políticos e sociais,

Reafirmando a universalidade, indivisibilidade, interdependência e inter-relação de todos os direitos humanos e liberdades fundamentais,

Recordando que cada um dos Estados-partes no Pacto Internacional de Direitos Econômicos, Sociais e Culturais (a seguir denominado "o Pacto") se compromete a adotar medidas, tanto por esforço próprio, como pela assistência e cooperação internacional, especialmente econômica e técnica, até o máximo dos recursos disponíveis, para alcançar, progressivamente, por todos os meios apropriados, inclusive mediante a adoção de medidas legislativas, a plena efetividade dos direitos reconhecidos no Pacto,

Considerando que, para melhor assegurar o alcance dos propósitos do Pacto e a aplicação de suas disposições, seria conveniente facultar ao Comitê de Direitos Econômicos, Sociais e Culturais (a seguir denominado "o Comitê") o desempenho das funções previstas no presente Protocolo,

Acordam o seguinte:

Artigo 1º

Competência do Comitê para receber e examinar comunicações

1. Todo Estado-parte no Pacto que seja parte no presente Protocolo reconhecerá a competência do Comitê para receber e examinar comunicações conforme o disposto no presente Protocolo.

2. O Comitê não receberá nenhuma comunicação concernente a um Estado-parte no Pacto que não seja parte no presente Protocolo.

Artigo 2º

Comunicações

As comunicações poderão ser apresentadas por pessoas ou grupos de pessoas que estejam sob a jurisdição de um Estado-parte e que aleguem ser vítimas de violação por esse Estado-parte de qualquer dos direitos econômicos, sociais e culturais enunciados no Pacto. Para apresentar uma comunicação em nome de pessoas ou grupo de pessoas será necessário o seu consentimento, ao menos que o autor possa justificar que atua em nome delas sem tal consentimento.

Artigo 3º

Admissibilidade

1. O Comitê não examinará uma comunicação sem antes ter se certificado de que foram esgotados todos os recursos disponíveis da jurisdição interna. Não se aplicará esta norma quando o trâmite destes recursos se prolongue injustificadamente.

2. O Comitê declarará inadmissível toda comunicação que:

a) Não seja apresentada no prazo de um ano a contar do esgotamento dos recursos internos, salvo nos casos em que o autor possa demonstrar que não foi possível apresentá-la dentro deste prazo;

b) Se referir a fatos ocorridos antes da data de entrada em vigor do presente Protocolo para o Estado-parte interessado, salvo se os fatos prosseguirem depois desta data;

c) Se referir a uma questão que tenha sido examinada pelo Comitê ou tenha sido ou esteja sendo examinada por outra instância internacional;

d) Seja incompatível com as disposições do Pacto;

e) Seja manifestamente infundada, não seja suficientemente fundamentada ou se baseie exclusivamente em informes difundidos por meios de comunicação;

f) Constitua um abuso de direito de apresentar uma comunicação;

g) Seja anônima ou não seja apresentada por escrito.

Artigo 4º

Comunicações que não revelem uma clara violação

Se necessário, o Comitê poderá negar-se a considerar uma comunicação que não revele que o autor tenha estado em situação de clara violação, salvo se o

Comitê entender que a comunicação apresente uma grave questão de importância geral.

Artigo 5º

Medidas provisórias

1. Ao receber uma comunicação e antes de pronunciar-se sobre o mérito, em qualquer momento, o Comitê poderá dirigir-se ao Estado-parte interessado, para que examine, com urgência, solicitação de adoção de medidas provisórias que sejam necessárias em circunstâncias excepcionais, a fim de evitar possíveis danos irreparáveis à vítima ou às vítimas de uma suposta violação.

2. O fato de o Comitê exercer as faculdades discricionárias que lhe conferem o parágrafo 1º do presente artigo não implica juízo algum sobre a admissibilidade nem sobre o mérito da comunicação.

Artigo 6º

Transmissão da comunicação

1. Ao menos que o Comitê considere que uma comunicação é inadmissível sem a ciência ao Estado-parte interessado, o Comitê colocará a conhecimento do Estado-parte, de forma confidencial, toda comunicação que receber com base no presente Protocolo.

2. Em um prazo de seis meses, o Estado-parte receptor apresentará ao Comitê por escrito explicações ou declarações que esclareçam a questão, indicando, se for o caso, as medidas corretivas que tenha adotado.

Artigo 7º

Solução amistosa

1. O Comitê colocará seus bons ofícios à disposição das partes interessadas, a fim de alcançar uma solução amistosa da questão com relação ao respeito às obrigações estabelecidas no Pacto.

2. Todo acordo celebrado mediante uma solução amistosa encerrará o exame de uma comunicação em virtude do presente Protocolo.

Artigo 8º

Exame das comunicações

1. O Comitê examinará as comunicações que receber em virtude do Artigo 2º do presente Protocolo à luz de toda documentação que estiver à sua disposição, sempre que essa documentação for transmitida às partes interessadas.

2. O Comitê examinará em sessões privadas as comunicações que receber em virtude do presente Protocolo.

3. Ao examinar as comunicações recebidas em virtude do presente Protocolo, o Comitê poderá consultar, conforme lhe convenha, a documentação pertinente procedente de outros órgãos, organismos especializados, fundos, programas e mecanismos das Nações Unidas e de outras organizações internacionais, incluídos

os sistemas regionais de direitos humanos, e quaisquer observações e comentários do Estado-parte interessado.

4. Ao examinar as comunicações recebidas em virtude do presente Protocolo, o Comitê considerará até que ponto são satisfatórias as medidas adotadas pelo Estado-parte em conformidade com a parte II do Pacto. Ao fazê-lo, o Comitê terá presente que o Estado-parte poderá adotar toda uma série de possíveis medidas políticas para efetivar os direitos enunciados no Pacto.

Artigo 9º

Seguimento das observações do Comitê

1. Após examinar uma comunicação, o Comitê fará chegar às partes interessadas sua avaliação sobre a comunicação, bem como suas recomendações, se houver.

2. O Estado-parte dará a devida consideração à avaliação do Comitê, assim como às suas recomendações, se houver, e enviará ao Comitê, em um prazo de seis meses, uma resposta por escrito que inclua informação sobre toda medida que tenha adotado à luz da avaliação e das recomendações do Comitê.

3. O Comitê poderá convidar o Estado-parte a prestar mais informações sobre quaisquer das medidas que o Estado-parte haja adotado em resposta à sua avaliação ou às suas recomendações, se houver, inclusive, se o Comitê considerar apropriado, nos relatórios que apresentar posteriormente o Estado-parte, em conformidade com os Artigos 16 e 17 do Pacto.

Artigo 10

Comunicações entre Estados

1. Todo Estado-parte no presente Protocolo poderá declarar em qualquer momento, em virtude do presente Artigo, que reconhece a competência do Comitê para receber e examinar as comunicações em que um Estado-parte alegue que outro Estado-parte não cumpre suas obrigações decorrentes do Pacto. As comunicações apresentadas conforme este Artigo somente serão recebidas e examinadas se o Estado-parte tiver reconhecido a competência do Comitê por meio de uma declaração para este fim. O Comitê não receberá qualquer comunicação que se refira a um Estado-parte que não tenha feito tal declaração. As comunicações que sejam recebidas conforme este Artigo estarão sujeitas ao seguinte procedimento:

a) Se um Estado-parte no presente Protocolo considerar que outro Estado-parte não está cumprindo com suas obrigações em virtude do Pacto, poderá, mediante comunicação por escrito, submeter o assunto à atenção deste Estado-parte. O Estado-parte poderá também informar o Comitê sobre o assunto. Em um prazo de três meses contados desde o recebimento da comunicação, o Estado receptor oferecerá ao Estado que haja enviado a comunicação uma explicação ou uma declaração por escrito pela qual esclareça o assunto e, na medida do possível e sendo pertinente, fará referência aos procedimentos e recursos internos adotados, pendentes ou disponíveis sobre a matéria;

b) Se o assunto não se resolver de forma satisfatória para ambos Estados-partes interessados no prazo de seis meses do recebimento da comunicação inicial pelo Estado receptor, qualquer deles poderá submeter o assunto ao Comitê mediante notificação endereçada ao Comitê e ao outro Estado;

c) O Comitê examinará o assunto que lhe tenha sido submetido apenas após ter se certificado de que foram adotados e esgotados todos os recursos internos sobre a matéria. Não se aplicará esta norma quando o trâmite destes recursos se prolongar injustificadamente;

d) Com relação ao disposto na alínea *c*) do presente parágrafo, o Comitê colocará seus bons ofícios à disposição dos Estados-partes interessados, a fim de alcançar uma solução amistosa da questão pertinente ao respeito das obrigações estabelecidas no Pacto;

e) O Comitê celebrará sessões privadas quando do exame das comunicações a que se referem o presente Artigo;

f) Em todo assunto que lhe seja submetido em conformidade com a alínea *b*) do presente parágrafo, o Comitê poderá solicitar aos Estados-partes interessados mencionados na alínea *b*) que facilitem qualquer outra informação pertinente;

g) Os Estados-partes interessados mencionados na cláusula *b*) do presente parágrafo terão o direito de estar representados quando o assunto for examinado pelo Comitê e de fazer declarações oralmente e/ou por escrito;

h) O Comitê apresentará, com a maior brevidade possível a partir da data de recepção da notificação a que se refere a alínea *b*) do presente parágrafo, um informe, como se indica a seguir:

i) Se se chegar a um tipo de solução prevista na alínea d*) do presente parágrafo, o Comitê limitará seu informe a uma breve exposição dos fatos e da solução a que tenha chegado;*

ii) Se não se chegar ao tipo de solução prevista na alínea d*), o Comitê exporá em seu informe os fatos pertinentes ao assunto entre os Estados-partes interessados. Se adicionarão ao informe as declarações por escrito e uma relação das declarações orais feitas pelos Estados-partes interessados. O Comitê poderá também transmitir unicamente aos Estados-partes interessados quaisquer observações que considerar pertinentes ao assunto entre ambos.*

Em todos os casos, o informe será transmitido aos Estados-partes interessados.

2. Os Estados-partes depositarão a declaração prevista no parágrafo 1º do presente Artigo junto ao Secretário-Geral das Nações Unidas, que remeterá cópias das mesmas aos demais Estados-partes. A declaração poderá ser retirada em qualquer momento mediante notificação ao Secretário-Geral. Tal retirada será feita sem prejuízo do exame de qualquer assunto que seja objeto de uma comunicação já transmitida em virtude do presente Artigo; depois que o Secretário-Geral tiver recebido a notificação de retirada da declaração, não serão recebidas novas comuni-

cações de nenhum Estado-parte em virtude do presente Artigo, a menos que o Estado-parte interessado tenha feito uma nova declaração.

Artigo 11

Procedimento de investigação

1. Todo Estado-parte do presente Protocolo poderá declarar, a qualquer momento, que reconhece a competência do Comitê prevista no presente artigo.

2. O Comitê, no caso de receber informações fidedignas de que lhe pareçam indicar violações graves ou sistemáticas, por um Estado-parte, de quaisquer dos direitos econômicos, sociais ou culturais enunciados no Pacto, convidará o Estado-parte em questão a cooperar no exame das informações e, nesse sentido, a transmitir ao Comitê as observações que julgar pertinentes.

3. Levando em consideração todas as observações que houver apresentado o Estado-parte interessado, bem como quaisquer outras informações pertinentes de que dispuser, o Comitê poderá designar um ou vários de seus membros para que procedam a uma investigação e informem urgentemente o Comitê. Quando for justificável e com o consentimento do Estado-parte, a investigação poderá incluir uma visita a seu território.

4. A investigação terá caráter confidencial e será solicitada a colaboração do Estado-parte em todas as etapas do procedimento.

5. Após examinadas as conclusões da investigação, o Comitê as transmitirá ao Estado-parte interessado, junto com os comentários e recomendações que considerar pertinentes.

6. O Estado-parte interessado apresentará suas próprias observações ao Comitê, em um prazo de seis meses após receber os resultados da investigação e os comentários e recomendações transmitidos pelo Comitê.

7. Quando estiverem concluídos os trabalhos relacionados a uma investigação realizada de acordo com o parágrafo 2º do presente artigo, o Comitê poderá, após celebrar consultas com o Estado-parte interessado, tomar a decisão de incluir um resumo dos resultados do procedimento de investigação em seu relatório anual previsto no artigo 15 do presente Protocolo.

8. Todo Estado-parte que tenha feito a declaração prevista no parágrafo 1º do presente artigo, poderá retirar tal declaração, a qualquer momento, mediante notificação endereçada ao Secretário-Geral.

Artigo 12

Seguimento do procedimento de investigação

1. O Comitê poderá convidar o Estado-parte interessado a incluir em seu relatório, a ser apresentado nos termos dos artigos 16 e 17 do Pacto, o detalhamento das medidas que tenham sido adotadas em resposta a uma investigação realizada nos termos do artigo 11 do presente Protocolo.

2. Decorrido o período de seis meses indicado no parágrafo 6º do artigo 11, o Comitê poderá, se necessário, convidar o Estado-parte interessado a informar sobre as medidas adotadas como resultado da investigação.

Artigo 13

Medidas de proteção

Cada Estado-parte adotará todas as medidas necessárias para que as pessoas sob sua jurisdição não sejam submetidas a maus-tratos ou intimidação de nenhum tipo como consequência de qualquer comunicação com o Comitê, de acordo com o presente Protocolo.

Artigo 14

Assistência e cooperação internacionais

1. O Comitê transmitirá, se considerar conveniente e com o consentimento do Estado-parte interessado, aos organismos especializados, fundos e programas das Nações Unidas e outros órgãos competentes, seus comentários ou recomendações sobre as comunicações e investigações em que se indique a necessidade de assessoramento técnico ou de assistência, junto com eventuais observações e sugestões do Estado-parte sobre tais comentários ou recomendações.

2. O Comitê também poderá chamar a atenção de tais órgãos, com o consentimento do Estado-parte interessado, sobre toda questão decorrente das comunicações examinadas em virtude do presente Protocolo, para que possa ajudá-los a se pronunciar, cada um em sua esfera de competência, sobre a conveniência de medidas internacionais para auxiliar os Estados-partes a implementar de forma mais efetiva os direitos reconhecidos no Pacto.

3. Será estabelecido um fundo fiduciário de acordo com os procedimentos da Assembleia Geral nessa matéria, o qual será administrado conforme o Regulamento Financeiro e Regulamentação Financeira Detalhada das Nações Unidas, para prestar assistência especializada e técnica aos Estados-partes, com o consentimento dos Estados-partes interessados, a fim de promover o exercício dos direitos enunciados no Pacto, contribuindo com o fomento de uma capacidade nacional em matéria dos direitos econômicos, sociais e culturais no contexto do presente Protocolo.

4. As disposições do presente artigo serão aplicadas sem prejuízo da obrigação do Estado-parte de cumprir com suas obrigações concernentes ao Pacto.

Artigo 15

Relatório Anual

O Comitê incluirá em seu Relatório Anual um resumo de suas atividades relacionadas ao presente Pacto.

Artigo 16

Divulgação e informação

Cada Estado-parte se compromete a disseminar e a divulgar amplamente o Pacto e o presente Protocolo, assim como facilitar o acesso à informação sobre os comentários e recomendações do Comitê, especialmente a respeito das questões relacionadas ao Estado-parte, e a fazê-lo de forma acessível às pessoas com deficiência.

Artigo 17

Assinatura, ratificação e adesão

1. O presente Protocolo estará aberto para assinatura de qualquer Estado-parte que tenha assinado, ratificado ou aderido ao Pacto.

2. O presente Protocolo estará sujeito à ratificação por qualquer Estado que tenha ratificado o Pacto ou que tenha aderido a ele. Os instrumentos de ratificação serão depositados junto ao Secretário-Geral das Nações Unidas.

3. O presente Protocolo estará aberto à adesão por quaisquer Estados que tenham ratificado o Pacto ou a ele aderido.

4. A adesão deverá ser efetuada mediante o depósito do instrumento correspondente junto ao Secretário-Geral das Nações Unidas.

Artigo 18

Entrada em vigor

1. O presente Protocolo entrará em vigor três meses após a data do depósito, junto ao Secretário-Geral das Nações Unidas, do décimo instrumento de ratificação ou adesão.

2. Para cada Estado que ratifique o presente Protocolo ou a ele adira após o depósito do décimo instrumento de ratificação ou adesão, o Protocolo entrará em vigor três meses após a data de depósito do seu próprio instrumento de ratificação ou adesão.

Artigo 19

Emendas

1. Qualquer Estado-parte poderá propor emendas ao presente Protocolo e arquivá-las junto ao Secretário-Geral das Nações Unidas. O Secretário-Geral deverá então comunicar as emendas propostas aos Estados-partes do presente Protocolo com uma solicitação de que o notifiquem se apoiam uma conferência de Estados-partes com o propósito de considerar e votar a proposta. Se, nos quatro meses a partir da data da referida comunicação, pelo menos um terço dos Estados-partes apoiar a conferência, o Secretário-Geral deverá convocar a conferência sob os auspícios das Nações Unidas. Qualquer emenda aprovada por uma maioria de dois terços dos Estados-partes presentes e votantes na conferência deverá ser submetida pelo Secretário-Geral à aprovação da Assembleia Geral e, posteriormente, à aceitação de todos os Estados-partes.

2. A emenda adotada de acordo com o parágrafo 1º do presente Artigo deverá entrar em vigor no trigésimo dia após o depósito de aceitação de dois terços do número de Estados-partes na data de aprovação da emenda. Posteriormente, a emenda deverá entrar em vigor para qualquer Estado-parte no trigésimo dia após

o depósito de seu próprio instrumento de aceitação. A emenda deverá ser obrigatória apenas para aqueles Estados-partes que as aceitaram.

Artigo 20

Denúncia

1. Todo Estado-parte poderá denunciar o presente Protocolo, a qualquer momento, mediante notificação por escrito endereçada ao Secretário-Geral das Nações Unidas. A denúncia produzirá efeitos seis meses depois da data do recebimento da notificação pelo Secretário-Geral.

2. A denúncia não deverá prejudicar a aplicação das disposições do presente Protocolo em relação a qualquer comunicação submetida conforme os artigos 2º e 10 ou o prosseguimento de qualquer procedimento iniciado de acordo com o artigo 11 antes da data efetiva da denúncia.

Artigo 21

Notificação do Secretário-Geral

O Secretário-Geral das Nações Unidas deverá notificar todos os Estados a que se refere o parágrafo 1º do artigo 26 do Pacto sobre os seguintes termos:

a) As assinaturas, ratificações e adesões relativas ao presente Protocolo;

b) A data de entrada em vigor do presente Protocolo e qualquer emenda introduzida de acordo com o artigo 19;

c) Toda denúncia recebida em conformidade com o artigo 20.

Artigo 22

Idiomas oficiais

1. O presente Protocolo, cujos textos em árabe, chinês, inglês, francês, russo e espanhol são igualmente autênticos, será depositado junto aos arquivos das Nações Unidas.

2. O Secretário-Geral das Nações Unidas encaminhará cópias autenticadas do presente Protocolo a todos os Estados a que se refere o artigo 26 do Pacto.

CONVENÇÃO PARA A PREVENÇÃO E REPRESSÃO DO CRIME DE GENOCÍDIO

As Partes Contratantes,

Considerando que a Assembleia Geral da Organização das Nações Unidas, em sua Resolução 96 (I), de 11 de dezembro de 1946, declarou que o genocídio é um crime contra o Direito Internacional, contrário ao espírito e aos fins das Nações Unidas e que o mundo civilizado condena;

Reconhecendo que em todos os períodos da história o genocídio causou grandes perdas à humanidade;

Convencidas de que, para libertar a humanidade de flagelo tão odioso, a cooperação internacional é necessária;

Convêm no seguinte:

Artigo I — As Partes Contratantes confirmam que o genocídio, quer cometido em tempo de paz, quer em tempo de guerra, é um crime contra o Direito Internacional, o qual elas se comprometem a prevenir e a punir.

Artigo II — Na presente Convenção, entende-se por genocídio qualquer dos seguintes atos, cometidos com a intenção de destruir, no todo ou em parte, um grupo nacional, étnico, racial ou religioso, tal como:

(a) assassinato de membros do grupo;

(b) dano grave à integridade física ou mental de membros do grupo;

(c) submissão intencional do grupo a condições de existência que lhe ocasionem a destruição física total ou parcial;

(d) medidas destinadas a impedir os nascimentos no seio do grupo;

(e) transferência forçada de menores do grupo para outro grupo.

Artigo III — Serão punidos os seguintes atos:

(a) o genocídio;

(b) o conluio para cometer o genocídio;

(c) a incitação direta e pública a cometer o genocídio;

(d) a tentativa de genocídio;

(e) a cumplicidade no genocídio.

Artigo IV — As pessoas que tiverem cometido o genocídio ou qualquer dos outros atos enumerados do art. III serão punidas, sejam governantes, funcionários ou particulares.

Artigo V — As Partes Contratantes assumem o compromisso de tomar, de acordo com as respectivas Constituições, as medidas legislativas necessárias a assegurar a aplicação das disposições da presente Convenção e, sobretudo, a estabelecer sanções penais eficazes aplicáveis às pessoas culpadas de genocídio ou de qualquer dos outros atos enumerados no art. III.

Artigo VI — As pessoas acusadas de genocídio ou de qualquer dos outros atos enumerados no art. III serão julgadas pelos tribunais competentes do Estado em cujo território foi o ato cometido ou pela corte penal internacional competente com relação às Partes Contratantes que lhe tiverem reconhecido a jurisdição.

Artigo VII — O genocídio e os outros atos enumerados no art. III não serão considerados crimes políticos para efeitos de extradição. As Partes Contratantes se comprometem, em tal caso, a conceder a extradição de acordo com sua legislação e com os tratados em vigor.

Artigo VIII — Qualquer Parte Contratante pode recorrer aos órgãos competentes das Nações Unidas, a fim de que estes tomem, de acordo com a Carta das Nações Unidas, as medidas que julguem necessárias para a prevenção e a repressão dos atos de genocídio ou de qualquer dos outros atos enumerados no art. III.

Artigo IX — As controvérsias entre as Partes Contratantes relativas à interpretação, aplicação ou execução da presente Convenção, bem como as referentes à responsabilidade de um Estado em matéria de genocídio ou de qualquer dos outros atos enumerados no art. III, serão submetidas à Corte Internacional de Justiça, a pedido de uma das Partes na controvérsia.

Artigo X — A presente Convenção, cujos textos em chinês, espanhol, francês, inglês e russo serão igualmente autênticos, terá a data de 9 de dezembro de 1948.

Artigo XI — A presente Convenção ficará aberta, até 31 de dezembro de 1949, à assinatura de todos os membros da Nações Unidas e de todo Estado não membro ao qual a Assembleia Geral houver enviado um convite para esse fim.

A presente Convenção será ratificada e dos instrumentos de ratificação far-se-á depósito no Secretariado das Nações Unidas.

A partir de 1º de janeiro de 1950, qualquer membro das Nações Unidas e qualquer Estado não membro que houver recebido o convite acima mencionado poderá aderir à presente Convenção.

Os instrumentos de adesão serão depositados no Secretariado das Nações Unidas.

Artigo XII — Qualquer Parte Contratante poderá, a qualquer tempo, por notificação dirigida ao Secretário-Geral das Nações Unidas, estender a aplicação da presente Convenção a todos os territórios ou a qualquer dos territórios de cujas relações exteriores seja responsável.

Artigo XIII — Na data em que os vinte primeiros instrumentos de ratificação ou adesão tiverem sido depositados, o Secretário-Geral lavrará a ata e transmitirá cópia da mesma a todos os membros das Nações Unidas e aos Estados não membros a que se refere o art. XI.

A presente Convenção entrará em vigor noventa dias após a data do depósito do vigésimo instrumento de ratificação ou adesão.

Qualquer ratificação ou adesão efetuada posteriormente à última data entrará em vigor noventa dias após o depósito do instrumento de ratificação ou adesão.

Artigo XIV — A presente Convenção vigorará por dez anos a partir da data de sua entrada em vigor.

Ficará, posteriormente, em vigor por um período de cinco anos e assim sucessivamente com relação às Partes Contratantes que não a tiverem denunciado pelo menos seis meses antes do termo do prazo.

A denúncia será feita por notificação escrita dirigida ao Secretário-Geral das Nações Unidas.

Artigo XV — Se, em consequência de denúncias, o número das Partes na presente Convenção se reduzir a menos de dezesseis, a Convenção cessará de vigorar a partir da data na qual a última dessas denúncias entrar em vigor.

Artigo XVI — A qualquer tempo, qualquer Parte Contratante poderá formular pedido de revisão da presente Convenção, por meio de notificação escrita dirigida ao Secretário-Geral.

A Assembleia Geral decidirá com relação às medidas que se devam tomar, se for o caso, com relação a esse pedido.

Artigo XVII — O Secretário-Geral das Nações Unidas notificará todos os membros das Nações Unidas e os Estados não membros mencionados no art. XI:

(a) das assinaturas, ratificações e adesões recebidas de acordo com o art. XI;

(b) das notificações recebidas de acordo com o art. XII;

(c) da data em que a presente Convenção entrar em vigor de acordo com o art. XIII;

(d) das denúncias recebidas de acordo com o art. XIV;

(e) da ab-rogação da Convenção de acordo com o art. XV;

(f) das notificações recebidas de acordo com o art. XVI.

Artigo XVIII — O original da presente Convenção será depositado nos arquivos da Organização das Nações Unidas.

Enviar-se-á cópia autenticada a todos os membros das Nações Unidas e aos Estados não membros mencionados no art. XI.

Artigo XIX — A presente Convenção será registrada pelo Secretário-Geral das Nações Unidas na data de sua entrada em vigor.

CONVENÇÃO CONTRA A TORTURA E OUTROS TRATAMENTOS OU PENAS CRUÉIS, DESUMANOS OU DEGRADANTES

Os Estados-partes na presente Convenção,

Considerando que, de acordo com os princípios proclamados pela Carta das Nações Unidas, o reconhecimento dos direitos iguais e inalienáveis de todos os membros da família humana é o fundamento da liberdade, da justiça e da paz no mundo,

Reconhecendo que esses direitos emanam da dignidade inerente à pessoa humana,

Considerando a obrigação que incumbe aos Estados, em virtude da Carta, em particular do artigo 55, de promover o respeito universal e a observância dos direitos humanos e das liberdades fundamentais,

Levando em conta o artigo 5º da Declaração Universal dos Direitos do Homem e o artigo 7º do Pacto Internacional sobre Direitos Civis e Políticos, que determinam que ninguém será sujeito a tortura ou a pena ou tratamento cruel, desumano ou degradante,

Levando também em conta a Declaração sobre a Proteção de Todas as Pessoas contra a Tortura e Outros Tratamentos ou Penas Cruéis, Desumanos ou Degradantes, aprovada pela Assembleia Geral em 9 de dezembro de 1975,

Desejosos de tornar mais eficaz a luta contra a tortura e outros tratamentos ou penas cruéis, desumanos ou degradantes em todo o mundo,

Acordam o seguinte:

PARTE I

Artigo 1º — Para fins da presente Convenção, o termo "tortura" designa qualquer ato pelo qual dores ou sofrimentos agudos, físicos ou mentais, são infligidos intencionalmente a uma pessoa a fim de obter, dela ou de terceira pessoa, informações ou confissões; de castigá-la por ato que ela ou terceira pessoa tenha cometido ou seja suspeita de ter cometido; de intimidar ou coagir esta pessoa ou outras pessoas; ou por qualquer motivo baseado em discriminação de qualquer natureza; quando tais dores ou sofrimentos são infligidos por um funcionário público ou outra pessoa no exercício de funções públicas, ou por sua instigação, ou com o seu consentimento ou aquiescência. Não se considerarão como tortura as dores ou sofrimentos que sejam consequência unicamente de sanções legítimas, ou que sejam inerentes a tais sanções ou delas decorram.

O presente artigo não será interpretado de maneira a restringir qualquer instrumento internacional ou legislação nacional que contenha ou possa conter dispositivos de alcance mais amplo.

Artigo 2º — 1. Cada Estado tomará medidas eficazes de caráter legislativo, administrativo, judicial ou de outra natureza, a fim de impedir a prática de atos de tortura em qualquer território sob sua jurisdição.

2. Em nenhum caso poderão invocar-se circunstâncias excepcionais, como ameaça ou estado de guerra, instabilidade política interna ou qualquer outra emergência pública, como justificação para a tortura.

Artigo 3º — 1. Nenhum Estado-parte procederá à expulsão, devolução ou extradição de uma pessoa para outro Estado, quando houver razões substanciais para crer que a mesma corre perigo de ali ser submetida a tortura.

2. A fim de determinar a existência de tais razões, as autoridades competentes levarão em conta todas as considerações pertinentes, inclusive, se for o caso, a existência, no Estado em questão, de um quadro de violações sistemáticas, graves e maciças de direitos humanos.

Artigo 4º — 1. Cada Estado-parte assegurará que todos os atos de tortura sejam considerados crimes segundo a sua legislação penal. O mesmo aplicar-se-á à tentativa de tortura e a todo ato de qualquer pessoa que constitua cumplicidade ou participação na tortura.

2. Cada Estado-parte punirá esses crimes com penas adequadas que levem em conta a sua gravidade.

Artigo 5º — 1. Cada Estado-parte tomará as medidas necessárias para estabelecer sua jurisdição sobre os crimes previstos no artigo 4º, nos seguintes casos:

a) quando os crimes tenham sido cometidos em qualquer território sob sua jurisdição ou a bordo de navio ou aeronave registrada no Estado em questão;

b) quando o suposto autor for nacional do Estado em questão;

c) quando a vítima for nacional do Estado em questão e este o considerar apropriado.

2. Cada Estado-parte tomará também as medidas necessárias para estabelecer sua jurisdição sobre tais crimes, nos casos em que o suposto autor se encontre em qualquer território sob sua jurisdição e o Estado não o extradite, de acordo com o artigo 8º, para qualquer dos Estados mencionados no parágrafo 1º do presente artigo.

3. Esta Convenção não exclui qualquer jurisdição criminal exercida de acordo com o direito interno.

Artigo 6º — 1. Todo Estado-parte em cujo território se encontre uma pessoa suspeita de ter cometido qualquer dos crimes mencionados no artigo 4º, se considerar, após o exame das informações de que dispõe, que as circunstâncias o justificam, procederá à detenção de tal pessoa ou tomará outras medidas legais para assegurar sua presença. A detenção e outras medidas legais serão tomadas de acordo com a lei do Estado, mas vigorarão apenas pelo tempo necessário ao início do processo penal ou de extradição.

2. O Estado em questão procederá imediatamente a uma investigação preliminar dos fatos.

3. Qualquer pessoa detida de acordo com o parágrafo 1º terá asseguradas facilidades para comunicar-se imediatamente com o representante mais próximo do Estado de que é nacional ou, se for apátrida, com o representante de sua residência habitual.

4. Quando o Estado, em virtude deste artigo, houver detido uma pessoa, notificará imediatamente os Estados mencionados no artigo 5º, parágrafo 1º, sobre tal detenção e sobre as circunstâncias que a justificam. O Estado que proceder à investigação preliminar, a que se refere o parágrafo 2º do presente artigo, comunicará sem demora os resultados aos Estados antes mencionados e indicará se pretende exercer sua jurisdição.

Artigo 7º — 1. O Estado-parte no território sob a jurisdição do qual o suposto autor de qualquer dos crimes mencionados no artigo 4º for encontrado, se não o extraditar, obrigar-se-á, nos casos contemplados no artigo 5º, a submeter o caso às suas autoridades competentes para o fim de ser o mesmo processado.

2. As referidas autoridades tomarão sua decisão de acordo com as mesmas normas aplicáveis a qualquer crime de natureza grave, conforme a legislação do referido Estado. Nos casos previstos no parágrafo 2º do artigo 5º, as regras sobre prova para fins de processo e condenação não poderão de modo algum ser menos rigorosas do que as que se aplicarem aos casos previstos no parágrafo 1º do artigo 5º.

3. Qualquer pessoa processada por qualquer dos crimes previstos no artigo 4º receberá garantias de tratamento justo em todas as fases do processo.

Artigo 8º — 1. Os crimes a que se refere o artigo 4º serão considerados como extraditáveis em qualquer tratado de extradição existente entre os Estados-partes. Os Estados-partes obrigar-se-ão a incluir tais crimes como extraditáveis em todo tratado de extradição que vierem a concluir entre si.

2. Se um Estado-parte, que condiciona a extradição à existência de tratado, receber um pedido de extradição por parte de outro Estado-parte com o qual não mantém tratado de extradição, poderá considerar a presente Convenção como base legal para a extradição com respeito a tais crimes. A extradição sujeitar-se-á às outras condições estabelecidas pela lei do Estado que receber a solicitação.

3. Os Estados-partes que não condicionam a extradição à existência de um tratado reconhecerão, entre si, tais crimes como extraditáveis, dentro das condições estabelecidas pela lei do Estado que receber a solicitação.

4. O crime será considerado, para o fim de extradição entre os Estados-partes, como se tivesse ocorrido não apenas no lugar em que ocorreu, mas também nos territórios dos Estados chamados a estabelecerem sua jurisdição, de acordo com o parágrafo 1º do artigo 5º.

Artigo 9º — 1. Os Estados-partes prestarão entre si a maior assistência possível, em relação aos procedimentos criminais instaurados relativamente a qualquer dos delitos mencionados no artigo 4º, inclusive no que diz respeito ao fornecimento de todos os elementos de prova necessários para o processo que estejam em seu poder.

2. Os Estados-partes cumprirão as obrigações decorrentes do parágrafo 1º do presente artigo, conforme quaisquer tratados de assistência judiciária recíproca existentes entre si.

Artigo 10 — 1. Cada Estado-parte assegurará que o ensino e a informação sobre a proibição da tortura sejam plenamente incorporados no treinamento do pessoal civil ou militar encarregado da aplicação da lei, do pessoal médico, dos funcionários públicos e de quaisquer outras pessoas que possam participar da custódia, interrogatório ou tratamento de qualquer pessoa submetida a qualquer forma de prisão, detenção ou reclusão.

2. Cada Estado-parte incluirá a referida proibição nas normas ou instruções relativas aos deveres e funções de tais pessoas.

Artigo 11 — Cada Estado-parte manterá sistematicamente sob exame as normas, instruções, métodos e práticas de interrogatório, bem como as disposições sobre a custódia e o tratamento das pessoas submetidas, em qualquer território sob a sua jurisdição, a qualquer forma de prisão, detenção ou reclusão, com vistas a evitar qualquer caso de tortura.

Artigo 12 — Cada Estado-parte assegurará que suas autoridades competentes procederão imediatamente a uma investigação imparcial, sempre que houver motivos razoáveis para crer que um ato de tortura tenha sido cometido em qualquer território sob sua jurisdição.

Artigo 13 — Cada Estado-parte assegurará, a qualquer pessoa que alegue ter sido submetida a tortura em qualquer território sob sua jurisdição, o direito de apresentar queixa perante as autoridades competentes do referido Estado, que procederão imediatamente e com imparcialidade ao exame do seu caso. Serão tomadas medidas para assegurar a proteção dos queixosos e das testemunhas contra qualquer mau tratamento ou intimidação, em consequência da queixa apresentada ou do depoimento prestado.

Artigo 14 — 1. Cada Estado-parte assegurará, em seu sistema jurídico, à vítima de um ato de tortura, o direito à reparação e à indenização justa e adequada, incluídos os meios necessários para a mais completa reabilitação possível. Em caso de morte da vítima como resultado de um ato de tortura, seus dependentes terão direito a indenização.

2. O disposto no presente artigo não afetará qualquer direito a indenização que a vítima ou outra pessoa possam ter em decorrência das leis nacionais.

Artigo 15 — Cada Estado-parte assegurará que nenhuma declaração que se demonstre ter sido prestada como resultado de tortura possa ser invocada como prova em qualquer processo, salvo contra uma pessoa acusada de tortura como prova de que a declaração foi prestada.

Artigo 16 — 1. Cada Estado-parte se comprometerá a proibir, em qualquer território sob a sua jurisdição, outros atos que constituam tratamentos ou penas cruéis, desumanos ou degradantes que não constituam tortura tal como definida no artigo 1º, quando tais atos forem cometidos por funcionário público ou outra pessoa no exercício de funções públicas, ou por sua instigação, ou com o seu consentimento ou aquiescência. Aplicar-se-ão, em particular, as obrigações mencionadas nos artigos 10, 11, 12 e 13, com a substituição das referências a outras formas de tratamentos ou penas cruéis, desumanos ou degradantes.

2. Os dispositivos da presente Convenção não serão interpretados de maneira a restringir os dispositivos de qualquer outro instrumento internacional ou lei nacional que proíba os tratamentos ou penas cruéis, desumanos ou degradantes ou que se refira à extradição ou expulsão.

PARTE II

Artigo 17 — 1. Constituir-se-á um Comitê contra a Tortura (doravante denominado "Comitê"), que desempenhará as funções descritas adiante. O Comitê será composto por dez peritos de elevada reputação moral e reconhecida competência em matéria de direitos humanos, os quais exercerão suas funções a título pessoal. Os peritos serão eleitos pelos Estados-partes, levando em conta uma distribuição geográfica equitativa e a utilidade da participação de algumas pessoas com experiência jurídica.

2. Os membros do Comitê serão eleitos em votação secreta, dentre uma lista de pessoas indicadas pelos Estados-partes. Cada Estado-parte pode indicar uma pessoa dentre os seus nacionais. Os Estados-partes terão presente a utilidade da indicação de pessoas que sejam também membros do Comitê de Direitos Humanos, estabelecido de acordo com o Pacto Internacional dos Direitos Civis e Políticos, e que estejam dispostas a servir no Comitê contra a Tortura.

3. Os membros do Comitê serão eleitos em reuniões bienais dos Estados-partes convocadas pelo Secretário Geral das Nações Unidas. Nestas reuniões, nas quais o *quorum* será estabelecido por dois terços dos Estados-partes, serão eleitos membros do Comitê os candidatos que obtiverem o maior número de votos e a maioria absoluta dos votos dos representantes dos Estados-partes presentes e votantes.

4. A primeira eleição se realizará no máximo seis meses após a data da entrada em vigor da presente Convenção. Ao menos quatro meses antes da data de cada eleição, o Secretário-Geral da Organização das Nações Unidas enviará uma carta aos Estados-partes, para convidá-los a apresentar suas candidaturas, no prazo de três meses. O Secretário-Geral da Organização das Nações Unidas organizará uma lista por ordem alfabética de todos os candidatos assim designados, com indicações dos Estados-partes que os tiverem designado, e a comunicará aos Estados-partes.

5. Os membros do Comitê serão eleitos para um mandato de quatro anos. Poderão, caso suas candidaturas sejam apresentadas novamente, ser reeleitos. Entretanto, o mandato de cinco dos membros eleitos na primeira eleição expirará ao final de dois anos; imediatamente após a primeira eleição, o presidente da reunião a que se refere o parágrafo 3 do presente artigo indicará, por sorteio, os nomes desses cinco membros.

6. Se um membro do Comitê vier a falecer, a demitir-se de suas funções ou, por outro motivo qualquer, não puder cumprir com suas obrigações no Comitê, o Estado-parte que apresentou sua candidatura indicará, entre seus nacionais, outro perito para cumprir o restante de seu mandato, sendo que a referida indicação estará sujeita à aprovação da maioria dos Estados-partes. Considerar-se-á como concedida a referida aprovação, a menos que a metade ou mais dos Estados-partes venham a responder negativamente dentro de um prazo de seis semanas, a contar do momento em que o Secretário-Geral das Nações Unidas lhes houver comunicado a candidatura proposta.

7. Correrão por conta dos Estados-partes as despesas em que vierem a incorrer os membros do Comitê no desempenho de suas funções no referido órgão.

Artigo 18 — 1. O Comitê elegerá sua Mesa para um período de dois anos. Os membros da Mesa poderão ser reeleitos.

2. O próprio Comitê estabelecerá suas regras de procedimento; estas, contudo, deverão conter, entre outras, as seguintes disposições:

a) o *quorum* será de seis membros;

b) as decisões do Comitê serão tomadas por maioria dos votos dos membros presentes.

3. O Secretário-Geral da Organização das Nações Unidas colocará à disposição do Comitê o pessoal e os serviços necessários ao desempenho eficaz das funções que lhe são atribuídas em virtude da presente Convenção.

4. O Secretário-Geral da Organização das Nações Unidas convocará a primeira reunião do Comitê. Após a primeira reunião, o Comitê deverá reunir-se em todas as ocasiões previstas em suas regras de procedimento.

5. Os Estados-partes serão responsáveis pelos gastos vinculados à realização das reuniões dos Estados-partes e do Comitê, inclusive o reembolso de quaisquer gastos, tais como os de pessoal e de serviços, em que incorrerem as Nações Unidas, em conformidade com o parágrafo 3º do presente artigo.

Artigo 19 — 1. Os Estados-partes submeterão ao Comitê, por intermédio do Secretário-Geral das Nações Unidas, relatórios sobre as medidas por eles adotadas no cumprimento das obrigações assumidas, em virtude da presente Convenção, no Estado-parte interessado. A partir de então, os Estados-partes deverão apresentar relatórios suplementares a cada quatro anos, sobre todas as novas disposições que houverem adotado, bem como outros relatórios que o Comitê vier a solicitar.

2. O Secretário-Geral das Nações Unidas transmitirá os relatórios a todos os Estados-partes.

3. Cada relatório será examinado pelo Comitê, que poderá fazer os comentários gerais que julgar oportunos e os transmitirá ao Estado-parte interessado. Este poderá, em resposta ao Comitê, comunicar-lhe todas as observações que deseje formular.

4. O Comitê poderá, a seu critério, tomar a decisão de incluir qualquer comentário que houver feito, de acordo com o que estipula o parágrafo 3º do presente artigo, junto com as observações conexas recebidas do Estado-parte interessado, em seu relatório anual que apresentará, em conformidade com o artigo 24. Se assim o solicitar o Estado-parte interessado, o Comitê poderá também incluir cópia do relatório apresentado, em virtude do parágrafo 1º do presente artigo.

Artigo 20 — 1. O Comitê, no caso de vir a receber informações fidedignas que lhe pareçam indicar, de forma fundamentada, que a tortura é praticada sistematicamente no território de um Estado-parte, convidará o Estado-parte em questão a cooperar no exame das informações e, nesse sentido, a transmitir ao Comitê as observações que julgar pertinentes.

2. Levando em consideração todas as observações que houver apresentado o Estado-parte interessado, bem como quaisquer outras informações pertinentes de que dispuser, o Comitê poderá, se lhe parecer justificável, designar um ou vários de seus membros para que procedam a uma investigação confidencial e informem urgentemente o Comitê.

3. No caso de realizar-se uma investigação nos termos do parágrafo 2º do presente artigo, o Comitê procurará obter a colaboração do Estado-parte interessado. Com a concordância do Estado-parte em questão, a investigação poderá incluir uma visita a seu território.

4. Depois de haver examinado as conclusões apresentadas por um ou vários de seus membros, nos termos do parágrafo 2º do presente artigo, o Comitê as transmitirá ao Estado-parte interessado, junto com as observações ou sugestões que considerar pertinentes com vista da situação.

5. Todos os trabalhos do Comitê a que se faz referência nos parágrafos 1º ao 4º do presente artigo serão confidenciais e, em todas as etapas dos referidos trabalhos, procurar-se-á obter a cooperação do Estado-parte. Quando estiverem concluídos os trabalhos relacionados com uma investigação realizada de acordo com o parágrafo 2º, o Comitê poderá, após celebrar consultas com o Estado-parte interes-

sado, tomar a decisão de incluir um resumo dos resultados da investigação em seu relatório anual, que apresentará em conformidade com o artigo 24.

Artigo 21 — 1. Com base no presente artigo, todo Estado-parte na presente Convenção poderá declarar, a qualquer momento, que reconhece a competência do Comitê para receber e examinar as comunicações em que um Estado-parte alegue que outro Estado-parte não vem cumprindo as obrigações que lhe impõe a Convenção. As referidas comunicações só serão recebidas e examinadas nos termos do presente artigo, no caso de serem apresentadas por um Estado-parte que houver feito uma declaração em que reconheça, com relação a si próprio, a competência do Comitê. O Comitê não receberá comunicação alguma relativa a um Estado--parte que não houver feito uma declaração dessa natureza. As comunicações recebidas em virtude do presente artigo estarão sujeitas ao procedimento que segue:

a) Se um Estado-parte considerar que outro Estado-parte não vem cumprindo as disposições da presente Convenção poderá, mediante comunicação escrita, levar a questão a conhecimento deste Estado-parte. Dentro do prazo de três meses, a contar da data do recebimento da comunicação, o Estado destinatário fornecerá ao Estado que enviou a comunicação explicações e quaisquer outras declarações por escrito que esclareçam a questão, as quais deverão fazer referência, até onde seja possível e pertinente, aos procedimentos nacionais e aos recursos jurídicos adotados, em trâmite ou disponíveis sobre a questão;

b) Se, dentro do prazo de seis meses, a contar da data do recebimento da comunicação original pelo Estado destinatário, a questão não estiver dirimida satisfatoriamente para ambos os Estados-partes interessados, tanto um como o outro terão o direito de submetê-la ao Comitê, mediante notificação endereçada ao Comitê ou ao outro Estado interessado;

c) O Comitê tratará de todas as questões que se lhe submetam em virtude do presente artigo, somente após ter-se assegurado de que todos os recursos internos disponíveis tenham sido utilizados e esgotados, em conformidade com os princípios do Direito Internacional geralmente reconhecidos. Não se aplicará essa regra quando a aplicação dos mencionados recursos se prolongar injustificadamente ou quando não for provável que a aplicação de tais recursos venha a melhorar realmente a situação da pessoa que seja vítima de violação da presente Convenção;

d) O Comitê realizará reuniões confidenciais quando estiver examinando as comunicações previstas no presente artigo;

e) Sem prejuízo das disposições da alínea "c", o Comitê colocará seus bons ofícios à disposição dos Estados-partes interessados, no intuito de alcançar uma solução amistosa para a questão, baseada no respeito às obrigações estabelecidas na presente Convenção. Com vistas a atingir estes objetivo, o Comitê poderá constituir, se julgar conveniente, uma comissão de conciliação *ad hoc*;

f) Em todas as questões que se lhe submetam em virtude do presente artigo, o Comitê poderá solicitar aos Estados-partes interessados, a que se faz referência na alínea "b", que lhe forneçam quaisquer informações pertinentes;

g) Os Estados-partes interessados, a que se faz referência na alínea "b", terão o direito de fazer-se representar quando as questões forem examinadas no Comitê e de apresentar suas observações verbalmente e/ou por escrito;

h) O Comitê, dentro dos doze meses seguintes à data do recebimento da notificação mencionada na alínea "b", apresentará relatório em que:

(i) se houver sido alcançada uma solução nos termos da alínea "e", o Comitê restringir-se-á, em seu relatório, a uma breve exposição dos fatos e da solução alcançada;

(ii) se não houver sido alcançada solução alguma nos termos da alínea "e", o Comitê restringir-se-á, em seu relatório, a uma breve exposição dos fatos; serão anexados ao relatório o texto das observações escritas e das atas das observações orais apresentadas pelos Estados-partes interessados. Para cada questão, o relatório será encaminhado aos Estados-partes interessados.

2. As disposições do presente artigo entrarão em vigor a partir do momento em que cinco Estados-partes no presente Pacto houverem feito as declarações mencionadas no parágrafo 1º deste artigo. As referidas declarações serão depositadas pelos Estados-partes junto ao Secretário-Geral da Organização das Nações Unidas, que enviará cópia das mesmas aos demais Estados-partes. Toda declaração poderá ser retirada, a qualquer momento, mediante notificação endereçada ao Secretário-Geral. Far-se-á essa retirada sem prejuízo do exame de quaisquer questões que constituam objeto de uma comunicação já transmitida nos termos deste artigo; em virtude do presente artigo, não se receberá qualquer nova comunicação de um Estado-parte, uma vez que o Secretário-Geral haja recebido a notificação sobre a retirada da declaração, a menos que o Estado-parte interessado haja feito uma nova declaração.

Artigo 22 — 1. Todo Estado-parte na presente Convenção poderá declarar, em virtude do presente artigo, a qualquer momento, que reconhece a competência do Comitê para receber e examinar as comunicações enviadas por pessoas sob sua jurisdição, ou em nome delas, que aleguem ser vítimas de violação, por um Estado-parte, das disposições da Convenção. O Comitê não receberá comunicação alguma relativa a um Estado-parte que não houver feito declaração dessa natureza.

2. O Comitê considerará inadmissível qualquer comunicação recebida em conformidade com o presente artigo que seja anônima, ou que, a seu juízo, constitua abuso do direito de apresentar as referidas comunicações, ou que seja incompatível com as disposições da presente Convenção.

3. Sem prejuízo do disposto no parágrafo 2º, o Comitê levará todas as comunicações apresentadas, em conformidade com este artigo, ao conhecimento do Estado-parte na presente Convenção que houver feito uma declaração nos termos do parágrafo 1º e sobre o qual se alegue ter violado qualquer disposição da Convenção. Dentro dos seis meses seguintes, o Estado destinatário submeterá ao Comitê as explicações ou declarações por escrito que elucidem a questão e, se for o caso, que indiquem o recurso jurídico adotado pelo Estado em questão.

4. O Comitê examinará as comunicações recebidas em conformidade com o presente artigo, à luz de todas as informações a ele submetidas pela pessoa interessada, ou em nome dela, e pelo Estado-parte interessado.

5. O Comitê não examinará comunicação alguma de uma pessoa, nos termos do presente artigo, sem que haja assegurado que:

a) A mesma questão não foi, nem está sendo, examinada perante outra instância internacional de investigação ou solução;

b) A pessoa em questão esgotou todos os recursos jurídicos internos disponíveis; não se aplicará esta regra quando a aplicação dos mencionados recursos se prolongar injustificadamente, ou, quando não for provável que a aplicação de tais recursos venha a melhorar realmente a situação da pessoa que seja vítima de violação da presente Convenção.

6. O Comitê realizará reuniões confidenciais quando estiver examinando as comunicações previstas no presente artigo.

7. O Comitê comunicará seu parecer ao Estado-parte e à pessoa em questão.

8. As disposições do presente artigo entrarão em vigor a partir do momento em que cinco Estados-partes na presente Convenção houverem feito as declarações mencionadas no parágrafo 1º deste artigo. As referidas declarações serão depositadas pelos Estados-partes junto ao Secretário-Geral das Nações Unidas, que enviará cópia das mesmas aos demais Estados-partes. Toda declaração poderá ser retirada, a qualquer momento, mediante notificação endereçada ao Secretário-Geral. Far-se-á essa retirada sem prejuízo do exame de quaisquer questões que constituam objeto de uma comunicação já transmitida nos termos deste artigo; em virtude do presente artigo, não se receberá qualquer nova comunicação de uma pessoa, ou em nome dela, uma vez que o Secretário-Geral haja recebido a notificação sobre a retirada da declaração, a menos que o Estado-parte interessado haja feito uma nova declaração.

Artigo 23 — Os membros do Comitê e os membros das comissões de conciliação *ad hoc* designados nos termos da alínea "e" do parágrafo 1º do artigo 21 terão direito às facilidades, privilégios e imunidades que se concedem aos peritos no desempenho de missões para a Organização das Nações Unidas, em conformidade com as seções pertinentes da Convenção sobre Privilégios e Imunidades das Nações Unidas.

Artigo 24 — O Comitê apresentará, em virtude da presente Convenção, um relatório anual sobre as suas atividades aos Estados-partes e à Assembleia Geral das Nações Unidas.

PARTE III

Artigo 25 — 1. A presente Convenção está aberta à assinatura de todos os Estados.

2. A presente Convenção está sujeita à ratificação. Os instrumentos de ratificação serão depositados junto ao Secretário-Geral da Organização das Nações Unidas.

Artigo 26 — A presente Convenção está aberta à adesão de todos os Estados. Far-se-á a adesão mediante depósito do instrumento de adesão junto ao Secretário-Geral das Nações Unidas.

Artigo 27 — A presente Convenção entrará em vigor no trigésimo dia a contar da data em que o vigésimo instrumento de ratificação ou adesão houver sido depositado junto ao Secretário-Geral das Nações Unidas.

2. Para os Estados que vierem a ratificar a presente Convenção ou a ela aderir após o depósito do vigésimo instrumento de ratificação ou adesão, a Convenção entrará em vigor no trigésimo dia a contar da data em que o Estado em questão houver depositado seu instrumento de ratificação ou adesão.

Artigo 28 — 1. Cada Estado-parte poderá declarar, por ocasião da assinatura ou ratificação da presente Convenção ou da adesão a ela, que não reconhece a competência do Comitê quanto ao disposto no artigo 20.

2. Todo Estado-parte na presente Convenção que houver formulado reserva em conformidade com o parágrafo 1º do presente artigo, poderá a qualquer momento tornar sem efeito essa reserva, mediante notificação endereçada ao Secretário-Geral das Nações Unidas.

Artigo 29 — Todo Estado-parte na presente Convenção poderá propor emendas e depositá-las junto ao Secretário-Geral da Organização das Nações Unidas. O Secretário-Geral comunicará todas as propostas de emendas aos Estados-partes, pedindo-lhes que o notifiquem se desejam que se convoque uma conferência dos Estados-partes destinada a examinar as propostas e submetê-las a votação. Dentro dos quatro meses seguintes à data da referida comunicação, se pelo menos um terço dos Estados-partes se manifestar a favor da referida convocação, o Secretário-Geral convocará a conferência sob os auspícios da Organização das Nações Unidas. Toda emenda adotada pela maioria dos Estados-partes presentes e votantes na conferência será submetida pelo Secretário-Geral à aceitação de todos os Estados-partes.

2. Toda emenda adotada nos termos da disposição do parágrafo 1º do presente artigo entrará em vigor assim que dois terços dos Estados-partes na presente Convenção houverem notificado o Secretário-Geral das Nações Unidas de que a aceitaram, em conformidade com seus respectivos procedimentos constitucionais.

3. Quando entrarem em vigor, as emendas serão obrigatórias para os Estados-partes que as aceitaram, ao passo que os demais Estados-partes permanecem obrigados pelas disposições da Convenção e pelas emendas anteriores por eles aceitas.

Artigo 30 — As controvérsias entre dois ou mais Estados-partes, com relação à interpretação ou aplicação da presente Convenção, que não puderem ser dirimidas por meio de negociação, serão, a pedido de um deles, submetidas à arbitragem. Se, durante os seis meses seguintes à data do pedido de arbitragem, as Partes não lograrem pôr-se de acordo quanto aos termos do compromisso de arbitragem, qualquer das Partes poderá submeter a controvérsia à Corte Internacional de Justiça, mediante solicitação feita em conformidade com o Estatuto da Corte.

2. Cada Estado-parte poderá declarar, por ocasião da assinatura ou ratificação da presente Convenção, que não se considera obrigado pelo parágrafo 1º deste artigo. Os demais Estados-partes não estarão obrigados pelo referido parágrafo, com relação a qualquer Estado-parte que houver formulado reserva dessa natureza.

3. Todo Estado-parte que houver formulado reserva, em conformidade com o parágrafo 2º do presente artigo, poderá, a qualquer momento, tornar sem efeito essa reserva, mediante notificação endereçada ao Secretário-Geral das Nações Unidas.

Artigo 31 — Todo Estado-parte poderá denunciar a presente Convenção mediante notificação por escrito endereçada ao Secretário-Geral das Nações Unidas. A denúncia produzirá efeitos um ano depois da data do recebimento da notificação pelo Secretário-Geral.

2. A referida denúncia não eximirá o Estado-parte das obrigações que lhe impõe a presente Convenção relativamente a qualquer ação ou omissão ocorrida antes da data em que a denúncia venha a produzir efeitos; a denúncia não acarretará, tampouco, a suspensão do exame de quaisquer questões que o Comitê já começara a examinar antes da data em que a denúncia veio a produzir efeitos.

3. A partir da data em que vier a produzir efeitos a denúncia de um Estado-parte, o Comitê não dará início ao exame de qualquer nova questão referente ao Estado em apreço.

Artigo 32 — O Secretário-Geral da Organização das Nações Unidas comunicará a todos os Estados membros das Nações Unidas e a todos os Estados que assinaram a presente Convenção ou a ela aderiram:

a) As assinaturas, ratificações e adesões recebidas em conformidade com os artigos 25 e 26.

b) A data da entrada em vigor da Convenção, nos termos do artigo 27, e a data de entrada em vigor de quaisquer emendas, nos termos do artigo 29.

c) As denúncias recebidas em conformidade com o artigo 31.

Artigo 33 — 1. A presente Convenção, cujos textos em árabe, chinês, espanhol, francês, inglês e russo são igualmente autênticos, será depositada junto ao Secretário-Geral das Nações Unidas.

2. O Secretário-Geral da Organização das Nações Unidas encaminhará cópias autenticadas da presente Convenção a todos os Estados.

PROTOCOLO FACULTATIVO À CONVENÇÃO CONTRA A TORTURA E OUTROS TRATAMENTOS OU PENAS CRUÉIS, DESUMANOS OU DEGRADANTES

PREÂMBULO

Os Estados-Partes do presente Protocolo,

Reafirmando que a tortura e outros tratamentos ou penas cruéis, desumanos ou degradantes são proibidos e constituem grave violação dos direitos humanos,

Convencidos de que medidas adicionais são necessárias para atingir os objetivos da Convenção contra a Tortura e outros Tratamentos ou Penas Cruéis, Desumanos ou Degradantes (doravante denominada a Convenção) e para reforçar a proteção de pessoas privadas de liberdade contra a tortura e outros tratamentos ou penas cruéis, desumanos ou degradantes,

Recordando que os Artigos 2 e 16 da Convenção obrigam cada Estado-Parte a tomar medidas efetivas para prevenir atos de tortura e outros tratamentos ou penas cruéis, desumanos ou degradantes em qualquer território sob a sua jurisdição,

Reconhecendo que os Estados têm a responsabilidade primária pela implementação destes Artigos, que reforçam a proteção das pessoas privadas de liberdade, que o respeito completo por seus direitos humanos é responsabilidade comum compartilhada entre todos e que órgãos de implementação internacional complementam e reforçam medidas nacionais,

Recordando que a efetiva prevenção da tortura e outros tratamentos ou penas cruéis, desumanos ou degradantes requer educação e uma combinação de medidas legislativas, administrativas, judiciais e outras,

Recordando também que a Conferência Mundial de Direitos Humanos declarou firmemente que os esforços para erradicar a tortura deveriam primeira e principalmente concentrar-se na prevenção e convocou a adoção de um protocolo opcional à Convenção, designado para estabelecer um sistema preventivo de visitas regulares a centros de detenção,

Convencidos de que a proteção de pessoas privadas de liberdade contra a tortura e outros tratamentos ou penas cruéis desumanos ou degradantes pode ser reforçada por meios não judiciais de natureza preventiva, baseados em visitas regulares a centros de detenção,

Acordaram o seguinte:

PARTE I

Princípios Gerais

Artigo 1

O objetivo do presente Protocolo é estabelecer um sistema de visitas regulares efetuadas por órgãos nacionais e internacionais independentes a lugares onde pessoas são privadas de sua liberdade, com a intenção de prevenir a tortura e outros tratamentos ou penas cruéis, desumanos ou degradantes.

Artigo 2

1. Um Subcomitê de Prevenção da Tortura e outros Tratamentos ou Penas Cruéis, Desumanos ou Degradantes do Comitê contra a Tortura (doravante denominado Subcomitê de Prevenção) deverá ser estabelecido e desempenhar as funções definidas no presente Protocolo.

2. O Subcomitê de Prevenção deve desempenhar suas funções no marco da Carta das Nações Unidas e deve ser guiado por seus princípios e propósitos, bem como pelas normas das Nações Unidas relativas ao tratamento das pessoas privadas de sua liberdade.

3. Igualmente, o Subcomitê de Prevenção deve ser guiado pelos princípios da confidencialidade, imparcialidade, não seletividade, universalidade e objetividade.

4. O Subcomitê de Prevenção e os Estados-Partes devem cooperar na implementação do presente Protocolo.

Artigo 3

Cada Estado-Parte deverá designar ou manter em nível doméstico um ou mais órgãos de visita encarregados da prevenção da tortura e outros tratamentos ou penas cruéis, desumanos ou degradantes (doravante denominados mecanismos preventivos nacionais).

Artigo 4

1. Cada Estado-Parte deverá permitir visitas, de acordo com o presente Protocolo, dos mecanismos referidos nos Artigos 2 e 3 a qualquer lugar sob sua jurisdição e controle onde pessoas são ou podem ser privadas de sua liberdade, quer por força de ordem dada por autoridade pública quer sob seu incitamento ou com sua permissão ou concordância (doravante denominados centros de detenção).

Essas visitas devem ser empreendidas com vistas ao fortalecimento, se necessário, da proteção dessas pessoas contra a tortura e outros tratamentos ou penas cruéis, desumanos ou degradantes.

2. Para os fins do presente Protocolo, privação da liberdade significa qualquer forma de detenção ou aprisionamento ou colocação de uma pessoa em estabelecimento público ou privado de vigilância, de onde, por força de ordem judicial, ad-

ministrativa ou de outra autoridade, ela não tem permissão para ausentar-se por sua própria vontade.

PARTE II

Subcomitê de Prevenção

Artigo 5

1. O Subcomitê de Prevenção deverá ser constituído por dez membros. Após a quinquagésima ratificação ou adesão ao presente Protocolo, o número de membros do Subcomitê de Prevenção deverá aumentar para vinte e cinco.

2. Os membros do Subcomitê de Prevenção deverão ser escolhidos entre pessoas de elevado caráter moral, de comprovada experiência profissional no campo da administração da justiça, em particular o direito penal e a administração penitenciária ou policial, ou nos vários campos relevantes para o tratamento de pessoas privadas de liberdade.

3. Na composição do Subcomitê de Prevenção, deverá ser dada consideração devida à distribuição geográfica equitativa e à representação de diferentes formas de civilização e de sistema jurídico dos Estados membros.

4. Nesta composição deverá ser dada consideração devida ao equilíbrio de gênero, com base nos princípios da igualdade e da não discriminação.

5. Não haverá dois membros do Subcomitê de Prevenção nacionais do mesmo Estado.

6. Os membros do Subcomitê de Prevenção deverão servir em sua capacidade individual, deverão ser independentes e imparciais e deverão ser acessíveis para servir eficazmente ao Subcomitê de Prevenção.

Artigo 6

1. Cada Estado-Parte poderá indicar, de acordo com o parágrafo 2 do presente Artigo, até dois candidatos que possuam as qualificações e cumpram os requisitos citados no Artigo 5, devendo fornecer informações detalhadas sobre as qualificações dos nomeados.

2. a) Os indicados deverão ter a nacionalidade de um dos Estados-Partes do presente Protocolo;

b) Pelo menos um dos dois candidatos deve ter a nacionalidade do Estado-Parte que o indicar;

c) Não mais que dois nacionais de um Estado-Parte devem ser indicados;

d) Antes de um Estado-Parte indicar um nacional de outro Estado-Parte, deverá procurar e obter o consentimento desse Estado-Parte.

3. Pelo menos cinco meses antes da data da reunião dos Estados-Partes na qual serão realizadas as eleições, o Secretário-Geral das Nações Unidas deverá enviar uma carta aos Estados-Partes convidando-os a apresentar suas indicações em três meses. O Secretário-Geral deverá apresentar uma lista, em ordem alfabética, de todas as pessoas indicadas, informando os Estados-Partes que os indicaram.

Artigo 7

1. Os membros do Subcomitê de Prevenção deverão ser eleitos da seguinte forma:

a) Deverá ser dada consideração primária ao cumprimento dos requisitos e critérios do Artigo 5 do presente Protocolo;

b) As eleições iniciais deverão ser realizadas não além de seis meses após a entrada em vigor do presente Protocolo;

c) Os Estados-Partes deverão eleger os membros do Subcomitê de Prevenção por voto secreto;

d) As eleições dos membros do Subcomitê de Prevenção deverão ser realizadas em uma reunião bienal dos Estados-Partes convocada pelo Secretário-Geral das Nações Unidas. Nessas reuniões, cujo *quorum* é constituído por dois terços dos Estados-Partes, serão eleitos para o Subcomitê de Prevenção aqueles que obtenham o maior número de votos e uma maioria absoluta de votos dos representantes dos Estados-Partes presentes e votantes.

2. Se durante o processo eleitoral dois nacionais de um Estado-Parte forem elegíveis para servirem como membro do Subcomitê de Prevenção, o candidato que receber o maior número de votos será eleito membro do Subcomitê de Prevenção. Quando os nacionais receberem o mesmo número de votos, os seguintes procedimentos serão aplicados:

a) Quando somente um for indicado pelo Estado-Parte de que é nacional, este nacional será eleito membro do Subcomitê de Prevenção;

b) Quando os dois candidatos forem indicados pelo Estado-Parte de que são nacionais, votação separada, secreta, deverá ser realizada para determinar qual nacional deverá se tornar membro;

c) Quando nenhum dos candidatos tenha sido nomeado pelo Estado-Parte de que são nacionais, votação separada, secreta, deverá ser realizada para determinar qual candidato deverá ser o membro.

Artigo 8

Se um membro do Subcomitê de Prevenção morrer ou exonerar-se, ou qualquer outro motivo o impeça de continuar seu trabalho, o Estado-Parte que indicou o membro deverá indicar outro elegível que possua as qualificações e cumpra os requisitos dispostos no Artigo 5, levando em conta a necessidade de equilíbrio adequado entre os vários campos de competência, para servir até a próxima reunião dos Estados-Partes, sujeito à aprovação da maioria dos Estados-Partes. A aprovação deverá ser considerada dada, a menos que a metade ou mais Estados-Partes manifestem-se desfavoravelmente dentro de seis semanas após serem informados pelo Secretário-Geral das Nações Unidas da indicação proposta.

Artigo 9

Os membros do Subcomitê de Prevenção serão eleitos para mandato de quatro anos. Poderão ser reeleitos uma vez, caso suas candidaturas sejam novamente apresentadas. O mandato da metade dos membros eleitos na primeira eleição expira ao fim de dois anos; imediatamente após a primeira eleição, os nomes desses membros serão sorteados pelo presidente da reunião prevista no Artigo 7, parágrafo 1, alínea *d*.

Artigo 10

1. O Subcomitê de Prevenção deverá eleger sua mesa por um período de dois anos. Os membros da mesa poderão ser reeleitos.

2. O Subcomitê de Prevenção deverá estabelecer seu próprio regimento. Este regimento deverá determinar que, *inter alia*:

a) O *quorum* será a metade dos membros mais um;

b) As decisões do Subcomitê de Prevenção serão tomadas por maioria de votos dos membros presentes;

c) O Subcomitê de Prevenção deverá reunir-se a portas fechadas.

3. O Secretário-Geral das Nações Unidas deverá convocar a reunião inicial do Subcomitê de Prevenção. Após essa reunião inicial, o Subcomitê de Prevenção deverá reunir-se nas ocasiões previstas por seu regimento. O Subcomitê de Prevenção e o Comitê contra a Tortura deverão convocar suas sessões simultaneamente pelo menos uma vez por ano.

PARTE III

Mandato do Subcomitê de Prevenção

Artigo 11

O Subcomitê de Prevenção deverá:

a) Visitar os lugares referidos no Artigo 4 e fazer recomendações para os Estados-Partes a respeito da proteção de pessoas privadas de liberdade contra a tortura e outros tratamentos ou penas cruéis, desumanos ou degradantes;

b) No que concerne aos mecanismos preventivos nacionais:

(i) Aconselhar e assistir os Estados-Partes, quando necessário, no estabelecimento desses mecanismos;

(ii) Manter diretamente, e se necessário de forma confidencial, contatos com os mecanismos preventivos nacionais e oferecer treinamento e assistência técnica com vistas a fortalecer sua capacidade;

(iii) Aconselhar e assisti-los na avaliação de suas necessidades e no que for preciso para fortalecer a proteção das pessoas privadas de liberdade contra a tortura e outros tratamentos ou penas cruéis, desumanos ou degradantes;

(iv) Fazer recomendações e observações aos Estados-Partes com vistas a fortalecer a capacidade e o mandato dos mecanismos preventivos nacionais para a prevenção da tortura e outros tratamentos ou penas cruéis, desumanos ou degradantes;

c) Cooperar para a prevenção da tortura em geral com os órgãos e mecanismos relevantes das Nações Unidas, bem como com organizações ou organismos internacionais, regionais ou nacionais que trabalhem para fortalecer a proteção de todas as pessoas contra a tortura e outros tratamentos ou penas cruéis, desumanos ou degradantes.

Artigo 12

A fim de que o Subcomitê de Prevenção possa cumprir seu mandato nos termos descritos no Artigo 11, os Estados-Partes deverão:

a) Receber o Subcomitê de Prevenção em seu território e franquear-lhe o acesso aos centros de detenção, conforme definido no Artigo 4 do presente Protocolo;

b) Fornecer todas as informações relevantes que o Subcomitê de Prevenção solicitar para avaliar as necessidades e medidas que deverão ser adotadas para fortalecer a proteção das pessoas privadas de liberdade contra a tortura e outros tratamentos ou penas cruéis, desumanos ou degradantes;

c) Encorajar e facilitar os contatos entre o Subcomitê de Prevenção e os mecanismos preventivos nacionais;

d) Examinar as recomendações do Subcomitê de Prevenção e com ele engajar-se em diálogo sobre possíveis medidas de implementação.

Artigo 13

1. O Subcomitê de Prevenção deverá estabelecer, inicialmente por sorteio, um programa de visitas regulares aos Estados-Partes com a finalidade de pôr em prática seu mandato nos termos estabelecidos no Artigo 11.

2. Após proceder a consultas, o Subcomitê de Prevenção deverá notificar os Estados-Partes de seu programa para que eles possam, sem demora, fazer os arranjos práticos necessários para que as visitas sejam realizadas.

3. As visitas deverão ser realizadas por pelo menos dois membros do Subcomitê de Prevenção. Esses membros deverão ser acompanhados, se necessário, por peritos que demonstrem experiência profissional e conhecimento no campo abrangido pelo presente Protocolo, que deverão ser selecionados de uma lista de peritos preparada com base nas propostas feitas pelos Estados-Partes, pelo Escritório do Alto Comissariado dos Direitos Humanos das Nações Unidas e pelo Centro Inter-

nacional para Prevenção de Crimes das Nações Unidas. Para elaborar a lista de peritos, os Estados-Partes interessados deverão propor não mais que cinco peritos nacionais. O Estado-Parte interessado pode se opor à inclusão de algum perito específico na visita; neste caso o Subcomitê de Prevenção deverá indicar outro perito.

4. O Subcomitê de Prevenção poderá propor, se considerar apropriado, curta visita de seguimento de visita regular anterior.

Artigo 14

1. A fim de habilitar o Subcomitê de Prevenção a cumprir seu mandato, os Estados-Partes do presente Protocolo comprometem-se a lhe conceder:

a) Acesso irrestrito a todas as informações relativas ao número de pessoas privadas de liberdade em centros de detenção conforme definidos no Artigo 4, bem como o número de centros e sua localização;

b) Acesso irrestrito a todas as informações relativas ao tratamento daquelas pessoas bem como às condições de sua detenção;

c) Sujeito ao parágrafo 2, a seguir, acesso irrestrito a todos os centros de detenção, suas instalações e equipamentos;

d) Oportunidade de entrevistar-se privadamente com pessoas privadas de liberdade, sem testemunhas, quer pessoalmente quer com intérprete, se considerado necessário, bem como com qualquer outra pessoa que o Subcomitê de Prevenção acredite poder fornecer informação relevante;

e) Liberdade de escolher os lugares que pretende visitar e as pessoas que quer entrevistar.

2. Objeções a visitas a algum lugar de detenção em particular só poderão ser feitas com fundamentos urgentes e imperiosos ligados à defesa nacional, à segurança pública, ou a algum desastre natural ou séria desordem no lugar a ser visitado que temporariamente impeçam a realização dessa visita. A existência de uma declaração de estado de emergência não deverá ser invocada por um Estado-Parte como razão para objetar uma visita.

Artigo 15

Nenhuma autoridade ou funcionário público deverá ordenar, aplicar, permitir ou tolerar qualquer sanção contra qualquer pessoa ou organização por haver comunicado ao Subcomitê de Prevenção ou a seus membros qualquer informação, verdadeira ou falsa, e nenhuma dessas pessoas ou organizações deverá ser de qualquer outra forma prejudicada.

Artigo 16

1. O Subcomitê de Prevenção deverá comunicar suas recomendações e observações confidencialmente para o Estado-Parte e, se for o caso, para o mecanismo preventivo nacional.

2. O Subcomitê de Prevenção deverá publicar seus relatórios, em conjunto com qualquer comentário do Estado-Parte interessado, quando solicitado pelo Estado-Parte. Se o Estado-Parte fizer parte do relatório público, o Subcomitê de Prevenção poderá publicar o relatório total ou parcialmente. Entretanto, nenhum dado pessoal deverá ser publicado sem o expresso consentimento da pessoa interessada.

3. O Subcomitê de Prevenção deverá apresentar um relatório público anual sobre suas atividades ao Comitê contra a Tortura.

4. Caso o Estado-Parte se recuse a cooperar com o Subcomitê de Prevenção nos termos dos Artigos 12 e 14, ou a tomar as medidas para melhorar a situação à luz das recomendações do Subcomitê de Prevenção, o Comitê contra a Tortura poderá, a pedido do Subcomitê de Prevenção, e depois que o Estado-Parte tenha a oportunidade de fazer suas observações, decidir, pela maioria de votos dos membros, fazer declaração sobre o problema ou publicar o relatório do Subcomitê de Prevenção.

PARTE IV

Mecanismos preventivos nacionais

Artigo 17

Cada Estado-Parte deverá manter, designar ou estabelecer, dentro de um ano da entrada em vigor do presente Protocolo ou de sua ratificação ou adesão, um ou mais mecanismos preventivos nacionais independentes para a prevenção da tortura em nível doméstico.

Mecanismos estabelecidos através de unidades descentralizadas poderão ser designados como mecanismos preventivos nacionais para os fins do presente Protocolo se estiverem em conformidade com suas disposições.

Artigo 18

1. Os Estados-Partes deverão garantir a independência funcional dos mecanismos preventivos nacionais bem como a independência de seu pessoal.

2. Os Estados-Partes deverão tomar as medidas necessárias para assegurar que os peritos dos mecanismos preventivos nacionais tenham as habilidades e o conhecimento profissional necessários.

Deverão buscar equilíbrio de gênero e representação adequada dos grupos étnicos e minorias no país.

3. Os Estados-Partes se comprometem a tornar disponíveis todos os recursos necessários para o funcionamento dos mecanismos preventivos nacionais.

4. Ao estabelecer os mecanismos preventivos nacionais, os Estados-Partes deverão ter em devida conta os Princípios relativos ao "status" de instituições nacionais de promoção e proteção de direitos humanos.

Artigo 19

Os mecanismos preventivos nacionais deverão ser revestidos no mínimo de competências para:

a) Examinar regularmente o tratamento de pessoas privadas de sua liberdade, em centro de detenção conforme a definição do Artigo 4, com vistas a fortalecer, se necessário, sua proteção contra a tortura e outros tratamentos ou penas cruéis, desumanos ou degradantes;

b) Fazer recomendações às autoridades relevantes com o objetivo de melhorar o tratamento e as condições das pessoas privadas de liberdade e o de prevenir a tortura e outros tratamentos ou penas cruéis, desumanos ou degradantes, levando-se em consideração as normas relevantes das Nações Unidas;

c) Submeter propostas e observações a respeito da legislação existente ou em projeto.

Artigo 20

A fim de habilitar os mecanismos preventivos nacionais a cumprirem seu mandato, os Estados-Partes do presente Protocolo comprometem-se a lhes conceder:

a) Acesso a todas as informações relativas ao número de pessoas privadas de liberdade em centros de detenção conforme definidos no Artigo 4, bem como o número de centros e sua localização;

b) Acesso a todas as informações relativas ao tratamento daquelas pessoas bem como às condições de sua detenção;

c) Acesso a todos os centros de detenção, suas instalações e equipamentos;

d) Oportunidade de entrevistar-se privadamente com pessoas privadas de liberdade, sem testemunhas, quer pessoalmente quer com intérprete, se considerado necessário, bem como com qualquer outra pessoa que os mecanismos preventivos nacionais acreditem poder fornecer informação relevante;

e) Liberdade de escolher os lugares que pretendem visitar e as pessoas que querem entrevistar;

f) Direito de manter contato com o Subcomitê de Prevenção, enviar-lhe informações e encontrar-se com ele.

Artigo 21

1. Nenhuma autoridade ou funcionário público deverá ordenar, aplicar, permitir ou tolerar qualquer sanção contra qualquer pessoa ou organização por haver comunicado ao mecanismo preventivo nacional qualquer informação, verdadeira ou falsa, e nenhuma dessas pessoas ou organizações deverá ser de qualquer outra forma prejudicada.

2. Informações confidenciais obtidas pelos mecanismos preventivos nacionais deverão ser privilegiadas. Nenhum dado pessoal deverá ser publicado sem o consentimento expresso da pessoa em questão.

Artigo 22

As autoridades competentes do Estado-Parte interessado deverão examinar as recomendações do mecanismo preventivo nacional e com ele engajar-se em diálogo sobre possíveis medidas de implementação.

Artigo 23

Os Estados-Partes do presente Protocolo comprometem-se a publicar e difundir os relatórios anuais dos mecanismos preventivos nacionais.

PARTE V

Declaração

Artigo 24

1. Por ocasião da ratificação, os Estados-Partes poderão fazer uma declaração que adie a implementação de suas obrigações sob a Parte III ou a Parte IV do presente Protocolo.

2. Esse adiamento será válido pelo máximo de três anos.

Após representações devidamente formuladas pelo Estado-Parte e após consultas ao Subcomitê de Prevenção, o Comitê contra Tortura poderá estender esse período por mais dois anos.

PARTE VI

Disposições Financeiras

Artigo 25

1. As despesas realizadas pelo Subcomitê de Prevenção na implementação do presente Protocolo deverão ser custeadas pelas Nações Unidas.

2. O Secretário-Geral das Nações Unidas deverá prover o pessoal e as instalações necessárias ao desempenho eficaz das funções do Subcomitê de Prevenção sob o presente Protocolo.

Artigo 26

1. Deverá ser estabelecido um Fundo Especial de acordo com os procedimentos pertinentes da Assembleia-Geral, a ser administrado de acordo com o regulamento financeiro e as regras de gestão financeira das Nações Unidas, para ajudar a financiar a implementação das recomendações feitas pelo Subcomitê de Prevenção após a visita a um Estado-Parte, bem como programas educacionais dos mecanismos preventivos nacionais.

2. O Fundo Especial poderá ser financiado por contribuições voluntárias feitas por Governos, organizações intergovernamentais e não governamentais e outras entidades públicas ou privadas.

PARTE VII

Disposições Finais

Artigo 27

1. O presente Protocolo está aberto à assinatura de qualquer Estado que tenha assinado a Convenção.

2. O presente Protocolo está sujeito à ratificação de qualquer Estado que tenha ratificado a Convenção ou a ela aderido. Os instrumentos de ratificação deverão ser depositados junto ao Secretário-Geral das Nações Unidas.

3. O presente Protocolo está aberto à adesão de qualquer Estado que tenha ratificado a Convenção ou a ela aderido.

4. A adesão deverá ser efetuada por meio do depósito de um instrumento de adesão junto ao Secretário-Geral das Nações Unidas.

5. O Secretário-Geral das Nações Unidas deverá informar a todos os Estados que assinaram o presente Protocolo ou aderiram a ele sobre o depósito de cada instrumento de ratificação ou adesão.

Artigo 28

1. O presente Protocolo deverá entrar em vigor no trigésimo dia após a data do depósito, junto ao Secretário-Geral das Nações Unidas, do vigésimo instrumento de ratificação ou adesão.

2. Para cada Estado que ratifique o presente Protocolo ou a ele adira após o depósito junto ao Secretário-Geral das Nações Unidas do vigésimo instrumento de ratificação ou adesão, o presente Protocolo deverá entrar em vigor no trigésimo dia após a data do depósito do seu próprio instrumento de ratificação ou adesão.

Artigo 29

As disposições do presente Protocolo deverão abranger todas as partes dos Estados federais sem quaisquer limitações ou exceções.

Artigo 30

Não será admitida qualquer reserva ao presente Protocolo.

Artigo 31

As disposições do presente Protocolo não deverão afetar as obrigações dos Estados-Partes sob qualquer tratado regional que institua um sistema de visitas a centros de detenção. O Subcomitê de Prevenção e os órgãos estabelecidos sob tais tratados regionais são encorajados a cooperarem com vistas a evitar duplicidades e a promover eficazmente os objetivos do presente Protocolo.

Artigo 32

As disposições do presente Protocolo não deverão afetar as obrigações dos Estados-Partes ante as quatro Convenções de Genebra, de 12 de agosto de 1949, e seus Protocolos Adicionais de 8 de junho de 1977, nem a oportunidade disponível a cada Estado-Parte de autorizar o Comitê Internacional da Cruz Vermelha a visitar centros de detenção em situações não previstas pelo direito humanitário internacional.

Artigo 33

1. Qualquer Estado-Parte poderá denunciar o presente Protocolo, em qualquer momento, por meio de notificação escrita dirigida ao Secretário-Geral das Nações Unidas, que deverá então informar aos demais Estados-Partes do presente Protocolo e da Convenção.

A denúncia deverá produzir efeitos um ano após a data de recebimento da notificação pelo Secretário-Geral.

2. Tal denúncia não terá o efeito de liberar o Estado-Parte de suas obrigações sob o presente Protocolo a respeito de qualquer ato ou situação que possa ocorrer antes da data na qual a denúncia surta efeitos, ou das ações que o Subcomitê de Prevenção tenha decidido ou possa decidir tomar em relação ao Estado-Parte em questão, nem a denúncia deverá prejudicar de qualquer modo o prosseguimento da consideração de qualquer matéria já sob consideração do Subcomitê de Prevenção antes da data na qual a denúncia surta efeitos.

3. Após a data em que a denúncia do Estado-Parte passa a produzir efeitos, o Subcomitê de Prevenção não deverá iniciar a consideração de qualquer matéria nova em relação àquele Estado.

Artigo 34

1. Qualquer Estado-Parte do presente Protocolo pode propor emenda e arquivá-la junto ao Secretário-Geral das Nações Unidas. O Secretário-Geral deverá então comunicar a emenda proposta aos Estados-Partes do presente Protocolo com uma solicitação de que o notifiquem se apóiam uma conferência de Estados-Partes com o propósito de considerar e votar a proposta. Se, nos quatro meses a partir da data da referida comunicação, pelo menos um terço dos Estados-Partes apoiar a conferência, o Secretário-Geral deverá convocar a conferência sob os auspícios das Nações Unidas. Qualquer emenda adotada por uma maioria de dois terços dos Estados-Partes presentes e votantes na conferência deverá ser submetida pelo Secretário-Geral das Nações Unidas a todos os Estados-Partes para aceitação.

2. A emenda adotada de acordo com o parágrafo 1 do presente Artigo deverá entrar em vigor quando tiver sido aceita por uma maioria de dois terços dos Estados--Partes do presente Protocolo de acordo com os respectivos processos constitucionais.

3. Quando as emendas entrarem em vigor, deverão ser obrigatórias apenas para aqueles Estados-Partes que as aceitaram, estando os demais Estados-Partes obrigados às disposições do presente Protocolo e quaisquer emendas anteriores que tenham aceitado.

Artigo 35

Os membros do Subcomitê de Prevenção e dos mecanismos preventivos nacionais deverão ter reconhecidos os privilégios e imunidades necessários ao exercício independente de suas funções. Os membros do Subcomitê de Prevenção deverão ter reconhecidos os privilégios e imunidades especificados na seção 22 da Convenção sobre Privilégios e Imunidades das Nações Unidas de 13 de fevereiro de 1946, sujeitos às disposições da seção 23 daquela Convenção.

Artigo 36

Ao visitar um Estado-Parte, os membros do Subcomitê de Prevenção deverão, sem prejuízo das disposições e propósitos do presente Protocolo e dos privilégios e imunidades de que podem gozar:

a) Respeitar as leis e regulamentos do Estado visitado;

b) Abster-se de qualquer ação ou atividade incompatível com a natureza imparcial e internacional de suas obrigações.

Artigo 37

1. O presente Protocolo, cujos textos em árabe, chinês, espanhol, francês, inglês e russo são igualmente autênticos, deverá ser depositado junto ao Secretário-Geral das Nações Unidas.

2. O Secretário-Geral das Nações Unidas enviará cópias autenticadas do presente Protocolo a todos os Estados.

CONVENÇÃO SOBRE A ELIMINAÇÃO DE TODAS AS FORMAS DE DISCRIMINAÇÃO CONTRA A MULHER

Os Estados-partes na presente Convenção,

Considerando que a Carta das Nações Unidas reafirma a fé nos direitos humanos fundamentais, na dignidade e no valor da pessoa humana e na igualdade de direitos do homem e da mulher,

Considerando que a Declaração Universal dos Direitos Humanos reafirma o princípio da não discriminação e proclama que todos os seres humanos nascem livres e iguais em dignidade e direitos e que toda pessoa pode invocar todos os direitos e liberdades proclamados nessa Declaração, sem distinção alguma, inclusive de sexo,

Considerando que os Estados-partes nas Convenções Internacionais sobre Direitos Humanos têm a obrigação de garantir ao homem e à mulher a igualdade de gozo de todos os direitos econômicos, sociais, culturais, civis e políticos,

Observando, ainda, as resoluções, declarações e recomendações aprovadas pelas Nações Unidas e pelas agências especializadas para favorecer a igualdade de direitos entre o homem e a mulher,

Preocupados, contudo, com o fato de que, apesar destes diversos instrumentos, a mulher continue sendo objeto de grandes discriminações,

Relembrando que a discriminação contra a mulher viola os princípios da igualdade de direitos e do respeito da dignidade humana, dificulta a participação da mulher, nas mesmas condições que o homem, na vida política, social, econômica e cultural de seu país, constitui um obstáculo ao aumento do bem-estar da sociedade e da família e dificulta o pleno desenvolvimento das potencialidades da mulher para prestar serviço a seu país e à humanidade,

Preocupados com o fato de que, em situações de pobreza, a mulher tem um acesso mínimo à alimentação, à saúde, à educação, à capacitação e às oportunidades de emprego, assim como à satisfação de outras necessidades,

Convencidos de que o estabelecimento da nova ordem econômica internacional baseada na equidade e na justiça contribuirá significativamente para a promoção da igualdade entre o homem e a mulher,

Salientando que a eliminação do *apartheid*, de todas as formas de racismo, discriminação racial, colonialismo, neocolonialismo, agressão, ocupação estrangeira e dominação e interferência nos assuntos internos dos Estados é essencial para o pleno exercício dos direitos do homem e da mulher,

Afirmando que o fortalecimento da paz e da segurança internacionais, o alívio da tensão internacional, a cooperação mútua entre todos os Estados, independentemente de seus sistemas econômicos e sociais, o desarmamento geral e completo, e em particular o desarmamento nuclear sob um estrito e efetivo controle internacional, a afirmação dos princípios de justiça, igualdade e proveito mútuo nas relações entre países e a realização do direito dos povos submetidos a dominação colonial e estrangeira e a ocupação estrangeira, à autodeterminação e independência, bem como o respeito da soberania nacional e da integridade territorial, promoverão o progresso e o desenvolvimento sociais, e, em consequência, contribuirão para a realização da plena igualdade entre o homem e a mulher,

Convencidos de que a participação máxima da mulher, em igualdade de condições com o homem, em todos os campos, é indispensável para o desenvolvimento pleno e completo de um país, para o bem-estar do mundo e para a causa da paz.

Tendo presente a grande contribuição da mulher ao bem-estar da família e ao desenvolvimento da sociedade, até agora não plenamente reconhecida, a importância social da maternidade e a função dos pais na família e na educação dos filhos, e conscientes de que o papel da mulher na procriação não deve ser causa de discriminação, mas sim que a educação dos filhos exige a responsabilidade compartilhada entre homens e mulheres e a sociedade como um conjunto,

Reconhecendo que para alcançar a plena igualdade entre o homem e a mulher é necessário modificar o papel tradicional tanto do homem, como da mulher na sociedade e na família,

Resolvidos a aplicar os princípios enunciados na Declaração sobre a Eliminação da Discriminação contra a Mulher, e, para isto, a adotar as medidas necessárias a fim de suprimir essa discriminação em todas as suas formas e manifestações,

Concordam no seguinte:

PARTE I

Artigo 1º — Para fins da presente Convenção, a expressão "discriminação contra a mulher" significará toda distinção, exclusão ou restrição baseada no sexo e que tenha por objeto ou resultado prejudicar ou anular o reconhecimento, gozo ou exercício pela mulher, independentemente de seu estado civil, com base na igualdade do homem e da mulher, dos direitos humanos e liberdades fundamentais nos campos político, econômico, social, cultural e civil ou em qualquer outro campo.

Artigo 2º — Os Estados-partes condenam a discriminação contra a mulher em todas as suas formas, concordam em seguir, por todos os meios apropriados e sem dilações, uma política destinada a eliminar a discriminação contra a mulher, e com tal objetivo se comprometem a:

a) consagrar, se ainda não o tiverem feito, em suas Constituições nacionais ou em outra legislação apropriada, o princípio da igualdade do homem e da mulher e assegurar por lei outros meios apropriados à realização prática desse princípio;

b) adotar medidas adequadas, legislativas e de outro caráter, com as sanções cabíveis e que proíbam toda discriminação contra a mulher;

c) estabelecer a proteção jurídica dos direitos da mulher em uma base de igualdade com os do homem e garantir, por meio dos tribunais nacionais competentes e de outras instituições públicas, a proteção efetiva da mulher contra todo ato de discriminação;

d) abster-se de incorrer em todo ato ou prática de discriminação contra a mulher e zelar para que as autoridades e instituições públicas atuem em conformidade com esta obrigação;

e) tomar as medidas apropriadas para eliminar a discriminação contra a mulher praticada por qualquer pessoa, organização ou empresa;

f) adotar todas as medidas adequadas, inclusive de caráter legislativo, para modificar ou derrogar leis, regulamentos, usos e práticas que constituam discriminação contra a mulher;

g) derrogar todas as disposições penais nacionais que constituam discriminação contra a mulher.

Artigo 3º — Os Estados-partes tomarão, em todas as esferas e, em particular, nas esferas política, social, econômica e cultural, todas as medidas apropriadas, inclusive de caráter legislativo, para assegurar o pleno desenvolvimento e progresso da mulher, com o objetivo de garantir-lhe o exercício e o gozo dos direitos humanos e liberdades fundamentais em igualdade de condições com o homem.

Artigo 4º — 1. A adoção pelos Estados-partes de medidas especiais de caráter temporário destinadas a acelerar a igualdade de fato entre o homem e a mulher não se considerará discriminação na forma definida nesta Convenção, mas de nenhuma maneira implicará, como consequência, a manutenção de normas desiguais ou separadas; essas medidas cessarão quando os objetivos de igualdade de oportunidade e tratamento houverem sido alcançados.

2. A adoção pelos Estados-partes de medidas especiais, inclusive as contidas na presente Convenção, destinadas a proteger a maternidade, não se considerará discriminatória.

Artigo 5º — Os Estados-partes tomarão todas as medidas apropriadas para:

a) modificar os padrões socioculturais de conduta de homens e mulheres, com vistas a alcançar a eliminação de preconceitos e práticas consuetudinárias e de qualquer outra índole que estejam baseados na ideia da inferioridade ou superioridade de qualquer dos sexos ou em funções estereotipadas de homens e mulheres.

b) garantir que a educação familiar inclua uma compreensão adequada da maternidade como função social e o reconhecimento da responsabilidade comum de homens e mulheres, no que diz respeito à educação e ao desenvolvimento de seus filhos, entendendo-se que o interesse dos filhos constituirá a consideração primordial em todos os casos.

Artigo 6º — Os Estados-partes tomarão as medidas apropriadas, inclusive de caráter legislativo, para suprimir todas as formas de tráfico de mulheres e exploração de prostituição da mulher.

PARTE II

Artigo 7º — Os Estados-partes tomarão todas as medidas apropriadas para eliminar a discriminação contra a mulher na vida política e pública do país e, em particular, garantirão, em igualdade de condições com os homens, o direito a:

a) votar em todas as eleições e referendos públicos e ser elegível para todos os órgãos cujos membros sejam objeto de eleições públicas;

b) participar na formulação de políticas governamentais e na execução destas, e ocupar cargos públicos e exercer todas as funções públicas em todos os planos governamentais;

c) participar em organizações e associações não governamentais que se ocupem da vida pública e política do país.

Artigo 8º — Os Estados-partes tomarão as medidas apropriadas para garantir à mulher, em igualdade de condições com o homem e sem discriminação alguma, a oportunidade de representar seu governo no plano internacional e de participar no trabalho das organizações internacionais.

Artigo 9º — 1. Os Estados-partes outorgarão às mulheres direitos iguais aos dos homens para adquirir, mudar ou conservar sua nacionalidade. Garantirão, em particular, que nem o casamento com um estrangeiro, nem a mudança de nacionalidade do marido durante o casamento modifiquem automaticamente a nacionalidade da esposa, a convertam em apátrida ou a obriguem a adotar a nacionalidade do cônjuge.

2. Os Estados-partes outorgarão à mulher os mesmos direitos que ao homem no que diz respeito à nacionalidade dos filhos.

PARTE III

Artigo 10 — Os Estados-partes adotarão todas as medidas apropriadas para eliminar a discriminação contra a mulher, a fim de assegurar-lhe a igualdade de direitos com o homem na esfera da educação e em particular para assegurar, em condições de igualdade entre homens e mulheres:

a) as mesmas condições de orientação em matéria de carreiras e capacitação profissional, acesso aos estudos e obtenção de diplomas nas instituições de ensino de todas as categorias, tanto em zonas rurais como urbanas; essa igualdade deverá ser assegurada na educação pré-escolar, geral, técnica e profissional, incluída a educação técnica superior, assim como todos os tipos de capacitação profissional;

b) acesso aos mesmos currículos e mesmos exames, pessoal docente do mesmo nível profissional, instalações e material escolar da mesma qualidade;

c) a eliminação de todo conceito estereotipado dos papéis masculino e feminino em todos os níveis e em todas as formas de ensino, mediante o estímulo à educação mista e a outros tipos de educação que contribuam para alcançar este objetivo e, em particular, mediante a modificação dos livros e programas escolares e adaptação dos métodos de ensino;

d) as mesmas oportunidades para a obtenção de bolsas de estudo e outras subvenções para estudos;

e) as mesmas oportunidades de acesso aos programas de educação supletiva, incluídos os programas de alfabetização funcional e de adultos, com vistas a reduzir, com a maior brevidade possível, a diferença de conhecimentos existentes entre o homem e a mulher;

f) a redução da taxa de abandono feminino dos estudos e a organização de programas para aquelas jovens e mulheres que tenham deixado os estudos prematuramente;

g) as mesmas oportunidades para participar ativamente nos esportes e na educação física;

h) acesso a material informativo específico que contribua para assegurar a saúde e o bem-estar da família, incluída a informação e o assessoramento sobre o planejamento da família.

Artigo 11 — 1. Os Estados-partes adotarão todas as medidas apropriadas para eliminar a discriminação contra a mulher na esfera do emprego a fim de assegurar, em condições de igualdade entre homens e mulheres, os mesmos direitos, em particular:

a) o direito ao trabalho como direito inalienável de todo ser humano;

b) o direito às mesmas oportunidades de emprego, inclusive a aplicação dos mesmos critérios de seleção em questões de emprego;

c) o direito de escolher livremente profissão e emprego, o direito à promoção e à estabilidade no emprego e a todos os benefícios e outras condições de serviço, e o direito ao acesso à formação e à atualização profissionais, incluindo aprendizagem, formação profissional superior e treinamento periódico;

d) o direito a igual remuneração, inclusive benefícios, e igualdade de tratamento relativa a um trabalho de igual valor, assim como igualdade de tratamento com respeito à avaliação da qualidade do trabalho;

e) o direito à seguridade social, em particular em casos de aposentadoria, desemprego, doença, invalidez, velhice ou outra incapacidade para trabalhar, bem como o direito a férias pagas;

f) o direito à proteção da saúde e à segurança nas condições de trabalho, inclusive a salvaguarda da função de reprodução.

2. A fim de impedir a discriminação contra a mulher por razões de casamento ou maternidade e assegurar a efetividade de seu direito a trabalhar, os Estados-partes tomarão as medidas adequadas para:

a) proibir, sob sanções, a demissão por motivo de gravidez ou de licença-maternidade e a discriminação nas demissões motivadas pelo estado civil;

b) implantar a licença-maternidade, com salário pago ou benefícios sociais comparáveis, sem perda do emprego anterior, antiguidade ou benefícios sociais;

c) estimular o fornecimento de serviços sociais de apoio necessários para permitir que os pais combinem as obrigações para com a família com as responsabilidades do trabalho e a participação na vida pública, especialmente mediante o fomento da criação e desenvolvimento de uma rede de serviços destinada ao cuidado das crianças;

d) dar proteção especial às mulheres durante a gravidez nos tipos de trabalho comprovadamente prejudiciais a elas.

3. A legislação protetora relacionada com as questões compreendidas neste artigo será examinada periodicamente à luz dos conhecimentos científicos e tecnológicos e será revista, derrogada ou ampliada, conforme as necessidades.

Artigo 12 — 1. Os Estados-partes adotarão todas as medidas apropriadas para eliminar a discriminação contra a mulher na esfera dos cuidados médicos, a fim de assegurar, em condições de igualdade entre homens e mulheres, o acesso a serviços médicos, inclusive referentes ao planejamento familiar.

2. Sem prejuízo do disposto no parágrafo 1º, os Estados-partes garantirão à mulher assistência apropriada em relação à gravidez, ao parto e ao período posterior ao parto, proporcionando assistência gratuita quando assim for necessário, e lhe assegurarão uma nutrição adequada durante a gravidez e a lactância.

Artigo 13 — Os Estados-partes adotarão todas as medidas apropriadas para eliminar a discriminação contra a mulher em outras esferas da vida econômica e social, a fim de assegurar, em condições de igualdade entre os homens e mulheres, os mesmos direitos, em particular:

a) o direito a benefícios familiares;

b) o direito a obter empréstimos bancários, hipotecas e outras formas de crédito financeiro;

c) o direito de participar em atividades de recreação, esportes e em todos os aspectos da vida cultural.

Artigo 14 — 1. Os Estados-partes levarão em consideração os problemas específicos enfrentados pela mulher rural e o importante papel que desempenha na subsistência econômica de sua família, incluído seu trabalho em setores não monetários da economia, e tomarão todas as medidas apropriadas para assegurar a aplicação dos dispositivos desta Convenção à mulher das zonas rurais.

2. Os Estados-partes adotarão todas as medidas apropriadas para eliminar a discriminação contra a mulher nas zonas rurais, a fim de assegurar, em condições de igualdade entre homens e mulheres, que elas participem no desenvolvimento rural e dele se beneficiem, e em particular assegurar-lhes-ão o direito a:

a) participar da elaboração e execução dos planos de desenvolvimento em todos os níveis;

b) ter acesso a serviços médicos adequados, inclusive informação, aconselhamento e serviços em matéria de planejamento familiar;

c) beneficiar-se diretamente dos programas de seguridade social;

d) obter todos os tipos de educação e de formação, acadêmica e não acadêmica, inclusive os relacionados à alfabetização funcional, bem como, entre outros, os benefícios de todos os serviços comunitários e de extensão, a fim de aumentar sua capacidade técnica;

e) organizar grupos de autoajuda e cooperativas, a fim de obter igualdade de acesso às oportunidades econômicas mediante emprego ou trabalho por conta própria;

f) participar de todas as atividades comunitárias;

g) ter acesso aos créditos e empréstimos agrícolas, aos serviços de comercialização e às tecnologias apropriadas, e receber um tratamento igual nos projetos de reforma agrária e de reestabelecimentos;

h) gozar de condições de vida adequadas, particularmente nas esferas da habitação, dos serviços sanitários, da eletricidade e do abastecimento de água, do transporte e das comunicações.

PARTE IV

Artigo 15 — 1. Os Estados-partes reconhecerão à mulher a igualdade com o homem perante a lei.

2. Os Estados-partes reconhecerão à mulher, em matérias civis, uma capacidade jurídica idêntica à do homem e as mesmas oportunidades para o exercício desta capacidade. Em particular, reconhecerão à mulher iguais direitos para firmar contratos e administrar bens e dispensar-lhe-ão um tratamento igual em todas as etapas do processo nas Cortes de Justiça e nos Tribunais.

3. Os Estados-partes convêm em que todo contrato ou outro instrumento privado de efeito jurídico que tenda a restringir a capacidade jurídica da mulher será considerado nulo.

4. Os Estados-partes concederão ao homem e à mulher os mesmos direitos no que respeita à legislação relativa ao direito das pessoas, à liberdade de movimento e à liberdade de escolha de residência e domicílio.

Artigo 16 — 1. Os Estados-partes adotarão todas as medidas adequadas para eliminar a discriminação contra a mulher em todos os assuntos relativos ao casamento e às relações familiares e, em particular, com base na igualdade entre homens e mulheres, assegurarão:

a) o mesmo direito de contrair matrimônio;

b) o mesmo direito de escolher livremente o cônjuge e de contrair matrimônio somente com o livre e pleno consentimento;

c) os mesmos direitos e responsabilidades durante o casamento e por ocasião de sua dissolução;

d) os mesmos direitos e responsabilidades como pais, qualquer que seja seu estado civil, em matérias pertinentes aos filhos. Em todos os casos, os interesses dos filhos serão a consideração primordial;

e) os mesmos direitos de decidir livre e responsavelmente sobre o número de filhos e sobre o intervalo entre os nascimentos e a ter acesso à informação, à educação e aos meios que lhes permitam exercer esses direitos;

f) os mesmos direitos e responsabilidades com respeito à tutela, curatela, guarda e adoção dos filhos, ou institutos análogos, quando esses conceitos existirem na legislação nacional. Em todos os casos, os interesses dos filhos serão a consideração primordial;

g) os mesmos direitos pessoais como marido e mulher, inclusive o direito de escolher sobrenome, profissão e ocupação;

h) os mesmos direitos a ambos os cônjuges em matéria de propriedade, aquisição, gestão, administração, gozo e disposição dos bens, tanto a título gratuito quanto a título oneroso.

2. Os esponsais e o casamento de uma criança não terão efeito legal e todas as medidas necessárias, inclusive as de caráter legislativo, serão adotadas para estabelecer uma idade mínima para o casamento e para tornar obrigatória a inscrição de casamentos em registro oficial.

PARTE V

Artigo 17 — 1. Com o fim de examinar os progressos alcançados na aplicação desta Convenção, será estabelecido um Comitê sobre a Eliminação da Discriminação contra a Mulher (doravante denominado "Comitê"), composto, no momento da entrada em vigor da Convenção, de dezoito e, após sua ratificação ou adesão pelo trigésimo quinto Estado-parte, de vinte e três peritos de grande prestígio moral e competência na área abarcada pela Convenção. Os peritos serão eleitos pelos Estados-partes e exercerão suas funções a título pessoal; será levada em conta uma distribuição geográfica equitativa e a representação das formas diversas de civilização, assim como dos principais sistemas jurídicos.

2. Os membros do Comitê serão eleitos em votação secreta dentre uma lista de pessoas indicadas pelos Estados-partes. Cada Estado-parte pode indicar uma pessoa dentre os seus nacionais.

3. A primeira eleição se realizará seis meses após a data da entrada em vigor da presente Convenção. Ao menos três meses antes da data de cada eleição, o Secretário-Geral da Organização das Nações Unidas enviará uma carta aos Estados-partes para convidá-los a apresentar suas candidaturas no prazo de dois meses. O Secretário-Geral da Organização das Nações Unidas organizará uma lista, por ordem alfabética, de todos os candidatos assim designados, com indicações dos Estados-partes que os tiverem designado, e a comunicará aos Estados-partes.

4. Os membros do Comitê serão eleitos durante uma reunião dos Estados-partes convocada pelo Secretário-Geral das Nações Unidas. Nesta reunião, na qual o *quorum* será estabelecido por dois terços dos Estados-partes, serão eleitos membros do Comitê os candidatos que obtiverem o maior número de votos e a maioria absoluta dos votos dos representantes dos Estados-partes presentes e votantes.

5. Os membros do Comitê serão eleitos para um mandato de quatro anos. Entretanto, o mandato de nove dos membros eleitos na primeira eleição expirará ao final de dois anos; imediatamente após a primeira eleição, os nomes desses nove membros serão escolhidos, por sorteio, pelo Presidente do Comitê.

6. A eleição dos cinco membros adicionais do Comitê realizar-se-á em conformidade com o disposto nos parágrafos 2º, 3º e 4º deste artigo, após o depósito do trigésimo quinto instrumento de ratificação ou adesão. O mandato de dois dos membros adicionais eleitos nessa ocasião, cujos nomes serão escolhidos, por sorteio, pelo Presidente do Comitê, expirará ao fim de dois anos.

7. Para preencher as vagas fortuitas, o Estado-parte cujo perito tenha deixado de exercer suas funções de membro do Comitê nomeará outro perito entre seus nacionais, sob reserva da aprovação do Comitê.

8. Os membros do Comitê, mediante aprovação da Assembleia Geral, receberão remuneração dos recursos das Nações Unidas, na forma e condições que a Assembleia Geral decidir, tendo em vista a importância das funções do Comitê.

9. O Secretário-Geral da Organização das Nações Unidas colocará à disposição do Comitê o pessoal e os serviços necessários ao desempenho eficaz das funções que lhe são atribuídas em virtude da presente Convenção.

Artigo 18 — Os Estados-partes comprometem-se a submeter ao Secretário-Geral das Nações Unidas, para exame do Comitê, um relatório sobre as medidas legislativas, judiciárias, administrativas ou outras que adotarem para tornarem efetivas as disposições desta Convenção e dos progressos alcançados a respeito:

a) no prazo de um ano, a partir da entrada em vigor da Convenção para o Estado interessado; e

b) posteriormente, pelo menos a cada quatro anos e toda vez que o Comitê vier a solicitar.

2. Os relatórios poderão indicar fatores e dificuldades que influam no grau de cumprimento das obrigações estabelecidas por esta Convenção.

Artigo 19 — 1. O Comitê adotará seu próprio regulamento.

2. O Comitê elegerá sua Mesa para um período de dois anos.

Artigo 20 — 1. O Comitê se reunirá normalmente todos os anos, por um período não superior a duas semanas, para examinar os relatórios que lhe sejam submetidos, em conformidade com o artigo 18 desta Convenção.

2. As reuniões do Comitê realizar-se-ão normalmente na sede das Nações Unidas ou em qualquer outro lugar que o Comitê determine.

Artigo 21 — O Comitê, através do Conselho Econômico e Social das Nações Unidas, informará anualmente a Assembleia Geral das Nações Unidas de suas atividades e poderá apresentar sugestões e recomendações de caráter geral, baseadas no exame dos relatórios e em informações recebidas dos Estados-partes. Essas sugestões e recomendações de caráter geral serão incluídas no relatório do Comitê juntamente com as observações que os Estados-partes tenham porventura formulado.

2. O Secretário-Geral das Nações Unidas transmitirá, para informação, os relatórios do Comitê à Comissão sobre a Condição da Mulher.

Artigo 22 — As agências especializadas terão direito a estar representadas no exame da aplicação das disposições desta Convenção que correspondam à esfera de suas atividades. O Comitê poderá convidar as agências especializadas a apresentar relatórios sobre a aplicação da Convenção em áreas que correspondam à esfera de suas atividades.

PARTE VI

Artigo 23 — Nada do disposto nesta Convenção prejudicará qualquer disposição que seja mais propícia à obtenção da igualdade entre homens e mulheres e que esteja contida:

a) na legislação de um Estado-parte; ou

b) em qualquer outra convenção, tratado ou acordo internacional vigente nesse Estado.

Artigo 24 — Os Estados-partes comprometem-se a adotar todas as medidas necessárias de âmbito nacional para alcançar a plena realização dos direitos reconhecidos nesta Convenção.

Artigo 25 — 1. A presente Convenção estará aberta à assinatura de todos os Estados.

2. O Secretário-Geral da Organização das Nações Unidas fica designado depositário desta Convenção.

3. Esta Convenção está sujeita à ratificação. Os instrumentos de ratificação serão depositados junto ao Secretário-Geral da Organização das Nações Unidas.

4. Esta Convenção está aberta à adesão de todos os Estados. Far-se-á a adesão mediante depósito do instrumento de adesão junto ao Secretário-Geral das Nações Unidas.

Artigo 26 — 1. Qualquer Estado-parte poderá, em qualquer momento, formular pedido de revisão desta Convenção, mediante notificação escrita dirigida ao Secretário-Geral da Organização das Nações Unidas.

2. A Assembleia Geral das Nações Unidas decidirá sobre as medidas a serem tomadas, se for o caso, com respeito a esse pedido.

Artigo 27 — A presente Convenção entrará em vigor no trigésimo dia a contar da data em que o vigésimo instrumento de ratificação ou adesão houver sido depositado junto ao Secretário-Geral das Nações Unidas.

2. Para os Estados que vierem a ratificar a presente Convenção ou a ela aderir após o depósito do vigésimo instrumento de ratificação ou adesão, a Convenção entrará em vigor no trigésimo dia a contar da data em que o Estado em questão houver depositado seu instrumento de ratificação ou adesão.

Artigo 28 — 1. O Secretário-Geral das Nações Unidas receberá e enviará a todos os Estados o texto das reservas feitas pelos Estados no momento da ratificação ou adesão.

2. Não será permitida uma reserva incompatível com o objeto e o propósito desta Convenção.

3. As reservas poderão ser retiradas a qualquer momento por uma notificação endereçada com esse objetivo ao Secretário-Geral das Nações Unidas, que informará a todos os Estados a respeito. A notificação surtirá efeito na data de seu recebimento.

Artigo 29 — As controvérsias entre dois ou mais Estados-partes, com relação à interpretação ou aplicação da presente Convenção, que não puderem ser dirimidas por meio de negociação serão, a pedido de um deles, submetidas à arbitragem. Se, durante os seis meses seguintes à data do pedido de arbitragem, as partes não lograrem pôr-se de acordo quanto aos termos do compromisso de arbitragem, qualquer das partes poderá submeter a controvérsia à Corte Internacional de Justiça, mediante solicitação feita em conformidade com o Estatuto da Corte.

2. Cada Estado-parte poderá declarar, por ocasião da assinatura ou ratificação da presente Convenção, que não se considera obrigado pelo parágrafo anterior. Os demais Estados-partes não estarão obrigados pelo referido parágrafo com relação a qualquer Estado-parte que houver formulado reserva dessa natureza.

3. Todo Estado-parte que houver formulado reserva em conformidade com o parágrafo anterior poderá, a qualquer momento, tornar sem efeito essa reserva, mediante notificação endereçada ao Secretário-Geral das Nações Unidas.

Artigo 30 — A presente Convenção, cujos textos em árabe, chinês, espanhol, francês, inglês e russo são igualmente autênticos, será depositada junto ao Secretário-Geral das Nações Unidas.

Em testemunho do que os abaixo-assinados devidamente autorizados assinaram a presente Convenção.

PROTOCOLO FACULTATIVO À CONVENÇÃO SOBRE A ELIMINAÇÃO DE TODAS AS FORMAS DE DISCRIMINAÇÃO CONTRA A MULHER

Os Estados-partes do presente Protocolo,

Observando que a Carta das Nações Unidas reafirma a fé nos direitos humanos fundamentais, na dignidade e no valor da pessoa humana e na igualdade de direitos entre homens e mulheres,

Observando, ainda, que a Declaração Universal dos Direitos Humanos proclama que todos os seres humanos nascem livres e iguais em dignidade e direitos e que cada pessoa tem todos os direitos e liberdades nela proclamados, sem qualquer tipo de distinção, incluindo distinção baseada em sexo,

Lembrando que as Convenções Internacionais de Direitos Humanos e outros instrumentos internacionais de direitos humanos proíbem a discriminação baseada em sexo,

Lembrando, ainda, a Convenção sobre a Eliminação de todas as Formas de Discriminação contra a Mulher (doravante denominada "a Convenção"), na qual os Estados-partes condenam a discriminação contra a mulher em todas as suas formas e concordam em buscar, de todas as maneiras apropriadas e sem demora, uma política de eliminação da discriminação contra a mulher,

Reafirmando sua determinação de assegurar o pleno e equitativo gozo pelas mulheres de todos os direitos e liberdades fundamentais e de agir de forma efetiva para evitar violações desses direitos e liberdades,

Concordam com o que se segue:

Artigo 1º

Cada Estado-parte do presente Protocolo (doravante denominado "Estado-parte") reconhece a competência do Comitê sobre a Eliminação da Discriminação contra a Mulher (doravante denominado "o Comitê") para receber e considerar comunicações apresentadas de acordo com o Artigo 2º deste Protocolo.

Artigo 2º

As comunicações podem ser apresentadas por indivíduos ou grupos de indivíduos, que se encontrem sob a jurisdição do Estado-parte e aleguem ser vítimas de violação de quaisquer dos direitos estabelecidos na Convenção por aquele Estado-parte, ou em nome desses indivíduos ou grupos de indivíduos. Sempre que for apresentada em nome de indivíduos ou grupos de indivíduos, a comunicação deverá conter seu consentimento, a menos que o autor possa justificar estar agindo em nome deles sem o seu consentimento.

Artigo 3º

As comunicações deverão ser feitas por escrito e não poderão ser anônimas. Nenhuma comunicação relacionada a um Estado-parte da Convenção que não seja parte do presente Protocolo será recebida pelo Comitê.

Artigo 4º

1. O Comitê não considerará a comunicação, exceto se tiver reconhecido que todos os recursos da jurisdição interna foram esgotados ou que a utilização desses recursos estaria sendo protelada além do razoável ou deixaria dúvida quanto a produzir o efetivo amparo.

2. O Comitê declarará inadmissível toda comunicação que:

a) se referir a assunto que já tiver sido examinado pelo Comitê ou tiver sido ou estiver sendo examinado sob outro procedimento internacional de investigação ou solução de controvérsias;

b) for incompatível com as disposições da Convenção;

c) estiver manifestamente mal fundamentada ou não suficientemente consubstanciada;

d) constituir abuso do direito de submeter comunicação;

e) tiver como objeto fatos que tenham ocorrido antes da entrada em vigor do presente Protocolo para o Estado-parte em questão, a não ser no caso de tais fatos terem tido continuidade após aquela data.

Artigo 5º

1. A qualquer momento após o recebimento de comunicação e antes que tenha sido alcançada determinação sobre o mérito da questão, o Comitê poderá transmitir ao Estado-parte em questão, para urgente consideração, solicitação no sentido de que o Estado-parte tome as medidas antecipatórias necessárias para evitar possíveis danos irreparáveis à vítima ou vítimas da alegada violação.

2. Sempre que o Comitê exercer seu arbítrio segundo o parágrafo 1 deste Artigo, tal fato não implica determinação sobre a admissibilidade ou mérito da comunicação.

Artigo 6º

1. A menos que o Comitê considere que a comunicação seja inadmissível sem referência ou Estado-parte em questão, e desde que o indivíduo ou indivíduos consintam na divulgação de sua identidade ao Estado-parte, o Comitê levará confidencialmente à atenção do Estado-parte em questão a comunicação por ele recebida no âmbito do presente Protocolo.

2. Dentro de seis meses, o Estado-parte que receber a comunicação apresentará ao Comitê explicações ou declarações por escrito esclarecendo o assunto e o remédio, se houver, que possa ter sido aplicado pelo Estado-parte.

Artigo 7º

1. O Comitê considerará as comunicações recebidas segundo o presente Protocolo à luz das informações que vier a receber de indivíduos ou grupo de indivíduos, ou em nome destes, ou do Estado-parte em questão, desde que essa informação seja transmitida às partes em questão.

2. O Comitê realizará reuniões fechadas ao examinar as comunicações no âmbito do presente Protocolo.

3. Após examinar a comunicação, o Comitê transmitirá suas opiniões a respeito, juntamente com sua recomendação, se houver, às partes em questão.

4. O Estado-parte dará a devida consideração às opiniões do Comitê, juntamente com as recomendações deste último, se houver, e apresentará ao Comitê, dentro de seis meses, resposta por escrito incluindo informações sobre quaisquer ações realizadas à luz das opiniões e recomendações do Comitê.

5. O Comitê poderá convidar o Estado-parte a apresentar informações adicionais sobre quaisquer medidas que o Estado-parte tenha tomado em resposta às opiniões e recomendações do Comitê, se houver, incluindo, quando o Comitê julgar apropriado, informações que passem a constar de relatórios subsequentes do Estado-parte segundo o Artigo 18 da Convenção.

Artigo 8º

1. Caso o Comitê receba informação fidedigna indicando graves ou sistemáticas violações por um Estado-parte dos direitos estabelecidos na Convenção, o Comitê convidará o Estado-parte a cooperar no exame da informação e, para esse fim, a apresentar observações quanto à informação em questão.

2. Levando em conta quaisquer observações que possam ter sido apresentadas pelo Estado-parte em questão, bem como outras informações fidedignas das quais disponha, o Comitê poderá designar um ou mais de seus membros para conduzir uma investigação e apresentar relatório urgentemente ao Comitê. Sempre que justificado, e com o consentimento do Estado-parte, a investigação poderá incluir visita ao território deste último.

3. Após examinar os resultados da investigação, o Comitê os transmitirá ao Estado-parte em questão juntamente com quaisquer comentários e recomendações.

4. O Estado-parte em questão deverá, dentro de seis meses do recebimento dos resultados, comentários e recomendações do Comitê, apresentar suas observações ao Comitê.

5. Tal investigação será conduzida em caráter confidencial e a cooperação do Estado-parte será buscada em todos os estágios dos procedimentos.

Artigo 9º

1. O Comitê poderá convidar o Estado-parte em questão a incluir em seu relatório, segundo o Artigo 18 da Convenção, pormenores de qualquer medida tomada em resposta à investigação conduzida segundo o Artigo 18 deste Protocolo.

2. O Comitê poderá, caso necessário, após o término do período de seis meses mencionado no Artigo 8.4 deste Protocolo, convidar o Estado-parte a informá-lo das medidas tomadas em resposta à mencionada investigação.

Artigo 10

1. Cada Estado-parte poderá, no momento da assinatura ou ratificação do presente Protocolo ou no momento em que a este aderir, declarar que não reconhece a competência do Comitê disposta nos Artigos 8 e 9 deste Protocolo.

2. O Estado-parte que fizer a declaração de acordo com o parágrafo 1 deste Artigo 10 poderá, a qualquer momento, retirar essa declaração através de notificação ao Secretário-Geral.

Artigo 11

Os Estados-partes devem tomar todas as medidas apropriadas para assegurar que os indivíduos sob sua jurisdição não fiquem sujeitos a maus-tratos ou intimidação como consequência de sua comunicação com o Comitê nos termos do presente Protocolo.

Artigo 12

O Comitê incluirá em seu relatório anual, segundo o Artigo 21 da Convenção, um resumo de suas atividades nos termos do presente Protocolo.

Artigo 13

Cada Estado-parte compromete-se a tornar públicos e amplamente conhecidos a Convenção e o presente Protocolo e a facilitar o acesso à informação acerca das opiniões e recomendações do Comitê, em particular sobre as questões que digam respeito ao próprio Estado-parte.

Artigo 14

O Comitê elaborará suas próprias regras de procedimento a serem seguidas no exercício das funções que lhe são conferidas no presente Protocolo.

Artigo 15

1. O presente Protocolo estará aberto à assinatura por qualquer Estado que tenha ratificado ou aderido à Convenção.

2. O presente Protocolo estará sujeito à ratificação por qualquer Estado que tenha ratificado ou aderido à Convenção. Os instrumentos de ratificação deverão ser depositados junto ao Secretário-Geral das Nações Unidas.

3. O presente Protocolo estará aberto à adesão por qualquer Estado que tenha ratificado ou aderido à Convenção.

4. A adesão será efetivada pelo depósito de instrumento de adesão junto ao Secretário-Geral das Nações Unidas.

Artigo 16

1. O presente Protocolo entrará em vigor três meses após a data do depósito junto ao Secretário-Geral das Nações Unidas do décimo instrumento de ratificação ou adesão.

2. Para cada Estado que ratifique o presente protocolo ou a ele venha a aderir após sua entrada em vigor, o presente Protocolo entrará em vigor três meses após a data do depósito de seu próprio instrumento de ratificação ou adesão.

Artigo 17

Não serão permitidas reservas ao presente Protocolo.

Artigo 18

1. Qualquer Estado-parte poderá propor emendas ao presente Protocolo e dar entrada a proposta de emendas junto ao Secretário-Geral das Nações Unidas. O Secretário-Geral deverá, nessa ocasião, comunicar as emendas propostas aos Estados-partes juntamente com solicitação de que o notifiquem caso sejam favoráveis a uma conferência de Estados-partes com o propósito de avaliar e votar a proposta. Se ao menos um terço dos Estados-partes for favorável à conferência, o Secretário-Geral deverá convocá-la sob os auspícios das Nações Unidas. Qualquer emenda adotada pela maioria dos Estados-partes presentes e votantes na conferência será submetida à Assembleia Geral das Nações Unidas para aprovação.

2. As emendas entrarão em vigor tão logo tenham sido aprovadas pela Assembleia Geral das Nações Unidas e aceitas por maioria de dois terços dos Estados-partes do presente Protocolo, de acordo com seus respectivos processos constitucionais.

3. Sempre que as emendas entrarem em vigor, obrigarão os Estados-partes que as tenham aceitado, ficando os outros Estados-partes obrigados pelas disposições do presente Protocolo e quaisquer emendas anteriores que tiverem aceitado.

Artigo 19

1. Qualquer Estado-parte poderá denunciar o presente Protocolo a qualquer momento por meio de notificação por escrito endereçada ao Secretário-Geral das Nações Unidas. A denúncia terá efeito seis meses após a data do recebimento da notificação pelo Secretário-Geral.

2. A denúncia não prejudicará a continuidade da aplicação das disposições do presente Protocolo em relação a qualquer comunicação apresentada segundo o Artigo 2º deste Protocolo e a qualquer investigação iniciada segundo o Artigo 8º deste Protocolo antes da data de vigência da denúncia.

Artigo 20

O Secretário-Geral das Nações Unidas informará a todos os Estados sobre:

a) assinaturas, ratificações e adesões ao presente Protocolo;

b) data de entrada em vigor do presente Protocolo e de qualquer emenda feita nos termos do Artigo 18 deste Protocolo;

c) qualquer denúncia feita segundo o Artigo 19 deste Protocolo.

Artigo 21

1. O presente Protocolo, do qual as versões em árabe, chinês, inglês, francês, russo e espanhol são igualmente autênticas, será depositado junto aos arquivos das Nações Unidas.

2. O Secretário-Geral das Nações Unidas transmitirá cópias autenticadas do presente Protocolo a todos os Estados mencionados no Artigo 25 da Convenção.

CONVENÇÃO INTERNACIONAL SOBRE A ELIMINAÇÃO DE TODAS AS FORMAS DE DISCRIMINAÇÃO RACIAL

Os Estados-partes na presente Convenção,

Considerando que a Carta das Nações Unidas baseia-se em princípios de dignidade e igualdade inerentes a todos os seres humanos, e que todos os Estados- -membros comprometem-se a tomar medidas separadas e conjuntas, em cooperação com a Organização, para a consecução de um dos propósitos das Nações Unidas, que é promover e encorajar o respeito universal e a observância dos direitos humanos e das liberdades fundamentais para todos, sem discriminação de raça, sexo, idioma ou religião,

Considerando que a Declaração Universal dos Direitos Humanos proclama que todos os seres humanos nascem livres e iguais em dignidade e direitos e que toda pessoa pode invocar todos os direitos estabelecidos nessa Declaração, sem distinção alguma, e principalmente de raça, cor ou origem nacional,

Considerando que todas as pessoas são iguais perante a lei e têm direito a igual proteção contra qualquer discriminação e contra qualquer incitamento à discriminação,

Considerando que as Nações Unidas têm condenado o colonialismo e todas as práticas de segregação e discriminação a ele associadas, em qualquer forma e onde quer que existam, e que a Declaração sobre a Outorga da Independência aos Países e Povos Coloniais de 14 de dezembro de 1960 (Resolução 1514 (XV) da Assembleia Geral) afirmou e proclamou solenemente a necessidade de levá-las a um fim rápido e incondicional,

Considerando que a Declaração das Nações Unidas sobre a Eliminação de Todas as Formas de Discriminação Racial de 20 de dezembro de 1963 (Resolução 1.904 (XVIII) da Assembleia Geral) afirma solenemente a necessidade de eliminar rapidamente a discriminação racial no mundo, em todas as suas formas e manifestações, e de assegurar a compreensão e o respeito à dignidade da pessoa humana,

Convencidos de que a doutrina da superioridade baseada em diferenças raciais é cientificamente falsa, moralmente condenável, socialmente injusta e perigosa, e que não existe justificação para a discriminação racial, em teoria ou na prática, em lugar algum,

Reafirmando que a discriminação entre as pessoas por motivo de raça, cor ou origem étnica é um obstáculo às relações amistosas e pacíficas entre as nações e é capaz de perturbar a paz e a segurança entre os povos e a harmonia de pessoas vivendo lado a lado, até dentro de um mesmo Estado,

Convencidos de que a existência de barreiras raciais repugna os ideais de qualquer sociedade humana,

Alarmados por manifestações de discriminação racial ainda em evidência em algumas áreas do mundo e por políticas governamentais baseadas em superioridade racial ou ódio, como as políticas de *apartheid*, segregação ou separação,

Resolvidos a adotar todas as medidas necessárias para eliminar rapidamente a discriminação racial em todas as suas formas e manifestações, e a prevenir e combater doutrinas e práticas racistas e construir uma comunidade internacional livre de todas as formas de segregação racial e discriminação racial,

Levando em conta a Convenção sobre a Discriminação no Emprego e Ocupação, adotada pela Organização Internacional do Trabalho de 1958, e a Convenção contra a Discriminação no Ensino, adotada pela Organização das Nações Unidas para a Educação, a Ciência e a Cultura, em 1960,

Desejosos de completar os princípios estabelecidos na Declaração das Nações Unidas sobre a Eliminação de Todas as Formas de Discriminação Racial e assegurar o mais cedo possível a adoção de medidas práticas para esse fim,

Acordam o seguinte:

PARTE I

Artigo 1º — Para os fins da presente Convenção, a expressão "discriminação racial" significará toda distinção, exclusão, restrição ou preferência baseada em raça, cor, descendência ou origem nacional ou étnica que tenha por objeto ou resultado anular ou restringir o reconhecimento, gozo ou exercício em um mesmo plano (em igualdade de condição) de direitos humanos e liberdades fundamentais nos campos político, econômico, social, cultural ou em qualquer outro campo da vida pública.

2. Esta Convenção não se aplicará às distinções, exclusões, restrições e preferências feitas por um Estado-parte entre cidadãos e não cidadãos.

3. Nada nesta Convenção poderá ser interpretado como afetando as disposições legais dos Estados-partes, relativas à nacionalidade, cidadania e naturalização, desde que tais disposições não discriminem contra qualquer nacionalidade particular.

4. Não serão consideradas discriminação racial as medidas especiais tomadas com o único objetivo de assegurar o progresso adequado de certos grupos raciais ou étnicos ou de indivíduos que necessitem da proteção que possa ser necessária para proporcionar a tais grupos ou indivíduos igual gozo ou exercício de direitos humanos e liberdades fundamentais, contanto que tais medidas não conduzam, em

consequência, à manutenção de direitos separados para diferentes grupos raciais e não prossigam após terem sido alcançados os seus objetivos.

Artigo 2º — Os Estados-partes condenam a discriminação racial e comprometem-se a adotar, por todos os meios apropriados e sem dilações, uma política destinada a eliminar a discriminação racial em todas as suas formas e a encorajar a promoção de entendimento entre todas as raças, e para este fim:

a) Cada Estado-parte compromete-se a abster-se de incorrer em todo ato ou prática de discriminação racial contra pessoas, grupos de pessoas ou instituições e zelar para que as autoridades públicas nacionais ou locais atuem em conformidade com esta obrigação;

b) Cada Estado-parte compromete-se a não encorajar, defender ou apoiar a discriminação racial praticada por uma pessoa ou uma organização qualquer;

c) Cada Estado-parte deverá tomar as medidas eficazes, a fim de rever as políticas governamentais nacionais e locais e modificar, abrogar ou anular qualquer disposição regulamentar que tenha como objetivo criar a discriminação ou perpetuá-la onde já existir;

d) Cada Estado-parte deverá tomar todas as medidas apropriadas, inclusive, se as circunstâncias o exigirem, medidas de natureza legislativa, para proibir e pôr fim à discriminação racial praticada por quaisquer pessoas, grupo ou organização;

e) Cada Estado-parte compromete-se a favorecer, quando for o caso, as organizações e movimentos multirraciais, bem como outros meios próprios para eliminar as barreiras entre as raças e a desencorajar o que tenda a fortalecer a divisão racial.

2. Os Estados-partes tomarão, se as circunstâncias o exigirem, nos campos social, econômico, cultural e outros, medidas especiais e concretas para assegurar, como convier, o desenvolvimento ou a proteção de certos grupos raciais ou de indivíduos pertencentes a esses grupos, com o objetivo de garantir-lhes, em condições de igualdade, o pleno exercício dos direitos humanos e das liberdades fundamentais. Essas medidas não deverão, em caso algum, ter a finalidade de manter direitos desiguais ou distintos para os diversos grupos raciais, depois de alcançados os objetivos, em razão dos quais foram tomadas.

Artigo 3º — Os Estados-partes condenam a segregação racial e o *apartheid* e comprometem-se a proibir e a eliminar nos territórios sob a sua jurisdição todas as práticas dessa natureza.

Artigo 4º — Os Estados-partes condenam toda propaganda e todas as organizações que se inspirem em ideias ou teorias baseadas na superioridade de uma raça ou de um grupo de pessoas de uma certa cor ou de uma certa origem étnica ou que pretendam justificar ou encorajar qualquer forma de ódio e de discriminação raciais, e comprometem-se a adotar imediatamente medidas positivas destinadas a eliminar qualquer incitação a uma tal discriminação, ou quaisquer atos de discriminação com este objetivo, tendo em vista os princípios formulados na Declaração

Universal dos Direitos do Homem e os direitos expressamente enunciados no artigo V da presente Convenção, *inter alia*:

a) a declarar como delitos puníveis por lei, qualquer difusão de ideias baseadas na superioridade ou ódio raciais, qualquer incitamento à discriminação racial, assim como quaisquer atos de violência ou provocação a tais atos, dirigidos contra qualquer raça ou qualquer grupo de pessoas de outra cor ou de outra origem étnica, como também qualquer assistência prestada a atividades racistas, inclusive seu financiamento;

b) a declarar ilegais e a proibir as organizações, assim como as atividades de propaganda organizada e qualquer outro tipo de atividade de propaganda que incitarem à discriminação racial e que a encorajarem e a declarar delito punível por lei a participação nestas organizações ou nestas atividades;

c) a não permitir às autoridades públicas nem às instituições públicas, nacionais ou locais, o incitamento ou encorajamento à discriminação racial.

Artigo 5º — Em conformidade com as obrigações fundamentais enunciadas no artigo 2º, os Estados-partes comprometem-se a proibir e a eliminar a discriminação racial em todas as suas formas e a garantir o direito de cada um à igualdade perante a lei, sem distinção de raça, de cor ou de origem nacional ou étnica, principalmente no gozo dos seguintes direitos:

a) direito a um tratamento igual perante os tribunais ou qualquer órgão que administre a justiça;

b) direito à segurança da pessoa ou à proteção do Estado contra violência ou lesão corporal cometida, quer por funcionários de Governo, quer por qualquer indivíduo, grupo ou instituição;

c) direitos políticos, particularmente direitos de participar nas eleições — de votar e ser votado — conforme o sistema de sufrágio universal e igual, de tomar parte no Governo, assim como na direção dos assuntos públicos a qualquer nível, e de acesso em igualdade de condições às funções públicas;

d) outros direitos civis, particularmente:

i) direito de circular livremente e de escolher residência dentro das fronteiras do Estado;

ii) direito de deixar qualquer país, inclusive o seu, e de voltar ao seu país;

iii) direito a uma nacionalidade;

iv) direito de casar-se e escolher o cônjuge;

v) direito de qualquer pessoa, tanto individualmente como em conjunto, à propriedade;

vi) direito de herdar;

vii) direito à liberdade de pensamento, de consciência e de religião;

viii) direito à liberdade de opinião e de expressão;

ix) direito à liberdade de reunião e de associação pacíficas;

e) direitos econômicos, sociais e culturais, principalmente:

i) direitos ao trabalho, à livre escolha de trabalho, a condições equitativas e satisfatórias de trabalho, à proteção contra o desemprego, a um salário igual para um trabalho igual, a uma remuneração equitativa e satisfatória;

ii) direito de fundar sindicatos e a eles se afiliar;

iii) direito à habitação;

iv) direitos à saúde pública, a tratamento médico, à previdência social e aos serviços sociais;

v) direito à educação e à formação profissional;

vi) direito à igual participação nas atividades culturais;

f) direito de acesso a todos os lugares e serviços destinados ao uso do público, tais como meios de transporte, hotéis, restaurantes, cafés, espetáculos e parques.

Artigo 6º — Os Estados-partes assegurarão, a qualquer pessoa que estiver sob sua jurisdição, proteção e recursos eficazes perante os tribunais nacionais e outros órgãos do Estado competentes, contra quaisquer atos de discriminação racial que, contrariamente à presente Convenção, violarem seus direitos individuais e suas liberdades fundamentais, assim como o direito de pedir a esses tribunais uma satisfação ou reparação justa e adequada por qualquer dano de que foi vítima, em decorrência de tal discriminação.

Artigo 7º — Os Estados-partes comprometem-se a tomar as medidas imediatas e eficazes, principalmente no campo do ensino, educação, cultura, e informação, para lutar contra os preconceitos que levem à discriminação racial e para promover o entendimento, a tolerância e a amizade entre nações e grupos raciais e étnicos, assim como para propagar os propósitos e os princípios da Carta das Nações Unidas, da Declaração Universal dos Direitos Humanos, da Declaração das Nações Unidas sobre a Eliminação de Todas as Formas de Discriminação Racial e da presente Convenção.

PARTE II

Artigo 8º — 1. Será estabelecido um Comitê sobre a Eliminação da Discriminação Racial (doravante denominado "Comitê"), composto de dezoito peritos de grande prestígio moral e reconhecida imparcialidade, que serão eleitos pelos Estados-partes dentre os seus nacionais e que exercerão suas funções a título pessoal, levando-se em conta uma distribuição geográfica equitativa e a representação das formas diversas de civilização, assim como dos principais sistemas jurídicos.

2. Os membros do Comitê serão eleitos em votação secreta dentre uma lista de pessoas indicadas pelos Estados-partes. Cada Estado-parte pode indicar uma pessoa dentre os seus nacionais.

3. A primeira eleição se realizará seis meses após a data da entrada em vigor da presente Convenção. Ao menos três meses antes da data de cada eleição, o Secretário-Geral da Organização das Nações Unidas enviará uma carta aos Estados-partes para convidá-los a apresentar suas candidaturas no prazo de dois meses. O Secretário-Geral da Organização das Nações Unidas organizará uma lista, por ordem alfabética, de todos os candidatos assim designados, com indicações dos Estados-partes que os tiverem designado, e a comunicará aos Estados-partes.

4. Os membros do Comitê serão eleitos durante uma reunião dos Estados-partes convocada pelo Secretário-Geral das Nações Unidas. Nesta reunião, na qual o quórum será estabelecido por dois terços dos Estados-partes, serão eleitos membros do Comitê os candidatos que obtiverem o maior número de votos e a maioria absoluta dos votos dos representantes dos Estados-partes presentes e votantes.

5. a) Os membros do Comitê serão eleitos para um mandato de quatro anos. Entretanto, o mandato de nove dos membros eleitos na primeira eleição expirará ao final de dois anos; imediatamente após a primeira eleição, os nomes desses nove membros serão escolhidos, por sorteio, pelo Presidente do Comitê.

b) Para preencher as vagas fortuitas, o Estado-parte cujo perito tenha deixado de exercer suas funções de membro do Comitê nomeará outro perito entre seus nacionais, sob reserva da aprovação do Comitê.

6. Os Estados-partes serão responsáveis pelas despesas dos membros do Comitê para o período em que estes desempenharem funções no Comitê.

Artigo 9º — 1. Os Estados-partes comprometem-se a submeter ao Secretário Geral das Nações Unidas, para exame do Comitê, um relatório sobre as medidas legislativas, judiciárias, administrativas ou outras que adotarem para tornarem efetivas as disposições desta Convenção:

a) no prazo de um ano, a partir da entrada em vigor da Convenção, para o Estado interessado; e

b) posteriormente, pelo menos a cada quatro anos e toda vez que o Comitê vier a solicitar.

O Comitê poderá solicitar informações complementares aos Estados-partes.

2. O Comitê submeterá anualmente à Assembleia Geral um relatório sobre suas atividades e poderá fazer sugestões e recomendações de ordem geral baseadas no exame dos relatórios e das informações recebidas dos Estados-partes. Levará estas sugestões e recomendações de ordem geral ao conhecimento da Assembleia Geral e, se as houver, juntamente com as observações dos Estados-partes.

Artigo 10 — 1. O Comitê adotará seu próprio regulamento interno.

2. O Comitê elegerá sua Mesa para um período de dois anos.

3. O Secretário-Geral das Nações Unidas fornecerá os serviços de Secretaria ao Comitê.

4. O Comitê reunir-se-á normalmente na sede das Nações Unidas.

Artigo 11 — 1. Se um Estado-parte considerar que outro Estado-parte não vem cumprindo as disposições da presente Convenção poderá chamar a atenção do Comitê sobre a questão. O Comitê transmitirá, então, a comunicação ao Estado-parte interessado. Em um prazo de três meses, o Estado destinatário submeterá ao Comitê as explicações ou declarações por escrito, a fim de esclarecer a questão e indicar as medidas corretivas que por acaso tenham sido tomadas pelo referido Estado.

2. Se, dentro do prazo de seis meses, a contar da data do recebimento da comunicação original pelo Estado destinatário, a questão não estiver dirimida satisfatoriamente para ambos os Estados-partes interessados, por meio de negociações bilaterais ou por qualquer outro processo que estiver a sua disposição, tanto um como o outro terão o direito de submetê-la ao Comitê, mediante notificação endereçada ao Comitê ou ao outro Estado interessado.

3. O Comitê só poderá tomar conhecimento de uma questão, de acordo com o parágrafo 2º do presente artigo, após ter assegurado que todos os recursos internos disponíveis tenham sido utilizados e esgotados, em conformidade com os princípios do Direito Internacional geralmente reconhecidos. Não se aplicará essa regra quando a aplicação dos mencionados recursos exceder prazos razoáveis.

4. Em qualquer questão que lhe for submetida, o Comitê poderá solicitar aos Estados-partes presentes que lhe forneçam quaisquer informações complementares pertinentes.

5. Quando o Comitê examinar uma questão conforme o presente artigo, os Estados-partes interessados terão o direito de nomear um representante que participará sem direito de voto dos trabalhos no Comitê durante todos os debates.

Artigo 12 — 1. a) Depois que o Comitê obtiver e consultar as informações que julgar necessárias, o Presidente nomeará uma Comissão de Conciliação *ad hoc* (doravante denominada "Comissão"), composta de 5 pessoas que poderão ou não ser membros do Comitê. Os membros serão nomeados com o consentimento pleno e unânime das partes na controvérsia e a Comissão porá seus bons ofícios à disposição dos Estados presentes, com o objetivo de chegar a uma solução amigável da questão, baseada no respeito à presente Convenção.

b) Se os Estados-partes na controvérsia não chegarem a um entendimento em relação a toda ou parte da composição da Comissão, em um prazo de três meses, os membros da Comissão que não tiverem o assentimento dos Estados-partes na controvérsia serão eleitos por escrutínio secreto, dentre os próprios membros do Comitê, por maioria de dois terços.

2. Os membros da Comissão atuarão a título individual. Não deverão ser nacionais de um dos Estados-partes na controvérsia nem de um Estado que não seja parte na presente Convenção.

3. A Comissão elegerá seu Presidente e adotará seu regulamento interno.

4. A Comissão reunir-se-á normalmente na Sede das Nações Unidas ou em qualquer outro lugar apropriado que a Comissão determinar.

5. O secretariado, previsto no parágrafo 3º do artigo 10, prestará igualmente seus serviços à Comissão, cada vez que uma controvérsia entre os Estados-partes provocar sua formação.

6. Todas as despesas dos membros da Comissão serão divididas igualmente entre os Estados-partes na controvérsia, com base em um cálculo estimativo feito pelo Secretário-Geral.

7. O Secretário-Geral ficará autorizado a pagar, se for necessário, as despesas dos membros da Comissão, antes que o reembolso seja efetuado pelos Estados-partes na controvérsia, de conformidade com o parágrafo 6º do presente artigo.

8. As informações obtidas e confrontadas pelo Comitê serão postas à disposição da Comissão, que poderá solicitar aos Estados interessados que lhe forneçam qualquer informação complementar pertinente.

Artigo 13 — 1. Após haver estudado a questão sob todos os seus aspectos, a Comissão preparará e submeterá ao Presidente do Comitê um relatório com as conclusões sobre todas as questões de fato relativas à controvérsia entre as partes e as recomendações que julgar oportunas, a fim de chegar a uma solução amistosa da controvérsia.

2. O Presidente do Comitê transmitirá o relatório da Comissão a cada um dos Estados-partes na controvérsia. Os referidos Estados comunicarão ao Presidente do Comitê, em um prazo de três meses, se aceitam ou não as recomendações contidas no relatório da Comissão.

3. Expirado o prazo previsto no parágrafo 2º do presente artigo, o Presidente do Comitê apresentará o Relatório da Comissão e as declarações dos Estados-partes interessados aos outros Estados-partes nesta Convenção.

Artigo 14 — Todo Estado-parte na presente Convenção poderá declarar, a qualquer momento, que reconhece a competência do Comitê para receber e examinar as comunicações enviadas por indivíduos ou grupos de indivíduos sob sua jurisdição, que aleguem ser vítimas de violação, por um Estado-parte, de qualquer um dos direitos enunciados na presente Convenção. O Comitê não receberá comunicação alguma relativa a um Estado-parte que não houver feito declaração dessa natureza.

2. Qualquer Estado-parte que fizer uma declaração de conformidade com o parágrafo 1º do presente artigo, poderá criar ou designar um órgão dentro de sua ordem jurídica nacional, que terá a competência para receber e examinar as petições de pessoas ou grupos de pessoas sob sua jurisdição, que alegarem ser vítimas de uma violação de qualquer um dos direitos enunciados na presente Convenção e que esgotaram os outros recursos locais disponíveis.

3. A declaração feita de conformidade com o parágrafo 1º do presente artigo e o nome de qualquer órgão criado ou designado pelo Estado-parte interessado, consoante o parágrafo 2º do presente artigo, serão depositados pelo Estado-parte interessado junto ao Secretário-Geral das Nações Unidas, que remeterá cópias aos outros Estados-partes. A declaração poderá ser retirada a qualquer momento, mediante notificação ao Secretário-Geral das Nações Unidas, mas esta retirada não prejudicará as comunicações que já estiverem sendo estudadas pelo Comitê.

4. O órgão criado ou designado de conformidade com o parágrafo 2º do presente artigo, deverá manter um registro de petições, e cópias autenticadas do registro serão depositadas anualmente por canais apropriados junto ao Secretário-Geral das Nações Unidas, no entendimento de que o conteúdo dessas cópias não será divulgado ao público.

5. Se não obtiver reparação satisfatória do órgão criado ou designado de conformidade com o parágrafo 2º do presente artigo, o peticionário terá o direito de levar a questão ao Comitê, dentro de seis meses.

6. a) O Comitê levará, a título confidencial, qualquer comunicação que lhe tenha sido endereçada, ao conhecimento do Estado-parte que supostamente houver violado qualquer das disposições desta Convenção, mas a identidade da pessoa ou dos grupos de pessoas não poderá ser revelada sem o consentimento expresso da referida pessoa ou grupos de pessoas. O Comitê não receberá comunicações anônimas.

b) Dentro dos três meses seguintes, o Estado destinatário submeterá ao Comitê as explicações ou declarações por escrito que elucidem a questão e, se for o caso, indiquem o recurso jurídico adotado pelo Estado em questão.

7.a) O Comitê examinará as comunicações recebidas em conformidade com o presente artigo à luz de todas as informações a ele submetidas pelo Estado interessado e pelo peticionário. O Comitê só examinará uma comunicação de um peticionário após ter-se assegurado de que este esgotou todos os recursos internos disponíveis. Entretanto, esta regra não se aplicará se os processos de recurso excederem prazos razoáveis.

b) O Comitê comunicará suas sugestões e recomendações eventuais ao Estado-parte e ao peticionário em questão.

8. O Comitê incluirá em seu relatório anual um resumo destas comunicações e, se for necessário, um resumo das explicações e declarações dos Estados-partes interessados, assim como suas próprias sugestões e recomendações.

9. O Comitê somente terá competência para exercer as funções previstas neste artigo se pelo menos dez Estados-partes nesta Convenção estiverem obrigados, por declarações feitas de conformidade com o parágrafo 1º deste artigo.

Artigo 15 — 1. Enquanto não forem atingidos os objetivos da Resolução 1.514 (XV) da Assembleia Geral de 14 de dezembro de 1960, relativa à Declaração sobre a Outorga de Independência aos Países e Povos Coloniais, as disposições da presente Convenção não restringirão de maneira alguma o direito de petição concedido aos povos por outros instrumentos internacionais ou pela Organização das Nações Unidas e suas agências especializadas.

2. a) O Comitê, constituído de conformidade com o parágrafo 1 do artigo VIII desta Convenção, receberá cópia das petições provenientes dos órgãos das Nações Unidas que se encarregarem de questões diretamente relacionadas com os princípios e objetivos da presente Convenção e expressará sua opinião e formulará recomendações sobre essas petições, quando examinar as petições dos habitantes dos territórios sob tutela ou sem governo próprio ou de qualquer outro território a que se aplicar a Resolução 1.514 (XV) da Assembleia Geral, relacionadas a questões tratadas pela presente Convenção e que forem submetidas a esses órgãos.

b) O Comitê receberá dos órgãos competentes da Organização das Nações Unidas cópia dos relatórios sobre medidas de ordem legislativa, judiciária, administrativa ou outras diretamente relacionadas com os princípios e objetivos da presente Convenção que as Potências Administradoras tiverem aplicado nos territórios mencionados na alínea "a" do presente parágrafo e expressará sua opinião e fará recomendações a esses órgãos.

3. O Comitê incluirá em seu relatório à Assembleia Geral um resumo das petições e relatórios que houver recebido de órgãos das Nações Unidas e as opiniões e recomendações que houver proferido sobre tais petições e relatórios.

4. O Comitê solicitará ao Secretário-Geral das Nações Unidas qualquer informação relacionada com os objetivos da presente Convenção, de que este dispuser, sobre os territórios mencionados no parágrafo 2º (a) do presente artigo.

Artigo 16 — As disposições desta Convenção, relativas à solução das controvérsias ou queixas, serão aplicadas sem prejuízo de outros processos para a solução de controvérsias e queixas no campo da discriminação, previstos nos instrumentos constitutivos das Nações Unidas e suas agências especializadas, e não excluirão a possibilidade dos Estados-partes recorrerem a outros procedimentos para a solução de uma controvérsia, de conformidade com os acordos internacionais ou especiais que os ligarem.

PARTE III

Artigo 17 — 1. A presente Convenção estará aberta à assinatura de todos os Estados-membros da Organização das Nações Unidas ou membros de qualquer uma de suas agências especializadas, de qualquer Estado-parte no Estatuto da Corte Internacional de Justiça, assim como de qualquer outro Estado convidado pela Assembleia Geral das Nações Unidas a tornar-se parte na presente Convenção.

2. Esta Convenção está sujeita à ratificação. Os instrumentos de ratificação serão depositados junto ao Secretário-Geral da Organização das Nações Unidas.

Artigo 18 — Esta Convenção está aberta à adesão de todos os Estados mencionados no parágrafo 1º do artigo XVII.

2. Far-se-á a adesão mediante depósito do instrumento de adesão junto ao Secretário-Geral das Nações Unidas.

Artigo 19 — 1. A presente Convenção entrará em vigor no trigésimo dia a contar da data em que o vigésimo sétimo instrumento de ratificação ou adesão houver sido depositado junto ao Secretário-Geral das Nações Unidas.

2. Para os Estados que vierem a ratificar a presente Convenção ou a ela aderir após o depósito do vigésimo sétimo instrumento de ratificação ou adesão, a Convenção entrará em vigor no trigésimo dia a contar da data em que o Estado em questão houver depositado seu instrumento de ratificação ou adesão.

Artigo 20 — 1. O Secretário-Geral das Nações Unidas receberá e enviará, a todos os Estados que forem ou vierem a tornar-se partes nesta Convenção, as reservas feitas pelos Estados no momento da ratificação ou adesão. Qualquer Estado que objetar a essas reservas, deverá notificar ao Secretário-Geral, dentro de noventa dias da data da referida comunicação, que não as aceita.

2. Não será permitido reserva incompatível com o objeto e o propósito desta Convenção, nem reserva cujo efeito seja o de impedir o funcionamento de qualquer dos órgãos previstos nesta Convenção. Uma reserva será considerada incompatível ou impeditiva se a ela objetarem ao menos dois terços dos Estados-partes nesta Convenção.

3. As reservas poderão ser retiradas a qualquer momento por uma notificação endereçada com esse objetivo ao Secretário-Geral das Nações Unidas. A notificação surtirá efeito na data de seu recebimento.

Artigo 21 — Todo Estado-parte poderá denunciar a presente Convenção mediante notificação por escrito endereçada ao Secretário-Geral das Nações Unidas. A denúncia produzirá efeitos um ano depois da data do recebimento da notificação pelo Secretário-Geral.

Artigo 22 — As controvérsias entre dois ou mais Estados-partes, com relação à interpretação ou aplicação da presente Convenção, que não puderem ser dirimidas por meio de negociação ou pelos processos previstos expressamente nesta Convenção, serão, a pedido de um deles, submetidas à decisão da Corte Internacional de Justiça, a não ser que os litigantes concordem com outro meio de solução.

Artigo 23 — 1. Qualquer Estado-parte poderá, em qualquer momento, formular pedido de revisão desta Convenção, mediante notificação escrita dirigida ao Secretário-Geral da Organização das Nações Unidas.

2. A Assembleia Geral das Nações Unidas decidirá sobre as medidas a serem tomadas, se for o caso, com respeito a este pedido.

Artigo 24 — O Secretário-Geral da Organização das Nações Unidas comunicará a todos os Estados mencionados no parágrafo 1º do artigo XVII desta Convenção:

a) As assinaturas, ratificações e adesões recebidas em conformidade com os artigos 17 e 18;

b) A data da entrada em vigor da Convenção, nos termos do artigo 19;

c) As comunicações e declarações recebidas em conformidade com os artigos 19, 20, 23;

d) As denúncias recebidas em conformidade com o artigo 21.

Artigo 25 — 1. A presente Convenção, cujos textos em árabe, chinês, espanhol, francês, inglês e russo são igualmente autênticos, será depositada junto ao Secretário-Geral das Nações Unidas.

2. O Secretário-Geral da Organização das Nações Unidas encaminhará cópias autenticadas da presente Convenção a todos os Estados.

CONVENÇÃO SOBRE OS DIREITOS DA CRIANÇA

PREÂMBULO

Os Estados-partes na presente Convenção,

Considerando que, em conformidade com os princípios proclamados na Carta das Nações Unidas, o reconhecimento da dignidade inerente e dos direitos iguais e inalienáveis de todos os membros da família humana constitui o fundamento da liberdade, da justiça e da paz do mundo;

Tendo presente que os povos das Nações Unidas reafirmaram, na Carta, sua fé nos direitos humanos fundamentais e na dignidade e no valor da pessoa humana, e resolveram promover o progresso social e a elevação do padrão de vida em maior liberdade;

Reconhecendo que as Nações Unidas proclamaram e acordaram na Declaração Universal dos Direitos Humanos e nos Pactos Internacionais de Direitos Humanos que toda pessoa humana possui todos os direitos e liberdades neles enunciados, sem distinção de qualquer tipo, tais como de raça, cor, sexo, língua, religião, opinião política ou outra, de origem nacional ou social, posição econômica, nascimento ou outra condição;

Recordando que na Declaração Universal dos Direitos Humanos as Nações Unidas proclamaram que a infância tem direito a cuidados e assistência especiais;

Convencidos de que a família, unidade fundamental da sociedade e meio natural para o crescimento e bem-estar de todos os seus membros e, em particular das crianças, deve receber a proteção e assistência necessárias para que possa assumir plenamente suas responsabilidades na comunidade;

Reconhecendo que a criança, para o desenvolvimento pleno e harmonioso de sua personalidade, deve crescer em um ambiente familiar, em clima de felicidade, amor e compreensão;

Considerando que cabe preparar plenamente a criança para viver uma vida individual na sociedade e ser educada no espírito dos ideais proclamados na Carta das Nações Unidas e, em particular, em um espírito de paz, dignidade, tolerância, liberdade, igualdade e solidariedade;

Tendo em mente que a necessidade de proporcionar proteção especial à criança foi afirmada na Declaração de Genebra sobre os Direitos da Criança de 1924 e na Declaração sobre os Direitos da Criança, adotada pela Assembleia

Geral em 20 de novembro de 1959, e reconhecida na Declaração Universal dos Direitos Humanos, no Pacto Internacional de Direitos Civis e Políticos (particularmente nos artigos 23 e 24), no Pacto Internacional de Direitos Econômicos, Sociais e Culturais (particularmente no artigo 10) e nos estatutos e instrumentos relevantes das agências especializadas e organizações internacionais que se dedicam ao bem-estar da criança;

Tendo em mente que, como indicado na Declaração sobre os Direitos da Criança, a criança, em razão de sua falta de maturidade física e mental, necessita proteção e cuidados especiais, incluindo proteção jurídica apropriada, antes e depois do nascimento;

Relembrando as disposições da Declaração sobre os Princípios Sociais e Jurídicos Relativos à Proteção e ao Bem-Estar da Criança, com especial referência à adoção e à colocação em lares de adoção em âmbito nacional e internacional (Resolução da Assembleia Geral 41/85, de 3 de dezembro de 1986), as Regras--Padrão Mínimas para a Administração da Justiça Juvenil das Nações Unidas ("As Regras de Pequim") e a Declaração sobre a Proteção da Mulher e da Criança em Situações de Emergência e de Conflito Armado;

Reconhecendo que em todos os países do mundo há crianças que vivem em condições excepcionalmente difíceis, e que tais crianças necessitam considerações especial;

Levando em devida conta a importância das tradições e dos valores culturais de cada povo para a proteção e o desenvolvimento harmonioso da criança;

Reconhecendo a importância da cooperação internacional para a melhoria das condições de vida das crianças em todos os países, em particular nos países em desenvolvimento;

Acordam o seguinte:

PARTE I

Artigo 1º — Para os efeitos da presente Convenção, entende-se por criança todo ser humano menor de 18 anos de idade, salvo se, em conformidade com a lei aplicável à criança, a maioridade seja alcançada antes.

Artigo 2º — 1. Os Estados-partes respeitarão os direitos previstos nesta Convenção e os assegurarão a toda criança sujeita à sua jurisdição, sem discriminação de qualquer tipo, independentemente de raça, cor, sexo, língua, religião, opinião política ou outra, origem nacional, étnica ou social, posição econômica, impedimentos físicos, nascimento ou qualquer outra condição da criança, de seus pais ou de seus representantes legais.

2. Os Estados-partes tomarão todas as medidas apropriadas para assegurar que a criança seja protegida contra todas as formas de discriminação ou punição

baseadas na condição, nas atividades, opiniões ou crenças, de seus pais, representantes legais ou familiares.

Artigo 3º — 1. Em todas as medidas relativas às crianças, tomadas por instituições de bem-estar social públicas ou privadas, tribunais, autoridades administrativas ou órgãos legislativos, terão consideração primordial os interesses superiores da criança.

2. Os Estados-partes se comprometem a assegurar à criança a proteção e os cuidados necessários ao seu bem-estar, tendo em conta os direitos e deveres dos pais, dos tutores ou de outras pessoas legalmente responsáveis por ela e, para este propósito, tomarão todas as medidas legislativas e administrativas apropriadas.

3. Os Estados-partes assegurarão que as instituições, serviços e instalações responsáveis pelos cuidados ou proteção das crianças conformar-se-ão com os padrões estabelecidos pelas autoridades competentes, particularmente no tocante à segurança e à saúde das crianças, ao número e à competência de seu pessoal, e à existência de supervisão adequadas.

Artigo 4º — Os Estados-partes tomarão todas as medidas apropriadas, administrativas, legislativas e outras, para a implementação dos direitos reconhecidos nesta Convenção. Com relação aos direitos econômicos, sociais e culturais, os Estados-partes tomarão tais medidas no alcance máximo de seus recursos disponíveis e, quando necessário, no âmbito da cooperação internacional.

Artigo 5º — Os Estados-partes respeitarão as responsabilidades, os direitos e os deveres dos pais ou, conforme o caso, dos familiares ou da comunidade, conforme os costumes locais, dos tutores ou de outras pessoas legalmente responsáveis pela criança, de orientar e instruir apropriadamente a criança de modo consistente com a evolução de sua capacidade, no exercício dos direitos reconhecidos na presente Convenção.

Artigo 6º — 1. Os Estados-partes reconhecem que toda criança tem o direito inerente à vida.

2. Os Estados-partes assegurarão ao máximo a sobrevivência e o desenvolvimento da criança.

Artigo 7º — 1. A criança será registrada imediatamente após o seu nascimento e terá, desde o seu nascimento, direito a um nome, a uma nacionalidade e, na medida do possível, direito de conhecer seus pais e ser cuidada por eles.

2. Os Estados-partes assegurarão a implementação desses direitos, de acordo com suas leis nacionais e suas obrigações sob os instrumentos internacionais pertinentes, em particular se a criança se tornar apátrida.

Artigo 8º — 1. Os Estados-partes se comprometem a respeitar o direito da criança, de preservar sua identidade, inclusive a nacionalidade, o nome e as relações familiares, de acordo com a lei, sem interferências ilícitas.

2. No caso de uma criança se vir ilegalmente privada de algum ou de todos os elementos constitutivos de sua identidade, os Estados-partes fornecer-lhe-ão assistência e proteção apropriadas, de modo que sua identidade seja prontamente restabelecida.

Artigo 9º — 1. Os Estados-partes deverão zelar para que a criança não seja separada dos pais contra a vontade dos mesmos, exceto quando, sujeita à revisão judicial, as autoridades competentes determinarem, em conformidade com a lei e os procedimentos legais cabíveis, que tal separação é necessária ao interesse maior da criança. Tal determinação pode ser necessária em casos específicos, por exemplo, nos casos em que a criança sofre maus-tratos ou descuido por parte de seus pais ou quando estes vivem separados e uma decisão deve ser tomada a respeito do local da residência da criança.

2. Caso seja adotado qualquer procedimento em conformidade com o estipulado no parágrafo 1º do presente artigo, todas as partes interessadas terão a oportunidade de participar e de manifestar suas opiniões.

3. Os Estados-partes respeitarão o direito da criança que esteja separada de um ou de ambos os pais de manter regularmente relações pessoais e contato direto com ambos, a menos que isso seja contrário ao interesse maior da criança.

4. Quando essa separação ocorrer em virtude de uma medida adotada por um Estado-parte, tal como detenção, prisão, exílio, deportação ou morte (inclusive falecimento decorrente de qualquer causa enquanto a pessoa estiver sob a custódia do Estado) de um dos pais da criança, ou de ambos, ou da própria criança, o Estado-parte, quando solicitado, proporcionará aos pais, à criança ou, se for o caso, a outro familiar, informações básicas a respeito do paradeiro do familiar ou familiares ausentes, a não ser que tal procedimento seja prejudicial ao bem-estar da criança. Os Estados-partes se certificarão, além disso, de que a apresentação de tal petição não acarrete, por si só, consequências adversas para a pessoa ou pessoas interessadas.

Artigo 10 — 1. Em conformidade com a obrigação dos Estados-partes sob o artigo 9º, parágrafo 1º, os pedidos de uma criança ou de seus pais para entrar ou sair de um Estado-parte, no propósito de reunificação familiar, serão considerados pelos Estados-partes de modo positivo, humanitário e rápido. Os Estados-partes assegurarão ademais que a apresentação de tal pedido não acarrete quaisquer consequências adversas para os solicitantes ou para seus familiares.

2. A criança cujos pais residam em diferentes Estados-partes terá o direito de manter regularmente, salvo em circunstâncias excepcionais, relações pessoais e contatos diretos com ambos os pais. Para este fim e de acordo com a obrigação dos Estados-partes sob o artigo 9º, parágrafo 2º, os Estados-partes respeitarão o direito da criança e de seus pais de deixarem qualquer país, incluindo o próprio, e de ingressar no seu próprio país. O direito de sair de qualquer país só poderá ser objeto de restrições previstas em lei e que forem necessárias para proteger a segurança nacional, a ordem pública (*ordre public*), a saúde ou a moral públicas ou os direitos

e liberdades de outrem, e forem consistentes com os demais direitos reconhecidos na presente Convenção.

Artigo 11 — 1. Os Estados-partes tomarão medidas para combater a transferência ilícita de crianças para o exterior e a retenção ilícita das mesmas no exterior.

2. Para esse fim, os Estados-partes promoverão a conclusão de acordos bilaterais ou multilaterais ou a adesão a acordos já existentes.

Artigo 12 — 1. Os Estados-partes assegurarão à criança, que for capaz de formar seus próprios pontos de vista, o direito de exprimir suas opiniões livremente sobre todas as matérias atinentes à criança, levando-se devidamente em conta essas opiniões em função da idade e maturidade da criança.

2. Para esse fim, à criança será, em particular, dada a oportunidade de ser ouvida em qualquer procedimento judicial ou administrativo que lhe diga respeito, diretamente ou através de um representante ou órgão apropriado, em conformidade com as regras processuais do direito nacional.

Artigo 13 — 1. A criança terá o direito à liberdade de expressão; este direito incluirá a liberdade de buscar, receber e transmitir informações e ideias de todos os tipos, independentemente de fronteiras, de forma oral, escrita ou impressa, por meio das artes ou por qualquer outro meio da escolha da criança.

2. O exercício desse direito poderá sujeitar-se a certas restrições, que serão somente as previstas em lei e consideradas necessárias:

a) ao respeito dos direitos e da reputação de outrem;

b) à proteção da segurança nacional ou da ordem pública (*ordre public*), ou da saúde e moral públicas.

Artigo 14 — 1. Os Estados-partes respeitarão o direito da criança à liberdade de pensamento, de consciência e de crença.

2. Os Estados-partes respeitarão os direitos e deveres dos pais e, quando for o caso, dos representantes legais, de orientar a criança no exercício do seu direito de modo consistente com a evolução de sua capacidade.

3. A liberdade de professar sua religião ou crenças sujeitar-se-á somente às limitações prescritas em lei e que forem necessárias para proteger a segurança, a ordem, a moral, a saúde públicas, ou os direitos e liberdades fundamentais de outrem.

Artigo 15 — 1. Os Estados-partes reconhecem os direitos da criança à liberdade de associação e à liberdade de reunião pacífica.

2. Nenhuma restrição poderá ser imposta ao exercício desses direitos, a não ser as que, em conformidade com a lei, forem necessárias em uma sociedade democrática, nos interesses da segurança nacional ou pública, ordem pública (*ordre public*), da proteção da saúde ou moral públicas, ou da proteção dos direitos e liberdades de outrem.

Artigo 16 — 1. Nenhuma criança será sujeita a interferência arbitrária ou ilícita em sua privacidade, família, lar ou correspondência, nem a atentados ilícitos à sua honra e reputação.

2. A criança tem direito à proteção da lei contra essas interferências ou atentados.

Artigo 17 — Os Estados-partes reconhecem a importante função exercida pelos meios de comunicação de massa e assegurarão que a criança tenha acesso às informações e dados de diversas fontes nacionais e internacionais, especialmente os voltados à promoção de seu bem-estar social, espiritual e moral e saúde física e mental. Para este fim, os Estados-partes:

a) encorajarão os meios de comunicação a difundir informações e dados de benefício social e cultural à criança e em conformidade com o espírito do artigo 29;

b) promoverão a cooperação internacional na produção, intercâmbio e na difusão de tais informações e dados de diversas fontes culturais, nacionais e internacionais;

c) encorajarão a produção e difusão de livros para criança;

d) incentivarão os órgãos de comunicação a ter particularmente em conta as necessidades linguísticas da criança que pertencer a uma minoria ou que for indígena;

e) promoverão o desenvolvimento de diretrizes apropriadas à proteção da criança contra informações e dados prejudiciais ao seu bem-estar, levando em conta as disposições dos artigos 13 e 18.

Artigo 18 — 1. Os Estados-partes envidarão os maiores esforços para assegurar o reconhecimento do princípio de que ambos os pais têm responsabilidades comuns na educação e desenvolvimento da criança. Os pais e, quando for o caso, os representantes legais têm a responsabilidade primordial pela educação e pelo desenvolvimento da criança. Os interesses superiores da criança constituirão sua preocupação básica.

2. Para o propósito de garantir e promover os direitos estabelecidos nesta Convenção, os Estados-partes prestarão assistência apropriada aos pais e aos representantes legais no exercício das suas funções de educar a criança e assegurarão o desenvolvimento de instituições, instalações e serviços para o cuidado das crianças.

3. Os Estados-partes tomarão todas as medidas apropriadas para assegurar que as crianças, cujos pais trabalhem, tenham o direito de beneficiar-se de serviços de assistência social e creches a que fazem jus.

Artigo 19 — 1. Os Estados-partes tomarão todas as medidas legislativas, administrativas, sociais e educacionais apropriadas para proteger a criança contra todas as formas de violência física ou mental, abuso ou tratamento negligente, maus-tratos ou exploração, inclusive abuso sexual, enquanto estiver sob a guarda dos pais, do representante legal ou de qualquer outra pessoa responsável por ela.

2. Essas medidas de proteção deverão incluir, quando apropriado, procedimentos eficazes para o estabelecimento de programas sociais que proporcionem uma assistência adequada à criança e às pessoas encarregadas de seu cuidado, assim como outras formas de prevenção e identificação, notificação, transferência a uma instituição, investigação, tratamento e acompanhamento posterior de casos de maus-tratos a crianças acima mencionadas e, quando apropriado, intervenção judiciária.

Artigo 20 — 1. Toda criança, temporária ou permanentemente privada de seu ambiente familiar, ou cujos interesses exijam que não permaneça nesse meio, terá direito à proteção e assistência especiais do Estado.

2. Os Estados-partes assegurarão, de acordo com suas leis nacionais, cuidados alternativos para essas crianças.

3. Esses cuidados poderão incluir, *inter alia*, a colocação em lares de adoção, a *kafalah* do direito islâmico, a adoção ou, se necessário, a colocação em instituições adequadas de proteção para as crianças. Ao se considerar soluções, prestar-se-á a devida atenção à conveniência de continuidade de educação da criança, bem como à origem étnica, religiosa, cultural e linguística da criança.

Artigo 21 — Os Estados-partes que reconhecem ou permitem o sistema de adoção atentarão para o fato de que a consideração primordial seja o interesse maior da criança. Dessa forma, atentarão para que:

a) a adoção da criança seja autorizada apenas pelas autoridades competentes, as quais determinarão, consoante as leis e os procedimentos cabíveis e com base em todas as informações pertinentes e fidedignas, que a adoção é admissível em vista da situação jurídica da criança com relação a seus pais, parentes e representantes legais e que, caso solicitado, as pessoas interessadas tenham dado, com conhecimento de causa, seu consentimento à adoção, com base no assessoramento que possa ser necessário;

b) a adoção efetuada em outro país possa ser considerada como outro meio de cuidar da criança, no caso em que a mesma não possa ser colocada em lar de adoção ou entregue a uma família adotiva ou não logre atendimento adequado em seu país de origem;

c) a criança adotada em outro país goze de salvaguardas e normas equivalentes às existentes em seu país de origem com relação à adoção;

d) todas as medidas apropriadas sejam adotadas, a fim de garantir que, em caso de adoção em outro país, a colocação não permita benefícios financeiros indevidos aos que dela participem;

e) quando necessário, promovam os objetivos do presente artigo mediante ajustes ou acordos bilaterais ou multilaterais, e envidem esforços, nesse contexto, com vistas a assegurar que a colocação da criança em outro país seja levada a cabo por intermédio das autoridades ou organismos competentes.

Artigo 22 — 1. Os Estados-partes adotarão medidas pertinentes para assegurar que a criança que tende obter a condição de refugiada, ou que seja considerada como refugiada de acordo com o direito e os procedimentos internacionais ou internos aplicáveis, receba, tanto no caso de estar sozinha como acompanhada por seus pais ou por qualquer outra pessoa, a proteção e a assistência humanitária adequadas a fim de que possa usufruir dos direitos enunciados na presente Convenção e em outros instrumentos internacionais de direitos humanos ou de caráter humanitário nos quais os citados Estados sejam partes.

2. Para tanto, os Estados-partes cooperarão, da maneira como julgarem apropriada, com todos os esforços das Nações Unidas e demais organizações intergovernamentais competentes, ou organizações não governamentais que cooperem com as Nações Unidas, no sentido de proteger e ajudar a criança refugiada, e de localizar seus pais ou membros da família, a fim de obter informações necessárias que permitam sua reunião com a família. Quando não for possível localizar nenhum dos pais ou membros da família, será concedida à criança a mesma proteção outorgada a qualquer outra criança privada permanente ou temporariamente de seu ambiente familiar, seja qual for o motivo, conforme o estabelecido na presente Convenção.

Artigo 23 — 1. Os Estados-partes reconhecem que a criança portadora de deficiências físicas ou mentais deverá desfrutar de uma vida plena e decente em condições que garantam sua dignidade, favoreçam sua autonomia e facilitem sua participação ativa na comunidade.

2. Os Estados-partes reconhecem o direito da criança deficiente de receber cuidados especiais e, de acordo com os recursos disponíveis e sempre que a criança ou seus responsáveis reúnam as condições requeridas, estimularão e assegurarão a prestação de assistência solicitada, que seja adequada ao estado da criança e às circunstâncias de seus pais ou das pessoas encarregadas de seus cuidados.

3. Atendendo às necessidades especiais da criança deficiente, a assistência prestada, conforme disposto no parágrafo 2 do presente artigo, será gratuita sempre que possível, levando-se em consideração a situação econômica dos pais ou das pessoas que cuidem da criança, e visará a assegurar à criança deficiente o acesso à educação, à capacitação, aos serviços de saúde, aos serviços de reabilitação, à preparação para emprego e às oportunidades de lazer, de maneira que a criança atinja a mais completa integração social possível e o maior desenvolvimento cultural e espiritual.

4. Os Estados-partes promoverão, com espírito de cooperação internacional, um intercâmbio adequado de informações nos campos da assistência médica preventiva e do tratamento médico, psicológico e funcional das crianças deficientes, inclusive a divulgação de informação a respeito dos métodos de reabilitação e dos serviços de ensino e formação profissional, bem como o acesso a essa informação, a fim de que os Estados-partes possam aprimorar sua capacidade e seus conheci-

mentos e ampliar sua experiência nesses campos. Nesse sentido, serão levadas especialmente em conta as necessidades dos países em desenvolvimento.

Artigo 24 — 1. Os Estados-partes reconhecem o direito da criança de gozar do melhor padrão possível de saúde e dos serviços destinados ao tratamento das doenças e à recuperação da saúde. Os Estados-partes envidarão esforços no sentido de assegurar que nenhuma criança se veja privada de seu direito de usufruir desses serviços sanitários.

2. Os Estados-partes garantirão a plena aplicação desse direito e, em especial, adotarão as medidas apropriadas com vistas a:

a) reduzir a mortalidade infantil;

b) assegurar a prestação de assistência médica e cuidados sanitários necessários a todas as crianças, dando ênfase aos cuidados básicos de saúde;

c) combater as doenças e a desnutrição, dentro do contexto dos cuidados básicos de saúde mediante, *inter alia*, a aplicação de tecnologia disponível e o fornecimento de alimentos nutritivos e de água potável, tendo em vista os perigos e riscos da poluição ambiental;

d) assegurar às mães adequada assistência pré-natal e pós-natal;

e) assegurar que todos os setores da sociedade e em especial os pais e as crianças, conheçam os princípios básicos de saúde e nutrição das crianças, as vantagens da amamentação, da higiene e do saneamento ambiental e das medidas de prevenção de acidentes, e tenham acesso à educação pertinente e recebam apoio para aplicação desses conhecimentos;

f) desenvolver a assistência médica preventiva, a orientação aos pais e a educação e serviços de planejamento familiar.

3. Os Estados-partes adotarão todas as medidas eficazes e adequadas para abolir práticas tradicionais que sejam prejudiciais à saúde da criança.

4. Os Estados-partes se comprometem a promover e incentivar a cooperação internacional, com vistas a lograr progressivamente a plena efetivação do direito reconhecido no presente artigo. Nesse sentido, será dada atenção especial às necessidades dos países em desenvolvimento.

Artigo 25 — Os Estados-partes reconhecem o direito de uma criança que tenha sido internada em um estabelecimento pelas autoridades competentes para fins de atendimento, proteção ou tratamento de saúde física ou mental, a um exame periódico de avaliação do tratamento ao qual está sendo submetida e de todos os demais aspectos relativos à sua internação.

Artigo 26 — 1. Os Estados-partes reconhecerão a todas as crianças o direito de usufruir da previdência social, inclusive do seguro social, e adotarão as medidas necessárias para lograr a plena consecução desse direito, em conformidade com a legislação nacional.

2. Os benefícios deverão ser concedidos, quando pertinentes, levando-se em consideração os recursos e a situação da criança e das pessoas responsáveis pelo seu sustento, bem como qualquer outra consideração cabível no caso de uma solicitação de benefícios feita pela criança ou em seu nome.

Artigo 27 — 1. Os Estados-partes reconhecem o direito de toda criança a um nível de vida adequado ao seu desenvolvimento físico, mental, espiritual, moral e social.

2. Cabe aos pais, ou a outras pessoas encarregadas, a responsabilidade primordial de proporcionar, de acordo com suas possibilidades e meios financeiros, as condições de vida necessárias ao desenvolvimento da criança.

3. Os Estados-partes, de acordo com as condições nacionais e dentro de suas possibilidades, adotarão medidas apropriadas a fim de ajudar os pais e outras pessoas responsáveis pela criança a tornar efetivo esse direito e, caso necessário, proporcionarão assistência material e programas de apoio, especialmente no que diz respeito à nutrição, ao vestuário e à habitação.

4. Os Estados-partes tomarão todas as medidas adequadas para assegurar o pagamento da pensão alimentícia por parte dos pais ou de outras pessoas financeiramente responsáveis pela criança, quer residam no Estado-parte quer no exterior. Nesse sentido, quando a pessoa que detém a responsabilidade financeira pela criança residir em Estado diferente daquele onde mora a criança, os Estados-partes promoverão a adesão a acordos internacionais ou a conclusão de tais acordos, bem como a adoção de outras medidas apropriadas.

Artigo 28 — 1. Os Estados-partes reconhecem o direito da criança à educação e, a fim de que ela possa exercer progressivamente e em igualdade de condições esse direito, deverão especialmente:

a) tornar o ensino primário obrigatório e disponível gratuitamente a todos;

b) estimular o desenvolvimento do ensino secundário em suas diferentes formas, inclusive o ensino geral e profissionalizante, tornando-o disponível e acessível a todas as crianças, e adotar medidas apropriadas tais como a implantação do ensino gratuito e a concessão de assistência financeira em caso de necessidade;

c) tornar o ensino superior acessível a todos, com base na capacidade e por todos os meios adequados;

d) tornar a informação e a orientação educacionais e profissionais disponíveis e acessíveis a todas as crianças;

e) adotar medidas para estimular a frequência regular às escolas e a redução do índice de evasão escolar.

2. Os Estados-partes adotarão todas as medidas necessárias para assegurar que a disciplina escolar seja ministrada de maneira compatível com a dignidade humana da criança e em conformidade com a presente Convenção.

3. Os Estados-partes promoverão e estimularão a cooperação internacional em questões relativas à educação, especialmente visando a contribuir para eliminação da ignorância e do analfabetismo no mundo e facilitar o acesso aos conhecimentos científicos e técnicos e aos métodos modernos de ensino. A esse respeito, será dada atenção especial às necessidades dos países em desenvolvimento.

Artigo 29 — 1. Os Estados-partes reconhecem que a educação da criança deverá estar orientada no sentido de:

a) desenvolver a personalidade, as aptidões e a capacidade mental e física da criança e todo o seu potencial;

b) imbuir na criança o respeito aos direitos humanos e às liberdades fundamentais, bem como aos princípios consagrados na Carta das Nações Unidas;

c) imbuir na criança o respeito aos seus pais, à sua própria identidade cultural, ao seu idioma e seus valores, aos valores nacionais do país em que reside, aos do eventual país de origem e aos das civilizações diferentes da sua;

d) preparar a criança para assumir uma vida responsável em uma sociedade livre, com espírito de compreensão, paz, tolerância, igualdade de sexos e amizade entre todos os povos, grupos étnicos, nacionais e religiosos e pessoas de origem indígena;

e) imbuir na criança o respeito ao meio ambiente.

2. Nada do disposto no presente artigo ou no artigo 28 será interpretado de modo a restringir a liberdade dos indivíduos ou das entidades de criar e dirigir instituições de ensino, desde que sejam respeitados os princípios enunciados no parágrafo 1º do presente artigo e que a educação ministrada em tais instituições esteja de acordo com os padrões mínimos estabelecidos pelo Estado.

Artigo 30 — Nos Estados-partes onde existam minorias étnicas, religiosas ou linguísticas, ou pessoas de origem indígena, não será negado a uma criança que pertença a tais minorias, ou que seja indígena, o direito de, em comunidade com os demais membros de seu grupo, ter sua própria cultura, professar e praticar sua própria religião ou utilizar seu próprio idioma.

Artigo 31 — 1. Os Estados-partes reconhecem o direito da criança ao descanso e ao lazer, ao divertimento e às atividades recreativas próprias da idade, bem como à livre participação na vida cultural e artística.

2. Os Estados-partes respeitarão e promoverão o direito da criança de participar plenamente da vida cultural e artística e encorajarão a criação de oportunidades adequadas, em condição de igualdade, para que participem da vida cultural, artística, recreativa e de lazer.

Artigo 32 — 1. Os Estados-partes reconhecem o direito da criança de estar protegida contra a exploração econômica e contra o desempenho de qualquer trabalho que possa ser perigoso ou interferir em sua educação, ou seja nocivo para saúde ou para seu desenvolvimento físico, mental, espiritual, moral ou social.

2. Os Estados-partes adotarão medidas legislativas, administrativas, sociais e educacionais com vistas a assegurar a aplicação do presente artigo. Com tal propósito, e levando em consideração as disposições pertinentes de outros instrumentos internacionais, os Estados-partes deverão, em particular:

a) estabelecer uma idade ou idades mínimas para a admissão em empregos;

b) estabelecer regulamentação apropriada relativa a horários e condições de emprego;

c) estabelecer penalidades ou outras sanções apropriadas a fim de assegurar o cumprimento efetivo do presente artigo.

Artigo 33 — Os Estados-partes adotarão todas as medidas apropriadas, inclusive medidas legislativas, administrativas, sociais e educacionais, para proteger a criança contra o uso ilícito de drogas e substâncias psicotrópicas descritas nos tratados internacionais pertinentes e para impedir que crianças sejam utilizadas na produção e no tráfico ilícito dessas substâncias.

Artigo 34 — Os Estados-partes se comprometem a proteger a criança contra todas as formas de exploração e abuso sexual. Nesse sentido, os Estados-partes tomarão, em especial, todas as medidas de caráter nacional, bilateral e multilateral que sejam necessárias para impedir:

a) o incentivo ou coação para que uma criança se dedique a qualquer atividade sexual ilegal;

b) a exploração da criança na prostituição ou outras práticas sexuais ilegais;

c) a exploração da criança em espetáculos ou materiais pornográficos.

Artigo 35 — Os Estados-partes tomarão todas as medidas de caráter nacional, bilateral ou multilateral que sejam necessárias para impedir o sequestro, a venda ou o tráfico de crianças para qualquer fim ou sob qualquer forma.

Artigo 36 — Os Estados-partes protegerão a criança contra todas as demais formas de exploração que sejam prejudiciais a qualquer aspecto de seu bem-estar.

Artigo 37 — Os Estados-partes assegurarão que:

a) Nenhuma criança seja submetida a tortura nem a outros tratamentos ou penas cruéis, desumanos ou degradantes. Não será imposta a pena de morte, nem a prisão perpétua, sem possibilidade de livramento, por delitos cometidos por menores de dezoito anos de idade.

b) Nenhuma criança seja privada de sua liberdade de forma ilegal ou arbitrária. A detenção, a reclusão ou a prisão de uma criança, será efetuada em conformidade com a lei e apenas como último recurso, e durante o mais breve período de tempo que for apropriado.

c) Toda criança privada da liberdade seja tratada com humanidade e o respeito que merece a dignidade inerente à pessoa humana, e levando-se em consideração as necessidades de uma pessoa de sua idade. Em especial, toda criança privada de sua liberdade ficará separada de adultos, a não ser que tal fato seja considerado contrário aos melhores interesses da criança, e terá direito a manter contato com sua família por meio de correspondência ou de visitas, salvo em circunstâncias excepcionais.

d) Toda criança privada de sua liberdade tenha direito a rápido acesso a assistência jurídica e a qualquer outra assistência adequada, bem como direito a impugnar a legalidade da privação de sua liberdade perante um tribunal ou outra autoridade competente, independente e imparcial e a uma rápida decisão a respeito de tal ação.

Artigo 38 — 1. Os Estados-partes se comprometem a respeitar e a fazer com que sejam respeitadas as normas do Direito Internacional Humanitário aplicáveis em casos de conflito armado, no que digam respeito às crianças.

2. Os Estados-partes adotarão todas as medidas possíveis, a fim de assegurar que todas as pessoas que ainda não tenham completado quinze anos de idade não participem diretamente de hostilidades.

3. Os Estados-partes abster-se-ão de recrutar pessoas que não tenham completado quinze anos de idade para servir em suas Forças Armadas. Caso recrutem pessoas que tenham completado quinze anos, mas que tenham menos de dezoito anos, deverão procurar dar prioridade aos de mais idade.

4. Em conformidade com suas obrigações, de acordo com o Direito Internacional Humanitário para proteção da população civil durante os conflitos armados, os Estados-partes adotarão todas as medidas necessárias a fim de assegurar a proteção e o cuidado das crianças afetadas por um conflito armado.

Artigo 39 — Os Estados-partes adotarão todas as medidas apropriadas para estimular a recuperação física e psicológica e a reintegração social de toda criança vítima de: qualquer forma de abandono, exploração ou abuso; tortura ou outros tratamentos ou penas cruéis, desumanos ou degradantes; ou conflitos armados. Essa recuperação e reintegração serão efetuadas em ambiente que estimule a saúde, o respeito próprio e a dignidade da criança.

Artigo 40 — 1. Os Estados-partes reconhecem o direito de toda criança, de quem se alegue ter infringido as leis penais, ou a quem se acuse ou declare culpada de ter infringido as leis penais, de ser tratada de modo a promover e estimular seu sentido de dignidade e de valor, e a fortalecer o respeito da criança pelos direitos humanos e pelas liberdades fundamentais de terceiros, levando em consideração a idade da criança e a importância de se estimular sua reintegração e seu desempenho construtivo na sociedade.

2. Nesse sentido, e de acordo com as disposições pertinentes dos instrumentos internacionais, os Estados assegurarão, em particular:

a) que não se alegue que nenhuma criança tenha infringido as leis penais, nem se acuse ou declare culpada nenhuma criança de ter infringido essas leis, por atos ou omissões que não eram proibidos pela legislação nacional ou pelo direito internacional no momento em que foram cometidos;

b) que toda criança de quem se alegue ter infringido as leis penais ou a quem se acuse de ter infringido essas leis goze, pelo menos, das seguintes garantias:

I) ser considerada inocente, enquanto não for comprovada sua culpabilidade conforme a lei;

II) ser informada sem demora e diretamente ou, quando for o caso, por intermédio de seus pais ou de seus representantes legais, das acusações que pesam contra ela, e dispor de assistência jurídica ou outro tipo de assistência apropriada para a preparação de sua defesa;

III) ter a causa decidida sem demora por autoridade ou órgão judicial competente, independente e imparcial, em audiência justa conforme a lei, com assistência jurídica ou outra assistência e, a não ser que seja considerado contrário aos melhores interesses da criança, levando em consideração especialmente sua idade ou situação e a de seus pais ou representantes legais;

IV) não ser obrigada a testemunhar ou se declarar culpada, e poder interrogar ou fazer com que sejam interrogadas as testemunhas de acusações, bem como poder obter a participação e o interrogatório de testemunhas em sua defesa, em igualdade de condições;

V) se for decidido que infringiu as leis penais, ter essa decisão e qualquer medida imposta em decorrência da mesma submetidas a revisão por autoridade ou órgão judicial competente, independente e imparcial, de acordo com a lei;

VI) contar com a assistência gratuita de um intérprete, caso a criança não compreenda ou fale o idioma utilizado;

VII) ter plenamente respeitada sua vida privada durante todas as fases do processo.

3. Os Estados-partes buscarão promover o estabelecimento de leis, procedimentos, autoridades e instituições específicas para as crianças de quem se alegue ter infringido as leis penais ou que sejam acusadas ou declaradas culpadas de tê-las infringido, e em particular:

a) o estabelecimento de uma idade mínima antes da qual se presumirá que a criança não tem capacidade para infringir as leis penais;

b) a adoção, sempre que conveniente e desejável, de medidas para tratar dessas crianças sem recorrer a procedimentos judiciais, contanto que sejam respeitados plenamente os direitos humanos e as garantias legais.

4. Diversas medidas, tais como ordens de guarda, orientação e supervisão, aconselhamento, liberdade vigiada, colocação em lares de adoção, programas de educação e formação profissional, bem como outras alternativas à internação em instituições, deverão estar disponíveis para garantir que as crianças sejam tratadas de modo apropriado ao seu bem-estar e de forma proporcional às circunstâncias do delito.

Artigo 41 — Nada do estipulado na presente Convenção afetará as disposições que sejam mais convenientes para a realização dos direitos da criança e que podem constar:

a) das leis de um Estado-parte;

b) das normas de Direito Internacional vigente para esse Estado.

PARTE II

Artigo 42 — Os Estados-partes se comprometem a dar aos adultos e às crianças amplo conhecimento dos princípios e disposições da Convenção, mediante a utilização de meios apropriados e eficazes.

Artigo 43 — 1. A fim de examinar os progressos realizados no cumprimento das obrigações contraídas pelos Estados-partes na presente Convenção, deverá ser constituído um Comitê para os Direitos da Criança, que desempenhará as funções a seguir determinadas.

2. O Comitê estará integrado por dez especialistas de reconhecida integridade moral e competência nas áreas cobertas pela presente Convenção. Os membros do Comitê serão eleitos pelos Estados-partes dentre seus nacionais e exercerão suas funções a título pessoal, tomando-se em devida conta a distribuição geográfica equitativa, bem como os principais sistemas jurídicos.

3. Os membros do Comitê serão escolhidos, em votação secreta, de uma lista de pessoas indicadas pelos Estados-partes. Cada Estado-parte poderá indicar uma pessoa dentre os cidadãos de seu país.

4. A eleição inicial para o Comitê será realizada, no mais tardar, seis meses após a entrada em vigor da presente Convenção e, posteriormente, a cada dois anos. No mínimo quatro meses antes da data marcada para cada eleição, o Secretário-Geral das Nações Unidas enviará uma carta aos Estados-partes, convidando-os a apresentar suas candidaturas em um prazo de dois meses. O Secretário-Geral elaborará posteriormente uma lista da qual farão parte, em ordem alfabética, todos os candidatos indicados e os Estados-partes que os designaram e submeterá a mesma aos Estados-partes na Convenção.

5. As eleições serão realizadas em reuniões dos Estados-partes convocadas pelo Secretário-Geral na sede das Nações Unidas. Nessas reuniões, para as quais o *quorum* será de dois terços dos Estados-partes, os candidatos eleitos para o Comitê serão aqueles que obtiverem o maior número de votos e a maioria absoluta de votos dos representantes dos Estados-partes presentes e votantes.

6. Os membros do Comitê serão eleitos para um mandato de quatro anos. Poderão ser reeleitos caso sejam apresentadas novamente suas candidaturas. O mandato de cinco anos dos membros eleitos na primeira eleição expirará ao término de dois anos; imediatamente após ter sido realizada a primeira eleição, o Presidente da reunião, na qual a mesma se efetuou, escolherá por sorteio os nomes desses cinco membros.

7. Caso um membro do Comitê venha a falecer ou renuncie ou declare que por qualquer outro motivo não poderá continuar desempenhando suas funções, o Estado-parte que indicou esse membro designará outro especialista, dentre seus cidadãos, para que exerça o mandato até o seu término, sujeito à aprovação do Comitê.

8. O Comitê estabelecerá suas próprias regras de procedimento.

9. O Comitê elegerá a Mesa para um período de dois anos.

10. As reuniões do Comitê serão celebradas normalmente na sede das Nações Unidas ou em qualquer outro lugar que o Comitê julgar conveniente. O Comitê se reunirá normalmente todos os anos. A duração das reuniões do Comitê será determinada e revista, se for o caso, em uma reunião dos Estados-partes na presente Convenção, sujeita à aprovação da Assembleia Geral.

11. O Secretário-Geral das Nações Unidas fornecerá o pessoal e os serviços necessários para o desempenho eficaz das funções do Comitê, de acordo com a presente Convenção.

12. Com prévia aprovação da Assembleia Geral, os membros do Comitê, estabelecidos de acordo com a presente Convenção, receberão remuneração proveniente dos recursos das Nações Unidas, segundo os termos e condições determinados pela Assembleia.

Artigo 44 — 1. Os Estados-partes se comprometem a apresentar ao Comitê, por intermédio do Secretário-Geral das Nações Unidas, relatórios sobre as medidas que tenham adotado, com vistas a tornar efetivos os direitos reconhecidos na Convenção e sobre os progressos alcançados no desempenho desses direitos:

a) dentro de um prazo de dois anos a partir da data em que entrou em vigor para cada Estado-parte a presente Convenção;

b) a partir de então, a cada cinco anos.

2. Os relatórios preparados em função do presente artigo deverão indicar as circunstâncias e as dificuldades, caso existam, que afetam o grau de cumprimento das obrigações derivadas da presente Convenção. Deverão também conter informações suficientes para que o Comitê compreenda, com exatidão, a implementação da Convenção no país em questão.

3. Um Estado-parte que tenha apresentado um relatório inicial ao Comitê não precisará repetir, nos relatórios posteriores a serem apresentados conforme o estipulado na alínea "b" do parágrafo 1º do presente artigo, a informação básica fornecida anteriormente.

4. O Comitê poderá solicitar aos Estados-partes maiores informações sobre a implementação da Convenção.

5. A cada dois anos, o Comitê submeterá relatórios sobre suas atividades à Assembleia Geral das Nações Unidas, por intermédio do Conselho Econômico e Social.

6. Os Estados-partes tornarão seus relatórios amplamente disponíveis ao público em seus respectivos países.

Artigo 45 — A fim de incentivar a efetiva implementação da Convenção e estimular a cooperação internacional nas esferas regulamentadas pela Convenção:

a) os organismos especializados, o Fundo das Nações Unidas para a Infância e outros órgãos das Nações Unidas terão o direito de estar representados quando for analisada a implementação das disposições da presente Convenção em matérias correspondentes a seus respectivos mandatos. O Comitê poderá convidar as agências especializadas, o Fundo das Nações Unidas para a Infância e outros órgãos competentes que considere apropriados a fornecerem assessoramento especializado sobre a implementação da Convenção em matérias correspondentes a seus respectivos mandatos. O Comitê poderá convidar as agências especializadas, o Fundo das Nações Unidas para a Infância e outros órgãos das Nações Unidas a apresentarem relatórios sobre a implementação das disposições da presente Convenção compreendidas no âmbito de suas atividades;

b) conforme julgar conveniente, o Comitê transmitirá às agências especializadas, ao Fundo das Nações Unidas para a Infância e a outros órgãos competentes quaisquer relatórios dos Estados-partes que contenham um pedido de assessoramento ou de assistência técnica, ou nos quais se indique essa necessidade juntamente com as observações e sugestões do Comitê, se as houver, sobre esses pedidos ou indicações;

c) o Comitê poderá recomendar à Assembleia Geral que solicite ao Secretário-Geral que efetue, em seu nome, estudos sobre questões concretas relativas aos direitos da criança;

d) o Comitê poderá formular sugestões e recomendações gerais com base nas informações recebidas nos termos dos artigos 44 e 45 da presente Convenção. Essas sugestões e recomendações gerais deverão ser transmitidas aos Estados-partes e encaminhadas à Assembleia Geral, juntamente com os comentários eventualmente apresentados pelos Estados-partes.

PARTE III

Artigo 46 — A presente Convenção está aberta à assinatura de todos os Estados.

Artigo 47 — A presente Convenção está sujeita à ratificação. Os instrumentos de ratificação serão depositados junto ao Secretário-Geral das Nações Unidas.

Artigo 48 — A presente Convenção permanecerá aberta à adesão de qualquer Estado. Os instrumentos de adesão serão depositados junto ao Secretário-Geral das Nações Unidas.

Artigo 49 — 1. A presente Convenção entrará em vigor no trigésimo dia após a data em que tenha sido depositado o vigésimo instrumento de ratificação ou de adesão junto ao Secretário-Geral das Nações Unidas.

2. Para cada Estado que venha a ratificar a Convenção ou a aderir a ela após ter sido depositado o vigésimo instrumento de ratificação ou de adesão, a Convenção entrará em vigor no trigésimo dia após o depósito, por parte do Estado, do instrumento de ratificação ou de adesão.

Artigo 50 — 1. Qualquer Estado-parte poderá propor uma emenda e registrá-la com o Secretário-Geral das Nações Unidas. O Secretário-Geral comunicará a emenda proposta aos Estados-partes, com a solicitação de que estes o notifiquem caso apoiem a convocação de uma Conferência de Estados-partes com o propósito de analisar as propostas e submetê-las à votação. Se, em um prazo de quatro meses a partir da data dessa notificação, pelo menos um terço dos Estados-partes se declarar favorável a tal Conferência, o Secretário-Geral convocará a Conferência, sob os auspícios das Nações Unidas. Qualquer emenda adotada pela maioria de Estados-partes presentes e votantes na Conferência será submetida pelo Secretário-Geral à Assembleia Geral para sua aprovação.

2. Uma emenda adotada em conformidade com o parágrafo 1º do presente artigo entrará em vigor quando aprovada pela Assembleia Geral das Nações Unidas e aceita por uma maioria de dois terços de Estados-partes.

3. Quando uma emenda entrar em vigor, ela será obrigatória para os Estados-partes que a tenham aceito, enquanto os demais Estados-partes permanecerão obrigados pelas disposições da presente Convenção e pelas emendas anteriormente aceitas por eles.

Artigo 51 — O Secretário-Geral das Nações Unidas receberá e comunicará a todos os Estados-partes o texto das reservas feitas pelos Estados no momento da ratificação ou da adesão.

2. Não será permitida nenhuma reserva incompatível com o objeto e o propósito da presente Convenção.

3. Quaisquer reservas poderão ser retiradas a qualquer momento, mediante uma notificação nesse sentido, dirigida ao Secretário-Geral das Nações Unidas, que informará a todos os Estados. Essa notificação entrará em vigor a partir da data de recebimento da mesma pelo Secretário-Geral.

Artigo 52 — Um Estado-parte poderá denunciar a presente Convenção mediante notificação feita por escrito ao Secretário-Geral das Nações Unidas. A denúncia entrará em vigor um ano após a data em que a notificação tenha sido recebida pelo Secretário-Geral.

Artigo 53 — Designa-se para depositário da presente Convenção o Secretário-Geral das Nações Unidas.

Artigo 54 — O original da presente Convenção, cujos textos seguem em árabe, chinês, espanhol, francês e russo são igualmente autênticos, será depositado em poder do Secretário-Geral das Nações Unidas.

Em fé do que, os abaixo assinados, devidamente autorizados por seus respectivos Governos, assinaram a presente Convenção.

CONVENÇÃO SOBRE OS DIREITOS DAS PESSOAS COM DEFICIÊNCIA

PREÂMBULO

Os Estados-partes da presente Convenção,

a) Relembrando os princípios consagrados na Carta das Nações Unidas, que reconhecem a dignidade e o valor inerentes e os direitos iguais e inalienáveis de todos os membros da família humana como o fundamento da liberdade, da justiça e da paz no mundo,

b) Reconhecendo que as Nações Unidas, na Declaração Universal dos Direitos Humanos e nos Pactos Internacionais sobre Direitos Humanos, proclamaram e concordaram que toda pessoa faz jus a todos os direitos e liberdades ali estabelecidos, sem distinção de qualquer espécie,

c) Reafirmando a universalidade, a indivisibilidade, a interdependência e a inter-relação de todos os direitos humanos e liberdades fundamentais, bem como a necessidade de garantir que todas as pessoas com deficiência os exerçam plenamente, sem discriminação,

d) Relembrando o Pacto Internacional dos Direitos Econômicos, Sociais e Culturais, o Pacto Internacional dos Direitos Civis e Políticos, a Convenção Internacional sobre a Eliminação de Todas as Formas de Discriminação Racial, a Convenção sobre a Eliminação de todas as Formas de Discriminação contra a Mulher, a Convenção contra a Tortura e Outros Tratamentos ou Penas Cruéis, Desumanos ou Degradantes, a Convenção sobre os Direitos da Criança e a Convenção Internacional sobre a Proteção dos Direitos de Todos os Trabalhadores Migrantes e Membros de suas Famílias,

e) Reconhecendo que a deficiência é um conceito em evolução e que a deficiência resulta da interação entre pessoas com deficiência e as barreiras devidas às atitudes e ao ambiente que impedem a plena e efetiva participação dessas pessoas na sociedade em igualdade de oportunidades com as demais pessoas,

f) Reconhecendo a importância dos princípios e das diretrizes de política, contidos no Programa de Ação Mundial para as Pessoas Deficientes e nas Normas sobre a Equiparação de Oportunidades para Pessoas com Deficiência, para influenciar a promoção, a formulação e a avaliação de políticas, planos, programas e ações em níveis nacional, regional e internacional para possibilitar maior igualdade de oportunidades para pessoas com deficiência, *g*) Ressaltando a importância de trazer questões relativas à deficiência ao centro das preocupações da sociedade como parte integrante das estratégias relevantes de desenvolvimento sustentável,

h) Reconhecendo também que a discriminação contra qualquer pessoa, por motivo de deficiência, configura violação da dignidade e do valor inerentes ao ser humano,

i) Reconhecendo ainda a diversidade das pessoas com deficiência,

j) Reconhecendo a necessidade de promover e proteger os direitos humanos de todas as pessoas com deficiência, inclusive daquelas que requerem maior apoio,

k) Preocupados com o fato de que, não obstante esses diversos instrumentos e compromissos, as pessoas com deficiência continuam a enfrentar barreiras contra sua participação como membros iguais da sociedade e violações de seus direitos humanos em todas as partes do mundo,

l) Reconhecendo a importância da cooperação internacional para melhorar as condições de vida das pessoas com deficiência em todos os países, particularmente naqueles em desenvolvimento,

m) Reconhecendo as valiosas contribuições existentes e potenciais das pessoas com deficiência ao bem-estar comum e à diversidade de suas comunidades, e que a promoção do pleno exercício, pelas pessoas com deficiência, de seus direitos humanos e liberdades fundamentais e de sua plena participação na sociedade resultará no fortalecimento de seu senso de pertencimento à sociedade e no significativo avanço do desenvolvimento humano, social e econômico da sociedade, bem como na erradicação da pobreza,

n) Reconhecendo a importância, para as pessoas com deficiência, de sua autonomia e independência individuais, inclusive da liberdade para fazer as próprias escolhas,

o) Considerando que as pessoas com deficiência devem ter a oportunidade de participar ativamente das decisões relativas a programas e políticas, inclusive aos que lhes dizem respeito diretamente,

p) Preocupados com as difíceis situações enfrentadas por pessoas com deficiência que estão sujeitas a formas múltiplas ou agravadas de discriminação por causa de raça, cor, sexo, idioma, religião, opiniões políticas ou de outra natureza, origem nacional, étnica, nativa ou social, propriedade, nascimento, idade ou outra condição,

q) Reconhecendo que mulheres e meninas com deficiência estão frequentemente expostas a maiores riscos, tanto no lar como fora dele, de sofrer violência, lesões ou abuso, descaso ou tratamento negligente, maus-tratos ou exploração,

r) Reconhecendo que as crianças com deficiência devem gozar plenamente de todos os direitos humanos e liberdades fundamentais em igualdade de oportunidades com as outras crianças e relembrando as obrigações assumidas com esse fim pelos Estados-partes na Convenção sobre os Direitos da Criança, *s*) Ressaltando a necessidade de incorporar a perspectiva de gênero aos esforços para promover o pleno exercício dos direitos humanos e liberdades fundamentais por parte das pessoas com deficiência,

t) Salientando o fato de que a maioria das pessoas com deficiência vive em condições de pobreza e, nesse sentido, reconhecendo a necessidade crítica de lidar com o impacto negativo da pobreza sobre pessoas com deficiência,

u) Tendo em mente que as condições de paz e segurança baseadas no pleno respeito aos propósitos e princípios consagrados na Carta das Nações Unidas e a observância dos instrumentos de direitos humanos são indispensáveis para a total proteção das pessoas com deficiência, particularmente durante conflitos armados e ocupação estrangeira,

v) Reconhecendo a importância da acessibilidade aos meios físico, social, econômico e cultural, à saúde, à educação e à informação e comunicação, para possibilitar às pessoas com deficiência o pleno gozo de todos os direitos humanos e liberdades fundamentais,

w) Conscientes de que a pessoa tem deveres para com outras pessoas e para com a comunidade a que pertence e que, portanto, tem a responsabilidade de esforçar-se para a promoção e a observância dos direitos reconhecidos na Carta Internacional dos Direitos Humanos,

x) Convencidos de que a família é o núcleo natural e fundamental da sociedade e tem o direito de receber a proteção da sociedade e do Estado e de que as pessoas com deficiência e seus familiares devem receber a proteção e a assistência necessárias para tornar as famílias capazes de contribuir para o exercício pleno e equitativo dos direitos das pessoas com deficiência,

y) Convencidos de que uma convenção internacional geral e integral para promover e proteger os direitos e a dignidade das pessoas com deficiência prestará significativa contribuição para corrigir as profundas desvantagens sociais das pessoas com deficiência e para promover sua participação na vida econômica, social e cultural, em igualdade de oportunidades, tanto nos países em desenvolvimento como nos desenvolvidos,

Acordaram o seguinte:

Artigo 1º

Propósito

O propósito da presente Convenção é promover, proteger e assegurar o exercício pleno e equitativo de todos os direitos humanos e liberdades fundamentais por todas as pessoas com deficiência e promover o respeito pela sua dignidade inerente.

Pessoas com deficiência são aquelas que têm impedimentos de longo prazo de natureza física, mental, intelectual ou sensorial, os quais, em interação com diversas barreiras, podem obstruir sua participação plena e efetiva na sociedade em igualdades de condições com as demais pessoas.

Artigo 2º

Definições

Para os propósitos da presente Convenção:

"Comunicação" abrange as línguas, a visualização de textos, o braile, a comunicação tátil, os caracteres ampliados, os dispositivos de multimídia acessível, assim como a linguagem simples, escrita e oral, os sistemas auditivos e os meios de voz digitalizada e os modos, meios e formatos aumentativos e alternativos de comunicação, inclusive a tecnologia da informação e comunicação acessíveis;

"Língua" abrange as línguas faladas e de sinais e outras formas de comunicação não falada;

"Discriminação por motivo de deficiência" significa qualquer diferenciação, exclusão ou restrição baseada em deficiência, com o propósito ou efeito de impedir ou impossibilitar o reconhecimento, o desfrute ou o exercício, em igualdade de oportunidades com as demais pessoas, de todos os direitos humanos e liberdades fundamentais nos âmbitos político, econômico, social, cultural, civil ou qualquer outro. Abrange todas as formas de discriminação, inclusive a recusa de adaptação razoável;

"Adaptação razoável" significa as modificações e os ajustes necessários e adequados que não acarretem ônus desproporcional ou indevido, quando requeridos em cada caso, a fim de assegurar que as pessoas com deficiência possam gozar ou exercer, em igualdade de oportunidades com as demais pessoas, todos os direitos humanos e liberdades fundamentais;

"Desenho universal" significa a concepção de produtos, ambientes, programas e serviços a serem usados, na maior medida possível, por todas as pessoas, sem necessidade de adaptação ou projeto específico. O "desenho universal" não excluirá as ajudas técnicas para grupos específicos de pessoas com deficiência, quando necessárias.

Artigo 3º

Princípios gerais

Os princípios da presente Convenção são:

a) O respeito pela dignidade inerente, a autonomia individual, inclusive a liberdade de fazer as próprias escolhas, e a independência das pessoas;

b) A não discriminação;

c) A plena e efetiva participação e inclusão na sociedade;

d) O respeito pela diferença e pela aceitação das pessoas com deficiência como parte da diversidade humana e da humanidade;

e) A igualdade de oportunidades;

f) A acessibilidade;

g) A igualdade entre o homem e a mulher;

h) O respeito pelo desenvolvimento das capacidades das crianças com deficiência e pelo direito das crianças com deficiência de preservar sua identidade.

Artigo 4º

Obrigações gerais

1. Os Estados-partes se comprometem a assegurar e promover o pleno exercício de todos os direitos humanos e liberdades fundamentais por todas as pessoas com deficiência, sem qualquer tipo de discriminação por causa de sua deficiência. Para tanto, os Estados-partes se comprometem a:

a) Adotar todas as medidas legislativas, administrativas e de qualquer outra natureza, necessárias para a realização dos direitos reconhecidos na presente Convenção;

b) Adotar todas as medidas necessárias, inclusive legislativas, para modificar ou revogar leis, regulamentos, costumes e práticas vigentes, que constituírem discriminação contra pessoas com deficiência;

c) Levar em conta, em todos os programas e políticas, a proteção e a promoção dos direitos humanos das pessoas com deficiência;

d) Abster-se de participar em qualquer ato ou prática incompatível com a presente Convenção e assegurar que as autoridades públicas e instituições atuem em conformidade com a presente Convenção;

e) Tomar todas as medidas apropriadas para eliminar a discriminação baseada em deficiência, por parte de qualquer pessoa, organização ou empresa privada;

f) Realizar ou promover a pesquisa e o desenvolvimento de produtos, serviços, equipamentos e instalações com desenho universal, conforme definidos no Artigo 2º da presente Convenção, que exijam o mínimo possível de adaptação e cujo custo seja o mínimo possível, destinados a atender às necessidades específicas de pessoas com deficiência, a promover sua disponibilidade e seu uso e a promover o desenho universal quando da elaboração de normas e diretrizes;

g) Realizar ou promover a pesquisa e o desenvolvimento, bem como a disponibilidade e o emprego de novas tecnologias, inclusive as tecnologias da informação e comunicação, ajudas técnicas para locomoção, dispositivos e tecnologias assistivas, adequados a pessoas com deficiência, dando prioridade a tecnologias de custo acessível;

h) Propiciar informação acessível para as pessoas com deficiência a respeito de ajudas técnicas para locomoção, dispositivos e tecnologias assistivas, incluindo novas tecnologias bem como outras formas de assistência, serviços de apoio e instalações;

i) Promover a capacitação em relação aos direitos reconhecidos pela presente Convenção dos profissionais e equipes que trabalham com pessoas com deficiência, de forma a melhorar a prestação de assistência e serviços garantidos por esses direitos.

2. Em relação aos direitos econômicos, sociais e culturais, cada Estado-parte se compromete a tomar medidas, tanto quanto permitirem os recursos disponíveis e, quando necessário, no âmbito da cooperação internacional, a fim de assegurar progressivamente o pleno exercício desses direitos, sem prejuízo das obrigações contidas na presente Convenção que forem imediatamente aplicáveis de acordo com o direito internacional.

3. Na elaboração e implementação de legislação e políticas para aplicar a presente Convenção e em outros processos de tomada de decisão relativos às pessoas com deficiência, os Estados-partes realizarão consultas estreitas e envolverão ativamente pessoas com deficiência, inclusive crianças com deficiência, por intermédio de suas organizações representativas.

4. Nenhum dispositivo da presente Convenção afetará quaisquer disposições mais propícias à realização dos direitos das pessoas com deficiência, as quais possam estar contidas na legislação do Estado-parte ou no direito internacional em vigor para esse Estado. Não haverá nenhuma restrição ou derrogação de qualquer dos direitos humanos e liberdades fundamentais reconhecidos ou vigentes em qualquer Estado-parte da presente Convenção, em conformidade com leis, convenções, regulamentos ou costumes, sob a alegação de que a presente Convenção não reconhece tais direitos e liberdades ou que os reconhece em menor grau.

5. As disposições da presente Convenção se aplicam, sem limitação ou exceção, a todas as unidades constitutivas dos Estados federativos.

Artigo 5º
Igualdade e não discriminação

1. Os Estados-partes reconhecem que todas as pessoas são iguais perante e sob a lei e que fazem jus, sem qualquer discriminação, a igual proteção e igual benefício da lei.

2. Os Estados-partes proibirão qualquer discriminação baseada na deficiência e garantirão às pessoas com deficiência igual e efetiva proteção legal contra a discriminação por qualquer motivo.

3. A fim de promover a igualdade e eliminar a discriminação, os Estados-partes adotarão todas as medidas apropriadas para garantir que a adaptação razoável seja oferecida.

4. Nos termos da presente Convenção, as medidas específicas que forem necessárias para acelerar ou alcançar a efetiva igualdade das pessoas com deficiência não serão consideradas discriminatórias.

Artigo 6º
Mulheres com deficiência

1. Os Estados-partes reconhecem que as mulheres e meninas com deficiência estão sujeitas a múltiplas formas de discriminação e, portanto, tomarão medidas para assegurar às mulheres e meninas com deficiência o pleno e igual exercício de todos os direitos humanos e liberdades fundamentais.

2. Os Estados-partes tomarão todas as medidas apropriadas para assegurar o pleno desenvolvimento, o avanço e o empoderamento das mulheres, a fim de garantir-lhes o exercício e o gozo dos direitos humanos e liberdades fundamentais estabelecidos na presente Convenção.

Artigo 7º

Crianças com deficiência

1. Os Estados-partes tomarão todas as medidas necessárias para assegurar às crianças com deficiência o pleno exercício de todos os direitos humanos e liberdades fundamentais, em igualdade de oportunidades com as demais crianças.

2. Em todas as ações relativas às crianças com deficiência, o superior interesse da criança receberá consideração primordial.

3. Os Estados-partes assegurarão que as crianças com deficiência tenham o direito de expressar livremente sua opinião sobre todos os assuntos que lhes disserem respeito, tenham a sua opinião devidamente valorizada de acordo com sua idade e maturidade, em igualdade de oportunidades com as demais crianças, e recebam atendimento adequado à sua deficiência e idade, para que possam exercer tal direito.

Artigo 8º

Conscientização

1. Os Estados-partes se comprometem a adotar medidas imediatas, efetivas e apropriadas para:

a) Conscientizar toda a sociedade, inclusive as famílias, sobre as condições das pessoas com deficiência e fomentar o respeito pelos direitos e pela dignidade das pessoas com deficiência;

b) Combater estereótipos, preconceitos e práticas nocivas em relação a pessoas com deficiência, inclusive aqueles relacionados a sexo e idade, em todas as áreas da vida;

c) Promover a conscientização sobre as capacidades e contribuições das pessoas com deficiência.

2. As medidas para esse fim incluem:

a) Lançar e dar continuidade a efetivas campanhas de conscientização públicas, destinadas a:

I) Favorecer atitude receptiva em relação aos direitos das pessoas com deficiência;

II) Promover percepção positiva e maior consciência social em relação às pessoas com deficiência;

III) Promover o reconhecimento das habilidades, dos méritos e das capacidades das pessoas com deficiência e de sua contribuição ao local de trabalho e ao mercado laboral;

b) Fomentar em todos os níveis do sistema educacional, incluindo neles todas as crianças desde tenra idade, uma atitude de respeito para com os direitos das pessoas com deficiência;

c) Incentivar todos os órgãos da mídia a retratar as pessoas com deficiência de maneira compatível com o propósito da presente Convenção;

d) Promover programas de formação sobre sensibilização a respeito das pessoas com deficiência e sobre os direitos das pessoas com deficiência.

Artigo 9º

Acessibilidade

1. A fim de possibilitar às pessoas com deficiência viver de forma independente e participar plenamente de todos os aspectos da vida, os Estados-partes tomarão as medidas apropriadas para assegurar às pessoas com deficiência o acesso, em igualdade de oportunidades com as demais pessoas, ao meio físico, ao transporte, à informação e comunicação, inclusive aos sistemas e tecnologias da informação e comunicação, bem como a outros serviços e instalações abertos ao público ou de uso público, tanto na zona urbana como na rural. Essas medidas, que incluirão a identificação e a eliminação de obstáculos e barreiras à acessibilidade, serão aplicadas, entre outros, a:

a) Edifícios, rodovias, meios de transporte e outras instalações internas e externas, inclusive escolas, residências, instalações médicas e local de trabalho;

b) Informações, comunicações e outros serviços, inclusive serviços eletrônicos e serviços de emergência.

2. Os Estados-partes também tomarão medidas apropriadas para:

a) Desenvolver, promulgar e monitorar a implementação de normas e diretrizes mínimas para a acessibilidade das instalações e dos serviços abertos ao público ou de uso público;

b) Assegurar que as entidades privadas que oferecem instalações e serviços abertos ao público ou de uso público levem em consideração todos os aspectos relativos à acessibilidade para pessoas com deficiência;

c) Proporcionar, a todos os atores envolvidos, formação em relação às questões de acessibilidade com as quais as pessoas com deficiência se confrontam;

d) Dotar os edifícios e outras instalações abertas ao público ou de uso público de sinalização em braile e em formatos de fácil leitura e compreensão;

e) Oferecer formas de assistência humana ou animal e serviços de mediadores, incluindo guias, ledores e intérpretes profissionais da língua de sinais, para facilitar o acesso aos edifícios e outras instalações abertas ao público ou de uso público;

f) Promover outras formas apropriadas de assistência e apoio a pessoas com deficiência, a fim de assegurar a essas pessoas o acesso a informações;

g) Promover o acesso de pessoas com deficiência a novos sistemas e tecnologias da informação e comunicação, inclusive à Internet;

h) Promover, desde a fase inicial, a concepção, o desenvolvimento, a produção e a disseminação de sistemas e tecnologias de informação e comunicação, a fim de que esses sistemas e tecnologias se tornem acessíveis a custo mínimo.

Artigo 10

Direito à vida

Os Estados-partes reafirmam que todo ser humano tem o inerente direito à vida e tomarão todas as medidas necessárias para assegurar o efetivo exercício desse direito pelas pessoas com deficiência, em igualdade de oportunidades com as demais pessoas.

Artigo 11

Situações de risco e emergências humanitárias

Em conformidade com suas obrigações decorrentes do direito internacional, inclusive do direito humanitário internacional e do direito internacional dos direitos humanos, os Estados-partes tomarão todas as medidas necessárias para assegurar a proteção e a segurança das pessoas com deficiência que se encontrarem em situações de risco, inclusive situações de conflito armado, emergências humanitárias e ocorrência de desastres naturais.

Artigo 12

Reconhecimento igual perante a lei

1. Os Estados-partes reafirmam que as pessoas com deficiência têm o direito de ser reconhecidas em qualquer lugar como pessoas perante a lei.

2. Os Estados-partes reconhecerão que as pessoas com deficiência gozam de capacidade legal em igualdade de condições com as demais pessoas em todos os aspectos da vida.

3. Os Estados-partes tomarão medidas apropriadas para prover o acesso de pessoas com deficiência ao apoio que necessitarem no exercício de sua capacidade legal.

4. Os Estados-partes assegurarão que todas as medidas relativas ao exercício da capacidade legal incluam salvaguardas apropriadas e efetivas para prevenir abusos, em conformidade com o direito internacional dos direitos humanos. Essas salvaguardas assegurarão que as medidas relativas ao exercício da capacidade legal respeitem os direitos, a vontade e as preferências da pessoa, sejam isentas de conflito de interesses e de influência indevida, sejam proporcionais e apropriadas às circunstâncias da pessoa, se apliquem pelo período mais curto possível e sejam submetidas à revisão regular por uma autoridade ou órgão judiciário competente, independente e imparcial. As salvaguardas serão proporcionais ao grau em que tais medidas afetarem os direitos e interesses das pessoas.

5. Os Estados-partes, sujeitos ao disposto neste Artigo, tomarão todas as medidas apropriadas e efetivas para assegurar às pessoas com deficiência o igual direito de possuir ou herdar bens, de controlar as próprias finanças e de ter igual acesso a empréstimos bancários, hipotecas e outras formas de crédito financeiro, e assegurarão que as pessoas com deficiência não sejam arbitrariamente destituídas de seus bens.

Artigo 13

Acesso à justiça

1. Os Estados-partes assegurarão o efetivo acesso das pessoas com deficiência à justiça, em igualdade de condições com as demais pessoas, inclusive mediante a provisão de adaptações processuais adequadas à idade, a fim de facilitar o efetivo papel das pessoas com deficiência como participantes diretos ou indiretos, inclusive como testemunhas, em todos os procedimentos jurídicos, tais como investigações e outras etapas preliminares.

2. A fim de assegurar às pessoas com deficiência o efetivo acesso à justiça, os Estados-partes promoverão a capacitação apropriada daqueles que trabalham na área de administração da justiça, inclusive a polícia e os funcionários do sistema penitenciário.

Artigo 14

Liberdade e segurança da pessoa

1. Os Estados-partes assegurarão que as pessoas com deficiência, em igualdade de oportunidades com as demais pessoas:

a) Gozem do direito à liberdade e à segurança da pessoa; e

b) Não sejam privadas ilegal ou arbitrariamente de sua liberdade e que toda privação de liberdade esteja em conformidade com a lei, e que a existência de deficiência não justifique a privação de liberdade.

2. Os Estados-partes assegurarão que, se pessoas com deficiência forem privadas de liberdade mediante algum processo, elas, em igualdade de oportunidades com as demais pessoas, façam jus a garantias de acordo com o direito internacional dos direitos humanos e sejam tratadas em conformidade com os objetivos e princípios da presente Convenção, inclusive mediante a provisão de adaptação razoável.

Artigo 15

Prevenção contra tortura ou tratamentos ou penas cruéis, desumanos ou degradantes

1. Nenhuma pessoa será submetida à tortura ou a tratamentos ou penas cruéis, desumanos ou degradantes. Em especial, nenhuma pessoa deverá ser sujeita a experimentos médicos ou científicos sem seu livre consentimento.

2. Os Estados-partes tomarão todas as medidas efetivas de natureza legislativa, administrativa, judicial ou outra para evitar que pessoas com deficiência, do

mesmo modo que as demais pessoas, sejam submetidas à tortura ou a tratamentos ou penas cruéis, desumanos ou degradantes.

Artigo 16

Prevenção contra exploração, violência ou abuso

1. Os Estados-partes tomarão todas as medidas apropriadas de natureza legislativa, administrativa, social, educacional e outras para proteger as pessoas com deficiência, tanto dentro como fora do lar, contra todas as formas de exploração, violência e abuso, incluindo aspectos relacionados ao gênero.

2. Os Estados-partes também tomarão todas as medidas apropriadas para prevenir todas as formas de exploração, violência e abuso, assegurando, entre outras coisas, formas apropriadas de atendimento e apoio que levem em conta o gênero e a idade das pessoas com deficiência e de seus familiares e atendentes, inclusive mediante a provisão de informação e educação sobre a maneira de evitar, reconhecer e denunciar casos de exploração, violência e abuso. Os Estados-partes assegurarão que os serviços de proteção levem em conta a idade, o gênero e a deficiência das pessoas.

3. A fim de prevenir a ocorrência de quaisquer formas de exploração, violência e abuso, os Estados-partes assegurarão que todos os programas e instalações destinados a atender pessoas com deficiência sejam efetivamente monitorados por autoridades independentes.

4. Os Estados-partes tomarão todas as medidas apropriadas para promover a recuperação física, cognitiva e psicológica, inclusive mediante a provisão de serviços de proteção, a reabilitação e a reinserção social de pessoas com deficiência que forem vítimas de qualquer forma de exploração, violência ou abuso. Tais recuperação e reinserção ocorrerão em ambientes que promovam a saúde, o bem-estar, o autorrespeito, a dignidade e a autonomia da pessoa e levem em consideração as necessidades de gênero e idade.

5. Os Estados-partes adotarão leis e políticas efetivas, inclusive legislação e políticas voltadas para mulheres e crianças, a fim de assegurar que os casos de exploração, violência e abuso contra pessoas com deficiência sejam identificados, investigados e, caso necessário, julgados.

Artigo 17

Proteção à integridade da pessoa

Toda pessoa com deficiência tem o direito a que sua integridade física e mental seja respeitada, em igualdade de condições com as demais pessoas.

Artigo 18

Liberdade de movimentação e nacionalidade

1. Os Estados-partes reconhecerão os direitos das pessoas com deficiência à liberdade de movimentação, à liberdade de escolher sua residência e à nacionali-

dade, em igualdade de oportunidades com as demais pessoas, inclusive assegurando que as pessoas com deficiência:

a) Tenham o direito de adquirir nacionalidade e mudar de nacionalidade e não sejam privadas arbitrariamente de sua nacionalidade em razão de sua deficiência;

b) Não sejam privadas, por causa de sua deficiência, da competência de obter, possuir e utilizar documento comprovante de sua nacionalidade ou outro documento de identidade, ou de recorrer a processos relevantes, tais como procedimentos relativos à imigração, que forem necessários para facilitar o exercício de seu direito à liberdade de movimentação;

c) Tenham liberdade de sair de qualquer país, inclusive do seu; e

d) Não sejam privadas, arbitrariamente ou por causa de sua deficiência, do direito de entrar no próprio país.

2. As crianças com deficiência serão registradas imediatamente após o nascimento e terão, desde o nascimento, o direito a um nome, o direito de adquirir nacionalidade e, tanto quanto possível, o direito de conhecer seus pais e de serem cuidadas por eles.

Artigo 19

Vida independente e inclusão na comunidade

Os Estados-partes desta Convenção reconhecem o igual direito de todas as pessoas com deficiência de viver na comunidade, com a mesma liberdade de escolha que as demais pessoas, e tomarão medidas efetivas e apropriadas para facilitar às pessoas com deficiência o pleno gozo desse direito e sua plena inclusão e participação na comunidade, inclusive assegurando que:

a) As pessoas com deficiência possam escolher seu local de residência e onde e com quem moram, em igualdade de oportunidades com as demais pessoas, e que não sejam obrigadas a viver em determinado tipo de moradia;

b) As pessoas com deficiência tenham acesso a uma variedade de serviços de apoio em domicílio ou em instituições residenciais ou a outros serviços comunitários de apoio, inclusive os serviços de atendentes pessoais que forem necessários como apoio para que as pessoas com deficiência vivam e sejam incluídas na comunidade e para evitar que fiquem isoladas ou segregadas da comunidade;

c) Os serviços e instalações da comunidade para a população em geral estejam disponíveis às pessoas com deficiência, em igualdade de oportunidades, e atendam às suas necessidades.

Artigo 20

Mobilidade social

Os Estados-partes tomarão medidas efetivas para assegurar às pessoas com deficiência sua mobilidade pessoal com a máxima independência possível:

a) Facilitando a mobilidade pessoal das pessoas com deficiência, na forma e no momento em que elas quiserem, e a custo acessível;

b) Facilitando às pessoas com deficiência o acesso a tecnologias assistivas, dispositivos e ajudas técnicas de qualidade, e formas de assistência humana ou animal e de mediadores, inclusive tornando-os disponíveis a gasto acessível;

c) Propiciando às pessoas com deficiência e ao pessoal especializado uma capacitação em técnicas de mobilidade;

d) Incentivando entidades que produzem ajudas técnicas de mobilidade, dispositivos e tecnologias assistivas a levarem em conta todos os aspectos relativos à mobilidade de pessoas com deficiência.

Artigo 21

Liberdade de expressão e de opinião e acesso à informação

Os Estados-partes tomarão todas as medidas apropriadas para assegurar que as pessoas com deficiência possam exercer seu direito à liberdade de expressão e opinião, inclusive à liberdade de buscar, receber e compartilhar informações e ideias, em igualdade de oportunidades com as demais pessoas e por intermédio de todas as formas de comunicação de sua escolha, conforme disposto no Artigo 2º da presente Convenção, entre as quais:

a) Fornecer, prontamente e sem custo adicional, às pessoas com deficiência todas as informações destinadas ao público em geral, em formatos acessíveis e tecnologias apropriadas aos diferentes tipos de deficiência;

b) Aceitar e facilitar, em trâmites oficiais, o uso de línguas de sinais, braile, comunicação aumentativa e alternativa, e de todos os demais meios, modos e formatos acessíveis de comunicação, à escolha das pessoas com deficiência;

c) Urgir as entidades privadas que oferecem serviços ao público em geral, inclusive por meio da Internet, a fornecer informações e serviços em formatos acessíveis, que possam ser usados por pessoas com deficiência;

d) Incentivar a mídia, inclusive os provedores de informação pela Internet, a tornar seus serviços acessíveis a pessoas com deficiência;

e) Reconhecer e promover o uso de línguas de sinais.

Artigo 22

Respeito à privacidade

1. Nenhuma pessoa com deficiência, qualquer que seja seu local de residência ou tipo de moradia, estará sujeita a interferência arbitrária ou ilegal em sua privacidade, família, lar, correspondência ou outros tipos de comunicação, nem a ataques ilícitos à sua honra e reputação. As pessoas com deficiência têm o direito à proteção da lei contra tais interferências ou ataques.

2. Os Estados-partes protegerão a privacidade dos dados pessoais e dados relativos à saúde e à reabilitação de pessoas com deficiência, em igualdade de condições com as demais pessoas.

Artigo 23

Respeito pelo lar e pela família

1. Os Estados-partes tomarão medidas efetivas e apropriadas para eliminar a discriminação contra pessoas com deficiência, em todos os aspectos relativos a casamento, família, paternidade e relacionamentos, em igualdade de condições com as demais pessoas, de modo a assegurar que:

a) Seja reconhecido o direito das pessoas com deficiência, em idade de contrair matrimônio, de casar-se e estabelecer família, com base no livre e pleno consentimento dos pretendentes;

b) Sejam reconhecidos os direitos das pessoas com deficiência de decidir livre e responsavelmente sobre o número de filhos e o espaçamento entre esses filhos e de ter acesso a informações adequadas à idade e à educação em matéria de reprodução e de planejamento familiar, bem como os meios necessários para exercer esses direitos;

c) As pessoas com deficiência, inclusive crianças, conservem sua fertilidade, em igualdade de condições com as demais pessoas.

2. Os Estados-partes assegurarão os direitos e responsabilidades das pessoas com deficiência, relativos à guarda, custódia, curatela e adoção de crianças ou instituições semelhantes, caso esses conceitos constem na legislação nacional. Em todos os casos, prevalecerá o superior interesse da criança. Os Estados-partes prestarão a devida assistência às pessoas com deficiência para que essas pessoas possam exercer suas responsabilidades na criação dos filhos.

3. Os Estados-partes assegurarão que as crianças com deficiência terão iguais direitos em relação à vida familiar. Para a realização desses direitos e para evitar ocultação, abandono, negligência e segregação de crianças com deficiência, os Estados-partes fornecerão prontamente informações abrangentes sobre serviços e apoios a crianças com deficiência e suas famílias.

4. Os Estados-partes assegurarão que uma criança não será separada de seus pais contra a vontade destes, exceto quando autoridades competentes, sujeitas a controle jurisdicional, determinarem, em conformidade com as leis e procedimentos aplicáveis, que a separação é necessária, no superior interesse da criança. Em nenhum caso, uma criança será separada dos pais sob alegação de deficiência da criança ou de um ou ambos os pais.

5. Os Estados-partes, no caso em que a família imediata de uma criança com deficiência não tenha condições de cuidar da criança, farão todo esforço para que cuidados alternativos sejam oferecidos por outros parentes e, se isso não for possível, dentro de ambiente familiar, na comunidade.

Artigo 24

Educação

1. Os Estados-partes reconhecem o direito das pessoas com deficiência à educação. Para efetivar esse direito sem discriminação e com base na igualdade de

oportunidades, os Estados-partes assegurarão sistema educacional inclusivo em todos os níveis, bem como o aprendizado ao longo de toda a vida, com os seguintes objetivos:

a) O pleno desenvolvimento do potencial humano e do senso de dignidade e autoestima além do fortalecimento do respeito pelos direitos humanos, pelas liberdades fundamentais e pela diversidade humana;

b) O máximo desenvolvimento possível da personalidade e dos talentos e da criatividade das pessoas com deficiência, assim como de suas habilidades físicas e intelectuais;

c) A participação efetiva das pessoas com deficiência em uma sociedade livre.

2. Para a realização desse direito, os Estados-partes assegurarão que:

a) As pessoas com deficiência não sejam excluídas do sistema educacional geral sob alegação de deficiência e que as crianças com deficiência não sejam excluídas do ensino primário gratuito e compulsório ou do ensino secundário, sob alegação de deficiência;

b) As pessoas com deficiência possam ter acesso ao ensino primário inclusivo, de qualidade e gratuito, e ao ensino secundário, em igualdade de condições com as demais pessoas na comunidade em que vivem;

c) Adaptações razoáveis de acordo com as necessidades individuais sejam providenciadas;

d) As pessoas com deficiência recebam o apoio necessário, no âmbito do sistema educacional geral, com vistas a facilitar sua efetiva educação;

e) Medidas de apoio individualizadas e efetivas sejam adotadas em ambientes que maximizem o desenvolvimento acadêmico e social, de acordo com a meta de inclusão plena.

3. Os Estados-partes assegurarão às pessoas com deficiência a possibilidade de adquirir as competências práticas e sociais necessárias de modo a facilitar às pessoas com deficiência sua plena e igual participação no sistema de ensino e na vida em comunidade. Para tanto, os Estados-partes tomarão medidas apropriadas, incluindo:

a) Facilitação do aprendizado do braile, escrita alternativa, modos, meios e formatos de comunicação aumentativa e alternativa, e habilidades de orientação e mobilidade, além de facilitação do apoio e aconselhamento de pares;

b) Facilitação do aprendizado da língua de sinais e promoção da identidade linguística da comunidade surda;

c) Garantia de que a educação de pessoas, em particular crianças cegas, surdo-cegas e surdas, seja ministrada nas línguas e nos modos e meios de comunicação mais adequados ao indivíduo e em ambientes que favoreçam ao máximo seu desenvolvimento acadêmico e social.

4. A fim de contribuir para o exercício desse direito, os Estados-partes tomarão medidas apropriadas para empregar professores, inclusive professores com deficiência, habilitados para o ensino da língua de sinais e/ou do braile, e para capacitar profissionais e equipes atuantes em todos os níveis de ensino. Essa capacitação incorporará a conscientização da deficiência e a utilização de modos, meios e formatos apropriados de comunicação aumentativa e alternativa, e técnicas e materiais pedagógicos, como apoios para pessoas com deficiência.

5. Os Estados-partes assegurarão que as pessoas com deficiência possam ter acesso ao ensino superior em geral, treinamento profissional de acordo com sua vocação, educação para adultos e formação continuada, sem discriminação e em igualdade de condições. Para tanto, os Estados-partes assegurarão a provisão de adaptações razoáveis para pessoas com deficiência.

Artigo 25

Saúde

Os Estados-partes reconhecem que as pessoas com deficiência têm o direito de gozar do estado de saúde mais elevado possível, sem discriminação baseada na deficiência. Os Estados-partes tomarão todas as medidas apropriadas para assegurar às pessoas com deficiência o acesso a serviços de saúde, incluindo os serviços de reabilitação, que levarão em conta as especificidades de gênero. Em especial, os Estados-partes:

a) Oferecerão às pessoas com deficiência programas e atenção à saúde gratuitos ou a custos acessíveis da mesma variedade, qualidade e padrão que são oferecidos às demais pessoas, inclusive na área de saúde sexual e reprodutiva e de programas de saúde pública destinados à população em geral;

b) Propiciarão serviços de saúde que as pessoas com deficiência necessitam especificamente por causa de sua deficiência, inclusive diagnóstico e intervenção precoces, bem como serviços projetados para reduzir ao máximo e prevenir deficiências adicionais, inclusive entre crianças e idosos;

c) Propiciarão esses serviços de saúde às pessoas com deficiência, o mais próximo possível de suas comunidades, inclusive na zona rural;

d) Exigirão dos profissionais de saúde que dispensem às pessoas com deficiência a mesma qualidade de serviços dispensada às demais pessoas e, principalmente, que obtenham o consentimento livre e esclarecido das pessoas com deficiência concernentes. Para esse fim, os Estados-partes realizarão atividades de formação e definirão regras éticas para os setores de saúde público e privado, de modo a conscientizar os profissionais de saúde acerca dos direitos humanos, da dignidade, autonomia e das necessidades das pessoas com deficiência;

e) Proibirão a discriminação contra pessoas com deficiência na provisão de seguro de saúde e seguro de vida, caso tais seguros sejam permitidos pela legislação nacional, os quais deverão ser providos de maneira razoável e justa;

f) Prevenirão que se negue, de maneira discriminatória, os serviços de saúde ou de atenção à saúde ou a administração de alimentos sólidos ou líquidos por motivo de deficiência.

Artigo 26

Habilitação e reabilitação

1. Os Estados-partes tomarão medidas efetivas e apropriadas, inclusive mediante apoio dos pares, para possibilitar que as pessoas com deficiência conquistem e conservem o máximo de autonomia e plena capacidade física, mental, social e profissional, bem como plena inclusão e participação em todos os aspectos da vida. Para tanto, os Estados-partes organizarão, fortalecerão e ampliarão serviços e programas completos de habilitação e reabilitação, particularmente nas áreas de saúde, emprego, educação e serviços sociais, de modo que esses serviços e programas:

a) Comecem no estágio mais precoce possível e sejam baseados em avaliação multidisciplinar das necessidades e pontos fortes de cada pessoa;

b) Apoiem a participação e a inclusão na comunidade e em todos os aspectos da vida social, sejam oferecidos voluntariamente e estejam disponíveis às pessoas com deficiência o mais próximo possível de suas comunidades, inclusive na zona rural.

2. Os Estados-partes promoverão o desenvolvimento da capacitação inicial e continuada de profissionais e de equipes que atuam nos serviços de habilitação e reabilitação.

3. Os Estados-partes promoverão a disponibilidade, o conhecimento e o uso de dispositivos e tecnologias assistivas, projetados para pessoas com deficiência e relacionados com a habilitação e a reabilitação.

Artigo 27

Trabalho e emprego

1. Os Estados-partes reconhecem o direito das pessoas com deficiência ao trabalho, em igualdade de oportunidades com as demais pessoas. Esse direito abrange o direito à oportunidade de se manter com um trabalho de sua livre escolha ou aceitação no mercado laboral, em ambiente de trabalho que seja aberto, inclusivo e acessível a pessoas com deficiência. Os Estados-partes salvaguardarão e promoverão a realização do direito ao trabalho, inclusive daqueles que tiverem adquirido uma deficiência no emprego, adotando medidas apropriadas, incluídas na legislação, com o fim de, entre outros:

a) Proibir a discriminação baseada na deficiência com respeito a todas as questões relacionadas com as formas de emprego, inclusive condições de recrutamento, contratação e admissão, permanência no emprego, ascensão profissional e condições seguras e salubres de trabalho;

b) Proteger os direitos das pessoas com deficiência, em condições de igualdade com as demais pessoas, às condições justas e favoráveis de trabalho, incluindo iguais oportunidades e igual remuneração por trabalho de igual valor, condições seguras e salubres de trabalho, além de reparação de injustiças e proteção contra o assédio no trabalho;

c) Assegurar que as pessoas com deficiência possam exercer seus direitos trabalhistas e sindicais, em condições de igualdade com as demais pessoas;

d) Possibilitar às pessoas com deficiência o acesso efetivo a programas de orientação técnica e profissional e a serviços de colocação no trabalho e de treinamento profissional e continuado;

e) Promover oportunidades de emprego e ascensão profissional para pessoas com deficiência no mercado de trabalho, bem como assistência na procura, obtenção e manutenção do emprego e no retorno ao emprego;

f) Promover oportunidades de trabalho autônomo, empreendedorismo, desenvolvimento de cooperativas e estabelecimento de negócio próprio;

g) Empregar pessoas com deficiência no setor público;

h) Promover o emprego de pessoas com deficiência no setor privado, mediante políticas e medidas apropriadas, que poderão incluir programas de ação afirmativa, incentivos e outras medidas;

i) Assegurar que adaptações razoáveis sejam feitas para pessoas com deficiência no local de trabalho;

j) Promover a aquisição de experiência de trabalho por pessoas com deficiência no mercado aberto de trabalho;

k) Promover reabilitação profissional, manutenção do emprego e programas de retorno ao trabalho para pessoas com deficiência.

2. Os Estados-partes assegurarão que as pessoas com deficiência não serão mantidas em escravidão ou servidão e que serão protegidas, em igualdade de condições com as demais pessoas, contra o trabalho forçado ou compulsório.

Artigo 28
Padrão de vida e proteção social adequados

Os Estados-partes reconhecem o direito das pessoas com deficiência a um padrão adequado de vida para si e para suas famílias, inclusive alimentação, vestuário e moradia adequados, bem como a melhoria contínua de suas condições de vida, e tomarão as providências necessárias para salvaguardar e promover a realização desse direito sem discriminação baseada na deficiência.

Os Estados-partes reconhecem o direito das pessoas com deficiência à proteção social e ao exercício desse direito sem discriminação baseada na deficiência, e tomarão as medidas apropriadas para salvaguardar e promover a realização desse direito, tais como:

a) Assegurar igual acesso de pessoas com deficiência a serviços de saneamento básico e assegurar o acesso aos serviços, dispositivos e outros atendimentos apropriados para as necessidades relacionadas com a deficiência;

b) Assegurar o acesso de pessoas com deficiência, particularmente mulheres, crianças e idosos com deficiência, a programas de proteção social e de redução da pobreza;

c) Assegurar o acesso de pessoas com deficiência e suas famílias em situação de pobreza à assistência do Estado em relação a seus gastos ocasionados pela deficiência, inclusive treinamento adequado, aconselhamento, ajuda financeira e cuidados de repouso;

d) Assegurar o acesso de pessoas com deficiência a programas habitacionais públicos;

e) Assegurar igual acesso de pessoas com deficiência a programas e benefícios de aposentadoria.

Artigo 29

Participação na vida política e pública

Os Estados-partes garantirão às pessoas com deficiência direitos políticos e oportunidade de exercê-los em condições de igualdade com as demais pessoas, e deverão:

a) Assegurar que as pessoas com deficiência possam participar efetiva e plenamente na vida política e pública, em igualdade de oportunidades com as demais pessoas, diretamente ou por meio de representantes livremente escolhidos, incluindo o direito e a oportunidade de votarem e serem votadas, mediante, entre outros:

I) Garantia de que os procedimentos, instalações e materiais e equipamentos para votação serão apropriados, acessíveis e de fácil compreensão e uso;

II) Proteção do direito das pessoas com deficiência ao voto secreto em eleições e plebiscitos, sem intimidação, e a candidatar-se nas eleições, efetivamente ocupar cargos eletivos e desempenhar quaisquer funções públicas em todos os níveis de governo, usando novas tecnologias assistivas, quando apropriado;

III) Garantia da livre expressão de vontade das pessoas com deficiência como eleitores e, para tanto, sempre que necessário e a seu pedido, permissão para que elas sejam auxiliadas na votação por uma pessoa de sua escolha;

b) Promover ativamente um ambiente em que as pessoas com deficiência possam participar efetiva e plenamente na condução das questões públicas, sem discriminação e em igualdade de oportunidades com as demais pessoas, e encorajar sua participação nas questões públicas, mediante:

I) Participação em organizações não governamentais relacionadas com a vida pública e política do país, bem como em atividades e administração de partidos políticos;

II) Formação de organizações para representar pessoas com deficiência em níveis internacional, regional, nacional e local, bem como a filiação de pessoas com deficiência a tais organizações.

Artigo 30

Participação na vida cultural e em recreação, lazer e esporte

1. Os Estados-partes reconhecem o direito das pessoas com deficiência de participar na vida cultural, em igualdade de oportunidades com as demais pessoas, e tomarão todas as medidas apropriadas para que as pessoas com deficiência possam:

a) Ter acesso a bens culturais em formatos acessíveis;

b) Ter acesso a programas de televisão, cinema, teatro e outras atividades culturais, em formatos acessíveis; e

c) Ter acesso a locais que ofereçam serviços ou eventos culturais, tais como teatros, museus, cinemas, bibliotecas e serviços turísticos, bem como, tanto quanto possível, ter acesso a monumentos e locais de importância cultural nacional.

2. Os Estados-partes tomarão medidas apropriadas para que as pessoas com deficiência tenham a oportunidade de desenvolver e utilizar seu potencial criativo, artístico e intelectual, não somente em benefício próprio, mas também para o enriquecimento da sociedade.

3. Os Estados-partes deverão tomar todas as providências, em conformidade com o direito internacional, para assegurar que a legislação de proteção dos direitos de propriedade intelectual não constitua barreira excessiva ou discriminatória ao acesso de pessoas com deficiência a bens culturais.

4. As pessoas com deficiência farão jus, em igualdade de oportunidades com as demais pessoas, a que sua identidade cultural e linguística específica seja reconhecida e apoiada, incluindo as línguas de sinais e a cultura surda.

5. Para que as pessoas com deficiência participem, em igualdade de oportunidades com as demais pessoas, de atividades recreativas, esportivas e de lazer, os Estados-partes tomarão medidas apropriadas para:

a) Incentivar e promover a maior participação possível das pessoas com deficiência nas atividades esportivas comuns em todos os níveis;

b) Assegurar que as pessoas com deficiência tenham a oportunidade de organizar, desenvolver e participar em atividades esportivas e recreativas específicas às deficiências e, para tanto, incentivar a provisão de instrução, treinamento e recursos adequados, em igualdade de oportunidades com as demais pessoas;

c) Assegurar que as pessoas com deficiência tenham acesso a locais de eventos esportivos, recreativos e turísticos;

d) Assegurar que as crianças com deficiência possam, em igualdade de condições com as demais crianças, participar de jogos e atividades recreativas, esportivas e de lazer, inclusive no sistema escolar;

e) Assegurar que as pessoas com deficiência tenham acesso aos serviços prestados por pessoas ou entidades envolvidas na organização de atividades recreativas, turísticas, esportivas e de lazer.

Artigo 31

Estatísticas e coleta de dados

1. Os Estados-partes coletarão dados apropriados, inclusive estatísticos e de pesquisas, para que possam formular e implementar políticas destinadas a pôr em prática a presente Convenção. O processo de coleta e manutenção de tais dados deverá:

a) Observar as salvaguardas estabelecidas por lei, inclusive pelas leis relativas à proteção de dados, a fim de assegurar a confidencialidade e o respeito pela privacidade das pessoas com deficiência;

b) Observar as normas internacionalmente aceitas para proteger os direitos humanos, as liberdades fundamentais e os princípios éticos na coleta de dados e utilização de estatísticas.

2. As informações coletadas de acordo com o disposto neste Artigo serão desagregadas, de maneira apropriada, e utilizadas para avaliar o cumprimento, por parte dos Estados-partes, de suas obrigações na presente Convenção e para identificar e enfrentar as barreiras com as quais as pessoas com deficiência se deparam no exercício de seus direitos.

3. Os Estados-partes assumirão responsabilidade pela disseminação das referidas estatísticas e assegurarão que elas sejam acessíveis às pessoas com deficiência e a outros.

Artigo 32

Cooperação internacional

1. Os Estados-partes reconhecem a importância da cooperação internacional e de sua promoção, em apoio aos esforços nacionais para a consecução do propósito e dos objetivos da presente Convenção e, sob este aspecto, adotarão medidas apropriadas e efetivas entre os Estados, de maneira adequada, em parceria com organizações internacionais e regionais relevantes e com a sociedade civil e, em particular, com organizações de pessoas com deficiência. Estas medidas poderão incluir, entre outras:

a) Assegurar que a cooperação internacional, incluindo os programas internacionais de desenvolvimento, sejam inclusivos e acessíveis para pessoas com deficiência;

b) Facilitar e apoiar a capacitação, inclusive por meio do intercâmbio e compartilhamento de informações, experiências, programas de treinamento e melhores práticas;

c) Facilitar a cooperação em pesquisa e o acesso a conhecimentos científicos e técnicos;

d) Propiciar, de maneira apropriada, assistência técnica e financeira, inclusive mediante facilitação do acesso a tecnologias assistivas e acessíveis e seu compartilhamento, bem como por meio de transferência de tecnologias.

2. O disposto neste Artigo se aplica sem prejuízo das obrigações que cabem a cada Estado-parte em decorrência da presente Convenção.

Artigo 33

Implementação e monitoramento nacionais

1. Os Estados-partes, de acordo com seu sistema organizacional, designarão um ou mais de um ponto focal no âmbito do Governo para assuntos relacionados com a implementação da presente Convenção e darão a devida consideração ao estabelecimento ou designação de um mecanismo de coordenação no âmbito do Governo, a fim de facilitar ações correlatas nos diferentes setores e níveis.

2. Os Estados-partes, em conformidade com seus sistemas jurídico e administrativo, manterão, fortalecerão, designarão ou estabelecerão estrutura, incluindo um ou mais de um mecanismo independente, de maneira apropriada, para promover, proteger e monitorar a implementação da presente Convenção. Ao designar ou estabelecer tal mecanismo, os Estados-partes levarão em conta os princípios relativos ao *status* e funcionamento das instituições nacionais de proteção e promoção dos direitos humanos.

3. A sociedade civil e, particularmente, as pessoas com deficiência e suas organizações representativas serão envolvidas e participarão plenamente no processo de monitoramento.

Artigo 34

Comitê sobre os Direitos das Pessoas com Deficiência

1. Um Comitê sobre os Direitos das Pessoas com Deficiência (doravante denominado "Comitê") será estabelecido, para desempenhar as funções aqui definidas.

2. O Comitê será constituído, quando da entrada em vigor da presente Convenção, de 12 peritos. Quando a presente Convenção alcançar 60 ratificações ou adesões, o Comitê será acrescido em seis membros, perfazendo o total de 18 membros.

3. Os membros do Comitê atuarão a título pessoal e apresentarão elevada postura moral, competência e experiência reconhecidas no campo abrangido pela presente Convenção. Ao designar seus candidatos, os Estados-partes são instados a dar a devida consideração ao disposto no Artigo 4.3 da presente Convenção.

4. Os membros do Comitê serão eleitos pelos Estados-partes, observando-se uma distribuição geográfica equitativa, representação de diferentes formas de civilização e dos principais sistemas jurídicos, representação equilibrada de gênero e participação de peritos com deficiência.

5. Os membros do Comitê serão eleitos por votação secreta em sessões da Conferência dos Estados-partes, a partir de uma lista de pessoas designadas pelos Estados-partes entre seus nacionais. Nessas sessões, cujo *quorum* será de dois terços dos Estados-partes, os candidatos eleitos para o Comitê serão aqueles que

obtiverem o maior número de votos e a maioria absoluta dos votos dos representantes dos Estados-partes presentes e votantes.

6. A primeira eleição será realizada, o mais tardar, até seis meses após a data de entrada em vigor da presente Convenção. Pelo menos quatro meses antes de cada eleição, o Secretário-Geral das Nações Unidas dirigirá carta aos Estados-partes, convidando-os a submeter os nomes de seus candidatos no prazo de dois meses. O Secretário-Geral, subsequentemente, preparará lista em ordem alfabética de todos os candidatos apresentados, indicando que foram designados pelos Estados-partes, e submeterá essa lista aos Estados-partes da presente Convenção.

7. Os membros do Comitê serão eleitos para mandato de quatro anos, podendo ser candidatos à reeleição uma única vez. Contudo, o mandato de seis dos membros eleitos na primeira eleição expirará ao fim de dois anos; imediatamente após a primeira eleição, os nomes desses seis membros serão selecionados por sorteio pelo presidente da sessão a que se refere o parágrafo 5 deste Artigo.

8. A eleição dos seis membros adicionais do Comitê será realizada por ocasião das eleições regulares, de acordo com as disposições pertinentes deste Artigo.

9. Em caso de morte, demissão ou declaração de um membro de que, por algum motivo, não poderá continuar a exercer suas funções, o Estado-parte que o tiver indicado designará um outro perito que tenha as qualificações e satisfaça aos requisitos estabelecidos pelos dispositivos pertinentes deste Artigo, para concluir o mandato em questão.

10. O Comitê estabelecerá suas próprias normas de procedimento.

11. O Secretário-Geral das Nações Unidas proverá o pessoal e as instalações necessários para o efetivo desempenho das funções do Comitê segundo a presente Convenção e convocará sua primeira reunião.

12. Com a aprovação da Assembleia Geral, os membros do Comitê estabelecido sob a presente Convenção receberão emolumentos dos recursos das Nações Unidas, sob termos e condições que a Assembleia possa decidir, tendo em vista a importância das responsabilidades do Comitê.

13. Os membros do Comitê terão direito aos privilégios, facilidades e imunidades dos peritos em missões das Nações Unidas, em conformidade com as disposições pertinentes da Convenção sobre Privilégios e Imunidades das Nações Unidas.

Artigo 35

Relatórios dos Estados-partes

1. Cada Estado-parte, por intermédio do Secretário-Geral das Nações Unidas, submeterá relatório abrangente sobre as medidas adotadas em cumprimento de suas obrigações estabelecidas pela presente Convenção e sobre o progresso alcançado nesse aspecto, dentro do período de dois anos após a entrada em vigor da presente Convenção para o Estado-parte concernente.

2. Depois disso, os Estados-partes submeterão relatórios subsequentes, ao menos a cada quatro anos, ou quando o Comitê o solicitar.

3. O Comitê determinará as diretrizes aplicáveis ao teor dos relatórios.

4. Um Estado-parte que tiver submetido ao Comitê um relatório inicial abrangente não precisará, em relatórios subsequentes, repetir informações já apresentadas. Ao elaborar os relatórios ao Comitê, os Estados-partes são instados a fazê-lo de maneira franca e transparente e a levar em consideração o disposto no Artigo 4.3 da presente Convenção.

5. Os relatórios poderão apontar os fatores e as dificuldades que tiverem afetado o cumprimento das obrigações decorrentes da presente Convenção.

Artigo 36

Consideração dos relatórios

1. Os relatórios serão considerados pelo Comitê, que fará as sugestões e recomendações gerais que julgar pertinentes e as transmitirá aos respectivos Estados-partes. O Estado-parte poderá responder ao Comitê com as informações que julgar pertinentes. O Comitê poderá pedir informações adicionais aos Estados-partes, referentes à implementação da presente Convenção.

2. Se um Estado-parte atrasar consideravelmente a entrega de seu relatório, o Comitê poderá notificar esse Estado de que examinará a aplicação da presente Convenção com base em informações confiáveis de que disponha, a menos que o relatório devido seja apresentado pelo Estado dentro do período de três meses após a notificação. O Comitê convidará o Estado-parte interessado a participar desse exame. Se o Estado-parte responder entregando seu relatório, aplicar-se-á o disposto no parágrafo 1 do presente Artigo.

3. O Secretário-Geral das Nações Unidas colocará os relatórios à disposição de todos os Estados-partes.

4. Os Estados-partes tornarão seus relatórios amplamente disponíveis ao público em seus países e facilitarão o acesso à possibilidade de sugestões e de recomendações gerais a respeito desses relatórios.

5. O Comitê transmitirá às agências, fundos e programas especializados das Nações Unidas e a outras organizações competentes, da maneira que julgar apropriada, os relatórios dos Estados-partes que contenham demandas ou indicações de necessidade de consultoria ou de assistência técnica, acompanhados de eventuais observações e sugestões do Comitê em relação às referidas demandas ou indicações, a fim de que possam ser consideradas.

Artigo 37

Cooperação entre os Estados-partes e o Comitê

1. Cada Estado-parte cooperará com o Comitê e auxiliará seus membros no desempenho de seu mandato.

2. Em suas relações com os Estados-partes, o Comitê dará a devida consideração aos meios e modos de aprimorar a capacidade de cada Estado-parte para a implementação da presente Convenção, inclusive mediante cooperação internacional.

Artigo 38

Relações do Comitê com outros órgãos

A fim de promover a efetiva implementação da presente Convenção e de incentivar a cooperação internacional na esfera abrangida pela presente Convenção:

a) As agências especializadas e outros órgãos das Nações Unidas terão o direito de se fazer representar quando da consideração da implementação de disposições da presente Convenção que disserem respeito aos seus respectivos mandatos. O Comitê poderá convidar as agências especializadas e outros órgãos competentes, segundo julgar apropriado, a oferecer consultoria de peritos sobre a implementação da Convenção em áreas pertinentes a seus respectivos mandatos. O Comitê poderá convidar agências especializadas e outros órgãos das Nações Unidas a apresentar relatórios sobre a implementação da Convenção em áreas pertinentes às suas respectivas atividades;

b) No desempenho de seu mandato, o Comitê consultará, de maneira apropriada, outros órgãos pertinentes instituídos ao amparo de tratados internacionais de direitos humanos, a fim de assegurar a consistência de suas respectivas diretrizes para a elaboração de relatórios, sugestões e recomendações gerais e de evitar duplicação e superposição no desempenho de suas funções.

Artigo 39

Relatório do Comitê

A cada dois anos, o Comitê submeterá à Assembleia Geral e ao Conselho Econômico e Social um relatório de suas atividades e poderá fazer sugestões e recomendações gerais baseadas no exame dos relatórios e nas informações recebidas dos Estados-partes. Estas sugestões e recomendações gerais serão incluídas no relatório do Comitê, acompanhadas, se houver, de comentários dos Estados-partes.

Artigo 40

Conferência dos Estados-partes

1. Os Estados-partes reunir-se-ão regularmente em Conferência dos Estados-partes a fim de considerar matérias relativas à implementação da presente Convenção.

2. O Secretário-Geral das Nações Unidas convocará, dentro do período de seis meses após a entrada em vigor da presente Convenção, a Conferência dos Estados-partes. As reuniões subsequentes serão convocadas pelo Secretário-Geral das Nações Unidas a cada dois anos ou conforme a decisão da Conferência dos Estados-partes.

Artigo 41

Depositário

O Secretário-Geral das Nações Unidas será o depositário da presente Convenção.

Artigo 42

Assinatura

A presente Convenção será aberta à assinatura de todos os Estados e organizações de integração regional na sede das Nações Unidas em Nova York, a partir de 30 de março de 2007.

Artigo 43

Consentimento em comprometer-se

A presente Convenção será submetida à ratificação pelos Estados signatários e à confirmação formal por organizações de integração regional signatárias. Ela estará aberta à adesão de qualquer Estado ou organização de integração regional que não a houver assinado.

Artigo 44

Organizações de integração regional

1. "Organização de integração regional" será entendida como organização constituída por Estados soberanos de determinada região, à qual seus Estados--membros tenham delegado competência sobre matéria abrangida pela presente Convenção. Essas organizações declararão, em seus documentos de confirmação formal ou adesão, o alcance de sua competência em relação a matéria abrangida pela presente Convenção. Subsequentemente, as organizações informarão ao depositário qualquer alteração substancial no âmbito de sua competência.

2. As referências a "Estados-partes" na presente Convenção serão aplicáveis a essas organizações, nos limites da competência destas.

3. Para os fins do parágrafo 1 do Artigo 45 e dos parágrafos 2 e 3 do Artigo 47, nenhum instrumento depositado por organização de integração regional será computado.

4. As organizações de integração regional, em matérias de sua competência, poderão exercer o direito de voto na Conferência dos Estados-partes, tendo direito ao mesmo número de votos quanto for o número de seus Estados-membros que forem Partes da presente Convenção. Essas organizações não exercerão seu direito de voto, se qualquer de seus Estados membros exercer seu direito de voto, e vice-versa.

Artigo 45

Entrada em vigor

1. A presente Convenção entrará em vigor no trigésimo dia após o depósito do vigésimo instrumento de ratificação ou adesão.

2. Para cada Estado ou organização de integração regional que ratificar ou formalmente confirmar a presente Convenção ou a ela aderir após o depósito do referido vigésimo instrumento, a Convenção entrará em vigor no trigésimo dia a partir da data em que esse Estado ou organização tenha depositado seu instrumento de ratificação, confirmação formal ou adesão.

Artigo 46

Reservas

1. Não serão permitidas reservas incompatíveis com o objeto e o propósito da presente Convenção.

2. As reservas poderão ser retiradas a qualquer momento.

Artigo 47

Emendas

1. Qualquer Estado-parte poderá propor emendas à presente Convenção e submetê-las ao Secretário-Geral das Nações Unidas. O Secretário-Geral comunicará aos Estados-partes quaisquer emendas propostas, solicitando-lhes que o notifiquem se são favoráveis a uma Conferência dos Estados-partes para considerar as propostas e tomar decisão a respeito delas. Se, até quatro meses após a data da referida comunicação, pelo menos um terço dos Estados-partes se manifestar favorável a essa Conferência, o Secretário-Geral das Nações Unidas convocará a Conferência, sob os auspícios das Nações Unidas. Qualquer emenda adotada por maioria de dois terços dos Estados-partes presentes e votantes será submetida pelo Secretário-Geral à aprovação da Assembleia Geral das Nações Unidas e, posteriormente, à aceitação de todos os Estados-partes.

2. Qualquer emenda adotada e aprovada conforme o disposto no parágrafo 1 do presente artigo entrará em vigor no trigésimo dia após a data na qual o número de instrumentos de aceitação tenha atingido dois terços do número de Estados-partes na data de adoção da emenda. Posteriormente, a emenda entrará em vigor para todo Estado-parte no trigésimo dia após o depósito por esse Estado do seu instrumento de aceitação. A emenda será vinculante somente para os Estados-partes que a tiverem aceitado.

3. Se a Conferência dos Estados-partes assim o decidir por consenso, qualquer emenda adotada e aprovada em conformidade com o disposto no parágrafo 1 deste Artigo, relacionada exclusivamente com os artigos 34, 38, 39 e 40, entrará em vigor para todos os Estados-partes no trigésimo dia a partir da data em que o número de instrumentos de aceitação depositados tiver atingido dois terços do número de Estados-partes na data de adoção da emenda.

Artigo 48

Denúncia

Qualquer Estado-parte poderá denunciar a presente Convenção mediante notificação por escrito ao Secretário-Geral das Nações Unidas. A denúncia tornar-se-á efetiva um ano após a data de recebimento da notificação pelo Secretário-Geral.

Artigo 49

Formatos acessíveis

O texto da presente Convenção será colocado à disposição em formatos acessíveis.

Artigo 50

Textos autênticos

Os textos em árabe, chinês, espanhol, francês, inglês e russo da presente Convenção serão igualmente autênticos.

PROTOCOLO FACULTATIVO À CONVENÇÃO SOBRE OS DIREITOS DAS PESSOAS COM DEFICIÊNCIA

Os Estados-partes do presente Protocolo acordaram o seguinte:

Artigo 1º

1. Qualquer Estado-parte do presente Protocolo ("Estado-parte") reconhece a competência do Comitê sobre os Direitos das Pessoas com Deficiência ("Comitê") para receber e considerar comunicações submetidas por pessoas ou grupos de pessoas, ou em nome deles, sujeitos à sua jurisdição, alegando serem vítimas de violação das disposições da Convenção pelo referido Estado-parte.

2. O Comitê não receberá comunicação referente a qualquer Estado-parte que não seja signatário do presente Protocolo.

Artigo 2º

O Comitê considerará inadmissível a comunicação quando:

a) A comunicação for anônima;

b) A comunicação constituir abuso do direito de submeter tais comunicações ou for incompatível com as disposições da Convenção;

c) A mesma matéria já tenha sido examinada pelo Comitê ou tenha sido ou estiver sendo examinada sob outro procedimento de investigação ou resolução internacional;

d) Não tenham sido esgotados todos os recursos internos disponíveis, salvo no caso em que a tramitação desses recursos se prolongue injustificadamente, ou seja improvável que se obtenha com eles solução efetiva;

e) A comunicação estiver precariamente fundamentada ou não for suficientemente substanciada; ou

f) Os fatos que motivaram a comunicação tenham ocorrido antes da entrada em vigor do presente Protocolo para o Estado-parte em apreço, salvo se os fatos continuaram ocorrendo após aquela data.

Artigo 3º

Sujeito ao disposto no Artigo 2º do presente Protocolo, o Comitê levará confidencialmente ao conhecimento do Estado-parte concernente qualquer comunicação submetida ao Comitê. Dentro do período de seis meses, o Estado concernente submeterá ao Comitê explicações ou declarações por escrito, esquecendo a matéria e a eventual solução adotada pelo referido Estado.

Artigo 4º

1. A qualquer momento após receber uma comunicação e antes de decidir o mérito dessa comunicação, o Comitê poderá transmitir ao Estado-parte concernente, para sua urgente consideração, um pedido para que o Estado-parte tome as medidas de natureza cautelar que foram necessárias para evitar possíveis danos irreparáveis à vítima ou às vítimas da violação alegada.

2. O exercício pelo Comitê de suas faculdades discricionárias em virtude do parágrafo 1 do presente Artigo não implicará prejuízo algum sobre a admissibilidade ou sobre o mérito da comunicação.

Artigo 5º

O Comitê realizará sessões fechadas para examinar comunicações a ele submetidas em conformidade com o presente Protocolo. Depois de examinar uma comunicação, o Comitê enviará suas sugestões e recomendações, se houver, ao Estado-parte concernente e ao requerente.

Artigo 6º

1. Se receber informação confiável indicando que um Estado-parte está cometendo violação grave ou sistemática de direitos estabelecidos na Convenção, o Comitê convidará o referido Estado-parte a colaborar com a verificação da informação e, para tanto, a submeter suas observações a respeito da informação em pauta.

2. Levando em conta quaisquer observações que tenham sido submetidas pelo Estado-parte concernente, bem como quaisquer outras informações confiáveis em poder do Comitê, este poderá designar um ou mais de seus membros para realizar investigação e apresentar, em caráter de urgência, relatório ao Comitê. Caso se justifique e o Estado-parte o consinta, a investigação poderá incluir uma visita ao território desse Estado.

3. Após examinar os resultados da investigação, o Comitê os comunicará ao Estado-parte concernente, acompanhados de eventuais comentários e recomendações.

4. Dentro do período de seis meses após o recebimento dos resultados, comentários e recomendações transmitidos pelo Comitê, o Estado-parte concernente submeterá suas observações ao Comitê.

5. A referida investigação será realizada confidencialmente e a cooperação do Estado-parte será solicitada em todas as fases do processo.

Artigo 7º

1. O Comitê poderá convidar o Estado-parte concernente a incluir em seu relatório, submetido em conformidade com o disposto no Artigo 35 da Convenção, pormenores a respeito das medidas tomadas em consequência da investigação realizada em conformidade com o Artigo 6º do presente Protocolo.

2. Caso necessário, o Comitê poderá, encerrado o período de seis meses a que se refere o parágrafo 4 do Artigo 6º, convidar o Estado-parte concernente a informar o Comitê a respeito das medidas tomadas em consequência da referida investigação.

Artigo 8º

Qualquer Estado-parte poderá, quando da assinatura ou ratificação do presente Protocolo ou de sua adesão a ele, declarar que não reconhece a competência do Comitê, a que se referem os Artigos 6º e 7º.

Artigo 9º

O Secretário-Geral das Nações Unidas será o depositário do presente Protocolo.

Artigo 10

O presente Protocolo será aberto à assinatura dos Estados e organizações de integração regional signatários da Convenção, na sede das Nações Unidas em Nova York, a partir de 30 de março de 2007.

Artigo 11

O presente Protocolo estará sujeito à ratificação pelos Estados signatários do presente Protocolo que tiverem ratificado a Convenção ou aderido a ela. Ele estará sujeito à confirmação formal por organizações de integração regional signatárias do presente Protocolo que tiverem formalmente confirmado a Convenção ou a ela aderido. O Protocolo ficará aberto à adesão de qualquer Estado ou organização de integração regional que tiver ratificado ou formalmente confirmado a Convenção ou a ela aderido e que não tiver assinado o Protocolo.

Artigo 12

1. "Organização de integração regional" será entendida como organização constituída por Estados soberanos de determinada região, à qual seus Estados-membros tenham delegado competência sobre matéria abrangida pela Convenção e pelo presente Protocolo. Essas organizações declararão, em seus documentos de confirmação formal ou adesão, o alcance de sua competência em relação à matéria abrangida pela Convenção e pelo presente Protocolo. Subsequentemente, as organizações informarão ao depositário qualquer alteração substancial no alcance de sua competência.

2. As referências a "Estados-partes" no presente Protocolo serão aplicáveis a essas organizações, nos limites da competência de tais organizações.

3. Para os fins do parágrafo 1 do Artigo 13 e do parágrafo 2 do Artigo 15, nenhum instrumento depositado por organização de integração regional será computado.

4. As organizações de integração regional, em matérias de sua competência, poderão exercer o direito de voto na Conferência dos Estados-partes, tendo direito ao mesmo número de votos que seus Estados-membros que forem Partes do presente Protocolo. Essas organizações não exercerão seu direito de voto se qualquer de seus Estados-membros exercer seu direito de voto, e vice-versa.

Artigo 13

1. Sujeito à entrada em vigor da Convenção, o presente Protocolo entrará em vigor no trigésimo dia após o depósito do décimo instrumento de ratificação ou adesão.

2. Para cada Estado ou organização de integração regional que ratificar ou formalmente confirmar o presente Protocolo ou a ele aderir depois do depósito do décimo instrumento dessa natureza, o Protocolo entrará em vigor no trigésimo dia a partir da data em que esse Estado ou organização tenha depositado seu instrumento de ratificação, confirmação formal ou adesão.

Artigo 14

1. Não serão permitidas reservas incompatíveis com o objeto e o propósito do presente Protocolo.

2. As reservas poderão ser retiradas a qualquer momento.

Artigo 15

1. Qualquer Estado-parte poderá propor emendas ao presente Protocolo e submetê-las ao Secretário-Geral das Nações Unidas. O Secretário-Geral comunicará aos Estados-partes quaisquer emendas propostas, solicitando-lhes que o notifiquem se são favoráveis a uma Conferência dos Estados-partes para considerar as propostas e tomar decisão a respeito delas. Se, até quatro meses após a data da referida comunicação, pelo menos um terço dos Estados-partes se manifestar favorável a essa Conferência, o Secretário-Geral das Nações Unidas convocará a Conferência, sob os auspícios das Nações Unidas. Qualquer emenda adotada por maioria de dois terços dos Estados-partes presentes e votantes será submetida pelo Secretário-Geral à aprovação da Assembleia Geral das Nações Unidas e, posteriormente, à aceitação de todos os Estados-partes.

2. Qualquer emenda adotada e aprovada conforme o disposto no parágrafo 1 do presente artigo entrará em vigor no trigésimo dia após a data na qual o número de instrumentos de aceitação tenha atingido dois terços do número de Estados-partes na data de adoção da emenda. Posteriormente, a emenda entrará em vigor para todo Estado-parte no trigésimo dia após o depósito por esse Estado do seu instrumento de aceitação. A emenda será vinculante somente para os Estados-partes que a tiverem aceitado.

Artigo 16

Qualquer Estado-parte poderá denunciar o presente Protocolo mediante notificação por escrito ao Secretário-Geral das Nações Unidas. A denúncia tornar-se-á efetiva um ano após a data de recebimento da notificação pelo Secretário-Geral.

Artigo 17

O texto do presente Protocolo será colocado à disposição em formatos acessíveis.

Artigo 18

Os textos em árabe, chinês, espanhol, francês, inglês e russo do presente Protocolo serão igualmente autênticos.

CONVENÇÃO AMERICANA DE DIREITOS HUMANOS (PACTO DE SAN JOSÉ DA COSTA RICA)

PREÂMBULO

Os Estados Americanos signatários da presente Convenção,

Reafirmando seu propósito de consolidar neste Continente, dentro do quadro das instituições democráticas, um regime de liberdade pessoal e de justiça social, fundado no respeito dos direitos humanos essenciais;

Reconhecendo que os direitos essenciais da pessoa humana não derivam do fato de ser ela nacional de determinado Estado, mas sim do fato de ter como fundamento os atributos da pessoa humana, razão por que justificam uma proteção internacional, de natureza convencional, coadjuvante ou complementar da que oferece o direito interno dos Estados americanos;

Considerando que esses princípios foram consagrados na Carta da Organização dos Estados Americanos, na Declaração Americana dos Direitos e Deveres do Homem e na Declaração Universal dos Direitos do Homem, e que foram reafirmados e desenvolvidos em outros instrumentos internacionais, tanto de âmbito mundial como regional;

Reiterando que, de acordo com a Declaração Universal dos Direitos Humanos, só pode ser realizado o ideal do ser humano livre, isento do temor e da miséria, se forem criadas condições que permitam a cada pessoa gozar dos seus direitos econômicos, sociais e culturais, bem como dos seus direitos civis e políticos; e

Considerando que a Terceira Conferência Interamericana Extraordinária (Buenos Aires, 1967) aprovou a incorporação à própria Carta da Organização de normas mais amplas sobre os direitos econômicos, sociais e educacionais e resolveu que uma Convenção Interamericana sobre Direitos Humanos determinasse a estrutura, competência e processo dos órgãos encarregados dessa matéria;

Convieram no seguinte:

PARTE I — DEVERES DOS ESTADOS E DIREITOS PROTEGIDOS

Capítulo I — ENUMERAÇÃO DOS DEVERES

Artigo 1º — Obrigação de respeitar os direitos

1. Os Estados-partes nesta Convenção comprometem-se a respeitar os direitos e liberdades nela reconhecidos e a garantir seu livre e pleno exercício a toda pessoa que esteja sujeita à sua jurisdição, sem discriminação alguma, por motivo de raça, cor, sexo, idioma, religião, opiniões políticas ou de qualquer outra natureza, origem nacional ou social, posição econômica, nascimento ou qualquer outra condição social.

2. Para efeitos desta Convenção, pessoa é todo ser humano.

Artigo 2º — Dever de adotar disposições de direito interno

Se o exercício dos direitos e liberdades mencionados no artigo 1 ainda não estiver garantido por disposições legislativas ou de outra natureza, os Estados-partes comprometem-se a adotar, de acordo com as suas normas constitucionais e com as disposições desta Convenção, as medidas legislativas ou de outra natureza que forem necessárias para tornar efetivos tais direitos e liberdades.

Capítulo II — DIREITOS CIVIS E POLÍTICOS

Artigo 3º — Direito ao reconhecimento da personalidade jurídica

Toda pessoa tem direito ao reconhecimento de sua personalidade jurídica.

Artigo 4º — Direito à vida

1. Toda pessoa tem o direito de que se respeite sua vida. Esse direito deve ser protegido pela lei e, em geral, desde o momento da concepção. Ninguém pode ser privado da vida arbitrariamente.

2. Nos países que não houverem abolido a pena de morte, esta só poderá ser imposta pelos delitos mais graves, em cumprimento de sentença final de tribunal competente e em conformidade com a lei que estabeleça tal pena, promulgada antes de haver o delito sido cometido. Tampouco se estenderá sua aplicação a delitos aos quais não se aplique atualmente.

3. Não se pode restabelecer a pena de morte nos Estados que a hajam abolido.

4. Em nenhum caso pode a pena de morte ser aplicada a delitos políticos, nem a delitos comuns conexos com delitos políticos.

5. Não se deve impor a pena de morte a pessoa que, no momento da perpetração do delito, for menor de dezoito anos, ou maior de setenta, nem aplicá-la a mulher em estado de gravidez.

6. Toda pessoa condenada à morte tem direito a solicitar anistia, indulto ou comutação da pena, os quais podem ser concedidos em todos os casos. Não se pode executar a pena de morte enquanto o pedido estiver pendente de decisão ante a autoridade competente.

Artigo 5º — Direito à integridade pessoal

1. Toda pessoa tem direito a que se respeite sua integridade física, psíquica e moral.

2. Ninguém deve ser submetido a torturas, nem a penas ou tratos cruéis, desumanos ou degradantes. Toda pessoa privada de liberdade deve ser tratada com o devido respeito à dignidade inerente ao ser humano.

3. A pena não pode passar da pessoa do delinquente.

4. Os processados devem ficar separados dos condenados, salvo em circunstâncias excepcionais, e devem ser submetidos a tratamento adequado à sua condição de pessoas não condenadas.

5. Os menores, quando puderem ser processados, devem ser separados dos adultos e conduzidos a tribunal especializado, com a maior rapidez possível, para seu tratamento.

6. As penas privativas de liberdade devem ter por finalidade essencial a reforma e a readaptação social dos condenados.

Artigo 6º — Proibição da escravidão e da servidão

1. Ninguém poderá ser submetido a escravidão ou servidão e tanto estas como o tráfico de escravos e o tráfico de mulheres são proibidos em todas as suas formas.

2. Ninguém deve ser constrangido a executar trabalho forçado ou obrigatório. Nos países em que se prescreve, para certos delitos, pena privativa de liberdade acompanhada de trabalhos forçados, esta disposição não pode ser interpretada no sentido de proibir o cumprimento da dita pena, imposta por um juiz ou tribunal competente. O trabalho forçado não deve afetar a dignidade, nem a capacidade física e intelectual do recluso.

3. Não constituem trabalhos forçados ou obrigatórios para os efeitos deste artigo:

a) os trabalhos ou serviços normalmente exigidos de pessoa reclusa em cumprimento de sentença ou resolução formal expedida pela autoridade judiciária competente. Tais trabalhos ou serviços devem ser executados sob a vigilância e controle das autoridades públicas, e os indivíduos que os executarem não devem ser postos à disposição de particulares, companhias ou pessoas jurídicas de caráter privado;

b) serviço militar e, nos países em que se admite a isenção por motivo de consciência, qualquer serviço nacional que a lei estabelecer em lugar daquele;

c) o serviço exigido em casos de perigo ou de calamidade que ameacem a existência ou o bem-estar da comunidade;

d) o trabalho ou serviço que faça parte das obrigações cívicas normais.

Artigo 7º — Direito à liberdade pessoal

1. Toda pessoa tem direito à liberdade e à segurança pessoais.

2. Ninguém pode ser privado de sua liberdade física, salvo pelas causas e nas condições previamente fixadas pelas Constituições políticas dos Estados-partes ou pelas leis de acordo com elas promulgadas.

3. Ninguém pode ser submetido a detenção ou encarceramento arbitrários.

4. Toda pessoa detida ou retida deve ser informada das razões da detenção e notificada, sem demora, da acusação ou das acusações formuladas contra ela.

5. Toda pessoa presa, detida ou retida deve ser conduzida, sem demora, à presença de um juiz ou outra autoridade autorizada por lei a exercer funções judiciais e tem o direito de ser julgada em prazo razoável ou de ser posta em liberdade, sem prejuízo de que prossiga o processo. Sua liberdade pode ser condicionada a garantias que assegurem o seu comparecimento em juízo.

6. Toda pessoa privada da liberdade tem direito a recorrer a um juiz ou tribunal competente, a fim de que este decida, sem demora, sobre a legalidade de sua prisão ou detenção e ordene sua soltura, se a prisão ou a detenção forem ilegais. Nos Estados-partes cujas leis prevêem que toda pessoa que se vir ameaçada de ser privada de sua liberdade tem direito a recorrer a um juiz ou tribunal competente, a fim de que este decida sobre a legalidade de tal ameaça, tal recurso não pode ser restringido nem abolido. O recurso pode ser interposto pela própria pessoa ou por outra pessoa.

7. Ninguém deve ser detido por dívidas. Este princípio não limita os mandados de autoridade judiciária competente expedidos em virtude de inadimplemento de obrigação alimentar.

Artigo 8º — Garantias judiciais

1. Toda pessoa terá o direito de ser ouvida, com as devidas garantias e dentro de um prazo razoável, por um juiz ou Tribunal competente, independente e imparcial, estabelecido anteriormente por lei, na apuração de qualquer acusação penal formulada contra ela, ou na determinação de seus direitos e obrigações de caráter civil, trabalhista, fiscal ou de qualquer outra natureza.

2. Toda pessoa acusada de um delito tem direito a que se presuma sua inocência, enquanto não for legalmente comprovada sua culpa. Durante o processo, toda pessoa tem direito, em plena igualdade, às seguintes garantias mínimas:

a) direito do acusado de ser assistido gratuitamente por um tradutor ou intérprete, caso não compreenda ou não fale a língua do juízo ou tribunal;

b) comunicação prévia e pormenorizada ao acusado da acusação formulada;

c) concessão ao acusado do tempo e dos meios necessários à preparação de sua defesa;

d) direito do acusado de defender-se pessoalmente ou de ser assistido por um defensor de sua escolha e de comunicar-se, livremente e em particular, com seu defensor;

e) direito irrenunciável de ser assistido por um defensor proporcionado pelo Estado, remunerado ou não, segundo a legislação interna, se o acusado não se defender ele próprio, nem nomear defensor dentro do prazo estabelecido pela lei;

f) direito da defesa de inquirir as testemunhas presentes no Tribunal e de obter o comparecimento, como testemunhas ou peritos, de outras pessoas que possam lançar luz sobre os fatos;

g) direito de não ser obrigada a depor contra si mesma, nem a confessar-se culpada; e

h) direito de recorrer da sentença a juiz ou tribunal superior.

3. A confissão do acusado só é válida se feita sem coação de nenhuma natureza.

4. O acusado absolvido por sentença transitada em julgado não poderá ser submetido a novo processo pelos mesmos fatos.

5. O processo penal deve ser público, salvo no que for necessário para preservar os interesses da justiça.

Artigo 9º — Princípio da legalidade e da retroatividade

Ninguém poderá ser condenado por atos ou omissões que, no momento em que foram cometidos, não constituam delito, de acordo com o direito aplicável. Tampouco poder-se-á impor pena mais grave do que a aplicável no momento da ocorrência do delito. Se, depois de perpetrado o delito, a lei estipular a imposição de pena mais leve, o delinquente deverá dela beneficiar-se.

Artigo 10 — Direito à indenização

Toda pessoa tem direito de ser indenizada conforme a lei, no caso de haver sido condenada em sentença transitada em julgado, por erro judiciário.

Artigo 11 — Proteção da honra e da dignidade

1. Toda pessoa tem direito ao respeito da sua honra e ao reconhecimento de sua dignidade.

2. Ninguém pode ser objeto de ingerências arbitrárias ou abusivas em sua vida privada, em sua família, em seu domicílio ou em sua correspondência, nem de ofensas ilegais à sua honra ou reputação.

3. Toda pessoa tem direito à proteção da lei contra tais ingerências ou tais ofensas.

Artigo 12 — Liberdade de consciência e de religião

1. Toda pessoa tem direito à liberdade de consciência e de religião. Esse direito implica a liberdade de conservar sua religião ou suas crenças, ou de mudar de religião ou de crenças, bem como a liberdade de professar e divulgar sua re-

ligião ou suas crenças, individual ou coletivamente, tanto em público como em privado.

2. Ninguém pode ser submetido a medidas restritivas que possam limitar sua liberdade de conservar sua religião ou suas crenças, ou de mudar de religião ou de crenças.

3. A liberdade de manifestar a própria religião e as próprias crenças está sujeita apenas às limitações previstas em lei e que se façam necessárias para proteger a segurança, a ordem, a saúde ou a moral públicas ou os direitos e as liberdades das demais pessoas.

4. Os pais e, quando for o caso, os tutores, têm direito a que seus filhos e pupilos recebam a educação religiosa e moral que esteja de acordo com suas próprias convicções.

Artigo 13 — Liberdade de pensamento e de expressão

1. Toda pessoa tem o direito à liberdade de pensamento e de expressão. Esse direito inclui a liberdade de procurar, receber e difundir informações e ideias de qualquer natureza, sem considerações de fronteiras, verbalmente ou por escrito, ou em forma impressa ou artística, ou por qualquer meio de sua escolha.

2. O exercício do direito previsto no inciso precedente não pode estar sujeito à censura prévia, mas a responsabilidades ulteriores, que devem ser expressamente previstas em lei e que se façam necessárias para assegurar:

a) o respeito dos direitos e da reputação das demais pessoas;

b) a proteção da segurança nacional, da ordem pública, ou da saúde ou da moral públicas.

3. Não se pode restringir o direito de expressão por vias e meios indiretos, tais como o abuso de controles oficiais ou particulares de papel de imprensa, de frequências radioelétricas ou de equipamentos e aparelhos usados na difusão de informação, nem por quaisquer outros meios destinados a obstar a comunicação e a circulação de ideias e opiniões.

4. A lei pode submeter os espetáculos públicos a censura prévia, com o objetivo exclusivo de regular o acesso a eles, para proteção moral da infância e da adolescência, sem prejuízo do disposto no inciso 2.

5. A lei deve proibir toda propaganda a favor da guerra, bem como toda apologia ao ódio nacional, racial ou religioso que constitua incitamento à discriminação, à hostilidade, ao crime ou à violência.

Artigo 14 — Direito de retificação ou resposta

1. Toda pessoa, atingida por informações inexatas ou ofensivas emitidas em seu prejuízo por meios de difusão legalmente regulamentados e que se dirijam ao

público em geral, tem direito a fazer, pelo mesmo órgão de difusão, sua retificação ou resposta, nas condições que estabeleça a lei.

2. Em nenhum caso a retificação ou a resposta eximirão das outras responsabilidades legais em que se houver incorrido.

3. Para a efetiva proteção da honra e da reputação, toda publicação ou empresa jornalística, cinematográfica, de rádio ou televisão, deve ter uma pessoa responsável, que não seja protegida por imunidades, nem goze de foro especial.

Artigo 15 — Direito de reunião

É reconhecido o direito de reunião pacífica e sem armas. O exercício desse direito só pode estar sujeito às restrições previstas em lei e que se façam necessárias, em uma sociedade democrática, ao interesse da segurança nacional, da segurança ou ordem públicas, ou para proteger a saúde ou a moral públicas ou os direitos e as liberdades das demais pessoas.

Artigo 16 — Liberdade de associação

1. Todas as pessoas têm o direito de associar-se livremente com fins ideológicos, religiosos, políticos, econômicos, trabalhistas, sociais, culturais, desportivos ou de qualquer outra natureza.

2. O exercício desse direito só pode estar sujeito às restrições previstas em lei e que se façam necessárias, em uma sociedade democrática, ao interesse da segurança nacional, da segurança e da ordem públicas, ou para proteger a saúde ou a moral públicas ou os direitos e as liberdades das demais pessoas.

3. O presente artigo não impede a imposição de restrições legais, e mesmo a privação do exercício do direito de associação, aos membros das forças armadas e da polícia.

Artigo 17 — Proteção da família

1. A família é o núcleo natural e fundamental da sociedade e deve ser protegida pela sociedade e pelo Estado.

2. É reconhecido o direito do homem e da mulher de contraírem casamento e de constituírem uma família, se tiverem a idade e as condições para isso exigidas pelas leis internas, na medida em que não afetem estas o princípio da não discriminação estabelecido nesta Convenção.

3. O casamento não pode ser celebrado sem o consentimento livre e pleno dos contraentes.

4. Os Estados-partes devem adotar as medidas apropriadas para assegurar a igualdade de direitos e a adequada equivalência de responsabilidades dos cônjuges quanto ao casamento, durante o mesmo e por ocasião de sua dissolução. Em caso de dissolução, serão adotadas as disposições que assegurem a proteção necessária aos filhos, com base unicamente no interesse e conveniência dos mesmos.

5. A lei deve reconhecer iguais direitos tanto aos filhos nascidos fora do casamento, como aos nascidos dentro do casamento.

Artigo 18 — Direito ao nome

Toda pessoa tem direito a um prenome e aos nomes de seus pais ou ao de um destes. A lei deve regular a forma de assegurar a todos esse direito, mediante nomes fictícios, se for necessário.

Artigo 19 — Direitos da criança

Toda criança terá direito às medidas de proteção que a sua condição de menor requer, por parte da sua família, da sociedade e do Estado.

Artigo 20 — Direito à nacionalidade

1. Toda pessoa tem direito a uma nacionalidade.

2. Toda pessoa tem direito à nacionalidade do Estado em cujo território houver nascido, se não tiver direito a outra.

3. A ninguém se deve privar arbitrariamente de sua nacionalidade, nem do direito de mudá-la.

Artigo 21 — Direito à propriedade privada

1. Toda pessoa tem direito ao uso e gozo de seus bens. A lei pode subordinar esse uso e gozo ao interesse social.

2. Nenhuma pessoa pode ser privada de seus bens, salvo mediante o pagamento de indenização justa, por motivo de utilidade pública ou de interesse social e nos casos e na forma estabelecidos pela lei.

3. Tanto a usura, como qualquer outra forma de exploração do homem pelo homem, devem ser reprimidas pela lei.

Artigo 22 — Direito de circulação e de residência

1. Toda pessoa que se encontre legalmente no território de um Estado tem o direito de nele livremente circular e de nele residir, em conformidade com as disposições legais.

2. Toda pessoa terá o direito de sair livremente de qualquer país, inclusive de seu próprio país.

3. O exercício dos direitos supracitados não pode ser restringido, senão em virtude de lei, na medida indispensável, em uma sociedade democrática, para prevenir infrações penais ou para proteger a segurança nacional, a segurança ou a ordem públicas, a moral ou a saúde públicas, ou os direitos e liberdades das demais pessoas.

4. O exercício dos direitos reconhecidos no inciso 1 pode também ser restringido pela lei, em zonas determinadas, por motivo de interesse público.

5. Ninguém pode ser expulso do território do Estado do qual for nacional e nem ser privado do direito de nele entrar.

6. O estrangeiro que se encontre legalmente no território de um Estado-parte na presente Convenção só poderá dele ser expulso em decorrência de decisão adotada em conformidade com a lei.

7. Toda pessoa tem o direito de buscar e receber asilo em território estrangeiro, em caso de perseguição por delitos políticos ou comuns, conexos com delitos políticos, de acordo com a legislação de cada Estado e com as Convenções internacionais.

8. Em nenhum caso o estrangeiro pode ser expulso ou entregue a outro país, seja ou não de origem, onde seu direito à vida ou à liberdade pessoal esteja em risco de violação em virtude de sua raça, nacionalidade, religião, condição social ou de suas opiniões políticas.

9. É proibida a expulsão coletiva de estrangeiros.

Artigo 23 — Direitos políticos

1. Todos os cidadãos devem gozar dos seguintes direitos e oportunidades:

a) de participar da condução dos assuntos públicos, diretamente ou por meio de representantes livremente eleitos;

b) de votar e ser eleito em eleições periódicas, autênticas, realizadas por sufrágio universal e igualitário e por voto secreto, que garantam a livre expressão da vontade dos eleitores; e

c) de ter acesso, em condições gerais de igualdade, às funções públicas de seu país.

2. A lei pode regular o exercício dos direitos e oportunidades, a que se refere o inciso anterior, exclusivamente por motivo de idade, nacionalidade, residência, idioma, instrução, capacidade civil ou mental, ou condenação, por juiz competente, em processo penal.

Artigo 24 — Igualdade perante a lei

Todas as pessoas são iguais perante a lei. Por conseguinte, têm direito, sem discriminação alguma, à igual proteção da lei.

Artigo 25 — Proteção judicial

1. Toda pessoa tem direito a um recurso simples e rápido ou a qualquer outro recurso efetivo, perante os juízes ou tribunais competentes, que a proteja contra atos que violem seus direitos fundamentais reconhecidos pela Constituição, pela lei ou pela presente Convenção, mesmo quando tal violação seja cometida por pessoas que estejam atuando no exercício de suas funções oficiais.

2. Os Estados-partes comprometem-se:

a) a assegurar que a autoridade competente prevista pelo sistema legal do Estado decida sobre os direitos de toda pessoa que interpuser tal recurso;

b) a desenvolver as possibilidades de recurso judicial; e

c) a assegurar o cumprimento, pelas autoridades competentes, de toda decisão em que se tenha considerado procedente o recurso.

Capítulo III — DIREITOS ECONÔMICOS, SOCIAIS E CULTURAIS

Artigo 26 — Desenvolvimento progressivo

Os Estados-partes comprometem-se a adotar as providências, tanto no âmbito interno, como mediante cooperação internacional, especialmente econômica e técnica, a fim de conseguir progressivamente a plena efetividade dos direitos que decorrem das normas econômicas, sociais e sobre educação, ciência e cultura, constantes da Carta da Organização dos Estados Americanos, reformada pelo Protocolo de Buenos Aires, na medida dos recursos disponíveis, por via legislativa ou por outros meios apropriados.

Capítulo IV — SUSPENSÃO DE GARANTIAS, INTERPRETAÇÃO E APLICAÇÃO

Artigo 27 — Suspensão de garantias

1. Em caso de guerra, de perigo público, ou de outra emergência que ameace a independência ou segurança do Estado-parte, este poderá adotar as disposições que, na medida e pelo tempo estritamente limitados às exigências da situação, suspendam as obrigações contraídas em virtude desta Convenção, desde que tais disposições não sejam incompatíveis com as demais obrigações que lhe impõe o Direito Internacional e não encerrem discriminação alguma fundada em motivos de raça, cor, sexo, idioma, religião ou origem social.

2. A disposição precedente não autoriza a suspensão dos direitos determinados nos seguintes artigos: 3 (direito ao reconhecimento da personalidade jurídica), 4 (direito à vida), 5 (direito à integridade pessoal), 6 (proibição da escravidão e da servidão), 9 (princípio da legalidade e da retroatividade), 12 (liberdade de consciência e religião), 17 (proteção da família), 18 (direito ao nome), 19 (direitos da criança), 20 (direito à nacionalidade) e 23 (direitos políticos), nem das garantias indispensáveis para a proteção de tais direitos.

3. Todo Estado-parte no presente Pacto que fizer uso do direito de suspensão deverá comunicar imediatamente aos outros Estados-partes na presente Convenção, por intermédio do Secretário-Geral da Organização dos Estados Americanos, as disposições cuja aplicação haja suspendido, os motivos determinantes da suspensão e a data em que haja dado por terminada tal suspensão.

Artigo 28 — Cláusula federal

1. Quando se tratar de um Estado-parte constituído como Estado federal, o governo nacional do aludido Estado-parte cumprirá todas as disposições da presente Convenção, relacionadas com as matérias sobre as quais exerce competência legislativa e judicial.

2. No tocante às disposições relativas às matérias que correspondem à competência das entidades componentes da federação, o governo nacional deve tomar imediatamente as medidas pertinentes, em conformidade com sua Constituição e com suas leis, a fim de que as autoridades competentes das referidas entidades possam adotar as disposições cabíveis para o cumprimento desta Convenção.

3. Quando dois ou mais Estados-partes decidirem constituir entre eles uma federação ou outro tipo de associação, diligenciarão no sentido de que o pacto comunitário respectivo contenha as disposições necessárias para que continuem sendo efetivas no novo Estado, assim organizado, as normas da presente Convenção.

Artigo 29 — Normas de interpretação

Nenhuma disposição da presente Convenção pode ser interpretada no sentido de:

a) permitir a qualquer dos Estados-partes, grupo ou indivíduo, suprimir o gozo e o exercício dos direitos e liberdades reconhecidos na Convenção ou limitá-los em maior medida do que a nela prevista;

b) limitar o gozo e exercício de qualquer direito ou liberdade que possam ser reconhecidos em virtude de leis de qualquer dos Estados-partes ou em virtude de Convenções em que seja parte um dos referidos Estados;

c) excluir outros direitos e garantias que são inerentes ao ser humano ou que decorrem da forma democrática representativa de governo;

d) excluir ou limitar o efeito que possam produzir a Declaração Americana dos Direitos e Deveres do Homem e outros atos internacionais da mesma natureza.

Artigo 30 — Alcance das restrições

As restrições permitidas, de acordo com esta Convenção, ao gozo e exercício dos direitos e liberdades nela reconhecidos, não podem ser aplicadas senão de acordo com leis que forem promulgadas por motivo de interesse geral e com o propósito para o qual houverem sido estabelecidas.

Artigo 31 — Reconhecimento de outros direitos

Poderão ser incluídos, no regime de proteção desta Convenção, outros direitos e liberdades que forem reconhecidos de acordo com os processos estabelecidos nos artigos 69 e 70.

Capítulo V — DEVERES DAS PESSOAS

Artigo 32 — Correlação entre deveres e direitos

1. Toda pessoa tem deveres para com a família, a comunidade e a humanidade.

2. Os direitos de cada pessoa são limitados pelos direitos dos demais, pela segurança de todos e pelas justas exigências do bem comum, em uma sociedade democrática.

PARTE II — MEIOS DE PROTEÇÃO

Capítulo VI — ÓRGÃOS COMPETENTES

Artigo 33 — São competentes para conhecer de assuntos relacionados com o cumprimento dos compromissos assumidos pelos Estados-partes nesta Convenção:

a) a Comissão Interamericana de Direitos Humanos, doravante denominada a Comissão; e

b) a Corte Interamericana de Direitos Humanos, doravante denominada a Corte.

Capítulo VII — COMISSÃO INTERAMERICANA
DE DIREITOS HUMANOS

Seção 1 — Organização

Artigo 34 — A Comissão Interamericana de Direitos Humanos compor-se-á de sete membros, que deverão ser pessoas de alta autoridade moral e de reconhecido saber em matéria de direitos humanos.

Artigo 35 — A Comissão representa todos os Membros da Organização dos Estados Americanos.

Artigo 36 — 1. Os membros da Comissão serão eleitos a título pessoal, pela Assembleia Geral da Organização, a partir de uma lista de candidatos propostos pelos governos dos Estados-membros.

2. Cada um dos referidos governos pode propor até três candidatos, nacionais do Estado que os propuser ou de qualquer outro Estado-membro da Organização dos Estados Americanos. Quando for proposta uma lista de três candidatos, pelo menos um deles deverá ser nacional de Estado diferente do proponente.

Artigo 37 — 1. Os membros da Comissão serão eleitos por quatro anos e só poderão ser reeleitos um vez, porém o mandato de três dos membros designados na primeira eleição expirará ao cabo de dois anos. Logo depois da referida eleição, serão determinados por sorteio, na Assembleia Geral, os nomes desses três membros.

2. Não pode fazer parte da Comissão mais de um nacional de um mesmo país.

Artigo 38 — As vagas que ocorrerem na Comissão, que não se devam à expiração normal do mandato, serão preenchidas pelo Conselho Permanente da Organização, de acordo com o que dispuser o Estatuto da Comissão.

Artigo 39 — A Comissão elaborará seu estatuto e submetê-lo-á à aprovação da Assembleia Geral e expedirá seu próprio Regulamento.

Artigo 40 — Os serviços da Secretaria da Comissão devem ser desempenhados pela unidade funcional especializada que faz parte da Secretaria-Geral da Organização e deve dispor dos recursos necessários para cumprir as tarefas que lhe forem confiadas pela Comissão.

Seção 2 — Funções

Artigo 41 — A Comissão tem a função principal de promover a observância e a defesa dos direitos humanos e, no exercício de seu mandato, tem as seguintes funções e atribuições:

a) estimular a consciência dos direitos humanos nos povos da América;

b) formular recomendações aos governos dos Estados-membros, quando considerar conveniente, no sentido de que adotem medidas progressivas em prol dos direitos humanos no âmbito de suas leis internas e seus preceitos constitucionais, bem como disposições apropriadas para promover o devido respeito a esses direitos;

c) preparar estudos ou relatórios que considerar convenientes para o desempenho de suas funções;

d) solicitar aos governos dos Estados-membros que lhe proporcionem informações sobre as medidas que adotarem em matéria de direitos humanos;

e) atender às consultas que, por meio da Secretaria Geral da Organização dos Estados Americanos, lhe formularem os Estados-membros sobre questões relacionadas com os direitos humanos e, dentro de suas possibilidades, prestar-lhes o assessoramento que lhes solicitarem;

f) atuar com respeito às petições e outras comunicações, no exercício de sua autoridade, de conformidade com o disposto nos artigos 44 a 51 desta Convenção; e

g) apresentar um relatório anual à Assembleia Geral da Organização dos Estados Americanos.

Artigo 42 — Os Estados-partes devem submeter à Comissão cópia dos relatórios e estudos que, em seus respectivos campos, submetem anualmente às Comissões Executivas do Conselho Interamericano Econômico e Social e do Conselho Interamericano de Educação, Ciência e Cultura, a fim de que aquela zele para que se promovam os direitos decorrentes das normas econômicas, sociais e sobre educação, ciência e cultura, constantes da Carta da Organização dos Estados Americanos, reformada pelo Protocolo de Buenos Aires.

Artigo 43 — Os Estados-partes obrigam-se a proporcionar à Comissão as informações que esta lhes solicitar sobre a maneira pela qual seu direito interno assegura a aplicação efetiva de quaisquer disposições desta Convenção.

Seção 3 — Competência

Artigo 44 — Qualquer pessoa ou grupo de pessoas, ou entidade não governamental legalmente reconhecida em um ou mais Estados-membros da Organização, pode apresentar à Comissão petições que contenham denúncias ou queixas de violação desta Convenção por um Estado-parte.

Artigo 45 — 1. Todo Estado-parte pode, no momento do depósito do seu instrumento de ratificação desta Convenção, ou de adesão a ela, ou em qualquer momento posterior, declarar que reconhece a competência da Comissão para receber e examinar as comunicações em que um Estado-parte alegue haver outro Estado-parte incorrido em violações dos direitos humanos estabelecidos nesta Convenção.

2. As comunicações feitas em virtude deste artigo só podem ser admitidas e examinadas se forem apresentadas por um Estado-parte que haja feito uma declaração pela qual reconheça a referida competência da Comissão. A Comissão não admitirá nenhuma comunicação contra um Estado-parte que não haja feito tal declaração.

3. As declarações sobre reconhecimento de competência podem ser feitas para que esta vigore por tempo indefinido, por período determinado ou para casos específicos.

4. As declarações serão depositadas na Secretaria Geral da Organização dos Estados Americanos, a qual encaminhará cópia das mesmas aos Estados-membros da referida Organização.

Artigo 46 — Para que uma petição ou comunicação apresentada de acordo com os artigos 44 ou 45 seja admitida pela Comissão, será necessário:

a) que hajam sido interpostos e esgotados os recursos da jurisdição interna, de acordo com os princípios de Direito Internacional geralmente reconhecidos;

b) que seja apresentada dentro do prazo de seis meses, a partir da data em que o presumido prejudicado em seus direitos tenha sido notificado da decisão definitiva;

c) que a matéria da petição ou comunicação não esteja pendente de outro processo de solução internacional; e

d) que, no caso do artigo 44, a petição contenha o nome, a nacionalidade, a profissão, o domicílio e a assinatura da pessoa ou pessoas ou do representante legal da entidade que submeter a petição.

2. As disposições das alíneas "a" e "b" do inciso 1 deste artigo não se aplicarão quando:

a) não existir, na legislação interna do Estado de que se tratar, o devido processo legal para a proteção do direito ou direitos que se alegue tenham sido violados;

b) não se houver permitido ao presumido prejudicado em seus direitos o acesso aos recursos da jurisdição interna, ou houver sido ele impedido de esgotá-los; e

c) houver demora injustificada na decisão sobre os mencionados recursos.

Artigo 47 — A Comissão declarará inadmissível toda petição ou comunicação apresentada de acordo com os artigos 44 ou 45 quando:

a) não preencher algum dos requisitos estabelecidos no artigo 46;

b) não expuser fatos que caracterizem violação dos direitos garantidos por esta Convenção;

c) pela exposição do próprio peticionário ou do Estado, for manifestamente infundada a petição ou comunicação ou for evidente sua total improcedência; ou

d) for substancialmente reprodução de petição ou comunicação anterior, já examinada pela Comissão ou por outro organismo internacional.

Seção 4 — Processo

Artigo 48 — 1. A Comissão, ao receber uma petição ou comunicação na qual se alegue a violação de qualquer dos direitos consagrados nesta Convenção, procederá da seguinte maneira:

a) se reconhecer a admissibilidade da petição ou comunicação, solicitará informações ao Governo do Estado ao qual pertença a autoridade apontada como responsável pela violação alegada e transcreverá as partes pertinentes da petição ou comunicação. As referidas informações devem ser enviadas dentro de um prazo razoável, fixado pela Comissão ao considerar as circunstâncias de cada caso;

b) recebidas as informações, ou transcorrido o prazo fixado sem que sejam elas recebidas, verificará se existem ou subsistem os motivos da petição ou comunicação. No caso de não existirem ou não subsistirem, mandará arquivar o expediente;

c) poderá também declarar a inadmissibilidade ou a improcedência da petição ou comunicação, com base em informação ou prova supervenientes;

d) se o expediente não houver sido arquivado, e com o fim de comprovar os fatos, a Comissão procederá, com conhecimento das partes, a um exame do assunto exposto na petição ou comunicação. Se for necessário e conveniente, a Comissão procederá a uma investigação para cuja eficaz realização solicitará, e os Estados interessados lhe proporcionarão, todas as facilidades necessárias;

e) poderá pedir aos Estados interessados qualquer informação pertinente e receberá, se isso for solicitado, as exposições verbais ou escritas que apresentarem os interessados; e

f) pôr-se-á à disposição das partes interessadas, a fim de chegar a uma solução amistosa do assunto, fundada no respeito aos direitos reconhecidos nesta Convenção.

2. Entretanto, em casos graves e urgentes, pode ser realizada uma investigação, mediante prévio consentimento do Estado em cujo território se alegue houver sido cometida a violação, tão somente com a apresentação de uma petição ou comunicação que reúna todos os requisitos formais de admissibilidade.

Artigo 49 — Se se houver chegado a uma solução amistosa de acordo com as disposições do inciso 1, "f", do artigo 48, a Comissão redigirá um relatório que será encaminhado ao peticionário e aos Estados-partes nesta Convenção e posteriormente transmitido, para sua publicação, ao Secretário-Geral da Organização dos Estados Americanos. O referido relatório conterá uma breve exposição dos fatos e da solução alcançada. Se qualquer das partes no caso o solicitar, ser-lhe-á proporcionada a mais ampla informação possível.

Artigo 50 — 1. Se não se chegar a uma solução, e dentro do prazo que for fixado pelo Estatuto da Comissão, esta redigirá um relatório no qual exporá os fatos e suas conclusões. Se o relatório não representar, no todo ou em parte, o acordo unânime dos membros da Comissão, qualquer deles poderá agregar ao referido relatório seu voto em separado. Também se agregarão ao relatório as exposições verbais ou escritas que houverem sido feitas pelos interessados em virtude do inciso 1, "e", do artigo 48.

2. O relatório será encaminhado aos Estados interessados, aos quais não será facultado publicá-lo.

3. Ao encaminhar o relatório, a Comissão pode formular as proposições e recomendações que julgar adequadas.

Artigo 51 — 1. Se no prazo de três meses, a partir da remessa aos Estados interessados do relatório da Comissão, o assunto não houver sido solucionado ou submetido à decisão da Corte pela Comissão ou pelo Estado interessado, aceitando sua competência, a Comissão poderá emitir, pelo voto da maioria absoluta dos seus membros, sua opinião e conclusões sobre a questão submetida à sua consideração.

2. A Comissão fará as recomendações pertinentes e fixará um prazo dentro do qual o Estado deve tomar as medidas que lhe competir para remediar a situação examinada.

3. Transcorrido o prazo fixado, a Comissão decidirá, pelo voto da maioria absoluta dos seus membros, se o Estado tomou ou não as medidas adequadas e se publica ou não seu relatório.

Capítulo VIII — CORTE INTERAMERICANA DE DIREITOS HUMANOS

Seção 1 — Organização

Artigo 52 — 1. A Corte compor-se-á de sete juízes, nacionais dos Estados-membros da Organização, eleitos a título pessoal dentre juristas da mais alta autoridade moral, de reconhecida competência em matéria de direitos humanos, que reúnam as condições requeridas para o exercício das mais elevadas funções judiciais, de acordo com a lei do Estado do qual sejam nacionais, ou do Estado que os propuser como candidatos.

2. Não deve haver dois juízes da mesma nacionalidade.

Artigo 53 — 1. Os juízes da Corte serão eleitos, em votação secreta e pelo voto da maioria absoluta dos Estados-partes na Convenção, na Assembleia Geral da Organização, a partir de uma lista de candidatos propostos pelos mesmos Estados.

2. Cada um dos Estados-partes pode propor até três candidatos, nacionais do Estado que os propuser ou de qualquer outro Estado-membro da Organização dos Estados Americanos. Quando se propuser um lista de três candidatos, pelo menos um deles deverá ser nacional do Estado diferente do proponente.

Artigo 54 — 1. Os juízes da Corte serão eleitos por um período de seis anos e só poderão ser reeleitos uma vez. O mandato de três dos juízes designados na primeira eleição expirará ao cabo de três anos. Imediatamente depois da referida eleição, determinar-se-ão por sorteio, na Assembleia Geral, os nomes desses três juízes.

2. O juiz eleito para substituir outro, cujo mandato não haja expirado, completará o período deste.

3. Os juízes permanecerão em suas funções até o término dos seus mandatos. Entretanto, continuarão funcionando nos casos de que já houverem tomado conhecimento e que se encontrem em fase de sentença e, para tais efeitos, não serão substituídos pelos novos juízes eleitos.

Artigo 55 — 1. O juiz, que for nacional de algum dos Estados-partes em caso submetido à Corte, conservará o seu direito de conhecer do mesmo.

2. Se um dos juízes chamados a conhecer do caso for de nacionalidade de um dos Estados-partes, outro Estado-parte no caso poderá designar uma pessoa de sua escolha para integrar a Corte, na qualidade de juiz *ad hoc*.

3. Se, dentre os juízes chamados a conhecer do caso, nenhum for da nacionalidade dos Estados-partes, cada um destes poderá designar um juiz *ad hoc*.

4. O juiz *ad hoc* deve reunir os requisitos indicados no artigo 52.

5. Se vários Estados-partes na Convenção tiverem o mesmo interesse no caso, serão considerados como uma só parte, para os fins das disposições anteriores. Em caso de dúvida, a Corte decidirá.

Artigo 56 — O *quorum* para as deliberações da Corte é constituído por cinco juízes.

Artigo 57 — A Comissão comparecerá em todos os casos perante a Corte.

Artigo 58 — 1. A Corte terá sua sede no lugar que for determinado, na Assembleia Geral da Organização, pelos Estados-partes na Convenção, mas poderá realizar reuniões no território de qualquer Estado-membro da Organização dos Estados Americanos em que considerar conveniente, pela maioria dos seus membros e mediante prévia aquiescência do Estado respectivo. Os Estados-partes na Convenção podem, na Assembleia Geral, por dois terços dos seus votos, mudar a sede da Corte.

2. A Corte designará seu Secretário.

3. O Secretário residirá na sede da Corte e deverá assistir às reuniões que ela realizar fora da mesma.

Artigo 59 — A Secretaria da Corte será por esta estabelecida e funcionará sob a direção do Secretário-Geral da Organização em tudo o que não for incompatível com a independência da Corte. Seus funcionários serão nomeados pelo Secretário-Geral da Organização, em consulta com o Secretário da Corte.

Artigo 60 — A Corte elaborará seu Estatuto e submetê-lo-á à aprovação da Assembleia Geral e expedirá seu Regimento.

Seção 2 — Competência e funções

Artigo 61 — 1. Somente os Estados-partes e a Comissão têm direito de submeter um caso à decisão da Corte.

2. Para que a Corte possa conhecer de qualquer caso, é necessário que sejam esgotados os processos previstos nos artigos 48 a 50.

Artigo 62 — 1. Todo Estado-parte pode, no momento do depósito do seu instrumento de ratificação desta Convenção ou de adesão a ela, ou em qualquer momento posterior, declarar que reconhece como obrigatória, de pleno direito e sem convenção especial, a competência da Corte em todos os casos relativos à interpretação ou aplicação desta Convenção.

2. A declaração pode ser feita incondicionalmente, ou sob condição de reciprocidade, por prazo determinado ou para casos específicos. Deverá ser apresentada ao Secretário-Geral da Organização, que encaminhará cópias da mesma a outros Estados-membros da Organização e ao Secretário da Corte.

3. A Corte tem competência para conhecer de qualquer caso, relativo à interpretação e aplicação das disposições desta Convenção, que lhe seja submetido, desde que os Estados-partes no caso tenham reconhecido ou reconheçam a referida competência, seja por declaração especial, como prevêem os incisos anteriores, seja por convenção especial.

Artigo 63 — 1. Quando decidir que houve violação de um direito ou liberdade protegidos nesta Convenção, a Corte determinará que se assegure ao prejudicado o gozo do seu direito ou liberdade violados. Determinará também, se isso for procedente, que sejam reparadas as consequências da medida ou situação que haja configurado a violação desses direitos, bem como o pagamento de indenização justa à parte lesada.

2. Em casos de extrema gravidade e urgência, e quando se fizer necessário evitar danos irreparáveis às pessoas, a Corte, nos assuntos de que estiver conhecendo, poderá tomar as medidas provisórias que considerar pertinentes. Se se tratar de assuntos que ainda não estiverem submetidos ao seu conhecimento, poderá atuar a pedido da Comissão.

Artigo 64 — 1. Os Estados-membros da Organização poderão consultar a Corte sobre a interpretação desta Convenção ou de outros tratados concernentes à proteção dos direitos humanos nos Estados americanos. Também poderão consultá-la, no que lhes compete, os órgãos enumerados no capítulo X da Carta da Organização dos Estados Americanos, reformada pelo Protocolo de Buenos Aires.

2. A Corte, a pedido de um Estado-membro da Organização, poderá emitir pareceres sobre a compatibilidade entre qualquer de suas leis internas e os mencionados instrumentos internacionais.

Artigo 65 — A Corte submeterá à consideração da Assembleia Geral da Organização, em cada período ordinário de sessões, um relatório sobre as suas atividades no ano anterior. De maneira especial, e com as recomendações pertinentes, indicará os casos em que um Estado não tenha dado cumprimento a suas sentenças.

Seção 3 — Processo

Artigo 66 — 1. A sentença da Corte deve ser fundamentada.

2. Se a sentença não expressar no todo ou em parte a opinião unânime dos juízes, qualquer deles terá direito a que se agregue à sentença o seu voto dissidente ou individual.

Artigo 67 — A sentença da Corte será definitiva e inapelável. Em caso de divergência sobre o sentido ou alcance da sentença, a Corte interpretá-la-á, a pedido de qualquer das partes, desde que o pedido seja apresentado dentro de noventa dias a partir da data da notificação da sentença.

Artigo 68 — 1. Os Estados-partes na Convenção comprometem-se a cumprir a decisão da Corte em todo caso em que forem partes.

2. A parte da sentença que determinar indenização compensatória poderá ser executada no país respectivo pelo processo interno vigente para a execução de sentenças contra o Estado.

Artigo 69 — A sentença da Corte deve ser notificada às partes no caso e transmitida aos Estados-partes na Convenção.

Capítulo IX — DISPOSIÇÕES COMUNS

Artigo 70 — 1. Os juízes da Corte e os membros da Comissão gozam, desde o momento da eleição e enquanto durar o seu mandato, das imunidades reconhecidas aos agentes diplomáticos pelo Direito Internacional. Durante o exercício dos seus cargos gozam, além disso, dos privilégios diplomáticos necessários para o desempenho de suas funções.

2. Não se poderá exigir responsabilidade em tempo algum dos juízes da Corte, nem dos membros da Comissão, por votos e opiniões emitidos no exercício de suas funções.

Artigo 71 — Os cargos de juiz da Corte ou de membro da Comissão são incompatíveis com outras atividades que possam afetar sua independência ou imparcialidade, conforme o que for determinado nos respectivos Estatutos.

Artigo 72 — Os juízes da Corte e os membros da Comissão perceberão honorários e despesas de viagem na forma e nas condições que determinarem os seus Estatutos, levando em conta a importância e independência de suas funções. Tais honorários e despesas de viagem serão fixados no orçamento-programa da Organização dos Estados Americanos, no qual devem ser incluídas, além disso, as despesas da Corte e da sua Secretaria. Para tais efeitos, a Corte elaborará o seu próprio projeto de orçamento e submetê-lo-á à aprovação da Assembleia Geral, por intermédio da Secretaria-Geral. Esta última não poderá nele introduzir modificações.

Artigo 73 — Somente por solicitação da Comissão ou da Corte, conforme o caso, cabe à Assembleia Geral da Organização resolver sobre as sanções aplicáveis aos membros da Comissão ou aos juízes da Corte que incorrerem nos casos previstos nos respectivos Estatutos. Para expedir uma resolução, será necessária maioria de dois terços dos votos dos Estados-membros da Organização, no caso dos membros da Comissão; e, além disso, de dois terços dos votos dos Estados-partes na Convenção, se se tratar dos juízes da Corte.

PARTE III — DISPOSIÇÕES GERAIS E TRANSITÓRIAS

Capítulo X — ASSINATURA, RATIFICAÇÃO, RESERVA, EMENDA, PROTOCOLO E DENÚNCIA

Artigo 74 — 1. Esta Convenção está aberta à assinatura e à ratificação de todos os Estados-membros da Organização dos Estados Americanos.

2. A ratificação desta Convenção ou a adesão a ela efetuar-se-á mediante depósito de um instrumento de ratificação ou adesão na Secretaria-Geral da Organização dos Estados Americanos. Esta Convenção entrará em vigor logo que onze Estados houverem depositado os seus respectivos instrumentos de ratificação ou de adesão. Com referência a qualquer outro Estado que a ratificar ou que a ela aderir ulteriormente, a Convenção entrará em vigor na data do depósito do seu instrumento de ratificação ou adesão.

3. O Secretário-Geral comunicará todos os Estados-membros da Organização sobre a entrada em vigor da Convenção.

Artigo 75 — Esta Convenção só pode ser objeto de reservas em conformidade com as disposições da Convenção de Viena sobre o Direito dos Tratados, assinada em 23 de maio de 1969.

Artigo 76 — 1. Qualquer Estado-parte, diretamente, e a Comissão e a Corte, por intermédio do Secretário-Geral, podem submeter à Assembleia Geral, para o que julgarem conveniente, proposta de emendas a esta Convenção.

2. Tais emendas entrarão em vigor para os Estados que as ratificarem, na data em que houver sido depositado o respectivo instrumento de ratificação, por dois terços dos Estados-partes nesta Convenção. Quanto aos outros Estados-partes, entrarão em vigor na data em que eles depositarem os seus respectivos instrumentos de ratificação.

Artigo 77 — 1. De acordo com a faculdade estabelecida no artigo 31, qualquer Estado-parte e a Comissão podem submeter à consideração dos Estados-partes reunidos por ocasião da Assembleia Geral projetos de Protocolos adicionais a esta Convenção, com a finalidade de incluir progressivamente, no regime de proteção da mesma, outros direitos e liberdades.

2. Cada Protocolo deve estabelecer as modalidades de sua entrada em vigor e será aplicado somente entre os Estados-partes no mesmo.

Artigo 78 — 1. Os Estados-partes poderão denunciar esta Convenção depois de expirado o prazo de cinco anos, a partir da data em vigor da mesma e mediante aviso prévio de um ano, notificando o Secretário-Geral da Organização, o qual deve informar as outras partes.

2. Tal denúncia não terá o efeito de desligar o Estado-parte interessado das obrigações contidas nesta Convenção, no que diz respeito a qualquer ato que, podendo constituir violação dessas obrigações, houver sido cometido por ele anteriormente à data na qual a denúncia produzir efeito.

Capítulo XI — DISPOSIÇÕES TRANSITÓRIAS

Seção 1 — Comissão Interamericana de Direitos Humanos

Artigo 79 — Ao entrar em vigor esta Convenção, o Secretário-Geral pedirá por escrito a cada Estado-membro da Organização que apresente, dentro de um prazo de noventa dias, seus candidatos a membro da Comissão Interamericana de Direitos Humanos. O Secretário-Geral preparará uma lista por ordem alfabética dos candidatos apresentados e a encaminhará aos Estados-membros da Organização, pelo menos trinta dias antes da Assembleia Geral seguinte.

Artigo 80 — A eleição dos membros da Comissão far-se-á dentre os candidatos que figurem na lista a que se refere o artigo 79, por votação secreta da Assembleia Geral, e serão declarados eleitos os candidatos que obtiverem maior número de votos e a maioria absoluta dos votos dos representantes dos Estados-membros. Se, para eleger todos os membros da Comissão, for necessário realizar várias votações, serão eliminados sucessivamente, na forma que for determinada pela Assembleia Geral, os candidatos que receberem maior número de votos.

Seção 2 — Corte Interamericana de Direitos Humanos

Artigo 81 — Ao entrar em vigor esta Convenção, o Secretário-Geral pedirá a cada Estado-parte que apresente, dentro de um prazo de noventa dias, seus candidatos a juiz da Corte Interamericana de Direitos Humanos. O Secretário-Geral preparará uma lista por ordem alfabética dos candidatos apresentados e a encaminhará aos Estados-partes pelo menos trinta dias antes da Assembleia Geral seguinte.

Artigo 82 — A eleição dos juízes da Corte far-se-á dentre os candidatos que figurem na lista a que se refere o artigo 81, por votação secreta dos Estados-partes, na Assembleia Geral, e serão declarados eleitos os candidatos que obtiverem o maior número de votos e a maioria absoluta dos votos dos representantes dos Estados-partes. Se, para eleger todos os juízes da Corte, for necessário realizar várias votações, serão eliminados sucessivamente, na forma que for determinada pelos Estados-partes, os candidatos que receberem menor número de votos.

PROTOCOLO ADICIONAL À CONVENÇÃO AMERICANA SOBRE DIREITOS HUMANOS EM MATÉRIA DE DIREITOS ECONÔMICOS, SOCIAIS E CULTURAIS (PROTOCOLO DE SAN SALVADOR)

PREÂMBULO

Os Estados-partes na Convenção Americana sobre Direitos Humanos, "Pacto de San José da Costa Rica",

Reafirmando seu propósito de consolidar neste Continente, dentro do quadro das instituições democráticas, um regime de liberdade pessoal e de justiça social, fundado no respeito dos direitos essenciais do homem;

Reconhecendo que os direitos essenciais do homem não derivam do fato de ser ele nacional de determinado Estado, mas sim do fato de ter como fundamento os atributos de pessoa humana, razão por que justificam uma proteção internacional, de natureza convencional, coadjuvante ou complementar de que oferece o direito interno dos Estados americanos;

Considerando a estreita relação que existe entre a vigência dos direitos econômicos, sociais e culturais e a dos direitos civis e políticos, porquanto as diferentes categorias de direito constituem um todo indissolúvel que encontra sua base no reconhecimento da dignidade da pessoa humana, pelo qual exigem uma tutela e promoção permanente, com o objetivo de conseguir sua vigência plena, sem que jamais possa justificar-se a violação de uns a pretexto da realização de outros;

Reconhecendo os benefícios decorrentes do fomento e desenvolvimento da cooperação entre os Estados e das relações internacionais;

Recordando que, de acordo com a Declaração Universal dos Direitos do Homem e a Convenção Americana sobre os Direitos Humanos, só pode ser realizado o ideal do ser humano livre, isento de temor e da miséria, se forem criadas condições que permitam a cada pessoa gozar de seus direitos econômicos, sociais e culturais, bem como de seus direitos civis e políticos;

Levando em conta que, embora os direitos econômicos, sociais e culturais fundamentais tenham sido reconhecidos em instrumentos internacionais anteriores, tanto de âmbito universal como regional, é muito importante que esses direitos sejam reafirmados, desenvolvidos, aperfeiçoados e protegidos, a fim de consolidar na América, com base no respeito pleno aos direitos da pessoa, o regime democrático representativo de governo, bem como os direitos de seus povos ao desenvolvimento, à livre determinação e a dispor livremente de suas riquezas e recursos naturais; e

Considerando que a Convenção Americana sobre os Direitos Humanos estabelece que podem ser submetidos à consideração dos Estados-partes, reunidos por ocasiões da Assembleia Geral da organização dos Estados Americanos, projeto de protocolos adicionais a essa convenção, com a finalidade de incluir progressivamente no regime de proteção da mesma outros direitos e liberdades;

Convieram no seguinte Protocolo Adicional à Convenção Americana sobre os Direitos Humanos, "Protocolo de San Salvador":

Artigo 1º — Obrigação de adotar medidas

Os Estados-partes neste Protocolo Adicional à Convenção Americana sobre Direitos Humanos comprometem-se a adotar as medidas necessárias, tanto de ordem interna como por meio da cooperação entre os Estados, especialmente econômica e técnica, até o máximo dos recursos disponíveis e levando em conta seu grau de desenvolvimento, a fim de conseguir, progressivamente e de acordo com a legislação interna, a plena efetividade dos direitos reconhecidos neste Protocolo.

Artigo 2º — Obrigação de adotar disposições de direito interno

Se o exercício dos direitos estabelecidos neste Protocolo ainda não estiver garantindo por disposições legislativas ou outra natureza, os Estados-partes comprometem-se a adotar, de acordo com suas normas constitucionais e com as disposições deste Protocolo, as medidas legislativas ou de outra natureza que forem necessárias para tornar efetivos esses direitos.

Artigo 3º — Obrigação de não discriminação

Os Estados-partes neste Protocolo comprometem-se a garantir o exercício dos direitos nele enunciados, sem discriminação alguma por motivo de raça, cor, sexo, idioma, religião, opiniões políticas ou de qualquer outra natureza, origem nacional ou social, posição econômica, nascimento ou qualquer outra condição social.

Artigo 4º — Não admissão de restrições

Não se poderá restringir ou limitar qualquer dos direitos reconhecidos ou vigentes num Estado em virtude de sua legislação interna ou de convenções internacionais sob pretexto de que esse Protocolo não os reconhece ou os reconhece em menor grau.

Artigo 5º — Alcance das restrições e limitações

Os Estados-partes só poderão estabelecer restrições e limitações ao gozo e exercício dos direitos estabelecidos neste Protocolo mediante leis promulgadas com o objetivo de preservar o bem-estar geral dentro de uma sociedade democrática, na medida em que não contrariem o propósito da razão dos mesmos.

Artigo 6º — Direito ao trabalho

1. Toda pessoa tem direito ao trabalho, o que inclui a oportunidade de obter os meios para levar uma vida digna e decorosa por meio do desempenho de uma atividade lícita, livremente escolhida ou aceita.

2. Os Estados-partes comprometem-se a adotar medidas que garantam plena efetividade do direito ao trabalho, especialmente as referentes à consecução do pleno emprego, à orientação vocacional e ao desenvolvimento de projetos de treinamento técnico-profissional, particularmente os destinados aos deficientes. Os Estados-partes comprometem-se também a executar e a fortalecer programas que coadjuvem um adequado atendimento da família, a fim de que a mulher tenha possibilidade de exercer o direito ao trabalho.

Artigo 7º — Condições justas, equitativas e satisfatórias de trabalho

Os Estados-partes neste Protocolo reconhecem que o direito ao trabalho, a que se refere o artigo anterior, pressupõe que toda pessoa goze do mesmo em condições justas, equitativas e satisfatórias, para o que esses Estados garantirão em suas legislações, de maneira particular:

a) Remuneração que assegure, no mínimo, a todos os trabalhadores condições de subsistência digna e decorosa para eles e para suas famílias e salário equitativo e igual, sem nenhuma distinção;

b) O direito de todo trabalhador de seguir sua vocação e de dedicar-se à atividade que melhor atenda a suas expetativas e a trocar de emprego de acordo com a respectiva regulamentação nacional;

c) O direito do trabalhador à promoção ou avanço no trabalho, para o qual serão levadas em conta suas qualificações, competência, probidade, e tempo de serviço;

d) Estabilidade dos trabalhadores em seus empregos, de acordo com as características da indústrias e profissões e com as causas de justa separação. Nos casos de demissão injustificada, o trabalhador terá direito a uma indenização ou a readmissão no emprego ou a quaisquer outras prestações previstas pela legislação nacional;

e) Segurança e higiene no trabalho;

f) Proibição de trabalho noturno ou em atividades insalubres ou perigosas para os menores de 18 anos e, em geral, de todo trabalho que possa pôr em perigo sua saúde, segurança ou moral. Quando se tratar de menores de 16 anos, a jornada de trabalho deverá subordinar-se às disposições sobre ensino obrigatório e, em nenhum caso, poderá constituir impedimento à assistência escolar ou limitação para beneficiar-se da instrução recebida;

g) Limitação razoável das horas de trabalho, tanto diárias quanto semanais. As jornadas serão de menor duração quando se tratar de trabalhos perigosos, insalubres ou noturnos;

h) Repouso, gozo do tempo livre, férias remuneradas, bem como remuneração nos feriados nacionais.

Artigo 8º — Direitos sindicais

1. Os Estados-partes garantirão:

a) O direito dos trabalhadores de organizar sindicatos e filiar-se ao de sua escolha, para proteger e promover seus interesses. Como projeção desse direito, os Estados-partes permitirão aos sindicatos formar federações e confederações nacionais e associar-se às existentes, bem como formar organizações sindicais internacionais e associar-se à de sua escolha. Os Estados-partes também permitirão que os sindicatos, federações e confederações funcionem livremente;

b) O direito de greve.

2. O exercício dos direitos enunciados acima só pode estar sujeito às limitações e restrições previstas pela lei que sejam próprias a uma sociedade democrática e necessárias para salvaguardar a ordem pública e proteger a saúde ou a moral pública, e os direitos ou liberdades dos demais. Os membros das forças armadas e da polícia, bem como de outros serviços públicos essenciais, estarão sujeitos às limitações e restrições impostas pela lei.

3. Ninguém poderá ser obrigado a pertencer a um sindicato.

Artigo 9º — Direito à previdência social

1. Toda pessoa tem direito à previdência social que a proteja das consequências da velhice e da incapacitação que a impossibilite, física ou mentalmente, de obter os meios de vida digna e decorosa. No caso de morte do beneficiário, as prestações da previdência social beneficiarão seus dependentes.

2. Quando se tratar de pessoa em atividade, o direito à previdência social abrangerá pelo menos o atendimento médico e o subsídio ou pensão em caso de acidente de trabalho de doença profissional e, quando se tratar da mulher, licença remunerada para a gestante, antes e depois do parto.

Artigo 10 — Direito à saúde

1. Toda pessoa tem direito a saúde, entendida como o gozo do mais alto nível de bem-estar físico, mental e social.

2. A fim de tornar efetivo o direito à saúde, os Estados-partes comprometem-se a reconhecer a saúde como bem público e, especialmente, a adotar as seguintes medidas para garantir este direito:

a) Atendimento primário de saúde, entendendo-se como tal a assistência médica essencial colocada ao alcance de todas as pessoas e famílias da comunidade;

b) Extensão dos benefícios dos serviços de saúde a todas as pessoas sujeitas à jurisdição de Estado;

c) Total imunização contra as principais doenças infecciosas;

d) Prevenção e tratamento das doenças endêmicas, profissionais e de outra natureza;

e) Educação da população sobre prevenção e tratamento dos problemas da saúde; e

f) Satisfação das necessidades de saúde dos grupos de mais alto risco e que, por sua situação de pobreza, sejam mais vulneráveis.

Artigo 11 — Direito a um meio ambiente sadio

1. Toda pessoa tem o direito de viver em meio ambiente sadio e a contar com os serviços públicos básicos.

2. Os Estados-partes promoverão a proteção, preservação e melhoramento do meio ambiente.

Artigo 12 — Direito à alimentação

1. Toda pessoa tem direito a uma nutrição adequada que assegure a possibilidade de gozar do mais alto nível de desenvolvimento físico, emocional e intelectual.

2. A fim de tornar efetivo esse direito e de eliminar a desnutrição, os Estados-partes comprometem-se a aperfeiçoar os métodos de produção, abastecimento e distribuição de alimentos, para o que se comprometem a promover maior cooperação internacional com vistas a apoiar as políticas nacionais sobre o tema.

Artigo 13 — Direito à educação

1. Toda pessoa tem direito à educação.

2. Os Estados-partes neste Protocolo convêm em que a educação deverá orientar-se para o pleno desenvolvimento da personalidade humana e do sentido de sua dignidade e deverá fortalecer o respeito pelos direitos humanos, pelo pluralismo ideológico, pelas liberdades fundamentais, pela justiça e pela paz. Convêm, também, em que a educação deve capacitar todas as pessoas para participar efetivamente de uma sociedade democrática e pluralista, conseguir uma subsistência digna, favorecer a compreensão, a tolerância e a amizade entre todas as nações e todos os grupos raciais, étnicos ou religiosos e promover as atividades da manutenção da paz.

3. Os Estados-partes neste protocolo reconhecem que, a fim de conseguir o pleno exercício do direito à educação:

a) O ensino de primeiro grau deve ser obrigatório e acessível a todos gratuitamente;

b) O ensino de segundo grau, em suas diferentes formas, inclusive o ensino técnico e profissional de segundo grau, deve ser generalizado e tornar-se acessível a todos, pelos meios apropriados e, especialmente, pela implantação progressiva do ensino gratuito;

c) O ensino superior deve tornar-se igualmente acessível a todos, de acordo com a capacidade de cada um, pelos meios que forem apropriados e, especialmente, pela implantação progressiva do ensino gratuito;

d) Deve-se promover ou intensificar, na medida do possível, o ensino básico para as pessoas que não tiverem recebido ou terminado o ciclo completo de instruções do primeiro grau;

e) Deverão ser estabelecidos programas de ensino diferenciado para os deficientes, a fim de proporcionar instrução especial e formação a pessoas com impedimentos físicos ou deficiência mental.

4. De acordo com a legislação interna dos Estados-partes, os pais terão direito a escolher o tipo de educação a ser dada aos seus filhos, desde que seja de acordo com os princípios enunciados acima.

5. Nada do disposto neste protocolo poderá ser interpretado como restrição da liberdade dos particulares e entidades de estabelecer e dirigir instituições de ensino, de acordo com a legislação interna dos Estados-partes.

Artigo 14 — Direito aos benefícios da cultura

1. Os Estados-partes nestes protocolo reconhecem o direito de toda pessoa a:

a) Participar na vida cultural e artística da comunidade;

b) Gozar dos benefícios do progresso científico e tecnológico;

c) Beneficiar-se da proteção dos interesses morais e materiais que lhe caibam em virtude das produções científicas, literárias ou de que for autora.

2. Entre as medidas que os Estados-partes nestes Protocolo deverão adotar para assegurar o pleno exercício deste direito, figurarão as necessárias para a conservação, desenvolvimento e divulgação da ciência, da cultura e da arte.

3. Os Estados-partes neste Protocolo comprometem-se a respeitar a liberdade indispensável para a pesquisa científica e a atividade criadora.

4. Os Estados-partes neste Protocolo reconhecem os benefícios que decorrem da promoção e desenvolvimento da cooperação e das relações internacionais em assuntos científicos, artísticos e culturais e, nesse sentido, comprometem-se a propiciar maior cooperação internacional nesse campo.

Artigo 15 — Direito à constituição e proteção da família

1. A família é o elemento natural e fundamental da sociedade e deve ser protegida pelo Estado, que deverá velar pelo melhoramento de sua situação moral e material.

2. Toda pessoa tem direito a constituir família, o qual exercerá de acordo com as disposições da legislação interna correspondente.

3. Os Estados-partes comprometem-se, mediante este Protocolo, a proporcionar adequada proteção ao grupo familiar e, especialmente a:

a) Dispensar atenção e assistência especiais à mãe, por um período razoável, antes e depois do parto;

b) Garantir às crianças alimentação adequada, tanto no período de lactação, quanto durante a idade escolar;

c) Adotar medidas especiais de proteção dos adolescentes, a fim de assegurar o pleno amadurecimento de suas capacidades físicas, intelectuais e morais;

d) Executar programas especiais de formação familiar, a fim de contribuir para a criação de ambiente estável e positivo no qual as crianças recebam e desenvolvam os valores de compreensão, solidariedade, respeito e responsabilidade.

Artigo 16 — Direito da criança

Toda criança, seja qual for sua filiação, tem direito às medidas de proteção que sua condição de menor requer por parte de sua família, da sociedade e do Estado. Toda criança tem direito de crescer ao amparo e sob a responsabilidade de seus pais; salvo em circunstâncias excepcionais, reconhecidas judicialmente, a criança de tenra idade não deve ser separada de sua mãe. Toda criança tem direto à educação gratuita e obrigatória, pelo menos no nível básico, e a continuar sua formação em níveis mais elevados do sistema educacional.

Artigo 17 — Proteção de pessoas idosas

Toda pessoa tem direito à proteção especial na velhice. Nesse sentido, os Estados-partes comprometem-se a adotar de maneira progressiva as medidas necessárias a fim de pôr em prática este direito e, especialmente, a:

a) Proporcionar instalações adequadas, bem como alimentação e assistência médica especializada, às pessoas de idade avançada que careçam delas e não estejam em condições de provê-las por seus próprios meios;

b) Executar programas trabalhistas específicos destinados a dar a pessoas idosas a possibilidade de realizar atividade produtiva adequada às suas capacidades, respeitando sua vocação ou desejos;

c) Promover a formação de organizações sociais destinadas a melhorar a qualidade de vida das pessoas idosas.

Artigo 18 — Proteção de pessoas portadoras de deficiência

Toda pessoa afetada por diminuição de suas capacidades físicas e mentais tem direito a receber atenção especial, a fim de alcançar o máximo desenvolvimento de sua personalidade. Os Estados-partes comprometem-se a adotar as medidas para esse fim e, especialmente, a:

a) Executar programas específicos destinados a proporcionar aos deficientes os recursos e o ambiente necessário para alcançar esse objetivo, inclusive programas trabalhistas adequados a suas possibilidades e que deverão ser livremente aceitos por eles ou, se for o caso, por representantes legais;

b) Proporcionar formação especial às famílias de deficientes, a fim de ajudá-los a resolver os problemas de convivência e convertê-los em elementos atuantes no desenvolvimento físico, mental e emocional destes;

c) Incluir, de maneira prioritária, em seus planos de desenvolvimento urbano, a consideração de soluções para os requisitos decorrentes das necessidades deste grupo;

d) Promover a formação de organizações sociais nas quais os deficientes possam desenvolver uma vida plena.

Artigo 19 — Meios de proteção

1. Os Estados-partes neste protocolo comprometem-se a apresentar, de acordo com o disposto por este artigo e pelas normas pertinentes que a propósito deverão ser elaboradas pela Assembleia Geral da Organização dos Estados Americanos, relatórios periódicos sobre as medidas progressivas que tiverem adotado para assegurar o devido respeito aos direitos consagrados no mesmo protocolo.

2. Todos os relatórios serão apresentados ao Secretário-Geral da OEA, que os transmitirá ao Conselho Interamericano e Social e ao Conselho Interamericano da Educação, Ciência e Cultura, a fim de que os examinem de acordo com o disposto neste artigo. O Secretário-Geral enviará cópia desses relatórios à Comissão Interamericana de Direitos Humanos.

3. O Secretário-Geral da Organização dos Estados Americanos transmitirá também aos organismos especializados do Sistema Interamericano, dos quais sejam membros os Estados-partes neste Protocolo, cópias dos relatórios enviados ou das partes pertinentes deles, na medida em que tenham relação com matérias que sejam da competência dos referidos organismos, de acordo seus instrumentos constitutivos.

4. Os organismos especializados do Sistema Interamericano poderão apresentar ao Conselho Interamericano Econômico e Social e ao Conselho Interamericano de Educação, Ciência e Cultura relatórios sobre o cumprimento das disposições deste Protocolo, no campo de suas atividades.

5. Os relatórios anuais que o Conselho Interamericano Econômico e Social e o Conselho Interamericano de Educação, Ciência e Cultura apresentarem à Assembleia Geral conterão um resumo da informação recebida dos Estados-partes neste Protocolo e dos organismos especializados sobre as medidas progressivas adotadas a fim de assegurar o respeito dos direitos reconhecidos no Protocolo e das recomendações de caráter geral que a respeito considerarem pertinentes.

6. Caso os direitos estabelecidos na alínea "a" do artigo 8, e no artigo 13, forem violados por ação imputável diretamente a um Estado-parte deste Protocolo, essa situação poderá dar lugar, mediante participação da Comissão Interamericana de Direitos Humanos e quando cabível, da Corte Interamericana de Direitos Humanos, à aplicação do sistema de petições individuais regulado pelos artigos 44 a 51 e 61 a 69 da Convenção Americana sobre Direitos Humanos.

7. Sem prejuízo do disposto no parágrafo anterior, a Comissão Interamericana de Direitos Humanos poderá formular as observações e recomendações que considerar pertinentes sobre a situação dos direitos econômicos, sociais e cultuais estabelecidos neste Protocolo em todos ou em alguns dos Estados-partes, as quais poderá incluir no Relatório Anual à Assembleia Geral ou num relatório especial, conforme considerar mais apropriado.

8. No exercício das funções que lhes confere este artigo, os Conselhos e a Comissão Interamericana de Direitos Humanos deverão levar em conta a natureza progressiva da vigência dos direitos objeto da proteção deste Protocolo.

Artigo 20 — Reservas

Os Estados-partes poderão formular reservas sobre uma ou mais disposições específicas deste Protocolo no momento de aprová-lo, assiná-lo, ratificá-lo ou a ele aderir, desde que não sejam incompatíveis com o objetivo e o fim do Protocolo.

Artigo 21 — Assinatura, ratificação ou adesão. Entrada em vigor

1. Este Protocolo fica aberto à assinatura e à ratificação ou adesão de todo Estado-parte na Convenção Americana sobre Direitos Humanos.

2. A ratificação deste Protocolo ou a adesão ao mesmo tempo será efetuada mediante depósito de um instrumento de ratificação ou de adesão na Secretaria-Geral da Organização dos Estados Americanos.

3. O Protocolo entrará em vigor tão logo onze Estados tiverem depositado seus respectivos instrumentos de ratificação ou de adesão.

4. O Secretário-Geral informará a todos os Estados membros da Organização a entrada em vigor do Protocolo.

Artigo 22 — Incorporação de outros direitos e ampliação dos reconhecidos

1. Qualquer Estado-parte e a Comissão Interamericana de Direitos Humanos poderão submeter-se à consideração dos Estados-partes, reunidos por ocasião da Assembleia Geral, propostas de emendas com o fim de incluir o reconhecimento de outros direitos e liberdades, ou outras destinadas a estender ou ampliar os direitos e liberdade reconhecidos neste Protocolo.

2. As emendas entrarão em vigor para os Estados ratificantes das mesmas na data em que tiverem depositado o respectivo instrumento de ratificação que corresponda a dois terços do número de Estados-partes neste Protocolo. Quanto aos demais Estados-partes, entrarão em vigor na data que depositarem seus respectivos instrumentos de ratificação.

CONVENÇÃO INTERAMERICANA PARA PREVENIR E PUNIR A TORTURA

Os Estados Americanos signatários da presente Convenção,

Conscientes do disposto na Convenção Americana sobre Direitos Humanos, no sentido de que ninguém deve ser submetido a torturas, nem a penas ou tratamentos cruéis, desumanos ou degradantes,

Reafirmando que todo ato de tortura ou outros tratamentos ou penas cruéis, desumanos ou degradantes constituem uma ofensa à dignidade humana e uma negação dos princípios consagrados na Carta da Organização dos Estados Americanos e na Carta das Nações Unidas, e são violatórios dos direitos humanos e liberdades fundamentais proclamados na Declaração Americana dos Direitos e Deveres do Homem e na Declaração Universal dos Direitos do Homem;

Assinalando que, para tornar efetivas as normas pertinentes contidas nos instrumentos universais e regionais aludidos, é necessário elaborar uma Convenção interamericana que previna e puna a tortura;

Reiterando seu propósito de consolidar neste Continente as condições que permitam o reconhecimento e o respeito da dignidade inerente à pessoa humana e assegurem o exercício pleno das suas liberdades e direitos fundamentais;

Convieram no seguinte:

Artigo 1º

Os Estados-partes obrigam-se a prevenir e a punir a tortura, nos termos desta Convenção.

Artigo 2º

Para os efeitos desta Convenção, entender-se-á por tortura todo ato pelo qual são infligidos intencionalmente a uma pessoa penas ou sofrimentos físicos ou mentais, com fins de investigação criminal, como meio de intimidação, como castigo pessoal, como medida preventiva, como pena ou com qualquer outro fim. Entender-se-á também como tortura a aplicação, sobre uma pessoa, de métodos tendentes a anular a personalidade da vítima, ou a diminuir sua capacidade física ou mental, embora não causem dor física ou angústia psíquica.

Não estarão compreendidos no conceito de tortura as penas ou sofrimentos físicos ou mentais que sejam unicamente consequência de medidas legais ou inerentes a elas, contanto que não incluam a realização dos atos ou a aplicação dos métodos a que se refere este artigo.

Artigo 3º

Serão responsáveis pelo delito de tortura:

a) Os empregados ou funcionários públicos que, atuando nesse caráter, ordenem sua execução ou instiguem ou induzam a ela, cometam-no diretamente ou, podendo impedi-lo, não o façam.

b) As pessoas que, por instigação dos funcionários ou empregados públicos a que se refere a alínea *a*, ordenem sua execução, instiguem ou induzam a ela, cometam-no diretamente ou nele sejam cúmplices.

Artigo 4º

O fato de haver agido por ordens superiores não eximirá da responsabilidade penal correspondente.

Artigo 5º

Não se invocará, nem admitirá como justificativa do delito de tortura, a existência de circunstâncias tais como o estado de guerra, a ameaça de guerra, o estado de sítio ou de emergência, a comoção ou conflito interno, a suspensão das garantias constitucionais, a instabilidade política interna, ou outras emergências ou calamidades públicas.

Nem a periculosidade do detido ou condenado, nem a insegurança do estabelecimento carcerário ou penitenciário podem justificar a tortura.

Artigo 6º

Em conformidade com o disposto no artigo 1º, os Estados-partes tomarão medidas efetivas a fim de prevenir e punir a tortura no âmbito de sua jurisdição.

Os Estados-partes assegurar-se-ão de que todos os atos de tortura e as tentativas de praticar atos dessa natureza sejam considerados delitos em seu direito penal, estabelecendo penas severas para sua punição, que levem em conta sua gravidade.

Os Estados-partes obrigam-se também a tomar medidas efetivas para prevenir e punir outros tratamentos ou penas cruéis, desumanos ou degradantes, no âmbito de sua jurisdição.

Artigo 7º

Os Estados-partes tomarão medidas para que, no treinamento de agentes de polícia e de outros funcionários públicos responsáveis pela custódia de pessoas privadas de liberdade, provisória ou definitivamente, e nos interrogatórios, detenções ou prisões, se ressalte de maneira especial a proibição do emprego da tortura.

Os Estados-partes tomarão também medidas semelhantes para evitar outros tratamentos ou penas cruéis, desumanos ou degradantes.

Artigo 8º

Os Estados-partes assegurarão a qualquer pessoa que denunciar haver sido submetido a tortura, no âmbito de sua jurisdição, o direito de que o caso seja examinado de maneira imparcial.

Quando houver denúncia ou razão fundada para supor que haja sido cometido ato de tortura no âmbito de sua jurisdição, os Estados-partes garantirão que suas autoridades procederão de ofício e imediatamente à realização de uma investigação sobre o caso e iniciarão, se for cabível, o respectivo processo penal.

Uma vez esgotado o procedimento jurídico interno do Estado e os recursos que este prevê, o caso poderá ser submetido a instâncias internacionais, cuja competência tenha sido aceita por esse Estado.

Artigo 9º

Os Estados-partes comprometem-se a estabelecer, em suas legislações nacionais, normas que garantam compensação adequada para as vítimas do delito de tortura.

Nada do disposto neste artigo afetará o direito que possa ter a vítima ou outras pessoas de receber compensação em virtude da legislação nacional existente.

Artigo 10

Nenhuma declaração que se comprove haver sido obtida mediante tortura poderá ser admitida como prova em um processo, salvo em processo instaurado contra a pessoa ou pessoas acusadas de havê-la obtido mediante atos de tortura e unicamente como prova de que, por esse meio, o acusado obteve tal declaração.

Artigo 11

Os Estados-partes tomarão as medidas necessárias para conceder a extradição de toda pessoa acusada de delito de tortura ou condenada por esse delito, de conformidade com suas legislações nacionais sobre extradição e suas obrigações internacionais nessa matéria.

Artigo 12

Todo Estado-parte tomará as medidas necessárias para estabelecer sua jurisdição sobre o delito descrito nesta Convenção, nos seguintes casos:

a) quando a tortura houver sido cometida no âmbito de sua jurisdição;

b) quando o suspeito for nacional do Estado-parte de que se trate;

c) quando a vítima for nacional do Estado-parte de que se trate e este o considerar apropriado.

Todo Estado-parte tomará também as medidas necessárias para estabelecer sua jurisdição sobre o delito descrito nesta Convenção, quando o suspeito se encontrar no âmbito de sua jurisdição e o Estado não o extraditar, de conformidade com o artigo 11.

Esta Convenção não exclui a jurisdição penal exercida de conformidade com o direito interno.

Artigo 13

O delito a que se refere o artigo 2º será considerado incluído entre os delitos que são motivo de extradição em todo tratado de extradição celebrado entre Estados-partes. Os Estados-partes comprometem-se a incluir o delito de tortura, como caso de extradição, em todo tratado de extradição que celebrarem entre si no futuro.

Todo Estado-parte que sujeitar a extradição à existência de um tratado poderá, se receber de outro Estado-parte, com o qual não tiver tratado, uma solicitação de extradição, considerar esta Convenção como a base jurídica necessária para a extradição referente ao delito de tortura. A extradição estará sujeita às condições exigíveis pelo direito do Estado requerido.

Os Estados-partes que não sujeitarem a extradição à existência de um tratado reconhecerão esses delitos como casos de extradição entre eles, respeitando as condições exigidas pelo direito do Estado requerido.

Não se concederá a extradição, nem se procederá à devolução da pessoa requerida, quando houver suspeita fundada de que corre perigo sua vida, de que será submetida à tortura, tratamento cruel, desumano ou degradante, ou de que será julgada por tribunais de exceção ou *ad hoc*, no Estado requerente.

Artigo 14

Quando um Estado-parte não conceder a extradição, submeterá o caso às suas autoridades competentes, como se o delito houvesse sido cometido no âmbito de sua jurisdição, para fins de investigação e, quando for cabível, de ação penal, de conformidade com sua legislação nacional. A decisão tomada por essas autoridades será comunicada ao Estado que houver solicitado a extradição.

Artigo 15

Nada do disposto nesta Convenção poderá ser interpretado como limitação do direito de asilo, quando for cabível, nem como modificação das obrigações dos Estados-partes em matéria de extradição.

Artigo 16

Esta Convenção deixa a salvo o disposto pela Convenção Americana sobre Direitos Humanos, por outras Convenções sobre a matéria e pelo Estatuto da Comissão Interamericana de Direitos Humanos, com relação ao delito de tortura.

Artigo 17

Os Estados-partes comprometem-se a informar a Comissão Interamericana de Direitos Humanos sobre as medidas legislativas, judiciais, administrativas e de outra natureza que adotarem em aplicação desta Convenção.

De conformidade com suas atribuições, a Comissão Interamericana de Direito Humanos procurará analisar, em seu relatório anual, a situação prevalecente nos Estados membros da Organização dos Estados Americanos, no que diz respeito à prevenção e supressão da tortura.

Artigo 18

Esta Convenção estará aberta à assinatura dos Estados membros da Organização dos Estados Americanos.

Artigo 19

Esta Convenção estará sujeita a ratificação. Os instrumentos de ratificação serão depositados na Secretaria-Geral da Organização dos Estados Americanos.

Artigo 20

Esta Convenção ficará aberta à adesão de qualquer outro Estado Americano. Os instrumentos de adesão serão depositadas na Secretaria-Geral da Organização dos Estados Americanos.

Artigo 21

Os Estados-partes poderão formular reservas a esta Convenção no momento de aprová-la, assiná-la, ratificá-la ou de a ela aderir, contanto que não sejam incompatíveis com o objeto e o fim da Convenção e versem sobre uma ou mais disposições específicas.

Artigo 22

Esta Convenção entrará em vigor no trigésimo dia a partir da data em que tenha sido depositado o segundo instrumento de ratificação. Para cada Estado que ratificar a Convenção, ou a ela aderir depois de haver sido depositado o segundo instrumento de ratificação, a Convenção entrará em vigor no trigésimo dia a partir da data em que esse Estado tenha depositado seu instrumento de ratificação ou adesão.

Artigo 23

Esta Convenção vigorará indefinitivamente, mas qualquer dos Estados-partes poderá denunciá-la. O instrumento de denúncia será depositado na Secretaria-Geral da Organização dos Estados Americanos. Transcorrido um ano, contado da data de depósito do instrumento de denúncia, a Convenção cessará em seus efeitos para o Estado denunciante, ficando subsistente para os demais Estados-partes.

Artigo 24

O instrumento original desta Convenção, cujos textos em português, espanhol, francês e inglês são igualmente autênticos, será depositado na Secretaria-Geral da Organização dos Estados Americanos, que enviará cópia autenticada do seu texto para registro e publicação à Secretaria das Nações Unidas, de conformidade com o artigo 102 da Carta das Nações Unidas. A Secretaria-Geral da Organização dos Estados Americanos comunicará aos Estados membros da referida Organização e aos Estados que tenham aderido à Convenção as assinaturas e os depósitos de instrumentos de ratificação, adesão e denúncia, bem como as reservas que houver.

CONVENÇÃO INTERAMERICANA PARA PREVENIR, PUNIR E ERRADICAR A VIOLÊNCIA CONTRA A MULHER (CONVENÇÃO DE BELÉM DO PARÁ)

A Assembleia Geral,

Considerando que o reconhecimento e o respeito irrestrito de todos os direitos da mulher são condições indispensáveis para seu desenvolvimento individual e para a criação de uma sociedade mais justa, solidária e pacífica;

Preocupada porque a violência em que vivem muitas mulheres da América, sem distinção de raça, classe, religião, idade ou qualquer outra condição, é uma situação generalizada;

Persuadida de sua responsabilidade histórica de fazer frente a esta situação para procurar soluções positivas;

Convencida da necessidade de dotar o sistema interamericano de um instrumento internacional que contribua para solucionar o problema da violência contra a mulher;

Recordando as conclusões e recomendações da Consulta Interamericana sobre a Mulher e a Violência, celebrada em 1990, e a Declaração sobre a Erradicação da Violência contra a Mulher, nesse mesmo ano, adotada pela Vigésima Quinta Assembleia de Delegadas;

Recordando também a resolução AG/RES. n. 1128 (XX-0/91) "Proteção da Mulher contra a Violência", aprovada pela Assembleia Geral da Organização dos Estados Americanos;

Levando em consideração o amplo processo de consulta realizado pela Comissão Interamericana de Mulheres desde 1990 para o estudo e a elaboração de um projeto de convenção sobre a mulher e a violência, e

Vistos os resultados da Sexta Assembleia Extraordinária de Delegadas,

Resolve:

Adotar a seguinte

Convenção Interamericana para Prevenir, Punir e Erradicar a Violência contra a Mulher (Convenção de Belém do Pará):

Os Estados-partes da presente Convenção,

Reconhecendo que o respeito irrestrito aos direitos humanos foi consagrado na Declaração Americana dos Direitos e Deveres do Homem e na Declaração

Universal dos Direitos Humanos e reafirmado em outros instrumentos internacionais e regionais;

Afirmando que a violência contra a mulher constitui uma violação dos direitos humanos e das liberdades fundamentais e limita total ou parcialmente à mulher o reconhecimento, gozo e exercício de tais direitos e liberdades;

Preocupados porque a violência contra a mulher é uma ofensa à dignidade humana e uma manifestação das relações de poder historicamente desiguais entre mulheres e homens;

Recordando a Declaração sobre a Erradicação da Violência contra a Mulher, adotada pela Vigésima Quinta Assembleia de Delegadas da Comissão Interamericana de Mulheres, e afirmando que a violência contra a mulher transcende todos os setores da sociedade, independentemente de sua classe, raça ou grupo étnico, níveis de salário, cultura, nível educacional, idade ou religião, e afeta negativamente suas próprias bases;

Convencidos de que a eliminação da violência contra a mulher é condição indispensável para seu desenvolvimento individual e social e sua plena e igualitária participação em todas as esferas da vida, e

Convencidos de que a adoção de uma Convenção para prevenir, punir e erradicar toda forma de violência contra a mulher, no âmbito da Organização dos Estados Americanos, constitui uma contribuição positiva para proteger os direitos da mulher e eliminar as situações de violência que possam afetá-la,

Convieram o seguinte:

Capítulo I
Definição e Âmbito de Aplicação

Artigo 1º

Para os efeitos desta Convenção deve-se entender por violência contra a mulher qualquer ação ou conduta, baseada no gênero, que cause morte, dano ou sofrimento físico, sexual ou psicológico à mulher, tanto no âmbito público, como no privado.

Artigo 2º

Entender-se-á que a violência contra a mulher inclui a violência física, sexual e psicológica:

a. que tenha ocorrido dentro da família, ou unidade doméstica, ou em qualquer outra relação interpessoal, em que o agressor conviva ou haja convivido no mesmo domicílio que a mulher e que compreende, entre outros, estupro, violação, maus-tratos e abuso sexual;

b. que tenha ocorrido na comunidade e seja perpetrada por qualquer pessoa e que compreende, entre outros, violação, abuso sexual, tortura, maus-tratos de pessoas, tráfico de mulheres, prostituição forçada, sequestro e assédio sexual no lugar de trabalho, bem como em instituições educacionais, estabelecimentos de saúde ou qualquer outro lugar; e

c. que seja perpetrada ou tolerada pelo Estado ou seus agentes, onde quer que ocorra.

Capítulo II
Direitos Protegidos

Artigo 3º

Toda mulher tem direito a uma vida livre de violência, tanto no âmbito público, como no privado.

Artigo 4º

Toda mulher tem direito ao reconhecimento, gozo, exercício e proteção de todos os direitos humanos e liberdades consagradas pelos instrumentos regionais e internacionais sobre direitos humanos. Estes direitos compreendem, entre outros:

a. o direito a que se respeite sua vida;

b. o direito a que se respeite sua integridade física, psíquica e moral;

c. o direito à liberdade e à segurança pessoais;

d. o direito a não ser submetida à tortura;

e. o direito a que se respeite a dignidade inerente à sua pessoa e que se proteja sua família;

f. o direito à igualdade de proteção perante a lei e da lei;

g. o direito a um recurso simples e rápido diante dos tribunais competentes, que a ampare contra atos que violem seus direitos;

h. o direito à liberdade de associação;

i. o direito à liberdade de professar a religião e as próprias crenças, de acordo com a lei;

j. o direito de ter igualdade de acesso às funções públicas de seu país e a participar nos assuntos públicos, incluindo a tomada de decisões.

Artigo 5º

Toda mulher poderá exercer livre e plenamente seus direitos civis, políticos, econômicos, sociais e culturais e contará com a total proteção desses direitos consagrados nos instrumentos regionais e internacionais sobre direitos humanos. Os Estados-partes reconhecem que a violência contra a mulher impede e anula o exercício desses direitos.

Artigo 6º

O direito de toda mulher a uma vida livre de violência inclui, entre outros:

a. o direito da mulher de ser livre de toda forma de discriminação; e

b. o direito da mulher de ser valorizada e educada livre de padrões estereotipados de comportamento e práticas sociais e culturais baseadas em conceitos de inferioridade ou subordinação.

Capítulo III
Deveres dos Estados

Artigo 7º

Os Estados-partes condenam todas as formas de violência contra a mulher e concordam em adotar, por todos os meios apropriados e sem demora, políticas orientadas a prevenir, punir e erradicar a dita violência e empenhar-se em:

a. abster-se de qualquer ação ou prática de violência contra a mulher e velar para que as autoridades, seus funcionários, pessoal e agentes e instituições públicas se comportem conforme esta obrigação;

b. atuar com a devida diligência para prevenir, investigar e punir a violência contra a mulher;

c. incluir em sua legislação interna normas penais, civis e administrativas, assim como as de outra natureza que sejam necessárias para prevenir, punir e erradicar a violência contra a mulher e adotar as medidas administrativas apropriadas que venham ao caso;

d. adotar medidas jurídicas que exijam do agressor abster-se de fustigar, perseguir, intimidar, ameaçar, machucar ou pôr em perigo a vida da mulher de qualquer forma que atente contra sua integridade ou prejudique sua propriedade;

e. tomar todas as medidas apropriadas, incluindo medidas de tipo legislativo, para modificar ou abolir leis e regulamentos vigentes, ou para modificar práticas jurídicas ou consuetudinárias que respaldem a persistência ou a tolerância da violência contra a mulher;

f. estabelecer procedimentos jurídicos justos e eficazes para a mulher que tenha sido submetida à violência, que incluam, entre outros, medidas de proteção, um julgamento oportuno e o acesso efetivo a tais procedimentos;

g. estabelecer os mecanismos judiciais e administrativos necessários para assegurar que a mulher, objeto de violência, tenha acesso efetivo a ressarcimento, reparação do dano ou outros meios de compensação justos e eficazes; e

h. adotar as disposições legislativas ou de outra índole que sejam necessárias para efetivar esta Convenção.

Artigo 8º

Os Estados-partes concordam em adotar, em forma progressiva, medidas específicas, inclusive programas para:

a. fomentar o conhecimento e a observância do direito da mulher a uma vida livre de violência e o direito da mulher a que se respeitem e protejam seus direitos humanos;

b. modificar os padrões socioculturais de conduta de homens e mulheres, incluindo a construção de programas de educação formais e não formais apropriados, a todo o nível do processo educativo, para contrabalançar preconceitos e costumes e todos os outros tipos de práticas, que se baseiem na premissa da inferioridade ou superioridade de qualquer dos gêneros ou nos papéis estereotipados para o homem e a mulher, que legitimam ou exacerbam a violência contra a mulher;

c. fomentar a educação e capacitação do pessoal da administração da justiça, da polícia e dos demais funcionários encarregados da aplicação da lei, assim como do pessoal encarregado das políticas de prevenção, sanção e eliminação da violência contra a mulher;

d. aplicar os serviços especializados apropriados para o atendimento necessário à mulher objeto de violência, por meio de entidades dos setores público e privado, inclusive abrigos, serviços de orientação para toda a família, quando for o caso, e cuidado e custódia dos menores afetados;

e. fomentar e apoiar programas de educação governamentais e do setor privado destinados a conscientizar o público sobre os problemas relacionados com a violência contra a mulher, os recursos jurídicos e a reparação correspondente;

f. oferecer à mulher, objeto de violência, acesso a programas eficazes de reabilitação e capacitação que lhe permitam participar plenamente na vida pública, privada e social;

g. estimular os meios de comunicação a elaborar diretrizes adequadas de difusão que contribuam para a erradicação da violência contra a mulher, em todas as suas formas e a realçar o respeito à dignidade da mulher;

h. garantir a investigação e recompilação de estatísticas e demais informações pertinentes sobre as causas, consequências e frequência da violência contra a mulher, com o objetivo de avaliar a eficácia das medidas para prevenir, punir e eliminar a violência contra a mulher e de formular e aplicar as mudanças que sejam necessárias; e

i. promover a cooperação internacional para o intercâmbio de ideias e experiências e a execução de programas destinados a proteger a mulher objeto de violência.

Artigo 9º

Para a adoção das medidas a que se refere este capítulo, os Estados-partes terão especialmente em conta a situação de vulnerabilidade à violência que a mulher possa sofrer em consequência, entre outras, de sua raça ou de sua condição étnica, de migrante, refugiada ou desterrada. No mesmo sentido se considerará a mulher submetida à violência quando estiver grávida, for excepcional, menor de idade, anciã, ou estiver em situação socioeconômica desfavorável ou afetada por situações de conflitos armados ou de privação de sua liberdade.

Capítulo IV
Mecanismos Interamericanos de Proteção

Artigo 10

Com o propósito de proteger o direito da mulher a uma vida livre de violência, nos informes nacionais à Comissão Interamericana de Mulheres, os Estados-partes deverão incluir informação sobre as medidas adotadas para prevenir e erradicar a violência contra a mulher, para assistir à mulher afetada pela violência, assim como sobre as dificuldades que observem na aplicação das mesmas e dos fatores que contribuem para a violência contra a mulher.

Artigo 11

Os Estados-partes nesta Convenção e a Comissão Interamericana de Mulheres poderão requerer à Corte Interamericana de Direitos Humanos opinião consultiva sobre a interpretação desta Convenção.

Artigo 12

Qualquer pessoa ou grupo de pessoas, ou entidade não governamental legalmente reconhecida em um ou mais Estados membros da Organização, pode apresentar à Comissão Interamericana de Direitos Humanos petições que contenham denúncias ou queixas de violação do artigo 7º da presente Convenção pelo Estado-parte, e a Comissão considerá-las-á de acordo com as normas e os requisitos de procedimento para a apresentação e consideração de petições estipulados na Convenção Americana sobre Direitos Humanos e no Estatuto e Regulamento da Comissão Interamericana de Direitos Humanos.

Capítulo V
Disposições Gerais

Artigo 13

Nada do disposto na presente Convenção poderá ser interpretado como restrição ou limitação à legislação interna dos Estados-partes, que preveja iguais ou maiores proteções e garantias dos direitos da mulher e salvaguardas adequadas para prevenir e erradicar a violência contra a mulher.

Artigo 14

Nada do disposto na presente Convenção poderá ser interpretado como restrição ou limitação à Convenção Americana sobre Direitos Humanos ou a outras Convenções internacionais sobre a matéria, que prevejam iguais ou maiores proteções relacionadas com este tema.

Artigo 15

A presente Convenção está aberta à assinatura de todos os Estados membros da Organização do Estados Americanos.

Artigo 16

A presente Convenção está sujeita a ratificação. Os instrumentos de ratificação serão depositados na Secretaria-Geral da Organização dos Estados Americanos.

Artigo 17

A presente Convenção fica aberta à adesão de qualquer outro Estado. Os instrumentos de adesão serão depositados na Secretaria-Geral da Organização dos Estados Americanos.

Artigo 18

Os Estados poderão formular reservas à presente Convenção no momento de aprová-la, assiná-la, ratificá-la ou aderir a ela, sempre que:

a. não sejam incompatíveis com o objetivo e o propósito da Convenção;

b. não sejam de caráter geral e versem sobre uma ou mais disposições específicas.

Artigo 19

Qualquer Estado-parte pode submeter à Assembleia Geral, por meio da Comissão Interamericana de Mulheres, uma proposta de emenda a esta Convenção.

As emendas entrarão em vigor para os Estados ratificantes das mesmas na data em que dois terços dos Estados-partes tenham depositado o respectivo instrumento de ratificação. Quanto ao resto dos Estados-partes, entrarão em vigor na data em que depositem seus respectivos instrumentos de ratificação.

Artigo 20

Os Estados-partes que tenham duas ou mais unidades territoriais em que funcionem distintos sistemas jurídicos, relacionados com questões tratadas na presente Convenção, poderão declarar, no momento da assinatura, ratificação ou adesão, que a Convenção aplicar-se-á a todas as unidades territoriais ou somente a uma ou mais.

Tais declarações poderão ser modificadas em qualquer momento, mediante declarações ulteriores, que especificarão expressamente a ou as unidades territoriais às quais será aplicada a presente Convenção. Tais declarações ulteriores serão transmitidas à Secretaria-Geral da Organização dos Estados Americanos e entrarão em vigor trinta dias após seu recebimento.

Artigo 21

A presente Convenção entrará em vigor no trigésimo dia a partir da data em que tenha sido depositado o segundo instrumento de ratificação. Para cada Estado que ratificar ou aderir à Convenção, depois de ter sido depositado o segundo instrumento de ratificação, a mesma entrará em vigor no trigésimo dia a partir da data em que tal Estado tenha depositado seu instrumento de ratificação ou adesão.

Artigo 22

O Secretário-Geral informará a todos os Estados-membros da Organização dos Estados Americanos da entrada em vigor da Convenção.

Artigo 23

O Secretário-Geral da Organização dos Estados Americanos apresentará um informe anual aos Estados membros da Organização sobre a situação desta Convenção, inclusive sobre as assinaturas, depósitos de instrumentos de ratificação, adesão ou declarações, assim como as reservas porventura apresentadas pelos Estados-partes e neste caso, o informe sobre as mesmas.

Artigo 24

A presente Convenção vigorará indefinidamente, mas qualquer dos Estados-partes poderá denunciá-la mediante o depósito de um instrumento com esse fim na Secretaria-Geral da Organização dos Estados Americanos. Um ano depois da data do depósito de instrumento de denúncia, a Convenção cessará em seus efeitos para o Estado denunciante, continuando a subsistir para os demais Estados-partes.

Artigo 25

O instrumento original da presente Convenção, cujos textos em espanhol, francês, inglês e português são igualmente autênticos, será depositado na Secretaria-Geral da Organização dos Estados Americanos, que enviará cópia autenticada de seu texto para registro e publicação à Secretaria das Nações Unidas, de conformidade com o artigo 102 da Carta das Nações Unidas.

BIBLIOGRAFIA

ABRAMOVITCH, Victor; COURTIS, Christian. *Los derechos sociales como derechos exigibles*. Madrid: Trotta, 2002.

ACCIOLY, Hildebrando. *Manual de direito internacional público*. 11. ed. São Paulo: Saraiva, 1976.

ALEXY, Robert. *Teoría de los derechos fundamentales*. Trad. Ernesto Garzón Valdez. Madrid: Centro de Estudios Constitucionales, 1997.

ALLOTT, Philip. *Eunomia*: new order for a new world. Oxford: Oxford University Press, 1990.

ALMEIDA, Paulo Roberto de. A estrutura constitucional das relações internacionais e o sistema político brasileiro. *Contexto Internacional*, Rio de Janeiro, n. 12, jul./dez. 1990.

_____. Relações exteriores e a Constituição. *Revista de Informação Legislativa*, Brasília, v. 24, n. 94, abr./jun. 1987.

_____. As relações internacionais na ordem constitucional. *Revista de Informação Legislativa*, Brasília, v. 26, n. 101, jan./mar. 1989.

ALSTON, Philip; GOODMAN, Ryan. *International Human Rights*. Oxford: Oxford University Press, 2013.

ALSTON, Philip; ROBINSON, Mary (eds.). *Human Rights and Development*: towards mutual reinforcement. Oxford: Oxford University Press, 2005.

AMARAL JR., Alberto do; PERRONE-MOISÉS, Claudia (orgs.). *O cinquentenário da Declaração Universal dos Direitos do Homem*. São Paulo: Editora da Universidade de São Paulo, 1999.

AMERASINGHE, Chittharanjan Felix. *Local remedies in international law*. Cambridge: Grotius, 1990.

AMERICAS WATCH. *Violência policial urbana no Brasil*: mortes e tortura pela polícia em São Paulo e no Rio de Janeiro nos últimos cinco anos, 1987-1992. São Paulo: Núcleo de Estudos da Violência/USP, 1993.

AMNESTY INTERNATIONAL. *Beyond despair — an agenda for human rights in Brazil*. New York, 1994.

_____. *Brazil: authorized violence in rural areas.* London, 1988.

_____. *Brazil: cases of killings and ill-treatment of indigenous people.* New York, 1988.

_____. *Brazil, "Death has Arrived": prison massacre at the Casa de Detenção.* New York, 1993.

_____. *Brazil: "We are the Land" — indigenous peoples' struggle for human rights.* New York, 1992.

_____. *La mutilación genital femenina y los derechos humanos: infibulación, excisión y otras prácticas cruentas de iniciación.* 1998.

_____. *"Aqui ninguém dorme sossegado": violações dos direitos humanos contra detentos.* Brasil, 1999.

ANDRADE, José H. Fischel de. O Brasil e a proteção internacional dos direitos humanos. *Pensando o Brasil*, São Paulo, n. 2, mar. 1993.

ANTUNES, Eduardo Muylaert. Natureza jurídica da Declaração Universal dos Direitos Humanos. *Revista dos Tribunais*, São Paulo, n. 446, dez. 1972.

ARAÚJO, Antônio de. Relações entre o direito internacional e o direito interno — limitação dos efeitos do juízo de constitucionalidade. In: *Estudos sobre a jurisprudência do Tribunal Constitucional.* Lisboa: Editorial Notícias, 1993.

ARAUJO, Luiz Alberto David. *A proteção constitucional das pessoas portadoras de deficiência.* Brasília: Coordenadoria para a Integração da Pessoa Portadora de Deficiência (CORDE), 1994.

ARENDT, Hannah. *As origens do totalitarismo.* Trad. Roberto Raposo. Rio de Janeiro, Documentário, 1979.

_____. *Eichmann em Jerusalém — um relato sobre a banalidade do mal.* Trad. José Rubens Siqueira. São Paulo: Cia. das Letras, 1999.

BACHOF, Otto. *Jueces y Constitución.* Trad. Rodrigo Bercovitz Rodríguez-Cano. Madrid: Editorial Civitas, 1987.

BALDI, César Augusto. *Direitos humanos na sociedade cosmopolita.* Rio de Janeiro: Renovar, 2004.

BANDEIRA DE MELLO, Celso Antônio. Eficácia das normas constitucionais sobre justiça social. *Revista de Direito Público*, n. 57/58, jan./jun. 1991.

_____. *Elementos de direito administrativo.* São Paulo: Revista dos Tribunais, 1986.

BARCELLOS, Ana Paula de. *A eficácia jurídica dos princípios constitucionais — o princípio da dignidade da pessoa humana.* Rio de Janeiro: Renovar, 2002.

BARROSO, Luís Roberto. *O direito constitucional e a efetividade de suas normas — limites e possibilidades da Constituição brasileira*. 2. ed. Rio de Janeiro: Renovar, 1993; 5. ed., 2001.

_____. Fundamentos teóricos e filosóficos do novo direito constitucional brasileiro (pós-modernidade, teoria crítica e pós-positivismo). *Revista Forense*, v. 358.

BASTOS, Celso Ribeiro. *Curso de direito constitucional*. 12. ed. São Paulo: Saraiva, 1990.

BASTOS, Celso Ribeiro; BRITTO, Carlos Ayres. *Interpretação e aplicabilidade das normas constitucionais*. São Paulo: Saraiva, 1982.

BASTOS, Celso Ribeiro; MARTINS, Ives Gandra. *Comentários à Constituição do Brasil (promulgada em 5 de outubro de 1988)*. São Paulo: Saraiva, 1988-1989. v. 1 e 2.

BAYEFSKY, Anne F. Making the human treaties work. In: HENKIN, Louis; HARGROVE, John Lawrence (eds.). *Human rights: an agenda for the next century*. Washington (Studies in Transnational Legal Policy, n. 26), 1994.

BENVENUTO LIMA JR., Jayme. *Os direitos humanos econômicos, sociais e culturais*. Rio de Janeiro: Renovar, 2001.

BILCHITZ, David. *Poverty and Fundamental Rights*: The Justification and Enforcement of Socio-Economic Rights. Oxford-New York: Oxford University Press, 2007.

BILDER, Richard B. An overview of international human rights law. In: HANNUM, Hurst (ed.). *Guide to international human rights practice*. 2. ed. Philadelphia: University of Pennsylvania Press, 1992.

BLACKBURN, Robert; TAYLOR, Jonh (eds.). *Human rights for the 1990s*: legal, political and ethical issues. London: Mansell Publishing, 1991.

BOBBIO, Norberto. *A era dos direitos*. Trad. Carlos Nelson Coutinho. Rio de Janeiro: Campus, 1992.

_____. *Democracy and dictatorship*: the nature and limits of state power. Trad. Peter Kennealy. Minneapolis: University of Minnesota Press, 1989.

_____. *Liberalismo e democracia*. Trad. Marco Aurélio Nogueira. São Paulo: Brasiliense, 1988.

_____. *O positivismo jurídico contemporâneo*: lições de filosofia do direito. Trad. Márcio Pugliesi et al. São Paulo: Ícone, 1995.

_____. *Teoria constitucional da democracia participativa*. São Paulo: Malheiros, 2001.

_____. *Constitucionalismo transformador, inclusão e direitos sociais*. Salvador: JusPodivm, 2019.

BOGDANDY, Armin von; PIOVESAN, Flávia; FERRER, Eduardo MacGregor; ANTONIAZZI, Mariela Morales (coords.). *The Impact of the Inter-American System: transformations on the ground*. Oxford: Oxford University Press, 2024.

BOGDANDY, Armin von; ANTONIAZZI, Mariela Morales; PIOVESAN, Flávia (coords.). *Direitos humanos, democracia e integração jurídica na América do Sul*. Rio de Janeiro: Lumen Juris, 2010.

_____. *Direitos humanos, democracia e integração jurídica*: avançando no diálogo constitucional e regional. Rio de Janeiro: Lumen Juris, 2011.

_____. *Direitos humanos, democracia e integração*: a emergência de um novo direito público. Rio de Janeiro: Elsevier, 2013.

_____. *Ius Constitutionale Commune na América Latina — Marco Conceptual*. Curitiba: Juruá, 2016. v. I.

_____. *Ius Constitutionale Commune na América Latina — Pluralismo e inclusão*. Curitiba: Juruá, 2016. v. II.

_____. *Ius Constitutionale Commune na América Latina — Diálogos jurisdicionais e controle de convencionalidade*. Curitiba: Juruá, 2016. v. III.

_____. *Constitucionalismo transformador, inclusão e direitos sociais*. Salvador: JusPodivm, 2019.

BOGDANDY, Armin von; ANTONIAZZI, Mariela Morales; FERRER, Eduardo MacGregor, PIOVESAN, Flávia, SOLEY, Ximena (coord.). *Transformative Constitutionalism in Latin America*. Oxford: Oxford University Press, 2017.

BONAVIDES, Paulo. *Curso de direito constitucional*. 4. ed. São Paulo: Malheiros, 1993; 10. ed. 2000.

_____. *Do Estado Liberal ao Estado Social*. 5. ed. Belo Horizonte: Del Rey, 1993.

BONTEMPO, Alessandra Gotti. *A eficácia e acionabilidade dos direitos sociais*: uma análise à luz da Constituição de 1988. Curitiba: Juruá, 2005.

BOUCAULT, Carlos Eduardo de Abreu; ARAUJO, Nadia de (orgs.). *Os direitos humanos e o direito internacional*. Rio de Janeiro: Renovar, 1999.

BOWETT, D. W. *The law of international institutions*. 4. ed. London: Stevens, 1982.

BUERGENTHAL, Thomas. *International human rights*. Minnesota: West Publishing, 1988.

_____. Medidas provisórias na Corte Interamericana de Direitos Humanos. *Boletim da Sociedade Brasileira de Direito Internacional*, Brasília, v. 45/46, n. 84/86, dez. 1992/maio 1993.

BUERGENTHAL, Thomas; NORRIS, Robert. *Human rights*: the inter-american system. New York: Oceana Publications, 1982.

BUERGENTHAL, Thomas; NORRIS, Robert; SHELTON, Dinah. *La protección de los derechos humanos en las Americas*. Madrid: IIDH-Civitas, 1990.

BUERGENTHAL, Thomas; SHELTON, Dinah. *Protecting human rights in the Americas — cases and materials*. 4. ed. Strasbourg: International Institute of Human Rights, 1995.

BYRNES, Andrew. The "other" human rights treaty body: the work of the Committee on the Elimination of Discrimination against Women. *Yale Journal of International Law,* v. 14, 1989.

CAMPANHOLE, Adriano; CAMPANHOLE, Hilton Lobo. *Constituições do Brasil*. 10. ed. São Paulo: Atlas, 1992.

CANÇADO TRINDADE, Antônio Augusto. *A proteção internacional dos direitos humanos*: fundamentos jurídicos e instrumentos básicos. São Paulo: Saraiva, 1991.

_____. *A proteção dos direitos humanos nos planos nacional e internacional*: perspectivas brasileiras (Seminário de Brasília de 1991). Brasília/San José da Costa Rica: IIDH/F. Naumnann-Stiftung, 1992.

_____. A proteção internacional dos direitos humanos no limiar do novo século e as perspectivas brasileiras. In: *Temas de política externa brasileira II*. 1994. v. 1.

_____. *The application of the rule of exhaustion of local remedies in international law*: its rationale in the international protection of individual rights. Cambridge: Cambridge University Press, 1983.

_____. A interação entre o direito internacional e o direito interno na proteção dos direitos humanos. *Arquivos do Ministério da Justiça*, Brasília, v. 46, n. 182, jul./dez. 1993.

_____. *El agotamiento de los recursos internos en el sistema interamericano de protección de los derechos humanos*. San José da Costa Rica: Instituto Interamericano de Derechos Humanos, 1991.

_____. *Tratado de Direito Internacional dos Direitos Humanos*. Porto Alegre: Sérgio Antônio Fabris Editor, 1997. v. 1 e 2.

_____. *Direito das organizações internacionais*. 2. ed. Belo Horizonte: Del Rey, 2002.

_____. Direitos e garantias individuais no plano internacional. *Assembleia Nacional Constituinte, Atas das Comissões*, v. 1, n. 66 (supl.), 27-5-1987.

CANÇADO TRINDADE, Antônio Augusto (ed.). *A incorporação das normas internacionais de proteção dos direitos humanos no direito brasileiro*. San José da Costa Rica/Brasília: Instituto Interamericano de Direitos Humanos, Comitê Internacional da Cruz Vermelha, Alto Comissariado das Nações Unidas para os Refugiados, Comissão da União Europeia, 1996.

CANÇADO TRINDADE, Antônio Augusto; ROBLES, Manuel E. Ventura. *El futuro de la Corte Interamericana de Derechos Humanos*. 2. ed. atualizada e ampliada. San José/Costa Rica: Corte Interamericana de Direitos Humanos/ ACNUR, 2004.

CANOTILHO, J. J. Gomes. *Direito constitucional*. 6. ed. rev. Coimbra: Livraria Almedina, 1993.

_____. *Constituição dirigente e vinculação do legislador*: contributo para a compreensão das normas constitucionais programáticas. Coimbra: Coimbra Editora, 1982.

_____. *Direito constitucional e teoria da Constituição*. Coimbra: Livr. Almedina, 1998.

CANOTILHO, J. J. Gomes; MOREIRA, Vital. *Fundamentos da Constituição*. Coimbra: Coimbra Ed., 1991.

_____. *Constituição da República Portuguesa anotada*. 2. ed. rev. e ampl. Coimbra: Coimbra Ed., 1984. v. 1.

_____. A "principialização" da jurisprudência através da Constituição. *Revista de Processo*, n. 98.

CAPPELLETTI, Mauro. *O controle judicial de constitucionalidade das leis no direito comparado*. Trad. Aroldo Plinio Gonçalves. Porto Alegre: Sérgio Antônio Fabris Editor, 1984.

_____. *Juízes irresponsáveis?*. Trad. Carlos Alberto Álvaro de Oliveira. Porto Alegre: Sérgio Antonio Fabris Editor, 1989.

_____. *Juízes legisladores?*. Trad. Carlos Alberto Álvaro de Oliveira. Porto Alegre: Sérgio Antônio Fabris Editor, 1993.

CARDOSO, Fernando Henrique. Política externa: fatos e perspectivas. *Política Externa*, v. 2, n. 1, jun. 1993.

CARRIÓ, Genaro R. *Los derechos humanos y su protección*. Buenos Aires: Abeledo-Perrot, 1990.

CASSESSE, Antonio. *Human rights in a changing world*. Philadelphia: Temple University Press, 1990.

CASSIN, René. El problema de la realización de los derechos humanos en la sociedad universal. In: *Veinte años de evolución de los derechos humanos*. México: Instituto de Investigaciones Jurídicas, 1974.

CASTILHO NETO, Arthur de. A revisão constitucional e as relações internacionais. *Revista da Procuradoria-Geral da República*, São Paulo, 1993.

CAVALLARO, James L. Toward fair play: a decade of transformation and resistance in international human rights advocacy in Brazil. *Chicago Journal of Law*, The University of Chicago Law School, v. 3, n. 2, fall 2002.

CHARLESWORTH, Hilary; CHINKIN, Christine. The gender of jus cogens. *Human Rights Quarterly*, 1993.

CHAYES, Abram; CHAYES, Antonia Handler. *The new sovereignty.* Cambridge: Harvard University Press, 1998.

CLAUDE, Richard Pierre; WESTON, Burns H. (eds.). *Human rights in the world community*: issues and action. Philadelphia: University of Pennsylvania Press, 1989.

CLÈVE, Clèmerson Merlin. *Temas de direito constitucional (e de teoria do direito).* São Paulo: Acadêmica, 1993.

COHEN, S. Conditioning U. S. security assistance on human rights practice. *American Journal of International Law*, v. 76, 1982.

COICAUD, Jean-Marc; DOYLE, Michael W.; GARDNER, Anne-Marie. *The globalization of human rights.* Tokyo/New York/Paris: United Nations University Press, 2003.

COICAUD, Jean-Marc; WARNER, Daniel. *Ethics and international affairs*: extent & limits. Tokyo/New York/Paris: United Nations University Press, 2001.

COLIVER, Sandra. International reporting procedures. In: HANNUM, Hurst (ed.). *Guide to international human rights practice.* 2. ed. Philadelphia: University of Pennsylvania Press, 1981.

COMISIÓN INTERNACIONAL DE JURISTAS. *Derecho internacional de los derechos humanos.* Uruguay: Comisión Internacional de Juristas: Colegio de Abogados del Uruguay, 1993.

COMISSÃO INTERAMERICANA DE DIREITOS HUMANOS. *Relatório sobre a Situação dos Direitos Humanos no Brasil* (OEA/Ser. L/V/II.97; Doc 29 rev. 1, 29 setembro 1997). Washington: OEA, 1997.

COMPARATO, Fábio Konder. *A afirmação histórica dos direitos humanos.* São Paulo: Saraiva, 1999.

_____. Fundamento dos direitos humanos. In: *Cultura dos direitos humanos.* São Paulo. LTr, 1998.

COOK, Rebecca. Reservations to the Convention on the Elimination of All Forms of Discrimination against Women. *Vanderbilt Journal of International Law*, v. 30, 1990.

COOK, Rebecca (ed.). *Human rights of women*: national and international perspectives. Philadelphia: University of Pennsylvania Press, 1994.

COSTA, Álvaro Augusto Ribeiro. Anotações sobre a atual situação dos direitos humanos no Brasil. *Arquivos do Ministério da Justiça*, Brasília, v. 46, n. 182, jul./dez. 1993.

CRETELLA JÚNIOR, José. *Comentários à Constituição brasileira de 1988*. Rio de Janeiro: Forense Universitária, 1990. v. 1 e 2; 2. ed. 1991.

DALLARI, Dalmo de Abreu. *Elementos de teoria geral do Estado*. 5. ed. São Paulo: Saraiva, 1979.

_____. *O que são direitos da pessoa*. São Paulo: Brasiliense, 1981.

DALLARI, Pedro. *Constituição e relações exteriores*. São Paulo: Saraiva, 1994.

DEPARTMENT OF STATE (US). *Country Reports on Human Rights Practices for 1994: in accordance with sections 116 (d) and 502B (b) of the Foreign Assistance Act of 1961, as amended*. Washington: U. S. Government Printing Office, February 1995.

DI GIORGI, Beatriz; CAMPILONGO, Celso; PIOVESAN, Flávia (coords.). *Direito, cidadania e justiça*. São Paulo: Revista dos Tribunais, 1995.

DOLINGER, Jacob (org.). *A nova Constituição e o direito internacional*. Rio de Janeiro: Freitas Bastos, 1987.

DONNELLY, Jack. *Universal human rights in theory and practice*. Ithaca, NY: Cornell University Press, 1989; 2. ed. 2003.

_____. *International human rights*. Boulder: Westview Press, 1998.

DREZE, Jean; SEN, Amartya. *Hunger and public ation*. Oxford: Clarendon Press, 1989.

DUNNE, Tim; WHEELER, Nicholas. *Human rights in global politics*. Cambridge: Cambridge University Press, 2001.

DWORKIN, Ronald. *Taking rights seriously*. Cambridge: Harvard University Press, 1977.

_____. Rights as trumps. In: WALDRON, Jeremy. *Theories of rights*. New York: Oxford University Press, 1984.

ESPIELL, Hector Gross. *Los derechos economicos, sociales y culturales en el sistema interamericano*. San José: Libro Libre, 1986.

_____. *Estudios sobre derechos humanos*. Madrid: Civitas, 1988.

FARER, T. Looking at Nicaragua: the problematique of impartiality in human rights inquiries. *Human Rights Quarterly*, v. 10, 1988.

FARIA, José Eduardo. *Justiça e conflito*: os juízes em face dos novos movimentos sociais. 2. ed. São Paulo: Revista dos Tribunais, 1992.

_____. *O direito na economina globalizada*. São Paulo: Malheiros, 1999.

FARIA, José Eduardo (org.). *Direitos humanos, direitos sociais e justiça*. São Paulo: Malheiros, 1994.

FARMER, Paul. *Pathologies of power*. Berkeley: University of California Press, 2003.

FAWCETT, James E. S. *The application of the European Convention on Human Rights*. Oxford: Clarendon Press, 1987.

FERRAJOLI, Luigi. *Diritti fondamentali*: um dibattito teorico, a cura di Ermanno Vitale. Roma, Bari/Laterza, 2002.

FERRAZ, Anna Cândida da Cunha. *Processos informais de mudança da Constituição*. São Paulo: Max Limonad, 1988.

FERRAZ JÚNIOR, Tércio Sampaio. *Introdução ao estudo do direito*: técnica, decisão, dominação. São Paulo: Atlas, 1988.

_____. *Interpretação e estudos da Constituição de 1988*. São Paulo: Atlas, 1990.

FERRAZ JÚNIOR, Tércio Sampaio; DINIZ, Maria Helena; GEORGAKILAS, Ritinha A. Stevenson. *Constituição de 1988*: legitimidade, vigência e eficácia. São Paulo: Atlas, 1989.

FERREIRA FILHO, Manoel Gonçalves. *Comentários à Constituição brasileira de 1988*. São Paulo: Saraiva, 1990. v. 1 e 2.

FIGUEIREDO, Lúcia Valle. *Direitos difusos e coletivos*. São Paulo: Revista dos Tribunais, 1989 (Coleção Primeira Leitura).

FIX-ZAMUDIO, Héctor. La evolución del derecho internacional de los derechos humanos en las Constituciones latino-americanas. *Boletim da Sociedade Brasileira de Direito Internacional*, Brasília, v. 45/46, n. 84/86, dez. 1992/maio 1993.

_____. *Protección jurídica de los derechos humanos*. México: Comisión Nacional de Derechos Humanos, 1991.

FLORES, Joaquín Herrera. *Direitos humanos, interculturalidade e racionalidade de resistência*. Mimeo.

FRANCO FILHO, Georgenor de Sousa. Os tratados internacionais nas Constituições brasileiras. *Revista do Tribunal Regional do Trabalho, 8ª Região*, Belém, n. 21, 1988.

GOMES, Luiz Flávio. A questão da obrigatoriedade dos tratados e convenções no Brasil: particular enfoque da Convenção Americana sobre Direitos Humanos. *Revista dos Tribunais*, n. 710, dez. 1994.

_____. *Direito de apelar em liberdade*: conforme a Constituição Federal e a Convenção Americana sobre Direitos Humanos. São Paulo: Revista dos Tribunais, 1994.

GOMES, Luiz Flávio; PIOVESAN, Flávia. *O sistema interamericano de proteção dos direitos humanos e o direito brasileiro*. São Paulo: Revista dos Tribunais, 2000.

GOMIEN, Donna. *Short guide to the European Convention on Human Rights*. Strasbourg, Council of Europe, 1991.

GORDILLO, Agustín. *Derechos humanos*: doctrina, casos y materiales: parte general. Buenos Aires: Fundación de Derecho Administrativo, 1990.

GRAEFRATH, B. Universal criminal jurisdiction and an International Criminal Court. *European Journal of International Law*, 1990.

GRAHL-MADSEN; TOMAN. Sovereignity and humanity: can they converge?. *The spirit of Uppasala*, 1984.

HABERMAS, Jurgen. *Direito e moral*. Trad. Sandra Lippert. Lisboa: Instituto Piaget, 1992.

HAGOPIAN, Frances. The compromised consolidation: the political class in the Brazilian transition. In: MAINWARING, Scott; O'DONNEL, Guillermo; VALENZUELA, Samuel (orgs.). *Issues in democratic consolidation*: the new South American democracies in comparative perspective. Notre Dame: University of Notre Dame Press, 1992.

HANKEY, Maurice Pascal. *Politics*: trials and errors. Chicago, 1950.

HANNUM, Hurst (org.) *Guide to international human rights practice*. 2. ed. Philadelphia: University of Pennsylvania Press, 1992.

HARRIS; O'BOYLE; WARBRICK. *Law of the European Convention on Human Rights*. 2. ed. London: Butterworths, 1999.

HAYEK. *The road to serfdom*. 1994.

HENKIN, Louis. *International law*: politics, values and principles. Boston: Martinus Nijhoff, 1990.

HENKIN, Louis (ed.). *The age of rights*. New York: Columbia University Press, 1990.

_____. *Constitutionalism, democracy and foreign affairs*. New York: Columbia University, 1990.

_____. *The International Bill of Rights*: the Covenant on civil and political rights. New York: Columbia University Press, 1981.

_____. *The rights of man today*. New York: Columbia University Press, 1988.

HENKIN, Louis et al. *Human rights*. New York: New York Foundation Press, 1999.

HENKIN, Louis; HARGROVE, John Lawrence (orgs.). *Human rights: an agenda for the next century*. Washington (Studies in Transnational Legal Policy, n. 26), 1994.

HENKIN, Louis; PUGH, Richard; SCHACHTER, Oscar; SMIT, Hans. *International law*: cases and materials. 3. ed. Minnesota: West Publishing, 1993.

HESSE, Konrad. *A força normativa da Constituição*. Trad. Gilmar Ferreira Mendes. Porto Alegre: Sérgio Antônio Fabris, 1991.

HEYMANN, Philip B. Civil liberties and human rights in the aftermath of september 11. *Harvard Journal of Law & Public Policy*, Spring 2002.

HILF, Meinhard. General problems of relations between constitutional law and international law. STARCK, Christian (ed.). *Rights, institutions and impact of international law according to the German Basic Law*. Baden-Baden, 1987.

HUMAN RIGHTS WATCH. *Human Rights Watch World Report 1994: events of 1993*. New York, 1994.

_____. *Human Rights Watch World Report 1995: events of 1994*. New York, 1995.

_____. *Brutalidade policial urbana no Brasil*. Rio de Janeiro, 1997.

HUMPHREY, John P. The implementation of international human rights law. *N.Y.L.S.L. Review*, n. 24, 1978.

_____. The international law of human rights in the middle twentieth century. In: *The present state of international law and other essays*. Deventer: Kluwer, 1973.

HUNTINGTON, Samuel P. *The clash of civilizations and the remaking of the world order*. New York: Touchstone, 1997.

IKAWA, Daniela. Universalismo, relativismo e direitos humanos. In: RIBEIRO, Maria de Fátima; MAZZUOLI, Valério de Oliveira (coords.). *Direito Internacional dos Direitos Humanos*: estudos em homenagem à Professora Flávia Piovesan. Curitiba: Juruá, 2004.

ISHAY, Micheline R. *The history of human rights*. Berkeley/Los Angeles/London: University of California Press, 2004.

JACKMAN, Martha. Constitutional rhetoric and social justice: reflections on the justiciability debate. In: BAKAN, Joel; SCHNEIDERMAN, David (eds.).

Social justice and the Constitution: perspectives on a social union for Canada, Canada: Carleton University Press, 1992.

JACKSON, Robert Houghwout. *The Nuremberg case*. New York: A. A. Knopf, 1947.

JANES; KAY; BRADLEY. *European human rights law*: texts and materials. 2. ed. Oxford: Oxford University Press.

JOYCE, James Avery. *Broken star*: the story of the League of Nations (1919-1939). Swansea: C. Davies, 1978.

KANT, Immanuel; WOOD, Allen W. (eds.). Fundamental principles of the metaphysics of morals. In: *Basic writings of Kant*. New York: The Modern Library, 2001.

KELSEN, Hans. *O problema da justiça*. Trad. João Baptista Machado. São Paulo: Martins Fontes, 1993.

_____. *Pure theory of law*. Trad. Max Knight. Berkeley: University of California Press, 1978.

KIRGIS, JR., Frederic L. *International Organizations*. Minnesota: West Publishing Co., 1993.

LAFER, Celso. *A reconstrução dos direitos humanos*: um diálogo com o pensamento de Hannah Arendt. São Paulo: Cia. das Letras, 1988.

_____. *Ensaios sobre a liberdade*. São Paulo: Perspectiva, 1980.

_____. Reflexões sobre a inserção do Brasil no contexto internacional. *Contexto Internacional*, Rio de Janeiro, n. 11, jan./jun. 1990.

_____. Resistência e realizabilidade da tutela dos direitos humanos no plano internacional no limiar do século XXI. In: AMARAL JR., Alberto do; PERRONE-MOISÉS, Claudia (orgs.). *O cinquentenário da Declaração Universal dos Direitos do Homem*. São Paulo: Editora da Universidade de São Paulo, 1999.

_____. *Hannah Arendt*: pensamento, persuasão e poder. 2. ed. São Paulo: Paz e Terra, 2003.

_____. *A internacionalização dos direitos humanos*: Constituição, racismo e relações internacionais. São Paulo: Manole, 2005.

LEARY, Virginia. *International labour conventions and national law*: the effectiveness of the automatic incorporation of treaties in national legal systems. Boston: Martinus Nijhoff, 1982.

LEITE, Pedro Pinto. O direito internacional e o direito dos povos. *Revista de Informação Legislativa*, Brasília, v. 28, n. 109, jan./mar. 1991.

LEWANDOWSKI, Enrique Ricardo. *Proteção dos direitos humanos na ordem interna e internacional*. Rio de Janeiro: Forense, 1984.

LEWIS-ANTHONY, Siân. Treaty-based procedures for making human rights complaints within the UN system. In: *Guide to international human rights practice*. 2. ed. Philadelphia: University of Pennsylvania Press, 1994.

LILLICH, Richard B. Civil rights. In: MERON, Theodor (ed.). *Human rights in international law*: legal and policy issues. Oxford: Clarendon Press, 1984.

LINDGREN ALVES, José Augusto. Abstencionismo e intervencionismo no sistema de proteção das Nações Unidas aos direitos humanos. *Política Externa*, v. 3, n. 1, jun. 1994.

_____. *Os direitos humanos como tema global*. São Paulo: Perspectiva/ Fundação Alexandre de Gusmão, 1994; 2. ed. Perspectiva, 2003.

_____. Os direitos humanos como tema global. *Boletim da Sociedade Brasileira de Direito Internacional*, Brasília, v. 46, n. 77/78, jan./mar. 1992.

_____. O significado político da Conferência de Viena sobre os direitos humanos. *Revista dos Tribunais*, n. 713, mar. 1985.

_____. O sistema internacional de proteção dos direitos humanos e o Brasil. *Arquivos do Ministério da Justiça*, Brasília, v. 46, n. 182, jul./dez. 1993.

_____. *A arquitetura internacional dos direitos humanos*. São Paulo: FTD, 1997.

_____. *Relações internacionais e temas sociais*: a década das conferências. Brasília: Instituto Brasileiro de Relações Internacionais e Fundação Alexandre de Gusmão, 2001.

LOEWENSTEIN, Karl. *Teoría de la Constitución*. Trad. Alfredo Gallego Anabitarte. Barcelona: Ariel, 1986.

MAHONEY, Kathleen E.; MAHONEY, Paul (eds.). *Human rights in the twenty-first century*: a global challenge. Boston: Martinus Nijhoff, 1993.

MAINWARING, Scott; O'DONNELL, Guillermo; VALENZUELA, J. Samuel. *Issues in democratic consolidation*: the new south american democracies in comparative perspective. Notre Dame: University of Notre Dame Press, 1992.

MARCILIO, Maria Luiza; PUSSOLI, Lafaiete. *Cultura dos direitos humanos*. São Paulo: LTr, 1998.

MARIANO, Benedito Domingos; FECHIO FILHO, Fermino (orgs.). *A proteção nacional e internacional dos direitos humanos*. Brasília: Fórum Interamericano de Direitos Humanos e Centro Santo Dias de Direitos Humanos da Arquidiocese de São Paulo, 1994.

MARSHALL, T. H. *Cidadania, classe social e "status"*. Rio de Janeiro: Zahar, 1967.

MARTIN, Ian. *The new world order: opportunity or threat for human rights?*. A lecture by the Edward A. Smith Visiting Fellow presented by the Harvard Law School Human Rights Program, 1993.

MARTINS, Luciano. The liberalization of authoritarian rule in Brazil. In: O'DONNELL, Guillermo; SCHMITTER, Philippe C.; WHITEHEAD, Laurence. *Transitions from authoritarian rule*: Latin America. Baltimore: The John Hopkins University Press, 1986.

MAZZUOLI, Valério de Oliveira. *Direitos humanos e relações internacionais*. Campinas: Agá Juris, 2000.

_____. *Tratados internacionais*: com comentários à Convenção de Viena de 1969. 2. ed. rev. ampl. e atual. São Paulo: Juarez de Oliveira, 2004.

MAZZUOLI, Valério de Oliveira (org.). *Coletânea de Direito Internacional*. São Paulo, Revista dos Tribunais, 2003.

MELLO, Celso D. de Albuquerque. *Curso de direito internacional público*. 6. ed. Rio de Janeiro: Freitas Bastos, 1979.

_____. *Direito constitucional internacional*. Rio de Janeiro: Renovar, 1994.

_____. O direito constitucional internacional na Constituição de 1988. *Contexto Internacional*, Rio de Janeiro, jul./dez. 1988.

_____. A sociedade internacional: nacionalismo *versus* internacionalismo e a questão dos direitos humanos. *Arquivos do Ministério da Justiça*, Brasília, v. 46, n. 182, jul./dez. 1993.

_____. *Direitos humanos e conflitos armados*. Rio de Janeiro: Renovar, 1996.

_____. O parágrafo 2º do art. 5º da Constituição Federal. In: TORRES, Ricardo Lobo (org.). *Teoria dos direitos fundamentais*. Rio de Janeiro: Renovar, 1999.

_____. *A nova Constituição e o direito internacional*. Rio de Janeiro: Freitas Bastos, 1987.

MELLO, Celso D. de Albuquerque; TORRES, Ricardo Lobo. *Arquivos de direitos humanos*. Rio de Janeiro: Renovar, 1999. v. 1.

_____. *Arquivos de direitos humanos*. Rio de Janeiro: Renovar, 2000. v. 2; 2001. v. 3.

MENDES, Juan E. Mendez; O'DONNELL, Guillermo; PINHEIRO, Paulo Sérgio. *The (un)rule of law and the underprivileged in Latin America*. Notre Dame: University of Notre Dame Press, 1999.

MERON, Theodor. Enhancing the effectiveness of the prohibition of discrimination against women. *American Journal of International Law*, v. 84, 1990.

MERON, Theodor (ed.). *Human rights in international law*: legal and policy issues. Oxford: Clarendon Press, 1984.

_____. *Human rights law-making in the United Nations*: a critique of instruments and process. Oxford: Clarendon Press, 1986.

_____. Rape as a crime under international humanitarian law. *American Journal of International Law*, 1993.

MILANI, Carlos Roberto Sanchez. A eficácia das Nações Unidas no jogo das relações internacionais. *Estudos Jurídicos*, v. 22, n. 56, set./dez. 1989.

MIRANDA, Jorge. *Manual de direito constitucional*. 3. ed. Coimbra: Coimbra Ed., 1991. v. 2.

_____. *Manual de direito constitucional*. Coimbra: Coimbra Ed., 1988. v. 4.

MONTEALEGRE, Hernan. Posición que ocupa el derecho internacional de los derechos humanos en relación con la jerarquía normativa del sistema jurídico nacional, posible conflicto entre normas incompatibles. In: *Derecho internacional de los derechos humanos*. Uruguay: Comisión Internacional de Juristas — Colegio de Abogados del Uruguay, 1993.

MONTORO, André Franco. *Introdução à ciência do direito*. 11. ed. São Paulo: Revista dos Tribunais, 1984.

MUTUA, Makau Wa. The Banjul Charter and the african cultural fingerprint: an evaluation of the language of duties. *Virginia Journal of International Law*, v. 35, 1995.

NAVIA, Rafael N. *Introducción al sistema interamericano de protección a los derechos humanos*. Bogotá: Temis/Instituto Interamericano de Direitos Humanos, 1993.

NEVES, Marcelo. Constitucionalização simbólica e desconstitucionalização fática. *Revista Trimestral de Direito Público*, n. 12, São Paulo, 1995.

NINO, Carlos Santiago. *Ética y derechos humanos*. Buenos Aires: Astrea, 1989.

O'BRIEN, James. The international tribunal for violations of international humanitarian law in the former Yugoslavia. *American Journal of International Law*, v. 87, 1993.

O'DONNELL, Guillermo. Transitions, continuities, and paradoxes. In: MAINWARING, Scott; O'DONNEL, Guillermo; VALENZUELA, J. Samuel (orgs.). *Issues in democratic consolidation*: the new South American democracies in comparative perspective. Notre Dame: University of Notre Dame Press, 1992.

O'DONNELL, Guillermo; SCHMITTER, Philippe C.; WHITEHEAD, Laurence. *Transitions from authoritarian rule*: Latin America. Baltimore: Johns Hopkins University Press, 1986.

ORENTLICHER, Diane. *Legal consequences of gross human rights abuse: issues of impunity and victim compensation*. 1992.

ORENTLICHER, Diane; GELATT, Timothy. Public law, private actors: the impact of human rights on business investors in China. *Northwestern Journal of International Law & Business*, v. 14, 1993.

PEREIRA, André Gonçalves; QUADROS, Fausto de. *Manual de direito internacional público*. 3. ed. Coimbra: Almedina, 1993.

PÉREZ LUÑO, Antonio Enrique. *Los derechos fundamentales*. Madrid: Tecnos, 1988.

_____. *Derechos humanos, Estado de derecho y Constitución*. 4. ed. Madrid: Tecnos, 1991.

PIMENTEL, Silvia; DI GIORGI, Beatriz; PIOVESAN, Flávia. *A figura/personagem mulher em processos de família*. Porto Alegre: Sergio Antonio Fabris, 1993.

PIMENTEL, Silvia; PIOVESAN, Flávia; PANDJIARJIAN, Valeria. Pós-2001: era dos direitos ou do terror?. *Folha de S.Paulo*, 4 out. 2001.

PINHEIRO, Paulo Sérgio. Direitos humanos no ano que passou: avanços e continuidades. In: *Os direitos humanos no Brasil*. São Paulo: Universidade de São Paulo, Núcleo de Estudos da Violência e Comissão Teotônio Vilela, 1995.

_____. *Escritos indignados*: polícia, prisões e política no Estado autoritário (no 20º aniversário do regime de exceção, 1964-1984). São Paulo: Brasiliense, 1984.

PINHEIRO, Paulo Sérgio; GUIMARÃES, Samuel Pinheiro (orgs.). *Direitos humanos no século XXI*. Parte I e II. Instituto de Pesquisa de Relações Internacionais e Fundação Alexandre de Gusmão, 1999.

PINILLA, Ignacio Ara. *Las transformaciones de los derechos humanos*. Madrid: Tecnos, 1990.

PINTO, Monica. Derecho internacional de los derechos humanos: breve visión de los mecanismos de protección en el sistema interamericano. In: *Derecho internacional de los derechos humanos*. Montevideo: Comisión Internacional de Juristas/Colegio de Abogados del Uruguay, 1993.

PINTO FERREIRA, Luís. *Comentários à Constituição brasileira*. São Paulo: Saraiva, 1992. v. 3.

PIOVESAN, Flávia. *Direitos humanos e justiça internacional*. 10. ed. São Paulo: Saraiva, 2024.

_____. *Temas de direitos humanos*. 12. ed. São Paulo: Saraiva, 2023.

_____. *Proteção judicial contra omissões legislativas*: ação direta de inconstitucionalidade por omissão e mandado de injunção. São Paulo: Revista dos Tribunais, 1995; 2 ed. 2003.

_____. A proteção internacional dos direitos humanos e o direito brasileiro. In: *Os direitos humanos no Brasil*. São Paulo: Universidade de São Paulo, Núcleo de Estudos da Violência e Comissão Teotônio Vilela, 1995.

_____. A atual dimensão dos direitos difusos na Constituição de 1988. In: *Direito, cidadania e justiça*. São Paulo: Revista dos Tribunais, 1995; *Revista da Procuradoria-Geral do Estado*, n. 38, dez. 1992.

_____. Constituição e transformação social: a eficácia das normas constitucionais programáticas e a concretização dos direitos e garantias fundamentais. *Revista da Procuradoria-Geral do Estado de São Paulo*, n. 37, jun. 1992.

_____. Constituição de 1988 e sua eficácia. *Folha de S.Paulo*, 1º dez. 1991.

_____. Da igualdade legal à igualdade real. *Folha de S.Paulo*, 26 jan. 1992.

_____. Direito ao meio ambiente: diagnósticos e perspectivas. *Cadernos de Direito Constitucional e Ciência Política*, São Paulo, v. 1, n. 4, jul./set., Revista dos Tribunais, 1993.

_____. Direitos da mulher. *Folha de S.Paulo*, 17 mar. 1998.

_____. Por um Tribunal Criminal permanente. *Folha de S.Paulo*, 16 jul. 1998.

_____. Valor jurídico dos tratados: impacto na ordem interna e internacional. *Boletim da Procuradoria-Geral do Estado de São Paulo*, v. 22, São Paulo, Centro de Estudos da Procuradoria-Geral do Estado, mar./abr. 1998.

_____. Uma corte para os direitos humanos. *Folha de S.Paulo*, 9 set. 1998.

_____. Pinochet e os direitos humanos. *Folha de S.Paulo*, 7 nov. 1998.

_____. A implementação dos direitos humanos nas cortes brasileiras. *Revista da Fundação Escola Superior do Ministério Público do Distrito Federal e Territórios*, n. 12, jul./dez. 1998.

_____. Direitos humanos e globalização. In: *Direito global*. São Paulo: Max Limonad, 1999.

_____. Os cinquenta anos da Declaração Universal dos Direitos Humanos. *JUDICE — Revista Jurídica de Mato Grosso*, ano 1, n. 2, jan./abr. 1999, Justiça Federal de 1ª Instância, Cuiabá, 1999.

_____. Direitos humanos globais, justiça internacional e o Brasil. In: *O cinquentenário da Declaração Universal dos Direitos do Homem*. São Paulo: Editora da Universidade de São Paulo, 1999.

_____. A Constituição brasileira de 1988 e os tratados internacionais de proteção dos direitos humanos. In: *Os direitos humanos e o direito internacional*. Rio de Janeiro: Renovar, 1999.

_____. A proteção dos direitos humanos no sistema constitucional brasileiro. *Revista da Procuradoria-Geral do Estado de São Paulo*, n. 51/52, jan./dez. 1999.

_____. Democracia, direitos humanos e globalização. *Correio Braziliense*, 27 set. 1999.

_____. Integração regional e direitos humanos. *Folha de S. Paulo*, 9 fev. 2000.

_____. O princípio da complementaridade e a soberania. In: O Tribunal Penal Internacional e a Constituição brasileira. *Revista do Centro de Estudos Judiciários da Justiça Federal*, n. 11, Brasília, CJF, maio/ago. 2000.

_____. O sistema interamericano de promoção e proteção dos direitos humanos: impacto, desafios e perspectivas. *Revista Trimestral de Advocacia Pública*, Instituto Brasileiro de Advocacia Pública, n. 12, ano VI, São Paulo, dez. 2000.

_____. Direitos humanos, democracia e integração regional: os desafios da globalização. *Revista da Procuradoria-Geral do Estado de São Paulo*, n. 54, dez. 2000.

_____. Pela efetivação dos direitos humanos das mulheres: o Protocolo Facultativo à Convenção sobre a Eliminação de todas as formas de Discriminação contra a Mulher. *Cadernos Agende 1 — Protocolo Facultativo à CEDAW*, São Paulo, maio 2001.

_____. Implementação do direito à igualdade racial. *Revista de Direitos Difusos*, ano 2, v. 9, Direitos de Grupos Vulneráveis, ADCOAS, São Paulo, out. 2001.

_____. Prerrogativa ou privilégio?. *Folha de S. Paulo*, 4 jul. 2001.

_____. Ações afirmativas. *Folha de S.Paulo*, 1º set. 2001.

_____. O caso Márcia Barbosa e a imunidade parlamentar. In: Jayme Benvenuto Lima Jr. (org.). *Direitos humanos internacionais: avanços e desafios do século XXI*. Programa DH Internacional. Recife, 2001.

_____. O impacto dos instrumentos internacionais de proteção dos direitos humanos no direito interno brasileiro. *Anais do I Encontro do Ministério Público da União*, Brasília, 2001.

_____. Implementation of economic, social and cultural rights: practices and experiences. In: KLEIN, Berma; BASPINEIRO, Adalid Contreras; CARBONARI, Paulo César (eds.). *Dignity and human rights — the implementation of economic, social and cultural rights*. Antwerp-Oxford-New York: Intersentia Transnational Publishers, 2002.

_____. A força do direito *versus* o direito da força. *Folha de S.Paulo*, A-3, 2 maio 2002.

_____. Pela cidadania das mulheres. *Correio Brasiliense*, 23 maio 2002.

_____. Os direitos reprodutivos como direitos humanos. In: BUGLIONE, Samantha (org.). *Reprodução e sexualidade*: uma questão de justiça. Porto Alegre: Sérgio Antonio Fabris Editor/Themis — Assessoria Jurídica e Estudos de Gênero, 2002.

_____. Sistema internacional de proteção dos direitos humanos: inovações, avanços e desafios contemporâneos. In: D'ANGELIS, Wagner Rocha (coord.). *Direito da integração e direitos humanos no século XXI*. Curitiba: Juruá, 2002.

_____. A justicialização do sistema interamericano de proteção dos direitos humanos: impacto, desafios e perspectivas. *Boletim Científico da Escola Superior do Ministério Público da União*, ano 1, n. 4, Brasília, jul./set. 2002.

_____. A litigância dos direitos humanos no Brasil: desafios e perspectivas no uso dos sistemas nacional e internacional de proteção. In: DORA, Denise Dourado (org.). *Direito e mudança social*. Rio de Janeiro: Renovar/Ford Foundation, 2002.

_____. A jurisdicionalização dos direitos humanos. *Revista da Escola Paulista da Magistratura*, v. 3, n. 2, jun./dez. 2002.

_____. Direitos humanos e o princípio da dignidade humana. *Revista do Advogado*, Associação dos Advogados de São Paulo, ano 23, n. 70, São Paulo, jul. 2003.

_____. Direitos sociais, econômicos, culturais e direitos civis e políticos. *Revista Internacional de Direitos Humanos — SUR*, ano 1, n. 1, 1º semestre, 2004.

_____. A mulher e o debate sobre direitos humanos no Brasil. In: *Direitos humanos: atualização do debate*. Ministério das Relações Exteriores e UNDP, 2003.

_____. El derecho internacional de los derechos humanos y el acceso a la justicia en el ámbito interno y en el ámbito internacional. In: *Políticas públicas de derechos humanos en el Mercosur*. Montevideo: Observatorio de Políticas Públicas de Derechos Humanos en el Mercosur, 2004.

_____. Direitos humanos, o princípio da dignidade humana e a Constituição brasileira de 1988. In: *(Neo)constitucionalismo — ontem, os Códigos; hoje, as Constituições*. Revista do Instituto de Hermenêutica Jurídica, Porto Alegre: Instituto de Hermenêutica Jurídica, 2004.

_____. Desafios e perspectivas dos direitos humanos: a inter-relação dos valores liberdade e igualdade. In: RIBEIRO, Maria de Fátima; MAZZUOLI, Valério de Oliveira (coords.). *Direito internacional dos direitos humanos — estudos em homenagem à Professora Flávia Piovesan*. Curitiba: Juruá, 2004.

PIOVESAN, Flávia (coord.). *Direitos humanos, globalização econômica e integração regional*: desafios do direito constitucional internacional. São Paulo: Max Limonad, 2002.

_____. *Código de Direito Internacional dos Direitos Humanos anotado*. São Paulo: DPJ, 2008.

PIOVESAN, Flávia; CAVALLARO, James. Mazelas à luz do dia. *Folha de S.Paulo*, 23 ago. 2000.

_____. Tortura: impunidade que condena o país. *Folha de S.Paulo*, 21 set. 2000.

PIOVESAN, Flávia; SALLA, Fernando. Tortura no Brasil: pesadelo sem fim?. *Ciência Hoje — SBPC*, v. 30, n. 176, out. 2001.

PIOVESAN, Flávia; SOUZA, Douglas Martins (coords.). *Ordem jurídica e igualdade étnico-racial*. Brasília: SEPPIR, 2006.

PONTES DE MIRANDA, Francisco Cavalcanti. *Comentários à Constituição de 1946*. 4. ed. Rio de Janeiro: Borsoi, 1963.

PRAELI, Francisco Eguiguren. Normas internacionales sobre derechos humanos, Constitución y derecho interno. In: *Derecho internacional de los derechos humanos*. Uruguay: Comisión Internacional de Juristas — Colegio de Abogados del Uruguay, 1993.

PROCURADORIA GERAL DO ESTADO DE SÃO PAULO. *Instrumentos internacionais de proteção dos direitos humanos*. São Paulo: Grupo de Trabalho de Direitos Humanos da PGE/SP, 1997.

_____. *Direitos humanos: construção da liberdade e da igualdade*. São Paulo: Grupo de Trabalho de Direitos Humanos da PGE/SP, 1998.

_____. *Direitos humanos: legislação e jurisprudência*. São Paulo: Grupo de Trabalho de Direitos Humanos da PGE/SP, 1999. v. 1 e 2.

_____. *Sistema interamericano de proteção dos direitos humanos: legislação e jurisprudência*. São Paulo: Grupo de Trabalho de Direitos Humanos da PGE/SP, 2001.

PRZEWORSKI, Adam. The games of transition. In: MAINWARING, Scott; O'DONNEL, Guillermo; VALENZUELA, Samuel J. (orgs.). *Issues in democratic consolidation*: the new South American democracies in comparative perspective. Notre Dame: University of Notre Dame Press, 1992.

PRZEWORSKI, Adam (org.). *Sustainable democracy*. Cambridge: Cambridge University Press, 1995.

RAMOS, André de Carvalho. *Direitos humanos em juízo — comentários aos casos contenciosos e consultivos da Corte Interamericana de Direitos Humanos*. São Paulo: Max Limonad, 2001.

RATNER, Steven R.; ABRAMS, Jason S. *Accountability for human rights atrocities in international law*: beyond the Nuremberg Legacy. Oxford-New York: Oxford University Press, 2001.

RAWLS, John. *A theory of justice*. Cambridge (Mass.): Harvard University Press, 1971.

RAZ, J. Right-based moralities. In: WALDRON, Jeremy (ed.). *Theories of rights*. Oxford-New York: Oxford University Press, 1984.

REALE, Miguel. *Teoria tridimensional do direito*. 4. ed. São Paulo: Saraiva, 1986.

REZEK, José Francisco. *Direito internacional público*: curso elementar. São Paulo: Saraiva, 1991.

RIEDEL, Eibe H. Assertion and protection of human rights in international treaties and their impact in the basic law. In: STARCK, Christian (ed.). *Rights, institutions and impact of international law according to the German Basic Law*. Baden-Baden, 1987.

RISSE, Thomas; ROPP, Stephen C.; SIKKINK, Kathryn (eds.). *The power of human rights*: international norms and domestic change. Cambridge: Cambridge University Press, 1999.

RODAS, João Grandino. Tratados internacionais: sua executoriedade no direito interno brasileiro. *Revista do Curso de Direito da Universidade Federal de Uberlândia*, n. 21, dez. 1992.

RONE, Jemera. *The struggle for land in Brazil*: rural violence continues. New York: Human Rights Watch, 1992.

_____. *Rural violence in Brazil*. New York: Human Rights Watch, 1991.

ROSS, Alf. *Sobre el derecho y la justicia*. Buenos Aires: Editorial Universitaria de Buenos Aires, 1974.

SABÓIA, Gilberto Vergne. Um improvável consenso: a Conferência Mundial de Direitos Humanos e o Brasil. *Política Externa*, São Paulo, v. 2, n. 3, Paz e Terra, dez. 1993.

_____. Direitos humanos, evolução institucional brasileira e política externa: perspectivas e desafios. In: FONSECA JÚNIOR, Gelson; CASTRO, Sergio Henrique Nabuco de (orgs.). *Temas de política externa brasileira II*. 1994. v. 1.

SACHS, Ignacy. Desenvolvimento, direitos humanos e cidadania. In: *Direitos humanos no século XXI*. Instituto de Pesquisas de Relações Internacionais e Fundação Alexandre de Gusmão, 1998.

_____. O desenvolvimento enquanto apropriação dos direitos humanos. *Estudos Avançados*, n. 12 (33), 1998.

SALDANHA, Nelson. *O Estado Moderno e a separação dos Poderes*. São Paulo: Saraiva, 1987.

SANTIAGO NINO, Carlos. *Fundamentos de derecho constitucional*: análisis filosófico, jurídico y politológico de la prática constitucional. Buenos Aires: Astrea, 1992.

_____. *Introducción al análisis del derecho*. 2. ed. Buenos Aires: Astrea, 1987.

_____. *Ética y derechos humanos*: un ensayo de fundamentación. 2. ed. Buenos Aires: Astrea, 1989.

_____. *The Idea of Justice*. Cambridge: Harvard University Press, 2009.

SARLET, Ingo Wolfgang. *Dignidade da pessoa humana e direitos fundamentais na Constituição Federal de 1988*. 3. ed. Porto Alegre: Livr. do Advogado, 2004.

_____. *A eficácia dos direitos fundamentais*. 2. ed. Porto Alegre: Livr. do Advogado, 2001, 4. ed. 2004.

SARMENTO, Daniel; IKAWA, Daniela; PIOVESAN, Flávia. *Direitos humanos, igualdade e diferença*, Rio de Janeiro: Lumen Juris, 2008.

SCHACHTER, Oscar. *International law in theory and practice*. Boston: Martinus Nijhoff, 1991.

SCOTT, George. *The rise and fall of the League of Nations*. London: Hutchinson, 1973.

SEN, Amartya. *Development as freedom*. New York: Alfred A. Knopf, 1999.

_____. *The idea of justice*. Cambridge: Harvard University Press, 2009.

SHELTON, Dinah L. The inter-american human rights system. In: HANNUM, Hurst (ed.). *Guide to international human rights practice*. 2. ed. Philadelphia: University of Pennsylvania, 1992.

_____. *Remedies in International Human Rights Law.* Oxford-New York: Oxford University Press, 2000.

SHESTACK, Jerome. The jurisprudence of human rights. In: MERON, Theodor (ed.). *Human rights in international law*: legal and policy issues. Oxford: Clarendon Press, 1984.

SIEGHART, Paul. *The international law of human rights.* Oxford: Clarendon Press, 1983.

_____. International human rights law: some current problems. In: BLACKBURN, Robert; TAYLOR, John (eds.). *Human rights for the 1990s*: legal, political and ethical issues. London: Mansell Publishing, 1991.

SIKKINK, Kathryn. Human rights, principled issue-networks, and sovereignty in Latin America. In: *International organizations.* Massachusetts: IO Foundation and the Massachusetts Institute of Technology, 1993.

SILVA, José Afonso da. *Curso de direito constitucional positivo.* 18. ed. São Paulo: Revista dos Tribunais, 2000.

_____. *Aplicabilidade das normas constitucionais.* 2. ed. São Paulo: Revista dos Tribunais, 1982.

_____. *Poder constituinte e poder popular.* São Paulo: Malheiros, 2000.

SIMMA, Bruno; ALSTON, Philip. The sources of human rights law: custom, jus cogens, and general principles. In: *The Australian Year Book of International Law.* Faculty of Law, The Australian National University, 1992. v. 12.

SINGER, Peter. *Writings on an ethical life.* New York: The Ecco Press, 2000.

SMITH, Rhona K. M. *Textbook on international human rights.* Oxford: Oxford University Press, 2003.

SOARES, Orlando. *Comentários à Constituição da República Federativa do Brasil.* 5. ed. Rio de Janeiro: Forense, 1991.

SÓFOCLES. *Antígona.* Trad. Millôr Fernandes. 3. ed. São Paulo: Paz e Terra, 2001.

SOHN, Louis B. The Universal Declaration of Human Rights, a common standard of achievement?: the status of the Universal Declaration in international law. *Journal of the International Commission of Jurists*, Geneva, International Commission of Jurists, 1967.

SOHN, Louis B.; BUERGENTHAL, Thomas. *International protection of human rights.* Indianapolis: Bobbs-Merrill, 1973.

SOUSA SANTOS, Boaventura de. Uma concepção multicultural de direitos humanos. *Revista Lua Nova*, São Paulo, v. 39, 1997.

_____. *Reconhecer para libertar*: Os caminhos do cosmopolitanismo multicultural. Rio de Janeiro: Civilização Brasileira, 2003.

STEINER, Henry J. A gloomy view of enforcement. In: BRAIBANT; MARCOU (eds.). *Les droits de l'homme: universalité et renouveau.* 1990.

_____. Book review: the youth of rights — review of Henkin: the age of rights. *Harvard Law Review*, 1991.

_____. *Diverse partners: non-governmental organizations in the human rights movement, the report of a retreat of human rights activits.* Co-sponsored by Harvard Law School Human Rights Program and Human Rights Internet, 1991.

_____. *Criminal responsibility for human rights violations.* Material do Curso International Law and Human Rights. Harvard Law School, spring, 1994.

_____. The youth of rights. *Harvard Law Review*, v. 104, 1991.

STEINER, Henry J.; ALSTON, Philip. *Human rights in context*: law, politics, morals. Oxford-New York: Oxford University Press, 1996.

_____. *International human rights in context — law, politics and morals.* 2. ed. Oxford: Oxford University Press, 2000.

STEINER, Henry; TRUBEK, David. *Brazil: all power to the generals.* New York, 1971.

STEPAN, Alfred (ed.). *Authoritarian Brazil*: origins, policies, and future. New Haven: Yale University Press, 1973.

_____. *The military in politics*: changing patterns in Brazil. Princeton: Princeton University Press, 1974.

STIGLITZ, Joseph E. *Globalization and its discontents.* New York-London: WW Norton Company, 2003.

STRECK, Lênio Luiz. *Hermenêutica jurídica e(m) crise*: uma exploração hermenêutica da construção do direito. 5. ed. Porto Alegre: Livr. do Advogado, 2004.

SUNDFELD, Carlos Ari; VILHENA VIEIRA, Oscar (coords.). *Direito global.* São Paulo: Max Limonad, 1999.

SÜSSEKIND, Arnaldo. *Direito internacional do trabalho.* São Paulo: LTr, 1983.

TAYLOR, Telford. *Nuremberg trials*: war crimes and international law. New York: Carnegie Endowment for International Peace, 1949.

TEMER, Michel. *Elementos de direito constitucional.* 10. ed. São Paulo: Malheiros, 1993.

THOMAZ, Dan. *Social movements and the strategic use of human rights norms: a comparison of East European cases.* 1995.

TOBIN, Jack; GREEN, Jennifer. *Guide to human rights research*. Cambridge: Harvard Law School/Human Rights Program, 1994.

TORRES, Ricardo Lobo (org.). *Teoria dos direitos fundamentais*. Rio de Janeiro: Renovar, 1999.

TRAVIESO, Juan Antonio. *Derechos humanos y derecho internacional*. Buenos Aires: Heliasta, 1990.

TRUBEK, David. Economic, social and cultural rights in the third world: human rights law and human needs programs. In: MERON, Theodor (ed.). *Human rights in international law*: legal and policy issues. Oxford: Clarendon Press, 1984.

UNGER, Roberto Mangabeira. *What should legal analysis become?*. Cambridge: Harvard Law School, 1995.

UNITED NATIONS. *Multilateral treaties deposited with the Secretary-General Status as at 31 december 1994*. New York, 1995.

_____. *International instruments — chart of ratifications as at 30 June 1996*. New York, 1996.

VAN DIJK, Pieter; VAN HOOF, G. J. H. *Theory and practice of the European Convention on Human Rights*. 3. ed. Leiden: Kluwer, 1998.

VANOSSI, Jorge Reinaldo. *La Constitución Nacional y los derechos humanos*. 3. ed. Buenos Aires: Eudeba, 1988.

VASAK, Karel (ed.). *The international dimensions of human rights*. Rev. e Trad. Philip Alston. Connecticut: Greenwood Press, 1982. v. 1.

VERDROSS, Alfred. *Derecho internacional público*. Trad. Antonio Truyol y Serra. Madrid: Aguillar, 1961.

VILHENA VIEIRA, Oscar. *A Constituição e sua reserva de justiça*: um ensaio sobre os limites materiais de reforma. São Paulo: Malheiros, 1999.

_____. A gramática dos direitos humanos. *Revista do ILANUD*, n. 17, São Paulo, 2000.

VILLIERS, Bertus de. *The socio-economic consequences of directive principles of state policy: limitations of fundamental rights*. 1992.

VINCENT, R. J. *Human rights and international relations*. Cambridge: Cambridge University Press, 1986.

WALDRON, Jeremy (ed.). *Theories of rights*. Oxford-New York, Oxford University Press, 1984.

WALLACE, Rebecca M. M. *International law*: a student introduction. London: Sweet & Maxwell, 1992.

_____. *International law*. 2. ed. London: Sweet & Maxwell, 1992.

WALTERS, Francis Paul. *A history of the League of Nations*. London: Oxford University Press, 1960.

WEIS, Carlos. *Direitos humanos contemporâneos*. São Paulo: Malheiros, 1999.

WEISSBRODT, David. The contribution of international nongovernamental organizations to the protection of human rights. In: *Human rights in international law*: legal and policy issues. Oxford: Clarendon Press, 1984.

WOOD, Allen W. (ed. e org.). *Basic writings of Kant*. New York: The Modern Library, 2001.

ZAGREBELSKY, Gustavo. *El derecho dúctil*. Trad. Marina Gascón. 5. ed. Madrid: Trotta, 2003.